册府元龜

第六册

中華書局影印

册府元龜第六册目錄

廵按福建監察御史臣李嗣京　訂正
分守建南道左布政使臣胡維霖　參閲
知建陽縣事臣黄國琦較釋

將帥部八十七

招降

夫舞干之義載於虞書前禽之訓昭回羲易自大道之喪佳兵是用勝者類封豕之荐食敗者同困獸之猶鬭是以肝腦塗地城郭爲墟斯豈明王來蘇之意先賢節奏之舉乎其有授鉞於廟建牙作藩董茲戎

昭共行天罰乃能宣布德澤招來攜貳結之以恩信格之以誠明先聲以奪其心大義以回其志使其奔走而獻欵俯伏而求全斯亦善師不陣之謂矣至或孤壘危懸士衆離析閔以窮困釋其怨疾俾夫洗滌以更始感激而效忠雖云仁者之志抑亦兵家之奇焉

漢項羽爲楚懷王上將軍救趙秦將章邯軍韓原羽軍漳南相持未戰秦軍數却二世使人讓章邯邯恐使長史欣請事至咸陽留司馬門三日趙高不見欣恐還走至軍門日事不可爲者（言不可復爲軍旅之事）陳餘亦遺章邯書曰將軍何不還兵與諸侯爲從（言欲如六國特兵離）奏南面稱孤孰與身伏斧質妻子爲戮乎章邯狐疑陰使侯始成使羽欲約（軍候姓始名成）約未成羽使候將軍章邯南與秦戰大破之羽悉引軍擊秦軍汙水上大破之邯使使見羽欲約羽軍吏謀曰糧少欲聽其約軍吏曰善羽乃與盟洹水南殷墟上已盟邯見羽流涕爲言趙高（魏豹傳云項羽破秦軍降章邯）

韓信擊破趙軍用廣武軍李左車策發使燕燕從風而靡

後漢趙憙字伯陽南陽宛平人也更始即位武陽大

姓李氏擁城不下更始遣柱天將軍李寶降之不肯云聞宛之趙氏有孤孫憙信義著名願得降之更始乃徵憙憙年未二十旣引見更始笑曰繭栗犢豈能負重致遠乎即除爲郎中行偏將軍事使詣舞陰而李氏遂降憙因進入潁川擊諸不下者歷汝南界還宛更始大悅謂憙曰卿名家駒努力勉之（武帝謂劉德爲千里之駒故以憙比之）以戰勞拜中郎將封勇功侯時江南未賓道路不通以憙守簡陽侯相憙不肯受兵單車馳之簡陽吏民不欲内憙憙乃告譬呼城中大小示以國家威信其帥即開門面縛自歸繇是諸營壁悉降荆

州牧秦憙才任理劇詔以爲平林侯攻擊羣賊安集
已降者縣邑平定
吳漢爲大司馬率諸將及五較賊鬲縣五姓共逐守
長據城而反諸將爭欲殺之漢不聽曰使鬲反者皆
守長罪也敢輕冐道兵者斬乃移檄告郡使牧守長
而使人謝城中五姓皆喜卽相率降諸將乃服曰不
戰而下城非衆所及也又更始尚書令謝躬留魏郡
大守陳康守鄴大率諸將擊茱賊世祖因躬在外乃
使漢襲其城漢先令辨士說陳康曰蓋聞上智不處
危以僥倖中智能因危以爲功下愚安於危以自亡

危亡之至在人所繇不可不察今東師敗亂四方雲
擾公所聞也蕭王兵強士附河北歸命公所見也謝
躬內背蕭王外失衆心公所見也公今據孤危之城
待滅亡之禍義無所立節無所成不若開門內軍轉
禍爲福免下愚之敗收中智之功此計之上者也康
然之於是收劉慶及躬妻子開門內漢等
馮異爲孟津將軍統內郡河內二郡軍河上與河內
太守寇恂合勢以拒更始將朱鮪等異乃遺李軼書
曰愚聞明鏡所以照形往事所以知今昔微子去殷
而入周項伯畔楚而歸漢周勃迎代王而黜少帝霍
光尊孝宣而廢昌邑彼皆畏天知命覩存亡之符見
廢興之事故能成功於一時垂業於萬世也苟令長
安尚可扶助延期數月疏不間親遠不踰近季文豈
能居一隅哉今長安壞亂赤眉臨郊王侯搆難大臣
乖離綱紀已絶四方分散異姓並起蕭王跋涉霜雪
經營河北方今英俊雲集百姓風靡雖邠岐慕周不
足以諭季文誠能覺悟成敗亟定大計論功古人轉
禍爲福在此時矣如猛將長驅嚴兵圍城雖有悔恨
亦無及已初軼與光武首結謀約加相親愛及更始
立反陷伯升雖知長安已危欲降又不自安乃報

異書曰軼本與蕭王首謀造漢結死生之約同勞若
之計今軼守雒陽將軍鎮孟津俱據機軸千載一會
思誠斷金唯深達蕭王願進愚策以佐國安人軼自
通書之後不復與異爭鋒故異因此得北攻天井關
拔上黨兩城又南下河南成皐巳東十三縣及諸屯
聚皆平之降者十餘萬
岑彭爲廷尉行大將軍事與大司馬吳漢等圍雒陽
更日更始將朱鮪堅不下光武以彭嘗爲鮪校尉令
往說鮪鮪在城上彭在城下相勞苦如平生鮪因自
大司徒被害鮪預其謀（大司徒光武兄伯升爲更始所殺）又諫更始

無遣蕭王北伐自知罪深彭還具言於帝帝曰夫建
大事者不念小怨鮪今若降官爵保况誅罰乎彭復
告鮪鮪從城上下索曰必信可乘此上彭趣索欲上
鮪見其誠卽許降後五日鮪將輕騎詣彭乃面縛與
彭俱詣河陽帝卽解其縛與見之復令彭夜送鮪歸
城明旦悉其衆出降彭後爲征南大將軍伐蜀以夾
州穀少水險難漕運留威虜將軍馮駿軍江州都督
田鴻軍夷陵領軍李玄軍夷道自引兵還屯津鄉當
荆州要會喻告諸蠻夷降者奏封其君長初彭與交
阯牧鄧讓厚善與讓書陳國家威德又遣偏將軍屈

充移檄江南頒行詔命於是讓與江夏大守侯登武
陵太守王堂長沙相韓福桂陽太守張隆零陵太守
田翕蒼梧大守杜穆交阯太守錫光等相率遣使貢
獻悉封爲列侯或遣子將兵助彭征伐於是江南之
珍始流通焉又自率臧宮劉歆長驅入江關令軍中
無得虜掠所過百姓皆奉牛酒迎勞彭見諸老爲言
大漢哀愍巴蜀久見虜役故興師遠伐以討有罪爲
人除害讓不受其牛酒百姓大喜悅争開門降
馬援爲隴西太守遣羌豪楊封譬說塞外羌皆來和
親又武都氏人背公孫述來降者援皆上復其侯王

君長賜印綬光武喜悉從之
來歙爲中郎將建武七年帝使歙至汧歙以書招隗
囂大將軍王遵遵乃與家屬東詣京師
王遵隗囂將也後去囂詣京師拜大中大夫封尚義
侯光武率諸將上隴使遵持節監大司馬吳漢留營
於長安時囂將牛邯軍瓦亭遵知囂必敗滅而與牛
邯舊故知其有歸義意以書喻之曰遵與隗王歃盟
爲漢自經歷虎口踐履死地已十數矣于時周雒以
西（周雒謂東都也）無所統壹故爲王策欲東收關中北取上
郡進以奉天人之用退以懲外夷之亂數年之間冀

聖漢復存當挈河隴奏舊都以君大朝生民以來臣
人之勢未有便於此時者也而王之將吏郡居穴處
之徒（穴處言所識不遠也）人人抵掌（說文抵掌擊也戰國策云蘇秦與李兌抵掌而談也）
欲爲不善之計遵與孺卿日夜所爭害幾及身者豈
一事哉前計抑絶後策不從所以吟嘯扼腕垂涕登
車（扼持也史記云天下之士莫不扼腕以言之）幸蒙封拜得延論議（遵爲大中大夫在議論之職）每及西州之事未嘗敢忘孺卿之言今車
駕大衆已在道路吳耿驍將雲集四境而孺卿以奔
離之卒拒要扼當軍衝視其形勢何如哉夫智者覩
危思變賢者泥而不滓（在泥滓之中而不滓汚也）是以功名終申

篡畫復得故夷吾束縛而相齊新序曰桓公與管仲鮑叔甯戚飲桓公謂鮑叔曰姑爲寡人祝乎鮑叔奉酒而起祝曰吾君無志平莒也使管子無忘束縛從魯也使甯戚無忘其飲牛于車下也黥布杖劍以歸漢黥布爲楚淮南王高祖使隨何說布乃杖劍歸王也去愚就義功名并著今孫卿當成敗之際遇嚴兵之鋒可爲怖慄宜斷之心胷參之有識耶得書沉吟十數日乃謝士衆歸命雒陽拜爲大中大夫於是囂大將十三人屬縣十六衆十餘萬皆降

應奏爲武陵太守奉詔誘叛蠻降之

祝良爲九真太守與交阯刺史張喬慰誘日南叛蠻降之嶺外乃平

曹宗爲燉煌太守時北匈奴與諸國共爲邊寇宗患其暴害遣行長史索班將千餘人屯伊吾以招撫之於是車師前王及鄯善王來降

龐參爲護羌校尉時燒當羌種號多還斷隴道參以恩信招誘之號多等率衆七千人詣參降

馮緄爲度遼將軍詔緄招降叛虜於是右賢王部抑鞮等萬三千口詣緄降

夏方爲交阯刺史時南蠻夷攻燒城邑方招誘降之

馮續爲隴西太守鮮卑寇邊以續爲遼東太守曉諭降集虜皆彌散又遷車騎將軍討長沙零陵蠻賊軍至長沙賊悉詣營道乞降營道今道州縣也進擊武陵蠻夷斬首四千餘級受降千餘萬人荊州平定

劉表鎮荊州張濟引兵至荊州賈詡隨之歸表襄陽城守不受濟因攻之爲流矢所中濟從子繡收衆而進表自責以爲已無賓禮遣使招繡繡遂屯襄陽爲表比藩

劉虞字伯安初爲幽州刺史恩信流著戎狄附之公孫瓚討羌有功進屯屬國與胡相擊五六年兵力居等鈔畧青徐幽冀四州被其害瓚不能禦朝議以虞旣有德義若使鎮撫可不勞衆而定乃以虞爲幽州

牧虞到遣使至胡中告以利害責使送張純首丘力居等聞虞至喜各遣譯自歸瓚害虞有功乃陰使人邀殺胡使胡知其情間行詣虞虞上罷諸屯兵但留瓚將步騎萬人屯右北平純乃棄妻子逃入鮮卑爲其客王政所殺送首詣虞封政爲列侯以功即拜太封襄賁侯

呂布爲徐州牧在下邳東海蕭建爲琅邪相治莒保城自守不與布通與建書曰天下舉兵本以誅董卓耳布殺卓來詣關東欲求兵西迎大駕光復雒京諸將自還相攻莫肯念國布五原人也去徐州五千餘

里乃在天西北角今不來共爭天東南之地莒與不
邳相去不遠宜當共通君如自遂以爲郡郡作帝縣
縣自王也昔樂毅攻齊呼吸下齊七十餘城唯莒即
墨二城不下所以然者中有田單故也布雖非樂毅
君亦非田單可取布書與智者詳共議之建得書即
遣主簿齎牋上禮貢良馬五匹
魏鍾繇漢末爲尚書僕射時關中諸將馬騰韓遂等
各擁強兵相與爭太祖方有事山東以關右爲憂乃
表繇以侍中守司隸校尉持節都督關中諸軍委之
以後事特使不拘科制至長安移書騰遂等爲陳禍

福騰遂遣子入侍
董招漢末爲河南尹時張楊爲其將楊醜所殺楊長
史薛弘河內太守繆尚城守待袁紹救太祖令招單
身入城告喻弘尚等即日舉衆降以昭爲冀州牧時
袁紹遣將領顏良攻東郡又徙昭爲魏郡太守從討
良良死後進圍鄴城袁紹同族春卿爲魏郡太守在
城中其父元長在楊州太祖遣人迎之昭書與春卿
日蓋聞孝者不背親以要利仁者不忘君以徇私志
士不探亂以徼幸智者不詭道以自危足下大君昔
避內難南游百越非疏骨肉樂彼吳會智者深識獨

或宜然曹公愍其守志清恪離羣寡儔故特遣使江
東或迎或送今將至矣就令足下處偏平之地依德
義之主居有太山之固身爲喬松之偶以義言之猶
宜背彼向此舍民趣父也且邾儀父始與隱公盟魯
人喜之而不書爵然則王所未命爵尊不成春秋之
義也況足下今日之所託者乃危亂之國所受者乃
矯誣之命乎苟不逞之與羣而厭父之不恤不可以
言孝忘祖宗所居之本朝安非正之奸職難可以言
忠孝忠並替難以言智又足下昔者爲曹公所禮辟
夫戚族人而疎所生內所寓而外王室懷邪祿而叛

知已遠福祚而近危亡棄明義而收大恥不亦可惜
耶若能翻然易節奉帝養父委身曹公忠孝不墜榮
名彰矣宜深留計早決良圖鄴既定以昭爲建義大
夫
徐晃爲偏將軍太祖圍鄴破邯鄲易陽令韓範僞以
城降而拒守太祖遣晃攻之晃至飛矢城中爲陳成
敗範悔晃輙降之既而言於太祖曰二袁未破諸城
未下者傾耳而聽今日滅易陽明日皆以死守恐河
北無定時也願公降易陽以示諸城則莫不望風太
祖善之又爲廣野將軍後征張魯別遣晃討攻犢仇

夷諸山氏皆降之遷平寇將軍

張遼遷裨將軍大祖遣定魯國諸縣與夏侯淵圍昌豨於東海數月糧盡議引軍還遼謂淵曰數日已來毎行諸圍豨輒屬目視遼又其射矢更稀此必豨計猶豫故不力戰遼欲挑與語儻可誘也乃使謂豨曰公有命使遼傳之豨果下與遼語遼爲說太祖神武方以德懷四方先附者受大賞豨乃許降遼遂單身上三公山入豨家拜其妻豨歡喜隨詣大祖大祖遣豨還責遼曰此非大將法也遼謝曰以明公威信著於四海遼奉聖旨豨必不敢害故也

吳全琮爲安東太守明賞罰招誘降附數年中得萬餘人

呂蒙爲偏將軍領尋陽令魏使廬江謝奇爲蘄春典農屯皖田鄉數爲邊寇蒙使人誘之不從則伺隙襲擊奇遂縮退其部伍孫子才宋豪等皆携負老弱詣蒙降又劉備令關羽鎮守專有荆土大帝令蒙西取長沙零桂三郡蒙移書二郡望風歸服又關羽討樊蒙浮江襲其空虛蜀將軍士仁在公安拒守蒙令虞翻説之翻至城門謂守者曰吾欲與汝將軍語仁不肯相見乃爲書曰明者防禍於未萌知者圖患於將來知得知失可與爲人知存知亡足別吉凶大軍之行斥候不及施烽火不及舉此非天命必有内應將軍不先見時時至又不應之獨守縈帶之城而不降死戰則毀宗滅祀爲天下譏笑呂虎威欲到南郡斷絶陸道生路一塞案其地形將軍爲在箕舌上耳奔走不得免降則失義竊爲將軍不安幸熟思焉仁得書流涕而降翻謂蒙曰此譎兵也當時仁行留兵備城遂將仁至南郡南郡太守麋芳城守蒙以仁示之遂降（吳録云初南郡城中失火頗焚燒軍器羽以責芳芳内畏懼吳聞而誘之芳潛相和及蒙攻之乃以牛酒出降焉）蒙入據城盡得羽及將士家屬皆撫慰令

軍中不得干歷人家有所求取蒙麾下士是汝南人取民家一笠以覆官鎧官鎧雖公蒙猶以爲犯軍令不可以鄉里故而廢法遂垂涕斬之於是軍中震慄道不拾遺蒙旦暮使親近存恤耆老問所不足疾病者給醫藥饑寒者賜衣糧羽府藏財寶皆封閉以待大帝至羽還在道路數使人與蒙相聞蒙輒厚遇其使周游城中家家致問或手書示信羽人還私相參訊咸知家門無恙見待過於平時故羽吏士無鬬心會大帝尋至羽自知孤窮乃走麥城西至漳鄉衆皆委羽而降大帝使朱然潘璋斷其徑路即父子俱獲

荆州遂平
陸胤爲交州刺史安南校尉時交阯九眞夷賊攻没
城邑交阯騷動胤入南界喻以恩信務從招納高凉
渠帥黄吴等支黨三千餘皆出降引軍而南重宣至
城遺以財幣賊帥百餘人民五萬餘家深幽不羈莫
不稽顙交域清泰就加安南將軍復討蒼梧桐建陵
賊破之前後出兵八千餘人以充軍用
諸葛恪爲左輔都尉大帝令恪守節度掌軍糧穀非
其好也恪以丹陽山險民多果勁雖前發兵徒得外
縣平民而已其餘深遠莫能擒盡屢自求乞爲官出

之三年可得甲士四萬衆議咸以丹陽地勢險阻與
吳郡會稽新都鄱陽四郡鄰接周旋數千里山谷萬
重其幽邃民人未嘗入城邑對長吏皆伏兵野逸白
首於林莽逋亡宿惡咸共逃竄山出銅鐵自鑄甲兵
俗好武習戰高尚氣力其升山赴險抵突叢棘若魚
之走淵猨狖之騰木也時覦間隙出爲寇盜每致兵
征伐尋其窟藏其戰勝則蠭至敗則烏竄自前世以
來不能羈也皆以爲難恪父瑾聞之亦以事終不逮
恪盛陳其必捷大帝拜恪撫越將軍領丹陽太守授
棨戟武騎三百拜畢命恪備威儀作鼓吹導引歸家

時年三十二恪到府乃移書四郡屬城長吏令保其
疆界明立部伍其從化平民悉令屯居乃分内諸將
羅兵南阻但繕藩籬不與交鋒候其穀稼將熟輒縱
兵芟刈使無遺種舊穀既盡新田不收平民屯居畧
無所入於是山民饑窮漸出降首恪乃復勑下曰山
民去惡從化皆當撫慰徙出外縣不得嫌疑有所執
拘臼陽長胡伉得降民周遺舊民惡因廹暫出内圖
叛逆伉縛送言府恪以伉違教遂斬以徇以狀表上
氏聞伉坐執人被戮知官惟欲出之而已於是老幼
相携而出歳期人數皆如本規恪自領萬人餘分給

諸將
蜀諸葛亮爲丞相録尚書事建興三年亮南征歸至
漢陽縣降人李鴻來詣亮亮見鴻時蔣琬與費詩在
坐鴻曰聞過孟達許適見王冲從南來言往者達之
去就明公切齒欲誅達妻子恐先生不聽耳達曰諸
葛亮見顧有本末終不爾也盡不信冲言委仰明公
無復已已亮謂琬詩曰還都當有書與子度相聞詩
進曰孟達小子昔事振威不忠後又背叛先主反覆
之人何足與書邪亮默然不答亮欲誘達以爲外援
亮與達書曰往年南征歳末及還適與李鴻會於漢

陽承知消息慨然永嘆以存足下平素之志豈徒空
計名榮貴爲乖離乎嗚呼孟子斯實劉封侵陵足下
以傷先王待士之義又鴻道王冲造作虛語云足下
量度吾心不受冲說尋表明之言追平生之好依依
東望故遣有書達得亮書數相交通辭欲叛魏魏遣
司馬宣王征之卽斬滅達亮以達無欵誠之心故不
救助也

晉祖逖爲豫州刺史樊雅據譙郡反逖使桓宣說之
雅與宣置酒結友遣子隨宣詣逖少日雅便自詣逖
逖遣雅還撫其衆僉謂前數罵辱逖懼罪不敢降雅

閉城自守逖往攻之復遣宣入說雅雅卽斬異己者遂
出降

陶侃爲龍驤將軍征杜弢弢將王貢精卒三千出武
陵江誘五谿夷以舟師斷官運徑向武昌侃使鄭攀
及伏波將軍陶延夜趨巴陵潛師掩其不備大破之
斬千餘級降萬餘口貢遁還湘城賊中離阻杜弢遂
疑張奕而殺之衆情益懼降者滋多王貢復挑戰侃
遥謂之曰杜弢爲益州刺史盜用庫錢父死不奔喪
卿本佳人何爲隨之也天下寧有白頭賊乎貢初橫
脚馬上侃言訖貢斂容下脚辭色甚順侃知其可動
復令諭之截髮爲信貢遂來降而弢敗走進尅長沙
獲其將毛寶高寶梁堪而還又爲廣州刺史先是廣州
人迎長沙人王機爲刺史機復遣使詣王敦乞爲交
州刺史敦從之會杜弘據臨賀因機乞降勸弘取廣
州弘遂與温邵及交州秀才劉沉俱謀反侃追擊破
之執劉沉又遣部將討機斬之諸將皆請乘勝擊温
邵侃笑曰吾威名已著何事遣兵但以函紙自足耳
於是下書諭之邵懼而走追獲於始興

王導爲都督諸軍事蘇峻之亂路永康術賈寧等皆
峻心腹聞祖約奔敗懼事不立迭說峻誅大臣峻旣

不納永等慮必敗陰結于導導使參軍袁耽潛說路
永使歸順

南齊始興王鑑鎮益州刼帥韓武方嘗聚黨千餘人
斷流爲暴郡縣不能禁行旅斷絶鑑行至上明武方
乃出降長史虞悰（藏宗切）等咸請殺之鑑曰武方爲暴
積年所不能制今降而被殺失信且無以勸善於是
啓臺果被宥自是巴西蠻夷凶惡皆望風降附

梁蕭景高祖初爲寧朔將軍行南兖州事天下未定
沔北傖楚各據塢壁景示以威信渠帥相率面縛請
罪旬日境内皆平

銜內假恭監南徐州事時衡州刺史武會超在州矛任縱暴州人朱朗聚黨反武帝以恭爲刺史時朗巳圍始興恭至綏服狗賊示以恩信群賊伏其勇是夜退三舍以避兵軍吏請追恭曰賊以政苛致叛非有陳吳之心緩之則自潰急之則併力諸君置之明日朗遣使請降恭杖節受之一無所問

後魏江陽王繼爲平北將軍鎮攝舊都高車酋帥樹者部民反叛詔繼都督北討諸軍事自懷朔巳東悉稟繼節度繼表高車頑黨不識威憲輕相合集背役逃歸計其兇戾事合窮極若悉追戮恐遂擾亂請遣

使鎮別推驗斬誓首一人自餘加以慰喻若悔悟從役者即令赴軍詔從之於是叛徒往往歸順孝文善之顧謂侍臣曰江陽足大任也

源子恭爲尚書主客郎中攝南主客事時河州羌却鐵忽反殺害長吏詔子恭持節爲行臺率諸將討之子恭嚴勒州郡及諸軍不得犯民一物輕與賊戰然後示以恩威兩旬間悉皆降款朝廷嘉之

韋珎孝文初蠻首桓誕歸款朝廷思安邊之畧以誕爲東荊州刺史令珎爲使與誕招慰諸蠻珎自懸瓠西入三百餘里至桐栢山窮臨淮源宣揚恩澤莫不

降附

才遵爲龍驤將軍雒州刺史遵招誘有方梁新化太守杜性新化令杜龍振平陽令杜臺定等率戶三千據地內附

賓瑾爲殿中都官尚書從征盖吳先馳慰喻自平巴西氐羌酋領降下數千家

慕容白曜爲左僕射都督諸軍事征南大將軍攻宋斗城宋將房崇吉夜遁獲崇吉母妻待之以禮崇吉與從弟法壽盜宋槃陽城以贖母妻白曜自瑕丘遣將軍長孫觀等率騎入自馬耳關赴之觀至槃陽諸

縣悉平又宋幽州刺史劉休賓鎮梁鄒及白曜軍至斗城遣人說之令降休賓不從宋龍驤將軍崔靈延行渤海郡房靈建等數十家皆入梁鄒同舉休賓爲征虜守荒州會宋遣使授休賓輔國將軍兗州刺史休賓妻崔邪利女也生一男字文曅崔氏先歸寧在魯郡邪利之降也文曅母子送與俱入國至是白曜表請崔與文曅既至白曜以報休賓又於北海報其弟劉延和妻子送至梁鄒巡視城下休賓答曰白曜許歷城降當歸順密遣主簿尹文達向歷城覲魏國形勢文達詣白曜詐言聞主入境故來祗候利謂白

曜曰劉休賓父子兄弟累郡連州今若識運知機束
手歸化不審明王如何賞叙白曜曰休賓仕南爵寵
如此今若不勞兵甲望風自降者非直處卿富貴兼
還其婦兒休賓縱令不畏攻圍豈不憐其妻子也今
在斗城卿自往見文達乃至斗城見妻子文曅攀援
文達哭泣號咷以爪髮爲信文達迴還復經白曜誓
約而去白曜曰卿是休賓耳目腹心親見其妻子又
知我衆旅少多善共景識自求多福文達還見休賓
出其妻兒爪髮兼宣白曜所言及國軍形勢謂休賓
曰斗城已敗歷城非朝則夕公可早圖之休賓撫爪

髮泣涕曰妻子幽隔誰不慜乎吾荷南朝厚恩受寄
邊任今顧妻子而降於臣節不足也而密與其兄子
聞慰議爲降計聞慰曰此故當文達詐計耳年當抄
掠豈有多軍也但可撫強兵勤肅衛方城使嶮何爲
便生憂怯示人以弱也休賓又謂文達曰卿勿憚危
更爲吾作一返（音番）善觀形勢於是遣文達偷道而出
令與白曜爲期尅日許送降文白曜嘆曰非直休賓
父子荷榮城内賢豪亦隨人補授卿便即爲梁鄒城
主以酒灌地啓告曰山河若負休賓使我三軍没覆
初白曜之表取休賓妻子也獻文以道固旣叛詔授
休賓持節平南將軍冀州刺史原公至是付文達詔
策文達還謂休賓曰白曜信誓如此公可早爲决計
恐攻逼之後降悔無躡休賓於是告兄子聞慰曰事
勢可知汝早作降書聞慰沈疑固執不作遂差本郡
白曜尋遣著作佐郎赤虎夜至梁鄒南門下告城上
人曰汝語劉休賓何遣文達頻造僕射許送降文歸
誠大化何得違期不來於是門人唱告城内悉知遂
相維持欲降不得皆劉休賓父子欲以我城内易榮
位也尋被攻逼經冬至春歷城降白曜遣崔道固子
景業與文曅至城下休賓知道固降乃出請命白曜

送休賓及宿有名望者十餘人俱入代郡爲客

尉元爲鎮南大將軍援徐州宋東徐州刺史張讜據
團城徐州刺史王玄載守下邳駈掠近民保險自固
元遣慰喻張讜及青州刺史沈文秀等皆遣使通誠
王整桓欣相與歸命

呂羅漢爲羽林中郎上邽休官呂豐屠各王飛鹿等
八千餘家據險爲逆詔羅漢與司馬楚之篤前招慰
降者九千餘戶比至肝眙頻被賊軍擒其將顧儼李
觀之等以功遷羽林牧郎幢將加建威將軍

楊椿孝文時爲寧朔將軍梁州刺史初武與王楊集

爲楊靈珍所破降於齊至是率賊萬餘自漢中而北規復舊土椿領步騎五千出頓下辯貽書集始開以利害集始執書對使者曰楊使君此書除我心腹之疾遂領其部曲千餘人來降後孝昌中爾朱榮沉懔弁肆與汾州胡逆表加椿征虜將軍都督慰勞汾胡汾胡與椿北州服其聲望所在降下

盧景爲鍾東將軍徐州刺史宣武永平四年夏景表曰梁琅邪郡民王萬壽等款城內納潛來詣臣云朐山戍今將交換有可圖之機臣卽以旌賞遣其還入至三月二十四日夜萬壽等獎率同盟攻掩朐城斬

梁輔國將軍琅邪東莞二郡太守帶朐山戍主劉斫弁將士四十餘人傳首至州臣卽遣兼郯城副張天惠率驍勇二百徑徃赴之琅邪諸戍駱驛繼援而梁郁州已遣二將軍以拒天惠天惠與萬壽等內外齊擊俘斬數百便卽據城詔景曰彭宋地接邊疆勢連淮海威禦之術功不在易朐山險塞寇之要防水陸交湊楊郁路衝畜聚凶從處留邊鄙青光齊兗每離其患卿妙筭旣敷克城殄衆展疆辟土何善如之厝勲之典朕用嘉止故遣左右直長潤遵業具宣往懷

北齊薛循義爲安北將軍蜀賊陳雙熾等聚汾曲詔循義爲大都督與行臺長孫稚共討之循義以雙熾是其鄉人遂從鄉詣壘下曉以利害熾等還降拜循義龍門鎮將循義又爲關右行臺自龍門濟河西魏北華州刺史薛崇禮氏楊氏壁循義以書招之崇禮率萬餘人降復拜晉州刺史在州擒西魏王北平太守段榮招降胡酋胡垂黎等部落數千人口表置二原郡以安處之

趙彥深爲安國縣伯從文襄征潁川時引水灌城城雉將沒西魏將王思政猶欲死戰文襄令彥深單身入城告喻卽日降之便手牽思政上城文襄謂彥深日吾昨夜夢

過一群豕吾射盡獲之獨一大豕不可得卿言當爲吾取須臾獲豕而進至是文襄笑曰夢驗矣卽解思政佩刀與彥深曰使卿當獲此利

後周於謹初仕後魏爲元纂鎧甲曹從事追討茹茹爲賊所圍乃逃入寨時魏末喪亂羣盜蜂起謹兼解諸國語乃單身入賊中示以恩信於是西部鐵勒酋長也列河等三萬餘戶並款附魏帝嘉之除積射將軍

權景宣爲驃騎大將軍安州刺史燕公于景征江陵景宣破梁司空陸法和司馬羊亮於湞水又遣別帥攻拔魯山冬造舟艦盛張旗幟臨江欲度以懼梁人梁

將王琳在湘州景宣遣之書諭以禍福琳遂遣長史
席豁因景宣請舉城欵附
史寧爲征東將軍賀拔勝爲荊州刺史寧以本官爲
勝軍司率步騎一千隨勝之部值荊蠻騷動三鵶路
絶寧先驅平之因撫慰蠻左翕然降附隨稅得馬一
千五百匹供軍
王悅爲大行臺尚書從達奚武征梁漢軍出武令悅
說其城主楊賢悅乃遣之書賢於是遂降又白武云
白馬衝要是必爭之地今城守寡弱易可圖也若蜀
兵更至攻之實難武然之卽令悅輕騎徑趣白馬悅

示其禍福將孚悟悅遂以城降
梁禦爲鎭西將軍大祖旣平秦隴西方引兵東下雍
州刺史賈顯持兩端通使於齊大祖以禦爲大都督
雍州刺史領前軍先行旣與顯相見因說之曰魏室
陵遲天下鼎沸高歡志在兇逆島夷非遠字文夏州
英姿不世筭畧無方方欲扶危定難興復京雒公不
於此時立功效乃懷猶預恐禍不旋踵矣顯卽出迎
太祖禦遂入鎭雍州
齊王憲從武帝伐齊爲前鋒進克鄴城齊任城王湝
廣寧王孝珩據信都有衆數萬武帝復詔憲討之仍
令齊王手書與湝曰朝廷遇緒甚厚諸王無恙叔若
釋甲則無不優湝不納乃大開賞募多金帛沙門勇
爲戰士者亦數千人憲軍過趙州湝令閒諜一人覘
視形勢候騎執以白憲乃齊集之舊將徧示二人又
謂之曰吾所爭者大不在汝等今放汝還可卽充我
使乃與一書（書具傳檄門）其末云交兵命使古今通典不
俟終日所望知幾也俄而湝領軍尉相願以衆降相
願湝之腹心也衆駭之因破之擒湝
隋李雄字毘盧初仕後周爲上儀同從行軍總管韋
孝寬畧定淮南雄以輕騎數百至硤口說下十餘城

拜豪州刺史
元諧爲上大將軍總兵討吐谷渾俘斬萬餘於是移
書諭以禍福其名王十七人公侯十三人各率其所
部來降
劉權大業中爲南海太守行至鄱陽會羣盜起不得
進詔令權召募討之權率兵與賊一遇不與戰先乘
單舸詣賊營說以利害而羣盜感悅一時降淮陽帝
聞而嘉之
唐河間王孝恭爲南山道招慰大使自金州出於巴
蜀招撫以禮降附者三十餘州遷襄陽道招慰大使

自行臺尚書左僕射判襄雖定嶺表尚未悉平孝恭
分遣使人撫慰嶺南四十餘州皆來欵附
薛萬淑爲右嶺軍鎮黄龍時突厥之亂也萬淑遣契
丹渠帥貪没折諷諭北狄東國威靈奚霫室韋等十
餘部皆來降附太宗下書褒美
劉師立爲岐州都督上請書討吐谷渾書奏未報便
遣使問其部落諭以利害多有降附列其地爲開橋
二州又有黨項首領拓拔赤解感悟率其種落内屬
太宗嘉之拜赤解爲西戎州都督
侯君集爲交河道行軍總管擊高昌麴智盛頓軍城

下諭以禍福智盛致書於君集曰有罪於天子者先
王既咎深譴積身已喪亡智盛襲位未有愆闕所冀
尚書赦之君集報曰若能悔禍宜束手軍門智盛猶
不出役計無所出遂開門出降
薛萬備爲阿史那杜爾行軍長史杜爾破龜兹于闐
王伏闍信大懼使其子以駝馬三百疋餽軍及將旅
師萬備謂社爾曰今者旣破龜兹國威已振請因此
機領以輕騎羈取于闐之王社爾乃遣萬備率五十
騎抵于闐之國萬備陳國威靈勸其入見天子伏闍
信於是隨萬備來朝

李勉爲汴宋滑豪河陽等道節度使德宗建中三年
淄青李納叛使勉誘說於納許降乃遣其叛官箭較
戶部郎中房説以其母弟經男成務朝於京師
嗣曹王臯爲江南西道觀察使時李希烈反臯乃遣
伊慎王鍔將兵進圍安州州城阻溳水爲固攻之累
日不下希烈遣其甥劉戒虛將步騎八千來援臯乃
遣李伯潛分兵迎擊之戰於應山獲戒虛及大將二
人裨將二十人斬首千餘級戒虛等皆面縛示於城
下臯使人說之賊曰得大將及賓介一二人爲信當
以城降臯乃遣王鍔馬縈繩城而入城中皆大呼乃

出降希烈又遣將將兵援隨州臯又令伊慎邀擊於
厲鄉大破之乃復平靜百厲等關希烈甚畏之
伊慎建中末爲安州刺史時李希烈死李惠登爲賊
守隨州慎飛書招諭惠登隨以城降因密奏惠登可
用詔授隨州刺史
馬燧爲奉誠軍及晉絳慈隰節度并管内諸軍行營
副元帥與侍中渾瑊及鎮國軍節度駱元光等合軍
河中李懷光次於長春宮懷光將徐庭光以兵六千
守宫城禦備甚嚴燧度長春不下則懷光自固攻之
曠日持久所傷必甚乃挺身至城下呼庭光素憚燧

威名則拜於城上燧度庭光心已屈乃徐謂之曰我來自朝廷可西面受命庭光復拜燧乃喻之曰公等皆朔方將士祿山已來首建大勳四十餘年功伐最高奈何棄祖父之勳力背君上爲滅族之計邪從吾非止免禍富貴可圖也賊徒皆不對燧又曰爾以吾言不誠今相去不遠數步爾當射我心被襟示之庭光感泣俯伏軍士亦泣下先一日賊焦籬堡守將尉珪以兵三千因堡降燧庭光東道既絕乃率衆出降燧以數騎徑入城處之不疑莫不畏服衆大呼曰吾輩復得爲王人矣渾瑊駱是服燧私謂參佐日予嘗

謂馬公用兵與予不相遠但經慳累敗田悅今觀其行兵料敵吾不逮遠矣

范希朝爲朔方靈鹽節度使突厥別部有沙陀者北方推其勇勁希朝誘致之自甘州舉族來朝歸衆且萬人其後以之討賊所至有功

李光顏討淮西敗吳元濟之衆三萬於郾城其將張伯義奔於蔡州殺其賊十二三獲馬千匹器甲三萬聯皆畫雷公符仍書云速破城北軍尋而郾城守將鄧懷金請以城降光顏許之而收郾城初鄧懷金以官軍圍青陵城絕其歸路懷金懼謀於郾城令董昌齡昌齡母素誡昌齡因此勸懷光歸款於光顏且曰城中之人父母妻子皆質於蔡州如不屈而降則家盡屠矣請來降城我則舉烽求救救兵將至官軍逆擊之必敗此時當以城降光顏從之賊果敗走於是昌齡執印帥吏列於門外懷金諸將素衣倒戈列於門內光顏受降乃入羅城其城自壞五十餘步

李愬爲唐鄧節度使討淮西吳少誠子壻董重質性勇悍識軍機善用兵及元濟拒命重質又爲謀主領大軍當王師連歲不拔皆重質之謀也元和十二年宰相裴度督兵至郾城元濟懼乃悉發左右及守城

之卒委重質而拒度愬乘虛入蔡既擒元濟重質之家在蔡愬乃安卹之仍使其子持書禮以招重質見其子知城已陷及元濟囚窘之狀乃慨然以單騎歸愬白衣叩伏愬揖登堦以賓禮與之食憲宗欲殺之愬奏許以不死而來降請免之且乞於本軍驅使

嚴綬爲荊南節度有叙州蠻酋張伯請殺長史據辰錦諸州連九洞以自固詔綬出兵討之綬遣部將李志烈齎書曉諭盡招降之

後唐李嚴爲客省使隨郭崇韜征蜀爲三川招撫使嚴與先鋒使唐延孝將兵五千先驅閣道或馳以詞

說或威以兵鋒大軍亦及所在降下延孝在漢州王
衍與書曰可請司空先來餘即舉城納款衆咸以討
蜀之謀始於嚴衍以其言將誘而殺之欲不令往嚴
聞之喜即馳騎入益州衍見嚴於母前以妻母爲託
即日引蜀使歐陽彬迎謁魏王繼岌
晉劉處讓爲左監門衛上將軍充宣徽南院使天福
二年范延光據城反高祖命宣武軍節度使楊光遠
領兵討之處讓詔與光遠同參議軍政四年冬范延
光將謀納降尚或遲留處讓首入其城以禍福諭之
延光乃降

周曹英爲侍衛親軍馬步軍指揮使兗州行營廣順
二年正月上言十八日至任城喚得縣令胡延禧分
付勑牓招安百姓其山寨民尋時下山歸業見更令
招安次又上言按問得降人及兗州副都指揮使康
海超來投俱說賊城人心離散慮慕容彦超遯竄已
牒鄰道防備掩殺其康海超且留於城下說誘賊黨
候三五日遣赴京師

冊府元龜

巡按福建監察御史臣李嗣京　訂正

知長樂縣事臣夏允彝叅閱

知建陽縣事臣黄國琦較釋

將帥部

受降

夫叛而伐之服而舍之軍之善政也故舞干而格因壘而降義著於招攜功成於無戰皆聖王之令範焉乃有董厥戎政式遏亂略恩信攸及威聲載道強敵懾畏群伍離析繇是開壁送款負鑕歸仁狙獷咸懷

反側以定甲兵戢戢而芒刃不頓連甍案堵而閭井以完至乃鄣塞寧謐夷羌綏附克固吾圉以屏諸華此蓋得良帥之風而達經武之要者也

後漢齊武王縯字伯升更始即以爲大司徒時平林後部攻新野不能下新野宰登城言曰（王莽改令長爲宰東觀記曰其宰潘臨也）得司徒劉公一信願先下及伯升軍至郎開城門降

馮異爲陽夏侯光武以赤眉延岑暴亂三輔郡縣大姓各擁兵衆遣異討之異所至皆布威信弘農郡盜稱將軍者十余輩皆率衆降又與赤眉遇於華陰戰數十合降其將劉始王宣等五千餘人

銚期爲虎牙大將軍銅馬數十萬衆入清陽博平期與諸將迎擊之連戰不利期乃更背水而戰所殺傷甚多會光武救至遂大破之追至館陶皆降之

岑彭爲征南大將軍建武二年彭率傅俊臧宫劉宏等圍秦豐於黎丘時田戎擁衆夷陵秦聞豐被圍懼大兵方至欲降而妻兄辛臣諫戎曰今四方豪傑各據郡國雒陽地如掌耳（辛臣爲戎作地圖彭寵張步董憲公孫述等所得郡國云雒陽所得如掌耳）不如按甲以觀其變戎曰以秦王之強（秦王秦豐也）猶爲征南所圍豈況吾邪降計決矣四年春戎

乃留辛臣守夷陵自將兵沿江泝沔止黎丘刻期日當降而辛臣於後盜戎珍寶從間道先降於彭而以書招戎戎疑必賣己遂不敢降（東觀漢記戎至期月灼龜卜向光中坼遂止不降）而反與秦豐合彭出兵攻戎數月大破之其大將伍公詣彭降

耿弇爲建威大將軍光武建武五年夏光武以赤眉延岑亂鉅昧水上八九十里僵尸相屬因復戰所殺傷甚多會光武至鑕於軍門弇傳步詣行在所弇復引兵至城群盜稱將軍十餘地悉平

馬援建武十一年爲隴西太守時武都氐人皆公孫

建威略者援皆上復其侯王君長賜印綬帝悉從之十三年武都参狼羌爲寇援時以兵擊之至氐道縣羌在山上援軍據便地奪其水草不與戰羌遂因亡出塞餘種萬餘人悉降於是隴右清淨

耿秉爲駙馬都尉明帝永平十七年與奉車都尉竇固擊車師車師後王安得震怖從數百騎出迎固司馬蘇安欲全功歸固即馳謂安得曰漢貴將獨有奉車都尉天子姊壻（固尚光武女湼陽公主明帝姊也）爵爲通侯當先降之安得乃還更令其諸將迎秉秉大怒被甲上馬麾其精騎徑造固壁言曰車師王降訖今不至請往

梟其首固大驚曰且上將敗事秉厲聲曰受降如受敵遂馳赴之安得惶恐走出門脫帽抱馬足降（東觀記曰脫帽趣抱馬蹄）秉將如詣固其前王亦歸命遂定車師而還

耿恭章帝建初二年爲長水校尉時金城隴西羌反遣恭師五校士三千人副車騎將軍馬防討西羌恭屯枹罕數與羌接戰明年秋燒當羌降防還京師恭留擊諸未服者首虜千餘人獲牛羊四萬餘頭勒姐（姐音紫子也切）燒何羌等十三種數萬人皆詣恭降

龐奮爲鴈門太守行度遼將軍和帝永元六年南匈奴反畔脅立前單于屯屠何子薁鞬日逐王逢侯爲單于逢侯於塞外分爲二部自領右部屯涿邪山下左部屯朔方西北相去數百里八年冬左部胡自相疑畔還入朔方塞奮迎受慰納之其勝兵四千人弱小萬餘口悉降以分處北邊諸郡後右溫禺犢王烏居戰數千人復畔奮及馮柱與諸郡兵擊烏居戰其衆降於是從烏居戰衆及諸還降者二萬餘人於安定北地

梁慬爲西域副使尉殤帝延平元年冬南單于與烏桓大人俱反以大司農何熙行車騎將軍事中郎將

龐雄與副將羽林五校營士及發沿邊十郡兵二萬餘人又遼東太守耿夔率將鮮卑種衆共擊之詔慬行度遼將軍事龐雄與耿夔共擊匈奴薁鞬日逐王破之單于乃自軍圍中郎將耿种於美稷連戰數月攻之轉急种移檄求救明年正月慬將八千餘人馳往赴之至屬國故城與匈奴左將軍烏桓大人戰破斬其渠帥殺三千餘人虜其妻子獲財物甚衆單于復自將七八千騎迎攻圍慬慬被甲奔擊所向皆破虜遂引還虎澤三月何熙軍到五原曼栢暴疾不能進遣龐雄與慬及耿种步騎萬六千人攻虎澤連營

稽前單于惶怖遣薁鞬日逐王詣慬乞降乃大陳兵受之單于脫帽徒跣面縛稽顙納質

張奐安帝永寧初爲安定屬國都尉初到職而南匈奴左薁鞬臺耆且渠伯德等七千餘人寇美稷東羌復舉種應之而奐壁唯有二百許人聞卽勒兵而出軍吏以爲力不敵叩頭爭止之奐不聽遂進屯長城收集兵士遣將王衛招誘東羌因據龜茲使南匈奴不得交通東羌諸豪遂相率與奐和親共擊薁鞬等連戰破之伯德惶怖恐將其衆降郡縣界以寧

耿曅順帝永建中爲烏桓校尉時鮮卑寇緣邊殺代

郡太守曅率烏桓及諸郡卒出塞討擊大破之鮮卑震怖數萬人詣遼東降

魏曹眞爲大將軍時安定民楊條等畧吏民保月支城眞進軍圍之條謂其衆曰大將軍自來吾願早降耳遂自縛出三郡皆降

郭淮爲征西將軍都督雍凉諸軍事與雍州刺史陳泰協策降蜀牙門將句安等於翅上

王基爲荆州刺史虜吳安北將軍譚正納降數千戶於是移其降民置夷陵縣

鄧艾討蜀自陰平道先軍而進大破蜀軍乃至於雒

劉禪遣使奉皇帝璽綬爲箋詣艾請降艾至城都禪率太子諸王及諸臣六千餘人面縛輿櫬詣軍門艾執節解縛焚櫬受而宥之檢御將士無所虜畧綏納降附使復舊業蜀人稱焉先是鍾會初并諸葛緒之軍進攻劍閣不克引退蜀軍保險拒守鄧艾遂至綿竹大戰斬諸葛瞻姜維等聞瞻已破率其衆東入于巴會乃進軍至涪遣胡烈田續龐會等追維艾軍向成都劉禪詣艾降遣使勅維等令降於會維至廣都棲縣令兵悉放器仗送節傳於胡烈便從東道詣會降

吳陸遜爲大將軍討關羽至公安劉備宜都太守樊支委郡走諸城長吏及蠻夷君長皆降遜請金銀銅印以假授初附

呂岱代步騭爲交州刺史到州高凉賊率錢博乞降岱因承制以博爲高凉西部都尉

孫峻爲大將軍五鳳二年正月魏鎭東將軍毋丘儉前將軍文欽以淮西之衆西入戰於樂嘉閏月壬辰峻與驃騎將軍呂據左將軍留贊率兵襲壽春軍及東興聞欽等敗壬寅兵進於橐皋欽詣峻降淮南餘衆數萬口來降

晉王濬爲龍驤將軍武帝大康元年正月濬發自城都率巴東監軍廣武將軍唐彬攻吳丹陽克之濬自發蜀兵不血刃攻無堅城夏口武昌無相支抗於是順流鼓棹徑造三山孫皓遣游擊將軍張象率舟師萬人禦濬象軍望旗而降皓聞濬軍旌旗器甲屬天滿江威勢甚盛莫不破膽用光祿勳薛瑩中書令胡冲計送降文於濬曰吳郡孫皓叩頭死罪昔漢室失御九州幅裂先人因時略有江南遂阻山河與魏乖隔大晉龍興德復四海闇劣偷安未喻天命至於今者猥煩六軍衡蓋露次遠臨江渚舉國震惶假息漏

刻敢緣天朝含弘光大謹遣私署太常張夔等奉所佩璽綬委質請命壬寅濬入於石頭皓乃備亡國之禮素車白馬肉袒面縛銜璧牽羊大夫衰服士輿櫬率其僞太子瑾瑾弟魯王虔等二十一人造於壘門濬躬解其縛受璧焚櫬送於京師收其圖籍封其府庫軍無私焉

王戎爲豫州刺史建威將軍受詔伐吳遣參軍羅尚劉喬領前鋒進攻武昌吳將楊雍孫述江夏太守劉朗各率衆詣戎降戎督大軍臨江吳牙門將孟泰以蘄春邾二縣降

高密王略懷帝初爲使持節都督荆州諸軍事京兆流人王逌與叟人郝雒聚衆數千屯於冠軍略遣參軍崔曠率將軍皮初張雒等討逌爲逌所譎戰敗略更遣左司馬曹攄統曠等進逼逌將大戰曠在後密自退走攄軍無繼戰敗死之略乃赦曠罪復遣部將韓松又督曠攻逌逌乃降

庾翼成帝咸康六年爲安西將軍荆州刺史鎮武昌時石季龍汝南太守戴開率數千人詣翼降

桓溫爲安西將軍穆帝永和二年率衆伐蜀李勢勢衆大潰溫乘勝直進焚其小城勢遂夜遁九十里至

晉壽葭萌城其將鄧嵩昝堅勸勢降乃面縛輿櫬詣命溫解縛焚櫬送於京師

戴施爲督護永和八年冉閔亂其子智以鄴城降得其傳國璽施以送之

桓冲孝武時爲車騎將軍荆州刺史鎮江陵苻堅使其將郗貴守襄陽冲使楊威將軍朱綽討之又使上庸太守郭寶伐苻堅魏興太守褚垣上庸太守段方並降之

桓石虔領河東太守進據樊城太守逐苻堅兗州刺史張崇納三千家而還

前秦苟萇爲武衛將軍符堅遣萇率衆伐張天錫旣陷其河會縉縮等城又降其將軍掌據天錫遣司兵趙充哲爲先鋒率勁勇五萬與萇等戰於赤岸充哲大敗天錫懼而奔還致牋請降萇至姑臧天錫乘素車白馬面縛輿櫬降於軍門萇釋縛焚櫬送之於長安諸郡縣悉降

王猛爲符堅將堅遣猛等率步騎三萬攻慕容暐雒州刺史慕容築於雒陽暐遣其將慕容臧率精卒十萬將解築圍猛使梁成等以精銳萬人卷甲赴之大破臧於滎陽築懼而請降猛陳師以受之留鄧

羌鎮金墉猛振旅而歸

宋劉勔爲輔國司馬時豫州刺史殷琰叛以勔假輔國將軍討之時琰賊降者明帝並送琰城下令與城內交言繇是人情沮喪琰將降先遣義陽王休祐內人出城然後開門時琰有疾以板自輿與諸將帥面縛請罪勔並撫宥無所誅戮自將帥以下財物資貨皆還之纖毫無所失

陳宜黃縣侯慧紀爲荆州刺史後主禎明二年蕭琮尚書左僕射安平王蕭巖晉熙王蕭瓛等率其部衆男女三萬餘口詣紀請降紀以兵迎之

後魏古弼大武時爲立節將軍進爲侍中吏部尚書與南部事奏與安原降東部高車于巳尼陂

尉元獻文時爲冠軍將軍宋薛安都以徐州內附元與孔伯恭赴援宋兗州刺史畢衆敬遣東平太守章佻劌諸軍歸欵元並納之

李煥孝文時爲司空從事中郎時豫州刺史裴叔業以壽春歸附詔煥以本官爲軍司與楊大眼奚康生等率衆迎接煥至淮西叔業兄子植遣使送質煥等濟師入城撫慰民咸忻悅

盧淵爲安南將軍時涇州羌叛殘破城邑淵以步騎

六千衆號二萬徐行而進未經三旬賊衆逃散降者數萬口唯梟首惡餘悉不問

薛眞度爲豫州刺史齊裴叔業以壽春內附詔眞度率衆赴之眞度至叔業來降

隋周法尚高祖時爲永州總管安集嶺南陳桂州刺史錢季卿南康內史柳璿西衡州刺史鄧暠陽山太守毛爽等前後詣法尚降陳定州刺史呂子廓據山洞反法尚引兵踰嶺子廓兵衆日散與千餘人走保巖嶮其左右斬之而降

韓擒虎開皇中爲廬州總管委以平陳之任甚爲敵

人所憚及大舉伐陳以擒虎爲先鋒次於新林江南父老素聞其威信來謁軍門晝夜不絶陳人大駭其將樊巡曾世眞田瑞等相繼降之晉王遣行軍總管杜彥與擒虎合軍步騎二萬陳叔寶遣領軍蔡徵守朱雀航聞擒虎將至衆懼而潰任蠻奴爲賀若弼所敗棄軍降於擒虎擒虎將五百人直入朱雀門陳人欲戰蠻奴撝之曰老人尚降諸君何事衆皆散走遂平金陵

于仲文開皇中爲柱國將軍伐陳之後拜行軍總管以舟師自章山出漢口陳郢州刺史荀法尚魯山城

王誕法澄鄧沙彌等請降秦王俊皆令仲文以兵納之

郭衍爲左武衛太將軍從煬帝討吐谷渾出金山道納降二萬餘戶

唐嗣曹王皋德宗建中初爲衡州刺史初湖南團練使辛京杲遣將王國良鎭武岡京杲侵刻之又虐其士卒國良以兵叛因據山守險刼行旅以自給詔徵荊南江西黔桂兵誅之二歲不下乃以皋爲潭州刺史湖南都團練使皋率諸軍至武岡國良阻險兵不得進皋乃謂諸軍曰國良恐京杲刻害本非反也其情易見不如降之乃三遺之書國良因請降未得其情皋曰其心屈矣乃捨軍自稱使者乘偏舟直造其壘曰我曹王也國良遂出降後爲江西節度李希烈南侵皋表王鍔兼御史中丞都虞候後皋攻安州使伊愼盛兵圍之賊懼請皋使至城中以約降皋使鍔懸而入旣成約殺不從者以出明日城闢皋以其衆入焉

高崇文爲東川節度使憲宗元和六年破劉闢賊衆二萬餘於鹿頭關斬首千餘級大將降者十餘人拔鎭四所焚其營遂軍於鹿頭西大河之口以斷賊糧

道賊大駭是月賊綿江柵將李文悅以三千人歸順尋而鹿頭將仇良輔舉城降者衆二萬闢男方朔子壻蘇強先監良輔軍是日械繫送京師降卒投戈面縛者彌十數里遂長驅而南直指城都德陽等縣城皆鎭以重兵莫不望旗率服師無留行

李光顏爲忠武軍節度使元和十一年正月淮西賊將韓伯雄降於光顏三月賊將吳秀琳以文城柵兵三千降于李愬遂以秀琳之衆攻吳房四月賊之郾城守將鄧懷金請以城降於光顏光顏帥師入其羅城

後唐魏王繼岌同光三年九月爲西征都統伐蜀繼岌至鳳州僞武興軍節度使王承捷以鳳興文扶四州降大軍食其芻粟得糧四十萬兵士八千魏王給牒令攝武興軍節度使前一日康延孝李嚴至故鎮威武城僞指揮使唐景思吳鐸王權思部下兵四百降于延孝其軍史鄭彥譚都揮使李璠見城危方出歸投郭崇韜以初無降意皆伏誅以唐景思攝興州刺史城中除已殺戮得兵四千米麥一十七萬粟三萬威武城蜀道咽喉險固之地其城倚嘉陵江三面山險延孝既拔故鎮殺其守將其衆萬餘縱其逸去

至興州僞蜀東川節度使宋光葆以梓綿劍龍普等五州來降武定軍節度使王承肇以洋蓬壁三州符印降其監軍使周永謙爲衆所殺興元節度使王宗威以梁開通渠麟等五州符印送降階州王丞岳納符印來降康延孝李嚴至漢州僞蜀主王衍遣人送牛酒請降魏王至綿州王衍遣使上牋曰衍叩頭言伏以五帝三王竟歸於代謝有家垂國孰免其廢興苟大命之革新頋轉禍而爲福衍誠惶誠恐叩頭伏以衍先人頃以受唐封册列土坤維自覇一方千兹三紀乃者因夷門之構逆偶中國以喪君勉副推崇遂隋興崇衍謬爲世子獲紹舊基而以幼冲不得負荷尋遇大唐皇帝中興聖運再造鴻圖輝赫大明炤臨下土荐修嘉好仰恃恩盟咸覆燾於堯天將駈馳於禹貢忽審王師討伐部内震驚靡敢當鋒幸思歸命伏惟殿下位尊上嗣德寳元良騰少海之波瀾動前星之秀彩親乘象輅勞履劍關已得萬民之歡心望恕斯人之死罪今則完全府庫守遏邑居率文武以陳誠輿櫬而納欵伏惟殿下特弘哀鑒保證奏聞亦存諸典刑貯在策府庶幾先人之靈右享血食之祀免支離於眷屬得敬養於庭闈惟聖君之明慈係殿

下之玄造衍無任危迫殆越戰懼激切之至謹差私署檢校司空行尚書兵部侍郎歐陽彬軍使韓知權等奉牋以聞十一月辛亥魏王軍到德陽僞蜀六軍使王宗弼遣使顔守倫上牋云蜀主王衍已出府第舉家遷於西宅王宗弼權稱西川兵馬留後安撫軍城以候王師又言宗弼欲至漢州迎奉天軍其僞六軍印沿發遣公事且留未納翌日宗弼又遣人奉牋言昨蜀主與將較同議欵其僞樞密使宋光嗣景潤澄南院宣徽使周軫北院宣徽使歐陽晃等四人同出異謀惑亂蜀主臣當時梟首以徇謹令送納僞中

書令夔王宗範上牋曰臣生居顓許因先父建光啓
中討陳敬瑄在蜀僞司空平章事王諧上牋曰臣因
天復三年奏使西川遇車駕刼遷洛陽因留蜀部王
子王衍遣使上表曰臣衍言臣先人建久在坤維受
先朝寵澤一開土宇衍四十年頃以梁孽興灾鴻圖
版蕩不可助逆遂乃從權勉循衆人止王三蜀固非
獲已未有所歸臣輙紹鑑基且安生聚臣衍誠憂誠
懼頓首頓首伏惟皇帝陛下嗣堯舜之業揚湯武之
師廓定寰區剗平兇逆梯航聚集文軌會同臣方議
改圖便期納款遽聞王師致討實抱驚危今則將千

里之封疆盡爲王土兾萬家之臣妾皆沐皇恩必當
輿櫬乞降負荆請命伏惟皇帝陛下廻烱臨之造施
覆燾之私剏示哀矜以安反側儻墳寢而獲祀實存
没以知歸臣無任望恩虔禱之至表稱乙酉年十一
月二十日不稱僞年號甲寅魏王繼岌至漢州僞蜀
六軍使王宗弼至乙卯魏王統大軍至蜀城北舍於
王宗弼之别墅丙辰招撫使李嚴自蜀城引王衍及
僞文武百官儀仗法物至蜀城北昇仙橋下王衍初
乘竹輿自城中出至降所素衣牽羊草索繫首肉袒
銜璧輿櫬後從宰臣百官衰絰徒跣足以俟命魏王
降車取其璧郭崇韜解縛焚櫬王衍率僞百官東北
再拜謝恩訖又率衆拜魏王復拜崇韜崇韜荅拜復拜
李嚴嚴亦荅拜丁巳大軍入西川城戒諸軍剽掠法
令嚴峻軍士強括兵錢必論之以法市不改肆兵無
血刃

冊府元龜

冊府元龜

巡按福建監察御史臣李嗣京　訂正

知閩縣事臣曹肖臣參閱

知建陽縣事臣黃國琦較釋

將帥部

料敵

夫用兵之道先勝而後戰此料敵之情也自戰國之後金革日試至於正合奇勝伐謀伐交以詭譎相高以方畧自許者亦曷嘗無人哉漢氏之後司戎政者或善揣強弱先爲偵候達外夷之情狀審敵人之形

勢沈謀獨斷見之於未萌深識遠慮表之於無象用能取成而制勝攘寇而保民挫逆徒之銳氣遏戎酋之內侮克清多壘以集洪伐自非練經武之善志得御兵之要道洞見至順舉無不臧者亦安能及是乎

孫臏爲齊將田忌帥魏與趙攻韓韓告急於齊齊使田忌將而往直走大梁魏將龐涓聞之去韓而歸臏量其行暮當至馬陵馬陵道狹而傍多阻險可伏兵乃斫大樹白而書之曰龐涓死於此下於是令齊軍善射者萬弩夾道而伏期曰見火舉而俱發龐涓夜至斫樹下見白書乃鑽火燭之讀書未畢齊軍萬弩俱發魏軍大亂龐涓自知智窮兵敗乃自刎曰遂成豎子之名

漢韓信爲左丞相擊魏信問酈生魏得毋用周叔爲大將軍乎曰栢直也信曰豎子耳遂進兵克之

周亞夫爲太尉擊吳楚七國亞夫走昌邑深壁而守吳奔壁東南陬亞夫使備西北已而精兵果奔西北不得入

趙充國爲後將軍元康三年先零遂與諸羌種豪二百餘人解仇交質盟詛（羌人無大君長而諸種豪遞相殺伐故每有仇讎往來相報今解仇交質者自相親結欲入漢爲寇也）帝聞之以問充國對曰羌人

所以易制者以其種自有豪數相攻擊勢不一也往三十餘歲西羌反時亦先解仇合約攻令居（合約共爲要契也）與漢相距五六年乃定至征和五年先零豪封煎等通使匈奴（煎讀曰翦）匈奴使人至小月氏（氏音支）傳告諸羌曰漢貳師將軍衆十餘萬人降匈奴羌人爲漢事苦（事役使）張掖酒泉本我地地肥美可共擊居之以此觀匈奴欲與羌合非一世也間者匈奴困於西方聞烏桓來保塞恐兵復從東方起使使尉黎危須諸國設以子女貂裘欲沮解之（設謂開設之也沮壞也欲壞其計令散之沮音才汝切）其計不合疑匈奴更遣使至羌中道從沙陰地出

鹽澤過長坑入窮水塞南抵屬國與先零相直直當也
臣恐羌變未止此且復結聯他種宜及未然爲之備
未然者其計未成後月餘羌侯狼何果遣使至匈奴藉兵籍兵
也欲擊鄯善燉煌以絕漢道鄯音善充國以爲狼何小
月氏種在陽關西南勢不能獨造此計疑匈奴使已
至羌中先零罕幵乃解仇作約罕幵在金城南羌之別種也幵音口堅切
到秋馬肥變必起矣宜遣使者行邊兵豫爲備敕視
諸羌毋令解仇行下更切視讀曰示語之也以發覺其謀
陳湯爲關内侯坐言事非是奪爵爲士伍後數歲西
域都護段會宗爲烏孫所圍驛騎上書願發城郭燉

煌兵以自救丞相王商大將軍王鳳及百僚議數日
不決鳳言湯多籌策習外國事可問帝召湯見宣室
湯擊郅支時中寒病兩臂不屈音屈下同申湯入見有詔
毋拜示以會宗奏湯辭謝曰將相九卿皆賢材通明
小臣罷癃不足以策大事帝曰國家有急君其毋讓
對曰臣以爲此必無可憂也帝曰何以言湯曰夫胡
兵五而漢兵一何者兵刃朴鈍弓弩不利今聞頗得
漢然猶三而當一又兵法曰客倍而主人半然後敵
今圍會宗者人衆不足以勝會宗唯陛下勿憂且兵
輕行五十里今會宗欲發城郭燉煌歷時乃至所謂

報讎之兵非救急之用也帝曰柰何其解可必乎度
何時解湯知烏孫瓦合不能久攻故事不過數日因
對曰已解矣詘指計其日曰不出五日當有吉語聞
居四日軍書到言解
後漢馬援爲侍詔光武自征隗囂至漆漆縣屬右扶風諸將
多以王師之重不宜迎入險阻計宄預未決宄行貌也義見
說文猶亦未定也先音以林切會召援夜至帝大喜引入具以群議
質之援因說隗囂將帥有土崩之勢兵進有必破之
狀又於帝前聚米爲山小谷指畫形勢開示衆軍所
從道徑往來分析曲折昭然可曉帝曰虜在吾目中

矣明旦遂進軍至第一高平有第一城高平今原州縣囂衆大潰
班超使西域降莎車威振西域先是月氏嘗助漢擊
車師有功遂貢奉珍寶符拔師子符拔形似麟而無角因求漢
公主超拒還其使繇是怨恨永元二年月氏遣其副
王謝將兵七萬攻超超衆少皆大恐超譬軍士曰月
氏兵雖多然數千里踰葱嶺來非有運輸何足憂邪
但當收穀堅守彼饑窮自降不過數十日決矣謝遂
前攻超不下又抄掠無所得超度其糧將盡必從龜
茲求救乃遣兵數百於東界要之謝果遣騎齎金銀
珠玉以賂龜茲超伏兵遮擊盡殺之持其使首以示

謝謝大驚郎遣使請罪願得生歸超縱遣之月氏繇
是大震歲奉貢獻明年龜茲姑墨溫宿皆降
魏郭淮爲雍州刺史青龍二年諸葛亮出斜谷並田
於蘭坑是時司馬宣王屯渭南淮策亮必爭北原宜
先據之議者多謂不然淮曰若亮跨渭登原連兵北
山隔絕隴道搖盪民夷此非國之利也宣王善之淮
遂屯北原塹壘未成蜀兵大至淮逆擊之後數日亮
盛兵西行諸將皆謂欲攻西圍淮獨以爲此見形於
西欲使官兵重應之必攻陽遂耳其夜果攻陽遂有
備不得上

田豫爲汝南太守殄夷將軍封公孫淵會吳賊遣使
與淵相結帝以賊衆多又以渡海詔豫使罷軍豫渡
賊船垂還歲晚風急必畏漂浪東隨無岸當赴成山
成山無藏船之處輙便循海案行地形及諸山島徼
截險要列兵屯守自入成山登漢武之觀賊還果遇
惡風船皆觸山沈沒波蕩著岸無所逃竄盡虜其衆
後孫權號十萬衆攻新城征東將軍滿寵欲率諸軍
救之豫曰賊悉衆大舉非徒投射小利欲質新城以
致大軍耳宜聽使攻城挫其銳氣不當與爭鋒也城
不可拔衆必罷怠然後擊之可大克也若賊見計必
不攻城勢將自走若便進兵適入其計又大軍相向
當使難知不當使自畫豫輙上狀天子從之會賊遁
走
曹仁爲廣陽太守以議郎督騎時太祖與袁紹久相
持於官渡紹遣劉備徇濦強諸縣多舉衆應之自許
以南吏民不安太祖以爲憂仁曰南方以大軍方有
目前急其勢不能相救劉備以強兵臨之其背叛故
宜也備新將紹兵未能得其用擊之可破太祖善其
言遂使將騎擊備破走之仁盡復收諸叛縣而還
曹休領虎豹騎宿衛劉備遣將吳蘭屯下辯太祖遣

曹洪征之以休爲騎都尉參洪軍事太祖謂休曰汝
雖參軍其實帥也洪聞此令亦委事於休備遣張飛
屯固山欲斷軍後衆議狐疑休曰賊寔斷道者當伏
兵潛行今乃先張聲勢此其不能也宜及其未集促
擊蘭蘭破則飛自走矣洪從之進兵擊蘭大破之飛
果走
程昱爲振威將軍袁紹在黎陽將南渡時昱有七百
兵守鄄城太祖聞之使人告昱欲益二千兵昱不肯
曰袁紹擁十萬衆自以所向無前今見昱兵少必輕
易不來攻若益昱兵過則不可不攻攻之必克徒兩

損其勢願公無疑太祖從之紹聞昱兵少果不往太
祖謂賈詡曰程昱之膽過於賁育遷奮武將軍大祖
征荆州劉備奔吳論者以爲孫權必殺備昱料之曰
孫權新在位未爲海内所憚曹公無敵於天下初舉
荆州威震江表權雖有謀不能獨當也劉備有英名
關羽張飛皆萬人之敵也權必資之以禦我難解勢
分備資以成又不可得而殺也權果多與備兵以禦
太祖
李典爲裨將軍劉備北侵至葉太祖遣典從夏侯惇
拒之備一旦燒屯去惇率諸軍追擊之典曰賊無故

退疑必有伏南道窄狹草木深不可追也惇不聽與
于禁追之典留守惇等果入賊伏裏戰不利典往救
備望見救至乃散退
鍾繇爲侍中守司隸校尉持節都督關中諸軍事其
後匈奴單于作亂平陽繇帥諸軍圍之未拔而袁尚
所置河東太守郭援到河東衆甚盛諸將議欲釋之
去繇曰袁氏方彊援之來關中陰與之通所以未悉
叛者顧吾威名故耳若棄而去示之以弱所在之民
誰非寇讎縱吾欲歸其得至乎此謂未戰先自敗也
且援剛愎好勝必易吾軍若渡汾爲營及其未濟擊
之可大克也張既說馬騰會擊援騰遣子超將精兵
逆之援至果輕渡汾衆止之不從濟水未半擊大破
之
張郃初爲袁紹寧國中郎將太祖與紹相拒於官渡
紹遣將淳于瓊等督運屯烏巢大祖自將擊之郃說
紹曰曹公兵精往必破瓊等破則將軍事去矣宜急
引兵救之郭圖曰郃計非也不如攻其本營勢必還
此謂不救而自解也郃曰曹公營固攻之必不拔若
瓊見擒吾屬盡爲虜矣紹但遣輕騎救瓊而以重兵
攻大祖營不能下大祖果破瓊等紹軍潰圖慙又更

譖郃曰郃快軍敗出言不遜郃懼乃歸太祖文帝時
爲左將軍屯方城會諸葛亮復出急攻陳倉帝驛馬
召郃到京都帝自幸河南城置酒送郃遣南北軍士
三萬及分遣武衛虎賁使衛郃因問郃曰遅將軍到
亮得無已得陳倉乎郃知亮縣軍無穀不能久攻對
曰比臣未到亮已走矣屈指計亮糧不至十日郃晨
夜進至南鄭亮退詔郃還京都
古弼爲安西將軍與永昌王健等討馮文通文通嬰
城自守弼刈禾克而還
羅伊利孝文時爲安東將軍蠕蠕來寇詔伊利追擊

之不及而反
劉杲孝文時南齊雍州刺史曹虎之詐降也詔杲以兵出義陽無功而還
張浦爲南中郎將南蠻校尉隷平南大將軍長孫嵩往禦晉師及宋武帝入長安乃還後從安平公叔孫建攻青州不克而還
皮豹子爲内都大官先是河西諸胡亡匿避命豹子及前涇州刺史阿君督河西諸軍南趣石樓與衛大將軍樂安王良以討羣胡豹子等與賊相對不覺胡走無捷而還坐免官

楊椿爲安東將軍宣武永平初徐州彭城人成景携以宿豫叛詔椿率衆四萬討之不剋而返
淳於誕爲伐蜀別駕司馬領鄉導統軍次晉壽蜀人大震屬宣武晏駕不果而還
伊盆子孝明時爲持節右將軍雍州刺史欲耀兵以示有餘乃潛遣步騎六千伏肥池隱處以待之權果上岸耀兵籠伏軍卒起擊之斬首數百或有赴水死者
王基爲安豐太守吳嘗大發衆集建業揚聲欲入攻揚州刺史諸葛誕使基策之基曰昔孫權再至合肥一至江夏其後全琮出廬江朱然寇襄陽皆無功而還今陸遜等已死而權年老内無賢嗣中無謀主自出則懼内釁卒起癰疽發潰遣將則舊將已盡新將未信此不過欲補定支黨還自保護耳後權竟不出
蔣濟爲護軍將軍明年遣平州刺史田豫幽州刺史王雄共攻遼東公孫淵聞魏將來討復稱臣於孫權乞兵自救帝問濟孫權其救遼東乎濟曰彼知官備以因利不可得深入則非力所能淺入則勞而無獲雖子弟在危猶將不動况異域之人兼以往者之辱乎今所以外揚此聲者譎其行人疑於我我之不克

冀折後事已耳然沓渚之閒去淵尚遠若大軍相持事不速决則權之淺規或能輕兵掩襲未可測也
鄧艾爲南陽太守與征西將軍郭淮拒蜀偏將軍姜維維退淮因西擊羌艾曰賊去未遠或能復還宜分諸軍以備不虞於是留艾屯白水北三日維遣廖化自白水南向艾結營艾謂諸將曰維令卒還吾軍人少法當來渡水而不作橋此維使化持吾令不得還維必自來襲取洮城洮城在水北去艾屯六十里艾卽夜潛軍徑到維果來渡而艾先至據城得以不敗
其後姜維駐鍾提乃以艾爲安西將軍假節領護東

羌校尉議者多以爲維力已竭未能更出艾曰洮西之敗非小失也破軍殺將倉廪空虚百姓流離幾於危亡今以策言之彼有乘勝之勢我有虚弱之寔一也彼上下相習五兵犀利我將易兵新器杖未復二也彼以船行吾以陸軍勞逸不同三也狄道隴西南安祁山各當有守彼專爲一我分爲四四也從南安隴西因食羌穀若趣祁山熟麥千頃爲之縣餌五也賊有黠數其來必矣頃之維果向祁山聞艾有備乃回從董亭趣南安艾據武城山以相持維與艾爭險不克其夜渡渭東行緣山趣上邽艾與戰於段谷大

破之

蜀諸葛亮爲丞相率師與司馬宣王對於渭南亮自至數挑戰宣王亦表固請戰魏明帝使衛尉辛毗持節以制之姜維謂亮曰辛佐治仗節而到賊不復出矣亮曰彼本無戰情所以固請戰者以示武於其衆耳將在軍君命有所不受苟能制吾豈千里而請戰耶宣王使二千餘人就軍營東南角大聲稱萬歲亮使問之答曰吳朝有使至請降亮謂曰計吳朝必無降法卿是六十老翁何煩詭誑如此會亮卒軍退

張嶷爲牙門將武都氐王苻健請降遣將軍張尉往迎過期不到大將軍蔣琬深以爲念嶷平之曰苻健求附款至必無他變素聞健弟狡黠又夷狄不能同功將有乖離是以稽留耳數日間至健弟果將四百戸就魏獨健來從

吳陸遜爲右護軍鎮西將軍黄武元年劉備率大衆來向西界權命遜爲大都督督諸將拒之備從至岐建平連圍至夷陵界立數十屯先遣吳班將數千人於平地立營欲以挑戰諸將皆欲擊之遜曰此必有譎且觀之諸將並欲迎擊備遜以爲不可曰備舉軍東下鋭氣始盛且乘高守險難可卒攻攻之縱下猶難盡克若有不利損我大勢非小故也今但且奬厲將士廣施方畧以觀其變若此間是平原

曠野當恐有顛沛交馳之憂今緣山行軍勢不能展自當罷于木石之間徐制其弊耳諸將不解以爲遜畏之各懷憤恨備知其計不可乃引伏兵八千從谷中出遜曰所以不聽諸軍擊班者揣之必有巧故也後爲輔國將軍領荆州牧備既入白帝徐盛潘璋宋謙等各競表言備必可擒乞復攻之權以問遜遜與朱然駱統以爲曹丕大合士衆外託助國以討備內寔有姦心謹決計趣還無幾魏軍果出三方受敵也

晉周訪元帝時爲振武將軍與諸軍共征杜弢訪與賊隔水賊衆數倍自知力不能敵乃密遣人如樵採者而出於是結陣鳴鼓而來大呼曰左軍至士卒皆

稱萬歲至夜令軍中多布火而食賊謂官軍益至未
曉而退訪謂諸將曰賊必引退然終知我無救軍當
還掩人宜促渡水北旣斷橋訖而賊果至隔水不得
進
陶侃爲龍驤將軍武昌大守元帝令擊杜弢將周顗
爲荆州刺史先鎮潯水城賊掠其良口侃使部將朱
伺救之賊退保冷口侃謂諸將曰此賊必更步向武
昌吾宜還城晝夜三日行可至卿等誰能忍饑鬭邪
部將吳寄曰要欲十日忍饑晝當擊賊分夜捕魚足
以相濟侃曰卿健將也賊果增兵來攻侃使朱伺等

逆擊大破之
朱伺爲廣威將軍時王敦欲用從弟廙代侃侃爲荆
州侃故將鄭攀馬儁等乞侃於敦敦不許攀等以侃
使滅大賊人皆樂附又以廙忌戾難事謀共距之遂
屯結涓口遣使告伺伺外許之而稱疾不起攀等遂
進距廙旣而士衆疑阻復散還橫桑口欲入杜曾時
朱軌趙誘李桓率衆將擊之攀等懼誅以司馬孫景
造謀距廙因斬之降軌等廙將西出遣長史劉浚留
鎮揚口壘時杜曾請討第五猗於襄陽伺謂廙曰曾
是猾賊外示西還以疑衆心欲誘引官軍使西然後
兼道襲揚口耳宜大部分未可便西廙性矜厲自用
兼以伺老怯難信遂西行曾等果馳還廙乃遣伺歸
裁至壘卽爲曾等所圍
北燕張興爲馮跋將跋從兄萬泥從兄子乳陳叛跋
遣興與馮弘討之尅期出戰興謂弘曰賊明月出戰
今後必來驚我營宜命三軍以備不虞弘乃發嚴人
課草十束畜火伏兵以待之是夜乳陳果遣壯士千
餘人來砍營衆火俱起伏兵邀擊俘斬無遺乳陳等
懼而出降弘皆斬之
宋劉鍾爲寧朔將軍領石頭戍事高祖遣宋齡石伐

蜀以鍾爲前鋒蹶外水至於彭模去城都二百里僞
冠軍征討督護譙允等兩岸連營層樓重棚衆號三
萬鍾于時脚疾不能行齡石乃詣鍾謀曰今天時盛
熱而賊嚴兵固險攻之未必可拔祇增疲困計其人
情怯撓必不久安且欲養銳息兵以伺其隙隙而乘
之乃可捷事然決機而陣公本有所委卿意謂何鍾
曰不然前揚聲言大衆向內水譙道福不敢捨涪城
今重軍卒至出其不意蜀人已破膽矣賊令阻兵守
險是其懼不敢戰非能持久堅守也因其內懼盡銳
攻之其勢必克鼓行而進成都必不能守矣今若緩

兵相守彼將知人虛實涪軍忽來并力距我人情既
安良將又集此來戰不獲軍食無資當爲蜀子虜耳
齡石從之明日進攻陷其二城斬其大將侯輝譙徑
平成都

沈林子封資中侯高祖伐羌復參西軍事與寇軍檀
道濟同攻潼關林子啓高祖曰姚紹氣蓋關右而力
以勢屈外兵屢敗衰亡内兆但恐凶命先盡不得以
釁齊斧耳紹尋疽發背死高祖以林子言驗乃賜書
曰姚紹忽死可謂天誅

沈攸之爲中領軍鎮淮陰薛安都據彭城引魏爲援

魏遣清河閒人詐告攸之云安都欲降求軍迎接攸
之副吳喜爲納其説咸謂宜遣千人參之既而來者轉
多喜所執彌固攸之乃集來者告之語曰薛徐州早
宜還朝今能爾深副本望但遣子弟一人來便遣大
軍相援君諸人既有志心若能與薛子弟俱來者當
即假軍以奔鄉縣唯意所欲如其不爾無爲空勞往
還自此一去不反

南齊劉善明在宋爲寇軍將軍行南徐州事時沈攸
之反太祖深以爲憂善明獻計曰沈攸之控引八州
縱情畜斂收衆聚騎營造舟仗苞藏賊志於焉十年

性既險躁才非持重而起逆累旬遲回不進豈應有
所待也一則闇於兵機二則人情離怨三則有掣肘
之患四則天奪其魄大慮其剽勇長於一戰疑其輕
速掩襲未備今六軍齊奮諸侯同舉昔謝晦失理不
斷自潰盧龍乖道雖衆何施且袁粲劉秉賊之根本
根本既滅枝葉豈久此是籠之鳥耳事平太祖召善
明還都謂之曰卿策沈攸之雖復張良陳平適如此
耳

周山圖在宋爲輔國將軍時沈攸之攻郢城世祖令
山圖量其勢山圖曰攸之見與隣鄉亟同征伐悉其

爲人性度險刻無以結固士心始頓兵堅城之下適
所以爲離散之漸耳攸之既敗平西將軍黃回乘輕
舸從白服百餘人在軍前下緣流叫盆城中恐須臾
知是回凱歸乃安世祖謂山圖曰周公前言可謂明
于見事者矣

劉懷珍在宋爲征虜將軍宋沈攸之起兵衆謂當沿
流直下懷珍謂僚佐曰攸之矜躁風著虐加楚服必
當阻兵中流聲援幼主不敢長驅决勝明矣遣子靈
哲領馬步數千人衛京師

桓崇祖爲平西將軍崇祖慮魏復寇淮北啓徙下蔡

戍於淮東旣而魏果欲攻下蔡旣聞內徙乃揚聲戍平陰故城衆疑魏當於故城立戍崇祖曰下蔡去鎭咫尺魏豈敢置戍實欲除此故城恐奔走之不盡耳魏軍果夷掘下蔡城崇祖自率衆渡淮與戰大敗之追奔數十里殺獲千計

豫章王嶷爲驃騎大將軍都督荆襄等八州諸軍事魏軍寇司豫二州嶷遣南蠻司馬崔惠景北討又分遣中兵參軍蕭惠朗援司州屯西關魏軍齊淮攻壽春分騎當出樊鄧衆以爲憂嶷曰虜入春夏非動衆時令豫司彊守遏其津要彼見堅嚴自當潰散必不

敢越二鎭旣而虜竟不出樊鄧於壽春敗奔而南也

梁常濬爲輔國將軍時王師北伐詔濬督衆軍濬遣長史王超宗梁郡太守馮道根攻魏小峴城未能拔濬巡行圍柵魏城中忽出數百人陳於門外濬欲擊之諸將皆曰向本輕來未有戰備徐還授甲乃可進濬曰不然魏城中三千餘人閉門堅守足以自保無故出人於外必其驍勇者也若能挫之其城自拔衆猶遲疑濬指其節曰朝廷授此非以爲飾韋濬之法不可犯也乃進兵士皆殊死戰軍果敗走因急攻之中宿而城拔

陳吳明徹爲征北大將軍進逼壽陽北齊王琳拒守又遣大將軍皮景和率軍數十萬來援去壽春三十里頓軍不進諸將咸曰堅城未拔大援在近不審公計將安出明徹曰兵貴在速而彼結營不進自挫其鋒吾知其不敢戰明矣於是躬擐甲冑疾攻一鼓而尅壽陽生擒王琳

後魏古弼爲安西將軍時宋遣將裴方明擊楊難當尅仇池立楊玄庶子保熾於是假弼節督隴右將軍事旣平仇池未幾諸氐復推楊文德爲主圍仇池弼發上封高平峭城諸軍討之仇池圍解文德走漢川

時皮豹子督關中諸軍次於下辨聞仇池圍解議欲還軍弼使謂豹子曰此連破賊軍恐彼君臣未體大分耻其負敗或求報復若其班師寇衆復至後舉爲難不如繕兵練甲蓄力待之不出秋冬南寇必來以逸待勞百勝之策豹子乃止大武聞之曰弼之言長策也制南秦弼謀多矣

任城王澄爲撫軍大將軍時鎭州刺史穆泰在州諸反推朔州刺史平陽王頤爲主詔澄行鎭州事討之澄至鴈門大守夜告泰已握衆西就陽平城下聚推見弓仗澄聞便速進時右丞孟斌曰事不可量須依

勑詔并肆兵然後徐動澄曰泰既構逆應堅城而逆陽平度其所爲似當執弱泰既不相距無故發兵非宜也但速往鎮之民心自定遂倍道兼行出其不意又遣治書李煥先赴至郎擒泰民情怡然

范紹爲寧遠將軍孝文嘗詔紹詣鍾離與都督中山王英論攻鍾離形勢英固言必尅紹觀其城惶防守恐不可陷勸令班師英不從紹還具以狀聞俄而英敗

邢巒爲度支尚書宣武時豫州城民白早生殺刺史司馬悅以城南入梁梁遣寇軍將軍齊苟仁率衆入

據懸瓠詔巒持節討之宣武臨東堂勞遣巒曰司馬悅不慎重門之戒智不足以謀身匪直喪元隷豎乃大虧王略懸瓠密邇近畿東南藩捍度公之在彼憂慮尤深早生理不獨立必遠引吳楚士民同惡勢或交兵卿文昭武烈朝之南仲故令卿星言處出其不意卿言早生走也守也何時可以平之巒對曰早生非有深謀大智能構成此也但因司馬悅虐於百姓乘衆怒而爲之民爲凶威所挾不得已而苟附假梁入應水路不通糧運不繼亦成擒耳不能爲害也早生得梁軍之援溺於利欲之情必守而不走今王師若臨士民必翻然歸順圍之竊城奔走路絕不虞此年必傳首京師願陛下不足垂慮宣武大笑曰卿言何其壯哉深會朕遣卿之意

源子雍孝明時爲鎮東將軍與裴衍發鄴以討葛榮而信都城陷除子雍冀州刺史餘官如故子雍以冀州不守上書曰賊衆甚饑專仰野掠今朝廷足食兵卒飽煖高壁深壘勿與爭鋒彼來求戰則不得野掠無所獲不盈數旬可坐制凶醜時裴衍復表求詔子雍與衍速進子雍重表固請詔如謂不可乞令裴衍獨行若不賜解求停裴衍苟逼同行取敗旦夕詔不

聽遂與衍俱進至陽平郡東北漳曲榮率賊十萬詔官軍子榮戰敗被害

楊津爲撫軍將軍北道大都督始津受命出據靈丘而賊帥鮮于修禮起與博陵定州危急迴師南赴始至城下營壘未立而州軍新敗津以賊既乘勝士衆勞疲柵壘未成不可擬敵賊必夜至則無一全欲移軍入城更圖後舉刺史元固稱賊既逼城不可示弱乃閉門不內津揮刀欲斬門者軍乃得入城賊果夜至見柵空而去

董紹爲右將軍維州刺史時梁將軍曹義宗王玄眞

等寇荆州據順陽馬圈裴衍王態羆討之既復進圍
馬圈城堅裴王糧少紹上書言其必敗未幾裴衍等
果先利順陽復爲義宗所據
北齊陳元康爲中將軍時王思政入穎城諸將攻之
不能拔元康進計於文襄曰公入輔朝政未有殊功
雖敗侯景本非外賊今穎城將陷願公而乘之足以
取之大業文襄令元康馳驛觀之復命曰必可拔文
襄於是親征既至而尅賞元康金百鋌
後周于謹爲柱國大將軍南討於梁長孫儉問曰爲
蕭繹之計當何如謹曰耀兵漢沔席卷度江南據丹

陽是其上策移郭內居人退保子城峻其陴堞以待
援至是其中策若難於移動據守羅郭是其下策儉
曰揣繹定出何策謹曰必用其下策儉曰彼棄上而
用下何也對曰蕭氏保據江南綿歷數紀屬中原故
未遑外畧又以我有齊民之患必謂力不能分且繹
懦而無謀多疑少斷愚民難與慮始皆戀邑居既惡
移動當保羅郭所以用其下策及至梁果如所料
郭賢爲都督時齊神武襲陷夏州太祖慮其下與朝
臣議之賢進曰高歡上雖衆智勇已竭策其舉措必
不敢遠來昔賀拔公初薨關中震駭而歡不能因利
乘便進取雍州是其無智及鑾駕西遷六軍寡弱毛
鴻賓喪敗關門不守又不能乘此危機以要一戰是
其無勇今上下同心士民戮力歡志沮衆寧敢送死
且齒夏荒阻千里無煙縱令南侵資糧莫繼以此而
言不來必矣齊神武後果退如賢所策
于翼爲渭州刺史時吐谷渾入寇河右涼鄯河三州
咸被攻圍使人告急都督遣翼赴援不從寮屬咸以
爲言翼曰攻取之術非夷俗所長此寇之來不過抄
掠邊牧耳安能頓兵城下久事攻圍掠而無獲勢將
自走勞師以往亦無所及翼揣之已了幸勿復言居

數日果至如翼所策
韋孝寬爲驃騎大將軍鎮王壁時晉公護將東討孝
寬遣長史辛道憲啓陳不可護不納既而六軍果不
利後孔城遂陷宜陽被圍孝寬乃謂其將帥曰宜城
之地未能損益然兩國爭之勞師數載彼多君子寧
乏謀猷若棄崤東來圖汾北我之疆界必見侵擾今
宜於華谷及長秋速築城以杜賊志脫其先我圖之
實難於是畫地形具陳其狀晉公護令長史叱羅叶
謂使人曰韋公子孫雖多數不滿百汾北築城遣誰
固守事遂不行齊人果解宜陽之圍經畧汾北遂築

城守之又爲行軍元帥徇地淮南孝寛所在皆寄送
誠欵然後五門尤爲險要陳人若開塘放水即津濟
路絶孝寛遽令分兵據守之陳刺史吳文立果遣决
堰巳無所及於是陳人退走江北悉平
陸通爲文帝帳内督從解雒陽圍軍還屬趙青雀反
於長安文帝將討之以人馬疲敝不可速行又謂青
雀等一時陸梁不足爲慮乃云我到長安但輕騎臨
之必當面縛通進曰青雀等既以大軍不捷謂朝廷
傾危同惡相求遂成反亂然其逆謀久定必無遷善
之心且詐言大軍敗績東寇將至若以輕騎往百姓

謂爲信然更沮兆庶之望大兵雖疲敝精鋭猶多以
明公之威率思歸之衆以順討逆何慮不平文帝深
納之因從平青雀
隋楊素爲左僕射漢王諒反遣茹天保來據蒲州燒
斷河橋又遣王聃子率數萬人并力拒守素將輕騎
五千襲之潛於渭口宵濟遲明擊之天保敗走聃子
懼而以城降有詔徵還初素將行也計日破賊皆如
所量
李徹爲左武衛將軍總晉王軍事時突厥沙鉢畧可
汗犯塞文帝令衛王爽爲元帥率軍擊之以徹爲長
史行軍總管李充言於爽曰周齊之世有同戰國中
夏力分其來久矣突厥每侵邊諸將輙以全軍爲計
莫能死戰繇是突厥勝多敗少所以毋輕中國之師
今者沙鉢畧悉國内之衆屯據要險必輕我而無備
精兵襲之可破也爽從之諸將多以爲疑惟徹獎成
其計請同行遂與充率精騎五千出其不意掩擊大
破之沙鉢畧棄所服金甲潛草中而遁
衛玄爲簡較右禦衛大將軍時煬帝乖遼東使玄與
代王侑留守京師會楊玄感圍逼東都玄率步騎七
萬援之至華陰掘楊素家焚其骸骨夷其塋域示士

卒以必死既出潼關議者恐崤函有伏兵請於陝縣
汾流東下直趣河陽以攻其背玄曰以吾度之此計
非豎子所及於是鼓行而進既度函谷卒如所量
唐柴紹義師初起授右領軍大都督府長史大軍發
晉陽兼領馬軍總管將至霍邑紹先至城下察宋老
生形勢自曰老生有疋夫之勇我師若到必來出戰
戰則成擒矣及義師至老生果出紹力戰有功
江夏王道宗武德初起家左千牛裴寂討劉武周戰
於度索原軍賊進逼河東道宗年十七從太宗出玉
壺城望賊大宗顧謂道宗曰賊恃其衆來邀我戰汝

謂如何對曰群賊乘勝其鋒不可當易以計屈難與力競今深壁高壘以挫其鋒烏合之徒莫能持久糧運致竭自當離散可不戰而擒也汝意暗與我合後賊果食盡夜遁及追介州一戰滅之

王長諧爲西河太守從大宗下長春宮與劉文靜先據永豐倉時隋將劉綱戍潼關屈突通欲依綱以守險長諧揣知其計率衆先襲都尉南城拔之斬劉綱以兵據守及通軍至不得入退保北城長諧與通頻戰皆尅及通之遁也與諸將追至稠桑而虜之因進下陝城取大原倉

薛萬均爲殿中少監貞觀初柴紹擊梁師都於朔方以萬均爲副諸將見城險固皆有懼色萬均謂之曰城中無氣鼓聲不徹此是破亡之候平在旦夕諸軍勿以爲憂俄而師都見殺城降

李靖爲行軍總管兼攝河間王孝恭行軍長史隨孝恭討蕭銑師至於清江剋銑荆門銑悉兵以拒之孝恭將戰靖止之曰楚人輕銳難與爭鋒今新失荆門盡兵出戰此救敗之師也非其本圖勢不能久一旦不戰敗必兩分留輕兵以抗我退羸師以自守此卽勢攜力弱擊之必捷孝恭不從遣靖按營自以銳師水戰果敗於南岸

張公謹爲代州都督李靖經畧突厥以公謹爲副公謹因言突厥可取之狀曰頡利縱慾肆情窮兇極暴誅害良善昵近小人此卽主昏於上其可取一也又其別部同羅僕骨回紇延拖之類並自立君長將圖反噬此則衆叛於下其可取二也突厥被疑輕騎自充拓設出討匹馬不歸欲谷喪師立足無地則兵挫將敗其可取三也塞北霜旱糇糧乏絶天降之災因以饑饉其可取四也頡利疎其突厥委諸胡人胡人翻覆是其常性大軍一臨内必先變其可取五也華

人入北其人定多此間自相嘯聚保據山險師出塞垣自然有應其可取六也太宗深納之

蘇定方爲伊麗道行軍總管討阿史那賀魯於西域會大雪平地二尺軍中咸請停兵候晴定方曰虜恃雪深謂我不能前進必當憩息追之可及緩以縱之則漸遠難追省日兼功在此舉也於是勒兵涉雪晝夜兼進所經收其人衆遂至雙河與彌射步眞相會兩軍合勢去賀魯所安二百里布陣長驅徑至金牙山賀魯牙所時賀魯集諸衆欲獵定方與彌縱射兵擊之盡破其牙帳生擒數萬人并獲其鼓纛器械賀魯

遂與咥運及其女夫闕啜等脫走投石國
唐休璟聖曆中爲司衛卿兼涼州都督右肅政御史大夫持節隴右諸軍大使久視元年秋吐蕃大將麴莽布支率騎數萬寇涼州入自洪源谷將圍昌松縣休璟以數千人往擊之臨陣登高望見賊衣甲鮮盛謂麾下曰自欽陵死贊婆降麴莽布支所知賊兵欲曜威武故其國中貴臣酋豪子弟皆從之人馬雖精不習軍事吾爲諸君取之乃被甲先登與賊六戰六剋大破之斬其副將二人首二千五百級築京觀而還休璟尤諳練邊事自碣石西踰四鎮綿亘萬里山

川要害皆能記之長安中西突厥烏質勒與諸蕃不和舉兵相持安西道絕表奏相繼則天令休璟與宰相商議事勢俄傾間草奏便遣施行後十餘日安西諸州表請兵馬應接程期一如休璟所畫
張鎬爲中書侍郎同中書門下平章事兼河南節度使都統淮南等道諸軍事及王師收兩京鎬進軍鎮汴州招討河北逆賊賊黨史思明守范陽表請歸順鎬揣知其意恐朝廷與之手札密表奏曰思明兇豎因逆竊位兵強則衆附勢奪則人離包藏不測禽獸無異可以計取難以義招伏望不以威權假之又奏滑州防禦使許叔冀性慧多謀臨難必變望追入宿衛時肅宗意已定表入俱不省鎬爲人簡淡不事中要會有宦官自范陽及滑州使還者皆言思明叔冀之誠懇肅宗以鎬不切事機遂罷相授荊州大都督府長史後思明叔冀皆如其言
張孝忠初事李寶臣爲易州刺史後寶臣疑忌宿將乃舉易州歸順寶臣死其子惟岳叛孝忠乃與朱滔謀攻惟岳遂與滔合師大破惟岳於束鹿惟岳隨歸晉州滔謀乘勝襲之孝忠乃引軍西北還營義豐朱滔大駭孝忠將佐曰尚書布赤心於朱滔相然信志

矣今逆寇已潰不終其功竊所未悟曰本求破賊賊已破矣然成德宿將尚多迫之則困獸猶鬬緩之必翻然改圖又朱滔言大識淺可與慮始難與守成吾壁於義豐坐俟惟岳殄滅耳旣而滔屯束鹿不敢進月餘王武俊斬惟岳以獻皆如孝忠之言
郭子儀爲關內副元帥廣德二年冬僕固懷恩及吐蕃等自潰京師解嚴初懷恩將入寇蕃漢數萬軍聲頗盛京師大駭子儀奏曰以臣所見懷恩無能爲也上問其故對曰僕故懷恩雖稱驍勇素不得衆心今所以能爲亂者引思歸之人耳懷恩本臣偏將其下

皆臣之部曲恩信嘗及之今臣爲大將必不忍以鋒刄相向以此知其無能爲也及懷恩挑戰諸將請出兵挫之子儀止之曰夫引兵深入利在速戰不可爭鋒彼皆吾之鄉曲緩之自當携貳吾豈得廹速其戰敢言者斬遂逐壁以待之果不戰而退

後唐周得威爲大將天祐七年十一月汴人據深冀汴將王景仁軍人萬次北鄉鎮州節度使王鎔來告難帝遣德威率前軍出井陘屯於趙州十一月帝親征二十五日進薄汴營距北鄉五里營於野河上汴將韓勍率精兵三萬鎧甲皆被繒綺金銀炫曜望之

森然我軍懼形於色德威謂李存璋曰賊結陣而來觀其形勢志不在戰以兵甲耀威耳我軍人乍見其來謂其鋒不可當此時不挫其鋭五軍不振矣乃遣存璋諭諸軍曰爾見此賊否是汴州天武徒兒皆屠沽傭販虛有其表徒被精甲十不當一禽獲足以爲貨德威自率精騎其兩偏左馳右决出没數里是日獲賊百餘人賊渡河而退德威謂莊宗曰賊驕氣充盛宜按兵以待其衰莊宗曰我提孤軍救難解紛三鎮烏合之衆利在速戰卿持重吾懼其不可使也德威曰鎮定之士長於守城列陣野戰素非便習我師破賊唯恃騎軍平田廣野易爲施巧今壓賊營令彼見我虛實則勝負未可必也莊宗不悦退卧帳中德威患之謂監軍張承業曰王欲速戰將烏合之徒欲當劇賊所謂不量力也去賊咫尺阻此二渠水彼早夜以暑約渡之吾族其爲俘矣若退軍鄗邑引賊離營彼出則歸彼歸則出復以輕騎掠其芻餉不踰月敗賊必矣承業入言莊宗亦釋然德威得降人問之曰景仁下令造浮梁數百果如德威所料二十七日乃退軍保鄗邑

晉符彦倫知相州契丹入寇行營都監張從恩引軍

退保黎陽唯留五百人守安陽河橋彦倫與軍較謀曰此夜紛紜人無固志五百疲兵安能守橋即抽入相州之城爲備至曙賊軍萬餘騎已陣於安陽河北彦倫令城下揚旗鼓譟賊不能測至辰時渡河而南悉陳甲騎於城下如攻城之狀彦倫曰此虜將走矣乃出甲士五百於城北張弓弩以待之虜果引去

巡按福建監察御史臣李嗣京 訂正
知甌寧縣事臣孫以敬參閲
知建陽縣事臣黄國琦較釋

將帥部九十

守邊
拓土

守邊

夫經武之效重乎干城守方之寄本於固圉其有董率師兵乘鄣徼塞爲斯民之保障控一面之走集而

能内懷明畧外彰幹用分扼要害以爲之備豫謹嚴斥候以戒其侵軼揚威稜以外懾宣惠和而交暢以至繕完攻戰之具開設購賞之科厲厥兵鋒以遏其内侮伺乃釁隙以窒其非心因攜離以撫懷乘衰弱而攝伏繇是邊候清謐民吏僋寧不疲中國之力以成柔服之美無事薄伐之輿而弭交侵之患斯守邊之最而綏邦之勍歟

李牧趙將也常居代鴈門備匈奴厚遇戰士爲約曰匈奴即入盗急入收保有敢捕虜者斬匈奴每入烽火謹輙入收保不敢戰如是數歲亦不亡失

秦蒙恬爲禆將軍北逐戎狄闢地數千里以河爲境累石爲城樹榆爲塞匈奴不敢飲馬於河置烽燧然後敢牧馬恬威振匈奴

漢魏尚爲雲中守匈奴遠避不近雲中之塞

鄭吉會稽人以卒伍從軍數出西域繇是爲郎吉爲人強執習外國事强力而有執志者自張騫通西域李廣利征伐之後初置校尉屯田渠黎至宣帝時吉以侍郎田渠黎積穀因發諸國兵攻破車師遷衛司馬使護鄯善以西南道鄯音善神爵中匈奴乖亂日逐王先賢撣欲降漢使人與吉相聞吉發渠黎龜茲諸國五萬

人迎日逐王口萬二千人小王將十二人隨吉至河曲頗有亡者吉追斬之遂將詣京師漢封日逐王爲歸德侯吉既破車師降日逐威振西域遂并護車師以西北道故號都護吉於是中西域而立幕府中西域者言最處諸國之中近遠均也中竹仲切治烏壘城鎮撫諸國誅伐懷集之漢之號令班西域矣班布也始自張騫而成於鄭吉

叚會宗爲西域都護騎都尉光禄大夫西域敬其威信三年更盡還邊吏三歲一更又爲鴈門太守數年坐法免西域諸國上書願得會宗復爲都護會宗既出諸國遣子弟郊逆城郭甚親附城郭諸國

文齊爲益州郡太守率厲兵馬脩障塞降集羣夷甚得其和

後漢竇融行河西五郡大將軍事脩兵馬習戰射明烽燧之警羌胡犯塞融輒自將與諸郡相救皆如符要赴敵不失期契也每輒自破之其後匈奴懲乂懲創也說文云乂亦懲也稀復侵寇而保塞羌胡皆振服親附

蘓竟王莽末爲代郡中尉時匈奴擾亂北邊多罹其禍竟終完輯一郡光武卽位就拜代郡太守使固塞以拒匈奴

王霸爲上谷太守領屯兵是時盧芳與匈奴烏桓連

兵寇盜尤數緣邊愁苦詔霸將弛刑徒六千與杜茂治飛狐道堆石布土築起亭障自代至平城三百餘里頗識邊事後南單于烏桓降服北邊無事

馬成以建武四年爲陽武將軍屯常山中山以備北邊領建義大將軍朱祐營又代驃騎大將軍杜茂繕治障塞自西河至渭橋西河今勝州富昌縣也渭橋本名橫橋在今咸陽縣東南河上至安邑前漢書曰河上地名故秦内史高帝二年改爲河上郡武帝分爲佐馮翊太原至井陘太原今幷州也井陘今屬常山郡中山至鄴皆築堡壁起烽燧十里一候在事五六年帝以成勤勞徵還京師邊人多上書求請者復遣成還屯及南單于保塞北方無事

馬援建武十一年爲隴西太守援乃發步騎三千擊破先零羌於臨洮是時朝臣以金城破羌之西破羌縣名塗遠多寇議欲棄之援上言破羌以西城多完牢易可依固其田土肥壤灌溉流通如令羌在湟中湟水名則爲害不休不可棄也光武然之於是詔武威太守梁統也令西還金城客民在武威者歸者三千餘口使各反舊邑援奏爲置長吏繕城郭起塢候開導水田勸以耕牧郡中樂業

范遷建武中爲漁陽太守以智謀安邊匈奴不敢入

界

祭肜以明帝永平元年爲遼東太守賂鮮卑大都督偏何擊烏桓歆志賁破斬之於是鮮卑大人皆來歸附並詣遼東受賞賜青徐二州給錢歲二億七千萬爲常明章二世保塞無事西自武威東盡玄菟及樂浪胡夷來内附野無風塵乃悉罷緣邊屯兵

鄭衆永平中爲武威太守謹脩邊備虜不敢犯

鄭純爲永昌郡西部都尉爲政清絜化行夷貊君長感慕皆獻土珍頌德美天子嘉之卽以爲永昌太守純與哀牢夷人約邑豪歲輸布貫頭衣二領鹽一斛以

爲嘗賦夷俗安之爲都尉太守十年卒官

耿恭章帝初爲征西將軍遣案行凉州邊境勞賜保塞羌胡進屯酒泉授戊己校尉建初元年拜度遼將軍視事七年匈奴懷其恩信

鄧訓建初三年爲謁者時上谷太守任興謀反詔訓將黎陽營兵屯狐奴以防其變訓撫接邊民爲幽部所歸遷烏桓校尉鮮卑聞其威信皆不敢南近塞下後代張行爲護羌校尉撫接歸附威信大行遂罷屯兵各令歸郡惟置弛刑徒二千餘人分以屯田爲貧人耕種脩城郭塢壁而已

李恂章帝時爲西域副校尉北匈奴數斷西域車師伊吾龍沙以西使命不得通恂設購賞遂斬虜帥獻首軍門自是道路夷清威恩並行

梁慬以殤帝延平元年爲西域副校尉安帝永初元年罷都護還至燉煌會衆羌反叛詔留慬爲諸軍援慬進兵擊大破之虜遂散走羌大豪三百餘人詣慬降幷慰遣還故地河西郡復安慬受詔當屯金城聞羌轉寇三輔卽引兵赴擊之朝廷嘉之委以西方事令爲諸軍節度

鄧遵爲度遼將軍安帝元初六年鮮卑入馬城塞遵擊破之又發積射士三千人馬三千匹詣度遼營屯守

种暠爲尚書會匈奴寇幷凉二州桓帝擢暠爲度遼將軍暠到營所先宣恩信誘降諸胡其有不服然後加討羌虜先時有生見獲執於郡縣者悉遣還之誠心懷撫信賞分明繇是羌胡龜茲莎車烏孫等皆求順服暠乃去烽燧除候望邊方晏然無警

張奐以桓帝永壽初爲安定屬國都尉初到職而南匈奴左薁鞬臺耆且渠伯德等入寇美稷奐進屯長城東羌諸豪遂相率與奐和親共擊薁鞬等破之伯

德惶恐將其衆降郡界以寧後遷度遼將軍數載間幽幷淸靜

第五訪永壽初爲護羌校尉甚有威惠西垂無事

皇甫規延熹四年爲中郎將持節監關西兵討羌零吾等先零諸種羌慕規威信相勸降者十餘萬後又爲度遼將軍在事數歲北邊威服

橋玄桓帝末爲度遼將軍至鎭休兵養士然後督諸將守討擊胡虜及高麗嗣子伯固等皆破散退走在職三年邊境安靜

劉虞爲幽州刺史民夷感其德化自鮮卑烏桓夫餘

濊貊之輩皆隨時朝貢無敢擾邊者百姓歌悅之
梁習以別部司馬爲幷州刺史單于恭順名王稽
顙部曲服事供職同於編戶邊境肅清
田豫字國讓漁陽雍奴人也文帝初北狄彊盛侵擾
邊塞乃使持節護烏桓校尉爲校尉九年其御夷狄
常推抑兼幷乖散彊猾凡逋亡姦宄爲詐計不利官
者豫皆搆刺攪離使凶邪之謀不遂
張旣爲涼州刺史以便宜從事遂上疏請治左城築
障塞置烽候邸閣以備胡
毋丘興黃初中爲武威太守伐叛柔服開通河右

郝昭爲雜號將軍鎭守河西十餘年民吏畏服
陳泰字玄伯爲幷州刺史振威將軍使持節護匈奴
中郎將懷柔夷民甚有威惠
牽招爲鴈門太守招旣教民戰陣又表復烏桓五百
餘家租庸調使備鞍馬遠遣偵候虜每犯塞勒兵逆
擊來輒摧破於是吏民膽氣日銳荒野無虞繕治陘
北故上舘城置屯戍以鎭內外夷虜大小莫不歸心
諸亡叛雖親戚不敢藏匿咸悉收送於是野居晏閑
寇賊靜息在郡十二年威風遠振其治邊之稱次於
田豫百姓追思之

倉慈爲燉煌太守當日西域雜胡欲來貢獻而諸豪
族多逆斷絶旣與貿遷欺詐侮易多不得分明胡常
怨望慈皆勞之欲詣者爲封過所欲從郡還者官爲
平取輒以府見物與共交市使吏民護送道路繇是
民吏翕然稱其德意
劉靖爲鎭北將軍假節都督河北諸軍事靖以爲經
常之大法莫善於守防使民夷有別遂開拓邊守屯
據險要
晉張華爲都督幽州諸軍事領護烏桓校尉安北將
軍撫納新舊戎夏懷之東夷馬韓新彌諸國依山帶

海去州四千餘里歷世未附者二十餘國幷遣使朝
獻於是遠夷賓服四境無虞頻歲豐稔士馬彊盛
劉琨以懷帝永嘉初爲幷州刺史振威將軍領匈奴
中郎將琨在路上表曰臣以頑蔽志望有限因緣際
會遂忝過任九月末得發道險山峻胡寇塞路輒以
少擊衆冐險而進頓伏艱危辛苦備嘗卽日達壺口
關臣自涉州疆目覩困乏流移四散十不存二攜老
扶弱不絶於路及其在者鬻賣妻子生相捐棄死亡
委厄白骨橫野哀呼之聲感傷和氣群胡數萬周匝
四山動足遇掠開目覩寇惟有壺關可得告糴而此

二道九州之險數人當路則百夫不敢進公私往返沒丧者多晏守窮城不得薪采耕牛旣盡又乏田器以臣愚短當此至難憂如循環不遑寢食臣伏思此州雖云邊朔實邇皇畿南通河内東連司冀北捍殊俗西禦彊虜是勁弓良馬勇士精騎之所出也當須委輸乃全其命今上尚書請此州穀五百萬斛絹五百萬疋綿五百萬斤願陛下時出臣表速見聽處朝廷許之

後魏長孫翰爲都督北部諸軍平北將軍蠕蠕每犯塞翰拒擊有功進爵爲侯

薛謹爲河東太守所治與屈何連接結士抗敵甚有威惠始光中太武詔奚斤討赫連昌勑謹領偏師前鋒鄉導旣剋蒲坂太武以新舊之民幷爲一郡謹仍爲太守

裴脩爲張掖子都大將張掖境接胡荊後數致寇掠脩明設烽候以方畧禦之在邊六年關塞清靜

裴詢爲平南將軍郢州刺史詢以凡司戍主蠻酋田樸特地居要險衆踰數萬足爲邊捍遂表樸特爲西郢州刺史朝議許之其後梁將李國興邊寇樸特與詢犄角爲表裏聲援郢州獲全樸特頗有力焉

陸希道爲前將軍郢州刺史善於馭邊甚有威略

北齊趙郡王之子叡爲北朔州刺史都督北燕北蔚北嘗三州及廣堆以西黃河以東長城諸鎮諸軍事叡慰撫新遷量置烽戍内防外禦備有條法大爲兵民所安

解律羨爲幽州道行臺僕射以北虜屢犯邊塞須備不虞自庫堆戍東拒於海隨山屈曲二千餘里其間二百里中凡有險要或斬山築城或斷谷起障幷置立戍邏五十餘所

堯雄爲驃騎大將軍豫州刺史撫養兵民得其力用

在邊十年屢有功績豫人於今懷之

後周柳檜爲平東將軍鎮鄯州時吐谷渾彊盛數侵疆場自檜鎮鄯州屢戰必破之數年之後不敢爲寇

晉舍爲涇州刺史屬茹茹入寇抄掠北邊善率所部破之盡獲所掠拜車騎大將軍

李賢爲使持節河州總管三州七防諸軍事河州刺史河州舊非總管至是創置焉賢乃大營屯田以省運漕多設斥候以備寇戎於是寇渾斂迹不敢向東五年宕昌寇邊百姓失業乃於洮州置總管府以鎮遏之遂廢河州總管改授賢洮州總管七防諸軍事

洮州刺史屬羌寇石門戍撤破橋道以絶援軍賢率千騎禦之前後斬獲數百人賊乃退走羌復引吐谷渾數千騎將入西疆賢密知之又遣兵伏守其隘路復大敗之虜遂震懾不敢犯塞

梁昕爲河南郡守鎮大塢尋又移鎮閻韓戍過邊鄙甚著威信

隋于仲文高祖開皇初爲大將軍詔仲文率兵屯白狼塞以備胡

郭衍開皇初突厥犯塞爲行軍總管領兵屯於平凉數歲虜不入

李崇爲幽州總管突厥犯塞崇輒破之奚霫契丹等懾其威畧爭來内附

馮昱開皇中以行軍總管屯乙不泊以備胡初爲虜所敗其後備邊數年每戰嘗大克捷

韋冲開皇中爲營州總管容貌都雅寛厚得衆懷撫靺鞨契丹皆能致其死奚霫畏懼朝貢相續高麗嘗入寇冲率兵擊之

董純煬帝時爲汶山太守歲餘突厥寇邊朝廷以純宿將轉爲楡林太守虜有至境輒擊殺之

劉權大業中爲銀青光禄大夫從征吐谷渾煬帝令權過曼頭赤水置河源郡積石鎮大開屯田留鎮西境在邊五載諸羌懷附貢賦歲入吐谷渾餘燼遠遁道路無壅

薛世雄爲東北道大使行燕郡太守鎮懷遠於時突厥頗有冦盗緣邊諸郡多苦之詔世雄發十二郡士馬巡塞而還

唐襄武王琛高祖武德初爲晉州道行軍副總管宋金剛陷澮州時稽胡多叛轉琛爲隰州總管以鎮之馭衆寛剛大爲民夷所附

楊恭仁爲凉州總管恭仁素習邊事深悉羌胡情僞

推心馭下人吏悅服自葱嶺已來兼入朝貢

竇靜武德中爲簡較并州大總管初請太原置屯田又以突厥頻來入冦請斷石嶺以爲障塞從之

張儉貞觀初爲朔州刺史時頡利可汗自恃强盛每有所求輒遣書稱勑緣邊諸州遞相承稟儉拒不受太宗聞而嘉之

劉仁軌爲帶方州刺史代劉仁願爲熊津都督率兵鎮守漸營屯田積糧撫士以經畧高麗

張仁愿爲幽州簡較都督會突厥默啜入冦攻陷趙定擁衆廻至幽州仁愿勒兵出城邀擊之流矢中手

賊亦引退則天遣使勞問賜以醫藥累遷幷州大都
督府長史
薛訥爲幷州大都督府長史和戎軍大使訥鎮幽州
二十餘載邊人懷之未嘗深入虜亦不敢犯
郭元振爲凉州都督隴右諸軍州大使元振善於撫
御鎮凉州五年夷夏畏慕令行禁止牛羊被野路不
拾遺
王忠嗣爲河東節度使忠嗣少以勇敢自負及居節
將以持重安邊爲務嘗謂人云國家升平之時爲將
者在撫其衆而已吾不欲疲中國之力以徼功名耳

但訓練士馬缺即補之自朔方至雲中緣邊數千里
當要害地開拓舊城自或創制斥地各數百里自張
仁亶之後四十餘年忠嗣繼之北塞之人復罷戰矣
趙國珍玄宗天寶中爲黔府都督本管經畧等使國
珍有武畧習知南方地形在五溪凡十餘年中原興
師惟黔中封境無虞
馬璘爲四鎮北庭行營節度使以犬戎犯邊移鎮涇
州璘辭氣慷慨以破虜爲己任旣至涇州分建營伍
繕完戰守之具令寬而肅人皆樂爲之用在鎮凡八
年雖無拓境之功而城堡獲全虜亦不敢犯境

馬燧爲隴州刺史兼御史中丞州西有通道二百餘
步上連峻山與吐蕃相直虜每入寇皆出於此燧乃
按行險易立石種樹以塞之下置二門上設譙櫓八
日而功畢
渾瑊初爲郭子儀朔方行營兵馬使子儀令瑊先率
兵邠州便於宜祿縣防秋代宗大曆七年吐蕃大侵
邊城瑊與涇原節度使馬璘會兵大破蕃賊於黄菩
原自是每年嘗領兵於長武城臨盛秋十一年吐蕃
大寇慶州方渠懷安等鎮瑊擊却之十二年子儀入
朝令瑊之邠寧慶等三州兵馬留後十三年迴紇侵

太原破鮑防軍北歸頗爲邊患以瑊爲石嶺關已南
諸軍都知兵馬較率兵犄角逐之虜騎引退
段秀實爲涇州刺史兼御史大夫四鎮北庭行軍涇
原鄭潁節度使三四年間吐蕃不敢犯塞
李元諒爲隴右節度使鎮良原距城築臺上彀連弩
爲城守備益固無幾又進築新城以據便地虜每寇
掠輒擊却之涇隴繇是得安虜深憚之
張獻甫爲邠寧節度使乃於彭原置義倉方渠馬嶺
等縣選險要之地以爲烽堡又上疏請復鹽州及洪
門雒原等鎮各置兵防以備蕃寇朝廷皆從之緣邊

軍州安悅

李復爲嶺南節度使瓊州久陷於蠻獠中復累遣使降之因奏置瓊州都督府以綏撫之

邢君牙爲鳳翔節度使吐蕃連歲犯邊君牙且耕且戰以爲守備西戎竟不能爲大患

楊朝晟爲邠寧節度使張獻甫都虞候九年城鹽州徵兵以護外境朝晟分統士馬鎮木波堡

劉昌爲涇原等州節度使昌奏舊於百里城距涇原州南九十里分靈臺良原二縣戶合置行原州百姓少而在內地今平涼臨邊且故原州屬縣人戶頗衆

兼諸軍防秋兵馬在焉請徙行原州置於平涼城池嚴固且偪蕃戎可以威重緣邊其百里城舊分置鄉聽歸於靈臺良原詔可之

李景畧爲豐州刺史西受降城使廩諸備器械具政令肅智畧明二歲後軍聲雄冠北邊廻紇畏之

劉濟爲幽州節度使烏桓鮮卑數寇邊濟帥師擊走之深入千餘里虜獲不可勝紀東北晏然

郝玭以憲宗元和初爲臨洮縣鎮將兢爲刺史始玭以臨涇地宜畜息蕃戎每爲寇即屯臨爲休養便地嘗白其帥願以折之前帥不從其後段佐爲節度玭復白佐佐多其策乃表請之遂詔玭鎮其地自是西戎無敢犯涇者

范希朝爲振武節度使振武有黨項室韋交居川阜凌犯爲盜日入慝作謂之刮城門居人震駭鮮有寧日希朝周要害置堡栅斥候嚴密人遂獲安異蕃雖鼠竊狗盜必殺無赦戎虜甚畏憚之曰昔有張光晟苦我久矣今聞是乃更姓名而來其見畏如此蕃落之俗有長帥至必效駱駝名馬雖廉者猶曰當從俗以致其歡希朝一無所受積十四年皆保塞而不爲橫

武元衡爲劒南西川節度使撫蠻夷約束明具輒不生事

柳公綽爲邠寧慶等州節度使時神策諸鎮列屯要地未嘗肯稟節制虜每窺間爲患公綽疏上其弊即詔神策諸鎮在其部者邊上有警盡得聽節度使指揮後爲河東節度使涇北有沙陀部落自九姓六州皆畏避之公綽召補其酋朱邪執宜直雲朔塞下治廢栅十一募兵三千人留邊

馬總爲安南都護本晉經畧使總敦儒學長於政術在南海累年清廉不撓夷獠便之

董重質爲夏州節度使訓兵立法爲蕃羌畏服
李德裕爲成都尹知節度事西川承蠻寇剽虜之後
郭釗撫理無術人不聊生德裕乃復葺關防繕完兵
守又遣人入南招求其所俘工匠得僧道工匠四千
餘人復歸成都
張允伸爲范陽節度使凡二十三年克勤克儉比歲
豐登邊鄙無虞軍民用乂談者美之
後唐李存審爲幽州節度使同光初存審患契丹深
秋之後傾塞而來與邊將謀欲於幽涿之間置幽州
行府以禦賊衝冀轉輸爲便

張溫爲武州刺史同光初北戎陷嬀儒檀順平蘇六
州武州獨全
王思同明宗時鎮隴右思同在秦州累年邊民懷惠
華戎寧息長興元年入朝見於中興殿明宗問秦階
邊事對曰秦州與吐蕃接境蕃部多違法度臣設法
招懷沿邊置砦四十餘所控其要害每蕃人互市飲
之食之界上令納器械因手指畫秦州山川要害控
扼處明宗曰人言思同不畱事豈及此耶
張敬達爲雲州節度使時契丹率族帳自黑榆林摽
制泊移至沒越泊云借漢界水草敬達每聚兵塞下
以遏其衝虜竟不敢南牧邊人賴之
周安叔千後唐清泰初爲振武節度使時契丹屢攻
振武叔千固守追襲數載甫寧
孫方諫爲義武節度使弟行友刺泰州行議刺易州
弟兄犄角抗虜北面賴之
折從阮爲邠州節度使從阮自晉漢已來獨據府州
控扼西北朝廷賴之

拓土

傳曰天子經畧詩曰辟國百里其拓土之謂歟自三
代之際咸嘗邇封諸侯之畀及云守境故有居司武

之任當折衝之寄者或奮揚威怒翦平叛戾兼其弱
而攻其昧取其地而恤其人以至攘除腥羶掃盪夷
羯申畫其壤保據其險列亭障以嚴戍同於內地浚
溝池以固護遂爲我疆斯以震耀王靈而大啓土宇
稱代之盛疇以加諸
周召公虎當宣王時有叛戾之國則往正其境界脩
其分理周行四方至於南海故其詩曰王命召虎式
辟四方徹我疆土于疆于理至於南海
秦白起爲左更秦昭王十四年攻韓魏於伊闕斬首
二十四萬又虜其將公孫嘉拔五城起遷爲國尉涉

河取韓安邑以東到乾河今河東聞喜縣東北有乾河口因名乾河但呈有故溝處無復水也明年起爲大良造攻魏拔之取城小大六十一明年起與客卿錯攻垣城拔之錯史失其姓垣城河東垣縣也後五年起攻趙拔光狼城後七年起攻楚拔鄢鄧五城昭王二十八年其明年攻楚拔郢燒夷陵遂東至竟陵楚王亡去郢東徙陳秦以郢爲南郡起遷爲武安君因取楚定巫黔中郡昭王二十四年起攻魏拔華陽走芒卯而虜三晉將斬首十三萬與趙將賈偃戰沉其卒二萬人於河中昭王四十年起攻韓陘城拔五城斬首五萬四十四年起攻南陽太行道絶之

王翦少而好兵事始皇始皇十一年將攻趙閼與破之九城十八年翦將攻趙歲餘遂拔趙趙王降盡定趙地爲郡明年燕使荆軻爲賊於秦秦王使王翦攻燕燕王喜走遼東翦遂定燕薊而還秦使翦子賁擊荆秦諱楚故云荆也荆兵敗還擊魏魏王降遂定魏地其後將兵六十萬代李信擊荆至蘄南殺其將軍項燕荆兵遂敗走因乘勝畧定荆地城邑歲餘虜荆王負芻竟平荆地爲郡縣賁又與李信破定燕齊地

蒙恬始皇時爲將將三十萬衆北逐戎狄收河南築長城因地形用險制塞起臨洮州屬隴至遼東延袤萬餘里於是渡河據陽山五原西安陽縣北有陰山陰山在河南陽山在河北逶蛇而北暴師於外十餘年居上郡是時蒙恬威振匈奴始皇甚尊寵蒙氏

漢唐蒙爲中郎將將千人食重萬餘人食糧衣重及從巴莋關入遂見夜郎侯名同其名同侯名也原賜諭以威德約爲置吏其子爲令比之於漢縣也夜郎旁小邑皆貪漢繒帛以爲漢道險終不能有也乃且聽蒙約還報乃以爲犍爲郡發巴蜀卒治道自僰道指牂牁江爲置一都尉十餘縣屬蜀

衛青武帝時爲車騎將軍元朔二年與將軍李息出

雲中西至高闕山名一曰塞名在朔方之北遂至於隴西捕首虜數千畜百餘萬走白羊樓煩王遂取河南地爲朔方五原郡使較尉蘓建築朔方城

霍去病爲驃騎將軍元狩中擊破匈奴右地降渾邪休屠王遂空其地始築令居以西令音鈴初置酒泉郡後稍發徙民充實之令置武威張掖燉煌

趙破奴封從票侯將屬國騎屬國謂諸外國屬漢也及郡兵數萬擊姑師時浩侯王恢數爲樓蘭所苦武帝令恢佐破奴將兵破奴與輕騎七百人先至虜樓蘭王遂破姑師因暴兵威以動烏孫大宛之屬暴謂顯揚也於是漢

列亭障至玉門矣
李廣利爲貳師大將軍伐大宛之後西域震懼多遣使來貢獻漢使西域者益得職於是自敦煌西至鹽澤往往起亭而輪臺渠犂皆有田卒數百人置使者校尉領護
荀彘爲左將軍定朝鮮爲真番臨屯樂浪玄菟四郡
路博德爲伏波將軍元鼎五年與樓船將軍楊僕討南粤明年遂定越地爲南海蒼梧鬱林合浦交阯九眞日南珠厓儋耳九郡
郭昌爲中郎將元鼎六年與衞廣引兵誅南夷且蘭

若斬首數萬遂平南夷爲牂牁郡於是邛君莋侯冉駹震恐請臣置吏以邛都爲粵嶲郡莋都爲沈黎郡冉駹爲文山郡廣漢西白馬爲武都郡
蜀張嶷爲越嶲太守漢嘉郡界旄牛夷種類四千餘戶其率狼路欲爲姑壻冬逢報怨遣叔父離將逢衆相度形勢嶷逆遣親近賫牛酒勞賜宣暢意旨離歡悦繇是輒不爲患郡有舊道經旄牛中至成都既平且近自旄牛絶道已百餘年更繇安上既險且遠嶷遣左右賫貨幣賜路重令路姑喻意路乃率兄弟妻子悉詣嶷嶷與盟誓開通舊道千里肅清復古亭驛奏封路爲旄牛㽜毗王遣使將路朝貢後主於是嶷撫戎將軍領軍如故
晉陶璜仕吳爲前將軍都督交州諸軍事武平九德新昌土地險阻夷獠勁悍歷世不賓璜征討開置三郡及九眞屬國三十餘縣
唐彬爲翊軍校尉時北虜侵掠北平以彬爲使持節監幽州諸軍事領護烏丸校尉右將軍彬既至罝訓卒利兵廣農重稼震威耀武宣喻國命示以恩信於是鮮卑二部大莫廆擿何等并遣侍子入貢兼脩學校誨誘無倦仁恩廣被遂開拓舊境却地千里復秦

長城塞自温城洎於碣石縣亘山谷且三千里分軍屯守烽堠相望繇是邊境獲安無犬吠之驚自漢魏征鎮莫之比焉
後魏邢巒爲平西將軍克梁泰二州乘勝至於巴西開地定地境東西七百南北千里獲郡十四二部護軍及諸縣戍
北齊潘樂文宣天保中爲南道大都督討侯景樂發石鼈南度百餘里至涇州涇州舊在石梁侯景改爲淮州樂獲其地乃立涇州又克安州之地除瀛州刺史仍畧淮漢

後周李遷哲初爲西魏驃騎大將軍與田弘同討信州今夔州凡下十八州拓地二千餘里

鄭恪武帝時爲大將軍天師中率師平越嶲置西寧州

隋源雄文帝開皇初爲徐州總管陳人見中原多故遣其將陳紀蕭摩訶任蠻奴周羅睺樊毅等侵江北西自江陵東拒壽陽民多應之攻陷城鎮雄與吳州總管於顗揚州總管賀若弼黃州總管元景山等擊走之悉復故地

唐江夏王道宗武德五年授靈州總管時梁師都據

夏州遣弟雒兒引突厥兵數萬至於城下道宗閉門拒守伺隙出戰賊徒大敗初突厥連於師都入居五原舊地道宗因逐出之振耀威武拓地千餘里高祖聞而嘉之謂裴寂蕭瑀曰道宗今能守邊以寡制衆昔魏任城王彰臨戎却敵道宗勇敢有同於彼遂封爲任城王

李靖以太宗貞觀初爲定襄道大總管討突厥其將張寶相擒頡利可汗以獻俄而降突利可汗來奔遂復定襄常安之地斥土界自陰山北至於大漠

鄭元璹爲南會州都督貞觀三年遣使招諭党項列其地爲軌州五年太僕寺丞李世南開党項之地十六州四十七縣

侯君集以貞觀十四年爲雒川道行軍總管擊高昌破之君集分兵略地下其三郡五縣二十二城戶八千四十六口一萬七千七百三十一馬四千三百匹其界東西八百里南北五百里墾田九百項以其地爲西州以交河城爲交河縣始昌城爲天山縣田地爲柳中縣東鎮城爲蒲縣高城爲高昌縣初西突厥遣其葉護屯兵於可汗浮圖城與高昌相影響至是懼而來降以其地爲庭州并置蒲類縣國威既振西

域大懼焉耆王詣請先有三城爲高昌所奪悉歸之留兵鎮守於是刻石紀功而旋

蘓定方爲行軍大總管擒突厥賀魯以獻列其地爲州縣極於西海又爲大總管討百濟平之分其地爲六州俘其王義慈及子隆泰來獻

楊防爲司平太常伯從安東安撫高麗餘衆時有高麗酋長鉗牟岑率衆反叛立高藏外孫安舜爲主詔左監門大將軍高偘爲東州道行軍總管發兵以討之安舜遽殺鉗牟岑走投新羅防偘始拔安東都護府自平壤城移於遼東州

郭元振以則天大足元年爲涼州都督隴右諸軍大使先是涼州封界南北不過四百餘里旣逼突厥吐蕃二寇頻歲奄至城下百姓苦之元振始於南境硤口置和戎城北界磧中置白亭軍控其要路遂拓州境一千五百里自是寇虜不復更至城下

信安郡王褘開元中爲朔方軍節度時石堡城爲吐蕃所據褘督率諸將倍道兼進幷力攻之遂拔石堡城斬獲首級幷獲糧儲器械其數甚衆仍分兵據守以遏賊路玄宗聞之大悅始改石堡城爲振武軍自是河隴諸軍遊奕拓地千餘里

哥舒翰天寶十二載爲隴右節度使翰以前年之役收黃河九曲之地請分置郡縣及軍於是新置洮陽郡及神策軍於臨洮郡之西二百里洮河郡於磧石軍之西百里及宛秀軍以實河曲之地命臨洮郡太守漢門軍使城如璆兼臨洮郡太守仍充神策軍使前磧石軍使臧奉忠爲洮河郡太守文本郡鎮守使

康季榮以宣宗大中三年鎮涇原收復吐蕃原州及石門驛藏木峽制勝六盤石峽等六關

張君緒以大中三年鎮邠寧收復吐蕃蕭關

李玭以大中三年鎮鳳翔收復吐蕃秦州

杜悰以大中三年鎮西川收復吐蕃維州

高駢以懿宗咸通七年爲安南都護收復交州盡平蠻賊積歲所侵故地

梁高方興以太祖乾元元年爲延州節度使上言當軍都指揮使高萬金統領兵士收鹽州其僞刺史高行存泥首來降先是鹽州與吐蕃黨項掎角爲二境咽喉之地又有烏池鹽鹺之利戎征延貽患未嘗息唐建中初爲吐蕃所陷毀其墟而去爾是銀夏寧延洎於靈武歲以河南東山南淮南青徐江浙等道軍士不啻四五萬分護其地謂之防秋貞元九年報政稍暇乃命副元帥渾瑊總兵三萬復取其地建百雉焉自是虜塵乃清邊患遂止唐代革命又復失之今纔動偏師遽收襟要國之右臂瘡痍其息哉

冊府元龜

巡按福建監察御史臣李嗣京　訂正

新建縣舉人臣戴國士參閱

知建陽縣事臣黃國琦較釋

將帥部九十一

乞師　致師

乞師

夫以危事方搆而兵力不足動有勝敗之慮居無赴援之救於是控親隣以求助冀禍難之斯解蓋乞師之來舊矣三代之後戎事不息其或當師臣之任襲

行討伐膺守禦之寄是爲屏翰金革將試而衆寡靡敵榆衡交下而滅亡可待以至宗國覆喪蕩焉愁苦乃能藉兵於同盟請救於强國曷嘗不克集殊績制勝掠敵乃至興滅於將絕圖安於旣危者焉其或勢迫事去外應無及者斯可哀已

公子遂魯大夫僖公二十六年夏齊人伐魯北鄙公子遂臧文仲如楚乞師乞不保得之辭宣公十八年夏公使如楚乞師公不事齊晉盟故懼而乞師於楚

孫良夫桓子也衛大夫魯成公二年孫良夫帥師及齊戰於新築衛師敗績孫桓子還於新築不入不入國遂如晉乞師魯臧宣叔亦如晉乞師皆主郤獻子晉侯許之七百乘郤子曰此城濮之賦也請三百乘許之與齊戰於鞍齊師敗績

郤錡晉大夫魯成公十三年春晉侯使郤錡來乞師當伐秦也侯伯當召兵而乞師謙辭

欒黶晉大夫魯成公十六年四月晉侯將伐鄭郤犨如衛遂入齊皆乞師焉欒黶來乞師孟獻子曰有勝矣早讓有禮故知其將勝楚

荀罃晉大夫魯成公十七年秋晉侯使荀罃來乞師伐鄭

士魴晉大夫晉成公十八年十一月楚子重伐宋使偏師與鄭人侵宋子重爲鎮後宋華元如晉告急晉士魴來乞師將救宋季文子問師數於臧武仲對曰伐鄭之役知伯實來下軍之佐也知伯荀罃今彘季亦佐下軍彘季士魴如伐鄭可也事大國無失班爵而加敬焉禮也從之從武仲言十二月孟獻子會於虛朾謀救宋也宋人辭諸侯而請師不敢煩諸侯故但請其師

士雅秦大夫魯襄公九年秦景公使士雅乞師於楚將以伐晉楚子許之子囊曰不可當今吾不能與晉爭王曰吾旣許之矣雖不及晉必將出師秋楚子師

於武城以爲秦援

公子貞字子囊楚大夫魯襄公十一年四月諸侯伐鄭鄭人懼乃行成七月楚子囊乞旅於秦（乞師旅秦于秦）右大夫詹師師從楚子將以伐鄭鄭伯逆之丙子伐宋（鄭逆服故更伐宋）

陳無宇齊大夫魯襄公二十四年齊侯既伐晉而懼將欲見楚子楚子使薳啓彊如齊聘且請期（請會期）齊侯聞將有晉師使陳無宇從薳啓彊如楚辭且乞師（辭有晉師未得相見）

冬楚子伐鄭以救齊申包胥楚人也魯定公四年吳

伐楚楚子敗奔隨申包胥如秦乞師曰吳爲封豕長蛇以薦食上國（荐數也言吳貪害如蛇豕）虐始于楚寡君失守社稷越在草莽使下臣告急曰夷德無厭若鄰於君疆埸之患也（吳有楚則與秦鄰）逮吳之未定君其取分焉（與吳共分楚地）若楚之遂亡君之土也若以君靈撫之世以事君（撫有恤也）秦伯使辭焉曰寡人聞命矣子姑就館將圖而告對曰寡君越在草莽未獲所伏（伏猶處也）下臣何敢即安立依於庭牆而哭日夜不絕聲勺飲不入口七日秦哀公爲之賦無衣（詩秦風取王于興師修我戈矛與子同仇之義）九頓首而坐秦師乃出

趙鞅晉大夫魯哀公二年四月鞅帥師納衛世子蒯聵于戚三年齊衛圍戚求援于中山（中山鮮虞也）

晉侯將伐齊魯哀公二十四年使來乞師曰昔臧文仲以楚師伐齊取汶陽（在城二年）寡君欲徼福於周公願乞靈於臧氏臧石帥師會之取廩丘

駟弘鄭大夫悼公四年晉荀瑤帥師伐鄭次於桐丘駟弘請救於齊（弘駟歂子）齊陳成子帥師救鄭

張翠韓大夫楚圍雍氏韓使使求救於秦秦不下殽令靳尚使秦秦宣太后不許靳尚歸復使張翠至秦秦乃下師於殽以救韓

趙勝趙成王弟也封平原君秦圍邯鄲平原君數遺魏王及公子無忌書請救魏使將晉鄙將十萬衆救趙鄙軍壁鄴名爲救趙實持兩端以觀望平原君使者冠蓋相屬於魏魏公子無忌乃矯奪晉鄙兵符救之

項梁自號武信軍引兵攻亢父（亢音抗父音甫）初秦將章邯既殺齊王田儋齊人立故齊王建之弟田假爲王田角爲相田間爲將田榮怒擊逐假亡走楚角亡走趙間前救趙因不敢歸項梁追擊章邯章邯兵益盛梁使使趣齊兵榮曰楚殺田假趙殺角間迺出兵楚趙不聽齊齊亦怒終不肯出兵章邯果敗殺項梁

漢韓信爲大將虜魏豹定河東使人請漢王願益兵三萬人臣請以北擧燕趙東擊齊南絶楚之粮道西與大王會於滎陽漢王與兵萬人

後漢公孫瓚爲幽州刺史爲袁紹所圍求救於黑山賊救至欲內外擊紹瓚遣行人文則齎書告子續曰袁氏之攻似若神鬼鼓角鳴於地梯衝舞吾樓上日窮月蹙無所聊賴汝當碎首於張燕速致輕騎到者當起烽火於北吾當從內出不然吾亡之後天下雖廣汝欲求定足之地其可得乎

孔融爲北海太守爲管亥所圍太史慈爲求救於平原

相劉備備驚曰孔北海乃復知天下有劉備耶即遣三千兵救之賊乃散走

魏陳矯廣陵東陽人也還本郡太守陳登請爲功曹矯郡爲孫權所圍於匡奇登令矯求救於太祖太祖曰鄙郡雖小形便之國也若蒙救援使爲外藩則吳人挫謀徐方永安武聲遠震仁愛滂流未從之國望風景附崇德養威此王業也太祖奇矯欲留之矯辭曰本郡倒懸奔走告急無縣胥之効敢忘引演之義乎太祖乃遣赴救吳軍既退登多設間伏勒兵追奔大破之

田豫爲護烏丸校尉豫出塞爲鮮卑軻比能所圍於故馬邑城移鴈門太守牽招求救招自表輒行又并馳布羽檄稱陳形勢虜即恐怖種類離散

吳甘寧守夷陵魏曹仁分兵騎攻圍寧寧告急於周瑜瑜用呂蒙計與蒙上救寧寧圍解

晉祖逖爲奮威將軍豫州刺史流入塢主張平樊雅在譙逖進據大丘平助雅攻逖逖遣使求救於蓬陂塢主李川川遣將李頭率衆援之逖遂克譙城初雅之據譙也逖以力弱求助於南中郎將王含含遣桓宣領兵助逖逖遂克譙

桓宣爲四品將軍屯馬頭山爲祖煥桓撫所圍煥遣衆攻宣使戎求救於于寶寶隨戎赴之未至而賊巳與宣戰寶軍懸兵少器杖濫惡大爲煥撫所破寶中箭貫髀徹鞍使人蹋鞍拔箭血流滿鞾去船所百餘里望星而行到先哭戰亡將士洗瘡訖夜夜還救宣寶至宣營而煥撫亦退

周瓊爲梁州刺史東羌校尉寶衝入漢川定安人皇甫釗京兆人周勳等謀納之瓊失巴西三郡衆寡力弱告急于鎮襄陽征虜將軍朱序序遣將軍皇甫貞率衆赴之

譙王丞等守湘州爲王敦所攻初安南將軍甘卓與丞書勸使固守當以兵出沔口斷敦歸路則湘圍自解丞答書曰季思足下勞於王事天綱暫圮中原丘墟四海義士方謀克復中興江左草創始爾豈圖惡逆盟自寵臣吾以闇短託宗皇屬部豫寄命作鎮南夏親奉中詔成規在心伯仁諸賢扼腕岐路至止尚淺凡百茫然豺狼易警遂肆醜毒闘知駭踊神氣衝越子來之義人思自百不命而至衆過數千誠足以决一時之機攄山海之憤矣然迫於倉卒舟楫未備魏人李當尋見圍逼是故事與意違志力未展猥辱

來使深同大趣嘉謀英筭發自深衷執讀周復欣無以量足下若能卷甲電赴猶或有濟若其狐疑求我枯魚之肆矣兵闘拙速未覩工遲季思足下勉之書不盡意絶筆而已卓軍次䐗口聞王師敗績停師不進丞乃遇害

荀崧都督荆州江北諸軍事平南將軍鎮宛改封曲陵公爲賊杜曾所圍石覽時爲襄城太守崧力弱食盡使其小女灌求救於覽及南中郎將周訪訪即遣子撫率兵三千人會石覽俱救崧賊聞兵至散走崧既得免乃遣南陽中部尉王國劉源等潛軍襲穰縣獲曾從兄僞新野太守保斬之

後魏元法僧爲益州刺史梁武遣將張齊率衆攻逼城門晝閉行旅不通法僧上疏曰臣忝守遐方之生慮極賊衆侏張所在強盛統内城戍悉以陷没近州之民亦將擾叛唯獨州治僅存而已亡滅之期非旦則夕臣自思忖必是死人但恐不得謝罪庭闕既忝宗枝累辱不淺若死爲鬼永曠天顔九泉之下實深重恨今募使間行偷路奔告若臺運速至猶希全保哭送使者不知所言孝明詔曰比勑傳豎眼倍道兼行西猶未達可更遣尚書郎堪幹者一人馳驛催遣

如令拔彼倒懸救兹危急豎眼頻破張齊於是獲全

皮豹子爲仇池鎮將討陽難當平之諸民復推楊文德爲主興安二年正月宋文帝遣其將蕭道成王虬馬光等入漢中別令楊文德楊頭等率氐羌圍武都城中拒之殺賊二百餘人豹子分將救之至女碁聞賊停軍豹子遣人於祁山取馬欲往赴援文德謂豹子欲斷其糧運回軍還入復津據險自固宋文帝怒其輒回又增兵益將令晉素白水送糧覆津漢川武興運粟甘泉皆置倉儲豹子表曰義隆增兵運糧剋必送死臣所領之衆本自不多唯仰民兵轉恃防固

其統萬安定二鎮之衆從戎以來逕三四歲長安之
兵役過眷月未有代期衣糧俱盡形顔枯悴窘切戀
家逃亡不已既臨寇難不任攻戰士民姦通知臣兵
弱南引文德共爲脣齒文德去年八月與義隆梁州
刺史劉秀之同征長安聞臺遣大將軍勢援雲集長
安地平用馬爲便畏國騎軍不敢北出但承佌池句
人稱臺軍不多戎馬甚尐諸州雜人各有還思軍勢
若及必自奔逃進軍取城有易反掌今外寇兵強臣
力寡弱拒賊備敵非兵不擬乞選壯兵增戍武都牢
城自守可以無患今事已切急若不馳聞損失城鎮

恐招斯責詔遣高平鎮將苟莫于率突騎二千以赴
之道成等乃退
崔楷孝明孝昌初爲殷州刺史加後將軍楷至州表
曰竊惟殷州地實四衝居當五裂西通長山東漸巨
野頃國路康寧四方有截仍聚姦宄桴鼓時鳴况今
天長喪亂妖災間起定州逆虜趦趄北界鄴下匈爐
蠶噬腹心兩處犬牙勢若并合城下之戰匪斯朝夕
臣以不武屬此屏捍實思效力以弱強敵折骸爇弩
固此忠節但基趾建創事范然斗儲尺刃聊自未
有雖欲竭誠莫知攸濟謹列所須兵杖請垂矜許必

當虎視一方遏其侵軼肅清境內保全所委詔付外
量竟無所給
後周李賢隴西人長孫邪利爲都督行原州事以賢
爲主簿時有賊師達符顯圍逼州城晝夜攻戰屢被
摧衂賢間道赴雍州詣爾朱天光請援天光許之賢
乃返而賊營壘四合無因入城候日向夕仍僞負薪
與賊樵採者俱得至城下城中垂布引之賊衆方覺
乃引弩亂發射之不中遂得入城告以大軍將至賊
聞之便散走
唐南霽雲爲睢陽張巡帳下士天寶末安禄山叛亂

賊將尹子奇圍睢陽城經數月城中糧盡至人相食
求救於臨淮節度賀蘭進明遣霽雲夜縋出城之臨
淮見進明進明日高會張樂饗士殊無出兵之意霽
雲泣而謂之曰張寇陵逼圍城半年糧盡矢窮計無
所出初圍城之際城中數萬人今者相食已盡張中
丞自殺愛妾以饗軍士今見存之衆不過數千城中
之人不敢愛死恐破之後賊過淮南亦不利於大夫
耳霽雲所以持刃晝伏夜動匍匐以見大夫今大夫
數日高會殊無遣兵之意豈忠臣義士勤王報國之
意乎霽雲不能達主將之意請齧一指留於大夫示

之以信歸報城中將士遂却還睢陽數日得達懸緪入城城中之人知救不至慟哭數日遂陷

李愬爲唐鄧節度使居平歲謀襲蔡州請濟師詔河中鄜坊騎兵二千人益之

辛讜性慷慨重然諾專務賑人之急年五十不求苟進有濟時救患之志咸通十年龎勛亂徐泗時杜慆守泗州賊以郡當江淮要害極力攻之時兩淮郡縣皆陷獨慆守臨淮久之援軍雖集賊未解圍時讜寓居廣陵乃仗劍拏小艇移駟口貫賊柵入城見慆慆素聞有義而不相面喜讜至握手謝曰判官李延樞

方話子爲人何遽至耶吾無憂矣時賊三面攻城王師結壘于洪源驛相顧不前讜夜以小舟穿賊壘至洪源驛見監軍郭厚本論泗州危急且宜速救厚本然之淮南都將王公弁謂厚本曰賊衆我寡無宜輕舉當俟可行讜坐中抜劍瞋目謂公弁曰賊百道攻城陷在旦夕公等奉詔赴援而逗留不進心欲何爲不唯有負國恩丈夫義氣亦宜感發假如臨淮陷賊淮南即是寇場公何獨存耶讜欲揮刃向公弁厚本持之讜望泗州大哭者經日帳下爲之流涕厚本義其心選甲士三百隨讜入泗州夜半斬賊柵大呼譟水門而入賊軍大駭既知援兵入賊乃退舍人心遂固浙西觀察使杜審權遣大將翟行約率軍三千赴援屯蓮塘驛慆欲遣人勞之將吏皆憚其行讜曰杜相公以大夫宗盟急難相赴安得令使者無言而還即齎慆書幣犒其使淮南大將李湘率師五千來援受賊詐降敗於淮口湘與郭厚本皆爲賊所執自是無援賊併兵急攻以鐵索斷淮流擣衝雲合凡周七月晝夜不息乘城之士不遑寢寐面頭生瘡軍儲漸少分食希粥賴讜犯難伏義求救於淮北諸軍既而馬舉以大軍至賊解圍而去

梁杜洪唐末爲鄂帥時成汭鎮荊門淮南楊行密以兵圍鄂州洪遣使求救於太祖時太祖以隔越大江勢不能救乃發使諷汭令出師以援鄂渚

周錢俶廣順二年遣間使言覘得淮南去年興兵取湖南七州近又以衆於郴連屯守欲攻容桂當道調發兩路進軍水取漳泉陸取汀建望朝廷聊出天兵以爲犄角之勢

致師

環人致師周官之列職勇者嘗寇鄭國之善謀蓋天受賑以行彼敵斯遇或勒兵而未陣或堅壁而固守

特乂將變排速是圖故有執馘以環城御旌而摩壘增三軍之氣成一戰之功其或侮以醜言遺之婦飾用激其怒以成厥謀斯亦爲將者權宜之小道也

許伯楚大夫魯宣公十二年楚伐鄭晉救之許伯御樂伯攝叔爲右以致晉師（單車挑戰又示不欲崇和以疑晉之群帥）許伯曰聞致師者御靡旌摩壘而還（靡旌驅疾摩近也）樂伯曰吾聞致師者左射以菆（左軍左也菆善者）代御執轡御下兩馬掉鞅而還（兩飾也掉正也示閒暇）攝叔曰吾聞致師者右入壘折馘（求馘取耳）執俘而還皆行其所聞而復

漢彭越爲魏相國往來爲漢游兵擊楚絕糧道項

羽欲討越謂其將曹咎曰謹守成皋則漢欲挑戰愼勿與戰無令得東我十五日必誅彭越定梁地漢果數挑戰楚軍不出使人辱之五六日曹咎怒度兵汜水漢擊之大破楚軍盡得楚國貨賂曹咎自剄汜水上

後漢張堪爲謁者使送委輸縑布并領騎七千匹詣人司馬吳漢伐公孫述在道追拜蜀郡太守時漢軍餘七日糧陰具船欲遁去堪聞之馳往見漢說述必敗不宜退師之策從之乃示弱挑敵述果自出戰死城下

魏王昶爲征南將軍督荆豫軍事時吳將守江陵不出昶欲引致平地與合戰乃先遣五軍按大道發還使賊望見以喜之所獲鎧馬甲首馳環城以怒之設伏兵以待之吳大將施績果追軍與戰克之績遁走斬其將鍾離茂許旻收其甲首旗鼓珍寶器仗振旅而還

漢諸葛亮爲丞相出斜谷屯渭南司馬宣王拒之明帝詔令堅壁不戰亮既屢遣使交書又致巾幗婦人之飾以怒宣王宣王出將戰辛毗奉詔勅宣王及軍吏以下乃止

苻黄眉爲前秦苻生將時姚襄據黄落苻生遣黄眉及鄧羌等帥兵騎討之襄深溝高壘固守不戰鄧羌說黄眉曰傷弓之鳥落於虛發襄頻爲桓溫張平所敗銳氣喪矣今固壘不戰是窮寇也襄性剛很易以剛動若長驅鼓行且壓其壘襄必忿而出師可一戰而擒也黄眉從之遣羌率騎三千軍於壘門襄果怒盡銳出戰羌僞不勝引騎拒退襄追之至于三原羌廻騎距襄俄而黄眉與堅至大戰斬之盡俘其衆

宋柳世隆爲郢州守將時沈攸之反入江陵舉兵東下分兵出夏口據魯山攸之既至郢城弱小不足攻

遣人告世隆曰被太后令當暫還郡卿旣相與奉國想得此意世隆答曰東下之師久承聲問郢城小鎮自守而已攸之將去世隆遣兵於西渚挑戰攸之果怒令諸軍登岸燒郭邑築長圍攻世隆隨宜拒應衆皆披却攸之軍因之敗潰

後魏賀拔岳爲西道都督與爾朱天光討万俟醜奴岳届長安時万俟醜奴遣大行臺尉遲菩薩伺武功南渡渭水攻圍趣柵天光遣岳率騎一千馳往赴救菩薩攻柵已剋還向岐州岳以輕騎八百北渡渭水擒賊令殺掠其民以挑菩薩菩薩果率步騎二萬餘

人至渭水北岳以輕騎數十與菩薩隔水交言岳稱揚國威菩薩自言強盛往復數返菩薩乃自憍令省事傳語岳怒曰我與菩薩言卿是何人與我對語省事恃水應答不遜岳舉弓射之應弦而倒時已逼暮於是各還岳密於渭南傍水分置精騎四十五十以爲一所隨地形便絡驛置之明日自將百餘騎隔水與賊相見並且東行岳漸前進先所置騎騎隨岳而集騎旣漸增賊不復測其多少行二十里許便至淺濟岳便馳馬東出以示奔遁賊謂岳走乃棄步兵南渡渭水輕騎追岳岳東行十餘里依橫崗伏兵以待之賊以路險不得前進前後繼至半度崗東岳乃廻戰身先士卒急擊之賊便退走岳號令所部賊下馬者皆不聽殺賊顧見之便悉投馬俄而虜獲三千人馬亦無遺遂渡渭北降步兵萬餘收其輜重

隋張威善騎射膂力過人王謙作亂高祖以威爲行軍總管從元帥梁睿擊之軍次通谷謙守將李二王擁勁兵拒守睿以威爲先鋒二王初閉壘不戰威令人罵侮以激怒之二王果出陣威令壯士擊二王軍潰大兵繼至於是擒斬四千餘人

冊府元龜

廵按福建監察御史臣李嗣京 訂正
分守建南道左布政使臣胡維霖 叅閱
知建陽縣事臣 黄國琦較釋

將帥部九十三

器度　讓功　不伐　勤戎事

器度

夫分閫之權汪意斯在必局量之淵曠乃士衆之協從夫器博則周通度遠則閒暇通而能暇是謂能軍以此貞師何用不克夫汪餉者僤嘗人之大情處險

如夷君子之高致是故甘寢秉羽武德茂昭投壺雅歌軍聲益振非寬肅明達之士其疇能與於此哉

後漢吳漢為大司馬每從征伐諸將見戰陳不利或多惶懼失其常度漢意氣自若方整厲器械激揚吏士

班超為將兵長吏征西域時衛候李邑護送烏孫使者始到于闐上書盛毀超擁愛妻抱愛子安樂外國超遂去妻章帝知超忠乃令邑詣超受節度詔超若邑任在外者使留與從事超即遣邑將烏孫侍子還京師軍司馬徐幹謂超曰邑前親毀君欲敗西域今何不緣詔書留之更遣他吏送侍子乎超曰是何言之陋也以邑毀超故今遣之内省不疚何恤人言快意留之非忠臣也

吕布為左將軍部將郝萌反攻布下邳府廳事閤外閤堅不得入布因與高順出討之萌敗走還故營萌將曹性反萌與對戰萌刺傷性性斫萌一臂順斫萌首牀與性送詣布布問性言萌受袁術謀謀者悉誰性言陳宮同謀時宮在坐上面赤旁人悉覺之布以宮大將不問也性言萌嘗以此問性言吕將軍大將有神不可擊也不意萌狂惑不止布謂性曰卿健兒

也善養視之創愈使安撫萌故營領其衆

孔融為青州刺史建安元年爲袁譚所攻自春至夏戰士所餘裁數百人流矢雨集戈矛内接融隱几讀書談笑自若

魏賈逵為建威將軍初與曹休不善太和二年伐吳休先戰敗逵兼道進軍多設旗鼓為疑兵賊遂退逵據夾石以兵糧給休休軍乃振休猶挾前意欲以後期罪逵逵終無言時人益以此多逵

蜀黄權降魏為鎮南將軍文帝察權有局量欲彎之遣左右詔權未至之間累催相屬馬使奔馳交錯於

道官屬侍從莫不辟魄而權舉止顏色自若
馬忠爲庲降都督加安南將軍忠爲人寬濟有度量但詼啁大笑忿怒不形於色
吳周瑜爲偏將軍性度恢廓大率爲得人程普頗以年長數凌侮瑜瑜折節容下終不與較普後自敬服而親重之謂人曰與周公瑾交若飲醇醪不覺自醉時人以其謙讓服人如此（瑜字公瑾）
晉陶侃爲荊州刺史蘇峻之亂詔假中書令庾亮節都督征討諸軍事亮戰敗携其三弟懌條翼南奔温嶠乃與嶠推侃爲盟主侃至尋陽旣有憾於亮議者

咸謂侃欲誅執政以謝天下亮甚懼及見侃引咎自責風止可觀侃不覺釋然乃謂亮曰君侯修石頭以擬老子今日反見求邪便談宴終日兵旣至石頭亮遣督護王章擊峻黨張曜反爲所敗亮送節傳以謝侃侃答曰古人三敗君侯始二當今事急不宜數耳又曰朝政多門用生國禍喪敗之來豈獨繇峻也
王忱爲荊州刺史時桓玄在江陵玄嘗詣忱通人未出乘輿直進忱對玄鞭門幹玄怒去之忱亦不留嘗朔日見客仗衛甚盛玄言欲獵借數百人忱悉給之玄憚而服焉

宋劉道規晉末爲荊州刺史盧循寇逼京邑道規遣司馬王鎮之及揚武將軍檀道濟廣武將軍到彦之等赴援朝廷至尋陽爲賊黨荀林所破循卽以林爲南蠻校尉分兵配之使乘勢伐江陵揚聲云徐道覆已克建鄴而桓謙自長安入蜀譙縱以謙爲荊州刺史厚加資給與其大將譙道福俱寇江陵正與林會林屯江津謙軍枝江二寇交逼分絕都邑之間荊楚旣桓氏義舊並懷異心道規乃會將軍告之曰桓謙今在近畿聞諸君頗有去就之計吾東來文武足以濟事若欲去者本不相禁因夜開城門達曉不閉衆

咸憚服莫有去者初謙至枝江江陵士庶皆與謙書言城内虛實咸欲謀爲内應至是參軍曹仲宗檢得之道規悉焚不視衆於是大安
劉勔爲將善撫將帥以寬厚爲衆所依將軍王廣之求勔所自乘馬諸將並忿廣之貪冒勸勔以法裁之勔懽笑卽時解馬與廣之
宗慤爲豫州刺史監五州諸軍事先是鄉人庾業家盛富豪方丈之膳以待賓客而慤至設以菜葅粟飰謂客曰宗軍人串噉麤食慤致飽而去至是業爲慤長史帶梁郡慤待之甚厚不以前事爲嫌

唐裴行儉高宗朝累爲將有功嘗令醫合藥請犀角麝香送者誤遺失已而惶懼潛竄又有勑賜馬及新鞍令史馳驟馬到鞍破令史亦逃行儉竝委所親招到謂曰爾曹豈相輕耶皆錯誤耳初平都支遮匐大獲瓌寶蕃酋將士咸願觀之行儉因宴徧出歷視有碼碯盤廣二尺餘文彩殊絶軍吏王休烈捧盤歷階趨進躡衣跌足便倒盤亦隨碎休烈驚惶叩頭流血行儉隨而謂曰爾非故也何至於是更不形顏色

黑齒常之爲左威衛大將軍嘗有所乘馬爲兵士所損副使牛師獎等請鞭之常之曰豈可以損私馬而

決官兵乎竟赦之

高仙芝爲四鎮北庭兵馬使天寶六年仙芝虜勃律王及公主自奏捷書仙芝軍還節度使夫蒙靈詧都不使人逆勞罵仙芝曰安得不待我處分懸奏捷書據此罪當斬但緣新立大功不欲處置中使邊令誠具奏其狀制授仙芝代靈詧爲節度使徵靈詧入朝靈詧大懼仙芝每日見之趨走如故靈詧入朝益不自安將軍程千里爲副都護大將軍畢思琛爲靈詧押衙并行官王滔康懷順陳奉忠等嘗搆譖仙芝於靈詧仙芝既領事謂千里曰公面似男子心似婦人何也又謂思琛曰此胡敢來我城東一千石種子庄彼汝將去汝憶之乎琛對曰此是中丞見乞仙芝曰吾此時懼汝作威福豈是憐汝而與之我欲不言恐汝懷憂言了無事矣又呼王滔等至捽下將笞良久皆釋之繇是軍情不懼

郭子儀爲河中節度使麾下若李懷光輩數十人皆王侯重貴子儀頤指進退如僕隷幕府之盛近代無比始與李光弼齊名雖威略不逮而寛厚得人過之

董晉貞元中爲東都留守會汴州節度使李萬榮疾甚其子廼爲亂以晉爲宣武軍節度支度營田汴宋

州觀察使晉既受命惟將判官傔從等十數人都不召集兵馬既至鄭州宣武迎候將吏無至者晉將發左右及鄭州官吏皆懼共勸晉云鄧惟恭承萬榮病疾之甚遂總軍領州事今相公到此尚不使人迎候其情狀豈可料耶恐須且遲廻以候事勢晉曰某奉某爲汴州節度使即合准勑赴官何可妄爲逗留人皆憂其不測晉猶恬然未至汴州十數里鄧惟恭方來迎候晉俾其不下馬既入仍委惟恭以軍政衆服晉明於事體機變而未測其深淺初萬榮既逐劉士寧代爲節度使委兵於惟恭以其同鄉里及疾甚李

廻將爲亂惟恭乃與監軍同謀縛乃送歸朝廷惟恭自以當便代居其位故不遣候吏以疑懼晉心異其不敢進不虞晉之速至晉已近方遽出迎之

賈皝爲義成軍節度使時淄青李納雖去僞王號外奉朝旨而心嘗蓄并吞之計納兵士數千人自行營歸路出滑州大將請城外館之皝曰與人隣道柰何野處其士卒乎因使盡納之淄青將士皆心服焉皝好鑽善射每出獵從騎不過百人往往獵于納之界中納聞之大喜故懷其德而不敢有異心

後唐錢鏐帥吳越學書好吟咏賓佐羅隱好譏諷嘗

戲爲詩言鏐微賤時騎牛操挺之事鏐亦怡然不怒其通恕如此

張全義初仕梁爲西京留守天下兵馬副元帥河南尹判六軍諸衛守太尉中書令魏王治於府廳名位之重冠絕中外時崔沂自禮部尚書帶本官充西京副留守沂至客將白以副使嘗有庭禮沂曰張公官位至重然嘗帶府尹之名不知副留守見尹之儀何如全義知之遽引見沂勞曰彼此有禮俱老矣勿更勞煩

李從曮爲鳳翔節度使管內觀察處置等使蜀平繼岌命部署王衍一行東下至岐監軍使柴重厚不與符節促令赴闕從曮至華下聞内難歸領明宗詔誅重厚從曮以軍民不擾重厚之力也不以前事爲隙上表論救事雖不允時議嘉之

晉史翰爲節度使幕客有閻徹者性率酣醟一日使酒怒目謂翰曰明公昔刺單州與徹主客道至事無不可今領節鉞數不相容且書記趙礪險詖之人也負肩諂笑黷貨無厭而公待之甚厚徹今請死近聞張彥澤斷張式未聞史斬閻徹恐天下談者未能比顏翰不怒引滿自罰而慰勉之寬厚如此

讓功

書曰汝惟不伐天下莫與汝爭功則知居將帥之任專斧鉞之權必在推功讓賢先人後己以協注意之重允符率下之宜後入見於范文晉國以霸坐樹黃於馮異漢室攸興故可垂美於竹帛保全於茅土者也

郤克爲晉大夫將中軍欒書將上軍士燮及齊師戰于鞍齊師敗績晉師歸郤伯見公曰子之力也夫對曰君之訓也二三子之力也臣何力之有焉（郤伯郤克）范叔見勞之如郤伯對曰庚所命也克之制也燮何力

之有焉（荀庚將上軍時不出范文子上軍佐伐行故稱師以讓）欒伯見公亦如之對曰燮之詔也士用命也書何力之有焉（詔告也欒書下軍師故推功上軍傳言晉將帥克讓所以能勝齊）

公叔痤爲魏將與韓趙戰澮北擒樂祚魏王說郊迎以賞田百萬祿之公叔痤反走再拜辭曰夫使士卒不崩直而不倚橈棟而不辟者此吳起餘教也臣不能爲也前脉地形之險阻決利害之備使三軍之士不迷惑者巴寧爨襄之力也縣賞罰於前使民昭然信之於後者王之明法也見敵之可也鼓之不敢怠倦者臣也王特爲臣之右手不倦賞臣可也若以臣

之有功臣何力之有乎王曰善於是索吳起之後賜之田二十萬王曰公叔豈非長者哉既謂寡人勝強敵矣又不遺賢者之後不揜能士之迹公叔何可無益乎故又與田四十萬加之百萬之上使百四十萬

漢衛青元朔五年將三萬騎出高闕得右賢裨王十餘人（裨王小王也若言裨將也）衆男女五千餘人畜數十百萬於是引兵而還至塞武帝使使者持大將軍印即軍中拜青爲大將軍益封青八千七百戶而封青子伉爲宜春侯子不疑爲陰安侯子登爲發干侯青固謝曰（固謂再三也）臣幸得待罪行間賴陛下神靈軍大捷皆諸將校力戰之功也陛下幸已益封臣青子在繈緥中未有勤勞上幸裂地封爲三侯非臣待罪行間所勸士力戰之意也伉等三人何敢受封帝曰我非忘諸校功也今固且圖之乃召御史封諸侯尉

後漢馮緄爲車騎將軍討平荊州蠻賊振旅還京師推功於從事中郎應奉薦以爲司隸校尉而上書乞骸骨朝廷不許

皇甫嵩爲左中郎將與右中郎將朱儁討潁川汝南陳國諸賊悉破平之嵩乃上言其狀而以功歸儁於是進封西鄉侯

魏任城威王彰漢末爲北中郎將行驍騎將軍討烏丸九戰而勝北方悉平及軍還時太祖在長安召彰詣行在所彰自代過鄴太子謂彰曰卿新有功今西見上宜勿自伐應對常若不足者彰到如太子言歸功諸將太祖喜執鬚曰黃鬚兒竟大奇也（彰鬚黃故以呼之）

王基督豫州討諸葛誕平之朝廷以淮南初定轉基爲征東將軍都督揚州諸軍事進封東武侯基上疏固讓歸功參佐繇是長史司馬等七人皆侯

顧衆爲義興太守蘇峻反王師敗績衆還吳潛圖義舉吳國內史蔡謨乃檄衆爲本國督護揚威將軍峻

平論功衆以承撤奮義推功於謀謨以衆倡謀非已之力俱表相讓論者美之

宋臨川王道規晉末爲荆州刺史與劉毅何無忌破桓玄桓謙桓振平江陵道規推毅爲元功無忌爲次功自居其末

沈璞爲盱眙太守後魏攻之不拔乃退走時將軍臧質與璞共守質以璞城主令其露板璞性謙虚歸功於質令質露板後徵還爲淮南太守賞賜豐厚日夕讌見朝士有言璞功者帝曰臧質姻戚又年位在前盱眙元功當次之璞每以謙自牧惟恐賞之居前此

士爽之意也

黄回爲冠軍南瑯琊濟陽二郡太守建平王景素反回率軍前討假節城平之日回軍先入又以景素讓張倪奴同增邑五百户進號征虜將軍

陳章昭達性嚴刻每奉命出征必晝夜倍道然有所尅捷必推功將帥

後周楊㩆仕西魏爲車騎將軍時弘農爲東魏守㩆從太祖攻拔之然自河以北猶附東魏㩆父猛先爲邵郡白水令㩆與其豪右相知請微行詣邵郡舉兵以應朝廷太祖許之㩆遂行與土豪王覆憐等陰謀舉事密相應會者三千餘人内外俱發遂拔邵郡擒郡守程保及縣令四人並斬之衆議推㩆行郡事㩆以因覆憐成事遂表覆憐爲邵郡守以功授大行臺左丞

隋高熲爲左領軍大將軍伐陳爲元帥長史陳平以功授上柱國高祖嘗從容命熲與賀若弼言及平陳事熲曰賀若弼先獻十策後於蔣山苦戰破賊臣文吏耳焉敢與猛將論功帝大笑時論嘉其有讓

唐李勣歷武候監門大將軍并州都督每行軍用師頗任籌筭事捷之日多推功於下以是人皆爲用所

向多尅捷

馬燧爲河陽三城使大曆十一年汴州李靈曜反詔燧與淮西節度使李忠臣合軍討之燧累擊破之是時河陽兵冠諸軍魏博田承嗣遣田悦將兵救靈曜忠臣與戰不利請救於燧燧引奇兵擊破之田悦走馬遁去靈曜知悦敗以百騎夜走汴州悉降燧讓功於忠臣忠臣素暴戾燧不欲入汴城乃引退舍於板橋

李元諒爲鎮國軍節度興元初詔元諒與副元帥李晟進收京邑兵次于滻西賊悉衆來攻元諒先士卒

奮擊大破敗之進軍至菀東與晟力戰隳菀垣而入
賊聯戰皆敗遂復京師元諒讓功於晟出屯於章敬
佛寺

不伐

汝惟不矜大禹之謨訓願無伐善顏子之庶幾矧夫
居爪牙之任奉斧鉞之權安危攸係社稷是賴不伐
之德善莫大焉覩其戰勝而相讓功就而弗居或歸
美於朝廷或推賞於世伍謙恭為裕滿假是懲故能
福祿無疆功名有爍與夫斗筲為量覆敗相仍者不
侔矣

晉郤克范燮欒書伐齊敗齊師于鞍師還郤伯見公
曰子之力也夫對曰君之訓也二三子之力也臣何
力之有焉范叔見勞之如郤伯對曰庚所命也克之
制也燮何力之有焉荀庚將上軍時不出范文子上軍佐代行故稱師以讓欒
伯見公亦如之對曰燮之詔也士用命也書何力之
有焉晉師之歸也范文子後入武子曰無為吾望爾
也乎武子士會文子之父對曰師有功國人喜以迎之先入必
屬耳目焉是代帥受名也故不敢武子曰吾知免矣
知其不益己禍
孟子側字反魯孟氏族也齊伐魯孟孺子洩帥右師
冉求帥左師及戰齊師于郊齊師自稷曲稷曲郊地名師
不踰溝樊遲曰非不能也不信子也請三刻而踰之
與衆三刻約信如之衆從之師入齊師冉求之師右師奔齊人從
之逐右師陳瓘陳莊涉泗二陳齊大夫之側後入以為殿抽
矢策其馬曰馬不進也不欲伐善

後漢賈復為偏將軍諸將每論功自伐復未嘗有言
光武曰賈君之功我自知也

馮異為偏將軍後光武破王郎封應侯異為人謙退
不伐行與諸將相逢輒引車避道進止皆有表識軍
中號為整齊每所止舍諸將並坐論功異常獨屏樹

下軍中號曰大樹將軍

朱祐為建義大將軍為人質直尚儒學將兵率衆多
受降以克定城邑為本不存首級之功

魏李典字曼成為捕虜將軍好學問貴儒雅不與諸
將爭功

晉唐彬為弋陽太守監巴東諸軍事加廣武將軍上
征吳之策甚合武帝意後與王濬共伐吳彬屯據衝
要為衆軍前驅每設疑兵應機制勝陷西陵樂鄉多
所擒獲自巴陵沔口以東諸賊所聚莫不震懼倒戈
肉袒彬知賊寇已殄孫皓將降未至建鄴二百里稱

疾遲留以示不競果有先到者爭物後到者爭功于時有識莫不高栘此舉

成都王穎爲鎮北大將軍齊王冏舉義討趙王倫穎發兵應冏及誅倫迎天子反正穎拜謝曰此大司馬臣冏之勳臣無預焉見訖卽辭出不復還營便謁太廟出自東陽城門遂歸鄴

周訪爲安南將軍梁州刺史訪威風旣著遠近悅服智勇過人爲中興名將性謙虛未嘗論功伐或問訪曰人有小善鮮不自稱卿功勳如此初無一言何也訪曰朝廷威靈將士用命訪何功之有士以此重之

桓伊爲都督豫州將軍事西中郎將與謝玄謝琰破苻堅進號右軍將軍伊性謙素雖有大功而始終不替

宋王鎮惡行龍驤將軍西伐姚泓入賊境戰無不捷率水軍自河入渭直至渭橋棄船登岸身先士卒卽陷長安城於灞上奉迎帝勞之曰成吾霸業者卿也謝曰此明公之威諸將之力帝笑曰卿欲學馮異耶

蕭惠基歷中書黃門郎奉使至蜀降益州兵賊邵虎等時千餘部曲並欲論功惠基毀除勳簿竟無所用或問其意惠基曰我若論其勞則騈馳無已豈吾素懷之本耶

南齊劉懷珍平原人宋文帝時本州辟主簿元嘉二十八年亡命司馬順則聚黨東陽州遣懷珍將數千人掩討平之文帝召問破賊事狀懷珍讓功不肯當親人佐問焉懷珍曰昔國子尼恥陳河間之級吾豈能論邦域之捷哉時人稱之

梁馬仙琕爲寧朔將軍每戰勇冠三軍與諸將論議口未嘗言功人問其故仙琕曰丈夫爲時所知當進不求名退不逃罪乃平生愿也何功可論

馮道根性謹厚木訥少言累遷左右上將軍能撿御

部曲所過村陌將士不敢虜掠每征伐終不言功其部曲或怨非之道根喻曰明王自鑒功夫多少吾將何事武帝嘗指道根示尚書令沈約美其口不論勳約曰此陛下之大樹將軍也

後魏邢巒爲度支尚書宣武時豫州民白早生殺刺史司馬悅以城南叛詔巒爲中山王英討之旣平豫州巒振旅還京師帝臨東堂勞之曰卿役不踰時尅清妖醜鴻勳碩美可謂無愧古人巒對曰此是陛下聖略威靈英等將士之力臣何功之有帝笑曰卿非直一月三捷所足稱奇乃存士伯欲讓功而不處

後周蔡祐字承先爲大將軍從太祖征伐嘗終無所競太祖每歎之嘗謂諸將日承先口不言勳孤當代其論叙其見知如此

元定仕後魏爲河北大都督有勇略每戰必陷陣然未嘗自言其功太祖深重之諸將亦稱其長者

唐韋待價爲盧龍府果毅將軍時辛文陵率兵招慰高麗行到吐護真水高麗掩其不備襲擊敗之待價與中郎將薛仁貴受詔經略東蕃因率所部救之文陵苦戰賊漸退軍始獲全待價被重瘡流矢中其左足竟不言其功

渾瑊德宗貞元中爲河中節度使兼中書令忠勤謹慎每將士獻一物必躬親省視每受恩賜如在帝前位窮將相無矜大之色方於漢之金日磾是以深爲帝所信重

尚可孤爲商州節度使與李晟及駱元光三節度之軍收京城可孤之軍爲先鋒京師平以功陞可孤簡較右僕射封馮翊郡王增邑通前八百戸可孤性謹愿沉毅既有勳勳衆會之中未嘗言功

勤戎事

夫爲將者勤勞王家所以厲臣節整飭器械所以修戎政故不戒而備受命則行斯蓋磨礪以須夙夜匪懈者之所爲也况專閫外之寄將略攸施必將身先以率下士至而應變奪人之勢無失於預防後時之譏不貽於深咎故勉勉以率職翼翼以從事俾夫寇讐畏憚卒乘申警雖行之惟艱故鮮有敗事傳曰以勞定國詩日不懈于位蓋恭命之將嘗從事於斯矣

漢程不識爲未央衛尉與李廣俱以邊太守將屯及出擊胡不識吏治軍簿至明軍不得自便雖煩擾虜亦不得犯

後漢吳漢爲大司馬性彊力每從光武征伐帝未安

漢恒側足而立諸將見戰陳不利或多惶懼失其常度漢意氣自若方整厲器械激揚士吏帝時遣人觀大司馬何爲還言方修戰攻之具乃歎日吳公差彊人意隱若一敵國矣

段紀明爲破羌將軍征羌在邊十餘年未嘗一日蓐寢與將士同苦故皆樂爲死戰

魏鄧艾爲征西將軍艾修治備守積穀彊兵値歲凶旱又爲區種身被烏衣手執耒耜以率將士上下相感莫不盡力艾持節守邊所統萬數而身不離僕虜之勞親執士卒之役

蜀諸葛亮爲丞相益州牧與司馬宣王對於渭南亮
使至宣王問其寢食及其事之煩簡不問戎事使對
曰諸葛公夙興夜寐罰二十以上皆親覽焉
吳孫韶字公禮爲廣陵太守遷鎮北將軍在邊數十
年自大帝西征還都武昌韶不進見者十餘年帝還
建業乃得朝覲帝問青徐諸屯要害近遠人馬衆寡
魏將帥姓名盡具識之所問咸對帝惋曰吾久不見
公禮不圖進益乃爾加領幽州牧假節
晉陶侃爲寧遠將軍南蠻校尉荆州刺史侃在州無
事輒朝運百甓於齋外暮運於齋内人問其故答曰

吾方致力中原過爾優逸恐不堪事其勵志勤力皆
此類也侃性聰敏勤於吏職恭而近禮愛好人倫終
日歛膝危坐閫外多事千緒萬端罔有遺漏遠近書
疏莫不手答筆翰如流未嘗壅滯引接疎遠門無停
客嘗語人曰大禹聖者乃惜寸陰至於衆人當惜分
陰豈可逸遊荒醉生無益於時死無聞於後是自棄
也
庾翼爲都督江荆司雍梁益六州諸軍事安西將軍
荆州刺史代兄亮鎮武昌翼以年少超居大位遐邇
屬目慮其不稱每竭志能勞謙匪懈戎政嚴明經略
深遠數年之中軍國充實人情翕然稱其才自河以
南皆懷歸附
宋宗越爲南濟陰太守善立營陣每數萬人止頓越
自騎馬前行使軍人隨其後馬止營成未嘗參差
梁張齊爲待武將軍巴西梓潼二郡太守齊在益部
累年討擊蠻獠身無寧歲其居軍中能親勞辱與士
卒同其勤苦自畫頓舍城壘皆委曲得其便調給衣
糧資用人人無所困乏
韋叡爲輔國將軍每晝接客旅夜筭軍書三更起張
燈達曙撫循其衆常如不及

陳蔡徵爲安右將軍隋軍濟江後主以徵有幹用令
權知中領軍徵日夜勤苦備盡心力後主喜焉謂曰
事寧有以相報
程文季爲安遠將軍隨都督吳明徹北討秦郡明徹
遣文季圍涇州屠其城進攻盱眙拔之前後文季克
城壘率背水爲堰土木之功動踰數萬每置陣役人
文季必先諸將夜即早起迄暮不休軍中莫不服其
勤幹
北齊莫多婁敬顯爲領軍將軍強直勤幹少以武力
見知恒從斛律光征討數有戰功光每命敬顯前驅

安置營壘夜中巡察或達旦不眠臨敵置陣亦令敬
顯部分將士造次之間行伍整肅深爲光所重
封子繪爲衛將軍平陽太守時大軍討復東雍平紫
壁及喬山谷鋒蜀等子繪嘗以太守前驅慰勞徵兵
運粮軍士無之
後周韓果爲虞侯都督每從太祖征行嘗領侯騎晝
夜巡察略不眠寢
隋郭榮爲左光祿大夫從軍攻遼東城榮親蒙矢石
晝夜不釋甲胄百餘日煬帝每令人覘諸將所爲知
榮如是帝大悅每勞勉之

唐蘭謨爲武侯大將軍爲人嚴毅勤恪監領之處乃
至忘於寢食士卒多厭獎之每侍從太宗嘗不離左
右
竇軌爲益州道行臺左僕射每臨戎對寇或經旬月
身不解甲
張儉拜榮州都督太宗將有事遼東儉率蕃兵先行
儉軍至遼西爲水汎長未渡帝以爲畏懦追赴行在
所儉詣雒陽而陳利害因說水草好惡山川險易帝
甚悅
王忠嗣爲河東節度採訪使每軍出給士卒軍器必
題其姓名於上遺失驗其名以罪之人皆自勸
李晟爲關內副元帥臨下明察每理軍必曰某有某
勞某能某事雖廝養小善必記姓名
張建封爲徐泗濠等州節度使創置軍伍建封觸顛
躬親
王鍔爲太原節度使時方討鎮州鍔緝綏訓練軍府
稱理
後唐李存賢爲幽州節度使時契丹強盛城門之外
鞠爲胡貊援軍自瓦橋關萬衆防衛與胡騎一日數
戰存賢曉夕警備廢寢與食

鄭琮事武皇爲五院軍小較屢有軍功莊宗在河上
爲馬步都虞侯戎伍之事一覩不忘每所詰問應答
如流故所在知名
郭崇韜爲樞密使莊宗與汴軍戰於楊劉執甚危廹
崇韜率衙至博州斬伐林樹徹廬舍渡河明東戍役
徒設版築晝夜不息崇韜據胡床指揮於葭蘆間忽
覺袴中令視之乃蛇也其忘疲厲力也如是
漢史弘肇爲許州節度使時高祖委以禁戎留扈京
邑屬杜重威據鄴爲亂車駕親狩命弘肇從行自九
月駐師及重威歸命凡三月弘肇擐甲在野晝巡宵

警與士卒均其甘苦無所間然時人推其威而有愛乃近代之良將也

劉詞爲沁州團練使在郡臨事之暇必披甲枕戈而臥人恠而問之詞曰我以勇登爵不可一日而忘本也若國家遇邊事信其温飽則筋力有怠何以申毛髮之報此其意也後從少帝禦北虜於河橋每出師則躡屩負戈以爲前導所向無不披靡六師壯之

冊府元龜 將帥部 勤戎事 卷之四百三十一 二十三

冊府元龜

冊府元龜

巡按福建監察御史臣李嗣京　訂正

知長樂縣事臣　夏允彝參閱

知建陽縣事臣　黃國琦較釋

將帥部九十二

矯命而勝　立後劾

矯命而勝

夫兵用詭道智尙先見應變貴於神速轉禍在於俄頃又豈俟白夫人以救火同守株而待兎哉故曰將在外君命有所不受又曰苟利國家專之可也若乃

謀雖素講勢不中順敵非遥度事有從權斂則可以成功緩乃自奪其便繇是或先出而奮節或詐制以調衆固不暇圖上方略以俟報聞罔逃擅命之咎冀臻必尅之理斯乃發於忠憤獲此戰勝議不與猶豫首鼠者同焉若夫料敵非審決勝或慾出於無名成乎輕舉斯亦足以虞首事之失愼不戢之禍哉

夫槩王吳王闔廬之弟也吳伐楚二師陳于柏舉（二師吳楚）夫槩王晨請於闔廬曰楚瓦不仁（瓦楚令尹子常名）其臣莫有死志先伐之其卒必奔而後大師繼之必尅弗許夫槩王曰所謂臣義而行不待命者其此之謂也今日我死楚可入也以其屬五千先擊子常之卒子常之卒奔楚師亂吳師大敗之子常奔鄭

漢陳湯元帝時爲西域副校尉先是郅支單于殺漢使谷吉等漢遣使三輩至康居求谷吉等死（死尸也）郅支困辱使者不肯奉詔而因都護上書言居困戹願歸計彊漢遣子入侍（故爲此言以調戲也歸計謂歸附而受計策也）其驕慢如此建昭二年湯旣領外國乃與西域都護騎都尉甘延壽謀曰夷狄畏服大種其天性也西域本屬匈奴今郅支單于威名遠聞侵陵烏孫大宛常爲康居畫計欲降服之如得此二國北擊伊利西取安息南

排月氏山離烏弋數年之閒城郭諸國危矣（山離烏弋不在三十六國中去中國二萬里謂西域國爲城郭者言不隨畜牧遷徙以別於匈奴也）且其人剽悍（剽輕也悍勇也剽頻妙切悍胡幹切）好戰伐數取勝久畜之必爲西域患郅支單于雖所在絕遠蠻夷無金城強弩之守如發屯田吏士敺從烏孫衆兵直指其城下彼亡則無所之守則不足自保千載之功可一朝而成也延壽亦以爲然欲奏請之湯曰國家與公卿議大策非凡所見事必不從延壽猶與（與讀曰豫）不聽會其久病湯獨矯制發城郭諸國兵車師戊巳校尉屯田吏士延壽聞之驚起欲止焉湯怒按劍叱延壽曰大衆巳集

會堅子欲沮衆邪（沮止也壞也有才女功）延壽遂從之部勒行
陳益置揚威白虎合騎之校（西域陳法之名也或云一校則列為一部軍故稱校耳湯時新置此等諸校名以為威聲也）漢兵胡兵合四萬餘人延壽
湯上疏自劾奏矯制陳言兵狀即日引兵分行為六
校其三校從南道踰葱嶺經大宛其三校都護自將
發溫宿國從北道入赤谷過烏孫涉康居界至闐池
西而康居副王抱闐將數千騎寇赤谷城東（闐音寘）殺
略大昆彌千餘人敺畜産甚多從後與漢軍相及頗
寇盜後重（重謂輜重也）湯縱胡兵擊之殺四百六十人得
其所略民四百七十人還付大昆彌其馬牛羊以給

册府元龜　將帥部　矯命而勝　卷之四百三十二　三

軍食又捕得抱闐貴人伊奴毒入康居東界令軍不
得為寇閒呼其貴人屠墨見之（閒密呼也）諭以威信與飲
盟遣去徑引行未至單于城可六千里止營復捕得
康居貴人貝色子男開牟以為導貝色子即屠墨母
之弟皆怨單于繇是具知郅支情明日引行未至城
三十里止營單于遣使問漢兵何以來應曰單
于上書言居困阸願歸計彊漢身入朝見天子哀閔
單于棄大國屈意康居故使都護將軍來迎單于妻
子恐左右驚動故未敢至城下使數往來相答報延
壽湯因讓之我為單于遠來而至今無名王大人見

將軍受事者（名王諸王之貴者受事受教命而供事也）何單于忽大計失
客主之禮也兵來道遠人畜罷極食度（大各切）且盡恐
無以自還願單于與大臣審計策明日前至郅支城
都賴水上離城三里止營傅陳（傅讀曰敷敷布也）望見單于
城上立五采幡織（織讀曰幟音式志切）數百人被甲乘城（乘謂登之備守也）
又出百餘騎往來馳城下步兵百餘人夾門魚
鱗陳（言其相接次形若魚鱗）講集用兵城上人更招漢軍曰鬭
來（更互也音丁行切）百餘騎馳赴營營皆張弩持滿指之騎
引卻頗遣吏士射城門騎步兵騎步兵皆入延壽湯
令軍聞鼓音皆薄城下四面圍城各有所守穿塹塞

册府元龜　將帥部　矯命勝　卷之四百三十二　四

門戶鹵楯為前戟弩為後迎射城中樓上人樓上人
下走土城外有重木城從木城中射頗殺傷外人外
人發薪燒木城夜數百騎欲出外迎射殺之初單于
聞漢兵至欲去疑康居怨己為漢內應又聞烏孫諸
國兵皆發自以無所之郅支已出復還曰不如堅守
漢兵遠來不能久攻單于乃披甲在樓上諸閼氏夫
人數十皆以弓射外人外人射中單于鼻諸夫人頗
死單于下騎傳戰大內（下騎謂下樓而騎馬也傳戰轉戰也大內單于之內室也言且戰且行而入內室）夜過半木城穿中人卻入土城乘城呼（乘登也呼火故也次下亦同）時康居兵萬餘騎分為十餘處四面

環城亦與相應和（環纏也音患和音禍）夜數奔營不利輒郤平明四面火起吏士喜大呼乘之鉦鼓聲動地康居兵引郤漢兵四面推鹵楯鹵楯並入土城中單于男女百餘人走入大內漢兵縱火吏士爭入單于被創死軍候假丞杜勳斬單于首得漢使節二及谷吉等所齎帛書諸鹵獲以畀得者（畀予也各以與所得人畀必寐切）凡斬閼氏太子名王以下千五百一十八級生虜百四十五人降虜千餘人賦予城郭諸國所發十五王（賦謂班與之也）（所發十五王謂所發諸國之兵共圍郅支王者也）於是延壽湯上疏曰臣聞天下之大義當混爲一（混同也音乎本切）昔有唐虞今有強

冊府元龜　將帥部　矯命而勝　卷之四百三十二　五

漢匈奴呼韓邪單于已稱北蕃惟郅支單于叛逆未伏其辜大夏之西以爲強漢不能臣也郅支單于慘毒行於民大惡通於天臣延壽臣湯將義兵行天誅賴陛下神靈陰陽並應天氣精明陷陳剋敵斬郅支首及名王已下宜縣頭橐街蠻夷邸間（按黃圖橐街在長安城門）（內橐街街名蠻夷邸在此街也邸名今鴻臚客舘也）以示萬里明犯彊漢者雖遠必誅初中書令石顯嘗欲以姊妻延壽延壽不取及丞相匡衡亦惡其矯制皆不與湯（與猶許也）旣至論功石顯匡衡以爲延壽湯擅興師矯制幸得不誅如復加爵土則後奉使者爭欲乘危徼幸生事於蠻夷爲國招難漸不可開帝內嘉延壽湯功而重違衡顯之（宜重難言也）議久不決宗正劉向上疏請尊寵爵位以觀有功於是天子下詔封延壽爲義成侯湯爵關內侯食邑各三百戶以延壽爲長水校尉湯爲射聲校尉

後唐臧宮爲威武將軍光武建武十一年討公孫述與征南大將軍岑彭等破荆門別至垂鵲山通道出秭歸至江州岑彭下巴郡使宮將降卒五萬從涪水上平曲述將延岑盛兵於沅水時宮衆多食轉少輸不至而降者皆欲散畔郡邑復更保聚觀望成敗宮欲引還恐爲所反會帝遣謁者將兵詣岑彭有馬

冊府元龜　將帥部　矯命而勝　卷之四百三十二　六

七百匹宮矯制取以自益晨夜進兵多張旗幟登山鼓譟右步左騎挾船而引呼聲動山谷岑不意漢軍卒至登山望之大震恐宮因從擊大破之斬首溺死者萬餘人水爲之濁流延岑奔成都其衆悉降盡獲其兵馬珍寶自是乘勝追北降者以十萬數

宋均爲謁者建武二十四年武陵蠻反圍武威將軍劉尚詔使均乘傳發江夏奔命三千人往救之（擢選精勇聞命奔走者）旣至而尚已沒會伏波將軍馬援至因詔令均監軍與諸將俱進賊拒抗不得前及馬援卒於師軍士多溫濕疾病死者大半均慮軍遂不反乃與諸

將議曰今道遠士病不可以戰欲權乘制降之何如
諸將皆伏地莫敢應均曰夫忠臣出境有可以安國
家專之可也公羊傳曰聘禮大夫受命不受辭出境有以安社稷全國家則專之可也乃
矯制調伏波司馬呂种守沅陵長命种奉詔書入虜
營告以恩信因勒馬兵隨其後蠻夷震怖卽共斬其
大帥而降於是入賊營散其衆遣歸本郡爲置長吏
而還均未至先自劾矯制之罪光武嘉其功迎賜以
金帛
段紀明桓帝時爲遼東屬國都尉時鮮卑犯塞紀明
卽率所領馳赴之旣而恐賊驚去乃使驛騎詐齎璽

書詔紀明紀明於道僞退潛於還路設伏虜以爲信
然乃入追紀明紀明因大縱兵悉斬獲之坐詐璽書
伏重刑以有功論司寇刑竟徵拜議郎
魏李典漢末爲裨將軍時太祖擊譚尚於黎陽使典
與程昱等以船運軍糧會尚遣魏郡太守高蕃將兵
屯河上絕水道太祖勑典昱若船不得過下從陸道
典與諸將議曰蕃軍少甲而恃水有懈怠之心擊之
必尅軍不內御苟利國家專之可也宜亟擊之昱亦
以爲然遂北渡河攻蕃破之水道得通
田豫明帝太和末以殄夷將軍督青州諸軍假節討
遼東會吳賊遣使與公孫淵相結帝以賊衆多又以
渡海詔豫使罷軍豫度賊船垂還歲晚風急必畏漂
浪東隨無岸當赴成山成山無藏船之處輒便循海
案行地形及諸山島徼截險要列兵屯守自入成山
登漢武之觀賊還果遇惡風船皆觸山沉沒波蕩著
岸無所逃竄盡虜其衆
晉李憙魏末爲揚威將軍假節領護羌校尉羌虜犯
塞憙因其隙會不及啓聞輒以便宜出軍深入遂大
尅獲以功重免譴時人比之漢朝馮甘焉
毛寶爲溫嶠平南參軍蘇峻作逆寶領千人爲嶠前

鋒俱次茄子浦初嶠以南軍習水峻軍便步欲以所
長制之宜令三軍有上岸者死時蘇峻送米萬斛饋
祖約約遣司馬桓撫等迎之寶告其衆曰兵法軍令
有所不從豈可不上岸邪乃設變力戰悉獲其米虜
殺萬計約用大飢嶠嘉其勳上爲廬江太守
唐李靖太宗貞觀四年頡利可汗請舉國內附以靖
爲定襄道行軍總管往迎頡利雖外請朝謁而潛懷
猶與帝遣鴻臚卿唐儉將軍安脩仁慰諭靖揣知其
意謂副將張公謹曰詔使到彼虜必自寬遂選精騎
一萬賷二十日糧引兵自間道襲之公謹曰詔許其

萍行人在彼未宏討擊靖曰此兵機也時不可失韓信所以破齊人如唐儉等輩何足可惜督軍疾進師至陰山過其斥候千餘帳皆俘以隨軍頡利見使者大悅不虞官兵至也靖軍將逼其牙十五里虜始覺頡利畏威先奔部衆因而潰散靖斬萬餘級俘男女十餘萬殺其妻隋義城公主頡利乘千里馬投吐渾西道行軍摠管張寶相擒之以獻

立後効

夫先迷後得實顯於義經善敗不忘蓋聞於軍志若夫孟明二陵之戰大樹回溪之役覆軍擒將喪師失

律可謂敗矣然而念德不息乃立於後圖出奇無窮終邀於有勝又兵者機事也故用之以危地窮而能變屈而能伸審多筭之可憑雖小衂而何害此又制勝之嘉術整軍之善教也是故再戰皆北壯氣未衰一立後功可刷前耻得失之際燦然可觀

秦孟明視殽之役晉人旣歸秦師秦大夫及左右皆言於穆公曰是敗也孟明之罪也必殺之穆公曰是孤之罪復使爲政三十五年春孟明視帥師伐晉以報殽之役晉侯禦之戰于彭衙秦師敗績穆公猶用孟明孟明增修國政重施於民三十六年夏穆公以孟明伐晉濟河焚舟示必死也取王官及郊王官郊晉也晉人不出遂自茅津濟封殽屍而還茅津在河東大陽縣西封埋藏之遂霸西戎用孟明也

漢韓信爲左丞相封齊王高帝五年與諸侯兵共擊項羽垓下信將三十萬自當之孔將軍居左費將軍居右帝在後絳侯柴將軍在帝後臣欽若等按漢書孔將軍名聚封蓼侯絳侯即周勃費柴史失其名項羽之卒可十萬信先合不利却孔將軍費將軍縱楚兵不利信復乘之大敗垓下

後漢吳漢建武二年爲大司馬率驃騎大將軍杜茂彊弩將軍陳俊等圍蘇茂於廣樂劉永將周建別招

聚收集得十餘萬人救廣樂漢將輕騎迎與之戰不利墮馬傷膝還營建等遂連兵入城諸將謂漢曰大敵在前而公傷卧衆心懼矣漢乃勃然裹創而起椎牛饗士令軍中曰賊衆雖多皆刼掠群盜勝不相讓敗不相救非有使節死義者也今日封侯之秋諸君勉之於是軍士激怒人倍其氣旦日建茂出兵圍漢漢選四部精兵黃頭吳河等及烏桓突騎三千餘人齊鼓而進建軍大潰反還奔城長驅追擊爭門竝入大破之茂建突走十二年征公孫述攻拔廣都遣輕騎燒成都市橋武陽以東諸小城皆降光武戒漢曰

成都十萬餘衆不可輕也但堅據廣都待其來攻勿與爭鋒若不敢來公轉營廹之須其力疲乃可擊也漢乘利遂自將步騎二萬餘人進逼成都去城十餘里阻江北爲營作浮橋使副將武威將軍劉尚將萬餘人屯於江南相去二十餘里帝聞大驚讓漢曰比勑公千條萬端何意臨事勃亂旣輕敵深入又與尚別營事有緩急不復相及賊若出兵綴公以大衆攻尚尚破公卽敗矣幸無它者急引兵還廣都詔書未到述果使其將謝豐袁吉將衆十許萬分爲二十餘營并出攻漢使別將萬餘人刼劉尚令不得相救漢

與大戰一日兵敗走入壁豐因圍之漢乃召諸將厲之曰吾共諸君踰越險阻轉戰千里所在斬獲遂深入敵地至其城下而今與劉尚二處受圍勢旣不接其禍難量欲潛師就尚於江南并兵禦之若能同心一力人自爲戰大功可立如其不然敗必無餘成敗之機在此一舉諸將皆曰諾於是饗士秣馬閉營三日不出乃多樹幡旗使煙火不絕夜啣枚引兵與劉尚合軍豐等不覺明日乃分兵拒水北自將攻江南漢悉兵迎戰自旦至晡遂大破之斬謝豐袁吉獲甲首五千餘級於是引還廣都留劉尚拒述具以狀上而深自譴責帝報曰公還廣都甚得其宜

馮異爲征西大將軍與鄧禹等共攻赤眉大爲赤眉所敗禹得脫歸宜陽異棄馬步走上回溪阪與麾下數人歸營復壁收其散卒招集諸營保數萬人與賊約期會戰使壯士變服與赤眉同伏於道側旦日赤眉使萬人攻異前部異裁出兵以救之賊見勢弱遂悉衆攻異異乃縱兵大戰日昃賊氣衰伏兵卒起衣服相亂赤眉不復識別衆遂驚潰追擊大破於崤底降男女八萬人餘衆尚十餘萬東走宜陽降璽書勞異曰赤眉破平士吏勞苦始雖垂翅回溪終能奮翼

黽池可謂失之東隅收之桑榆方論功賞以答大勳

馬武明帝永平初爲中郎將時西羌寇隴右覆軍殺將朝廷患之復拜武捕虜將軍以中郎將王豐副與監軍使者竇固右輔都尉陳訢將烏桓黎陽營三輔募士（光武置黎陽營）涼州諸郡羌胡兵及弛刑合四萬人擊之到金城浩亹與羌戰（浩亹縣名屬金城郡）斬首六百級及戰於雒都谷爲羌所敗（湟水一名雒都水西自吐谷渾界入在今鄯州湟水縣）死者千餘人羌乃率衆引出塞武復追擊到東西邯大破之（酈元水經注白邯川城左右有水自北出南經邯亭注于河蓋以此水分流謂之東西邯也在今廓州化隆縣東）斬首四千六百級獲生口千六百人餘皆

降散武振旅還京師

吳劉繇漢末爲楊州刺史時袁術在淮南繇畏憚不敢之州欲南渡江吳景孫賁迎置曲阿術圖爲僭逆攻沒諸郡縣繇遣樊能張英屯江邊以拒之以景賁術所授用乃迫逐使去於是術乃自置楊州刺史與景賁并力攻英能等歲餘不下朝廷命加繇爲牧振武將軍衆萬餘人孫策東渡破英能等繇奔丹徒遂收江南保豫章駐彭澤笮融先至殺太守朱皓入居郡中繇進討融所破更復招合屬縣攻破融融敗走入山爲民所殺

晉高密王略懷帝時爲使持節都督荊州諸軍事征南大將軍京兆流人王逌與叟人部雜聚衆數千屯于冠軍略遣參軍崔曠率將軍皮初張雒等討逌爲逌所誦戰敗略更遣左司馬曹攄統曠等進逼逌將大戰曠在後密自退走攄軍無繼戰敗死之略乃赦曠罪復遣部將韓松又督曠攻逌逌降

陳侯安都高祖時爲鎭北將軍與周文育討王琳戰敗並爲琳所囚逃歸復其官爵尋出爲都督南豫州諸軍事鎭西將軍南豫州刺史令繼周文育攻余孝勱及王琳將曹慶常衆愛等安都自宮亭湖出松門躡衆愛後文育爲熊曇朗所害安都迴取大艦值琳將周炅周協南歸與戰破之生擒炅協孝勱弟孝猷率部下四千家欲就王琳遇炅敗乃詣安都降又進軍於禽奇洲破曹慶常衆愛等焚其船艦衆愛奔于廬山爲村人所殺餘衆悉平文帝即位王琳下至柵口大軍出頓蕪湖時侯瑱爲大都督而指麾經略多出安都天嘉元年增邑千戸及王琳敗走入齊安都進軍湓城討琳餘黨所向皆下

後魏李佐道武帝時爲安南將軍攻赭陽爲賊所敗坐徙瀛州爲民車駕征兖鄴復起佐假平遠將軍統

軍齊新野太守劉忌馮城固守佐率所領攻拔之

爾朱天光爲驃騎大將軍旣尅万俟醜奴而都督長孫邪利爲賊行臺万俟道雒襲殺爾朱榮責天光失邪利不獲道雒復遣使杖之一百詔降爲散騎常侍撫軍雍州刺史削爵爲侯天光與岳悅等復向牽屯討之天光身討道雒戰敗率數千騎而走追之不及遂得入隴投略陽賊帥王慶雲慶雲以道雒驍果絕倫得之甚喜便謂大事可圖乃自稱皇帝以道雒爲將軍天光欲討之而莊帝詔勅榮復有書以隴中險遼兼天盛暑令待冬月而天光知其可制乃率諸軍

入隴至慶雲所居永雒城慶雲道路踰出城拒戰天
光復射中道雒髆失弓還走破其東城賊遂併趣西
城城中無水衆聚熱渴有人走降言慶雲道雒欲突
出死戰天光恐失賊帥其夢未巳乃遣謂慶雲曰力
屈如此可以早降若未敢決當聽諸人今夜共議明
晨早報而慶雲等冀得少緩待夜突出報天光云請
待明日天光因謂曰相知須水今爲少退任取河飲
賊衆安悅無復走心天光密使軍人多作木槍各長
七尺至黄昏時布立人馬爲防衛之勢周匝立槍要
路加厚又伏人槍中備其衝突兼令密縛長梯於城

冊府元龜 將帥部 立後効 卷之四百三十二 十五

北其夜慶雲道雒果便突出馳馬先進不覺至槍馬
各傷倒伏兵便起同時擒獲餘衆皆出城南遇槍而
止城北軍士登梯上城賊徒路窮乞降至明盡收其
伏天光岳悅等議悉坑之死者萬七千人分其家口
於三秦河渭瓜涼鄯善咸來欵順天光頻軍略陽詔
復天光前官爵尋加侍中儀同三司增邑至三百戸
崔延伯爲左衛將軍與行臺蕭寶寅討万俟醜奴軍
大敗寶寅歛軍退保涇州延伯修繕器械購募驍勇
復從涇川西進去賊彭坑谷柵七里結營延伯恥前
挫辱不報寶寅獨出襲賊大破之俄頃間平其數柵

城皆逃迸
北齊斛律金爲汾州大督都從仲武戰於沙宛不利
班師因此東雍諸城復爲西軍所據遣金與尉景軍
狄干等討復之
後周陽猛爲武衛將軍鎮善諸爲竇泰所襲猛脫身
得免太祖以衆寡不敵弗之責也仍配兵千人守牛
尾保蕁而太祖擒竇泰猛亦别獲東魏弘農郡守淳
于業
于謹爲驃騎大將軍從太祖攻東魏芒山大軍不利
謹率其麾下僞降立於路左齊神武軍乘勝逐北不

冊府元龜 將帥部 立後効 卷之四百三十二 十六

以爲虞謹乃自後擊之齊軍亂以此大軍得全
隋段文振高祖仁壽初爲大僕卿嘉州獠反文振以
行軍總管討之引軍山谷間爲賊所襲前後阻險不
得相救軍遂大敗文振復收散兵擊其不意竟破之
薛世雄煬帝大業中爲沃沮道將軍征遼與宇文述
同敗績於平壤還次白石山爲賊所圍百餘里四面
矢下如雨世雄以羸師爲方陣選勁騎二百先犯之
賊稍却因而縱擊之遂破之而還
唐劉文靜高祖起義初爲大將軍府司馬將兵與隋
將屈突通桑顯和戰於潼關義軍不利文靜爲流矢

所中義軍氣奪埀至於敗而文静游軍數百騎自南
守而來擊其背顯和大敗匹馬而歸

薛訥爲撿較左衛大將軍玄宗開元二年詔與將軍
杜賓客崔宣道率衆討契丹六月師至灤河盡爲契
丹所覆除削官爵其年八月吐蕃大將勃達延乞力
徐等率衆十萬寇臨洮軍又進寇蘭州及渭州之渭
源縣掠羣牧而去詔納白衣攝左羽林將軍爲隴右
防禦使與大僕少卿王晙等率兵邀擊之十月訥領
衆至渭源縣遇賊戰於武階驛與王晙掎角夾攻之
大破賊衆追奔至洮水又戰于長城堡豐安軍使王

海賓先鋒力戰死之將士乘勢進擊又破之殺獲數
萬人擒其將六指郯彌洪盡收其所掠羊馬并獲其
器械不可勝數時有詔將以十二月親征吐蕃及聞
納等尅捷帝悅遂停親征拜訥左羽林大將軍復封
平陽郡公仍拜子暢朝散大夫俄又克涼州鎮軍大
摠管復爲朔方軍大摠管

王思禮天寶末爲哥舒翰元帥馬軍都將及潼關失
守思禮西赴行在帝至安化郡思禮與呂崇賁李承
光並引於纛下責以不能堅守並從軍令或救之可
收其後効遂斬李承光而釋思禮後從郭子儀領廻
紇之衆收西京嘗爲先鋒以功遷兵部尚書封霍國
公食實封三百戶

郭子儀肅宗至德中爲關內河東副元帥從元帥廣
平王討安慶緒于關東慶緒遣偽將嚴莊悉其衆十
萬來赴陝州與張通儒同抗官軍賊聞官軍至悉其
衆屯於陝西負山爲陣子儀以大軍擊其前廻紇登
山乘其背遇賊潛師於山中與鬬過期大軍稍却賊
分兵三千人絕我歸路衆心大搖子儀麾廻紇令進
盡殺之師馳至其後於黃埃中發十餘箭賊驚顧曰
廻紇來即時大散僵屍偏山澤嚴莊張通儒走歸雒

陽遂與安慶緒渡河保相州郭子儀奉廣平王入東
都

晉安元信初仕後唐爲武皇太原騎將唐光啓末燕
師李威與吐渾酋長赫連鐸入寇大同武皇遣元信
拒之以衆寡不侔爲流矢所中兵敗居庸關懼武皇
法峻南奔中山中山連帥王帥王處存喜而納之用
爲突騎都較奏授撿較工部尚書乾寧末處存卒子
郜嗣爲梁人所攻歸太原與元信偕行武皇待之如
舊授元信鐵林軍使俄以梁將氏叔琮引兵五萬寇
我城下郡縣多陷梁又遣葛從周出軍馬嶺武皇遣

元信以精騎擊而退之以功奏加檢校尚書左僕射

册府元龜將帥部立後効卷之四百三十二　十九

册府元龜

冊府元龜

巡按福建監察御史臣李嗣京　訂正

知閩縣事臣曹學臣參閱

知建陽縣事臣黃國琦較釋

將帥部九十四

輕財　示弱

輕財

夫戰之所尙其惟得衆師所以和懸乎布惠是以古之良將受命忘家視卒如子饑寒先恤甘苦皆分饗必盡於食租身不專其君賜豈有他哉蓋所以奉腹

心之寄宣爪牙之用極士之歡心致人之死力而已故能奉辭將罰治兵鞠旅撫士御衆多多而益辦料敵制勝堂堂之必擊然後式遏寇虐掃淸疆埸揚威邊野令行百萬圖芳鼎彝功齊四七語有之曰天時不如地利地利不如人和非德施何以能之哉

趙趙奢爲將士及宗室所賞賜盡以予軍吏士大夫

漢竇嬰爲大將軍嬰言袁盎欒布諸名將賢士在家者進之所賜金陳廊廡下（廊堂下周屋也廡門屋也音儛）軍吏過輒令財取爲用（財與裁同謂裁量而用之也）金無入家者

李廣累遷輕車將軍歷七郡太守前後四十餘年得賞賜輒分其戲下（戲讀曰麾）飲食與士卒共之家無餘財終不言生產事

後漢吳漢爲大司馬嘗出征妻子在後買田業漢還讓之曰軍師在外吏士不足何多買田宅乎遂盡以分與昆弟外家

寇恂爲執金吾所得秩奉厚施朋友故人及從吏士嘗曰吾因士大夫以致此其可獨享之乎

馬援字文淵拜隴西太守監揚武將軍馬成破先零羌光武以璽書勞之賜牛羊數頭援盡頒諸賓客

祭遵字弟孫爲人廉約小心克已奉公光武以爲刺

姦將軍賞賜輒盡與士卒家無私財

滕撫爲九江都尉討平妖賊所得賞賜盡分與麾下

董卓桓帝末以六郡良家子爲羽林郎從中郎將張奐爲軍司馬共擊漢陽叛羌破之拜郎中賜縑九千匹卓曰爲者則已有者則士（爲功者雖已共有者乃士）乃悉分與吏兵無所留

魏曹眞累遷大司馬每征行與將士同勞苦軍賞不足輒以家財頒賜士卒皆願爲用

夏侯惇爲大將軍性淸儉有餘財輒以分施不足資之於官不治產業

于禁爲虎威將軍持軍嚴整得賊財物無所私入
徐邈爲涼州刺史建威將軍破叛羌有功賞賜皆散
與將士無入家者妻子衣食不充明帝聞而嘉之隨
時供給其家
胡質爲東莞太守每軍功賞賜皆散之於衆無入家
者在郡九年吏民便安將士用命遷荊州刺史加振
威將軍
田豫爲護烏丸鮮卑校尉後爲護匈奴中郎將并州
刺史豫清約儉素賞賜皆散之將士每胡狄私遺悉
簿藏官不入家家嘗貧匱雖殊類咸高豫節

吳孫皎字叔朗遷都護征虜將軍代程普督夏口輕
財能施
程普爲盪寇將軍於諸將最年長時人皆呼程公性
好施與喜士大夫
朱據爲左將軍輕財好施祿賜雖豐而不足用
朱桓累遷前將軍輕財貴義愛養吏士贍護六親俸
祿產業皆與共分
晉羅憲初仕蜀爲宣信校尉輕財好施不營產業
羊祜爲征南大將軍立身清儉被服率素祿俸所資
皆以贍給九族賞賜軍士家無餘財

祖逖爲奮威將軍豫州刺史逖獲駿馬蓬陂塢主陳
川將李頭甚欲之而不敢言逖知其意遂與之逖克
己務施不畜資產
紀瞻爲領軍將軍兼散騎常侍及王敦之逆明帝使
謂瞻日卿雖病但爲朕臥護六軍所益多矣乃賜布
千疋瞻不以歸家分賞將士
王敦爲廣武將軍初尙武帝女襄城公主後天下大
亂敦悉以公主時侍婢百餘人配給將士金銀寶物
散之於衆單車還雒
宋朱脩之爲寧蠻校尉雍州刺史脩之治身清約凡

所贈貺一無所受有餉或受之而旋賞驍雄陳宣帝
深嘆美之
唐尉遲敬德太宗貞觀中歷靈鄜夏三州都督敬德
輕於貨財所得遺賜多散之於士卒及故舊親族
李勣累爲行軍摠管前後戰勝所得金帛皆散之將
士
裴行儉爲洮州道左二軍摠管詔賜都友等資產金
銀器皿三千餘事駝馬稱是并分給親故副使已下
數日便盡
李叔明爲太子太傅閬州人本姓鮮于代宗大曆中

賜姓李氏叔明總戎年浮家代爲豪族元仲通天寶
末爲京兆尹歛南節度使兄弟並涉學輕財好施
馬燧爲河東節度討田悅悅兵大敗先戰燧誓於軍
中戰勝請以家財行賞既戰勝盡其私積以頒將士
德宗聞而嘉之乃詔度支出錢伍萬貫行賞還其家
財
石雄爲豐州刺史天德防禦使雄臨財甚廉每破賊
立功朝廷時有賜與皆不入私室置於軍門首取一
分餘並分給以此軍士感義皆思奮發
後唐王晏球爲宋州節度使充招討使攻圍定州晏

球能與將士同其苦所得祿賜私財盡以饗士
趙鳳爲邢州節度使在鎮所請俸祿之餘分給將較
賓佐故雖危難之中軍民帖然
王思同明宗在軍時素知之即位後用爲同州節度
使未幾移鎮隴右思同好文士無賢不肖必館接賙
遺歲費數十萬

示弱

夫兵唯凶器戰實詭道譎而不正雖或見譏道而後
權蓋有明訓剋殺敵致果唯利是圖後實先聲以奇
制勝是知晉侯退舍得臣遂驕曹子羸師季良乃駭
信歛張之良術成敗之要樞也然仁者之師無敵於
天下聖人之守遠在於四夷好謀而成雖兵家之嘗
道不爭而勝乃嘗武之茂功較而論之固有間矣
趙將李牧嘗居代鴈門備匈奴約曰匈奴即入盜急
入收保有敢捕虜者斬匈奴謂牧爲怯趙王讓牧牧
如舊王怒使他人代將歲餘匈奴每來出戰數不利
復遣牧牧至如故約匈奴終歲無所得終以爲怯邊
士皆願一戰於是乃具選兵車得千三百乘騎萬三
千匹百金之士五萬人彀弓弩者十萬人悉勒習戰
大縱畜牧人民滿野匈奴小入佯北不勝以數千人

委之單于聞之大喜率衆來寇牧多爲奇陣張左右
翼擊之大破殺匈奴十餘萬騎單于奔走十餘歲不
敢近邊
田忌爲齊將韓魏相攻忌率兵伐魏魏將龐涓聞之
去韓而歸孫臏謂田忌曰彼三晉之兵素皆悍勇而
輕齊齊號爲怯善戰者因其勢而利導之兵法百里
而趨利者蹶上將軍（蹶猶挫也蹶紀劣切）五十里走者半至使
齊軍入魏地爲十萬竈明日爲伍萬竈又明日爲二
萬竈涓行三日大喜曰我固知齊軍怯入吾地三日
士卒亡者過半矣乃棄其步兵與其輕銳倍日併行

逐之并畢正切孫子度其期當至馬陵道狹而旁多阻隘
可伏兵乃大斫樹白而書之曰龐涓死此下於是令
萬弩夾道而伏期日暮見火舉而俱發龐涓夜至斫
木下見白書乃鑽火燭之讀書未畢齊軍萬弩俱發
軍大亂龐涓乃自剄
田单齊將也燕軍大破齊國田单守即墨知士卒可
用乃身操版插與士卒分功妻妾編於行伍之閒盡
散飲食饗士令甲卒皆伏使老弱女子乘城遣使約
降於燕燕軍皆呼萬歲田单又收入金得千鎰令即
墨富豪遺燕將書曰即墨即降願無擄掠吾族家妻

妾令安堵燕將大喜許之燕軍繇此益懈田单出軍
擊大敗之
漢韓信爲相國擊齊楚使龍且將號稱二十萬救齊
且與信夾濰水陳信乃夜令人爲萬餘囊盛沙以壅
水上流引兵半渡擊龍且佯不勝還走龍且果喜曰
固知信怯遂追渡水信使人決壅囊水大至龍且軍
大半不得渡急擊破之
後漢吳漢爲大司馬伐公孫述時漢軍餘七日粮陰
具船欲遁去蜀郡太守張堪聞之馳往見漢說述必
敗不宜退師之策漢從之乃示弱挑敵述果自出戰
死城下
耿弇爲建威大將軍討張步弇攻步臨淄拔之入據
其城步與其弟藍弘壽及故大槍渠帥重異等兵
重姓異名也號二十萬至臨淄大城東將攻弇弇先出淄
水上與重異遇突騎欲縱弇恐挫其鋒令步不敢進
曰示弱以盛其氣乃引歸小城陳兵於內步氣盛直
攻弇營與弇裨將劉歆等合戰弇升王宮環臺望之
臨淄本齊國所都即齊王宮中環臺也視歆等鋒交乃自引精兵以橫
突步陣於東城下大破之
魏陳登字元龍爲伏波將軍孫策遣軍攻登於匡琦

城登閉門自守示弱不與戰將士銜聲寂若無人登
乘城望形勢知其可擊乃申令將士宿整兵器昧爽
開南門擊破之
晉李矩字世迴太尉荀藩承制建行臺假矩滎陽太
守元帝加矩冠軍將軍後劉聰遣從弟暢步騎三萬
討矩屯于韓王故壘相去七里遣使招矩時暢卒至
矩未暇爲備遣使奉牛酒詐降于暢潛匿精勇見其
老弱暢不以爲虞大饗渠帥人皆醉飽矩謀夜襲之
暢僅以身免
梁韋濬爲左將軍南都太守時司會州刺史馬仙琕

北伐還軍爲魏人所覊三關擾動招濬督衆軍援焉濬至安陸增築城二丈餘更開大塹起高樓衆頗譏其示弱濬曰不然爲將當有怯時不可專勇是時元英復追仙琕將復楊邵之耻聞濬至乃退高祖亦詔罷軍

王僧辯爲征東大將軍時侯景陷京師僧辯赴援次于南洲賊帥侯子鑒自率步騎萬餘人於岸挑戰又以鳥船千艘並載戰士兩邊悉八十棹棹手皆越人去來趣襲捷過風電僧辯乃麾細船皆令退縮悉使大艦夾泊兩岸賊謂水軍欲退爭出趁之衆軍乃棹

大艦截其歸路鼓譟大呼合戰中江賊悉赴水

陳侯安都爲南徐州刺史高祖東討杜龕安都留臺居守徐嗣徽任約等引齊寇入據石頭游騎至于闕下安都閉門偃旗幟示之以弱令城中曰登陴看賊者斬及夕賊收軍還石頭安都夜令士卒密營禦敵之具將旦賊騎又至安都率甲士千二百人開東西門與戰大敗之賊乃還石頭不敢進逼臺城

陸子隆爲明威將軍廬陵太守時周廸據臨川及東昌縣人修行師應之率兵以攻子隆其鋒甚盛子隆設伏於外仍閉門偃甲示之以弱及行師至腹背擊之行師大敗因乞降許之送京師

後魏費穆孝明時蠕蠕入寇凉州以穆爲輔國將軍假征虜將軍兼尚書左丞西北道行臺仍爲别將往討之穆至凉州蠕蠕遁走穆與所部曰夷狄獸心惟利是視見敵便走乘虛復出今王師來討雖畏威逃跡然軍還之後必來侵暴今欲羸師誘致與獲一戰若不令其破膽終恐疲於奔命衆咸然之穆乃簡練精騎伏於山谷使羸步之衆爲外營以誘之賊騎覘見謂爲信弱俄而競至穆伏兵奔擊大敗之斬其帥郁厥烏爾俟斤十代等獲生口雜畜甚衆

南齊周山圖爲龍驤將軍時豫章賊張鳳聚衆康樂山斷江抄劫臺軍主李雙蔡保數遣軍攻之連年不擒至是軍主毛寄生與鳳戰於豫章江大敗明帝復遣山圖討之山圖至先羸兵偃衆遣軍主龐嗣厚遣鳳要出會聚聽以兵自衞鳳信之行至埜蔡山圖設伏兵於水側擊斬鳳首衆百餘人來降

隋于仲文高祖時爲大將軍尉廻之亂遣仲文詣雒陽發兵討之仲文軍至汴州之東次蓼隄去梁郡七里廻將檀讓擁衆數萬仲文以羸師挑戰讓悉衆來拒仲文僞北讓軍頗驕於是遣精兵左右翼擊之大

敗議軍生獲五千餘人斬首七百級進攻梁郡廽守將劉子寬棄城遁走仲文追擊擒斬數千人子寬僅以身免及煬帝大業中爲光祿大夫遼東之役仲文率軍指樂浪道軍次烏骨城仲文簡羸馬驢數千置於軍後旣而率衆東過高麗出兵掩襲輜重仲文廽擊大破之

董純爲右衛將軍彭城留守大業中彭城賊張大彪宗世模等衆至數萬保縣薄山寇掠徐兗純將兵討之純初閉營不與戰賊屢挑之不出賊以純爲怯不設備縱兵大掠純選精鋭擊賊令戰於昌慮大破之

斬首萬餘仍築爲京觀

王世充爲江都郡丞領江都宫監齊郡賊帥孟讓自長白山寇掠諸郡至盱眙有衆十餘萬世充以兵拒之而羸師示弱保都梁山爲五柵相持不戰後因其懈弛出兵奮擊大破之

唐薛萬均爲上柱國永安郡公與燕王羅藝守幽州竇建德率衆十萬來至范陽萬均謂藝曰衆寡不敵今若出門百戰百敗當以計取之可令羸兵弱馬阻精騎百人伏於城側待其半渡而擊之破之必矣從之建德果引兵渡萬均邀擊大破之

執失思力有戰功封安國公及討遼東留思力統[illegible]突厥於夏州之北捍禦延陁其冬延陁率兵十餘萬來寇河南思力示羸弱縱賊深入漸引南行至夏州之境思力整陣擊敗之追奔六百餘里擒延陁耀威磧北而還

冊府元龜

巡按福建監察御史臣李嗣京　訂正
知甌寧縣事臣孫以敬參閱
知建陽縣事臣黄國琦較釋

將帥部九十五

獻捷

大雅云江漢湯湯武夫洸洸經營四方告成于王周禮曰大司樂王師大獻令奏愷樂若夫奉辭征之寄董伏順之師授鉞登壇爲萬夫之長班師振旅成七德之功漢魏以還簡策具載則有内承廟筭外震戎

容拓土開疆斬俘獻馘至于勉隣國之勍敵破異俗之餘妖或殲厥叛臣或收其故地所以見帝王之神武宣邦國之威靈傳日飲至策勳此之謂矣

魯僖公既伐淮夷十三年使武臣獻馘故泮水之詩曰矯矯虎臣在泮獻馘 矯矯武貌首所格者之左耳

晉文公齊師宋人秦師及楚人戰于城濮魯僖公二十八年楚師敗績七月丙申振旅愷以入于晉 愷樂也獻俘授馘飲至大賞 授數也獻楚俘於廟

漢韓信高祖爲漢王時信以左丞相擊魏虜魏王豹定河東請漢王願益兵三萬人北擧燕趙漢王與兵萬人遣張耳與俱進擊趙代信破代擒夏説閼與 夏説代相閼與邑名 又破趙軍擒趙王歇用廣武君策發使燕燕從風而靡乃遣使報漢因請立張耳王趙以撫其國

趙充國宣帝時爲後將軍征諸羌奏言羌本可五萬人軍凡斬首七千六百級降者三萬一千二百人溺河湟饑餓者死五六千人定計遺脱與煎鞏黄羝俱亡者不過四千人羌靡忘等自詭必得 詭責也自以爲憂責言必能得之 請罷屯兵奏可充國振旅而還

陳湯元帝時爲西域副較尉湯與使西域都護騎都尉甘延壽誅郅支單于上疏宜縣槀街事下有司丞

相衡御史大夫繁延壽以爲郅支及名王首更歷諸國蠻夷莫不聞知月令春掩骼埋胔之時宜勿縣車騎將軍許嘉右將軍王商以爲春秋夾谷之會優施笑君孔子誅之方盛暑首足異門而出宜縣十日迺埋之有詔將軍議是

後漢寇恂字子翼爲河内太守光武建武元年更始將朱鮪聞光武北而河内孤使討難將軍蘇茂副將賈彊將兵三萬餘人攻温恂勒軍擊破之追斬賈彊茂兵投河死者數千人生獲萬餘人時光武傳聞朱鮪破河内有頃恂檄至大喜曰吾知寇子翼可任也

耿弇爲建威將軍建武五年詔弇討張步步奔平壽平壽縣名屬北海郡在青州北海縣乃肉袒負斧鑕於軍門鑕鍖也示必死弇傳步詣行在所

馬援爲伏波將軍建武十七年交阯女子徵側及女弟徵貳反璽書拜援將軍以扶樂侯劉隆爲副都督樓船將軍段志等擊之十九年斬徵側徵貳傳首雒陽

魏諸葛誕爲鎮東大將軍時吳大將軍孫峻等號十萬至壽春誕拒擊破之斬吳左將

鍾會爲鎮西將軍常道鄉公景元四年十一月與征

西將軍鄧艾同伐蜀蜀主劉禪詣艾降遣使勑姜維等從東道詣會降會上言曰姜維張翼廖化董厥等逃死遁走欲趣成都臣輒遣司馬夏侯咸護軍胡烈等徑從劍閣出新都大渡截其前參軍爰彰將軍句安等躡其後參軍皇甫闓將軍王買等從淮南出衝其腹臣據涪縣爲東西勢援維等所統步騎四五萬人擐甲厲兵塞川填谷數百里中首尾相繼憑恃其衆方軌而西臣勑咸闓等令分兵據勢廣張羅網南杜走吳之道西塞成都之路北絕越逃之徑四面雲集首尾並進蹊路斷絕走伏無地臣又手書申喻開示生路羣寇困逼知命窮數盡解甲投戈面縛委質印綬萬數資器山積昔舜舞干戚有苗自服牧野之師商旅倒戈有征無戰帝王之盛業全國爲上破國次之全軍爲上破軍次之用兵之令典陛下盛德侔蹤前代翼輔忠明齊軌公旦仁育羣生義征不譓殊俗向化無思不服師不踰時兵無血刃萬里同風九州共貫臣輒奉宣詔命導揚恩化復其社稷安其閭伍舍其賦調弛其征役訓之德禮以移其風示之軌儀以易其俗百姓欣欣人懷逸豫后來其蘇義無以過

吳朱然爲車騎將軍大帝赤烏九年征柤山魏將李興等聞然深入率步騎六千斷然後道然夜出逆之軍以勝反先是歸義馬茂懷姦覺誅帝深忿之然臨行上疏曰馬茂小子敢負恩養臣今奉天威事蒙克捷欲令所獲震耀遠近方舟塞江使足可觀以解上下之忿惟陛下識臣先言責臣後效帝時抑表不出然既獻捷羣臣上賀帝乃舉酒作樂而出然表曰此家前初有表孤以爲難心今果如其言可謂明於見事也遣使拜然爲佐大司馬右軍師

晉王濬爲龍驤將軍武帝太康元年三月濬以舟師

平吴至於建業之石頭孫晧大懼面縛輿櫬降於軍門濬拔節解縛焚櫬送于京都孫晧平振旅

桓豁為右將軍廢帝太和二年繫南陽反人趙會於宛城走之進獲慕容暐將趙槃送於京師

宋杜惠度為交州刺史輔國將軍高祖永初元年率文武萬人南討林邑所殺過半前後被抄畧悉得還本林邑乞降輸生口大象金銀古貝等乃釋之遣長史江悠奉獻捷

沈林子領建燕令封資中侯從高祖伐羌參西軍事悉署三府中兵為前鋒與冠軍檀道濟同攻潼關姚

冊府元龜　獻捷　將帥部　卷之四百三十四　五

泓聞大軍至遣為康平公姚紹舉關右之衆設重圍守之林子率麾下數百人犯其西北紹衆小靡乘其亂而薄之紹乃大潰俘虜以千數悉獲器械資實時將破賊皆多其首級而林子獻捷書至每以實聞高祖問其故林子曰夫王者之師本有征無戰豈可復增張虜獲以自誇誕

梁曹景宗為右衛將軍武帝天監五年魏軍攻徐州詔景宗攻破之生擒五萬餘人收其軍糧器械積如山岳牛馬驢騾不可勝計景宗乃搜軍所得生口萬餘人馬千匹遣獻捷

蘭欽為佐衛將軍欽南征夷獠擒陳文徹所獲不可勝計大獻銅鼓累代所無

陳侯瑱為司空高祖永定二年二月壬午督衆軍自江入合肥焚齊舟艦三月丙申至自合肥衆軍獻捷

後魏安頡為冠軍將軍太武神麚四年宋將檀道濟王德東走諸將追之至歷城而還頡獻宋俘萬餘人甲兵三萬

波權喜為征西將軍孝武太和元年十月宋葭蘆戍主楊文度遣弟寬襲陷仇池十二月權喜攻陷葭蘆斬文度傳首京師

冊府元龜　獻捷　將帥部　卷之四百三十四　六

傅永為豫州王肅建武將軍平南長史太和中南齊將裴叔業率王茂先李定等來侵楚王戍永適還州肅令永討之獲叔業傘扇鼓幕甲仗萬餘兩月之中遂獻再捷孝文嘉之

党法宗為楊州小峴戍主宣武景明三年法宗襲南齊大峴戍破之擒其龍驤將軍邾菩薩送之京師

爾朱榮為河北都督畿內諸軍事孝莊建義元年十月榮破葛榮檻送於京師帝臨閶闔門榮稽顙謝罪斬於都市

費穆為大都督建義元年十月大破梁軍擒其將曹

義宗檻送京師
上黨王天穆爲大將軍以永安元年四月大破邢杲
於齊州之濟南杲降送京師斬於東市
北齊彭樂爲都督從神武西征樂使告捷虜西魏臨
洮王東蜀郡王榮宋江夏王升鉅鹿王闡譙郡王亮
詹事趙善督將僚佐四十八人皆係頸反接手臨以
及歷兩陣而唱名焉
唐李勣爲右武候大將軍高祖武德四年統河南山
東之兵以拒王世充及從太宗平竇建德降世充振
旅而還論功行賞太宗爲上將李勣爲下將勣與太

宗俱服金甲乘戎輅告捷於太廟又從太宗破劉黑
闥徐圓朗累遷左監門大將軍圓朗重據兗州及授
勣河南大總管以討之尋獲圓朗斬首以獻高宗總
章元年命勣爲遼東道行軍總管虜高麗莫離支高
麗藏及男建男產裂其諸城並爲州縣振旅而還令
勣便道以高藏及男建獻於昭陵禮畢備軍容入京
城獻太廟總章元年十二月以高麗平獻俘於含光
殿大會勣及部將以下大陳設於庭
侯君集爲交河道行軍大總管討高昌國太宗貞觀
十四年十二月旋師執高昌王麴智盛獻捷于觀德
殿
阿史那社爾爲崑丘道行軍大總管征龜茲太宗貞
觀二十三年執龜茲王訶利布失畢及其相那利等
獻於社廟
高侃爲左衛郎將高祖永徽元年九月執突厥車
鼻可汗獻太廟
蘇定方爲行軍大總管征賀魯高祖顯慶三年十一
月定方俘賀魯到京師帝謂侍臣曰賀魯背恩今欲
先獻俘於昭陵可乎許敬宗對曰古者出而凱還則
飲至策勳於廟若諸侯以王命討不庭亦獻俘於天

子近代征伐克捷亦用斯禮未聞獻俘于陵所也伏
以園寢嚴敬義同清廟陛下思孝所發在禮無違亦
可行也十五日還獻於昭陵十七日告於大社皇帝
臨軒大會文武百僚夷狄君長定方戎服操賀魯獻
于樂懸之北帝責之不能對攝刑部尚書長孫沖跪
於階下奏曰伊麗道獻俘賀魯請付所司大理官屬
受之以出討免其死五年定方爲左驍騎大將軍討
思結闕俟斤都曼獻俘于東都帝御乾陽殿定方操
都曼等以獻法司請斬之定方請曰都曼反叛罪合
誅夷臣欲生致闕庭與之有約述陛下好生之德必

嘗侍以不死令既面縛待罪臣望與其餘命帝曰朕屈法申恩全卿信誓乃令宥之定方從幸太原制授熊津道行軍大總管討百濟賊師敗績定方等將士引百濟王扶餘義慈太子隆小王孝演孫文思及僞將五十八人皆操右袂柳首以獻並釋放之

裴行儉爲定襄道大總管高宗永隆二年十月行儉等獻定襄所獲突厥俘囚阿史那伏念及溫傅等五十四人斬於都市初行儉討伏念待以不死侍中裴炎害其功乃奏曰伏念爲副將程務挺逼逐窘急而降帝乃命斬于都市封行儉爲聞喜縣公行儉嘆曰渾濬前事古今恥之但恐殺降之後無復來者因稱疾不出

建安王攸宜爲清邊道大總管則天萬歲通天二年七月攸宜平契丹凱旋詣闕獻俘

李楷固爲左玉鈐衛將軍則天久視元年楷固及右武威衛將軍駱務整討契丹餘衆擒之獻俘於含樞殿則天大悅

冀良琛爲忠萬州討擊使睿宗景雲二年良琛獻俘山賊悉平

郭知運爲隴右節度使玄宗開元五年知運大破吐蕃虜獲囚獻於闕下帝悉免而撫之分配諸州爲編戶語郭知運及諸將曰吐蕃孤恩負約忘義卿等受委逆挫羣兇焚溺之餘俘獲仍衆覽今獻捷深用嘉焉

王君㚟爲隴右節度使鄯州都督開元十二年君㚟破吐蕃來獻戎捷帝置酒于內殿享之謂曰卿能振國威恢邊破敵誠節既著俘獲又多疇庸策勳已有策分卿及將士等並宜飲至兼有賜物各宜領取

張守珪爲幽州節度副大使開元二十二年守珪大破林胡遣使獻捷擇日告廟二十八年八月二十日勅幽州節度奏破奚契丹宜擇日告廟自後諸軍每有克捷必先告廟

蓋嘉運爲磧西節度使開元二十八年嘉運俘吐火先可汗來獻帝特捨之授以官爵

皇甫惟明爲隴右節度使玄宗天寶五載五月已巳惟明以所獲吐蕃突厥俘來獻太廟

哥舒翰爲右隴節度使天寶八載翰收隴右石堡城獻功于朝帝御丹鳳樓會羣臣下制褒獎

高仙芝爲西安四鎮節度天寶十載仙芝生擒突騎施可汗吐蕃大首領及石國王并可敦及羯帥來獻帝御勤政樓會群臣引見

楊國忠爲劍南節度使天寶十一載國忠破吐蕃數

十萬於衆雲南獻俘於廟表曰臣國忠言頃以南蠻閤羅鳳敢背皇恩吐蕃與其潛謀欲於瀘南結聚竊窬越嶲草竊昆明縣是西山諸郡及八國子弟知其狡計同請討除臣當戎行祗奉睿略破吐蕃雲南救兵六十餘萬屠拔隰州等三所大城擒俘虜六千三百臣以劍山迢遞不可盡來遂簡丁壯千餘并投降首領昨三日於勤政樓奉獻已降殊恩臣又以男女口二百人六日於躍龍門進納陛下以生成之德不恨華夷詔臣曰夫王者之義子育爲先每行干紀之誅嘗軫在予之念吐蕃遺孽頻有負恩其君則然其

人何罪且全其生理遂彼物情其所獻口并宜釋放遞還本國以直報怨於是乎在徵臣於是何幸親奉德音聞所未聞以忻以感伏惟陛下含弘庶品康濟羣生大敷恩信下格昏迷自皇王以來未有如今日者也天下幸甚豈惟諸戎特望宣付史官頒示中外許之

安祿山爲范陽節度使天寶十四載祿山奏破奚五千騎并破契丹勃朱蜀活等部落賊等除戮之外應獲生口駝馬牛羊甲仗共一百三十二萬

叚子璋爲越嶲太守肅宗至德二年三月太上皇在蜀郡叚子璋俘所獲吐蕃生口來獻詰責而捨之

萬敵爲南陽都知兵馬使至德二年八月破賊馬軍二千人步軍二萬餘人與興平軍使李奐斬賊括簡使十數人傳首至鳳翔府

郭子儀肅宗時爲朔方節度使乾元元年十月子儀告捷收新鄉縣獲萬餘人馬六千餘匹進圍衛州十一月壬申兵部尚書王思禮奏相州城下破賊二萬人兼獲旗幟器械二年二月丁未朔子儀破逆賊執其將軍車昂獻俘於朝徇於東西兩市而斬之七月子儀擒逆賊將安太清送闕下子儀至代宗朝爲關

東副元帥大曆三年九月子儀率兵五萬自河東移鎮奉天戊戌子儀靈州破吐蕃六萬餘衆文武百僚入賀于紫宸殿京師解嚴十月丁卯子儀至自奉天行營八年十月子儀奏大破吐蕃十萬餘衆己巳文武百官入賀于紫宸殿庭

衛伯玉爲西鎮行營節度使乾元三年正月伯玉獻俘百餘人至闕下有詔解縛而赦之

李光弼爲朔方副元帥乾元三年四月奏三月二十九日懷州城下破逆賊安太清馬步四千餘人今月二日又于河陽西渚東灘破逆賊史思明兵馬三千

餘人前後斬一千五百餘級生擒逆賊姪女婿偽衛前兵馬使李秦璧及偽驃騎大將軍特進已上七十餘人

田神功爲平盧節度都知兵馬使上元元年六月神功奏鄭州城下破賊四千餘衆生擒逆賊大將四人牛馬驢及器械不可勝數二年二月神功生擒逆賊劉展來獻

王仲昇爲淮西申斬黃沔等州節度使兼知鄭汴等一十三州節度都勾當處置使上元元年九月仲昇奏破逆賊史思明下將思庭金二萬餘衆斬首二萬

餘級獲賊器械二千餘事元年建丑月仲昇奏建子月十三日曹州刺史嘗休明破逆賊大將軍薛蕚史盡忠李進盧等馬步三萬餘衆獲器械二萬餘事

熊元皓爲兖州刺史上元元年十二月奏破兖鄆史思明下逆賊二千人

魚朝恩爲陝州觀軍容使元年建丑月奏神策軍節度兵馬建子月六月平逆賊永寧縣鹿脊岡城及破澠池福昌長水等縣一萬餘衆生擒二千餘人斬首三千餘級獲馬畜器械共五萬已上

來瑱爲山南節度使郢州刺史元年建丑月瑱奏斬汝州逆賊五千餘衆牛馬驢并器械等不可勝數

成公意爲鄜州刺史奏破勾扇党項賊斬獲偽勅使驃騎將軍都督石金德等共三千餘衆斬首六百餘級兼獲偽勅文牒并器械衣裝雜物等共三千餘事牛羊雜畜甚衆又簡較鄜州兵馬使內給事林明俊奏破党項一千餘衆斬首四百餘級并驢馳馬器械甚衆

僕固懷恩代宗初爲方朔節度使懷恩上言幽州平河北州縣盡平史朝義爲亂兵所殺傳首上都

馬璘爲邠寧節度使代宗大曆三年八月吐蕃大將

尚贊摩冦寧州璘破二萬餘衆擒其俘以獻之

李勉大曆十一年爲汴宋節度使未行汴州將李靈曜阻兵北結田承嗣使姪悅將銳兵戍之詔勉與李忠臣馬燧等攻討大破之悅僅以身免靈曜北走騎將杜如江擒之勉以獻代宗褒賞甚厚

鮮于叔明大曆十一年爲劍南西川節度使奏吐蕃冦黎雅兩州大破之會南蠻閣羅鳳來援于望漢城生擒吐蕃大籠官論器然獻于闕下

王武俊爲成德軍節度兵馬使德宗建中三年閏正月武俊殺賊李惟岳傳首京師

韓良交爲安南都護建中三年七月良交斬李孟秋等絳人傳首來獻孟秋爲演州司馬與絳州刺史李被岸等舉兵叛自稱安南節度使良交攻殺之

哥舒曜爲汝州節度使建中四年三月曜收復汝州生擒李希烈僞署刺史周晃以獻斬其將楊謹欽張文江傳首京師

李晟爲神策軍使德宗興元元年五月德宗在梁州賊朱泚爲晟等所敗走涇州晟遣衛前將兼御史大夫張少烈上收京師露布至百僚稱賀帝覽之感泣百官皆出涕因上壽稱萬歲曰晟虔奉聖謨盪滌兇

慝然古之樹勳力復都邑者往往有之至於不驚宗廟不易市肆長安人不識旗鼓安堵如初三代已來未之有也帝笑曰天生李晟爲社稷萬人不爲朕也百官再拜而退甲辰幽州將從韓旻梁庭芳朱惟禮等於寧州彭原縣西斬逆賊朱泚傳首來獻

劉洽爲宋亳節度興元元年十一月洽與曲環并淄青將李欽瑤大破李希烈軍於陳州城下殺獲逆衆三萬五千人擒其大將翟崇暉以獻命斬於皇城西南隅戊午洽復大破賊收復汴州希烈奔蔡州擒其僞署將相鄭賁劉敬宗張伯元呂子嵒李達于以獻

牛名俊爲朔方部將德宗貞元元年八月名俊斬李懷光自降於馬燧河中傳懷光以獻

韓全義爲夏州節度貞元十四年全義上言破吐蕃衆於鹽州西北

韋皐爲劍南西川節度十七年九月上言大破吐蕃于雅州是月皐復上言破吐蕃于雅州

嚴礪爲山南西道節度使憲宗元和元年九月奏破劉闢賊兵二千人於神后縣生擒賊將牛文悅十月戊子西川行營神策軍使高崇文檻送逆賊劉闢至京西臨高驛左右神策兵士迎之以帛繫首及手足

曳而入帝御安興樓受俘馘令中使于樓下詰闢反狀闢曰臣不敢反五院子弟爲惡臣不能制又遣詰之曰朕遣中使送旌節官誥何故不受闢乃伏罪令獻太廟郊社徇于市即日戮于子城西南隅

趙昌爲嶺南節度使元和二年四月昌進瓊筦儋振萬安五州三十二洞歸降圖是日宰臣表賀請付史官從之

張子良爲潤州大將元和二年節度李錡反子良及李奉仙田少卿裴行立等生擒錡至闕下帝御興安門親詰其反狀錡曰臣本不反張子良教臣帝曰汝

以宗巨爲統帥子良爲惡何不斬之而後入鎬不能
對命獻太清宮太廟太社卽與其男師回竝腰斬於
子城之西南隅
劉濟鎭幽州節度元和五年正月討鎭州王承宗濟
奏下饒陽縣并獻虜獲六月又奏收安平縣
李光顏爲中武軍節度使元和十一年正月奏連敗
淮西吳元濟之衆憲宗大悅賜告捷使婢奴綵錦
郗士美爲昭義軍節度使元和十一年二月以進討
鎭州王承宗所獲賊首三百來獻詔梟於通化門外
二百

田弘正爲魏博節度元和十一年七月弘正奏破鎭
州賊于南宮縣殺二千餘人六月又奏淄青兵馬攻
棣州磁石鎭當軍與賊交戰殺獲六百餘人十四年
二月壬戌奏今月九日淄青節度都知兵馬使劉悟
斬逆賊李師道并男二人淄青兗鄆節十二州平甲
子御宣政殿受賀己巳田弘正遣使獻逆賊李師道
之首命左右軍兵衛之先獻于太廟郊社帝御興安
門百僚于樓下列位稱賀
李愬爲唐鄧節度使元和十二年十月愬奏以九月
二十六日圍蔡州吳房縣攻其城毀之斬首千餘級
十月丁卯愬師師入蔡州執賊帥吳元濟以聞淮西
平辛巳御宣政殿受朝賀九品已上及宗子四夷之
使皆會乙酉詔曰吳元濟豺狼醜類敢悖天常不知
覆露之恩輒肆猖狂之計拒捍成命焚刼鄰封詿誤
我平人殘傷我赤子縣邑黎庶號呼屢聞朕爲人父
母豈得不興愧亦當告諭曾靡悛心稔惡挺災日滋
月甚所以命貔貅之旅致原野之誅雷霆所當巢穴
盡覆獲此兇豎正其刑書與衆棄之玆爲國典宜准
法處斬其餘支黨竝從別勑處分十一月丙戌朔御
興安門文武百官分序街之左右六軍備衛詔以吳

元濟獻于太廟太社畢徇東西市斬于城西南隅
桂仲武爲安南都護元和十五年六月奏三月二十
九日收尅安南賊黨楊清等處置訖八月甲戌仲武
送逆將楊清首至長樂驛命中使就瘞之十二月癸
未容州奏破黃洞賊萬餘衆收營柵三十六穆宗長
慶元年正月戊午容州上言破黃家賊二千人
李進誠爲靈武節度使穆宗長慶元年二月奏於太
石山下破吐蕃三千騎殺戮二百六十七人馳馬牛
羊衣甲稱是
王智興鎭徐州長慶二年正月智興獲李師道男明

安獻之文宗太和二年三月智興奏于棣州界破賊五百餘人燒却棣州三面城門九月智興奏于黃河北陽信縣破滄州賊收得鹽船五隻鹽三萬石智興奏收棣州入州城收城內兵馬三千四百人百姓一萬五百人僧共一百二十人州縣官六員官典九人印一十二面錢物六百九萬件疋米粟等一萬一千石衣甲器械一十七萬事牛驢馬共一百九十頭匹草四萬五千束庚寅宰臣率百僚以破賊於閤內稱賀又對宰臣等於延英殿十一月丁巳智興奏差兵馬使李君謀領兵五百人過河渉入賊界夜破賊無棣縣殺戮一千五百五十人進先收棣州倉庫印一

十二面銅牌六面

烏重胤爲鄆州節度文宗太和元年九月奏破滄州李同捷賊衆二千餘人十月壬辰又奏破賊三千餘人斬首五百人

李載義爲幽州節度太和元年十月奏破滄州賊六千人戮殺一千五百人生擒一百五十人卽時召其奏事官對于麟德殿賜錦綵銀器二年十月壬午又奏於長蘆縣破賊二萬生擒四百三十人三年正月又奏攻破滄州長蘆縣殺戮五千餘人生擒七百五十五人內二百八十五人是鎮州賊其縣已差兵固守二月奏于木刀溝南鎮破賊二萬人圖一軸

康志睦爲淄青節度使太和元年十一月志睦奏破滄州賊兵千餘人獲賊糧鹽船一十五隻

史憲誠爲魏博節度使太和二年七月憲誠上言大破滄州賊于平原縣北殺戮一千餘人生擒大將三十二人八月奏于棣州平原縣北破滄州賊二萬餘人殺戮三千餘人九月奏於長河縣破賊柵一所十月奏於平原縣破滄州賊一萬三千餘人殺戮三千五百人又奏于平原縣北破賊二萬餘人又奏收德

州平原縣

柳公濟爲易定節度使太和二年八月壬戌公濟新樂縣界破鎮州王廷湊賊衆二萬人殺戮三千人宰臣奏表陳賀九月公濟又奏於鎮州博野縣破賊四千五百餘人燒除却村柵一十五所十月壬午公濟奏於行唐縣破賊三千餘人十一月公濟奏云十月二十日自領兵士下賊堅固砦又於砦東與賊交戰大破賊衆五萬餘人殺戮三萬人

劉從諫爲昭義軍節度使太和二年八月乙卯從諫奏於臨城縣破鎮州賊二千餘人癸未奏於趙州昭

慶縣南破鎮州賊二千餘人殺戮一千餘人

李祐鎮滄州太和三年祐自領兵馬及行營諸軍再收德州平原縣破賊三千餘人即時召宰相入中書命中使以捷宣告三月又奏破滄州賊二萬人殺戮三千人四月庚戌又連破二萬餘人殺戮一千五百人丙子又奏破德州城城內將卒三千餘人走投鎮州又奏得李同捷書求降并以書上聞五月己卯朔宰臣稱賀於紫宸殿下德州故也又奏李同捷母阿孫妻阿崔男元達并差人押送上都

崔弘禮爲鄆州節度使太和三年五月庚辰弘禮奏

宣慰使栢耆領當道及幽州兵馬入滄州當將取得李同捷出滄州訖丙戌滄州遞進宣慰使栢耆表二封并露布一卷丁亥左右軍各出馬步七百五十人起長樂驛防押李同捷首至興安樓前立仗宰相率百僚叙立於樓前同捷自違命及就誅勞問罪之師凡三歲焉

李德裕爲劍南西川節度使太和五年九月德裕上言收復吐蕃先陷維州城使差兵馬鎮守

呂義忠爲河東監軍武宗會昌四年二月義忠擒大原叛將楊弁及兄弟同謀大將等五十四人獻于闕下皆斬之

郭誼爲澤潞大將會昌四年八月辛巳朔殺逆賊劉禎傳首京師帝御興安門獻于宗廟社稷百官樓前稱賀

高駢爲南都護軍懿宗咸通七年九月駢上奏從復交州盡平蠻賊積歲所侵故地是日帝受百僚賀

楊復光爲天下兵馬都監僖宗中和二年復光進收復京國表曰項者妖興霧市嘯聚叢祠而兵牧藩侯備盜不謹謂大司之運當可容奸謂無事之秋縱其長惡賊首黃巢因得充盈窟穴蔓延萑蒲驅我蒸黎

狗其凶逆展鋤耰以成鋒刃殺耕牛以恣燔炮魑魅晝行虺蜴夜噬自南海失守湖外喪師養虎災浮馴梟逆大物無不害惡靡不爲豺狼貽朝市之憂瘡痏及腹心之痛遂至流毒百姓盜汚兩京衣冠塗炭之悲郡邑起丘墟之嘆萬方共怒十道齊攻伏九廟之威靈殄積年之凶醜河中節度使王重榮神資壯烈天付機謀誓立功名志安家國至於屯田待敵率士當衝收百姓十餘萬家降賊黨三萬餘衆法能持重功遂晚成久稽元野之刑未快雷霆之怒自收同華遍近京師夕烽高焰於國門遊騎頻臨於灞岸既

知四隅斷絶百計奔衝如窮鳥觸籠似飛蟲赴燭鴈門節度使李諱神傳將畧天付忠貞機謀與武藝皆優臣節共本心相稱殺賊無非手办入陣率以身先可謂雄才得名飛將自統本軍南下與臣同力前驅雖在寢飧不忘寇孽今月八日遣衙隊前鋒楊守宗河中騎將白志遷橫野軍使滿存躡雲都將丁行存朝邑鎮將康師貞忠武黄頭軍使龐從等三十都隨李諱自光泰門先入京師力摧兇寇又遣河中將劉讓王瓌冀君武孫珙忠武將喬從遇鄭滑將韓從威荆南將軍屠悰滄州將賈滔易定將張仲慶壽州將

張行方天德將顧彥朗左神策弩手甄君楚公孫勝左橫衝軍使楊守亮躡雲都將高周彜忠順都將胡真絳州監軍毛宣伯聶弘裕等七十都繼進賊尚爲堅陣來抗官軍鴈門李諱率勵驍雄整齊金革呌噪而聲將動瓦瘖嗚而氣欲吞砂寬列戈矛廣張羅網於是麾軍背擊八騎橫衝日明而劍耀飛輪風急而旗開走電使賊如浪便可褰流使賊如山亦須折角蹂踐則橫屍入地奔騰則積血成川楊守宗等齊驅直入合勢夾攻從卯至申羣兇大潰自望春宮前蹴殺至昇陽殿下攻圍戈不濫揮矢無虛發其賊一時奔遁南入商山徒延漏办之生佇作飲頭之器伏自收平京闕三面皆立大功若破敵摧兇鴈門實居其首其餘將佐同效驅馳兼臣所部二萬餘人數歲摲風沐雨僶兹平盪疏錄以聞

李承嗣爲河東軍較中和二年承嗣爲前鋒討黄巢於華陰黄巢令僞客省使王汗會軍機於黄揆承嗣擒之以獻

時溥爲徐州節度使中和三年七月溥進表行在獻黄巢首級於行廟受百僚賀其年五月溥遣將張友與尚讓之衆掩捕之至狼虎谷巢將林言斬巢及二弟鄴揆等七人首級并妻子送徐州

王重榮鎮河中光啓二年僖宗幸興元邠州節度使朱玫立嗣襄王熅於京城十二月敗奔河中爲重榮斬首以獻帝御興元城南門閣俘受賀時太常博士殷盈孫獻議曰伏以爲熅違背宗祏僭竊乘輿已就誅夷所宜慶賀然物議之間或有未允臣按禮經公族有罪獄既具有司閗於君曰某之罪在大辟君曰赦之如是者三有司走出致刑君復使謂之曰雖然固當赦之有司曰不及矣君爲之素服不舉樂三日今僞熅皇族也雖犯誅死之罪宜就屠戮其可以輒羣臣而賀乎臣以爲熅殆務之際不能守節劫死而

乃甘心逆謀宜黜爲庶人絕其屬籍其首級仍委所在以庶人禮葬其大捷之慶當以朱玫首級到日稱賀從之

李璠爲汴州行軍司馬昭宗龍紀元年二月璠檻送賊秦宗權并妻趙氏以獻帝御延喜門受俘百僚稱賀以之徇市告廟社斬于獨柳趙笞死宗權初爲蔡州節度中和三年巢賊走關東宗權逆戰不利因與合從爲盜巢敗既誅宗權復僭稱帝號

後唐閻鍔武皇牙將也武皇初爲河東節度使昭宗乾寧二年武皇討邠州王行瑜行瑜窘困與其妻子部曲五百餘人潰圍出奔至慶州爲部下所殺其家

二百口并諸行營乞降武皇命鍔獻於京師十二月甲申朔昭宗御延喜門受俘馘百僚樓前稱賀

冊府元龜

巡按福建監察御史臣李嗣京　訂正
新建縣舉人臣戴國士叅閱
知建陽縣事臣黃國琦較釋

將帥部　九十六

獻捷第二

梁太祖開平元年五月湖南節度使馬殷奏克袁州大破淮寇晝圖以進宣示宰臣先是淮夷襲陷洪州并有宜春袁民厭淮夷苛政且忿其屠戮而征賦煩

重乃有邊界酋首潛以人情利害導湖南之兵取袁州淮夷賊冠失守舉郡皆没殺傷甚衆馬殷屯兵戍守以捷來奏

二年五月癸未朗州奪得淮賊舟船大小共四十隻斬首百餘級以捷來告

九月同州劉知俊以鄜延歸降將健十人并捷表來獻

十月己亥朔帝在陝兩浙節度使錢鏐奏於常州東洲鎮殺淮賊萬餘人生擒將較千餘人獲戰船一百二十隻

三年六月戊戌兩浙節度使錢鏐奏四月十六日於蘇州大破淮賊擒獲數千人戰船數百隻器甲二十餘萬

是月丁未靈武節度使韓遜奏收復鹽州擒偽刺史李繼直以下六十二人並處斬訖七月殷直聶崇受自軍前走馬奏收復丹州生擒賊將王行思致于行在（時同州節度使劉知俊叛）

八月辛酉城州刺史張敬方能完其郡又移兵尅房陵

九月庚子殿直王唐福自襄州走馬以天軍勝捷遞

將李洪歸降事上聞賜唐福絹銀有加宰臣百官上表稱賀壬寅開封府虞候李繼業齎襄州都指揮使程暉奏狀以今月五日殺戮逆黨千人并生擒都指揮使傅覇已下節級共五百人收復襄州人户歸業事癸卯帝御文明殿以收復襄漢受宰臣已下稱賀

四年四月葉縣鎮遏使馮德武於蔡州西平縣界殺戮山賊擒首領張濆等七人以獻

乾化元年十一月庚寅延州節度使高萬興奏當軍都指揮使高萬金統領兵士今月五日收鹽州僞刺史高行存泥首來降丞相及文武百官各上表稱賀

按鹽州與吐蕃黨項封境互接爲二境咽喉之地又有烏池鹽𪉟之利唐建中初爲吐蕃所陷平其墉而去縣定銀夏寧延洎于靈武歲以河南河東山東淮南青徐江浙等道兵士不啻四五萬分護其地謂之防秋貞元九年朝政稍暇乃命副元帥渾瑊總兵三萬復取其地建城壁焉自是虜塵乃清邊患遂止唐末又復失之今纔動偏師遽收襟要國之疾疣其息哉

十二月延州節度使高萬行奏領軍於邠州界萬子谷韋家寨殺戮寧慶兩州賊軍約二千餘人并生擒

都頭指揮使及奪馬器甲等事其入奏軍將使宣召赴内殿畧對訖以銀器綵物錫之宰臣及文武官各奉表賀

是月魏博節度上言於涇縣北殘殺鎮州王鎔兵士七千餘人奪馬二千餘匹戈甲未知其數并擒都將巳下四十餘人

後唐莊宗天祐十四年以契丹攻周德威於幽州命諸將進討八月大軍入幽州翌日獻捷于鄴

十八年九月北面招討使李存審攻鎮州下之擒王德明之子處球同惡高蒙李翥露布以獻

同光二年五月潞州招討霍彥威平潞州擒叛將楊立獻捷以聞

是年龍武大將軍夏魯奇擒梁將王彥章以獻帝壯之賞絹一千疋

三年二月荊南高季興奏收復歸夔忠等州

四年三月李紹眞奏收復邢州擒賊首趙太等二十一人徇於鄴都城下皆磔於軍門是月西面行營副招討使任圜奏收復漢州擒逆賊康延孝（時圜從郭崇韜平蜀延孝以利州叛欲廻趨西川圜率兵攻延孝於漢州擒之）

明宗天成二年九月以峽路招討西方鄴進兵殺敗

荆南賊船收復忠萬夔等州圖一面陳於通天門外俾將校觀之

三年四月復州刺史周令武飛狀上言湖南大軍曾與淮南賊將王茂求等戰於道人磯茂求敗績

五月癸丑朔南馬殷上言今歲二月中殺敗淮寇二萬衆生擒將卒五百餘人内外皆賀是月壬申破定州幽陽捷音至帝大悅謂侍臣曰王都違負天地擒之不遠因此兼破契丹也左右稱賀（王都爲定州節度使通契丹爲叛）

六月乙丑張延朗自定州廻押領到所獲賊將五十

餘人帝御咸安門觀其獻俘
七月己丑北面招討使定州刺史王晏球獻所獲戎
馬一百匹甲子晏球使人馳報十九日契丹七千騎
來援定州逆賊於唐河北敗之襲至滿城又掩殺
二千級捉馬千匹內外稱賀己巳驛騎入報二十一
日又於陽州掩殺契丹四十餘里擒獲殆盡
八月鎮州趙德均馳騎上言今月二日於府西逢契
丹敗黨數千生擒首領惕隱等五十餘人接殺皆盡
契丹强盛僅三十年雄據北戎諸蕃鼠伏屢爲邊患
漢兵嘗憚之前後戰爭罕得其利是役也曲陽之敗

已失千騎唐河之陣兵號七千潰散之後溝渠泛溢
官軍襲殺人不暇食秋雨繼降泥濘莫進人饑馬乏
難投村落所在村人持白挺毆之德均生兵接於要
路惟奇峯嶺北有棄馬潛遁脫者數十餘無噍類帝
致書諭其本國皇威大振四年正月房知溫夾帥子
口白波砦獻捷於行闕
二月乙巳北面馳報是月三日收復定州帝大悅舉
酒徧賜侍臣喜除心腹之疾賜教坊絹五百疋內臣
進馬稱賀丙午百辟入賀戊申晏群臣於玉華殿樂
作王晏球馳報已獲王都首級生擒契丹禿餒等二
千餘人宴罷賜物加等辛酉定州獻俘馘帝御咸安
樓立儀使百官就列尚書兵部宣露布於樓前曰蓋
聞禍福兩途響應雖從於天道賞罰二柄憲章必在
於帝王乃所以虞殛四凶之徒周誅三監之類爲時
除害令在必行顯申庬鉞之威以勦豺狼之黨逆賊
王都濫承餘緒叨據邊方當朝廷念舊之時冒藩翰
賞延之帥曾無績効但抱姦邪國家光有萬邦寵綏
諸夏累頒殊渥官兼右相之榮疊示優恩秩冠三公
之貴諒茲聰命果至滿盈其况去歲駐驛夷門弔民
梁苑萬乘有省方之念諸侯專述職之勤而乃王都

背惠孤恩藏姦積釁不思入覲惟自偷安以至繼歷
寒暄逼留川陸朝廷務從寬恕累降詔書候其悛心
冀全理體殊不知兇頑益固抗拒彌堅信折簡以難
招非舞干而可格而又朋連北狄禦押王師擾我疆
場負我盟誓須茲飾怒所冀夷兇乃謀帥於軍中俾
恭行於天罰繇是貔貅雲集虎豹風馳咸搗梟巢誓
平蟻穴北面招討天平軍節度使王晏球等推心許
國挺志忘家皆矜摩壘之雄各騁寢皮之勇遂乃交
飛矢石齊舞梯衝指其戲鼎之魚必取膏碪之肉以
致徵兵調食結壘連營踰沙軼漠之戎全軍皆殲同

惡齊姦之虜匹馬不廻而又舉螳臂以求生張晭毛而自固計窮力盡且無飛奏之門萬詐千妖寧免芟夷之禍是以玫其醜類無所逃形旣諧欲至之期爰契疇庸之典今月三日定州指揮使馬讓能已下三人先約歸降是時果於賊城之上自相殺戮王晏球等領兵士直扣曲陽門接勢而攻一合收下其逆賊王都及禿餒趆人子城斬首生擒不可勝計至於徒黨骨肉略無孑遺今則獻俘行闕懸首藁街六師盡敵而凱旋一境復安於生聚王晏球等已下從上行賞表不踰時或跨鎮分封官居極品或雙旌大旆寵

寄十連著銘鍾鏤鼎之榮顯傳子示孫之業於戲違天逆道鬼瞰神誅顧斯盪定之勲實恢華夷之意可期康樂以泰黎元申號令於市朝明征伐之有謂布告天下咸使聞知刑部侍郎張文寶奏曰逆賊王都首級請付所司大理卿蕭希甫受之以出獻於郊社畢於街市號令王都男四人第一人禿餒父子二人並磔於開府橋文武百官稱賀於樓前

長興元年三月靈武節度使康福奏攻取保靜鎮賊首李正賓幷其黨與盡誅之

是年河中軍校楊彥溫逐其帥皇子重琦四月河中行營都部署索自通奏今月十八日收復河中斬楊彥溫傳首來獻帝御殿受賀

壬戌冀州奏殺敗蕃賊於城中見輿棺者訊其降者云戚城之戰上將金頭玉中流矢而死此其櫬也

八月太原節度使奏代州刺史白文琦破契丹於七里峰斬首千餘級生擒將較七千餘人

二年二月符州防禦使折從阮奏部領兵士攻圍契丹勝州降之見進兵趨朔州

三月易州刺史安審約奏二月三日夜差壯丁斫虜營殺賊千餘人又奏郎山砦將孫方簡破契丹千餘

人斬蕃將諧里相公虜其妻以獻又杜重威以大軍攻泰州刺史晉廷謙以州降獲守城兵士三百八十九人朝廷稱賀又奏收復蒲城獲契丹首領泼刺相公及守城兵士一千九百六十四人又奏收復遂城縣守城契丹留六十三人首領餘並殺之四月內班張嶼北面軍前廻進呈收奪得契丹王金盂子龍鳳旗李守貞又進奪得契丹王奚車白駝掌羽旗搶等護聖散都頭辛進進納奪得契丹王紅羅麼金銀絲裝玉鞍轡一副賜絹五十疋蓋盤一口

三年八月李守貞奏大軍至望都縣相次至長城北

退虜寇千餘騎轉鬬四十里斬蕃將解里祐公
是月靈武馮鐸奏與威州刺史藥元福於威州土橋
西一百里還吐蕃七千餘人大破之斬首千餘級張
彥澤奏破蕃賊於定州界斬虜首二千餘級追襲百
餘里生擒蕃將四人擒得金耳環二副進呈癸卯太
原奏破契丹於陽武谷殺七千餘人
漢隱帝乾祐元年二月右衛大將軍王景崇奏於大
散關大敗蜀軍俘斬三千人初北虜犯京師侯益趙
贊皆受虜命節制岐蒲聞高祖入雒頗懷反仄朝廷
移贊於京兆益與贊皆求援於蜀蜀遣何建率軍出

大散關以應之至是景崇糾合岐雍邠涇之師以破
之又遣人送所獲僞蜀將校軍士四百三十八人至
闕下詔釋之仍各賜衣服
九月鳳翔都部署趙暉奏大破川軍於大散關殺三
千餘人其餘棄甲而遁
是月永興行營都部署郭從義奏今月十四日鳳翔
王景崇兵士離本城尋遣監軍李彥從率兵追襲至
法門寺西殺戮二千餘人趙暉又奏破王景崇賊軍
於鳳翔城下
二年正月河中府軍前奏今月四日夜賊軍偷斫入
西寨捕斬七百餘級時蜀軍自大散關來援王景崇
周太祖自將兵赴岐下將行戒白文珂劉詞等曰賊
之驍勇並在城西愼爲儆備旣行至華州聞川軍敗
退且憂文珂等爲賊奔突遂兼程而迴賊內俱知周
太祖西行夜遣賊將王三鐵等率驍勇千餘人沿流
南行坎岸而登爲三道來攻賊軍已入王師砦中劉
詞極力拒之短兵旣接遽敗之
三月徐州巡簡使成德欽奏至峒峿鎮遇淮賊破之
殺五百人生擒一百二十人
五月湖南奏蠻寇賀州遣大將徐進率兵援之戰於

鳳陽山下大敗蠻獠斬首五千級
七月永興都部署郭從義奏新除華州留後趙思綰
三月三日授華州留後准詔赴任三移行期仍要鎧
甲以給牙兵及與之竟不離路至九日悉有部曲曹
彥進告思綰欲於十一日夜與同惡五百人奔南山
入蜀是日詰旦再促王路云候夜進登臣等與王峻
入城分兵守四門其趙思綰部下東各已執帶遂至
牙署令召思綰至則執之與一行徒黨並處置訖
是月西面行營都部署露布獻河中府所獲逆賊李
守貞首級并俘馘等帝明德門樓受俘群臣列班於

位稱賀而退
三年春正月鳳翔行營都部署趙暉奏前月二十四日收鳳翔逆賊王景崇舉家自燔而死請供奉官張鉷押逆賊王景崇首級并同惡周璨至闕下獻俘誠命徇於六街磔於兩市
周太祖廣順元年二月隰州刺史許遷上言河東賊軍侵我今月十一日遣步軍都指揮使孫繼業等領兵三百至州北長壽村掩殺獲賊砦將程筠軍使冐千王仁原供奉官李演並䮄馬等所獲賊將較並斬之不數日賊引軍攻城四面齊進臣與判官李昉都

指揮使趙太糧料使王光裔官員職掌百姓守把拒闕焚賊攻具死者五百餘傷者千餘信宿遁去詔曰兇狂烏合來犯軍城醜類蜂屯罔識天命汝誓平國蠹固彼人心率驍銳以前衝履鋒鋩而直進機籌神助部伍風生偽將活擒殘妖碎首心堅鐵石城固金湯戮豕既殲梯衝並爇孽豎偷生而遁迹雄師賈勇以追奔言念忠貞變無倫比嘉賞愧歎再三不忘時劉崇以朝廷初定徐方用兵遣子均領兵出陰地關侵晉隰以覘人心至是挫衂而退窺覦之意稍息矣
是月安平兵馬監押馬彥珣言契丹入寇出兵掩襲奪下老幼人口并牛馬各付其家
三月徐州行營都部署王彥超遣供奉都知孫仁安馳奏收復徐州賜仁安錦袍銀帶絹百疋銀器五十兩甲戌群臣詣廣政殿稱賀其月己卯潞州常思奏差人部送涉縣陣所捉到之賊將較長行共二百六五人馬三十四匹赴闕廻詔曰卿摧敵有方執俘甚衆據茲惡黨固有常刑但念彼之賊軍悉是朕之赤子遭罹兇暴迫脅征行以至就擒良亦可憫察其情狀爭忍加誅配於邉遐亦所不欲其賊軍並以釋罪各與衫袴巾履遣供奉官張譓管押至河東界首放

歸本家諒卿明敏當體朕懷常思上言招誘到縣吐渾李骨甲四十一人
八月鎮州何福進上言平山西殺山東賊軍數百餘人
十二月樞密使王峻征并寇遣供奉官梁义奏臣部領大軍至晉州其劉崇翌日焚燒攻其砦柵棄甲遁去臣當時入城鎮安撫遣行營馬軍都指揮使仇弘超左廂排陣使陳思讓都排陣使藥元福右廂排陣使康延沼等領騎軍掩襲賜梁义錦袍銀帶庚戌宰臣百僚内殿稱賀

二年正月鎭州何福進令指揮使王珹領先擒獲河東賊軍二百三十人馬三十匹至京師各賜巾屨衫袴並釋放

九月樂壽縣監押杜延熙言於瀛州南殺契丹三百餘得馬四十七匹

三年正月定州言契丹三千攻圍義豐軍遣定和都指揮使楊弘裕選兵二百夜斫寨殺蕃酋綰相以下六十人得馬八匹契丹遁去

世宗顯德二年十二月淮南道行營前軍都部署李穀上言副部署王彦超敗淮賊二千餘人於壽州城

下又言先鋒都指揮使白延遇敗淮賊軍千餘人于山口鎭

三年正月侍衛都指揮使李重進差人馳騎上言敗淮賊三萬餘衆於正陽鎭東追殺二十餘里勦戮殆盡生擒賊將咸師朗弋臼約三十萬事馬五百餘匹帝大悦詔書褒之文武從官皆稱賀焉

二月朗州節度使王進逵上言領兵入鄂州界攻下淮南長山砦殺賊軍三千餘衆三月鐵騎右廂都指揮使高懷德上言殺廬州賊軍七百餘衆於其城下

是月行光州刺史何超上言爲光州兵馬都監張承翰與城内附其僞刺史張紹单騎而遁文武從官稱賀既而授承翰遥領集州刺史庚子馬軍都指揮使韓令坤差牙將押降到僞天威指揮使曹延嗣等一千二百餘人至行在賜物有差又舒州刺史郭令圖上言今月四日收下舒州其僞刺史自溺而死餘黨皆遁文武從官稱賀壬寅朗州節度使王進逵差牙將捉到押送淮南賊將陳澤等馬軍都指揮使韓令坤差人押先降到天張賊軍朱重進等千餘人到行闕賜衣物有差

四月韓令坤自揚州差人馳騎上言敗吳寇萬餘衆

於泰州路獲賊帥陸萬俊

是月韓令坤又上言敗楚州賊將馬在貴等萬餘衆於獲頭堰僞漣州刺史秦進崇等殿前都指揮使張永德上言敗泗州賊軍千餘人於曲溪堰

七月廬州行營都部署劉重進上言敗淮賊千五百人於廬州是月濠州行營都部署武行德上言敗淮賊二千餘人於其界八月壬寅張永德上言敗淮賊千餘人於下蔡橋東獲樓船二隻掉船五隻

十月昭義軍節度使李筠上言差行軍司馬范守圖領兵入遼州界殺獲河東賊軍三百餘人兼擒送員

寮數人赴闕
是月壬午任永德上言敗淮賊千餘人於下蔡縣淮北岸獲戰船數十隻賊衆溺死者甚衆
是月淮南道行營招討使李重進上言吳人寇我盛塘等差鐵騎都指揮使王彥昇等率兵掩殺斬首二千餘級
十一月壬子黄州刺史司超上言敗淮寇千餘衆於麻城縣北
十二月己卯海州刺史張廷翰上言敗淮賊五百餘衆於北界

是月戊子李重進上言敗淮賊二千餘衆於塌山北
四年正月丁未淮南道行營都招討使李重進差人池奇上言敗淮南援軍五千餘衆於壽州城北奪得砦兩所及獲軍需器械等是日追班於廣政殿稱賀
二月辛酉淮南道行營都監尚訓上言敗淮賊二千餘衆於黄者砦
三月甲午廬州行營都部署劉重進上言殺淮賊三千餘人於壽州東山口乙未宰臣樞密使已下以王師大捷各進馬稱賀
五月劉重進又上言於航步鎮金牛砦廬江縣相次殺獲淮寇獲賊船三十餘隻詔褒之
是月權知府州事折德扆上言敗河東賊軍五百餘衆於夾谷砦斬其砦主都章都監張釗等璽書褒美之
九月龍捷右廂主柴貴上言敗淮賊千餘衆於木林山
十月昭義軍節度行軍司馬范守圖帥師入河東界收降下賊砦二所
是月田州節度使楊信上言盧唐縣兵馬都監薛友柔敗淮賊六百餘人於田州北界

是月招討使李重進上言攻下濠州南關城十二月李重進上言僞濠州團練使郭廷謂已下以其城降濠州平降其卒萬餘衆獲賊糧數萬石
五年二月右龍武統軍趙贊上言敗淮南賊軍五百餘人於石潭橋
是月黄州刺史司超上言領兵破淮南賊砦二所殺賊三千餘人兼擒魏舒州刺史施仁望來獻
五月鄜州節度使郭崇上言帥師攻下東城縣斬級數百俘人口牛畜三萬餘衆先是戎虜以駕在淮南遣騎萬餘掠我邊境至是故有是舉以報之也

六月昭義節度使李筠上言帥師入河東界破賊砦六所於石會關

十月邢州兵馬留後陳思讓上言西山巡簡使楊璘領兵入遼州界收降下才砦兩所獲生口牛羊具數以聞

十一月己未邢州上言西山巡簡使楊璘破遼州賊界井口砦擒殺百餘人

是月昭義節度使李筠上言破遼州賊界長清砦擒僞磁州刺史李再興來獻

十二月西山巡簡使楊璘領兵入遼州界攻破牛居

砦一所斬三百餘級

六年五月定州節度使孫行友上言率師攻下易州擒僞刺史李在欽來獻命斬於軍市己酉先鋒都指揮使張藏英上言敗胡奇數百於瓦橋關北兼攻下固安縣己巳侍衛使李重進上言敗河東賊軍五千餘人於兆井路斬二十餘級

六月晉州節度使楊廷璋上言率所部兵入河東界招降下堡砦一十三所兼下爲西南面巡簡使斬漢晁已下三人

冊府元龜

冊府元龜

巡按福建監察御史臣李嗣京 訂正
分守建南道左布政使臣胡維霖 叅閱
知建陽縣事臣黃國琦較釋

將帥部

繼襲

夫五材竝用去兵之甚難四國于蕃謀帥之爲重中葉而下乃有父死子繼兄終弟及代領其衆以濟厥功者矣若夫世篤忠烈家傳武畧續乃舊服嗣專征之柄聿脩厥德振象賢之業克嗣前烈不隕家聲者

斯可稱焉至於雖讀父書未練軍政紆恩澤之拜總麾符之重徒藉世資非繇德舉玆亦膠柱調瑟之謂歟

吳孫瑜漢末爲奮威將軍領丹陽太守爲衆所附至萬餘人建安二十年瑜卒從弟皎爲征虜將軍督夏口又并其軍皎善於交結委盧江劉靖以得失江夏李允以衆事廣陵吳碩河南張梁以軍旅傾心親待莫不自盡二十四年皎卒弟奐代統其衆以揚武中郎將領江夏太守在事一年遵皎舊迹禮劉靖李允吳碩張梁及江夏閭畢等竝納其善嘉禾三年奐卒子承嗣以昭武中郎將代奐統兵領郡赤烏六年承卒無子庶弟壹奉奐後襲業爲將

孫賁漢末爲征虜將軍領豫章太守在官十一年卒子鄰嗣字公達雅性精敏幼有令譽九歲代領豫章在郡垂二十年討平叛賊政績脩理

凌操爲破賊校尉從大帝討夏口中流矢死子統年十五左右多稱述者帝亦以操死國事拜統別部司馬行破賊都尉使攝父兵統卒二子烈封年各數歲帝內養於宮後追錄統功封烈亭侯還其故兵烈有罪免封復襲爵領兵

孫河爲將軍屯京時丹陽太守孫翊遇害河馳赴宛陵爲都督嬀覽郡丞戴員所殺河子韶年十七收河餘衆繕治京城起樓櫓脩器備以禦敵大帝聞亂從椒丘還過丹陽引軍歸吳夜至京城下營試攻驚之兵皆乘城傳檄備警讙聲動地頗射外人帝使曉諭乃止明日見韶甚喜之即拜承烈校尉統河部曲食曲阿丹徒二縣置長吏一如河舊

步騭爲驃騎將軍都督西陵二十年鄰敵敬其威信赤烏十一年卒子協嗣統騭所領加撫軍將軍協卒子璣嗣侯協弟闡繼業爲西陵督加昭武將軍封西亭

俟
諸葛瑾爲大將軍領豫州牧赤烏四年卒子融代父
攝兵業駐公安部曲吏士親附之疆外無事
朱績爲建中都尉叔父才卒績領其兵
朱桓爲前將軍領青州牧以恚恨遂托狂發詣建業
治病使子異攝領部曲桓卒異拜都騎都尉代桓領
兵
陸遜爲上大將軍卒子抗時年二十拜建武校尉領
遜衆五千人送葬東還詣都謝恩抗累遷大司馬荆
州牧鳳皇三年卒子晏及弟景玄機雲分領抗兵晏

爲裨將軍夷道監景爲偏將軍中夏督機爲牙門將
全綜爲綏南將軍領東安太守嘉禾十二年卒子懌
嗣襲業領兵
鍾離牧爲前將軍領武陵太守卒官子禕嗣代領兵
晉羅憲爲陵江將軍監巴東軍事領武陵太守泰始
六年卒子襲爲江陵將軍統其父部曲至廣漢太守
王遜爲南夷校尉寧州刺史卒遜在州十四年州人
復立遜中子堅行州府事詔除堅爲南夷校尉寧州
刺史假節
魏浚爲楊威將軍假河南尹爲劉曜所得遂宛之族
子該領其衆懷帝以該爲武威將軍統城西雍涼人
使討劉曜成帝時卒從子雄統其衆
祖逖爲奮威將軍豫州刺史卒於雍丘以逖弟約代
領其衆
周訪爲南中郎將督梁州諸軍梁州刺史大興三年
卒子撫督梁州之漢中巴西梓潼陰平西郡軍事加
進鎮西將軍在州三十餘年興寧三年卒子楚監梁
益二州假節世在梁益甚得物情太和中梁州刺史
楊亮失守楚遣其子瓊討平之是歲楚卒瓊代楊亮
爲梁州刺史建武將軍領西戎校尉桓温以梁益多

寇周氏世有威稱復除撫弟光子仲孫監梁豫益州
之三郡自訪以下三世爲益州四十一年
邵續爲平北將軍假節冀州刺史後爲石季龍所
得元帝既聞續沒下詔曰邵續忠烈在公推誠慷慨
綏集荒餘憂國忘身勳未遂不幸陷沒朕用悼恨於
懷所統任重宜時有代其部曲文武已共推其息緝
爲督主續之忠誠著於公私今立其子足以安衆一
以續本位即受緝使總率所統效節國難雪其家仇
宋檀祗晉末從高祖克京城參建武中事至羅落橋
從父建武將軍憑之戰沒之後乃以憑之所領兵配

祗京邑既平叅領將軍事

梁夏侯夔爲持節督豫淮陳潁建霍義七州諸軍事豫州刺史有部曲萬人馬二千匹竝服習精强爲當時之盛大同四年卒子譒領其父部曲爲州助防刺史

陳歐陽頠長沙臨湘人有聲南土蕭勃死後嶺南擾亂高祖授頠安南將軍衡州刺史始興縣侯未至嶺南頠子紇已尅定始興及頠至嶺南皆攝伏仍進廣交越成定明新高合羅愛建德宜黄利安石雙十九州諸軍事鎮南將軍平越中郎將廣州刺史紇頗有幹

畧天嘉中除黄門侍郎員外散騎常侍累遷安遠將軍衡州刺史襲封陽山郡公都督交廣等十九州諸軍事廣州刺史在州十餘年威惠著於百越

程靈洗爲安西將軍都督郢巴武三州諸軍事郢州刺史子文季果决有父風弱冠從靈洗征討必前登陷陣領中直兵出爲臨海太守及靈洗卒文季盡領其衆起爲超武將軍

胡穎爲左將軍吳興太守弟鑠亦隨穎將軍天嘉元年穎卒鑠統其衆歷東海豫章二郡太守

徐度爲鎮南將軍湘州刺史以其子敬成監郡天嘉四年度自湘州還朝士馬精鋭敬成盡領其衆隨章昭達征陳寶應晉安平除貞武將軍豫章太守

後魏長孫嵩代人父仁昭成時爲南部大人嵩寛雅有器度年十四代父統軍

皮豹子爲都督秦雍荆梁益五州諸軍事開府仇池鎮將豹子子喜孝文初拜侍中都督秦雍荆梁益五州諸軍事開府仇池鎮將以其父豹子昔鎮仇池有威信故也

後周王思政爲大將軍陷於東魏其子康沉毅有度量後爲太祖親信思政陷後詔以因水城陷非戰之

罪增邑三千五百户以康襲爵太原公除驃騎大將軍侍中開府儀同三司十六年王師東討加康使持節大都督以思政所部兵侍配之

李遷哲爲大將軍率金上等諸州兵鎮襄陽建德三年卒子敬猷還統父兵起家大都督累遷大將軍

唐李抱玉寶應中爲澤潞陳鄭節度使從父弟抱貞以澤州刺史爲節度留後凡八年抱玉卒抱貞仍領留後德宗即位拜簡較工部尚書充昭義軍節度等使

田神功爲宋州節度使大曆元年入覲二月宋州兵

叛盜官庫財物而瀆神功歿於京師以神功之弟曹州刺史神玉權知汴州留後

田承嗣爲魏博等州節度使大曆十三年卒從子悅爲中軍兵馬使勇冠三軍承嗣愛其才及將卒命悅知軍事代宗用悅爲節度留後尋加魏博等七州節度使興元元年承嗣子緒殺悅後奔出北門大將曹俊孟希祐等領從數百追及之遙呼之曰節度使須郎君爲之他人固不可也乃以緒歸衙推爲留後德宗因授緒魏博節度使貞元十二年卒子節度副使季安年纔十五軍人推爲留後德宗因授節度使

李正己爲平盧淄青節度等使建中二年卒子節度觀察留後納擅總兵政興元元年四月歸順詔加簡較工部尚書充平盧淄青節度等使貞元八年納死軍中以納子青州刺史師古代其位而上請德宗因授起復右金吾大將軍同正充平盧及青淄齊節度等使

南承宗爲徐海沂密都團練觀察使興元元年卒以其子明應起復知軍事

劉怦爲幽州節度使長子濟以兼御史中丞充行軍司馬貞元元年怦卒軍人習河朔舊事請濟代父爲帥德宗從之累加簡較兵部尚書

程日華爲橫海軍使簡較工部尚書兼滄州刺史貞元二年卒其子兵馬使試殿中監懷直自知留後事朝廷嘉父之忠起復授權知滄州刺史橫海軍事尋授節度使懷直荒於畋獵數日方還其從父兄懷信因衆怒閉門不內懷直因來朝覲除龍武統軍懷信代爲橫海軍節度支度營田滄景觀察留後十三年九月正授節度使二十一年七月卒以其子副使兼御史中丞大夫執恭爲起復左驍衛將軍滄州刺史橫海軍節度使

張孝忠爲義武軍節度易定滄等州觀察使子昇雲以父蔭官累至檢校工部尚書貞元七年孝忠卒德宗以邕王諒爲義武軍節度使以昇雲爲定州刺史充節度觀察留後賜名茂昭九年正授節度使

張建封爲徐泗濠節度等使貞元十六年卒判官鄭通誠權知留後使軍衆請於朝廷乞授建封子愔旄節乃割濠泗二州隸淮南授愔起復右驍衛將軍同正兼徐州刺史充本州團練使順宗初正授武寧軍節度使

王武俊爲成德軍節度使長子士眞以簡較工部尚

書爲副使貞元十七年武俊卒士貞充成德軍節度鎮冀深趙德棣等州觀察等使長子承宗以御史大夫爲副大使元和四年士貞卒三軍推承宗爲留後請割德棣二州上獻乃授成德軍節度使

李愿元和末爲武寧軍節度使到鎮會鄆帥不恭奉命攻討屠城下邑繼有所聞朝廷甚多之無何有疾召以其弟愬代領其任

田弘正爲魏博等州節度使穆宗初鎮州王承宗卒以弘正爲成德軍節度使明年七月軍亂遇害時弘正子布斤河陽三城節度移鎮涇原乃急詔布至起

復爲魏博節度使乘傳之鎮

劉悟爲昭義軍節度使寶曆元年卒遺表請以其子從諫繼纘戎事敬宗下大臣議僕射李絳以澤潞內地與河北三鎮事理不同不可許宰相李逢吉中尉王守澄曲爲奏請此將作監主簿起復金吾大將軍充昭義節度副大使觀察等留後二年加金吾大將軍充昭義節度等使

王廷湊爲成德軍節度使子元逵爲鎮州右司馬兼都知兵馬使太和八年十一月廷湊卒三軍推元逵主軍事請命於朝乃起復簡較工部尚書充成德軍節度使子紹鼎爲節度副使鎮州左司馬知府事大中十一年二月元逵卒授紹鼎起復簡較工部尚書充成德軍節度使其年七月卒子景崇爲嫡時年幼宣宗詔以王訥爲成德軍節度使以紹鼎弟鎮度副使鎮府左司馬知府事紹懿爲御史中丞充成德軍節度觀察留後尋正授節度使歲餘卒初紹懿既立以景崇爲都知兵馬使鎮府左司馬及紹懿數月疾篤知府事召景崇謂之曰亡兄以軍政托予比俟汝成立今危惙如此殆將不救汝雖年幼勉自負荷下禮藩鄰上奉朝旨俾吾兄家業不墜惟汝之才也言

已而卒時監軍在帝具奏其理命宣宗嘉之詔授簡較右散騎常侍充成德軍節度觀察留後尋正授節度使中和二年十一月卒子鎔始十歲三軍推爲留後行軍司馬竇權夷與三軍等進奏曰臣等有狀請監軍院請故使男節度副使鎔權知軍府事尋蒙監軍使李彥融列銜所諸匂當訖僖宗因授旄鉞簡較工部尚書

何進滔爲魏博節度使開成初卒子弘敬襲其位文宗就加節制咸通初卒子全皡嗣之懿宗尋降符節子孫相繼四十餘年張仲武爲盧龍軍節度使大中

元年卒子直方以節度副使襲父位
張允伸爲盧龍軍節度使大中十三年卒允伸領鎮凡二十三年子簡會以節度副大使簡較工部尚書權主留事
李全忠光啓初爲盧龍軍節度使尋卒子威自襲父位稱留後
韓允中爲魏博節度使乾符元年卒子簡自節度副使檢校工部尚書起復爲節度觀察留後踰月正授節度使
王重榮爲河中節度使光啓三年六月爲部下嘗行

儒所害行儒推其弟重盈爲帥太原節度使隴西郡王（後唐武皇）表聞僖宗授以旄鉞乾寧初重盈卒軍府推重榮兄重簡子行軍司馬珂爲留後尋授節度使
趙犨爲忠武軍節度使大順中卒初犨以仲弟昶爲防遏都指揮使同心王事共力軍功乃下令盡以軍州事付於昶遂上表乞骸詔授昶兵馬留後數月犨卒昶遷節度使乾寧三年卒昶弟珝自行軍司馬知忠武軍留後尋正授節度使
王處厚爲義武軍節度使乾寧二年九月卒三軍以河朔舊事推其子副大使郜爲留後朝廷從而命之授以旄鉞光化三年郜奔太原三軍推處厚母弟處直爲留後汴帥（梁太祖）表授旄鉞
羅弘信爲魏博節度使光化三年遇旱雩祭於郭璞祠暴卒八月制以弘信子節度副使紹威起復雲麾將軍充本軍兵馬留後尋授節度使紹威梁開平中卒子周翰繼爲魏博節度使
孟方立爲邢洺節度使龍紀元年六月卒三軍推其弟洺州刺史遷爲留後
後唐李仁福世爲夏州牙將本拓跋氏之族拓跋思恭唐僖宗時爲夏州節度使破黃巢有功賜姓李氏

思恭卒弟思諫繼之開平三年思諫卒三軍立其子彝昌爲留後尋起復正授旄鉞三年彝昌遇害時仁福爲蕃部都指揮使本州軍吏迎立爲帥梁祖降制授定難軍節度使長興四年卒子彝超嗣明宗制授定難軍節度使清泰二年卒弟彝興時爲夏州行軍司馬三軍推爲留後末帝聞之正授定難軍節度使彝興乾德五年卒子光叡繼其位
韓遜爲靈武節度梁貞明初卒三軍推其子洙爲留後末帝聞之起復正授靈武節度使天成四年卒朝廷以其弟澄爲朔方軍節度觀察留後

李茂貞爲鳳翔節度使同光二年卒遺奏其長子彰義軍節度使從曮知鳳翔軍府事莊宗詔起復授鳳翔節度管內觀察處置等使

高萬興爲彰武保大兩鎮節度使同光三年十二月卒於位以其子保大軍馬步軍都指揮使允韜權典留後天成初起復簡較太傅充延州節度使長興初允韜移鎮邢州堂弟允權以膚施令罷歸延州漢高祖即位初郡兵逐其帥周密以允權知留後事尋節度使

高季興爲荊南節度使天成二年卒以其子行軍司

馬從誨知軍府事明宗尋命起復授荊南節度使漢乾祐元年卒子保融嗣其位保融建隆元年卒保勗自行軍司馬襲保勗四年卒保融子繼冲襲

馬殷爲湖南節度使長興二年卒初殷既病差教練使歐弘奏云臣病疾多時不任公事乞以男武安軍節度副使充洪鄂等道四面行營副都統希聲充本鎮節度使明宗降制以希聲爲潭州大都督府長史充武安軍節度湖南管內觀運等使希聲未周歲不卒三軍又立其弟朗州節度使希範知留後事襲位明宗制授武安軍節度使漢初薨於位子岳奴年幼希範弟節度副使希廣襲其位漢高祖制授簡較太師兼中書令充武安軍節度使

錢鏐爲吳越國王長興三年薨其子元瓘時爲鎮海鎮東等軍節度使兼中書令先是鏐既年高欲立嗣召諸子使各論功皆讓於元瓘及鏐病篤召將吏於庭謂之曰予病不起矣吾兒皆懦恐不能與爾將吏爲帥與爾輩訣矣須當自擇將吏號泣言曰大令公有軍功多賢行仁孝已領兩鎮王何苦言及此鏐曰此渠定堪否曰衆等願奉賢帥即出魚鑰轂箱於前謂其子元瓘曰三軍言爾可奉領取此物鏐薨元瓘

遂襲父位四年遣將作監李鍇起復元瓘官爵晉天福六年薨子佐襲父位漢初以疾薨弟倧襲位未踰年爲大將胡進思所逐遷於別第以甲士援送幽於錦軍時倧異母弟俶爲溫州刺史衆既無帥進思即迎俶立之乾祐元年授簡較太師兼中書令充鎮海鎮東等軍節度使

晉曹議金爲歸義軍節度瓜沙等州觀察等使天福五年二月卒以其子元德襲其位

折從阮爲永安軍節度武勝等州觀察等使乾祐二年舉族入覲少帝命其子德扆爲府州團練使授從

阮武勝軍節度使

周馮暉爲靈武節度使廣順二年卒子繼業朔方衙內都虞候暉卒三軍請知軍府事因授簡較太保充朔方兵馬留後

冊府元龜將帥部繼襲　卷之四百三十六　十五

冊府元龜

巡按福建監察御史臣李嗣京　訂正
知長樂縣事　臣夏允彝　參閱
知建陽縣事　臣黃國琦　較釋

將帥部　九十八

強愎　失士心

夫自任則小，前訓攸非；愎諫不從，昔賢深戒。矧夫摧兵之要，爲人司命，而臆是縱狠，戾自專，爲識者之所非，冒兵家之所忌，而行之自若，處之不疑，至於敗事失機，莫之知悔，恃勇尚勝，蓋其有素，斯亦將將之道所宜深察者也。

荀瑤爲晉大夫，帥師圍鄭，未至，鄭駟弘曰：知伯愎而好勝，早下之，則可行也（行去也）。乃先保南里以待之（保守也南里在城外）。知伯入南里，門於桔柣之門，鄭人俘酅魁壘（酅魁壘晉士），賂以致政（欲使反爲鄭），閉其口而死。將門（攻鄭門），知伯謂趙孟入之，對曰：主在此（主謂知伯也言主在此何不自如入）。知伯曰：惡而無勇，何以爲子（惡貌醜也簡子廢嫡子伯魯而立襄子故知伯言其醜且無勇何故立以爲子）。對曰：不能忍恥，庶無害趙宗乎。知伯不悛，趙襄子由是惎知伯（惎毒也），遂喪之。知伯貪而愎，故韓魏反而喪之。

後漢呂布爲左將軍，故狠邪相蕭建爲臧霸所襲破，得建資實。布聞之，自將步騎向莒。高順諫曰：將軍攻殺董卓，威震夷狄，端坐顧盼，遠近自然畏伏，不宜輕自出軍，如或不捷，損名非小。布不從。霸畏布引還抄暴，果登城固守。布不能拔，乃引還下邳。順每諫布言：凡破家亡國，非無忠臣明智者也，但患不見用耳。將軍舉事，不肯詳思，輒喜言誤，誤不可數也。布知其忠，然不能用。

袁紹爲冀州牧，與曹公相拒於官渡。許攸說紹曰：公無與曹相攻也，急分諸軍持之，而徑從他道迎天子，則事立濟矣。紹不從，曰：吾自當先圍取之。張郃又說紹曰：公雖連勝，然勿與曹公戰也，密遣輕騎鈔絕其南，則兵自敗矣。紹愎不從之。紹果後敗。

周慎爲車騎將軍張溫裨將。溫討邊章，章敗走，溫遣慎將三萬人追擊之。參軍事孫堅說慎曰：賊城中無穀，當外轉糧食，堅願得萬人斷其運道，將軍以大兵繼後，賊必困乏而不敢戰，若走入羌中，并力討之，則涼州可定也。慎不從，引軍圍榆中城，而章遂分屯園峽，反斷慎運道。慎懼，乃棄輜重而退。

魏曹休爲大司馬，征吳於夾石口，瑯邪太守孫禮諫

以爲不可深入不從而敗
蜀關羽爲前將軍攻曹仁於樊降于禁等威震華夏
孫權遣使爲子索羽女羽罵辱其使不許婚權大
怒典略曰羽圍樊權遣使求助之勑使莫速進又遣主簿先致命於羽羽忿其淹遲又自已得于禁等乃罵曰狢子敢爾如使樊城拔吾不能滅汝耶權聞之知其輕已僞手書以謝
馬謖爲諸葛亮參軍亮伐魏拔謖統大衆在前謖舍
水上山舉措煩擾牙門將王平連規諫謖不能用
大敗於街亭
姜維爲衛將軍議欲出軍伐魏征西大將軍張翼庭
爭以爲國小民勞不宜黷武維不聽將翼等行進翼

位鎮南大將軍維至狄道大破魏雍州刺史王經經
衆死於洮水者以萬計翼曰可止矣不宜愎進進或
毀此大功維大怒曰爲蛇畫足維竟圍經於狄道城
不能克自翼建異論維心與翼不善然常牽率同行
翼亦不得已而行
呉朱桓爲前軍性護前恥爲人下每臨敵交戰節度
不得自縣輒嗔恚憤激
諸葛恪爲荊揚二州牧督中外諸軍事恪有輕敵之
心與魏戰克復欲出軍諸大臣以爲數出罷勞同辭
諫恪恪不聽中散大夫蔣延或以固爭扶出恪乃著

論諭衆意曰夫天無二日土無二王王者不務兼并
天下而欲垂祚後世古今未之有也昔戰國之時諸
侯自恃兵強地廣互有救援謂此足以傳世人莫能
危恣情縱懷憚於勞苦使秦漸得自大遂以并之此
既然矣近者劉景升在荊州有衆十萬財穀如山不
及曹操尚微與之力競坐觀其強大吞滅衆袁北方
都定之後曹操率三十萬衆來向荊州當時雖有智
者不能復爲畫計於是景升兒子交臂請降遂爲囚
虜凡敵國欲相吞即仇讎欲相除也有讎而長之禍
不在已則在後人不可不謂遠慮也昔伍子胥曰越

十年生聚十年教訓二十年之外呉其爲沼乎夫差
自恃強大聞此邈然是以誅子胥而無備越之心至
於臨敗悔之豈有及乎越小於呉尚爲呉禍況其強
大者邪昔秦但得關西耳尚以并吞六國今賊皆得
秦趙韓魏燕齊九州之地地悉戎馬之鄉士林之藪
今以魏比古之秦土地數倍以呉與蜀比古六國不
能半之然今所以能敵之但以操時兵衆於今適盡
而後生者未悉長大正是賊幼小未盛之時加司馬
懿先誅王淩續自隕斃其子幼弱而專彼大任雖有
智計之違未得施用當今伐之是其厄會聖人急於

趨時誠謂今日若順衆人之情懷偷安之計以爲長
江之險可以傳世不論魏之終始而以今日遂輕其
後此吾所以長歎息者也自本以來務在産育今者
賊民歲月繁滋但以尚小未可得用耳若復十數年
後其衆必倍於今而國家勁兵之地皆已空盡唯有
此見衆可以定事若不早用之端坐使老復十數年
畧當損半而見子弟數不足言若賊衆一倍而我兵
損半雖復使伊管圖之未知如何今不達遠慮者必
以此言爲迂夫禍難未至而豫憂慮此固衆人之所
迂也及於難至然後頓顙雖有智者又不能圖此乃

古今所病非獨一時昔吳始以伍員爲迂故難至而
不可救劉景升不能慮十年之後故無以詒其子孫
今恪無具臣之才而受大吳蕭霍之任智與衆同思
不繼遠若不及今日爲國斥境俛仰年老而彊敵更
強欲刎頸謝責寧有補邪今聞衆人或以百姓尚貧
欲務閑息此不知慮其大危而愛其小勤者也昔漢
祖幸自已有三秦之地何不閉關守險以自娛樂空
出攻楚身被瘡痍介冑生蟣虱將士厭困苦豈甘鋒
刃而忘安寧哉慮於長久不得兩存者耳每覽荆邯
說公孫述以進取之圖近見家叔父表陳與賊爭競
之計未嘗不喟然歎息也夙夜反側所慮如此故聊
疏愚言以達二三君子之末若一朝隕沒志或不立
爲令來世知我所憂可思於後衆皆以恪此論欲必
爲之辭然莫敢復難初滕胤與恪俱受遺詔輔政恪
將悉衆伐魏胤諫恪不如按甲息師觀隙而動恪曰
諸云皆不可不見計筭懷居苟安者也而子復以爲
然吾何望乎夫以曹芳闇劣而政在私門彼之臣民
固有離心今吾因國家之資籍戰勝之威則何往而
不克哉於是遣衆出軍始失人心
晉劉琨爲并州都督屬不勤攻樂平太守韓據請救

於琨而琨自以士衆新合欲因其銳以威勒箕澹諫
曰此雖晉人久在荒裔未習恩信難以法御今內收
鮮卑之餘穀外抄殘胡之牛羊且閉關守險務農息
士既服化感義然後用之則功可立也琨不從悉發
其衆命澹領步騎二萬爲前驅琨自爲後繼勒先據
險要設伏以擊澹大敗之一軍皆沒
苟晞爲大將軍刑政苛虐縱情肆欲遼西閻亨以書
固諫晞怒殺之晞從事中郎明預有疾居家聞之乃
轝病諫晞日重晉遭百六之數當危難之機明公親
稟廟筭將爲國家除暴閻亨美士奈何無罪一旦殺

之睎怒曰我自殺閻亨何關人事而輿病來罵我左右爲之戰慄預曰明公以禮見進預欲以禮自進今明公怒預其若違迕怒明公何昔堯舜之在上也以向禮而興桀紂之在上也以惡逆而滅天子且猶如此况人臣乎願明公且置是怒而思預之言睎有慚色

甘卓爲安南將軍梁州刺史鎭襄陽王敦稱兵卓露檄遠近率所統致討次猪口王師敗績卓徑還襄陽何無忌及家人皆勸令自警卓轉更很愎聞諫輒怒方散兵使人佃而不爲備功曹榮建固諫不納襄陽

太守周慮等密承敦意知卓無備詐言湖中多魚遣卓左右皆捕魚乃襲害卓於寢傳首於敦

庾亮爲中書令蘇峻之役假節督諸軍司馬陶回謂亮曰峻知石頭有重戍不敢直下必向小丹陽南道步來宜伏兵要之可一戰而擒亮不從峻果繇小丹陽經秣陵迷失道逢郡人執以爲鄉導時峻夜行甚無部分亮聞之深悔不從回言

殷浩爲楊州刺史與桓溫不協時王羲之以國家之安在於內外和因以與浩書以戒之浩不從及浩將北伐羲之以爲必敗以書止之言甚切至浩遂行果爲姚襄所敗

劉毅爲衛將軍時何無忌爲盧循所敗賊軍乘勝而進朝廷震駭毅具舟船討之將發而疾篤內外失色朝議欲奉乘輿北就中軍劉裕會毅疾瘳將率軍南征裕與毅書曰吾往與妖賊戰曉其變態今脩船垂畢將居前撲之尅日平之上流之任皆以相委又遣毅從弟藩往止之毅大怒謂藩曰我以一時之功相推耳汝便謂我不及劉裕也投書於地遂以舟師二萬發姑熟次桑落州與賊戰敗績

宋王玄謨爲寧朔將軍伐魏受輔國將軍蕭武節度

玄謨向碻磝戍主奔走遂圍滑臺積旬不克魏率大衆號百萬鞞鼓之聲震動天地玄謨衆軍亦盛器械甚精而玄謨專依所見多行殺戮初圍城城多茅屋衆求以火箭燒之玄謨恐損亡軍實不從城中即撤壞之空地以爲窟室及魏救將至衆請發車爲營又不從將士多離怨遂敗

蕭思話爲青州刺史時到彥之北伐大敗魏軍乘勝破青部諸郡國思話欲委州保險濟南太守蕭順之固諫不從思話失據潰走

南齊胡諧之爲中庶子西討巴東王子響詔以鎭軍

張欣泰爲副狀泰謂諸之曰今太歲在西南逆歲行軍兵家深忌若且頓軍夏口宣示禍福可不戰而擒也諸之不從進據江津尹畧等見殺

梁李奉伯爲益州中兵參軍時巴西人雍道晞率羣賊逼郡刺史劉季連遣奉伯討擒之奉伯因獨進巴西之東鄉討餘賊李膺止之曰卒恃驕乗勝履險非良策也不如少緩更思後計奉伯不納悉衆入山大敗而出遂奔還州

曹景宗爲鎮軍將軍爲人自恃尚勝每作書字有不解不以問人皆以意造焉

後魏趙郡王幹爲都督冀定瀛三州諸軍事孝文詔以李憑爲長史唐茂爲司馬盧尚之爲諮議參軍以佐之而憑等諫諍幹殊不納

劉昶爲大將軍征義陽昶嚴暴治軍甚急三軍戰慄無敢言者法曹參軍陽固啓諫并面陳事宜昶大怒欲斬之

爾朱榮爲大將軍稱兵入雒榮私告慕容紹宗曰雒中人士繁盛驕侈成俗若不加除剪恐難制馭吾欲因百官出迎仍悉誅之謂可爾不紹宗對曰太后臨朝淫虐無道天下憤惋共所棄之公旣身控神兵心執忠義忽欲殲夷多士謂非良策深願三思榮不從

辛纂爲荆州刺史時蠻首樊五能破析陽郡纂議欲出軍討之纂行臺郎中李廣諫曰析陽四面無民唯一城之地耳山路深險表裏羣蠻今若少遣軍則力不能制賊多遣則減撤防衛根本虛弱脫不如意便大挫威名人情一去州城難保纂曰豈得縱賊不討令其爲患日深廣曰今日之事唯須萬全但慮在心腹何暇疥癬聞臺軍已破洪威計不久應至公但約勒屬城使各脩完壘壁善撫百姓以待救兵雖失析陽如棄雞肋纂曰卿言自是一途我意以爲不爾遂

遣兵攻之不克而敗諸將因亡不返城人又密招關西宇文遣都督獨孤如願率軍潛至突入州城遂至廳閤纂左右唯五六人短兵接戰爲賊所擒遂害之

後周賀拔岳仕魏爲關西大行臺時欲討曹泥遣都督趙貴至夏州與太祖計事太祖曰曹泥孤城阻遠未足爲憂侯莫陳悅怙衆密邇貪而無信必將爲患願早圖之岳不聽遂與俱討泥至於河南岳果爲悅所害其士衆散還涼唯大都督趙貴率部曲收岳屍還營

隋崔弘度開皇中爲陵州總管高智惠等作亂復以

爲行軍總管出泉門導隸於陽素弘度與素品同而年長素每屈下之一旦隸素意甚不平素言多不用素亦容優之

唐馬元規武德初爲慰撫山南使時賊帥朱粲新敗鄧州刺史呂子臧率所領數千人與元規并力擊之子臧謂元規曰朱粲新破之後上下危懼一戰可擒如更遷延部衆稍齊力強食盡必死戰於我爲患不細也元規不納子臧請以本兵獨戰元規又禁之不得俄而粲衆大至元規懼退保南陽子臧拊膺曰言不見從者今兹坐公死粲果率兵圍之城陷元規遇

害

淮安王神通武德初爲山東道安撫大使擊宇文化及於魏縣化及不能抗東走聊城神通進兵躡之至聊城會化及糧盡請降神通不受其副使黄門侍郎崔幹勸納之神通曰兵士暴露已久賊計窮糧盡尅在旦暮正當攻取以示國威散其玉帛以爲軍賞若受降者吾何藉手乎幹曰今建德方至化及未平兩賊之間事必危迫不攻而下之此勳甚大今貪其玉帛敗無日矣神通怒囚幹於軍中旣而士及自濟北餽之化及軍稍振遂拒戰神通督兵薄而擊之貝州刺史趙君德攀堞而上神通心害其功因止軍不戰君德大訴而下城又堅守神通乃分兵數千人往魏州取攻具中路復爲莘人所敗建德軍且至遂引馬而退後三日化及爲建德所虜賊勢益張山東城邑多歸建德神通兵漸散退保黎陽依徐勣俄爲建德所陷高祖令神通持節安撫趙魏擊宇文化及於魏縣化及不能抗走聊城神通兵躡之秘書丞魏徵謂神通曰化及今據聊城莘人爲其固守若兵至而莘不降即宜攻取但拔莘縣聊城益懼因而迫之易同俯拾未若以攻具自隨一足威敵二不乏用如其不然兵至莘城見無攻具必不下矣不能克莘而遠迫化及恐亦勞而無功化及若不即降攻之旬月可陷莘人阻我糧運士及爲之外援恐非計之善者神通不從軍次莘果不下

失士心

士蔿曰禮樂慈愛戰所畜也申叔時曰德以施惠戰所由克是知將帥之道師克在和士卒之心理不可失善爲將者動之以善濟之以仁惠洽投醪恩均挾纊反是道者鮮不敗焉夫同甘若共勞逸多禮下士善撫勤恤此將帥之易也蹈城湟冒鋒刃捐捨親戚不顧軀命此士卒之難也忝其所易要其所難而與謀夫竭其才勇士蹙其命不亦難哉

陳勝字涉陽城人地理志屬汝南郡吳廣字叔陽夏人也地里志屬淮陽夏音工雅切勝少時與人傭耕與人與人共也傭耕言受其雇直爲人耕

言賣工傭也輟耕之壟上輟止也之往也壟上謂田中之高處悵然甚久曰
苟富貴無相忘一日人富貴不問彼此皆不相忘也傭者笑而應曰若
爲傭耕何富貴也勝太息曰嗟乎燕雀安知鴻鵠之
志哉鴻大鳥也水居鵠黃鵠也一舉千里鵠音胡膚切秦二世元年勝立爲
陳王勝王凡六月其御莊賈殺勝以降秦勝初爲王
故人嘗與傭耕者聞之乃之陳叩宮門曰吾欲見涉
宮門令欲縛之自辨數乃置辨數謂自分別其姓名也并歷道與涉故舊之
時舍而不縛也數音山角切不肯爲通勝出遮道而呼涉呼謂之火喚也
音火故切迺召見載與歸入宮見殿屋帷帳客曰夥涉之
爲王沈沈者夥音禍沈沈宮室深遠也沈音長含切楚人謂多爲夥故

天下傳之夥涉爲王繇陳涉始客出入愈益發舒言
勝故情或言客愚無知專妄言輕威勝斬之諸故人
皆自引去繇是無親勝者以朱房爲中正胡武爲司
過主司羣臣諸將徇地至令之不是者繫而罪之以
苛察爲中其所不善者不下吏輙自治不以付吏而防武自治之
勝信用之諸將以故不親附此其所以敗也
晉新蔡王騰鎮鄴爲羣盜汲桑等攻陷而死騰性儉
嗇無所振惠臨急乃賜將士米可數升帛各丈尺是
以人不爲用
周札爲右衛將軍會稽內史爲李弘所襲見殺札性
貪財好色惟以業產爲務兵至之日庫中有精仗外
白以配兵札猶惜不與以弊者給之其鄙吝如此故
士卒莫爲之用
謝萬爲豫州刺史領淮南太守監司豫冀并四州軍
事旣受任北征矜豪傲物嘗以嘯詠自高未嘗撫衆
兄安深憂之自隊主將帥已下安無不慰勉謂萬曰
汝爲元帥諸將宜數接對以悅其心豈有傲誕若斯
而能濟事也萬乃召集諸將都無所說直以如意指
四坐云諸將皆勁卒諸將益恨之
苟晞爲征東大將軍假節都督青州諸軍事領青州

刺史晞刑政苛虐遼西閻亨以書固諫晞怒殺之繇
是衆心稍離莫爲致用加以疾疫饑饉其將溫畿傅
宣皆叛之石勒攻陽夏滅王讃馳襲蒙城執晞
宋殷孝祖爲冠軍負其誠節陵鑠諸將臺軍有父子
兄弟在南者孝祖并欲推治繇是人情乖離莫樂爲
用
汝南侯堅侯景圍城堅屯太陽門終日沉飲不撫軍
政吏士有功未嘗申理疫癘所加亦不存恤士咸憤
怨堅書佐董勛華白曇朗等以繩引賊登樓城遂陷
堅遇害

後魏侯莫陳悅爲秦州刺史時賀拔岳督關中出帝永熙三年正月岳召悅共討靈州悅誘岳斬之岳左右奔散悅遣人安慰云我別稟意旨正在一人諸軍無怖衆皆畏伏無敢拒違悅心猶豫不即撫納乃還入隴止永維城岳之所部聚於平凉規還圖悅

北齊邸珍字寶安本中山上曲陽人也從神武起義爲尚書右僕射大行臺節度諸軍事彭城珍御下殘酷衆士離心爲民所害

唐陳政爲梁州總管山東道安撫副使行至汲縣爲其部下蘭威所殺擁固其首投於東都王世充梟之

城外政恃才輕物馭下嚴刻故及於難

羅士信爲新安道行軍總管恃法嚴暴無問親友必皆斬之繇是下不附而畏之

郭英乂爲劍南節度使英乂暴虐人不堪命爲西山兵馬使崔旰以麾下五千衆反討英乂英乂出軍拒之遂奔於簡州州人斬首以送旰遂并屠其妻子

張鎰爲鳳翔節度使德宗將幸奉天鎰竊知之將迎鑾駕具財貨服用獻行在李楚琳者嘗事朱泚得其心軍司馬齊英等密謀曰楚琳不去必爲亂乃遣楚琳屯於隴州楚琳知其謀乃託故不時發鎰始以迎駕心憂惑以爲楚琳承命去矣殊不促其行鎰修飾邊幅不爲軍士所悅是夜楚琳遂與其黨王玢李卓牛僧伽等作亂鎰夜縋而走出鳳翔三十里及二子皆爲候騎所得楚琳俱害之

殷仲卿爲商州刺史充本州防禦使爲部下兵馬使劉洽所殺仲卿馭下無政威惠不行故及於難

韓遊瓌爲邠寧節度使初遊瓌入覲其將吏以遊瓌子謀大逆又軍府無政謂必受代餞送之禮多闕及遊瓌至京見德宗德宗特達委用因請築豐義城以備寇且使歸鎮軍中多懼遊瓌以大將范晞朝素整

肅有聲畏其逼已迴至鎮求其過將殺之故晞朝懼而奔帝因召赴京師其遊瓌遣士衆築豐義城兩板而潰寧州戍卒數百縱掠而叛其無方畧失士心如此

李融爲鄭滑節度初融疾甚召其副使鄭州刺史趙植將委以後事植旣至軍士頗不悅偏將張良率所領二百入刼庫兵授甲以攻中城城中更宿兵千餘人拒之城門將張桑自後擊之大將宋朝晏率兵又至良兵敗驅其餘衆及家屬夜濟河走衛州融驚駭明日卒

程懷直爲橫海軍節度使懷直出畋宿於野數日不

恤軍士軍士頗凍餒大將程懷信懷直之從父兄也因
衆怒遂閉門不納懷直奔赴闕
王佖爲朔方靈鹽節度使佖在鎮無智術以馭下居
嘗猜忌乃多殺人以懼之衆益不附及召至踰月而
授以諸衛將軍
李進賢爲振武節度使初進賢領使事怠於恤下判
官嚴澈年少用事以刻剥爲能邊軍苦之初廻鶻之
上鸊鵜泉也振武發營將楊遵憲以五百騎赴於東
受降城所給資糧其價多不實及至鳴砂其將屋宿
而師衆暴露軍士益忿至夜各負一束薪積將舍而
册府元龜　將帥部　強愎　卷之四百三十七　十七
焚之卷甲而還進賢既令歸次而漏其責言下益不
安遂燔城門而攻進賢既帥左右射之不能止乃縋
而亡
李瓚爲桂管觀察御軍無政爲卒所逐貶死
韋士宗貞元中爲黔南觀察使黔中宴役將傳近何
遷等作亂逐出士宗蓋士宗苛刻軍州不安奔赴施
州
王遂爲沂州刺史沂兗海等州觀察使遂性偏忿不
存大體而軍州民吏久染汙俗率多獷戾而遂數因
公事嘗罵將卒曰反虜將卒不勝其忿牙將王弁乘
人心怨怒遂方宴集弁謀集其徒害遂於席判官張
敦實李鉅甫等同遇害
韓全義爲神策行營節度長武城使大寒潭爲夏綏
銀宥節度部以長武兵赴鎮全義貪而無勇短於撫
御制未下軍中知之相與謀曰夏州沙磧之地無耕
蠶生業盛夏移徙吾所不能是夜戍卒鼓譟爲亂全
義踰城而免殺其親將王栖嵓趙虔曜等賴都虞侯
高崇文誅其亂首而止全義方獲赴鎮
李道古爲鄂岳都團練使時吳元濟叛道古攻蘄州
尅其羅城乃進攻其城中城守卒夜帥婦人登城而
册府元龜　將帥部　強愎　卷之四百三十七　十八
呼懸門竊發分出其衆道古之衆驚亂多爲虜殺初
李定守安州未嘗退衄及道古誣奏定移去之乃自
帥兵出穆陵關士卒驕惰賜給多闕其廩支供軍錢
道古半以奉權倖半以沒已士皆怨怒不肯力戰賊
以易道古以羸兵抵之故道古前後再攻破中州外
城而不能拔
盧坦爲劍南東川節度使在鎮三年後請收閏月軍
吏糧料以助行營人多非之
李愿爲宣武節度使先是張弘靖爲汴帥屢以厚賞
安士心及愿之至帑藏耗矣而愿悉其奢侈門內數

百口皆仰給官司不恤軍政賞賚既不及弘靖時又
湛於酒色不親政事以嚴刑馭下人心皆怒愿復令
其妻弟竇緩領親兵宿直衙內緩素驕恣黷貨無厭
兵士忿之於是宿直將李臣則薛志忠秦鄰等三人
因人之心結謀爲亂夜取宿直刀入竇緩帳斬其首
因大呼衙內聞而響應遂叩愿門愿與一子及左右十數
人露髮而走登於城北樓懸縋而下越濠水得及外城
復踰而逸比曉行十餘里遇野人以驢負薪賣於城
者愿奪而乘之馳入鄭州界亂兵求愿不得得妻殺
之三子伏匿得免姬妾三十餘人軍士分取焉又殺
冊府元龜將帥部強愎　卷之四百三十七　十九
其私暱奴僕二十餘人
張弘靖代劉總盧龍軍節度使弘靖之入幽州也薊
人無老幼男女皆夾道而觀焉河朔軍帥冒寒暑多
與士卒同無張盖安輿之別弘靖久富貴又不知風土
入鄗之時遂肩輿於三軍之中薊人頗駭之弘靖又
以祿山思明之亂始自幽州欲於事初盡革其俗乃
發祿山墓毀其棺柩人尤失望從事有韋雍張宗厚
數輩復輕肆嗜酒甞夜飲醉歸燭火滿街前後呵叱
薊人所不習之事又雍等詬責吏卒多以反虜名之
薊人不勝其憤遂相率以叛遷弘靖於薊門館執韋
雍張宗厚輩數人皆殺之
杜元穎出相爲西川節度使減削軍食以務畜取人
頗苦之於西南兩路防守戍卒悉大爲减省衣糧給
與又不以時代其戍卒饑寒者反取給於蠻戎成都
府動靜好惡蜀人反爲蠻之鄉導以是寇及子城元
穎方覺知蠻帥恣爲俘刼數日而去
後唐李克恭爲昭義節度使人士離心時武皇初定
邢雒三州將有事於河朔大蒐軍實潞州有後院軍
馬之雄勁者克恭選其五百人獻於武皇軍使安建
惜其兵不悅克恭令裨較李元審安建紀綱馮霸部
冊府元龜將帥部強愎　卷之四百三十七　二十
送太原行次銅鞮縣馮霸刼衆謀叛殺都將劉果縣
令戴勞謙循山而南北及沁水有衆三千
冊府元龜

冊府元龜

巡按福建監察御史臣李嗣京　訂正
知閩縣事臣曹冄臣叅閲
知建陽縣事臣黄國琦較釋

將帥部九十九

無功　奔亡

無功

夏書曰愛克厥威允罔功是知典國兵柄爲人司命苟泥於膠柱之說必坐致輿尸之凶然而雄不竝立戰乃危事客主之勢勝負交變若乃中人之將僅呼

兒戲謀不慮始事或過舉雖非敗乃大事抑以挫乎國威其有夙負能名克貞師律練攻守之術習鬬擊之技或以天時弗順地利非便強弱異態遠近不屬而能按隊以退承詔而還始守重閉之方庶免喪師之咎因是降黜亦無負於士衆焉

廉頗爲趙將奔魏楚聞之因使人迎頗頗一爲楚將無功

漢李息事景帝至武帝立八歲爲材官將軍軍馬邑後六歲爲將軍出代後三歲爲將軍從大將軍出代後三歲爲將軍從大將軍出朔方皆無功

李廣元朔六年爲將軍出定襄諸將多中首虜率爲侯者（中猶充也充本法得首若干封侯也率謂軍功封賞之利法在法令者也中音竹仲反其下率亦同）而廣軍無功

郭昌元封四年以大中大夫爲拔胡將軍屯朔方還擊昆明無功奪印

公孫敖爲因杅將軍天漢元年出河西與強弩都尉會涿邪山亡所得

李廣利爲貳師將軍天漢三年將六萬騎步兵七萬出朔方強弩都尉路博德將萬餘人與貳師會游擊將軍韓悅步兵三萬人出五原（即韓説也）因杅將軍敖將

騎萬步兵三萬人出鴈門匈奴聞悉遠其累重于餘吾水北（累重謂妻子資產也累力惴切重者直用也）而單于以十萬騎待水南與貳師接戰貳師解而引歸與單于連鬬十餘日游擊亡所得因杅與左賢王戰不利引歸至征和三年遣貳師將軍七萬人出五原御史大夫商丘成將三萬餘人出西河重合侯莽通將四萬騎出酒泉千餘里單于聞漢兵大出悉遣其輜重從趙信城北邸郅居水（邸音丁禮反郅音之日反）左賢王驅其人民渡餘吾水六七百里居兜銜山單于自將精兵左安侯渡姑且水御史大夫軍至追邪徑無所見還（從侯道而追之不見虜而還也邪音似嗟）

又匈奴使大將與李陵將三萬餘騎追漢軍至浚稽山合轉戰九日漢兵陷陳卻敵殺傷虜甚衆至蒲奴水虜不利還去重合侯軍至天山匈奴使大將偃渠與左右呼知王將二萬餘騎要漢兵强引去重合侯無所得失

後漢王霸建武九年爲討虜將軍與吳漢及横野大將軍王常建義大將軍朱祐破虜姦將軍侯進等五萬餘人擊盧芳將賈覽閔堪于高柳匈奴遣騎助芳漢軍遇雨戰不利吳漢還雒陽令朱祐屯常山王常屯涿郡侯進屯漁陽璽書拜霸上谷太守領屯兵

如故霸又與驃騎大將軍杜茂會攻盧芳將尹繇于崞繁畤不尅

馬援建武十九年將三千騎出高柳行鴈門代郡上谷障塞烏桓候者見漢軍至虜遂散去援無所得而還

任尚爲征西校尉安帝永初元年先零别種滇零與鍾羌諸種大爲寇掠郡縣不能制遣車騎將軍鄧隲與尚擊之隲尚軍大敗遂寇抄三輔朝廷以鄧太后故印拜隲爲大將軍封尚樂亭侯食邑三百戸三年春復遣其騎都尉任仁督諸郡屯兵救三輔仁戰每不利衆羌乘勝漢兵數挫當煎勒姐種攻没破羌縣鍾羌又没臨洮縣生得隴西南部都尉明年春滇零遣人寇褒中燔燒郵亭大掠百姓于是漢中太守鄭勤移屯褒中軍營久出無功有廢農桑又詔任尚將吏兵還屯長安罷遣南陽潁川汝南吏士五年春任尚坐無功徵免

馮煥爲幽州刺史建元元年正月率二郡太守討高句驪濊貊不尅

任涉初爲涼州從事順帝陽嘉三年刺史孟他遣涉將燉煌兵五百人與戊巳司馬曹寬西域長史張宴

將焉耆龜茲車師前後部合三萬餘人討疏勒攻滇中城四十餘日不能下引去其後疏勒王連相殺害朝廷亦不能禁

董卓靈帝時拜爲東中郎將討先零羌並不尅又與北中郎將盧植討張角並無功而還

魏曹真爲大司馬以蜀連出侵邊境宜遂伐之數道並入可大克也真發長安從子午道南入司馬宣王泝漢水當會南鄭諸軍或從斜谷道或從武威入會天霖雨三十餘日棧道斷絶明帝詔真還軍

蜀姜維爲衛將軍後主延熙十六年夏率軍數萬人

出石營經董亭圍南安衞雍州刺史陳泰解圍至維門維糧盡退還十七年出狄道住鍾題十九年春就遷大將軍二十年魏征東大將軍諸葛誕反于淮南分關中兵東下維欲乘虛向秦川復率數萬人出駱谷徑至沈嶺時長城積穀甚多而守兵乃少聞維方到衆皆惶懼魏大將軍司馬望拒之鄧艾以自隴右皆軍于長城維前駐芒水皆倚山爲營望艾傍謂堅圍維數下挑戰望艾不應景耀元年維聞誕破敗乃還成都

吳呂岱爲昭信中郎將漢建武十六年岱督郎將尹

異等以兵三千人西誘漢中賊師張魯到漢興寒城魯嫌疑斷道事計不立大帝遂召岱還

朱然爲車騎將軍右護軍嘉禾三年大帝與蜀克期大舉大帝自向新城然與全琮各受斧鉞爲左右督會吏士疾病故未攻而退

諸葛恪爲太傅荊揚州牧督中外諸兵大元二年三月率兵伐魏四月圍新城大疫兵卒死者大半秋八月恪引兵退初恪欲出兵諸大臣同辭諫恪恪不聽違衆出兵大發州郡二十餘萬衆百姓騷動恪圍新城攻守連月城不拔士卒疲勞因暑飲水水泄下流病腫者大半死傷塗地魏知戰士罷病乃進救兵恪引兵而去士卒傷病流連道路或頓仆坑壑或見略獲存亡忿痛大小嗟呼而恪晏然自若詔召相御徐乃旋師

陸抗爲鎭軍將軍景帝永安七年三月與撫軍步協征西將軍劉平建平太守盛曼率衆圍蜀巴東守將羅憲魏使將軍胡烈步騎二萬侵西陵以救憲抗等引軍還

丁奉爲右大司馬左軍師吳孫皓建衡元年帥衆治徐塘因攻晉穀陽穀陽民知之引去奉無所獲吳主怒

斬奉等軍

李勗爲監軍建衡元年吳主遣監軍虞汜威南將軍薛珝蒼梧太守陶璜由荊州勗與督軍徐存從建安海道皆就合浦擊交阯二年春勗以建安道不通利殺導將馮斐引軍還

晉段匹磾爲幽州刺史推并州刺史劉琨爲大都督同討石勒歃血載書檄諸防守俱集襄國琨匹磾進屯固安以俟衆軍疋磾從弟末杯納勒厚賂獨不進乃阻其計琨匹磾以勢弱而退

毛穆之爲右將軍西蠻校尉益州刺史領建平太守

假節戍巴郡以子球爲梓潼太守穆之與球伐苻堅
至于巴西郡以糧運之乏退屯巴東病卒
宋劉敬宣爲寇軍將軍晋安義帝熈中高祖表遣敬
宣率兵五千伐蜀旣入峽分遣振武將軍巴東太守
温祚以二千人揚聲外水自率益州刺史鮑陋輔國
將軍文處茂龍驤將軍時延祖由墊江而進敬宣率
先士卒轉戰而前達遂寧郡之黄虎去成都五百里
僞輔國將軍譙道福等悉衆拒嶮相持六十餘日大
小十餘戰賊固守不敢出敬宣不得進食糧盡軍中
多疾疫死者大半引軍退

張興世爲遊擊將軍海道北伐假輔國將軍加節置
佐無功而還
劉道産爲長沙王道璘驃騎將軍時廣州群盜因刺
史謝道欣死爲冦攻沒州城道璘加道産振武將軍
南討會叔父譔之已平廣州道産未至而反
南齊垣崇祖初仕宋爲輔國將軍行徐州事徙戍龍
沮龍沮在朐山南崇祖啓斷水注平地以絶虜馬明
帝以問劉懷珍云可立崇祖率將吏塞之未成魏主
謂彭城鎮將平陽公曰龍沮若立國之耻也以死爭
之數萬騎掩至崇祖馬槊陷陣不能抗乃築城自守
會天雨十餘日魏兵乃退龍沮竟不立
劉懷珍初仕宋爲輔國將軍泰始初青州刺史沈文
秀拒命明帝遣其弟文炳宣諭使懷珍領馬步三千
人隨文炳俱行未至薛安都引虜入寇徐兗已沒張
永沈攸之于彭城大敗勑懷珍步從盱眙自淮陰濟
淮救永等而官軍爲虜所逐相繼奔歸懷珍乃還
王廣之爲左軍將軍太祖建元元年魏軍動詔假廣
之節駐淮上廣之家在彭沛啓求招誘鄉里部曲北
取彭城帝許之以廣之爲使持節都督淮北軍事平
北將軍徐州刺史廣之引軍過淮無所尅獲坐免官

陳胡頴仕梁爲豫章内史隋高祖鎭京口高祖圍廣
陵齊人東方光據宿豫請降以頴爲五原太守隨杜
僧明援廣不尅退還除曲阿令
陳詳爲宣城太守王琳下據栅口詳隨吴明徹襲湓
城取琳家口不尅因入南湖自鄱陽歩道而歸琳平
詳與明徹並無功
蕭摩訶宣帝太建中自淮南徵還授右衛將軍十一
年周兵冦壽陽詔摩訶與樊毅等衆軍赴援無功而
還
後魏李栗道武時爲左將軍慕容寶棄中山東走栗

以輕騎追之不及而還

古弼爲安西將軍與永昌王建等討馮文通文通嬰城固守弼芟禾而還

羅伊利孝文時爲安東將軍蠕蠕來寇詔伊利追擊之不及而反

劉昶孝文時爲南齊雍州刺史曹虎之詐降也詔昶以兵出義陽無功而還

張湍爲南中郎將南蠻較尉領平南大將軍長孫嵩往禦晉師及宋武帝入長安乃還後從安平公叔孫建攻青州不克而還

皮豹子爲内都大官先是河南諸胡亡匿避命豹子及前涇州刺史封阿君督河西諸軍南趣石樓與衞大將軍樂安王良以討群胡豹子等與賊相對不覺胡走無捷而還坐免官

楊椿爲安東將軍宣武永平初徐州彭城人成景携以宿豫叛詔椿率衆四萬討之不尅而返

淳于誕爲伐蜀别部司馬領鄉導統軍師次晉壽蜀人大震蜀宣武宴駕不果而還

伊盆子孝明時爲持節右將軍雒州刺史與荆州刺史淮南王世遵魯陽太守崔模俱討襄陽不尅而還坐免官

穆昭孝莊時爲尚書令司空公加侍中爾朱榮之討葛榮也詔上黨王天穆爲前鋒次爲懷縣司徒公楊椿爲右軍紹爲後繼未發會擒葛榮乃止元顥入雒以紹爲兖州刺史行達東郡顥敗而返

席法友爲冠軍將軍梁將楊公則寇楊州假法友征虜將軍以討之法友未至而公則敗走後假法友前將軍持節爲將出淮南解朐山之圍法友始渡淮而朐山敗没遂停散十年

後周董紹爲御史中尉進策請圖梁漢以紹爲行臺

梁州刺史閤内都督趙剛以爲不可而朝議已決遂出軍紹竟無功還免爲庶人

田弘爲驃騎大將軍武帝天和二年陳湘州刺史華皎來附弘從衞公直赴援與陳人戰不利仍以弘爲江陵總管及陳將吳明徹來寇弘與梁王蕭巋退保紀南令副總管高琳拒守明徹退乃還江陵

賀若敦爲驃騎大將軍討陳將侯瑱侯安都于湘州相持歲餘瑱等不能制求借船送敦渡江敦慮其或詐拒而弗許瑱復遣使謂敦曰驃騎在此既久今欲給船相送何謂不去敦報云湘州是我國家之地爲

爾侵逼敦來之日欲相平殄既未得一決所以不去瑱後日復遣使來敦謂使者云必須我還可捨我百里當爲汝去瑱等留船于江將兵去津路百里敦覘知非詐徐理舟檝勒衆而還

隋閻毗爲殿内少監從煬帝征遼東帝班師兵部郎中斛斯政奔遼東帝令毗率騎二千追之不及政投高麗柘崖城毗攻之二月有詔徵還

周羅睺當遼東之役徵爲本軍總管自東萊泛海趣平壤城遭風船多飄沒無功而還

段文振爲行軍總管率衆出廬州道以備胡虜無功

而還

杜整爲左武衛將軍突厥犯塞詔遣衛王爽總戎北伐以整爲行軍總管兼元帥長史至合川無虜而還

唐蘇定方爲左驍衛大將軍高宗龍朔三年二月定方頻兵于平壤城下高麗久不送款屬大雪泥濘遂解圍勒兵而退

張敬則爲鳳翔節度使嘗慨然有復河湟志大將野詩良輔潛發銳卒至隴西蕃戎大駭屬風雨暴至無功而還方更圖進取德宗慮其財力不足密詔止之

馬燧德宗建中三年爲魏州大都督府長史兼魏博澶相四州節度觀察招討等使田悅朱滔王武俊兵亦至魏縣與官兵隔江對壘三盜與魏縣軍中遞相推獎王號朱滔稱冀王田悅稱魏王王武俊稱趙王又遣使于李納納稱齊王四盜共推淮西李希烈爲天下兵馬元帥太尉建興王皆僞署官號如國初行臺之制而名目頗有妖僻者然未敢僞稱年號而五盜合從圖傾社稷兩河鼎沸寇盜橫行燧等雖志在勤王竟莫能勔勤患難四年十月涇師犯闕帝幸奉天燧引軍還太原

嚴綬爲荊南節度使憲宗元和九年吳元濟叛朝議

加兵以綬有弘恕之稱可委以戎柄乃授山南東道節度使尋加淮西招撫使綬自帥師壓賊境無威略以制寇到軍日遽發公藏以賞士卒累年蓄積一旦而盡又厚賂中貴人以招聲援師徒萬餘閉壁而已經年無尺寸功裴度見帝屢言綬非將帥之才不可責以戎事乃拜太子少保

范希朝元和中爲河東節度使太原尹北都留守率師討鎮州無功既耋且病事不治除左龍武軍統軍

袁滋爲彰義軍節度隋唐鄧申光觀察使逆賊吳元

濟與官軍對壘數年滋竟以掩留無功貶撫州刺史

後唐袁象先初仕梁爲天平軍兩使留後梁祖北征以象先爲鎭定東南行營都招討應接副使令兵攻蓨縣不克而還

劉訓爲襄州節度使明宗天成中荊南高季興叛詔訓爲南面行營招討使知荊南行府事是時湖南馬殷請以舟師會及師至荊渚殷軍方到岳州仍專意于訓許助軍儲弓甲之類久之略無至者荊渚地氣卑濕漸及霖潦糧運不繼人多疾疫訓本無將畧人咸苦之及招討使孔循至得襄州小校竹龍之術乃

造竹龍二道傳於城下竟無所濟遂罷兵領將士散畧居民而廻詔訓赴闕尋責授擅州刺史

安從進爲延州節度使長興四年秋進攻夏州初王師旣攻夏州州城郎赫連勃勃之故城也父老相傳云勃勃蒸士築之王師數道攻擊爲地道至其城基如鐵石攻鑿不能入李彝超昆仲登城謂重進曰孤弱小鎭不勞王師功取虗煩國家餉運得之不武爲僕聞天乞容改圖而叉黨項部族萬餘騎薄我糧運而野無芻牧關輔之人運斗粟束藁動計數千窮民泣血無所控訴復爲蕃部殺掠明宗聞其若此乃命班師

周王峻爲樞密使廣順元年河東劉崇與契丹圍晋州命峻爲行營都部署至陝駐留數夕劉崇攻晋州甚急太祖憂其不守及議親征取澤州路入與峻會合先令諭峻峻遣驛騎馳奏請不行幸時已降御札行有日矣會峻奏至乃止峻軍已過絳郡拒平陽一舍賊軍燔營狼狽而遁峻入晋州或請追賊必有大利峻猶豫久之翊日方遣騎軍襲賊信宿而還向使峻極力追躡則幷汾之孽無噍類矣峻亦深耻無功計度城平陽而廻

奔亡

若夫膺棨戟之賜叅爪牙之任偶四方之多事當萬乘之注意或時危勢促計窘途窮潜假息於隣邦乃苟生於異域雖奔亡之一貫在心迹而則殊若乃合謀而輿扶宗室唱義而將除巨猾摧鋒陷陣致權貴之不平追叛失利爲强敵之見迫此皆理或可哀事非獲已至如萌疑忌之心避誅夷之患兵拆勢窘携妻子而去糧盡力殫輿溝瀆爲期此故爲盡節之士所笑死難之夫攸耻其餘瑣瑣何足筭哉

後漢呂布爲中郎將與王允旣殺董卓允以布爲奮

虜將軍假節儀同三司封温侯允以爲不赦涼州人
由是卓將李傕戰敗乃將數百騎以卓頭繫馬鞍走
出武關奔南陽袁術待之甚厚布自恃殺卓有德袁
氏遂恣兵抄掠術患之布不安復去從張楊於河內
時李傕等購募求布急楊下諸將皆欲圖之布懼謂
楊曰與卿州里今見殺其功未必多不如生賣布可
大得傕等爵寵楊以爲然有頃布得走投袁紹紹與
布擊破張燕布既恃其功更請兵于紹紹不許而將
士多暴横紹患之布不自安求還雒陽聽之承制使
領司隷校尉遣壯士送布而陰使殺之布疑其圖已

乃使人鼓箏于帳中潛自遁出夜中兵起而布已亡
紹聞懼爲患募遣追之皆莫敢逼遂歸張楊道經陳
留太守張邈邈遣使迎之以爲兗州牧據濮陽郡縣
皆應唯鄄城東阿范爲太祖守太祖引軍還與布戰
于濮陽太祖軍不利相持百餘日是時歲旱蝗蟲少
穀百姓相食布東屯山陽二年間太祖乃盡復收諸
城擊破布于鉅野布東奔劉備布見備甚敬之謂備
曰我與卿同邊地人也布見關東起兵欲誅董卓布
殺卓東出關東諸將無安布者皆欲殺布耳請備于
帳中坐婦床上令婦向拜酌酒飲食名備爲弟備見

布語言無常外然之而內不悅
魏文欽爲廬江太守冠軍將軍時司馬宣王已誅曹
爽欽爽邑人乃進欽爲前將軍以安其心後代諸葛
誕爲揚州刺史自曹爽之誅欽嘗內懼與諸葛誕相
惡無所與謀會誕去兵毋丘儉往乃陰共結謀戰敗
走晝夜間行追者不及遂得入吳吳以欽爲都護假
節鎮北大將軍幽州牧譙侯欽降吳表曰命稟不幸
嘗隷魏國兩絶於天下
側伏偶都自知無路司馬師滔天作逆廢害二主辛
癸高莽惡不足喻欽累世受魏恩烏鳥之情竊懷憤
踊在三之義死于斃仆前與毋丘儉郭淮等俱舉義
兵當共帥師掃除凶孽誠以僂僂愚管所執智慮淺
薄徵節不勝進無所依悲痛切心退惟不能扶翼本
朝抱愧俛仰靡所自厝自緣古義固有所歸庶假天

威得展萬一僵仆之日亦所不恨輒相率將歸命聖
化慙偷苟生非辭所陳謚上還所受魏使持節使前
將軍山桑侯印綬臨
表惶惑伏須罪誅
夏侯霸爲征蜀護軍時征西將軍夏侯玄於霸爲從
子而玄于曹爽爲外弟及司馬宣王誅爽遂召玄霸
聞爽被誅而玄又徵以爲禍必轉相及心既內恐又
霸先與雍州刺史郭淮不和而淮代玄爲征西霸尤
不安故遂奔蜀南趣陰平而失道入窮谷中糧盡殺
馬步行足破卧巖石下使人求道未知何之蜀聞之
乃使人迎霸
晉牵秀司空張華請爲長史後張昌作亂長沙王乂

遣秀討昌秀出關因奔成都王穎

孫惠爲廣武將軍時元帝遣甘卓討周馥于壽陽惠乃率衆應卓馥敗走廬江何銳爲安豐太守惠權留郡境銳以他事收惠下人推之惠既非南朝所授嘗慮讒閒因此大懼遂攻殺銳奔入蠻中

劉隗爲鎮北將軍督青徐幽平軍事時王敦作亂以討隗爲名詔徵隗還京師百官迎之于道隗岸幘大言意氣自若及入見與刁協奏請誅王氏不從有懼色率衆屯金城及敦尅石頭隗攻之不拔入宮告辭帝雪涕與之别隗至淮陰爲劉遐所襲攜妻子及親

信二百餘人奔于石勒勒以爲從事中郎太子太傅

劉敬宣爲輔國將軍與其父牢之謀襲桓玄不克牢之死敬宣奔喪哭畢卽渡江就司馬休之高雅之等懼奔雒陽往來長安各以子弟爲質求救于姚興興與之符信令關東募兵得數千人復還至彭城閒收聚義故玄遣孫無終討冀州刺史劉軌軌要敬宣雅之等共據山破之不克又進昌平澗戰不利衆各離散乃俱奔後燕

袁虔之爲輔國將軍時桓玄輔政虔之乃與寧朔將軍劉壽冠軍高長慶龍驤將軍郭恭等奔于後秦姚興臨東堂引見謂虔之等曰桓玄雖名晉臣其實晉賊其才度定何如父也能辦成大事不虔之曰玄藉世資雄據荆楚屬晉朝失政遂偷竊宰衡安忍無親多忌好殺位不才授爵以愛加無公平之度不如其父遠矣今既握朝權必行篡奪既非命世之才正可爲他人驅除耳此天以機便授之陛下願速加經略廓清吳楚興大悦以虔之爲大司農餘皆有拜授虔之固讓請疆埸自效改授假節寧南將軍廣州刺史

桓謙玄之從兄也爲西中郎將荆州刺史玄篡位封新安王及桓振作亂謙矜勸振率軍下戰以守江陵

振既輕謙用事故不從及振敗謙奔于姚興先是譙縱稱藩于姚興縱與盧循通使潛相影響及姚興請謙共順流東下興問謙謙曰臣門著恩荆楚從弟玄雖未篡位皆是逼迫人神所明今臣與縱東下百姓自應駭動興曰小水不容大舟若縱才力足以濟事亦不假君爲鱗翼宜自求多福遂遣桓謙至蜀歆虛懷引士縱疑之乃制謙于龍格使人守之謙向諸弟泣曰姚王之言神矣後與縱弟譙道福俱下謙于道召募百姓感其父沖遺惠投者二萬人劉道規破謙斬之

桓謐爲左衞將軍時宋高祖誅桓玄迎復安帝謐與

臨原王桓怡雍州刺史桓蔚中書令桓脩將軍何澹
之等奔于後秦姚興
馬敬爲寧朔將軍梁州刺史時荆州司馬休之襄州
魯荘之爲宋高祖所敗敬遂與譙王文思新蔡王道
賜輔國將軍竟陵太守魯輔寧朔將軍南陽太守魯
範奔于後秦
魯宗之爲竟陵太守自以非宋高祖舊隷屢建大功
有自疑之心會司馬休之見討猜懼益甚遂與休之合軍
敗還襄陽因與休之北奔善于撫御士民皆爲盡力
衞送出境盡室入後秦

符丕爲前秦將鎮鄴爲燕慕容垂攻之丕棄鄴城奔于
并州
慕容垂爲前燕征南將軍大敗桓温等師既有大功
威德彌振慕容評素不平之垂又告其將孫盖等摧
鋒陷鋭宜論功超授評寢而不錄垂數以爲言頗與
評廷爭後評謀殺垂垂懼奔于符堅
歛成爲後秦後將軍時貳縣羌叛姚興遣成與鎮軍
彭白狼北中郎將姚雒都討之成敗甚懼詣趙興太
守姚穆歸罪穆欲殺之成怒奔赫連勃勃
梁張綰高祖太清二年爲左衞將軍會侯景寇至入
守東掖門三年宫城陷綰出奔外轉至江陵湘東王
承制授侍中左衞將軍相國長史
陳王僧辯爲衞將軍都督東上諸軍事侯瑱鎮豫章
僧辯使其弟僧愔率兵與瑱共討蕭勃及高祖誅僧
辯愔陰欲圖瑱而奪其軍瑱知之盡收僧愔徒黨僧
愔奔齊
樊毅爲左衞將軍及西魏圍江陵毅率兵赴援會江
陵陷爲岳陽王所執久之逼歸高祖受禪毅與弟猛
舉兵應王琳琳敗毅奔齊
後魏董巒榮陽人太武太平眞君末隨父南叛爲南

齊寧州刺史孝文時光城蠻內附齊明帝遣巒追討
之官軍進擊執巒并其子景曜送于行宫巒雖自長
江外言語風氣猶同華夏性踈武不多識文字孝文
引巒於廷問其南事巒怖不能對數顧景曜景曜進
代父答申叙齊明篡襲始終辭理横出言斐而辨孝
文異焉以巒爲衞騎校尉景曜爲員外郎謀欲南叛
坐徙朔州及車駕南討漢陽召巒從軍景曜至雒陽
咨啓其父必當奔叛軍次魯陽巒單騎南走過南陽
新野歷告二城以魏軍當至戒之備防房伯王劉忌
奔云無足可慮巒曰不然軍勢甚盛至境首北向哭

呼景曜云吾百口在彼事理須還不得顧汝二子也
景曜鏁詣行在數而斬之
王神念爲潁川太守宣武永平元年正月奔于梁
賀拔勝爲驃騎大將軍荆州都督出帝末詔勝統衆北赴京師軍次汝水出帝入關勝率所部走荆州爲侯景所敗率五百餘騎南奔梁
史寧爲荆州大都督東魏遣侯景率衆寇荆州寧遂奔梁梁武帝引寧至香鐙因謂之曰觀卿風表終至冨貴我當使卿衣錦還鄉寧荅曰臣世荷魏恩位爲列將天長喪亂本朝傾覆不能北面逆賊幸得息肩

有道儻如明詔欣幸實多因涕泣横流梁武爲之動容
賈顯度爲兗州刺史初爲爾朱榮所用及榮死度不自安南奔梁梁厚待之
叱列延慶爲定州刺史與爾朱兆等拒義旗于韓陵戰敗延慶與爾朱仲遠走渡口齊仲遠南竄延慶北降齊獻武王王與之入雒從王于幷州
北齊斛律平初仕後魏爲襄威將軍正光末六鎮擾亂隷大將軍尉賓北討軍敗爲賊所虜後走奔其弟金於雲州進號龍驤將軍與金擁衆南出至黄瓜堆爲杜雒周所破部落離散乃歸爾朱榮待之甚厚
王則爲荆襄六州都督渭曲之役則爲西師圍逼遂棄城奔梁梁尋放還神武恕而不責
後周獨孤信爲後魏荆州刺史東魏遣其將高敖曹侯景掩至信以衆寡遂率麾下奔梁
蕭世怡梁元帝時爲湘州刺史王琳率舟師襲世怡世怡以州輸時陳武帝執政徵爲侍中世怡疑不就乃奔于齊
梁朱瑾唐末爲兗州節度使兄瑄在鄆州及厖師古陷鄆州與李承嗣方出兵求芻粟于豐沛間瑾之二

子及大將康懷英叛宵辛綰小較閻寶以城降于師古瑾無歸路即與承嗣將麾下兵走沂州沂州刺史尹處賓拒關不納乃走海州爲師古所追遂擁州民渡淮依揚行密表瑾領徐州節度使
趙明唐末以軍功歷巋峽二州刺史其兄凝領襄州表明爲荆南留後未至鎮而朗陵之兵先據其城矣明領兵逐之遂鎮于渚宮天祐二年秋太祖旣平襄州遣楊師厚乘勝趣荆門明懼乃舉族去峽奔蜀王建待以賓禮及建稱帝用爲大理卿工部尚書久之卒于蜀

劉知俊爲同州節度使奔李茂貞茂貞署荆州節度使後爲茂貞左右石簡顒等譖間其軍政茂貞循子繼崇鎮秦州因來寧覲言知俊途窮至此不宜以讒嫉見疑茂貞乃誅簡顒等以安其心繼崇又請令知俊挈家居秦州以就豐給茂貞從之未幾邠州亂茂貞命知俊討之時邠州都較李保衡納款于朝廷末帝遣霍彦威率衆先入于邠知俊遂圍其城半載不能下會李繼崇以秦州降于蜀知俊妻孥皆遷於成都遂解邠州之圍而歸岐陽知俊以舉家入蜀終慮猜忌因與親信百餘人夜斬關奔蜀王建待之甚至

卽授僞武信軍節度使

劉嗣彬知俊之族子幼從知俊征行累遷爲軍較及知俊叛以不預其謀得不坐貞明末大軍與晉王對壘於德勝久之嗣彬率數騎奔于晉具言朝廷軍機得失又以家世讎怨將以報之晉王深信之卽厚給田宅仍賜錦衣玉帶軍中目爲劉二哥居一年復來奔當時晉人謂是刺客以晉王恩澤之厚故不窮竅龍德三年冬從王彦章戰于中都軍敗爲晉人所擒晉王見之笑謂嗣彬曰爾何還予玉帶嗣彬惶恐請死遂誅之

後唐安元信字子元代北人幼事太祖唐光啓中幽州軍與吐渾赫連鐸合從寇太原頗爲憂患太祖征吐渾平之遂入居庸元信時爲前鋒遇幽州軍少鬭之不勝太祖性嚴急元信不敢還遂奔定州定帥王處存待之甚厚用爲突騎都較

晉李金全爲安州節度使有親吏胡漢筠者勇譎嗇禍貪詐殘忍軍府之政一以委之高祖聞其事遣廉吏賈仁沼往代其職且召漢筠漢筠内疚惶怖金全乃列狀稱疾以聞及仁沼至漢筠鴆而殺之天福五年夏高祖命馬全節爲安州節度使以代金全漢筠

自以昔嘗拒命復聞仁沼二子將訴寃毒之事居不自安乃詒謂金全曰邸吏劉珂使徤步倍道兼行客傳其意云受代之後朝廷將以仁沼之事詰公之罪金全大駭命從事張緯函表送款於淮南與其黨數百人東身夜出曉至汝州引領北望泣下而去及至之金陵李昇授以節鎮

尹暉爲右衞大將軍范延光據鄴謀叛以暉失意密使人齎蠟彈以榮利啖之暉得延光文字懼而私寘欲泝汴水奔於淮南高祖聞之尋降詔招喚未出王畿爲人所殺

皇甫暉少帝開運末爲密州刺史戎虜犯闕因掠其部民以奔至江南江南即遣使具舟檝以迓之行及秦淮暉心不自安因自投於水泝流百餘步而不没舟人拯之而免後人或訊之云初落水如履一大石欲求溺而不得故獲免焉及至金陵禮遇甚厚僞署爲歙州刺史後遷僞奉化軍節度使

册府元龜

巡按福建監察御史臣李嗣京 訂正
知甌寧縣事臣孫以敬 參閱
知建陽縣事臣黃國琦 較釋

將帥部

要君 違命 擅命

要君

子曰要君者無上又曰臧武仲雖曰不要君吾不信也是知要君者先聖之深戒也降自中古世態寖驕遜讓之德微而貪競之風長謂爵命可以邀取謂車服可以力求乃有仗鉞軍和建牙邊徼自言權輕不足以鎮亂位下不足以威人負恃勳庸徼望光寵至有請假王之號求橫吹之儀要賜戟之榮覬鳴騶之盛阻兵以待旄節託詞以避險艱陳啓無厭黷慢斯甚雖復幸亂罹之際苟姑息之私而天之害盈敗亦旋至於戲後之為臣者當取戒于玆焉

漢韓信為大將部署諸將及楚方急圍漢王時信以平齊使人言漢王曰齊夸詐多變反覆之國南邊楚（邊近也）不為假王以填之其勢不定（填與鎮同）今權輕不足以安之臣請自立為假王漢王大怒罵曰吾困于此旦暮望而來佐我乃欲立為王張良陳平伏後躡漢王足因附耳語遂遣張良立信為齊王

晉桓冲孝武時領護南蠻校尉荊州刺史以疾疲還鎮上明表兄子石民轉版督荊江十郡軍事振武將軍襄城太守尋陽北接强蠻西連荊郢亦一任之要今府州旣分請以王薈補江州刺史詔從之時薈始遭兄劭喪將葬辭不欲出于是謂將軍謝安更以中領軍謝輶代之冲聞之而怒上疏以為輶文武無堪求自領江州帝許之

宋羊希為寧朔將軍廣州刺史希初請女夫鎮北中

兵參軍蕭惠徽為長史帶南海太守明帝不許又請為東莞太守希旣到長史南海太守陸法真喪官希又請惠徽補任詔曰希卑門寒士累世無聞輕薄多釁備彰歷職累狀以請刻畀擢授嶺南干上湜欲求訴不已可降號橫野將軍

南齊垣崇祖為都督號平西將軍嘗自比韓信白起後破北虜增封千五百戶崇祖聞陳顯達李安民皆增給軍儀啓帝求鼓吹橫吹明帝勑曰韓白何事不與衆異給鼓吹一部崇祖啓帝曰淮北士民力屈胡虜南海之心日夜以冀況崇祖父伯並為淮北州郡

門族布在北邊百姓所信一朝嘯咤事功可立名位尚輕不足威衆乞假名號以示遠近帝以爲輔國將軍北瑯邪蘭陵二郡太守

後魏廣陵侯衍爲梁州刺史表請假王以崇威重詔曰可謂無厭求也所請不荅轉徐州刺史

明亮字文德平原鬲人性方厚有識幹自給事中歷員外常侍延昌中宣武臨朝堂親自黜陟授亮勇武將軍亮進曰臣本官常侍是第三清今授臣勇武其號至濁且文武又殊請更改授宣武曰今依勞行賞不論清濁卿何得乃復以清濁爲辭亮曰聖明在上

清濁攸分臣旣屬聖明是以敢啓宣武曰九流之内人咸君子雖文武號殊佐治一也卿何得獨欲乖衆妄自求清所請未可但依前授亮曰今江左來賓書軌宜一方爲陛下投命前驅擴定吳會官爵陛下之所輕賤命微臣之所重陛下方收所重何惜所輕宣武笑曰卿欲爲朕擴定江東剪平吳會非勇莫可今之所授實副卿言辭勇不及自相矛盾亮曰臣欲仰禀聖規運籌而定何假勇武方乃成功宣武曰謀勇二事體本相須若勇而無謀則勇不獨舉若謀而無勇則謀不孤立必須兼兩乃能制勝何得云偏須運籌而不復假勇乎亮曰請改授平遠將軍宣武曰運籌用武然後遠人始平卿但用武平之何患不服平遠也亮乃陳謝而退

崔孝芬爲安南將軍莊帝還宫授西兗州刺史將軍如故孝芬以倦外役固辭不行仍除太常卿

爾朱仲遠前廢帝時爲都督三徐二兗諸軍事加大將軍又兼尚書令竟不之州遂鎮于太梁仲遠遣使請准朝式在軍鳴騶帝覽啓笑而許之

隋李安爲郢州刺史弟哲爲上儀同安數日轉鄧州刺史安請爲内職高祖重違其意除左領軍左右將

軍俄遷右領軍大將軍復拜哲開府儀同三司備身將軍兄弟俱典禁衛

唐韋綬爲興元節度使穆宗長慶三年請賜門戟十二月將行又言家貧請賜錢二百萬請迴授子元弼官及至鎮不親政事無幾而卒

後唐李存審爲幽州節度使莊宗同光元年存審疾甚欲尋醫請除李紹宏爲幽州監軍知州事降詔諭之不俞其請

張文禮爲鎮州大將旣殺王鎔請旄節于朝廷莊宗曰文禮之罪期於不赦適當斬首以謝冤魂輒敢邀

予旄節賓友賀曰王氏之宛實在文禮方事之殷且須含垢不欲與人生事但假之以告命徐爲後圖帝不得已而從之

晉趙在禮後唐莊宗同光末爲抜節指揮使屯貝州會軍士皇甫暉作亂遂引衆入鄴自稱留後明宗天成初授在禮滑州義成軍節度滑濮等州觀察處置等使乃封天水縣開國伯食邑七百户制下在禮以軍情言語爲辭竟不之任尋改天雄軍兵馬留後鄴都留守後皇甫暉受陳州趙進受貝州在禮請除移

楊思權後唐長興末爲右羽林都指揮使遣戍興元

閔帝嗣位奉詔從張虔釗討鳳翔洎至岐下思權首唱倒戈以攻虔釗尋領部下軍率先入城謂末帝曰臣既赤心奉殿下候京城平定與臣一鎮勿置在防禦團練使内乃懷中取紙一幅謂帝曰願殿下親書臣姓名以志之帝命筆書可邠州節度使及即位授推誠奉國保乂功臣静難軍節度邠寧慶衍等州觀察處置等使簡較太保

周李仁福爲夏州節度使後唐明宗長慶四年三月遣押衙賈師温奏事稱疾甚以次子彝超權知軍州事乞降正命乃遣供奉官齎延州留後官告賜彝超促令赴任仍以其叔思瑾爲夏州行軍司馬兄彝殷爲節度副使彝超爲延州留後長興四年五月丁丑供奉官崔處訥自夏州廻彝超附表臣奉詔受延州留後尋欲赴任而軍民留連未容進發伏乞更容臣周歲

違命

軍志有言將在軍君命有所不受蓋機謀立斷寸晷不移稱疾雷之勢决破竹之功幸而克勝猶然請罪若乃倚强專欲顛沛無成拔數奔之旆靡屢北之旗遂作戎羞自拘司敗又何悔焉

後漢鄧禹爲大司徒光武建武元年率衆征赤眉禹戰敗走至高陵軍士飢餓皆食棗菜光武乃欲禹還勑曰赤眉無穀自當來東吾折箠笞之非諸將憂也無得進兵禹慚於受任而功不遂數以飢卒徼戰輒不利（徼古堯反）三年春與車騎將軍鄧弘擊赤眉遂爲所敗衆皆死散禹獨與二十四騎還詣宜陽謝上大司徒梁侯印綬有詔還侯印綬

蓋延爲虎牙將軍擊董憲建武四年董憲將賁休舉蘭陵城降憲聞之自郯圍休時延及平敵將軍龐萌在楚請往救之光武勅曰可直往擣郯則蘭陵必自

解延等以責休城危遂先救之憲逆戰而陽敗延等
遂逐退因拔圍入城明日憲大兵出合圍延等懼遂
出突走因往攻郯帝讓之曰間欲先赴郯者以其不
意故耳今旣奔走賊計已立圍其可解乎延等至郯
果不能克而董憲遂拔蘭陵殺責休
吳漢爲大司馬建武八年隗囂叛遣漢西屯長安從
車駕上隴遂圍隗囂于西城光武勑漢曰諸郡甲卒
但坐費糧食若有逃亡則沮敗衆心宜悉罷之漢等
貪幷力攻囂遂不能遣糧食日少吏士疲役逃亡者
多及公孫述救至漢遂退敗十二年漢征公孫述攻

拔廣都遣輕騎燒成都市橋武陽以東諸小城皆降
帝戒漢曰成都十餘萬衆不可輕也但堅據廣都待其
來攻勿與爭鋒若不敢來公轉營迫之須其力疲乃
可擊也漢乘利遂自將步騎二萬餘人進逼成都去
城十餘里阻江北爲營作浮橋使副將武威將軍劉
尚將萬餘人屯于江南相去二十餘里帝聞大驚讓
漢曰比勑公千條萬端何意臨事悖亂旣輕敵深入
又與尚別營事有緩急不復相及賊若出兵綴公以
大衆攻尚尚破公卽敗矣幸無他者急引兵還廣都
詔書未到述果使其將謝豐袁吉將衆十許萬分爲
二十餘營幷出攻漢別將萬餘人劫劉尚令不得相
救漢與大戰一日兵敗走入壁
董卓爲前將軍屯于扶風靈帝中平六年徵爲少府
不肯就上書言所將湟中義從入奏胡兵皆詣臣曰
牢直不畢稟賜斷絶妻子飢凍牽挽臣車使不得行
羌胡敝腸狗態臣不能禁止輒將順安慰增異復上
朝廷不能制頗以爲慮及靈帝寢疾璽書拜卓爲幷
州牧令以兵屬皇甫嵩卓復上書言曰臣旣無老謀
又無壯事天恩誤加掌戎十年士卒大小相押彌久
戀臣畜養之恩爲臣奮一旦之命乞將之北州効力

邊陲于是駐兵河東以觀時變卓再違詔勑會爲何
進所召竟亂漢室
晉桓溫爲揚州牧錄尚書事哀帝興寧二年四月遣
使喻溫入相溫不從秋七月復徵溫入朝八月溫至
赭圻遂城而居之
南燕平規慕容垂將也垂建節將軍徐嵩叛于武邑
驅掠四千餘人北走幽州垂馳勑規曰但固守勿戰
比破丁零吾當自討之規違命拒戰爲嵩所敗嵩乘
勝入薊掠千餘戶而去所過寇暴遂去令支
梁曹景宗爲右衞將軍高祖天監五年魏軍圍徐州

遣景宗與豫州刺史韋叡援之詔景宗頓道人洲待衆軍齊集俱進景宗固啓求先據邵陽州尾高祖不聽景宗欲專其功乃違詔而偪暴風卒起頗有淪溺復還守先頓高祖聞之曰此所以破賊也景宗不進蓋天意乎若孤軍獨往城不時立必見狼狽今得待衆同進始知大捷矣

後魏公孫表明元時爲博士參功勞將軍元屈軍討吐京叛胡以功封筒安子時河西飢胡劉虎聚結流民反于上黨南寇河内詔表討虎又令表與姚興雒陽戍將結期使備河南岸然後進軍討之時胡内自

疑阻更相殺害表以其有離散之勢遂不與戍將相聞率衆討之法令不整爲胡所敗軍人大被殺傷明元深銜之

穆壽大武時爲宜都王征東將軍及輿駕征凉州命壽輔太子總録機要内外聽焉行次雲中將濟河宴諸將於宫大武別御靜官召壽及司徒崔浩尚書李順大武謂壽曰蠕蠕吳提與牧犍連和今聞朕征凉州必來犯塞若伏兵漠南殄之爲易朕故留北兵肥馬使卿輔佐太子收田既訖便可分伏要害以待虜至引使深入然後擊之擒之必矣凉州路遠朕不得救卿若違朕指授爲虜侵害朕還斬卿崔浩李順爲證非虚言也壽頓首受詔壽信卜筮之言謂賊不來竟不設備而吳提果至侵及善無京師大駭壽不知所爲欲築西郭門請太子避保南山太后不聽乃止遣司空長孫道生等擊走之大武還以無大損傷故不追咎

任城王澄宣武帝時爲鎮南大將軍伐梁將攻鍾離詔以鍾離若食盡三月已前固有可尅如至四月淮水泛漲舟行無礙宜善量之前事之捷也此實將軍經略勳有甞焉如或以水盛難圖亦可爲萬全之計

不宜昧利無成以貽後悔也梁冠軍將軍張惠紹遊擊將軍殷暹驍騎將軍趙景悅龍驤將軍張景仁等率衆五千送糧鍾離澄遣統軍王足劉思祖等邀擊惠紹等大破之獲惠紹殷暹景仁及其屯騎校尉史文淵軍主已上二十七人既而遇雨淮水暴漲引歸壽春還既狼狽失兵四千餘人頻表解州帝不許有司奏軍還失落奪其開府又降三階

中山王英宣武時爲征南將軍都督楊徐二州諸軍事討梁下梁馬頭戍圍鍾離詔曰師行已久士馬疲瘠賊城險固卒難攻屠冬春之交稍非勝便十萬之

衆日費無訾方圖後舉不待今事且可客裴徐嚴爲
振旅之意整疆完土闢示威略左右蠻楚素應迯亡
或竄山湖或難制掠若卤渠黠黨有須剪除者便可
摧掃以清疆界如其强狡憑阻未易致力者亦不煩
肆兵凱旋邇近不復委曲英表曰臣奉辭伐罪志殄
逋寇想敵量攻期至二月將末三月之初理在必尅
但自此月一日已來霖雨連併可謂天違人願然王
者行師舉動不易不可以少致睽淹便生異議臣亦
諦思若入三月以後天晴地燥馮陵是嘗如其連雨
仍接不得進攻者臣已更高邵陽之橋防其泛突意

外洪漲慮其破橋臣亦部分造船復于鍾離城隨水
狹處營造浮橋至三月中旬橋必尅成晴則攻勝雨
則圍守水陸二圖以得爲限實願朝廷特開遠略少
復賜寬假以日月無使爲山之功中道而廢詔曰大
軍野次已成勞久攻守之方理可豫見比頻得啓制
勝不過暮春及省後表復期孟夏之末彼土蒸溼無
宜久淹勢雖必取乃將軍之深計兵久力殆亦朝廷
之所憂故遣主簿曹道往觀軍勢使還一一具聞及
道還英猶表云可尅四月水盛破橋英及諸將狼狽
奔退士衆没者十有五六至楊州遣使州送節及冠
貂蟬章綬有司奏英經筭失圖按劾處死詔恕死爲
民

唐田承嗣爲魏博節度使代宗大曆十年相衛節度
薛嵩卒其弟崿爲衛將裴志清所逐率衆歸承嗣扇
誘相州將吏謀亂遂將兵襲擊謬稱救應詔內侍孫
知古使于魏州宣慰因曉示承嗣各守封疆承嗣不
奉詔

李納爲淄青節度使先是成德王武俊隸州守將趙
鎬以城降納德宗累詔令歸之納乃請進海州以易
之帝不許納又詭奏以趙鎬於棣州旋領將士赴上

都當以州歸武俊苟遷延未決冀朝廷遂之堅意不
可納悔懼方奏俟武俊歸田緒共州之四縣然以棣
州付之詔令武俊退四縣之師納始奉詔其深趙德
棣三千餘人從趙鎬至鄆者武俊悉請歸之

劉玄佐爲宣武軍節度使韓滉爲相請于江淮收兵
及聚財賦令玄佐西討及滉没宰相張延賞停減官
員收其俸料以資西討之用奏曰爲政之本必先命
官舊制官員繁布且費州縣殘破職此之由臣在荆
南劍南當管州縣闕官員者或數十年吏部未嘗補
校但令一官假攝公事亦理以此言之官員可減無

可礙也令請減天下官員收其祿俸重募戰士從玄佐收復河湟軍用不匱乏矣帝然之玄佐本爲韓滉所感勵决策西行及滉卒意亦怠焉又慮延賞資給不充因以疾辭西討帝遣中官勞問臥以受命延賞知不可用奏請令李抱貞西討抱貞巳驕貴矣又辭不行時抱貞判官陳曇奏事京師延賞命曇勸抱貞抱貞竟拒絶之

吳少誠爲淮西節度使貞元十三年九月少誠擅開洄刀河達汝州遣中使宣慰止之不稟受

何進滔爲魏博大將史憲誠被害衆推進滔爲帥詔

割相衞等三州別爲一鎭進滔不奉詔表言三軍不受

梁李讜爲太祖元從騎將唐大順元年邠王友裕領兵攻澤州時太祖駐軍於盟津乃領讜將兵越太行授以籌謀讜頗違節度久而無功太祖遣追還廷責其罪戮之於河橋

李重裔爲太祖右廂馬步軍指揮使大順元年從邠王友裕收澤州與晉軍戰於馬牢川王師敗績迴守河陽太祖詰諸將曰李讜李重裔違我節度不能立功頗辜任使於是李讜並戮于河橋

李彝超爲夏州節度使明宗長興中彝超奏奉詔除延州留後巳授恩命訖三軍百姓擁隔未遂赴任帝遣閤門使蘇繼顏齎詔促彝超赴任

擅命

傳曰大夫出疆有安國家定社稷專之可也又曰禀命則不威專或權百萬之師爭斯須之利覩釁而動見可而進勢若雷霆擊如鷹隼俟請期於千里將失筴于一時或知機而奮發蓋忠烈而內激者也蓋曰權宜不足垂訓幸於一勝獨闘待罪儻有沮衂則何救哉與其矯命而勝未若師貞之吉履霜之戒其在

茲乎

漢韓信爲相國平齊使人言于漢王曰齊夸詐多變反覆之國南邊楚邊近也不爲假王以塡之塡所刃切其勢不定今權輕不足以安之臣請自立爲假王當是時楚方急圍漢王于滎陽使者至發書發信使者所齎書也漢王大怒罵曰吾困於此旦暮望而來佐我而汝也乃欲自立爲王張良陳平伏後躡漢王足因附耳語曰漢方不利寧能禁信之自王乎不如因立善遇之使自爲守不然變生漢王亦寤因復罵曰大丈夫定諸侯即爲眞王耳何以假爲遂遣張良立信爲齊王

無錫侯多軍武帝征和四年坐追反虜到弘農擅弃兵還贖罪免公孫戎奴爲上黨太守發兵擊匈奴不以聞免

段會宗成帝時爲西域都護康居太子保蘇匿率衆萬餘人欲降會宗奏狀漢遣衛司馬逢迎（迎之于道隨所到而逢之故曰逢迎也）會宗發戊己校尉兵隨司馬受降司馬畏其衆欲令降者皆自縛保蘇匿怨望舉衆亡去會宗便盡還以擅發戊己校尉之兵乏興有詔贖論

後漢王梁爲大司空與大司馬吳漢等俱擊擅鄉有詔軍事一屬大司馬而梁輒發野王兵光武以其不

奉詔勅令止在所縣而梁復以便宜進軍帝以梁前後違命大怒遣尚書宗廣持節軍中斬梁廣不忍乃檻車送京師既至赦之月餘以爲中郎將行執金吾事

何進爲大將軍與司隸校尉袁紹謀誅閹宦而何太后不許進乃私呼左將軍董卓將兵入朝以脅太后卓得召即時就道上書曰中常侍張讓等竊幸承寵濁亂海內臣聞揚湯止沸莫若去薪潰癰雖痛勝於內食昔趙鞅興晉陽之甲以逐君側之惡今臣輒鳴鍾鼓如雒陽請收讓等以清姦穢卓未至而何進敗

魏鄧艾齊王甘露元年爲征西將軍陳留王景元四年艾平蜀受劉禪降輒依鄧禹故事承制拜禪行驃騎將軍太子奉車諸王駙馬都尉蜀群司各隨高下拜爲王官或領艾官屬以師纂領益州刺史隴西太守索弘等領蜀中諸縣乃言於司馬文王曰兵有先聲而後實者今因平蜀之勢以乘吳吳人震恐席卷之時也然大舉之後將士疲勞不可使用且徐緩之留隴右兵二萬人蜀兵二萬人煑鹽興冶爲軍農要用並作舟船預順流之事然後發使告以利害吳必歸化可不征而定也今宜厚劉禪以致孫休安士民以

來遠人若便送禪于京都吳以爲流徙則於向化之心不勸宜權停留須來年秋冬比爾吳亦足平以爲可封禪爲扶風王錫其資財供其左右郡有董卓塢爲之宮舍爵其子爲公侯食郡內縣以顯歸命之寵開廣陵城陽以待吳人則畏威懷德望風而從矣文王使監軍衛瓘喻艾事當須報不宜輒行艾重言曰銜命征行奉指授之策元惡既服至於承制拜假以安初附謂合權宜今蜀舉衆歸命地盡南海東接吳會宜早鎮定若待國命往復道途延引日月春秋之義大夫出疆有可安社稷利國家專之可也今吳未

賓勢與蜀連不可拘常以失事機兵法進不求名退
不避罪艾雖無古人之節終不自嫌以損于國也
晉唐彬武帝時領護烏桓較尉右將軍鮮卑諸種畏
懼遂殺大莫廆彬欲討之恐上侯報虜必逃散乃發
幽冀車牛參軍許祗密奏之詔遣御史檻車徵彬付
廷尉以事直見釋
庾翼成帝時爲安西將軍荊州刺史代兄亮鎮武昌
及康帝即位翼欲率衆北伐上疏曰賊季龍（石季龍也）年
已六十奢淫理盡醜類恐又欲決死遼東皝雖驍果
（皝慕容皝）未必能固若北無掣手之虞則江南將不異遼

左矣臣所以輒發良人不顧忿咎然東西形援未必
齊舉且欲北進移鎮安陸入沔五百漘水通流輒率
南郡太守王愆期江夏相謝尚潯陽太守袁真西陽
太守曹據等精銳三萬風馳上道并勒平北將軍桓
宣撲取黃季欲并丹水擢蕩秦雍御以長轡用逸待
勞比及數年興復可冀臣既臨許雒竊謂桓溫可渡
戍廣陵何充可移據淮泗赭圻路永進屯合肥伏願
表御之日便決聖聽不可廣詢同異以乖事會兵聞
拙速不聞攻之久也于是并發所統六州奴及車牛
驢馬百姓嗟怨時欲向襄陽慮朝廷不許故以安陸
爲辭帝及朝士皆遣使譬止車騎參軍孫綽亦致書
諫翼不從遂違詔輒行至夏口復上表曰臣近以胡
寇有嶔亡之勢暫率所統致討山北并分見衆略復
江夏數城臣等以九月十九日發武昌以二十四日
達夏口輒簡率卒搜乘停當上道而所調借牛馬來
處皆遠百姓所蓄穀草不充并多羸瘠難以涉路加
以向冬野草漸枯往反二千或容躓頓輒便隨事籌
量權停此舉又山南諸城每至秋冬水多燥涸運漕
用功實爲艱阻計襄陽荊楚之舊西接益梁與關隴
咫尺北去維河不盈千里土沃田良方城險峻水路

流通轉運無滯進可以掃盪秦趙退可以保據上流
臣雖不武意略短淺荷國重恩志存立効是以受任
四年唯以習戎爲務實欲上憑聖朝威靈高略下籍
士民義慨之誠因寇衰弊漸臨逼之而八年春上表
請據樂鄉廣蓄穀以伺二寇之釁而值天高聽邈未
垂察照朝議紛紜遂令微誠不暢自爾以來上參天
人之證下採降俘之言胡寇衰滅其日不遠臣雖未
獲長驅中原馘截凶醜亦不可以不進據要害思攻
取之宜是以輒量宜入沔徙鎮襄陽其謝尚王愆期
等悉令還據本戍須到所在馳遣啓聞翼時有衆四

萬詔加都督征討軍事師次襄陽大會僚佐陳旌甲
兵親授弧矢曰我之行也若此射矣遂三起三纍從
衆屬目其氣十倍初翼遷襄陽舉朝謂之不可議者
或謂避襄淮兄冰意同桓温及譙王無忌贊成其計
至是冰求鎮武昌爲翼繼援朝議謂冰不宜出冰乃
止又進翼征西將軍領南蠻校尉胡賊五六百騎出
樊城翼遣冠軍將軍曹據擊于撓溝北破之死者近
半獲馬百匹翼綏來荒遠務盡招納之宜立客館置
典賓參軍桓宣卒翼以長子方之爲義城太守代領
宣衆司馬應延爲龍驤將軍襄陽太守參軍司馬勳

爲建威將軍梁州刺史戍西城穆帝立兄冰卒以家
國情事留方之戍襄陽還鎮夏口悉取冰所領兵自
配以兄子統爲潯陽太守詔使翼還督江州又領豫
州刺史辭豫州復欲移鎮樂鄉詔不許繕脩軍器大
佃積穀欲圖後舉

桓温爲安西將軍領護南蠻校尉穆帝永和二年帥
征虜將軍周撫輔國將軍譙王無忌建武將軍袁喬
伐蜀拜表輒行三年春三月乙卯攻成都府尅之及
石季龍死温欲率衆北征先上疏求朝廷議水陸之
宜久不報時知朝廷仗殷浩等以抗己温甚忿之然
素知浩弗之憚也以國無他釁遂得相持彌年雖有
君臣之迹亦相羈縻而已八州士衆資調殆不爲國
家用聲言北伐拜表便行順流而下行達武昌衆四
五萬殷浩慮爲温所廢將謀避之又欲以騶虞幡住
温軍内外噂沓人情震駭簡文帝時爲撫軍主温書
明社稷大計疑惑所由温卽迴軍還鎮上疏曰臣近
親率所統欲北掃趙魏軍次武昌獲撫軍大將軍會
稽王昱書説風塵紛紜妄生疑惑辭旨危急憂及社
稷省之惋愕不知所由形影相顧隕越無地臣以闇
蔽忝荷重任雖才非其人職在靜亂寇讎不滅國恥

未雪幸因開泰之期遇可乘之會匹夫有志猶懷憤
慨臣亦何心坐觀其弊故荷戈驅馳不遑寧處前後
表陳于今歷年矣丹誠坦然公私所察有何纖介容
此嫌忌豈醜正之徒心懷怵惕操弄虛説以惑朝聽
昔樂毅竭誠垂涕流奔霍光盡忠上官告變讒説殄
行姦邪亂德乃歷代之常患存亡之所由也今主上
富於春秋陛下以聖德臨朝恭已委任責成群下方
寄會通於群才而德信于遐荒况臣世蒙殊恩服事
三朝身非羈旅之賓迹無韓彭之釁而反間起於胸
心交亂過于四國此古賢所以歎息於既往而臣亦

大懼于當年也今寇賊氷銷大事垂定晉之遺黎鵠立南望赴義之衆慷慨即路元凶之命懸在漏刻而橫議妄生成此貝錦使垂滅之賊復獲蘇息所以痛心絶氣悲慨彌深臣雖所存者公所務者國然外雖未弭而內弊交興則臣本心陳力之志也進位太尉固讓不拜時殷浩至雒陽脩復園陵經涉數年屢戰敗器械都盡温復進督司州因朝野之怨及奏廢浩自此內外大權一歸温矣安西將軍庾翼子爰之方之皆有翼風翼之疾篤也表爰之爲輔國將軍荆州刺史尋爲温所廢温既廢爰之又以征虜將軍劉惔

監沔中軍事領義成太守代方之爰之並遷于豫章

南齊王洪軌明帝建武中爲青冀二州刺史私召丁侵虜界奔敗結氣卒

後魏崔僧淵爲龍驤將軍南青州刺史坐擅出師無據掠剽幽禁後乃獲免

唐薛萬徹爲右領軍鎮黃龍後坐擅將兵出境破徵入朝

楊猷爲荊南節度澧朗兩州鎮遏使澧州刺史代宗大曆九年擅出境浮江下到郢州詔許赴汝州猷遂泝漢而上復州郢州俱閉城自守山南東道節度使梁崇義以兵拒之

梁崇義爲羽林射生從來瑱鎮襄陽沉默寡言衆悅之累遷爲偏裨瑱朝京師分使諸將戍福昌南陽瑱被誅戍者皆潰歸崇義時在南陽統歸師徑入襄陽與同列李昭薛南陽相讓爲長不決諸將乃請曰兵非梁卿主之不可遂推崇義爲帥無何崇義殺昭與南陽以脅衆心朝廷因授其節度焉

于頔爲襄陽節度使累遷簡較左僕射平章事封燕國公未幾不奉詔旨擅移軍於南陽朝廷幾爲之旰食

冊府元龜

巡按福建監察御史臣李嗣京　訂正
新建縣舉人臣戴國士　叅閱
知建陽縣事臣黃國琦　較釋

將帥部一百一

交結　忌害

交結

朱穆有言曰古者進退趨業無私遊之交况乎總師律之嚴授閫寄之重而敢違背公路私相朋結者哉若乃始爲勍敵終以膠固出處之際詔瀆是務附當

軸之勢託居中之權謀以姦成情以貨取至有造請宗室往還戚里合婚媾之好敦兄弟之契希進固寵蔽罪竊譽比周之迹斯露貪冒之志無厭雖曰僥榮何迯嗤鄙

魏鍾會爲司徒都督諸軍伐蜀蜀後主旣降於鄧艾姜維詣鍾會于涪會厚待維等皆權還其印號節蓋會與維出則同輿坐則同席謂長史杜預曰以伯約（姜維字）比中土名士公休太初不能勝也

晉何充康帝建元中自中書令出爲驃騎將軍都督徐州揚州之晉陵諸軍事假節領徐州刺史鎮京口以避諸庾頃之庾翼將北伐庾冰鎮江州充入朝言於帝曰臣冰舅氏之重宜居宰相不應遠出朝議不從於是徵充入爲都督揚豫徐州之瑯邪諸軍事假節領揚州刺史將軍如故先是翼悉發江荊二州編戶奴以充兵役士庶嗷然充復欲發揚州奴以均其謗後以中興時已發三吳今不宜復發而止

後魏甄琛孝明時爲征北將軍定州刺史崔光辭司徒之授也琛與光書外相抑揚內實附會也光亦揣其意復書褒美以悅之

唐章仇兼瓊爲劍南節度使時貴妃從父子楊國忠

爲徐州新都尉及貴妃有寵兼瓊以故引爲幕賓

安祿山玄宗時爲平盧兵馬使時御史中丞張利貞爲河北採訪使至平盧祿山素謟佞善伺人情曾曲事利貞復以金帛厚遺其左右利貞歸朝盛稱祿山美以奏之遂授營州都督平盧軍使中使往來皆厚遺賂玄宗親信之天寶元年遂分平盧別爲節度以祿山攝御史中丞爲之使二年入朝奏對玄宗益賞重之加驃騎大將軍三載爲范陽節度河北採訪使平盧節度如故五載禮部尚書席建侯爲河北黜陟使表祿山公直無私嚴正奉法利貞推美於前建侯

表薦于後右相李林甫亦素與祿山交通後屢言于玄宗由是特加寵遇

王昂出自戎旅以軍功累遷河東節度使貪縱不知法令務於聚斂以貨藩身代宗時元載秉政與載親相交結拜刑部尚書

崔寧為西川節度使時地險人富乃厚斂貨財交結權貴令弟寬留京師元載及諸子有所欲寬必與之故寬驟歷御史左司員外考功郎中兼侍御史知雜事御史丞寬兄審亦任郎中諫議大夫給事中

韋皐為西川節度使順宗時王叔文用事皐遣副使

劉闢將皐之意爲叔文求都領劍南三川謂叔文曰太尉使某致微誠于公若與某三川某當以死相助若不與某亦當有以相酬叔文怒將斬之韋執誼固執不可

王鍔憲宗時為廣州刺史嶺南節度使鍔以兩稅錢上供時進及供奉外餘皆自入西南大海中諸國舶至盡沒其利由是鍔家財富公藏日發十餘艇重以犀象珠貝稱商貨而出諸境周以歲時循環不絕凡八年京師權門多富鍔之財拜刑部尚書

嚴綬為山南東道節度使元和十年十一月為太子少保初憲宗以綬在太原所發偏裨戰討多克故移袁滋於江陵置綬於袁州以臨吳元濟綬自帥師至境上無威業以制敵到軍日遽發公藏賞士卒府藏之積悉以賂中貴人師徒凍餒閉壁而已後裴度屢言其無軍政故罷之

鄭權自工部尚書由他徑求領南節度既到鎮則賂聚財貨用償恩力俾小吏部送京國分權倖輩遲纔互而廻謝已聞當時議者無不嗤鄙

王播為淮南節度使以錢十萬貫賂遺恩倖求鹽鐵使諫議大夫獨孤朗張仲方起居郎孔敏行柳公權

起居舍人宋申錫補闕韋仁實劉敦儒拾遺李景讓薛廷老等十人前一日詣延英抗論其事帝不納一云敬宗寶曆元年以王播兼諸道鹽鐵轉運播之再領鹽鐵不由宰臣聞薦是非之論紛然滿朝諫議大夫獨孤朗等廷諍久之帝竟不納

李祐無材能以善官文宗時累遷至金吾將軍祐小將起家用詭譎通於中人祐因以厚賂之授涇原節度使

高霞寓為右衛大將軍穆宗長慶六年為簡較工部尚書兼邠州刺史御史大夫充邠寧等州節度觀察等使霞寓本騎將性輕悍無節制之材元和初隨高

崇文有功於蜀遂累承寵奬及討吳元濟擢爲唐鄧節度使挫敗降爲歸州刺史霞寓廣行賂遺結納權倖左遷未久已復進用及是拜諫官屢抗章疏帝竟不納

後唐劉仲殷初爲秦州節度使累年恃秦王親戚聚財貨歛剝衰生民比戶咨怨流溯又招聚甲馬意在掎角以應秦王然蜀人亦不敢窺邊及秦王誅大懼閔帝即位遣使存問賜與甚厚仲殷表辭鎮守詔至京師納政不允凡所蓄兵馬財貨貢奉殆盡遂留宿衛會朱馮用事朱馮弘昭也以秦府之隙日夕憂懼貢奉

之餘秦州所存苞苴嘗行賂遺與韓昭嘗有舊末帝未至已潛結託帝方以大義咎朱馮而雪秦府韓昭昭嘗每言仲殷之强幹故清泰元年自上將軍復爲宋州節度使

段凝初仕梁爲鄭州刺史監大軍於河上末帝以戴思遠爲北面招討使行師不利用王彥章代之受任之翼日取德勝之南城軍聲大振張漢倫等推功於凝凝掎摭彥章之短以聞梁末帝怒罷彥章兵權凝納賄於趙張二族求爲招討使敬翔李振極言不可竟不能止

朱漢賓莊宗時爲左龍武統軍明宗即位以漢賓幸前朝罷統軍爲右衛上將軍時樞密使安重誨方當委重漢賓客令結託得爲婚家天成末用爲潞州昭義軍節度使

晉趙彥之深州人也始爲鎮州軍士會後唐莊宗國王德明於堂州彥之數請以强弩伏於東門外驕軍多不得進漸補至百人長城陷莊宗收之麾下與秦王重榮俱爲散騎指揮使意甚相善有軍中十昆仲之契天福初彥之爲關西指揮使重榮已領鎮州彥之請告葬父母與重榮相見遂留鎮州重榮視政之

暇唆獵飲博未嘗一月相捨

周馮暉初仕晉爲靈武節度使後入典禁兵兼領近鎮恐朝廷縻留亦悔離靈武及馮玉李彥韜用事暉善奉之未幾復以暉爲朔方節度使加簡較太師

忌害

夫將帥之臣安危所寄專制師律總統和門故當竭節以奉上推誠而率下乃有乘多難之際竊戎重之柄跨據方面志在自專憚幕府持嚴毅之節惡偏裨有威武之稱或强諫而忤意或正言而拂心舉吏法以中傷因師敗而歸罪致其本士之禍起於竊發之

事蓋王綱之不競天憲之未加然而覆宗絕嗣隨亦至矣

後漢鄧騭爲大將軍安帝永初中羌胡反亂殘破并凉騭以軍役方費欲棄凉州郎中虞詡說太尉李脩以爲不可脩善其言四府皆從詡議騭兄弟以詡異其議因此不平欲以吏法中傷詡後朝歌賊甯季等數千人攻殺長吏屯聚連年州郡不能禁乃以詡爲朝歌長

梁冀爲大將軍時梁太后臨朝有日食地震之變詔公卿舉賢良方正光祿勳杜喬少府房植舉荀淑對

策議刺貴倖爲冀所忌補朗陵侯相

郭閎爲梁州刺史時上郡沈氏隴西牢姐烏吾諸種羌共寇并凉二州護羌校尉段紀明將湟中義從討之閎貪共其功稽留紀明軍使不得進義從役久戀鄉舊皆悉反叛閎歸罪於紀明紀明坐徵下獄輸作佐較羌遂陸梁覆沒營塢轉相招結唐突諸郡于是吏人守闕訟紀明以千數朝廷知紀明爲閎所誣詔問其狀紀明但謝罪不敢言枉京師稱爲長者

董卓爲前將軍朱儁拜城門校尉卓擅政以儁宿將外甚親納而心實忌之

袁紹爲冀州牧以臧洪領青州刺史洪收撫離叛百姓復安在事二年紹憚其能徙爲東郡太守都東武陽又董昭爲紹所用而昭弟訪在張邈軍中邈與紹有隙紹有讒將致罪於昭昭欲詣獻帝至河內爲張揚所留因揚上還印綬拜騎都尉又呂布既歸袁紹紹與布擊張燕布摧鋒陷陣遂破燕軍而求益兵衆將士鈔掠紹患忌之布覺其意從紹求去紹恐還爲己害遣壯士夜掩殺布不獲事露布走河西張揚合紹令衆追之皆畏布莫敢逼近者又紹之南征也別駕田豐說之紹不從豐逸諫紹怒甚以爲沮衆械繫之

紹軍既敗或謂豐曰君必見重豐曰若軍有利吾必全今軍敗吾必死矣紹還謂左右曰吾不用田豐言果爲所笑遂殺之

劉表爲荆州刺史遣從事中郎韓嵩詣魏太祖以觀虛實嵩還深陳太祖威德說表遣子入質表疑嵩爲太祖說太怒欲殺嵩考行者知嵩無他意乃止雖外貌儒雅而心多疑忌皆此類也劉備奔表表厚待之然不能用

公孫瓚爲幽州牧討胡無功劉虞代之虞至胡相率來降瓚害虞有功乃陰使人徼殺胡使胡知其情間

行詣虞贊後誣虞與袁紹等欲稱尊號斬虞於薊市
瓚遂驕矜記過忘善多所賊害
魏程喜為征北將軍屯薊時杜恕出為幽州刺史護
烏桓校尉尚書袁侃等戒恕曰申程伯處先帝之世
傾田國讓于青州足下今俱杖節共屯一城宜深有
以待之而恕不以為意至官未期有鮮卑大人兒不
豯關塞徑將數十騎詣州州斬所從來小子一人無
表言上喜於是劾奏恕下廷尉當死以父畿勤事水
死免為庶人徙章武郡喜欲恕折節謝己諷司馬宋權示之以微意恕答權書曰
況示委曲奉法天下事以善意相待無不致快也以
不善意相待無不致嫌隙也而議者言凡人天性皆

不善不當待以善意更墮其網中僕得此輩便欲歸
蹈滄海乘桴耳不能自諧在其間也然以年五十二
不見廢弃頗亦遺明達君子亮其本心若不見亮使
人刳心著地正與數斥肉相似何足有所明故終不
自解說程征北功名著在僕前甚多有人出征北乎
若令下官事無大小咨而後行則非上司彈糾之意
若咨而不從又非上下相順之宜故推一心任一意
宜而行之耳殺胡之事天下謂之是邪是僕諧也呼
為非邪僕自受之無所怨咎程征北明之亦善不明
之亦善謂君子自共其為心耳不在僕言也喜於是
遂深文切怨
陶謙為徐州牧安東將軍時孫策渡江居江都謙深
忌策策舅吳景時為丹陽太守策乃載母徙曲阿與
呂範孫河俱就景
吳孫峻為大將軍文欽說峻征魏峻使欽與呂據車
驍劉纂鎮南朱異前將軍唐咨自江都入淮泗以圖
青徐峻與滕裔至石頭因餞之領從者百許人入據
營據御軍齊整峻惡之稱心痛去
晉梁王肜為征西大將軍周處為御史中丞隸夏侯
駿西征氐人齊萬年處知肜不平必當陷己時賊屯
梁山有衆七萬而駿逼處以五千兵擊之處曰軍無
後繼必至覆敗雖在亡身為國取恥肜復命處進討
乃與振威將軍盧播雍州刺史解系攻萬年於六陌
將戰處軍人未食肜促令速進而絕其後繼處知必
敗賦詩曰去去世事已策馬觀西戎藜藿甘粱黍期

之克令終言畢而戰沒
麴允為安夷護軍始平太守時雒陽傾覆閻鼎等立
秦王為皇太子於長安鼎總攝百揆允心害鼎功且
規權勢因鼎殺京兆太守梁綜乃與綜弟馮翊太守
緯等攻鼎走之
張春為南陽王模世子保之將先是模既為劉粲所
害都尉陳安歸保命統精勇千餘人以討羌寵遇甚
厚春等疾之譖安有異志請除之保不許春等輒伏
刺客以刺安安被創馳還隴城遣使詣保貢獻不絕
王敦為大將軍驕傲自負有問上心其從弟稜日夕

諫諍以爲宜自抑損推崇盟主且群從一門並相與服事應務相崇高以隆勳業每言苦切敦不能容潛使人害之敦又素憚周顗每見顗輒面熱雖復冬月扇面手不得休又陶侃爲寧遠將軍荆州刺史既破杜弢敦深忌侃功將還江陵欲詣敦別皇甫方回及朱伺等諫以爲不可侃不從敦果留侃不遣左轉廣州刺史南越中郎將以王廙爲荆州侃之佐吏將士詣敦請留侃敦怒不許侃將鄭攀蘇温馬儁等不欲南行遂西迎杜曾以拒廙敦意攀承侃風旨被甲持矛將殺侃出而復回者數四侃正色曰使君之雄斷

當裁天下何此不决乎因起入如厠諮議參軍梅陶長史陳頒言于敦曰周訪與侃親姻如左右手安有斷人左手而右手不應者乎敦意遂解於是設盛饌以餞之侃便夜發敦引其子瞻爲參軍侃既達豫章見周訪流涕曰非卿外援我殆下免又周訪平杜曾進位安南將軍梁州刺史屯襄陽初敦懼杜曾之難謂訪曰擒曾當相論爲荆州刺史及是而敦不用至王廙去職詔以訪爲荆州敦以訪名將勳業隆重有疑色其從事中郎郭舒說敦曰鄙州雖遇寇難荒弊實爲用武之國若以假人將有尾大之患公宜自領

訪爲梁州足矣敦從之訪大怒敦手書譬釋幷遺王環玉椀以申厚意訪投椀於地曰吾豈賈豎可以寶悦乎陰欲圖之既在襄陽務農訓卒勤於採納守宰有缺輒補然後言上敦患之而憚其强不敢有異又周禮爲右將軍會稽内史札兄子筵爲吳興内史札一門五侯並居列位吳士貴盛莫與爲比敦深忌之後筵喪母送者千數敦益憚焉及敦疾錢鳳以周氏宗彊與沈充權勢相侔欲自託與充謀滅周氏使充得專威楊土乃說敦曰夫有國者患于彊逼自古釁難常必繇之今江東之豪莫强周沈公萬世之後一

族必不靜矣周彊而多俊才宜先爲之所後嗣可安國家可保耳敦納之時有道士李脫者妖術惑衆自言八百歲故號李八百自中州至建業以鬼道療病又署人官位時人多信事之弟子李弘養徒灊山云應讖當王故敦使廬江太守李常告札及其諸兄子與脫謀圖不軌時筵爲敦諮議參軍卽營中殺筵及脫弘又遣參軍賀鸞就沈充盡掩殺札兄弟子既而進軍會稽襲札札先不知卒聞兵至率麾下數百人出拒之兵散見殺又温嶠爲侍中機密大謀皆所參綜詔命文翰亦悉豫焉俄轉中書令嶠有棟梁之在

帝親而倚之甚爲敦所忌因請爲左司馬敦阻兵不朝多行陵縱嶠諫敦曰昔周公之相成王勞謙吐握豈好動而惡逸哉誠謂處大任者不可不爾而公自還輦轂入輔國政闕拜覲之禮簡人臣之儀不達聖心者莫不於邑昔帝舜服事唐堯伯禹竭身虞庭文王雖盛臣節不諐故有庇人之大德必有事君之小心俾芳烈奮乎百世休風流乎萬祀至聖遺軌所不宜忽願思舜禹文王服思之勤惟公旦吐握之事則天下幸甚敦不納又庾亮爲中領軍將敦有異志内深忌亮而外崇重之亮憂懼以疾去官

殷浩爲揚州刺史中軍將軍後秦姚襄既歸晉浩憚其威名乃遣人密殺之不得浩又潛遣將軍魏憬率五千餘人襲襄乃斬憬而幷其衆浩愈惡之乃使將軍劉啓守譙遷襄于梁國蠡臺表授梁國内史襄遣權翼詣浩浩曰姚平北每舉動自由豈所望也翼曰將軍輕納姦言自生疑貳愚謂猜嫌之由不在于彼浩曰姚君縱放小人盜竊吾馬王臣之體固若是乎翼曰將軍謂姚平北以威武自强終爲難保較兵練衆將懲不恪取馬者欲以自衛耳浩曰何至是也浩遣謝方討襄襄逆擊破之浩甚怒會聞關中有變浩率衆北伐襄乃要擊浩於山桑大敗之斬獲萬計收其資仗使兄益守山桑壘復如淮南浩遣劉啓王彬之伐山桑襄自淮南擊滅之鼓行濟淮屯于盱眙招流人衆至七萬分置守宰勸課農桑遣使建鄴罪狀殷浩幷自陳謝流人郭敵等千餘人執晉堂邑内史劉仕降于襄朝廷大震

桓温鎮荆州頻請范汪爲長史江州刺史皆不就温甚恨之汪子甯字武子少篤學多所通覽簡文帝爲將相碎之爲桓温所諷遂寢不行故終温之世兄弟無在列位者又中軍將軍殷浩北征許雒師次山桑

而姚襄反士卒亡叛温素忌浩及聞其敗上疏罪浩曰案中軍將軍浩過蒙朝恩叨竊非據寵靈超卓再司京輦不能恭慎所任恪居職次而侵官離局高下在心前司徒臣謨執義履素位居台輔師傅先帝朝之元老年登七十以禮請退雖臨軒固辭不順恩旨遄足以明遜讓之風弘優賢之禮而浩虛生狡說疑誤朝聽獄之有司將致大辟自羯胡天亡群凶殄滅而百姓塗炭企延拯綏浩受專征之重無雪恥之志坐自封植妄生風塵遂便寇讎稽誅姦逆幷起華夏鼎沸黎元殄悴浩懼罪將及不容于朝外聲進討内

求苟免出次壽陽損甲彌年傾天府之資竭五州之力妝合無賴以自强衛爵命無章猜害罔顧故范豐之屬反叛於苟陂奇德龍會作變于肘腋羌帥姚襄率衆歸化遣其母弟入質京邑浩不能撫而用之陰圖殺害再遣刺客爲襄所覺襄遂惶懼用致逆命生長亂階自浩始也復不能以時掃滅縱放小豎鼓行毒害身佷佷於山桑軍破碎于梁國舟車焚燒輜重覆沒三軍積實反以資寇精甲利器更爲賊用神怒人怨衆之所棄傾危之憂將及社稷臣所以忘寢屏營啟處無地夫率正顯義所以致訓明罰勑法所以

齊衆伏願陛下上追唐堯放命之刑下鑒春秋無君之典若聖上含洪未忍誅殛直宜遐棄擯之荒裔雖未足以塞山海之責粗可以宣誡於將來矣竟坐廢爲庶人徙於東陽之信安縣

前趙趙染爲平西將軍時劉曜爲大司馬次渭汭染次新豐索綝自長安東討染染狃于累捷有輕綝之色長史魯徽曰今司馬氏君臣自以逼僭王畿雄劣不同必致死距我將軍宜整陣按兵以擊之弗可輕也困獸猶鬬況于國乎染曰以司馬模之强吾取之如拉朽索綝小豎豈敢汚吾馬蹄刀刃邪要擒之而後食晨率精騎數百馳出逆之戰于城西敗績而歸悔曰吾不用魯徽之言以至於此何面目見之於是斬徽臨刑謂染曰將軍愎諫違謀戇而取敗而復忌前害勝誅戮忠良以逞愚忿亦何顏面瞬目世間哉袁紹爲之於前將軍踵之於後覆亡敗喪亦當相尋所恨不得一見大司馬而死死者無知則已若其有知下見田豐爲徒要當訴將軍於黃泉使將軍不得復牀枕而死叱刑者曰令吾面向東大司馬曜聞之曰蹄涔不容尺鯉染之謂也

宋朱齡石爲益州刺史時譙縱叛亂自稱成都王旣

奔敗其尚書令馬耽封府庫以待王師及齡石入成都誅縱同祖之親縱自縊齡石徙馬耽於越嶲追殺之耽之徙也謂其徒曰朱侯不送我京師滅衆口也吾必不免乃盥洗而卧引繩而死須臾齡石使至遂戮尸焉

劉道隆爲右將軍時蔡興宗爲荊州刺史道隆專統禁兵任參內政以興宗强政不欲使權兵上流改爲中書監左光祿大夫開府儀同三司固辭不拜

蕭梁穎達爲江州刺史長史沈瑀性倔强每忤穎達穎達銜之天監八年因入諮事辭又激厲穎達作色

日朝廷用君作行事邪瑀出謂人曰我死而後已終不能傾側面從是日於路爲人所殺時年五十九多以潁達害焉子續累訟之遇潁達亦尋卒事遂不究竟

唐淮安王神通擊宇文化及於魏縣化及走聊城神通進至聊城會化及糧盡僞降遷延以俟外救旣而士及自濟北饋之化及軍稍振遂拒戰神通督兵內薄而擊之貝州刺史趙君德攀堞而上神通心害君德之功因止軍不戰君德大訴而退

王志玄爲安東副都護劉正臣爲平盧軍使天寶末

冊府元龜　將帥部忌害　卷之四百四十　十七

與志玄同拒祿山遞相應援正臣領兵自平盧來襲范陽未至爲逆賊將史思明等大敗之正臣奔歸爲志玄所酖而卒大曆九年追贈正臣工部尚書

馬璘爲涇原四鎭北庭節度時李晟爲都知兵馬使璘戰吐蕃兵敗晟拔璘出亂兵之中璘忌晟威名又遇之不以禮令朝京師代宗知之留宿衞爲右神策都尉

李說爲河東節度使德宗貞元中李景畧爲豐州刺史甚有威名迴紇使至皆坐拜之于庭中後爲說行軍司馬居疑帥之地勢已難處迴紇使梅錄參軍入朝說置宴會有梅錄爭上下坐說不能遏景略叱之梅錄前過豐州都邑識景略語音疾趨前拜曰非豐州李端公耶不意在此不拜麾下久矣何其瘠也又再拜遂命之居次坐時將吏賓客顧景略皆嚴憚說心不平厚賂中尉竇文塲將去景略使爲內應歲餘風言迴紇將南下陰山豐州宜得人文塲言景略堪爲邊任乃以景略爲豐州刺史

韓遊瓌爲邠寧節度時范希朝爲邠寧都虞候德宗幸奉天希朝戰守有功累加兼中丞爲寧州刺史遊瓌入覲自奉天歸邠州以希朝素整肅有聲畏其逼

冊府元龜　將帥部忌害　卷之四百四十　十八

已求其過將殺之希朝懼奔鳳翔德宗聞之遽召至京師寘於左神策軍中

盧從史爲昭義軍節度使辟孔戡爲書記戡數以事爭論不從因謝病歸雒從史强以禮遣而陰銜之居東都久之爲淮南節度使李吉甫所辟而從史忿嫉累請貶降憲宗不得已授衞尉丞分司雒陽

劉士寧鎭汴州其大將李萬榮與其父玄佐同里閈少相善寬厚得衆心士寧疑之去其兵權令攝汴州事萬榮深怨之

王智興鎭徐州石雄爲右廂捉生兵馬使討滄州李

同捷徐人伏雄之撫待惡智興之虐欲逐之而立雄
智興智興以軍在賊境懼其變生因雄立功請受一郡刺
史朝廷徵赴京師授壁州刺史智興尋殺雄之素相
善諸將士百餘人仍奏雄搖動軍情請行顯戮文宗
雅知其能惜之乃長流白州
梁賀環為滑州節度使北面招討使將兩京馬軍都
軍使許州節度使謝彥章為排陣使同領大將駐於
行臺寨與晉人對壘彥章將領騎軍與之挑戰晉人
或望我軍行陣整肅則相謂曰必兩京太傅在此也
不敢以名呼其為敵人所憚如此是時咸謂賀環能

將步軍彥章能領騎士既名聲相軋故環衷心忌之
一日與環同設伏於郊外環指一方地謂彥章曰此
地崗阜隆起中央坦夷好列柵之所尋而晉人舍之
故環疑彥章與晉人通又環欲速戰彥章欲持重以
老敵人環益疑之會為行營馬步軍都虞候朱珪所
誣環遂與珪協謀因享士伏甲以殺彥章及濮州刺
史孟審澄別將侯溫裕等於軍以謀叛聞晉王聞之
喜曰彼將帥如是亡無日矣
尹皓為華州節度使末帝貞明六年河東道招討使
劉鄩與皓攻取同州先是河東朱友謙襲取同州以
其子令德為留後表請旄鉞末帝怒命鄩討之晉將
李嗣昭率師來援戰于城下王師不利先是鄩與河
中朱友珪為婚家及王師西討行次陝州鄩遣使齎檄
諭友謙以禍福大計誘令歸國友謙不從如是停留
月餘尹皓段凝輩素忌鄩遂搆其罪言鄩逗遛養寇
俾侯援兵末帝以為然及兵敗詔河南尹張宗奭承
朝廷密旨逼令飲酖而卒
後唐高行珪為安州節度使事多不遵法制副使范延
策者幽州人也性剛直覩其貪猥因強諫之行珪不
從後延策因入奏獻封章於闕下事有三條一請不

禁過淮豬羊而禁絲緜匹帛以實中國一請于山林
要害置軍鎮以絕寇盜一述藩侯之弊請勅從事明
諫諍之不從令諸軍較列班廷諍行珪聞之深銜之
後因戍兵作亂誣奏延策與之同謀父子俱戮於汴
聞者冤之
西方鄴為夔州節度使為政貪虐判官譚善達每諫
其失鄴忿之令左右告善達受人金下獄拷掠死於
獄中
漢王繼弘為神德軍節度使節度判官張易每見繼
弘所為不法必切言之繼弘含怒以為輕己乾祐中

因事誣奏之又奏觀察推官張制削官牒逐之因與郭謹代竟令害制焉

冊府元龜將帥部　忌害　卷之四百四十　二十一

冊府元龜

冊府元龜

巡按福建監察御史臣李嗣京　訂正

分守建南道左布政使臣胡維霖　參閱

知建陽縣事臣黃國琦　較釋

將帥部　一百二

敗衂

易曰師出以律否臧凶禮曰謀人之軍師敗則死之蓋失律則凶寡謀則敗者往典之明戒也若夫受脤於社援枹而行臨敵制宜先勝後戰故能開擴封畧式遏冠讎若乃奉戎昭之寄任素厲之威忽棄遠圖

忸忕小利以勞從逸以力制謀故鼓音未衰而勇氣先竭以至靡亂旗轍亡失師屬拔旆投衡奔潰不暇雖或忘身殉節下吏聽議而於國之事已無及矣於戲古者重詩禮之選審仁賢之用有繇哉

屈瑕楚大夫莫敖也魯桓公十三年屈瑕伐羅使徇于師曰諫者有刑（徇宣令也）及鄢亂次以濟（鄢水在襄陽宜城縣入漢）遂無次且不設備及羅羅與盧戎兩軍之（盧戎南蠻）大敗之莫敖縊于荒谷

子王楚大夫魯僖公二十八年夏四月戊辰晉侯宋公齊國歸父崔夭秦小子慭次于城濮（國歸父崔夭齊大夫也小子慭秦穆公子也城濮衛地）子王使鬬勃請戰（鬬勃楚大夫）己巳晉師陳于莘北欒枝使輿曳柴而偽遁（曳柴起塵詐為衆走）楚師馳之原軫郤溱以中軍公族橫擊之（公族公所率之軍）狐毛狐偃以上軍夾攻子西楚左師潰楚師敗績

孟明秦大夫也魯僖公三十年秦伯使杞子逢孫楊孫戍鄭三十二年冬杞子自鄭使告于秦曰鄭人使我掌其北門之管（管籥也）若潛師以來國可得也穆公訪諸蹇叔蹇叔曰勞師以及遠非所聞也（蹇叔秦大夫）公辭焉（辭不受其言）召孟明西乞白乙使出師於東門之外（孟明百里孟明視西乞西乞術白乙白乙丙）蹇叔哭之曰吾見師之出而

不見其入也明年夏四月辛巳晉敗秦師于殽獲百里孟明視西乞術白乙丙以歸至魯文公二年春孟明視帥師伐晉以報殽之役二月晉侯禦之甲子及秦師戰于彭衙秦師敗績

華元宋大夫魯宣公二年春鄭公子歸生受命于楚伐宋（受楚命也）華元樂呂御之二月壬子戰于大棘宋師敗績囚華元獲樂呂及甲車四百六十乘俘二百五十人馘百人（馘人首）狂狡輅鄭人鄭人入于井（狂狡宋大夫輅迎也）倒戟而出之獲狂狡

荀林父晉大夫魯宣公十二年春楚子圍鄭夏六月

晉師救鄭荀林父將中軍(代郤缺)先縠佐之(彘季代林父)士會將上軍(河曲之役郤缺將上軍宣八年代郤缺將中軍士會代將上軍)郤克佐之(郤克之子代臾駢)趙朔將下軍(代欒盾)欒書佐之(欒盾之子代趙朔)趙括趙嬰齊爲中軍大夫(括嬰齊皆盾異母弟)鞏朔韓穿爲上軍大夫荀首趙同爲下軍大夫(荀首林父弟趙同趙嬰兄)韓厥爲司馬(韓萬玄孫)及河聞鄭既及楚平桓子欲還曰無及於鄭而勦民焉用之(桓子林父勦勞也)楚歸而動不後(動兵隨代鄭)武子曰善(武子士會)彘子曰不可(彘子先縠)以中軍佐濟(佐彘子所師也濟渡河)韓獻子謂桓子(獻子韓厥)曰彘子以偏師陷子罪大矣子爲元帥師不用命誰之罪也失屬亡師爲罪

已重不如進也(今鄭屬楚故曰失屬彘子以偏師陷故曰亡師)事之不捷惡有所分(捷戍也)與其專罪六人同之不猶愈乎(三軍皆敗則六卿同罪不得獨責元帥)師遂濟楚子北師次於郔(郔鄭北地)沈尹將中軍(沈或作寢寢縣也今汝陰固始縣)子重將左子反將右將飲馬於河而歸(子反公子側)聞晉師既濟王欲還嬖人伍參欲戰(伍參奢之祖父)令尹孫叔敖弗欲曰昔歲入陳今茲入鄭不無事矣戰而不捷參之肉其足食乎參曰若事之捷叔敖爲無謀矣不捷參之肉將在晉軍可得食乎令尹南轅反旆(迴車南鄉旆軍前大旗)士季使鞏朔韓穿帥七覆于敖前(帥將七覆爲伏兵七處)故上軍不敗趙嬰齊使其徒先具舟于河故敗而先濟潘黨既逐魏錡(言魏錡見逐而退)趙旃夜至於楚軍(二人雖俱受命而行不相隨趙旃在後至)席於軍門之外使其徒入之(布席坐示無所畏也)楚子爲乘廣三十乘分爲左右廣雞鳴而駕日中而說(說舍也)左則受之日入而說許偃御右廣養由基爲右彭名御左廣屈蕩爲右(楚王更迭載之故各有御名)乙卯王乘左廣以逐趙旃趙旃棄車而走林屈蕩搏之得其甲裳(下曰裳)晉人懼二子之怒楚師也使軘車逆之(軘車兵車名)潘黨望其塵使騁而告曰晉師至矣楚人亦懼王之入晉軍也遂出陳孫叔曰進之寧我薄人無人薄我詩云元戎十乘以先啓

行先人也(元戎戎車在前也詩小雅言王者軍行必有戎車十乘在前開道先人爲備)軍志曰先人有奪人之心薄之也遂疾進師車馳卒奔乘晉軍桓子不知所爲鼓於軍中曰先濟者有賞中軍下軍爭舟舟之指可掬也(兩手曰掬)晉師右移上軍未動及昏楚師軍於邲晉之餘師不能軍(不能成營也)宵濟亦終夜有聲(言其兵衆將不能用)

劉康公王季子也魯成公元年春晉侯使瑕嘉平戎于王(平文十七年邥垂之役瑕嘉詹嘉處瑕故謂之瑕嘉)單襄公如晉拜成(單襄公王卿士謝晉爲平戎)劉康公徼戎將遂伐之(戎平還欲要其無備)叔服曰背盟而欺大國此必敗(叔服周內史)背盟不祥欺大國不

義神人弗助將何以勝不聽遂伐茅戎三月癸未敗績于徐吾氏徐吾氏茅戎之別也

孫良夫衛大夫也魯成公二年夏四月衛侯使良夫石稷甯相向禽將侵齊與齊師遇齊伐魯還相遇於儒也良夫孫林父之父石稷石碏四世孫甯相甯俞子石子欲還孫子曰不可以師伐人遇其師而還將謂君何言無以答君若知不能則如無出今既遇矣不如戰也良夫帥師及齊師戰于新築衛師敗績

鄧廖楚大夫魯襄公三年春楚子重伐吳為簡之師克鳩茲至于衡山鳩茲吳邑在丹陽蕪湖縣東今皐夷也衡山在吳興烏程縣南使

鄧廖帥組甲三百被練三千組甲被練皆戰備也組甲漆甲成組文被練練袍也以侵吳吳人要而擊之獲鄧廖其能免者組甲八十被練三百而已子重歸既飲至三日吳人伐楚取駕駕良邑也鄧廖亦楚之良也君子謂子重於是役也所獲不如所亡

臧紇魯大夫襄公四年冬十月邾人莒人伐鄫臧紇救鄫侵邾敗於狐駘臧紇武仲也鄫屬魯故救之狐駘邾也魯國番縣東南有目台亭國人逆喪者皆髽魯於是乎始髽髽麻髮合結也遭喪者多故不能備凶服髽而已國人誦之曰臧之狐裘敗我於狐駘臧紇時服狐裘我君小子朱儒是使朱儒朱儒使我敗於邾襄公幼弱故曰小子臧紇短小故曰朱儒敗不書魯人諱之

子蕩楚令尹魯昭公六年徐儀楚聘于楚儀楚徐大夫楚子執之逃歸懼其叛也使薳洩伐徐薳洩楚大夫吳人救之令尹子蕩帥師伐吳師于豫章而次于乾谿乾谿在譙國城父縣南楚東境吳人敗其師於房鍾房鍾吳地獲宮廄尹棄疾鬬韋龜之父子蕩歸罪於薳洩而殺之歸罪於薳洩不以敗告故不書

叔弓魯大夫也魯昭公十三年春叔弓圍費弗克敗焉爲費人所敗不書諱之也

公子光吳王諸樊子也魯昭公十七年冬子光伐楚陽匄為令尹卜戰不吉陽匄穆王曾孫令尹子瑕司馬子魚曰我

得上流何故不吉子魚公子魴也順江而下易用勝敵且楚故司馬令龜我請改卜令曰魴也以其屬死之楚師繼之尚大克之吉得吉兆戰于長岸子魚先死楚師繼之大敗吳師獲其乘舟餘皇餘皇舟名

史皇楚大夫魯定公四年史皇謂子常曰楚人惡子而好司馬司馬沈尹戌若司馬毀吳舟于淮塞城口而入城口三隘道之總名是獨克吳也子必速戰不然不免乃濟漢而陳自小別至于大別禹貢漢水至大別南入江三然則此二別在江夏界戰子常知不可欲奔知吳不可勝史皇曰安求其事求知政事難而逃之將何所入子必死之初罪必盡說言致死以克吳

可以免貪賄致寇之罪十一月庚午二師陳于柏舉闔廬之弟
夫槩王晨請於闔廬以其屬五千先擊子常之卒子
常之卒奔楚師亂吳師大敗之
子姚子般鄭大夫魯哀公二年六月晉趙鞅納衛太
子于戚八月齊人輸范氏粟子姚子般送之子姚罕達子般
駟弘士吉射逆之趙鞅禦之遇於戚陽虎曰吾車少以
兵車之旆與罕駟兵車先陳旆先驅車也以先驅罕車益其車以示衆
駟自後隨而從之彼見吾貌必有懼心晉人先陳鄭人隨之不知
其虛實見車多必懼於是乎會之會合戰必大敗之從之卜戰龜
焦兆不成樂丁曰詩曰爰始爰謀爰契我龜樂丁晉大夫詩大雅

言先人事後卜筮謀協以故兆詢可也詢諮詢也故兆始納衛太子卜得吉兆言
今既謀同可不須更卜簡子誓曰范氏中行氏反易天明不事君也
斬艾百姓欲擅晉國而滅其君寡君恃鄭而保焉今
鄭爲不道弃君助臣二三子順天明從君命經德義
除詬恥在此行也克敵者上大夫受縣下大夫受郡
周書作雒篇千里百縣縣有四郡士田十萬十萬畝也庶人工商遂得遂進仕
人臣隸圉免去廝役志父無罪君實圖之志父趙簡子之一名也言
已事濟君當圖其賞若其有罪絞縊以戮絞所以縊人物桐棺三寸不
設屬辟屬辟棺之重數王棺四重君再重大夫一重素車樸馬以載柩無入
于兆兆塋域下卿之罰也爲衆設賞自誡罰所以能克敵甲戌將戰郵

無恤御簡子衛太子爲右郵無恤王良也登鐵上鐵丘名望見
鄭師衆太子懼自投于車下子良授太子綏而乘之
曰婦人也言其怯簡子巡列曰畢萬匹夫也七戰皆獲
有馬百乘死於牖下畢萬晉獻公卿也皆獲有功死於牖下言得壽終羣子
勉之死不在寇言有命繁羽御趙羅宋勇爲右三子晉大夫
羅無勇麇之麇束縛也吏詰之御對曰痁作而伏痁瘧疾也衛
太子禱曰曾孫蒯聵敢昭告皇祖文王周文王皇大也烈祖
康叔烈顯也文祖襄公繼業守文故曰文祖蒯聵襄公之孫鄭勝亂從勝鄭
聲公名釋君助臣爲從於亂晉午在難午晉定公名不能治亂使鞅討
之鞅簡子名蒯聵不敢自佚備持矛焉戎右持矛敢告無絕筋

無折骨無面傷以集大事無作三祖羞集成也大命不
敢請佩玉不敢愛不敢愛故以祈禱鄭人擊簡子中肩斃于
車中斃踣也獲其蜂旗蜂旗旗名太子救之以戈鄭師北獲
温大夫趙羅羅無勇故鄭師雖北猶獲羅太子復伐之鄭師大敗
獲齊粟千車趙孟喜曰可矣趙孟簡子也喜太子前怯今更勇
武子賸鄭大夫魯哀公九年賸之嬖許瑕求邑無以
與之賸罕達也瑕武子之屬請外取許之瑕請取於它國故圍宋雍丘
宋皇瑗圍鄭師許瑕師每日遷舍作壘塹輒徙舍成圍壘合鄭師
哭子姚救之大敗子姚武子賸也二月甲戌宋取鄭師于雍
丘使有能者無死惜其能也以郟張與鄭羅歸鄭之有能者

徐承吳大夫魯哀公十年會吳子邾子郯子伐齊南
鄙師于鄎鄎齊地邾郯不書兵弁屬吳不列於諸侯徐承帥舟師將自海
入齊齊人敗之吳師乃還
國書齊大夫魯哀公十一年春國書帥師伐我孟孺
子洩帥右師冉求帥左師戰于郊師獲甲首八十冉求
所得齊人不能師不能整其師宵諜曰齊人遁諜間也冉有請
從之三季孫弗許夏爲郊戰故公會吳子伐齊欲以報也
五月克博壬申至于嬴博嬴齊邑也二縣皆屬泰山中軍從王吳中
軍胥門巢將上軍王子姑曹將下軍展如將右軍二將
吳大夫齊國書將中軍高無丕將上軍宗樓將下軍陳

僖子謂其弟書爾死我必得志書子占也欲獲死事之功宗子陽
與閭丘明相厲也相勸厲致死子陽宗樓也桑掩胥御國子國子國書
公孫夏曰二子必死亦勸勉也將戰公孫夏命其徒歌虞
殯虞殯送葬歌曲示必死陳子行命其徒具含玉子行陳逆也具含玉亦示
必死公孫揮命其徒曰人尋約吳髮短約繩也八尺曰尋吳髮短欲以
繩貫其首東郭書曰三戰必死於此三矣三戰夷儀左氏與介使問
弦多以琴弦多齊人也六年奔魯問遺也曰吾不復見子矣言將死戰陳
書曰此行也吾聞鼓而已不聞金矣鼓以進軍金以退軍不聞金言
將死也傳言吳師強齊人皆自知敗甲戌戰于艾陵展如敗高子齊上軍敗
國子敗胥門巢吳上軍亦敗王卒助之大敗齊師獲國書
公孫夏閭丘明陳書東郭書革車八百乘百甲首三
千以獻于公公以兵從故以勞公
高無平齊大夫魯哀公二十三年夏六月晉荀瑤伐
齊荀瑤荀躒之孫知伯襄子高無平帥師御之知伯視齊師馬駭
遂驅之曰齊人知余旗其謂余畏而反也及壘而還
將戰長武子請卜武子晉大夫知伯曰君告于天子而卜
之以守龜於宗祧吉矣吾又何卜焉且齊人取我英
丘君命瑶非敢耀武也治英丘也治齊取英丘以辭伐罪
足矣何必卜壬辰戰于犂丘犂丘隰也齊師敗績知伯親
禽顏庚顏庚齊大夫顏涿聚

趙括代廉頗爲趙將悉更約束易置軍吏秦將白起
聞之縱奇兵佯敗走而絕其糧道分斷其軍爲二士
卒離心四十餘日軍餓趙括出銳卒自搏戰秦軍射
殺趙括括軍敗數十萬之衆遂降秦秦悉坑之趙前
後所亡凡四十五萬
公孫喜爲韓將釐王三年使公孫喜率周魏攻秦敗
我二十四萬虜喜伊闕
栗腹爲燕相燕王喜用栗腹之計欲攻趙而問昌國
君樂閒樂閒曰趙四戰之國也其民習兵攻之不可
燕王不聽遂伐趙趙使廉頗擊大破栗腹之軍於鄗

餘粟腹欒乘

李信秦將也信年少壯勇嘗以兵數千逐燕太子丹至於衍水中卒破得丹始皇以爲賢勇於是始皇問李信吾欲攻取荆於將軍度用幾何人而足李信曰不過用二十萬人始皇問王翦王翦曰非六十萬人不可始皇曰王將軍老矣何怯也李將軍果勢壯勇勢一作新其言是也遂使李信及蒙恬將二十萬南伐荆王翦言不用因謝病歸老于頻陽李信攻平與音余蒙恬攻寢今固始寢丘大破荆軍信又攻鄢郢破之於是引兵而西與蒙恬會城父荆人因隨之三日三夜不頓

舍大破李信軍入兩壁殺七都尉秦軍走

章邯爲秦將二世末張耳陳餘立趙蝎爲趙王邯及王離擊趙耳與趙王蝎走入鉅鹿城王離圍之餘北收常山兵得數萬人軍鉅鹿北章邯軍鉅鹿南棘原築甬道屬河屬聯及也音之欲切饟王離饟古餉字謂饋運其軍糧也王離兵食多急攻鉅鹿城中食盡陳餘使五千人令張黶陳澤先嘗秦軍至皆沒當是時燕齊楚聞趙急皆來救張敖亦北收代兵得萬餘人來皆壁餘旁項羽兵數絶章邯甬道王離軍乏食項羽悉引兵渡河遂破章邯引兵解諸侯軍乃敢擊秦軍遂虜王離於是趙王蝎張耳乃得出

龍且爲楚將時韓信已定臨菑遂東追齊王田廣至高密西楚亦使龍且將號稱二十萬救齊齊王廣龍且并軍與信戰未合人或說龍且可無戰而降也龍且曰吾平生知韓信爲人易與耳遂戰與信夾濰水陳出東莞而東北流至北海都昌縣入海韓信乃夜令人爲萬餘囊滿盛沙壅水上流引軍半渡擊龍且佯不勝還走龍且喜曰固知信怯也遂追信渡水信使人決壅囊水大至龍且軍大半不得渡即急擊殺龍且龍且水東軍散走

漢韓千秋故濟北相也武帝時南粤王興嗣立其母中國人欲入朝相呂嘉不聽有叛心遣千秋與王太后弟樛樂將二千人往入粤境嘉遂反而韓千秋兵之入也破數小邑其後粤直開道給食未至番禺四十里粤以兵擊千秋等滅之

楊僕爲樓船將軍荀彘爲左將軍彘與僕誅朝鮮王右渠右渠發兵距險左將軍卒多率遼東士遼東兵多也兵先縱敗散還走坐法斬樓船將齊兵七千人先至王險右渠城守窺知樓船軍少即出擊樓船樓船軍敗走將軍僕失其衆遁山中十餘日稍求收散卒復

聚
李廣爲將軍出鴈門擊匈奴匈奴兵多破廣軍生得
廣單于素聞廣賢令曰得李廣必生致之胡騎得廣
廣時傷置兩馬間絡而盛之卧行十餘里廣佯死睨
其傍有一兒騎善馬睨邪視也音玉系切暫騰而上胡兒馬上
因抱兒鞭馬南馳數十里得其餘軍匈奴騎數百追
之廣行取兒弓射殺追騎以故得脫於是至漢漢下
廣吏吏當廣亡失多爲虜所生得當斬贖爲庶人
李陵爲騎都尉將步卒五千人出居延北行三十日
至浚稽山與單于相值騎可三萬圍陵陵居兩山間

以大車爲營千弩俱發擊殺虜數千人明日復戰復
斬首三千餘級南行至山下因發連弩射單于單于
下走是日捕得虜言單于曰此漢精兵擊之不能下
日夜引吾南近塞得毋有伏兵乎諸當戶君長皆言
單于自將數萬騎擊漢數千人不能滅後無以復使
邊臣令漢益輕匈奴復力戰山谷間尚四五十里得
平地不能破迺還是時陵軍益急匈奴騎多戰一日
數十合復傷殺虜二千餘人虜不利欲去會陵軍候
管敢爲校尉所辱亡降匈奴具言陵軍無後救射矢
且盡獨將軍麾下及成安侯校各八百人爲前行以

黃與白爲幟當使精騎射之卽破矣成安侯者潁川
人父韓千秋故濟南相奮擊南越戰死武帝封子延
年爲侯以校尉隨陵單于得敢大喜使騎並攻漢軍
疾呼曰李陵韓延年趣降遂遮道急攻陵陵居谷中
虜在山上四面射矢如雨下漢軍南行未至鞮汗山
鞮音丁奚切一日五十萬矢皆盡卽棄車去士尚三千餘
人徒斬車輻而持之徒但也軍吏持尺刀抵山入陿谷
單于遮其後乘隅下壘石放石以投人因山隅曲而下也壘音盧對切士
卒多死不得行昏後陵便衣獨步出營便衣謂著短衣小褎也
止左右無隨我丈夫一取單于耳良久陵還太息曰

兵敗死矣軍吏或曰將軍威震匈奴天命不遂後求
道徑還歸如浞野侯爲虜所得後亡還天子客遇之
況於將軍乎陵曰公止吾不死非壯士也於是盡斬
旌旗及珍寶埋地中陵歎曰復得數十矢足以脫矣
今無兵復戰天明坐受縛矣各鳥獸散猶有得脫歸
報天子者令軍士人持二升糒一半氷半讀曰判判大片也期
至遮虜鄣者相待夜半時擊鼓起士鼓不鳴陵與韓
延年俱上馬壯士從者十餘人虜騎數千追之韓延
年戰死陵曰無面目報陛下遂降軍人分散脫至塞
者四百餘人陵敗處去塞百餘里邊塞以聞

後漢鄧禹爲大司徒征關中自馮愔反後禹威稍損又乏食歸附者離散而赤眉復還入長安禹與戰敗走至高陵軍士饑餓者皆食棗菜光武乃徵禹還勑曰赤眉無穀自當來東吾折箠笞之非諸將憂也無得復妄進兵禹慙於受任而功不遂數以饑卒徼戰輒不利三年春與車騎將軍鄧弘擊赤眉遂爲所敗衆皆死散

馮異爲征西大將軍會鄧禹率車騎將軍鄧弘等引歸與異相遇禹弘要異共攻赤眉異曰異與賊相拒且數十日雖屢獲雄將餘衆尚多可稍以恩信傾誘

難卒用兵破也上令使諸將屯黽池要其東而異擊其西一舉取之此萬成計也禹弘不從弘遂大戰移日赤眉陽敗棄輜重走車皆載土以豆覆其上兵士饑爭取之赤眉引還擊弘弘軍潰亂異與禹合兵救之赤眉小卻異以士卒饑倦可且休禹不聽復戰大爲所敗死傷者三千餘人禹得脫歸宜陽異棄馬步走上回谿阪回谿在維州永寧縣與麾下數人歸營復堅壁

蓋延爲虎牙將軍時董憲將賁休舉蘭陵城降憲聞之自郯圍休時延及龐萌在楚請往救之光武勑曰可直往擣郯則蘭陵必自解延等以賁休城危遂先赴之憲逆戰而陽敗延等遂逐退因拔圍入城明日憲大出兵合圍延等懼遽出突走因往攻郯帝讓之曰聞欲先赴郯者以其不意故耳今既奔走賊計已立圍豈可解乎延等至郯果不能克而董憲遂拔蘭陵殺賁休延等往來要擊憲別將於彭城郯邳之間戰或日數合頗有剋獲帝以延輕敵深入數以書誡之及龐萌反攻殺楚郡太守引軍襲敗延延走北渡泗水破舟檝壞津梁僅而得免又云萌攻延延與戰破之詔書勞延曰龐萌一夜反畔相去不遠營壁不堅殆令人齒欲相擊而將軍有不可動之節吾甚美之此傳言僅而得免與彼不同

吳漢爲大司馬從車駕上隴遂圍隗囂於西城帝勑漢曰諸郡甲卒但坐費糧食若有逃亡則沮敗衆心宜悉罷之漢等貪并力攻囂遂不能遣糧食日少吏士疲没逃亡者多及公孫述救至漢遂退敗

鄧騭爲車騎將軍任尚爲征西較尉安帝永初元年先零別種滇零與鍾羌諸種大爲寇掠斷隴道時羌歸附既久無復器甲或持竹竿木枝以代戈矛或負板案以爲楯或執銅鏡以象兵郡縣畏懦不能制遣騭及征西較尉任尚將五營及三河三輔汝南南陽潁川太原上黨兵合五萬人屯漢陽明年春諸郡兵

未及至鍾羌數千人先擊敗騭軍於冀西殺千餘人校尉侯霸坐衆羌反叛徵免以西域都護段禧代爲校尉其冬騭使尚及從事中郎司馬鈞率諸郡兵與滇零等數萬人戰于平襄尚軍大敗死者八千餘人司馬鈞爲左馮翊安帝永初二年零昌種衆分兵寇益州乃使屯騎校尉班雄屯三輔遣鈞行征西將軍督右扶風仲光安定太守杜恢北地太守盛包京兆虎牙都尉耿溥右扶風都尉皇甫旗等合八千餘人又龐參將羌胡兵七千餘人與鈞分道並北擊零昌參兵至勇士東爲杜季貢所敗於是引退鈞等獨進

攻拔丁奚城大克獲杜季貢率衆僞逃鈞令光恢包等收羌禾稼光等違鈞節度散兵深入羌乃設伏要擊之鈞在城中怒而不救光並沒死者三千餘人鈞乃遁還坐徵自殺參以失期軍敗抵罪以馬賢代領校尉事

馬賢建光元年爲護羌校尉討燒當羌於金城不利順帝永和六年爲征西將軍與且凍羌戰于射姑山賢軍敗沒

尹耀爲揚州刺史順帝末楊徐賊羣起盤牙連歲建康元年九江范容周生等相聚反亂屯據歷陽爲江淮巨患遣御史中丞馮緄將兵督耀及九江太守鄧顯討之耀顯軍敗爲賊所殺

田晏爲破鮮卑中郎將靈帝熹平六年八月遣晏出寔中使匈奴中郎將臧旻與南單于出鴈門護烏桓校尉夏育出高柳並伐鮮卑二道並進經二千里擅石槐率衆逆擊兵馬還者十一而已

董卓爲東中郎將中平元年持節代盧植擊張角於下曲陽軍敗抵罪

孔融爲北海相當黃巾賊衝融到郡收合士民起兵講武賊張饒等羣輩二十萬衆從冀州還融逆擊爲

饒所敗乃收散兵保朱虛縣稍復鳩集吏民

魏王朗爲會稽太守時孫策渡江略地朗功曹虞翻以爲力不能拒不如避之朗自以身爲漢吏宜保城邑遂舉兵與策戰敗績浮海至東冶策又追擊大破之朗乃詣策策令使者語朗曰問逆賊故會稽太守王朗朗受國恩當官云何不惟報德而興兵安恐大軍征討幸免梟夷不自掃屏復聚黨衆屯聚郡境遠勞王誅卒不悟順捕得云降庶以欺詐用全首領得爾與不具以狀對朗稱擒虜對使者曰朗以瑣才誤竊朝私受爵不讓以遺罪網前見征討畏死苟免因治人物寄命須臾又迫大兵惶怖北引從者疾患死亡略盡獨與老母共乘一欐流矢始交便棄欐就俘稽顙自首於征役之中朗惶惑不達自稱降虜緣前迷謬被詰慙懼朗愚淺駑怯畏威自驚又無良介不早自歸於破亡之中然後委命下隷身輕罪重死有餘辜中脈就執屯足入絆叱咤聽聲東

西帷命策以其儒雅答辭遜讓而不害

曹休爲大司馬都督楊州明帝太和二年九月休率諸軍至皖與吳將陸議戰於石亭敗績

王昶爲大將軍齊王嘉平四年十一月詔昶及征東將軍胡遵鎭南將軍毋丘儉等征吳十二月吳大將軍諸葛恪拒戰大敗衆軍於東關不利而還時昶及儉聞東軍敗各燒屯走

王經爲雍州刺史高貴鄉公正元二年八月辛亥蜀大將軍姜維攻狄道經戰於洮西經大敗還保狄道城

蜀馮習字休元隨先主入蜀先主東征吳習爲領軍將軍統諸軍大敗於猇亭猇音呼

馬謖爲諸葛亮參軍後主建興六年亮出軍向祁山時有宿將魏延吳壹等論者皆言以爲宜令爲先鋒而亮違衆拔謖統大衆在前與魏將張郃戰于街亭爲郃所破士卒離散亮進無所據退軍還漢中謖下獄物故

姜維爲大將軍後主延熙十九年整勒戎馬與鎭西大將軍胡濟期會上邽濟失誓不至故維爲魏大將鄧艾所破於段谷星散流離死者甚衆衆庶繇是怨讟而自隴以西亦騷動不寧維謝過引負求自貶削爲後將軍行大將軍事

吳孫綝輔政遷大將軍魏諸葛誕舉壽春叛保城請降吳遣文欽唐咨全端全懌等帥三萬人救之魏鎭南將軍王基圍誕欽等突圍入城魏悉中外軍二十餘萬增誕之圍朱異帥三萬人屯安豐城爲文欽勢魏兗州刺史州泰拒異於陽淵異敗退爲泰所追死傷二千人綝於是大發卒出屯鑊里復遣異率將軍丁奉黎斐等五萬人攻魏留輜重於都陸異屯黎漿遣將軍任度張震等募勇敢六千人於屯西六里爲

浮橋夜渡築偃月壘爲魏監軍石苞及州泰所破軍却退就高異復作車箱圍趣五木城苞泰攻異異敗歸而魏太山太守胡烈以奇兵五千詭道襲都陸盡焚異資糧綝授兵三萬人使異死戰異不從綝斬之於鑊里而遣弟恩救會誕敗引還綝既不能拔出誕而喪敗士衆自戮名將莫不怨之

劉俊爲交州刺史後主寶鼎三年遣俊及前部督修則等入擊交阯爲晉將毛景等所破皆死兵散還合浦

張悌爲丞相軍師後主天紀末悌與護軍孫震丹陽

太守沈瑩衞晉軍降成陽都尉張喬濟江與晉討吳護軍張翰揚州刺史周俊成陣相對沈瑩領丹陽鋭卒刀楯五千號曰青巾兵前後屢陷堅陣於是以馳淮南軍三衝不動退引亂晉薛勝蔣班因其亂而乘之吳軍以次瓦解將帥不能上張喬又出其後大敗吳軍于版橋獲悌震瑩等

冊府元龜

巡按福建監察御史臣李嗣京　訂正
知長樂縣事　臣夏允彝　叅閱
知建陽縣事　臣黄國琦　較釋

將帥部　一百三

敗衄第二

晋成都王頴表陸機爲平原内史惠帝太安中頴假機後將軍河北大都督討長沙王乂列軍自朝歌至於河橋鼓聲聞數百里漢魏以來出師之盛未嘗有也乂與機戰于鹿苑機軍大敗赴十里澗而死者如

積焉水爲之不流將軍賈稜皆死之

新蔡王騰爲車騎將軍鎮鄴時公師藩與平陽人汲桑等爲羣盜起於清河鄃縣衆千餘人寇頓丘以埜成都王頴爲辭載頴主而行與張泓故將李豊等將攻鄴騰曰孤在并州七年胡圍城不能尅汲桑小賊何足憂也及豊等至騰不能守率輕騎而走爲豊所害四子虞矯紹確虞有勇力騰之被害虞逐豊豊投水而死是日虞及矯紹并鉅鹿太守崔曼車騎長史羊桓從事中郎蔡克等又爲豊餘黨所害及諸名家流移依鄴者死亡並盡

劉琨爲并州都督屬石勒攻樂平太守韓據請救於琨而琨自以士衆新合欲因其鋭以威勒箕澹諫曰此雖晋人久在荒裔未習恩信難以法御今内收鮮卑之餘穀外抄殘故之牛羊且閉關守險務農息士既服化感義然後用之則功可立也琨不從悉發其衆命澹領步騎二萬爲前驅琨自爲後繼勒先據險要設伏以擊澹大破之一軍皆没

王堪爲車騎將軍懷帝永嘉三年三月劉元海寇黎陽遣堪擊之王師敗績于延津死者三萬餘人九月堪與平北將軍曹武討劉聰王師敗績堪奔還京師

山簡爲征南將軍永嘉四年九月雍州人王如舉兵反於宛殺害令長自號大將軍司雍二州牧大掠漢沔新平人龐寔馮翊人嚴嶷京兆人侯脱等各起兵應之簡及荆州刺史王澄南中郎將杜蕤并遣兵援京師及如戰於宛諸軍皆大敗王澄獨以衆進至沶口衆潰而歸

李矩爲冠軍將軍時劉聰使劉曜陷長安愍帝出降趙固郭默攻河東至於絳邑右司隸部人盗牧馬負妻子奔之者三萬餘騎騎兵將軍劉勳追討之殺萬餘人固默引歸劉頡遮邀擊之爲固所敗聰使子粲

及劉雅等伐趙固次于小平津固揚言曰要當生縛
劉粲以贖天子聰聞而惡之李矩使郭默郭誦救趙
固屯于洛汭遣耿稚張皮潛濟襲粲貝丘王翼光自
厘城覘之以告粲粲曰征東南渡趙固望聲逃竄彼
方憂自固何暇來邪且聞上身在此自當不敢北視
況敢濟乎不須驚動將士也是夜稚等襲敗粲軍粲
奔據陽鄉稚館穀粲壘雅聞而馳還柵于壘外與稚
相持聰聞粲敗使太尉范隆率騎赴之稚等懼率衆
五千突圍趍北山而南劉勳追之戰于河陽稚師大
敗死者三千五百人投河死者千餘人

梁巨爲冠軍將軍劉聰攻河內石勒率騎會之攻巨
於武德懷帝遣兵救之勒留諸將守武德與王桑逆
巨於長陵巨請降勒弗許巨踰城而遁軍人執之勒
馳如武德坑降卒萬餘數巨罪而害之王師退還河
北諸堡壁大震皆請降送任于勒

荀羨爲建威將軍攻慕容儁山茌（士留切）拔之斬儁太
山太守賈堅儁青州刺史慕容塵遣司馬悦明救之
羨師敗績復陷山茌諸葛攸又率水陸二萬討儁入
自石門屯于河渚攸部將匡超進據碻磝蕭館屯于
新柵又遣督護徐冏率水軍三千泛舟上下爲東西
聲勢儁遣慕容評傅顏等統步騎五萬戰于東阿王
師敗績

毛寶爲征虜將軍庾亮謀北伐上疏解豫州請以授
寶于是明帝詔以寶監揚州之江西諸軍事豫州刺
史將軍如故與西陽太守樊峻以萬人守邾城石季
龍惡之乃遣其子鑒與其將夔安李菟等五萬人來
寇張格渡二萬騎攻邾城寶求救於亮亮以城固不
時遣軍城遂陷寶峻等率左右突圍出赴江死者六
千人寶亦溺死

徐龕爲征討大將軍褚裒督護裒遣龕伐沛獲僞相

友重郡中二千餘人歸降魯郡山有五百餘家亦建
義請援裒遣龕領銳兵三千迎之龕達裒節度軍次
代陂爲石遵將李菟所敗死傷大半龕執節不撓爲
賊所害

尹奉爲寧州刺史李雄據益州寧州李才麗遺起義
兵攻雄將任佃李讓等雄遣其將羅寔費黑救之奉
遣裨將姚昂朱提太守楊術援遺戰于登臺昂等敗
績術死之

李釗爲越巂太守時王遜爲寧州刺史先是釗爲李
雄所執自蜀逃歸遜復以釗爲越巂太守李雄遣李

讓任佃攻釗釗自南秦與漢嘉太守王載共拒之戰于温水釗敗績載遂以二郡附雄

桓宣爲平北將軍都督司雍梁三州南陽襄陽新野南鄉四郡軍事梁州刺史庾翼遷鎮襄陽令宣進伐石季龍將李羆軍次丹水爲賊所敗翼怒貶宣爲建威將軍

謝尚爲西中郎將督揚州之六郡諸軍豫州刺史假節鎮歷陽大司馬桓温欲有事中原使尚率衆向壽春進號安西將軍初苻𨸷將張遇降尚尚不能綏懷之遇怒據許昌叛尚討之爲遇所敗收付廷尉時康

獻皇后臨朝即尚之甥也特令降號爲建威將軍

桓温爲大司馬率衆五萬伐慕容暐前兗州刺史孫元起兵應之温部將檀玄攻胡陸執暐寧東慕容忠暐遣其將慕容厲與温戰于黃墟厲師大敗單馬奔還高平太守徐翻以郡歸順温前鋒朱序又破暐將傅顏于林渚温軍大振次於枋頭暐懼謀奔和龍慕容垂曰不然臣請擊之若戰不捷走未晚也乃以垂爲使持節南討大都督慕容德爲征南將軍率衆五萬拒温使其散騎侍郎樂嵩乞師於苻堅堅遣將軍苟池率衆二萬出自雒陽師于潁川外爲赴援内實觀隙有兼弁之志矣慕容德屯于石門絶温糧漕豫州刺史李邽率州兵五千斷温饋運温頻戰不利糧運復絶及聞堅師之至乃焚舟棄甲而退德率勁騎四千先温至襄邑東伏於澗中與垂前後夾擊王師大敗死者三萬餘人苟池聞温班師邀擊于譙温衆又敗死者萬計

桓豁遷征西大將軍開府及苻堅陷仇池豁以新野太守吉挹行魏興太守督護梁州五郡軍事戍梁州堅陷涪城梁州刺史楊亮益州刺史周仲孫並委戍奔潰以威略不振所在覆敗又上疏陳謝固辭不拜

開府

㮚恢爲秦州刺史督隴上軍時魏氏强盛山陵危逼恢遣江夏相鄧啓方等以萬人拒之與魏道武戰于滎陽大敗而還

劉牢之爲龍驤將軍時苻堅伐晉敗歸長安牢之屯鄄城討諸未服河南城堡承風歸順者甚衆時堅子丕據鄴爲慕容垂所逼請降牢之引兵救之垂聞軍至出新興城北走牢之與沛郡太守田次之追之行二百里至五橋澤中爭趣輜重稍亂爲垂所擊牢之敗績士卒殲焉牢之策馬跳五丈澗得脫會丕救至

因入臨漳集亡散兵復少振牢之以軍敗徵還

劉毅爲冠軍將軍毅躡桓玄死桓振桓謙復聚衆拒毅於靈溪玄將馮該以兵會於振毅進擊爲振所敗退次潯陽坐免官尋原之又盧循反於廣州以舟師二萬發始興徐道覆聞毅將至建鄴報盧循曰劉毅兵重成敗繫此一戰宜併力拒之循乃引兵發巴陵與道覆連旗而下毅次于桑落州與賊戰敗績棄船以數百人步走餘衆皆爲賊所虜輜重盈積皆棄之毅走經涉蠻晋飢困死亡至者十二三叅軍羊邃竭力營護之僅而獲免焉

魯宗之爲南陽太守時桓振既破江陵自爲荆州刺史都督八州宗之自襄陽破振將温楷于柞溪進屯紀南振聞楷敗留其將馮該守營自率衆與宗之大戰振勇冠三軍衆莫能禦宗之敗績

宋桂陽王義眞鎮關中正脩既死人情離異無相統一高祖遣將軍朱齡石替義眞鎮關中使義眞輕兵疾歸諸將競斂財貨多載子女方軌徐行虜追騎且至建威將軍傅弘之曰公處分亟進恐虜追擊人也今多將輜重一日行不過十里虜騎追至何以待之宜棄車輕行乃可以免不從賊追兵果至騎數萬匹輔國將軍蒯恩斷後不能禁至青泥後軍大敗諸將及府功曹王賜悉被俘虜義眞在前故得與數百人奔散日暮虜不復窮追義眞與左右相失獨逃草中中兵叅軍叚宏單騎追尋緣道叫義眞義眞識其聲出就之曰君非段中兵邪身在此宏大喜負之而歸義眞謂宏曰今日之事誠無崖略然丈夫不經此何以知艱難初高祖聞青泥敗未得義眞審問有前至者訪之並云闇夜奔敗無以知存亡高祖怒甚刻日北伐謝晦諫不從及得宏啓事知義眞已免乃止

劉粹爲征虜將軍文帝元嘉三年討謝晦遣粹弟車

騎從事郎中道濟龍驤將軍沈敞之就粹自六道向江陵粹以道濟行竟陵內史與敞之及南陽太守沈道興步騎至沙橋爲晦司馬周超所敗士衆傷死者過半降號寧朔將軍

臧質爲輔國將軍時後魏太武侵徐豫率大衆數十萬遂向彭城以質爲輔國將軍假節直佐率萬人北救始至盱眙太武已過淮宄從僕射胡崇之領質府司馬崇之副臧澄之爲太子左積弩將軍及毛熙祚亦受統於質盱眙城東有高山質慮魏據之使崇之澄之二軍營於山上質營城南魏軍攻崇之澄之二

嘗崇之等力戰不敵衆散並爲後魏所殺又攻熙祚熙祚所領悉北府精兵幢主李灌率厲將士殺賊甚多隊主周爾之外監楊方生又率射賊賊垂退會熙祚被創死軍遂散亂其日質案兵不敢救故三營一時覆沒初仇池之平也以崇之爲龍驤將軍北秦州刺史宋百頃行至濁水爲索虜所攻舉軍敗散崇之及將佐以下皆爲後魏所執後得叛還至是又爲後魏所敗焉熙祚司州刺史兄子也崇之熙祚並贈正員郎澄之三營既敗其夕質軍亦奔散棄輜重器甲單七百人投盱眙

張永以元嘉二十九年太祖令督冀州青州之濟南樂安太守三郡諸軍事揚威將軍冀州刺史督王玄謨申坦等諸將經略河南攻碻磝城累旬不能拔其年八月七日夜虜開門燒樓及攻車士卒燒死及爲虜所殺甚衆永即夜撤圍退軍不報告諸將衆軍驚擾爲虜所乘死敗塗地永及申坦並爲統府撫軍將軍蕭思話所收繫於歷城獄太祖以屢征無功諸將不可任責永等與思話詔曰虜既乘利方向盛冬若脫敢送死兄弟父子自共當之言及增憤可以示張永申坦又與江夏王義恭書曰早知諸將如此恨不以白刃驅之今者悔何所及後永爲使持節都督南兗徐二州諸軍事南兗州刺史寧朔將軍加故時薛安都據彭城請降而誠心不款明帝遣永與沈攸之以重兵迎之加督前鋒諸軍事進軍彭城安都招引索虜之兵既至士卒離散永狼狽引軍還爲虜所追大敗復值寒雪士卒離散永脚指斷落僅以身免失其弟四子

王玄謨元嘉中守碻磝江夏王義恭爲征討都督以爲碻磝不可守召令還爲魏軍所追大破之流矢中臂還至歷城義恭與玄謨書曰聞因敗爲成臂上金

瘡得非金印之徵邪

田益之者弋陽西山蠻也晉安王子勛反遣其將郭確守弋陽益之起義攻郭確於弋陽以益之爲輔國將軍督弋陽西山事輔國將軍劉勔赴壽陽築長圍始合田益之率蠻宗萬餘人攻子勛將龐定光於義陽定光遣從兄文生拒之爲益之所破見殺遂圍其城定光求救於子勛子勛以定光父孟虬爲司州刺史率精兵五千救義陽并解壽陽之圍崋珍奇又自懸瓠率三千人援定光屯軍了水益之不戰望風奔散孟虬乘勝進軍向壽陽

王藴後廢帝元徽初爲東陽太守未之郡値桂陽王休範逼京邑藴領兵朱雀門戰敗被創事平除侍中

南齊李安人初仕宋爲寧朔將軍隨呉喜沈攸之擊虜逹睢口戰敗還保宿豫淮北旣没明帝敕留安人戍角城

陳顯逹督平北將軍崔惠景衆軍四萬圍南鄉界馬圏城去襄陽三百里攻之四十日虜食盡噉死人肉及樹皮外圍旣急虜突走斬獲千計官軍競取城中絹不復窮追顯逹入據其城遣軍主莊丘黒進取南鄉縣故從陽郡治也後魏孝文自領十餘萬騎奄至

顯逹引軍渡水西據鷹子山築城人情沮敗虜兵甚急軍主崔恭祖胡松以烏布幔盛顯逹數人擔之逕道從分磧山出均水口臺軍緑道奔退死者三萬人左軍將軍張千戰死追贈遊擊將軍顯逹素有威聲著於蠻虜至是大損喪焉

裴叔業明帝時爲輔國將軍領衆圍渦陽後魏廣陵王率衆拒戰叔業等大敗之斬獲甚衆魏主聞廣陵王敗遣僞都督王肅大將軍楊大眼步騎十餘萬救渦陽叔業見兵盛夜委軍遁走明日官軍奔潰虜追之傷殺不可勝數日暮乃止叔業還保渦口

胡諧之爲衞尉永明八年率禁兵討巴東王子響於江陵兼長史行事臺軍爲子響所敗有司奏免官權行軍如故

王珍國爲征虜將軍時梁高祖兵至東昏石頭軍主朱僧勇率水軍二千人歸降東昏又遣征虜將軍王珍國帥軍主胡獸牙列陳於航南大路悉配精手利器尚十餘萬人閹人王張子持白獸幡督帥諸軍又開航背水以絶歸路王茂曹景等犄角奔之將士皆殊死戰無不一當百鼓譟震天地珍國之衆一時麗解投淮死者積尸與航等後至者乗之以濟於是朱

爵諸軍望之皆潰散義兵追至宣陽門李居士以新亭壘徐元瑜以東府城降石頭白下諸軍並宵遁

梁馬仙琕遷司州諸軍事司州刺史魏豫州人白早生殺其刺史琅邪王司馬慶曾自號平北將軍推鄉人胡游爲刺史以懸瓠來降高祖使仙琕赴之遣直閤將軍武會超馬廣率衆爲援仙琕進頓楚王城遣副將齊苟兒以兵二千助守懸瓠魏中山王英率衆十萬攻懸瓠仙琕遣廣會超等三關英破懸瓠執齊苟兒遂進攻馬廣又破廣生擒之送雒陽仙琕不能救會超亦相次退散魏軍遂進據三關仙琕坐徵還

南康簡王績之子會理爲平北將軍武帝太清元年督衆軍北討至彭城爲魏師所敗退歸本鎮

邵陵攜王綸太清二年進位中衞將軍侯景構逆加征討大都督率衆討景將發高祖誡曰侯景小豎頗習行陣未可以一戰即殄當以歲月圖之綸次鍾離景已渡釆石綸乃晝夜兼道旋軍入赴濟江中流風起人馬溺者十二三遂率寧遠將軍西豐公大春新塗公大成等步騎三萬發自京口將軍趙伯超曰若從黃城大道必與賊遇不如逕路直指鍾山出其不意綸從之衆軍掩至賊徒大駭分爲三道攻綸與戰

大破之斬首千餘級翌日賊又來攻相持日晚賊稍引却南安侯駿以數十騎馳之賊廻距駿駿部亂賊因逼大軍遂潰綸至鍾山衆裁千人賊圍之戰又敗乃奔還京口三年春綸復與東陽州刺史大連等入援至于驃騎洲進位司空臺城陷綸奔禹穴

羊鴉仁前爲司馬刺史太清三年三月鴉仁等率所部入援臺城進軍東府北與賊戰大敗

王質爲假節寧遠將軍領東宮兵從貞陽侯北伐及貞陽敗績脫身逃還侯景於壽陽構逆質又領舟師隨衆軍拒之景軍濟江質便退走尋領步騎頓于宣陽門外景軍至京師質不戰而潰乃翦髮爲桑門潛匿人間及柳仲禮等會援京邑軍據南岸質又收合餘衆從之京城陷西奔荊州

蕭明武帝兄子封湞陽侯豫州刺史武帝旣納侯景詔明率水陸諸軍趣彭城大圖進取又命兗州刺史南康嗣王會理總馭羣帥指授方畧明渡淮未幾官軍破擒之盡俘其衆魏帝升門樓觀引見明及諸將帥釋其禁送于晉陽

楊乾運爲信威將軍又逹奚武圍南鄭武陵王紀遣乾運率兵援之爲武所敗

陳侯安都高祖時爲鎮北將軍率衆與周文育西討王琳至武昌琳將樊猛棄城走文育亦自豫章至時兩將俱行不相統攝因部下交爭稍不平軍至郢州琳將潘純於城中遥射官軍安都怒進軍圍之未能尅而王琳至于弇口安都乃釋郢州悉衆往沌口以禦之遇風不得進琳據東岸官軍據西岸相持數日乃合戰安都等敗績與周文育徐敬成並爲琳所囚總以一長鎖繫之置于艗音杳下令所親宦者王子晉掌視之琳下至湓城白水浦安都等共言許厚賂子晉子晉乃僞以小船依艗而釣夜載安都文育敬成

上岸入深草中步投官軍還都自劾詔並赦之復其官爵

程靈洗爲蘭陵太守隨周文育西討王琳於沌口敗績爲琳所拘明年與侯安都等逃歸

吳明徹授都督南北兖青譙五州諸軍事南兖州刺史會周氏滅齊高祖將事徐兖詔明徹進軍北伐令世子戎昭將軍貞外散騎侍郎慧覺攝行州事明徹軍至呂梁周徐州總管梁士彥率衆拒戰明徹頻破之因退兵守城不復敢出明徹仍引清水以灌其城環列舟艦於城下攻之甚急周遣上大將軍王軌將

兵救之軌輕行自清水淮口橫流竪木以鐵貫車輪遏斷船路諸將聞之甚恐議欲破堰拔軍以舫載馬馬明戍裴子烈議曰若決堰下船船必傾倒豈可得乎不如前遣馬出於事爲允適會明徹苦背疾甚篤知事不濟遂從之乃遣蕭摩訶帥馬軍數千前還明徹仍自决其堰(音謳)乘水勢而退軍冀其獲濟及至清口水勢漸微舟艦並不得渡衆軍皆潰明徹窮促乃就執尋以憂憤遘疾卒於長安

蕭摩訶爲侍中驃騎大將軍會隋總管賀若弼鎮廣陵窺覦江左後主委摩訶備禦之任授徐州刺史禎明三年正月元會徵摩訶還朝賀若弼乘虛濟江襲京口摩訶請率兵逆戰後主不許及弼進軍鍾山摩訶又請曰賀若弼懸軍深入聲援猶遠且其壘塹未堅羣情惶懼出兵掩襲必大尅之後主謂摩訶曰公可爲我一決摩訶曰從來行陣爲國爲身今日之事兼爲妻子後主多出金帛頒賞諸軍令中領軍魯廣達陳兵白土岡居衆軍之南偏鎮東大將軍任忠次之護軍將軍樊毅都官尚書孔範次之摩訶軍最居北衆軍南北亘二十里首尾進退各不相知賀若弼初謂未戰將輕騎登山觀望形勢及見衆軍因馳下

置陣廣達首率所部進薄弼軍屢却俄而復振更分軍趣北援諸將孔範出戰兵交而走諸將支離陣若未合騎卒潰散駐之弗止摩訶無所用力焉爲隋軍所執

南康嗣王方泰後主禎明初爲侍中三年隋師濟江方泰與忠武將軍南豫州刺史樊猛左衛將軍蔣元遜領水軍於白下往來斷遏江路隋遣行軍元帥長史高熲領船艦泝流當之猛及元遜並降方泰所部將士離散乃棄船走及臺城陷與後主俱入關

呂肅爲南康太守時隋來伐陳肅將兵據巫峽以五

條鐵鎖橫江肅竭其私財以充軍用隋將楊素奮兵擊之四十餘戰爭馬峯及磨刀澗守險隋軍死者五千餘人陳人盡取其鼻以求功賞旣而隋軍屢捷獲陳之士三縱之肅乃遣保延州別帥廖酉寵領大艑請降欲燒隋艦更決死一戰於是有五黃龍備衆色各長十餘丈驤首連接順流而東風浪大起雲霧晦冥陳人震駭不覺火自焚隋軍乘高艦張大弩以射之陳軍大敗風浪應時頓息肅收餘衆東走

後魏宿沓于爲虎威將軍道武天興五年正月慕容溉遣將寇遼西于等拒戰不利棄令支而還

刁雍爲建義將軍明元泰常七年三月雍從弟彌時亦率衆入京口襯共討宋高祖宋高祖遣兵破之六月雍又侵宋青州雍敗乃收散卒保於馬耳山又爲宋州軍所逼遂入大鄉山

奚斤爲司空征赫連昌昌弟助興先守長安聞昌敗遂走入上邽斤追之不及而還詔斤班師斤上疏曰赫連昌亡保上邽鳩合餘燼未有盤據之資今因其危滅之爲易請益鎧馬平昌而還太武曰昌亡國叛夫擊之勞傷將士且可息兵取之不晚斤抗表固執乃許之給斤萬人遣將軍劉桉送馬二千匹與斤斤進討安定昌退保平涼斤屯軍安定以糧竭馬死遂深壘自固監軍侍御史安頡擊昌擒之昌衆復立昌弟定爲主守平涼斤自以元帥而擒昌之功不在已深耻之乃捨輜重輕齋三日糧追定於平涼宗正娥清欲尋水而往斤不從自北道邀其走路定衆將出會一小將有罪亡入賊具告其實定知斤軍無糧乏水乃邀斤前後斤衆大潰斤及娥清劉拔爲定所擒士卒死者六七千人後太武克平涼斤與娥清等得歸免爲宰人使負酒食從駕還京師以辱之

丘堆爲太僕大武世征赫連昌堆與嘗山王素督步

兵三萬人爲後軍昌戰敗南奔大武遣堆與宗正娥清率五千騎略地關右昌貳城守將堅守不下堆與清攻拔之詔堆班師而宜城王奚斤表留堆等進平昌許之堆斤合軍與昌相拒擊士馬乏糧堆與義兵將軍封禮督租於民間士卒暴掠爲昌所襲敗績堆將數百騎還城本紀神䴥元年司空奚斤討赫連定於平涼馬髦嶺爲定所擒丘堆先守輜重在安定聞斤敗棄甲東走長安帝聞大怒詔安頡斬堆

盧淵爲儀曹尚書孝文時南齊雍州刺史曹虎遣吏請降孝文以淵爲使持節督前鋒諸軍逕赴樊鄧淵至具知曹虎譎詐之間兼陳利害詔淵進取南陽淵

以兵少糧乏表求先攻赭陽以近齊倉故也孝文許焉乃進攻赭陽齊將垣歷生來救淵素無將略爲賊所敗坐免官爵爲民

李佐爲安南將軍副大司馬咸陽王禧爲殿中將軍時孝文南討佐尋被勑與征南將軍城陽王鸞安南將軍盧淵等攻赭各不相節度諸軍皆坐甲城下欲以不戰降賊佐獨勒所部晨夜攻擊屬齊明帝遣其太子右衛率垣歷生衆來援咸以勢弱不敵規欲班師佐乃簡騎二千逆賊爲賊所敗坐徙瀛州爲民

蕭寶夤齊明帝之子以梁武克建業殺其兄弟被害

來奔宣武除爲鎮東將軍及中山王英南伐寶夤又表求征乃授使持節鎮東將軍別將以繼英配羽林虎賁五千人與英頻破梁軍乘勝遂攻鍾離淮水汎溢寶夤與英狼狽引退士卒死沒者十四五有司奏寶夤守東橋不固軍敗鄙之處以極法詔曰寶夤因難投誠宜加矜貸可恕死免官削爵還第延昌四年遷撫軍將軍冀州刺史及大乘賊起寶夤遣軍討之頻爲賊破臺軍乃滅之後於孝昌中爲司空公出師旣久兵將疲弊是月大敗還雍州仍停長安收聚離散有司處寶夤死罪詔恕爲民

楊昱爲安東將軍蕭寶夤等敗於關中以昱兼七兵尚書持節假撫軍將軍都督防守雍州昱遇賊失利而反

盧昶爲都督時梁將馬仙琕率衆攻圍朐城戍主傅文驥嬰城固守以滎陽大守趙遐爲別將與劉思祖等救之次於䲧音鼉口去城五十里夏雨頻降厲涉長驅將至朐城仙琕見遐營壘未就徑來逆戰思祖率彭沛之衆望陣奔退遐孤軍奮擊獨破仙琕斬其直閤將軍軍主李魯生仙琕走分軍於朐城之西阻水列柵以圍固城遐身自潛行觀水深淺結草爲筏銜

枚夜進破其六柵遂散固城之圍進救朐城昶率大軍繼之未幾而文驥力竭以城降賊衆軍大敗昶棄其節輕騎而走唯遐獨握節而還遐坐失利免官

河間王琛孝明時爲秦州刺史時東益南秦二州氐反詔琛爲都督進討氐羌大被摧破後又爲大都督與長孫稚討鮮于脩禮於鍾山琛與稚前到呼沲稚未欲戰而琛不從行達五鹿爲脩禮邀擊琛不赴之賊總至遂大敗稚與琛並除名

章武王融宣武初爲河南尹以聚斂削爵時汾夏山胡叛逆連結正平平陽詔復融前封征東將軍持節

都督以討之融寡於經略爲胡所敗

薛巒爲持節光祿大夫假安南將軍西道別將時莫折念生反於秦州遣其別帥卜胡王慶雲等寇涇州孝明以巒與伊㽦生等討之進及平凉郡東與賊交戰不利巒等退還

安樂王鑒爲秘書監孝明孝昌元年徐州刺史元法僧據城反言行臺高諒自稱宋王遣其子景仲歸於梁遣其將胡龍牙成景儁元略等率衆赴彭城詔鑒討之鑒於彭城南擊元略大破之盡俘其衆旣而不備爲法僧所敗梁武遣其豫章王綜入守彭城法僧

擁其僚屬官令兵武及郭邑士女萬餘口南入

畢聞慰爲都督安樂王鑒軍司馬元法僧反聞慰與鑒攻之爲法僧所敗奔還京師被劾遇赦免

崔延伯爲征西將軍孝昌元年三月討萬俟醜奴大敗於涇川戰殁

源子恭爲大都督孝莊建義元年爾朱兆寇丹谷都督崔伯鳳戰殁都督羊文義史五龍降兆子恭奔退

盧仝爲撫軍將軍營州城民就德興反詔仝以本將軍爲幽州刺史兼尚書行臺慰勞之仝慮德興難信勒衆而往爲德興所擊大敗而還

鹿悆音愈爲使持節兼尚書右僕射東南道行臺至東郡值爾朱仲遠陷西兗向滑臺詔與都督賀拔勝等拒仲遠軍敗還京

崔暹爲瀛州刺史武川鎮反詔暹爲都督隷大都督李崇討之暹違崇節度爲賊所敗單騎潛還

北齊慕容儼神武時爲揚州行臺監蕭莊王琳軍與陳將侯瑱侯安都戰於蕪湖敗還

竇泰從神武西討令泰自潼關入泰至小關爲周文帝所襲衆盡沒泰自殺

李希光爲安南將軍西兗州刺史文宣責陳武帝廢

蕭明命儀同蕭軌率希光東方老裴延起王敬寶步騎數萬伐之以天保七年三月渡江襲克石頭城五將名位相侔英起以侍中爲軍司蕭軌與希光竝爲都督軍中抗禮不相服御競說謀略動必乖張頓軍丹陽城下値淋雨五十餘日及戰兵器竝不堪施用故致敗亡將帥俱死士卒得還者十二三所沒器械軍資不可盡計

宇文述爲扶餘道將軍煬帝征高麗述與九軍至鴨綠水糧盡議欲班師諸將多異同述又不測帝意會乙支文德來詣其營述先與光祿大夫宇仲文俱奉

客旨令誘執文德旣而緩縱文德逃歸述內不自安遂與諸將渡水追之時文德見述軍中多飢色欲疲述衆每鬬便北述一日之中七戰皆捷旣恃驟勝又內逼羣議於是遂進東濟薩水去平壤城三十里因山爲營文德復遣使僞降請述曰若旋師者當奉高元高麗之君朝行在所述見士卒疲弊不可復戰又平壤險固卒難致力遂因其詐而還衆半濟賊擊後軍於是大潰不可禁止九軍敗績一日一夜還至鴨綠水行四百五十里初渡遼九軍三十萬五千人及還至遼東城唯二千七百人帝大怒以述等屬吏至東都

除名爲民先是仲文率衆至鴨綠水述以糧盡欲還仲文議以精銳追文德可以有功述固止之仲文怒曰將軍提十萬之衆不能破小賊何顏以見帝且仲文此行也固知無功矣述因厲聲曰何以知無功仲文曰昔周亞夫之爲將也見天下軍容不變此決在一人所以功成名立今者人各有心何以赴敵初帝以仲文有計畫令諸軍諮稟節度故有此言繇是述等不得已而從之遂行東至薩水宇文述兵餒退歸師遂敗績帝以屬吏諸將皆罪於仲文帝大怒釋諸將獨繫仲文憂恚發病困篤方出之卒於家

崔弘昇爲涿郡太守遼東之役簡較左武衛大將軍事至平壤與宇文述等同敗績奔還發病而卒

王辯爲虎賁中郎將時翟讓寇徐豫辯進頻擊走之讓尋與李密屯據雒口倉辯與王世充討密阻雒水相持經年辯率諸將攻敗密因薄其營戰破外柵密諸營已有潰者乘勝將入城世充不知恐將士勞倦於是鳴角收兵翻爲密徒所乘官軍大潰不可救止

魏蘭根爲河北行臺定州率募鄉曲欲防井陘時爾朱榮將侯深自范陽趣山中蘭根與戰大敗

尉破胡爲開府儀同三司後主武平四年破胡長孫

洪略等與陳將吳明徹戰於呂梁南人敗之破胡走以免洪略戰沒遂陷秦涇二州

後周獨孤信爲驃騎大將軍從太祖入雒陽潁豫襄廣陳留之地竝相繼欵附東魏將侯景等率衆圍雒陽信據金墉城旬有餘日及太祖至瀍東景退走信爲右軍戰不利東魏遂有雒陽

齊王憲太祖第五子也時李徹從武帝拔晉州及帝班師徹與憲屯雞棲原齊後主以大將軍至憲引兵西上以避其鋒遣其驍將賀蘭豹子率勁騎躡憲戰於晉州城北憲師敗績與楊素宇文慶等力戰憲頻

以獲全
王褒初仕梁爲僕射周軍征江陵梁元帝授褒都督城西諸軍事褒本以文雅見知一旦委以總戎深自勉勵盡忠勤之節被圍之後上下猜懼元帝唯於褒深自委信乃命褒與朱買臣率衆出宣陽之西門與周師戰買臣大敗褒督進不能禁乃貶爲護軍將軍
隋韓洪高祖時爲代州總管仁壽元年突厥達頭可汗犯塞洪率蔚州刺史劉隆大將軍李藥王拒之遇虜於恒安衆寡不敵洪四面搏戰身被重瘡將士沮氣虜悉衆圍之矢下如雨洪僞與虜和圍少解洪率

所領潰圍而出死者大半殺虜亦倍洪及藥王除名爲民隆竟坐死
馮昱開皇初爲行軍總管屯乙弗泊以備胡突厥數萬騎來掩之昱力戰累日衆寡不敵竟爲虜所敗亡失數千人殺虜亦然
薛世雄爲左衛大將軍涿郡留守未幾李密逼東都中原騷動煬帝詔世雄率幽薊精兵將擊之軍次河間營於郡城南河間諸縣並集兵依世雄大軍爲營欲討竇建德建德將軍來河口自選精銳數百夜來襲之先犯河間兵潰奔世雄營時遇雺霧晦暝莫相辯識軍不得成列皆騰柵而走於是大敗世雄與左右數十騎遁入河間城慙恚發病歸于涿郡未幾而卒
段達爲左翊衛將軍煬帝幸江都官詔達與太府卿元文都留守東都李密據雒口縱兵侵掠城下遣將龐王武牙郎將霍世舉率內兵出禦之頻有功遷左驍衛大將軍王充之敗也密復進據北邙來至上春門達與判左丞郭大懿尚書韋津出兵拒之達見賊盛不陣而走爲密所乘軍大潰於陣繇是賊勢日盛
王世充爲江都守時李密攻陷興雒倉進逼東都官

軍數却光祿大夫裴仁基以武牢降于密煬帝惡之大發兵將討焉發中詔遣充爲將軍於雒口以拒密前後百餘戰互有勝負充乃引軍渡雒水逼倉城李密與戰充敗績赴水溺死者萬餘人時天寒大雪兵士既渡水衣皆霑濕在道凍死者又數萬人比至河陽纔以千數充自繫獄請罪

第十五頁四行後脫二條
徐敬成爲著作郎領所部士卒隨周文育侯安都征王琳於沌口敗績爲琳所縶二年隨文育安都得歸
周文育爲鎮南將軍督江廣衡交軍事江州刺史王琳擁衆上流詔命侯安都爲西道都督文育爲南道都督同會武昌與王琳戰於沌口爲琳所執後得逃歸

冊府元龜　補　卷之四百四十二　二十七

冊府元龜

巡按福建監察御史臣李嗣京　訂正
知閩縣事臣曹冏臣　參閱
知建陽縣事臣黃國琦　較釋

將帥部　一百四

敗衄第三

唐楊恭仁仕隋爲河南道大使時天下大亂行至譙郡爲朱粲所敗奔還江都

竇軌封贊皇公高祖武德元年九月軌擊薛仁果反爲所敗

王老德爲右驍衛將軍武德二年正月老德捕山賊張子惠爲賊所敗徵還

裴寂爲尚書右僕射武德二年宋金剛寇并州姜寶誼李仲文相次陷没寂自請行因授晉州道行軍總管得以便宜從事軍次介州與金剛相遇保於度索原營乏水賊斷其澗路寂是危迫欲移營就水賊因犯之師遂大潰死散略盡寂一日一夜馳至晉州自晉以東城堡一時陷賊寂上表陳謝高祖慰諭之令鎮撫河東之地會呂崇茂以夏縣舉兵反引金剛爲援率兵擊之復爲所敗

永安王孝基爲鴻臚卿時呂崇茂叛孝基以兵攻之于筠勸孝基急圍城外援不至自相疑阻計日可平孝基將從之獨孤懷恩陰懷反計不欲崇茂早平乃說孝基曰筠言非也崇茂據城王乏攻具若引師前進必不能尅宋金剛在近表裏相助一敗塗地悔無及矣爲王計者不若頓兵營攻具待秦王破賊則崇茂自孤可爲不戰以屈人者也孝基又然之於是停營造攻具會宋金剛遣其將尉遲敬德率至孝基表裏受敵於是大敗

李世勣爲右武衛大將軍武德四年十二月世勣與

劉黑闥戰於宋州我師敗績

張公瑾爲并州道行軍總管武德八年公瑾與突厥戰於太谷我師敗績鄆州都督張德致死之夔州都督行軍長史中書侍郎温彥博爲虜所執

薛仁貴爲邏娑道行軍大總管高宗咸亨元年八月仁貴及副大總管阿史那道真郭待封等爲吐蕃大將論欽陵所襲大敗於大非川

李敬玄爲中書令爲洮河道行軍大總管儀鳳三年九月與工部尚書左衛大將軍劉審禮統兵以討吐蕃戰于青海之上王師敗績時審禮領前軍深入頓

于濠所旣爲賊所擊敬玄按兵不救審禮遂沒于陣敬玄收軍却出頓于承風嶺阻溝不敢動賊屯于高岡以壓之副將左領軍員外將軍黑齒常之夜率敢死之士五百人進掩賊營賊遂潰亂自相蹂踐死者三百餘人吐蕃六首領拔地設按軍宵遁敬玄乃擁其餘衆還鄯州使郎將衛山馳驛奏其覆敗之狀高宗怒不見之調露二年七月吐蕃大將贊婆及素和貴等率衆三萬進寇河源屯兵于大非川敬玄爲河西鎭撫大使敬玄統衆與賊戰于湟川官軍敗績

蕭嗣業爲鴻臚卿調露元年突厥反叛詔嗣業領軍

將軍花大智千牛將軍李景嘉等討之嗣業等初戰頻捷遂不設備俄逢大雪兵寒凍列營不整賊徒乘夜逼之嗣業窘迫拔營而走衆遂大潰爲賊所敗死者不可勝數大智景嘉引步兵且行且戰奔單于都護府

曹懷舜爲定襄道副總管討突厥史伏念懷舜及裨將竇義昭王孝誠等前軍先往爲賊所紿聲言伏念溫傅等在黑沙北各有二十騎以下蒭人肉而食之可單馬而擒也懷舜等乃留老弱於瓠盧泊晨炊蓐食率輕銳倍道往襲之旣至黑沙人馬疲頓竟不見賊會廷陁部落西行詣伏念遇懷舜軍乞降懷舜等雖不獲伏念而喜得延陁遂按兵而旋行至碧涤泊軍始爲營營内忽有泉水大如車輪又遇大風飄折懷舜寢帳衆皆惡之廻至長城之北與溫傅相遇列陣而戰交綏而退時裴行儉頓兵於代州之陘口縱反間說伏念與溫傅漸相猜貳遣別帥擊伏念敗之伏念旣退遂與懷舜等相遇於橫水懷舜及裨將李文陳劉敬同竇義昭凡四軍合爲方陣且行且戰經一日賊因便風先擊敬同之營營中潰亂懷舜義昭遂棄其軍輕騎奔雲州兵士隨而大奔爲賊所乘死

者不可勝數皆南首而仆懷舜與敬同復收散卒斂財帛與伏念和殺牛而盟乃領其餘衆以歸伏念遂北遁

淳于處平爲陽曲道總管則天垂拱元年四月癸未突厥寇代州處平及中郎將蒲英節率兵赴救行至忻州與賊戰大敗死者五千餘人

爨寶璧爲右監門衛中郎將則天垂拱三年十月寶璧討突厥骨咄祿元珍寶璧見黑齒常之擊破突厥於黃花堆又表請窮追餘寇制常之與寶璧計議遥爲聲援寶璧以爲破賊在朝夕貪功先行又令人出

塞二十餘里覘候見元珍等部落皆不設備遂率衆掩襲之既至又先遣人報賊令其嚴備出戰時寶壁下有精兵一萬三千人遂爲所敗全軍盡沒單騎遁歸諭者尤之寶壁坐此伏誅

王孝傑爲清邊道大總管萬歲通天元年三月孝傑及副總管婁師德與吐蕃首領論欽陵贊婆戰於素羅汗山官軍敗績孝傑免官師德貶爲原州員外司馬

薛訥爲幷州大都督府長史兼左衞大將軍玄宗開元二年契丹奚及突厥等連和屢爲邊患訥建議請

出師討之詔與左監門將軍杜賓客定州刺史崔宣道等率衆二萬人出檀州道以討契丹杜賓客及姚崇皆以爲不可訥建此議時帝方欲威服四夷特令訥同紫微黄門三品議者遂息六月師至灤河盡爲契丹所覆脫身走免歸罪於崔宣道及蕃將李思敬等八人詔皆斬之特原訥罪所有官爵並從除削

王昱爲益州長史開元二十六年九月昱率兵攻吐蕃安戎城爲賊所拒官軍大敗棄甲而遁兵士死者數千人

鮮于仲通爲蜀郡長史兼御史中丞劍南節度等使天寶十載仲通討蠻於雲南瀘水爲蠻所敗死者六萬人

安祿山爲河東節度使天寶十一載祿山大舉兵討契丹領衆五萬人使人於奚及謂之曰今契丹背盟我將討之汝豈不助我乎奚及遂以驍騎二千從之祿山使前驅使人鄉導屬連雨十餘日祿山行至護眞河誓衆曰兵法疾雷不及掩耳又曰先人有奪人之心今久雨復去賊尚遠若倍道趍程賊不虞我之至破賊必矣軍令嚴促遂晝夜行日三百里奄至契丹牙帳契丹大駭祿山使人持一繩盡縛契丹皆欲

生得以歸是時弓弩盡濕弛而不張大將軍何思德請見曰兵士遠來倍道疲頓用之必不可不如少憩張其勢而脅之不三日必降祿山大怒欲斬之以令三軍思德請效死於先鋒思德形貌類於祿山契丹望見攢槍突而取之須臾支解其形咸謂殺得祿山賊衆增勇奚及背祿山附契丹幷力夾攻殺傷略盡祿山被矢中鞍橋簪屐俱墜獨以麾下二十騎走上山未及墜坑中男慶緒麾下將孫孝哲扶出之且戰數十里會夜追騎解遂投平盧城城中驍將史定方領精騎三千出追冦契丹知有救遂解圍而去祿山

得脫時史思明亦隨祿山至葭眞河屬連雨十餘日祿山已戰大敗祿山匹馬脫走得免投師州手殺左賢王哥解將軍河東兵馬使魚承先將推過自解思明恐其見殺遁入山谷中二十許日收得散卒七百人祿山援身歸平盧計無所出乘其危思明將其散卒謁見祿山祿山大喜投袂而起握思明手曰謂汝已沒矣不圖見汝吾復何憂思明退而告人曰向使早出隨哥解等已死矣方知進退存亡在其時也賊續攻圍師州守捉使劉客奴伏於莽中得免求救於祿山使思明擊之賊走

高仙芝爲右羽林將軍天寶十四載十一月安祿山反於范陽驅幽幷突騎十萬兵向闕以誅楊國忠爲名玄宗乃命仙芝訓練四軍驍雄兼募長安武力之士共二十萬以京兆牧榮王琬爲元帥東擊祿山又旋命四鎮節度御史大夫封常清先往河雒扞守東都十二月常清爲祿山敗于武牢丙申賊師至雒分兵燒建春門門者失守賊至雒城以斂士夾道長驅至天津橋我師大潰常清以麾下十數騎脫身走入苑所過命其人斷其木而追者不及遂至陝郡而仙芝領大軍初至東方欲進師會常清軍敗又欲廣其賊勢以孚巳常清先爲仙芝麾下士素見親信相對泣以謀班師常清遂謂仙芝曰祿山包藏禍心向十年矣一朝興幽幷勁卒以亂中原將軍持烏合之衆驅市人以戰今人主尚在長安去此非遠儻小不利搖動京城將軍豈不重其一舉乎常清爲將軍計不如退守潼關仙芝然其言即日班師士卒等棄甲遺弓矢於路夜走保潼關朝廷大駭辛丑詔皇太子總統六軍親征寇逆以河西隴右節度御史大夫哥舒翰爲皇太子先鋒副元帥領河隴兵幷仙芝舊卒二十萬鎮潼關有詔徵天下兵四面齊舉將收雒陽賊

將崔乾祐扣關請挑戰哥舒翰以四面徵舉未集而不與戰國忠素與哥舒翰不協因言逗遛不進玄宗數使催兵出關十五載六月乙酉哥舒翰領兵馬步十五萬賊將崔乾祐會戰初哥舒翰造氈車以氈蒙其車以馬駕之畫以龍虎之狀五色相宜又以金銀飾其畫獸之目及爪將衝戰焉因其驚駭擬從而椅角攢戈夾而逐之賊知其計積薪芻於隘候氈車至順風縱火焚之駕馬奔駭燒氈車及薪芻烟熖昏黑兩軍不相辯我師謂賊軍在煙熖之中遂集弓弩併力射之賊軍抽退盡日矢盡方覺無賊我師從關門

六七里路狹北拉黃河南是古岸排蹙進不得賊抽軍從南山設疑曳柴揚塵以同羅諸軍習險之衆直透黃河古岸橫截我師我師敗績沉河而死十有二三哥舒翰在河北高阜上觀軍陣進退之勢于時有撇糧船在河北岸左右言取船渡兵士可得遂令將船百餘隻到河南岸度入舟中之指可掬登船爭渡者不可勝數每滿即沉如是登船沉者數十渡餘軍盡散走還入關先時于關門穿三道塹闊二丈深丈餘師敗之際前後奔蹴人馬相推入坑須臾塹滿兵士踐人馬之上而得過入關辛卯潼關不守河東防

禦使呂崇賁華州防禦使魏仲犀馮翊防禦使李彭州上雒防禦使楊黯皆棄郡走所在兵將解辮而散其日翰大將鉗大福蘇法鼎晉崇嗣等於靈寶西原與賊軍戰聞潼關失守亦各奔散西走入關翰戰敗垂涙入關至西驛署牓招其散卒欲收其餘燼却守潼關為帳下士蕃將水拔歸仁領部落百騎圍驛執翰將降祿山會賊將鄧季陽田乾真各領數百騎至便領翰將歸祿山其日副將高元蕩等一十五人同被執送田本朝廷聞之大駭祊翰為隴右節度使遘風疾廢于家祿山之叛籍其威名故有是拜至軍中不能親庶務委政於軍司馬田良丘良丘復不敢專斷教令不一頗無部伍其將王思禮李承光爭長不叶人無鬭志及戰敗為歸仁所執將東行翰乃作突厥語問其故對曰欲將相公出關翰曰何也歸仁曰相公不見封常清高仙芝乎常清東京戰敗仙芝却保潼關並斬於此相公今將國家二十萬衆一舉而喪敗我恐相公還死於此翰曰吾寧效仙芝死於此豈能偷生見祿山乎汝捨我歸仁不從執翰送祿山監察御史高適為翰掌書記在潼關及翰敗適自駱谷南奔及河池郡遇玄宗幸蜀上疏論潼關敗亡之

事其略曰僕射哥舒翰忠義感激臣嘗知之然疾病沉頓智力俱竭監軍事李大宜與將士約為香火使倡婦彈箜篌琵琶以此為樂樗蒱飲酒不卹軍務蕃軍及秦隴武士盛夏五六月於赤日之中食倉米飯欲勇戰安可得乎故有望敵散亡臨陣翻動萬全之地一朝而失南陽之軍魯炅何履光趙國珍各皆持節監軍等數人更相用事寧有是戰而能必勝哉臣與國忠固爭終不見納陛下因此履巴山劍戟之險西幸蜀中避其蠆毒未足為恥哥舒翰統兵討安祿山次于靈寶縣之西原八月與賊交戰官軍南迫險峭北臨黃河崔乾祐以數千人先據險要翰及田良丘等浮船中流以觀

進退謂乾祐兵少輕之遂促將士令進爭路擠塞無復隊伍午後東風急乾祐以草車數十乘縱火焚之煙熖亘天將士掩面開目不得因爲兇徒所乘王師自相擠墜于河其後者見前軍陷敗悉潰填委于河北死者數萬人號叫之聲振天地縛器械以槍爲檝投北岸十不存一二軍旣敗翰與數百騎馳而西歸爲大扳歸仁執降于賊祿山謂之曰汝嘗輕我今日如何翰懼俯伏稱肉眼不識陛下遂至於此陛下爲撥亂主今天下未平李光弼在土門來瑱在河南魯炅在南陽但留臣以尺書招之不日平矣祿山大喜遂僞署翰司空令作書招光弼等諸將報書皆讓翰不死節祿山知事不諧遂閉翰於苑中潛殺之

魯炅爲南陽太守天寶十五載正月安祿山犯宮闕詔以魯炅兼御史大夫充南陽節度使率嶺南黔中山南東道子弟五萬人屯葉縣北拒賊炅遂以澨水之南堅以自固表請薛愿爲潁川長史訓兵固守五

月丁巳炅與賊將武令珣戰于葉縣王師敗績陷南陽炅攜百姓數千人奔于順陽川

房琯肅宗時爲相至德元年十月琯抗疏請兵一萬人自爲帥以收京師詔許之以兵部尚書王思禮爲副分爲三軍使楊希文將南軍自宜壽入劉貴哲將中軍自武功入李光進將北軍自奉天入庚子房琯以中軍北軍爲先鋒師次便橋辛丑二軍先遇賊陣於陳濤王師敗績時琯以車二千乘以馬步夾之爲乘車之戰賊順風揚塵鼓譟牛皆振駭因縛草縱火焚之人畜大亂故敗癸卯琯自將南軍又戰不利楊希文劉貴哲降於賊琯與幕府偏裨等奔赴行在肉袒請罪帝併宥之

郭英乂爲關西節度兵馬使至德二年三月賊寇武功東原英乂與賊戰爲賊所敗流矢中頤而走右廂兵馬使王難德軍於西原觀之不救棄甲而遁

郭子儀爲朔方節度使至德二年五月子儀大舉進軍與賊將安守忠戰於西京城西清渠王師敗績初子儀軍於潏（音余律切）水之西守忠軍於清渠之北越七日而王師不進賊令軍中以木成桴而來逼我軍子儀使壯士持陌刀列於岸上以俟之賊有攀岸而上

者漸斬殺之賊軍小却守忠僞遁使人揚言曰賊走矣子儀喜悉師以逐之賊有驍銳九千爲長蛇陣守忠謂安太淸曰吾爲蛇首子爲蛇尾遂令領四千人從延平門路入命太淸四千人從金光路入以一千趣平川當官軍而橫擊賊首尾之陣翼張前後奔衝我師不虞賊之暴至遂大潰判官殿中侍御史韓液監軍使內侍孫知古皆爲賊生得軍資器械並委棄之子儀退守武功乾元二年三月壬申子儀與河東節度李光弼關內節度僕固懷恩河北節度王思禮河南節度許叔冀南陽節度魯炅江東節度李廣琛

興平節度李奐平盧節度董秦等九節度與逆賊安慶緒戰于相州城下官軍不利諸將皆解圍潰散初慶緒保相州子儀等合勢圍之引漳水灌其城三面自冬及春賊糧盡勢窮降在朝夕慶緒求救於史思明發魏州來救李光弼王思禮許叔冀魯炅遇賊先戰殺傷相半魯炅中矢子儀軍承後陣未及整忽有大風揚砂拔木軍中晝晦咫尺不相辨師人驚潰官軍大奔棄甲仗器械委積道路子儀等收兵斷河陽橋保東京士庶驚恐散投山谷留守崔圓河南尹蘇震詹事高適汝州刺史賈至百餘人南奔襄鄧廻兵

剽刼官吏不能止旬日方定乾元初子儀統朔方之師與河東節度李光弼等九將兵十五萬進討史思明之遺寇十月渡河下衛州十一月圍安慶緒於相州時以子儀光弼皆是元勳重將難相統屬故不立元帥但以中官魚朝恩爲觀軍容宣慰使是以衆軍進退無所承稟自冬徂春不能立功正月始詔子儀爲攻城副元帥光弼爲野戰副元帥又引漳水灌之城中水深數尺會史思明自范陽率衆南下光弼子儀等軍逆擊於鄴南思明敗而賊將李歸仁犯我軍亦敗思明敗而北我師敗而南九將之兵多走本鎮山東之地盡沒子儀至東都而止

李光弼爲副元帥上元元年十二月戊寅光弼等爲逆賊史思明所敗初思明潛遣間諜說官軍曰雖中將士皆幽朔人也久戍思歸士多不睦陝州觀軍容使內侍魚朝恩聞之以爲然乃告光弼及諸節度僕固懷恩衛伯玉等曰可速出軍盡掃殘寇光弼等然之乃帥兩道齊進以收東京軍次北邙山光弼懷恩列陣以待之思明至賊奪高原以長槍七百人令壯士執刀隨其後以驅之令衝我軍交鋒而潰士卒咸棄甲奔敗魚朝恩衛伯玉乃退保陝州光弼僕固懷恩等竝走聞喜初大軍發也光弼以李抱玉留守河陽至是抱玉以糧絕衆寡亦棄城而走朝廷憂之竝兵而鎮陝州

左倫爲秦州防禦使上元二年吐蕃黨項寇遑救軍不至倫頻敗衄連貶巴州長史恩州務川縣尉

鮑防爲河東節度留後太原尹兼御史大夫代宗大曆十二年正月廻紇寇太原防與廻紇戰于曲陽我師敗績死者萬餘人

馬燧爲河東節度使德宗建中三年田悅據魏博叛燧及澤潞節度李抱眞諸軍同討魏城未拔幽州朱滔鎮州王武俊皆反聯兵救悅詔遣朔寧節度李懷光統朔方兵步騎一萬五千同討田悅懷光勇而無謀至魏城之日營壘未設因與滔等大戰于愜山爲滔等所敗復爲悅決水以灌之諸軍不利因與燧等退軍于魏縣

張伯儀爲荆南節度使李希烈叛逆建中四年詔伯儀與賈耽張獻甫收安州伯儀率其銳卒營於城下令裨將史神福鄧國清禦希烈將翟暉纔交鋒賊衆僞遁神福等追賊伏兵發官軍大失利伯儀中流矢者二十其所持節爲追騎所及追者奮力伯儀拔佩刀禦之兩人相擊不下而免南投於漢得野人船而達沔州判官侍御史李穗及大將十餘人皆沒其潰兵二千餘人先奔至江陵號於庭伯儀妻魏氏遽出勞勉悉以其家財帛二千餘疋分給之皆感悅而退伯儀得散卒數百人經旬達鎮

李勉爲江南都統時李希烈圍襄城詔勉發一萬人救之又遣神策將劉德信領三千人同爲應援勉上表言襄城雖急許州正虚今若將兵直抵許州則襄城圍自解於是不待復命遂令大將唐漢臣等徑趨許州未到數十里奉詔詰責勅令旋旆二將惶懼遁軍行無斥候軍爲賊將李克誠伏兵所擊敗於扈澗殺傷大半器械輜重盡爲賊所虜漢臣走汴州德信走汝州勉懼東都危陷又使其將李堅華領四千人守東都軍過復爲賊所隔汴州自此不振襄城亦浸危急

韓全義爲行營招討使貞元十六年正月崋州易定陳許河陽各進兵馬討吳少誠戰皆不利而退易定監軍判官劉孝勤爲賊所擒五月全義與吳少誠將吳秀吳少陽張國寧等戰于溵水南廣利城官軍敗衄七月全義頓軍於五樓行營爲賊所乘大潰全義與都監軍賈英秀賈國良等夜退城守溵水縣汴宋徐泗淄青兵馬直趍陳州

嚴綬爲山南東道節度使憲宗元和十年正月詔討淮西吳元濟二月甲辰綬兵敗于磁丘初綬乘小勝不設備賊夜逼之綬乃大北退五千餘里馳入唐州

而守焉

李光顏爲忠武軍節度使元和十年八月光顏討淮西兵敗於時曲

高霞寓爲唐鄧節度使元和十一年六月討淮西兵敗於鐵城走新興柵自諸軍征討勝負皆不以實奏多增其殺獲及是霞寓大敗不可掩始上聞中外恟駭巳酉賊圍霞寓於新興柵監軍使李義誠突圍入唐州取兵以救霞寓會賊亦解去霞寓退保于唐州先是淮西用師於山東道特割三州之地全付霞寓用益聲勢霞寓雖衆稱勇敢素昧機畧至於統制尤

非所長及達所部乃率兵趣蕭城與賊決戰旣小勝又進至文武柵賊軍佯敗而走霞寓逐之不已因為伏兵所掩王師大衂殺十七八霞寓僅以身免坐是貶歸州刺史

渾鎬為義武軍節度使憲宗命諸道出師討王承宗鎮定相去九十里元和十一年冬鎬率全師壓賊境而軍離賊壘三十里鎬討慮不周但耀兵鋒無所控制賊乃分兵潛入定州界焚燒驅掠鎬怒進攻賊壘交鋒而敗師徒殆喪其半餘衆還定州亂不可遏朝廷乃除陳楚代之鎬再貶循州刺史卒

李道古為鄂岳都團練使元和十二年討淮西道古大敗於申州鄳城行營烏重胤李光顏奏八月六日敗績於賈店𥘉除裴度詔下光顏及重胤謀於都監梁守謙曰若待度至而有功卽非我利也不如速戰乃大出師重胤先敗光顏救之亦退韓公武輩望旗而却敗

郗士美為澤潞節度使元和十二年諸道節度進討王承宗士美敗於栢鄉拔營而歸兵士死者千餘人

杜叔良為滄景節度使穆宗長慶元年十二月滄州行營中官謝良通奏叔良領諸道兵於博野縣與鎮州賊交戰陷沒七千餘人叔良脫身投本營二年正月貶叔良為歸州刺史叔良始以結交貴幸用將家子累至靈武節度使以無功罷未幾又以計取滄德及討幽鎮二叛遇賊輒撓其無勇先犯之旣陷弓高縣尋復奔敗喪所持節故及於敗

杜元穎為西川節度使文宗太和三年十二月元穎奏云十一月二十八日差兵馬五千人於邛州南與蠻賊交戰官軍失利其邛州為蠻所陷

李聽以太和四年授魏州節度使時魏博史憲誠將入覲竭其府庫魏人怨之遂殺憲誠三軍共立其大

將何進滔魏人旣已為亂遂不納聽聽留館陶慢罵魏人遂來接戰聽軍敗績不復部伍晝夜奔走纔得免死軍士死傷過半輜重盡沒於賊公議當罪聽聽素交權倖遂除太子少師

李係僖宗時為兗州節度使時司徒平章事荆南節度使充諸道行營兵馬都統王鐸以係西平王晟之孫家世將才用為都統都押衙兼湖南團練使時黄巢在嶺南鐸悉以精甲付係令分兵扼嶺路廣明初賊自嶺南寇湖南諸郡係守城自固不敢出戰賊編木為栰沿湘而下急攻潭州陷之係甲兵五萬皆為

賊所殺投尸於江鐸聞係敗令部將董漢宏守江陵自率萬兵會襄陽之師江陵竟陷於賊鐸罷相守太子太師以淮南高駢代鐸爲都統賊焚剽淮南高駢坐貶

張濬昭宗初爲戶部侍中平章事請討太原乃以濬爲河東行營都招討宣慰使濬軍至陰地邠岐華三鎮之師營平陽爲太原將李存孝擊之一戰而敗委兵仗潰散存孝進攻晉州數日中夜濬斂衆遁走北睹喪師殆半存孝進收晉絳慈隰等州濬狼狽蹊含山踰王屋出河清折屋木縛筏濟河部下離散將盡

濬敗聞朝廷聳震

梁龐師古太祖時爲徐州節度使與葛從周分統大軍渡淮以伐楊行密師古寨於清口寨地卑下或請遷移弗聽俄有告淮人決上流者曰水至矣師古怒其惑衆斬之已而水至我軍在淖中莫能戰而吳人襲焉故及於敗師古沒於陣

唐懷英爲陝州節度使開平元年夏命大軍以伐潞州未克以李思安代之降爲行營都虞候五月晉王率蕃漢大軍攻下夾城懷英逃歸詣銀臺門待罪太祖宥之改授右衛上將軍三年夏命爲侍衛諸軍都指揮使尋出爲陝州節度使兼西路行營副招討使及劉知俊奔鳳翔引岐軍以圍靈武太祖遣懷英率兵救之師次長城嶺爲知俊邀擊懷英敗歸四年春移華州節度使乾化二年秋命爲河中行營都招討使與晉軍戰於白徑嶺敗歸於陝

王虔裕爲義州刺史時蔡賊秦宗賢寇南鄙太祖令虔裕逆擊於尉氏不利而還

王景仁遥領宣州節度使簡較太傅同平章事時鎮州作逆明附蕃醜遂擢爲上將付步騎十萬爲北面行營都招討使開平二年正月二日與晉軍戰於柏

鄉王師敗績太祖怒甚拘之私第然以兩浙元勳所爲且欲收其後效止落平章事罷兵柄而已數月復其官爵先是十二月仇殷奏十四日夜太陰虧帝曰我方用兵而月蝕邢不順矣深入尤不利甚憂之止景仁駐軍邢州非詔命無得擅進至其期夜漏三唱陰雲盡徹天象不變命詰殷對曰四點蝕必旣果如言帝又命奔騎詔景仁勿先動仍授以破敵形勢及辰在丙戌太陽虧而丁亥日旁有祲向背若環珥或日積暉也敬翔曰兵可憂帝旰食矣及軍書至果以二日大敗于栢鄉過詔命所止二日餘及戰又違節

度賊師得我軍所棄制書讀之大駭曰若依此用兵吾曹安得噍類耶幸其違而衂耳帝追恨久之副招討使韓勍諸軍都虞候許從實左右神捷懷順神威夾馬等十指揮自尹皓而下諸將三十人免冠素服待罪於閤外帝責以違詔失律旣而並令釋放

劉鄩末帝時遥領鎮南節度使貞明二年三月鄩率師與晉王大戰於故元城鄩軍敗績先是鄩駐軍於莘帝以河朔危困師老於外餉餽不充遣使賜鄩詔徵以真讓鄩奏以寇勢方盛未可輕動帝又問鄩決勝之策鄩奏曰人給粮十斛盡則破敵帝不悦復遣

促戰鄩召諸將會議諸將皆欲戰鄩默然一日鄩引軍攻鎮定之營彼衆大駭上下潰亂俘斬甚衆時帝遣偏將楊延直領軍萬餘人屯澶州以應鄩旣而晉王詐言歸太原鄩以爲信是月召楊延直會於魏城下鄩自莘率軍亦至與延直會旣而晉王自貝州至鄩引軍漸退至故元城西與晉人決戰大爲其所敗追襲至河上軍士赴水死者甚衆鄩自黎陽濟河奔滑州

王彦章爲北面招討使及晉王至楊劉彦章軍不利遂罷彦章兵權朝廷聞晉人將自兖州路出師末帝急追彦章領保鑾騎士數千人於東路守捉且以鄆州爲敵人所據因圖進取令張漢傑爲監軍一日彦章渡汶以畧鄆境至遞坊鎮爲晉人所襲彦章退保中都十月四日晉王以大軍至彦章以衆拒戰兵敗爲晉將夏魯奇所擒魯奇嘗事太祖與彦章素善及彦章敗識其語音曰此王鐵槍因揮矟刺之彦章重傷馬踣遂就擒晉王見彦章謂之曰爾嘗以孺子待我今日服未又問我素聞爾善將何不保守兖州此邑素無城壘何以自固彦章對曰大事已去非臣智力所及晉王惻然親賜藥以封其創

賀環爲宣義軍節度使北面行營招討使貞明四年十二月環與晉人大戰於胡柳陂環軍亦敗五年春正月晉人城德勝夾河爲柵四月環率大軍攻其南柵晉人斷我艨艟濟軍以援南柵環退軍於行臺尋以疾卒

後唐李存信爲簡較司空領彬州刺史時兖鄆乞師于武皇武皇遣存信營於莘縣與朱瑄合勢以梳汴人梁祖患之遣使諜羅弘信曰河東志在吞食河朔廻軍之日貴道堪憂而存信戢兵無法稍侵魏之芻牧弘信怒翻然結於梁祖乃出兵二萬以攻存信存

信歛衆而退爲魏人所薄委棄輜重退保洛州軍士喪失者十二三武皇怒大出師攻魏博屠陷諸邑存信軍於洹水汴將葛從周氏叔琮來援魏人存信與鐵林都將落落遇汴人於洹水南汴人爲陷馬坑以待之存信戰敗落落被擒存信又從討劉仁恭師次安塞爲燕軍所敗武皇怒謂存信曰昨日吾醉不悟賊至公不辨耶古人三敗公殆二矣存信懼泥首謝罪幾至不測自後存信多稱病武皇以兵柄授李嗣昭以存信爲右較而已

李嗣昭爲蕃漢馬步行營都將武皇遣嗣昭與周德

威領大軍自慈隰進攻晋絳營於蒲縣汴將朱友寧氏叔琮將兵十萬營於蒲縣之南汴帥自領軍至晋州德威之軍大恐有虹貫德威之營氏叔琮率軍來戰德威逆擊爲汴人所敗兵仗輜重委棄殆盡朱友寧長驅至汾州慈隰二州復爲汴人所據

朱守殷莊宗時爲蕃漢馬步都虞候時河上對壘帝潛師之下鄆州也守殷方守德勝寨爲王彦章攻之全失禦備賊衆斷其浮橋遂失南寨莊宗聞之曰駑才大悞予事因徹北寨往固楊劉與彦章軍㳂流並進相遇即戰北至重傷者十有八九定霸之基幾墜於此明宗聞於鄆州容請以覆軍之罪罪之莊宗私於腹心怨而不問

周德威爲盧龍軍節度使時新州偏將盧文進殺其帥李存矩叛投契丹胡騎攻我新州甚急刺史安金全不能守棄城而遁阿保機令文進部將劉殷壽爲刺史固守其城帝怒遣周德威及河東鎮定之師三萬攻之營於城東俄而文進引契丹大至德威拔營而歸因爲契丹所躡師旅多喪

樂彦稠爲副招討使時閔帝嗣位與王思同攻鳳翔禁軍之潰彦稠欲㳂流而遁爲軍士所擒而獻之

任漢權爲西京步弩指揮使末帝清泰二年漢權言六月二十一日與川賊戰兵少不敵都監崔處訥傷甚臣部署神武堅銳兵士除爽傷外並至鳳翔又言盩厔都頭許温勇勝都頭王思儒强温李文通下六百三十七人並自漢陰敗歸

張敬達爲較尉太保應州刺史清泰三年九月敬達奏此月十五日與契丹戰于太原城下王師敗績時契丹主自率部族來援太原高行周苻彦卿率左右廂騎軍出鬬蕃軍引退已時後蕃軍復成列張敬達楊光遠安審琦等陣於賊西北倚山橫陣諸將奮擊

蕃軍屢却至晡我騎軍將移陣蕃軍如山而進王師大敗投兵仗相籍而死者山積是夕收拾餘衆保於晉祠南晉安寨蕃軍塹而圍之自是音問阻絶朝廷大怒

晉沈斌少帝開運中爲祁州刺史契丹入寇自鎮州廻以羸兵驅牛羊過其城下斌乃出州兵以擊之契丹以精騎劄其門邀之州兵陷賊

周穆令均爲潞州護軍世宗顯德元年三月河東賊將張暉率前鋒入寇營於梁侯驛潞州李筠遣令均率步騎各千人以拒之乙亥潞州上言令均所部兵

爲劉崇所襲官軍不利時令均營於太平驛驛東南拒潞州八十里令均拒寇失於偵邏是日賊將張暉率衆凌晨而至王師遽然被甲介馬及彼退我軍追之賊伏兵發官軍且鬬且却步卒降賊者數百人餘衆廻保潞州我之騎軍不傷者僅百餘人賊衆乘勝遂薄於潞州之下

李繼勳爲侍衛步軍都指揮使顯德三年六月壽州賊軍犯我南洞子王師死者數百人先是帝命繼勳領兵於壽州之南構洞屋以攻其城至是繼勳以怠於守禦爲其所敗我之洞屋悉爲賊所焚　冊府元龜

巡按福建監察御史臣李嗣京　訂正
知甌寧縣事臣孫以敬參閱
知建陽縣事臣黃國琦較釋

將帥部

陷沒

禮曰謀人之軍師敗則死之謀人之邦邑危則亡之是知荷鑿門之權當分符之寄必在謀而後動奪人之心若乃昧三陣之要乏九拒之略或提孤軍以深入或違連率之節度或兵少糧竭爲敵所乘或蒲酒

自樂不恤軍政及夫城陷爲俘兵窮就縛縱使辭氣抑揚不背其本鄉敵禮遇縻之好爵而含垢既羅其塗炭全軍不救於覆沒將何補哉復胡顏爾

秦王離翦之孫也秦使離擊趙圍趙王及張耳鉅鹿城或曰王離秦之名將也今將彊秦之兵攻新造之趙舉之必矣客曰不然夫爲將三世必敗者何也以其所殺伐多矣其後受其不祥今王離已三世將矣居無何項羽救趙擊秦軍果虜王離

漢煇渠侯僕朋孝武征和三年以五原屬國都尉與貳師將軍俱擊匈奴沒

李崇爲西域都護王莽天鳳中與五威將軍王駿同出西域駿爲焉耆襲擊死崇收餘士還保龜茲數年莽死崇遂沒

後漢劉尚爲武威將軍光武建武二十四年擊武陵五溪蠻夷深入軍沒

張鴻爲謁者中元中滇吾寇隴西光武遣鴻領諸郡兵擊之戰於允吾唐谷軍敗鴻及隴西長史田颯皆沒

司馬鈞爲左馮翊安帝元初二年行征西將軍督右扶風仲光安定太守杜恢北地太守盛包京兆虎牙

都尉耿溥右扶風都尉皇甫旗等合八千餘人又龐參將羌胡兵七千餘人與鈞分道並北擊零昌參兵至勇士東爲杜季貢所敗於是進攻拔丁奚城大克獲杜季貢率衆僞逃鈞令光恢包等收羌禾稼光等違鈞節度散兵深入羌乃設伏要擊之鈞在城中怒而不救光並沒死者三千餘人

蔡諷爲遼東太守殤安間高句驪王宮寇遼東諷輕將吏士追討之軍敗沒

魏桓纂爲散騎侍郎齊王嘉平中以樂安太守與吳戰於東關軍敗沒

晉王育爲并州督護成都王潁在鄴又以育爲振武將軍劉元海之爲北單于育說潁曰元海今去育請爲殿下促之不然懼不至也潁然之以育爲破虜將軍元海遂拘之其後以爲太傅

王衍爲太傅尚書令東海王越之討苟晞也衍以太尉爲太傅軍司及越薨衆共推衍爲元帥俄而舉軍爲石勒所破勒呼爲王公與之相見後使人夜排墻填殺之

霍弋爲南中監軍時交阯太守馬融卒弋遣揵爲楊稷代融與將軍毛炤九真太守董牙門孟翰等自蜀

冊府元龜　將帥部　陷沒　卷之四百四十四　三

出交阯破吳軍于古城斬大都督脩則交州刺史劉俊吳遣虞汜爲監軍薛珝爲威南將軍大都督陶璜爲蒼梧太守距稷等稷等城中食盡死亡者半將軍王約反降吳吳人得入城獲稷毛皆囚之孫皓使送稷下都至合浦歐血死追贈交州刺史

毛璪之爲高容內使苻堅將向南彭超陷盱眙璪之爲賊所執

毛德祖督司雍并三州諸軍事冠軍將軍司州刺史成武牢爲魏所滅

朱序爲梁州刺史鎮襄陽苻丕率衆圍序序累戰破賊人情勞懈又以賊退稍遠疑未能來守備不謹督護李伯護密與賊相應襄陽遂沒序陷於苻堅堅殺伯護狗之以其不忠也

後秦姚詳爲姚興安勇將軍鎮杏城爲赫連勃勃所逼糧盡委守南奔大蘇赫連勃勃要之衆散爲勃勃所執

宋傅弘之爲桂陽公義真雍州治中從事赫連璝襲長安義真東歸佛佛傾國追躡於青泥大戰弘之躬貫甲冑氣冠三軍軍敗陷沒

毛脩之爲冠軍將軍安西司馬值桂陽公義真已發

冊府元龜　將帥部　陷沒　卷之四百四十四　四

長安爲佛佛虜所邀軍敗脩之與義真相失走將免矣始登一阪阪甚高峻右衞軍人叛走矣已上阪嘗爲脩之所罰者以戟擲之傷額因墜阪遂爲佛佛所擒佛佛死其子赫連昌爲後魏大武所獲脩之并沒

朱循之遷司徒從事中郎將隨到彥之北伐彥之自河南回留循之戍滑臺爲魏軍所圍數月糧盡將士薰鼠食之遂陷於魏魏大武嘉其守節以爲待中妻以宗室女

蒯恩爲輔國將軍入關迎桂陽公義真義真還至青泥爲佛佛虜所追恩斷後力戰連日義真前軍奔散

思車人亦盡爲虜所執死於虜中
朱齡石爲高祖相國右司馬安西將軍桂陽公義真被徵以齡石持節督關中諸軍事右將軍雍州刺史勑齡石若關右必不可守可與義真俱歸齡石亦舉城奔走龍驤將軍王敬先戍曹公壘齡石自潼關率餘衆就敬先魏斷其水道衆渴不能戰城陷魏執齡石及敬先還長安見殺
沈文秀爲青州刺史明帝太始三年八月魏蜀郡公拔式等馬步數萬人入西郭直至城下文秀使輔國將軍垣諶擊破之九月又逼城東十月進攻南國文

[illegible]又員外散騎侍郎黃彌之等邀擊斬獲數千四年魏青州刺史王隆顯於安丘縣又爲軍主高崇仁所破死者數百人魏圍青州積久太宗所遣救兵並不敢進乃以文秀弟征北中參軍文靜爲輔國將軍統高密北海平昌長廣東萊五郡軍事從海道救青州文靜至東萊之不期城爲敵所斷遏不得進因保城自守爲虜所攻屢戰輒尅太宗加東青州刺史四年不期城爲虜所陷文靜見殺文秀被圍三載外無援軍士卒爲之用命無離叛者日夜戰鬭甲冑生蟣五年正月二十四日遂爲魏兵所陷城敗之日解釋戎衣綬服靜坐命左右曰取所持節魏兵旣入兵交至問曰青州刺史沈文秀何在文秀厲聲曰身是因執之牽出聽事前剥取衣服時以慕容白曜在城西南角樓裸縛文秀至曜前執之者令拜文秀曰各二國大臣無相拜之禮卽命還其衣爲設酒食鏁送桑乾
崔道固爲冀州刺史泰始三年爲魏所陷被送桑乾死於虜中
南齊楊公則領白馬戍主時氐賊李烏奴作亂攻白馬公則固守經時矢盡糧竭陷于寇賊
梁胡僧祐仕魏至銀青光祿大夫以大通三年歸國

頻上封事高祖器之拜假節超武將軍文德主帥使戍傾城後城陷復沒于魏
鮑泉爲信州刺史率平南將軍王僧辯等率舟師東逼邵陵王於郢州郢州平元帝以長子方諸爲刺史泉爲長史郢州行府州事侯景客遣其將宋子仙任約率精騎襲之方諸與泉不恤軍政唯蒲酒日樂賊騎至百姓奔告方諸與泉方雙陸不信曰徐文盛大軍在東賊何繇得至而傳告者衆始令闔門賊縱火焚之莫有抗者賊騎遂入城乃陷賊執方諸及泉送之景所後景攻王僧辯於巴陵不尅敗還乃殺泉於

江夏沉其屍于黃汁磯
王顗爲梁世祖督城內諸軍事荊口城陷顗隨王琳入齊爲景陵郡守齊遣琳鎮壽春顗弟頒少有志節嘗隨從世祖及郢城陷復没於西魏
陳裴忌爲譙州刺史未及之官會吳明徹受詔進討彭汴以忌爲都督與明徹掎角俱進呂梁軍敗陷于周周授上開府
程文季爲明威將軍隨吳明徹北討於呂梁敗績爲周所囚仍授開府儀同三司自州逃歸至隅陽爲邊吏所執送長安死於獄中

後魏元孚爲冀州刺史孝明孝昌三年十一月葛榮攻陷冀州執孚逐出居民凍死者十六七
元緒莊帝初爲直閤將軍持節兼武衛將軍關右慰勞十二州大使遂没吐谷渾
畢祖暉建義中行幽州事加撫軍將軍永安中祖暉從大領栅規入州城于時賊帥叱于麒麟保太子畢祖暉擊破之而賊宿勤明達覆攻祖暉兵少糧竭軍援不至爲賊所乘遂殁
陸希賢爲建州刺史爾朱榮之死也世隆率衆北還晉陽希賢固守拒之城陷兒子被害希賢妻元氏榮妻之兄孫繇是獲免
源子恭爲散騎常侍遷侍中爾朱榮之死也世隆度律斷據河橋詔子恭爲都督以討之出頓于大夏門北尋而太府卿李苗夜燒河橋世隆退走仍以子恭兼尚書僕射爲大行臺大都督尋遷衛將軍假車騎將軍率諸將於太原築壘以防之既而爾朱兆率衆南出子恭所部都督史仵龍羊文義開栅降兆子恭退走爲兆所破衆既退散兆因入雒子恭竄於侯氏仍被執送
薛懷儁爲征南將軍益州刺史東魏孝靜天平初儁

還至梁州與刺史元羅俱爲梁將蘭欽所擒送江南梁武見懷儁謂之曰卿父先爲魏州刺史我于時猶在襄陽且州壤連接極相知練卿今至此當能任乎若欲還者亦以禮相遣顧謂左右曰此子任此官貴極不可言懷儁便乞歸梁武聽還國
嘗景爲幽安光兗四州行臺杜雒周還據上谷授景平北將軍行臺如故後雒周南圍范陽城人翻降執刺史王延年及景送於雒周尋爲葛榮所吞景又入榮榮破景得還朝
比齊薛震東魏孝靜天平初鎮守龍門陷於西魏元

衆中方得迎歸神武嘉其至誠除廣州刺史
張遵業爲安西將軍建州刺史東魏武定中隨儀同劉豐討侯景爲景所擒景敗殺遵業於渦
慕容子顒爲鎮西將軍文宣天寶初封濮中郡公後因戰没於關中
王敬寶爲東魏廣州刺史與蕭軌等攻建業不尅没焉
宋顯爲西兖州刺史勇决有氣幹及河陰之戰深入赴敵遂没于行陣
鮮于世榮爲領軍將軍周師將入鄴除領軍大將軍

太子太傅於城西拒戰敗被擒
後周蕭世怡仕梁爲仁威將軍譙州刺史及侯景作亂路縣城下襲而陷之世怡遂被執尋遁得免
陸騰初爲東魏陽城郡守大軍東討以騰所據衝要遂先攻之時兵威甚盛長史麻休勸騰降不許拒守經月餘城陷被執太祖釋而禮之問其東關消息騰盛陳彼州人物又敘述時事辭理抑揚太祖笑曰卿真不背本也即拜帳内大都督
趙善爲左僕射兼侍中西魏文帝太統九年從戰邙山大軍不利善爲敵所獲遂卒於東魏建德初朝廷與齊通好齊人乃歸其柩
田弘敢勇有謀畧魏永安中陷於万俟醜奴爾朱天光入關弘自原州歸順授都督
許彗敬吴人勁勇過人爲時驍將以大將軍守河東既無救援爲吴明徹所擒遂戮於建康市
元定武帝時爲大將軍天和二年陳湘州刺史華皎舉州歸梁主欲因其隙更圖攻取乃遣使請兵詔定從衛公直率衆赴之梁人與華皎皆爲水軍定爲陸軍直總管督之俱至夏口而陳郢州堅守不下直令定率步騎數千圍之陳遣其將淳于量徐度吴明徹

等水陸來拒量等以定已渡江兵勢分遂與水軍交戰而華皎所統之兵更懷疑貳遂爲陳人所敗皎得脫身歸梁定既孤軍懸隔進退無路陳人乘勝逼之定乃率所部砍竹開路且行且戰欲趣湘州而湘州已陷徐度等知定窮迫遣使僞與定通和重爲盟誓許放還國定疑其詭詐欲力戰死之而定長史長孫隆及諸將等多勸定和乃許之於是爲度等所執部下衆軍亦被囚虜送諸丹陽居數月憂憤發病卒
裴寬天和三年爲溫州刺史初陳氏與周通和每修聘好自華皎附後乃圖寇掠沔州既接敵境事資守

扞於是復以寬爲汚州刺史而州城甲仗器械又寡寬知其難守浮以爲憂又恐秋水暴長陳人得乘其便即白襄州總管請益戍兵并請移城於羊蹄山權以避水總管增兵守禦不許移城寬乃量度嘗年水至之處豎大木於岸以備船行襄州所遣兵未至陳將程靈洗已率衆至於城下遂分布戰艦四面之水勢猶小靈洗未得近城寬每簡募驍兵令夜掩擊頻挫其鋭相持旬日靈洗無如之何俄而雨水暴長所竪木上皆通船過靈洗乃以大艦臨逼柏王村樓應即摧碎弓弩矢石晝夜攻之苦戰二十餘日死傷過

半安垣毀盡陳人遂得上城短兵相拒猶經二日外無繼援力屈城陷之後水便退縮陳人乃執寬至楊州尋被送嶺外經數載復還建業遂卒於江左

隋龐晃爲驃騎將軍衛王直出鎮襄州晃以本官從尋與長湖公元定擊江南孤軍浮入遂沒於陳數年衛王直遣晃弟車騎將軍元儁賫馬八百疋贖焉乃得歸朝拜上儀同賜綵二百段復事衛王

史祥爲燕郡太守被賊高開道圍之城陷開道甚禮之會開道與羅藝通和送祥於涿郡卒於塗

楊武通爲左衛大將軍討嘉州叛獠束馬懸車出賊不意頻戰破之賊知其孤軍無援傾部落而至武通轉鬬數百里爲賊所拒四面路絶武通輕騎挑戰墜馬爲賊所執殺而噉之

唐慕容羅睺爲將軍高祖武德元年七月劉文靜及薛舉大戰于涇州文靜敗績羅睺與李安遠劉弘基沒於舉

李仲文武德初爲太常少卿劉武周令宋金剛率衆侵并州軍黄虵鎮又引突厥之衆兵鋒甚盛襲破鄃次縣進陷介州高祖遣仲文率衆討之爲賊所執一軍全沒

劉弘基爲右驍衛大將軍從太宗討薛舉時太宗以疾頓於高墌城弘基劉文靜等與舉接戰於淺水原王師不利八總管咸敗唯弘基一軍盡力苦戰矢盡爲舉所獲

永安王孝基高祖從父兄初劉武周攻陷晉州進取澮州屬縣悉下夏縣人李崇攻殺縣令自號魏王以應賊河東賊帥王行本又客與金剛連和關中大駭高祖令太宗益兵進討屯於栢壁相持者久之又命孝基及陝州總管于筠工部尚書獨孤懷恩内史侍郎唐儉進取夏縣不能克軍于城南崇茂與賊將尉

暹敬德襲破孝恭營諸軍並陷四將俱沒
盛彦師爲宋州總管會徐圓朗反彦師爲安撫大使因戰遂沒於賊
許善護爲貝州刺史武德五年遇賊帥劉什善於鄃縣善護死于陣全軍並沒
淮安王神通擊宇文化及化及走聊城神通進至聊城乃分兵數千人往魏州取攻具中路復爲華人所敗竇建德且至遂引軍而退後二日化及爲建德所虜賊勢益張山東城邑多歸建德神通兵漸散退保黎陽依徐勣俄爲建德所陷神通沒于賊

曹仁師爲左鷹揚衛將軍則天萬歲通天元年契丹攻陷營州令仁師與右金吾衛將軍張玄遇等討之戰于四硤石谷官軍敗績玄遇仁師並爲賊所虜
孫佺爲幽州都督睿宗延和元年六月將兵二萬騎八千以襲衆師至冷陘弃沒焉佺爲虜所擒送于默啜副使將軍周以悌死之將軍李楷雒烏可利張真楷挺身以出初佺之將行也烏可利諫曰暑熱道險懸師遠襲舉非其時往而必敗佺曰薛訥在邊積有年矣然竟不能復營州使東北無事今與公同心戮力掩其不備可以有功道險暑熱安能避乎於是遂行命李楷雒將騎兵四千爲前軍遇賊八千騎與戰楷雒敗佺素怯懦見賊至驚懼率衆欲還又爲虜所敗乃拔惡山爲營列方陣而待之虜謂佺曰既以和親何得輕來襲我佺曰吾來和親爾虜曰若和親國信物安在佺乃悉軍資以與之虜得而更戰軍遂大敗至夜衆餘七千佺謂衆曰即兵南還於是兵皆散走佺爲虜所得
李宓爲侍御史劍南留後玄宗天寶十三載率兵擊雲南蠻於西洱河糧盡軍旋馬足陷橋爲閣羅鳳所擒舉軍皆沒

程千里爲上黨節度肅宗至德二年九月與賊挑戰爲賊將蔡希德所擒
王仲升爲淮西節度元年建辰月與賊將謝欽讓戰于申州城下爲賊所虜淮上震駭
扶餘準爲朔方河中副元帥押衙德宗貞元三年隨渾瑊盟于平涼戎人欺盟而亂作準步闘獲免瑊舉繇是沒於蕃中令隨水草牧羊馬
李驂者隴西人貞元初爲殿前射生官三年秋隨神策次將蘇邊師次夏州北驂領遊兵前行爲蕃兵所掠亦以因見贊普令與扶餘準偕汲苦役辱之會烏

重玭使西域重玭朔方子弟與賂有舊甞知其不死旣見吐蕃宰相求準賂得以生還凡沒西域三十三年

楊襲古爲北庭節度貞元六月冬吐蕃率葛祿白服之衆來寇北庭廻鶻大相頡于迦斯率衆援之頻戰敗績吐蕃攻圍頗急北庭之人旣苦廻紇是歲乃舉城降之於吐蕃沙陁部落亦降焉襲古與麾下二千餘人出奔西州頡于迦斯不利而還七年秋又悉其丁壯五六萬人將復北庭仍召襲古偕行俄爲吐蕃葛祿等所擊大敗死者大半頡于迦斯紿之曰且共

我同至牙帳當送君歸本朝也襲古從之及牙帳遂留而不遣竟殺

高馮從事于宣武軍知曹州事李靈曜作亂馮密遣使奏賊中事詔除曹州刺史無何李正巳盜有曹濮馮遂陷於賊

孫揆爲澤潞節度使昭宗大順元年與官告使韓歸範至長子縣西爲太原將李存孝所虜

龐師古權徐州兵馬留後乾德四年十一月癸酉淮南大將朱瑾潛出州師襲汴州于淸口師古舉軍皆沒師古被執時兗州留後葛從周自霍丘渡淮至濠州聞師古敗乃退軍信宿至泙河方渡而朱瑾至是日殺傷溺死殆盡還者不滿千人唯牛存節一軍先渡獲免比至潁州大雪寒凍死者十五六自古喪師之甚無如此也

梁杜洪江夏伶人唐光啓中遂爲本州部較因戰立威逐其廉使自稱留後及楊行密乘勝急攻洪鄂洪復乞師于太祖命荊南成汭率荊襄州師以赴之未至夏口汭敗溺死淮人遂陷鄂州洪爲所擒被害於廣陵市隳是行密據有江淮之間

鄧季筠爲太祖牙將主騎軍唐太順初唐帝命丞相

張濬伐太原太祖[illegible]出師西至高平與晉人接戰軍旣不利季筠爲晉人所擒晉王見之甚喜釋縛待以賓禮

符道昭爲秦州節度使太祖受禪委以兵柄與康懷英等攻潞州以蚰蜒塹繚之飛鳥不度旣踰歲晉人援至王師大敗道昭爲晉軍所殺

徐懷王爲鄜坊節度使庶人友珪旣篡立河中朱友謙拒命遣兵襲鄜州懷王無備尋爲河中所虜因於公館及友珪遣康懷英率師圍河中友謙慮懷王有變遂害之

王虔裕爲義州刺史時孟遷請降未幾晉人伐邢孟遷使來乞師太祖先遣虔裕選勇士百餘人徑往赴之伺夜突入拁州明日循堞樹立旗幟晉人不測乃退數月復來圍邢時太祖大軍方討兖鄆未及救援邢人因而携貳遷乃縶虔裕送于太原尋爲所害

後漢李嗣昭爲内衙都將權典河中留後事唐末梁祖自率軍三萬至臨明葛從周設伏於青山口嗣昭聞梁祖至欲軍而退從周伏兵發爲其所敗偏將王郃朗楊師悅等被擒

李承嗣爲洺州刺史唐末兖鄆爲汴人所攻勢漸危

蹙遣使乞師於武皇武皇遣承嗣帥三千騎假道於魏渡河援之時李存信屯于莘縣既而羅弘信背盟掩擊王師因茲隔絶及瑄瑾失守承嗣與朱瑾史儼同入淮南

石君立㓜隷李嗣昭爲牙較歷典諸軍唐末將兵屯德勝時汴軍自滑州轉餉以給楊村砦莊宗親帥騎軍於河外循岸而上邀擊之汴人距楊村五十里於河曲潘張村築壘以貯軍儲莊宗令諸軍攻之汴人設伏于要路逆戰僞敗王師乘之躡入壘門梁伏兵起因與血戰君立與鎮州大將王釗等陷入賊壘時諸將部較陷賊者十餘人君立被執送于汴梁主素知其驍勇欲用之爲將械而下獄久之梁主遣人誘之君立曰敗軍之將難與議勇如欲將我我雖真誠效命能信我乎人皆有君吾何恐反爲仇人哉既而諸將被戮尚惜君立不之害同光元年莊宗至汴前一日梁主始令殺之

史敬思爲太原裨將衛從武皇入汴州舍於上原驛是夕爲汴人所攻敬思方大醉因瞿然而興操弓與汴人鬬矢不虚發汴人死者數百夜分盯雨方達汴橋左右扶武皇次圍而去敬思後拒血戰而没武皇

還營知失敬思流涕久之

周德威爲盧龍等軍節度使唐末軍次故栁詰旦騎報曰汴軍至矣莊宗思問戰備德威奏曰賊倍道而來未成營壘我營栅已固守備有餘既深入賊疆須爲萬全之策此去大梁信宿而近賊之家屬盡在其間人之常情孰不以家國爲念以我深入之衆抗彼激憤之軍不以方略制之恐難必勝王但按軍保栅臣以騎軍疲之使彼不得下營際晚糧爨不給進退無據因以乘之破賊之道也莊宗曰吾軍河上終日挑戰恨不遇賊今欵門不戰非壯夫也乃率親軍成

列而出德威不獲已從之謂其子曰吾不知其死所矣莊宗與汴將王彥章接戰大敗之德威之軍在東偏汴之游軍犯我輜重衆駭奔入德威軍因紛擾無行列德威兵少不能解父子俱戰歿先是鎮星犯上將星占者云不利大將是夜收軍德威不至莊宗慟哭謂諸將曰喪我良將吾之咎也

張敬達爲晉州節度使從晉高祖爲北面兵馬副總管仍屯兵鴈門未幾晉祖建義末帝詔以敬達爲北面行營都招討使仍便委引步下兵圍太原以定州節度使楊光遠副焉尋給兵三萬營于晉安鄉末帝

自六月繼有詔促令攻取敬達設長城連柵雲梯飛礮使工者運其巧思窮土木之力時督事者每有所構則暴風大雨平地水深數尺而城柵摧墮竟不能合其圍九月契丹至敬達大敗尋爲晉祖及蕃衆所迫一夕圍河蕃衆自晉安寨南門外長百餘里闊五十里布以氈帳用毛索懸鈴令部伍多縱火以備警急營中嘗有夜遁者出則犬吠鈴動跬步不能行焉自是敬達與麾下部曲五萬人馬萬匹無蹊四奔但見穹廬如岡阜相屬諸軍相顧失色始則削木篩糞以飼其馬日望朝廷救軍及馬漸羸死則與將士分食之馬盡食殫副將楊光遠次將安審琦知其不濟勸敬達宜早降以求自安敬達曰吾受恩於明宗位歷方鎮主上授我大柄而失律如此已有愧於心也今救軍在近旦暮雪恥有期諸公何相迫耶待勢窮則請携吾首以降亦未爲晚光遠與審琦知敬達意未決恐坐成魚肉遂斬敬達以降末帝聞其歿也愴慟久之時戎王戒其部曲及漢之降者曰爲臣當如此人令部人收瘞之

晉翟璋爲新州刺史高祖建義割新州屬北虜時契丹大軍歸國遣璋於管內配率犒宴之資須及十萬

緡山役地貧民不堪命始戎王以軟語撫璋璋謂必得南歸及委璋平叛奚圍雲州皆有功故留之不遣璋鬱鬱不得去遇疾尋卒焉

蔡行遇爲左武衛將軍少帝開運初博州刺史周儒以城降虜又與楊光遠人使往返引契丹於馬家渡濟河時郭謹在汶陽遣行遇率數百騎赴之遇伏兵於葭葦中突然而出轉鬭數合部下皆遁行遇爲賊所劈鋒鏑重傷不能乘馬坐畚中舁至虜帳

周史彥超爲華州節度使世宗親征太原大軍至河東城下契丹營於忻代之間遲應賊勢詔天雄軍節

度使符彦卿率諸將屯忻州以拒之彦卿襲契丹於忻口彦超以先鋒軍追蕃冦離大軍稍遠賊兵伏發爲賊所陷世宗痛惜久之詔贈太師

冊府元龜將帥部陷沒　卷之四百四十四　二十一

冊府元龜

冊府元龜

巡按福建監察御史臣李嗣京訂正

新建縣舉人臣戴國士叅閱

知建陽縣事臣黄國琦較釋

將帥部一百六

無謀　逗撓　軍不整

無謀

夫將帥者民之司命而安危之主也非夫内懷英略獨負奇計策慮先定機權脗合亦何以暢乎善志而保其必勝哉乃有膺爪牙之寄當旗鼓之任董率戎

旅襲行於討伐保扞徼塞式遏於寇讎而闇然寡謀率爾輕進失於貞律之義忽夫閫圍之術措置非當豫備乖宜以至啟欽暴之端貽喪敗之辱良繇昧於前籌短於應變猶豫無決以成乎厲階聽納不明致衂於軍志昔人有言曰置將不善一敗塗地授受之際良可戒哉

孫良夫爲衞大夫衞侯使良夫與石稷甯相向禽將侵齊與齊師遇石子欲還孫子曰不可以師伐人遇其師而還將謂君何（言無以答君）若知不能則如無出今旣遇矣不如戰也旣戰衞師敗績石子曰師敗矣子不少須衆懼盡子喪師徒何以復命皆不對又曰子國卿也殞子辱矣子以衆退我此乃止（我於此止且禦齊師）且告車來甚衆齊師乃止

漢韓安國武帝時爲材官將軍屯漁陽捕生口虜言匈奴遠去即上言方佃作時（安國上奏也佃治田也音與田同）請且罷屯罷屯月餘匈奴大入上谷漁陽安國壁迺有七百餘人出與戰安國傷入壁匈奴虜略千餘人及畜産去帝怒使使責讓安國徙益東屯右北平

後漢馬援爲伏波將軍討武陵五溪蠻夷軍次下雋有兩道可入從壺頭則路近而水嶮從充則塗夷而

運遠（壺頭山名充縣名屬武陵郡音昌容切）帝初以爲疑及軍至中郎將耿舒欲從充道援以爲棄日費糧不如進壺頭搤其喉咽充賊自破以事上之帝從援策進營壺頭賊乘高守隘水疾船不得上會暑甚士卒多疫死援亦中病耿舒與兄好畤侯弇書曰前舒上書當先擊充糧雖難運而兵馬得用軍人數萬爭欲先奮今壺頭竟不得進大衆怫鬱行死誠可痛惜前到臨鄉賊無故自致若夜擊之即可殄滅伏波類西域賈胡到一處輒止以是失利今果疾疫皆如舒言弇得書奏之帝乃使虎賁中郎將梁松乘驛責問援會援卒

吳張悌爲丞相軍師護軍孫震丹陽太守沈瑩當晉之討吳吳遣悌等率衆三萬濟江圍城陽都尉張喬於楊河橋衆才七千閉柵自守舉白接告降吳副軍師諸葛靚欲屠之悌曰彊敵在前不宜先事其小且殺降不祥靚曰此等以救兵未至而力少故且僞降以緩我非來伏也因其無戰心而盡坑之可以成三軍之義若舍之而前必爲後患悌不從撫之而進晉討吳護軍張翰等乘之吳軍以次瓦解張喬又出其後大敗吳軍於版橋

晉王澄爲荆州刺史領南蠻校尉時京師危逼澄率

衆赴難會王如寇襄陽澄前鋒至宜城遣使詣山簡爲如黨嚴嶷所獲嶷僞使人從襄陽來而問之曰襄陽拔未答云昨旦破城已獲山簡乃陰緩澄使令得亡去澄聞襄陽陷以爲信然散衆而還既而耻之託糧運不贍委罪長史蔣俊而斬之竟不能進

甘卓爲安南將軍梁州刺史假節鎮襄陽王敦作逆敦參軍樂道融惡敦背朝廷乃說卓誅敦卓雖從之而性不果決且年老多疑計慮猶豫軍次豬口累旬不前敦聞卓已下兵卓兄子卬時爲敦參軍使卬求和於卓令其旋軍卓信之將旋主簿鄧騫與道融勸卓曰將軍起義兵而中廢爲敗軍之將竊爲將軍不取今將軍之下士卒各求其利一旦而還恐不可得也卓不從卓後爲王敦所害

桓修自丞相爲左衛將軍王恭將伐譙王尚之先遣何澹之孫無終向句容修以左衛領振武將軍與輔國將軍陶無忌距之修次句容俄而恭敗無終遣書求降修既旋軍而楊佺期已至石頭時朝廷無備内外震駭修進說曰殷桓之下專恃王恭恭既破滅莫不失色今若優詔用玄玄必内喜則能制仲堪佺期使竝順命朝廷納之以修爲龍驤將軍荆州刺史假

節權領左衛文武之鎮又令劉牢之以千人送之轉仲堪爲廣州修未及發而玄等盟於尋陽求誅牢之尚之并訴仲堪無罪獨被降黜於是詔復仲堪荆州御史中丞江績奏修承受楊佺期之言交通信命宜轉不盡以爲身計疑誤朝算請收付廷尉特詔免官

梁王僧辯爲車騎大將軍平建業遣陳霸先守京口都無備防于顗屢以爲言僧辯不聽竟及於禍

隋于仲文高祖大業中爲光祿大夫遼東之役率衆屯鴨淥水高麗將乙支文德詐降來入其營仲文先奉密旨若遇高元及文德者必擒之至是文德來仲

文將執之時尚書右丞劉士龍爲慰撫使固止之仲文遂捨文德尋悔遣人給文德曰更有言議可復來也文德不從遂濟仲文選騎渡水追之每戰破賊文德遺仲文詩曰神策究天文妙筭窮地理戰勝功旣高知足願云止仲文答書諭之文德燒栅而遁

皇甫綰煬帝大業末爲將軍屯兵一萬在抱罕薛舉自稱西秦霸王選精鋭二千人襲綰與綰軍遇於赤岸陳兵未戰俄而風雨暴至初風逆舉陳而綰不擊之忽反風正逆綰陣氣色昏昧軍中擾亂舉策馬先登諸軍從之隋軍大潰遂陷抱罕時羌首鍾利浴擁

兵三萬在嶲山界盡以衆降舉兵遂大振

唐姜寶誼高祖武德初爲弃鉞將軍時劉武周將黃子英往來雀鼠谷帝令寶誼擊之子英數以輕兵挑戰寶誼兵纔接子英徑遁如此者再三寶誼悉衆以逐之伏兵發軍遂大敗寶誼爲賊所擒後得逃歸

郭孝恪太宗貞觀末爲安西都護時阿史那社爾旣擒龜茲王令孝恪守之其相那利僅以身免潛引西突厥之衆并其國兵萬餘人來襲孝恪時孝恪營於城外有龜茲人來謂孝恪曰那利我國相人心素歸今亡在野必思爲變城中之人頗有異志公其備之孝恪不以爲意那利率兵奄至孝恪始覺乃領部下千餘人將入城而那利之徒已登城矣城中降胡與那利表裏以擊孝恪自爲前鋒力戰而入旣失部分爲胡賊之所蹂躪戰於城門中流矢而死孝恪子待亦同死於陣

鄭仁泰爲鐵勒道行軍大總管旣降鐵勒部落副將楊志追討之反爲所敗有候騎告仁泰曰賊輜重在近畜牧被野可往而擒也仁泰領騎一萬四千人捲甲輕齎倍道副之遂踰大嶺至仙蕚河竟不見賊糧且盡遂勒兵而還士卒飢甚又遇大雪凝凍棄其戈

甲殺馬以食之强弱自爲伍前後分散馬盡人相食比入境餘纔八百人

哥舒翰玄宗天寶末爲先鋒兵馬副元帥拒安祿山次于靈寶縣之西原與賊交戰官軍南迫險峭北臨黃河賊將崔乾祐以數千人先據險要翰及良丘等浮船中流以觀進退謂乾祐兵少輕之遂促將士令進爭路擁塞無復隊伍因爲兇徒所乗

房琯肅宗至德初爲文部尚書平章事加持節招討西京兼防禦蒲潼兩關兵馬節度使遇賊於咸陽縣之陳濤斜時琯用春秋車載之法以車二千乘馬步

夾之既戰賊順風揚塵鼓譟牛皆震駭因縱火焚之人畜撓敗爲賊所傷殺者四萬餘人存者數千而已琯用兵素非所長而天子採其虛聲冀成實效琯既自無廟勝又以虛名擇將吏以至於敗乃與賊對壘琯欲持重以伺之爲中使邢延恩等督戰蒼黄失據遂及於敗

馬燧爲河東保寧等道節度德宗貞元二年三月來朝初吐蕃將尚結贊既陷鹽夏二州各留兵千餘人守之結贊大衆屯於鳴沙自冬及春羊馬多死糧餉不繼頗無固志時詔遣華州潼關節度駱元光邠寧

節度韓遊瓌統衆與鳳翔鄜坊及諸道戍卒屯於塞上又命燧率師次於石州分兵濟河與元光等犄角討之結贊聞而大懼累遣使請和仍約盟會帝皆不許又遣其大將論頰熱厚禮卑詞求燧請盟燧以奏馬帝又不許唯促其合勢討之燧不虞其詐乃與頰熱俱入朝盛言其可保信請許盟約帝於是從之燧既赴朝也諸軍但閉壁而已結贊懼悉其衆棄夏州而歸馬既多死有徒行者及是夏平凉之會竟渝盟馬燧亦繇此失兵柄而奉朝請矣

渾鎬憲宗元和中爲義武軍節度討王承宗定鎮二州相去九十里鎬驅全師討賊驟勝分壓鎮州北路而壁焉鎬之和門去承宗之牙三十餘里鼓角相聞賊徒恟恐而鎬計慮不周但耀其軍鋒賊得分衆潛入鎬地燒其城邑屠掠居人鎬軍始摇遷延内顧會中使督鎬追賊乃復出戰三合而大敗

嚴綬元和中爲山南東道節度使初憲宗以綬在太原所發偏裨戰討多尅故移袁滋於江陵置綬於襄州臨吳元濟綬自帥師至境上無威筭以制敵到軍日遽發公藏賞士卒府藏之積悉以賂中貴人師徒凍餒閉壁而已後裴度屢言其無軍政故罷爲太子

少保

索日進元和末爲神策軍郃陽鎮遏使蔡賊寇激水鎮兵不能支部將死者三人焚芻藁而去初裴度遣使間入蔡州得元濟狀元濟此寨有降款而日進隔河大呼之遂令三軍防元濟繇是不果降

後唐王鎔爲鎮州節度莊宗爲晉王時梁將杜廷隱之襲深冀也聲言分兵就食邢人奔鎮州者或以奸謀事告鎔懼爲紿禍猶豫未敢拒絶鎔偏將石公立戍深州欲杜關不納請命于府鎔遽令啓關移兵於外公立稟鎔命廷隱遂盜有州城公立既出指城闉

而言曰朱氏狡惡不仁篡唐宗社五尺童子亦知彼爲人我公尚顧舊盟猶豫不斷開門納盜後悔何追此城數萬生靈坐爲俘馘因投刀泣下數日廷隱開城門煞留鎮兵士登陴拒守鎔方命公立攻之即有備矣及柏鄉陣敗兩州之人悉爲奴虜老弱者坑之

張廷裕同光中爲新州節度使塞上多事廷裕無控制之術邊鄙嘗聳

漢慕容彥超晉末從高祖圍杜重威於鄴下彥超累言於漢祖請急攻賊城漢祖信之乃親督諸軍四面齊進自寅及辰官軍傷者及萬餘人死者千餘人乃

抽軍罷攻議者無不歸罪於彥超自是不復言及攻城矣

逗撓

夫膺閫外之寄總戎昭之重固當决機制勝因時乘便摧堅履險以思克敵而乃忘身先之訓懷敵勍之畏或屯留不進或引兵擅還或隱伏私嫌或顧望時事矯辭飾僞以爲觧深溝高壘以自固致寇讎之滋蔓而威聲之寖微蓋孱性本怯懦不能武事亦或心非忠盡苟圖智免因此而下吏至於誅死者非不幸也

宋義爲楚上將軍秦章邯圍趙王歇於鉅鹿義所遇齊使者高陵君顯見楚懷王曰宋義論武信君必敗數日果敗軍未戰先見敗徵（徵證也）可謂知兵矣王召宋義與計事而說之（說讀曰悅）因以爲上將軍羽爲魯公爲次將范增爲末將諸別將皆屬號卿子冠軍（冠軍言其在諸軍之上）北救趙至安陽留不進（今相州安陽縣）秦三年羽謂宋義曰今秦軍圍鉅鹿疾引兵渡河楚擊其外趙應其內破秦軍必矣宋義曰不然夫搏牛之蝱不可以破蝨（搏擊也言以手擊牛之背可以殺其上蝱而不能破蝨喻今將兵方欲滅秦不可盡力與章邯即戰或未能禽徒費力也如說近也）今秦攻趙戰勝則兵罷我乘其敝

罷（讀曰疲）不勝則我引兵鼓行而西必舉秦矣（鼓行謂擊鼓而行無畏懼也）故不如先鬭秦趙攻擊輕銳我不如公坐運籌策公不如我因下令軍中曰猛如虎很如羊貪如狼強不可令者皆斬遣其子襄相齊身送之無鹽（縣也）飲酒高會（高會大會也）天寒大雨士卒凍飢羽曰將戮力而攻秦久留不行今歲飢民貧卒食半菽（士卒食蔬菜以菽雜半之菽謂豆也）軍無見粮（無見在之粮）迺飲酒高會不引兵渡河因趙食與併力擊秦迺曰承其敝夫以強秦之彊攻新造之趙其勢必舉趙趙舉秦強何敝之承且國兵新破王坐不安席埽境內而屬將軍（屬委也音之欲切）國家安

危在此一舉今不邺士卒而徇宴私非社稷之臣也
後遂殺義破秦軍
漢彭越爲魏相國擅將兵略定梁地項王南走陽夏（走音奏夏音攻雅切）越復下昌邑旁二十餘城漢王敗使使石越併力擊楚越曰魏地初定尚畏楚未可去漢王追楚爲籍所敗
張成爲大司農武帝時南粤平諸較留屯豫章閩粤王餘善發兵距漢殺漢三較尉是時漢使成故山州侯齒將屯（齒城陽恭王子也舊封山州侯）不敢擊卻就便處（卻退也音五略反）皆坐畏懦誅

路博德爲彊弩將軍天漢二年貳師將三萬騎出酒泉擊右賢王於天山武帝召騎都尉李陵欲使爲貳師將輜重陵見帝願以少擊衆步兵五千人涉單于庭帝壯而許之因詔博德將兵半道迎陵軍博德故伏波將軍亦羞爲陵後距奏言方秋匈奴馬肥未可與戰臣願留陵至春俱將酒泉張掖騎各五千人並擊東西浚稽可必禽也（浚稽山名時虜所居此兩山也浚音峻稽音雞）書奏帝怒疑陵悔不欲出而教博德上書廼詔博德吾欲予李陵騎云欲以少擊衆今虜入西河其引兵走西河遮鈎營之道（胡來要害道令博德遮之走音奏）詔陵以九月發出遮虜鄣（鄣者塞上險要之處往往修築別置候望之人所以自鄣蔽而伺敵也遮虜鄣名也）至東浚稽山南龍勒水上徘徊觀虜卽亡所見從浞野侯趙破奴故道抵受降城休士（抵歸也受降城本公孫敖所築休息也浞音促仕角反）因騎置以聞（騎置謂驛騎也）所與博德言者云何（天子疑陵教博德上書求至春乃俱西也）具以書對陵於是出兵
田廣明爲祁連將軍宣帝遣五將出塞廣明出塞千六百里至雞秩山斬首捕虜十九級獲牛馬羊百餘逢漢使匈奴還者冉弘等言雞秩山西有虜衆祁連卽戒弘使言無虜欲還兵御史屬公孫益壽諫以爲不可祁連不聽遂引兵還坐知虜在前逗遛不進下

吏自殺
後漢祭肜以太僕將萬餘騎與南單于左賢王信伐北匈奴期至涿邪山信初有嫌於肜行出高闕塞九百餘里得小山乃妄言以爲涿邪山肜到不見虜而還坐逗遛畏懦下獄免
郭襄以謁者領護羌較尉事到隴西聞凉州羌盛還詣闕抵罪
鄧鴻爲車騎將軍出塞追叛胡逢侯坐逗遛下獄死
劉岱爲兗州刺史時董卓廢少帝岱與豫州刺史孔迪廣陵太守張超陳留太守張邈諸牧守共謀討卓

大會酸棗設壇場而盟然諸軍各懷遲疑莫適先進
遂使糧儲單竭兵衆乖散

晉汝南王亮武帝時持節都督關中雍凉諸軍事會
秦州刺史胡烈爲羌虜所害亮遣將軍劉旂騎督敬
琰赴救不進坐是貶爲平西將軍旂當斬亮與軍司
曹冏上言節度之咎繇亮而出乞丐旂死詔曰高平
困急計城中及旂足以相拔就不能徑至尚當深進
今奔突有投而坐視覆敗故加旂大戮今若罪不在
旂當有所在有司又奏免亮官削爵土詔惟免官

蔡豹元帝時爲建威將軍徐州刺史是時太山太守

徐龕以郡叛歸石勒詔征虜將軍羊鑒臨淮太守劉
遐等與豹共討之鑒及劉遐等並疑憚不相聽從互
有表聞故豹久不得進尚書令刁協奏曰臣等伏思
淮北征軍已失不速今方盛暑冒涉山險山人便弓
弩習土俗一人守阨百夫不當且運漕至難一朝糧
乏非復智力所能防禦也書云寧致人不致於人宜
頓兵所在深壁固壘至秋不了乃進大軍詔曰知難
而退誠合兵家之言然小賊雖狡猾故成擒耳未戰
而退先自摧衄亦古之所忌且邵存已據賊壘威勢
既振不可退一步也於是遣治書御史郝嘏爲行臺
催攝令進討豹欲遲進鑒執不聽協又奏免鑒官委
豹爲前鋒以鑒兵配之降號折衝將軍以責後効

宋臧質爲雍州刺史時太祖北伐使質率所統見兵
向潼關質頓兵近郊不肯時發獨遣司馬柳元景屯
兵境上不時進軍質又顧戀嬖妾棄營單馬還城散
用臺庫見錢六百萬爲有司所糾帝不問也

南齊李安民爲領軍將軍屯壽春時淮北四州聞太
祖受命咸欲南歸至是徐州人桓摽之兗州人徐猛
子等合義衆數萬砦險求援太祖詔曰青徐四州義
舉雲集安民可長轡退潛指授羣帥安民赴救留遲

虜急兵攻摽之等皆沒帝甚責之

梁鄧元起武帝時爲平西將軍益州刺史詔以西昌
侯蕭藻代之是時梁州長史夏侯道遷以南鄭叛引
魏人白馬戍王尹天寶馳使報蜀魏將王景胤孔陵
寇東西晉壽並遣告急衆勸元起急救之元起曰朝
廷萬里軍不卒至若寇賊侵淫方須撲討董督之任
非我而誰何事怱怱便救長史庾黔婁等苦諫之皆
不從高祖亦假元起節征討諸軍將救漢中比至魏
已攻陷兩晉壽蕭藻將至元起頗營還裝糧儲器械
略無遺者藻入城甚望之因表其逗遛不憂軍事收

付州獄於是自縊

唐竇琮高祖義寧初爲右領軍大將軍時隋河陽都尉獨孤武潜謀歸國乃令琮以步騎一萬自栢崖道應接之遲留不進武見殺坐是除名

段志玄太宗時爲左驍衛大將軍遣率兵往青海掩吐谷渾良馬志玄去青海三十里遲留不進坐免官

張文幹行撫州刺史平壤道行軍總管貞觀十九年征遼迴次易州文幹以渡海多覆舟船詔追逗遛不赴斬之

韋待價則天永昌初爲安息道大總管與副大總管

安西大都護温古征吐蕃遷留不進待價配流繡州温古處斬

李光弼爲河南淮南山南東道荆南等道副元帥封臨淮王廣德初吐蕃入寇京畿代宗詔徵天下兵光弼與程元振不協遷延不至十月西戎犯京師代宗幸陝

李正巳爲淄青節度使大曆十年魏博節度田承嗣之叛也正巳與成德軍節度使李寶臣同會於冀州之棗强縣進圍貝州承嗣發精兵寇磁州爲貝州援寶臣等見承嗣兵出各退守行營淮西節度使李忠

臣聞之棄備州偃月城濟河而南屯於陽武

桂仲武憲宗元和十五年爲安南都護先是安南兵亂殺都護李象古朝廷以仲武簡廉有材用委以緝綏仲武既行遇南兵方擾逗遛不進貶安州刺史以裴行立代焉

周王峻爲樞密使討并寇太祖廣順元年十二月峻遣供奉官翟守素奏臣所差侁弘超等襲賊軍至霍邑路追及敵諜感煞其賊黨人騎投崖墮澗不可稱計賜翟守素幣帛袍帶先是王萬敢嬰城拒賊攻之甚急太祖命峻將兵先進欲因幸維都更以禁軍繼

之至是峻言劉崇一行棄甲而遁遣仇弘超掩襲逐至霍邑當險阻之路也弘超無勇緩兵賊遂安然辭去若弘超擊疾雷之勢則彼無孑遺矣蓋峻不能自率師而逐之致悞大事非將帥之才也

武守琦爲左廂都較顯德四年世宗幸淮南帝令守琦帥驍騎數百徑趣維楊路出於高郵高郵乃揚州大邑素多儲峙守琦利其糧草不時而進故吴人因得虜其士庶渡江南去後數日王人至揚州乃督衆以救焚故其寺觀廬舍僅有存者及閱其遺民唯殘癃十數人而已

軍不整

夫整軍經武安民和衆將帥之職也故先庚後甲以申其號令鉦金伐鼓以飾其進退旣有嚴而有翼且必誠而必信俾等夷有序上下無譁靡犯於秋毫克貞於師律者率是道也乃有失制勝之略無馭衆之法或臨敵而先却或陳隙而自潰或虔劉於黎庶或剽掠於玉帛因緣縱暴倡狂莫遏卒使國威斯損民怨是歛采諸方册咸用論次百代而下足爲鑒戒者已

荀林父晉大夫也（桓子）將中軍魯宣公十二年帥師及

楚子戰于邲楚師車馳卒奔乘晉軍桓子不知所爲鼓於軍中曰先濟者有賞中軍下軍爭舟舟中之指可掬也及昬楚師軍於邲晉之餘師不能軍（不能成營也）宵濟亦終夜有聲（言其兵衆將不能用）

季康子魯大夫哀公七年秋伐邾師遂入邾處其公宮衆師晝掠（虜掠取財物也）邾衆保于繹（繹邾山也在鄒縣北）師宵掠以邾子益來（益邾隱公也晝夜掠傳言康子無法）

後漢吳漢爲大司馬建武二年南郡人秦豐據黎丘董訢起堵鄉許邯起杏又更始諸將各擁兵據南陽諸城光武遣漢伐之漢軍所過多侵暴時破虜將軍鄧奉謁歸新野怒漢掠其鄉里遂反擊破漢軍

晉祖逖元帝時爲徐州刺史尋徵軍諮祭酒居丹徒之京口逖以社稷傾覆常懷振復之志賓客義從皆暴桀勇士逖遇之如子弟時揚土大饑此輩多爲盜賊攻剽富室逖撫慰問之曰比復南塘一出不或爲吏所繩逖輒擁護救解之談者以此少逖然自若也

王敦元帝時爲鎮東大將軍經略指麾千里之外肅然而麾下擾而不能整

梁曹景宗仕齊爲游擊將軍及高祖爲雍州刺史景宗深自結附高祖以景宗爲軍鋒與王茂呂僧珍掎

角破王珍國於大航景宗軍士皆桀黠無賴御道左右莫非富室抄掠財物略奪子女景宗不能禁

臨川王宏爲揚州刺史天監四年都督諸軍侵魏軍次雒口宏部分乖方多違朝制九月雒口軍潰宏棄衆走其夜暴風雨軍驚宏與數騎逃亡諸將求宏不得衆散而歸棄甲投戈填滿水陸捐棄病者彊壯僅得脫身宏乘小船濟江夜至白石壘欵城門求入臨汝侯登城謂曰百萬之師一朝奔潰國之存亡未可知也恐奸人乘間爲變城門不可夜開宏無辭以對乃縋食餉之

邵陵王綸爲中衛將軍侯景搆逆加征討大都督綸與前高州刺史李遷仕援兵至北岸百姓扶老携幼以候王師纔得過淮便競剝掠賊黨有欲自拔者聞之咸止

後周權景宣爲荆州總管時陳湘州刺史華皎舉州欵附表請援兵勑景宣就水軍與皎俱下景宣到夏口陳人已至而景宣以任遇隆重遂驕傲縱恣多自矜伐兼納賄貨指麾節度朝出夕改將士憤怒莫肯用命及水軍始交一時奔北船艦器仗略無孑遺時衛公直總督諸軍以景宣負敗欲繩以軍法朝廷不

忍加罪遣使就軍赦之尋遇疾卒

隋韋冲高祖開皇中爲寧州總管其兄子伯仁隨冲在府掠人之妻士卒縱暴邊人失望帝聞而大怒令蜀王秀治其事益州刺史元巖性方正案冲無所寬貸冲竟坐免

韓擒虎爲廬州總管以平陳功進位上柱國有司劾擒虎放縱士卒淫汙陳宮坐此不加爵邑

唐崔光遠肅宗上元中爲劒南節度使梓州刺史段子章反東川節度使李奐敗走投光遠光遠率將花驚定等討平之將士肆其剽劫婦女有臂串金銀釧者皆斷其腕以取之亂殺數千人光遠不能禁

郭英乂爲神策軍節度使代宗初元帥雍王自陜統諸軍討賊雒陽留英乂在陜爲後殿東都平以英乂權知東都留守時東都再經賊亂朔方軍及英乂魚朝恩等軍不能禁暴與廻紇縱掠坊市及鄭汝等州比屋蕩盡人悉以紙爲衣或有裸身者

李抱玉爲鳳翔節度使大曆五年抱玉自鳳翔移鎮盩厔縣鳳翔將士以移鎮忿怨縱兵大掠鳳翔坊市因燒草積居人擾駭數日方定

李忠臣爲淮南節度使大曆二年同華節使周智光

據州反忠臣入覲次潼關聞智光阻兵驅所部將徒禦之及智光死忠臣進兵入華州大掠自赤水關二百里間畜產財物殆盡官吏至有着紙衣或數日不食者又大曆十一年與河陽三城使馬燧各率所部官兵次于鄭州逆賊李靈耀盜張旗幟來犯我師淮西軍驕而無謀河陽軍勇不設備及聞賊至忠臣惶遽退卻燧亦隨之頓軍于滎澤淮西士卒潰者十五六西至汝葉北至河雒道路相繼鄭州士庶悚駭竄避皆趣東都城鄭州村落殆空

劉昌爲宣武軍兵馬使德宗貞元三年昌率其衆自

坊州赴靈臺旣次三原遂縱掠一夕時淮西散兵百
餘人隷於昌及是昌歸罪淮西兵盡殺之
王朝幹爲渾瑊將吐蕃圍隴州瑊遣朝幹以衆二千
戍鳳翔及岐山遂縱剽掠信宿方定
劉悟穆宗時爲昭義軍節度使時監軍劉承偕頗恃
恩權嘗對衆辱悟又縱其下以亂法悟不能平異日
有中使至承偕宴之請悟悟欲往左右皆曰往則必
爲其困辱衆因亂悟不止之遂擒承偕至牙門殺其
二僕欲并害承偕悟救之獲免
梁李思安爲簡較左僕射亳州刺史爲性不勇悍每

每統戎臨敵不大勝必大敗開元元年春率兵伐幽
州營於桑乾河虜獲甚衆燕人大懼及軍迴滋累月
不克師人多逸太祖怒甚詔疏其罪盡奪其官爵委
本郡以民户係焉踰歲起之復令領兵亦無鉅績可
紀
胡規爲北面招討使乾化初使河南尹張宗奭奏規
修河軍人擾村閭殺樹奪稅户絲羣衆以石磔人太
祖曰我今以河南府積薪治敗岸且有將領何敢是
耶翌日命宣徽院使趙殷衡押領規及六軍使巳下
往鄴外閱視林木至榆林巳來園林果木砍伐殆盡
仍招伏軍人侵奪百姓財物下詔曰胡規比緣微効
遂委劇權不能禁戢諸軍而敢侵凌百姓輒生狂計
欲起亂階備見包藏何堪委用從來蒐遴巳露鋒鋩
此際侮輕疋量肝膽苟無極斷慮擾後艱胡規并男
義方委宗奭准軍令處置其婦女任從所適都指揮
使韓勍巳下一十二人罰俸有差
後唐李存信爲都指揮使初朱瑄朱瑾再乞師於武
皇武皇假道於魏州羅弘信委之乃令存信將步騎
三萬與李承嗣史儼會軍以拒汴人存信軍於莘與
朱瑾合勢頻挫汴軍汴師患之乃反間魏人存信御

兵無法稍侵魏之芻牧者弘信乃與汴師通出師三
萬攻存信軍存信揭營而退保於雒州
晉丁審琪爲延州節度使審琪部曲潢千人失於簡
御民甚苦之軍較賀行政等與蕃部連結聚衆攻城
幾遭屠滅賴鄜道軍救解幸獲保全尋受代歸闕
周馬鐸漢末爲申州刺史監兵在尉氏縣會太祖在
澶淵爲衆軍迫請爲主王峻在京以許州節度使劉
信是漢之宗室遣鐸至許州圖之鐸至信自殺鐸不
能戢兵而徹有所掠太祖知而怒之不時任使

册府元龜

巡按福建監察御史臣李嗣京　訂正
分守建南道左布政使臣胡維霖　叅閱
知建陽縣事臣黄國琦較釋

將帥部

觀望　生事

觀望

夫臣之事上貳乃有辟剗乎冠萬夫而爲長屬四郊之多壘不念同體之義罔思利國之訓乃或自蓄疑貳窺伺間隙沉機不斷逆節是萌天非可欺罪將焉

往此蓋自王道弗競霸圖是興其有奮自匹夫遽操兵柄昧靈命之攸屬懐野心而弗靖失其去就之分處於疑豫之際亦有時鍾内難事起蕭墻力遏外虞兵宿原野或坐觀於成敗或詭取於進退至若始存忠順爰兹委用終以嫌間釁然失圖遽始叛盗之名宜乎春秋所貶者巳

漢英布初與項籍入咸陽爲前鋒項籍封諸將立布爲九江王都六齊王田榮叛楚項王往擊齊徵兵九江布稱病不往遣將數千人行漢之敗楚彭城布又稱病不佐楚項王由此怨布數使使譙讓召布譙讓責之也音在笑切布愈恐不敢往項王方北憂齊趙西患漢所與者獨布又多其材欲親用之以故未擊

任安爲監北軍使者戾太子反召安發北軍兵安受節巳閉軍門不肯應太子太子敗安坐受太子節懐二心腰斬

後漢隗囂爲西州大將軍初囂與來歙馬援相善建武初光武數使歙援奉使往來勸令入朝許以重爵囂不欲東運遣使深持謙辭言無功德須四方平定退伏閭里

劉表爲荆州刺史時江南宗賊大盛表使南郡人蒯

越誘賊師皆斬之而襲取其衆諸守令聞表威名多解印綬去表遂理兵襄陽以觀時變及李傕郭汜入長安欲連表爲援乃以表爲鎮南將軍荆州牧封成武侯假節時太子都許表雖遣使貢獻然北與袁紹相結治中鄧義諫表表不聽

晉劉弘永嘉末爲荆州刺史時天下雖亂荆州安全弘與劉景升保有江漢之志不傳司馬越越甚銜之會弘病卒

郗隆爲東郡太守隆少爲趙王倫所善及倫專權召爲散騎常侍倫之篡也以爲揚州刺史尋加寧東將

軍未拜而齊王冏檄至中州人在軍者皆欲赴義隆以兄子鑒為趙王掾諸王子悉在京洛故猶豫未決主簿趙誘前秀才虞潭白隆曰當今上計明使君自將精兵徑赴齊王中計明使君可留督撫遣猛將率精兵速赴下計示遣兵將助而稱背倫隆素敬別駕顧彥密與謀之彥曰趙誘下計乃上策也西曹留承聞彥言請見曰不審明使君當今何施隆曰我俱受二帝恩無所偏助惟欲守州而已承曰天下者世祖皇帝之天下也太上承代已積十年今上取四海不平齊王應天順時成敗之事可見使君若顧二帝

自可不行宜悉下檄文速遣精兵猛將若其疑惑此州豈可得保也隆無所言而停檄六日時寧遠將軍陳留王邃鎮東海都尉鎮石頭隆軍人西赴邃甚重隆遣從事於牛渚禁之不得止將士憤怒夜掖扶邃為主而攻之隆父子皆死顧彥亦被害

甘卓為安南將軍鎮襄陽王敦稱兵遣使告卓卓乃僞許而心不同之及敦攻譙王承於湘州卓勸承固守當出兵沔口御敦歸路遂乞師於卓卓軍次睹口聞王師敗績停師不進

麴允為雍州刺史安定太守焦嵩率衆據雍州劉曜之逼京都允告難於嵩嵩素侮允曰須允困當救之及京都敗嵩亦尋為寇所滅

蘇峻元帝時為鷹揚將軍會周堅反於彭城峻助討之有功除淮陵內史遷蘭陵相王敦作逆詔峻討敦卜之不吉遲迴不進及王師敗績峻退保盱眙淮陵故吏徐深文毅重請峻為內史詔聽之加奮威將軍

宋吳喜為假冠將軍督豫州諸軍事太宗即位四方叛亂喜東征白太宗得尋陽王子房及諸賊帥即於東征梟斬東土既平喜見南賊方熾慮後翻覆受禍乃生送子房還都凡諸大王帥顧琛王曇生之徒皆

親全活帝以喜新立大功不問也而內密銜之

陳侯瑱為侍中江州刺史鎮豫章瑱據中流兵甲强盛又以本事王僧辯雖外示臣節未有入朝意

周廸為臨川內史時周文育之討蕭勃也廸按甲保境以觀成敗文育使長史陸遷才說廸廸乃大出糧餉以資文育勃平以功加振遠將軍遷江州刺史熊曇朗之反也廸與周敷黃法𣰰等率兵攻圍曇朗屠之盡有其衆王琳敗後世祖徵廸出鎮湓城又徵其子入朝廸趑趄顧望並不至

魯悉達梁末以侯景之亂糾率鄉人保新蔡及晉熙

等五郡及王琳據上流琳授悉達鎮北將軍高祖亦遣趙知禮授征西將軍江州刺史各送鼓吹女樂悉達兩授之遷延顧望皆不就高祖遣安西將軍沈泰潛師襲之不能克濟遣行臺慕容紹宗以衆三萬來攻欝口諸鎮兵甲甚盛悉達與戰敗齊軍紹宗僅以身免王琳欲圖東下以悉達制其流恐爲已患頻使招誘悉達終不從琳不得下乃連結于齊共爲表裏齊遣清河王高岳助之相持歲餘會裨將梅天養等懼罪乃引齊軍入城悉達勒麾下數人濟江而歸高祖高祖見之甚喜曰來何遲也悉達對曰臣鎮撫上

流願爲藩屏陛下授臣以官恩至厚矣沈泰襲臣威以深矣然臣所以自歸於陛下者以陛下豁達大度同符漢祖故也高祖笑曰卿言得之矣授平南將軍散騎常侍北江州刺史封彭澤縣侯

後魏源子恭爲平南將軍元顥之入雒也加子恭車騎將軍子恭不敢拒之而頻遣間使參莊帝動靜未幾顥敗車駕還雒進征南將軍兼右僕射假車騎將軍

後周李遷哲初仕梁爲都督東梁洵興等七州諸軍事東梁州刺史及侯景篡逆諸王爭帝遷哲外禦邊寇自守而已

隋虞慶則開皇二年冬突厥入寇慶則爲元帥討之部分失所士卒多寒凍墮指者千餘人偏將達奚長儒率騎兵二千人別道邀賊爲虜所圍甚急慶則按營不救由是長儒孤軍獨戰死者十八九帝不之責也

唐李光弼爲河南副元帥鎮臨淮吐蕃入寇京畿代宗詔徵天下兵光弼與中使程元振不叶遷延不至

韓滉爲鎮海軍節度自關中多難滉即懷窺望於所部開梁築石頭五城自京口拒玉山禁馬牛出境造

樓船戰艦三千餘艘以舟師五千人繇海揚威武至申浦而還毀撤上元縣佛寺道觀三千餘所修塢壁起建業抵京峴樓雉相屬以佛殿材於石頭城繕置館第數十聲言將奉迎鑾駕實中儆自守也城中穿井深數十餘丈近百所下爲江平俾偏將丘涔董作涔酷虐士卒日役數千人朝令夕辦去城十數里內先賢丘墓多被侵毀又追李長榮等戍軍還以其所親吏盧復爲宣州刺史採石軍使增置營壘教習長兵以佛寺銅鍾鑄弩牙兵器陳少游時鎮揚州以兵甲三千人臨江大閱與滉境會滉亦以三千兵臨金

山與少游相應樓船於江中以金銀繒綵手相聘賚
韓弘爲宣武軍節度使弘既久鎮大梁威譽封部謂
朝廷畏已爵秩屢加凡更三朝未嘗意入覲徐泗齊
蔡前後有阻兵者弘每資冦觀望屢貽國憂及聞憲
宗英武神斷累殄劇賊弘意寖懼十三年詔誅李師
道弘遂不敢翫冦以兵圍曹州來年春師道梟首七
月弘朝京師又云弘貞元十五年繇汴州大將試大理評事爲節度使至元和十四年凡二十一年矣未聞有脩覲之意及既戮元濟師道方懼而來
烏重胤爲橫海軍節度使及屯軍深州以賊憑陵未
可輕進觀望累月穆宗恚於誅討遂以杜叔良代之

以重胤檢校司徒兼興元尹充山南西道節度使
梁朱友謙梁祖建號爲河中節度簡較太尉累拜中
書令封冀王及朱友珪弒逆友謙意不懌雖勉奉僞
命中懷怏怏友珪徵之友謙辭以北面侵軼謂賓友
曰珪是先帝假子敢行大逆餘位列繼誠恩踰父子
論功較德何讓伊人詎以王平附託之恩屈身於逆
豎之手遂不奉命其年八月友珪遣大將牛存節度
懷英韓勍攻之友謙乞師於莊宗莊宗親總軍赴援
與汴軍遇於平陽大破之因與友謙會於猗氏友謙
盛陳感慨願敦盟約末帝嗣位以恩禮結其心友謙
亦遜辭稱藩行其正朔天祐十七年友謙襲取同州
以其子令德爲帥請節鉞於梁不獲友謙即請之於
莊宗莊宗令慕容王正言以節旄賜之
後唐張萬進爲滄州都督萬進殺留後留繼威自爲
滄州納欵於朱梁亦遣使乞降於莊宗莊宗馳書慰
勞繼威守光之宗也或謂萬進曰河東已許守光白
新萬進懼繇是堅附於朱梁
康義誠爲侍衛親軍都指揮使河陽節度使長興末
加同平章事秦王爲天下兵馬元帥氣焰灼大臣皆
懼求爲外任義誠以明宗委遇無以解退乃令其子

以弓馬事秦王冀自保全明宗不豫秦王諷義誠爲
助義誠曲意承奉亦非其誠及朱弘昭馮贇等懼禍
謀於義誠義誠但云僕爲將較不敢預議但相公所
使耳及秦王既誅閔帝即位加簡較太尉兼侍中判
六軍諸衛事
趙德鈞爲幽州節度清泰末太原兵亂乃以德鈞爲
諸道行營都統其子延壽爲河東道南面行營招討
使以劉延朗副之又以范延光爲河東道南面行營
招討使以李周副之帝以呂琦嘗佐幽州幕乃命賚
都統官誥以賜德鈞兼犒軍士琦至從容宜帝委任

之意德鈞曰旣以兵相委焉敢惜死德鈞志在併范延光軍奏請與延光會合帝以詔諭延光不從大軍旣至團柏谷前鋒殺蕃軍五百騎范延光軍又至榆次蕃軍退入河東川界時德鈞累奏乞與延壽鎭州節度帝怒曰德鈞父子堅要鎭州苟能逐退蕃戎要代子位亦甘心矣若翫寇要君但恐犬兎俱斃德鈞聞之不悅

李彝殷鎭夏州傲覗中原凡賊臣不逞必陰相締結冀其輸貨應援李守貞出兵境上以詶其旣朝廷知其心羈縻之

漢田再榮仕晉爲護聖左廂都指揮使開運末契丹犯闕明年虜王北去再榮從虜帳至眞定其年閏七月晦李筠何福進相率殺虜師麻荅據甲仗庫勢未退筠等使人召再榮再榮端坐本營遲疑久之爲軍吏道所迫乃行翊日逐出麻荅諸軍以再榮名次在諸較之右乃請權知留後事

生事

甲胄與戎商書之爲戒虎兕出柙孔聖之攸譏豈得兵火自焚驪弩輕發是故狼貪著於軍令兒戲存乎帝語漢氏而下將非一塗或任總邊寄身當臨敵或扞守與國討伐叛黨而有肆志以逞矢謀不臧苟貪天功罔恤時難蹶是專任巳力構發釁端啟內侮之階棄在和之訓靡思康靖姑務煩黷失親善之爲寶忘懷安之遠慮横法以繩下苟求以致愆敗乃大事職此之由辱國受誅悔將奚及者矣

漢王恢爲大行諫議陰使馬邑豪聶壹爲間(間音居莧切)亡入匈奴謂單于曰吾能斬馬邑令丞以城降財物可盡得單于愛信之以爲然可許之聶壹乃詐斬死罪囚縣其頭馬邑城下(縣讀曰懸)視單于使者爲信(視讀曰示)曰馬邑長吏巳死可急來於是單于穿塞將十萬騎

入武州塞(在鴈門)當是時漢伏兵車騎材官三十餘萬匿馬邑旁谷中衛尉李廣爲驍騎將軍太僕公孫賀爲輕車將軍大行王恢爲將屯將軍大中大夫李息爲材官將軍御史大夫韓安國爲護軍將軍諸將皆屬約單于入馬邑總兵王恢李息別從代主擊輜重(輜衣車衣重謂載重物車也故行者之資總曰輜重音直用切)於是單于入塞未至馬邑百餘里覺之還去恢等罷兵於是下恢廷尉廷尉論恢逗撓當斬恢行千金丞相蚡蚡不敢言上而言於太后曰王恢首爲馬邑事今不成而誅恢是爲匈奴報仇也武帝朝太后太后以蚡言告帝帝曰首

馬邑事者恢故發天下兵數十萬從其言爲此且縱單于不可得恢所部擊輜頗可得尉士大夫心或當得其輜重人衆也古尉字止如此今不誅恢無以謝天下於是恢聞乃自殺

後漢朱徽行度遼將軍和帝永元中南單于與中郎將杜崇不相平廼上書告崇崇諷西河太守令斷單于章無繇自聞而崇因與徽上言南單于安國疎遠故胡親近新降欲殺左賢王師子及左臺且渠劉利等又右部降者謀兵迫脅安國起兵背畔請西河上郡去定爲之儆備帝下公卿議皆以爲蠻夷反覆難

測知然大兵聚會未必敢動搖今宜遣有方畧使者之單于庭與崇徽及西河太守并力觀其動靜如無它變可令崇等就安國會其左右大臣責其部衆橫暴爲邊害者共平罪誅若不從命令爲權時方畧事畢之後裁行客賜言以主客之禮裁量賜物不多與也亦足以威示百蠻帝從之於是徽崇遂發兵造其庭安國夜聞漢軍至大驚棄帳而去因舉兵及將新降者欲誅師子師子先知乃悉將廬落入曼柏城安國追到城下門閉不得入徽遣使譬和之安國不聽城旣不下乃引兵屯五原崇徽因發諸部騎追赴之急衆皆大恐安國舅骨都侯喜爲等慮并被誅乃格殺安國安國王立一年單于適之師子立亭獨戶逐侯鞮單于師子永和六年立降胡五六百人夜襲師子安集掾王恬將衞人士與戰破之於是新降胡遂相驚動十五部二十餘萬人皆反畔脅立前單于屯屠何子薁鞮日逐王逢侯爲單于所殺畧吏人燔燒郵亭廬帳將軍重向朔方欲度漠北於是遣行車騎將軍鄧鴻越騎較尉馮柱與徽將左右羽林北軍五較士及郡國積射緣邊兵烏桓較尉任尚將烏桓鮮卑合四萬人討之時南單于及崇屯牧師城逢侯將萬餘騎攻圍之

未下冬鄧鴻等至美稷逢侯乃乘兵度臨向蒲夷谷南單于遣子將萬騎及崇所領四千騎與鄧鴻等追擊逢侯於大城塞斬首三千餘級得生口及降者萬餘人馮柱復分兵追擊其別部斬首四千餘級任尚率鮮卑大都護蘇拔廆烏桓大人勿柯八千騎要擊逢侯於蒲夷谷復大破之前後凡斬萬七千餘級逢侯遂率衆出塞漢兵不能追七年正月軍還馮柱將虎牙營留屯五原罷遣鮮卑烏桓羌胡兵封蘇拔廆爲率衆王又賜金帛鄧鴻還京師坐逗遛失利下獄死後帝知徽崇失胡和又禁其上書以致反畔

皆徵下獄死

耿夔代鄧遵爲度遼將軍時鮮卑寇邊夔與温禺犢王呼尤徵將新降者連年出塞討擊鮮卑還復各令屯列衝要還使新降者屯列衝要而夔徵發煩劇新降者皆悉恨謀畔

王敬爲燉煌長史桓帝時長史趙評在于寘病癰死評子迎喪道經拘彌王成國與于寘王建素有隙乃與評子云于寘王令胡醫持毒藥著創中故致死耳評子信之還入塞以告燉煌太守馬達明年以敬代爲長史達令敬隱覈其事敬先過拘彌成國復說云

于寘國人欲以我爲王今可因此罪誅建于寘必服矣敬貪立功名且受成國之說前到于寘設供具請建而陰圖之或以敬謀告建建不信曰我無罪王長史何爲欲殺我且日建從官屬數十人詣敬坐定建起行酒敬叱左右執之吏士並無殺建意官屬悉得奔走時成國主簿秦牧隨敬在會持刀出曰大事已定何爲復疑卽前斬建于寘侯將輸僰等遂會兵攻敬敬持建頭上樓宣告曰天子使我誅建耳于寘侯將遂焚營舍燒殺吏士上樓斬敬懸首於市輸僰欲自立爲王國人殺之而立建子安國爲馬達聞之欲將諸郡兵出塞擊于寘桓帝不聽徵達還而以宋亮代爲燉煌太守亮到開募于寘令自斬輸僰時輸僰死已經月乃斷死人頭送燉煌而不言其狀亮後知其詐而竟不能出兵于寘恃此遂驕

陳泰字伯玄爲雍州刺史時司馬景王秉政泰求勑并州并力討胡景王從之未集而鴈門新興二郡以爲將遠役遂驚反景王又謝朝士曰此我過也非玄伯之責

宋張邵爲征虜將軍領南蠻校尉都督南雍州刺史文帝元嘉中丹折一州蠻屬爲寇邵誘其帥因出大

會誅之悉掩其徒黨旣失信羣蠻所在並起水陸斷絶邵子敷至襄陽定省當還都郡蠻伺欲取之會蠕蠕國遣使朝貢賊以爲敷遂執之邵坐降號揚烈將軍

申坦爲寧朔將軍徐州刺史孝武大明元年魏攻兗州帝遣太子左衛率薛安都新除東陽太守沈法系北捍至兗州魏軍已去坦諫建議任臻亡命屢犯邊民軍出無功宜因此翦撲帝從之亡命先已聞知舉村逬走安都與法系坐白衣領職坦棄市羣臣爲之請莫能得將行刑始興公沈慶之入市抱坦慟哭曰

卿無罪爲朝廷所枉誅我入市亦當不久市官以白
帝乃原其命擊尚方尋被宥後爲驍騎將軍
後魏奚牧爲并州刺史道武時并州與後秦姚興接界與頗冦邊牧乃與興書稱頓首均禮抗之責興侵邊不直之意興國和通恨之有言於道武道武殺之
盧昶爲鎭東徐州刺史宣武時梁琅邪郡民王萬壽等殺朐山戍主劉術昶遣郯城戍副張天惠赴之帥據其城旣克梁朐山戍帝遣虎賁四千人赴之昶旣儒生本少將畧又羊祉子爕爲昶司馬專征戍事掩昶耳目將士怨之朐山戍主傅文驥糧樵俱罄以城

降梁昶見城降於是先走退諸軍相尋奔遁遇大寒雪軍人凍死及落手足者三分而二自國家經畧江左唯有中山王英敗於鍾離昶於朐山失利最爲甚焉
唐孫佺爲幽州都督睿宗延和元年將兵二萬八千以襲奚師至冷陘並沒焉佺爲虜所擒送於默啜副使將軍周以悌死之將軍李楷落烏可利張貞楷落挺身以出初佺之將行也烏可利諫曰暑熱道險懸師遠襲舉非其時往而必敗佺曰薛訥言在邊積有年矣然竟不能復營州使東北無事今與公同心戮力掩其不備可以有功道險暑熱安能避乎於是遂行命李楷落將騎兵四千爲前軍遇賊八千騎與戰楷落敗佺素怯懦見賊至驚懼率衆欲還又爲虜所敗廼投惡山爲營列方陣而待之虜謂佺曰旣以和親何得輕來襲我佺曰吾來和親爾虜曰若和親國信物安在佺悉軍資以與之虜得而更戰軍遂大敗至夜衆餘七千佺謂衆曰帥兵南還於是兵皆散走佺爲虜所得佺敗處去塞千餘里
王君㚟爲右羽林軍大將軍判凉州都督玄宗開元十五年與廻紇戰死初凉州界有廻紇契苾思結渾

四部落代爲首長君㚟微時往來凉府爲廻紇等所輕及君㚟爲河西節度使廻紇等怏怏耻在其麾下君㚟以法繩之廻紇等積怨密使人詣更都自陳枉狀君㚟發驛奏廻紇部落難制潛有叛謀帝使中使往按問之廻紇等竟不得理由是瀚海大都督廻紇承宗長流瀼水渾大得長流古州賀蘭都督契苾承朗長流契滕州盧山都督思結歸國長流瓊州右散騎常侍李令問特進契苾嵩以與廻紇等婚姻貶令問爲撫州別駕嵩爲連州別駕於是承宗之黨瀚海州司馬護輸糾合黨與謀殺君㚟以復其怨會吐蕃

使間道往突厥君奐率精騎往徐州掩之還至井州南犛茌驛護輸伏兵突起奪君奐旌節先殺其左右宋貞剖其心云是其始謀也君奐從數千人與賊力戰自朝至晡左右盡死遂殺君奐駄其屍以奔吐蕃追兵及護輸遂棄君奐屍而走玄宗甚痛惜之

鮮于仲通為劍南節度使玄宗天寶七載南詔閤羅鳳襲雲南仲通褊急寡謀及雲南太守張虔陁矯詐遇之不以禮舊事南詔嘗與其妻女謁見都督虔陁皆私之又有所徵求閤羅鳳皆不應虔陁遣人罵辱之仍密奏其罪惡閤羅鳳忿怨因發兵反攻圍虔陁

殺之時天寶九載也明年仲通率兵出戎嶲州閤羅鳳遣使謝罪仍與雲中錄事參軍姜如芝俱來請還其所擄掠且言吐蕃大兵壓境若不許當歸命吐蕃雲南之地非唐有也仲通不許囚其使進軍逼天和城為南詔所敗天寶十三載閤羅鳳既臣吐蕃劍南節度使楊國忠執國政仍奏徵天下兵俾留後侍御史李宓將十餘萬輩餉者在外涉毒瘴死者相屬於路天下始騷然苦之宓復敗於大和城北死者十八九會安祿山反閤羅鳳乘釁攻陷嶲州

韓滉為潤州節度貞元二年滉朝京師時兩河罷兵中土寧乂滉上言吐蕃盜有河湟為日已久大曆以前中國多難所以肆其侵軼臣聞其近歲以來兵衆寖弱西迫大食之强北病迴紇之衆東有南詔之防計其分鎮之外戰兵在河隴者五六萬而已國家若令三數良將長驅十萬衆於京鄯洮渭並脩堅城各置三萬人足當守禦之要臣請以當道所貯蓄財賦為饋餉之資以充三年之費然後營田積粟且耕且戰河隴二十餘州復之可翹足而待也德宗甚納其言滉之來也至汴州厚結劉玄佐將薦其可任邊事玄佐納其賂因許之及其來覲帝訪問焉初頗領命

及滉以病歸第玄佐意怠遂辭邊任盛陳犬戎未衰不可輕進無幾滉薨竟寢其事人亦幸焉

田縉為夏州節度使以貪猥侵擾黨項苦之屢引西戎犯塞元和末大兵入寇邊將郝玼數襲擊蕃壘殺戮甚衆邠州李光顏復以全師至而戎人懼而退蓋田縉始生國患而賴光顏郝玼之驅戮也

後唐李仁矩為閬州節度使長興元年十月供奉官張仁暉自利州廻奏董璋自率兇黨攻陷閬州仁矩舉家擒戮仁矩始為客將預逢興運錄趨走之勞擢居蕃任才疎謀淺率以此敗初朝廷昇閬州為節度

制以仁矩代孫岳物議不可及仁矩至鎮偵璋所爲曲形奏報地里遐邇朝廷莫知事實激成璋反狀繇仁矩也

晉安重榮爲鎮州節度制使天福六年五月執契丹使拽剌以輕騎掠幽州南境之民處於博野乃貢表及馳書天下述契丹受天子事父之禮貪傲無厭困中國之民供億不逮已繕治甲兵將與决戰高祖發使諭而止之

景延廣爲侍衛親軍都指揮使少帝卽位加平章事始朝廷遣使告哀北虜無表致書去臣稱孫虜怒遣

使來讓延廣乃奏令契丹廻圖使喬榮告戎王曰先帝則北朝所立今上則中國自册爲隣爲孫則可無稱臣之禮且言晉朝有十萬口横磨劍翁若要戰則早來他日不禁孫子則取笑天下當成後悔矣繇是與虜力敵干戈日尋初高祖在位時宣借楊光遠騎兵數百延廣請下詔追還光遠繇此怨延廣愬朝廷廣遣閻使汎海構虜

周張建武爲寶州刺史廣順三年十月責授左司禦率府副率制曰頃以野鷄蕃族亟賊邊陲俾爾率領兵師於彼進討殺牛族兆戸素不陸梁而無故侵擾致其鬭敵彼戎旣然殺戮去者寧不夷傷俾將士羅殃職爾之罪授之散秩實爲寬恩爾當再三深自咎責可行左司禦率府副率

巡按福建監察御史臣李嗣京 訂正
知長樂縣事臣夏允彝 恭閱
知建陽縣事臣黄國琦 較釋

將帥部 一百八

違約 徇私 縱敵 較敵

違約

夫言忠信雖蠻貊而有可往德無常雖巫醫而不可爲蓋必誠無苟之謂矣而况居將臣之任奉征討之寄受脤而行成師以出或廟謀先定或軍志夙成故

宜寒暑之不踰律吕之相應乃能奮武畧揚威靈平强寇絶後患獻功於明廷受爵於大室者矣其有違明約徇偏見或見利而輕動或臨危而苟免失在秬之義成否臧之凶故宜殞身於戰陣歸罪於司敗者也或有心靡顧望力難自濟雖法所不舍亦理有可悉苟原情而未減故來效而可收焉

漢張騫爲衛尉武帝元狩二年封博望侯與郎中令李廣俱出右北平異道廣將四千騎先至騫將萬騎後匈奴左賢王將數萬騎圍廣廣與戰二日死者過半所殺亦過當騫至匈奴引兵去騫坐行留斬當贖爲庶人軍行而輒留去

公孫敖爲護軍都尉合騎侯元狩三年夏坐行留不與驃騎將軍會當斬贖爲庶人

李廣爲前將軍元狩四年從大將軍衛青出塞青捕虜知單于所居迺自以精兵走之奏而令廣并於右將軍軍出東道并合也合東道少回遠回繞也大軍行水草少其勢不屯行以水草少不可羣輩也廣辭曰臣部爲前將軍今大將軍乃徙臣出東道且臣結髮而與匈奴戰言伊勝冠即在戰陣迺今一得當單于臣願居前先死單于致死而取單于大將軍弗聽而就部引兵與右將軍食其

合軍出東道趙食其也食音異其音基或失道後大將軍惑迷也在後不及期也大將軍與單于接戰單于遯走弗能得而還南絶幕乃遇兩將軍絶度也廣已見大將軍還入軍大將軍使人問其失道狀廣遂自殺右將軍食其當斬贖爲庶人

路博德爲伏波將軍元鼎中遣與樓船將軍楊僕討南粵樓船將軍將精兵先陷尋陿破石門得粵船粟因推而前挫粵鋒以挫粵數萬人待伏波將軍將罪人道遠後期與樓船會乃有千餘人遂俱進

田廣明以祁連將軍將兵擊匈奴出塞旣不至質質所

期處也引軍空還下太僕射杜延年薄責廣明自殺

趙充國爲蒲類將軍宣帝初遣五將出塞充國兵當與烏孫合擊匈奴蒲類澤烏孫先期至而去漢兵不與相及蒲類將軍出塞千八百餘里西去候山斬首捕虜得單于使者蒲陰王以下三百餘級鹵馬牛羊七千餘聞虜已引去皆不至期還天子薄其過寬而不罪

蜀胡濟爲鎮西將軍後主延熙十九年大將軍後主督戎馬與濟期會上邽濟失誓不至維爲魏大將軍鄧艾所破於上邽維退軍還成都

宋王鎮惡晉末爲龍驤將軍隨高祖北伐高祖與期若尅維陽須大軍至可輕前既而鎮惡等徑向潼關爲姚興所拒不得進而軍又乏食馳告高祖求遣糧援時高祖泝河魏軍屯據岸軍軍不得前高祖呼所遣人開舫北戸指河上軍示之曰我欲令勿進而輕佻深入岸上如此何繇得進

張茂度文帝時爲益州刺史帝討荆州刺史謝晦詔益州遣軍襲江陵晦已平而軍始至白帝茂度與晦素善議者疑其出軍留遲時茂度弟邵爲湘州刺史起兵應大駕帝以邵誠節故不加罪被代還京師

後魏薛瑾爲平西將軍大武眞君五年爲都將從駕北討以後期與中山王辰等斬於都南

李崇爲車騎將軍梁將趙祖悅偷據硤石詔撫軍將軍崔亮等討之亮至硤石乃大破之亮與崇爲水陸之期日日進攻而崇不至

唐盧江王瑗高祖武德中爲襄州行臺僕射與從弟孝恭俱討蕭銑授荆郢道行軍元帥瑗新至部未能和其民率兵臨境不敢進孝恭平銑瑗竟後期

獨孤晟大宗貞觀中爲殿中少監令率兵與李大恩合勢趨馬邑晟坐失軍期減死徙邊李道彦貞觀中

爲右衛將軍東郡公赤水道行軍總管與左驍衛將軍滎國公樊興坐失軍期減死徙邊

劉仁願貞觀中爲右威衛將軍畢列道行軍總管與司空李勣期會逗遛不赴驛召至京帝謂曰自古軍法後期皆死仁願奏曰臣前後使四十餘人往李勣處塗路荒梗悉皆不達最後一使始得至大軍臣又打得延津等七城欲擊平壤李勣兵馬遽以旋歸事有因緣非臣之咎帝曰汝領兵萬餘咸勁卒亡城下邑未有千人以此分疎更爲矯詐遂令拽出欲於廟堂斬之仁願號訴不輟聲帝以其有鎮守東海之勳

特免死配流姚州

王忠嗣爲隴右節度玄宗天寶六載董延光獻策請下石堡城詔忠嗣分兵應接之忠嗣初以石堡險固恐所得不如所失請息兵觀釁帝意不悦及奉詔應接延光偃俛緩期故師出無功

李光顔憲宗元和初爲神將高崇文統神策軍討劉闢于西川時光顔與崇文約到行營愆一日懼誅乃深入以自贖

徇私

將之在軍得專其命故曰正則從令私則衆怠其有

處置偏黨奏請阿曲報適素憾引薦親暱邀官爵之寵求貨易之利違方面之致失出閫之威或致衆叛親離以壞軍政爲將之失莫大於此

漢衛青武帝時爲大將軍元狩四年大擊匈奴時將軍李廣自請行帝以爲老不許良久乃許之以爲前將軍青出塞捕虜知單于所居迺自以精兵走之而令廣并於右將軍出東道東道少回遠大軍行水草少其勢不屯行廣辭曰臣部爲前將軍今大將軍乃徙臣出東道是時公孫敖新失侯爲中將軍大將軍亦欲使敖與俱當單于故徙廣廣知之固辭大將軍弗聽令長史封書與之幕府曰急詣部如書廣不謝大將軍而起行意象慍怒而就部言慍怒之色形於外也

李廣爲右北平將軍初獲於匈奴得脱贖爲庶人屏居藍田南山中射獵嘗夜從二騎出從人緜間飲還至亭霸陵尉醉呵止廣廣騎曰故李將軍尉曰今將軍尚不得夜行何故也宿廣亭下居無何匈奴入隴西殺太守敗韓將軍韓安國韓將軍後徙右北平死於是武帝乃召拜廣爲右北平太守廣請霸陵尉與俱至軍而斬之上書自陳帝報曰將軍者國之爪牙也司馬法登車不式遭喪不服振旅撫師以征不服率

三軍之心同戰士之力故怒形則千里竦威振則萬物伏是以名聲暴於夷貉威稜憺乎鄰國夫報忿除害損殘去殺朕之所圖於將軍也若乃免冠徒跣稽顙請罪豈朕之指哉

霍去病爲驃騎將軍初李廣之子敢怨大將軍青之恨其父令其父恨而死也迺擊傷大將軍大將軍匿諱之居無何敢從上雍至甘泉宮獵去病怨敢傷青射殺敢去病時方貴幸武帝爲諱云鹿觸殺之

晉石鑒爲司隸校尉時杜預爲河南尹鑒以宿憾奏預免職時虜寇隴右以預爲安西軍司給兵三百人

騎百人騎百匹到長安更除秦州刺史領東羌校尉輕車將軍假節屬虜兵强盛鑒時爲安西將軍使預出兵擊之預以虜乘勝馬肥而官軍懸乏宜并力大軍須春進討陳五不可四不須鑒大怒復奏預擅飾城門官舍稽之軍興遣御史檻車徵詣廷尉以預尚主在八議以侯贖論其後隴右之事卒如預策是時朝廷皆以預明於籌畧

鄧羌苻堅之將堅遣王猛率羌張蚝徐成等伐慕容暐旣陷并州暐遣其太傅慕容評率衆四十萬來救猛望評師之衆也惡之謂羌曰今日之事非將軍莫

敢以捷成敗之機在斯一舉將軍其勉之羌曰若以司隷見與者公無以爲憂猛曰此非吾之所及也必以安定太守萬戶侯相處羌不悅而退俄而交兵猛召之羌寢而弗應猛馳就許之羌於是大飲帳中與張蚝徐成等跨馬運矛馳入評軍出入數四傍若無人搴旗斬將殺傷甚衆戰及日中評軍大敗俘斬五萬有餘乘勝追擊又降斬十萬

南齊曹虎爲寧朔將軍封羅江縣男虎啟乞侯官尚書奏侯官戶數殷廣乃改封監利縣

北齊高昻爲西南道大都督攻上雒爲流矢所中劇甚顧謂左右曰吾以身許國死無恨矣所可歎息者不見季式作刺史爾（季式昻之弟也）高祖聞之即馳驛啟季式爲濟州刺史

高季式爲冀州都督隨司徒潘樂征伐討江淮之間爲私使維人於邊境交易還京坐被禁止尋而赦之

唐李晟爲右神策都將代宗大曆末吐蕃寇劒南晟領神策軍戍之及還携倡妓以歸西川節度使張延賞追之晟深憾焉德宗時晟初建大功以中書令鎮鳳翔表稱宿故懼延賞之責朝廷以其功高爲之免延賞相拜左僕射

袁滋爲申光蔡隨唐鄧等州節度使滋嘗請罷兵以招吳元濟及高霞寓以兵敗貶出憲宗思有以懷之乃授滋節度使行其計滋本蔡州郎山人祖父墳墓在焉滋前任在襄州時吳少陽理滋祖父墓禁芻牧諸袁有里居者多署以職而廩給之及滋至唐州乃去斥候而通好賊圍其新興柵滋又卑詞祈免賊因不以滋兵爲意故二歲無功傷沮形勢繇是坐貶撫州刺史

劉總爲幽州節度使入朝請析瀛漠二州爲廉察用權知京兆尹事盧士玫爲帥朝廷從之總聚涿州刺

史張皋女皋與士攻有內外之屬故總以士攻上請因而用之非選衆任能也

裴度爲山南東道節度觀察使奏京兆府參軍裴讓是臣男年甚幼小官無職事今惟近勑須令守官伏以臣男之類無數十人悉是資蔭授官所以置之散冗守官旣無公事雖任會無妨闕伏乞天恩依前令在臣所任詔曰應內外有職事官宜准太和元年五月十二日勑處分其諸州參軍文學及京無職事者不在此限度憑其勲舊遽紊明勑置徇私受議者惜之

後唐段凝爲鄧州節度使莊宗同光四年二月趙在禮據鄴城李紹宏請用凝爲大將軍帝許之令具方畧條奏凝所請偏裨皆取其已黨帝疑之乃止

縱敵

傳曰一日縱敵數世之患也蓋受命以出固敵是求其執俘而言還必至師以誘戰其或藉兵要而資寵祿勞師徒而長寇讎雖有可制之方蓋念自全之計曾微鬬志且巽遠圖小則陷於非夫大則孤於受賑爲將之道豈其然乎報國之謀非盡善也

漢田仁爲司直戾太子軍敗南犇覆盎城門得出長安城南出東頭第一門曰覆盎城門一號杜門會夜仁都閉城門坐令太子得出坐縱反者要斬

後魏古弼爲安西將軍征馮文通文通嬰城固守求救於高麗高麗救至文通將東奔民多難之其大臣古泥因民心之不欲遂率衆攻文通開城門以引官軍弼疑古泥譎詐不入城高麗軍至文通乃隨之奔令婦人被甲居中其精卒及高麗陳兵於外弼部將高苟子率騎衝擊賊軍弼酒醉拔刀止之故文通得東奔將士皆怨弼不擊太武大怒徵還黜爲廣夏門卒

北齊彭樂爲泗州刺史泗陽郡公邙山之役西軍退神武使樂追之周文大窘而走曰癡男子今日無我明日豈有爾邪何不急還前營收金寶樂從其言獲周文金帶一囊以歸言周文漏刃破膽矣神武詰之樂以周文言且對曰不爲此語放之神武雖喜其勝且怒其縱令伏諸地親拜其頭連頓之并數沙苑之失舉刀將下者三良久乃止樂更請五千騎取捉周文神武曰爾何故而復言捉邪取絹三千疋壓樂因賜之

唐馬燧爲河東節度加魏博招討使大破田悅軍建

中四年十月涇原軍亥德宗居奉天燧引兵還太原時魏州兵大敗後城中無二三千人皆瘡痍恍日夕待降燧思太原畏留魏州遷延不返及奉天之難燧乃退歸使河北餘梗至今燧之致也

李懷光爲朔方軍節度興元初德宗在奉天懷光以朔方軍屯咸陽李晟爲神策行營節度軍於渭橋時懷光不欲晟獨當一面以分已功乃奏請晟兵詔令晟將兵合懷光軍晟引兵至陳陶斜軍壘未周賊出兵來寇晟力出陣且言於懷光曰賊堅保宮苑攻之未必克今出穴而欲一戰此殆天以賊賜明公懷光

恐晟有功乃曰馬未銜秣士不素飽不若歛兵俟時而發晟乃收軍入壘

令狐綯爲淮南節度副大使知節度事懿宗咸通九年徐州戍兵龐勛自桂州擅還七月至浙西沿江自白沙入濁河剽奪舟船而進綯聞勛至遣使慰撫供給芻米都押衙李湘曰勛因徐兵擅還必無好意綯曰雖無好意無詔命除討權變制在藩方非其黨投來言其數不滿二千而虚張舟航旗幟恐人見其實涉境已來心頗憂惴計其水路須出高郵縣界河岸斗峻而水深使若出奇兵逐之俾荻船縱火於前奇兵奮擊於後敗走必矣若不於此誅勦俟濟淮泗合徐人怨負之徒不下十萬則禍亂非細也綯性懦緩又以不奉詔命謂湘曰長淮以南他不爲暴從他過去餘非吾事也其年冬勛果殺崔彥曾據徐州

高駢爲天下兵馬元帥鎮維楊僖宗廣明元年九月黄巢北渡淮水復攻徐兗初黄巢以其年七月採石江直抵淮南淮南城内士客軍十餘萬有梁纘者本昭義節度使劉從諫之愛將也後劉積敗從邊遇赦還復隸于軍及駢領西川時戍於大渡河因奏爲親將歷數鎮以本軍所籍兵三千隨之時告於駢請擒

賊復有畢師鐸者驍勇無敵欲以兵邀之時駢有鎮鄆軍使吕用之素以左道佞惑於駢恐諸將立功之後侵其已權因謂駢曰國家自數年以來天下喪亂黄巢起乎羣盗遂至横行所在藩維望風瓦解天時人事斷可知之公旣統强兵又居重地只得坐觀成敗不可更與爭鋒若稍挫威名則大事去矣駢然之竟不議舉兵巢遂肆志北侵焉巢之趣廣陵也江東諸鎮以駢屯數道勁兵居將相重位復又自咸通中復交阯之後於安南開鑿河道西川校築羅城心匠天機謂能驅役鬼神至是聞其安然信巢讓（尚讓也）往

來歷境而過諸鎮豯是解體淮北之人無復鬭志遂
相率附之衆稱百萬

輕敵

春秋傳曰見可而進知難而退軍之善政也孫吳之
法奇正相生詭譎爲道有示弱以致勝無輕敵以成
功古語曰以心度心閒不容針敵若卑而驕我怒而
擾我啖以甘言示其羸弱反用我道得非危哉故善
戰者進退有度動靜有宜先審敵之形勢必得敵之
虛實故行無虞止有備焉得斯術也其或趨遠以爭
利怙勇以致師不察幾微務於先動徒謂彼之可勝

不知己之已失欲無負敗其可得哉

將鉏樂懼宋大夫也魯成公十六年鄭子罕伐宋宋
將鉏樂懼敗諸汋陂敗鄭師也樂懼戴公六世孫將鉏樂氏族退舍於夫
渠不儆宋師不儆備鄭人覆之敗諸汋陂獲將鉏樂懼宋
恃勝也

士魴晉大夫也晉人伐鄭秦庶長鮑庶長武帥師伐
晉以救鄭庶長秦爵也鮑先入晉地士魴禦之少秦師而
弗設備武濟自輔氏從輔氏渡河與鮑交伐晉師秦晉戰
於櫟晉師敗績易秦故也櫟晉地

子囊楚大夫也子囊師於棠以伐吳吳不出而還子
囊殿殿軍後以吳爲不能而弗儆吳人自皐舟之隘要
而擊之皐舟是險阨之道楚人不能相救吳人敗之獲楚公
子宜穀

司徒卬陳大夫也宋莊朝伐陳獲司徒卬卑宋也卑宋不設備

觀虎晉大夫也鮮虞人敗晉師於平中平中晉地獲晉觀
虎恃其勇也

公子卬爲魏將秦孝公使衞鞅將而伐魏魏使擊之
軍既相距衞鞅遺卬書曰吾始與公子驩今俱爲兩
國將不忍相攻可與公子面相見盟樂飲而罷兵以

安秦魏公子卬以爲然會盟已飲而衞鞅伏甲士而
襲虜公子卬因攻其軍盡破之以歸秦

漢李廣爲上谷太守數與匈奴戰典屬國公宣昆邪
爲武帝泣曰昆邪中國人也對上而泣也李廣材氣天下無雙自
負其能數與虜确恐亡之負恃也确與競恃敗也确音角帝乃徙廣
爲上郡太守

後漢蓋延爲虎牙將軍屬董憲自立爲海西王海西縣屬
瑯邪郡建武四年憲將賁休舉蘭陵城憲聞之自郯圍
休時延等往救之爲憲所敗憲遂拔蘭陵殺賁休延
等往來要擊憲別將於彭城郯邳之閒戰或日數合

頗有剋獲光武以延輕敵深入數以書誡之東觀記載延上疏辭曰臣幸得受干戈誅逆虜奉職未稱久留天誅嘗恐汚辱名號不及等倫天下平定已後曾無天寸可數不得預竹帛之編明詔深閔儆戒備具每事奉循詔命必不敢爲國之憂也

吳凌操爲破賊校尉大帝統事從討江夏入夏口先登破其前鋒輕舟獨進中流矢死

晉陶侃爲荆州刺史鎮武昌時新破城欲乘勝擊杜曾有輕曾之色侃司馬魯恬言於侃曰古人戰爭先料其將今使君諸將無及曾者未可易逼也侃不從進軍圍之於石城時曾軍多騎而侃兵無馬曾密開門突侃陣出其後反擊其背侃師遂敗投水死者數

百人曾將趨順陽下馬拜侃告辭而去

新蔡王騰爲車騎將軍鎮鄴時公師藩與平陽人汲桑等爲羣盗起於清河鄃縣衆千餘人寇頓丘以葬成都王穎爲主而行與張泓故將李豐等將攻鄴騰曰孤在并州七年胡圍城不能剋汲桑小賊何足憂也及豐等至騰不能守率輕騎而走爲豐所害

朱序爲南中郎將符堅遣符丕石越寇襄陽次沔北序以丕軍無舟檝不以爲虞石越遂游馬以渡序大懼因守中城越攻陷外郛獲船百餘艘以濟軍

謝琰爲會稽内史時孫恩作亂琰不設備恩奄至山陰北三十五里琰遣參軍劉宣之距破恩既而上黨太守張虔碩戰敗羣賊鋭進人情震駭咸以宜持重嚴備且列水軍於南湖兵設伏以待之琰不聽賊既至尚未食琰曰要當先滅此寇而後食耳跨馬而出廣武將軍桓寶爲前鋒摧鋒陷陣殺賊甚多而塘路迮狹琰軍魚貫而前賊於艦中傍射之前後斷絶琰至千秋亭敗績琰帳下都督張猛於後斫琰馬琰墮地與二子肇峻俱被害寶亦死之

後燕慕容汗爲慕容皝寧遠將軍皝庶兄翰奔段遼遼弟蘭與圍柳城皝遣汗及封弈等救之皝戒汗曰

賊衆氣鋭難與爭鋒宜顧萬全愼勿輕進必須兵集陣整然後擊之汗性驍鋭遣千餘騎爲前鋒而進封弈止之汗不從爲蘭所敗死者大半

前秦符叡爲符堅都督中外諸軍事配兵五萬討慕容泓於華澤平陽太守慕容冲起兵河東有衆二萬進攻蒲坂堅命竇衝討之叡勇果輕敵不恤士衆泓聞其至也懼率衆將奔關東叡馳兵要之姚萇諫曰鮮卑有思歸之心宜驅令出關不可遏也叡弗從戰於華澤敗績被殺

西秦乞伏益州乾歸之弟也時天水姜乳襲據上邽

遣益州討之邊芮王松壽言於乾歸曰益州以懿弟之親屢有戰功狃於累勝常有驕色若其遇寇必將易之且未宜專任示有所先乾歸曰益州驍勇善御諸將莫及之但恐其專擅爾若以重佐輔之當無慮也於是以平北韋虔爲長史散騎常侍務和爲司馬至大寒嶺益州恃勝自矜不爲部陣命將士解甲游畋縱行宴飲下令曰敢言軍事者斬虔等諫曰王以將軍親重故委以專征之任庶能摧彼凶醜以副其譽賊已垂逼柰何解甲自寬宴安酖毒切爲將軍危之益州曰乳以烏合之衆聞吾至理應遠竄今乃與

吾決戰者斯成擒也吾自擒之有方卿等不足慮也乳率衆拒戰益州果敗乾歸曰孤違蹇叔以至於此將士何爲孤之罪也皆赦之

宋魯爽并弟秀元嘉二十八年自魏歸國以爽爲司州刺史秀爲滎陽潁川二郡太守時後魏大武已死文帝更謀經畧五月遣爽秀程天祚等率部騎并荊州甲士四萬出許雒八月虜長杜茂主永平公禿髮幡乃同嬰城走進向大索戍戍主爲豫州刺史跋僕蘭曰爽勇而無防我今出城必輕來掩之設伏擿止必可擒也爽果夜進秀諫不止馳往繼之比曉虜騎夾發賴秀縱兵力戰虜乃退還虎牢爽因進次之本期舟師入河斷其水門王玄謨攻碻磝不伏敗走水軍不至爽亦收衆南還轉鬬數百里至曲强虜候其饑疲盡銳來攻爽身自奮擊虜乃退走

梁劉季連爲益州刺史時東昏失德京師多故季連因聚會發人丁五千人聲以講武遂遣中兵參軍宋買率之以襲中水穰人李託預知之設備守險買與戰不利退州郡縣多叛亂矣

鮑泉爲信州刺史與僧王辯等率舟師東逼邵陵王於郢州郢州平元帝以長子方諸爲刺史泉爲長史

行府州事侯景密遣將宋子仙任約率精騎襲之方諸與泉不恤軍政唯蒲酒自樂賊騎至百姓奔告方諸與泉雙陸不信曰徐文盛大軍在東賊何由得至旣而傳告者衆始令闔門賊縱火焚之莫有抗者賊騎遂入城乃陷賊執方諸及泉送之景所

後魏陳留王虔乾根之子也道武登國初賜爵陳留公與魏王儀破黜弗部後魏辰慕容寶來寇虔絶其左翼寶敗垂恚憤來桑乾虔勇輕敵於陣戰沒

崔延伯爲左衛將軍時萬俟醜奴宿勤明達等寇掠涇州先是盧祖遷伊甕生數將等皆以元志前行之

始同時發難從六陌道從取高平志敗仍停涇部延伯既破秦賊乃與蕭寶寅率衆會於安定卒甲十二萬鐵馬八千匹軍威甚衆醜奴置營涇州西北七十里當原城時或輕騎継來挑戰大兵未交便示奔北延伯矜功負勝遂唱議先驅伐木別造大排內爲鎖柱教習强兵負而趨走號爲排城戰士在外輜重居中自涇州緣原北上衆軍將出討賊未戰之間有賊數百騎詐持文書云是降簿乞且緩師寶寅延伯謂其事實逡巡未閱俄而宿勤明達率衆自東北而至乞降之賊從西境下諸軍前後受敵延伯上馬突陣

賊勢摧挫便爾逐北徑造其營賊奔輕騎延伯軍兼步卒兵力疲怠賊乃乘間得入排城延伯軍遂大敗死傷者將有二萬

北齊莫多婁貸文爲南道大都督與行臺侯景攻獨孤如願於金墉城周文帝軍出函谷景與高昂議整旅厲卒以待其至貸文請率所部擊其前鋒景等固不許貸文性勇而專不肯受命以輕騎一千里前斥候西過瀍澗遇周軍戰沒

王則太原人初以軍功除給事中爵白水子從原天穆討邢杲輕敵深入爲杲所擒

後周賀若敦爲驃騎大將軍陳將侯瑱侯安都等圍逼湘州遏絶糧援乃令敦率步騎六千渡江赴救瑱等以敦孤軍深入規欲取之每設奇兵連戰破瑱乘勝徑進遂次湘州因此輕敵不以爲虞俄而霖雨不已秋水汎溢陳人濟師江路遂斷

楊忠爲大司空時朝議將與突厥伐齊公卿咸曰齊民地半天下國富兵强若從漠北入并州極爲險阻且其大將斛律明月不易可當今欲探其巢穴非十萬衆不可忠獨曰師克在和不在衆萬騎足矣明月竪子亦何能爲乃以忠爲元帥又令達奚武師三萬

自南道進期會晉陽忠出武川過故宅祭先人饗將士席卷二十餘鎮齊人守陘嶺之隘忠縱奇兵奮擊大破之突厥木汗可汗控頭可汗步離可汗等十萬騎來會四年正月攻晉陽是時大雪數旬風寒慘烈齊人乃悉其精鋭鼓譟而出突厥震駭引上西山不肯戰以武後期不至乃班師突厥於是縱兵大掠自晉陽至平城七百餘里人畜無遺俘斬甚衆

隋薛世雄爲右翊衛將軍竇建德僭稱長樂王遣世雄率兵三萬討之至阿城南營於十里井建德聞世雄至精兵數千人伏河澗南界澤中悉拔諸城僞遁

云亡入司子齕中世雄以爲建德畏亡乃不設備建德覘知之自率敢死士一千人襲擊世雄會雲霧晝晦兩軍不辨隋軍大潰自相騰藉死者萬餘世雄以數百騎而遁

唐姜寶誼武德初爲井鉞將軍時劉武周將黃子英往來雀鼠谷高祖令寶誼擊之子英數以輕兵挑戰寶誼兵纔接子英輕遁如此者再三寶誼悉衆以逐之伏兵發軍遂大敗寶誼爲賊所擒復得逃歸

趙景慈尚高祖女桂陽公主武德初爲華州刺史領行軍總管與獨孤懐恩擊蒲州時堯君素兵鋒甚銳

前後遣將皆不能尅景慈謂將士曰君素小盜何足經營但諸軍不武爾景慈與國親姻忝荷榮位必當殞首流腸以報所授終不能學君等見賊便縮頭頓轡也因將兵至城下君素出甲拒之景慈躍馬突進從者十餘人直趨南門斷賊歸路遂入其濠內賊於地道中出兵掩之懐恩不能救諸軍皆走景慈被傷墜馬遂爲賊所執

王孝德爲朔州行營軍總管武德九年突厥寇朔州孝德及朔州刺史姜世師以數騎覘賊卒與虜千餘騎相遇孝德苦戰久之賊始退

郭孝恪爲安西都護太宗貞觀二十三年阿史那社爾旣擒龜茲王孝恪守之龜茲相那利潛引西突厥之衆并其國兵萬餘人來襲孝恪時孝恪營於城外有龜茲人來謂孝恪曰那利我之國相人心素歸今亡在野必思爲變城中之人頗有異志公其備之孝恪不以爲意那利率兵奄至孝恪始覺乃領部下千餘人將入城而那利之徒已登城矣城中降胡與那利表裏以擊孝恪自爲前鋒力戰而入旣失部分爲胡賊之所蹂躪流矢及鉞斧亂下孝恪旋顧所部尤有數十人隨之孝恪復將出城黎至西門爲胡寇所

殺孝恪子待詔亦同死於陣中

爨寶璧爲右監門衛中郎將則天垂拱三年十月與突厥骨咄祿元珎戰敗前軍盡沒寶璧輕騎遁走黑齒嘗之擊破突厥於黃花堆又表請窮追餘寇制常之與寶璧計議遥爲聲援寶璧以爲賊破在朝夕貪功先行又令人出塞二十餘里覘候見元珎等部落皆不設備遂率衆掩襲之旣至又先遣人報賊令其得嚴備出戰時寶璧下有精兵一萬三千人賊走不出已遂爲所敗論者尤之寶璧坐此伏誅

程千里有勇力爲上黨郡長史玄宗天寶十五載賊

將蔡希德數以騎挑戰千里開城門獨將麾下百餘騎逐希德欲生得之度橫橋橋壞墜坑中爲賊所執

唐朝臣爲振武節度使德宗貞元四年奚及寶韋之衆度寇振武初朝臣頗無斥候賊至方郊迎宣慰中官未相及一二里中官二人爲所虜朝臣奔歸閉壁乃掠人畜而去時廻紇數百騎合勢追之人復爲所敗

後唐閻寶爲檢校侍中遥領天平軍節度使唐天祐十九年討鎮州鎮人累月受圍城中艱食穀價騰貴饑餓者多計無所出屢來求戰城中五百餘人攻我

長國寶輕之不爲堅敵俄而數千人繼志奮力死戰我救兵不至賊壞城而出縱火攻寶營不能拒戰引師而退鎮人壞我營壘取其芻粟者累日

李仁矩明宗長興初爲閬州節度使俾伺董璋之反狀時物議以爲不可及仁矩之鎮偵璋所爲曲形奏報地里遐僻朝廷莫知事實激成璋之逆節繇仁矩也長興元年十月璋自率兇黨以攻其城知召軍校謀守戰利害皆曰璋久圖反計以賂誘士心兇氣方盛未可與戰宜堅壁以老之黨旬浹之間大軍東至即賊必自退仁矩曰蜀兵懦安能當我精甲即驅之出戰兵未交爲賊所敗既而城陷仁矩被擒舉族爲璋所害

冊府元龜

巡按福建監察御史臣李嗣京訂正

知閩縣事臣曹昺臣參閱

知建陽縣事臣黃國琦較釋

將帥部一百九

殘酷　報私態

殘酷

子曰不教而殺謂之虐不戒視成謂之暴蓋殘酷者縱暴滋虐之謂也三代以降謀帥非一其或詩禮之選替而勇捍之材進乃有處爪牙之列握旗鼓之要

當于城之任受方面之寄虐用其衆毒痛於民以戕害爲勢以安忍爲樂至有不式王命視人如讎誅求貨財則動恣賊殺屠掠城邑則舉無噍類孥戮不辜虔劉參佐肆豺狼之忿極塗炭之苛至於惡稔禍盈而後不得其死者蓋有之矣書云天吏逸德烈如猛火仲尼云苛政猛於虎良可畏哉

漢項羽爲楚大將軍西屠咸陽殺秦王子嬰燒秦宮室所過殘滅秦民大失望

周勃爲太尉高帝十年代相國陳豨反十一年冬勃道太原入定代地至馬邑馬邑不下攻殘之（殘謂多所殺戮）

後漢公孫瓚爲奮武將軍破禽劉虞盡有幽州之地興平二年遂保易京是時旱蝗穀貴民相食瓚恃其材力不恤百姓記過忘善睚眦必報州里善士名在其右者必以法害之嘗言衣冠皆自以分職富貴不謝人惠故所寵愛類多商販庸兒所在侵暴百姓態之於是代郡廣陽上谷右北平各殺瓚所置長吏復與鮮于輔劉和共合

黃祖爲荊州劉表將屯夏口祖子射（音亦）與禰衡善臨到夏口祖嘉其才每在坐席有異賓介使與衡談後衡驕蹇荅祖言俳優饒言祖以爲罵巳也大怒顧五

百捉頭出左右遂扶以去拉而殺之

王正爲河內太守起兵討董卓遣諸生于屬縣徼伺吏民負罪收之考責錢穀負罪稽遲則夷滅宗族以崇威

吳甘寧爲前部都督厨下兒曾有過走投呂蒙蒙恐寧殺之故不卽還後寧賚禮禮蒙母臨當與升堂乃出厨下兒還寧許蒙不殺斯須還船縛置桑樹自挽弓射殺之

晉苟晞爲征東大將軍青州刺史多置參佐轉易守令以嚴刻立功日加斬戮流血成川人不堪命號曰

屠伯頓丘太守魏值爲流人所過衆五六萬大掠兗州聯出屯無鹽以弟純領青州刑殺更甚於聯百姓號小荀酷于大荀

桓温爲大司馬楊州牧都督中外諸軍事發州人築廣陵城移鎮之時温枋頭之敗行役既久又兼疾癘死者十四五百姓皆嗟怨

桓雲爲都督司豫二州軍事領鎮蠻護軍西陽太守雲招集衆力志在足兵多所枉濫衆皆嗟怨時雲兄大司馬温執權有司不敢彈劾

宋劉粹爲征虜將軍鎮壽陽少帝景平二年譙郡流

離六十餘家叛沒於後魏趙景泰剛等六家悔背還投陳留襄邑縣頓謨等林粹遣將范縱夫討叛戶不及因誅殺謨等三十家男丁一百五十七人女弱一百六十二口收付作部粹坐貶號爲寧朔將軍

宗鐵（一作宗越）爲龍驤將軍時臧質魯爽反越討質等破之因追奔至江陵時荆州刺史朱循之未至越多所誅戮又逼略南郡王義宣子女坐免官擊尚方復爲長水校尉時竟陵王誕據廣陵反越領馬軍隸沈慶之攻誕及城陷世祖使悉殺城內男丁越受旨行誅躬臨其事莫不先加捶撻或有鞭其面者欣欣然若有所得所殺凡數千人越爲將所領衆嚴酷好行刑戮眦睚之間動用軍法時王玄謨爲都督南豫州刺史御下亦少恩將士爲之語曰寧作五年徒不逐王玄謨玄謨猶尚可宋越更殺我

高道慶爲鍾離太守領軍北討道慶凶險暴横求欲無已有失意者輒加捶拉往往有死者朝廷畏之如虎狼齊高帝與袁粲等議收付廷尉賜死

梁侯景初仕後魏爲定州刺史大行臺性殘忍酷虐

陳陳靈洗爲安西將軍性嚴急御下甚苛刻士卒有小罪必以軍法誅之造次之間便加捶撻而號令分

明與士同其苦衆亦以此依附

後魏公孫軌爲平南將軍屯壺關會上黨丁零叛軌討平之軌既死太武謂崔浩曰吾行過上黨父老皆曰公孫軌爲將其返去丁零渠帥乘山罵軌軌怒取罵者之母以矛刺其陰而殺之曰何以生此逆子從下到脚分磔四支於山樹上以肆其忿是恐行不忍之事軌幸而早死至今在者吾必族而誅之

羊祉爲光祿大夫假平南將軍持節領部騎三萬從高肇南征會班師夜中引軍出有二徑軍人迷而失路祉便斬隊副楊明達梟首路側爲中尉元昭所劾

會赦免後爲征虜將軍好慕名利頗爲深文所經之處人號天狗及將出臨州並無恩潤兵民患其嚴虐焉

元麗爲魏將軍特泰州屠各王法智與主簿呂癿兒爲亂麗討平城之麗因平賊之勢枉掠良善七百餘人

劉貴爲行臺僕射與侯景高昂等討獨孤如願於雒陽貴凡所經歷莫不肆其威酷脩營城郭督責切峻非理殺害視下如草

爾朱仲遠爲東道大都督大行臺大將軍仲遠天性

貪暴太宗富族誣之以反殺其家口簿籍財物皆以入己丈夫死者投之河流如此者不可勝數諸將婦有美色者莫不被其淫亂後加大宰解大行臺仲遠專恣尤劇方之彥伯世隆最爲無禮（彥伯世隆仲遠兄弟）東南牧守下至民俗比之豺狼將爲患苦

北齊斛律光爲大將軍性剛急嚴於御下治兵督衆旅杖威刑板築之役鞭撻人士頗稱其暴

後周鄭偉魏末爲大將軍江陵防主都督十五州諸軍事偉性麤獷不遵法度睚眦之間便行殺戮朝廷以其有立義之效每優容之及在江陵乃專戮副防

主祀賓王坐除名

隋趙仲卿爲朔州總管于時塞北盛興屯田仲卿總統微有不理者仲卿輒召主掌撻其胷背或解衣倒曳於荆棘中時人謂之猛虎時有上表言仲卿酷暴者高祖命御史王偉按之並實惜其功不罪因勞之曰知公清正爲下所惡賜物五百段仲卿益恣由是免官

楊素爲靈州道行軍總管大抵馭戎嚴整有犯軍令者立斬之無所寬貸將臨寇輒求人過失而斬之多者百餘人少者不下十數流血盈前言笑自若及其

對陣先令一二百人赴敵陷陣則已如不能陷陣而還者無問多少悉斬之又令二三百人復進還如向法將士股慄有必死之心由是戰無不勝稱爲名將

屈突蓋爲武候驃騎性嚴刻時有撿較太府卿崔弘度亦嚴酷長安爲之語曰能飲三斗醋不見崔弘度寧茹三斗艾不逢屈突蓋

魚贊爲車騎將軍贊性兇暴虐其部下令左右炙肉遇不中意以籤刺瞎其眼有温酒不適者立斷其舌煬帝以贊藩邸之舊不忍加誅謂近臣曰弟既如此兄亦可知因召贊兄俱羅譴責之出贊於獄令自爲

計贇至家飲藥而死弟恐懼羅不自安慮生邊患轉
爲安州刺史
樊子蓋爲東郡留守楊玄感作逆來逼王城及玄感
解夫子蓋凡所誅殺者數萬人
唐羅士信高祖時爲新安道行軍總管持法嚴暴有
不用命者無問親友必皆斬决繇是下不附而畏之
竇軌爲益州道行臺右僕射時蜀士寇盜聚結悉討
平之軌每臨戎其部衆無貴賤少長不恭命卽立斬
之每日吏士多被鞭撻流血滿庭見者莫不重足股
慄軌初入蜀將其甥以爲心腹嘗夜出呼之不以時

至怒而斬之每誡家僮不得出外常遣奴就官廚取
漿而悔之謂奴曰我誡使汝當要借汝頭以明法耳
遣其部將取奴斬之其奴稱寃監刑者猶豫未决軌
怒俱斬之行臺郎中趙弘安知名士也軌動輒榜箠
乃至數百
武懿宗則天時與清邊道副總管婁師德按撫河北
諸州懿宗所至多殘酷人吏犯法者必先刳取其膽
然後行刑流血盈前言笑自若先是孫萬榮別師何
阿亦多屠害士女是時人號懿宗與何阿小爲兩何
或謂之語曰唯此兩何殺人最多

嚴武代宗時爲劒南節度等使前後在蜀累年肆志
逞欲恣行猛政梓州刺史章彝初爲武判官及是小
不副意召赴成都杖殺之繇是威震一方
李正巳大曆中爲淄清節度使爲政嚴酷所在不敢
偶語
朱希寀大曆三年爲幽州節度使爲政苛酷人不堪
命竟爲孔目官李瑗所殺
李懷光德宗時爲邠寧節度建中初城原州以懷光
兼領其任居前督作時懷光新臨濫殺溯方大將數
人法令嚴峻

李希烈爲淮西節度使討梁崇義先發千餘人守臨
漢崇義屠之後荆襄平希烈選其軍嘗從臨漢之役
者三千人悉斬之
張光晟爲單于都護振武軍使建中元年廻紇突僮
㥄錄領衆并雜種胡等自京師還國輿載金帛相屬
於道光晟訝其裝槖頗多潛令驛吏以長錐刺之則
皆輦歸所誘致京師婦人也乃使突僮及所領徒悉
令赴宴酒酣光晟伏甲盡拘而殺之死者千餘人唯
留二胡歸國復命遂部其婦人給糧還京收其金帛
賞賚軍士後廻紇遣使來訴帝不欲甚阻蕃情徵拜

布金吾將軍迴紇猶怨懟不已又降爲陸王傅
劉士寧貞元中爲宣武節度使日恣荒暴誅戮無不
慾苦或彎弓挺刀殺人於杯案間都虞侯李萬榮因
其獵於近郊閉州門以拒之士寧馳歸闕下
韓弘貞元十五年爲宣武軍節度使有郎將劉鍔者
亢卒之魁巳弘欲大振威望一日列短兵於牙門召
鍔與其黨三百數其罪盡斬之以狥血流道中弘對
賓客笑自若又云弘制宣武頗酷法人人不自保
田季安爲魏博節度使憲宗元和中有進士丘絳者
嘗爲田緒從事及季安從軍後與同府侯臧相持爭

權季安怒斥絳攝下邑尉使人先路穴地以待至則
排入而瘞之其兇暴慘毒如此
王庭湊爲鎭州節度使穆宗長慶四年二月故山南
東道節度使牛元翼家屬悉爲庭湊所害初元翼之
出深州也庭湊縶留其家及節度漢南數遣使厚賂
庭湊竟出之庭奏竟不許至是知元翼卒盡殺之
王重榮懿宗咸通末爲河中節度使植性不仁嘗於
河岸立巨木設機於其上有軍吏忤其意者則置於
巨木發其機擲似河之急流其慘毒也如此部將嘗
行儒因重榮出於北郭仗刃殺之有識者咸快其事

梁王珙唐末爲陜州節度使爲政苛暴且多猜忌殘
忍好殺不以生命爲意內至妻孥宗屬外則賓幕將
吏一言不合則五毒將施鞭笞刲斮無日無之著縱
聚斂民不堪命由是左右惕懼憂在不測光化二年
六月爲部將李璠所殺
李罕之唐末爲河陽節度使雖有膽決雄猜翻覆而
撫民御衆無方畧率多苛暴性復貪冐不得士心出
兵攻晉絳時大亂之後野無耕稼罕之部下俘剽爲
資啖人作食其後河陽爲張言所陷罕之奔於大原
後唐武皇表爲澤州刺史仍領河陽節度以兵寇鈔

懷孟晉絳數百里內郡邑無長吏閭里無居民河內
百姓屯結山寨或出樵汲即爲俘馘雖奇峯絕磴梯
危架險亦爲罕之部衆攻取先是蒲之問有山田摩
雲邑人立柵於其上以避寇亂罕之百餘人攻下之
軍中因號罕之爲李摩雲自是數州之民屠啖殆盡
荆棘蔽野烟火斷絕凡十餘年
雷滿唐末爲澧郎節度使貪穢慘毒蓋非人類及死
子彥恭繼之蛮獷狡獪深有父風爐爐落榜舟檝上
下於南郡武昌之閒殆無人矣
安王友寧唐末爲宣武軍牙將鳳翔李茂貞叛屯兵

盩厔𢖍寧攻下盩厔無大小屠之
後唐孔循明宗時爲樞密使會汴州軍較張諫謀亂
都指揮符彥饒誅斬亂兵軍城安定以循權知汴州
循至召集謀亂指揮使趙虔已下三千人並族誅之
晉王建立仕後唐爲青州節度使性惡生好殺爲政
嚴烈閭里有惡跡者必族而誅之其刑失於入者不
可勝紀故當時人目之爲王垜壘言殺其人而積其
屍也
安重榮爲定州節度使嘗因暴怒部較賈章以謀叛
聞章有女一人時欲捨之女曰我家三十口繼經兵

亂死者二十八口今父就刑存此身何爲再三請死
亦殺之鎭人繇是惡重榮之酷而嘉賈女之烈焉
萇弘簡累授左金吾衛左將軍性忌克而多疑歷州
鎭十餘所在多豎棘於公署方通大行左右稍違忤
卽加鞭笞或至殺害其意不可測吏人皆側足而行
其煩苛暴虐爲武臣之最
張萬進歷威勝保大彰義三軍節度使所臨之地士
民憪懍及疾羸綿目州兵將亂乃召副使萬廷圭委
其符印記室李升素憾萬進之凌虐知其將亡謂廷
圭曰氣息奄奄不保晨暮促務就弟豈不宜乎廷圭
從之遂以籃轝秘尸而出浹旬不舉馳騎而奏慮其
有變詔命旣至而後發喪其妻素很戾謂長子彥球
曰萬廷圭逼迫危命驚擾而至不手戮之奚爲生也
廷圭聞之不敢吊助萬進自假殯精舍之下至轜車
東轅凡數月之間郡民百萬無涕洟饋奠者
張彥澤爲涇州節度使從事張式以彥澤所行事多
不軌數勸止之彥澤不從因酒酣發矢向式式偶免
因告病不復請謁彥澤愈怒將加害焉式乃避竄衍
州刺史逘至邠州邠州連帥李周具奏其事朝廷姑
息彥澤流式商州彥澤堅飛奏請式朝廷允之式旣

至决口剖心斷手足而死之後爲相州節度使領軍
北屯鎭定後送欵於虜虜主遣彥澤先至京師數日
之內恣行殺害或軍士擒獲罪人至前彥澤不問所
犯但瞋目出一手豎三指而已軍士承其意卽出外
斷其頭腰領焉彥澤與僞閤門使高勲不協因乘醉
至其門害其仲父孝悌暴死於門外
李守超爲裨將從其兄守貞征討守超性慘毒令軍
士以大劔剖賊之首爲六分號爲肉蓮花以成戲笑
河上居人爲掠而至者亦罹其酷人頗冤之
漢劉銖晉末爲高祖幷州左都押牙性好殺尤慘毒

高祖以爲勇斷類已深委遇之建國初授永興節度使從定汴雒移鎮青丘立法深峻令行禁止吏民有過不問輕重未嘗有貸免者每視事小有忤旨即令倒曳而出至數百步外方止膚體無貌每杖人遣雙杖對下謂之合歡杖或杖人隨其歲謂之隨年杖
史弘肇爲侍衛都指揮使都轄禁軍警衛都邑專行刑殺畧無顧避惡少無賴之輩望風匿迹路有遺棄人不敢取然而不問罪之輕重理之所在但云有犯便處極刑枉濫之家莫敢上訴巡司吏卒因緣爲姦嫁禍脅人不可勝紀時太白晝見民有仰觀者爲坊

巡所拘立斷腰領又有醉民抵忤一軍人則誣以訛言竟見棄市嘗有醉者誤入民家婦呼之爲盜巡司遇之以撾其腦血流被體乃就鄰舍子假錢二緡令醉者負之即斬於所犯之地斷舌决口斮筋折足者僅無虚日故相李崧爲家僮誣告族戮於市而取其幼女爲婢自是仕宦之家畜僕隸者皆以姑息爲意而舊勳故將失勢之後爲厮養輩之所脅制者往往有之軍司解暉性狡而酷凡有推劾隨意鍛鍊人有抵軍禁者被甚苦楚無不自誣以求死所都人遇之莫敢仰視有燕人何福殷者以商販爲業嘗以錢十四萬市得玉枕一遣家僮及商人李進賣於淮南大得茗迴家僮無行隱福殷貨財數十萬福殷責其償不伏遂杖之未幾家僮詣弘肇上變言虜主之入汴也僞燕王趙延壽遣福殷賫玉枕陰遺淮南主以致誠意弘肇即日逮捕福殷等係之解暉希旨斷成榜掠備至福殷自誣連罪者數輩並棄市妻女爲弘肇帳下健卒分取之其家財並籍沒
周慕容彦超爲兗州節度使既謀叛命乃於城中括率械係箠掠比戶銜冤前陜州行軍司馬閻弘魯閑居在州懼其鞭朴盡以家財爲餉彦超以弘魯所餉

未盡又欲令判官崔周度監括其家周度謂弘魯曰公命之吉凶係財之豐約願無吝焉弘魯令家僮與周度搜索斸掘無孑遺矣彦超又令牙將鄭麟持刃訊之弘魯惶迫告罄周度白彦超曰闔行軍泣拜妻孥輸財不盡此情可恕彦超不之信弘魯夫婦並係於獄其乳母於泥中得金纏臂輸之望救弘魯彦超怒周度阿私令軍較趙貿切責便令自行杖箠弘魯夫婦以至肉爛而死即斬周度於市
齊藏珍爲濠州刺史世宗征淮泗命藏珍護兵南出所至貪暴淮甸之民及麾下仕宦咸被其毒

報私怨

不念舊惡斯爲君子之心以直報怨蓋亦中庸之道然而執兵之要出師以律念一忿之不忍必舊憾之是脩由失意以相仇以忮心之是縱志乎公利假彼軍與其或敵境初平國事方熾奮其憤怒耻於言詈雖其心於一時亦流恨於千古至於賢者猶或病諸察夫過舉斯言是戒

漢李廣爲驍騎將軍坐亡失多爲虜生得當斬贖爲庶人數歲與李故潁陰侯并居藍田南山中射獵(潁陰侯灌嬰之孫名彊)嘗夜從一騎出從人田間飲還至亭霸陵

尉醉呵止廣廣騎曰故李將軍尉曰今將軍尚不得夜行何故也宿廣亭下居無何匈奴入隴西殺太守敗韓將軍(韓安國)韓將軍徙居右北平死於是武帝乃召拜廣爲右北平太守廣請霸陵尉與車(奏請天子而將行)至軍而斬之上書自陳謝罪帝報曰將軍者國之爪牙也司馬法曰登車不式遭喪不服(式車之式以禮敬人也式者前横木也字或作軾)振旅撫師以征不服率三軍之心同戰士之力故怒刑則千里竦威振則萬物伏(竦警也)是以聲名暴於夷貉威振慴乎隣國(神靈之威曰稜慴猶動也陳留人語恐言慴之稜音來登切慴音徒濫切)夫暴忿除害捐殘去殺朕之所圖於將軍也若乃免冠跣徒稽顙請罪豈朕之指哉(指意也)

魏安陽亭侯幹司馬文王之弟也蒲長武寵之孫也年二十四爲大將軍掾高貴鄉公之難以掾守閶闔掖門幹欲入幹妃偉公妹也(臣欽若等曰傳宗公衛長武之父也)長武謂幹曰此門近公但來無有入者可從東掖門幹遂從之文王問幹入何遲幹具言故參軍王羨亦不得入恨之既而羨因王左右啟王蒲掾斷門不內人宜推劾壽春之役偉從文王至許以疾不進子從來還省疾事定乃從歸由此內見恨收長武考死杖下偉免爲庶人時人寃之

晉杜預爲征南大將軍平吳兵至江陵吳人知預病瘻憚其智計以瓠繫狗頸示之每大樹似瘻輒斫使白題曰杜預頸及城平盡捕殺之

劉毅爲衛將軍江州都督奏解江州刺史庾悅初悅爲司徒長史曾至京毅時甚屯窶先就府借東堂與親故出射而悅後與寮佐徑來諸堂毅告之曰毅輩屯否之人合一射甚難君於諸堂可望以今日見讓悅不許射者皆散唯毅留射如故既而悅食鵝毅求其餘悅又不答毅常銜之故奪悅豫章解其軍府使人微示其旨悅忿懼而死毅之褊躁如此

桓温爲荆州刺史復以范汪爲安西長史温西征委以留府蜀平進爵武興縣侯温頻請爲長史江州刺史皆不就不請還京求爲東陽太守温甚恨焉後汪都督徐兖青冀四州楊州晉陵諸軍事安北將軍徐兖二州刺史假節旣而温北伐令汪率文武出梁州以失期免爲庶人朝廷憚温不敢執政者爲之歎恨

隋宇文述爲大將軍初敬肅爲潁州郡丞述食邑潁州每有書屬肅未嘗開封由是述銜之八月朝于涿郡帝以其年老有政名將擢爲太守者數矣輒爲述所毁不行

唐李元諒爲鎭國將軍節度李懷光反于河中絶津詔元諒與副元帥馬燧渾瑊同封時賊將徐庭光以鋭兵守長春宫元諒遣招諭之庭光素易元諒且謾駡之又以優胡爲戲於城上斥元諒先祖諒深以爲耻及馬燧以河東兵至庭光降于馬燧詔以庭光試殿中監兼御史大夫河中平燧待庭光益厚元諒因遇庭光於軍門命左右劫而斬之乃詣燧匍匐請罪燧盛怒將殺元諒久之以其功高乃止

李載義爲河東節度使以楊志誠之逐已後志誠復爲部下所逐過大原載義躬自毆擊遂欲殺之賴從事救解以免然而擅殺志誠之妻孥將卒朝廷録其功曲法不問

哥舒翰爲兵馬副元帥守潼關也主天下兵權肆志報怨詔奏戸部尚書安思順與祿山潛通僞令人爲祿山遺思順及書於關門擒之以獻其年三月思順及弟太僕卿元貞並坐誅徙其家屬於嶺外天下寃之

後唐劉訓莊宗同光末爲襄州節度使雒陽有變訓以私忿害節度副使胡裴族其家聞者寃之

冊府元龜

巡按福建監察御史臣李嗣京　訂正
知甌寧縣事臣孫以敬參閱
知建陽縣事臣黄國琦較釋

將帥部一百十

殺降　專殺

殺降

夫荷推轂之寄膺鑿門之任帥王者時雨之師弔四海顒天之衆此將帥之職也若乃納其欵不示其信肆燎原之威亡竭澤之戒係其老弱燒其城郭由是

敵人震壘合境復畔乃閉門而拒守致竊載而不克俾夫陰燐蔽于原野强鬼號於道路豈唯失逼侯之爵固將致杜郵之死雖兼弱攻昧有國之常規而舍逆取順大易之微旨紀諸竹素垂戒將來

白起爲秦上將軍攻韓取上黨上黨民走趙趙將趙括軍長平以救之秦出輕兵擊之趙戰不利因築壁堅守以待救至秦昭王聞趙食道絶王自之河内賜民爵各一級發年十五以上悉詣長平遮絶趙救其糧食至九月趙卒不得食四十六日皆内陰相殺食來攻秦壘欲出爲四隊四五復之不能出將軍趙括出鋭卒自搏戰秦軍射殺趙括括軍敗卒四十萬人降武安君武安君計曰前秦巳拔上黨上黨民不樂爲秦而歸趙趙卒反覆非盡殺之恐爲亂乃挾詐而盡阬殺之遺其小者二百四十人歸趙前後斬首虜四十五萬人趙人大震

項羽爲楚上將軍破秦軍秦將章邯降羽羽立爲雍王置軍中使長史欣（史失其姓）爲上將將秦軍行前（行前謂在前而行）是時羽將諸侯兵三十餘萬行畧地至河南遂西到新安（今穀州新安城是）異時諸侯吏卒繇使屯戍過秦中（異時俗言先時也秦中秦地也）秦中遇之多亡狀（無善狀也）及秦軍

降諸侯諸侯吏卒乘勝奴虜使之輕折辱秦吏卒吏卒多竊言曰章將軍等詐吾屬降諸侯令能入關破秦大善即不能諸侯虜吾屬而東秦又盡誅吾父母妻子諸將微聞其計以告羽羽廼召英布蒲將軍計曰秦吏卒尚衆其心不服至關不聽事必危不如擊之獨與章邯長史欣都尉翳入秦於是夜擊坑秦軍二十餘萬人既入函谷關至戲鴻門後數日羽廼屠咸陽殺秦降王子嬰燒其宮室羽於是自立爲西楚霸王明年羽至咸陽齊王田榮亦將兵會戰榮不勝走至平原平原民殺之羽遂北燒夷齊城郭室屋（夷平）

也皆阬降卒係虜老弱婦女徇齊至北海所過殘滅齊人相聚而畔之

漢李廣爲將軍從大將軍出定襄諸將多中首虜率爲侯者而廣軍無功後以郎中令出右北平廣軍幾沒漢法廣軍自當亡賞（當謂功過相當也）廣與望氣王朔語曰自漢征匈奴廣未嘗不在其中而諸妄校尉已下（妄猶凡也）材能不及中（中謂中庸之人也）以軍功取侯者數十人廣不爲後人然終無尺寸功以得封邑者何也豈吾相不當侯邪朔曰將軍自念豈嘗有恨者乎（恨悔也）廣曰吾爲隴西守羌嘗反吾誘降者八百餘人詐而同

日殺之至今恨獨此耳朔曰禍莫大於殺已降此乃將軍所以不得侯者矣

晉王澄爲荊州刺史持節領南蠻校尉先是巴蜀流人散在荊湘者與土人忿爭遂殺縣令屯聚樂鄉澄使成都內史王機討之賊請降澄僞許之旣而襲之於寵州以其妻子爲賞沉八千餘人於江中自是益梁流人四五萬家一時俱反

後魏王建爲中部大夫從道武破慕容寶於參合陂道武乘勝將席捲南丁于是揀擇俘衆有才能者留之其餘悉給衣糧遣歸令中州之民知恩德乃召羣臣議之建曰慕容寶覆敗於此國內空虛圖之爲易今獲而歸之無乃不可乎且縱敵生患不如殺之道武謂諸將曰若從建言恐後南人創乂絕其向化之心非伐罪弔民之義諸將咸以建言爲然建又固執乃坑之道武旣而悔焉遂進圍中山寶棄城走和龍城內無主百姓惶惑東門不閉道武將夜入乘城據守其門建貪而無謀意在虜獲恐士卒四掠盜賊亂府庫請候天明道武乃止是夜徙河人共立慕容普驎爲主遂閉門固守道武乃悉衆攻之連日不拔使人登巢車臨城招其衆曰慕容寶捐城奔走汝曹百

姓將爲誰守何不識天命取死亡也皆曰羣小無知但復恐如參合之衆永全日月耳道武聞之顧視建而唾其面

崔游爲左將軍南秦州刺史先是州人楊松柏楊雒德兄弟數爲反叛游至州深加慰撫松栢歸款引爲主簿稍以辭誘之兄弟俱至松栢旣州之豪帥感游恩遇契翰羣氐咸來歸款且以過在前政不復自疑游乃因宴會一時俱斬於是外人以其不信合境皆反

隋樊子蓋爲光祿大夫封濟公（言其功濟天下特爲立名無此郡國）大

業十一年絳郡賊敬槃陁柴保昌阻兵數萬汾晉苦之詔令子蓋進討于時人物殷阜子蓋善惡無所分別汾水之北村塢盡焚之百姓大駭相率爲盜其歸首者無少長悉坑之擁數萬之衆經年不能破賊有詔徵還

唐隱太子建成武德四年以稽胡會帥劉企成爲邊害詔建成率師討之軍次鄜州大破之虜獲千餘人建成設詐放其渠帥十人並授官爵令還本所招慰羣胡企成與胡中大帥請降建成以胡兵尚衆恐有變將盡殺之乃陽言增置州縣須有城邑悉課群胡

執板築之具會築城所陰勒兵士皆執之企成聞有變奔於梁師都竟誅降胡六千人

程知節以高宗顯慶二年爲葱山道行軍大總管以討賀魯次當都城有胡人數千家開門出降知節屠城而去賀魯遂遠遁軍還坐免官

專殺

三代之授鈇鉞兩漢之賜棨戟皆得專殺者唯以肅軍旅而謹號令也若乃秦漢而降幸總戎昭性非仁賢學昧詩禮驕盈弗率暴横是圖負恃軍戎擅恣誅殛或失律而歸罪於下或遷怒而厚誣於人或疑忌之相形或取求之不獲怠棄王命殺害無辜恣殘忍之心快忿懟之意旋伏明戮以謝沉冤天之禍淫信不誣矣

項羽字籍爲楚次將與上將軍宋義救鉅鹿宋義久不渡河羽晨朝宋義卽其帳中斬義頭（卽就也）出令軍中曰宋義與齊謀反楚楚王因令籍誅之諸將讋服（讋失氣也音之涉切）莫敢枝梧（梧音悞枝梧猶枝捍也式曰小柱爲枝邪柱爲梧）皆曰首立楚者將軍家也今將軍誅亂乃相與共立羽爲假上將軍（未得懷王之命故立爲假也）使人追宋義子及之齊殺之使桓楚報命於王王因使使立羽爲上將軍

漢周苛爲御史大夫守滎陽城是時左丞相韓信擊魏虜魏王豹傳豹詣滎陽漢王令豹守滎陽楚圍之急苛曰反國之王難與共守遂殺豹

胡建孝武時守軍正丞（南北軍各有正又置丞而建未得眞官兼守之）時監軍御史爲姦穿北軍壘垣以爲賈區（坐賣曰賈爲賣物之區也區者小室之名若今小菴屋之類故衞士之屋謂之區廬宿衞官外士稱爲區士也賈音古）建欲誅之乃約其走卒（約束也）曰我欲與公有所誅吾言取之則取斬之則斬於是當選士馬日監御史與護軍諸校列坐堂皇上（校者軍之諸部校也室無四壁曰皇）建從走卒趨至堂皇下詐謁因上堂走卒皆上建指監軍御史曰取彼

走卒前曳下堂皇建曰斬之遂斬御史護軍諸較皆
愕驚不知所以建亦已有成奏在懷中遂上奏以聞
詔是顯名
後漢張脩靈帝時爲中護匈奴中郎將光和元年脩
與南單于呼徵不相能脩擅斬之更立右賢王羌渠
爲單于脩以不先請而擅誅殺檻車徵廷尉抵罪
劉岱爲兗州刺史與曹公袁紹等起兵誅董卓進屯
河内岱與東郡太守橋瑁相惡岱殺瑁以王肱領東
郡太守
吳陵統爲別部司馬行破賊都尉從擊山賊時大帝

破保屯先還餘麻屯萬人統與督張異等留攻圍之
克日當攻先期統與督陳勤會飲酒勤剛勇任氣因
督祭酒陵轢一坐舉罰不以其道統疾其侮面折不
爲用勤怒詈統及其父操統流涕不答衆因罷出勤
乘酒凶悖又於道路辱統統不忍引刀斫勤數日乃
死及當攻屯統曰非死無以謝罪乃率吏士率身當
矢石所攻一面應時披壞諸將乘勝遂大破之還自
拘於軍正帝壯其果毅使得以功贖罪
孫綝爲大將軍魏將諸葛誕舉壽春請降遣朱異帥
二萬人屯安豐豐爲誕等勢異敗歸綝受兵三萬人
使異死戰異不從綝斬之於鑊里而遣弟恩救會誕
敗引還綝旣不能拔出誕而喪敗士衆自戮名將莫
不怨之
晉郭默爲右將軍成帝咸和四年十二月害平南將
軍江州刺史劉毅太尉陶侃帥衆討默於尋陽斬之
前趙靳冲爲鎭北將軍寇太原平北卜珝率衆繼之
冲攻太原不克而歸罪於珝輒斬之劉聰聞之大怒
曰此人朕所不得加刑冲何人哉遣其御史中丞浩
行持節斬冲
宋蕭惠開爲益州刺史持節督益寧二州諸軍事路

經江陵時吉翰子在荆州共惠開有舊爲設女樂樂
人有美者惠開旣求不得又欲以四女妓易之不許
惠開怒收吉斬之郎納其妓啟云吉爲劉義宣所遇
交結不逞向臣訕毁朝政輒已戮之孝武稱快
南齊任侯伯宋末爲平西將軍黄回軍主先是王藴
罷南中郎將南陽王翽未之鎭藴寧朔府長吏庾佩
玉權行州事朝廷先遣南中郎將中兵參軍臨湘令
韓幼宗領軍防州沈攸之之難二人各相疑阻佩玉
輒殺幼宗曰至郢州遣侯伯行湘州事又殺佩玉侯
伯與回同衛將軍袁粲謀石頭事回令侯伯水軍乘

絅在赴會衆軍已至不得入太祖令湘州刺史呂安
國至收侯伯誅之
王奐爲鎮北將軍雍州刺史輒殺寧蠻長史劉興祖
武帝大怒御史中丞孔稚圭奏其事罪合窮戮從之
陳吳明徹爲領軍將軍時湘州刺史華皎陰有異志
詔明徹率兵討之明徹於軍中輒戮安成內史楊文
通
後魏萬安國孝文時爲大司馬大將軍先與神部長
奚買奴不平承明初矯詔殺買奴于苑中帝聞之大
怒遂賜安國死

侯莫陳悅爲秦州刺史時賀拔岳督關中兵召悅共
討靈州悅誘岳斬之岳左右奔散悅遣人安慰云我
別稟意旨止在一人諸軍勿怖衆皆畏伏無敢拒者
唐趙郡王孝恭爲東南行臺右僕射高祖武德中與
越州都督闞稜同討輔公祏及擒公祏公祏誣稜與
己通謀又杜伏威王雄誕及家產在賊中者合從原
放及皆籍沒稜訴理之有忤孝恭孝恭怒遂以反誅
之
竇軌爲益州道行臺右僕射軌與行臺尚書韋雲起
郭行方素不協及隱太子誅有詔下益州軌藏諸懷
中雲起問曰詔書安在軌不言示但曰卿欲反矣執
而殺之行方大懼奔於京師
蘇海政爲𩙪海道總管檢校右武衛將軍高宗龍朔
二年十二月受詔討龜茲及疎勒勑崑陵都督阿史
那彌射及濛池都督阿史那步直發衆以從海政步
直先與彌射爭部落不和密謂海政曰彌射謀反請
以計誅之時海政兵纔數十懸師在彌射境內遂集
軍吏而謀曰彌射若反我輩既無噍類不如先事誅
之乃僞稱有勑令大總管賚物數百萬段分賜可汗
及諸首領繇是彌射率其麾下隨列請物海政盡收

斬之其下鼠尼施拔塞幹兩部叛走海政與步直追
討平之海政軍廻至疎勒之南弓月又引吐蕃之衆
來拒官軍海政以師老不敢戰遂以軍資賂吐蕃約
和而還其後吐蕃盛言彌射不反爲步直所誣而海
政不能審察濫行誅戮
哥舒翰爲副元帥禦安祿山既至潼關或勸翰曰祿
山阻兵以誅楊國忠爲名公若留兵三萬守關悉以
精銳廻誅國忠此漢挫七國之計也公以爲何如翰
心許之未發有客泄其謀於國忠國忠大懼乃奏曰
兵法安不忘危今潼關兵衆雖盛而無後殿萬一不

利京師得無恐乎請選監收小兒三千人訓練於苑中詔從之遂遣劍南將軍李福杜光庭分統焉又奏詔募一萬人屯於灞上令其腹心杜乾運將之翰慮爲所圖乃上表請乾運兵隸於潼關遂詔乾運赴潼關計事因斬之

李光弼肅宗至德元年八月爲太原引北京留守先是太原節度王承業軍政不脩時御史崔衆主兵於河東侮易承業之爲人衷甲持槍上承業廳以玩謔之光弼聞之甚不平至是又有詔交衆所主兵於光弼衆以麾下來謁光弼迎旌相接而不避長揖光

弼光弼怒旣至又不交兵光弼收繫之頃中使至云除衆御史中丞中使懷其勑問衆所在光弼曰衆有罪繫之久矣中使持勑示光弼李光弼對曰光弼今秖斬侍御史若宣制命拜中丞即斬中丞若拜宰相即斬宰相中使懼遂寢之而還翼日以兵圍衆至碑堂下斬之威振三軍

嚴武爲劍南節度等使前後在蜀累年肆志逞欲恣行猛政梓州刺史章彝初爲武判官乃小不副意召赴成都杖殺之由是威震一方

駱元光爲華州節度德宗貞元元年八月專殺徐庭光元光累有功帝慮諫官論其專殺先令宰相諭諫官勿論

周智光爲同華節度代宗永泰七年秋逐吐蕃至鄜州時杜冕屯坊州智光與冕不協遂殺鄜州刺史張麟坑杜冕家屬八十一人焚坊州廬舍三千餘家

李奉先爲金吾衛將軍憲宗元和十年河東防秋卒殺豐州刺史燕重旰而歸以奉先爲撿較左散騎常侍兼豐州刺史初重旰之見殺也麾下之衆或敵之故不及備從事有崔德玄者總其亂衆而頗易置之黨亂者懼奉先至而聽於德玄乃潛告於奉先曰燕

大夫之死實德玄搆焉今又招扇諸部以拒公矣奉州百姓舊與夷種雜處及奉先遣使潛視見其牛羊廬帳之在郊以爲信然及德玄迎謁于郊奉先數而殺之沒其家

孟簡元和末爲山南東道節度使以心腹吏陳翰知上都進奏委以關通翰持節陰事漸不可制簡怒追至州殺之且欲滅口翰弟及子進狀訴寃且告簡贓狀御史臺案驗獲簡贓及爲吐突承璀錢帛等共計之十餘貫匹事狀詞明白故自太子賓客分司東都貶吉州司馬

劉從諫爲昭義軍節度使敬宗寶曆二年七月奏大將軍程光晟謀翻動發覺處置訖從諫稔惡藏姦非一朝一夕光晟之死人頗疑其冤

韓約爲安南經略使文宗太和二年六月奏愛州刺史張丹犯贓并欲謀惡事已准法處置大理寺議張丹旣行禁勘卽是制囚韓約不合專擅處置勑張丹男宗禮等並什放

康傳圭僖宗乾符中自河東行軍司馬除河東節度等使時傳圭已率兵在代州自行營赴任兩都虞候張鍇郭朏迎于烏城驛並殺之軍中震悚

梁朱珍唐末爲太祖諸軍指揮使能紀初與諸將屯於蕭縣以禦時溥珍慮太祖自至令諸軍葺馬廄以俟巡撫時排陣斬斫使李唐賓之裨將嚴郊獨慢焉軍候范權侍珍以督之唐賓素與珍不協果怒乃見珍以訴其事珍亦怒曰唐賓無禮拔劍斬之珍命騎列狀陳其事太祖初聞唐賓之死驚駭與敬翔謀詐令有司收捕唐賓妻子下獄以安珍心太祖遂徑往蕭縣距蕭一舍珍率將校迎謁太祖令武士執責其專殺命丁會行戮都將霍存等數十人叩頭以救太祖怒以坐牀擲之乃退

後唐李沖爲華州節度使初明宗至京師西征軍未旋命沖爲華州都監令應接之沖至華迫華師史彥鎔入朝李存敬至華沖盡誅其家俄而任圜領西征大軍至招討推官張礪六軍推官李松等因言西征監軍官李從襲欲圖任圜幾覆西軍慮至京師妄生間諜君宜矯制誅之沖卽遣牙兵數十人擒之軍中斬首以徇史彥鎔以過已歸朝深怨沖泣訴於安重誨重誨怒沖復令彥鎔歸華詔沖歸朝

孟知祥爲西川節度使天成二年表奏泗州防禦使克西川兵馬都監李嚴扇搖軍衆尋已處斬訖初李

嚴同光中爲客省使使于蜀時王衍專據坤維部曲離心知其必可取使還具奏蜀亡之狀與師之日必有成功故平蜀之謀始於嚴郭崇韜起軍之日乃以嚴爲三川招撫使嚴與先鋒使康延孝將兵五千先驅閣道或馳詞說或威以兵鋒大軍未及所在隨下延孝在漢州王衍與書曰可謂李司空先來予旣舉誠納款衆咸以爲討蜀之謀始於嚴衍以其言將誘而殺之欲不令遽往嚴聞之喜曰侯魏王至吾兩人大功立矣卽馳騎入益州衍見嚴於母前以妻母爲託卽日引蜀使歐陽彬迎謁魏王三川旣平以功冀

領節度尋遇蕭墻之難明宗卽位嚴求之蜀川乃以爲兵馬都監知祥忌之旣至召宴卽被執而害之以謀欲構亂聞

晉李金全爲滄州節度使高祖天福二年安州屯將王暉殺節度使周環詔遣金全以騎兵千鎭撫其地未及境暉爲部下所殺金全至亂軍數百人不自安金全詭遣赴闕密伏兵於野以祖之座上擒其軍較武彦和等數十人斬之彦和臨刑宣言曰周環儉嗇多疑嚴刑峻令王暉粗率悖慢怠其約束以至飛語斥間各爲防虞暉乃無疾針砭數月不出鉏竹爲矛

圖爲竊發預其事者暉腹心數人而已行間之卒皆受其制心雖有異敢不從之連鷄不棲物之常理夫亂者必戮軍令有之然則王暉元惡也天子猶賜之信誓許爲郡守我等見殺非其罪也若朝廷之命是食前言者苟將軍之令得無寃乎旣戮彦和等其徒皆以兵送赴闕下初金全之將行也帝謂曰王暉之亂罪莫大焉但慮乎封守不寧則民受其弊故折矢飛詔約之以不戮一人技暉爲淮安牢升次較以主其兵卿之此行無失吾信至是以彦和等當危亂之日刼掠郡城三日所獲財貨在焉遂殺而奪之帝聞之以姑息金全不究其事尋授以旄節

楊光遠爲西京留守兼鎭河陽因罷其兵權光遠跡此怨望潛貯異志多以珠玩奉契丹訴已之屈又私養部曲千餘人撓法禁河雒之人常如備盜尋冊拜太尉兼中書令時范延光致仕輦囊裝妓妾居於河陽光遠利其奇貨且慮爲子孫之讎因奏延光不家汴雒出舍外藩非南走淮夷則北走胡虜宜早除之高祖巳許之不死鐵券存焉持疑未允光遠乃遣子承勳以甲士圍其弟逼令自裁延光曰天子在上安得如此乃遣使者乞移居雒下行及河橋擠於流而溺殺之矯奏云延光自投於河朝廷以適會其意弗

之理

張彦澤爲涇州節度使有從事張式者以宗人之分受其知遇時彦澤有子爲內職素不叶父意數行笞撻懼其楚毒迸竄外地齊州捕送到闕勑旨釋罪放歸父所彦澤上章請行朝典式以有傷名教屢諫止之彦澤怒引弓欲射之式僅而獲免尋令人逐式出衙式自爲賓從彦澤委以庶務左右羣小惡之久矣因此讒構互來迫脅云書記若不便出斷定必遭屠害式乃告病尋醫攜其妻子將奔衍州彦澤遣指揮

李興領二十餘騎追之戒曰張式如不從命即斬取頭來式懇告刺史遂差人援送到邠州節度使李周驛騎以聞朝廷以姑息彥澤之故有勑流式於商州彥澤遣行軍司馬鄭元昭詣闕論請面奏云彥澤若不得張式恐致不測高祖不得已而從之旣至決口剖心斷手足而死之式父驛詣闕訴寃朝廷命王周代之

李傪爲商州刺史少帝開運二年傪奏元隨吳漢筠監軍資庫擅用官錢二十貫文已處斬訖刺史無軍權部曲有罪奏聽進止可也不奏而殺物議非之

宋彥筠爲鄧州節度使經過鄴京於銀沙灘斬屬頭將軍鄭温爲留臺所奏據鎮將於鄴城殺人其罪不細有詔鞫之疑云彥筠先進過小底二百人奉勑命配在興順軍內有千人先今往陝府般家未到洺路逃走捕捉到一人責要例衆等使處斬投屍於河彥筠出身軍旅不知事體合送鄭温於河南府請行勘責不合專擅加刑者勑曰王者約法之義比在防非將致一平所期共守昨以憲司舉職有國舊規宋彥筠等悔愆尤理可矜恕念兹勳績深軫朕懷特開宥過之恩庶叶匿瑕之道凡百有位宜勵乃誠所犯科條並釋放

漢王繼弘爲彰德軍節度使乾祐初誣殺節度判官張易斥逐觀察推官張制易鎮州人繼弘事有所不當易必抗言爭之繼弘粗褊心不能容嘗於席上問國家西面用兵事易曰或說尚洪遷力戰傷重蓋性太剛故也繼弘正色曰洪遷傷重合有邸報子安得此言橋惑羣情遽繫之於獄奏易訛言惑衆殺之以閑制曹州人繼弘事有非理與張易協力極言之繼弘嘗乘醉攘臂毆於牀下至是因殺易乃誣奏制與易同出訛言而削其官牒而逐之後因郭謹代繼弘

又令害制焉衆寃之漢法浮刻藩方奏刑殺不問端倪郎順其情故當時從事鮮賓客之禮重足一迹而事之不暇

李洪信爲陜州節度使乾祐末洪信奏馬步都指揮使聶召秦國指揮使楊德護聖指揮使康審澄等與節度判官路濤掌書記張洞都押牙楊紹勍等同謀叛逆殺之唯康審澄夜中放火殺關奔歸初朝議以諸道方鎮皆是勳臣不諳政理其都押牙孔目官今三司軍將內選才補之藩師皆不悅故洪信因朝廷多故誣奏加害焉

周王宴爲晉州節度使廣順元年正月殺行軍司馬徐建崇言諜通劉崇故也

冊府元龜將帥部專殺　卷之四百四十九　十九

冊府元龜

冊府元龜

巡按福建監察御史臣李嗣京　訂正
新建縣舉人臣戴國士參閱
知建陽縣事臣黃國琦較釋

將帥部一百十一

失守　譴讓

失守

孟軻有言曰城非不高池非不深委而去之是地利不如人和也夫有杖節臨戎分閫受寄樹藩屛而是賴控咽喉以爲要屬四郊之多壘合衆心以爲城契

宗子之維寧示武夫之重閑是爲巨防豈資雝保然而智者多慮或迫於勢孤愚者無謀或罹於衆叛至或扃鐍非謹繕完失時罔思盡忠威固吾圉觀望畏法脫走棄去拘於司敗蓋其宜矣若乃奮不顧身守死無二拒以百術攻非一塗困於阽危守終悖固猛噬之下英聲凜然雖塗膏血於頹垣殊要領於堙塹亦蹈節無媿也已

後魏朱浮爲大將軍幽州牧彭寵及張豐反攻浮浮城中糧盡人相食會上谷太守耿況遣騎來救浮浮乃得遁走南至良鄉其兵長反遮之浮恐不得脫乃下馬刺殺其妻僅以身免城降於寵

晉郭默爲劉琨假穎川太守爲劉曜所圍突圍投冠軍將軍領河東平陽太守李矩後矩轉蹙弱默深憂懼解印綬其參軍殷嶠謂之曰李使君遇吾甚厚令遂去棄無顏謝之三日可白吾去也乃奔陽翟矩聞之大怒遣其將郭誦追默至襄城及之默棄家人單馬馳去

苟晞爲都督中外諸軍屯濛城刑政苛虐衆心稍離莫爲致用加以疾疫饑饉其將温畿傳宣皆叛之石勒馳襲濛城執晞

李矩爲冠軍將軍領河南平陽太守屯新鄭矩將張皮與劉聰子粲戰於孟津矩進救之使壯士三千汎舟迎皮賊臨河列陣作長鉤以鉤船連日不得渡夜遣部將格增潛濟入皮壘選精騎千餘而殺所獲牛馬焚燒器械夜突圍而出奔武牢聰追之不及而退

周顗爲寧遠將軍荆州刺史領護南蠻校尉始到州而建平流人傅密等叛迎蜀賊杜弢顗狼狽失據陶侃遣將吳寄以兵救之故顗得免

周撫監沔北軍事南中郎將鎮襄陽石勒將郭敬率騎攻撫撫不能守率所領奔於武昌坐免官

和郁爲征北將軍時石勒寇趙郡郁自鄴奔于衛國
裴純爲滎陽太守時石勒寇汲郡執郡守胡寵遂南濟河純奔建鄴
庾冰爲吳國內史會蘇峻作逆遣兵攻冰冰不能禦便棄郡奔會稽
朱序爲南中郎將荆州刺史鎮襄陽符丕來攻序壘戰破賊人情勞懈又以賊退稍遠疑不能來守備不謹督護李伯護密與賊相應襄陽遂沒序陷於符堅
王愉爲江州刺史都督豫州四郡至鎮未幾殷仲堪桓玄楊佺期舉兵應王恭乘流奄至愉旣無備惶遽

奔臨川爲玄所得玄盟于尋陽以愉置壇所愉甚恥之
吳隱之安帝時爲廣州刺史假節領平越中郎將及盧循寇南海隱之率厲將士固守彌時長子曠之戰沒循攻擊百有餘日踰城放火焚燒三千餘家死者萬餘人城遂陷隱之携家累出欲奔還都爲循所得循表朝廷以隱之黨附桓玄宜加裁戮詔不許宋高祖與循書令遣隱之還久方得反
宋朱脩之文帝時爲司徒從事中郎後隨右軍到彥之北侵彥之自河南迴脩之留戍滑臺被魏將安頡攻圍糧盡將士熏鼠食之脩之被圍旣久毋嘗悲憂魏果尅滑臺囚之申謨與脩之守滑臺爲魏所沒後得叛還
蕭思話爲青州刺史後魏南寇擅道濟北伐旣而迴師思話懼魏人大至乃棄鎮奔平昌思話先遣參軍劉振之城下邳聞思話奔亦委城走魏人定不至而東陽積聚已爲百姓所焚繇是徵下廷尉仍擊上方
南齊王敬則爲南兗州刺史進號安北將軍虜寇淮泗敬則恐委鎮還都百姓皆驚散奔走高帝以其功臣不問以爲都官尚書撫軍

梁曾休烈初仕齊爲巴西太守時江南人程延期反殺太守何法藏休烈懼不自保奔投巴東相蕭慧訓
羊鴉仁爲豫州刺史羊思爲殷州刺史爲魏軍所逼並棄城走
劉潛字孝儀爲豫州內史侯景寇建業孝儀遣子勵帥郡兵三千隨前衡州刺史韋粲入援及宮城不守孝儀爲前歷陽太守莊鐵所逼失郡卒
賀琛爲雲騎將軍中軍宣成王長史侯景舉兵襲京師王移入臺內留琛與司馬楊曒守東府賊尋攻陷城放兵殺害琛被槍未至死賊求得之與至闕下求

見僕射王克領軍朱异勸開城克議之涕泣而止賊復與送嚴巖寺療治之

陳樊毅爲左衛將軍時衆軍北伐毅攻廣陵樊子成收之召以毅爲大都督率衆渡淮對清口築城與周人相抗霖雨壞毅自全軍自拔

侯瑱爲江州刺史鎮豫章初余孝頃爲豫章太守及瑱鎮豫章乃於新呉縣別立城柵與瑱相拒瑱留軍人妻子於豫章令從弟大淵知後事悉衆以攻孝頃自夏迄冬弗能克乃長圍守之盡收其禾稼大淵與其部下侯方兒不協方兒怒率所部攻大淵虜掠瑱

軍妓妾金玉歸于高祖瑱既失根本兵衆皆潰徑歸豫章豫章人拒之乃趨湓城投其將焦僧度勸瑱投齊瑱以高祖有大量必能容已乃詣闕請罪高祖復其爵位

後魏裴良爲汾州刺史先是官粟貸民未及收斂仍置寇亂至是城民大饑人相食賊知倉庫空虛攻圍日甚死者十三四良以饑窘因與城人奔赴西河汾州之治西河自良始也

房崇吉初爲宋明帝太原太守戍城慕容白曜軍至遣人召之崇吉不降遂閉門固守外城至小人力不多勝仗者不過七百人而白曜侮之乃遣衆陵城不時尅白曜遂築長城圍之崇吉糧矢俱盡突圍走出遁藏民舍後與從兄法壽俱降

賈顯度爲别將防守薄骨律鎮時北鎮擾亂爲賊攻圍顯度拒守多時以賊勢轉熾不可久立乃率鎮民浮河而下既達秀容爲爾朱榮所留尋表受直閤將軍左中郎將

尉建爲兖州刺史時宋高祖爲晉將伐姚泓令其部將王仲德爲前鋒將逼滑臺建率所部棄城仲德遂入滑臺

費穆爲雲州刺史招離聚散頗得人心時北境州鎮悉皆淪沒唯穆獨據一城四面抗拒既久援軍不至兼行路阻塞糧仗俱盡穆知勢窮乃棄城南走投爾朱榮於秀容既而詣闕請罪孝明詔原之

薛曇尚孝明時爲南陽太守孝昌初除州刺史元法僧叛入梁曇尚斬其使人送首於都督安樂王監監不能援遂爲梁將王希聃所拘曇尚遁梁梁以禮遇之曇尚乞歸乃聽還

韋纘爲任城王澄楊州長史澄出征之後梁將姜慶真乘虛攻襲遂據外郛雖尋克復纘坐免官

崔康爲燕州刺史時天下多事遂爲杜雒周攻圍康堅守歷年朝廷遣都督元潭與弟二子仲哲赴救潭敗仲哲死之康遂率城民奔定州坐以免官

裴粲爲兖州刺史尋爲濮陽太守崔巨倫所逐棄州入嵩西高山

爾朱世隆爲儀同三司前軍都督鎮虎牢時元顥過太守世隆不關世事無將帥之畧顥旣尅滎陽會行臺楊匠世隆懼而遁還莊帝倉卒北巡世隆之罪也

泉企爲雒州都督東魏將高敖曹率衆圍逼州城杜

窋爲其鄉導企拒守旬餘矢盡援絶城乃陷焉高敖曹曰泉企力屈志不服也

江果爲汝州都督時杜雒周葛榮等叛亂臺援不接果以阻隔强寇內徙無繇乃携子弟并率城民東奔高麗孝靜太平中詔高麗送果等元象中乃得還朝

張瓊爲汾州刺史天平中除慰勞大使仍留鎮之尋爲周文帝所陷卒

北齊封祖業行晉州事時薛循義爲衛將軍汾苑之役諸軍退還祖業棄城走循義追至洪洞說祖業還守而祖業不從循義還據晉州安集固守

後周柳檜爲撫軍將軍討上津魏興平之卽除魏興華陽二郡守安康人黄衆寶謀反連黨與將圍州城乃相謂曰嘗聞柳君勇悍其鋒不可當今旣在外方爲吾徒腹心之病也不如先擊之遂圍檜郡郡城卑下士衆寡弱無守禦之備連戰積十餘日士卒僅有存者于是力屈城陷身被十餘槍遂爲賊所獲

陽猛初仕後魏爲華山郡守孝武西遷猛率領所移鎮潼關俄而潼關不守猛于善渚谷立栅收集義徒授征東將軍楊州刺史大都督武備將軍仍鎮善渚文帝大統三年爲竇泰所襲猛脱身得免

隋史祥爲燕郡太守被賊高開道所圍祥稱疾不視事及城陷開道甚禮之會開道與羅義通和送於涿郡卒于塗

周法尚後周宣帝時爲開府順州刺史高祖爲丞相司馬消難作亂陰遣上開府段珣率兵陽爲助守因欲奪其城法尚覺其計閉門不納珣遂圍之于時倉卒兵散在外因率吏士五百人拒守二十日外無救援自度力不能枝梧遂拔所領棄城遁走消難虜其母弟及家累三百人歸于陳

于仲文初仕後周宣帝爲東郡太守高祖爲丞相尉

廻作亂遣將檀讓收河南之城復使人誘致仲文仲文拒之廻怒其不同已遣儀同宇文威攻之仲文迎擊大破威衆斬五百餘級以功授開府廻又遣其將宇文曹度石濟宇文威鄒紹自白馬二道俱進復攻仲文賊勢逾盛人情大駭郡人赫連僧伽敬子哲率衆應廻仲文自度不能支棄妻子將六十餘騎開城西門潰圍而遁爲賊所追且戰且行所從騎戰死者十七八仲文僅而獲免達於京師廻於是屠其三子一女高祖見之引入卧内爲之下泣賜綵五百段黃金二百兩進位大將軍領河南道行軍總管給以鼓

吹馳傳詣雒陽發兵以討檀讓

唐張亮隋末從李密隷李勣勣歸國后亮檢較定州別駕劉黑闥反於河北勣復以亮從軍令守相州及黑闥兵至亮不能抗棄城而遁

齊王元吉守并州懼劉武周所逼棄并州奔于京師

程大買爲滄州刺史爲劉黑闥所逼棄城而遁

劉弘基爲布驍衛大將軍領行軍左一總管屯晉州裴寂爲宋金剛所敗人情大駭莫有固志金剛以兵造城下弘基不能守遂陷于城

高仙芝爲西河節度使時安祿山據范陽叛仙芝爲討賊副元帥屯軍於陝時范陽平盧節度封常清與安祿山戰於武牢王師敗績時仙芝聞常清戰敗乃棄軍西奔陝郡太守竇庭芝棄郡北渡

呂崇賁爲河東防禦使時安祿山反哥舒翰敗潼關不守崇賁及華州防禦使魏仲犀馮翊防禦使李彭年上雒防禦使楊黯皆棄郡走所在兵將解辦而散

顏真卿爲平原太守祿山之亂初糾合兵衆以拒之後兵力漸窮棄郡南走渡河自後河北郡縣盡沒於賊中

侯希逸肅宗時爲平盧節度使旣數爲賊所迫希逸

率厲將士累破賊徒向閏客李懷仙等旣淹歲月且無救援又爲奚虜侵掠希逸拔其軍二萬餘人且行且戰遂達于青州平盧始陷於賊詔以希逸爲平盧淄青節度使自是淄青節度皆帶平盧之名

崔光遠爲威州刺史充魏州節度使初司徒郭子儀與賊戰於汲郡光遠率汴師千人渡河援之及代蕭華入魏州使將軍李處崟拒賊賊大至連戰不利子儀怒不救處崟遂敗奔還賊隨處崟至城下反問之曰處崟召我來何爲不出光遠乃要斬處崟處崟善戰有勇衆皆倚之及死人用危懼魏州城自祿山反

袁知泰能元浩等皆繕完之甚為堅峻光遠不能守遂夜潰圍而出渡河而還肅宗不之罪除太子少保

董晉為華州刺史潼關鎮國軍使時朱泚僭逆于京邑使其黨敬江何望之侵逼華州晉奔遁赴行在

程權為滄州節度使時鎮州王承宗叛命憲宗元和十二年三月戊寅鎮州賊以衆二萬人入滄州東光縣斷其白橋路權不能禦以衆歸

哥舒曜鎮襄城時李希烈反陷襄城曜西走洛陽

李勉為汴宋節度使時李希烈反以他盜為名悉衆來寇勉城守累月救援莫至謂其將曰希烈凶逆殘

酷若與交戰必多殺無辜吾不忍也遂潛師潰圍南奔宋州德宗尋有詔以司徒平章事徵既至朝廷素服請罪優詔復其位勉引過備位而已

李齊運為晉絳慈隰都防禦觀察使時李懷光自山東卷甲奔離晝夜倍道比至河中力疲休兵三日齊運傾力犒軍人人悦喜懷光既反驅兵還保河中齊運不能敵棄城走

杜彥光為監州刺史時吐蕃寇州彥光棄州奔於慶州

張行恭為平州刺史時太原軍犯州城行恭不能守因棄其城

梁葛從周仕唐為兗州節度使昭宗天復三年青帥王師範遣將劉鄩陷兗州初從周方統州兵在外青人知其虛來攻遂之

後唐李巖為澶州節度使會賊將賀瓌來寇巖息於守備城遂陷賊

戴思遠初仕梁為邢州節度使屬燕將張方進殺滄州留後劉繼威以城歸梁梁末帝命思遠鎮之莊宗平定魏博以兵臨滄德思遠棄鎮渡河歸汴

朱守殷為蕃漢馬步都虞候守德勝寨為梁將王彥

章所攻守殷無備遂陷南寨莊宗聞之曰駑才大誤子事因撤此寨往固楊劉明宗在鄆州密請以覆軍之罪罪之莊宗私於腹心恐而不問

楊漢賓為黔南節度使會東川節度使董卓叛攻城漢賓棄城走投忠州

安崇阮為夔州節度使棄所部歸闕翌日待罪于闕門尋命釋放時董卓據東川謀叛來寇峽內諸州而崇阮望風遁走

漢劉在明初仕後唐閔帝應順初為貝州刺史閔帝移趙州兼北面行營馬軍都指揮使以軍戍易州清

泰末幽州節度使趙德鈞引軍赴團柏谷路綵易州取在明軍從及德鈞兵敗在明奔歸懷州

安友規權永興軍府事屬趙思綰奔衝友規失守城池後除名配流登州沙門島

周周密初仕晉爲延州節度使會契丹陷中原延州軍亂立高允權爲帥時密據東城允權據西城相拒久之會漢高祖建義於太原遣使安撫密乃棄其城奔於太原隨漢高祖歸汴

譴讓

夫將者受脤於社貞師以律荷分閫之重有干城之

寄始當受命初無辦嚴是所謂爲爪牙而衛社稷者焉苟異於斯否臧凶也若乃擁兵而翫寇示戎而失策或士卒暴露無恤下之心或道路滯留非速進之意或對問失實或臨敵亡備以至不能鎮守遂至退奔其乃有名無實失將兵之道降城縱掠違吊民之義是以須尺一以致語遣使者以問狀勞之以征役之苦終之以訓讓之辭故其聞命以知非立功而贖罪者多矣若夫上有疑心下或恥過因而負釁者蓋亦有焉

漢韓王信高祖六年秋匈奴冒頓大入圍信信數使使胡求和解漢發兵救之疑信數間使有二心（間私也）上賜信書責讓之曰專死不勇專生不任（信爲將軍責必死之意不得爲勇貴必生之心不任軍事傳曰期死非勇也必生非任也）寇攻馬邑君王力不足以堅守乎安危存亡之地此二者朕所以責於君王（言雖處危亡之地執忠履信可以安存責其有二心）信得書恐誅因與匈奴約共攻漢以馬邑降胡擊太原

彭越封梁王高祖十年陳豨反代地帝自往擊之至邯鄲徵兵於梁越稱病使使將兵詣邯鄲高帝怒使人讓梁王（讓責也）梁王恐欲自往謝其將扈輒曰王始不往見讓而往往即爲擒不如遂發兵反梁王不聽

稱病梁太僕有罪亡走漢告梁王與扈輒謀反於是捕治越蜀

楊僕爲主爵都尉武帝以爲能南越反拜爲樓船將軍有功封將梁侯東越反上欲復使將爲其伐前勞（伐爲矜誇也）以書勑責之曰將軍之功獨有先破石門尋陿（南越中險地名也）非有斬將騫旗之實也（騫拔取之）烏足以驕人哉（烏於何也）前破番禺補降者以爲虜掘死人以爲獲是一過也建德呂嘉逆罪不容於天下（建德南越王名也尉佗玄孫也呂嘉其祖也）將軍擁精兵不窮追超然以東越爲援是二過也（以僕不窮追之故令建德得以東越爲援也）士卒暴露連歲爲

朝會不豈酒將軍不念其勤勞而造佞巧請乘傳行塞傳張戀切行下更切因用歸家懷銀黃乘三組夸鄉里是三過也銀銀印也黃金印也僕爲主爵都尉又爲樓船將軍并將梁侯二印故三組也組印綬也失期內顧以道惡爲解內顧言思妻妾也解謂自解說也若今言分疏失尊尊之序是四過也欲請蜀刀問君賈幾何對曰率數百僕嘗爲將請官蜀刀詔問賈答言此率數百也賈讀曰價武庫日出兵而陽不知挾爲干君五過也干犯也受詔不至蘭池宮本出軍時欲使之蘭池宮頓而不去蘭池宮有渭城明日又不對假令將軍之吏問之不對令之不從其罪何如推此心以在外江海之間可得信乎今東越人將軍能率衆以掩過不僕惶恐對

曰願盡死贖罪與王温舒俱破東越

馮奉世爲右將軍元帝時以隴西羌反上言願得其衆不須煩大將因陳轉輸之費帝於是以璽書勞奉世且讓之讓責也責其不須大將曰皇帝問將兵右將軍官謂右將軍而將兵在外故謂之將兵右將軍甚苦暴露羌虜侵邊境殺吏民甚逆天道故遣將軍帥士大夫行天誅以將軍材質之美奮精兵誅不軌百下百全之道也今乃有畔敵之名不敢當敵故戰爲畔敵也大爲中國羞以昔不閑習之故耶言未善當羌虜不測其形良以恩厚未洽信約不明也言將軍恩惠未洽於士卒又不能明其約誓使在下信也朕甚怪之上書言羌虜依深山多徑道不得不多分部遮要害須得後發營士足以決事部署已定執不可復置大將聞之前爲將軍兵守不足自守故發近所騎日夜詣近所隨近之處也日夜言兼行不休息也詣詣軍所非爲擊也助其守今發三輔河東弘農越騎迹射佽飛彀者羽林孤兒及呼東衆嫭種嫭音厚又乃彀切羌別種也彀工豆切謂能張弩者也衆力追切方急遣言令速至軍所也且兵凶器也必有成敗者患策不定料敵不審也故復遣奮武將軍兵法曰大將軍出必有褊裨所以揚威武參計策將軍又何疑焉夫愛吏士得衆心舉而無悔禽獸必全將軍之職也乃若轉輸之費則有司存將軍勿憂須奮

武將軍兵到合擊羌虜須待也十月兵畢至隴西十一月並進羌虜大破斬首數千級餘皆走出塞兵未決間漢復發募士萬人拜定襄太守韓安國爲建武將軍白別有此安國非武帝時人也未進聞羌破還帝曰羌虜破散創艾迯亡出塞創艾謂懲俱也創初向切艾讀曰乂其罷吏士頗留屯田備要害處

後漢吳漢爲大司馬擊公孫述進軍成都城下述死其將延岑舉城降漢悉滅公孫氏并誅岑焚城百姓縱兵火大掠光武聞之語讓漢及副將劉向曰城中老母嬰兒口以萬數兵火大縱可爲酸痛甚違古人

吊民之義公等戴天履地何恐行此邪
馬援爲伏波將軍與耿舒同擊五漢壺頭賊守隘船不得上暑甚士卒多死耿舒與兄好畤侯弇書曰前舒上書當先擊充充縣名屬武陵郡糧雖難運而兵馬得用軍人數百爭欲先奮今壺頭竟不得進大衆怫鬱行死誠可痛惜前到臨鄉賊無故自致若連夜擊之卽可殄滅伏波類西域賈胡到一處輒止以是失利今果疾疫皆如舒言弇得書奏之帝乃使虎賁中郎將梁松乘驛責問援因代監軍會援病卒
皇甫嵩爲左車騎將軍討邊章中常侍張讓嵩連戰

無功所費者多徵還收左車騎將軍印綬削戶六千更封都鄉侯二千戶
袁紹爲右將軍建安元年曹公迎天子都許乃下詔書於紹責以地廣兵多而專自樹黨不聞勤王之師而但擅相討伐紹上書自陳述言皆飾非
吳張昭爲綏遠將軍及大帝卽位請命百官歸功周瑜昭舉笏欲褒贊功德未及言帝曰如張公之計今巳乞食矣昭大慙伏地流汗昭忠謇亮直有大臣節帝敬重之然所以不相昭者蓋以昔駮周瑜魯肅等議爲非也
晋羊祐爲車騎將軍鎮荊州會吳人寇弋陽江夏畧戶口詔遣侍臣移書詰祐不追討之意并欲移州復舊之宜祐曰江夏去襄陽八百里比知賊聞賊去亦巳經日矣步軍方往安能救之哉勞師以免責恐非事宜也昔魏武帝置都督類皆與州相近以兵勢好合惡離疆埸之間一彼一此愼守而巳古之善教也若輒徙州賊出無常亦未知州之所宜據也使者不能詰
宋劉鍾晋末爲龍驤將軍太尉參軍事高祖討司馬休之鍾領石頭戍時大軍外討京邑擾懼鍾以不能

鎮遏降號建威將軍
劉道規晋末爲輔國將軍都督荆寧梁雍六州軍事時荆州刺史劉敬宣征蜀不克道規以都督降爲建威將軍
劉懷愼自高祖遷都壽春劉懷愼督北徐兖青淮北諸軍事前軍將軍徐州刺史以亡命入廣陵城降號征虜將軍
蕭思話爲撫軍將軍兖徐二州刺史統楊武將軍冀州刺史張永衆軍圍碻磝初鎮軍諮議參軍申垣與王玄謨圍滑臺不克免官青州刺史蕭斌板垣行建

威將軍濟南平原二郡太守守歷城令任仲仁又爲垣副并前鋒入河發治口永司馬崔訓建武將軍齊郡太守胡景世率青州軍來會思話及衆軍並至碻磝治三攻道太祖遣員外散騎侍郎徐安宣旨督戰張永胡景世當東攻道申垣任仲仁西攻道崔訓南攻道賊夜地道出燒崔訓樓及道蟇車又燒胡景世樓及攻具等又毁崔訓攻道城不可拔思話馳來退師攻城凡十八日解圍還歷下崔訓以樓見燒又不能固攻道被誅於碻磝永垣並繫獄詔曰得撫軍將軍思話啟事碻磝不拔士卒疲勞且班師清濟更圖

進討北鎮山川巖阻空臨河朔行勝之要擅名自古宜除其授以允望寔思話可解徐州爲莫州餘如故彭城文武復量分配卽鎮歷城等爲江夏王義恭所奏免官

王鎮之爲征西大將軍道規司馬時南平太守徐道覆逼江陵加鎮之建威將軍統檀道濟到彦之等討道覆以不經將帥故辭不見聽旣而前軍失利白衣領職

南齊周盤龍爲平北將軍兗州刺史時角城戍將張蒲與後魏潛相構結因大霧乘船入青中採樵載虜三千餘人藏伏枋下直向城東門防門不禁仍登岸拔白爭門戍主皇甫仲賢率軍主孟靈寶等三千餘人於門拒戰斬二人賊衆被鎗赴水而魏軍馬步至城外已三千餘人阻塹不得進淮陰軍主王僧慶等領五百人赴救魏衆乃退坐爲有司所奏詔白衣領職八座尋奏復位

陳章昭達爲中撫軍大將軍高祖卽位進號車騎大將軍以還朝遲留爲有司所劾降號車騎將軍

淳于量鎮桂州王琳平後頻請入朝徵爲中撫軍大將軍量所部將帥多戀本土並欲投入山谷不願入

朝世祖使湘州刺史華皎征衡州界黄洞具以兵迎量天康元年至都以在道淹留爲所司奏免儀同餘並如故

後魏周觀爲高平鎮將有威名眞君初詔觀統五軍西討禿髮保周於張掖徙其民數百家將置於京師至武威輙與諸將私分之太武大怒黜觀爲金城侯改授内都大官

任城王澄爲楊州刺史攻梁鍾離遇雨淮水暴長引歸壽春還旣狼狽失兵四千餘人頻表解州宣武不許有司奏軍還失路奪其開府又降三階

元慶和初爲梁北道總管魏王至項城朝廷出師討之望風退走梁武責之曰言同百舌膽若鼷鼠遂徙合浦

北齊薛孤延任東魏大都督與諸軍將討潁川延專監造二山以酒醉爲敵所襲據潁川平諸將還京師燕於華林園文襄啟魏帝坐延於階下以辱之

楊州公永樂仕東魏爲北豫州刺史河陰之戰司徒高昂失利退永樂守南陽城昂走赴城西軍追者將至永樂不開門昂遂爲西軍所擒神武大怒杖之二百

隋賀若弼爲右武候大將軍開皇末高祖幸仁壽宮讌王公詔弼爲五言詩詞意憤怨帝覽而容之明年春弼又有罪在禁所詠詩自若上數之曰人有性善行惡者公之爲惡乃與行俱有三太猛嫉妬心太猛自是非人心太猛無上心太猛昔在周朝已教他兒子反此心終不能改耶

唐竇規爲益州行臺僕射武德中徵入朝賜坐御榻規容儀不肅又坐而對詔高祖大怒因謂曰公之入蜀車騎驃從者二千人爲公所斬略盡我隴種車騎未足給公詔下獄俄而釋之

裴寂爲晉州道行軍總管遇宋金剛賊因犯之師遂大潰死皆盡晉州以東城堡一時陷賊徵入朝高祖數之曰義舉之始公有翼佐之勳官爵亦已極矣前拒武周兵勢足敵致此喪敗不獨愧於朕乎以其屬吏寬釋之

獨孤懷恩爲工部侍郎時虞州刺史韋義節擊堯君素於蒲州而義節文吏怯懦頻戰不利高祖遣懷恩代總其衆懷恩督兵城下爲賊所拒頻戰不利高祖初讓之因是怨望

劉仁軌爲青州刺史高宗顯慶中大軍征遼令仁軌

監統水軍以後期免特令以白衣隨軍自效

田仁琬爲太僕卿兼代州刺史充河東諸軍節度副大使玄宗天寶元年制曰田仁琬忝居節度鎮守西陲不能振舉師旅緝寧夷夏而乃恭行暴政不務恤人撓亂要荒略無承禀邊官之責職爾之繇宜黜遠藩用誡邊使可舒州刺史仰馳驛赴任

封常清爲右金吾大將軍天保末安祿山叛以常清爲范陽節度俾募兵東討祿山渡河陷陳留限鼠子谷見威轉熾常清退入上東門戰不利賊鼓譟於西城門入殺掠人吏常清又戰於都亭驛不勝退守宣

仁門又敗從提象門入苑令人倒樹以礙之至穀水西奔陜郡遇高仙芝具以賊勢告之遂退守潼關玄宗聞常清敗削其官爵令白衣於仙芝軍効力仙芝令常清監左右廂諸軍常清衣皂衣以從事

郭子儀爲司空平章事肅宗至德中以副元帥與安祿山賊將安守忠李歸仁大戰於清渠王師敗績降爲左僕射仍平章事

殷侑爲山南東道節度使文宗太和中侑准詔停減軍卒千餘人遂敗爲羣盜刼隨州之屬縣時議責侑不先陳論以致寇盜左授太子賓客

夏侯孜爲劒南西川節度使懿宗咸通十年正月遷爲太子少保分司東都時南詔蠻寇西川責孜在蜀日失政也

梁劉鄩爲鎮南軍節度使率軍屯莘縣既而魏軍逃叛於太原時莊宗南伐鄩在莘旣久糧饋不給人皆思歸莊宗令鐵騎直壓其營挑戰鄩閉壁示弱乃以勁卒絶其甬道持千金斧斬其寨木衆出驚囂俘獲而退末帝遣人謂鄩曰閫外之事全付將軍河朔諸州一旦淪沒勞師弊旅患難日滋退保河壖久無鬭志昨日東面諸侯奏事來上皆言倉儲已竭飛輓不克於役之人每遭擒虜夙宵軫念惕懼盈懷將軍與國同休當思良畫如聞寇敵兵數不多宜設機權以時翦撲則予之負荷無累先人鄩表曰臣受國恩當思閫政敢不枕戈假寐磬節輸忠昨者比欲西取太原斷其歸路然後東收鎮冀解彼連鷄止於此時再清河朔豈期天方稔亂國難未平纔出師徒積旬霖潦資糧殫竭軍士札瘥切慮蒼黃乖於統攝乃詢部伍皆欲旋歸凡次舍經行每張犄角又欲絶其餉道且據臨清纔及宗城周陽五奄至騎軍馳突變化如神臣遂領大軍保於莘縣浮溝高壘享士訓兵日夜

戒嚴伺其進取偵其營壘兵數極多樓煩之人皆能騎射最爲刼掠未可輕謀臣若苟得機謀詎敢坐滋患難臣誠心體國天鑒具明

後唐劉訓爲襄州節度使檢校太傅克南面招討使知荆南行府事以征討無功責授檢校右僕射守檀州刺史

王建立爲青州節度使惡生好殺龐暴無政歷數鎮以苛虐聞明宗亦怒之及鎮上黨歲餘乃令致仕樞密使安重誨得罪後建立不繇表請自入朝所繇司不知之徑至後樓謁見泣涕言已無罪爲重誨擯斥

明宗不悅曰爾作節度使不行好事非重誨譖言亦宜自省旬日令還遼州賜茶藥而死

周慕容彦超仕漢爲鄆州節度使乾祐中以閤中平加侍中遇隱帝誕辰入朝以在鎮不法爲執政所責尋授兖州節度使

冊府元龜將帥部譴讓　卷之四百五十　二十五

冊府元龜

巡按福建監察御史臣李嗣京　訂正
分守建南道左布政使臣胡維霖　參閱
知建陽縣事臣黃國琦　較釋

將帥部

爭功　矜伐

爭功

書曰汝惟不爭天下莫與汝爭能蓋夫很而求勝饒不以心斯事之末而德之醜也肇自三季世事軍旅後已之義靡篤奪人之心紛起其有受鈇鉞之寄忘

禮讓之訓當受脤齊出握兵分道旬旗斬將攻壘城池競圖勳伐相尚謀詐或逞邇期會以沮彼衆或增益首級以大已功或倍道以先至或抽戈以相逐書勞之際求質實於俘獲行封之始請辨正於先後廷爭以發憤歎耦語以圖叛戾至有奪珪爵伏斧鑕而不悔者矣茲所謂矜其能而喪厥功者焉

穿封戌爲楚大夫楚子侵鄭至于城麇鄭皇頡戍之出與楚師戰敗穿封戌囚皇頡公子圍與之爭之正於伯州犁（正曲直也）伯州犁曰請問於囚乃立伯州犁曰所爭君子也其何不知上其手曰夫子爲王子圍寡君之貴介弟也下其手曰此子爲穿封戌方城外之縣尹也誰獲子（上下手以道囚意也）囚曰頡遇王子弱焉（弱敗也言爲王子所得）戌怒抽戈逐王子圍弗及楚人以皇頡歸

趙鞅爲晉大夫（簡子也）帥師納衛太子蒯聵于戚齊人輸范氏粟鄭子姚子般送之趙鞅禦之遇於齊將戰鄭無恤御簡子衛太子爲右鄭人擊簡子中肩斃于車中（斃踣也）太子救之以伐鄭師北旣戰簡子曰吾伏弢嘔血（弢弓衣嘔吐也）鼓音不衰今日我上也（功爲上）太子曰吾救主於車退敵於下我右之上也郵良曰我兩靷將絕吾能止之（止使不絕）我御之上也駕而乘材兩皆絕

（材横木明細小也傳言簡子不讓丁自伐）

漢蕭何爲丞相高帝五年先封酇侯（酇音贊屬南陽）食邑八千戶功臣皆曰臣等身被堅執兵多者百餘戰少者數十合攻城略地大小各有差今蕭何未有汗馬之勞徒持文墨議論不戰顧居臣等上何也（顧猶反也）帝曰諸君知獵乎曰知之知獵狗乎曰知之帝曰夫獵追殺獸者狗也而發縱指示獸者人也（縱者子用切發縱謂解紲而放之指示者以手指示之）今諸君徒能得走獸耳功狗也至如蕭何發縱指示功人也且諸君徒以身從我多者三兩人蕭何舉宗數十人皆隨我功不可忘也群臣後皆

莫敢言是時帝已大封功臣三十餘人其餘爭功未得行封帝居南宮從複道上（複音復上下有道故謂之複）見諸將耦語以問張良良曰陛下與此屬共取天下今已爲天子而所封皆故人所愛所誅皆平生仇怨今軍吏計功以天下爲不足用徧封（言有功者多而土地少）而恐以過失及誅故相聚謀反耳帝曰爲之柰何良曰取上素所不快（言有舊嫌者）計羣臣所共知最甚者一人先封以示羣臣三月上置酒封雍齒因趣丞相急定功行封（趣讀曰促）

荀彘爲左將軍武帝元封二年遣與樓船將軍楊僕

擊朝鮮右渠左將軍破浿水上軍乃前至城下圍其西北樓船以往會居城南右渠遂堅城守數月未能下左將軍急擊之朝鮮大臣迺陰閒使人私約降樓船往來言尚未肯決左將軍數與樓船期戰樓船欲就其約不會左將軍亦使人求閒隙降下朝鮮不肯心附樓船以故兩將不相得左將軍心意樓船前有失軍罪（意疑也）今與朝鮮和善而又不降疑其有反計未敢發言天子曰將率不能前乃使衛山諭降右渠不能顓決與左將軍相誤卒沮約（顓與專同卒終也沮壞也）今兩將圍城又乖異以故久不決使故濟南太守公孫遂往征之有便宜得以從事遂至左將軍曰朝鮮當下久矣不下者樓船數期不會具以素所意告遂曰今如此不取恐爲大害非獨樓船又且與朝鮮共滅吾軍遂亦以爲然而以節召樓船將軍入左將軍軍計事即令左將軍戲下執縛樓船將軍（戲讀與麾同）并其軍以報天子許左將軍已并兩軍即急擊朝鮮朝鮮相路人相韓陶尼谿相參將軍王唊（戎狄不知官紀故皆稱相相路人一也相朝陶二也尼谿相參三也將軍王唊四也唊音作頰也）相與謀曰始欲降樓船樓船今執獨左將軍軍并將戰益急恐不能與（不能與猶言不如也）王又不肯降陶唊路人皆亡降漢路人道死

元封三年夏尼谿相參乃使人殺朝鮮王右渠來降王險城未下故右渠之大臣成巳又反復攻吏左將軍使右渠子長（右渠之子名長）降相路人子最（相路人前已降漢而死於道故謂之降相最者其子名）告諭其民誅成巳故遂定朝鮮左將軍徵至坐爭功相嫉乖計棄市樓船將軍已坐兵至列口當待左將軍（列口縣名也度誨先得之）擅先縱失亡多當誅贖爲庶人

後漢任尚爲中郎將元初五年與度遼將軍鄧遵擊西羌有功遵以太后從弟故爵封優大尚與遵爭功又詐增首級受財枉法贓千萬以上檻車徵棄市

晉王渾爲安東將軍都督揚州諸軍事鎮壽春及伐吳吳遣司徒何植建威將軍孫晏送印節詣渾降旣而王濬破石頭降吳威名益振明日渾始濟江登建業宮釀酒高會自以先據江上破吳中軍按兵不進致在王濬之後意甚愧恨有不平之色頻奏濬罪狀時人譏之

宋張偕產龍驤將軍與世弟也時鄧琬輔晉安王僭逆與世擊敗之琬死別將劉胡走入沔衆稍散比至石城裁餘數騎竟陵郡丞陳懷眞聞胡經過率數十人斷道邀之胡人馬旣疲自度不免因隨懷眞入城

告渴與之酒胡飲酒畢引佩刀自刺不死斬首送京邑偕產追胡未至石城數十里逢送胡首信將還竟陵殺懷眞竊有其功

南齊崔恭祖爲平南將軍崔慧景司馬恭祖驍勇果便馬稍氣力絶人頻經軍戰討王敬則與左興盛軍容袁文曠爭敬則首訴明帝曰恭祖禿馬絳衫手刺倒賊故文曠得斬其首以死易勳而見枉奪若失此勳要當刺殺左興盛帝以其勇使謂興盛曰何容令恭祖與文曠爭功遂封三百戶

後魏崔亮爲鎮南將軍與李平等討梁將趙祖悅於硤石李平部分諸軍將水陸兼進以討堰賊亮違平節度以疾請還隨表而發平表亮肆其專恣輕輒還歸此而不糾法將焉寄及平至亮與爭功於禁中形於聲色

陽固爲前將軍與科揚州勳賞初硤石之役固有先登之功而朝賞未及至是與尚書令李崇訟勳便相表崇雖貴盛固據理不撓談者稱焉

隋賀若弼爲吳郡總管韓擒虎爲廬州總管開皇九年伐陳擒虎爲先鋒弼爲行軍總管及平陳至京弼與韓擒虎爭功於帝前帝曰臣在蔣山死戰破其銳

卒擒其驍將震揚威武遂平陳國韓擒虎畧不交戰豈臣之比擒虎曰本奉明旨令臣與弼同時合勢以取僞都弼乃敢先期逢賊遂戰致令將士傷死甚多臣以輕騎五百兵不血刃直取金陵降任蠻奴執叔寶據其府庫傾其巢穴弼至夕方扣北掖門臣啟關而納之斯乃救罪不暇安得與臣相比上曰二將俱合上勳於是進位柱國賜物八千段

李德林爲內使令自隋有天下每贊平陳之計開皇八年車駕幸同州從駕還在塗中高祖以馬鞭南指云待平陳訖會以七寶莊嚴公使自山東無及之者

及平陳受柱國郡公實封八百戶賞物三千段晉王已宣勑訖有人說高熲曰天子畫策晉王及諸將戮力之所致也今乃歸功於李德林諸將必當憤惋且後世觀公有若虛行熲入言之高祖乃止

唐淮安王神通爲左武衛大將軍貞觀元年拜開府儀同三司賜實封五百戶時太宗謂諸功臣曰朕叙公等勳效量定封邑恐不能盡當各自言神通曰義旗初起臣率兵先至今房玄齡杜如晦等刀筆之人功居第一臣且不服帝曰義旗初起人皆有心叔父雖率兵先至未嘗身履行陣山東未定受委專征建

德南侵全軍陷沒及劉黑闥翻動叔父望風而破今論勳行賞玄齡等有籌謀帷幄定社稷功所以漢之蕭何雖無汗馬指縱推轂故功居第一叔父與國至親誠無所愛必不可緣私濫與勳臣同賞耳

尉遲敬德貞觀中爲右武候大將軍好訐直又負其功嘗侍宴慶善宮時有班在其上者敬德怒曰汝有何功合坐我上任城王道宗次其下因解喻之敬德勃然拳毆道宗目幾至眇太宗不懌而罷

伊慎爲江西節度使曹嗣王皐都知兵馬使皐攻李希烈安州使慎兵圍之賊懼請皐使至城中以約降皐使都虞候王鍔懸而入旣成約殺不從者以出明日城開皐以其衆入慎以賊之怖懼繇其圍也色不下鍔鍔稱疾避之

宋威乾符中爲招討使與賊王仙芝戰不利詔以監軍楊復光總其兵初仙芝衆號三十萬旣陷江陵獲舉于溫廷浩遺修表請節朝議不允及復光爲招討監軍遣判官吳彥宏諭以朝旨釋罪別加官爵仙芝乃令其將尚君長蔡溫王楚彥威相次詣闕請罪且求恩命時威欲害其功並擒之以送京師朝廷不詢其本悉斬之繇是賊怒悉銳擊官軍威大敗復光收其衆以統之

後唐李存信唐末爲武皇馬步軍都較與李存孝擊張濬軍於平陽時存孝驍勇冠絕軍中皆下之唯存信與爭功由是相惡有同水火

矜伐

書曰汝惟不矜天下莫與汝爭能汝惟不伐天下莫與汝爭功仲尼曰如有周公之才之美使驕且吝其餘不足觀也已然則卑以自牧爲而不有挽之而莫測仰之而彌高斯乃長乎其萃高世作程者之所爲也乃有荷登壇之寄居分閫之重或破敵平亂自恃

共勳業或露才揚己願從其驅策或形謇謷之迹或張誇大之言以致使氣陵上席寵驕物蹊危機而不悟犯清議而莫逃垂之編簡良可痛惜老子所謂富貴而驕自招其咎者其是之謂矣

高固齊大夫也魯成公二年高固入晉師桀石以投人桀擔也禽之而乘其車既獲其人因釋己車而載所獲者車繫桑本焉以徇齊壘將至齊壘以桑繫車而走欲自異曰欲勇者賈余餘勇賈買也言己勇有餘故賣之

漢樊噲封武陽侯高后怒匈奴召丞相及噲季布等議斬其使者發兵而擊之樊噲曰臣願得十萬衆橫

行匈奴中問季布季布曰噲可斬也前陳豨反於代漢兵三十二萬噲爲上將軍時匈奴圍高帝於平城噲不能解圍天下歌之曰平城之下亦誠苦七日不食不能彀弩彀張也音工豆反今歌唫之聲未絕傷痍者甫起唫古吟字痍創也甫始也痍音夷而噲欲搖動天下妄言以十萬衆橫行是面謾謾欺誑也音謾又音莫連反且夷狄譬於禽獸得其善言不足喜惡言不足怒也高后曰善

魏鄧艾爲鎮西將軍既破蜀於緜竹築臺以爲京觀用彰戰功士卒死事者皆與蜀兵同共埋葬艾深自矜伐謂蜀士大夫曰諸君賴遭某故得有今日耳如遇吳漢之徒已殄滅矣又曰姜維自一時雄兒也與某相隨故窮耳有識者笑之

蜀魏延爲征西大將軍延每隨諸葛亮出輒欲請兵萬人與亮異道會於潼關如韓信故事亮制而不許延嘗與亮爲怯歎恨己才用之不盡

晉郭默明帝時爲右將軍默樂爲邊將不願宿衛及赴召謂平南將軍劉喬曰我能禦胡而不見右軍主禁兵若疆埸有虞被使出征方始配給軍卒無素恩信不著以此臨敵少有不敗矣時當爲官擇才若人臣自擇官安得不亂乎喬曰所論事雖然非小人所

及也

劉毅爲衛將軍荊州刺史毅性剛猛沉斷而專肆很愎與劉裕協成大業而功居其次深自矜伐不相推伏及居方嶽常怏怏不得志裕每柔而順之毅驕縱滋甚每覽史籍至藺相如降屈於廉頗輒絕歎以爲不可能也

宋謝晦爲撫軍將軍荊州刺史甚有自矜之色將之鎮詣從叔光祿大夫瞻瞻問晦年答之曰三十五瞻笑曰昔荀郎中二十七爲北府都督卿比之已爲老矣晦有愧色

南齊垣崇祖爲朐山戍主崇祖啟明帝曰淮北士民力屈胡圍南向之心日夜以冀崇祖父伯並爲淮北州郡門族布在北邊百姓所信一朝嘯咤事功可立名位尚輕不足威衆乞假名號以示遠近帝以爲輔國將軍北琅邪蘭陵二郡太守崇祖在淮陰見帝便相比韓信白起咸不信唯帝獨許之崇祖再拜奉旨及破虜啟帝謂朝臣曰崇祖許爲我制虜果如其言其常自擬韓白今眞其人也

梁韋叡爲平北將軍寧蠻校尉雍州刺史初高祖義兵檄至叡起兵赴之鄉中客陰雙光泣止叡叡還爲

冊府元龜　將帥部　矜伐　卷之四百五十一　十一

州雙光道候叡笑謂之曰若從公言乞食於路矣餉耕牛十頭

王僧辯爲征東大將軍僧辯破侯景入石頭城據之收賊黨王偉等二十餘人送於江陵僞行臺趙伯超自吳松江降於侯瑱瑱時送至僧辯僧辯謂伯超曰趙公卿荷國重恩遂復同逆今日之事將欲何之因命送江陵伯超旣出僧辯顧坐客曰朝廷昔唯知有趙伯超耳豈識王僧辯社稷旣傾爲我所復人之興廢亦復何常賓客皆前稱歎功德僧辯矍然乃謬答曰此乃聖上之威德羣帥之用命老夫唯濫居戎首何力之有焉

陳侯安都爲司空加侍中征北大將軍自王琳平後安都勳庸轉大又自以功安社稷漸用驕矜

後魏韓顯宗孝文時爲征武將軍以赭陽破賊功爲鎮南廣陽王嘉諮議參軍顯宗後上表頗自矜伐訴前征勳詔曰顯宗斐然成章甚可怪責進退無簡虧我清風此而不糾或長敝俗可付尚書推列以聞兼尚書張彝奏免顯宗官詔曰顯宗雖浮矯致愆才猶可用豈得永棄之也可以白衣守諮議展其後効

王肅爲鎮南將軍清身好施家無餘財然性惟輕佻

冊府元龜　將帥部　矜伐　卷之四百五十一　十二

頗以功名自許護庇稱伐少所推下孝文每以此爲言

于忠孝明時爲車騎大將軍自謂有社稷之功諷動百僚令加已賞於是太尉雍清河王懌廣平王懷難違其意議封忠常山郡開國公食邑一千石

楊大眼少有膽氣跳走如飛孝武南伐爲軍主大眼顧謂同僚曰吾之今日所謂蛟龍得水之秋自此一舉終不復與諸軍齊列矣累遷平東將軍王肅弟子秉之初歸國謂大眼曰在南聞君之名以爲眼如車輪及見乃不異人大眼曰旗鼓相望瞋眸奮發足使

君曰不能視何必大如車輪
北齊侯景爲南道大行臺位司徒言於神武曰恨不得兵三萬横行天下要須濟江縛取蕭衍老翁以作太平寺主神武壯其言使擁兵十萬專制河南伏任若己之半體景右足短弓馬非其所長唯以智謀時高昂彭樂皆雄勇冠時景嘗輕之
後周王勇爲大將軍性雄猛爲當時驍將然矜功伐善舒揚人之惡時論亦以此鄙之
隋賀若弼爲武侯大將軍煬帝之在東宫嘗謂弼曰楊素韓擒虎史萬歲三人俱稱良將其間優劣何如

弼曰楊素是猛將非謀將韓擒虎是鬬將非領兵史萬歲是騎將非大將帝曰然則大將誰也弼拜曰唯殿下所擇弼意自許爲大將
唐闞稜爲越州都督稜與輔公祏將陳正通接戰稜脫兜鍪謂賊衆曰汝不識我耶何敢來戰其衆多稜舊之所部由是各無鬬志或有遥拜者賊師遂潰稜頗有矜功之色
王忠嗣爲河西隴右節度使忠嗣初在朔方頗得士卒心及至隴西以富貴自處聲望稍減
劉擁爲隴右經畧使嘗謂所知曰儻朝廷假擁兵力則必復河湟一勞永逸聞者壯之先是王師討劉闢議者謂擁才任統帥朝廷將用之會高崇文立功而止
張仲武自雄武軍使爲兵馬留後改幽州都督府長史東面招討回鶻使經其舊地歲旱因召其代已者未詳姓名嗤之云吾昔鎮彼年年豐熟子何久旱如此得非爲政之不至而天意所譴耶軍吏曰蓋聞鳳去巢空豈凡禽所能繼仲武喜其對而不責之
梁楊師厚魏博節度使末帝將圖友珪遣使謀於師厚師厚深陳欵効末帝即位首封師厚爲鄴王加簡

較太師中書令每下詔不名以官呼之事無巨細必先謀於師厚師厚頗亦驕誕
後唐朱守殷爲振軍節度使不之任仍兼蕃漢馬步使京城初定内外警巡恃憑王恩蔑視勳舊與景進互相表裏又强作宿德之態言語遲緩自謂沉厚
安元信爲横海軍節度使時契丹犯邊元信與霍彦威從明宗屯常山元信恃功每對明帝以成敗勇怯戲侮彦威彦威不敢答明宗曰成敗天也不繇於人當時叔琮園太原公有何勇念國家運與致汝等富貴勿以小勝小捷挂於口吻取咲於長者彦威起謝

元信不復以產戚爲戲

周王峻爲樞密使峻以慕容彥超叛於兖州已遣步軍都指揮使曹英定省使尚訓率兵攻之峻意欲自將兵討賊累言於太祖曰慕容劇賊曹英不易與之敵耳太祖黙然未幾親征命峻爲隨駕一行都部署破賊之日峻軍在城南其衆先登頗有德色

冊府元龜

巡按福建監察御史臣李嗣京 訂正

知長樂縣事臣夏允彝 參閱

知建陽縣事臣黃國琦 較釋

將帥部 一百十三

識闇

易曰惟幾也故能成天下之務矧乃總司戎重爲之將領專閫外之事制軍中之命進退禀於申令勝敗繇乎指顧乃有率意獨任靡稽於衆溺情偏聽自陷於惡妄作過舉遂流於口實當斷不决爰搆於厲階

因而失律敗師致輿尸之咎喪軀齰舌貽没世之羞者蓋有之矣至或聽反間以害忠賢信卜筮而愆期會昧於應變之畧失於防微之旨者又豈可勝道哉書所謂自用則小昔人有言曰愚者闇於成事其斯之謂歟

昭公二十三年邾人城翼翼邾邑還將自離姑離姑邾邑從離姑則道經魯之武城公孫鉏曰魯將御我鉏邾大夫欲自武城還循山而南至武城而還依山南行不欲過武城徐鉏丘弱茅地三子邾大夫曰道下遇雨將不出是不歸也謂其山道下泥遂自離姑遂過武城武城人塞其前以兵塞其前道斷其後之木而弗殊邾師過之乃推而蹷之遂取邾師獲鉏弱地

定公四年冬蔡侯吳子唐侯伐楚舍舟於淮汭吳乘舟從淮來過蔡而舍之自豫章與楚夾漢豫章漢東江北地名左司馬戌謂子甞曰子沿漢而與之上下沿緣也緣漢上下遮使勿渡我悉方城外以毁其舟以方城外人毁吳所舍舟還塞大隧直轅宜阨三者漢東之隘道子濟漢而伐之我自後擊之必大敗之既謀而行武城黑謂子甞黑楚武城大夫曰吳用木也我用革也用軍器不可久也不如速戰史皇謂子甞楚人惡子而好司馬史皇楚大夫司馬沈尹戌若司馬毁吳舟於淮塞城口而入城口三隘道之總名是獨克吳也子必速戰不然不免乃濟

漢而陳自小別至於大別禹貢漢水至大別南入江然則此二別在江夏界三戰子甞知不可欲奔知吳不可勝也史皇曰安求其事求知政事難而逃之將何所入子必死之初罪必盡說言致死以克吳可以免貪賄致寇之罪

漢陳餘爲成安君時韓信欲東下井陘擊趙趙王歇及餘聞漢且襲之聚兵井陘口號稱二十萬廣武君李左車說成安君曰聞漢將韓信涉西河虜魏王禽夏說新喋血閼與今乃輔以張耳議欲以下趙言其立計議如此此乘勝而去國遠鬬其鋒不可當臣聞千里餽糧士有饑色言難繼也樵蘇後爨師不宿飽今井陘之道

車不得方軌騎不得成列（方軌謂併行也列行列也）行數百里其勢糧食必在後願足下假臣奇兵三萬人從間路絕其輜重（間路微小路也）足下深溝高壘勿與戰彼前不得鬬退不得還吾奇兵絕其後野無所掠鹵不至十日兩將之頭可致戲下願君留意臣之計必不爲二子所擒矣成安君儒者嘗稱義兵不用詐謀奇計謂曰吾聞兵法什則圍之倍則戰（言多十倍者可以圍敵多一倍者戰可勝）今韓信兵號數萬其實不能千里襲我以罷矣今如此避弗擊後有大者何以距之諸侯謂吾怯而輕來伐我不聽廣武君策信使間人窺知其不用（間人微伺之也）還報

則大喜乃敢引兵遂下竟擒趙王歇斬成安君

龍且爲楚將時韓信擊齊渡河襲歷下軍至臨菑齊王走高密使使至於楚請救信已定臨菑東追至高密西楚使龍且將號稱二十萬救齊齊王龍且并軍與信戰未合或說龍且曰漢兵遠鬬窮寇戰鋒不可當也齊楚自居其地戰兵易敗散不如深壁令齊王使其信臣招所亡城城聞王在楚來救必反漢漢二千里客居齊齊城皆反之其勢無所得食可無戰而降也龍且曰吾平日知韓信爲人易與爾寄食於漂母無資身之策受辱於胯下無兼人之勇不足畏也且救齊而降之吾何功今戰而勝之齊半可得（且謂當得封其齊之半地也）何爲而止遂與信戰爲信所敗擊刺殺之

後漢吳漢爲大司馬從光武上隴遂圍隗囂於西城帝勑漢曰諸郡甲卒但坐費糧食若有逃亡則沮敗衆心宜悉罷之漢等貪并力攻囂遂不能遣糧食日少吏士疲役逃亡者多反公孫述救至漢遂退敗

袁紹爲大將軍與曹公相持於官渡許攸進曰曹操兵少而悉師拒我許下餘守勢必空弱若分遣輕軍星行掩襲許攸則操必成擒如其未潰可令首尾奔命破之必也紹不能用果敗

張溫爲車騎將軍出屯美陽會董卓與邊章等戰無功溫召卓又不時應命既到而辭對不遜時孫堅爲溫參軍勸溫陳兵斬之溫曰卓有威名方倚以西行堅曰明公親帥王師威振天下何恃於卓而賴之乎堅聞古之名將杖鉞臨衆未有不斷斬以示威武者也故穰苴斬莊賈魏絳戮楊干今若縱之自虧威重後悔何及溫不能從而卓有懷忌恨溫後果及於難

呂布爲徐州牧初入徐州書與袁術術報書曰昔董卓作亂破壞王室禍害術門戶術舉兵關東未能屠裂卓將軍誅卓送其頭首爲術掃滅讎耻使術明目

於當世死生不愧其功一也昔將金元休向兗州甫詣封部爲曹操遮所拒破流離迸走幾至滅亡將軍破兗州術復明目於退邇其功二也術生年已來不聞天下有劉備備乃舉兵與術對戰術憑將軍威靈得以破備其功三也將軍有三大功在術術雖不敏奉以生死將軍連年攻戰軍糧苦少今送米二十萬斛迎逢道路非直此止當駱驛復致若兵器戰具他所乏少大小唯命布得書大喜遂造下邳後兵敗降曹操遂爲操所殺

公孫瓚爲前將軍統內外衣冠子弟有才秀者必抑

困使在窮苦之地或問其故答曰今取衣冠家子弟及善士富貴之皆自以爲職當得之不謝人善也所寵遇驕恣者類多庸兒若故卜數師劉緯臺販繒李移子賈人樂何當等三人與之定兄弟之誓自號爲伯謂三人者爲仲叔季富皆巨億或取其女以配己子嘗稱古者曲周灌嬰之屬以譬後爲袁紹之兵所擊瓚軍敗乃走還易京固守瓚別將有爲敵所圍義不救也其言曰救一人使後將恃救不力戰今不救此後將當念在自勉是以袁紹始北擊之時瓚南界上別營自度守則不能自固又知必不見救是以或自殺其將帥或爲紹兵所破遂令紹軍徑至其門瓚爲圍塹十重於塹裏築京皆高五六丈爲樓其上中塹爲京特高十丈自居焉積穀三百萬斛英雄記曰瓚諸將家家各作高樓樓以千記瓚作鐵門居樓上屏去左右婢妾侍側汲上文書瓚曰昔謂天下事可指麾而定今日視之非我所決不如休兵力田畜穀兵法百樓不攻今吾樓櫓千重食盡此穀足知天下之事矣欲以此弊紹紹遣將攻之瓚自知終敗盡殺其妻子乃自殺

魏劉勳初爲廬江太守勳將兵彊於江淮之間孫策惡之遣使卑禮厚幣以書說勳曰上繚宗民數欺下

國忿之有年矣擊之路不便願因大國伐之上繚甚實得之可以富國請出兵爲外援勳信之又得策珠寶葛越喜悅外內盡賀而劉曄獨否勳問其故對曰上繚雖小城堅池深攻難守易不可旬日而舉則兵疲於外而國內虛策乘虛而襲我則後不能獨守是將軍進兵於敵退無所歸若軍必出禍今至矣勳不從興兵伐上繚策果襲其後勳窮蹙遂奔太祖

王凌鎮揚州既有謀立楚王彪大傅司馬懿統大軍討之凌與太傅書曰卒聞神軍密發已在百尺雖知命窮盡遲於相見身首分離不以爲恨前後遣使有

書未得還報企踵西望無物以譬昨遺書之後便乘船來相迎宿丘頭且發於浦口奉被露布赦書又得二十三日兒累紙誨示聞命驚愕五內失守不知何地可以自處僕久忝朝恩歷試無效統御戎馬董齊東夏事有闕廢中心犯義罪在二百妻子同縣無所禱矣不圖聖恩天覆地載横蒙視息復覩日月亡甥令狐愚携惑群小之言僕即時呵抑使不得竟其語既人已知神明所監夫罪事無陰卒至發露知此梟夷之罪也生我者父母活我者子也又重曰身陷刑罪謬蒙赦宥今遣掾送印綬頃至當如詔書自縛歸

命雖足下私之官法有分及到如書太傅使人解其縛凌既蒙赦加恬舊好不得自疑徑乘小船自趨太傅太傅使人逆止之住船淮中相去十餘丈凌知見外乃遥謂太傅曰卿直以折簡召我我當敢不至耶而乃引兵軍來乎大傅曰以卿非肯逐折簡者故也凌曰卿負我太傅曰我寧負卿不負國家遂使人送來西凌自知罪重試索棺釘以觀太傅意太傅給之臨行到項夜呼掾屬與訣曰行年八十身名並滅耶遂自殺

文欽爲前將軍揚州刺史欽曹爽邑人也時與大將軍司馬師戰時殿中人姓尹字大目少爲曹氏家奴常侍在帝側大將軍將俱出大目知大將軍一日奕出故云文欽本是明公腹心但爲人所誤耳又天子鄉里大目昔爲文欽所信乞得追解語之令還與公復好大將軍聽遣大目單身往乘大馬被鎧胄追文欽遥相與語大目心實欲曹氏安謬言君侯何苦不可復數日中也欲使欽解其旨欽殊不悟乃更厲聲罵大目汝先帝家人不念報恩而反與司馬氏作逆不顧上天天不祐汝乃張弓傅矢欲射大目大目涕泣曰世事敗矣善自努力也

蜀劉璋爲益州牧璋焉之子也初焉以張魯爲督義司馬住漢中及璋繼爲州牧而張魯稍驕恣不承順璋璋殺魯母及弟遂爲讐敵璋累遣龐羲等攻魯所破魯部曲多在巴西故以羲爲巴西太守領兵禦魯後羲與璋情好携隙趙韙稱兵内向衆散見殺皆繇璋明斷少而外言入故也英雄記曰先是南陽三輔人流入益州數萬家收以爲兵名曰東州兵璋性寬柔無威畧東州人侵暴舊民璋不能禁政令多闕益州頗怨趙韙素得人心璋委任之韙因民怨謀叛乃厚賂荊州請和陰結州中大姓與俱起兵還擊璋蜀郡廣漢犍爲皆應韙璋馳入城郡巴東將人畏威咸同心并力助璋皆殊死戰遂破反者進攻韙於江州韙將龐樂李異反斬韙又别駕張松勸璋迎劉備奮璋從之遣法正請先主

璋主簿黄權陳其利害從事廣漢王累自倒縣於州門以諫璋一無所納勑在所供奉先主入境如歸先是先主與璋會涪北至葭萌南還取璋鄭度璋曰左將軍縣軍襲我兵不滿萬士衆未附野穀是資軍無資重其計莫如盡驅巴西梓潼民內涪水以西其倉廩野穀一皆燒除高壘深溝靜以待之彼至請戰勿許久無所資不過百日必將自走走而擊之則必擒耳先主聞而惡之以問正正曰終不能用無可憂也璋果如正言謂其群下曰吾聞拒敵以安民未聞動民以避敵也於是黜度不用其計

吳步騭爲驃騎將軍領冀州牧都督西陵上表言曰北降人王潜等說北相部伍圖以東向多作布囊欲以盛沙塞江以大向荆州夫備不豫設難以應卒宜爲之防大帝曰此曹衰弱何能有圖必不敢來若不如孤言當以牛千頭爲君作主人後有呂範諸葛恪爲說騭所言云每讀步騭表輒失笑此江與開闢俱生寧有可以沙囊塞理也

濮陽興爲衛將軍永安三年都尉嚴密建丹陽湖田作浦與里塘詔百官會議咸以爲用功多而田不保成惟興以爲可成遂會諸兵民就作功傭之費不可勝數士卒死亡或自賊殺百姓大怨之

晉王渾爲安東將軍時前趙劉元海爲任子在雒陽屬王彌從雒陽東歸元海餞彌於九曲之濱齊王攸時在九曲北聞而馳遣視之見元海在焉言於武帝曰陛下不除劉元海臣恐并州不得久寧渾進曰元海長者渾爲君王保明之且大晉方表信殊俗懷遠以德如之何以無萌之疑殺人侍子以示晉德不弘帝曰渾言是也會豹卒以元海代爲左部帥

賈充爲太尉錄尚書事時武帝伐吳詔充爲使持節假黄鉞大都督爲諸軍節度及王濬之克武昌也充

遣使表曰吳未可悉定方夏江淮下濕疾疫必起宜詔諸軍以爲後圖雖腰斬張華不足以謝天下華豫平吳之策故充以爲言中書監荀勗奏宜如充表帝不從杜預聞充有奏馳表固爭言平在旦夕使及至轘轅而孫皓已降吳平軍罷帝遣使侍中程咸犒勞賜充帛八千疋增益八千戶充本無南伐之謀固諫不見用及師出而吳平孫皓降於王濬充未之知方抗表請班師充表與告捷同至朝野以充位居人上智出人下

王浚爲司空領冀州初石勒爲臣於浚而陰勒兵襲

之單逵易水浚督護孫緯馳白浚將引軍拒勒游統
禁之浚將佐咸請出擊勒浚怒曰公來正欲奉戴我
也敢言擊者斬乃命設饗以待之勒晨至薊北門者
開門疑有伏兵先驅牛羊數千頭聲言上禮實欲塡
諸衛巷使兵不得發浚乃懼或坐或起勒升其廳事
命甲士執之斬於襄國市
張光爲臨官將軍梁州刺史鎭漢中時逆賊王如餘
黨李運楊武等自襄陽將三千餘家入漢中光遣參
軍晉邈率衆於黃金距之邈受運重賂勸光納運光
從之邈以運多珍貨又欲奪之復言於光曰運之徒

屬不事田農但營器仗意在難測可掩而取之光又
信焉遣邈衆討運不尅光乞師于氐王楊茂搜搜遣
子難敵助之難敵求於光光不與楊武乃厚賂難敵
謂之曰流人寶物悉在光處今伐我不如伐光難敵
大喜聲言助光內與運同光弗之知也悉遣援卒助
邈軍與難敵夾攻邈等援爲流矢所中死賊遂大盛
奉秀爲尚書河間王顒甚親任之關東諸軍奉迎大
駕以秀爲平北將軍領馮翊秀與顒將馬瞻等將輔
顒以守關中顒密遣使就東海王越求迎越遣將麋
晃等迎顒時秀擁衆在馮翊晃不敢進顒長史楊騰
前不應越軍懼越討之欲取秀以自效與馮翊大姓
諸嚴詐稱顒命使秀罷兵秀信之騰遂殺秀於萬年
郗隆爲揚州刺史趙誘爲主簿隆被齊王冏檄使起
兵討趙王倫隆欲承檄舉義而諸子姪並在雒陽欲
坐觀成敗恐爲冏所討進退有疑會群吏計議誘隆
曰趙王篡逆海內所病今義兵飈起其敗必矣今爲
明使君計莫若自將兵徑赴許昌上策也不然且可
留後遣猛將將兵會盟亦中策也若遣小軍隨形助
勝下策耳隆曰我受二帝恩無所偏助正欲保州而
已誘與治中留寶主簿張褒等諫隆若無所助變難

將生州亦不可保也隆猶豫不決遂爲其下所害
桓冲爲西鎭以賊寇方強故移鎭上明謂江東力弱
正可保固封疆自守而已又以將相異宜自以德望
下逮謝安故委之內相而四方鎭扞以爲己任又與
朱序款密俄而序没於賊冲深用愧恨既而苻堅盡
國內使冲深以根本爲慮乃遣精銳三千來赴京都
謝安謂三千人不足以爲益而欲外示閑暇聞軍在
近固不聽報云朝廷處分已定兵革無闕西藩宜以
爲防時安已遣兄子玄及桓伊等諸軍冲謂不足以
爲廢興召佐使對之歎曰謝安乃有廟堂之量不閑

將略今大敵垂至方遊談不暇雖遣諸不經事少年衆又寡弱天下事可知吾其左衽矣俄而聞堅破大敗克捷又知朱序因以得還沖本疾病加以慚恥發病而卒

殷浩爲中將軍北征許雒師次壽陽潛誘苻健大臣梁安雷弱兒等使殺健許以關右之任初降人魏脫卒其弟憬代領部曲姚襄殺憬以并其衆浩大惡之使龍驤將軍劉啓守譙遷襄於梁既而魏氏子弟往來壽陽襄益猜懼我而襄部曲有欲歸浩者襄殺之浩於是謀誅襄會苻健殺其大臣健兄子眉自雒陽

西奔浩以爲梁安事捷意苻健已死請進屯洛陽脩復園陵使襄爲前驅冠軍將軍劉洽鎮鹿臺建武將軍劉遯據倉垣又求解揚州專鎮雒陽詔不許浩既至許昌會張遇反謝尚又敗績浩還壽陽後復進軍次山桑而襄反浩懼棄輜重退保譙城器械軍儲皆爲襄所掠士卒多亡叛浩遣王啟劉彬之擊襄於山桑並爲襄所殺

謝琰爲衛將軍徐州刺史時孫恩作亂詔琰與輔國將軍劉牢之俱討孫恩逃於海島朝廷憂之以琰爲會稽內史都督五郡軍事琰既以資望鎮越士議者謂無復東顧之虞及至郡無綏撫之能而不爲武備將帥皆諫曰強賊在海伺人形便宜振揚仁風開其自新之路琰曰苻堅百萬尚送死淮南況孫恩奔衂歸海何能復出若其復至正是天下養國賊令速就戮耳遂不從其言恩後果復寇浹口入餘姚破上虞進及邢浦

劉義真鎮關中而佛佛虜夜遁交至泥田子既殺王鎮惡王脩又殺田子義真年少賜與左右不節脩嘗裁減之左右並怨因是白義真曰鎮惡欲反故田子殺之脩今殺田子是又欲反也義真乃使左右劉乞

等殺脩

前秦苻丕堅之子也堅敗於淮南丕時鎮鄴堅使慕容垂至鄴垂請入鄴城拜廟丕不許乃潛服而入亭吏禁之垂怒斬吏燒亭而去石越言於丕曰垂之在燕破國亂家及投命聖朝蒙超旨之遇忽敢輕侮方鎮殺吏焚亭反形已露終爲亂階將老兵疲可襲而取之丕曰淮南之敗衆散親離而垂侍衛聖躬誠不可忘越曰垂既不忠於燕其肯盡忠于我乎且其亡虜也主上寵同勳舊不能銘澤誓忠而首謀爲亂今不擊之必爲後害丕不從越退而告人曰公父子好

存小仁不顧天下大計吾屬終當爲鮮卑虜矣後果
自立爲燕王
梁熙爲涼州刺史時苻堅既死子丕新立安西呂光
自西域還師至于宜禾熙謀閉境拒之高昌太守楊
翰言於熙曰呂光新定西國兵强器鋭其鋒不可當
也度其事意必有異圖且今關中擾亂京師存亡未
知自河已西迄於流沙地方萬里帶甲十萬鼎峙之
勢實在今日若光出流沙其勢難測高梧谷口水險
之要宜先守之而奪其水彼既窮偪自然投戈如其
以遠不守伊吾之關亦可拒也若度此二要雖有子

房之策難爲計矣地有所必爭眞此機也熙弗從美
水令犍爲張統說熙曰主上傾國南討覆敗而還慕
容垂擅兵河北泓冲寇逼京師丁零雜虜跋扈關雒
州郡姦豪所在風扇王綱弛絶人懷利已今呂光廻
師將軍何以抗之熙曰誠深憂之未知計之所出統
曰光雄果勇毅明畧絶人今以蕩西域之威擁歸師
之鋭鋒若猛火之盛於原弗可敵也將軍世受殊恩
忠誠夙著立勳王室宜在於今行唐公雒上之從弟
勇冠一時爲將軍計者莫若奉爲盟主以攝衆望推
忠義以總率群豪則光無異心也資其精鋭東兼毛
興連王統楊壁集四川之衆掃兗逆於諸夏寧帝室
於關中此桓文之舉也熙又不從殺雒於西海以子
胤爲鷹揚將軍率衆五萬拒光於酒泉敦煌太守姚
靜晋昌太守李純以郡降光胤及光戰於安彌爲光
所敗武威太守彭濟執熙迎光光殺之建武西郡太
守索泮奮威督洪池以南諸軍事酒泉太守宋皓等
並爲光所殺
宋殷孝祖爲兗州刺史撫軍將軍泰始二年與賊合
戰嘗以鼓蓋自隨軍中人相謂曰殷統軍可謂死將
矣今與賊交鋒而以羽儀自標題若善射者十士攢

射欲不斃得乎是日於陣爲矢所中死
劉秉爲左僕射兼領軍將軍與齊太祖共掌機事蒼
梧廢秉出議於路逢弟韞韞開車迎問秉曰今日之
事當歸邪秉曰吾等已讓領軍矣韞捶胷曰君肉中
詎有血耶
南齊陳裔叔初從太祖征伐有功封當陽縣子後爲
太子左率啟世祖以鍛箭鏃用鐵多不如鑄作東冶
令張侯伯以鑄鏃鉈不合用事不行
梁鄧元起爲平西將軍益州刺史任庾黔婁蔣光濟
以州事並勸爲善元起舅子梁矜孫性輕脫與黔婁

志行不同乃言於元起曰城中稱有三刺史節下何
以堪之元起由此疎黜婁光濟而治迹稍損
朱异爲領軍時北齊侯景爲豫州牧據壽春將圖不
軌鄱陽王範鎮合肥及司州刺史羊鴉仁俱累啓稱
景有異志异曰侯景數百叛虜何能爲並抑不奏聞
而愈加賞賜所以姦謀益果
陳周敷梁末與周迪起義兵討侯景後爲豫章太守
時江南酋帥多不入朝敷天嘉二年遂詣闕進號安
西將軍賜鼓吹還鎮豫章周迪以敷素出己下超居
顯貴甚不平遂反爲敷所破五年迪又收合餘衆還

襲東興世祖遣都督章昭達征迪敷又從至定川縣
與迪相對貽敷書曰吾昔與弟戮力同心宗從匪他
豈規相害今願伏罪還朝因弟披露心腑先乞挺身
共立盟誓敷許之方登壇爲迪所害年三十五詔曰
使持節散騎常侍都督南豫章緣江諸軍事鎮南將
軍豫州刺史西封縣開國侯敷受任遐征淹時違律
虛禁奸詭遂貽衺仆但夙著勤誠亟勞戎旅循深惻
愴懸悼于懷可存其弟量加賻卹
後魏劉潔太武時車駕西伐潔爲前鋒沮渠牧犍弟
董來率萬餘人拒戰於城南潔信卜者之言日晨不
協擊鼓却陣故後軍不進董來得入城
羅雲爲給事中時西部勑勒叛詔雲與汝陰王天賜
討之爲前鋒勑勒詐降雲信之副將元伏曰勑勒色
動恐有變今不設備將爲所圖雲不從勑勒襲殺雲
天賜僅得自全
元石爲都將招慰淮南遣鄭義參右軍事石引軍東
討汝陰汝陰太守張超城守不下石率精銳攻之不
尅遂退至陳項議欲還軍長杜待秋擊之諸將心樂
早還咸稱善討義曰今張超驅市人負擔石蟻聚窮
城命不延月宜安心守之超食已盡不降當走可翹

足而待成擒也而欲棄還長杜道塗懸遠超必脩城
深塹多積薪穀將來恐難圖矣石不納遂旋師長杜
至冬復往攻超超果設備無功而還歷年超死楊文
長代戍食盡城潰乃尅之竟如義策
裴粲爲驃騎大將軍膠州刺史時青叛賊耿翔受梁
假署冠亂三齊粲高談虛論不事防禦之術翔乘其
無備掩襲州城左右白言賊至粲云豈有此理左右
又言已入州門粲徐云耿王可引上廳事自餘部衆
且付城民其不達時變如此尋爲翔所害送首於梁
崔延伯爲左衛將軍與行臺蕭寶寅同討萬俟醜奴

自涇州緣原北上衆軍將出討賊未戰之間有賊數百騎詐持文書云是降簿乞且緩師賓寘延伯謂其事實逡巡未閱俄而宿勤明達率衆自東北而至乞降之賊從西競下諸軍前後受敵延伯上馬突陣賊勢摧挫便爾逐北徑造其營賊奔輕騎延伯軍兼步卒兵力疲怠賊乃乘間得入排城延伯軍遂大敗

後周尉遲迥爲相州都督以開府小御正崔達拏爲長史餘委任亦多用齊人達拏文士無籌畧舉措多失紀綱不能有所拯救

唐鄭仁泰爲鐵勒道行軍大總管仁泰旣降鐵勒部

落副將楊志追討之反爲所敗有候騎告仁泰曰賊輜重在近畜牧被野可往而擒也仁泰領騎一萬四千人卷甲輕齎倍道赴之遂踰大磧至仙萼河竟不見賊糧且盡遂勒兵而還士卒饑甚又遇大雪凝凍棄其戈甲殺馬以食之强弱自爲伍前後分散馬盡人皆相食比入境餘兵纔八百人

薛訥玄宗初突厥屢爲邊患訥建議請出師討之開元二年夏詔與左監門將軍杜賓客定州刺史崔宣道等率衆二萬出檀州道以討契丹杜賓客以爲將屬炎暑將士負戈甲齎資糧深入寇境恐難爲制勝中書令姚元崇亦以爲然訥獨曰夏月草茂羔犢生息之際不費糧儲亦可漸進一舉振國威靈不可失也時議咸以爲不便玄宗方欲威服四夷特令訥同紫微黃門三品總兵擊契丹議者乃息六月師至灤河遇賊時旣蒸暑諸將失計會盡爲契丹等所覆訥脫身走免歸罪於崔宣道及蕃將李思敬等八人詔盡令斬之特免杜賓客之罪下制曰并州大都督府長史兼簡較左衛大將軍和戎大武等諸軍州節度大使同紫微黃門三品薛訥總戎禦邊建議爲首暗於料敵輕於接戰喪我王師殲之虜境覩其疇昔頗

嘗輸誠每欲資忠報主見義忘身特緩嚴刑俾期來效宜放其罪所有官爵等並從除削

鮮于仲通爲劍南節度使天寶七載閤羅鳳襲雲南王無何張虔陀爲雲南太守仲通褊急寡謀虔陀矯詐遇之不以禮舊事南詔嘗與其妻子謁見都督虔陀皆私之又有所徵求閤羅鳳皆不應虔陀遣人罵辱之仍密奏其罪惡閤羅鳳忿怨因發兵反攻圍虔陀殺之時天寶九載也明年仲通率兵出戎巂州閤羅鳳遣使謝罪仍與雲南錄事參軍姜茹芝俱來請還其所虜掠且言吐蕃大兵壓境若不許當歸命吐

蕃雲南之地非唐有也仲通不許因其使進軍逼太
和城爲南詔所敗
鄧景山爲河東節度使有一偏將抵罪當死諸將各
代罪景山不許又其弟請以身代其兄罪景山又不
許弟請納馬一匹以贖兄罪景山許其減死衆咸怨
謂景山曰我等人命輕於一馬乎景山懟且怒叱令
速出衆不肯去遂亂
崔光遠乾元中爲魏州節度使將軍李處崟拒賊敗
投光遠賊隨至城下又問之曰處崟召我來何爲不
出光遠乃腰斬處崟處崟素善戰衆皆倚之及死人

用危懼
李惟岳爲成德軍節度使疑王武俊武俊謂惟岳曰
先相公委任武俊以遺大夫兼有理命令披肝膽爲
大夫者武俊耳又士眞卽大夫妹婿保無異志今勢
危急若不坦懷待之若更如康日知卽大事去矣惟
岳曰我待武俊自厚不獨先公遺旨繇是無疑後終
爲武俊所殺
楊襲古爲北庭節度使貞元六年冬吐蕃率葛祿白
眼之衆來寇北庭廻鶻大相頡于迦斯率衆援之頻
戰敗績吐蕃攻圍頗急北庭之人旣苦廻紇是歲乃
舉城降之於吐蕃沙陀部落亦降焉古與麾下二千
餘人出奔西州頡于迦斯不利而還七年秋又悉其
丁壯五六萬人將復北庭仍召襲古偕行俄爲吐蕃
葛祿等所擊大敗死者大半頡于迦斯收合餘燼晨
夜奔還襲古之衆僅餘六七百人將復入西州頡于
迦斯紿之曰與我同至牙帳當送君歸本朝也襲古
從之及牙帳留而不遣竟殺之
陸長源爲宣武節度董晉爲行軍司馬長源好滋章
云爲數請改易舊事務從削刻晉初皆許之及案牘
已成晉乃令且罷又委錢穀支計於判官孟叔度叔

度輕佻好慢易軍人人皆惡之晉卒後未十日汴州
大亂殺長源叔度等
張弘靖爲宣武節度使俄以劉總累求歸闕且請弘
靖代已制加簡較司空平章事充盧龍軍節度使弘
靖之入幽州也薊人無老幼男女皆夾道而觀焉河
朔軍帥冒寒暑多與士卒同無張蓋安輿之別弘靖
久富貴又不知土風入燕之時遂肩輿於三軍之中
薊人頗駭之弘靖又以祿山思明之亂始自幽州欲
於事初盡革其俗乃發祿山墓毀其棺柩人尤失望
從事有韋雍張宗厚數輩復輕肆嗜酒嘗夜飲醉歸

燭火滿街前後呵叱薊人所不習之李文雍等詬責吏卒多以反虜名之薊人不勝其憤遂相率以叛遷弘靖於薊門館執事雍張宗厚輩數人皆殺之續有張徹者自遠使廻軍人以其無過不欲加害將遷置館中徹不知其心謂亦不免遂索弘靖所在大罵軍人亦爲亂兵所殺明日吏卒稍稍自悔悉詣館後請弘靖爲帥願改心事之凡三請弘靖卒不對軍人乃相謂曰相公無言是不捨吾曹必矣軍中豈可一日無帥遂取朱洄爲兵馬留後朝廷旣除洄子克融爲幽州節度使乃貶弘靖爲撫州刺史

李道古爲岳鄂觀察使初李聽爲安州刺史隨鄂岳觀察使郗公綽討吳元濟軍中動靜悉用聽謀軍勢遂壯及道古爲廉察聽爲所間故鄂軍不振

李茂貞爲鳳翔節度使梁太祖伐河中河中王珂使人告茂貞曰聖上初返正詔藩鎮無相侵伐同輔王室朱公不顧國家約束遣大軍急攻弊邑則朱公之心可見矣弊邑若亡則同華邠岐非諸君所能保也天子神器拱手而授人矣此自然之勢也公可與華州令公早出精銳固潼關以應弊邑僕自量不武請於公之西偏永爲鎮守此地請公有之關西安危國祚延促計公此舉也茂貞比昧遠圖書至不報

後唐史彥瓊本伶人也莊宗同光末以彥瓊爲武德使在魏州時有自貝州來者言亂兵將犯都城巡簡使孫鐸等急趨彥瓊之弟告曰賊將至矣請給鎧仗登城拒守彥瓊曰今日賊至臨漳計程六日晚至爲備未晚孫鐸曰賊來寇我必倍道兼行一朝失機悔將何及請僕射率衆登陴鐸請以勁兵千人伏於王莽河逆擊之賊旣挫勢須至離潰然後可以剪除如俟其兇徒傳於城下必慮姦人內應則事未可測也彥瓊曰但訓士守城何須卽戰時彥瓊疑孫鐸等有

他志故拒之是夜三更賊果攻北門彥瓊時以部衆在北門樓聞賊呼譟卽時驚潰彥瓊單騎奔京師

晉李彥韜爲陳州節度使每在少帝側昇降將相但與宦官近臣締結致外情不通陷君於危亡之地嘗謂人曰朝廷所設文官將何用也且欲澄汰徐而廢之

周馬希萼鎮湖南屬馬希廣破城之後谿洞蠻軍縱兵發火向時府署廨舍連闔洞房焚蕩俱盡積世府庫所畜皆爲蠻兵剽掠所存空城而已希萼于灰燼中自稱主帥但以得位自矜殊無鴟鴞惜巢之意與

所昵群小狎遊日夜縱酒歌呼軍中將校以其殘害
骨肉無心悔禍上下不悦終至於敗

冊府元龜

冊府元龜

巡按福建監察御史臣李嗣京　訂正
知閩縣事臣曾㽘臣黎閱
知建陽縣事臣黃國琦較釋

將帥部一百一十四

翻覆　怯懦

翻覆

擇善而從見幾而作君子變通之道也徇利忘義先貞後黷小人翻覆之行也若乃當百六之會遇屯夷之世王綱絶紐戎馬生郊九州瓜剖以豆分群雄豹

變而鵠起走原之鹿逐之者非一止室之烏瞻之者靡定于斯時也則有居爪牙之列總旗鼓之任以英豪自處以方略相高畜其濟難之謀示茲伏順之節勇冠群類名動鄰壤而有情深猜忍志在覬望或因緣沮衂或憑恃險阻或負釁以懷懼或乘隙以逞志繇是姦慝之迹斯露飛揚之勢莫返淪胥以敗咎將誰執詩云靡不有初鮮克有終斯之謂矣

後漢高峻安定人爲隗囂將擁兵萬人據高平第一（安定高平縣有第一城）光武使待詔馬援招降峻繇是河西道開中郎將來歙承制拜峻通路將軍封關內侯後屬大司馬吳漢共圍囂於冀及漢軍退峻亡歸故營復助囂拒隴坻及囂死後據高平畏誅堅守

呂布字奉先獻帝時司徒王允以布爲奮武將軍興平元年曹公東擊陶謙其將陳宮說陳留太守張邈迎呂布爲兖州牧據濮陽曹公引軍擊破之布東奔劉備時備領徐州居下邳與袁術相拒於淮上術欲引布擊備乃與布書曰術舉兵詣闕未能屠裂董卓將軍誅卓爲術報恥功一也昔金元休南至封丘爲曹操所敗（元休名尚京兆人同郡韋休甫第五文休俱著名號爲三休尚獻帝初爲兖州刺史東之郡而太祖已臨兖州尚依袁術術僭號欲以尚爲太尉不敢顯言私使諷之術亦不敢強也建安初

尚逃還爲術所害）將軍伐之令術復明目於遐邇功二也術生年以來不聞天下有劉備備乃舉兵與術對戰馮將軍威靈得以破備功三也將軍有三大功在術術雖不敏奉以死生將軍連年攻戰軍糧苦少今送米二十萬斛非惟此止當駱驛復致凡所短長亦唯命布得書大悅即勒兵襲下邳獲備妻子備敗走海西饑困請降於布布又恚術運糧不復至乃具車馬迎備以爲豫州刺史遣屯小沛布自號徐州牧術懼布爲已害爲子求婚布復許之

魏孟達初爲蜀宜都太守與副將軍劉封不和封尋

奪達鼓吹達旣懼罪又忿恚遂發表辭先主率所領
降魏魏文帝善達之姿才容觀以爲散騎常侍建武
將軍封平陽亭侯達與桓階夏侯尚親善文帝末桓
尚皆卒達自以羈旅久在疆埸心不自安諸葛亮聞
之陰欲誘達數書招之達與相報答魏興太守申儀
與達有隙密表達與蜀潛通帝未之信也司馬宣王
遣參軍梁幾察之又勸其入朝達驚懼遂反
公孫淵明帝時爲揚烈將軍遼東太守吳嘉禾元年
淵稱藩於吳大帝二年春正月大帝詔曰朕以不德
肇受元命夙夜兢兢不遑假寢思平世難救濟黎庶

上答神祇下慰民望是以眷眷勤求俊傑將與戮力
共定海內苟在同心與之偕老今使持節督幽州領
青州牧遼東太守燕王久脅賊虜隔在一方雖乃心
於國其路靡緣今因天命遠遣二使款誠顯露章表
殷勤朕之得此何喜如之雖湯遇伊尹周獲呂望世
祖未定而得河右方之今日豈復是過普天一統於
是定矣書不云乎一人有慶兆民賴之其大赦天下
與之更始其明下州郡咸使聞知特下燕國奉宣詔
恩令普天率土備聞斯慶三月遣舒綜還使太常張
彌執金吾許晏將軍賀達等將兵萬人金寶珎貨九
錫備物乘海授淵江表傳載大帝詔曰故魏使持節車騎將軍遼東太守平樂侯天地
失序皇極不建元惡大憝作害平民海內分摧群生堙滅周餘黎民靡有子遺方之今日亂又甚焉朕受
曆數君臨萬國夙夜戰兢念在弭難若涉淵水罔知攸濟是以把旄仗鉞翦除兇虐自東徂西靡遑寧處
苟力所及民無災害雖賊虜遺種未伏辜誅猶繫囚枯木待時而斃惟將軍天姿特達兼包文武觀時覩
變審於去就踰越險阻顯致赤心肇建大計爲天下先元勳巨績侔於古人雖若竇融背棄隴右卒占西
河以定光武休名美實豈復是過欽嘉雅尚朕實欣之自古聖帝明王建化垂統以爵褒德以祿報功功
大者祿厚德盛者禮崇故周公有夾輔之勞太師有鷹揚之功並啟土宇兼受備物今將軍規萬年之計
建不世之略絕僭逆之虜順天人之肅濟成洪業功無與比齊魯之事奚足言哉詩不云乎無言不酬無
德不報今以幽青二州十七郡十七縣封君爲燕王使持節守太常張彌授君璽綬策書金虎符第一至
第五竹使符第一至第十錫君玄圭苴以白茅爰契爾龜用錫家社方有戎事典統兵馬以大將軍曲蓋

麾幢督幽州青州牧遼東太守如故今加君九錫其敬聽後命以君三世相承保綏一方寧集四郡訓及
異俗民夷安業無或攜貳是用錫君大輅戎輅玄牡二駟君務在勸農嗇人成功倉庫盈積官民俱豐是
用錫君袞冕之服赤舄副焉君正化以德敬下以禮敎義崇謙內外咸和是用錫君軒縣之樂君宣導休
風懷保邊遠遠人回面莫不影附是用錫君戎馬以居君運其才略官方任賢顯直措枉群善必舉是用
錫君虎賁之士百人君戎馬整齊威震遐方糾虔天刑彰厥有罪是用錫君鈇鉞各一君文和於內武信
於外擒討逆節折衝掩難是用錫君彤弓一彤矢百旅弓十旅矢千君忠勤有効溫恭爲德明允篤誠感
于朕心是用錫君秬鬯一卣圭瓚副焉欽哉敬茲訓典寅亮天工相我國家永終爾休舉朝大
臣自丞相雍以下皆諫以爲淵未可信而寵待太厚
但可遣吏兵數百護送舒綜帝終不聽臣弘之以爲大帝復諫違
衆信淵意了非有攻伐之規重慢之慮宣達錫命乃用萬人是何不愛其民昏虐之甚乎此役也非惟闇

塞實爲無道淵果斬彌等送其首於魏沒其兵資大帝大
怒欲自征淵江表傳載大帝怒曰朕年六十凡事難易靡所不嘗近爲鼠子所欺却令人氣踊如山不自截鼠子頭以擲於海無顏復臨萬國就令顛沛不以爲恨尚書僕射薛綜
等切諫乃止淵後又遣使謝吳自稱燕王求爲與國
然猶令官屬上書自直于魏曰大司馬長史臣郭昕
參軍臣柳浦等七百九十八人言奉被今年七月巳
卯詔書伏讀懇切精魄散越不知身命所當投措昕
等伏自惟省𧑅蟻小醜器非時用遭值千載被受公
孫淵祖考以來光明之德惠澤沾渥滋潤榮華無尺
寸之功有負乘之累遂蒙褒獎登名天府並以駑蹇

附龍託驥紆青拖紫飛騰雲梯感恩惟報死不擇地
臣等聞明君在上聽政采言人臣在下得無隱情是
以因緣許讓昌犯怨寬郡在藩表密邇不羈平昔三
州轉輸費調以供賞賜歲用累億虛耗中國然猶跋
扈度劉邉陲烽火相望羽檄相逮城門晝閉路無行
人州郡兵戈奔散覆沒淵祖父度初來臨郡承受荒
殘開日月之光建神武之略聚烏合之民埽地爲業
威震燿于殊俗德澤被于群生遼土之不壞實度是
賴孔子曰微管仲吾其被髮左衽向不遭度則郡早
爲丘墟而民係於虜庭矣遺風餘愛永存不朽度既
薨殂吏民感慕欣戴子康尊而奉之康踐統洪緒克
壯徽猷文昭武烈邁德種仁乃心京輦翼翼虔恭佐
國平亂効績紛紜功隆事大勲藏王府度康當値武
帝休明之會合策明之計夾輔漢室降身委質早巳
事魏匪處小厭大畏而服焉乃慕託高風懷仰盛懿
也皇帝亦虛心接納待以不次功無巨細每不見忘
又命之曰海北土地割以付君世世子孫實得有之
皇天后土實聞德音臣庶小大豫在下風奉以周旋
不敢失墜淵生有蘭石之姿少含愷悌之訓允文允
武忠惠且直生民欽仰莫弗懷愛淵纂戎祖考君臨

萬民爲國以禮淑化流行獨見先覩羅結遐方勤王
之義覩險如夷世載忠亮不隕厥名孫權慕義不遠
萬里連年遣使欲自結援雖見絶殺不念舊怨纖纖
往來永成恩孝淵執節彌固不爲利回首志匪石確
乎彌堅猶懼丹心未見保明乃卑辭厚幣誘致吳使
梟截獻馘以示無二吳雖在遠水道通利舉帆便至
無所隔限淵不顧敵讐之深念存人臣之節絶彊吳
之歡昭事魏之心靈祇明鑒普天咸聞陛下嘉美洪
烈懿茲武功誕錫休命寵亞齊魯不及部臣普受介
福誠以天覆之恩當至終始得竭股肱永保祿位不

虞一旦横被殘酷惟育養之厚念積累之効悲思不遂痛切見棄舉國號跳拊膺泣血夫三軍所伐蠻夷戎狄驕逸不虔於是致武不聞義國反受誅討蓋聖王之制五服之域有不供職則脩文德而又不至然後征伐淵小心翼翼恪恭于位勤事奉上可謂勉矣盡忠竭節還被患禍小弁之作離騷之興皆由此也就或佞邪盜言孔甘猶當親覽憎而知善讒巧似直惑亂聖聽尚望文告使知所繇若信有罪當埀三宥若不改悔計功減降當在八議而潛軍伺襲大兵奄至舞戈長驅衝擊遼土犬馬惡死況於人類吏民昧

死挫辱王師淵雖寃枉方臨危殆猶恃聖恩悵然重奔冀必姦臣矯制妄肆威虐乃謂臣等曰漢安帝建光元年遼東屬國都尉寵奮受三月巳未詔書曰收幽州刺史馮煥玄菟太守姚光推案無乙未詔書遣侍御史幽州牧考姦臣矯制者今刺史或讒謬承制乎臣等議以爲刺史與兵搖動天下殆非矯制必是詔命淵乃俛仰歎息自傷無罪深惟土地所以養人竊慕古公杖策之岐乃欲投冠釋綬逝歸林麓臣等維持誓之以死屯守府門不聽所執而七營虎士五部蠻夷各懷素飽不謀同心奮臂大呼排門遁出

近郊農民釋其耨鎛伐薪制梃攻核爲櫓奔馳赴難軍旅成行雖蹈湯火死不顧生淵雖見棄恚而不怒比遣勅軍勿得干犯及手書告語懇惻至誠而吏士凶悍不可解散期于畢命投死無悔淵懼吏士不從教令乃躬馳鶩自往化解僅乃止之一飯之惠匹夫如死況淵累葉信結百姓恩著民心自先帝初興爰暨陛下榮淵累葉豐功懿德策名褒揚辯著廊廟勝衣舉履誦詠明文以爲口實埋而掘之古人所耻小白重耳衰世諸侯猶慕著信以隆伯業詩美文王萬邦作孚論語稱仲尼去食存信信之爲德固亦大矣

今吳蜀共帝鼎足而居天下搖蕩無所統一臣等每爲陛下懼此危心淵據金城之固仗和睦之民國殷兵彊可以横行策名委質守死善道忠至義盡爲九州表方今二敵闕闢未知孰定是之不戒而淵是害茹柔吐剛非王者之道也臣等雖鄙誠竊耻之若無天乎臣一郡吉凶尚未可知若云有天亦何懼焉臣等況聞仕於家者二世則主之三世則君之臣等蓋裔之士出于圭竇之中無大援于魏世隸於公孫氏報生與賜在於死力昔蒯通言直漢祖赦其誅鄭詹辭順晉文原其死臣等頑愚不達大節敬執一介披

露肝膽言逆龍鱗罪當萬死惟陛下恢崇飾欲亮共控告使疏遠之臣永有保恃

梁侯景初爲後魏河南大行臺文帝大統十三年正月齊神武薨文襄嗣位文襄與景有隙景不自安遣使請舉河南十六州附西魏七月景又密圖附梁時周文帝爲西魏柱國大將軍知其謀悉追前後所配景將士景懼遂叛入梁

後魏夏侯道遷初仕南齊爲南譙太守歸國爲驍騎將軍戍合肥道遷棄戍南叛

北齊司馬世雲爲潁川刺史侯景反世雲舉州從之

景於渦陽敗後世雲復有異志爲景所殺

彭樂驍勇善騎初隨杜雒周賊知其不立降爾朱榮從破葛榮于滏又爲都督從神武與行臺僕射于暉討破羊侃于瑕丘後叛投逆賊韓樓封北平王及爾朱榮遣大都督侯深擊樓樂又叛樂降深神武出山東樂又隨從

王琳在梁爲湘州刺史及魏平江陵巳立梁王登琳乃爲梁元帝發喪三軍縞素遣別將侯平率舟師攻梁琳屯兵長沙傳檄諸方爲進趨之計時長沙蕃王蕭韶及上游諸將推琳主盟侯平雖不能渡江頻破梁軍又以琳兵威不接翻更不受指麾琳遣將討之不尅又師老兵疲不能進乃遣使奉表詣齊并獻馴象又使獻款于魏求其妻子亦稱臣于梁

梁劉嗣彬知俊族子也幼從知俊征行累遷爲軍較及知俊叛以不預謀得不坐貞明末大軍與晋王對壘於德勝久之嗣彬率數騎奔于晋具言朝廷軍機得失又以家世讐怨將以報之晋王深信之卽厚給田宅仍賜錦衣玉帶居一年復來奔龍德三年冬從王彥章戰于中都擒之晋王笑謂曰爾可還予玉帶矣遂誅之

後唐康延孝北塞部落人初隸太原因得罪亡命于汴梁末帝時頻立軍功叚凝率衆五萬營於王府延孝時爲先鋒指揮使率百騎來奔莊宗得之喜解御衣金帶賜之問梁之兵機延孝備陳利害莊宗平梁頗有力焉

漢杜重威爲魏博節度使高祖起義晋陽重威首獻誠款及入汴移領宋州重威拒命不行朝廷命上將高行周督衆問罪帝親討之聲云駕至卽降尋命給事中陳觀齎旨使其歸命及至城又閉闔阻之繇是六師憤激內粟漸空而守陴者雜以僧道掠米糧以

給其食士庶稍一事違其命者必族而食之左右思
變咸欲加害懼而請降與妻孥相次而出帝以宿舊
釋其罪命守太傅居班

怯懦

夫專分閫之權處建牙之任訓必勝之衆練賈勇之
夫致討不庭用威不軌必在見危致命臨難忘身彰
敢死之名顯盡忠之節者也若乃昧遠大之畧懷顧
慮之疑聞强敵而斯退知勢弱而遂逃俾夫衆心蔑
有鬬志與彼折軾於車下投蓋于稷門者異矣辱命
挫威將何以塞其責歟

子元楚大夫也以車六百乘伐鄭入于桔秩之門桔秩
鄭遠郊之門也子元鬬御疆鬬梧耿之不以爲旆子元自與三子特造
旆以居前廣充幅長尋曰旐繼旐曰旆鬬班王孫游王孫喜殿三子在后爲反禦
衆車入自純門及逵市純門鄭外郭門也逵市郭內道市縣門不發
楚言而出子元曰鄭有人焉縣門施於內城鄭示楚以閒暇故不閉城門出
兵而効楚言故子元畏之不敢進諸侯救鄭楚師夜遁
趙羅晉大夫也趙鞅禦鄭師遇於戚將戰郵無卹御
簡子衛太子爲右郵無卹王良也登鐵上鐵丘兵望見鄭師衆
太子懼自投于車下子良授太子綏而乘之曰婦人
也言其怯鄭人擊簡子中肩斃于車中斃踣也獲其蠭旗
蠭旗旗名太子救之以戈鄭師北獲溫大夫趙羅羅無勇故鄭師
雖北猶獲羅
孟孺子洩魯大夫也孟懿子之子武伯彘齊國書帥師伐魯孟
孺子洩帥右師冉求帥左師戰于郊師入齊軍冉求之罪
右師奔齊師獲甲首八十冉求所得齊人不能師不能整其師宵
諜曰齊人遁諜閒也冉有請從之三季孫弗許孟孺子
語人曰我不如顏羽而賢於邴洩二子與孟懿子同車子羽銳
敏子羽顏羽銳精也敏疾也言欲戰我不欲戰而能默心雖不欲口不言奔洩
曰驅之言驅馬欲奔
趙鞅晉大夫圍衛齊國觀陳瓘救衛得晉人之致師

者子玉師使服而見之子玉陳瓘也釋囚服服其本服曰國子實執
齊柄而命瓘曰無辟晉師豈敢廢命欲必敵晉子又何辱
言不須來致師自將往戰簡子曰我卜伐衛未卜與齊戰乃還畏子
玉
荀瑤晉大夫帥師伐鄭次于桐丘鄭駟弘請救于齊
弘駟歂子齊師將與陳成子屬孤子三日朝屬會死事者之子使朝三
日以禮之設乘車兩馬繫五邑焉乘車兩馬大夫服又加之五邑召顏涿
聚之子晉曰隰之役而父死焉以國之多難未女恤
也今君命女以是邑也服車而朝毋廢前勞乃救鄭
及留舒違穀七里穀人不知言其整也留舒齊也違去也及濮而

不涉（濮水自陳留酸棗縣傍河東北經濟陰至高平入濟）子思曰大國在敝邑之宇下是以告急今師不行恐無及也（子思國參）成子衣製杖戈（製雨衣也）立于阪上馬不出者助之鞭之知伯聞之乃還（畏其得衆心）曰我卜伐鄭不卜敵齊

漢楊僕爲樓船將軍武帝元封四年坐爲將軍擊朝鮮畏懦入竹二萬箇贖完爲城旦

後漢周魴爲護羌校尉明帝永平十三年秋與西羌迷唐戰周魴逗留自守明年魴坐畏懦徵

陳瑀爲楊州牧袁術爲曹公所敗於封丘南入叛瑀瑀拒之術走陰陵好辭以下瑀瑀不知權而又怯不

即攻術于淮北集兵向壽春瑀懼使其弟公琰請和於術術執之而進瑀走歸下邳

焦和爲青州刺史是時英雄並起黄巾冠暴和務及同盟俱入京畿不暇爲民保障引軍踰河而西未久而袁曹二公與董卓將戰于滎陽敗績黄巾遂廣屠裂城邑和不能禦然軍器尚利戰士尚衆而耳目偵邏不設恐動之言妄至望寇奔走未嘗接風塵交旗鼓也欲作陷冰丸沈河令賊不得渡禱祈群神求用兵必利蓍筮常陳于前巫祝不去於側人見其清談如雲出則混亂命不可知州遂蕭條悉爲丘墟也

韓馥爲冀州牧渤海太守袁紹以渤海起兵將以誅董卓自號車騎將軍主盟與馥立幽州牧劉虞爲帝遂遣使奉章詣虞虞不敢受後馥軍安平爲公孫瓚所敗瓚遂引兵會卓西入關紹還軍延津因馥惶遽使陳留高幹潁川荀諶等說馥曰公孫瓚乘勝來向南而諸郡應之袁車騎引軍東向此其意不可知竊爲將軍危之馥曰爲之奈何諶曰公孫提燕代之卒其鋒不可當袁氏一時之傑必不爲將軍下夫冀州天下之重資也若兩雄並力兵交于城下危亡可立而待也夫袁氏將軍之舊且同盟也當今爲將軍計

莫若舉冀州以讓袁氏袁氏得冀州則瓚不能與之爭必厚德將軍冀州入于親交是將軍有讓賢之名而身安于泰山也願將軍勿疑馥素恇怯因然其計馥長史耿武別駕閔純治中李歷諫馥曰冀州雖鄙帶甲百萬穀支十年袁紹孤客孤軍仰我鼻息譬如嬰兒在股掌之上絶其哺乳立可餓殺奈何乃欲以州與之馥曰吾袁氏故吏且才不如本初度德而讓古人所貴諸軍獨何病焉從事趙浮程奐請以兵拒之馥又不聽乃讓紹遂領冀州刺史

晉卞敦爲太子左衛率時石勒侵逼淮泗元帝備求

良將可以式遏邊境者公卿舉敦除征虜將軍徐州
刺史鎮泗口及石勒寇彭城敦自度力不能支與征
北將軍王邃退保盱眙賊勢遂張淮北諸郡多爲所
陷竟以畏懦貶秩三等爲鷹楊將軍
王澄爲荊州刺史益梁流人倶反推杜弢爲主澄出
領軍擊杜弢次于作塘山簡參軍王冲叛于豫州自
稱荊州刺史澄懼使杜蕤守江陵澄遷于孱陵尋奔
沓中郭舒諫曰使君臨州雖無異政未失衆心今西
收華容尚義之兵足以擒此小醜柰何自棄澄不能
從

麴允爲大都督驃騎將軍時劉曜攻北地允次于晉
白城以救之曜聞而轉寇上郡允軍於靈武以兵弱
不敢進
劉波爲冠軍將軍南郡相時符堅弟融圍雍州刺史
朱序於襄陽波率衆八千救之以敵彊不敢進序竟
陷没波以畏懦免官
鍾雅爲驍騎將軍蘇峻之難詔爲前鋒監軍假節領
精勇千人以拒峻雅以兵少不敢擊退還
荀羨爲北中郎將初段龕東屯廣固自號齊王稱籓
于建業慕容恪討之龕所署徐州刺史王騰索頭單
于薛雲降于恪龕遣使詣建業請救穆帝遣羨赴之
憚虜彊遷延不敢進
司馬流爲左將軍率衆拒蘇峻前鋒遇于慈湖流性
怯懦不閑軍旅時率水部兵二千南上遇賊懼形于
色臨陣方食不知口處問左右曰吾口何在既而合
戰敗遇殺
桓冲爲車騎將軍時符丕等寇襄陽攻朱序又遣荀
池石越毛當以衆五萬屯于江陵冲擁衆七萬爲序
聲援畏池等不進保據上明
劉邁劉毅兄也宋高祖起義師誅桓玄時邁先在京

師事未發數日高祖遣同謀周安穆報之使爲内應
邁外雖酬許内甚震懼安穆見其惶駭慮事必泄乃
馳歸時玄以邁爲竟陵太守邁不知所爲便下船欲
之郡是夜玄與邁書曰北府人情云何卿近見劉裕
何所道邁謂玄已知其謀晨起白之玄驚懼封邁爲
重安侯既而嫌邁不報安穆使得逃去乃殺之
後秦楊伯壽爲姚興將時仇池公楊盛擾祁山興遣
趙琨與伯壽討之盛率衆與琨相持伯壽畏懦弗進
琨衆寡不敵爲盛所敗興斬伯壽而還
宋江夏王義恭總督諸軍出鎮彭泗時後魏太武自

爪步北走經彭城城下過遣人語城內食盡且去須麥熟更來義恭大懼閉門不敢追慮虜期又至議欲芟麥剪苗移民堡聚衆論並不同義恭之議遂寢

任農夫爲左衞將軍時桂陽王休範在江州有異志朝廷慮其下以農夫爲輔師將軍淮南太守戍姑孰以防之休範舉率衆向京邑奄至近道農夫棄戍還都

周嶠爲冠軍將軍時元兇劭弒立隋王誕舉義誕檄又至嶠素怯惶㥣不知所從爲府司馬丘珍孫所殺

殷孝祖爲兖州刺史撫軍將軍時賊據赭圻孝祖將

進攻之與大統王玄謨別悲不自勝衆並駭怪

南齊張瓌爲光祿大夫明帝方疑大司馬王敬則以瓌爲平東將軍吳郡太守以爲之備及敬則反瓌遣將吏三千人迎拒於松江聞敬則軍鼓聲一時散走瓌棄郡逃民間事平瓌復還郡爲有司所奏免官削爵永元初復爲前將軍及義師下東昏假瓌節戍石頭義師至新亭瓌棄城走還宮

梁曹景宗爲平西將軍郢州刺史魏軍攻司州圍刺史蔡道恭城中負板而汲景宗望門不出但耀軍遊獵而已及司城陷爲御史中丞任昉所奏高祖寢而不治徵爲護軍將軍

元慶和爲將望敵敗退武帝責之曰言同百舌膽若鼷鼠遂徙合浦

陳吳明徹爲武州刺史天嘉元年周將賀若敦率馬步一萬奄至武陵明徹不敵引軍還巴陵

北齊孫騰爲尚書左僕射時西魏遣將寇南兖詔騰爲南道行臺率諸將討之騰性怔怯無威略失利而還

李神儁孝明末除鎮軍將軍行相州事時葛榮南逼神儁憂懼乃故墜馬傷腳仍停汲郡有詔追還

傅靈慶父融有三子靈慶靈根靈越並有才力不能署武將蕭斌王玄謨冠碻磝時融始死玄謨辟引靈慶爲軍主將攻城攻車爲城內所燒靈慶懼軍法詐云傷重令左右轝之還營遂與壯士數十騎遁還斌玄謨命追之左右諫曰靈慶兄弟並有雄材兼其部曲多是壯勇如彭超尹生之徒皆一當十人援不虛發不可逼也不如緩之玄謨乃止靈慶至家遂與二弟匿于山澤之間

賀悅征蠕蠕爲別道將坐逐賊不進詐增虜級當斬贖爲庶人

寇猛爲羽林中郎從高祖征南陽以擊賊不進免官
尉世辯粲之子也周師將入鄴令辯率千餘騎覘候出釜口登高西望遙見羣烏飛起謂是西軍旗幟卽馳還比至紫陌橋不敢廻顧
後周庾信初在梁爲東宮學士領建康令侯景作亂梁簡文帝令信率宮中文武千餘人營於朱雀航及景至信以衆先退
隋段達大業初爲金紫光祿大夫帝征遼東百姓苦役平原祁孝德清河張金稱等並聚爲群盜攻陷城邑郡縣不能禦帝令達擊之數爲金稱等所挫亡失

甚多諸賊輕之號爲姥後用鄃令楊善會之計更與賊戰方致尅捷還京師以公坐免明年帝征遼東以達留守涿郡俄而復拜左翊衛將軍高陽魏刁兒聚衆十餘萬自號歷山飛寇掠燕趙達率涿郡通守郭絢擊敗之于時盜賊既多官軍惡戰達不能因機決勝唯持重自守頓兵饋糧多無尅獲時皆謂之爲怯懦
唐裴寂爲晉州道行軍總管拒宋金剛于介州戰始合寂棄軍而走兵遂大潰復令鎮撫河東地寂恇怯無捍禦之才唯發使驅驛催督虞泰二州居人勒入成堡焚其積聚百姓惶駭復思爲亂
張瑾爲羽林將軍復遇突厥來寇瑾不敢戰保于幽州高祖以其年老拜冠軍將軍優以散秩
張亮爲滄海道行軍大總管進兵屯于建安城下營壘未固士卒多樵採賊衆奄至軍中惶駭亮素怯懦無計策但踞胡牀直視而無所言將士見之翻以亮有膽氣故衆情稍安其副總管張金樹等乃鳴鼓令士衆擊賊破之太宗亦知其無將帥之材而不之責
韋挺爲太常卿先運糧河北既失支度令除名從軍會李勣擊破蓋牟城詔挺統兵鎮守城去大軍百有

餘里與高麗新城鄰接高麗大兵或鈔掠至其城下挺素無威畧不堪其憂乃貽書於道術人公孫常置詞怨望常以他罪自殺於其囊中得挺所與常書太宗詔挺問之對多不以實太宗尤責讓之乃以宿經驅策不忍加誅授朝散大夫守象州刺史病卒
韋待價爲安息道大總管以擊吐蕃待價既無統領之材遂狼狽失據士卒饑餓多轉死溝壑時人究之
李子和爲靈州總管既絕梁師都又伺突厥間釁遣使以聞爲處羅可漢侯騎所獲處羅大怒囚其子于外第子和自以孤危甚懼乃拔戶口南徙詔以延州

故城居之
武懿宗爲金吾大將軍則天萬歲通天中契丹賊帥孫萬斬寇河北命懿宗爲神兵道大總管以討之軍次延州及聞賊將至冀州懿宗懼便欲棄軍而遁
王君㚟判梁州都督時吐蕃寇陷瓜州執刺史田仁獻及㚟父壽殺掠人戶並取軍資及倉糧又進攻玉門軍及長樂縣仍縱僧徒使歸涼州謂君㚟曰將軍嘗欲以忠勇報國今日何不一戰君㚟聞父被執登陴西向而哭竟不敢出兵
杜鴻漸肅宗至德中爲荆南節度使襄州大將康楚

元張嘉延盜所管兵犯襄州城以叛刺史王政遁走嘉延南襲荆州鴻漸聞之棄城而遁澧朗峽歸等州聞鴻漸出奔皆惶駭潛竄山谷後爲黄門侍郎平章事代宗永泰元年成都裨將崔寧逐其帥郭英乂走死簡州代宗以鴻漸兼成都尹山南西道劍南道東川西川邛南等道副元帥劍南西川節度使鴻漸出駱谷有謀曰相公駐車閬州遥制劍南數移牒述英乂過失言寧有方畧寧腹心攝諸刺史者皆奏正之命寧及將較不疑然後與東州節度張獻誠及諸賊帥合議數出兵掠擾寧既數道連出兵未經一年寧兵自然耗少寧窮必束身歸朝此上策也鴻漸畏懦計未决會寧使至辭禮卑敬且送繒錦數千萬鴻漸貪其利遂至成都日與判官杜亞楊炎將吏等高會縱觀軍州政事悉委寧仍連表聞薦先時張獻誠數與寧戰獻誠屢敗旌節爲寧所奪朝廷因鴻漸之請加寧成都尹兼西山防禦使西川節度行軍司馬
崔光遠乾元中爲魏州節度使使將軍李處崟拒賊賊大至處崟戰敗告光遠賊隨處崟至城下反問之曰處崟召我來何爲不出光遠乃腰斬處崟處崟素善戰衆皆倚之及死人用危懼魏州城自祿山反袁

知泰能元皓等皆繕完之甚堅峻光遠不能守遂突圍夜渡河而南兵士多死沒焉既歸朝不罪之
劉德信德宗朝爲神策應援淮西招討使時李希烈德信統招召子弟軍戍陽翟德信以賊接近不敢至率衆赴汝州其後陽翟河陽皆陷
杜彦先爲鹽州刺史貞元二年十二月吐蕃來寇彦先使以牛酒犒之吐蕃謂曰我欲州城居之聽爾率其人而去彦先乃悉衆奔鄜州吐蕃遂陷鹽州
蘇太平隴州將也貞元三年吐蕃圍華亭守將王仙鶴求救於隴州刺史蘇清沔清沔令太平率一千五

百人赴之及中路其遊騎百餘沒于賊太平素恇怯
寡謀遽引衆退歸
韓全義出自行閒少從軍事竇文場及文場爲中尉
用全義爲帳下偏將典神策兵在長武城貞元十三
年爲神策行營節度長城使代韓潭爲夏綏銀宥節
度詔以長武兵赴鎮全義貪而無勇短於撫御制未
下軍中知之相謂謀曰夏州沙磧之地無耕蠶生業
盛夏移徙吾所不能是夜戍卒鼓譟爲亂全義踰城
而免殺其親將王棲巖趙虔曜等賴都虞侯高崇文
誅其亂首而止之全義方獲赴鎮

孟準淮南大將也初徐州節度使張建封卒其子愔
爲三軍所立詔淮南節度使杜佑兼徐泗節度委以
討伐佑大具舟艦遣準先掌之準渡淮而敗佑固境
不敢進仍詔以徐州授愔
袁滋初爲中書侍郎平章事會韋皐殁劉闢擁兵自
擅命滋持節安撫中路拜簡較吏部尚書平章事劍
南西川節度賊兵方熾滋懼而不進貶吉州刺史
杜叔良穆宗長慶中爲滄德節度使時討幽鎮二叛
遇賊輒揣其無勇每先犯之既陷弓高縣尋復奔敗
喪所持節貶爲歸州刺史

李聽以文宗大和六年爲徐州節度使聽有蒼頭在
徐州爲大將不欲聽至聽先使親民慰勞徐人蒼頭
遂害使者聽不敢言因以疾辭改太子太保
後唐夏魯奇奏臣考限已滿乞差替人懼董璋侵噬
故也
晉安崇阮仕後唐爲夔州節度使時董璋寇峽內諸
州崇阮望風遁走棄城歸闕待罪於閤門詔釋之
馬全節爲鄴都留守少帝開運二年契丹趙延壽惕
隱羸騎萬餘至湯陰而還議者以爲如全節等軍祗
在相州出精騎以躡之則破之必矣及延壽等退去

之日並無一騎踵之失機斷矣
景延廣爲侍衛親軍都指揮使同平章事少帝親駐
澶淵延廣爲上將凡六師進退皆出胷臆少帝亦不
能制衆咸憚而忌之虜既至城下使人宣言曰景延
廣喚我來相殺何不急戰一日高行周與蕃軍相遇
於近郊以衆寡不敵急請濟師延廣勒兵不出是日
行軍幸而獲免及虜近延廣猶閉柵自固士大夫曰
昔與虜絶好言何勇也今虜至若是氣何憊也
漢杜重威爲鎮州節度使虜主連年入寇重威但閉
壁自守部內城邑相繼破陷一境生靈坐受其屠戮

重威任居方面未嘗以一士一騎救之每虜騎數十驅漢人千萬過城下如入無人之境重威但登陴注目畧無邀取之意開運元年秋加北面行營招討使二年大軍下泰州滿城虜主自古北口廻軍追躡王師重威等狼狽而旋至陽城爲虜所困會大風猛烈軍情憤激符彦卿張彦澤等引軍四出虜衆大潰諸將欲追之重威曰逢賊得命更望襆子也遂收軍馳歸常山

張從恩爲右金吾衞上將軍開運元年契丹前鋒至邢州鎮州杜重威遣人間道告急少主將親御六軍

渡河會不豫乃令從恩鄴都馬全節河中安審琦等會合諸道之師屯於邢州初趙延壽陷皷城城中多富族所得寶貨之物延壽悉輸于契丹王之母胡性貪利胡王乃自將諸將繼踵至于元氏朝廷知之乃詔從恩等引師漸退軍中遽聞人情震懼乃引還殆無行伍或棄兵甲一路居人皆遭剽剝焚燒廬舍北至相州不能整肅繇是行人皆歸咎於從恩

冊府元龜

巡按福建監察御史臣李嗣京　訂正
知甌寧縣事臣孫以敬參閱
知建陽縣事臣黄國琦較釋

將帥部

豪横　奢侈　專恣

豪横

夫作福作威凶于而國敗禮敗度戾於厥躬皆聖訓之格言寔人臣之明戒况乃總握兵要肅將天威愼固封陲詰誅暴慢誠當議以先衆惠以感人用亶戒詔克貞師律若其不䘏危難廢亂典常戕害生民圖報仇怨負固滋横崇侈無厭貪黷之心踰於谿壑凶忍之性甚於豺狼以至誣害良臣輕侮王室雖膏斧鉞汙鼎鑊蓋有餘戮矣

漢陳豨者宛句人也（宛句縣名也地志屬濟陰宛音於元切句音劬）不知始所以得從及韓王信反入匈奴上至平城還豨以郎中封爲列侯以趙相國將監趙代邊兵皆屬焉豨少時常稱慕魏公子（謂信陵君無忌）及將守邊招致賓客嘗告過趙（國休告之假而過趙）賓客隨之者千餘乘邯鄲官舍皆滿豨所以待客如布衣交皆出客下（言居已禮之不以富貴自尊大）趙

相周昌乃求入見上具言豨賓客盛擅兵於外恐有變上令人覆案豨賓客居代者諸爲不法事多連引豨豨恐陰令客通使王黄曼丘臣所

孫都封臨癸侯太初元年坐擊番禺奪人虜掠死

後漢曹破石中常侍節之弟爲越騎校尉越騎營伍伯妻有美色（韋昭辯釋名曰五百字本爲五伯五當也伯道也使之導引當道陌中以驅除也案今俗呼行杖人爲伍伯）破石從求之伍伯不敢違妻執意不肯行遂自殺其淫暴無道多此類也

公孫瓚爲破虜將軍旣破劉虞盡有幽州之地猛志益盛前此有童謡曰燕南垂趙北際中央不合大如礪惟有此中可避世瓚自以爲易地當之遂徙鎮焉乃盛脩營壘樓觀數十臨易河通遼海

蜀法正爲蜀郡太守揚武將軍外統都畿内爲謀主一飡之德睚眦之怨無不報復擅殺毁傷已者數人或謂諸葛亮曰法正於蜀郡大縱横將軍宜啟主公抑其威福亮答曰主公之在公安也北畏曹公之强東憚孫權之逼近則懼孫夫人生變於肘腋之下當斯之時進退狼䟦法孝直爲之輔翼令翻然翺翔不可復制如何禁止法正使不得行其意邪初孫權以妹妻先主妹才捷剛猛有諸兄之風侍婢百餘人皆

親執刀侍立先主每入衷心常凛凛亮又知先主雅愛信正故言如此

吳潘璋性奢泰末年彌甚服物僭擬吏兵富者或殺取其財物數不奉法監司舉奏大帝惜其功而輒原不問

晉桓玄嗣南郡公在江陵甚豪橫士庶畏之過於殷仲堪玄曾於仲堪廳事前戲馬仲堪中兵參軍劉邁曰馬稍有餘精理不足玄自以才雄冠世而心知外物不許之仲堪為之失色玄出仲堪謂邁曰卿乃狂人也玄夜遣殺卿我豈能相救邁以正辭折仲堪而

不以為悔仲堪使邁下都以避之玄果令追之邁僅而免禍

宋高道慶初以平桂陽王休範功封樂安男及建平王景素反道慶領軍北討而與景素通謀及事平自啟求增邑五百戶詔加二百并前五百戶道慶凶險暴橫求無已有失其意者輒加捶拉或有死者朝廷畏之如虎狼蕭道成與袁粲等議收付廷尉賜死

劉瑀為益州張悅代之瑀去任凡所雋將佐有不樂反者必逼制將還語人曰臆我上豈可為張悅作西門客耶

陳侯安都遷司空加侍中征北大將軍自王琳平後安都勳庸轉大又自以功安社稷漸用驕矜數招聚文武之士或射馭馳騁或命以詩賦第其高下以差次賞賜之文士則褚玠馬樞陰鏗張正見徐伯陽劉刪祖孫登武士則蕭摩訶裴子烈等並為之賓客齋內動至千人部下將帥多不遵法度簡問收攝則奔歸安都世祖性嚴察深銜之安都弗之改日益驕橫每有表啟封訖有事未盡乃開封自書之云又啟其事及侍醼酒酣或箕踞傾倚嘗陪樂遊禊飲乃白帝曰何如作臨川王時帝不應安都再三言之帝曰此

雖天命抑亦明公之力宴訖又啟便借供張水飾將載妻妾於御堂歡會世祖雖許其請甚不懌明日安都坐於御坐賓客居群臣位稱觴上壽

後魏王斤鎮長安假節鎮西將軍斤遂驕矜不順法度信用左右調役百姓民不堪之南奔漢川者數千家而委罪於雍州刺史陽文祖秦州刺史任延明世祖召問二人各以狀對世祖知為斤所誣譴宜陽公伏樹覆案虛實得數十事遂斬斤以徇

爾朱榮為天柱將軍性好獵不捨寒暑至於列圍而進必須齊一雖遇阻險不得迴避虎豹逸圍者坐死

其下甚苦之太宰元天穆從容謂榮曰大王勲濟天下四方無事唯宜調政養民順時蒐狩何必盛夏馳逐傷犯和氣榮便攘肘謂天穆曰太后女主不能自正推奉天子者此是人臣常節葛榮之徒本是奴才乘時作亂妄自署假譬如奴走擒獲便休頃來受國大寵未能開拓境土混一海內何宜今日便言勲也如聞朝士猶自寬縱今秋欲共兄戒勒士馬校獵嵩原令貪汚朝貴入圍搏虎仍出魯陽歷三荆悉擁生蠻北塡六鎮廻軍之際因平汾胡明年簡練精騎分出江淮蕭衍若降乞萬戸侯如其不降徑度數千騎

便往縛取待六合寧一八表無塵然後共兄奉天子巡四方觀風俗布政教如此乃可稱勲耳今若止獵兵士懈怠安可復用也

爾朱兆爲都督十州諸軍事其從兄弟世隆請閔帝納兆女爲后兆乃大喜世隆厚禮諭兆赴雒深示卑下隨其所爲無敢違者

爾朱仲遠爲大將軍督東道諸軍事兗州刺史自滎陽以東輸稅悉入其軍不送京師時天光控關右仲遠在大梁兆據并州世隆居京邑隆自專恣權强莫比所在並以貪虐爲事於是四方解體

侯景爲將所向多捷時北齊神武帝爲魏相景總衆兵權與神武相亞

隋于顗爲東廣州刺史尉遲迥之反也時總管趙文表與顗素不協顗將圖之因卧閤內詐得心疾謂左右曰我見兩三人至我前者輒大驚卽欲斫之不能自制也其有賓客候問者皆令去左右顗漸稱危篤文表往候之令從者至大門而止文表獨至顗所顗欻然而起抽刀斫殺之因唱言曰文表與尉遲迥通謀所以斬之其麾下無敢動者時高祖以尉遲迥未平慮顗復生邊患因而勞勉之

魚俱羅弟贊以左右從累遷大都督及帝嗣位拜車騎將軍贊性凶暴虐其部下令左右炙肉遇不中意以籤刺瞎其眼有温酒不適口者立斷其舌帝以贊藩邸之舊不忍加誅謂近臣曰弟旣如此兄亦可知因召俱羅譴責之出贊於獄令自爲計贊至家飲藥而死

唐尉遲敬德遷同州刺史嘗侍宴慶善宮時有班在其上者敬德怒曰汝有何功合坐我上任城王道宗次其下因解諭之敬德勃然拳毆道宗目幾至眇太宗不懌而罷謂敬德曰朕覽漢史見高祖功臣獲全

者少意嘗尤之及居大位以來嘗欲保全功臣令子孫無絶然卿居官輒犯憲法方知韓彭夷戮非漢祖之德國家大事唯賞與罰非分之恩不可數行勉自修飾無貽後悔也

劉玄佐爲宣武軍節度豪侈輕財當厚賞軍事故百姓益困是以汴州將卒始於李忠臣訖於玄佐日益恣益横遂殺其將帥以利劫

于頔鎭襄陽地與蔡州隣吳少誠之叛頔率兵赴唐州收吳房郎山二縣又破賊於濯神溝於是廣軍籍募戰士器甲犀利專以凌上威下爲務又令孽男逼

娶判官薛正倫嫡女人益怒之

盧從史爲昭義軍節度狂恣不道至奪部將妻妾辯給嬌妾從事孔戡等以言直不從引去

王士則爲邢州刺史元和中鎭冀王承宗拒命裴度計士則王武俊之子其軍中必有懷之者故以士則臨邢州冀携承宗之黨且許以節制士則恃此頗不受節度使郗士美法制行止必兵衛自嚴雖謁士美而衛兵如常吏呵止之士則不能平見于辭氣士美惡之因密以狀奏而代之

盧彦威本浮陽牙將中和初節度使陽全政遣以本軍二千人入援京師巢冦平以功兼御史中丞全政委以大藩戎柄光啓中會魏博韓允中糾合滄海同攻鄆州曹全政乃遣彦威率軍攻齊州人情不樂其行將濟河彦威已登舟諭士卒曰此舉無名爲應魏人故也且勝則他人獲利敗則我軍受弊此乃師臣失策進不如退况楊相公寵任吳昌嗣擅作威福尅削三軍與公等可逐之以圖富貴方今天子播越處處擇師安能捨其生而趣其死也軍旅欣然乃擁彦威而還以爲留後全政歸行在殺故昌嗣以徇衆昌嗣全政之嬖吏也奏爲德州刺史不之任專掌軍政

故致其害焉

李茂貞鎭鳳翔恃勳恣横擅兵窺伺頗干朝政始萌問鼎之志矣旣而逐涇原節度使張球淨州節度使楊守忠鳳州刺史浦存皆奪據其地奏諸子弟爲牧伯朝廷不能制大臣奏議言其過者茂貞卽上章論列辭旨不遜姦邪於兹附麗遂成朋黨朝政於是隳焉

梁楊師厚爲魏博節度使初師厚以計謀敏幹深爲太祖知遇委以重兵劇鎭他莫能及然而末年矜功恃衆驟萌不軌之意於是專割財賦置銀鎗効節軍

凡數千人皆選摘騎銳縱恣豢養復故時牙軍之態
時人病之承前河朔之俗上元夜比無夜遊及師厚
作鎮乃課魏人戶立燈竿千釭萬炬洞照一城縱士
女嬉游復彩畫舟舫令女妓櫂歌於御河縱酒彌日
又於黎陽采巨石將紀德政以鐵車負載驅牛數百
以拽之所至之處丘墓廬舍悉皆毀壞百姓望之皆
日碑來否纔至而師厚卒時魏人以爲悲來之應末
帝聞其死也於私庭受賀乃議裂魏州爲兩鎮既而
所樹親軍果爲亂以招外寇致使河朔淪陷宗社覆
滅繇師厚兆之也

成汭鎮荆門久之累官至簡較太尉守中書令封上
谷郡王然性本豪暴事皆臆斷又好自矜伐騁辯凌
人深爲識者所鄙

後唐楊漢賓前任卜黔南節度使歐故開州刺史陵
約男彥徽致損兼加拘縛令人黜簡彥徽家業錢穀
法司勘鞫漢賓欵招情罪大理少卿康澄詳斷曰楊
漢賓早列偏裨曾分茅土事若先於恕己理不在於
尤人豈可忘姻婭之舊情憑官資之威力遽因毆擊
顯致訟論自歸有過之門須舉無偏之道合該議減
亦舉律文其漢賓前任黔南節度使是三品使闕入
議准律減一等杖九十准名例律官少不盡其罪餘
罪收贖罪少不盡其官留官收贖其楊漢賓所犯罪
杖九十准律贖銅九斤准格每斤納錢一百二十文
從之

晉景延廣爲侍衛親軍使天福八年十二月北虜南
攻九年正月陷貝陵河北儲蓄悉在其郡少帝大駭
率六師親駐澶淵延廣爲上將凡六師進退皆出胸
臆少帝亦不能制衆咸憚而忌之

張從賓初鎮靈武加檢較太傅受代入覲會車駕東
幸留雒下鶩巡會逢留司御史於天津橋從兵百人

不分路而過排御史於水中從賓奏其醉而兇傲多
如此

皇甫遇初仕唐應順清泰中累歷團練防禦使尋遷
鄭州節度使所至苛暴以誅斂爲務其幕客多私去
以避其累高祖入雒移領中山俄聞與鎮州安重榮
爲婚家乃移鎮上黨又改平陽咸以憸人執事政皆
騫紊鎮河陽部內創別業開甽水泉以通灌漑所經
墳毀之部民以朝廷方姑息群師莫之敢訴

張萬進高祖有天下命爲彰義軍節度使所至不治
政由羣下洎至涇原兇恣彌甚每日於公庭列大鼎

烹肥羜割胾方寸以啖賓佐皆流淚不能大嚼俟其他顧則致於袪中又命巨觶行酒訴則辱之乃有持柸傴飲褰領褫而納之旣沈湎無節惟婦言是用其妻與幕吏張光載干預公政納錢數萬補一豪民爲捕賊將後領兵數百入新平郡境邠帥以其事上奏有詔詰之光載坐流罪配于登州天福四年三月萬進疾篤月餘州兵將亂乃召副使萬廷珪委其符印記室李昇素憾凌虐知其將亡謂廷珪曰氣息奄奄不保晨暮促移就第豈不宜乎廷珪從之萬進尋卒遂以籃轝祕屍而出卽馳驅而奏之詔命旣至而後

發喪其妻素很戾謂長子球曰萬廷珪逼迫危病驚擾而死不手戮之奚爲生也廷珪聞之不敢往弔萬進假殯於精舍之下至轜車東轅凡數月之間郡民數萬無一饋奠者

漢李守貞晉開運元年五月爲青州行營都部署率兵二萬東討楊光遠命符彥卿爲副十一月光遠子承勳等乞降守貞入城害光遠於別第光遠有孔目吏宋顏者盡以光遠財寶名姬善馬獻於守貞守貞德之置顏帳下近例官軍克復城隍必降德音洗滌瑕穢時樞密使桑維翰以光遠同惡十數輩潛竄未出捜索甚急故制書久不下或有告宋顏匿於守貞處者朝廷詔取顏殺之守貞由是怨維翰時行營將士所給賞賜守貞盡以縣茶染采薑藥之類分給之軍中大怨乃以帛包所得物如人首級目之爲守貞頭懸于樹以詛之守貞班師加同平章事以楊光遠東京第賜之守貞因取連宅庫營以廣其第大興土木治之歲餘爲京師之甲

奢侈

夫泰而無驕富而無侈者鮮矣矧乃握兵之要爲王之爪牙分閫之重實人之司命其位尊而志意旣滿

功成而寵利自居以富貴而驕人謂勳庸之在已不能懼而思降得之若驚後必遂萌厚祿自奉忘敗度之欲窮有生之樂靡克戒盈鮮復孫禮放而無簡居之晏然難與語夫保功名愼終始之道矣其有負磊落之奇節猶或懷侈靡之驕志至於豪縱不已傾奪相尋亦無悔焉斯可戒也已

蜀劉琰爲車騎將軍封都鄉侯不豫國政但領兵千餘隨丞相亮諷議而已車服飲食號爲侈靡侍婢數十皆能爲聲樂又悉教誦讀魯靈光殿賦

吳呂範爲前將軍揚州牧範居處服飾於時奢靡然

勤事奉法故權悦其忠不怪其侈

賀齊爲安東將軍鎮江上督陝州以上至皖齊性奢綺所乘船雕刻丹鏤青蓋絳襜

諸葛融大將軍左都護領豫州牧督公安宛陵侯瑾子也瑾卒融襲父爵攝兵業駐公安融父兄質素雖在軍旅身無采飾而融錦罽文繡獨爲奢綺

晉王濬爲鎮軍大將軍濬平吳之後以勳高位重不復素業自居乃玉食錦服縱奢侈以自逸

紀瞻爲領軍將軍厚自奉養立宅於烏衣巷館宇崇麗園池竹木有足賞翫焉

冊府元龜　將帥部　奢侈　卷之四百五十四　十三

陶侃爲荊州刺史都督八州軍事媵妾數十家僮千餘珍奇寶貨富於天府

宋沈慶之爲鎮北大將軍開府儀同三司封始興郡公慶之年滿七十居清明門外有宅四所室宇甚麗又有園舍在婁湖慶之一夜攜子孫徙居之以宅還官悉移親戚中表於婁湖列門同閈焉廣開田園之業每指地語人曰錢盡在此中興身享大國家素富厚産業累萬金奴僮千計再獻錢十萬穀萬斛以始興優近求改封南海郡不許妓妾數十人並美容工藝慶之優遊無事盡意歡愉非朝賀不出門

南齊劉悛爲冠軍將軍持節監益寧二州諸軍事益州刺史在蜀作金浴盆餘金物稱是

梁羊侃爲軍師將軍性豪侈善音律自造採蓮櫂歌兩曲甚有新致姬妾列侍窮極奢靡有彈箏人陸大喜著鹿角爪長七寸儛人張淨婉腰圍一尺六寸時人咸推能掌上儛又有孫荊玉能反腰帖地銜得席上玉簪勅賚歌人王娥兒東宮亦賚歌者屈偶之並妙盡奇曲一時無對初赴衡州於兩艖艓起三間通梁水齋飾以珠玉加之錦繢盛設帷屏列女樂乘潮解纜臨波置酒緣塘傍水觀者塡咽大同中魏使楊

冊府元龜　將帥部　奢侈　卷之四百五十四　十四

斐與侃在北嘗同學有詔命侃延斐同宴賓客三百餘人食器皆金玉雜寶奏三部女樂至夕侍婢百餘人俱執金花燭侃不飲酒而好賓遊終日獻酬同其醉醒性寬厚有器局嘗南還至漣口置酒有客張孺才者醉於船中失火延燒七十餘艘所燔金帛不可勝數侃聞聊不挂意命酒不輟孺才慙懼自逃侃慰喻使還待之如舊

夏侯夔爲持節督南豫州諸軍事性奢豪後房之妓妾曳羅穀飾金翠者亦有百數愛好人士不以貴勢自高文武賓客嘗滿坐時亦以此稱之

曹景宗爲領軍將軍好內妓妾數百窮極錦繡

後周李遷哲安康人世爲山南豪族爲大將軍率金上等諸州兵鎮襄陽遷哲累世雄豪爲鄉里所率服性復華侈能厚自奉養妾媵至有百數男女六十九人緣漢千餘里間第宅相次姬人之有子者分處其中各有僮僕侍婢閽閽守護遷哲每鳴笳道從往來其間縱酒歡宴盡生平之樂子孫參見或忘其年名者披簿以審之

隋宇文述爲左衛大將軍性貪鄙知人有珍異之物必求取之金寶累積後庭曳羅綺者數百家僮千餘

冊府元龜 將帥部 奢侈 卷之四百五十四 十五

人皆控良馬被服金玉述之寵遇當時莫與比

李渾太師穆之子爲右驍衛大將軍襲封郕國公旣紹父業日增豪侈後房曳羅綺者以數百

唐郭孝恪爲安西都護及征龜茲以孝恪爲崑丘道副大總管孝恪性奢侈踰度在軍中床帳什物皆飾以金玉嘗以遺大總管阿史那社彌社彌不受太宗聞之乃曰二將優劣固不待言也孝恪爲寇虜所屠可謂自貽伊咎

馬璘爲四鎮北庭行營節度使璘久將邊軍屬西蕃寇擾國家倚爲屏翰前後賜與無筭積聚家財不知紀極在京師治第舍尤爲宏侈初天寶中貴戚勳家已務奢靡而垣屋猶存制度然衛公李靖家廟已爲嬖臣楊氏馬廐矣及祿山大亂之後法度隳弛內臣戎帥競務奢豪亭館第舍力窮乃止時謂木妖璘之第經始中堂費錢二十萬貫他室降等無幾及璘卒於軍子弟護喪歸京師士庶觀其中堂或假稱故吏爭往赴弔者數十百人德宗在東宮宿聞其事及踐阼條舉格令第舍不得踰制仍詔毀璘中堂及內官劉忠翼之第璘之家園進屬官司自後公卿賜宴多於璘之山池一說大曆十三年作乾元觀其地在皇城南長興里本璘之宅璘初創是宅

冊府元龜 將帥部 奢侈 卷之四百五十四 十六

重價募天下巧工營繕屋宇宏麗冠絕當時璘臨終抗表獻帝帝方心懷罔極欽崇道福以其當太祖城形勝之地牆宇新潔遂命爲觀

郭英乂爲劍南節度頗恣狂蕩聚女人騎驢擊毬製鈿驢鞍及諸服皆用侈靡裝飾日費數萬以爲笑樂未嘗問百姓間事人頗怨之兵馬使崔盱因人心爲亂殺英乂

李抱眞爲昭義軍節度時天下無事乃大起臺榭穿池沼以自娛

杜亞爲淮南節度使盛爲奢侈江南風俗春中有競渡之戲方舟並進以急趨疾進前者爲勝亞乃命以

漆塗船底貴其速進又爲羅綺之服塗之以油令舟
子衣之入水不濡亞本書生奢縱如此
王鍔爲荆南節度使鍔起兵閒因緣際會累居大鎮
厚殖財貨營第宅頗踰侈又請京兆府籍坊以廣亭
榭
陳敬瑄爲神策軍統軍使乾符中出鎮西川輿馬之
侈人皆惡之
後唐王鎔爲鎮州節度專制四川高屏塵務不親軍
政多以閹人秉權出納決斷聽其所爲皆雕靡第舍
崇飾園池稉奇花異木遞相夸尚人士衰衣博帶高

車大蓋以事嬉遊藩府之中當時爲盛
朱守殷天成中爲河南尹判六軍諸衛事與諸貴要
近臣宰執交歡宴會時集於府第優妓侍盈室
毛璋爲華州節度使以平蜀功授邠州節度璋既家
富於財又有蜀之妓妾驕僭自大事多不法
錢鏐爲兩浙節度在杭州垂四十年窮奢極貴錢塘
江舊日海潮逼州城鏐庀工鑿石塡江平江中羅刹
石悉起臺榭廣郡郭周三十里邑屋之繁會江山之
雕麗實江東之勝槩也
康義誠爲侍衛親軍都指揮使御軍無方畧又鄙於
財賄雖中天門街東起第夾道房廊數里歌妓之作
罕召賓佐自娛而已
晉王建立爲青州節度性好華既至治所息於正寢
翼日而出寢達於厈音雅百有餘步以錦繡二段易而
蹈之其不率制限皆此類也
景延廣爲侍衛親軍馬步軍都指揮使既罷兵權出
爲雒都留守兼侍中由是鬱鬱不得志亦意北虜强
盛國家不濟身將危矣前汴水葺一第占其全坊在
雒又起邸舍園池爲水南之甲所積巨萬車馬妓樂
無不稱是但縱長夜之飲無復以憂國爲心

張筠爲永興軍節度奉詔殺僞蜀主王衍衍之妓樂
寶貨悉私藏於家及罷歸之後第宅宏敞花竹深邃
聲樂飲膳恣其所欲十年之內人謂爲地仙
馬希範爲湖南節度封楚王擅二十州之征稅車輿
服玩池館第舍頗事華靡壁瑲軒檻率以金銀爲飾
所造九龍殿垂珠簾繡幕帷幄懸金香囊流蘇盤中
花果金枝玉葉妓房歌室朝夕蘭薰其子城門構五
鳳之狀女墻之上起行樓

專恣

夫授律而行鑿門而出軍旅之事雖可以從宜朝廷

之法所宜乎愼守苟異於此罪必隨之其有疆埸未寧攻戰是屬始則期於靖亂終則肆其不軌蹔萌震主之威乃成滅身之漸或雄武自伐窺覦於非望或彊愎不思拒絶於規正乃有擅移營壘專置參佐議事明庭之下面比官聯挺劍飲會之間坐凌宰輔蓋以小人之量被君子之器豈獨王綱之斯壞必將家世而云絶良可哀矣可不戒乎

漢董卓字仲穎拜前將軍封斄鄉侯兵威漸盛以久不雨乃諷朝廷策免司空劉弘而自代之

魏曹爽爲大將軍毀中壘堅營以兵屬其弟中領軍

羲司馬宣王以先帝舊制禁之不可

諸葛誕爲鎭東大將軍請十萬衆守壽春又求臨淮築城以備吳寇內欲保有淮南朝廷徵之誕有自疑心時司馬文王新秉朝政長史賈充以爲宜遣參佐慰勞四征於是遣充至壽春充還故文王誕再在揚州有威名民望所歸今徵必不來禍小事淺不徵事遲禍大乃以爲司空書至誕日我作公當在王文舒後今便爲司空不遣使者徒步齎書使以兵付樂綝此必綝所爲乃將左右數百人至揚州攻刺史樂綝殺之

吳諸葛恪輔政加荆揚州牧督內外諸軍事遣衆出軍大發州郡二十萬衆百姓騷動始失人心恪意欲耀威淮南驅畧人民而諸將或難之曰今引軍深入疆埸之民必相率遠遁恐兵勞而功少不如止圍新城新城困救必至至而圖之乃可大獲恪從其計迴軍還圍新城攻守連月城不拔士卒疲勞因暑飲水泄下流腫病者大半死傷塗地諸營吏日白病者多恪以爲詐欲斬之自是莫敢言恪內難失計而耻城不下忿形於色將軍朱異有所是非恪怒立奪其兵都尉蔡林數陳軍計恪不能用策馬奔魏魏知戰士

罷病乃進救兵恪引軍而去士卒傷病流曳道路或頓仆坑壑或見畧獲存亡忿痛大小呼嗟而恪晏然自若出住江渚一月圖起田於潯陽詔召相銜徐乃旋師由此衆庶失望而怨黷興矣

晉荀晞爲青州刺史征東大將軍多置參佐轉易守令

王浚惠帝時爲寧北將軍青州刺史尋徙寧朔將軍持節都督幽州諸軍事于時朝廷昏亂盜賊蠭起浚爲自安之計結好夷狄以女妻鮮卑務勿塵又以一女妻蘇恕延及趙王倫簒位三王起義兵浚擁衆挾

爾端遏絶櫬書使其境内士庶不得赴義成都王頴欲討之而未暇也倫誅進號安北將軍及河間王顒成都王頴與兵内向害長沙王乂而浚有不平之心頴表請幽州刺史石堪爲右司馬以右司馬和演代堪密使演殺浚并其衆演與烏丸單于審登謀之於是與浚期游薊城南清泉水上薊城内西行有二道演浚各從一道演與浚欲合鹵簿因而圖之值天暴雨兵器霑濕不果而還單于繇是與其種人謀曰演圖殺浚事垂克而天卒雨使不得果是天助浚也違天不祥我不可乆與演同乃以謀告浚浚密嚴兵與

單于圍演演持白旛詣浚降遂斬之自領幽州大營器械召務勿塵率胡晋合二萬人進軍討頴以主簿祁弘爲前鋒遇頴將石超於平棘擊敗之浚乘勝遂尅鄴城士衆暴掠死者甚多鮮甲大畧婦女浚命敢有挾藏者斬之於是沉於易水者八千人黔庶荼毒自此始也

張輔爲馮翊太守是時長沙王乂以河間王顒專制關中有不臣之跡言於惠帝密詔雍州刺史劉沉秦州刺史皇甫重使討顒於是沉等與顒戰于長安輔遂將兵救顒沉等敗績顒德之乃以輔代重爲秦州刺史當赴顒之難金城太守游楷亦皆有功轉梁州刺史不之官楷聞輔之還不時迎輔陰圖之又殺天水太守封尚欲揚威西土召隴西太守韓稚會議未決稚子朴有武幹斬異議者卽收兵伐輔與稚戰於遮多谷口輔軍敗績爲天水故帳下督富整所殺

桓温哀帝時爲侍中大司馬都督中外諸軍事温以旣總督内外不宜在遠又上疏陳便宜七事後移鎭姑孰乃自以雄武專朝窺覦非望或卧對親僚曰爲爾寂寂將爲文景所笑衆莫敢對旣而撫枕起曰旣不能流芳後世不足復遺臭萬載耶及悉衆北伐慕

容垂戰于襄邑温軍敗績死者三萬人温甚耻之築廣陵城移鎭之後破慕容暐苻堅之軍温旣負其才力乆懷異志欲先立功河朔還受九錫於是用叅軍郗超之計乃行廢立孝武卽位温入朝勑尚書謝安等於新亭奉迎百僚皆拜于道側温旣至以盧悚入宫乃收尚書陸始付廷尉責替慢罪也温鎭姑孰威勢震主四方脩敬皆遣上佐綱紀王彪之時爲會稽内史獨不遣温以山陰縣折布米不時畢郡不彈糾上免彪之

王恭孝武時爲輔國將軍兗青二州刺史安帝初會

稽王道子執政寵昵王國寶委以機權恭每正色直言道子深憚而忿之時國寶從弟緒說國寶因恭入覲相王伏兵殺之道子將行其說寧以恭爲安北將軍不拜乃謀誅國寶遣使與殷仲堪桓玄相結仲堪僞許之恭得書大喜乃抗表京師曰後將軍國寶得以姻戚頻登顯列不能感恩効力以報時施而專寵肆威將危社稷先帝登遐夜乃犯閤叩扉欲矯遺詔賴皇太后聰明相王神武故逆謀不果又割東營見兵以爲巳府譏疾二昆甚於讐敵與其從弟緒同黨凶狡共相扇動此不忠不義之明白也以臣忠誠必

忘身殉國是以譖臣非一賴先帝明鑒浸潤不行昔趙鞅興甲誅君側之惡臣雖駑劣敢忘斯義表至内外戒嚴國寶及緒惶懼不知所爲用王珣計請解職道子收國寶賜死斬緒于市深謝愆失恭乃還京口恭之初抗表也慮事不捷乃版前司徒左長史王廞爲吳國内史令起兵於東會國寶死令廞解軍去職廞怒以兵伐恭恭遣劉牢之擊滅之上疏自貶詔不許

南齊徐世檦爲輔國將軍時陳顯達反朝廷加崔慧景平南將軍都督衆軍事屯中堂而世檦專勢號令慧景備員而已

隋宇文述煬帝大業中爲左衛大將軍貴幸言無不從勢傾朝廷左衛將軍張瑾與述連官嘗有評議偶不中意述張目叱之瑾惶懼而走文武百僚莫敢違忤

唐田季安德宗時爲魏博節度使緒之嫡嗣也季安年少守父業無他材能恣擊踘從禽聲色之娛其公事大抵惟徇於意非賓佐謀猷所及也

李茂貞鎭鳳翔昭宗乾寧二年茂貞與邠州王行瑜華州韓建同州王行約泰州李茂莊等上表疏輿元

楊守亮納叛臣楊復恭請同出本軍討伐兼自備供軍糧料不取給于度支秖請加茂貞山南招討使名內臣皆不可其奏昭宗亦以茂貞得山南之後有問鼎之勢持之不下茂貞怒與王行瑜不候進止發兵攻輿元累論招討之命兼與宰相杜讓能中尉西門重遂書詞語詬詈凌蔑王室

晉景延廣高祖時爲侍衛親軍馬步軍都指揮使檢校太尉鎭河陽高祖晏駕與宰臣馮道等承顧命以齊王爲嗣既發喪都人不得偶語百官赴臨未及內門皆令下馬頗有驕暴之失少帝既嗣位延廣獨以

爲已功尋加同平章事彌有矜伐之色帝幸其第進獻錫賚有如酬酢權寵恩渥爲一朝之冠俄與宰臣桑維翰不協帝亦憚其難制遂罷兵權出爲鄴都留守

漢史弘肇隱帝時爲侍衛親軍都指揮使兼中書令帝自関西賊平之後昵近小人太后親族頗行干託弘肇與楊邠甚不平之太后有故人子求補軍職弘肇怒而斬之帝始聽樂賜教坊使等玉帶諸伶官緋袍往謝弘肇弘肇讓之曰健兒爲國伐邉患寒冐暑未能徧有霑賜爾輩何功敢當此賜盡取袍帶還其官

冊府元龜

巡按福建監察御史臣李嗣京　訂正
新建縣舉人臣戴國士　參閱
知建陽縣事臣黃國琦　較釋

將帥部　一百十六

貪黷

兵法曰將貪財則姦不禁又曰貪而好利者可貨而賂也則有膺閫外之權專軍中之政性本貪猥志求苟得乘彼危亂破其國邑無勤卹之意肆伙斂之心復有邀若以求利受賄以狥私侵擾下民發掘丘墓

以至交通於異域接引於非類致人心之大失俾師律之不臧蓋本非賢材盜竊名器簡書屢告終亦不悟斧鉞一至其何以逃咸列于茲期以垂訓

羊舌鮒晉大夫晉侯治兵于邾南甲車四千乘（三十萬人）羊舌鮒攝司馬（鮒叔向弟攝兼官也）遂合諸侯於平丘次于衛地叔鮒求貨於衛淫芻蕘者（欲使衛患之而致貨）衛人使屠伯饋叔向羹與一篋錦（屠伯衛大夫）曰諸侯事晉未敢攜貳況衛在君之宇下（屋宇之下喻近也）而敢有異志芻蕘者異於他日敢請之（請止之）叔向受羹反錦（受羹示不逆其意且非貨）曰晉有羊舌鮒者瀆貨無厭（瀆數也）亦將及矣（將不為此禍）役也（役事也）子若以君命賜之其已各從之未退而禁之（禁芻蕘者）

漢張武文帝時為將軍受賂金錢覺帝更加賞賜以愧其心

魏丁斐字文侯初隨太祖太祖以斐鄉里特饒愛之斐性好貨數犯罪輒得原宥為典軍較尉太祖征吳斐隨行以家牛羸私易官牛太祖謂左右曰我非不知譬如人家有盜狗而善捕鼠盜雖有小損而鼠不竊完我囊貯遂復斐官

晉張燕為巴西太守時泰州人鄧定等二千餘家饑

餓流入漢中保于城固漸為抄盜梁州刺史張殷遣燕討之定窘急偽乞降於燕并餽燕金銀燕喜為之緩師定密結李雄雄遣衆救定燕退定遂進逼漢中太守杜正冲東奔魏與殷亦棄官而遁

羅尚為平西將軍益州刺史西戎較尉性貪少斷蜀人言曰尚之所愛非邪則佞尚之所憎非忠則正富擬魯衛家成市里貪如豺狼無復極已又曰蜀賊猶可羅尚殺我平西將軍反更為禍

劉胤代溫嶠為平南將軍都督江州諸軍事位任轉高矜豪日甚縱酒耽樂不恤政事大殖貨財商販百

蔿是時朝廷空罄百官無祿惟資江州運漕而胤商
旅繼路以私廢公有司奏免胤官書始下而胤爲郭
默所害
劉牢之爲鎮北將軍討孫恩于會稽牢之旣濟江恩
乃虜男女二十餘萬口一時逃入海懼官軍之躡乃
緣道多棄寶物子女時東土殷實莫不粲麗盈目牢
之等遽爭收斂故恩復得逃海
諸葛長民爲豫州刺史領淮南太守時宋武討劉毅
以長民監太尉留府事詔以甲仗五十人入殿長民
驕縱貪侈不恤政事多聚珍寶美色營建第宅不知

紀極所在殘虐爲百姓所苦
前燕慕容評爲太傅前秦苻堅使王猛伐慕容暐暐
使評率衆拒之評性貪鄙鄣固山泉賣樵鬻水積錢
絹如丘陵三軍莫有鬬志暐遣其侍中蘭伊讓評曰
王高祖之子也宜以宗廟社稷爲憂柰何不務撫養
勳勞專以聚斂爲心乎府藏之珍貨朕豈與王愛之
若寇軍冄進王持錢帛安所置也皮之不存毛將安
附錢帛可散之三軍以平寇凱旋爲先也
宋劉道憐爲都督荆湘益秦寧梁雍七州諸軍事護
南蠻校尉而貪縱過甚畜聚財貨常若不足去鎮之
日府庫爲之空虛
王鎮惡爲安遠護軍武陵內史以討劉毅功封漢壽
縣子蠻毅師向傳抵根據阮頭屬爲寇暴鎮惡討平
之鎮惡性貪旣破劉毅將朱襄因停軍抄掠諸蠻不
時反及平姚泓時關中豐全倉庫殷積鎮惡極意收
斂子女玉帛不可勝計高祖以其功大不問也
毛脩之爲右衛將軍不信鬼神所至必焚除房廟蔣
山廟中有佳牛好馬脩之並奪取之
梁道眞爲梁南秦二州刺史裴方明爲龍驤將軍並
坐破仇池斷割金銀諸雜寶物又藏楊難當善馬下

獄死
劉德願爲游擊將軍領石頭戍事坐受賈客韓佛智
貨下獄奪爵土
垣護之爲輔國將軍隸沈慶之伐西陽蠻護之所莅
多聚斂賄貨充積坐下獄免官
吳喜都督豫州諸軍事假冠軍將軍平荆州恣意剽
虜贓私萬計
王玄謨爲寧朔將軍北征將士多離怨言玄謨又嘗
貨利一疋布責人八百梨以此倍失人心及魏太武
軍至乃奔退麾下散亡畧盡

張邵爲撫軍長史持節南蠻校尉坐在雍州營私畜
取贓貨二百四十五萬下廷尉免官
鄧琬爲左將軍性鄙闇貪吝過甚財貨酒食皆身自
量較及晉安王子勛僭位琬使婢僕出市道販賣酬
歌博奕日夜不休
南齊張敬兒爲征西將軍於襄陽城西起宅聚財貨
薛淵爲右將軍左司馬領軍討巴東王子響子響軍
王劉超之被捕急以眠褥雜物十餘種賂淵自逃匿
之軍中爲有司所奏詔原之
梁呂僧珍爲領軍將軍時朱季雅罷南康郡市宅居

僧珍宅側僧珍問宅價曰一千一百萬怪其貴季雅
曰一百萬買宅千萬買隣及僧珍生子季雅往賀署
函曰錢一千閽人少之弗爲通彊之乃進僧珍疑其
故親自發乃金錢也遂言於武帝陳其才能以爲壯
武將軍衡州刺史將行謂所親曰不可以負呂公在
州大有政績
徐文盛爲秦州刺史加都督東討與侯景戰大潰奔
還荆州元帝仍以爲城北面大都督又聚斂贓汚甚
多世祖大怒下令責之數其十罪除其官爵
後魏元大興爲長安鎮大將以贓貨削除官爵
長孫敦字有襲父爵北平王爲北鎮都將坐贓貨降
爲公
于祚爲假節振威將軍沃野鎮將貪殘多所受納坐
免官以公還第
于景爲寧朔將軍高平鎮將坐貪殘受納爲御史中
尉王顯所彈會赦免
王建從道武伐慕容寶衆於栢肆塢遂進圍中山慕
容寶棄城走和龍城內無主百姓惶惑東門不閉道
武將夜入乘勝據守其門建貪而無謀意在虜獲恐
士卒肆掠盜亂府庫請俟天明道武乃止是夜徙河

人共立慕容普驎爲主遂閉門固守
劉潔爲尚書令太武時累從征討嘗爲前鋒深見委
任拔城破國者聚斂財貨與潔分之籍其家產財盈
巨萬太武追忿言則切齒
公孫軌爲平南將軍屯壺關後爲虎牢鎮將太武將
北征發民驢以運糧使軌部調雍州軌令驢主皆加
絹二疋乃與受之百姓爲之語曰驢無彊弱輔絹自
壯衆共嗤之坐徵還真君二年卒軌既死太武謂崔
浩曰吾行過上黨父老皆曰公孫軌爲將受貨縱賊
使至今謀奸不除軌之咎也其初來單馬執鞭返去

從車百兩載物而南軌幸而早死至今在者吾必族誅之

皮豹子爲安西將軍鎮長安坐盜官財徙於統萬

周觀爲高平鎮將有威名眞君初詔觀統五軍西討秃髮保周於張掖從其民數百家將置於京師至武威輙與諸將私分之太武大怒黜觀爲金城侯假授内都大官

田益宗爲安南將軍稍衰老聚斂無厭兵民患其侵擾諸子及孫競規賄貨部内苦之咸言欲叛宣武深亦慮焉乃遣中書舍人劉桃符宣旨慰喩庶以安之

桃符還啟益宗侵掠之狀宣武詔之曰風聞卿息魯生在淮南貪暴擾亂細民又橫殺梅伏生爲爾不已損卿誠効可令魯生與使赴闕當加任使如欲外祿便授中畿一郡

邢巒爲安西將軍梁秦二州刺史商販聚斂清論鄙之

爾朱仲遠爲大將軍兖州刺史督東道諸軍仲遠天性貪暴大宗富族誣之以反沒其家口簿籍財物皆以入己自滎陽以東輸稅悉入其軍不送京師

爾朱度律爲大將軍在軍戎聚斂無厭所至之處爲百姓患毒

隋劉昉爲上大將軍性麤疎溺於財利富商大賈朝夕盈門

韋藝爲營州總管大治產業與北夷貿易家資鉅萬頗爲清論所譏

史萬歲爲左領軍將軍時南寧夷爨翫遣使請降萬歲遣使馳奏請將翫入朝詔許之爨翫陰有二心不欲詣闕因賂萬歲以金寶萬歲於是捨翫而還蜀王秀時在益州知其受賂遣使將索之萬歲聞而悉以所得金寶沉之於江索無所獲

權武爲潭州總管多造金帶遺嶺南首領其人復答以寶物武皆納之由是致富

宇文述爲左衛大將軍性貪鄙知人有珍異物必求取富商大賈及隴右諸胡子弟述皆接以恩意呼之爲兒由是競加饋遺金寶累積後庭曳羅綺者甚衆家僮千餘人皆控良馬被服金玉述之寵遇當時莫與爲比凡所薦達皆至大官趙行樞以太常樂戶家財億計述謂爲兒受其賂遺稱爲驍勇起家爲折衝郎將

唐獨孤懷恩高祖武德三年爲工部尚書率兵討堯

君素於蒲州懷恩素無籌畧貪冒財貨頻爲賊所敗
高祖屢下詔責讓之
侯君集爲交河道行軍大總管破吐谷渾滅高昌之
後威名漸著然性貪鄙當破吐谷高昌之際多沒無
罪之家子女珍玩恣情入巳將士知之亦多盜竊君
集恐發其事不敢制及京師有司請推其罪詔下獄
中書侍郎岑文本以君集陳諫事乃得釋
黨仁弘爲廣州都督坐王法聚財百餘萬當死太宗
哀之免爲庶人徙欽州初人有上書告仁弘沒降獠
爲奴婢擅賦歛夷獠甚多去職北還有七十船帝聞

之驚嘆曰知人實難誠不虛也仁弘狀貌魁偉在職
譬諸畫餅不可療饑矣
王昂爲河東節度使貪縱不知法令務在聚以貨藩
身
路嗣恭爲江南西道觀察使代宗大曆中嶺南將哥
舒晃反詔嗣恭兼嶺南節度使遂斬晃平五嶺拜撿
校兵部尚書知省事嗣恭起於郡縣吏以至大官皆
以恪理著稱及平廣州商舶之徒多因晃事誅之嗣
恭前後沒其財寶數百萬貫盡入私室不以貢獻代
宗心甚銜之故嗣恭雖有平方面功止轉簡較尚書
無所酬勞
李叔明爲東川節度近二十年叔明素豪侈總戎年
深積聚財貨崇餙第宅田園極膏腴子孫驕淫動踰
法度歿纔數年遺業盪盡故代之言多藏者咸以叔
明爲鑒誠
李復爲容州招討使歷嶺南鄭滑節度使久典方面
積聚財貨頗甚爲時所譏
王佖爲靈武節度使先是吐蕃欲成烏蘭橋每于河
壖先貯材木皆爲節帥遣人潛蔵之委於河流終莫
能成蕃人知佖貪而無謀先厚遺之然後併役成橋

遂築月城而置守之由佖黷貨邉上至今患焉
王鍔爲嶺南節度使鍔以兩稅錢上供時進及供奉
餘皆自入西南大海中諸國船至則盡沒其利由是
鍔家財富於公藏日發十餘艇重以犀象珠貝稱商
貨而出諸境周以歲時循環不絶凡八年京師權門
多富鍔之財拜刑部尚書後爲淮南節度使每有饗
宴輙錄其餘以備後用或云賣之收利皆自歸故鍔
錢流行天下
鄭權自工部尚書由他徑求嶺南節度旣到鎮則掊
聚財貨用償恩力俾小吏部送京國以分權倖輦運

纔至而殂誚已聞當時議者無不嗤鄙
高崇文自劍南西川節度移鎮邠寧初發成都盡載其軍資金帛器幕伎及樂功巧以行又云崇文將其功而後心大作帑藏之富百工之巧舉而自隨蜀都一罄
李道古為鄂岳沔蘄安黄都團練觀察使代柳公綽總兵平淮西道古佻黠無器畧及赴鎮倍道而行以數騎徑入安州城時公綽垂未意道古至惶駭而出家財多為所奪
李象古為安南都護為土賊所殺象古籍蔭緒入官無他志能性貪鄙居官黷貨尚苛刻故及於難

冊府元龜 將帥部 貪黷 卷之四百五十五 十一

田縉為夏州節度性貪虐多隱沒軍賜羌渾種落苦其漁擾遂引西蕃為寇御史中丞崔植奏攝詣臺按劾得縉前在夏州遣將於度支請將士軍糧及脚價共計三萬四千三百餘貫文不支給將士留於上都私第及雜士易送本道贓狀明白坐貶房州司馬并本判官邢䕇盧仲通皆坐貶部將趙榮流涪州
胡証為嶺南節度使証在外鎮好掊斂財貨厚自奉養脩行坊起甲第連亘閭巷車服器用窮極豪侈議者罪之
渾鐬為豐州刺史克天德軍使坐贓七千餘貫貶袁州司户憲宗以其父咸寧王勳烈特異故特命有司俯從輕文
鄭注為鳳翔節度使誅後度支奏注家得絹一百餘萬疋他物稱是
李泳為河陽節度使泳本以市人發跡禁軍以賄賂交通遂至方鎮初任鎮武節度轉為河陽所至以貪殘為務特所交結不果憲章犒宴所陳果實以木刻綵繢之聚斂無已人不堪命遂至於亂文宗開成二年六月河陽軍亂數日方止泳貶澧州長史
梁王珙為陝州節度使奢縱聚斂民不堪命

冊府元龜 將帥部 貪黷 卷之四百五十五 十二

後唐毛璋為華州節度使莊宗同光末討蜀以璋為行營右廂馬軍都指揮使魏王繼岌自西川至渭南部下散亡其州貨妓樂為璋所掠
温韜仕梁為耀州節度使在州七年唐帝諸陵發掘殆遍盡取其金寶惟乾陵以風雨屢作終不能發
陶玘明宗天成初鄧州留後聚斂無節贓汚頗甚為所部縣令盛歸仁所訟貶嵐州司户後賜死
晉房知温為平盧軍節度使厚斂不已積貨百萬治第於南城出入以妓樂相隨任意所之曾不以政事為務

趙在禮歷滑魏滄兗同襄鄆徐晉昌十餘鎮節度在禮善治生殖積財巨萬兩京及所至藩鎮皆邸店羅列凡聚斂所得唯以奉權豪崇釋氏而已

張篯在後唐爲右千牛衛將軍同正領饒州刺史同光末權知西京留守魏王繼岌平蜀王衍入朝至秦州驛莊宗遣中使向延使盡殺王衍之族所有奇貨盡歸於延嗣繼岌至渭南死衍金寶妓樂篯悉獲之俄而明宗使人誅延嗣延嗣暗遁衍之行裝復爲篯有後爲西衛將軍時湖南馬希範與篯有舊朝廷請命篯爲使允之篯密賫蜀之奇貨往焉又獲十餘萬

緡以歸

潘環爲宿州團練使後爲金州澶州節度使環所至以聚斂爲務在州時有牙將因微過見怒環紿言笞之牙校因託一尼嘗熟于環者獻白金兩鋌尼請環日牙較觔鍬脚兩枚求免其責環日鍬有幾脚尼日三脚環復日今兩能成乎尼以三數致之時人號環爲潘鍬脚

祕瓊爲鎮州節度使董温其衙內指揮使温其在位貪暴積鏹巨萬温其陷蕃瓊害其家悉輦之以藏其家遂自稱留後

李金全爲涇州節度使在鎮以掊斂爲務長興中受代歸闕始進馬數十四不數日又進之明宗召而謂之曰卿患馬多耶何進貢之多也又謂曰卿在涇州日爲理如何無乃以馬爲事乎金全慚謝而退帝雖僶俛受之而心不懌金全累更名郡藩鎮所在掊聚斂財賂結權要而掩其弊政之迹帝頗聞其不廉故以言譏之後天福初自滄州節度使罷鎮歸闕會安州屯將王暉殺節度使周環高祖遣金全以騎兵千人鎮撫其地未及境暉爲部下所殺金全至亂軍數百人皆不自安金全詭遣赴闕密伏兵於野盡殺之

又擒其軍較武彦和等數十人斬之初金全之將行也高祖戒之曰王暉之亂罪莫大焉但慮封守不寧則民受其弊因折矢飛詔約以不殺一人仍許以暉爲唐州刺史又謂金全曰卿之此行無失吾信及金全至聞彦和等嘗爲亂之日刼掠郡城所獲財貨悉在其弟遂殺而奪之

楊光遠爲河陽節度使時范延光致仕輦囊裝妓妾居於河陽光遠利其奇貨且慮爲子孫之讎因奏延光不家汴雒出舍外藩非南走淮夷則北走胡虜宜早除之高祖以許之不死鐵劵存焉持疑未允光遠

乃遣子承勳以甲士圍其第逼令自裁延光曰天子在上安得如此乃遣使者乞移居洛下得及浮橋推於流而溺殺之矯奏云延光自投於河朝廷以適會其意弗之理踰歲入覲高祖爲致曲宴教坊伶人以光遠暴斂重賦因陳戲譏之光遠殊無慙色尋以光遠爲平盧軍節度使光遠表奏請與長子同行尋授承勳萊州防禦使及赴任僕從妓妾至千餘騎滿盈僭侈爲方嶽之最下車之後惟以刻剝爲事

漢白再榮爲護聖左廂都指揮使晉末契丹犯闕明年虜王北去再榮從虜帳至眞定其年閏七月晦李

筠何福進相率殺虜帥麻答諸軍乃請權知留後事再榮以李崧和凝携家在彼令軍士數百人環迫崧家以求賞給崧凝各出家財與之再榮欲害崧以利其財前磁州刺史李穀謂再榮曰公與諸將爲契丹所虜淩辱萬端日夕憂死今日纔得生路便擬殺一宰相他日到闕儻有所問何以爲辭再榮默然又括率在城居民家財以給軍事李穀又譬解之乃止其漢人曾事麻答者盡拘之以取其財高祖以再榮爲鎭州留後爲政貪虐難狀鎭人呼爲白麻答未幾移授滑州節度使箕斂誅求民不聊生乃徵還京師

劉銖爲青州節度使銖受代之日有私鹽數屋欲以糞穢塡塞諸井以土平之節度使符彥卿發其事以聞銖奉朝請久之

李守貞爲兗州節度討青州楊光遠光遠子承勳等乞降守貞入城害光遠等光遠孔目吏宋顏盡以光遠財寶名姬善馬告於守貞守貞得之置於帳下

周宋彥筠仕梁爲開封府牙校莊宗有天下擢領禁軍伐蜀之役率所部康延孝爲前鋒入成都據一甲第中資貨鉅萬妓女數十輩盡爲其所有

嘗思爲宋州節度使廣順三年詔赴闕改授平盧軍

節度使思將赴鎭奏太祖云臣在宋州出放得絲十餘萬兩謹以券上進且行徵督太祖頷之

王守恩歷諸衛將軍晉開運末守恩因假告歸於潞時潞州節度使張從恩懼契丹之盛將朝於戎王以守恩婿家甚倚信之乃移牒守恩請權爲巡檢使從恩旣去守恩尋以潞城歸於漢祖仍盡取從恩之家財漢祖卽以守恩爲招義軍節度使漢乾祐初授西京留守守恩性貪鄙委任羣小以掊斂爲務雖病殘癃者亦不免其科率人甚苦之洛都常有豪士爲二姓之會守恩乃與伶人數輩夜造其家自爲賀客恩

獲白金數笏而退太祖以白文珂代之守恩甚懼而
維人有曾爲守恩非理割剝者皆就其第徵其舊物
守恩一一償之及赴闕止奉朝請而已
鄭仁誨爲澶州節度使廣順末王殷受詔赴闕太祖
遣仁誨赴鄴都廵檢及殷得罪仁誨不奉詔即殺其
子盡利其家財妓樂也及仁誨卒而無後人以爲陰
責焉
李彦頵顯德中爲延州兵馬留後到鎮頗以殖貨爲
意寃圖賤利侵漁蕃漢部人羣情大擾
齊藏珍爲諸衞世宗淮上用兵復委監䕶輿軍較何

起領兵降下光州藏珍欺隱官物甚多

冊府元龜

巡按福建監察御史臣李嗣京　訂正
分守建南道左布政使臣胡維霖　參閱
知建陽縣事臣黄國琦較釋

將帥部

不和

傳曰師克在和不在衆又曰安民和衆蓋軍旅之尚和也久矣夫師出以律順成爲臧固當輯睦兵戎克濟勳略其有處營衛之任握旗鼓之要受賑偕出援枹並行忘從帥之義恣兼人之勇專逞其欲不相爲謀或大呼於私門或盛氣於幕府至有乖異籌畫違沮期會反干戈而鬬奪鼓吹以徙棄公家事爲營方利以至覆軍奪爵而不悔焉孟子云天時不如地利地利不如人和誠哉是言矣

胥甲晉大夫晉文公十二年冬秦伯伐晉取羈馬羈馬晉邑晉人禦之趙盾將中軍荀林父佐之郤缺將上軍臾駢佐之欒書將下軍胥甲佐之范無恤御戎以從秦師于河曲臾駢曰秦不能久請深壘固軍以待之從之秦人欲戰秦伯謂士會曰若何而戰晉士會七年奔秦對曰趙氏新出其屬曰臾駢必實爲此謀將以老我師也臾駢趙盾屬大夫新出佐上軍趙有側室曰穿晉君之壻也側室之子穿趙夙庶孫有寵而弱不任軍事弱年少也又未嘗涉知軍事好勇而狂且惡臾駢之佐上軍也若使輕者肆焉其可肆暫往而退也十二月戊午秦軍掩晉上軍趙穿追之不及上軍不動趙穿獨追之反怒曰裹糧坐甲固敵是求敵至不擊將何俟焉軍吏曰將有待也待可擊穿曰我不知謀將獨出乃以其屬出宣子曰秦獲穿也獲一卿矣秦以勝歸我何以報乃皆出戰交綏司馬兵法曰逐奔不遠從綏不及逐奔不遠則難誘從綏不及則難陷然則古名退軍爲綏秦晉志未能堅戰短兵未致爭而兩退故曰交綏秦行

人夜戒晉師曰兩軍之士皆未憖也明日請相見也憖缺也臾駢曰使者目動而言肆懼我也目動則心不安言肆則聲失節也將遁矣薄諸河必敗之薄迫也胥甲趙穿當軍門呼曰死傷未收而棄之不惠也不待期而薄人於險無勇也乃止晉師止秦師夜遁復侵晉入瑕

荀林父晉大夫魯宣公十二年六月晉師救鄭荀林父將中軍代郤缺先縠佐之彘季代林父士會將上軍河曲之役郤缺將上軍宣公年代趙盾爲政將中軍士會代將上軍郤克佐之郤缺之子代臾駢趙朔將下軍盾代欒欒書佐之欒盾之子代趙朔趙括趙嬰齊爲中軍大夫括嬰齊皆盾異母弟鞏朔韓穿爲上軍大夫荀首趙

同爲下軍大夫(荀首林父弟趙同趙嬰弟)韓厥爲司馬(韓萬玄孫)及河
聞鄭旣及楚平桓子欲還曰無及於鄭而勦民焉用
之(桓子林父勦勞也)楚歸而動不後(動兵伐鄭)隨武子曰善(武子士會)
會聞用師觀釁而動(釁罪也)德刑政事典禮不易不可
敵也不爲是征(言征伐爲有罪不爲有禮)楚君討鄭怒其貳而哀
其卑叛而伐之服而舍之德刑成矣伐叛刑也柔服
德也二者立矣昔歲入陳(討徵舒)今茲入鄭民不罷勞
君無怨讟(讟謗也)政有經矣(經常也)荊尸而舉(荊楚也尸陳也楚
王始更爲此陳法遂以爲名)商農工賈不敗其業而卒乘輯睦(步卒
車乘)事不奸矣(奸犯也)爲敖爲宰擇楚國之令典(宰令尹蔿敖孫

叔敖)軍行右轅左追蓐(在軍之右者挾轅爲戰備左者追求草蓐爲宿備傳曰令尹
南轅又曰改乘轅楚陳以轅爲主)前茅慮無(慮無如今軍行前有斥候蹋伏皆持以絳及白
爲幡見騎步賊舉絳白幡備慮有無也茅明也或曰時楚以茅爲旌識)中權後勁(中軍制謀
後以清兵爲殿)百官象物而動軍政不戒而備(物猶類也戒勑令)能
用典矣其君之舉也內姓選於親外姓選於舊(言親疏並
用)舉不失德賞不失勞老有加惠(賜老則不計勞)旅有施舍
(旅客來者施之以惠舍不勞役)君子小人物有服章(尊卑別也)貴有常尊
賤有等威(威儀有等差)禮不逆矣德立刑行政成事時典
從禮順若之何敵之見可而進知難而退軍之善政
也兼弱攻昧武之善經也(昧昏亂經法也)子姑整軍而經武

乎(姑且也)猶有弱而昧者何必楚彘子曰不可(彘子先穀)晉
所以霸師武臣力也今失諸侯不可謂力有敵而不
從不可謂武繇我失霸不如死且成師以出聞敵彊
而退非夫也(非丈夫)命爲軍帥而卒以非夫唯羣子能
我弗爲也以中軍佐濟(佐彘子所師也濟渡河)知莊子曰此師
殆哉(莊子荀首)周易有之在師䷆(坎下坤上師)之臨䷒(兌下坤上臨師
初六變而之臨)曰師出以律否臧凶(此師卦初六爻解律法否不也)執事順
成爲臧逆爲否(今彘子逆命不順成故應不臧之凶)衆散爲弱(坎爲衆今變爲
兌兌柔弱)川壅爲澤(坎爲川今變爲兌兌爲澤是川見壅)有律以如已也(如從
法行則人從法法敗則法從人坎爲法象今爲衆則散爲川則壅是失法之用從人之義)故曰律

否臧且律竭也(竭敗也坎變爲兌是法敗)盈而以竭夭且不整所
以凶也(水遇夭塞不得整流則竭涸也)不行之謂臨(水變爲澤乃成臨卦澤不行之
物)有帥而不從臨孰甚焉此之謂矣(譬彘子之尊命亦不可行)果
遇必敗(遇敵)彘子尸之(主此禍)雖免而歸必有大咎(明年晉人
殺先穀)韓獻子謂桓子曰(獻子韓厥)彘子以偏師陷子罪大
矣子爲元帥師不用命誰之罪也失屬亡師爲罪已
重不如進也(今鄭屬楚故曰失屬彘子以偏師陷故曰亡師)事之不捷惡有
所分(捷成也)與其專罪六人同之不猶愈乎(三軍皆敗則六卿同
罪不得獨責元帥)師遂濟
荀偃晉大夫將中軍士匄佐之趙武將上軍韓起佐

之欒黶將上軍魏絳佐之魯襄公十四年夏諸侯之
大夫從晉侯伐秦晉侯待于境使六卿帥諸侯之師
以進至于棫林棫林秦地不獲成焉秦不服荀偃令曰鷄鳴
而駕塞井夷竈示不反唯余馬首是瞻言進退從己欒黶曰
晉國之命未是有也余馬首欲東乃歸黶惡偃自專故棄之歸
下軍從之左史謂魏莊子曰不待中行伯乎中行伯荀偃也
莊子魏絳也左史晉大夫莊子曰夫子命從帥夫子謂荀偃欒伯吾帥
也吾將從之從帥所以待夫子也伯游曰吾令實過
悔之何及多遺秦禽軍師不和恐多爲秦所禽獲乃命大還晉人
謂之遷延之役

吳子山吳王子魯定公四年吳伐楚楚敗吳入郢以
班處宮以尊卑班次處楚王宮室子山處令尹之宮夫槩王欲攻
之懼而去之夫槩王入之入令尹宮也言吳無禮所以不能遂克
荀瑤晉大夫魯悼公四年帥師圍鄭悼公哀公之子寧也哀公出孫
魯人立悼公未至鄭駟弘曰知伯愎而好勝知伯荀偃也早下
之則可行也行去聲乃先保南里以待之保守也南里在城外知
伯入南里門于桔柣之門知伯謂趙孟入之對曰主
在此主謂知伯也言主在此何不自入知伯曰惡而無勇何以爲子
惡貌醜也簡子廢嫡子伯魯而立襄子故夫知伯言其醜且無勇何故立以爲子對曰以能
恐恥庶無害趙宗乎知伯不悛趙襄子繇是惎知伯

惎毒也遂喪之
漢荀彘爲左將軍楊僕爲樓船將軍擊朝鮮左將軍
破浿水上軍乃前至城下圍其西北樓船亦往會居
城南其王右渠遂堅城守數月未能下左將軍素侍
中幸幸親於天子將燕代卒悍乘勝軍多驕樓船將齊卒
入海已多敗亡其先與右渠戰困辱亡卒卒皆恐將
心慙其圍右渠常持和節左將軍急擊之朝鮮大臣
迺陰間使人私約降樓船與樓船爲約而請降要往來言尚未
肯決左將軍數與樓船期約戰樓船欲就其約不會
左將軍亦使人求閒隙降下朝鮮不肯心附樓船以

故兩將不相得左將軍心意樓船前有失軍罪意疑也
今與朝鮮和善而又不降疑其有反計未敢發天子
曰將率不能前乃使衛山諭降右渠不能顓決與左
將軍相誤卒沮約顓與專同卒終也沮壞也今兩將圍城又乖異
以故久不決使故濟南太守公孫遂往正之有便宜
得以從事遂至左將軍曰朝鮮當下久矣不下者樓
船數期不會具以素所意告遂曰今如此不取恐爲
大害非獨樓船又且與朝鮮共滅吾軍遂亦以爲然
而以節召樓船將軍入左將軍軍計事卽令左將軍
戲下執縛樓船將軍戲讀與麾同幷其軍以報朝鮮平左

將軍徵至坐爭功相嫉乖計棄市樓船將軍亦坐兵至列口當待左將軍列口縣名也度海先得之擅先縱失亡多當誅贖爲庶人

後漢耿夔爲雲中太守行度遼將軍夔勇而有氣數侵陵匈奴中郎鄭戩元初元年坐徵下獄以減死論笞三百

魏桓範爲征虜將軍東中郎將都督青徐州軍事與徐州刺史鄒岐爭屋引節欲斬岐爲岐所奏不直坐免

蜀劉封爲先主養子爲副軍初先主定益州劉璋遣

扶風將軍孟達與法正各將兵二千迎先主先主因令達幷領兵衆進攻上庸先主陰恐達難獨任乃遣封自漢中乘沔水下統達軍封與達忿爭不和封尋奪達鼓吹達既懼罪又忿恚封遂發表辭先主率所領降魏

劉琰爲車騎將軍領兵千餘隨丞相亮後主建興十年與前軍師魏延不和言語虛誕亮責讓之遣歸成都

魏延爲前軍師征西大將軍延既善養士卒勇猛過人又性矜高當時皆避下之唯楊儀不假借延延以爲至忿有如水火建興十二年亮出北谷口延爲前鋒去亮營十里秋亮病困密與長史楊儀司馬費禕護軍姜維等作身殁之後退軍節度令延斷後姜維次之若延或不從命軍便自發亮適卒祕不發喪儀令禕往揣延意指延曰丞相雖亡吾自見在府親官屬便可將喪還葬吾自當率諸軍擊賊云何以一人死廢天下之事邪且魏延何人當爲楊儀所部勒作斷後將乎因與禕共作行留部分令禕手書與己連名告下諸將禕紿延曰當爲君還解楊長史長史文吏稀更軍事必不違命也禕出門馳馬而去延尋悔

追之已不及矣延遣人覘儀等遂使欲案亮成規諸營相次引軍還延大怒纔儀未發率所領徑先南歸所過燒絕閣道延儀各相表叛逆一日之中羽檄交至後主以問侍中董允留府長史蔣琬琬允咸保儀疑延儀等槎山通道晝夜兼行亦繼延後延先至據南谷口遣兵逆擊儀儀等令何平在前禦延平叱延先登曰公亡身尚未寒汝輩何敢乃爾延士衆知曲在延莫爲用命軍皆散延獨與其子數人逃亡奔漢中儀遣馬代追斬之致首於儀儀起自踏之曰庸奴復能作惡不遂夷延三族

吳濬濬初仕蜀先主爲荊州治中典留州事與關羽不睦吳大帝襲羽遂入吳

周瑜爲將軍性度恢廓大率爲得人惟與程普不睦江表傳曰普自以年長數陵侮瑜瑜折節容下終不與挍普後自敬服而親重之乃告人曰與周公瑾交若飲醇醪不覺自醉時人以其謙讓服人

孫皎堅弟靜子也爲征虜將軍嘗以小故與甘寧忿爭或以諫寧寧曰臣子一例征虜雖公子何可專行侮人邪吾値明主但當輸效力命以報所天誠不能隨俗屈曲矣權聞之以書讓皎曰自吾與北方爲敵中間十年初時相持年少今者且三十矣孔子言三

十而立非但謂五經也授卿以精兵委卿以大任都護諸將於千里之外欲使如楚任昭奚恤揚威於北境非徒相使逞私志而已近聞卿與甘興霸飲因酒發作侵陵其人求屬呂蒙督中此人雖麄豪有不如人意時然其較略大丈夫也吾親之者非私之也吾親愛之卿疎憎之卿所爲毋與吾違其可乂乎夫居敬而行簡可以臨民愛人多容可以得衆二者尚不能知安可董督在遠禦寇濟難乎卿行長大特受重任上有遠方瞻望之觀下有部曲朝夕從事何可恣意有盛怒邪人誰無過貴其能改宜追前愆深自咎責今故煩諸葛子瑜重宣吾意臨書摧愴心悲淚下皎得書上疏陳謝遂與寧結厚

南齊曹虎爲平北將軍聚兵襄陽建武四年魏軍攻沔北虎與南陽太守房伯玉不協不急赴救乃移頓樊城

陳王質仕梁爲寧遠將軍吳州刺史領鄱陽内史荊州陷侯瑱鎮于湓城與質不協遣偏將羊亳伐質且以兵臨之質率所部渡信安嶺依于留異時文帝鎮會稽以兵助質令鎮信安縣

後魏崔亮爲鎮南將軍攻梁將趙祖悅於硤石時李

平爲鎮軍大將軍兼尚書右僕射爲行臺節度諸軍一以稟之以軍法從事平部分諸軍將水陸兼進以討堰賊亮違平節度以疾請還隨表而發平表曰臣以梁將湛僧日道龍游魂境内猶未收跡義之神念尚在梁城令都督崔亮權據下蔡別將尭生郎往東斧與亮接勢以防橋道臣發引向堰舍人曹道至奉勅更有處分而亮已輙還京案亮受付東南推轂是託誠應憂國忘家致命爲限而始屆汝陰盤桓不進暨到寇所停淹八旬所營土山攻道並不克就損費糧力坐延歲序賴天威遠被士卒憤激東北騰上乘

至兆門而亮遲廻仍不肯上臣逼以白刄甫乃登陟及平硤石宜聽處分方更肆其專恣輕輙還歸此而不糾法將焉寄案律臨軍征討而故留不赴者死又云軍還先歸者流軍罷無還尚有流坐況亮被符令停委棄而反失乘勝之機闕水陸之會緣情據理咎深故留今處亮死上議靈太后令曰亮爲臣不忠去留自擅既損威稜遣我經略雖有小捷豈免大咎但吾攝御萬機庶茲惡殺可將聽以功補過及平至兗與爭功於禁中形於聲色

爾朱兆爲都督十州諸軍事世襲幷州刺史齊神武

之克雍州也兆與其族仲遠度律約共討之仲遠度律次於陽平兆出幷陘屯於廣阿衆號十萬神武廣縱反間或云世隆兄弟謀欲害兆復言與歡同圖仲遠等於是兩不相信各致猜疑徘徊不進仲遠等頻使斛斯椿賀拔勝往諭之兆輕騎三百來就仲遠同坐幕下兆性麤獷意色不平手舞馬鞭長嘯凝望深疑仲遠等有變遂趍出馳還仲遠遣椿勝等追而曉譬兆遂拘縛將還經日放遣仲遠等於是奔退神武乃進擊兆兆軍大敗兆與仲遠度律遂相疑阻度律大懼引軍還兆將斬勝數之曰爾殺可孤罪一也天柱薨後復不與世隆俱來罪二也我欲殺爾久矣今復何言勝曰可孤作逆爲國巨患勝父子誅之其功不小反以爲罪天下未聞天柱被戮以君誅臣勝寧負王不負朝廷今日之事生死在王但知賊密邇內搆嫌隙自古迄今未有不破亡者勝不憚死恐王失策兆乃捨之後與爾朱兆陳於韓陵度律惡兆之驍悍懼其凌己勒兵不進勝以其搆貳遂率麾下降於神武

北齊李希光爲安南將軍南兗州刺史文宣責陳武廢蕭明命儀同蕭軌率希光東方光裴英起王敬寶

步騎數萬伐之以天保七年三月渡江襲克石頭城五將名位相侔英起以侍中爲軍司蕭軌與希光並爲都督軍中抗禮不相服御競說謀略動必乖張頓軍丹陽城下値霖雨五十餘日及戰兵器並不堪施用故致敗亡將帥俱死士卒得還者十二三所沒器械軍資不可勝紀

王琳初自梁歸齊乃鎮壽陽琳在鎮與行臺尚書盧潛不協更相是非被詔還鄴齊武成置而不問除滄州刺史

後周趙剛爲利州總管時剛以信州濱江負阻表請

討之詔剛經畧仍加渠州刺史剛師出踰年士卒疲
弊尋復亡叛後遂以無功而還又與所部儀同尹才
失和被徵赴闕遇疾卒於路
隋李藝大業中屢以軍功官至武賁郎將煬帝征遼
令藝督運於北平受武衛大將軍李景節度藝少習
戎旅軍法嚴肅然使氣縱暴毎凌侮景頻爲景所辱
藝甚銜之
唐淮陽王道玄高祖時爲稚州總管劉黑闥引突厥
寇山東令道玄率史萬寶以擊之萬寶與之不協及
道玄出戰萬寶擁兵不進謂所親曰我奉手詔淮陽

小兒雖有軍事進止終委老夫何得輕脫妄戰大軍
若動必陷泥濘此敗之道也莫若結陣以王啗之雖
不利於王而利於國淮陽若敗賊必爭進我堅陣而
待之破賊必矣須臾護軍柳濬戰死道玄復陷於陣
軍遂敗萬寶將戰士卒莫有鬭志於是大潰道玄尋
遇害時年十九
薛萬徹爲青丘道將軍伐高麗在軍中與副將裴行
方不協太宗貞觀二十三年有人上書告萬徹有怨
望之詞於是廷辯曲直萬徹辭屈乃除名流于象州
蘇定方爲右屯衛將軍高宗顯慶初從程知節討阿
史那賀魯與其別部鼠尼施戰于鷹娑川大破賊衆
追奔二十里斬首千餘級獲馬二千匹死馬及所棄
甲仗綿亘山野不可勝計副總管王文度害其功謂
知節曰雖云破賊官軍亦有死傷蓋未決成敗法耳
何急而爲此事自今正可結爲方陣輜重盡納腹中
四面布隊人馬被甲賊來即戰自保萬全無爲輕脫
致有傷損文度又矯稱别奉旨以知節恃勇輕敵使
文度爲節制遂收軍不許深入終日跨馬被甲結陣
繇是馬多瘦死士卒疲勞無有鬭志定方謂知節曰
本來討賊今乃自守馬餓兵疲逢賊即敗怯懦如此

何繇立功又公爲大將閫外之事而許自節制別遣
軍副專其號令理必不然須囚擊文度飛表奏之知
節不從至怛篤有胡開門乞降文度又曰此我兵廻
此還作賊不如盡殺取其貲財定方曰如此自作賊
耳何成伐叛文度又不從乃分財唯定方一無所取
師還知節文度皆被劾除名乃擢定方爲軍行大總
管以征賀魯於是率兵金山之北先擊處木昆部落
大破之
薛仁貴爲邏逤道行軍大總管其副將郭待封嘗爲
鄯城鎮守與仁貴齊列及仁貴爲大總管恥在其下

毋事多建議違之軍至大非川將進赴烏海仁貴謂
待封曰烏海險遠車行艱澁若引輜重將失事機又
破賊即廻又煩轉運彼多瘴癘無宜久留大非川嶺
上寬平足堪置柵可留二萬人作兩柵輜重並留柵
內吾等輕鋭倍道掩其未整即撲滅之矣仁貴遂率
衆先行至河遇賊擊破之斬獲甚衆收其牛羊萬餘
頭進至烏海城以俟後援待封不從仁貴之策領輜
重繼進未至烏海吐蕃二十萬餘悉衆救其前軍迎
擊待封敗走趍出軍糧及輜重並爲賊所掠仁貴遂
退屯大非川吐蕃又益四十餘萬來拒戰官軍又大

敗死傷略盡仁貴待封及阿史那道眞並脫身走免
李光弼爲朔方行營旣平懷州朝旨欲速收東都城
光弼屢抗表請候時而動不可輕進僕固懷恩貳于
光弼乃潛上言曰賊可討詔遂從懷恩言逼光弼進
軍列陣于北邙山下賊悉發精鋭來拒官軍不利詔
以本非光弼謀乃徵懷恩入拜工部尚書留在京師
又徵光弼入拜河南副元帥都統河南淮西山南東
道等節度使移鎭汴州
李抱眞爲澤潞節度使馬燧領河陽三城抱眞嘗欲
殺懷州刺史楊鉥鉥奔燧納之且奏其無罪抱眞不
勝其忿後用解邢州圍所獲軍糧燧全有之而後給
與抱眞抱眞益怒洹水之捷諸軍進至魏州田悅領
五騎突犯燧營李芃疾出援之抱眞自固不爲動燧
將攻悅城假攻具於抱眞又請雜兩軍之伍冀分其
功抱眞皆不諾而請獨當一面繇此隙甚不復相見
諸軍以是頗逗撓德宗數使中人和解之
韓弘爲宣武節度統諸軍討淮西時賊軍嘗徑攻烏
重胤之壘重胤禦之中數槍馳請救於忠武軍節度
李光顏光顏以小激橋賊之係也乘其無備使其大
將由顏宋朝隱襲而取之遂平其城塹繇是不克救

重胤韓弘以光顏違令取顏及朝隱將戮之顏及朝
隱勇而多材軍中皆惋惜之光顏畏弘不敢留會中
使景忠信至知其情乃矯詔令所在械繫之走馬入
見具以本末聞憲宗赦忠信矯詔罪即往釋顏及朝
隱弘及光顏迭以表論憲宗謂弘使曰顏等違都統
令當處死但光顏以其襲賊有功亦可宥之軍有三
令五申宜捨此以收來效及以詔諭弘不悅
劉沔爲太原節度使討廻紇初沔以精兵六千留鎭
橫水柵以備残虜自迎太和公主還宮後太原功最
爲先幽州張仲武亦降滅廻鶻赤心宰相王子將軍

等數萬人繼受詔追襲烏介可汗恃其兵與沔不足朝廷知之會遣御史中丞李回因和解仲武終不平之帝方委仲武北收殘虜乃移沔滑州以李石爲太原節度以代之

梁謝彥章爲許州節度使末帝貞明四年冬滑州節度使賀瓌爲北面招討使彥章爲排陣使同領大軍與晉人對壘是時咸謂瓌能將步軍彥章能領騎士既名聲相軋故瓌衷心忌之一日與瓌同設伏于郊外瓌指一方地謂彥章曰此地岡阜隆起中央坦夷好列柵之所尋而晉人舍之故瓌疑彥章與晉人通

又瓌欲速戰彥章欲持重以老敵人瓌益疑之會行營馬步都虞候朱珪所誣瓌遂與珪協謀因享士伏甲以殺彥章及濮州刺史孟審澄別將侯溫裕等於軍以謀叛聞晉王聞之喜曰彼將帥如是亡無日矣審澄溫裕亦善將騎軍然所領不過三千騎多而益辦唯彥章有焉

劉鄩軍於莘縣末帝遣使問鄩決勝之策鄩曰臣無奇術但人給糧十斛盡則破敵末帝大怒讓鄩曰將軍蓄米將療饑耶將破賊耶乃遣中使督戰鄩集諸校而謀曰主上深居宮禁未曉兵家與白面兒矢終敗人事大將出征君命有所不受臨機制變安可預謀今揣敵人未可輕動諸君更籌之時諸將皆欲戰鄩默然他日復召諸校列坐軍門人具河水一器因命飲之衆未測其旨或飲或辭鄩曰一器而難若是滔滔河流可勝旣乎衆皆失色居數日鄩率萬餘人薄鎮定之營時鄩軍淹至上下騰亂殺獲甚多少頃晉軍繼至乃退二年三月鄩自莘引軍襲魏州與晉王戰於故元城王師敗績鄩脫身南奔自黎陽濟河至滑州尋授滑州節度使詔屯黎陽

後唐康延孝初名李紹琛爲保義軍節度使莊宗同

光三年討蜀爲先鋒排陣使平蜀之功延孝居最時邠州節度使董璋爲行營右廂馬步使華州節度使毛璋爲行營左廂馬步使以軍禮當事延孝郭崇韜私愛董璋及西川平定之後崇韜每有軍機必召璋參决延孝不平之時延孝軍於城西毛璋軍於城東董璋軍於城中延孝因酒酣謂董璋曰吾有平蜀之功公等樸遬相從反首鼠于侍中之門謀相傾陷吾爲都將公乃稗較力能斬公璋惶恐謝之而退酒罷璋訴于崇韜崇韜陰銜之乃署董璋爲東川節度使落軍職延孝怒謂毛璋曰吾自白亦犯險阻平定兩

川董璋何功遽有其地二人因謁見崇韜曰東川重地宜擇良帥工部任尚書有文武才幹甚洽衆心請表爲東川帥崇韜怒曰紹琛反耶敢違吾節度延孝等惶恐而退未幾崇韜爲繼岌所害二人因責董璋曰公復鼠首何門璋俛首祈哀而已

朱洪實爲兵馬軍都指揮使閔帝應順元年三月判六軍諸衛事唐義誠將議出征帝幸左藏庫親給軍士錢帛是日義誠與洪實同於庫中商論用兵利害洪實言自出軍討逆累發兵師今聞小𨙸無一人一騎來者不如禁軍據門自固彼安敢徑來然後徐圖

進取全策也義誠怒曰若如此言洪實反矣洪實曰公自惟誰反其聲漸厲帝聞召而詳之洪實猶理前謀又日義誠言臣圖反據發兵討義誠反必矣帝不能辨遂命誅洪實

周慕容彦超漢初爲澶州節度使杜重威叛於鄴下以鄆州節度使高行周爲招討使彦超爲副及兵至城下二師不恊杜重威之子婦即行周之息女也行周用兵持重彦超舉措輕易彦超欲速於攻城行周以爲未可彦超乃揚言稱行周以愛女之故惜賊而不攻行周忿之漢祖聞其事懼有他變以是親征及車駕至鄴彦超數因事淩廹行周行周不勝其憾嘗一日至行營幕次兩泣告於執政聲氣甚厲聞於至尊又自掬糞茹于口中分雪其事宰相蘇逢吉樞密使楊邠密奏於漢祖漢祖深知彦超之曲遣二臣和解行周亦召彦超於帳中責之兼令首過於行周行周稍解

王峻爲内客省使永興趙思綰亂峻爲郭從義兵馬都監從義與峻不恊甚如水火

符彦卿天雄軍節度使顯德元年從世宗親征河東命彦卿赴忻州時契丹駐忻北遊騎亟及近郊其月

二十三日彦卿與諸將勒兵列陣以待之先鋒將史彦超以二千騎遇賊於前彦超勇憤俱發左右馳擊解而復合者數四當其鋒者無不顛仆李筠張永德以偏師自後擊之軍退史彦超死之不獲其屍前鋒爲虜隔絶我軍重傷者數百人蕃戎死者亦衆是行諸將論議各有矛盾故不能成大功

張永德顯德中爲殿前都指揮使守下蔡與淮南招討使李重進素不恊每宴將吏各暴其短一日永德乘醉乃大言重進潛畜姦謀當時將校無不驚駭

巡按福建監察御史臣李嗣京訂正

知長樂縣事臣夏允彝參閱

知建陽縣事臣黃國琦較釋

臺省部

總序

三代之前職官之制罕存於載籍靡得而周詳然考於遺文覩其大指禼作司徒以敷五教卽周之地官也伯夷作秩宗以典三禮夔典樂以和人神卽周之春官也咎繇作士以正五刑卽周之夏官秋官也垂

作共工以利器用卽周之冬官也龍作納言出入帝命卽周之內史也雖其名未正然其職已同周之天官曰冢宰地官曰司徒春官曰宗伯夏官曰司馬秋官曰司寇冬官曰司空是爲六卿方於後世冢宰卽今之吏部也司徒卽今之戶部也宗伯卽今之禮部也司馬卽今之兵部也司寇卽今之刑部也司空卽今之工部也秦漢之制以丞相御史大夫領朝政九卿分庶職其御史屬官有二丞秩千石一曰中丞在殿中蘭臺掌圖籍祕書外督刺史內領侍御史員外十五人受公卿奏事舉劾按章（事具憲官門）又有符節御史主符璽位次御史中丞郎中令屬官有太中大夫中大夫諫大夫掌論議皆無員多至數十人後改太中大夫爲光祿大夫比二千石中大夫比千石諫大夫比八百石謁者掌賓贊受事員七十人秩比六百石少府屬官有尚書武帝以遊宴後庭以中官主中書遂罷尚書之官至成帝建始四年罷中書置尚書五人一人爲僕射四人分爲四曹通掌圖祕記章奏之事各有其任其一曰常侍曹主丞相御史公卿事其二曰二千石曹主刺史郡國事其三曰民曹主吏民上書事其四曰主客曹主外國夷狄事後又置三

公曹主斷獄分爲五曹又置丞四人郎四人其一主匈奴單于其一主羌夷吏民其一主戶口墾田其一主財帛委輸又以左右曹諸吏分平尚書奏事又以大將軍事騎將軍大司馬領尚書事皆爲樞要又有中書謁者又有侍中中常侍入直禁中諸吏舉非法散騎騎而散從無常職給事中侍從左右無常員皆列侯將軍卿大夫博士已下加官焉又有議郎掌顧問應對侍中尚書謁者皆有僕射古者重武官故有主射以督課之後漢以御史大夫爲司空中丞遂爲御史臺率其屬有治書侍御史二員（事具刑法部）侍御史

十五員(事具憲官門)蘭臺令史六百石掌奏及印工文書又有尚書令一員掌凡選署及奏下尚書曹文書衆事秩千石故公爲之者秩二千石朝會不陛奏事處銅印墨綬屬官有僕射一人秩六百石置尚書事(至景帝分置左右僕射)尚書六人秩六百石初分六曹一曰三公曹主歲盡考課諸州郡事二曰吏部曹改前漢嘗侍曹爲之主選擧祠祀事三曰民曹主繕脩工作鹽池園苑事四曰客曹主護駕羌胡朝賀事五曰二千石曹主辭訟事六曰中都官曹主水火盜賊事凡六曹幷令僕二人謂之八座尚書雖有曹名不以爲官號

靈帝以侍中梁鵠爲選部於此始見曹名置左右丞各一人郎三十四人秩四百石郎主作文書起草更直五日於建禮門內初從三署郎詣臺試守尚書郎中歲方稱尚書郎三年稱侍郎選有吏能者爲之又和帝以太傅錄尚書事尚書始有錄名其後以三公爲之蓋唐虞大麓之職又置侍中給事黃門侍郎散騎給事中前後同兩漢尚書而下皆文隸少府而已魏置御史中丞治書侍御史皆如漢制又置侍御史凡八人又置治書執法掌奏劾又置殿中侍御中禁防御史(事具憲部)邪又置尚書令令一人尚書僕射或一人或二人置二人則爲左右若令闕則左爲省主又有選部左民客曹大兵度支五尚書又置二丞又置殿中吏部駕部金部虞曹比部南主客祠部度支庫部農部水部儀曹三公倉部民曹二千石中兵外兵都兵別兵考功定課凡二十三郎青龍二年又置都官騎兵二郎每一郎缺白試諸孝廉能結文案者五人謹封奏其姓名補之凡尚書令僕射尚書三品左右丞郎中六品又置謁者十人僕射一人四品又置侍中四人其加官則非數掌儐贊威儀大駕出則次在侍中護駕正直侍中負璽陪乘餘不帶劍皆騎從登

殿與散騎常侍對伏侍中居左常侍居右備切問近對拾遺補闕又置給事黃門侍郎四人又置散騎常侍無員掌規諫不典事貂璫侍中左插散騎右插又置員外散騎掌侍無員散騎侍郎四員與侍中給事黃門侍郎共平尚書奏事又置給事中無員凡侍中散騎常侍三品給事中給事黃門侍郎員外散騎常侍散騎侍郎五品武帝初爲魏王又置祕書令典尚書奏事文帝黃初初改爲中書置監令各一人(祕書事具卿監門)又置通事郎次黃門郎黃門郎已署事過通事郎乃置名色署奏入帝省讀書可其給事黃門侍郎

竝如漢制凡中書令三品中書侍郎五品中書通事舍人七品符節御史別爲一臺掌授節銅虎符竹使符晉御史中丞治書侍御史如魏制侍御史置九人殿中侍御史四人江左減二人又有撿校御史事竝具憲官門又置尚書令秩千石銅印墨綬進賢兩梁冠納言幘五時朝服佩水蒼玉食俸月五十斛受拜則冊命之賈充以目疾表置省事吏四人省事蓋自此始也僕射與魏同又置吏部三公客曹駕部屯田度支六尚書咸寧二年省駕部四年省一僕射又置駕部太康中改置吏部殿中五兵田曹度支左民六尚書又

置右民度支五尚書祠部嘗與右僕射通職不置祠部則以右僕射攝之闕右僕射則以祠部攝知其事又以左丞主臺內禁令宗廟祠祀朝儀禮制選用署吏急假右丞掌臺內庫藏廬舍凡諸器物及廩振租布刑獄兵器督録遠道文書章表奏事又置直事殿中祠部儀曹吏部三公比部金部倉部度支都官二千石左民右民虞曹屯田起部水部左右士駕部車部庫部左右中兵左右外兵別兵都兵騎兵左右士北主客南主客凡三十四曹後又置運曹凡置郎二十三人更相統攝及江左罷直事左民屯田車部別

兵都兵騎兵左右士運曹其後罷虞曹二千石有殿中祠部吏部儀曹三公比部金部倉部度支都官左民起部水部主客駕部庫部中兵外兵十八曹郎後又省主客起部水部共十五曹又咸康中分置三録王導荀崧陸曄爲之又有四録郎四人叅録又西朝張華江左庾亮竝闕尚書七條又何充參闕尚書自漢而後八座及郎初拜竝集都座交禮遷職又解官焉西朝八座丞郎朝晡詣都座江左唯朝而退凡尚書令僕射尚書竝三品左右丞郎竝六品又置侍中如魏制哀帝興寧四年省二人後復舊又置給事黃

門侍郎四人又置通直散騎常侍二人竝令員外散騎常侍與正員散騎常侍通直故謂之通直又置員外散騎常侍侍郎元帝又置通直散騎侍郎二人後增置四人散騎常侍給事黃門散騎侍郎皆如魏制江左始罷其平尚書奏事又置中書令監而已下皆如漢制改通事郎爲中書侍郎江左初復曰通事郎俄復爲中書侍郎又武帝初置舍人通事各一人江左合爲通事舍人掌呈奏案後省之以侍郎直西省凡侍中散騎常侍中書監令竝三品給事中給事黃門散騎中書侍郎竝五品門下中書舍人第七品宋

置御史中丞治書侍御史殿中侍御史如晉制（事具憲官門）又置謁者臺謁者僕射一人掌大拜授及百官班次謁者十人掌小拜授及報章先是晉省謁者僕射以謁者隸蘭臺江左復置俄省大明中復置尚書寺有尚書令任總樞衡僕射尚書分領諸曹僕射領殿中主客凡二曹吏部尚書領吏部删定三公比部凡四曹祠部尚書領祠部儀曹凡二曹度支尚書領度支金部倉部起部凡四曹左民尚書領左民駕部凡二曹都官尚書領都官水部庫部論功凡四曹五兵尚書領中兵外兵凡二曹若營宗廟宫室則置起部

事畢省之又高祖置騎兵主客起部凡四曹合晉十五爲十九郎文帝元嘉十年省儀曹主客比部騎兵四郎十一年並十八年增删定郎（事見刑法部）三十年置功論郎明帝省騎兵凡二十郎比部主法制度支主筭都官主軍事刑獄其餘諸郎所掌各如其名自漢已後尚書官上朝及下朝禁斷行人丞郎見尚書呼曰明時郎見二丞呼曰左君右君其屬有都令史令史書令史書朝之名或減或益其制不嘗但八座解交丞郎已下不復解交也孝武不欲威權外假故罷録焉其後或置或否凡尚書令僕射尚書並三品丞郎並六品又置侍中而下皆如晉制初散騎嘗侍與侍中通官其後漸替大明雖華選比侍中而人情久習終不見重又置中書令中書舍人各一人中書侍郎四人中書通事舍人四人初以中書侍郎掌呈奏案及置通事舍人則侍郎之任輕舍人直内閣隷中書其下有主事本用武官宋改用吏凡侍中散騎嘗侍中書監令並三品給事黄門散騎中書侍郎並五品南齊之制置御史丞一人治書侍御史二人侍御史十人謂之蘭臺（事見憲官門）又置謁者僕射一人謂之謁者臺又置尚書令爲内臺主行遇諸王以下皆禁

駐無令則左僕射爲臺主與令同左僕射領殿中客三曹通關諸曹事又置吏部尚書領吏部删定三公比部凡四曹度支尚書領度支金部倉部起部凡四曹左民尚書領左民駕部凡二曹都官尚書領都官水部庫部功論凡四曹五兵尚書領中兵外兵凡二曹祠部尚書領儀曹與右僕射通職領祠部不並置起部尚書與官室宗廟權置事畢而省左丞掌宗廟郊祠格制案彈選用等事右丞掌兵士百工庫藏刑評訟等事白案右丞上署左丞次署黄案左丞上署右丞次署凡二十四曹各置郎中令史

以下又置都令史又庫部領武庫令駕部領車府令丞起部領材官將軍司馬是謂之尚書臺又置侍中祭酒（高功者稱之）侍中謂之門下給事黃門侍中世呼小門下焉門下領公車令太官太醫令丞內外殿中監內外驊騮廐丞又置散騎通直散騎員外散騎常侍散騎通直散騎員外散騎侍郎給事中奉朝請駙馬都尉謂之集書省又置中書監令各一人侍郎四人通事舍人無員謂之中書省梁御史臺初置御史大夫天監元年復爲中丞屬官治書侍御史殿中侍御史（事具憲官門）又有符節令史員（事見憲官門）謁者臺署謁者

冊府元龜　卷之四百五十七　九

僕射一人掌朝覲賓饗之事屬官謁者十人掌奉詔出使拜假朝會儐贊等事謁者僕射六班尚書省置令左右僕射吏部祠部度支在戶部官五兵尚書左右丞各一人吏部删定三公比部祠部儀曹虞曹主客度支殿下金部倉部左右戶駕部起部屯田都官水部庫部功論中兵外兵騎兵等郎二十三人尚書掌出納王命敷奏萬機令總統之僕射副焉廢置之制亦與齊同凡尚書文書詔中書發者審事皆以奬囊盛之封左丞印自晉已後八座及郎多不奏事天監元年始詔曹郎依舊奏事三年又置侍郎詔通直郎凡郎中在職勤能滿三歲者遷爲侍郎又有五都令史與左右丞共事省中謂之尚書五都用人甞輕九年革用士流視奉朝請駕部別領車府署庫部別領南北武庫署凡尚書令爲十六班尚書僕射爲十五班吏部尚書爲十四班列曹尚書爲十三班吏部郎爲十一班左丞爲九班右丞爲八班侍郎爲六班郎中爲五班又門下省置侍中給事黃門侍郎各四人掌侍從左右儐相威儀盡規獻納糾正違闕監合嘗御藥封璽書侍中高功者在職一年詔加侍中祭酒與侍郎高功者一人對掌禁令凡領公車大官

冊府元龜　臺省部總序　卷之四百五十七　十

太醫司令驊騮廐丞集書省置散騎通直散騎常侍散騎通直散騎侍郎各四人又置員外散騎常侍給事中奉朝請無員並侍從左右獻納得失省諸奏聞文書意異者隨事爲駁焉諸優文策文平處諸文章詩頌嘗侍高功者一人爲祭酒與侍郎高功者一人對掌禁令糾諸違遺天監六年又革嘗侍之選分門下二局隸散騎嘗侍又令尚書案分曹入集書自是散騎視侍中通直視中丞員外視黃門郎中書省置監令各一人掌出納帝命侍郎四人高功者一人主省事又有通事舍人主事令史等員通事舍人入直

內閣以才而授不限資多以他官兼領其後除通事
直云中書舍人凡中書監爲十五班中書令爲十三
班侍中散騎常侍爲十二班通直散騎常侍爲十一
班給事黃門員外散騎常侍爲十班中書侍郎爲九
班散騎侍郎爲八班給事中中書舍人通直散騎侍
郎爲六班員外散騎侍郎爲三班奉朝請爲二班陳
承梁制其國政事並繇中書省中書有舍人五員領
主事十人分掌二十一局各受尚書諸曹是爲上同
總國內機要尚書聽受而已被委此官多擅權勢後
魏之初官號多同於晉而未具建國初置內侍長四

人若侍中散騎常侍後又置都統長自侍中已下中
散已上皆統之皇始元年始建省曹天興元年置八
部大夫散騎常侍待詔等官八部大夫皇城四方四
維面置一人以擬八座謂之八國常侍待詔侍直左
右出入王命二年分尚書三十六曹及諸外署凡置
三百六十曹令大人主之四年罷外蘭臺御史總屬
內省又復尚書三十六曹曹置代令史譯令史各一
人奏史二人天賜二年復罷尚書三十六曹郎別置
武師脩勤二職武師比郎中脩勤比令史分主省務
三年置散騎侍郎四年置侍官侍直左右出納詔命

永興元年置騏驎官四十人宿直殿省比常侍侍郎
始光元年置左民尚書神䴥元年置左右僕射左右
丞諸曹尚書二十餘人各居別寺興安二年置駕部
尚書左士尚書太和十一年置散騎官一百人朝請
二百人十五年置侍中黃門各四人散騎常侍侍郎
各四人通直散騎常侍郎員外散騎常侍侍郎各六
人又置侍官一百二十人孝文太和二十三年復次
職令臺省之官有御史中尉治書侍御史侍御史殿
中侍御史檢校御史又有謁者僕射謁者又有尚書
令僕射尚書左右丞郎中都令史主事令史又有侍

中給事黃門侍郎又有散騎常侍通直員外散騎常
侍散騎通直員外侍郎給事中奉朝請又有中書監
令侍郎舍人又有諫議大夫而職局所治本志不載
北齊御史臺掌察糾彈劾凡中尉一人治書侍御史
二人侍御史八人殿中侍御史檢校御史十二人侍
中四人領符節署令一人符璽郎四人（已上事見憲官序）謁
者臺掌諸吉凶之事導相禮儀凡僕射二人謁者三
十人謁事一人尚書省置令僕射吏部殿中祠部五
兵都官度支等六尚書又有録尚書一人位在令上
掌與令同但不糾察令則彈糾見事與御史中丞更

相廉察僕射職爲執法置二則爲左右僕射皆與令同左糾彈而右不糾彈録令僕射總意六尚書事謂之都省其屬官左丞掌吏部考功主爵殿中儀曹三公祠部度支主客左右中兵左右外兵都官二千石度支左右戶十七曹並彈糾見事又主管轄臺中有違失者兼駁之右丞掌駕部虞曹屯田起部都兵比部水部膳部倉部金部庫部十一曹亦管轄臺中又主凡諸用度雜物脂燈筆墨幃帳唯不彈糾餘悉與左同幷都令史八人共掌其事其六尚書分糾六曹吏部統三曹吏部掌褒崇選補等事考功掌考等及

秀孝貢士等事主爵掌封爵等事殿中統四曹殿中掌駕行百官留守名帳宮殿禁衛供御衣食等事儀曹掌吉凶禮制事三公掌五時讀時令諸曹囚帳斷罪赦日建金鷄等事駕部掌車輿牛馬廐牧等事祠部統五曹祠部掌祠祀醫藥死喪賜等事主客掌諸番雜客等事虞部掌地圖山川遠近園囿田獵諸膳雜味等事屯田掌籍田諸州屯田等事起部掌諸興造工匠等事祠部無尚書則右僕射攝五兵統五曹左中兵掌諸督告身諸宿衛官等事右中兵掌畿內丁帳手力番兵等事左外兵掌河南及潼關已東諸

州丁帳召兵征發等事右外兵掌河北及潼關已西諸州所典與左外同都兵掌鼓吹大樂雜戶等事都官統五曹都官掌畿內非違得失等事二千石掌畿外得失等事比部掌詔書律令勾簡等事水部掌舟船津梁公私水陸等事膳部掌侍官百司禮食餚饌等事度支統六曹度支掌計會凡軍國損益事役糧廩等事倉部掌諸倉帳出入等事左戶掌天下計帳戶籍等事右戶掌天下公私田宅租調等事金部掌權衡度量內外諸庫藏文帳等事庫部掌凡是戎仗器用所須等事凡二十八曹吏部三公郎中各二人

餘並一人凡三十郎吏部儀曹三公虞曹都官二千石比部左戶各量事置掌故主事員門下省掌獻納諫正及司進御之職侍中給事黃門侍郎各六人録事四人通事令史八人統領左右局監各二人直長四人掌宣傳尚食局典御二人丞監各四人掌御膳尚藥局典御及丞各二人侍御師尚藥監各四人掌御藥主衣局都統子各二人掌御服齋帥局齋帥四人掌陳設灑掃殿中局殿中監四人掌駕前奏引行事中書省管司王言及司進御之音樂監令各一人侍郎四人又領舍人省掌署勅行下宣旨勞問令

書舍人主書各十人集書省掌諷議左右從容獻納散騎常侍通直散騎常侍各六人諫議大夫七人散騎侍郎六人員外散騎常侍二十人通直散騎侍郎六人給事中六十人員外散騎侍郎一百二十人奉朝請二百四十人又領起居省散騎常侍通直散騎常侍散騎侍郎通直散騎侍郎各一人較書郎二人凡其官品皆同後魏後周追用成周之制有天官大冢宰地官大司徒春官大宗伯夏官大司馬秋官大司寇冬官大司空並正七命又小冢宰小司徒小宗伯小司馬小司寇小司空上大夫並正六命天官之

冊府元龜 臺省部總序 卷之四百五十七 十五

屬左右司命宗師左宮伯御正御伯御膳太府計部等中大夫地官之屬有鄉伯左右遂伯每方縣伯每方畿伯每方載伯師氏等中大夫春官之屬有禮制宗廟以祀內史大史大司樂等中大夫夏官之屬有軍司馬職方吏部左右武伯兵部大馭司右駕部武藏等中大夫秋官之屬有司憲刑部蕃部兵部等中大夫冬官之屬有工部匠師司木司土司金水部等中大夫並五命天官小宗師小左宮伯小御正小膳部太醫小醫小計部等下大夫地官小鄉伯鄉大夫每鄉小遂伯遂大夫每遂小稍伯稍大夫每稍小縣伯縣大夫每縣小畿伯畿大夫每畿小載師小師氏保氏司倉司門司市春官小守廟小典祀小內史外史典命小史小司樂太學博士大小太祝司車路夏采等下大夫夏官小職方小吏部小右武伯小兵部小馭戎馭齊馭小司右戎右齊右司射小駕部小武藏等下大夫秋官小刑部掌朝布憲小蕃部小賓部司要田正司隸下大夫冬官小匠師小司木小司土小司金小司水司玉司皮司色司織司卉等下大六並正四命天官司會小宗師宗師宗正小右宮伯右侍中小御正主寢御伯掌小膳部內膳外膳小醫醫

冊府元龜 臺省部總序 卷之四百五十七 十六

正瘍醫太府王府內府外府左府右府絳工藥工小計部掌出司內奄等上士地官民部吏小鄉伯鄉伯州長每州小遂伯遂正小稍伯稍正小縣伯縣正小畿伯畿正小載師司農司均司賦司役小師氏保氏司諫司救司媒小司倉小司門小司廛右廛典牲典牝典馳典牛獸醫司袍褐司弓矢司稍司甲司刀等中士秋官司憲司判鄉法遂法稍法縣法畿法方憲掌囚掌察司約司盟職金掌璧司厲循閭掌墐禁殺戮禁遊禁暴司寤掌交司正司儀東掌客南掌客西掌客北掌客掌訝司環野廬象譯掌貨賄司烜伊氏

司祚司難掌大司迹弋禽捕獸掌皮弭妖䴕蠧掌罪
隸掌夷隸掌蠻隸掌戎隸掌狄隸徒等中士冬官工
部內匠外匠司量司量准司度掌枎車工角工𣝣工
器工弓工箭工廬工復工陶工塗工典卅冶工鑄工
鍜工函工雕工掌津舟工典魚典疏櫨工磬工石工
裘工履工勒工鞾工韋工膠工毳工績工漆工油工
弁工織絲織絲織枲織組竹工籍工器工紙工等中
正亞正二命天官會宗正右騎侍右宗侍右虞侍右
勳侍主璽食醫外膳典庖典饎酒正餚藏掌醢司鼎
俎掌兵主藥正醫瘍醫內小臣奄內司服奄內婦功

奄卷伯奄等下士地官儻正毋儻司封掌鹽掌璮典
牧典牛圭訓神訓神倉稷倉黍倉稻倉荳倉麥倉米
倉鹽倉典麴典春典碰掌節宮門城門司關均工平
准泉府山虞澤虞林衡掌禽掌囿掌圃掌炭掌芻等
下士春官禮部小守廟奄司几筵司樽彝掌鬱司㫚
充犧司鷄司社司郊掌次御史較書典瑞典服司玄
理禮司謁樂胥歌司鐘磬司鼓司吹司舞籥章掌散
樂典夷樂典庸器龜占筮占占夢視祲司巫視祝喪
祝甸祝詛祝神士典路司車司甞小夏米掌墓職喪
等下士夏官軍司馬旅土方山師川師懷方訓方右
武賁倅長右旅賁倅長右射聲倅長右驍衛倅長右
羽林倅長右游擊倅長武候倅長司火司辰衛枚右
虎闈長典馳典牟獸醫司袍襖司弓矢司箭司甲司
刀盾等下士秋官司寇旅小刑掌囚掌察司約司盟
職金掌璧司厲循閭掌墐禁殺戮禁游禁暴司籍小
蕃司行掌訝司壇野廬象譯掌貨賄司烜市小虞部
等上士春官禮部小守廟小典祀司郊掌次小內史
著作小典命司寂小史馮相保章小司樂太學助教
小學博士樂師小卜小祝小司車路守陵等上士夏
官軍司馬小職方小吏部司士司勳司錄小右武伯

右武賁率右旅賁率右射聲率右驍騎率右羽林率
右游擊率小兵部武環率武候率司固道馭田馭小
司右賓右道右田右小司射司伕小田駕部右廄典
牝典牲獸醫等上士秋官司憲小刑部司刺鄉法遂
法稍法縣法畿法方憲小掌朝掌察小布憲小蕃掌
交司正小賓部司儀東掌客南掌客西掌客北掌客
小田正小司要小司隸等上士冬官工部小匠師內
匠外匠掌材小司木小司土小司金鍛工函工小司
水典甕小司玉小司皮小司色小司織小司舟等上
士亞正三命天官司會宗正右侍右前右後侍主寢

司服給事掌式內膳外膳典庖典膳酒正餚藏掌醢
司直沮掌水醫正瘍醫王府內府外府左府右府絳
工染工掌納嘗出卜司內小臣奄內司服奄典婦功
奄巷伯等中正地官人部史小鄉正州長毋州小遂
伯遂正小稍伯稍正小縣伯縣正小鑯伯鑯正司封
司農司均司賦司役掌鹽毋池中士掌遊典牧典牛
司諫司救司媒士訓誦訓神倉黍倉稷倉稻倉荳倉
麥倉米倉鹽倉典麴典春典礎掌節宮門城門司關
均工平準泉府山虞澤虞林衡川衡掌禽掌囿掌薪
掌芻等中士春官禮部几筵撙彝掌鬱司鬯充犧司

雞司郊司社御史著作典瑞典服司寂司玄沂禮司
謁馮相保章小學助教樂胥司鐘磬司歌司鼓司吹
司舞籥章掌散樂典夷樂典庸罷龜占筮占視祲司
巫喪祝詛祝神士典路司車司掌守陵掌墓職喪等
中士夏官軍司馬士方師川師懷方訓方司士司勳
司錄右武賁率右旅賁率右射聲率右驍騎率右羽
林率右游擊率俠長司圓司火司辰御牧司仗右伊
耆氏司調司祚司難掌大司迹弋禽捕獸掌皮弭妖
前蠱庾囊掌罪隸掌夷隸掌蠻隸掌戎隸掌北狄隸
掌徒等下士冬官工部旅司量司量准司度車工角

工彝工器工弓工箭工廬工復工陶工塗工典卅冶
工鑄工鍛工函工雕工掌津舟工典魚典薙槌工磬
工石工裘工履工鞄工韋工膠工毳工繢工漆工油
工弁工織絲織綵織枲織組竹工籍工器工紙工等
下士並正一命此雖各六官然後魏御史尚書中書
之任咸在其中矣隋初罷六官之制御史臺大夫一
人治書侍御史二人侍御史八人殿中侍御史監察
御史各十二人錄事二人仍依舊入直禁中（事具憲官門）
尚書省事無不總置令左右僕射各一人總吏部禮
部兵部都官度支工部等六曹事是爲八座屬官左

右丞各一人都事八人分司管轄吏部尚書統吏部
侍郎二人主爵侍郎一人司勳侍郎一人考功侍郎
一人禮部尚書統禮部祠部侍郎各二人兵部尚書
統兵部職方侍郎各二人駕部庫部侍郎各一人都
官尚書統都官侍郎二人刑部比部侍郎各一人司
門侍郎二人度支尚書統度支戶部侍郎各二人金
部倉部侍郎各二人工部尚書統工部屯田侍郎各
二人虞部水部侍郎各二人凡三十六侍郎分司曹
務直宿禁省如漢制父北齊巳後置行臺省隋有令
僕射丞（左右丞）兵部（兼吏部禮部）度支（兼都官工部）尚書及考功

兼部主爵吏司勳禮部兼祠部主客膳部兵部兼職方駕部庫部刑部兼都官司門度支兼倉部戶部兼比部金部工部屯田兼水虞部部侍郎妨行臺省食貨農圃武器百工監副監各一人各置丞副監有差開皇三年詔尚書左僕射掌判吏部禮部兵部三尚書事御史糾不當者兼糾之右僕射掌判都官度支工部三尚書事又知用度尋改度支尚書爲戶部都官尚書爲刑部凡尚書令正二品左右僕射從二品尚書正三品左右丞從四品爲上階吏部侍郎正四品前階諸曹侍郎正六品上階門下省納言二人給事黃門侍郎四人錄事通事令

史各六人又有散騎常侍通直散騎常侍各四人諫議大夫七人散騎侍郎四人員外散騎侍郎六人通直散騎侍郎四人並掌部從朝直又有給事二十人員外散騎侍郎一十人奉朝請四十人並掌同散騎常侍等兼出使勞問統城門尚食尚藥符璽御府殿內等六局城門局監門校尉二人直長四人尚食局典御二人直長四人食醫四人尚藥局典御一人侍御醫直長各四人醫師四十人符璽御府殿內局監各二人直長各四人內吏省置監令各一人尋廢監置令二人侍郎四人舍人八人通事舍人十六人主書十人錄事四人又增置通事舍人十二人爲二十四人凡納言內史監正三品給事黃門侍郎內史侍郎正四品職事黃門侍郎爲上階散騎常侍爲從三品通直散騎常侍爲正四品諫議大夫爲從四品散騎侍郎員外散騎常侍爲正五品前階通直散騎侍郎爲從五品上階內史舍人正六品上階通事舍人給事爲從六品上階員外散騎侍郎爲正七品上階奉朝請爲從七品煬帝即位多改華殿內幷尚書門下幷尚書門下內史祕書以爲五省殿內祕書事具卿監門增置謁者司隸二臺幷御史爲三臺又有殿內御史增

置監察御史一十六員開皇中御史直宿禁中至是罷之又置主簿隸事各二人事具憲官門謁者臺置大夫一人掌受詔勞問出使慰撫持節察受寃枉以申奏之駕出侍御史引駕置司朝謁者二人以貳之屬官有丞主簿各一人又有通事謁者二十人即內史通事舍人之職也次有議郎二十四人通直三十六人將事謁者三十人謁者七十人皆掌出使其後廢議郎通直郎將事謁者謁者等人而置員外郎八十員又詔門下內史御史司隸謁者五人司監受以爲常式不復專謁者矣又置散騎郎二十人承議郎通直

郎宣德郎宣義郎各三十員儆事郎將仕郎常從郎奉信郎各五十人俄改常從爲登仕奉信爲散從皆主出使量事大小據品以發之（承議郎已下至唐司爲散官其任輕矣）隸臺大夫一人掌巡察別駕二人掌分察御史十四人分察所掌又置丞主簿錄事各一人後罷司隸臺而留司隸從事之名不爲常員（事具憲官門）尚書省六曹各置侍郎一人以貳尚書之職又增左右丞與六侍郎並正四品諸曹侍郎並改爲郎又改吏部爲選部郎禮部爲儀曹郎刑部爲憲部郎工部爲起部郎以異六侍郎之名又廢諸司員外郎增曹郎爲二員都

司郎各一員又置都事主事令史隨曹閑劇爲十令史置一主事不滿十者亦置一人其餘四省三臺亦皆曰令史餘則府令史後又改主客郎爲司蕃郎俄又減曹郎一人置承務郎一人同員外之職門下省置黃門侍郎員外二人去給事之名又移給事郎置四人從五品次黃門省讀奏案廢散騎常侍通直散騎常侍諫議大夫散騎侍郎等員又改符璽監爲郎置二人從六品又以城門殿内尚食尚藥御府等五局隸殿内省十二年又改納言爲侍内内史省置侍郎二人減内史舍人爲四人加置起居舍人二人改通事舍人謁者臺減主書員置四人十二年又改内史爲内書唐置御史臺置大夫一員掌掦邦國刑憲典章以肅正朝列中丞二人爲貳屬官侍御史四人殿中侍御史六人監察御史十人主簿一人又東都留臺置中丞侍御史各一人殿中侍御史二員監察御史三員（事具憲官門）尚書省龍朔二年改爲中臺光宅初改爲文昌臺神龍初復舊領二十四司一曰吏部領主爵司勳考功二曰戶部領度支金部倉部三曰禮部領祠部主客膳部四曰兵部領職方駕部庫部五曰刑部領都官比部司門六曰工部領屯田虞

部水部龍朔二年改吏部曰司列主爵曰司封考功曰司績戶部曰司元度支曰司度金部曰司珍倉部曰司庾禮部曰司禮祠部曰司禋膳部曰司膳兵部曰司戎職方曰司城駕部曰司輿庫部曰司庫刑部曰司刑都官曰司僕比部曰司計工部曰司工屯田曰司田虞部曰司虞水部曰司川咸亨元年並復舊光宅元年改吏部爲天官戶部爲地官禮部爲春官兵部爲夏官刑部爲秋官工部爲冬官神龍元年並復舊天寶十一載改吏部爲文部兵部爲武部至德二年復舊置令一人總領百官儀刑端揆國初文皇

帝爲之自後不置左右僕射各一人以貳令之職從
不置令以僕射總省事左右丞各一員糺正省內左
丞勾吏部戶部禮部三司右丞勾兵部刑部工部十
二司事吏部戶部禮部兵部置侍郎各二員禮部刑
部工部置侍郎各二員吏部戶部兵部各置郎中員
外二員司勳置員外郎二員左右司及司封而下諸
司各置郎中員外一員各分掌其所領之事龍朔二
年改左右僕射爲左右康政左右丞爲左右肅機尚
書爲大常伯侍郎爲小常伯左右司郎中爲左右丞
務郎中爲大夫咸亨元年復改左右肅機爲左右丞

大夫爲郎中光宅元年改左右康政爲文昌左右丞
相神龍元年改文昌左右丞相爲尚書左右僕射開
元元年改左右僕射爲左右丞相天寶元年復改左
右丞相爲左右僕射省又有都事主事令史書令史
分行曹事尚書令正二品左僕射從二品左丞正四
品上左右丞正四品下永昌元年昇爲從三品如意
元年復舊尚書正三品吏部侍郎正四品諸司侍郎
中並從五品上員外郎並從六品上咸亨元年改爲
黃門門下省龍朔二年改爲東臺光宅元年改爲鸞
臺神龍元年復爲門下開元元年改爲黃門省五年

改爲門下省置侍中二員掌出納帝命緝熙皇極總
典吏職贊相禮儀以利萬邦以弼庶務所謂佐天子
而統大政也凡軍國之務與中書令參而總焉坐而
論之行而舉之此其大較也又置侍郎二員掌二侍
中之職給事中四員掌陪侍左右分判省事凡百司
奏抄侍中審定侍郎覆省給事中讀而署之以駮正
違失制勅大事覆奏而請施行小事署而頒之又置
左右散騎常侍二人掌侍從規諷備顧問應對左諫
議大夫四員掌侍從贊相規諫諷諭起居郎二員掌
以修記事之史右補闕右拾遺各二員掌供奉諷諫

扈從乘輿凡發令舉事有不便于時不合於道大則
庭議小則上封若賢良之遺滯於下忠孝之不聞于
上則條其事狀而薦言之又置典儀二員贊者十二
人掌殿上贊唱之事事具賓禮門又置城門郎四員掌京
城皇城宮殿諸門啓閉之節及出納管鑰又置符璽
郎四人掌八寶及國之符節又有録事主事令史書
令史傳制楷書門僕以分掌曹事先是武德初改隋
之侍內曰納言龍朔二年改納言曰東臺左相改左
右散騎常侍曰左右侍極給事中曰東臺舍人起居
郎曰左史咸亨中復曰納言左右散騎常侍給事中

起居光宅初以東臺曰鸞臺神龍初又改納言曰侍
中開元三年又改侍中曰黃門監五年又改黃門監
曰侍中天寶二年又改侍中曰左相至德二年又改
左相曰侍中又領弘文館武德初置之名昭文館後
改爲弘文館又改爲昭文館開元七年復曰弘文館
有大學士多以宰相領之又有學士無員數掌詳正
圖籍教授生徒凡朝廷有制度沿革禮儀輕重得參
議焉較書郎二人掌較理典籍刊正錯繆須學生三
十人中書省初沿隋制曰内書省武德三年改曰中
書省龍朔二年改曰西臺光宅二年改爲鳳閣神龍

元年復爲中書省開元元年改爲紫微五年復爲中
書省置中書令之職掌軍國之政令緝熙帝載統和
天人入則告之出則奏之以利萬邦以度百揆蓋佐
天子而執政也又置侍郎二員掌貳令之職置舍人
六員掌侍奉進奏參議奏章凡詔旨中書令置侍郎
奉舍人署而行之舍人事具詞臣門又置右散騎常侍起居
舍人左補闕右拾遺各二員散騎而下並與左同起
居舍人掌脩善之史侍中中書令三品至德中昇爲
二品兩省侍郎初正四品至德中昇爲正三品常侍
初從三品廣德中昇爲正三品給事中舍人正五品

上諫議大夫初正五品上會昌二年昇爲正四品下
與丞相出入迭用起居郎舍人從六品上左右補闕
從七品上左右拾遺從八品上有主書主事令史傳
判分行曹事焉先是武德初改隋之内書令曰内史
令又改爲中書令龍朔二年改中書令爲西臺左相
起居舍人曰右史咸亨中復改爲中書令起居舍人
光宅元年改中書令爲鳳閣令神龍初改鳳閣令曰
中書令開元元年改中書令曰紫微令五年復爲中
書令天寶二載改中書令曰右相至德二年復改右
相曰中書令領四方館置通事舍人十六人掌朝見

引納及辭謝及四方通表華夷納貢之事又領集賢
殿書院掌判緝古今之經籍以辯明邦國之大典先
是梁武帝於文德殿藏書北齊有文林館學士後周
有麟德殿學士明皇於西京乾元殿廊下駕部書手
東都麗正殿置脩書使開元十三年改集僊殿爲集
賢殿改麗正脩書使爲集賢書院置大學士初以尚
書左丞相張說爲之自後多以宰相兼領又置學士
五品已上官爲之置學士六品已下官爲之學士一
人知院事一人副知院事又置侍講學士脩撰較理
侍制直院脩討等官凡承旨撰集文章較理經籍月

終則進課于内歲終則考最於外又領史舘掌脩國史監脩國史多以宰相爲之又置脩撰以外朝官爲之又置直舘以未登朝官爲之事具國史門又領知匭使唐太后垂拱元年置以達寃滯天寳九載改爲獻納乾元元年復名匭嘗以諫議大夫及補闕拾遺一人充使受納訴狀每日暮進内向晨出之又尚書省自至德之後以他官分判戶部度支又置鹽鐵轉運使分六卿之職以成一時之務事具邦計門又五代梁開平二年改左右丞爲左右司侍郎三年升尚書令爲正一品後唐李琪以故相爲御史大夫自後不置長興

元年升右丞與左丞同並爲四品晉天福五年升御史中丞爲清望正四品門下中書侍郎爲清望正三品左右諫議大夫爲清望正四品七年又詔門下侍郎位在左散騎常侍之下先是開元已後兩省侍郎皆帶平章事平有單爲之者至是竇貞固自刑部侍郎遷門下侍郎而不帶平章事故有是詔周顯德五年又詔諫議大夫改爲正五品班在給事中之下大夫出入宫闈陪侍左右或典治憲度或協佐樞機或贊相禮容或出綸詔命或切問近對或獻可替否蓋朝廷之劇任公台之歷試也非夫器識通茂材行交脩以慎密而基心以明達而致用孰可膺眷倚而處清要乎故稱任者有公忠清愼之節博洽謨猷之能充羽儀於臺閣爲圭璋于簪裾焉至于非其才者有窺伺躁競之心朋附貪黷之迹故多士之所惡明庭之攸玷焉今總述其事以垂于後庶使見其善而仰止懲其惡而自戒凡臺省部二十九門云

選任

夫知人則哲能官人安民則惠大禹之訓也愼簡乃僚其惟吉士周穆之命也蓋邦國治亂在乎庶官選賢任能其來尚矣自舜命衆職以熙帝載西漢之後

政歸尚書機務所出推擇斯紗或以政事用或以文學升内則參侍左右論思治道外則坐曹夙夜脩明官業厥職尤重其才益難詳求遺策鋪觀歷代曷嘗不愼選衆之舉致得人之盛哉

虞舜曰疇若予工僉曰垂哉問誰能順我百工事者朝臣舉垂垂臣名帝曰俞咨垂汝共工共謂供其職事垂拜稽首讓于殳斨暨伯與殳斨伯與二臣名帝曰俞往哉汝諧汝能諧和此官帝曰疇若予上下草木鳥獸僉曰益哉上謂山下謂澤順謂順其政殺之有時用之有節言伯益能之帝曰俞咨益汝作朕虞虞掌山澤之官益拜稽首讓于朱虎熊羆帝曰俞往哉汝諧朱虎熊羆二臣名垂益所讓四人皆在元凱之

中帝曰龍朕聖讒說殄行震驚朕師聖疾殄絕震動也言我疾讒說絕君子之行而動驚我衆欲遏絕之命汝作納言夙夜出納朕命惟允納言喉舌之官聽下言納于上受上言宣于下必以信

漢張安世少以父任爲郎用善書給事尚書武帝行幸河東亡書三篋詔問莫能知惟安世識之具作其事後購求得書以相較無所遺失帝奇其才擢爲尚書令

孔光爲博士成帝時博士選三科高爲尚書次爲刺史其不通政事以久次補諸侯太傅光以高第爲尚書

後漢衛颯建武二年辟大司徒鄧禹府舉能案劇除侍御史

胡廣字伯始舉孝廉試爲天下第一旬日拜尚書郎

周舉爲諫議大夫順帝時詔遣八使巡行風俗皆選有威名者乃拜舉侍中

翟酺爲侍中時尚書有缺詔將軍大夫六百石以上試對政事天文道術以高第者補之繇是酺對第一拜尚書

盧植爲廬江太守歲餘復徵拜議郎與諫議大夫馬日磾議郎蔡邕楊彪韓說等並在東觀校書中五經記傳補續漢紀靈帝以非急務轉爲郎中遷尚書

潘勗獻帝時爲尚書郎遷右丞詔以勗前在二千石曹才敏兼通明舊事勑並領本職

蔡邕舉高第補侍御史遷尚書三日之間用歷三臺遷巴郡太守復留爲侍中

張馴爲議郎擢拜侍中典領祕書近署甚見納異

魏孫資劉放文帝即位同轉爲左右丞數月放徙爲令黄初初改祕書爲中書以放爲監資爲令各加給事中遂掌機密明帝即位尤見寵任

盧毓文帝時爲侍中詔曰官人秩才聖帝所難必須

良佐進可替否侍中毓禀性貞固心平體正可謂誠明有功不懈于位者也其以毓爲吏部尚書使毓自選代者曰得如卿者乃可毓舉常侍鄭冲帝曰文和吾自知之更舉吾所未聞者乃舉阮武孫邕帝於是用邕

吳張純字元基少厲操行學博才秀而切問捷對容止可觀擢拜郎中

李肅字偉恭南陽人少以才聞善論議臧否得中甄奇錄異薦述後進題目品藻曲有條貫以此人服之權擢爲選曹尚書

晉安平王孚宣帝弟也仕魏爲清河太守初魏文帝置度支尚書專掌軍國支計朝議以征討未息動須節量及明帝嗣位欲用孚問左右曰有兄風不答曰似兄帝曰吾得司馬一二人復何憂哉轉爲度支尚書

裴楷爲尚書郎武帝爲撫軍以楷爲參軍事會吏部郎缺文帝問其人於鍾會會曰裴楷清通王戎簡要皆其選也於是以楷爲吏部郎

羊祜爲祕書監散騎常侍泰始初詔曰夫總齊機衡允釐六職朝政之本也祜執德清劭忠亮純茂經緯

文武謇謇正直雖處腹心之任而不總樞機之重非垂拱無爲委任責成之意也其以祜爲尚書右僕射衛將軍給本營兵

陳劭爲燕王師泰始中詔曰劭清身絜靜行著邦族篤志好古博通六籍耽悅典誥老而不倦宜在左右以篤儒教可爲給事中

文立爲太子中庶子武帝詔曰立忠貞清實有思理器幹前在濟陰政事脩明後事東宮盡輔導之節昔光武平隴蜀皆收其賢才以敘之蓋所以拔幽滯而濟殊方也其以立爲散騎常侍

王戎爲議郎太熙元年詔曰夫總百揆之得失管王政之通塞者端右之職也漢代以來每選此官必愼其人議郎王戎可爲尚書令

劉頌爲淮南相元康初從淮南王允入朝會誅楊駿頌屯衛殿中其夜詔以頌爲三公尚書

陸曄元帝時爲太子詹事時帝以侍中皆北士宜兼用南人曄以清貞著稱遂拜侍中

謝尚鎮維陽都督豫州揚州之五郡軍事在任有政績上表求入朝因留京師署僕射事

溫嶠爲散騎常侍侍講明帝手詔曰卿既以令望忠

允之懷著于周旋且文周而旨遠宜居深密今欲以卿爲中書令朝論亦咸以爲宜

王洽字敬和成帝時爲中書令帝曰敬和清裁昔爲中書郎吾尚小數見意甚親之今以中書令欲共講文章之事也

宋徐湛之爲尚書僕射初劉湛伏誅殷景仁卒文帝委任沈演之庾炳之范曄等後又有江湛何瑀之曄誅炳之免演之瑀之並卒至是江湛爲吏部尚書與湛之並居權要世謂之江徐焉

蕭思話自雍州刺史徵爲吏部尚書文帝詔思話曰

沈尚書暴病不救其體業貞審立朝盡公年時尚可方相委任奄忽不永痛惋將深總晉要機通塞所寄仗人才用體國二三惟允

王景文爲司徒左長史孝武以散騎常侍舊與侍中俱掌獻替欲高其選以景文及會稽孔覬俱南北之望並以補之

孔覬爲臨海太守初晉世散騎常侍選望甚重與侍中不異其後職任閑散用人漸輕孝建三年孝武欲重其選詔曰散騎職爲近侍事居規納置任之本寔惟親要而頃選常侍陵遲未允宜授時良永寘清澈

於是吏部尚書顏竣奏曰常侍華選職任俟才新除臨海太守孔覬意業閑素司徒長史王彧懷尚清理並在爲散騎常侍帝不欲威權在下其後分吏部尚書置二人以輕其任侍中蔡興宗謂人曰選曹要重常侍閑淡改之以文而不以寔雖主意欲爲輕重人心豈可變耶既而常侍之選復卑選部之貴不異覬領本州大中正

王彧爲侍中時孝武選侍中四人並以風貌彧與謝莊爲一雙阮韜何偃爲一雙常充兼假

南齊謝朓自中書郎出爲宣城太守以選復爲中書中書郎

江斅轉都官尚書領驍騎將軍王晏啓武帝曰江斅今重登禮閣兼掌六軍慈渥所覃寔是優榮但語其事任殆同閑輩天旨既欲升其名位愚謂以侍中領驍騎望實清顯有殊納言帝曰斅常啓吾爲其鼻中惡今既以何胤王瑩還門下故有此回換耳

梁孔休源爲臨川王府行參軍武帝謂徐勉云今帝業初構須一人有學藝解朝儀者爲尚書儀曹郎勉曰孔休源識見清通諳練故事自晉宋起居注略誦上口帝亦聞之即日除兼尚書儀曹郎

張緬爲太子舍人殿中郎缺武帝謂徐勉曰此曹舊用文學且居鴈行之首宜詳其人勉舉緬充選

劉孝綽爲太子舍人兼尚書水部郎中啓陳謝手敕答曰美錦未可便宜簿領亦宜稍習頃之即真後自上虞令還除秘書丞武帝謂舍人周捨曰第一官當用第一人故以孝綽居此職

到沆爲洗馬管東宮書記散騎省天監二年詔尚書郎在職清能或人才高妙者爲侍郎以沆爲殿中曹侍郎沆從父兄溉洽並有才名時皆相代爲殿中當世榮之

蕭介爲散騎常侍會侍中闕選司舉王筠等四人並

不稱旨武帝曰我門中久無此職宜用蕭介爲之博物強識應對左右多所規正帝甚重之遷都官尚書每軍國大事必先詢訪於介爲帝謂朱异曰端古之材也

王通爲給事黄門侍郎侯景之亂奔于江陵元帝以爲散騎常侍遷守太常卿自侯景亂後臺内宫室普皆焚燼以通兼起部尚書歸於京師專掌繕造

陳蕭弘爲黄門侍郎吏部侍郎缺所司屢舉王寬謝燮等帝並不用乃中詔用弘

姚察爲吏部尚書雅允朝望初吏部尚書蔡徵移中

書令後主方擇其人尚書令江總等咸薦察勑答曰姚察非唯學藝優博亦是操行清脩典選難才今得之矣乃神筆草詔讀以示察察辭讓甚切後主曰選士之舉僉議所歸昔毛玠雅量清恪盧毓心平體正山濤舉不失才號卿而求必兼此矣且我與卿雖君臣禮隔情分殊常藻鏡人倫良所期寄亦以無慙則哲也

江總至德中授尚書令策曰於戲夫文昌政本司會治經韋虎謂之樞機李固方之斗極況其五曹斯綜百揆是諧同冢宰之司專中臺之任惟爾道業標峻宇量弘深勝範清規風流以爲準的辭宗文學衣冠以爲領袖故能師長六官具瞻允塞明府八座儀形載遠其端朝握揆朕所望焉往欽哉懋建爾猷亮采我邦國可不愼歟

後魏崔玄伯爲尚書道武天興元年十一月詔尚書吏部郎中鄧淵典官制立爵品定律吕協音樂儀曹郎中董謐撰郊廟社稷朝覲饗燕之儀三公郎中王德定律令申科禁太史令晁崇造渾儀考天象玄伯總而裁之

苟頹獻文時爲雍州刺史承明元年文明太后令百

官舉才堪幹事人足委仗者於是公卿咸以頹應選後拜散騎常侍殿中尚書

宋弁爲散騎常侍遷右衛將軍領黄門弁屢讓孝文曰吾爲相加者卿亦不可有辭豈得專守一官不助朕爲治且散騎位在中書之右常侍者黄門之庾況領軍者三衛之假攝不足空存推讓而弄大委後孝文車駕征馬圈留弁以本官兼祠部尚書攝七兵事及行執其手曰國之大事在祀與戎故令卿綰攝二曹弁頓首辭謝

裴夙字育輿沉雅有器識儀望甚偉孝文見而異之

自司空主簿轉尚書左主客郎中

范紹少聰敏頗涉經史孝文選爲門下通事舍人遷録事合掌奏文帝善之又謂侍中李沖黄門崔光所知出内文奏多以委之帝曾謂近臣曰崔光從容范紹之力

崔振爲高陽内史孝文南討徵兼尚書左丞留京振既才幹被擢當世以爲榮

崔亮爲尚書二千石孝文在雒欲叙華舊制選置百官謂羣臣曰與朕舉一吏部郎必使才望兼允者給卿三日假又曰朕已得之不煩卿輩也馳驛徵亮兼

吏部郎

朱元旭爲尚書度支郎中孝明神龜之末以郎選不精大加沙汰元旭與隴西辛雄范陽祖瑩泰山羊深西平源子恭並以才用見留

辛雄神龜中除尚書駕部郎中轉三公郎其年沙汰郎官惟雄與羊深等八人見留餘悉罷遣後兼司州别駕加前軍將軍冀州刺史侯剛啓爲長史孝明以雄長於世務惜不之用更除司空長史

羊深爲尚書駕部郎中于時沙汰郎官務精才實深以才堪見留在公明斷尚書僕射崔亮吏部尚書甄琛咸敬重之孝明行釋奠之禮講孝經深於儕輩中獨蒙引聽時論美之

李業興爲通直散騎侍郎普泰元年沙汰侍官業興仍在通直

北齊宋游道初仕東魏爲大將軍司馬文襄以吏部郎中崔暹爲御史中尉以游道爲尚書左丞謂暹游道曰卿一人處南臺一人處北省當使天下肅然

崔昂爲廷尉卿文宣幸東山百官預讌帝召昂於御座前御曰舊人多出爲州我欲以臺閣中相付當用卿爲令僕勿望刺史卿六十外當與卿本州中間不

可得也天保十年策拜儀同燕子獻百司陪列昂在行中文宣特召昂在御所曰歷思羣臣可綱紀省閣者唯冀卿一人即日除爲兼右僕射數日後昂因入奏事帝謂尚書令楊愔曰昨不與崔昂正者言其太速欲明年真之終事除正何事早晩可除正僕射明日即拜爲真

張景仁除通直散騎常侍及奏御筆點通直字遂以爲正常侍

後周樂遜爲太學助教閔帝踐祚以遜有理務才除秋官府上士

韋瑱自行臺左丞出爲鄧州刺史復入爲行臺左丞瑱明察有幹局再左轄時論榮之

李旭爲御正中大夫時以近侍清要盛選國華乃以旭及安昌公元則中都公陸逞臨淄公唐謹等並爲納言

隋楊汪爲雒州長史高祖嘗謂諫議大夫王達曰卿爲我覓一好左丞達遂私於汪曰我薦君爲左丞若事果當以良田相報也汪以達言奏之達竟以此獲罪卒拜汪爲尚書左丞

斛斯政煬帝時爲尚書兵部郎遼東之役兵部尚書

段文振卒侍郎明雅復以罪廢帝彌屬意尋遷兵部侍郎

唐盧承慶美風儀博學有才幹貞觀初爲泰州都督府戶曹參軍因奏河西軍事太宗奇其明辯擢考功員外郎

李道裕太宗時爲將作少監會刑部尚書張亮反帝命百寮議其獄多言亮當誅惟道裕言亮反形未具明其無罪太宗既盛怒竟斬于市籍沒其家歲餘刑部侍郎有闕令執政者妙擇其人累奏皆不可太宗曰朕得其人也往者李道裕議張亮云反形未具此言當矣時雖不即從至今追悔遂授道裕刑部侍郎

岑文本爲中書舍人時中書侍郎顏師古以譴免職溫彥博言於太宗曰師古諳練政事長於文誥時無逮者冀上復用之太宗曰我自舉一人公勿憂也於是以文本爲中書侍郎

楊弘禮爲中書舍人太宗有事遼東以弘禮有文武材擢拜兵部侍郎專權兵機之務

王及善則天時爲益州都督府長史以老病致仕加光祿大夫後契丹作亂東山不安召授滑州刺史頻曰卿比在外知國家事有何不穩及善陳理亂之宜

十餘道則天曰彼末事也此爲本也卿不可行遂留拜內史

任雅相爲右驍衛將軍兵部侍郎高宗聞其廉正擢爲兵部尚書兼受將相之任

崔玄暐爲天官侍郎每介然自守都絕請謁頗爲執政者所忌轉文昌左丞經月餘則天謂曰自卿改職以來選司大有罪過或聞令史乃設齋自慶此欲盛爲貪惡耳今要復舊任又除天官侍郎

李昭德爲鳳閣侍郎長壽二年增置夏官侍郎三員時選昭德與婁師德侯知一爲之

庯豫爲吏部侍郎玄宗謂之曰以卿前爲考功職事平允故有此授

蘇頲爲工部侍郎玄宗謂宰臣曰有從工部侍郎得中書侍郎否對曰任賢用能非臣等所及帝曰蘇頲可中書侍郎仍供政事食明日加知制誥有政事食自頲始也頲入謝帝曰常欲用卿毎有好官闕即望宰相論及宰相皆卿之故人卒無言者朕爲卿嘆息中書侍郎朕極重惜自陸象先歿後朕毎思之無出卿者

趙退翁自湖南觀察使受代歸京師閉門靜居不與

人交往久之特召對於別殿退翁多學問有詞辯數奏稱肯德宗悦之拜給事中

蔣乂爲司勳員外郎貞元十八年時集賢闕學士求者甚衆會詔問神策軍建置之繇相府討求不知所出乃訪於乂乂徵引根源對甚詳悉宰臣高郢鄭珣瑜相顧曰集賢有人矣翌日詔兼判集賢院事

趙宗儒貞元六年爲司勳員外郎判考功宗儒復行貶考之令自至德以來考績之司事多失實嘗叅官及諸州刺史未嘗分其善惡悉以中上考褒之及是褒貶稍明人知戒懼帝善之遷宗儒考功郎中

薛播貞元中爲禮部侍郎朝廷難貢舉之任以播素有監裁遂膺其命

李遜元和中爲浙江東道觀察使入朝憲宗曰諫官給事中若除授有私政乖失當各令論駁舉其職業以遜浙東有政能遷爲給事中

呂元膺元和中爲給事中出爲同州刺史及入謝憲宗問以時政得失元膺論奏詞甚激切帝嘉其剛正翌日爲宰臣曰呂元膺讜言直氣今欲留在左右使言得失卿等以爲何如李藩裴垍進賀曰陛下納諫超冠前王乃宗社無疆之福臣等不能廣求直士又

不能數進直言孤負聖心合當罪責今請以元膺復爲給事中以備顧問帝悦而從之

孟簡長慶中代崔羣爲戶部侍郎是官有二員其判使案者別居一署謂之左戶元和以還號爲清重之最宰輔登用多繇此而去故羣入相以簡代焉

班肅爲坊州刺史長慶初以肅爲司封員外郎時宰臣上言曰將欲清風俗必在序人倫竊見皇甫鏄惟位盛時班行之中多所親附及得罪後議論立變惟嫉如讐俗之衰薄一至於此唯班肅以曾爲郎官判度支案終始如一獨送出城周行之間多美其事今

郡秩已罷塋授一省官以表其行故有是拜
韋顗爲戶部侍郎長慶四年十月以顗爲御史中丞
兼戶部侍郎以御史中丞鄭覃爲權知工部侍郎以
刑部侍郎韋景爲吏部侍郎以權知禮部侍郎李宗
閔爲權知兵部侍郎以工部侍郎于敖爲刑部侍郎
以中書舍人楊嗣復權知今年貢舉是日尚書六曹
無不更換人情異之
王播爲河南尹太和二年十月以播爲尚書右丞勅
吏部今年東都選事宜令播權判侍銓試畢日領官
吏赴上都

柳公權以中書舍人翰林學士兼侍書開成二年四
月以公權爲諫議大夫知制誥學士侍書如初初上
于便殿召公權周墀對公權論事切直忤旨周墀爲
之惴慄公權詞氣益堅帝徐謂公權曰朕知舍人不
合却作諫議以卿論事有爭臣之風今授卿諫議大
夫翌日詔下
魏謩爲起居舍人克弘文舘直學士開成四年以謩
爲諫議大夫兼起居舍人克弘文舘直學士詞云朕
以邦國之大機務之多惠有所未周化有所未洽不
有忠讜之士左右輔益逑暗無竭不其難歟今郎高

選正人俾居諫省朝政闕失期乎必聞是用簡自朕
心特申奬命所期稱職並限賞賚謩累疏讓官帝遣
宰臣宣旨謩乃就官
元晦爲吏部郎中會昌三年二月除右諫議大夫制
曰昔汲黯薄淮陽守願出入禁闥補過拾遺則諫諍
之任實資諒直我求其比今得正人吏部郎中元晦
往在內廷曾感先顧奮發忠懇不私形骸俯伏青蒲
至于零涕數共工之罪不赦堯聰辯逗卒之詐益彰
文德近因旌別邪正宰弼上言以魯公藏晋莫如寘
革於左右漢后葺檻孰若列游於公卿是用命爾登

于文陛爾其副我寵擢不替初心無沽小名以枉大
節勉服官棨期于有終
周世宗顯德六年車駕幸滄州四月辛卯以前左諫
議大夫薛居正爲刑部侍郎權判吏部銓司公事仍
賜金紫是時居正銜命先至滄州以均定民租爲事
帝旣至聞其幹事故有是拜

冊

冊府元龜

巡按福建監察御史臣李嗣京　訂正
知閩縣事臣曹學佺參閱
知建陽縣事臣黄國琦較釋

臺省部二

德望　才智

德望

傳曰德成而上詩曰令聞令望蓋盛德内充英聲外發若鼓鐘于宮懷珠于川而鏗鍧著聞璀璨自耀也繇漢以來盛臺省之選賈捐之所謂尚書百官本矣

踐其職者率多魁梧之士乃有忠規讜論孤風峻節沉黙端厚以鎮俗高潔遜讓以全道安危所繫朝野攸屬藹風望於庶尹擅儀表於當世或以方嚴而見憚或協才美而流譽固足以聳外庭之瞻諦爲邦國之寵光虞書稱百僚師師周雅美吉士藹藹咸斯之謂歟

漢楊惲以兄任爲郎補常侍騎以才能稱好交英俊諸儒名顯朝廷

後漢王良徵拜諫議大夫數有忠言以禮進止朝廷敬之

劉愷爲侍中在位者莫不仰其風行

周舉徵拜尚書與僕射黄瓊同心輔政名重朝廷左右皆憚之

王扶爲議郎會見恂恂似不能言然性沉正不可干以非義當世高之

左雄爲尚書令在位者各肅清時稱曰左伯豪爲尚書令天下皆愼選舉伯豪雄字也

荀彧自爲尚書令常以書陳事臨薨皆焚毀故奇策密謀不得盡聞又非正道不用心名重天下莫不以爲儀表海内英俊咸宗爲司馬宣王常稱書傳遠事

吾自耳目所從聞見逮百數十年間賢才未有及荀令君者也

魏徐邵爲尚書郎以廉直見稱

吳顧雍爲尚書令不飲酒寡言語舉動時當孫權嘗嘆曰顧君不言言必有中至飲宴歡樂之際左右恐有酒失而雍必見之是以不敢肆情權亦曰顧公在坐使人不樂其見憚如此

王蕃字永元孫休即位與賀邵薛瑩虞汜俱爲散騎中常侍皆加駙馬都尉時論推之

晉羊祜仕魏爲給事中黄門郎高貴鄉公好屬文在

位多獻詩賦汝南和道以忤意見斥祜在其間不得
而親踈有識尚焉
杜預爲尚書損益萬機不可勝數朝野服焉號曰杜
武庫言其無所不有
裴頠遷尚書左僕射侍中如故頠雖賈后之親屬然
雅望素隆四海不謂之以親戚進也唯恐其不居位
傅祗爲中書侍郎權臣專政祗優游其間無所親踈
甚爲傅暇所重謂之甯武子
武陔爲左僕射左光祿大夫開府儀同三司陔以宿
齒舊臣名位隆重自以無佐命之功又在魏已爲大

臣不得已而居位深懷遜讓終始全潔當世以爲美
談
王濟尚常山公主起家中書郎累遷侍中與侍中孔
恂楊濟同列爲一時秀彥武帝會公卿藩牧於式乾
殿顧濟恂而謂諸公曰朕左右可謂濟濟恂恂矣每
侍見未嘗不諮論人物及萬機得失濟善於清言脩
飾辭令諷議將順朝臣莫能尚焉帝益親貴之仕進
雖速論者不以主壻之故咸謂才能致之
索靖爲尚書郎與襄陽羅尚河南潘岳吳郡顧榮同
官咸器服焉

褚陶吳郡人吳平召補尚書郎張華見之謂陸機曰
君兄弟龍躍雲津顧彥先鳳鳴朝陽謂東南之寶已
盡不意復見褚生機曰公但未覩不鳴不躍者耳華
曰故知延門之德不孤川嶽之寶不匱矣
傅祗爲常侍及趙王倫輔政以爲中書監常侍如故
以鎮衆心祗辭之以疾倫遣御史輿祗就職王戎陳
準等相與言曰傅公在事吾屬無憂矣其爲人物所
倚信如此
陸玩爲尚書令王導郗鑒庾亮相繼而薨朝野咸以
爲三良旣沒國家殄瘁以玩有德望乃遷侍中司空

給與羽林四十人
紀瞻爲尚書僕射才兼文武朝廷稱其忠量雅正
王濛與劉惔爲中書侍郎濛恬勝能言名理惔少清
峻時人以濛比袁曜卿惔比荀奉倩
孔坦爲尚書左丞深爲臺中之所敬憚
宋殷景仁爲侍中與侍中右衛將軍王華侍中驍騎
將軍王曇首侍中劉湛四人並時爲侍中俱居門下
皆以風力局幹冠冕一時同升之美近代莫及又文
帝於合殿與四人宴飲甚悅華等出帝目送良久歎
曰此四賢一時之秀同管喉舌恐後世難繼

蔡興宗爲吏部尚書時前廢帝方盛淫宴寵侮群臣自驃騎大將軍建安王休仁以下侍中袁愍孫等咸見凌曳唯興宗得免

南齊王延之仕宋爲左僕射宋德既衰太祖輔政朝野之情人懷彼此延之與尚書令王僧虔中立無所去就時人爲之語曰二王平平不送不迎太祖以此美之

孔逷字世遠爲尚書儀曹郎太祖謂之曰卿儀曹才也

王諶爲黄門郎諶貞正和謹朝廷稱謂善人多與之

厚

張緒爲常侍中書令緒善言素望甚重太祖深加敬異僕射王儉謂人曰北士中覓張緒過江未有人不知陳仲弓黄叔度能過之不

徐孝嗣爲侍中時北虜動詔孝嗣假節鎮新亭時王晏爲令民情物望不及嗣也

梁張瓚年二十三爲太尉諮議參軍吏部尚書俄爲長史兼侍中時人以爲左遷河東裴子野曰張吏部有喉脣之任巳恨其晚矣

江革爲度支尚書好奬進閭閻爲後生延譽由是衣冠士子翕然歸之

劉顯爲中書侍郎與裴子野劉之遴顧協連職禁中遞相師友時人莫不羨之

徐勉爲尚書僕射當參掌銜石甚得士心

柳昂武帝時爲内史中大夫開府儀同三司賜爵文成郡公當途用事百僚皆出其下昂竭誠獻替知無不爲謙虚自處未嘗驕物時論以此重之

蔡樽爲中書令卒司空袁昂嘗謂諸賓曰自蔡侯卒不復更見此人其爲名輩所知如此

袁昂爲吏部尚書高祖謂之曰齊明帝用卿爲黒頭

尚書我用卿爲白頭尚書良以多愧對曰臣生四十七年于兹矣四十巳前臣之自有七年巳後陛下所養七歲尚書未爲晚達帝日士固不妄有名

臧厥臧甄子也爲散騎常侍歷中書通事舍人前後居職所掌之局大事及蘭臺廷尉所不能決者勑並付厥厥辯斷精詳咸得其理厥卒後有登登聞鼓訴者求付清直舍人高祖曰臧厥既亡此事便無可付其見知如此

陳張種爲尚書令以疾授金紫光祿大夫種沉深虚靜而識量宏博時人皆以爲宰相之器僕射徐陵嘗

抗表讓位於種曰種器懷沉審文史優裕東南貴秀
朝廷親賢克壯其猷宜居左執其爲人物所推如此
姚察爲吏部尚書察博極墳籍尤善人物至於姓氏
所起官職婚娶無所遺失且澄鑒之職人以梓匠
相許及遷選部雅允朝望
後魏封琳爲同宗下大夫有長者之稱
盧魯元爲中書侍郎性多容納善與人交如掩人之
過揚人之美由是公卿咸親附之
李瑾爲通直散騎侍郎與給事黃門侍郎王遵業尚
書郎盧觀典領儀注臨淮王彧謂瑾等曰卿等三雋

共掌帝儀可謂舅甥之國王盧即瑾之外兄也
賈思伯任都官尚書侍講性謙和傾身禮士雖在街
途停車下馬接誘恂恂曾無倦色客有謂思伯曰公
今貴重寧能不憍思伯曰衰至便憍何當之有當世
以爲雅談
胡方回爲中書侍郎司徒崔浩及當時朝賢並愛重
之清貧守道以壽終
李神儁爲尚書左僕射篤好文雅老而不輕凡所交
游皆一時名士汲引後生爲其光價四方才子同宗
附之

高允爲尚書散騎常侍加光祿大夫篤親念故虛己
存納雖處貴重志同貧素
李孝伯爲散騎常侍孝伯體度恢雅明達政事朝野
貴賤咸推重之
李冲爲南部尚書竭忠奉上知無不盡出入憂勤形
於顏色雖舊臣戚輔莫能逮之無不服其明斷慎密
而歸心焉於是天下翕然及殊方聽望咸宗竒之
龐愈爲給事黃門侍郎雖任居通顯志在謙退迎送
親賓加於疇昔
崔休爲黃門侍郎崇尚先達愛接後來時議重之

辛雄爲尚書三公郎右僕射元欽謂左僕射蕭寶寅
曰至如辛郎中才用省中諸人莫出其右寶寅曰吾
聞游僕射云得如雄者四五人共治省事足矣今日
之賞何其晚哉於時諸公皆慕其名欲屈爲佐莫能
得也
谷渾爲儀曹尚書正直有操行不苟合趣舍不與己
同視之蔑如也然愛重舊故不以富貴驕人時人以
此稱之
羊深爲駕部郎在公明斷尚書僕射崔亮吏部尚書
甄琛咸敬重之

嘗景爲門下錄事在樞密十有餘年爲侍中崔光盧昶游肇元暉尤所知賞累遷積射將軍給事中

北齊任延敬爲尚書左僕射進位開府儀同三司延敬位望既重能以寬和接物人皆稱之

鄭述祖累遷儀同三司述祖女爲趙郡王叡妃述祖常坐受王拜命坐王乃坐妃薨後王更娶鄭道蔭女王坐受道蔭拜王命坐乃敢坐王謂道蔭曰鄭尚書風德如此又貴重宿舊君不得譬之

元斌爲尚書左僕射斌美儀貌性寬和居官重任頗爲齊文襄愛賞

元文遙爲中書舍人楊遵彦每云堪解穰侯印者必在斯人

陽休之累遷中書監位望雖高虛懷接物爲縉紳所重

崔劼爲五兵尚書監國史在臺閣之中見稱簡正

袁聿脩爲吏部尚書聿脩少平和溫潤最有規簡以名家子歷仕清華時望多相器待許其風鑒在郎署之日值趙彦深爲水部郎中同在一院因成交友彦深後被沙汰停私門生藜藿聿脩猶以故情存問來往彦深任用銘感甚深雖人才無愧然繇其接引吏部尚書以後自以物望得之

後周長孫紹遠爲殿中尚書錄尚書事太祖謂群公曰長孫公容止堂堂足爲今模楷

李彦爲兵部尚書加驃騎大將軍開府儀同三司仍兼著作六官建改授軍司政爵爲伯彦性謙恭有禮節雖居顯要於親黨之間恂恂如也輕財重義好施愛士時論以此稱之

庾瑾爲吏部尚書銓綜衡流雅有人倫之鑒以父憂去職尋起令視事時六尚書皆一時之秀周文自謂得人號爲六俊然瑾尤見器重

崔謙累遷銀青光祿大夫謙少時讀經史晚年好老莊容止儼然無愠色親賓至則置酒相娛清言不及俗事士大夫以爲儀表

元偉高祖時聘於齊爲齊人所執齊平偉方見釋授上開府偉性溫柔好虛靜居家不治生業篤學愛文政事之暇未嘗棄日謹慎小心與物無忤時人以此稱之自鄴還也庾信贈其詩曰號亡垂棘反齊平寶鼎歸其爲辭人所重如此

趙善爲尚書右僕射性溫恭有器局位居端右愈自謙退其職務克舉則曰某官之力有罪責則曰善之

咎也時人稱其有公輔之量
荀士遜爲中書侍郎號爲稱職與李若等撰典言行於當世
蕭亮爲中書監有機辯善談笑文帝甚重之記人之善忘人之過薦達後進嘗如弗及故當世敬慕焉
周惠達爲儀同三司雖居顯職性謙退善下人盡心勲公進拔良士以此人皆敬而附之
薛寛爲御正中大夫時前中書監盧柔學業優深文藻華贍而寛與之方駕故世號曰盧薛焉
韋瑱轉行臺左丞遣南郢州刺史復令爲行臺左丞

瑱明察有幹局再居左轄時論榮之
隋韋世康爲禮部尚書世康寡嗜欲不慕勢貴未嘗以位望自矜聞人之善若已有之亦不顯人過以求名譽
姚察初仕陳爲吏部尚書入隋爲秘書丞學兼儒史
李諤高祖受禪歷北部考功二曹侍郎賜爵南和伯
諤性公方明達世務爲時論所推遷治書侍御史
元文都開皇初授内史舍人歷庫部考功二曹郎俱有能名擢尚書左丞
楊尚希爲禮部尚書授上儀同尚希性弘厚兼以學業自通甚有雅望爲朝廷所重
宇文弼煬帝時爲禮部尚書弼旣以才能者稱歷顯要聲望甚重物議時談多見推許
牛弘爲右光祿大夫榮寵當世而車服卑簡事上盡禮待下以仁訥於言而敏於行
李德饒大業中爲司隸從事雖作秩未通其德行爲當世所重凡與結交皆海内髦彦
裴矩大業時爲黄門侍郎遇人盡誠雖至胥吏皆得歡心
唐温大雅太宗時累轉禮部尚書甚有雅望

魏知古爲工部尚書卒宋璟聞而歎曰叔向古之遺直子産古之遺愛能兼之者其在魏公乎
裴寛爲禮部尚書有重名於開元天寶間
韋陟天寶初爲吏部侍郎以道義相知不隔貴賤布衣韋帶之士嘗虛左倒屣時人以此重之
韋虛心爲戸部郎中善於剖判時員外郎宋之問工於詩人以爲戸部有二妙
李暠爲吏部尚書風儀秀整所歷曹以威重見稱
唐邕白建天寶初主治外兵騎兵二曹謂之外省其後邕建位望轉隆各爲省主令中書舍人分判二省

事故世稱唐白宰相之望
李季卿代宗朝歷吏部侍郎散騎常侍有宇量性識傳達善與人交襟懷豁如其在朝以進賢爲務士以此多之
崔渙爲吏部侍郎集賢院待制性尚簡淡不交世務頗爲時望所歸
于休烈爲工部尚書恭儉温仁未嘗以喜愠形於顔色而親賢下士推轂後進雖位崇年高曾無倦色
李元素爲給事中時美官缺必指元素
武元衡爲北部員外一歲遷右司郎中時以詳整稱

重後爲御史中丞持平無私人復稱之
鄭餘慶爲左僕射左揆之重儀刑庶工頃自武臣權幸超踐崇寵中臺政本寖以刓替及餘慶以舊德居之人情美洽
錢徽爲翰林學士以上疏請罷兵忤旨出爲虢州刺史徽文雅厚重時論以爲不宜久在郡元和四年徽拜禮部侍郎後自工部侍郎出爲華州刺史朝廷以徽素有公望拜左丞
鄭絪爲吏部尚書本以文學進性恬澹踐歷華顯出入中外者踰四十餘年所居雖無赫奕之稱而守道敦篤耽閲典墳與當時博文好古之士爲講論名理之游時人皆仰其耆德焉
許孟容元和中歷兵吏部侍郎太常卿方勁富文學其折衷禮法考詳訓典甚爲賢正論者稱焉
李絳爲左僕射絳儀形標望清舉自然以直道進退聞望傾時
崔從歷吏部尚書侍郎從守道貞固自長慶以後以時風囂薄尤不樂趨進其簡厚之德至今稱之
楊於陵爲左僕射致仕於陵器量弘整進止有常度在朝三十餘年崇踐中外始終不失其正居官職奉

亦善操守時人皆仰其風德
常弘景爲尚書左丞弘景素以鯁亮稱及居綱轄之地郎吏望風脩整累遷刑部尚書充東都留守判東都尚書省事卒弘景歷官行事始終以直道自立議論操持無所阿附當時風教尤爲倚賴自長慶以來目以名卿云
宋申錫敬宗寶曆二年爲禮部員外郎始自策名及在朝行清慎介潔不趨黨與自長慶寶曆之間時風囂薄朋比大扇及申錫被用時論以爲勸
崔玄亮自太常少卿爲諫議大夫朝廷以其名望宿

舊由諫議遷右散騎常侍

常虛舟家有禮則父子兄弟更踐郎省時稱郎官家

韓愈爲吏部侍郎諸權門豪士如僕隸焉㦤然不顧而頗能誘厲後進館之者十六七雖晨炊不給怡然不介意大抵以典起名教弘奬仁義爲事

薛廷老爲刑部員外累遷至給事中當官舉職不求虛譽侃侃於公卿之間甚有風望

王翊太原人少以門蔭仕進性謙柔不競名利爲左散騎常侍代宗即位目爲純臣尤重之

宇文籍太和初爲諫大夫而專掌史籍簡澹與人少

合耽翫經史專精於著述風望峻整爲時推重

孟簡爲工部侍郎風擅時名士流推重及居大列風望愈高或顯級華資有缺者當時公議必僉屬簡未幾代崔群爲戸部侍郎是官有二員其判使案别居一署謂之左戸元和以還號爲清重之最宰輔登用多由此而去故群入相以簡代焉

王質爲諫議大夫風度厚重道直言正時輩推許

後唐蕭頃初入梁歷給諫御史中丞禮部侍郎知貢舉有能名

漢劉皞性若寛易而典選曹案吏有風稜人稱爲能

才智

夫三臺西掖典掌尤重詔令爰典咸出於茲故有道藝淵通機用周敏風力幹局顧問會旨參决朝議剖斷民事應對條暢敷奏精審兼領衆職曾莫留滯練識舊體訖無尤違矧屬軍國多務書牘塡委凡所諮禀克究事端應變若神舉無遺策至於該覽百氏損益萬樞雖日坐曹不廢接待用能服其時輩藹茲令譽行王吉之攸歎見人爵之斯從加以操履不渝諒亶是守贊其政柄誠無愧焉

漢金安上字子侯少爲侍中惇篤有智宣帝愛之

後漢耿國字叔慮東觀記作憲建武四年初入侍光武拜爲黄門侍郎應對左右帝以爲能遷射聲校尉

郅壽爲尚書令朝廷每有疑議常獨進見章帝奇其智策擢爲京兆尹

尹勲遷尚書令延熹中誅大將軍梁冀桓帝召勲部分衆職甚有方畧封宜陽鄉侯

魏王粲爲侍中粲才既高辨論應機鍾繇王朗等雖各爲魏相卿至於朝廷奏議皆閣筆不能措手

蜀費禕爲尚書令常以朝晡聽事其間接納賓客飲食嬉戲加之博奕每盡人之歡事亦不廢

呂乂爲尚書代董允爲尚書令衆事無留門無停賓乂歷職内外治身儉約謙静少言爲政簡而不煩號爲清能

吳孫丞爲黄門侍郎與顧榮俱爲侍臣後主内侍多得罪尤惟榮丞獨獲全甞使二人記事丞答顧問乃下詔曰自今巳後用侍郎皆當如今宗室丞顧榮儔也

薛瑩初爲先禄大夫天紀四年晉軍征吳後主奉書請降瑩旣至雒陽將先見叙爲散騎甞侍答問處當皆有條理于寶晉紀曰武帝從容問瑩曰孫皓之所以亡者何也對曰歸命侯臣皓之君吳也

冊府元龜　臺省部　才智　卷之四百五十八　十七

昵近小人刑罰妄加大臣大將無所親信人人憂恐各不自保危亡之釁實由於此帝遂問吳士存亡者之賢愚薛瑩各以狀對

晉石崇爲侍中武帝以崇功臣子有幹局深器重之

徐邈爲中書舍人遷常侍侍郎莅官簡惠達於從政論議精密當時多諮禀之觸類辨釋問則有對

杜預爲度支尚書在位七年損益萬機不可勝數朝野稱美號曰杜武庫言其無所不有也

宋劉穆之在晉爲尚書左僕射領選前將軍冊陽尹高祖北伐留世子爲中軍將軍監大尉留府轉穆之左僕射領監軍中軍二府軍司將尹領選如故甲仗五十人入居東城穆之内總朝政外供軍旅决斷如流事無擁滯賓客輻奏求訴百端内外諮禀盈堦滿室目覧辭訟手答牋書耳行聽受口内酬應不相參涉皆悉贍舉又言談賞笑引日亘時未甞倦苦裁有間暇手自寫書尋覧篇章校定墳籍

顧琛爲軍部郎元嘉七年文帝遣彦之經畧河南大敗悉委棄兵甲武庫爲之空虚後帝宴會有後魏歸人在坐帝問琛庫中仗猶有幾許琛詭答有十萬人仗舊武庫仗秘不言多少帝旣發問追悔夫言及琛詭對帝甚喜

冊府元龜　臺省部　才智　卷之四百五十八　十八

南齊王儉爲左僕射領選太子少傅國子祭酒衛將軍丹陽尹令史諮事賓客滿席儉應接銓序勞無留滯

梁范雲爲吏部尚書任守隆重書牘盈案賓客滿門雲應對如流無所擁滯官曹文墨發擿若神時人咸服其明贍

徐勉爲吏部尚書旣閑尺牘兼善辭令雖文案填積坐客充滿應對如流手不停筆又該綜百氏皆爲避諱

朱异大通元年遷散騎常侍自周捨卒後异代掌機

謨方鎮改換朝儀國典詔敕誥書並兼掌之每四方表䟽當局簿領諮詢許斷填委於前并屬辭落紙覽事下議縱橫敏贍不暫停筆頃刻之間諸事便了

後魏裴脩孝文時爲中大夫兼祠部曹司職主禮樂每有疑議脩斟酌故實咸有條貫

北齊陳元康遷陵臺都官郎軍國多務元康問無不知神武臨行留元康在後馬上有所號令九十餘條元康屈指數之盡能記憶神武甚親之日如此人世間希有我今得之乃上天降佐也時趙彥深亦知機密人謂之陳趙而元康勢居趙前

後周宇文深爲散騎常侍深性多奇譎好讀兵書既在近侍每進籌策

蘇亮爲中書監領著作脩國史亮有機辨美談笑太祖甚重之所有籌議率多會旨

隋劉子翊高祖大業中爲治書侍御史每朝廷疑議子翊爲之辨析多出衆人意表

高構字孝基爲戶部侍郎馮翊武鄉女子焦氏旣瘂又聾嫁之不售嘗採樵于野爲人所犯而有孕遂生一男年六歲莫知其姓於是申省構判曰母不能言窮理絕寃案風俗通云姓有九種或氏於爵或氏所居此兒生在武鄉可以武爲姓尋遷雍州刺史以明斷見稱

唐劉林甫武德初爲內史舍人時兵機繁速庶事草創高宗委林甫專典其事以才幹見稱

溫大有字彥博大雅弟也爲中書侍郎敷奏明敏爲當時所稱先大雅卒朝廷每追惜之

杜如晦慷慨有大節臨機能斷太宗爲秦王奏爲王府屬尋領行臺兵部郎中每從征伐軍國多務如晦剖斷如流爲談者所服

馬周爲給事中尋轉中書舍人在位數陳得失周有

機辨能敷奏深識事端故動無不中

姚元崇爲夏官郎中時契丹寇陷河北數州兵機悉委元崇剖析若流皆有條貫則天甚奇之遷夏官侍郎

巡按福建監察御史臣李嗣京 訂正
知甌寧縣事臣 孫以敬參閱
知建陽縣事 臣 黄國琦較釋

臺省部 三

公正

孔子曰苟正其身矣於從政乎何有不能正其身如正人何又曰其身正不令而行其身不正雖令不從此所謂言必忠信行必謹厚施於家邦無所不可苟異於是則人雖服從身亦弗理矧乎著位南宮比喉

舌之象恪居中憲號耳目之官固當不侮鰥寡不畏彊禦寅奉一人威肅百辟若衛之子魚漢之汲黯唐狄仁傑之儔皆可以同傳矣

漢張敞以數上書有忠言宣帝徵敞爲太中大夫與于定國並平尚書事以正違忤大將軍霍光（守正不阿也）

孔光爲光祿勳領尚書事光帝師傅子少以經行自著進官蚤成（蚤古早字）不結黨友養游說有求於人旣性自守亦其執然也

後漢宋均明帝時爲尚書令每有駮議多合上旨均嘗删翦疑事帝以爲有姦大怒收郎縛格之諸尚書惶恐皆叩頭謝罪均顧厲色曰蓋忠臣執義無有二心若畏威失正均雖死不易志小黄門在傍入具以聞帝喜其不撓卽令貰郎

樂恢爲尚書僕射是時河南尹王調雒陽令李阜與竇憲厚善縱舍自由恢劾奏調阜并及司隷校尉諸行刺舉無所回避貴戚惡之憲兄弟夏陽侯瓌欲往候恢恢謝不與通憲兄弟放縱而忿其不附己妻每諫恢曰昔人有容身避害何必以言取怨恢歎曰吾何忍素餐而立人之朝乎

韓棱爲尚書令和帝卽位侍中竇憲使人刺殺齊殤

王子都鄉侯暢於上東門有司畏憲咸委疑於暢兄弟詔遣侍御史之齊案其事棱上疏以爲賊在京師不宜捨近問遠恐爲奸臣所笑竇太后怒以切責棱固執其義及事發果如所言憲惶恐白太后求出擊北匈奴以贖罪棱復上疏諫太后不從及憲有功還爲大將軍威振天下復出屯武威會帝西祠園陵詔憲與車駕會長安及憲至尚書以下議欲拜之伏稱萬歲棱正色曰夫上交不諂下交不瀆禮無人臣稱萬歲之制議者皆慙而止尚書左丞王龍私奏記上牛酒於憲棱舉奏龍論爲城旦

鄧壽爲僕射是時大將軍竇憲以外戚之寵威傾天下憲常使門生齎書詣壽有所請託壽即送詔獄前後上書陳憲驕恣引王莽以誡國家是時憲征匈奴海内供其役費而憲及其弟篤景並起第宅驕奢非法百姓苦之壽以府藏空虛軍旅未休遂因朝會譏刺憲等厲音正色辭旨甚切

張酺爲侍中時皇后兄虎賁中郎將鄧騭當朝貴盛聞酺名行欲與爲友酺逡巡不答衆人笑其不識時務

李充爲侍中大將軍鄧騭嘗置酒請充賓客滿堂酒

酣騭說曰幸託椒房位列上將幕府初開欲辟天下奇偉以輔不逮惟諸君傳求其器充乃爲陳海内隱居懷道之士頗有不合騭欲絶其說以肉啖之充抵肉於地曰說士猶甘於肉遂出徑去騭甚望之同坐汝南張孟舉往讓充曰一日聞足下與鄧將軍說士未究激刺面折不由中和出言之責非所以光祚子孫者也充曰大丈夫居世貴行其意何能遠爲子孫之計由是見非於貴戚

劉矩爲尚書令矩性亮直不能諂附貴勢以是失大將軍梁冀意出爲常山相

楊厚爲侍中順帝時大將軍梁冀威權傾朝遣弟侍中不疑以車馬珍玩致遺於厚欲與相見厚不答

左雄爲尚書令遷司隸校尉初雄薦周舉爲尚書舉既稱職議者咸稱焉及在司隸又舉故冀州刺史馮直以爲將帥而直嘗坐贓受罪舉以此劾奏雄雄悅曰吾嘗事馮直之父而又與直善今宣光以奏吾乃是韓厥之舉也由是天下服焉

張陵爲尚書桓帝元嘉中歲首朝賀大將軍梁冀帶劍入省陵呵叱令出勑羽林虎賁奪冀劍冀跪謝陵不應即劾奏冀請廷尉論罪有詔以一歲俸贖而百

僚肅然初冀弟不疑爲河南尹舉陵孝廉不疑疾陵之奏冀因謂曰昔舉君適所以自罰也陵對曰明府不以陵不肖誤見擢序今申公憲以報私恩不疑有愧色

羊陟爲尚書令時太尉張顥司徒樊陵大鴻臚郭防大僕曹陵大司農馮方並與宦豎相姻私公行貨賂並奏罷黜之不納

刁韙爲尚書在朝有鯁直臣節

向栩爲侍中每朝廷大事侃然正色百官憚之

橋玄靈帝時爲尚書令時大中大夫蓋升與帝有舊

恩前爲南陽太守臧數億以上玄奏免升禁錮沒入財賄帝不從而遷升侍中玄託病免

趙戩字叔茂爲尚書選部郎董卓欲以所私並充臺閣戩拒不聽卓怒召戩欲殺之觀者皆爲戩懼而戩自若及見卓引辭正色陳說是非卓雖凶戾屈而謝之

荀彧爲尚書令折節下士坐不累席其在臺閣不以私欲撓意彧有郡從一人才行實薄或謂彧以君當事不可不以某爲議郎彧笑曰官者所以表才也若如來言衆人其謂我何邪其持心平正皆類此

魏陳群轉侍中領丞相東西曹掾在朝無適無莫雅仗名義不以非道假人

賈逵爲諫議大夫時太祖終於雒陽逵典喪事時鄢陵侯彰行越騎將軍從長安來赴問逵先王璽綬所在逵正色曰太子在鄴國有儲副先王璽綬非君侯所宜問也遂奉梓宮還鄴

何夔魏國初建拜尚書僕射時丁儀兄弟方進寵儀與夔不合尚書傅選謂夔曰儀不相好已甚子友毛玠等儀已害之矣子宜少下之夔曰爲不義適足害其身焉能害人且懷姦佞之心立於明朝其得久乎夔終不屈志儀後果以凶僞敗

杜恕爲散騎黃門侍郎恕推誠以質不治飾少無名譽及在朝不結交援專心向公每政有得失嘗引綱維以正言於是侍中辛毗等器重之

蘇則爲侍中與董詔同僚昭嘗枕則膝卧則推下之曰蘇則之膝非佞人之枕也

辛毗爲侍中時中書監劉放令孫資見信於主制斷時政大臣莫不交好而毗不與往來毗子敞諫曰今劉孫用事衆皆影附大人宜少降意和光同塵不然必有謗言毗正色曰主上雖未稱聰明不爲闇劣吾

立身自有本末就與劉孫不平不過令吾不作三公而已何危害之有焉大丈夫欲爲公而毀其高節耶

蜀羅憲字令則爲尚書吏部郎時黃皓預政衆多附之憲獨不與同皓恚左遷巴東太守

吳紀陟爲中書郎孫峻使詰南陽王和令其引分陟密使令正辭自理峻怒陟懼閉門不出

晉辛表字偉容年二十餘爲散騎侍郎時同僚諸郎共平尚書事年少並兼厲鋒氣要名譽尚書事至或有不便故遺漏不視及傳書者去卽入深文論駁惟表不然事來有不便輒與尚書共論盡其意主者歎

執不得已然後共奏議司空陳泰等以此稱之
崔洪自尚書左丞遷吏部尚書擧用甄明門無私謁薦雍州刺史郗詵代巳爲左丞詵後糾洪洪謂人曰我擧郤丞而還奏我是挽弩自射也詵聞曰昔趙宣子任韓厥爲司馬以軍法戮宣子之僕宣子謂大夫曰可賀我矣吾選厥也任其事崔侯爲國擧才我以才見擧惟官是視各明至公何故斯言乃至此洪聞其言而重之
文立巴郡人爲散騎常侍蜀故尚書犍爲程瓊雅有德業與立深交武帝聞其名以問立對曰臣重其人

但年垂八十禀性謙退無復當時之望故不以上聞耳瓊聞之曰廣休可謂不黨矣故吾善夫人也
甄德爲侍中時河南尹庾純先坐事免後復爲散騎常侍後將軍荀汲於朝會中奏純以前坐不孝免黜不宜升進德進曰孝以顯親爲大祿養爲榮詔赦純前愆擢近侍兼掌教官此純召不俟駕之日而後將軍汲以私議貶奪公論抗言矯情誣罔朝廷宜加貶汲坐免官
傅咸爲左丞多與楊駿箋諷切之駿意不平駿弟濟素與咸善與咸書曰江海之流混混故能成其深廣也天下大器非可稍了而相觀每事欲了生子癡了官事官事未易了也了事正作癡復爲快耳左丞總司天臺維正八坐此未易居以君盡性而處未易居之任益不易也想慮破頭故具有白咸答曰衛公云酒色之殺人此甚於作直坐酒色死人不爲悔逆畏以直致禍此由心不直正欲以苟且爲明哲耳自古以直致禍者當由矯枉過直或不忠允欲以亢厲爲聲故致忿耳安可悾悾爲忠益而當見疾乎
卞粹惠帝初爲尚書郎楊駿執政人多附會而粹正直不阿及駿誅超拜右丞封成陽子稍遷至左軍將

軍
華廙爲光祿大夫開府儀同三司時河南尹韓壽因託賈后求以女配廙孫陶廙距不許后深以爲恨故遂不登台司
王戎爲司徒免官惠帝反宮以戎爲尚書令既而河間王顒遣使說成都王穎將誅齊王冏檄書至冏謂戎曰孫秀作逆天子幽逼孤糾合義兵掃除元惡臣子之節信著神明二王聽讒造構大難當賴忠謀以和不協卿其善爲我籌之戎曰公首擧義衆與定大業開闢已來未始有也然論功報賞不及有勞朝野

失望人懷貳志今二王帶甲百萬其鋒不可當若以王就第不失故爵委權崇讓此求安之計也冏謀臣葛旟怒曰漢魏以來王公就第寧有得保妻子乎議者可斬於是百官震悚戎僞藥發墮厠得不及禍

王衍爲中書令時齊王冏有輿復之功而專權自恣公卿皆爲之拜衍獨長揖焉

裴楷爲侍中石崇以功臣子有才氣與楷志趣各異楷不與之交

劉頌爲吏部尚書及趙王倫之害張華也頌哭之甚慟聞華子得逃喜曰茂先卿尚有種倫黨張林聞之

大怒憚頌持正而不能害也孫秀等推崇論功宜加九錫百僚莫敢異議頌獨曰昔漢之錫魏魏之錫晉皆一時之用非可通行今宗廟乂安雖嬖后避退勢臣受誅周勃誅諸呂而尊孝文霍光廢昌邑而奉孝宣並無九錫之命違舊典而習權變非先王之制九錫之議請無所施張林積忿不已以頌爲張華之黨將害之孫秀曰誅張裴已傷時望不可復誅頌林乃止

劉喬爲散騎常侍時齊王冏爲大司馬初嵇紹爲冏所重每下階迎之喬言於冏曰裴張之誅朝臣畏憚孫秀故不敢不受財物嵇紹今何所逼忌故畜裴家車牛張家奴婢邪樂彥輔來公未嘗下牀何獨加敬於紹冏乃止紹謂喬曰大司馬何故不復迎客喬曰似有正人言以卿不足迎者紹曰正人爲誰喬曰其則不遠紹默然

嵇紹元康初爲給事黄門侍郎時侍中賈謐以外戚之寵年少居位潘岳杜斌等皆附託焉謐求交於紹紹拒而不答及謐誅紹時在省以不阿比凶族封弋陽子

苟晞爲尚書左丞廉察諸曹八坐以下皆側目憚之

荀組爲尚書秉機平正直道而行是時内外公卿大夫莫不敬憚焉

劉隗字長叔爲尚書左丞正色在朝三臺清肅

郗鑒鎮合肥時王敦有逆謀甚忌之表爲尚書令徵還道經姑孰與王敦相見謂曰樂彥輔短才耳後生流宕言違名檢考之以實豈勝滿武秋邪鑒曰擬人必於其倫彥輔道韻平淡體識冲粹處傾危之朝不可得而親疏及愍懷太子之廢可謂柔而有正武秋失節之士何可同日而言敦曰愍懷廢徙之際交有危機之急何能以死守之乎以此相方其不減明矣

鑒曰大丈夫旣潔身北面義同在三豈可偷生屈節
醜顏天壤耶苟道數終極固當存亡以之敦聞鑒言
大忿之遂不復相見拘留不遣敦之黨與譖毀日至
鑒舉止自若初無懼心敦謂錢鳳曰郗道徽儒雅之
士名位旣重何得害之乃放還臺
卞壼爲右將軍給事中尚書令成帝卽位群臣進璽
司徒王導以疾不至壼正色於朝曰王公豈社稷之
臣耶大行在殯嗣皇未立寧是人臣辭疾之時導聞
之乃輿疾而至壼與庾亮共參機要王導稱疾不朝
而私送車騎將軍郗鑒壼奏以導虧法從私無大臣

之節御史中丞鍾雅阿撓王典不加準繩並請免官
雖事寢不行舉朝震肅壼斷裁切直不畏強禦皆此
類也壼幹實當官以褒貶爲己任勤於吏事欲軌正
督世不肯苟同時好然性不弘裕才不副意故爲諸
名士所少而無卓爾優譽明帝深器之於諸大臣而
最任職阮孚每謂之曰卿常無閑泰嘗如含瓦石不
亦勞乎壼曰諸君以道德弘恢風流相尚執鄙吝者
非壼而誰時貴游子弟多慕王澄謝鯤爲達壼厲色
於朝曰悖禮傷教罪莫斯爲甚中朝傾覆實由於此
欲奏推之王導庾亮不從乃止然而聞者莫不折節

孔愉爲尚書左僕射讓禀賜表指言姦暴威虐王導
聞而非之於都坐謂愉曰君言姦吏擅威暴人肆虐
爲患是誰愉欲大論朝廷得失陸玩抑之乃止後導
將以趙胤爲護軍愉謂導曰中興已來處此官者周
伯仁應思遠年令誠之才豈以趙胤居之邪導不從
其守正如此由是爲導所銜
孔坦爲尚書郎典客令萬默領諸胡胡人相誣朝廷
疑默有所偏助將加大辟坦獨不署由是被譴棄官
歸會稽
王恂爲僕射太子少傅王雅將拜遇雨請以繖入珣

不許之因冒雨不拜
韓伯爲侍中陳郡周勰爲謝安主簿居喪廢禮崇尚
老莊脫犯名教伯領中正不通勰議曰拜下之敬猶
能違衆從禮情理之極不宜以多比爲通時人憚焉
識者謂伯可謂澄世所不能澄裁世所不能裁者矣
與夫容己順衆者豈得同時而共稱哉
范寧爲中書侍郎指斥朝士直言無諱王國寶寧之
甥也以諂媚事會稽王道子懼爲寧所不容乃相驅
扇因被疏隔求補豫章太守帝曰豫章不宜太守何
急以身試見邪寧不信卜占固請行

阮种爲中書郎進止有方正已率下朝廷咸憚其威容每爲駁議事皆施用遂爲楷則

郄隆字弘始謇亮有匪躬之節初爲尚書郎轉左丞在朝爲百僚所憚

徐邈爲散騎常侍謝安甍論者或有異同邈固勸中書令王獻之奏加殊禮仍崇進謝石爲尚書令玄爲徐州邈後爲中書侍郎邈嘗詣東府遇衆賓沈湎引滿詎譁會稽王道子曰君時有暢不邈對曰邈陋巷書生惟以節儉清修爲暢耳道子以邈業尚道素笑而不以爲忤也

范泰爲中書侍郎時會稽王世子元顯專權內外百官請假不復表聞惟籤元顯而已泰建言以爲非宜元顯不納

宋蔡廓爲御史中丞時中書令傅亮寄任重隆學冠當時朝廷儀典皆取定於亮每諮廓然後施行亮意若不有同廓終不爲屈

王惠爲吳興太守少帝即位以蔡廓爲吏部尚書不肯拜乃以惠代焉惠被召即拜未嘗接客人有與書求官者得輒聚置閣上及去職其封如初時談者以廓之不拜惠之即拜雖事異而意同也

何尚之爲侍中領尚書令秉衡當朝畏遠權柄親戚故舊一無薦舉既以致怨亦以此見稱

王球爲吏部尚書球公子簡貴素不交游筵席虛進門無異客尚書僕射殷景仁領軍劉湛並執重權傾動內外球雖通家姻戚未嘗往來

南齊王琨在宋爲散騎常侍廷尉虞龢議社稷合爲一神琨案舊糾駁時龢深被親寵朝廷歎琨強正太祖即位加侍中時王儉爲宰相屬琨用東海郡迎吏琨謂信人曰語郎三臺五省皆是郎用人外方小郡當乞寒賤省官何用復奪之遂不過其事

蕭惠基爲侍中領驍騎將軍尚書令王儉朝宗貴望惠基同在禮閣非公事不私覿焉

張緒爲散騎常侍領本州中正長沙王晃屬選用吳興聞人邕爲州議曹緒以資藉不當執不許晃遣書佐固請之緒正色謂晃使曰此是身家州鄉殿下何得見逼

謝瀹爲吏部尚書明帝廢鬱林領兵入殿左右驚走報瀹瀹與客圍碁每下子輒云其當有意竟局乃還齋臥竟不問外事明帝即位瀹又屬疾不知事蕭諶以兵臨起之瀹曰天下事公卿處之足矣且死者命

也何足以此懼人後宴會功臣上酒尚書令王晏等興席瀹獨不起曰陛下受命應天晏以為已之力觴遂不見報上大笑解之座罷晏呼瀹共載還令省欲相撫悅瀹又正色曰君巢窟在何處晏初得班劒瀹謂之曰身家大傅裁得六人若何事頓得二十晏甚憚之謂江祏曰彼上人者難為詞帝加領右軍將軍

梁江革為度支尚書時尚書令何敬容掌選序用多非其人革性強直每至朝宴常有褒貶以此為權勢所疾乃謝病還家

到溉為尚書吏部郎請託一無所行為尚書左丞準

繩不避貴戚尚書省賄賂莫敢通

江蒨為吏部郎方雅有風格僕射徐勉權重自遇在位者並宿士敬之唯蒨及王規與抗禮不為之屈

羊侃為都官尚書時尚書令何敬容用事與之並省未嘗遊造有宦者張僧胤候侃侃曰我牀非閹人所坐竟不前之時論美其貞正

孔休源為尚書左丞彈肅禮闈雅允朝望

謝舉為尚書令時邵陵王綸於婁湖立園廣讌酒後好聚衆賓冠手自裂破投之唾壺皆莫敢言舉嘗預宴王欲取舉幘舉正色曰裂冠毀冕下官弗敢聞命拂衣而退王屢召不反甚有慙色焉

陳孔奐為尚書倉部郎遷儀曹侍郎時左民郎沈景為飛書所謗將陷重辟事連臺閣人憂懼奐廷議理之竟得明白

蕭引為始興王諮議參軍兼金部侍郎性抗直不事權貴左右近臣無造請高宗每欲遷用輒為用事者裁抑焉

後魏東阿縣公元順為吏部尚書兼右僕射時三公曹令史朱暉案事錄尚書高陽王雍雍欲以為廷尉評頻頻託順順不為用雍遂下命用之順投之於地

雍聞大怒昧爽坐都廳召尚書及丞郎畢集欲待順至於衆挫之順日高方至雍攘袂撫几而言之身天子之子天子之叔天子之相四海之內親尊莫二元順何人以身成命投棄於地順鬚髮俱張仰面看屋憤氣奔涌長歎而不言久之搖一白羽扇徐而謂雍曰高祖遷宅中土刱定九流官方清濁軌儀萬古而朱暉小子身為省吏何合為廷尉清官殿下既先皇同氣宜遵成旨自有短垣而復踰之也雍曰身為丞相錄尚書如何不得用一人為官順曰庖人雖不治庖尸祝不得越樽俎而代之未聞有別旨令殿下參

選事順又厲聲曰殿下必如是順當依事奏聞雍遂笑而言曰豈可以朱暉小人便相忿恨遂起呼順入室與之極飲順亢執不撓皆此類也

穆紹爲侍中領本邑中正紹無他才能而資性方重罕接賓客希造人門領軍元乂當權熏灼曾往候紹紹迎送下階而已時人歎尚之紹加儀同三司領左右侍中元順與紹同直順嘗因醉入其寢所紹擁被而起正色讓順曰身二十年侍中與卿先君亟連職事縱卿後進何宜相排突也遂謝事還家詔諭乃起

高允爲中書侍郎閹官宗愛之任勢也威振四海嘗召百司於都堂王公已下望庭畢拜允至獨升階而

揖

羊祉爲光祿大夫當官不憚強禦朝廷以爲剛斷時有檢覆每令出使

于忠爲散騎常侍兼武衛將軍時北海王詳爲太傅錄尚書事忠每以鯁氣正辭爲詳所忿面責忠曰我憂在前見爾死不憂爾見我死時也忠曰人生于世自有定分若應死于王手避亦不免若其不爾王不能殺詳因忠表讓之際密勸帝以忠爲列卿令解左右聽其讓爵於是詔停其封優進太府卿

封回爲都官尚書時榮陽鄭雲諂事長秋卿劉騰貨騰紫纈四百匹得爲安州刺史除書旦出暮往詣回坐未定謂回曰我爲安州卿知之否彼土治生何事爲便回答之曰卿荷國寵靈位至方伯雖不能拔園葵去織婦宜思方略以濟百姓如何見造而問治生乎封回不爲商賈何以相示雲慙赧失色

賈秀爲中書侍郎加安遠將軍時丞相乙渾擅作威福多所殺害渾妻庶姓而求公主之號屢言於秀秀默然渾曰公事無所不從我請公主不應何意秀慷慨大言對曰公主之稱王姬之號尊寵之極非庶族

所宜若假竊此號當必自咎秀寧死於今朝不敢笑於後日渾左右莫不失色爲之振懼而秀神色自若渾夫妻默然含忿他日乃書太醫給事楊惠富臂作老奴官慳字令以示秀渾每欲伺隙陷之會渾伏誅遂得免難秀正色守正皆此類也

和其奴爲尚書左僕射與河東王閭毗太宰常英等並平尚書事在官慎法不受私請

慕容白曜爲北部尚書在職執法無所阿縱

李沖爲南部尚書沖從甥陰始孫孤貧往家沖家至如子姪有人求官因其納馬於沖始孫輒受而不爲

言後假方便借冲此馬馬主見冲乘馬而不得官後乃自陳始末冲聞之大驚執始孫以狀欵奏始孫坐罪其處要自厲不念愛惡皆此類也累遷尚書僕射冲明白當官奉國爲已任自始迄終無所避屈

游肇爲右僕射於吏事斷决不速主者諮呈反覆論叙有時不曉至於再三必窮其理然後下筆雖寵勢干請終無廻撓方正之操時人服之及領軍元乂之廢靈太后將害太傅清河王懌乃集公卿會議其事於時群官莫不失色順旨肇獨抗言以爲不可終不下署

盧同爲左丞時相州刺史奚康生徵民歲調皆七八十尺以邀奉公之譽部内患之同於歲祿官給長絹同乃舉案康生度外徵調書奏詔科康生之罪兼褒同在公之績

甄深爲黄門侍郎親識有求官者答云趙郡李諲耽學守道不悶于常欲致言但未有次耳諸君何爲輕自媒衒

高道悅爲諫議大夫正色當官不憚强禦

楊機爲度支尚書方直之心久而彌厲奉公正己爲時所稱

崔光爲侍中延昌四年正月迎立孝明後二日廣平王懷扶疾入臨以母弟之親徑至太極西廡哀慟禁内呼侍中黄門領軍三衛云身欲上殿哭大行又須入見主上諸人皆愕然相視無敢抗對者光獨攘衽振杖引漢太尉趙熹横劒當階推下親王故事辭色甚厲聞者莫不稱善懷壯光理義有據聲涙俱止云侍中以故事裁我我不敢不服於是遂還頻遣左右致謝

北齊宋游道初仕魏爲左右兵部尚書令臨淮王彧譴責游道游道乃執板長揖曰下官謝王瞋不謝王

理卿日詣闕上書曰徐州刺史元孚頻有表云僞梁廣發士卒來圖彭城乞增羽林二千以孚宗室重臣告請應實所以量奏給武官千人孚今代下以路阻自防遂納在防羽林百人辭云彊境無事乞將還家臣忝局司深知不可尚書令臨淮王彧卽孚之兄子遣省事謝遠三日之中八度逼迫云宜依判許臣不敢附下罔上孤負聖明但孚身在任乞師相繼及其代下便請放還進退爲身無憂國之意所謂不合其罪不科彧乃召臣於尚書都堂云卿一小郎憂國之心豈厚於我醜罵溢口不顧朝章右僕射臣世隆吏

部郎中臣薛琡巳下百餘人並皆聞見臣實獻直言
云臣奉國事在其心亦復何簡貴賤自北海入雒王
不能致身死難方清宮以迎幕賊鄭先護立義廣州
王復建旗往討趣惡如孤伐善何速今得冠冕百僚
乃欲爲私害政爲臣此言或肆更甚臣既不佞干犯
貴臣乞解郎中帝召見遊道嘉勞之或亦言臣忝冠
百僚遂使一郎攘袂高嚴肆言頓挫乞解尚書令帝
乃下詔聽解臺郎後除司州治中從事復爲尚書左
丞遊道入省劾太師咸陽王坦太保孫騰司徒高隆
之司空侯景錄尚書元弼尚書令司馬子如官寮金

銀催徵酬價雖非指事臟賄終是不避權豪又奏駁
尚書違失數百條省中豪吏王儒之徒並鞭斥之如
依故事於尚書省立門名以記出入早晚令僕巳下
皆側目

高愼爲大行臺左丞轉尚書當官無所廻避時咸畏
憚之

高隆之爲尚書右僕射時初給民田貴勢皆占良美
貧弱咸受瘠薄隆之啟高祖悉更反易乃得均平

張雕世祖時爲假儀同三司雕自以出於微賤致位
大臣勵精在公有匪躬之節欲立功効以報朝恩論
議抑揚無所廻避宮掖不急之費大存減省左右縱
恣之徒必加禁約數譏切寵要獻替帷扆帝亦深倚
仗之

崔劼累遷中書令而和士開擅朝曲求物譽諸公因
此頗爲子弟干祿世門之胄多處京官劼二子拱撝
並爲外任弟廓之從容謂劼曰拱撝幸得不凡何爲
不在省府之中清華之所而並外藩有損家代劼曰
立身以來耻以一言自達今若進兒與身何異卒無
所求聞者莫不歎服

後周柳慶爲民部尚書威儀端肅樞機明辨太祖每

發號令常使慶宣之慶天性抗直無所廻避太祖亦
以此深委仗焉

崔猷爲司會中大夫明帝遺詔立武帝晉公護謂猷
曰今奉遵遺旨君以爲何如對曰殷道尊周道親今
朝廷既遵周禮無容輒違此義事雖不行時稱守正

裴漢爲司路下大夫天和中加車騎大將軍儀同三
司時晉公護擅權縉紳等多諂附之以圖仕進惟漢
直道自守故八年不徙職

裴俠爲工部中大夫有大司空掌典錢物李貴乃於
府中悲泣或問其故對曰所掌官物多有費用裴公

清嚴有名懼遺罪責所以泣耳俟聞之許其自首責
白言隱費錢五百萬
薛端爲吏部郎中性强直每有奏請不避權貴文帝
嘉之故賜名端欲令名實相副
顏之儀爲御正大夫屬宣帝嗣位政刑日亂開府
于義上疏諫時鄭譯劉昉以恩幸當權謂義不利於
已先惡之於帝帝覽表色動謂時臣曰于義謗訕朝
廷也之儀進曰古先哲王立誹謗之木置敢諫之鼓
猶懼不聞過于義之言不可罪也帝乃解
隋趙賢通初仕後周武帝爲御正上大夫與宗伯斛

斯徵素不協徵出爲齊州刺史坐事下獄自知罪重
遂踰獄而走帝大怒購之急賢通上密奏曰徵自以
負罪深重懼死遁逃若不北竄匈奴則南投吳越徵
雖愚陋久歷清顯奔波敵國無益聖朝今者炎旱爲
災可因玆大赦帝從之徵賴而獲免賢通卒不言功
陸彦師初仕北齊爲中書黄門侍郎以不阿官者譏
出爲中山太守
柳雄亮高祖時爲給事黄門侍郎尚書省凡有奏事
雄亮多所駁正深爲公卿所憚
宇文弼爲尚書左丞當官正色爲百僚所憚

梁毗爲散騎常侍進位開府見楊素貴寵擅權百僚
震懾因上封事極言之時素任寄隆重多所折挫當
時朝士無不懼伏莫有敢與相是非辭氣不撓者獨
毗與柳彧及尚書右丞李綱而已後高祖不復專委
於素蓋由梁毗之言也
郎茂爲民部侍郎時尚書右僕射蘇威立條章每歲
責民間五品不遜或荅者乃云管内無五品之家不
相應領類多如此又爲餘糧簿擬有無相贍茂以爲
繁紆不急皆奏罷之
柳彧爲屯田侍郎時三品已上門皆列戟左僕射高

熲子弘德封應國公申牒請戟彧判曰僕射之子更
不易居父之戟槊已列門外尊有壓卑之義子有避
父之禮豈容外門既設内閣又施事竟不行熲聞而
歎服
盧楚爲左司郎當朝正色甚爲公卿所憚及煬帝幸
江都東都官僚多不奉職楚每存糾舉無所迴避
唐蘇珦則天朝爲右司郎中時御史王弘義附託來
俊臣搆陷無罪朝廷疾之嘗受詔於龍州採木役使
不節丁夫多死珦按奏其事弘義竟以坐黜珦尋授
給事中

李至遠天后時李昭德薦爲天官侍郞不詣昭德謝恩昭德怒奏黜爲壁州刺史

王求禮爲左拾遺則天朝孫萬榮寇陷河北數州河内王懿宗擁兵不敢進比賊散懿宗奏請族誅滄瀛等州百姓爲詿誤者求禮廷折之曰此百姓等素無良吏教習城池又不完因賊畏懼苟且從之今請殺切將違背天道而懿宗擁強兵十餘萬聞賊將至輒退走保城池罪當誅戮今迺移禍於草澤詿誤之人以求自免豈是爲臣之道請先斬懿宗以謝河北官百姓群官愕然謂之切當遂令魏州刺史狄仁傑克

使安撫

宋璟爲鳳閣舍人當官正色則天甚重之長安中張易之誣搆魏元忠有不順之言引鳳閣舍人張說令證之說將入於御前對揚惶惑迫懼璟謂曰名義至重神道難欺必不可黨邪醜正以求苟免若緣犯顏流貶芬芳多矣說感其言及入遂保明元忠竟得免死神龍元年遷吏部侍郞中宗嘉璟正直仍令諫議大夫内供奉仗下復言朝廷得失尋拜黃門侍郞時武三思恃寵執權嘗請託於璟璟正色謂之曰當今復子明辟王宜以侯就第何得尚干朝政獨不見産祿之事乎

岑羲神龍元年爲中書舍人時武三思用事侍中敬暉欲上表請削諸武之爲王者募爲疏者衆畏三思皆辭託不敢爲之羲便操筆辭甚切直由是忤三思意轉秘書少監

韓思復睿宗朝爲給事中詔嚴善思於雷霆之下拒武三思於諂附之中玄宗皇帝御筆題碑云有唐忠孝韓長公之墓

楊瑒爲戶部侍郞時御史中丞宇文融請撿察天下逃戶公卿不敢有異詞唯瑒獨建議以爲括實不利

居人徵籍外田稅使百姓困獘所得不補所失無幾瑒出外職

相里造代宗朝爲戶部郞中永泰元年正月壬子章敬皇太后忌辰百僚於興唐寺行香内侍魚朝恩置齋饌於寺外之商賈車坊延宰相及臺省官就食朝恩恣口談時政公卿惕息造與殿中侍御史李衎以正言折之衎辭直而強突頗忤朝恩遂罷會

敬括爲御史大夫持重推誠於下未嘗以私害公士頗稱焉

班宏爲刑部侍郞兼京官考使時右僕射崔寧書兵

部侍郎劉迺上下考宏正議曰今夷荒靖難專在節制尺籍伍符不挍省司夫上多虛美之名下開趨競之路上行阿容下必朋黨因削去之迺知而謝之曰迺雖不敏敢掠一美以邀二罪乎

郄高卿歷拾遺諫議大夫中書舍人處事不廻爲宰相元載所忌魚朝恩署牙將李琮爲兩街功德使琮暴橫於銀臺門毆辱京兆尹崔昭高卿立詣元載抗論以爲國耻請速論奏載不從

盧景亮德宗朝拜右拾遺補闕居諫列與補闕穆質皆以直稱

韋貫之憲宗朝爲禮部員外郎新羅人金忠義以機巧進至少府監蔭其子爲兩舘生貫之持其籍不與曰工商之子不當仕忠義以藝通權倖爲請者非一人貫之持愈堅旣而上疏陳忠義不宜汚朝籍辭理懇到竟罷去之改吏部員外郎

奚陟爲中書舍人中書省故事姑息胥徒以嘗在宰相左右也陟皆以公道遇之後爲刑部侍郎時裴延齡惡京兆尹李充有能政專意陷害之誣奏充深結陸贄數厚賂遺金帛充旣貶官又奏充比者妄破用京兆府錢穀至多請令比部勾覆以比部郎中崔元翰陷充怨惡贄也詔許之元翰曲附延齡刻治府史府史到者雖無過犯皆笞決以立威時論喧然陟迺躬自閱視府案且得其實奏言據度支奏京兆府貞元九年兩稅及巳前諸色羨餘錢共六十八萬餘貫李充並妄破用今所勾勘一千二百貫巳來是諸縣供館驛加破及在諸色人戶腹內合收其斛㪷共三十二萬石惟三百餘石諸色輸納所由欠折其餘並是准勑及度支符牒應用巳盡陟之寬平守法多如此類元翰旣不遂其志因此憤恚而卒

顏眞卿爲尚書右丞代宗車駕自陝將還眞卿請皇

帝先謁五陵九廟而後還宮宰相元載謂眞卿曰公所見雖美其如不合事宜何眞卿怒而前曰用舍在相公耳言者何罪然朝廷事豈堪相公再破除耶載深銜之

楊於陵爲中書舍人時李實爲京兆尹恃承恩寵於陵與給事中許孟容俱不附叶遂爲實媒孽孟容改太常少卿於陵改祕書少監

趙宗儒爲司勳員外領考功事定內外百吏考績黜陟公當無所畏避遷考功郎中

鄭澣爲考功員外郎刺史有驅迫人吏上言政績請

刑百紀事者漸採得其情條責廉使巧跡遂露人服
其斂識
裴佶爲尚書左丞時兵部尚書李巽兼鹽鐵使將以
使局置於本行經構已半會佶拜命堅執以爲不可
遂令撤之巽恃恩而強時重佶之有守
董晉爲尚書左丞時右丞元琇爲度支使韓滉所奏
貶雷州司戶其責既重擧朝以爲非罪各有竊議者
董晉謂宰臣劉滋齊映曰元右丞忽有貶責未知罪
名用刑一濫誰不危懼假有權臣驕志相公何不奏
請三司詳斷之去年關輔用兵時方蝗旱琇總國計

夙夜憂勤以贍給師旅不增一賦軍國皆濟斯可謂
國之勞臣也今此播逐恐失人心人心一失則有聞
雞鳴起舞者矣竊爲相公痛惜之滋映但引過而已
給事中袁高又抗疏申理之滉坐以朋黨寢而不報
許孟容爲禮部員外郎有公主之子請補弘文崇文
館諸生孟容擧令式不許主訴於德宗命中使問狀
孟容執奏竟得請遷本曹郎中
楊綰爲吏部侍郎典選公平時元載秉政公卿多附
託之綰孤立中道清貞自守未嘗私謁載以綰雅望
高外示尊重心實疎之

孟簡爲倉部員外郎屬順宗登極王叔文竊政驟爲
戶部侍郎簡爲其屬中立正色挺然不附叔文心忌
之而不敢退黜言於宰相韋執誼換刑部員外郎
韓皐爲尚書左丞時王叔文專政皐自以前輩舊人
累更重任頗以簡倨自處嫉叔文之黨謂人曰吾不
能事新貴人皐從弟曄幸於叔文以告之故出皐爲
鄂岳觀察使
王源中爲左補闕時與禁軍者不循法度至有臺府
人吏皆爲追擒源中上疏曰夫臺憲者紀綱之地府
縣者責成之所設有罪犯宜歸司存安有北軍勢重

於南衙輦下權傾於仗內乞還法司庶守職分憲宗
可其請改侍御史
韋處厚穆宗時爲中書舍人時張平叔以便佞詠諸
他門而進自京兆少尹不數月爲戶部侍郎判度支
平叔欲以征利中帝意以希大任以權鹽舊法爲弊
年深欲官自糶鹽可富國強兵疏利害十八條時宰
不能奪因下其議處厚於是奏議發十難以詰之帝
然後深知害人乃止平叔繇是始有疎斥之漸
韋弘景爲尚書左丞弘景素以鯁亮稱會吏部員外
楊虞卿以公事爲下吏所訕獄未能辨詔下弘景與

憲司就尚書省詳讞虞卿多朋游時多黨附者弘景素所不悅時已請告在第及准詔就召以公服來謁弘景謂之曰有勑推公虞卿失容自退

崔咸爲散騎常侍秘書監咸登朝歷臺閣獨行守正時望甚重敬宗幸東都人心不安裴度以勲舊自興元隨表入覲既至權臣不便度復居中書京兆尹劉栖楚輩十餘人駕肩拒之賓客持兩端若日擁其門一日度留客命酒栖楚求度之歡曲躬附耳而語咸舉爵罰度曰丞相不當許所屬官咕囁耳語度笑而飲之栖楚不自安趨出坐者壯之

令狐楚爲左僕射太和末李訓伏誅大臣從坐者八九人京師大擾文宗夜召楚及鄭覃入決事翌日以覃爲宰相危疑之際楚多守正故爲中尉仇士良所忌遂以本官充諸道鹽鐵轉運等使

後唐蕭頃初在唐爲吏部員外郎先是張濬白中書出爲右僕射後爲梁太祖判官高邵使祖蔭求一子出身官省寺皆稱無例濬指揮甚急吏徒惶懼頃又判云僕射未集郎官未赴省上指揮使曹公事俱非南宮舊儀濬聞之慙悚致謝頃繇是名振梁祖亦加獎之

肅寂仕梁爲吏部郎中復判南曹吏畏其明人賞其正

劉贊歷御史中丞刑部侍郎贊性雍和與物無忤君官畏慎人若以私干之雖權豪不能移其操

崔蕘爲尚書左丞素與崔彥融善彥融嘗爲萬年令蕘謁於縣彥融未出見案上有書題皆賂遺中貴人蕘知其由徑始惡其爲人及除司勲郎中蕘爲左丞通刺不見蕘謂曰郎中行止鄙雜故未敢見宰相知之改楚州刺史卒於任

趙鳳爲員外郎充翰林學士會明宗置端明殿學士

鳳與馮道俱任其職時任圜爲宰相恃明宗舊恩行事無邊幅爲巧宦者所傾以至罷相歸磁州朱守殷以汴州叛明宗親征未及鄭州巧宦者謂安重誨曰此失權者三四人在外地如朝夕未能破賊被此輩陰結狡徒爲患非細乃指任圜在洛陽即日馳驛賜圜自盡旣而鳳知之哭謂重誨曰任圜義士肯造逆謀以讐君父乎公如此濫刑何以安國重誨笑而不責

晉裴皥爲工部尚書舍相國寺宰臣桑維翰謁之不迎不送或問之答曰皥見維翰於中書則庶寮也維

翰見緯於私館則門生也何送迎之有時人重其耿介

盧詹歷兵部侍郎左丞工部尚書詹剛直議論不避權貴執政者常惡之

册府元龜

册府元龜 臺省部 公正 卷之四百五十九 二十二

册府元龜

巡按福建監察御史臣李嗣京　訂正

新建縣舉人臣戴國士叅閲

知建陽縣事臣黄國琦較釋

臺省部四

正直

夫一言以蔽在於無邪明神介福本乎好直故臣之事君非可以載僞也已繇漢氏而下居臺省者皆爲天子從官或處喉舌之地專典乎出納或侍帷幄之内拾遺於左右而能厲骨鯁之操藴貞諒之志臨大節而有守膺切問而無諂據經持正犯顔竭慮罔避權倖以効誠懇斯蓋服膺善道中立不倚之徒歟至有斥遠於外抗心罔移感慨而死遺風可挹信乎耿介方直之士皆人君之所欲得而臣也

漢馮唐祖父趙人也父徙代漢興徙安陵唐爲郎中署長事文帝帝輦過問唐曰父老何自爲郎家安在（言年老矣何乃自爲郎也）且以實言文帝曰吾居代時吾尚食監言法數爲我言趙將李齊之賢戰於鉅鹿下吾每飲食意未嘗不在鉅鹿也（每時念監所說李齊在鉅鹿時也）父老知之乎唐對曰齊尚不如廉頗李牧之爲將也帝曰何也（巳猶正也）唐曰臣大父在趙時爲官帥將（大父祖父也）善李牧臣父故爲代相善李齊知其爲人也帝既聞廉頗李牧爲人良説（良善也說讀曰悅頗牧之善帝意大說）廼拊髀曰（髀音陛）嗟乎吾獨不得廉頗李牧爲將豈憂匈奴哉唐曰主臣（恐懼之言）陛下雖有廉頗李牧不能用也帝怒起入禁中良久召唐讓曰公衆辱我獨亡間處乎（何不間隙之處而言）唐謝曰鄙人不知忌諱

東方朔武帝時爲中大夫雖詼笑（詼嘲戲也詼笑謂朝諧發言可笑也詼音恢）然時觀察顔色直言切諫帝常用之

陳咸年十八以父萬年任爲郎有異材抗直數言事

刺譏近臣書數十上遷爲左曹

王章字仲卿少以文學爲官稍遷至諫大夫在朝廷名敢直言

孔光爲光祿勲領尚書諸吏給事中凡典樞機十餘年守法度脩故事帝有所問據經法以心所安而對不希旨苟合（希旨希望天子之旨意）

平當以明經爲博士成帝時公卿薦當論議通明給事中每有災異當輒傅經術言得失（傅讀曰附）

王閎爲侍中哀帝置酒麒麟殿董賢父子親屬宴飲閎兄弟侍中中常侍皆在側帝有酒所（言酒在醲中）從容

覵賢笑（覵音千安切）曰吾欲法堯禪舜何如閎進曰天下迺高祖皇帝天下非陛下之有也陛下承宗廟當傳子孫於亡窮統業至重天子無戲言帝默然不說左右皆恐於是遣閎出後不得復侍宴

龔勝爲光禄大夫諸吏給事中勝言董賢亂制度繇是逆上指（繇與由同）

後漢馮勤爲郎中給事尚書司徒侯霸薦前梁令閻楊楊素有譏議光武常嫌之旣見霸奏疑其有姦大怒賜霸璽書曰崇山幽都何可偶黄鉞一下無處所欲以身試法邪將殺身以成仁邪使勤奉策至司徒

府勤還陳霸本意申釋事理帝意稍解

戴憑爲侍中數進見問得失光武謂憑曰侍中當規補國政勿有隱情憑對曰陛下嚴帝曰朕何用嚴憑曰伏見前太尉西曹掾蔣遵清亮忠孝學通古今陛下納膚受之愬遂致禁錮以是爲嚴帝怒曰汝南子欲復黨乎憑出繫廷尉有詔勑出後復引見憑謝曰臣無謇諤之節而有狂瞽之言不能以尸伏諫偷生苟活誠慙聖朝帝卽勑尚書解遵禁錮拜憑虎賁中郎將以侍中兼領之

鍾離意爲尚書僕射顯宗性褊察朝廷爭爲嚴察以避誅唯意循取諫爭數封還詔書臣下過失輒救解之會詔賜降胡子縑尚書案事誤以十爲百帝見司農上簿大怒召郎將笞之意因入叩頭過誤之失常人所容若以懈慢爲愆則臣位大罪重郎位小罪輕咎皆在臣臣當先坐乃解衣就格帝意解使復冠而貫郎

朱暉爲尚書僕射元和中尚書張林上言均輸暉奏言不可施行後陳事者復述前議章帝以爲然暉言非所宜行帝得暉重議因發怒切責諸尚書暉等皆自繫獄三日詔勑出之曰國家樂聞駮議黄髮無愆

詔書過耳何故自繫暉因稱病篤不肯復署議尚書令以下惶怖謂暉曰今臨得譴讓奈何稱病其禍不細暉曰行年八十蒙恩得在機密當以死報若心知不可而順旨雷同負臣子之義今耳目無所聞見伏待死遂閉口不復言諸尚書不知所爲乃劾奏暉帝意解寢其事

申屠剛爲尚書令謇多直言無所屈撓

宋均明帝時徵拜尚書令每有駮議多合帝旨均嘗删剪疑事帝以爲有姦大怒收郎縛格之諸尚書惶恐皆叩頭謝罪均顧厲色曰盖忠臣執義無有二心

若畏威失正均雖死不易小黃門在傍入具以聞帝善其不撓即令貸郎

郅壽章帝時爲尚書僕射是時大將軍竇憲以外戚之寵威傾天下憲嘗使門生齎書詣壽有所請託壽即送詔獄前後上書陳憲驕恣引王莽以誡國家

陳禪爲諫議大夫西南撣音擅國王獻樂及幻人能吐火自支解易牛馬頭永寧二年元會作之於庭安帝與群臣共觀大奇之禪獨離席舉手曰帝王之庭不宜作夷狄之樂尚書陳忠請禪下獄詔勿收之

傳翻爲諫議大夫性諒直數陳讜言

虞承爲諫議大夫雅性忠謇在朝堂犯顏諫諍終不曲撓

李法和帝時遷侍中光祿大夫歲餘上疏以爲朝政苛碎違永平建初故事宦官權重椒房寵盛又譏史官記事不實後世有識尋功計德必不明信坐失旨下有司免爲庶人在家八年徵拜議郎諫議大夫正言極辭無改於舊

周舉爲尚書陽嘉三年大旱順帝下策問舉因奏見舉及尚書令成翊世僕射黃瓊問以得失舉等並對以爲宜慎官人去斥貪污離遠佞邪修文帝之儉尊孝明之教則時雨必應帝曰百官貪汙佞邪者爲誰乎舉獨對曰臣從下州超備機密不足以別群臣然公卿大臣數有直言者忠貞也阿諛苟容者佞邪也司徒視事六年未聞有忠言異謀愚心在此其後以事免司徒劉崎遷舉司隷校尉

宋登順帝時爲侍中數上封事抑退權臣由是出爲潁川太守

陳龜爲尚書梁冀暴虐日甚龜上疏言其罪狀請誅之桓帝不省自知必爲冀所害不食七日而死

爰延爲侍中桓帝遊上林苑從容問延曰朕何如主

也對曰陛下爲漢中主帝曰何以言之對曰尚書令陳蕃任事則治中常侍黃門豫政則亂是以知陛下可與爲善可與爲非帝曰昔朱雲廷折欄檻今侍中面稱朕違敬聞闕矣

劉淑遷侍中桓帝朝上疏以爲宜罷宦官辭甚切直帝雖不能用亦不罪焉

劉儒遷侍中桓帝時數有災異下策博求直言儒上封事十條極言得失辭甚忠切帝不能納出爲任城相

桓彬桓帝時爲議郎入侍講禁中以直道忤左右出

爲許令

劉陶靈帝時爲侍中以數切諫爲權臣所憚徙爲京兆尹

楊奇爲侍中靈帝常從容問奇曰朕何如桓帝對曰陛下之於桓帝亦猶虞舜比德唐堯帝不悅曰卿強項眞楊震子孫

傅燮字南容爲議郎會西羌反邊章韓遂作亂隴右徵發天下役賦無已司徒崔烈以爲宜棄涼州詔會公卿百官烈堅執先議厲言曰斬司徒天下乃安尚書郎楊贊奏燮廷辱大臣帝以問燮對曰昔冒頓

至逆也樊噲爲上將願得十萬衆橫行匈奴中憤激思奮未失人臣之節顧計當從與不耳季布猶曰噲可斬也今涼州天下要衝國家藩衛高祖初興使酈商別定隴右世宗拓境列置四郡議者以爲斷匈奴右臂今牧御失和使一州叛逆海內爲之騷動陛下卧不安寢烈爲宰相不念爲國思所以弭之之策乃欲割棄一方萬里之土臣竊惑之若使左衽之虜得居此地（說文曰衽衣衿也）士勁甲堅因以爲亂此天下之至慮社稷之深憂也若烈不知之是極蔽也知而故言是不忠也帝從燮議項之趙忠爲車騎將軍詔忠論討黃巾之功執金吾甄舉等謂忠曰傅南容前在東軍有功不侯故天下失望今將軍親當重任宜進賢理屈以副衆心忠納其言遣弟城門校尉延致殷勤延謂燮曰南容少答我常侍萬戶侯不足得也燮正色拒之曰遇與不遇命也有功不論時也傅燮豈求私賞哉忠愈懷恨然憚其名不敢害

何休靈帝時羣公表休道術深明宜侍帷幄倖臣不悅之乃拜議郎屢陳忠言

魏和洽魏國初建爲侍中有白毛玠謗毀太祖太祖見近臣怒甚洽陳玠素行有本求案實其事罷朝大

祖令曰今言事者白玠不但謗吾也乃復爲崔琰觖望此損君臣恩義妄爲死友怨歎殆不可忍也昔蕭曹與高祖並起微賤致功立勳高祖每在屈笮二相恭順臣道益彰所以祚及後世也和侍中比求實之所以不聽欲重參之耳洽對曰如言事者言玠罪過深重非天地所覆載臣非敢曲理玠以枉大倫也以玠出羣吏之中特見拔擢顯在首職歷年荷寵剛直忠公爲衆所憚不宜有此然人情難保要宜考覈兩驗其實今聖恩垂含垢之仁不忍致之于理更使曲直之分不明疑自近始太祖曰所以不考欲兩全玠

及言事者耳洽對曰玠信有謗主之言當肆之市朝若玠無此言事者加誣大臣以誤主聽二者不加撿覈臣竊不安太祖曰方有軍事安可受人言便考之邪狐射姑刺陽處父於朝此爲君之誡也

崔琰魏國初建拜尚書時未立太子臨淄侯植有才而愛太祖狐疑以函令密訪於外唯琰露板答曰蓋聞春秋之義立子以長加五官將仁孝聰明宜承正統琰以死守之植琰之兄女婿也太祖貴其公亮喟然歎息

桓階爲侍中時太子未定而臨淄侯植有寵階數陳

文帝德優齒長宜爲儲副公規密諫前後懇至又毛玠徐奕以剛謇少黨而爲西曹掾丁儀所不善儀屢言其短賴階左右以自保全其將顧規救多此類也

衛臻文帝爲魏王時爲散騎常侍及踐祚羣臣並頌魏德多抑損前朝臻獨明授禪之義稱揚漢美帝數目臻曰天下之珍當與山陽共之後明帝時爲右僕射加光祿大夫是時明帝方隆意於殿舍臻數切諫及殿中監擅收蘭臺令史臻奏案之詔曰殿舍不成吾所留心卿推之何臻上疏曰古制侵官之法非惡其勤事也誠以所益者少所墮者大也臣每察校事類皆如此懼群臣將遂越職以至陵遲矣

杜畿爲河東太守徵爲尚書初畿在郡被書録寡婦是時他郡或有已自相配嫁依書皆録奪啼哭道路畿但取寡者故所送少及趙儼代畿而所送多文帝問畿前君所送何少今何多也畿對曰臣前所録皆亡者妻今儼送生人婦也左右顧而失色

辛毗爲侍中從文帝射雉帝曰射雉樂哉毗曰於陛下甚樂而於羣下甚苦帝默然後爲之稀出

蘇則爲侍中文帝問則曰前破酒泉張掖西域通使炖煌獻徑寸大珠可復求市益得不則對曰若陛下

化洽中國德流沙漠卽不求自至求而得之不足貴也帝嘿然

陳矯爲尚書令明帝憂社稷問矯司馬公忠正可謂社稷之臣乎矯曰朝廷之望社稷未知也又車駕常卒至尚書門矯跪問帝曰陛下何欲之帝曰欲案行文書爾矯曰此自臣職分非陛下所宜臨也若臣不稱其職則請就黜退陛下宜還帝慙回車而反其亮直如此

許允爲吏部郎選郡守明帝疑其所用非次召入將加罪允入帝怒詰之允對曰某郡守雖限滿文書先

至年限在後某郡守雖後日限在前帝取事視乃釋
遣出
虞毓爲侍中青龍中侍中高堂隆數以宮室事切諫
明帝不悅毓進曰臣聞明君則臣直古之聖王恐不
聞其過故有敢諫之鼓近臣盡規此乃臣等所以不
及隆諸生名爲狂直陛下宜容之
孫禮爲尚書明帝方脩宮室而節氣不和天下穀貴
禮固爭罷役詔曰敬納讜言促遣民作時李惠監作
復奏留一月有所成訖禮徑至作所不復重奏稱詔
罷民帝奇其意而不責
冊府元龜　臺省部　正直　卷之四百六十　十七
蔣濟爲散騎常侍明帝詔征南將軍夏侯尚曰卿腹
心重將特當任使恩施足死惠愛可懷作威作福殺
人活人尚以示濟濟旣至帝問曰卿所聞見天下風
教何如濟對曰未有他善但見亡國之語耳帝忿然
作色而問其故濟具以答因曰夫作威作福書之明
誡天子無戲言古人所慎惟陛下察之於是帝意解
遣追取前詔
蜀後主卽位董允爲侍中領虎賁中郎將統宿衛親
兵獻納之任允皆專之允處事爲防制甚盡規救之
理後主常欲采擇以充後宮允以爲古者天子后妃
之數不過十二今嬪妃已具不宜增益終執不聽後
主益嚴憚之後主漸長大愛宦人黃皓皓便僻佞慧
欲自容入允常上則正色佐主下則數責於皓皓畏
允不敢爲非終允之世皓位不過黃門丞
吳闞澤領中書時呂壹姦罪發聞有司窮治奏以大
辟或以爲宜加焚烈用彰元惡大帝以訪澤澤曰盛
明之世不宜復有此刑帝從之
丁儀爲侍中執法平諸官事領辭訟如舊典校郎呂
壹誣曰江夏太守刁嘉謗訕國政大帝怒收嘉繫獄
悉驗問時同坐人皆怖畏壹並言聞之儀獨云無聞
冊府元龜　臺省部　正直　卷之四百六十　十二
於是見窮詰累日詔旨轉厲羣臣爲之屏息儀對曰
今刀鋸已在臣頸臣何敢爲嘉隱諱自取夷滅爲不
臣之鬼顧以聞知當有本末據實答問辭不傾移帝
遂舍之嘉亦得免
晉裴楷爲侍中與山濤和嶠並以盛德居位武帝嘗
問曰朕應天順時海內更始天下風聲何得何失楷
對曰陛下受命四海承風所以未比德堯舜者但以
賈充之徒尚在朝耳方宜引天下賢人與弘政道不
宜示人以私時任愷庾純亦以充爲言帝乃出充充
納女於太子乃至

樊建爲給事中武帝問諸葛之治國建對曰聞惡必
改而不矜過賞罰之信足感神明帝曰善哉使得此
人以自輔豈有今日之勞乎建稽首曰臣竊聞天下
之論皆謂鄧艾見枉陛下知而不理此豈馮唐所謂
雖得頗牧而不能用者乎帝笑曰吾方欲明之卿言
起我意於是發詔治艾焉
劉毅遷尚書左僕射時龍見武庫井中帝親觀之有
喜色百官將賀毅獨帳曰昔龍降鄭時門之外子產
不賀龍降夏庭沫流不禁卜藏其漦至周幽王禍釁
乃發易稱潛龍勿用陽在下也證據舊典無賀龍之

禮詔報曰政德未倫誠未有以膺受嘉祥省來表以
爲瞿然賀慶之事宜詳依典義動靜數示尚書郎劉
漢等議以爲龍體既蒼雜以素文意者大晉之行戢
武興文之應也而毅乃引衰世妖異以擬今之吉祥
又以龍在井爲潛皆失其意潛之爲言隱而不見今
龍彩質明煥示人以物非潛之謂也毅應推處詔不
聽後陰氣解而復合毅上言必有阿黨之臣姦以事
君者當誅而不誅故也
胡威爲尚書加奉車都尉威嘗諫時政之寬帝曰尚
書郎以下吾無所假借威曰臣之所陳豈在丞郎令

史正謂如臣等輩始可以肅化明法耳
和嶠爲尚書愈被親禮與任愷張華相善嶠入太子
不令因侍坐曰皇太子有淳古之風而季世多僞恐
不了陛下家事武帝默然不答後與荀顗荀勖同侍
帝曰太子近入朝差長進卿可俱詣之粗及世事既
奉詔而還顗勖並稱太子明識弘雅誠如明詔嶠曰
聖質如初耳帝不悅而起嶠退居常懷慨歎知不見
用猶不能已在御坐言及社稷未嘗不以儲君爲憂
帝知其言忠每不酬和後與嶠語不及來事或以告
賈妃妃銜之及惠帝卽位拜太子少傅加散騎常侍

光祿大夫太子朝西宮嶠從入賈后使帝問嶠曰卿
昔謂我不了家事今日定云何嶠曰臣昔事先帝曾
有斯言言之不效國之福也臣敢逃其罪乎
山濤爲尚書僕射加侍中領吏部濤中立於朝晚值
后黨專權不欲任楊氏多有諷諫帝雖悟而不能改
文立爲散騎常侍時西域獻馬武帝問立馬何如對
曰乞問太僕帝善之
周顗爲左僕射元帝讌羣公於西堂酒酣從容曰今
日名臣共集何如堯舜時邪顗因醉厲聲曰今雖同
人主何得復比聖世帝大怒而起手詔付廷尉將加

戮累日方赦之及出諸公就省顗曰近日之罪固知不至於死

孔坦爲侍中成帝每幸丞相王導府拜導妻曹氏有同家人坦每切諫帝旣加元服猶委政王導坦每發憤以國事爲已憂嘗從容言於帝曰陛下春秋已長聖敬日躋宜博納朝臣諮諏善道由是忤導出爲廷尉

顧和爲尚書令居任多所獻納雖權臣不苟阿撓穆帝崩南中郎將謝尚領宣城內史收涇令陳幹殺之有司以尚違法糾黜詔原之和重奏曰尚先劾姦贓

罪入甲戌赦聽自首減死而尚近表云幹乾沒姦猾輒收行刑幹事狀自郡非犯軍戎不由都督按尚掌親賢之舉荷文武之任不能爲國惜體平心聽斷內挾小憾肆其威虐遠近怪愕莫不解體尚忝外屬宥之有典至於下吏宜正刑辟尚書太后舅故寢其奏

孔嚴哀帝時領尚書時東海王弈求海鹽錢塘以水牛牽埭稅取錢直帝初從之嚴諫乃止初帝或施私恩以錢帛賜左右嚴又啓諸所別賜及給廚食皆應減省帝曰左右多困之故有所賜今通斷之又廚膳宜有減徹思詳具聞嚴多所裨益

高崧爲侍中哀帝雅好服食崧諫以爲非萬乘所宜陛下此事實日月之一蝕也

宋鄭鮮之爲都官尚書鮮之爲人通率在武帝坐言無所隱諱人甚憚焉

蔡興宗爲侍中每正言得失無所顧憚由是失旨後遷尚書右僕射文帝謂興宗曰諸處未定殷淡已復同逆頃日人情云何事當濟不興宗曰逆之與順臣無以辨今商旅斷絶而米甚豐四方雲合而人情更安以此卜之清蕩可必但臣之所憂更在事後猶羊公云旣平之後方當勞聖慮耳尚書褚淵以手版築

興宗言之不已帝曰如卿言興宗轉掌吏部時孝武方盛淫宴虐侮羣臣自江夏王義恭以下咸加穢辱唯興宗以方直見憚不被侵媟尚書僕射顏師伯謂議曹郎王耽之曰蔡尚書常免昵戲去人實遠耽之曰蔡豫章昔在相府亦以方嚴不狎武帝宴私之日未嘗相召每至官賭常在勝朋蔡尚書今日可謂能負荷矣大明末前廢帝即位興宗告太宰江夏王義恭應須策文義恭曰建立儲副本爲今日復安用此興宗曰累朝故事莫不皆然近永初之末營陽王即位亦有文策今在尚書可撿按也不從

沈懷文爲侍中世子孝建以來抑黜諸弟廣陵平後復欲更峻其科懷文曰漢明不使其子比光武之子前史以爲美談陛下明管蔡之誅願崇唐衞之寄及海陵王休茂誅欲遂前議太宰江夏王義恭探得密旨先發議端懷文固謂不可由是得息

王曇首爲侍中元嘉四年車駕出北堂嘗使三更竟開廣莫門南臺云應須白虎幡銀字棨不肯開門尚書左丞羊玄保奏免御史中丞傅隆以下曇首繼啟曰既無墨勅又闕幡棨雖稱上旨不異單刺元嘉元年二年雖有再開門例此乃前事之違今之守舊未

爲非禮但既據舊史應有疑却本未曾無此狀猶宜及咎其不請白虎幡銀字棨致開門不時由尚書相承之失亦合糾正帝特無所問更立科條

王球文帝時爲尚書僕射時羣臣詔見多不即前甲跡者或至數十日大臣亦有十餘日不被見者唯球輒去未嘗止停

何尚之爲尚書右僕射時吏部尚書庾炳之領選既不緝衆論又頗通貨賄炳之請急還家吏部令史錢泰主客令史周伯齊出炳之宅諮事泰能彈琵琶伯齊善歌炳之因留停尚書舊制令史諮事不得宿停外雖有八座命亦不許爲有司所奏帝於炳之素厚將恕之召門尚之尚之具陳炳之得失太祖乃可有司之奏免炳之官

袁顗爲侍中領前軍將軍時新安王子鸞以母嬖有盛寵太子在東宮多過失孝武微有廢太子立子鸞之意從容頗言之顗盛稱太子好學有日新之美帝又以沈慶之才用不多言論頗相蚩毀顗又陳慶之忠勤有幹略堪當重任由是前廢帝深感顗慶之亦懷其德

南齊王琨初任宋爲光祿大夫時中領軍劉勔脫節

有栖退志表求東陽郡尚書令袁粲已下莫不贊美之琨曰永初景平唯謝晦殷景仁爲中領軍元嘉有到彥之爲人望才譽勔不及也近聞加侍中爲怏怏便求東陽臣恐子房赤松子未易輕擬其梗直如此

虞愿初仕宋爲通直散騎侍郎時明帝以宅起湘宮寺費極奢侈以孝武莊嚴剎七層帝欲起十層不可立分爲兩剎各五層新安太守巢尚之罷郡還見帝曰卿至湘宮寺未我起此寺是大功德愿在側曰陛下起此寺皆是百姓賣兒貼婦錢佛若有知當悲哭哀愍罪高佛圖有何功德尚書令袁粲在座爲之失

色帝大怒使人驅下殿慁徐去無異容又帝好圍碁慁曰堯以此教丹朱非人主所宜好

何戢爲侍中高帝欲轉戢領選問尚書令褚淵以戢資重欲加常侍淵曰宋世王球從侍中中書令單作吏部尚書資與戢相似頃選職方昔小輕不容頓加常侍聖旨每以蟬冕不宜過多臣與王儉既已左珥若復加戢則八座便有三蟬若帖以驍游亦不爲少乃以戢爲吏部尚書加驍騎將軍

王晏爲吏部尚書永明八年武帝欲以明帝代晏領選手勑問之晏啟曰鸞清幹有餘然不諳百氏恐不

可居此職帝乃止

謝瀹爲吏部尚書高宗廢鬱林王後讌會功臣上酒尚書令王晏等興席瀹獨不起曰陛下受命應天從民王晏妄叨天功以爲己力帝大笑解之座罷晏呼瀹共載還令省欲相撫悅瀹又正色曰君巢窟在何處晏初得班劒瀹謂之曰身家太傅裁得六人君亦何事一朝至此晏甚憚之

梁江子四自右丞上封事極言得失高祖甚善之詔尚書詳擇施行焉

袁昂爲尚書令昂在朝謇愕世號宗臣昭明太子卒晉安王綱爲皇太子昂獨表言宜立昭明長息權爲皇太孫雖不見用擅嚴朝野

許懋爲著作郎待詔文德省時有請封會稽禪國山者高祖雅好禮因集學士草封禪欲行懋以爲不可因建議言之拜充中庶子

陳蔡凝爲尚書吏部侍郎高宗嘗謂凝曰我欲用義興主壻錢肅爲黃門郎卿意何如凝正色對曰帝鄉舊戚恩由聖旨則無所復言格以僉議黃散之職故須人門兼美惟陛下裁之高宗默而止肅因而有憾令義興主譖之於高宗尋免官遷交阯頃之還爲黃

門侍郎後主嘗置酒會羣臣歡甚將移讌於弘範宮衆人咸從唯凝與袁憲不行後主曰卿何爲者凝對曰長樂尊嚴非酒後所過臣不敢奉詔衆人失色後主曰卿醉矣令引出

孔奐爲侍中後主時在東宮欲以江總爲太子詹事令管記陸瑜言之於奐奐謂瑜曰江有潘陸之華而無園綺之實輔弼儲宮竊有所難瑜具以白後主深以爲恨乃自言於高宗高宗將許之奐乃奏曰總文華之人今皇太子文華不少無藉於總如臣愚見願選敦重之才以居輔導帝曰即如卿言誰當居此奐

曰都官尚書王廓世有懿德性敦敏可以君太子詹事奐又奏曰宋朝范曄卽范泰之子亦爲太子詹事前代不疑後主固争之帝卒以惣爲詹事由是忤旨其梗正如此

後魏高允與司徒崔浩述成國史後以經授恭宗及浩之被收也允直於中書省恭宗使東宮侍郎吳延召允仍留宿宫内翌日恭宗入奉太武命允參乘至宫門謂曰入當見至尊吾自導卿脫至尊有問但依吾語允請曰爲何等事也恭宗曰入自知之旣入見帝恭宗曰中書侍郎高允在臣宫同處累年小心密

愼臣所悉雖與浩同然允微賤制由於浩請赦其命太武召允謂曰國書皆崔浩作不允對曰太祖記前著作郎鄧淵所撰先帝記及今記臣與浩同作然浩綜務處多惣裁而已至於註疏臣多於浩帝大怒曰此甚於浩安有生路恭宗曰天威嚴重允是小臣迷亂失次耳臣向備問皆云浩作帝問如東宫言不允曰臣以下才謬忝著作犯忤天威罪應滅族今已分死不敢虛妄殿下以臣侍讀日久哀臣乞命耳實不問臣臣無此言臣以實對不敢迷亂帝謂恭宗曰直哉此亦人情所難而能臨死不移不亦難乎且對君以實貞臣也如此言寧失一有罪宜宥之允竟得免於是召浩前使人詰浩惶惑不能對允事事申明皆有條理時帝怒甚勅允爲詔自浩已下僮吏已上百二十八人皆夷五族允持疑不爲頻詔催切允乞更一見然後爲詔詔引前允曰浩之所坐若更有餘釁非臣敢知直以犯觸罪不至死帝怒命介士執允恭宗拜請帝曰無此人忿朕當有數千口死矣浩竟族滅餘皆身死恭宗後讓允曰人當知機不知機學復何益參乘之時吾導卿端緒何故不從人言怒帝如此每一念之使人心悸允曰臣東野凡生本無宦意

屬休明之會應弓旌之舉釋褐鳳池仍忝麟閣尸素官榮妨賢已久夫史籍者帝王之實錄將來之鑒戒今之所以觀往後之所以知今是以言行舉動莫不備載故人君愼焉然浩世爲殊遇榮曜當時孤負聖恩自貽灰滅卽浩之跡時有可論浩以蓬蒿之才荷棟梁之重在朝無謇諤之節退私無委迤之稱私欲沒其公廉愛憎蔽其直理此浩之責也至於書朝廷起居之跡言國家得失之事此亦爲史之大體未爲多違然臣與浩實同其事死生榮辱義無獨殊誠荷殿下大造之慈違心苟免非臣之意恭宗動容稱歎

允後與人言我不奉東宮尊旨者恐負翟黑子也（翟黑子事見奉使受賂門）

孫紹爲給事中門下錄事朝廷大事好言得失遂爲世知

苟頹孝文時爲都曹尚書方正好直言雖文明太后生殺不允頹亦言至懇切未嘗阿諛李訢之誅也頹並致諫太后不從

李崗爲度支尚書性鯁烈敢直言常面折孝文彈駁公卿無所迴避百寮皆憚之帝常加優禮

元匡爲黃門侍郎茹皓以白衣侍直禁中稍被寵接

宣帝嘗拜山陵路中欲引與同車皓奮衣將昇正切諫而止

北齊崔昂魏孝靜帝時爲尚書左丞武定六年甘露降於宮闕文武官僚同賀顯陽殿魏帝問僕射崔暹尚書楊愔等曰自古以甘露爲瑞漢魏多少可各言往代所降之處德化感致所由次問昂昂曰案符瑞圖王者德至於天則甘露降吉凶兩門不由符瑞故桑雉爲戒實啓中興小鳥孕大未聞福感所願陛下雖休勿休帝爲斂容曰朕旣無德何以當此

崔暹天保末爲右僕射文宣謂左右曰崔暹諫我飲酒過多然我飲何所妨常山王私謂暹曰至尊或醉多太后尚不能致言吾兄弟杜口僕射獨能犯顏內外深相感愧

後周宇文孝伯爲小冢宰宣帝忌齊王憲意欲除之謂孝伯曰公能爲朕圖齊王當以其官位相授孝伯叩頭曰奉先帝遺詔不許濫傷骨肉齊王陛下叔父戚近功高社稷重臣棟梁所寄陛下若妄加刑戮微臣又順旨曲從則臣爲不忠之臣陛下爲不孝之子也帝不懌因漸疏之

隋蕭吉仕周爲儀同宣帝時吉以朝政日亂上書切

諫帝不納

何妥開皇初爲通直散騎常侍時納言蘇威嘗言於高祖曰臣先人每誡臣云唯讀孝經一卷足可立身治國何用多爲帝亦然之妥進曰蘇威所學非止孝經厥父若信有此言威不從訓是其不孝若無此言面欺陛下是其不誠不誠不孝何以事君且夫子有云不讀詩無以言不讀禮無以立豈容蘇綽教子獨反聖人之訓乎威時兼領五職帝甚重之妥因奏威不可信任

趙綽開皇中爲刑部侍郎每有奏讞正色侃然高祖

嘉之漸見親重
高熲爲尚書左僕射時太子勇失愛於高祖潛有廢立之志謂熲曰晉王妃有神憑之言王必有天下若之何熲長跪曰長幼有序其可廢乎帝默然而止
元巖字君山爲兵部尚書巖性嚴重明達世務每有奏議侃然正色廷諍面折無所迴避高祖及公卿皆敬憚之
盧愷開皇初除吏部侍郎攝尚書左丞每有敷奏侃然正色雖逢喜怒不改其常
牛弘爲吏部尚書高祖惑於邪議疎忌太子勇高祖

車駕至仁壽宮翌日御大興殿謂侍臣曰我新還京師應開懷歡樂不知何意翻邑然愁苦弘對曰由臣等不稱職故至尊憂勞高祖既數聞讒譖疑朝臣皆委故有斯問冀聞太子之衍弘爲此對大乖本旨
劉行本爲黄門侍郎高祖嘗怒一郎於殿前笞之行本進諫帝不顧行本乃正當帝前曰陛下不以臣不肖置臣左右豈得輕臣而不顧也乃置笏於陛而退帝謝之而原所笞者
長孫平爲工部尚書有人告大都督邴紹非毀朝廷爲憒憒者高祖怒將斬之平曰川澤納汙所以成其深山岳藏疾所以就其大不勝至願願陛下弘山海之量茂寛裕之德鄙諺曰不癡不聾不堪作大家翁此言雖小可以喻大邴紹之言不應聞奏陛下又復誅之且恐百代之後有虧聖德乃赦紹
段文振大業中爲右光禄大夫時兵曹郎斛斯政專掌兵事文振知政險薄不可委以機要屢言於煬帝帝弗納
蘇威爲納言從幸遼東車駕次太原威以盜賊不止勸煬帝還京師深根固本爲社稷計帝初從之竟用宇文述等議往東都天下大亂威知帝不可規正甚

患之屬帝問盜賊事宇文述曰盜賊信少不足爲虞威不能詭對以身隱殿柱帝呼問之威曰臣非職事不知多少但患其漸近帝曰何謂也威曰他日賊據長白山今者近在滎陽汜水帝不悅而罷
李桐客爲門下録事大業末煬帝幸江都時四方兵起謀欲徙都丹陽召百僚會議公卿希旨俱言江左黔黎皆思望幸巡狩吳會勒石紀功復禹之跡今其時也桐客獨議曰江南卑濕地狹州小内奉萬乘外給三軍吳人力屈恐不堪命且踰越險阻非社稷之福御史奏桐客謗朝政僅而獲免

唐李綱爲禮部尚書兼太子詹事綱以太子建成漸狎無行之徒有猜忌之謀不可諫止頻乞骸骨高祖慢罵之曰卿爲潘仁長史何乃羞爲朕尚書且建成在東宫遣卿輔導何謂屢致辭乎綱頓首陳謝曰潘仁賊也誠在殺害每諫便止所活極多爲其長史故得無愧陛下功成業泰頗自矜伐臣以凡劣才乖元凱所言如水投石安敢久爲尚書兼以愚臣事太子所懷鄙見復不採納旣無補益所以請退高祖謝曰知公直士勉獮我兒於是擢拜太子少保尚書詹事並如故

魏徵貞觀二年爲尚書左丞或有言徵阿黨親戚者太宗使御史大夫温彦博按驗無狀彦博奏曰徵爲人臣須存形迹不能遠避嫌疑遂招此謗雖情在無私亦有可責帝令彦博讓徵且曰自今以後不得不存形迹他日徵入奏曰臣聞君臣叶契義同一體不存公道唯事形迹若君臣上下同遵此路則邦之興喪或未可知帝瞿然改容曰吾已悔之其年侍御史張玄素奏慶州樂蟠縣令叱奴隲盜用官倉推逐並實帝令斬決中書舍人楊文瓘奏據律不合死帝曰倉糧朕之所重若不加法恐犯者更多尚書右丞魏徵對曰陛下設法與天下共之今若改張多將法外畏罪且後有重者又無以加之其年太宗謂侍臣曰人皆以祖孝孫爲知音今其所教聲曲多不諧韻此猶未至精妙人亦以許崇爲良醫全不識藥性魏徵對曰陛下生平不愛音聲今忽爲教女樂差舛責孝孫臣恐天下怪愕帝怒曰卿是朕腹心應須進忠直何乃附下罔上爲孝孫分疏温彦博等拜謝徵與王珪進曰祖孝孫學問立身何如白明達陛下平生禮遇孝孫復何如白明達今過聽一言便謂孝孫可疑明達可信臣恐羣臣衆庶有以窺陛下者帝意乃解

權萬紀太宗時爲尚書左丞梗言廷諫公卿莫不憚之

顔相時師古之弟亦有學業貞觀中累遷諫議大夫拾遺補闕有諍臣之風

狄仁傑爲左司郎中王本立恃寵用事朝廷懾懼仁傑奏之請付法寺高宗特原之仁傑奏曰國家雖乏英才豈少本立之類陛下何惜罪人而虧王法必欲曲赦本立請棄臣於無人之境爲忠貞將來之誡本立竟得罪由是朝廷肅然

王及善則天時爲內史時御史中丞來俊臣常以飛

禍陷良善自侯王將相被其羅織受戮者不可勝計後俊臣坐事繫獄有司斷以極刑則天欲捨之及善奏曰俊臣兇狡不軌所信任者皆屠販小人所誅戮者多名德君子臣愚以爲若不剿絕元惡恐搖動朝廷禍從此始則天慰納之

張東之聖曆初爲鳳閣舍人其年突厥默啜表言有女請和親天后盛意許之欲令淮陽郡王廷秀娶其女東之奏言古無男子求夷狄女以配中國王者頗忤旨出爲合州刺史

姚元崇爲夏官侍郎萬歲通天二年則天謂侍臣曰

冊府元龜　臺省部　正直　卷之四百六十　二十九

近者朝臣多被周興來俊臣等推勘相牽咸自承服國家有法朕豈能違中間疑有枉濫更使近臣就獄根問皆得手狀承引不虛朕不以爲疑即可其奏自周興來俊臣死後更無聞有反逆者然則已前就戮者不有冤濫邪元崇對曰自垂拱已後被告身死破家者皆是枉酷自誣而死告者特以爲功天下號爲羅織甚於漢之黨錮陛下令近臣就獄問者近臣自亦不保何敢輒有動搖被問者若翻又懼遭其毒手將軍張虔最李安靜等是也賴上天降靈聖情發寤鉏誅兇豎朝廷乂安今日已後臣以微軀及一門百口保見在內外官更無反逆者乞陛下得告狀但收掌不須推問若後有徵驗反逆有實臣請受知而不告之罪則天大悅曰前宰相皆順成其事陷朕爲淫刑之主聞卿所說甚合朕心其日使高品官送銀千兩賜之長安四年爲相王府長史兼知夏官尚書事又上言相王知兵馬不便臣非惜死但恐不益相王詞旨懇至則天深然其言遂改爲春官尚書

李嶠則天朝爲給事中時酷吏來俊臣搆陷狄仁傑李嗣眞裴宣禮等奏請誅之則天使嶠與大理少卿張德裕侍御史劉憲覆其獄德裕等雖知其枉懼罪

冊府元龜　臺省部　正直　卷之四百六十　三十

並欲依俊臣所奏嶠固爭之曰豈有知其枉濫不爲申明孔子曰見義不爲無勇也德裕等遂與嶠列其枉狀曰是忤旨出爲潤州司馬

盧藏用爲左拾遺時則天造興泰宮於萬安山藏用上疏諫之言甚懇切

蘇珦則天時爲右肅政臺御史大夫時有詔白司馬坂營大像費用巨萬億珦以妨農上疏切諫則天納焉

薛登天授中爲左補闕時選舉頗濫登上疏諫文辭博贍事竟不行

李邕則天朝爲右拾遺時御史中丞宋璟庭奏張昌
宗兄弟有不順言請付法司推斷則天初不應邕在
階下進曰臣觀宋璟所請社稷大望伏願陛下聽從
張說爲鳳閣舍人長安三年秋麟臺監張易之與其
弟昌宗權位日熾欲作難圖皇太子遂譖左肅政臺
御史大夫同鳳閣鸞臺平章事兼檢挍太子左庶子
魏元忠交通客謀造飛語曰君老矣吾屬當扶太子
可謂耐久朋天后惑其言下元忠制獄引皇太子相
王旦(睿宗也)及諸宰相令易之昌宗與元忠對理反復
不決昌宗又引鳳閣舍人張說令證其事說初不之

冊府元龜　臺省部　正直　卷之四百六十　三十一

知及至御前遂厲聲曰元忠實不反昌宗誣搆耳天
后不納竟貶爲高安尉說配嶺南
唐紹博學善三禮中宗神龍中爲左臺侍御史兼太
常博士中宗將拜南郊國子祭酒祝欽明等希旨請
皇后爲亞獻紹與博士蔣欽緒固爭以爲不可睿宗
即位又數陳時政損益轉給事中仍知禮儀事
張知微爲武部郎中至德二年知微奏將軍王難得
不救郭英乂遂令軍敗合從軍令房琯有管樂之才
不宜以小非見免御史大夫韋陟才堪輔弼久不用
用言詞抗直手執諫書肅宗嘉其讜直竟不用其言

李揆至德中爲尚書舍人時宗室請加張皇后翼聖
之號肅宗召揆問之對曰臣觀往古后妃終則有謚
生加尊號未之前聞景龍失政韋氏專恣加號翊聖
今皇后之號正與韋氏同陛下明聖動遵典禮豈可
從景龍故事哉帝驚曰凡才幾誤我家事遂止時代
宗自廣平王改封成王張皇后有子數歲陰有奪宗
之議揆因對見帝從容曰成王嫡長有功今當命嗣
卿意何如揆拜賀曰陛下言及於此社稷之福天下
幸甚臣不勝大慶帝喜曰朕計決矣自此頗承恩遇
遂蒙大用

冊府元龜　臺省部　正直　卷之四百六十　三十二

裴佶爲補闕李懷光以河中叛朝廷欲以含垢爲意
佶抗議行誅德宗深器之前席慰勉
陸贄爲諫議大夫翰林學士德宗在奉天圍解之後
德宗言及違離宗廟鳴咽流涕曰致寇之由實朕之
過贄對曰臣思致今日之難者羣臣之罪也贄意蓋
爲盧杞趙贊等帝欲掩杞之失則曰雖朕德薄致此
禍亂亦運如前定事不由人贄又極陳杞等罪狀及
爲兵部侍郎又以宰相竇參黷貨贄又極言之辭是
與參不平
賈隱林爲右散騎常侍興元元年二月奉天解圍百

傺稱賀隱林朴舞因上言曰陛下性靈太急不能容忍若舊性不改雖朱泚敗亡臣亦恐憂未艾也德宗虚懷納之

陽城爲諫議大夫正直時朝議欲相延齡城曰脱以延齡爲相城當取白麻壞之

崔邠爲補闕嘗疏論裴延齡爲時所知

歸登爲右拾遺裴延齡以姦佞有恩欲爲相諫議大夫陽城上疏切直德宗赫怒右補闕熊執易等亦以危言忤旨初執易草疏成示登登慷然曰願寄一名雷霆之下忍令足下獨當自是同列切諫登每聯署

其奏無所廻避時人稱重

袁高爲給事中貞元元年抗論盧杞是時德宗念杞必欲擢之宰相盧翰劉從一懼黜不敢言獨高抗議者久之時人盡爲高危之雖懦者咸有立志乃相與論奏累日不息德宗知其不可亦廻聖慮於是中外相賀數正直者貞元迄今以高爲第一

王仲舒字弘中貞元十年拜右拾遺裴延齡領度支矯誣大言中傷良善仲舒上疏極論之

穆贄爲補闕給事中皆以論時政得失爲時所重亦以此再受黜責

韓愈爲監察御史德宗晚年政出多門宰相不甚得專機務後有宫市耗擾之弊愈悉以上言貶爲連州陽山令

段平仲憲宗元和中爲諫議大夫時吐突承璀請出征鎮州無功而還平仲與吕元膺等抗論請加黜責後轉給事中其在要近朝廷有得失未嘗不論列時人推其狷直

孔戣爲諫議大夫知匭使元和六年内官吐突承璀出爲淮南監軍太子通事舍人李涉知帝待承璀意未衰投匭上疏論承璀有功久委腹心不宜遽棄戣

覽涉副章不受百語責之涉乃進疏光順門戣極論其與中官交結言甚激切詔貶涉陝州司倉倖臣聞之側目人皆爲危之戣高步公卿間以方嚴見憚及爲尚書左丞信州刺史李位爲州將帝岳讒譖於本使監軍高重昌言位結聚術士以圖不軌追位至京師鞫於禁中戣奏曰刺史得罪合歸法司按問不合劾於内伏乃出付御史臺戣與三司訊鞫得其狀位好黄老道時修齋籙與山人王仁恭合鍊藥物别無逆狀以岳誣告决殺貶位建州司馬時非戣論諫罪在不測人士稱之　又薛存誠爲御史中丞洪州監軍使高重昌誣奏信州刺史李位謀

大逆及追至憲宗勑令送伏內鞫問存誠一日三上表以請帝乃令付御史臺及推案無狀位竟得雪

許孟容爲兵部侍郎元和六年六月盜殺宰相武元衡孟容請見奏曰豈有國相橫屍路隅而盜不獲此朝廷之辱從古未有因涕泣極言帝爲憤歎

崔植爲給事中時皇甫鎛以宰相判度支奏諸州府鹽院兩稅榷酒鹽利疋叚等加估定數及近天下所納鹽酒利僅佑者一切徵收詔皆可之植抗䟽論奏令宰臣召植宣旨嘉諭之物議罪鎛而美植

李藩爲給事中制勑有不可遂於黃勑後批之吏曰宜別連白紙藩曰別以白紙是文狀豈曰批勑裴垍

言於帝以爲有宰相器量

獨孤朗爲諫議大夫時王播以厚賄得判鹽鐵衆口喧然朗連上章極諫遷御史中丞

李遜爲給事中嘗論時政以爲事君之義有犯無隱陳誠啓沃不必擇辰今君臣敷奏乃候隻日是畢歳臣下睹天顏獻可否能幾憲宗嘉之

武儒衡爲中書舍人時皇甫鎛爲相剝下以媚上儒衡抗䟽論列其事鎛譖訴之憲宗謂鎛曰勿以儒衡因論卿而用報怨鎛惶恐不復敢言

殷侑爲諫議大夫凡有朝廷之得失悉以陳論凡八十四上章

李絳爲戶部侍郎嘗因次對穆宗曰戶部比有進獻至卿獨無何也絳曰將戶部獻入內藏是用官物以結私恩帝聳然益嘉其直後絳爲御史大夫時穆宗亟爲畋游行幸絳率御史屬在延英極諫穆宗不能用絳以疾辭絳爲左僕射剛腸疾惡賢不肖大分以此尤爲非正之徒所忌

韋弘景爲給事中屢有封駁時有劉士涇以駙馬交通邪佞自檢校官穆宗用爲太僕卿弘景執奏不可中人宣諭再三弘景不爲之迴帝怒乃令弘景使安

南邕容宣慰時論翕然推重時蕭俛以清直在位弘景議論常所輔助

李渤爲考功員外郎時穆宗好畋游亟出行幸車駕至溫湯渤奏䟽請書宰相下考以其不能強諫也及爲諫議大夫柒坊役夫張韶等竊發伏誅宰臣及百僚於閤內稱賀渤獻箴規詞甚激切

崔郾爲諫議大夫時穆宗頗事畋游郾與鄭覃等推誠直諫觸發無避降中使宣諭之旋遷給事中敬宗即位爲翰林侍讀學士轉中書舍人入思政殿郾奏曰陛下用臣爲侍讀卒歲有餘未嘗問臣經義今蒙

韓攸實慙尸素有媿厚恩帝曰俟朕機務稍閒卽當請益中書舍人高越曰陛下意雖樂善旣未延接儒生天下之人寧知重道帝深引咎賜之錦綵

李漢爲左拾遺長慶四年九月波斯大賈李蘇沙進沉香亭子材以錢一千貫文絹一千疋賜之漢上疏以爲沉香爲亭比瑶臺瓊室敬宗頗怒言過時優容之

薛廷老敬宗寶曆初爲右拾遺內供奉史館修撰時鄭權因交通鄭注得嶺南節度權到鎭後盡以府庫所有輦送京師酬遺權倖廷老伺知上疏請按由是

嘗結中外人盡危之廷老性本強直未幾又論張權輿程昔範不宜居諫諍之列事皆不行

柳公權爲中書舍人充翰林書詔學士文宗便殿對六學士語及漢文恭儉帝舉袂曰此澣濯之者三矣學士皆賛詠帝儉德唯公權無言帝留而問之對曰人主當進賢良退不肖納諫諍明賞罰服澣濯之衣乃小節耳時周墀同對墀爲之惴慄公權詞氣不可奪翌日降制以爲諫議大夫知制誥學士如故開成三年轉工部侍郎充職嘗入對帝謂之曰近外議如何公權對曰自郭旼除授邠寧物議頗有藏否帝曰旼是尚父之從子太后之季父在官無過自金吾大將軍授邠寧小鎭何事議論耶公權曰以旼勲德除鎭攸宜人情議論者言皓進二女入宮致此除拜此事信乎帝曰二女入宮參太后非獻也公權曰瓜李之嫌何以戶曉因引王珪諫太宗出廬江王妃故事帝卽令南內史張日華送二女還旼公權忠言裨益皆此類也

韋温爲右補闕忠鯁救時宋申錫被誣温昌言曰宋公履行有素身居台輔不當有此是姦人陷害也吾輩諫官豈避一時之雷霆而致聖君賢相蒙蔽惑之

咎耶因率同列伏閤切爭之由是知名焉

孔敏行爲諫議大夫上疏論山南監軍楊叔元之罪其言激切時論稱之

郭承嘏太和六年爲諫議大夫頻上章言時政得失尋以鄭注爲太僕卿論陳激切注不敢出轉給事中改華州刺史兼御史中丞詔下之後公卿送詣中書求承嘏出麾之故給事中盧載封還詔書卽日帝御紫宸殿顧謂宰臣曰華州闕人承嘏可任故命之今諫官給事中皆疑其去旣不能戶曉莫若從衆望遂追制罷之

馮定爲諫議大夫太和乙卯年誅戮宰臣之後中外懷疑及改元開成文宗將御宣政殿中尉仇士良請用神策仗衛殿門定抗疏論罷人情危之

李中敏開成元年正月以前司門員外郎爲司勳員外郎中敏前歲因久旱抗疏言宋申錫等寃陷之狀以爲致雨之方莫若斬鄭注而雪申錫士大夫皆危之疏留中因謝病滿百日東歸至是始復徵授

梁盧恊爲右諫議大夫開平四年詣閤上表以夏麥不稔請勿徵至秋熟折輸粟太祖聖武嚴毅宸斷不測故諫官未嘗敢言事恊奏而果俞其請物論嘉之

冊府元龜　臺省部　正直　卷之四百六十　三十九

李愚爲左拾遺崇政院直學士或預咨詢而侃然正色不畏強禦衡王入朝重臣李振輩致拜唯愚長揖末帝讓之曰衡王朕之兄朕猶致拜崇政使李振等皆拜爾何傲耶對曰陛下以家人禮兄振等私臣臣居朝列與王無素安敢諂事其嚴毅皆此類也

晉裴皞初仕唐爲兵部侍郎明宗時以數論權臣過失授太子賓客

王權爲兵部尚書高祖天福中令權使於契丹權以前事累爲將相未嘗有稱臣於戎虜者謂人曰我雖不才年今耄矣豈能稽顙於穹廬之長乎違詔得罪亦所甘心由是停任

鄭受益爲右諫議大夫高祖天福中涇州節度使張彥澤在涇州違法害民殺其掌書記張式軍將楊洪朝廷優容之受益兩疏論云請下有司申明其罪

李濤爲刑部郎中張彥澤殺張式楊洪等濤乃與員外郎張麟麻麟王禧等同詣閤門進疏論彥澤之罪請下有司詞甚切至

冊府元龜

冊府元龜　臺省部　正直　卷之四百六十　四十

冊府元龜

巡按福建監察御史臣李嗣京　訂正

分守建南道左布政使臣胡維霖　叅閲

知建陽縣事臣黄國琦　較釋

臺省部

寵異

自漢魏而下政歸臺省故六聯之任爲百官之本盖政治之攸出而俊髦之所翔集者也乃有望譪當世道合人主隆其眷遇優其禮命至或掌壹参乘陪接天光専席隔坐使番左右或拜貺於金帛或疇庸於

車服有疾則存問不幸則臨弔以至推恩延世追命飾終君臣之分於斯而著矣自非藻明寅亮忠肅恭懿進諭誨而無隱居守官而匪解好是正直克稱其任者疇是以當之哉

漢孔安國武帝時爲侍中帝以其儒者特聽掌御唾朝廷榮之孔光成帝時爲尚書令有詔光周密謹慎未嘗有過加諸吏臣以子畏爲侍郎給事黄門

史冊元帝時爲侍中出嘗陪乘有寵九男皆以冊任爲侍中後漢宣秉建武元年爲御史中丞光武特詔御史中丞以司隸校尉尚書令會同並専席而坐故京師號曰三獨坐

賈攸爲郎中光武會百寮於靈臺得鼠如豹文問羣臣攸曰廷鼠詔曰何以知之曰見爾雅詔如攸言賜帛三百段

張湛爲太中大夫居中東門候舍（洛陽十二門每門候一人候舍皆候之所居）故時人號曰中東門君光武數存問賞賜

戴憑爲侍中拜虎賁中郎將以侍中兼領之在職建武十八年卒於官詔賜東園梓器錢二十萬

郭伋爲大中大夫建武二十三年卒光武親臨弔賜塋地

藥崧明帝時爲郎常獨直臺上無被枕杫（杫音賜俎几也）食糟糠帝每夜入臺輒見崧問其故甚嘉之自此詔太官賜尚書以下朝夕餐給帷被皁袍及侍史二人

承宮章帝時爲侍中建中元年卒帝褒歎賜以冢地妻上書乞歸葬鄉里復賜錢三十萬

桓郁章帝時爲侍中以母憂乞身詔公卿議議者皆以郁身爲名儒學者之宗可許之於是詔郁以侍中行服

朱暉爲尚書僕射因駁議不從遂稱病篤閉口不復言章帝意解寢其事復數日詔使直事郎問暉起居

太醫視疾大官賜食㬪乃起謝復賜錢十萬布百疋
衣十領後遷爲尚書令以老病乞身拜騎都尉賜錢
二十萬
韓稜爲尚書令與僕射郅壽尚書陳寵同時俱以才
能稱章帝嘗賜諸尚書劍唯此三人特以寶劍自手署
其名曰韓稜楚龍淵晉大康記汝南西平縣有龍淵水可淬刀劍特堅利郅壽
蜀漢文陳寵濟南椎成漢官椎成作鈹成時論者爲之說以
稜淵深有謀故得龍淵壽明達有文章故得漢文寵
敦朴善不見外故得椎成
馮豹爲尚書郎忠勤不懈每奏事未報常俯伏省閣

或從昏至明章帝聞而嘉之使黄門持被覆豹勅令
勿驚由是數加賞賜
魯恭和帝時爲侍中數召讌見問以得失賞賜恩禮
寵異
黄香爲郎中召詣安福殿言政事拜尚書郎數陳得
失賞賚增加嘗獨止宿臺上晝夜不離省闥帝聞善
之永元四年拜左丞功滿當遷和帝留增秩六年累
遷尚書令後以爲東郡太守香上疏陳讓帝亦惜香
幹用久習舊事復爲尚書令令增秩二千石賜錢三
十萬是後遂管機衡甚見親重而香亦祇勤物務憂

公如家帝知其精勤數加恩賞疾病存問賜醫藥
宋嘉順帝時爲大中大夫卒詔令將朴大夫會葬嘉
賜錢十萬
朱穆桓帝時爲尚書卒公卿共表穆立節清忠虔恭
機密守死善道宜蒙旌寵策詔褒述追贈益州太守
魏桓階文帝踐祚爲尚書令封高鄉亭侯加侍中階
疾病帝自臨省謂曰吾方託六尺之孤寄天下之命
於卿勉之徙封安樂鄉侯邑六百戸又賜階三子爵
關内侯祐以嗣子不封病卒又追賜關内侯後階疾
篤遣使者卽拜太常薨帝爲之流涕謚曰貞侯子嘉

賜以階弟纂爲散騎侍郎賜爵内侯
徐宣明帝時爲左僕射青龍四年薨詔曰宣體履至
實直内方外歷事三司公亮正色有託孤寄命之節
可謂柱石臣也常欲倚以台輔未及登之惜乎大命
不永其追贈車騎將軍葬如公禮焉
孫資齊王時爲左光祿大夫劉放爲中書監時大將
軍曹爽專事多變易舊章資嘆曰吾累世蒙寵加以
豫聞屬託今縱不能輔弼時事何以坐受素餐之祿
耶遂因稱疾賜詔曰君掌機密三十餘年經營庶事
勳著前朝暨朕統位動賴良謀是以褒背增崇寵章

同之三事外師羣臣内資讜言屬以年耆篤上還印綬前後鄭重辭旨懇切天地以大順成德君子以善恕成仁重以職事違奪君志今聽所執賜錢百萬使兼光禄勳少府親策詔君養疾于第君其勉進醫藥頤神和氣以永無疆之祚置舍人官騎加以日佚殺酒之膳焉

司馬望爲散騎常侍時高貴鄉公好才愛士望與裴秀王沈鍾會並見親待數侍莚宴公性急秀等居内職急有詔便至以望外官特給追鋒車一乘武賁五人

吴顧雍領高尚書令黄武四年迎毋於吴既至大帝臨賀之親拜其母於庭公卿大臣畢會後太子又往慶焉

紀陟孫休時父亮爲尚書令而陟爲中書令毎朝會詔以屏風隔其坐焉

孫承字顯世孫晧時與顧榮俱爲黄門侍郎晧嘗使二人記事承答顧問乃下詔曰自今以後用侍郎皆當令如孫承顧榮之儔也

晉賈充文帝時爲散騎常侍帝命充定法律假金章賜甲第一區五等初建封臨沂侯爲晉元勲深見寵異禄賜常優於羣臣山濤爲吏部郎文帝與書曰足下任事明預邁時念多所之今致錢二十萬緜百斤穀二百斛

魏舒武帝時爲侍中三娶妻皆亡自表乞假還本郡葬妻詔賜葬地一頃錢五十萬

鄭默爲散騎常侍武帝出南郊侍中已倍乘詔曰使鄭常侍叅乘焉

劉頌爲光禄大夫門施行馬尋卒使使者弔祭賜錢二十萬朝服一具謚日貞

劉毅爲尚書僕射武帝以毅清貧賜錢三十萬日給

米肉年七十告老久之見許以光禄大夫歸第門施行馬復賜錢百萬

虞欽爲尚書僕射領吏部武帝以清貧特賜絹百疋咸寧四年卒詔曰卿履道清正執德貞素文武之稱著於方夏入齊機衡惟允庶事肆勤内外有匪躬之節不幸薨没朕甚悼心其贈衛將軍開府儀同三司賜秘器朝服一具衣一襲布五十疋錢三十萬

傳祗爲散騎黄門郎賜爵關内侯食邑三百戸毋憂去職及葬毋給詔太常五等吉凶尊從其後諸卿夫人葬給導從自此始

李憙爲僕射武帝以憙清素貧儉賜絹百匹又拜特進光禄大夫以年老遜位詔曰光禄大夫特進李憙伏德居義當升台司畊亮朕躬而以年尊致仕雖優游無爲可以順神而虛心之望能不憮然其因光禄之號改賜金紫置官騎十人賜錢五十萬禄賜班禮一如三司門施行馬

庾峻爲諫議大夫常侍卒詔賜朝服一具衣一襲錢三十萬

郭奕爲尚書疾病詔賜錢二十萬日給酒米

朱嵩元帝建武初爲散騎侍郎時顧球爲尚書郎俱

卒帝痛之將爲舉哀有司奏舊尚書郎不在舉哀之例帝曰衰亂之幹特相痛悼於是舉哀哭之甚慟

賀循建武初爲散騎常侍又以老疾固辭帝下令曰孤以德寡忝當大位若涉巨川罔知所憑循言行以禮乃時之望俗之表也實賴其謀猷以康萬機疾患有素猶望卧相規輔而固守撝謙自陳懇至此賢履信思順非苟以讓爲高者也今從其所執者故於是改拜太常常侍如故

劉超爲中書通事郎市純色牛不可得啓買官外廐牛元帝詔便以賜之

顧和成帝時爲尚書僕射以毋老固辭詔書敦諭特聽暮出朝還其見優遇如此尋朝議以端右之副不宜處外更以銀青光禄大夫領國子祭酒

荀嵩爲右光禄大夫開府録尚書領祕書監咸和三年薨贈侍中升平四年嵩改葬詔賜錢百萬布五十疋

陸玩與孔愉爲尚書令僕射詔曰尚書令玩左僕射愉並恪居官次禄不代耕端右任重先朝所崇其給玩親信三十人愉二十人稟賜及王導郗鑒庾亮相繼而薨朝野咸以爲三良既没國家殄瘁以玩有德

望乃遷侍中司空給羽林四十人玩子納爲尚書令恪勤貞固始終不渝尋除左光禄大夫開府儀同三司未拜而卒即以爲贈

何充爲吏部尚書及司徒王導薨轉護軍將軍與中書監庾冰參録尚書事詔充冰各以甲仗五十人至上車門尋遷尚書令

丁潭爲散騎常侍康帝即位屢表乞骸骨詔以光禄大夫還第門施行馬禄秩一如舊制給傳詔二人賜錢二十萬牀帳褥席

殷仲堪孝武時爲黃門郎寵任專隆帝嘗示仲堪詩

乃曰勿以已而笑不才
宋范泰晉末度支尚書散騎常侍兼司空與右僕射袁湛授宋公九錫隨軍到雒陽高祖還彭城共登城泰有足疾特命乘輿
孔季恭爲侍中左光祿大夫辭事東歸高祖餞之戲馬臺百僚咸賦詩以述其美
王曇首爲侍中元嘉七年卒文帝爲之慟中書舍人周赳側侍曰王者欲衰賢者先殞帝曰直是我家衰耳追贈左光祿大夫加散騎常侍詹事如故
沈演之爲右衛將軍遷侍中右衛將軍如故文帝謂

之曰侍中領衛望實優顯此蓋宰相便坐卿其勉之帝欲伐林邑演之贊成帝意及平賜羣臣黄金生口銅器等物演之所得偏多上謂之曰廟堂之謀卿參其力平此遠夷未足多建第土俟廓清舊都鳴鸞東岱不憂河山不開也又爲吏部尚書元嘉二十六年車駕拜京陵演之以疾不從帝還官召見自勉到坐出至尚書下省暴卒時年五十三帝痛惜之追贈散騎常侍金紫光祿大夫
江智淵爲中書侍郎智淵愛好文雅辭采清贍世祖深相知待恩禮冠朝時讌私甚數多命羣臣五六人遊集智淵常爲其首同侶未及前輒獨蒙引進
殷淳爲黄門侍郎居黄門爲清切下直應留下省以父老特聽還其家
王敬弘爲尚書令敬固讓表求還東上不能奪改授侍中特進左光祿大夫給親信二十人讓侍中特進求減親信之半不許及東歸車駕幸治亭餞送
朱修之爲左民尚書後墜車折脚辭尚書領崇憲大僕仍加特進金紫光祿大夫以脚疾不堪獨行特給扶侍
劉延孫孝武時爲侍中尚書左僕射領護軍將軍延

孫疾病不任拜起帝使於五城受封板乘船自清溪至平昌門仍入尚書下舍又欲以代朱脩之荆州事未行大明四年卒時年五十二帝甚惜之下詔曰故侍中尚書左僕射領護軍將軍東昌縣侯延孫風局簡正體識沈明綢繆心膂自審外朝契闊唯舊幾將二紀盛業中圮則首贊宏圖義合旣舉則任均肅冠器允棟幹勳實佐時歷事兩宮出入方牧惠政茂績著自民聽忠謀令節簡乎朕心方便台階永毗國道奄至甍殞震慟兼深考終定典宜盡哀敬可贈司徒給班劍二十人侍中僕射侯如故

袁顗爲侍中前廢帝景和元年諸郡公欲引進顗任以朝政遷爲吏部尚書又下詔曰宗社多故釁因家司景命未渝神祚再乂自非忠謀密契豈伊剋殄侍中祭酒領前將軍新除吏部尚書顗遊擊將軍領著作郎兼尚書左丞徐爰誠心内欵參聞嘉策輔贊之效寔監朕懷宜甄茅社以獎義槩顗可封新淦陽縣子爰可封吳平縣子食邑各五百戶

劉秉明帝時爲尚書左僕射大參選元徽元年領吏部加兵五百人尋領衞尉辭不拜

劉勔爲中領軍桂陽王休範爲逆勔出守石頭秉權

兼領軍將軍所給加兵自隨入殿

張緒爲黄門郎明帝每見緒輒歎其清談

南齊張融太祖時爲中書郎帝手詔賜融衣曰見卿衣服麤故誠乃素懷有本視爾藍縷亦虧朝望今送一通故衣服謂雖故乃勝新是吾所着已令裁減稱卿之體并履一量

紀僧真武帝時爲中書舍人僧真容貌言吐雅有士風帝嘗目送之笑曰人生何必計門戶紀僧真嘗貴人所不及諸權要中最被眄遇除越騎較尉餘官如故

袁昂爲黄門侍郎本名千里武帝謂之曰昂昂千里之駒在卿有之今改卿名昂郎以千里爲字

庾杲之爲黄門郎武帝永明中諸王年少不得妄與人接勑杲之與濟陽江淹五日一詣諸王使申遊好

沈冲永明中徵爲五兵尚書未至而卒武帝甚惜之喪還車駕出臨冲喪詔曰冲貞詳閑理志局淹正誠著蕃朝績彰出内不幸早世朕甚悼之追贈太保謚曰恭子

劉係宗爲中書通事舍人久在朝省閑於職事明帝曰學士不堪治國唯大讀書耳一劉係宗足持如此

輩五百人

王慈爲侍中郎患脚武帝勑曰慈在職未久既有微疾不堪朝又不能騎馬聽乘車在仗後江左來少例也

呂安國爲光祿大夫加散騎常侍時有疾帝遣中書舍人茹法亮勑安國曰吾嘗憂卿疾病應有所須勿致難也從還散騎常侍金紫光祿大夫兗州中正給事扶上又勑茹法亮曰吾見呂安國疾狀自不宜勞且脚中既常惡扶人至吾前於禮望殊誠有虧吾難勑之其又甚詳病卿可作私意向其若好差不復須

扶人依例入幸勿牽勉
柳世隆爲侍中左光禄大夫卒時年五十詔給東園秘器朝服一具衣一襲錢二萬布二百疋蠟三百斤又詔曰故侍中左光禄大夫貞陽公世隆秉德居業才兼經緯少播清徽長引美譽入參内禁出贊西牧尋寄郢郊剋挫巨猾超越前勳功著一代及總任方州民頌寬德興教崇闡朝稱元正忠讜嘉猷簡於朕心雅志素履邈不可踰將登鉉味用變鴻化奄至薨殞震慟良深贈司空班劍二十鼓吹一部侍中如故
沈文秀爲散騎常侍領軍將軍以疾遷金紫光禄大

夫加親信二十人常侍如故轉侍中領太子詹事遷中護軍侍中如故以家爲府
梁傅昭仕齊明帝爲中書通事舍人時居此職皆勢傾天下昭獨廉靜無所干豫器服率陋身安粗糲常插燭於版牀明帝聞之賜漆合燭盤等勑曰卿有古人之風故賜卿古人之物後爲散騎常侍高祖大通二年九月卒詔賻錢三萬布五十疋即日舉哀
沈約自梁臺建爲散騎常侍吏部尚書兼右僕射高祖受禪爲尚書僕射封建昌縣侯邑千戸常侍如故又拜約母謝爲建昌國太夫人奉策之日左僕射范雲等二十餘人咸來致拜朝野以爲榮俄遷尚書左僕射常侍如故尋兼領軍加侍中天監二年遭母憂輿駕親出臨弔以約年衰不宜致毀遣中書舍人斷客節哭加特進如故十二年卒時年七十三詔贈本官賻錢五萬布百疋
王峻天監中爲中書侍郎高祖甚悦其風采與陳郡謝覽同見賞擢
何修之爲尚書左丞天監二年卒官高祖甚悼惜將贈之官故事左丞無贈官者特詔贈黄門侍郎儒者榮之

孫謙爲零陵太守天監九年以年老徵爲光禄大夫既至高祖加其清潔甚禮異焉毎朝見猶請劇職自效高祖笑曰朕當使卿智不當使卿力十四年詔曰光禄大夫孫謙清慎有聞白首不怠高年舊齒宜加優秩可給親信二十人并給仗十五年卒官時年九十二詔賻錢三萬布五十疋高祖爲舉哀甚悼惜之
范岫天監九年爲祠部尚書領右驍騎將軍其年遷金紫光禄大夫加親信錢五十萬布百疋
王份爲散騎常侍金紫光禄大夫南徐州大中正給親信二十人遷尚書左僕射尋加侍中時脩建二郊

份以本官領匠卿遷散騎嘗侍右光禄加親信爲四十人遷侍中特進左光禄復以本官監丹陽尹高祖普通五年三月卒詔賻錢四十萬布四百疋蠟四百斤給東園秘器朝服一具衣一襲

蕭琛爲侍中卒高祖臨哭甚哀詔贈本官雲麾將軍給東園秘器朝服一具衣一襲賻錢二十萬布百疋

徐勉爲尚書僕射上表修五禮成尋加中書令給親信二十人勉以疾自陳求解内仍詔不許乃令亭門下省三日一朝事遣主書論決脚疾轉劇久闕朝覲固陳求解詔乃賚假須疾差還省中大通三年又以

疾自陳移授特進右光禄大夫侍中衛將軍置佐史如故增親信二十人兩官參問冠蓋結轍服膳醫藥皆資天府有勑每欲臨幸勉以拜伏有虧數啓停輿駕大同元年卒高祖聞而流涕即日車駕臨殯乃詔贈特進右光禄大夫開府儀同三司餘並如故給東園秘器朝服一具衣一襲贈錢二十萬布百疋皇太子亦舉哀朝堂

謝舉爲尚書僕射侍中將軍如故舉雖居端揆未嘗有預時務多因疾陳解勑輒賜假并手勑處分加給上藥其恩遇如此及卒于内臺武帝謂曰舉非止歷官已多亦人倫儀表久著風望悵恨未受之可贈侍中衛將軍開府儀同三司

賀琛爲員外散騎嘗侍舊尚書南坐無貂貂自琛始遷尚書左丞參儀事每見高祖與語嘗移晷刻故省中爲之語曰上殿不下有賀雅琛容止都雅故時人呼之

蕭介爲侍中大同二年辭疾謝事高祖優詔不許然不肯起乃遣謁者僕射魏祥就拜光禄大夫

柳惔爲散騎嘗侍高祖因讌爲詩以貽惔曰爾寔冠羣后惟余寶念切

張稷徵尚書左僕射輿駕將欲幸稷宅以盛暑幸僕射省舊臨幸供具皆酬太官饌直帝以稷清貧手詔不受

王亮爲散騎嘗侍卒詔賻錢三萬布五十疋

王瑩爲侍中尚書令累進左中權將軍給鼓吹一部瑩性清慎居官恭恪高祖深重之

江淹爲金紫光禄大夫卒高祖爲素服舉哀賻錢三萬布五十疋

范雲爲散騎嘗侍左僕射尚書卒高祖爲流涕即日輿駕臨殯詔曰追遠興懷常情所篤况問望斯在事

湙朝寄乎故散騎常侍尚書右僕射霄城侯雲器範
真正思懷經遠爰初立志素履有聞脫巾來任清績
仍著燮務登朝具瞻惟允綢繆翊贊義簡朕心雖動
非負勤而舊同捨講方騁遠塗永毗庶政奄致喪殞
傷悼于懷宜加命秩式備徽典可贈侍中衛將軍僕
射侯如故并給鼓吹一部禮官請謚曰宣勅賜謚之
蕭子顯爲侍中高祖雅愛子顯才又嘉其容止吐納
每御筵侍坐偏顧訪焉
呂僧珍爲散騎常侍直秘書省任總心膂恩遇隆密
性甚恭慎每侍坐屏氣鞠躬果食未嘗舉著嘗因醉

後取一柑食之高祖笑謂曰便是大有所進祿俸之
外又月給錢十萬其餘賜賚不絕於時
王暕爲侍中尚書左僕射領國子祭酒普通四年冬
暴疾卒時年四十七高祖詔贈侍中中書令中軍給
東園秘器朝服一襲錢十萬布百疋謚曰靖有四子
訓承雅訏並通顯
陳子訓爲侍中既拜入見高祖從容問何敬容曰褚
彥回年幾爲宰相敬容對曰少過三十帝曰今之王
訓無謝彥回
陸雲公爲給事中黃門郎雲公善奕棊嘗夜侍御史
武冠觸火高祖笑謂曰燭燒卿貂高祖將用雲公爲
侍中故以此言戲之也是時天淵池新制鯿魚舟形
濶而短高祖暇日常泛舟唯引太常劉之遴國子祭
酒到溉右衛朱异雲公時年位尚輕亦預焉其恩遇
如此太清元年卒高祖悼惜之手詔曰給事黃門侍
郎掌著作陸雲公風尚優敏後進之秀奄然殂謝良
以惻然可剋日舉哀賜錢五萬布四十匹
陳蕭引爲金部侍郎甚爲高祖所重嘗謂引曰我每
有所忌見卿輒意解何也引曰此自陛下不遷怒臣
何預此恩

沈衆爲中書令高祖以衆州里知名甚敬重之賞賜
優渥超於時輩
王冲爲左僕射加特進左光祿大夫領丹陽尹初高
祖以冲前代舊臣特申長幼之敬文帝即位益加尊
重嘗從帝幸司空徐度宅筵宴之帝賜以几其見重
如此
蕭濟爲侍中領太府卿北佐二主恩遇甚篤賞賜加
於凡等
蔡景歷宣帝時爲度支尚書舊式拜官在午後景歷
拜日適値輿駕幸玄武觀在位皆侍宴帝恐景歷不

豫特令早拜其見重如此是歲以疾卒贈太常卿

周弘正爲尚書右僕射領國子祭酒豫州大中正卒詔曰弘正識宇凝深藝業通備辭林儀府國老民宗道映庠門望高禮閣卒然殂殞朕用惻然可贈侍中中書監三事所須量加資人又出臨哭之

袁憲爲散騎常侍兼吏部尚書憲以久居清顯累表自求解任宣帝曰諸人在職屢有謗書卿處事已多可謂清白别相甄録且勿致辭

杜稜爲侍中歴事三帝並見恩寵末年不預征役優游京師賞賜優洽

徐陵爲侍中中書監領太子詹事右光禄大夫給鼓吹壹部陵以年老累表求致仕宣帝亦優之乃詔將作爲造太齋令陵就第攝事後主即位遷左光禄大夫太子太傅餘如故至德元年卒時年七十七詔曰愼終有典抑乃舊章令德可甄諒宜追遠侍中安右將軍左光禄大夫太子少傅南徐州大中正建昌縣開國侯陵弱齡覺尚登朝秀穎業高名輩又日詞宗朕進侯承華時相引狎雖多卧疾方期克壯奄然殞逝震悼于懷可贈鎮右將軍特進其侍中左光禄大夫鼓吹侯如故并出舉哀喪事所須量加賞給

陸瓊爲吏部尚書丁母憂去職初瓊之侍東宫也母隨在官舍後主賞賜優異後及喪柩還鄉詔加增并遣謁者黄長貴持冊奠祭後主又自製誌朝野榮之

孫瑒爲侍中五兵尚書卒尚書令江總爲其誌銘後主又題銘後四十字遣左民尚書蔡徵宣勅就宅鐫之其詞曰秋風動竹烟水驚波幾人樵徑何處山阿今時日月宿昔綺羅天長路遠地久雲多功臣未勤此意如何時論以爲榮

後魏盧魯元大武時爲中書侍郎以工書有文才累遷中書監領秘書事賜爵襄城公加散騎常侍右將

軍賜其父爲信都侯

李孝伯爲散騎常侍性方愼忠厚大武寵春以宰輔遇之

賈秀獻文時爲中書侍郎年七十三遇疾給醫藥賜几杖時朝廷舉動及大事不決每遣尚書高平公李敷就第訪决皇興三年卒贈冀州刺史

程駿孝文時爲秘書令時文明太后臨朝詔曰程駿歴官清愼言事每懇又門無挾貨之賓室有懷道之士可賜帛六百匹旌其儉德駿病甚高祖文明太后遣使者更問其疾勅御史徐謇診視賜以湯藥臨終

詔以小子公稱爲中散從子靈虬爲著作佐郎及卒孝文及文明太后傷惜之賜東園秘器朝服一襲帛三百匹贈官軍將軍兗州刺史曲安侯

宋弁爲尚書殿中丞孝文曾因朝會之次歷訪治道弁年少官微自下而對聲姿清亮進止可觀孝文稱善者久之因是大被恩遇賜名爲弁意取卞和獻玉楚王不知爲寶也

郭祚爲散騎常侍仍領黃門與黃門宋弁參謀幃幄隨其才用各有委寄祚承禀注疏特成勤劇嘗以立馮昭儀百官夕飲清徽後園孝文舉觴賜祚及崔光

曰郭祚憂勞庶事獨不欺我崔光温良博物朝之儒秀不勸此兩人當勸誰也其見知若此

邢巒爲員外散騎侍郎爲孝文所知賞轉中書侍郎甚見顧遇常參坐席

呂羅漢爲内都太官太和六年卒於官孝文悼惜之賜命服一襲謚曰莊公

李冲爲南部尚書是時循舊王公重臣皆呼其名孝文帝謂冲爲中書而不名之又改置百司開建五等以冲參定典式封榮陽郡開國侯食邑八百戶累遷尚書僕射卒孝文爲舉哀於懸瓠悲泣不能自勝詔曰冲貞和資性懷義樹身訓業自家道素刑國太和之始朕在弱齡早委近機實康時務洪猷允洽朝選澄清升茲端右唯允出納忠肅柔明足敷朝範仁恭信惠有結民心可謂國之賢也朝之望也方昇寵秩以旌功舊奄至喪逝悲痛于懷可贈司空給東園秘器朝服一具衣一襲賻錢三十萬布五百疋蠟二百斤有司奏謚曰文穆葬於覆舟山近杜預冢孝文之意也

陸凱爲黃門侍郎後遇患頻上書乞骸骨詔不許勅太醫給湯藥

堯暄孝文太和中爲南部尚書假中護軍將軍暄前後從征及出使簡察三十許度比有克己奉公之稱賞賜衣服二十具綵絹千疋紬絹百餘段奴婢七口賜爵平陽伯

高允爲尚書散騎常侍加光禄大夫太和十一年卒年九十八先卒旬外微有不適猶不寢卧呼醫請藥出入行止吟咏如常孝文及文明太后聞而遣醫李修往脉視之告以無恙修入密陳允榮衛有異懼其不久於是遣使備賜御膳珍羞自酒米至於鹽醢百有餘品皆盡時味及牀帳衣服茵被几杖羅列於庭

王官往還慰問相屬允喜形於色語人曰天恩以我篤老大有所賚得以贍客矣表謝而已不有他慮如是數日夜中卒家人莫覺詔給絹一千疋布二千疋緜三百斤錦五十疋雜綵百疋穀一千斛以周喪用魏初以來存亡蒙賚者莫及焉朝廷榮之將葬贈侍中司空冀州刺史將軍公如故謚曰文賜命服一襲

李仲裔為諫議大夫尚書左丞卒贈帛一百疋布五十疋緜五十斤贈鎮遠將軍光州刺史

司馬躍為祠部尚書大鴻臚卿以疾表求解任太和十九年卒贈金紫光祿大夫賜朝服一具衣一襲絹

一千疋

崔休為黃門侍郎嘗叅孝文侍席禮遇次于宋郭之輩宋弁遷尚書左丞孝文南伐從駕南行及車駕還幸彭城郭祚汎舟泗水詔休侍筵觀者榮之

高遵為中書侍郎與游明根高閭李冲入議律令親對御坐時有陳奏以積年之勞賜粟帛牛馬

成淹為侍郎孝文以淹清貧賜絹百疋淹後遷謁者僕射時遷都孝文以淹家無行資勑給事力送至雒陽并賜假日與家累相隨

李韶為度支尚書孝明靈太后曾讌於華林園舉觴謂羣臣曰李尚書朕之杜預欲以此杯敬屬元凱今為盡之侍座者莫不羡仰

游肇孝明時為尚書右僕射正光元年八月卒年六十九詔給東園秘器朝服一襲賻帛七百疋帝舉哀於朝堂贈使持節散騎常侍驃騎大將軍儀同三司冀州刺史

羊深為尚書駕部郎中于時沙汰郎官務精求實深以才堪見留在公明斷尚書僕射崔亮吏部尚書甄琛咸敬重之孝明行釋奠之禮講孝經深于儕輩中蒙引聽時論美之靈太后曾幸邙山集僧尼齋會公

卿盡在坐會事將終太后引見深欣然勞問之深謝曰臣蒙國恩厚世荷榮遇寇難未平是臣憂責而陛私忽被犬馬知歸太后顧謂左右曰羊深真忠臣也舉坐傾心

崔亮為尚書僕射加散騎常侍正光二年秋疽發於背孝明遣舍人問疾亮上表乞解僕射送所負荷及印綬詔不許尋卒詔給東園秘器朝服一襲賻物七百段蠟三百斤贈使持節散騎常侍車騎大將軍儀同三司冀州刺史謚曰貞烈

崔光為侍中領國子祭酒永平四年八月詔光乘步

執於雲龍門出入遷中書侍郎給事黃門侍郎甚爲孝文所知嘗曰孝伯之才浩浩如河東注固今日之文宗也

甄琛爲車騎將軍特進加侍中以其衰老詔賜御府杖朝直杖以出入正光五年冬卒詔給東園秘器朝服一具衣一襲錢十萬物七百段蠟三百斤贈司徒公尚書左僕射加後部鼓吹孝明親送降車就輿弔哭之遣舍人慰其諸子

鹿念孝莊時爲給事黃門侍郎而自無室宅嘗假賃居止布衣糲食寒暑不變帝嘉其清素時復賜以錢

帛

北齊魏蘭根仕魏時爲僕射天平初以病篤上表求還鄉里魏帝遣舍人石長宣就家勞問猶以開府儀同門施行馬

崔昂文襄時爲尚書左丞又兼度支尚書左丞兼尚書近代未有唯昂獨爲冠首朝野榮之

唐邕天保初爲給事中兼中書舍人七年於羊汾堤護武令邕總爲諸軍節度事畢仍監宴謝之禮是日文宣親執邕手引至太后前坐於丞相斛律金之上啓太后云唐邕強幹一人當千仍別賜錦綵錢帛邕非唯強濟明辨然亦善揣帝意取進多途是以恩寵日隆委任彌重帝又嘗對邕曰太后云唐邕分明強記每有軍機大事手作文書口且處分耳又聽受實是異人一日之中六度賜物又嘗解所服青鼠皮裘賜邕云朕意在車馬衣裘與卿共敝十年從幸晉陽除兼給事黃門侍郎領中書舍人帝嘗登童子佛寺望并州城曰是何等城或曰此是金城湯池天府之國帝曰我謂唐邕是金城此非金城也其見重如此其後語邕曰卿劬勞既久欲除卿作州頻勑楊遵彥更求一人堪代卿者遵彥云比遍訪文武如卿之徒

實不可得所以遂停此意卿宜勉之文宣或時切責侍臣有不稱旨者云觀卿等舉措不中與唐邕作奴其見賞遇多此類孝昭作相除黃門侍郎於華林園射特賜金帶寶器服玩雜物五百種

魏收爲中書監右僕射武成於華林別起玄洲苑備山水臺觀之麗詔於閣上畫收其見重如此

尉瑾爲右僕射病卒武成方在三臺飲酒元文遙奏聞遂命徹樂罷飲

隋陸彥師開皇初爲尚書左丞彥師素多病未幾以務劇疾動乞解所職高祖詔聽以本官就第歲餘轉

吏部侍郎

于仲文爲柱國高祖以尚書文簿繁雜吏多姦計令仲文勘録省中事其所發擿甚多帝嘉其明斷厚加勞賞焉

盧凱攝尚書左丞每有敷奏侃然正色雖逢喜怒不改其常高祖嘉凱有吏幹賜錢二十萬并賚雜綵三百匹加散騎常侍

高構爲民部郎時有叔侄爭嫡尚書省不能斷朝臣三議不決構斷合理高祖以爲能召入内殿勞之曰我聞尚書郎上應列宿觀卿才識方知古人言信矣

嫡庶者禮教之所重我謂卿判數遍詞理愜當意所不能及也賜米百石由是知名

王韶爲并州行臺右僕射高祖幸并州以其稱職特加勞勉謂韶曰自朕至此公鬚鬢漸白無乃憂勞所致柱石之望唯在於公努力勉之韶辭謝曰臣比衰暮殊不解作官人高祖曰是何意也不解者是未用心耳韶對曰昔在昏季猶且用心況逢明聖敢不罄竭但神化精微非駑蹇所逮加以今年六十有六桑榆云晚比於曩昔昏忘又多豈敢自寬以速年累恐以衰暮虧紊朝綱耳帝勞而遣之

牛弘爲吏部尚書煬帝之在東宮也數有詩書遺弘弘亦有答及嗣位之後嘗賜弘詩曰晉家山吏部魏世盧尚書英言先哲異奇才亦佐余學行敦時俗道素乃冲虚納言雲閣上禮儀皇運初彝倫欣有敘垂拱事端居其同被賜詩者至於文詞贊揚無如弘美焉又爲光禄大夫煬帝嘗引入内帳對皇后賜以同席飲酒其禮遇親重如此大業六年從幸江都其年十一月卒於江都郡時年六十六帝傷惜之賻贈甚厚歸葬安定贈開府儀同三司光禄大夫文安侯

裴蘊爲民部郎時猶承高祖和平之後禁網疏闊戶

口多漏或年及成丁猶詐爲小未至於老已免租賦蘊歷爲刺史素知其情因是條奏皆令貌閲若一人不實則官司解職鄉正里長皆遠流配又許民相告糾得一丁者令被糾之家代輸賦役是歲大業五年也諸郡帳進丁二十四萬三千新附口六十四萬一千五百帝臨朝覽狀謂百官曰前代無好人致此罔冒今進民戶口皆從實者全由裴蘊一人用心古語云得賢而治驗之信矣由是漸見親委

綦允恭爲起居舍人與虞世南同爲學士聲譽微出其下而寵遇過之允恭善吟詠煬帝屬詞賦多令其

諷誦之

淳于恭爲侍中卒於官詔書褒歎賜穀千斛

唐温彥博高祖時爲中書侍郎彥博善於宣吐每奉使入朝詔問四方風俗承授綸言有若成誦聲韻高朗嚮溢殿庭進止雍容觀者拭目高祖嘗謙朝臣詔太宗諭旨既而顧謂近臣曰何如温彥博其見重如此

薛收爲陝東道大行臺金部郎中武德六年以本官兼文學館學士與房玄齡杜如晦特蒙殊禮受心腹之寄又嘗上書諫獵太宗手詔曰覽讀所陳實悟心

膽今日治成我卿之力也明珠炤乘豈比來言當以誠心書何能盡今賜卿黄金四十鋌以酬雅意七年寢疾太宗遣使臨問相望於道尋命輿疾詣府太宗親以衣袂撫收論敘生平潸然流涕尋卒年三十三太宗親自臨哭哀慟左右與收從父兄子元敬書曰吾與卿叔共事或軍旅多務或文詠從容何嘗不驅馳經畧款曲襟袍比雖疾苦日冀痊除何期一朝忽成萬古追尋痛惋彌用傷懷且聞其兒子幼小家徒壁立未知何以處置加安撫以慰吾懷因使人弔祭賻物三百段

杜淹爲御史大夫判吏部尚書有疾太宗親自臨問賜帛三百疋貞觀二年卒贈尚書右僕射謚曰襄

于志寧貞觀三年爲中書侍郎太宗嘗命貴臣內宴惟不見志寧或奏曰勅詔三品巳上志寧非三品所以不來太宗特令預宴即加授散騎常侍行太子左庶子

王珪爲禮部尚書卒太宗素服舉哀於別次悼惜久之詔魏王泰率百官親往臨哭贈吏部尚書

馬周爲中書令攝吏部尚書太宗嘗以神筆賜周飛白書曰鸞鳳凌雲必資羽翼股肱之寄誠在忠良周

病消渴彌年不瘳時駕幸翠微宮勅求勝地爲周起宅名醫中使相望不絶每令尚食以膳供之太宗躬爲調藥皇太子親臨問疾

戴胄爲尚書右丞胄家貧賚錢十萬時尚書左僕射蕭瑀免官僕射封德彝又卒太宗謂胄曰尚書省天下綱維百司所禀若一事有失天下必有受其弊者今無令僕繫之於卿當稱朕所望及卒太宗爲之舉哀廢朝三日贈尚書右僕射追封趙國公謚曰忠詔虞世南爲撰碑文又以胄宅宇弊陋祭享無所令有司特爲造廟

顔相時爲禮部侍郎羸瘠多疾病太宗常使賜以醫藥
高季輔爲禮部侍郎凡所銓敘時稱允當太宗賜金背鏡一面以表其清鑒
宇文節爲禮部尚書右丞明習法令以幹局見稱時江夏王道宗嘗以私事託於節遂奏之太宗大悅賜絹二百匹仍勞之曰朕所以不置左右僕射者正以卿在省耳
劉林甫爲吏部侍郎臨終上表薦賢太宗甚嘉悼之賜絹二百五十匹

唐儉爲民部尚書請致仕許之及卒太宗爲之舉哀罷朝三日贈開府儀同三司并州都督賻綿布一千段米粟一千石
陳叔達爲侍中丁母憂叔達先有疾太宗慮其危殆遂遣使禁絶其弔賓
裴行儉高宗朝爲禮部尚書兼檢較右衛將軍卒贈幽州都督謚曰憲行儉子早卒詔皇太子差六品官一人簡較家五六年開待兒孫稍長成日停之
崔玄暐長安初爲天官侍郎轉文昌左丞經月餘則天謂曰自卿改職已來選司大有罪過或聞令史乃設齋自慶此欲盛爲貪汚耳今要卿復舊任又除天官侍郎賜雜綵七十段
李迥秀爲考功員外郎則天雅愛其才甚寵待之掌考功數年
魏知古玄宗先天中罷相往東都知吏部尚書事深以爲稱職手制曰卿以宰臣往知大選官人之委情寄尤切遂能端本革弊忘私徇公朕遠聞之益用嘉歎令賜衣一副聊以示懷
宋璟開元中爲尚書右丞相與張說源乾曜同日拜官勅大官設饌太常奏樂於尚書都省大會百寮玄

宗賦詩褒述親札賜之二十二年以年老累乞退歸東都私第後帝幸東都璟於路左迎謁帝遣榮王親勞問之自是頻遣使送藥餌年七十五薨贈太師賻物二百匹粟二百石喪事官給河南少尹一人充使監護謚曰文貞
李朝隱爲吏部侍郎銓敘平允甚爲當時所稱降璽書褒美授一子太子通事舍人
王丘爲禮部尚書仍聽致仕丘雖歷要職固守清儉未嘗受人饋遺第宅輿馬稱爲弊陋致仕之後藥餌殆將不給帝聞而嘉歎下制曰王丘夙負良材累升

茂秩比緣疾疹假以優閑聞其家道屢空醫藥靡給久此從官遂無餘資特操若斯古人何遠且優賢之義方冊所先用給之宜激勸攸在其俸祿一事已上並宜全給式表殊當之澤用旌貞白之吏

鄭少微爲刑部侍郎開元二十五年玄宗因聽政聞京師囚徒有司奏有五十人怡然有喜下詔曰官之爲法法有其官寄以深仁能行禁令日者叢棘之地烏鵲來巢今結諸刑明幾逾五十雖化源自遠亦欽情使然其鄭少微等一十七人各賜一中上考仍兼賜少物以存勸賞

郭子儀代宗廣德二年爲尚書令詔於尚書省視事命宰臣已下常參官送上特遣射生五百騎執戟翼從朝堂至於省賜以教坊音樂

裴遵慶大曆四年三月授左僕射與吏部尚書劉晏上本曹視事勑大官尚食許內侍魚朝恩及宰臣已下常參官咸詣省送上增置儲供寵賢也

馬璘大曆九年授檢校尚書左僕射知省事詔宰臣及常參官並會尚書省送璘上本曹視事遣中使詣省勞慰仍賜酒饌

裴延齡德宗貞元中爲戶部尚書疾甚令中使連三輦候問

李齊運爲禮部尚書被疾歲餘不能朝謁朝廷除改往降中人就第訪決

韋皐穆宗長慶二年爲左僕射於尚書省上事命中使宣賜酒及宰臣百寮送上

庾敬休爲尚書左丞文宗太和九年二月卒贈吏部尚書癸酉詔曰官至丞郎皆朕所委不幸云亡者宜其爲之廢朝況朝會班列本在諸司三品之上比限近勑或乖通理時因敬休殞喪載深傷惻自今丞郎宜准諸司三品官罷朝日

王璠爲尚書左丞大和九年召對洛堂門賜以錦彩

殷侑開成元年爲刑部尚書時初經李訓之亂文宗問有治安之術侑極言委任責成宜任朝之耆德新進小生無宜輕用帝深嘉之賜錦綵三百匹及中謝又令中使就第賜金十斤

牛僧孺爲東都留守判尚書省事開成三年九月授尚書左僕射仍令右軍副使王元直齎告身宣賜旨側自留守除內官無送誥身使帝以僧孺頃在淮南六表讓官故特遣中人宣密旨便令赴闕

後唐盧質爲兵部尚書明宗長興元年五月勑除本

官料錢外逐月别支錢三十貫并羊麵油米以寵舊臣也

册府元龜

册府元龜臺省部　寵異　卷之四百六十一　三十五

巡按福建監察御史臣李嗣京　訂正
知長樂縣事臣夏允彝叅閲
知建陽縣事臣黄國琦較釋

臺省部

清儉　恭慎　練習

清儉

傳曰儉德之恭也又曰以約失之者鮮矣蓋禄不期侈著于格訓貴而能貧謂之美德繇兩漢而下盛臺閣之選令人髦士畢集其中乃有素尚清節至性高

潔靡營貲產不事儲畜薄於奉已急於濟衆委不義之貨甘食貧之樂饋遺咸屏澣濯以朝不求所居之安靡爭下民之利以至家人困於舂藁諸子疲於樵採去官而徙四壁啓手而無餘財斯皆砥礪廉隅樹立名節造次於是始終不渝用能儀表於官聯敦尚於俗化俾貪夫之知恥中人而思勉者也若夫祿有代耕之制用有量入之義而偏下已甚不堪其憂者斯亦矯枉過正非可以訓

後漢鍾離意明帝時爲尚書時交阯太守張恢坐贓千金徵還伏法以資物簿入大司農詔班賜羣臣意得珠璣悉以委地而不拜賜帝怪而問其故對曰臣聞孔子忍渴於盜泉之水曾參廻車於勝毋之閭惡其名也此贓穢之寶誠不敢拜帝嗟嘆曰清乎尚書之言

朱暉爲尚書禄仕數十年蔬食布衣家無餘財

欒崧爲郎家貧甞獨直臺上無被枕杫杫俎几也方言云屬漢之郊曰杫食糟糠帝每夜入臺輙見崧問其故甚嘉之自此詔大官賜尚書以下朝夕餐給帷被皁袍及侍史二人

蜀劉巴爲尚書令躬履清儉不治產業

吳陳化爲太常兼尚書令正色立朝勑子弟廢田業絕治產仰官廪禄不與百姓爭利

是儀爲侍中服不精細食不重膳拯贍貧困家無儲畜孫權聞之幸儀舍求視蔬飯親甞對之歎息卽增俸賜益田宅儀辭讓以恩爲戚

晉鄭攸爲吏部尚書蔬食弊衣周急振乏

華甞爲光禄大夫開府甞侍清恪儉素雖居顯列甞布衣蔬食年老彌篤死之日家無餘財惟有書數百卷時人以此貴之

李胤爲尚書令侍中雖歷職内外而家至貧儉兒病

無以市藥武帝聞之賜錢十萬

山濤爲尚書以母老辭職詔除議郎武帝以濤清儉無以供養特給日契加賜牀帳茵褥後遷僕射薨左長史范晷上言濤舊第茅屋十間子孫不相容帝爲之立屋初濤布衣家貧謂妻韓氏曰忍饑寒我後當作三公但不知卿堪公夫人否耳及居榮貴貞慎儉約雖爵同千乘而無嬪媵祿賜俸秩散之親故初陳郡袁毅嘗爲鬲令貪濁而賂遺公卿以求虛譽亦遺濤絲百斤濤不欲異於時受而藏於閣上後毅事露檻車送廷尉凡所受賂皆見推簡濤乃取絲付吏積

年塵埃印封如初

裴憲楷之子也爲侍中永嘉末王浚承制以憲爲尚書石勒破浚薄其官僚親屬皆貲至巨萬惟憲與荀綽家有書百帙鹽米僅十數斛而已

吳隱之爲度支尚書以竹蓬爲屏風坐無氊席後遷中領軍清儉不革每月俸祿裁留身糧其餘悉分賑親族家人績紡以供朝夕時有困絶或并日而食身嘗布衣不完妻子不沾寸祿

卞壼爲尚書廉潔儉素居甚貧約

劉超爲中書舍人處身清苦衣不重帛家無擔石之儲每元帝所賜皆固辭曰凡陋小臣横竊賞賜無德而祿殃咎是懼帝嘉之不奪其志超出補句容令入爲中書通事郎以父憂去職家貧妻子不贍帝手詔襃之賜以魚米超辭不受

魏舒爲侍中武帝以舒清素特賜絹百匹

阮放字思度素知名而性清約不營産業爲吏部郎不免饑寒王導庾亮以其名士嘗供給衣食

周顗爲尚書左僕射爲王敦所害敦使繆坦籍顗家收得素簏數枚盛故絮而已酒五甕米數石在位者服其清約

陸納爲吏部尚書謝安嘗欲詣納而納殊無供辦其兄子俶不敢問之乃密爲之具安旣至納所設唯茶果而已俶遂陳盛饌珍羞畢具客罷納大怒曰汝不能益光叔父乃復穢我素業耶於是杖之四十其舉措多此類

宋向彌爲散騎常侍治身儉約不營室宇無園田商貨之業時人稱之

沈演之爲吏部尚書領太子右衛率而謙約自持文帝賜以女妓不受

孔覬代庾徽之爲御史中丞先是徽之在職性豪麗

服玩甚華顧代之衣冠罷用莫不爲率

江湛爲吏部尚書家甚貧約不營財利餉饋盈門一無所受無兼衣餘食嘗爲文帝所召值澣衣稱疾經日衣成然後起牛餓馭人求草湛良久曰可與飲

柳元景爲尚書令元景起自將帥及當朝理務雖非所長而有弘雅之美時在朝勳要多事產業唯景獨無所營南岸有數十畝菜園守園人賣得錢二萬送還宅元景曰我立此園種菜以供家中啖耳乃復賣菜以取錢奪百姓之利也以錢乞守園人

何尚之爲侍中領尚書令立身簡約車服率素妻亡

冊府元龜 臺省部 清儉 卷之四百六十二 五

不娶又無姬妾

顏延之爲光祿大夫其子竣初爲孝武南中郎諮議參軍及帝登祚以爲金紫光祿大夫領相東王師竣既貴重權傾一朝凡所資供延之一無所受器服不改宅宇如舊嘗乘羸牛車逢竣鹵簿即屏住道側

揚運長後廢帝時與阮佃夫俱兼通事舍人以平桂揚王休範功封南城縣子運長質本廉正修身甚清不事園宅不受餉遺

孔琳之爲祠部尚書不治產業家尤貧素

南齊庾杲之爲尚書駕部郎清貧自業食惟有韮葅瀹韮生韮雜菜或戲之曰誰謂庾郎貧食常有二十七種言三韮也

褚炫武帝時爲吏部尚書炫居身清正非所問不雜交游論者以爲美其在選部門庭蕭索賓客罕至出行左右捧黃紙帽箱風吹紙剝僅盡前爲江夏內史及罷郡得錢十七萬於石頭並分於親族病無以市藥表自陳解改授散騎常侍領安成王師

褚淵初仕宋明帝以吏部尚書有人求官密袖中將一餅金因求請間出金示之曰人無知者彥回曰足下自應得官無假此物若必見與不得不相啓此人

冊府元龜 臺省部 清儉 卷之四百六十二 六

大懼收金而去彥回敘其事而不言其名時人莫之知也至高帝建元初爲中書監時淮北屬江南無復鰒魚或人有間關得至者一枚直數千錢有餉彥回鰒魚三十枚彥回時雖貴而貧薄過甚門生有獻計賣之云可得十萬錢彥回變色曰我謂此是食物非曰財貨且不知堪賣錢聊爾受之雖復儉乏寧可賣餉取錢也悉與親族啖之少日便盡

張緒爲金紫光祿大夫口不言利有財輒散之清言端正或竟日無食門生見緒饑爲之辦餐然未嘗求也

陸慧曉爲吏部尚書令王晏選門生補内外要局慧曉爲用數人而止晏恨之送女妓一人欲與申好慧曉不納

張瓌與沈文季同爲侍中俱在門下文季每還直器物若遷瓌止朝服而已時集書每兼門下東省實多清貧有不識瓌者皆呼爲散騎

梁傅昭初仕宋明帝爲中書通事舍人時居此職皆勢傾天下昭獨廉静無干豫器服率陋身安麤糲嘗插燭於板牀明帝聞之賜漆合燭盤等勑曰卿有古人之風故賜卿古人之物

徐勉爲中書令雖居顯位不營産業家無蓄積俸禄分贍親族之窮乏者

周捨爲尚書吏部郎性儉素衣服器用居處牀席如布衣之貧每入官府雖廣廈華堂閨閤重邃捨居之則塵埃滿積以荻爲鄣壞亦不營

顧協爲通直散騎侍郎兼中書通事舍人協少清介有志操及爲舍人同官者皆潤屋協仕省十六載器服飲食不改於嘗有門生始來事協知其廉潔不敢厚餉止送錢二千協發怒杖二十因此事者絶於饋遺

到溉爲左民部尚書所蒞以清白自修性又率儉不好聲色虚室單牀旁無姬侍自外車服不事鮮華冠屨十年一易朝服或至穿補傳呼清路示有朝章而已

沈約爲左光禄大夫性不飲酒少嗜欲雖時遇隆重居處儉素

陳陸瓊爲吏部尚書瓊性謙儉不自封植雖位望日隆而執志愈下園池室宇無所改作車馬衣服不尚鮮華四時俸禄皆散之宗族家無餘財暮年深懷止足因避權要遂謝病不視事

姚察爲吏部尚書自居顯要甚勵清潔且廪錫以外一不交通嘗有門人遠至不敢厚餉止送南布一端花練一疋察謂之曰吾所衣者止是麻布蒲練此物於吾無用既欲相款接幸不煩爾此人遜請猶冀受納察厲色驅出因此伏事者莫敢饋遺

後魏崔玄伯爲吏部尚書爲道武所任勢傾朝野而儉約自居不營産業家徒四壁出無車乘朝晡步上母年七十供養無重膳道武嘗使人密察聞而益重厚加饋賜時人亦或譏其過約而玄伯爲之愈甚

賈彝歷尚書郎以清素稱

盧義僖爲左光祿大夫性清儉不營財利雖居顯位每至困乏麥飯蔬食忻然甘之

高允爲中書侍郎領著作以忠諫拜中書令著作如故司徒陸麗曰高允雖蒙寵待而家貧布衣妻子不立文成怒曰何不先言今見朕用之方言其貧是日幸允第唯草屋數間布被緼袍廚中鹽米而已于時百官無祿允嘗使稚子樵采自給文成歎息曰古人之清貧豈有此乎即賜帛五百疋粟千斛

游肇爲尚書右僕射清貧寡欲資仰俸祿而已

崔亮爲中書侍郎兼尚書左丞亮雖歷顯任其妻子

不免親事舂簸孝文聞之嘉其清貧詔帶野王令

楊璣爲度支尚書家貧無馬多乘小犢車時論許其清白

高崇爲尚書三公郎家資富厚僮僕千餘而崇志尚儉素車馬器服充事而已約已自脩與物無競

鹿悆爲給事黃門侍郎而自無室宅嘗假賃居止布衣糲食寒暑不變莊帝嘉其清潔特復賜以錢帛

山偉爲侍中中書令不營產業身亡之後賣宅營葬妻子不免飄泊士友歎愍之

常景歷黃門侍郎右光祿大夫自少及老嘗居事任清儉自守不營產業至於衣食取濟而已有人才整每謂曰卿清德自居不事家產雖儉約可尚將何以自濟也吾恐摯太常方餒於柏谷耳遂與衞將軍羊深矜其所乏乃率刁雙司馬彥邕李諧畢祖顏畢義顯等各出錢千文而買馬焉

韓子熙爲黃門侍郎清白自守不交人事

北齊李元忠爲侍中孫騰司馬子如嘗共詣元忠見其坐樹下擁被對壺庭室蕪曠謂二公曰不意今日披藜藿也因呼妻出衣不曳地二公相顧歎息而去大餉米絹衣服元忠受而散之

元文遙爲侍中既不與趙彥深清真守道又不爲和士開貪淫亂政在於孟季之閒然性和厚遷鄴唯有地十頃與物無競故時論不在彥深之下家貧所資衣食而已

辛術爲東南道行臺尚書時睢州刺史及所部守俱犯大辟朝廷以其奴婢百口及貲財盡賜術三辭不見許術乃送詣所司邢卲聞遺術書曰昔鍾離意云孔子忍渴於盜泉便以珠璣委地足下今能如此可謂異代一時

袁聿修爲吏部郎中在官廉謹當時少匹魏齊世臺

郞多不免交通饋遺聿修在尚書十年未嘗受升酒之饋尚書邢邵與聿修舊欵每於省中語戲嘗呼聿脩爲清郞

盧叔武爲右光禄大夫魏收曾來詣之訪以雒京舊事不待食而起云難爲子費叔武留之良久食至但有粟飧葵菜木椀盛之片脯而已所將僕從亦盡設食一與此同

後周張軌爲度支尚書性清素臨終之日家無餘財唯有素書數百卷

柳慶爲左僕射拜司會中大夫與楊寬有隙明帝武

成二年慶除宜州刺史慶自爲郞迄于司會府庫倉儲並其職也及在宜州寬爲小家宰乃囚慶故吏求其罪失按驗積六十餘日吏或有死於獄者終無所言唯德秉錦數匹時人服其廉愼

陸通爲大司寇通性柔謹雖久處列位嘗清愼自守所得禄賜盡與親故共之家無餘財嘗曰凡人患貧而不貴不患貴而貧也

辛慶之爲通直散騎嘗侍儀同三司慶之任遇雖隆而率儉素車馬衣服不尚華侈

隋薛濬開皇初爲考功侍郞性儉死之日家無遺貲

滑儀煬帝時爲尚書右司郞于時政漸亂濁貨賂公行凡當樞要之職無問貴賤並家累金寶天下士大夫莫不變節而儀勵志守嘗介然獨立帝嘉其清苦超拜京兆郡丞

柳調爲尚書左司郞時王綱不振朝士多贓貨唯調清素守節爲時所稱

唐裴矩仕隋爲黄門侍郞于時朝士頗多贓貨唯矩清素自守時人稱之

竇威爲內史令性儉素不樹産業及卒家無餘財

温彦博爲中書令彦博家無正寢及卒之日殯于别

室太宗命有司爲造宅堂焉

蘇頲爲禮部尚書知吏部選事性廉儉所得俸禄盡推與諸弟或散之親族家無餘貲

盧懷愼爲黄門監兼吏部侍郞清儉不營産業器用服飾無金玉綺文之麗所得俸禄皆隨時分散而家無餘蓄妻子匱乏及太宗幸東都西門愽士張星上言懷愼忠清直道始終不虧不加寵贈無以勸善乃詔賜其家物百段米粟二百石

于休烈爲工部尚書在朝凡三十餘年歷掌清要家無擔石之儲

[illegible]鎮德宗時爲工部侍郎以簡儉稱於時
奚陟貞元中爲中書舍人先是右省雜給率分等皆
據職田頃畝郎主事所受與右史等陟乃約以料錢
爲率自是主事所得減於拾遺時中書令李晟所謂
紙筆雜給皆不受但告雜事舍人令且貯之它日便
悉以遺舍人前例雜事舍人自攜私入陟以所得均
分省內官
陸贄爲中書舍人翰林學士毋卒持喪於河南豐樂
佛寺四方賻贈爲詞厚致金帛贄絲毫無所受唯與
劍南節度使韋皐布衣友善皐以事奏聞每有所致
輒稱詔以授之
李建穆宗長慶初爲刑部侍郎建名位雖顯以廉儉
自處爲家不理垣屋士友推之
李懷遠以兵部尚書知東都留守懷遠久居榮位而
好尚清廉宅舍屋宇無所增改嘗乘款段馬豆盧欽
望之謂曰榮貴如此何不易駿乘之答曰此馬幸免
驚蹶何假別求聞者莫不歎伏
郭承嘏尚父子儀曾孫爲刑部侍郎自沒之後家無
餘財喪祭所費皆親友供給而後具縉紳之徒無不
痛惜

晉姚顗爲戶部尚書疎於財而御家無術旣死斂葬
之資不備家人俟賻物鬻第方能舉喪而去士大夫
愛其廉而鄙其拙
周張沆爲刑部尚書驟歷顯重家無餘財死之日書
圖之外唯使鄆之貲耳（臣欽若等曰齊王高行周鎮鄆州沆爲冊贈使）嗣子
尚幼親友慮其耗散太祖前言之乃令三司差人主
葬餘資市邸舍僦稅以贍其孤
顏衎爲吏部侍郎儒學之外雅有政術累更清吏皆
以廉幹著名

恭慎

傳曰如承大祭言乎恭也詩曰如履薄氷志乎慎也
是故君子率禮以奉上思患而豫防俯仰畏周旋
謹密然後臻夫寡過保其克終者焉大漢之後歷禁
省之任者莫不恭預密勿經綸政典備顧問侍從
朝人推擇攸重俊乂並列乃有質性端方志尚惇固
靡通於謁客無洩於裏言非公事而不談居官次而
匪懈小心愓厲罔見於惰容退食閑燕彌加於慎獨
用能保持名節便蕃左右終寡於尤悔克隆乎恩紀
蓋書之夙夜惟寅易之夕惕若厲皆斯之謂歟
漢石奮爲大中大夫無文學恭謹舉無與比（舉皆也）

金日磾武帝時爲侍中光祿大夫自在左右目不忤視者數十年（忤逆也）賜出宮女不敢近帝欲納其女後宮不肯其篤慎如此

霍光武帝時爲郎遷諸曹侍中光祿大夫出則奉車入侍左右出入禁闥二十餘年（宮中小門謂之闥）小心謹慎未嘗有過甚見親信

梁丘賀宣帝時爲大中大夫給事中賀爲小心周密帝信重之

孔光成帝領尚書給事中有所薦舉唯恐其人之聞知沐日歸休兄弟妻子燕語終不及朝省政事或問

光温室省中樹皆何木也（長樂宮中有温室殿）光嘿不應更答以巳語其不洩如此

後漢樊宏時爲光祿大夫每當朝會輙迎期先到俯伏待事時至乃起帝問之嘗勑騶騎臨朝乃告勿令預到宏所上便宜及言得失輙手自書寫毁削草本公朝訪建不敢衆對宗族染其化未嘗犯法帝甚重之

樊梵爲郎二十餘年三署服其重慎每當直事常晨駐馬待漏雖在閒署冠劍不解於身每漏初恐失時乃張燈俯伏

徐防明帝時補尚書郎職典樞機周密畏慎奉事二帝未嘗有過焉

欒巴河内人天性朴忠家貧爲郎常獨直臺上明帝每夜入臺輙見巴問其故甚嘉之

陳寵章帝時爲尚書性周密慎重所表薦輙自手書人莫得知常稱人臣之義苦不畏慎自在樞機謝遣門人拒絶知友唯在公家而已朝廷器之

延篤桓帝時爲中帝數問政事篤詭辭對動依典義

魏荀彧爲尚書令常以書陳事臨薨皆焚毁之故奇策密謀不得盡聞也

荀攸爲尚書令深密有志自防常從太祖征伐會謀謨帷幄時人及子弟莫知其所言（攸姑子辛韜嘗問攸說太祖取冀州時事攸曰佐治爲袁譚乞降王師自往平之吾何知焉自是韜及内外莫敢復問軍國事也）攸與鍾繇善前後凡畫奇策十二唯繇知之繇撰集未就會薨故世不得盡聞也

劉曄黄初中爲侍中在朝略不交接時人或問其故曄答曰魏室即祚尚新智者知命俗或未咸僕在漢爲支葉於魏備心腹寡偶少徒於幾宜未失也

任嘏爲黄門侍郎每納忠言輙手書懷本自在禁省歸書不封帝嘉其淑慎

蜀劉巴爲尚書令恭默守静退無私交非公事不言

晉羊祜爲尚書僕射歷仕二朝任典樞要政事損益皆諮訪焉勢利之求無所関與其嘉謀讜議皆焚其草故世事莫聞凡所進達人皆不知所繇或謂祜慎密太過者祜日是何言歟夫入則造膝出則詭辭君臣不密之誡吾惟懼其不及不能舉賢取異豈得不媿知人之難哉且拜爵公朝謝恩私門吾所不敢

劉超爲中書舍人拜騎都尉奉朝請時臺閣初建庶績未康超職典文翰而畏慎静密彌見親待後爲中書侍郎蘇峻亂遇害超天性謙慎歷事三帝當在機

密並蒙親遇而不敢因寵驕諂故士人皆安而敬之超子訥爲中書侍郎謹飭有石慶之風訥子亨亦清慎爲散騎郎

宋殷景仁爲中書侍郎令卧疾者五年雖不見上而密表去來日中以十數朝政大小必以問焉形迹周密莫有窺其際者

謝弘微元嘉中爲侍中每有獻替及論時事必手書焚草人莫知之太祖以弘微能膳羞嘗就求食弘微與親故經營旣進之後親人問帝所御不答别以餘語酬之時人比漢世孔光弘微臨終語左右曰有二封書湏劉領軍至可於前燒之愼勿開也書皆是太祖手勑帝甚痛惜之

南齊褚澄爲侍中領右軍將軍以勤謹見知

梁呂僧珍爲散騎常侍直秘書省僧珍性甚恭慎當直禁中盛暑不敢解衣每侍御坐屏氣鞠躬果食未嘗舉著

韋叡爲散騎常侍護軍將軍居朝廷恂恂未嘗忤視高祖甚禮敬之

周捨爲尚書吏部郎捨素辯洽與人談論終日不絶口而竟無漏泄機事衆尤歎之

王瑩爲尚書令雲麾將軍侍中瑩性清慎居官恭恪高祖敬之

孔休源爲尚書儀曹郎累遷給事中黄門侍郎性慎密寡嗜好出入帷幄未嘗言禁中事世以此重之

陳袁樞爲吏部尚書是時僕射到仲舉雖叅掌選事銓衡汲引並出於樞其所舉薦多會上旨謹慎固密清白自居文武職司鮮有遊其門者

王瑒爲西部尚書瑒性寛和及居選職務在清静謹守文案無所抑揚尋加侍中遷左僕射叅掌選事

姚察爲吏部尚書入隋爲散騎常侍盡心事上知無

不爲侍奉機密未嘗洩漏

後魏盧魯元以忠謹給侍東宮及太武即位以爲中書侍郎拾遺左右寵待彌渥而魯元益加謹肅太武愈親信之内外大臣莫不敬憚焉

古弼太武時爲尚書令端謹愼密口不言禁中之事功名等於張黎而廉不及也

許彥爲散騎常侍質厚愼密與人言不及内事太武以此益親待之

李孝伯爲比部尚書性方愼忠厚每朝廷大事有不足必手自書表切言陳諫或不從者至於再三削滅

藁草家人不見自崔浩誅後軍國謀謨咸出孝伯太武寵養有亞於浩亦以宰輔遇之獻替補闕其迹不見時人莫得而知

崔玄伯爲黄門侍郎與張袞對總機要玄伯自非朝廷文誥四方書檄初不染翰故世無遺文

司馬仲文爲中書舍人以謹敏著稱

高允爲中書令遣中書監魏初法嚴朝士多見杖罰允歷事五帝出入三省五十餘年初無譴咎

楊津爲符璽郎津身在禁密不外交游至於宗族姻表罕相祗候焉

陸凱爲給事黄門侍郎在樞要十餘年以忠孝見稱希言屢中孝文嘉之

庫狄峙大統元年拜中書舍人參掌機密以恭謹見稱

北齊封隆之爲右僕射自義旗始建經略奇謀妙筭密以啓聞手書削藁罕知於外高祖加其忠謹每多從之

宋士素沉密少言有才識歷中書黄門侍郎遷儀同三司散騎常侍自處機要近二十年周愼温恭

劉世清爲侍中情性修整周愼謹密

隋李德林爲内史令自從官以後即典機密性愼重嘗云古人不言温樹何足稱也

張虔威煬帝初爲謁者大夫時淮南太守楊綝嘗與十餘人同來謁見帝問虔威曰其首立者爲誰虔下殿就視而荅曰淮南太守楊綝帝謂虔威曰卿爲謁者大夫而乃不識參見人何也虔威對曰臣非不識楊綝但慮不審所以不敢輕對石建數馬蓋愼之至也帝甚嘉之

唐徐岱代宗時爲給事中史館修撰充皇太子及舒王已下侍讀承兩官恩顧時無與比而謹愼過甚未

嘗洩禁中之事亦不談人之短

韋綬德宗朝爲翰林學士貞元之政多參決于內署綬所議論嘗合中道然危愼致傷晚得心病故不極其用

高郢貞元中爲中書舍人守官奉法勤恪掌誥累年家無制草或謂曰前輩皆留制集公焚之何也曰王言不可存私家時人重其愼密

王紹貞元中爲戶部尚書判度支于時德宗以詔謹愼恩遇特異凡王重務八年政之大小多所訪決詔未嘗漏洩亦不務矜衒

裴垍元和中在翰林承旨屬憲宗初平吳蜀勵精思理機密之務一以問垍垍小心敬愼甚稱上意

練習

夫思不出位君子所重官脩其方前經攸尚自漢之中葉政歸省闥典章品式軌儀故實咸在是焉乃有居其職者明習厥事潛思探賾默識彊記咨疑議而必決訪墜簡而能舉參預詳綴多所刊正儕類服其諳練時論稱其折衷斯故不假求禮于野而學官于吏者矣

漢孔光爲尚書觀故事品式數歲明習漢制及法令成帝甚信任之

後漢張純光武時爲武官中郎將在朝歷世明習故事建武初舊章多闕每有疑議輒以訪純自郊廟婚冠喪紀禮儀多所正定帝甚重之

樊準爲尚書令明習故事遂見任用

郭賀能明法爲尚書令在職六年曉習故事多所裨益

黃瓊爲尚書僕射初瓊在臺閣習見故事及後居職達練官曹爭議朝堂莫能抗奪

劉祐爲尚書侍郎閑練故事文禮彊辯每有奏議應

對無滯爲僚類所歸

黃香爲尚書令曉習邊事均量軍政皆得事宜

楊球爲尚書侍郎閑達故事其章奏處議常爲臺閣所崇信

魏潘勗漢末爲尚書郎遷右丞詔以勗前在二千石曹才敏兼通明習舊事勅並領本職數加特賜

桓範爲尚書在臺閣號爲曉事

晉何邵爲尚書左僕射博學善屬文陳說近代事若指諸掌

傅祗爲右僕射明達國體朝廷制度多所經綜

刁協元帝渡江拜尚書左僕射于時朝廷草創憲章未立朝臣無習舊儀者協久在中朝諳練舊事凡所制度皆稟於協焉深爲當時所稱許

孔衍字舒元元帝中興初與庾亮俱補中書郎于時庶事草創衍經學博通練識舊典朝儀軌制多取正焉

王彪之爲僕射桓温將廢海西公時廢立之儀既絶於曠代朝臣莫有識其故典者彪之神采毅然朝服當堦文武儀準莫不取定朝廷以此服之彪之父彬尚書僕射子臨之孫納之並御史中丞以彪博聞多

識練習朝儀自是家世相傳並諳江左舊事緘之青箱世人謂之王氏青箱學

宋王淮之王處曾孫也爲都官尚書改領吏部淮之究識舊儀問無不對時大將軍彭城王義康録尚書事每嘆曰何須高論玄虚政得如王淮之兩三人天下便治矣撰儀注朝廷遵用之

殷景仁爲中書侍郎於國典朝儀舊章記注莫不撰録識者知其有當世之志矣高祖甚知之遷太子中庶子

南齊王珉在宋爲度支尚書景和中討義陽王昶六軍戒嚴應須紫幰左右欲營辦珉曰元嘉初征謝晦有紫幰在匣中不須更作簡取果得焉

王儉爲左僕射朝廷初基制度草創儉識舊事問無不答高帝嘆曰詩云維嶽降神生甫及申今亦天爲我生儉也儉長學禮諳究朝儀每博議證引先儒罕有其例八座丞郎無能異者儉手筆典裁爲當時所重

梁到洽高祖時爲尚書左丞時鑾輿欲親戎軍國容禮多自洽出焉

周捨爲尚書禮部郎時天下草創禮儀損益多自捨出焉

何敬容爲吏部侍郎左僕射遷尚書令久處臺閣詳悉舊事

孔休源爲尚書儀曹郎時多所改作每逮訪前事休源即以誦記隨機斷決曾無疑滯吏部郎任昉嘗謂之爲孔獨誦累遷尚書左丞時太子詹事周捨撰禮疑義漢魏至于齊梁並皆搜採休源所有奏議咸預編録

謝幾卿爲尚書左丞幾卿詳悉故習僕射徐勉每有疑滯多詢訪之

陳劉師知審儀禮臺閣故事多所詳悉高祖入輔以
師知爲中書舍人掌詔誥是時兵亂之後朝儀多闕
高祖爲丞相及加九錫并受禪其儀注並師知所定
焉
袁樞遷都官尚書掌撰樞博聞強識明悉舊章
沈文阿初爲梁國子博士尋領步兵校尉兼掌儀禮
自泰清之亂臺閣故事無有存者文阿父峻梁武世
嘗掌朝儀頗有遺槀於是酌量裁撰禮度皆自之出
後魏劉懋爲尚書外兵郎中加輕車將軍凡所撰制
朝廷軌儀皆與參量尚博議懋與殿中郎袁翻嘗爲

議王逵於從政臺中疑事咸所訪決受詔參議新令
劉昶領議曹尚書於時改革朝儀詔昶與蔣少游專
主其事昶條上舊式略不遺忘
崔休爲殿中尚書休久在臺閣明習典禮每朝廷疑
議咸取決焉諸公咸相謂曰崔尚書下意處我不能
異也
常景爲中散大夫領中書舍人朝廷典章疑而不決
則訪景而行之
北齊裴讞之爲儀曹郎尤悉歷代故事儀注喪禮皆
能裁之

後周徐招初從魏孝武入關爲尚書左丞朝廷播遷
典章有闕至於臺閣軌儀多招所參定論者稱之
唐瑾爲尚書右丞吏部郎中于時魏室播遷庶務草
剏朝章國典瑾並參之
柳敏拜禮部爲司宗乂處臺閣明練故事近儀式乖
先典者皆按處舊章刊正之
隋趙賢通爲相州刺史朝廷以其曉習故事徵拜尚
書右僕射
元善雒陽人少隨父之江南開皇初拜內史侍郎陳
使袁雅來聘上令善就館受書雅出門不拜善論舊

事有拜之儀雅不能對遂拜成禮而去
蘇威爲吏部尚書承戰爭之後憲章踳駮帝令朝臣
釐改舊法爲一代通典律令格式多威所定世以爲
能
趙芬爲少卿正芬明習故事每朝廷有所疑議衆不
能決者芬輒爲平斷莫不稱善
唐裴矩爲民部尚書年且八十精爽不衰以曉習故
事甚見推重
蘇瓌中宗時爲尚書右丞以明習法律多識臺閣故
事特命刪定律令格式

郛正一爲中書侍郎在中書累年明習故事

鄭餘慶爲尚書右僕射憲宗以餘慶諳練典章朝廷禮樂制度有乖故事專委餘慶叅酌施行遂用爲詳定使餘慶復奏刑部侍郎韓愈禮部侍郎李程爲副使左司郎中崔郾吏部郎中陳佩刑部員外郎楊嗣復禮部員外郎庾敬休並充詳定判官朝廷儀制吉凶五禮咸有損益焉

後唐盧文紀爲吏部郎文紀熟於故事銓綜條流剖析無滯

冊府元龜

巡按福建監察御史臣李嗣京　訂正
知閩縣事臣曹冉臣參閱
知建陽縣事臣黃國琦較釋

臺省部

謙退

夫讓之謂懿德紀於春秋謙之能有終載於易象非夫明哲之兼蘊幾神之內朗其孰能與於此乎漢氏而下政歸臺閣典掌機要叅預顧問權任斯劇位望彌峻乃有畏遠名勢推避光寵深戒盛滿固懷沖挹

為賢而自訟者期乎達人引年而斂迹者表乎知止或形於封䟽極其剖陳或面述至誠發於悃愊固亦感動時主獲寢成命高謝榮爵言還故里者斯不乏焉雖復周旋敦諭黽勉就職然其孤風逸軌亦足以厲俗矣傳所謂難進而易退見利而思義者皆斯人之徒歟

漢金日磾為侍中武帝病屬霍光以輔少主讓日磾日磾曰臣外國人且使匈奴輕漢於是遂為光副武帝遺詔以討莽何羅功封日磾秺侯日磾以帝少不受封

孔霸宣帝時拜太中大夫為人謙退不好權勢常稱爵位泰過何德以堪之帝欲致霸相位自御史大夫貢禹卒及薛廣德免輙欲拜霸霸讓位自陳至三帝深知其至誠迺弗用以是敬之賞賜甚厚

貢禹為河南令去官元帝初即位徵為諫大夫遷光祿大夫禹上書曰臣禹年老貧窮家貲不滿萬錢妻子穅豆不贍裋褐不完有田百三十畝陛下過意徵臣（過猶誤也）臣賣田百畝以供車馬至拜為諫大夫秩八百石俸錢月九千二百廩食太官（謂太官給其食）又蒙賞賜四時雜繒緜絮衣服酒肉諸果物德厚甚深疾病侍

醫臨治（侍醫天子之醫也）賴陛下神靈不死而活又拜為光祿大夫秩二千石俸錢月萬二千祿賜愈多家日以益富身日以尊誠非草茅愚臣所當也

晉山濤太康初遷右僕射加光祿大夫侍中掌選如故濤以老疾固辭手詔曰君以道德為世模表況自先帝識君遠意吾將倚君以穆風俗何乃欲舍遠朝政獨高其志邪吾之至懷故不足以喻乎何來言至懇切也且當以時自力深副至望君不降志朕不安席濤又上表固讓不許

紀瞻轉尚書上疏諫諍多所規益帝甚嘉其忠烈會

久病不堪朝請上疏曰臣疾疢不痊曠廢轉大比陳誠款未見哀察重以尸素抱罪㤪席憂責之重不知埀沒之餘當所投厝臣聞易失者時不再者年故古之志士義人負鼎趍走商歌於市誠欲及時效其忠規名傳不朽也然失之者億萬得之者一二耳嘗人之情貪求榮利臣以凡庸遡逅遭遇勞無負狙口不商歌橫逢大運頻煩饕竊雖思慕古人自效之志竟無毫釐報塞之效而犬馬齒衰衆疾癈頓偃卧救命百有餘日叩棺曳衾日頃一日如復天假之年蒙陛下行蓋之惠適可薄存性命枕息陋巷亦無緣復廁

八座升降臺閣也臣目冥齒墮胸腹冰冷創旣不差足復偏跛爲病受困旣以荼毒七十之年禮典所遺衰老之徵皎然露出臣雖欲勤自藏護隱伏何地臣之職掌戶口租稅國之所重方今六合波盪人未安居士被大化百度草創發卒轉運皆須人力以臣平強蕪以晨夜尚不及事今候命漏刻而當久停機職使主者有廢若朝廷以之廣恩則憂責日重以之序官則官廢事弊須臣病差則臣日月衰退今以天慈使官曠事滯臣受偏私之宥於大望亦有虧損今萬國華面賢俊比迹而嘗虛停好爵不以縻賢以臣穢病之餘妨官固職誠非古今黜進之急惟陛下割不已之任賜以弊帷隕仆之日得以藉尸蔣銓俊乂使官脩事舉臣免罪戮死生厚幸因以疾免尋除尚書右僕射屢辭不聽遂稱病篤還第不許

蔡謨遷五兵尚書領琅邪王師謨上疏讓曰八座之任非賢莫居前後所用資命有嘗孔愉諸葛恢並以清節令才少著名望昔愉爲御史中丞臣尚爲司徒長史恢爲會稽太守臣爲尚書郎恢尹丹陽臣守小郡名輩不同階級殊懸今猥以輕鄙超倫踰等上亂聖朝貫魚之序下違群士準平之論豈惟微臣其亾

之誡實招聖政惟塵之累且左長史一超而侍帷幄再登而廁納言中興以來上德之舉所未嘗有臣何人斯而猥當之是以叩心自忖三省愚身與其苟進以穢清塗寧受違命猖固之罪疏奏不許

何充爲尚書令加左將軍充以內外統任宜相糾正若使事綜一人於課對爲嫌乃上疏固讓許之從中書令加散騎常侍領軍如故又領州大中正以州有先達宿德固讓不拜後爲驃騎將軍獻后臨朝詔曰驃騎任重可以甲仗百人入殿又加中書監錄尚書事充自陳旣錄尚書不以復監中書許之

卞壼爲尚書令廉絜儉素居甚貧約息當婚成帝特
賜錢五十萬固辭不受
孔愉爲左僕射詔給親信二十人廩賜愉上疏固讓
優詔不許重表曰臣以朽闇忝厠朝右而以隋劣無
益毗佐方今疆埸日駭政煩役重百姓困苦姦吏擅
威暴人肆虐大弊之後倉庫空虛功勞之士賞賜不
足困悴之餘未見拯恤呼嗟之怨人鬼感動宜并官
省職貶食節用勤撫其人以濟其艱臣等不能贊揚
大化糾明刑政而偷安高位橫受寵給無德而祿殃
必及之不敢橫受殊施以重罪戾從之

王彪之爲東海王文學從伯道謂曰選官欲以汝爲
尚書郎汝幸可作諸王佐邪彪之曰位之多少既不
足計自當任之於時至於超遷是所不願遂爲郎
顧含除國子祭酒加散騎常侍遷光祿勳以年老遜
位成帝美其素行就加右光祿大夫門施行馬賜牀
帳被褥物大官四時致膳固辭不受
王洽加中書令固讓表疏十上穆帝詔曰敬和清裁
貴令昔爲中書郎吾時尚小數呼見意甚親之今所
以用爲令既機任須才且欲時時相見共講文章待
以友臣之義而累表固讓甚違本懷其催洽令拜若
讓遂不受
郗愔再遷黃門侍郎時吳郡守闕欲以愔爲太守愔
自以望少不宜超莅大郡朝議嘉之轉爲臨海太守
宋王裕之字敬弘爲吏部尚書兼散騎常侍敬弘每
被除名即便祗奉既到宜退旋復解官高祖嘉其志
不苟違也復除廬陵王師加散騎常侍自陳無德不
可師範令王固讓不拜又除秘書監金紫光祿大夫
加散騎常侍本州中正又不就文帝元嘉六年遷尚
書令敬弘固讓本求還東帝不能奪改授侍中特進
左光祿大夫給親信二十人讓侍中特進求減親信

之半不許十六年以爲光祿大夫開府儀同三司侍
中敬弘詣京師乃上表曰臣比自啓聞謂誠心已達
天監玄邈未蒙在宥不敢晏處牽曳載馳臣聞君子
行道忘其爲身三復斯言若可庶勉顧惜惛耄志與
願違禮年七十老而傳家家道猶然況于在國伏願
陛下矜臣西夕愍臣一至時廻聖恩賜反其所則天
道下濟愚心盡矣竟不拜東歸二十三年重申前命
又表曰臣躬耕南澧不求聞達先帝拔臣於蠻荊之
域賜以國士之遇陛下嗣徽特蒙眷齒由是感激委
質聖朝雖懷犬馬之誠遂無塵露之益年上九十年

理婉盡永絕天光淪沒丘壑謹冐奉表傷心久之

王曇首文帝時爲太子詹事侍中謝晦平後帝欲封曇首等會讌集舉酒勸之因拊御牀曰此坐非卿兄弟無復今日時封詔已成出以示曇首曇首曰近日之事釁難將成賴陛下英明速斷故罪人斯戮臣等雖得仰憑天光效其毫露豈可因國之災以爲身幸陛下雖欲私臣當如直史何帝不能奪故封事遂寢

王僧綽爲侍中先是王曇首與王華並爲文帝所任華子嗣人才旣劣位遇亦輕僧綽嘗謂中書侍郎蔡興宗曰弟名位應與新建齊趣至今日蓋姻戚所

致也新建者嗣之封也及爲侍郎時年二十九始興王濬嘗閒問其年僧綽自嫌早達逡巡良久乃答其謙虛自退若此元嘉末文帝頗以後事爲念以其年少方欲大相付託朝政小大皆與參焉從兄微淸介士也懼其太盛勸令損抑僧綽乃求吳郡及黃州帝並不許

殷景仁拜侍中累表辭讓又固陳曰臣志幹短弱歷著出處値皇塗隆泰身荷恩榮階牒推遷日月頻積失在饕餮患不自量而奉聞今授固守愚心旨竊推殊次之寵必歸器望喉脣之任非才莫居三省諸躬無以克荷豈可苟順乖榮不知進退上虧朝舉下貽身咎求之公私未見其可願涯審分誠難庶幾驗方越序益以誠懼所以俯仰周皇無地寧處若惠澤廣流簡艾同潤迴改前旨賜以降階雖賓不敏敢忘循命臣遷遠之愆旣已屢積寧當徒尚浮末塵黷天聽丹情控款仰希炤察詔曰景仁退挹之懷有不可改除黃門侍郎以申君子之請

顏竣爲丹陽尹加中書令丹陽如故上表讓中書令曰虛竊國靈生玷禁要聞命慚惶形寬震越臣東州凡鄙生於微族長自閭閻不窺官轍門無富貴志絕

華伍值以委身壠畝饑寒交切先朝陶鈞庶品不遺愚賤得免耕稅之勤厠仕進之末陛下盛德居藩揔攬英異越以不才超塵淸軌奉躬歷稔勞効莫書仰恃曲成之仁畢願守宰之秩豈期天地中闢殷憂啓聖猶附與運擢景神塗雲飛海淥冠絶倫等曾未三朞殊命八萃詳科賞典則臣不應科聽言勤良則臣當與責方欲訴款皇朝降階盛序微已國言少徹身謗而制書猥下爵書彌隆臣小人也不及遠謀寵利之來何能居約徒以上瀆天明下汨彝議災譴之興釁必在邇今之過授以先微身苟日非據危辱將及

十手所指喻等膏肓所以寤寐蔬遽維縶若疾者也伏願陛下察其丹誠矜其疾癩絶會收恩以全愚分則造化之施方茲爲薄見許

沈智淵爲中書侍郎智淵愛好文雅辭采清贍孝武世祖深相知待恩禮冠朝帝讌私甚數多命群臣三五人游集智淵當爲其首同侶未及前輙獨蒙引進智淵每以越衆爲慙未嘗有喜色每從游幸與郡僚相隨見傳詔馳來知當呼己聳動愧恧形於容貌論者以此多之

謝莊爲吏部尚書莊素多疾不願居選部與大司馬

江夏王義恭牋自陳曰下官凡人非有達槩異識俗外之志實因羸疾常恐奄忽故少來無意於人間豈當有心於榮達耶頃年乘事迴薄遂果切非次既足貽誚明時又亦取愧朋友前以聖道初開不遑引退及此諸夏事寧方陳微請款志未申仍荷今授被恩之始具披寸心非唯在己知尤實懼塵穢彝序禀生多病天下所悉兩脅癖疾殆與生俱一日發動不減所三每至悪痛來逼心氣餘如綖利患數年遂成痼疾吸吸惙惙常如行尸當居死病而不復道者豈是疾痊直以荷恩深重思答殊施牽課尫瘵以綜所忝眼患五月來便不復夜坐嘗閉帷避風日晝夜惛懵爲此不復得朝謁諸王慶弔親舊惟被勅見不容停耳此段不堪見賓已數十日特此若生而使銓綜九流應對無方之訴實懸聖慈冏然當之信若自劇若才堪事任以體氣休健承寵異之遇處自效之塗豈苟欲思閑避事耶家素貧弊宅舍未立兒息不免饑糲而安之若命寧復是能忘微祿正以復有切於此處故無復他願耳今之所希唯是小閑下官微命於天下至輕在己不能不重屢經披請未蒙哀恕良繇誠淺辭訥不足上感家世無年高祖四十曾祖三十

二亡祖四十七下官新歲便三十五加以疾患如此當復幾時見聖世就其中煎憹若此實在可矜前時曾啓願三吳勅旨云都不須復議外出莫非過恩然亦是下官生運不應見一閑逸今不敢復言此當待之來生耳但得保餘年無復物務少得養痾此便是志願永畢在衡門下有所懷動止必聞亦無假居職患於不能裨補萬一也識淺才常羸疾如此孤負主上擢授之恩私心實自哀愧入年便當更申前請以死自固但庸近所訴恐未能仰徹公恩聆弘深粗炤誠懇願侍生言次賜垂拯助則苦誠至心庶獲哀允

若不棠降旆下官當於何希冀邪仰憑慰察願不垂
惟二年坐辭疾多免官
劉勔拜散騎常侍中領軍勔以世路糾紛有懷止足
求東陽郡明帝以勔啓遏示朝臣自尚書僕射袁粲
以下莫不稱贊咸謂宜許帝曰巴陵建平二王並有
獨往之志若世道寧安皆當遂其所請勔經始鍾嶺
之南以爲栖息聚石蓄水髣髴丘中朝士愛素者多
往遊之
王景文爲中書監太子太傅自陳求解揚州曰臣凡
猥下劣方圓無等特逢聖私頻叨不次乘非其任理

宜復祈雖加恭謹無補橫至夙夜憔戰無地容處六
月中得臣外生女殷常妻蔡疏欲令其兒啓聞乞祿
求臣怒入云凡外人通啓先經臣署于時驚怖卽欲
封疏上呈更思此家落莫庶非通謗且廣聽察幸無
復所聞昔忽得兗州都送迎西曹解李遜板云是臣
屬旣不識此人卽問鄒顯方知虛託此十七日晚得
征南參軍事謝儼口信云臣使人略奪其婢臣遣李
斌之問儼言遂荅云使人謬伏自念終誤誤之與實
雖所不知聞此之日唯有憂駭臣之所知便有此三
變臣所不覺尤不可思若守爵散輩寧當招此誠懸

闇拙非復可防自竊州任倏已七月無祿德而其殃
將至且傅職清峻元禮儲極以臣凡走豈可暫安荷
恩懼罪不敢執固憔覓襪氣憂迫失常兒臣髮醜人
羣病絶力効穢朝黜列顧無與等獨息易駭慙懼難
持伏願薄廻矜愍全臣身計大夫之俸足以自周久
懷欣羨未敢干請仰希慈宥昭臣款誠明帝詔荅曰
去五月中吾病始差未堪勞役使卿等看選牒署竟
請敕施行此非密事外間不容都不聞然傳事好詭
遂來嘗患殷常妻匹婦耳閨閤之內傳聞事復作一
兩倍落莫兼謂卿是親故希卿署不必云選事獨關

卿也常妻雖是傳聞之僻大都非可駭異且舉元薦
愷咸遂疇諮可謂唐堯不明下干其政也悠人好詐
貴人及在事者屬卿偶不悉耳多是其周旋門生輩
作其屬託貴人及在事者永無繇知非徒止于京師
乃至州郡縣中或有詐作書疏灼然有文迹者諸舍
人右丞輩及親近驅使人慮有作其名載禁物求亭
簡較強賣猥物與官仍求交直或屬人求乞州郡資
禮希屬呼召及慮發船車並啓班下在所有卽驅錄
但卿貴人不容有此啓遂來有是何故獨譏人居貴
要但問心若爲耳大明之世巢徐二戴位不過執戟

權亢人主顏師伯白衣僕射橫行尚書中今袁粲作僕射領選而人往往不知有粲粲遷爲令君之不疑今既省録令便居昔之録任置省事及幹僮並依録格粲作令來亦不異爲僕射人情向粲淡淡然亦復不改當以此居貴位要任當有致憂競理不卿今雖作揚州太子傅位雖貴不關朝政可安不懼差于粲也想卿虛心受榮而不爲累貴高有危殆之懼卑賤有溝壑之憂張單雙災木鴈兩失有心于避禍不如無心于任運夫千仞之木既摧于斧斤一寸之草亦悴于踐蹋高崖之修幹與深谷之淺條存亾之要巨

細一揆耳晉卿畢萬七戰皆獲死于牖下蜀相費禕從容坐談斃于刺客故甘心于履危未必逢禍縱意于處安不必全福但貴者自惜故每憂其身賤者自輕故易忽其已然爲教者每誡貴不誡賤言其貴滿好自恃也凡名位貴達人以在懷恭則觸人改容否則行路睚愕至如賤者否泰不足以動人存亾不足以維數死于溝瀆死于塗路者天地之間亦復何限人不以係意耳以此而推貴何必難處賤何必易安但人生也自應卑慎爲道行已用心務思謹惜若乃吉凶大期正應委之理運遭隨參差莫不係命也既非聖人不能見吉凶之先正是依俙于理言可行而爲之耳得吉者是其命吉遇不吉者是命凶以近事論之景和之世晉平庶人從壽陽歸亂朝人皆爲之戰慄而乃遇中興之運袁顗圖避禍于襄陽當時皆羨之謂爲凌霄駕風遂與義嘉同滅駱宰見幼主語人云越王長頸鳥喙可與共憂不可與共樂范蠡去而全身文種留而遇禍今主上口頸頗有越王之狀我在尚書中久不去必危遂求南江小縣諸都令史住京師者皆遭中興之慶人人蒙爵級宰值義嘉染罪金木纏身性命幾絶卿耳眼所聞見安危在運何

可預圖邪

册府元龜

廵按福建監察御史臣李嗣京訂正
知甌寧縣事臣孫以敬叅閲
知建陽縣事臣黄國琦較釋

臺省部八

謙退第二

南齊王儉建元二年爲左僕射領選儉固請解選表曰遠尋終古近察身事邀恩幸籍未見其倫何者子房之遇漢后公達之逢魏君史籍以爲美談君子稱其高義二臣才堪王佐理非曲私兩主專仗威武有

傷寛裕豈與庸流之人憑含弘之澤者同年而語哉預在有心胡寧無感如使傾宗殞元有益塵露猶當畢志驅馳仰酬萬一豈容稍存形飾以徇常事九流任要風猷所先玉石朱紫繇斯而定臣亦不謂文案之間都無微解至于品裁臧否時所未閑雖存自勗識不副意兼且兩任彼此俱擁專情本官庶幾髣髴且前代掌選未必其在代來何爲於今非臣不可傾心奉國匪復退讓之典預同休戚寧俟位任爲覦陛下若不以此理賜期豈仰望于殊眷頻冐嚴威分甘左戾見許加侍中固讓復兼散騎常侍武帝永明六年儉啓解選不許七年乃上表曰臣比年辭選具簡天明款言彰於侍接丹誠布于朝野物議不以爲非聖心未垂矜納臣聞知惠不如明時求之微躬實允斯義妄庸之人沉浮無取命偶休泰遂踐康衢秋葉辭條不假風飈之力太陽躋景無俟螢爝之暉晦往明來五德遞運聖王獨治八元亮采臣逢其時而叨其位常總右端丞管銓衡事涉兩朝歲綿一紀盛年已老孫孺巾冠人物徂遷逝者將半三老無聞九流寂寞能官之詠輟響于當時大車之刺方興于來日若夫珥貂衣衮之貴四輔六教之華誠知非服職務

差簡端揆雖重猶可勉勵至于品藻之任尤懼其阻風宵罄竭屢試無庸歲月之久近世罕比非惟悔愢在身故乃推塵及國方今多士盈朝羣才競爽選舉而授古亦何人冐陳微輸必希天炤至敬無文不敢煩黷見許改領中書監叅掌選事

李安民遷尚書左僕射尋上表以年疾求退改授散騎常侍金紫光禄大夫

庾杲之爲通直常侍臨終上表曰臣昨夜及旦更增氣疾自省綿痼頃刻危殆無容復卧居隆顯貽塵明世乞解所叅待終私庭臣以凢庸繆徼昌運獎擢之

厚千載難逢且年踰知命志事榮顯修夭有分無所厝言若天鑒微誠甦借餘曆傾宗殞元陳力無遠仰違庭闕伏枕鯁戀送貂蟬及章詔不許

謝朓爲吏部郎上表三讓中書疑朓官未及讓以問國子祭酒沈約約曰宋元嘉中范曄讓吏部朱修之讓黃門蔡興宗讓中書並三表詔答其事宛然近世小官不讓遂成甞俗恐此有乖讓意王藍田劉安西並貴重初自不讓今豈可慕此不讓邪孫興公孔顗並讓記室今豈可三署皆讓耶謝吏部今授超階讓別有意豈關官之大小撝讓之美本出人情若大官

必讓便與詣闕章表不異例既如此謂都自非疑朓又啓讓帝優答不許

王晏爲吏部尚書永明八年改領右衛將軍陳疾自解明年遷侍中領太子詹事本州中正又以疾辭

柳世隆爲尚書令世隆少立功名晚專以談議自業在朝不干世務垂簾鼓琴風韻清遠甚獲世譽以疾遜位改授侍中衛將軍不拜轉左光祿大夫侍中如故

王思遠爲吏部郎思遠以從兄晏爲尚書令不欲並居內臺權要之職上表固讓曰近頻煩歸啟實有微

槩陛下矜遇之厚古今罕疇臣若孤恩誰當戮力既自誓輕命不復以塵黷爲疑正以臣與晏地惟密親必不宜俱居顯要僂僂丹赤守之以死臣實庸鄙無足奬進陛下甄拔之旨要是許其一節臣果不能以理自固有乖則哲之明犯冒之尤誅責在己謬賞之私惟塵聖鑒權其輕重寧守偏心且亦緣陛下以德御下故臣可得以禮進退伏願恩垂拯宥不使零墜今若祇膺所忝三錫不足爲泰犯忤之後九泉未足爲劇而臣苟求刑戮自棄富榮愚夫不爲臣亦庶免此心此志可憐可矜如其上命必行請罪非理留恩

方寘之通塗而臣固求擯壓自懇自悼不覺涕流謹冒鈇鉞悉心以請窮則呼天仰期一炤明帝知其意乃改授司徒左長史

王志爲吏部尚書崔惠景平以例加右將軍封臨汝侯固讓不受改領右衛將軍後爲中書令及居京尹便懷止足甞謂諸子姪曰謝莊在宋孝武世位止中書令吾自視豈可以過之因多謝病簡通賓客

梁王茂自江州刺史遷尚書右僕射固辭改授侍中中衛將軍領太子詹事

後梁王操爲尚書令參掌選事領荆州刺史操既位

居朝右每自挹損深得當時之譽
陳杜之偉梁末爲中書侍郎領大著作高祖受禪除
鴻臚卿餘並如故之偉啓求解著作曰以紹泰元年
忝中書侍郎掌國史于今四載臣本庸賤謬蒙盼識
思報恩獎不敢廢官星曆惟新驅馭軒昊記言記事
未易其人著作之才更宜選衆御史中丞沈炯尚書
左丞徐陵梁前兼大著作虞茘梁前黄門侍郎孔奐
或清文贍筆彊記稽古遷董之任允屬羣才臣無容
遽戀市朝再妨賢路堯朝皆讓誠不可追陳力就列
庶幾知免優勑不許

冊府元龜　臺省部 謙退一　卷之四百六十四　五

徐陵大建元年除尚書右僕射三年遷左僕射陵抗
表推周孔正王勵等高宗召陵入殿曰卿何爲固辭
此職而舉人乎陵曰周孔正從陛下西還舊藩長史
王勵太平中相府長史張種帝鄉賢戚若選賢與舊
臣宜居後固辭累日高宗苦戒勵之陵乃奉詔
姚察爲吏部尚書雅允朝望初吏部尚書蔡徵移中
書令後主方擇其人尚書令江摠等咸薦察勑答曰
姚察非唯學藝優博亦是操行清修典選難才今得
之矣察垂涕拜請曰臣頃來忝竊久知逾分特以東
朝攀奉恩記謬加今日濫叨非錄才舉縱陛下特眷
庸薄其如朝序何臣九世祖信名高往代當時纔居
選部自後罕有繼蹤臣遭逢盛擢沐浴恩造累至非
據每切妨賢臣雖無識頗知審己言行所踐無期榮
貴豈意銓衡之重妄委非才且皇朝行歷事高昔代
羽儀世胄惟幄名臣若授受得宜方爲稱職臣夙陶
教義必知不可後主曰選事之舉僉議所歸昔毛玠
雅量清恪盧毓心平體正王蘊銓量得地山濤舉不
失才就卿而求必兼此矣且我與卿雖君臣禮隔情
分殊常藻鑒人倫良所期寄亦以無慙則哲也
後魏穆壽太武時爲侍中中書監領南部尚書進爵

冊府元龜　臺省部 謙退二　卷之四百六十四　六

宜都王加東征大將軍辭曰臣祖崇先皇之世屬值
艱危幸天贊梁眷誠心密告故得効功前朝流福於
後昔陳平受賞歸功無知今眷元勳未録而臣獨奕
世受榮豈惟仰愧古賢抑亦有虧國典太武嘉之乃
求眷後得其孫賜爵郡公
陸麗太武時爲南部尚書太武末麗與長孫渴侯等
迎立文成興安初封平原王加撫軍將軍麗辭曰陛
下以正統之重承基繼業至於奉迎守順臣職之常
豈敢冐昧以干太賞頻讓再三詔不聽麗乃答曰臣
父歷奉先朝忠勤著稱今年垂西夕未登王爵臣幼

荷寵榮於分已過愚欵之情未申犬馬之効未展願載廻恩聽遂其所請文成曰朕爲天下主豈不能得二王封卿父子也乃以其父侯爲東平王麗尋遷侍中撫軍大將軍司徒公復其子孫賜妻妃號麗以優寵旣頻固辭不受文成益重之

伊馛爲振威將軍眞君初太武欲拜馛爲尚書郡公馛辭曰尚書務殷公爵至重非臣年少愚近所宜荷任請收過恩太武問其欲馛曰中秘二省多諸文士若恩矜不已請叅其次太武賢之遂拜中護軍秘書監

高允爲中書侍郎授經於恭宗甚見禮待及高宗即位允有謀焉司徒陸麗等皆受賞允旣不蒙異又終身不言其忠而不伐皆此類也獻文時爲中書監加散騎常侍太和二年以老乞還鄉里章十餘上卒不聽許遂以疾告歸其年詔以安車徵允勅州郡發遣至都拜鎭軍大將軍領中書監固辭不許是時貴臣之門皆擢列顯官而允子弟皆無顯官列爵其廉退若此

賈秀爲中書侍郎時中書令渤海高允俱以舊儒見重于時皆還擬方岳以詢訪被留各聽長子出爲郡守秀辭曰爰自愚微承乏累紀少而受恩老無成効恐先草露無報殊私豈直無功之人超齊先達雖仰感聖慈而俯深驚懼乞收成命以免微臣遂固讓不受

封冏孝明帝時爲殿中尚書頻表指職以爲右光祿大夫

游肇爲尚書右僕射孝明初近侍郡官預在奉迎者自侍中崔光已下並加封邑時封肇文安縣開國侯食邑八百戶肇獨曰子襲父位今古之嘗因此獲封何以自處固辭不應論者高之子祥字宗良頗有學歷秘書郎襲爵新泰伯遷通直郎國子博士領尚書

郎中孝明以肇昔辭文安之封復欲封祥祥守其父意卒亦不受又追論肇前議清河守正不屈乃封祥高邑縣開國侯邑七百戶

辛雄爲尚書右丞會爾朱榮入雒及河陰之難潛竄不出莊帝以爲度支尚書元顥之入雒也北中郎將楊侃從駕北出莊帝以侃爲度支尚書及乘輿反雒復召雄面辭曰臣不能死事俛眉從賊乃是朝廷罪人縱陛下不賜誅罰而北來尚書勳高義重臣宜避賢路莊帝曰卿直還本司朕當別有處分遂解侃尚書

北齊李元忠爲侍中嘗布言於執事曰年漸遲暮志力以衰久忝名官以妨賢路若朝廷厚恩未便放棄者乞在閑冗以養餘年武定元年除東徐州刺史固辭不拜

後周李遠除尚書左僕射遠白太祖曰遠秦隴匹夫才藝俱闕平生念望不過一郡守爾遭逢際會得奉聖明主貴臣遷以至於此今位居列上爵邁通侯受委方面生殺在手非直榮寵一時亦足光華身世但尚書僕射任居端揆今以賜授適所以重其罪責明公若欲全之乞寢此授太祖曰公勳德兼美朝廷欽

屬選衆而舉何足爲辭且孤之於公義等骨肉豈容於官位之間便致退讓深乖所望也遠不得已方拜職

趙善初仕西魏文帝大統三年轉左僕射兼侍中監著作領太子詹事善性溫恭有器局雖位居端右而愈自謙退其職務克舉則曰某官之力若有罪責則曰善之咎也時人稱其公輔之量太祖亦雅重焉

陸逞爲納言以疾不堪劇任除宜州刺史奉辭伺備鹵簿逞以時屬農要奏請停之武帝深嘉焉詔遂其所請以彰雅操

隋盧愷開皇初爲吏部侍郎攝尚書左丞八年帝親考百僚以愷爲上愷固謝不敢受高祖曰吏部勤幹舊所聞悉今者上考僉議攸同當仁不讓何愧之有皆在朕心無勞飾讓歲餘拜禮部尚書攝吏部尚書事

韋世康爲吏部尚書嘗因休暇而謂子弟曰吾聞功遂身退古人嘗道今年將耳順志在懸車汝輩以爲云何子福嗣答曰大人澡身浴德名立官成盈滿之誠先哲所重欲追蹤二疏伏奉尊命後因侍宴世康再拜陳讓曰臣無尺寸之功位亞台鉉今犬馬齒韱

不益明時恐先朝露無以塞責願乞骸骨退避賢能帝曰朕夙夜庶幾求賢若渴冀與公共治天下以致太平今之所請深乖本望縱令筋力衰謝猶屈公卧治一隅於是出拜荆州總管時天下唯置四大總管并揚益三州並親王臨統唯荆州委於世康時論以爲美

唐武士彠武德中爲工部尚書判六尚書賜實封八百戸士彠爲性廉儉期於止足殊恩雖被固辭不受前後三讓方遂所陳

岑文本爲中書侍郎進位銀青光禄大夫及庶人承

乾慶儲宮初建名士多兼領宮官太宗亦欲令文本兼攝文本固辭曰臣以庸材久踰涯分守此一職當懼蒲盈豈宜更叅春坊以速時謗太宗乃止

李日榮開元二年轉刑部尚書日榮上表固辭老疾乞罷職許之

元載為戶部尚書肅宗元年建辰月以載兼京兆尹上表固讓從之

劉晏為戶部侍郎兼御史大夫京兆尹充度支等使寶應元年代宗以晏為國子祭酒依前兼御史大夫京兆尹度支使徵利州刺史顏真卿為戶部侍郎時

議稱晏以戶部侍郎讓真卿及永泰初晏為東都河南江淮轉運使加檢校吏部尚書上表懇讓曰伏以天官之職帥在冢卿任當選士之權班冠諸曹之首至密者可以啓事至明者可以論才內省無能何堪就列且轉輸之物國家之當千倉萬庾陛下之粟也槁工織師陛下之人也縱萬億及秭達於京師邦賦獲殷軍儲克贍此亦常理於臣何功況受任已來淹引歲月減耗頗有委積非多經費所支尚貽聖慮在臣之責實亦難逃夙夜惕厲不遑啓處豈敢取衆人之力已以為勞守臣下之分因而受遺速其官謗黍爾朝經願迴宸光乞寢前命手詔曰卿蘊經國之文懷濟時之略軍儲是切轉運攸難勵以公勤適於通變遠疏溝洫績顯京坻爰獎勤勞是明賞勸俾遷六職兼綜九流盖用撝謙切陳懇讓宜從雅旨所請者依

暢璀為檢校戶部尚書知省事以疾篤遜位許之

顏真卿為刑部尚書魯郡公真卿抗疏請致仕三表入不許

張獻誠大曆三年以檢校戶部尚書知省事獻誠以疾抗疏辭官曰臣聞在蒲防溢則無其咎知進忘退

是必凶終聞之往賢深以為誡微臣獲宥寬政于茲六年假冢驅策委以心膂總戎持憲按俗宣風皆匪因人率繇曆獎每用刻骨內訟於心何德於天何功至此誓期死節上報生成不謂去歲以來風痺成疾而聖恩益厚光寵愈深俾堂弟獻功代臣節制授臣右職復檢校戶部尚書渥恩蟬聯晝日三接臣以寢瘵之故竟不得趨拜軒墀授官累日又不得入曹視事多所曠廢職臣之繇今形貌支離精竟蕩越竊自診視慮不終朝大懼祿位逾涯以速顛沛伏願察臣丹懇罷臣此官消臣蒲盈之禍延臣晷刻之命儻光

天下炤曲遂愚衷紛骨糜軀死將不朽手詔答曰獻誠早分戎閫屢建茂勳出静漢川入司版籍傷和致疹寢疾經時深執謙冲屢陳章表願辭右職冀及痊平嘉茲懇誠曲遂勤請佇聞痊復當有褒昇所請者依

關播自吏部尚書遷兵部播辭疾請罷官改太子少師致仕播致政之後減去僮僕車騎閉關守静不縈外事士君子重之

盧邁爲右諫議大夫累上表言時事轉給事中屬較定考課邁固讓以授官日近未有政績不敢當上考

時人重之遷尚書右丞

韋皐元和九年自忠武節度使爲吏部尚書皐白許州拜官以數騎離鎮自北城潛出將吏將餞之不辭訣又移疾讓官遂授太子賓客

歸登爲右補闕起居舍人凡三任十五年同列當出其下者多以馳騖至顯官而登與右拾遺蔣武退然自守不以淹速介意

丁公著自穆宗爲太子時爲駕部員外郎太子侍讀及穆宗即位未及聽政召居禁中詢訪朝典以宰相許之公著陳懇詞意極切超授給事中賜金紫魚袋未幾遷工部侍郎仍兼集賢殿學士知吏部選事公署知將欲大用以疾辭退因求外官遂授浙西道都團練觀察使

蕭俛長慶元年罷相除右僕射俛上表固讓詔曰古者君使臣以禮臣事君以忠季代以還鮮繇茲道先皇帝在位十五載凡解相印者二十人多爲大僚或授兵柄矧余小子宜有加焉朝議大夫守右僕射襲徐國公蕭俛以勤事國以疾退身本末初終不失其道既罷樞務俾居端揆茲朕所以加恩超等復吾前言而俛繼有讓章至于三四敦諭頗切陳乞彌堅是

用改選部尚書足以表予寵重所以成爾謙光宜欽厥心以保厥位無忝我明命可守吏部尚書俛自居相位孜孜正道重慎名器每下詔命常懼乖當故鮮有簡拔而涉乎刻深然而志嫉姦邪脫屣相位時論翕然稱之

白居易太和二年爲刑部侍郎三年移疾東歸求爲分司除太子賓客

令狐楚太和七年爲檢較尚書右僕射兼吏部尚書楚奏請居本品之班上以楚退讓之中且合典故特降詔褒之後以左僕射兼吏部尚書固讓僕射優詔

許之轉太常卿
胡証爲戸部尚書判度支瀝懇求免期自効藩服拜
檢較兵部尚書充嶺南節度使
王直方爲右補闕太和八年三月爲鎮州冊贈副使
因令中使宣詔對於洛堂門使令充翰林學士辭讓
不受賜以錦綵却令進發
盧衍爲刑部侍郎開成四年三月衍瀝懇陳讓乃以
衍爲太子賓客分司東都
後唐薛廷珪唐乾寧中爲中書舍人駕在華州改散
騎常侍尋請致仕客遊蜀川昭宗遷雒陽徵爲禮部

侍郎時柳璨屠害朝士衣冠畢罹其毒廷珪以居常
退讓獲全入梁爲禮部尚書
晉顔衎爲御史中丞以母老思鄉上章乞解其秩執
政議移戸部侍郎衎又堅乞罷免扶母東歸汶上尋
降詔褒而允之

冊府元龜

巡按福建監察御史臣李嗣京　訂正
新建縣舉人臣戴國士參閱
知建陽縣事臣黃國琦較釋

臺省部九

識量

夫深智內朗沈幾獨運周物而不殆謀事而有成先見表於未形遠慮出於羣萃斯識量之謂也二漢而下臺省爲多賢焉咸以雍容侍從周旋宥密典司政要總率官屬備預切近之問對關決中外之敷納故

其僉諧之重是爲俊選之首乃有藴天人之深識達古今之治體洞悉情僞周知損益當詢謀之攸及或議論之並作而能斟酌當世之務揣摩敵人之心言必有中舉無遺策覿其鈎深致遠可施於久大臨機制變足挫乎糾紛雖復用舍之有殊才志之相戾其於遺風嘉話皆足以聳來者之聽焉

後漢宋均明帝時爲尚書令性寬和不喜文法嘗以爲吏能弘厚雖貪汙放縱猶無所害至於苛察之人身或廉法而巧黠刻削毒加百姓災害流亾所繇而作及在尚書嘗欲叩頭爭之以時方嚴切故遂不敢陳帝後聞其言而追悲之

鄭泰字公業靈帝末何進輔政徵用名儒以泰爲尚書侍郎加奉車都尉進將誅黃門欲召董卓爲助泰謂進曰董卓彊忍寡義志欲無饜若借之朝政授之大事將肆其心以危朝廷以明公之威德據阿衡之重任秉意獨斷誅除有罪誠不待卓以爲資援也且事留變生其監不遠又爲陳時之要務進不能用乃棄官去謂潁川人荀攸曰何公未易輔也進尋見害卓果專權廢帝

魏董昭字公仁文帝初卽王位昭爲侍中時征東大

將軍曹休臨江在洞浦口自表願將銳卒虎步江南因敵取資事必克捷若其無臣不須爲念帝恐休便渡江驛馬詔止時昭侍側因曰竊見陛下有憂色獨以休濟江故乎今者渡江人情所難就休有此志勢不獨行當須諸將臧霸等旣富且貴無復他望但欲終其天年保守祿祚而已何肯乘危自投死地以求徼幸苟霸等不進休意自沮臣恐陛下須有勅渡之詔猶必沈吟未便從命也是後無幾暴風吹賊船悉詣休等營下斬首獲生賊遂迸散詔勅諸軍促渡軍未時進賊救船至

劉曄文帝黃初元年爲侍中詔問羣臣令料劉備當爲關羽出報吳不衆議咸云蜀小國耳名將唯羽羽死軍破國内憂懼無緣復出曄獨曰蜀雖狹弱而備之謀欲以威武自强勢必用衆以示其有餘且關羽與備義爲君臣恩猶父子羽死不能爲興軍報敵於終始之分不足後備果出兵擊吳吳悉國應之而遣使稱藩朝臣皆賀獨曄曰吳絶在江漢之表無内臣之心久矣陛下雖齊德有虞然醜虜之性未有所感因難求臣必難信也彼必外迫内困然後發此使耳可因其窮襲而取之夫一日縱敵數世之患不可不

察也備軍敗退吳禮敬轉廢欲興衆伐之曄諫帝以爲彼新得志上下齊心而阻帶江湖必難倉卒帝不聽五年帝幸廣陵泗口命荆揚州諸軍並進會羣臣問孫權當自來不咸曰陛下親征權恐怖必舉國而應又不敢以大衆委之臣下必自將而來曄曰彼謂陛下欲以萬乘之重牽已而超越江湖者在於別將必勒兵待事未有進退也大駕停住積日權果不至帝乃旋師云卿策之是也

司馬孚文帝時爲黄門侍郎時孫權稱藩請送任子當遣前將軍于禁還久而不至天子以問孚孚曰先王設九服之制誠以要荒難以德懷不以諸夏禮責也陛下承緒遠人率貢權雖未送任子于禁不至猶宜以寬待之畜養士馬以觀其變不可以嫌疑責讓恐傷懷遠之義自孫策至權奕世相繼推強與弱不在一禁禁之未至當有他故耳後禁至果以疾遲留而任子竟不至

衞臻文帝時爲侍中吏部尚書帝幸廣陵行中領軍從征東大將軍曹休表得降賊辭孫權已在濡須口臻曰權恃長江未敢抗衡此必畏怖僞辭耳考核降者果守將詐所作也及明帝即位後遷右僕射典選

舉如前蔣濟遺臻書曰漢祖遇亡虜爲上將周武拔漁父爲太師布衣厮養可登王公何必守文試而後用臻答曰古人遺智慧而任度量須考績而加黜陟今子同牧野於成康喻斷蛇於文景好不經之舉開拔奇之津使天下馳騁而起矣後加光祿大夫諸葛亮出斜谷征南上將朱然等軍已過荆城臻曰然吳之驍將必下從權且爲勢以綴征南耳權果召然入居巢進攻合肥帝欲自東征臻曰權外示應亮内實觀望且合肥城固不足爲慮車駕可無親征以省六軍之費帝到三陽而權竟退幽州刺史毋丘儉上疏

曰陛下卽位以來未有可書吴蜀恃險未可卒平聊可以此方無用之士克定遼東臻曰儉所陳皆戰國細術非王者之事也吴頻歲稱兵寇亂邊境而猶按甲養士未果尋致討者誠以百姓疲勞故也且淵（姓公孫名淵）生長海表相承三世外撫戎夷內脩戰射而儉欲以偏軍長驅朝至夕卷知其妄矣儉行軍遂不利

孫資文帝黃初初爲中書令明帝卽位加散騎常侍尤見寵任時諸葛亮出在南鄭議者以爲可因大發兵就討之帝意亦然以問資資曰昔武皇帝征南鄭取張魯陽平之役危而後濟又自徃拔出夏侯淵軍

數言南鄭直爲天獄中斜谷道爲五百里石穴耳言其深險喜出淵軍之辭也又武皇帝聖於用兵察蜀賊棲於山巖視吴虜竄於江湖皆撓而避之不責將士之力不爭一朝之忿誠所謂見勝而戰知難而退也今若進軍就南鄭討亮道旣險阻計用精兵又轉運鎭守南方四州遏禦水賊凡用十五六萬人必當復更有所發興天下搔動費力廣大此誠陛下所宜深慮夫守戰之力力役參倍但以今日見兵分命大將據諸要險威足以震懾強寇鎭靜疆場將士虎睡百姓無事數年之間中國日盛吴蜀二虜必自罷弊帝由是止時吴人彭綺又舉義江南議者以爲因此伐之必有所克帝問資資曰鄱陽宗人前後數有舉義者衆弱謀淺旋輒乖散昔文皇帝嘗密論賊形勢言洞浦殺萬人得船千萬數日間船人復會江陵被圍歷月權裁以千數百兵住東門而其土地無推解者是有法禁上下相奉持之明驗也以此推綺懼不能爲權腹心大疾也綺果尋敗亡帝又詔資曰吾年稍長又歷觀書傳中皆歎息無所不念圖萬年後計莫過使親人廣據職勢兵任又重今射聲較尉缺又欲得親人誰可用者資曰陛下思深慮遠誠非愚臣

所及書傳所載皆聖聽所究向使漢高不知平勃能安劉氏孝武不識金霍付屬以事殆不可言文皇帝始召曹真還時親詔臣以重慮及至晏駕陛下卽祚猶有曹休外內之望賴遭日月銜勒不傾使各守分職纖介不問以此推之親臣貴戚雖當據勢握兵宜使輕重素定若諸侯典兵力均衡平寵齊愛等則不相爲服不相爲服則意有異同今五營所領見兵常不過四百選授校尉如其輩類爲有疇匹至於重大之任能有所維綱者宜以聖恩簡擇如平勃金霍劉章等一二人漸殊其威重使相鎭固於事爲善帝曰

然如卿言當爲吾遠慮所圖今日可參平勃侔金霍雙劉章者其誰哉資曰臣聞知人則哲惟帝難之唐虞之聖凡所進用明試以功陳平初事漢祖絳灌等謗平有受金盜嫂之罪勃以吹簫引彊始事高祖亦未知名也高祖察其行跡然後知可付以大事霍光給事中二十餘年小心勤慎乃見親信日磾夷狄以至孝質直特見擢用左右尚日妄得一胡兒而重貴之平勃雖安漢嗣其終勃被反名平劣自免於呂須之讒上官桀桑弘羊與霍光爭權幾成禍亂此誠知人之不易爲臣之難也又所簡擇當得陛下所親當

得陛下所信誠非愚臣之所能識別

劉卲明帝時爲散騎常侍時聞公孫淵受孫權燕王之號議者欲留淵計吏遣兵討之卲以爲昔袁尚兄弟歸淵父康康斬送其首是淵先世之効忠也又所聞虛實未可審知古者要荒未服脩德而不征重勞民也宜加寬貸使有以自親後淵果斬送權使彌晏等首

傅嘏齊王正始中爲尚書嘗以爲秦始罷侯置守設官分職不與古同漢魏因循以至于今然儒生學士咸欲錯綜以三代之禮禮弘致遠不應時務事與制違名實未附故歷代而不至於治者蓋緣是也欲改定官制依古正今遇帝室多難未能革易

鍾毓齊王正始中爲散騎侍郎大將軍曹爽盛夏興軍伐蜀蜀拒守軍不得進爽方欲增兵毓與書曰竊以爲廟勝之策不臨矢石王者之兵有征無戰誠以干羽可以服有苗退舍足以納原寇不必縱吳漢於江關騁韓信於井陘也見可而進知難而退蓋自古之政惟君侯詳之爽無功而還後高貴鄉公正元中毓爲尚書諸葛誕反大將軍司馬文王議自詣壽春討誕會吳大將孫壹率衆降或以爲吳新有釁必不

能復出軍東兵已多可須後問毓以爲夫論事料敵當以己度人今誕舉淮南之地以與吳國孫壹所率口不至千兵不過三百吳之所失蓋爲無幾若壽春之圍未解而吳國之內轉安未可必其不出也大將軍曰善遂將毓行淮南既平爲青州刺史後加將軍

鍾會爲黃門侍郎高貴鄉公甘露二年徵諸葛誕爲司空時會喪寧在家策誕必不從命馳白文王文王以事已施行不復追改後誕果反

吳闞澤字德潤文帝時爲中書令諸官司有患所疾帝欲增重科防以簡禦臣下澤每日宜依禮律其和

而有正皆此類也

晉荀勗字公曾武帝時爲中書監加侍中帝議遣王公之國帝以問勗勗對曰諸王公巳爲都督而使之國則廢方任又分割郡縣人心戀本必用嗷嗷國皆置軍官兵還當給國而闕邊守帝重使勗思之勗又陳曰如詔準古方伯選才使軍國各隨方面爲都督誠如明旨至於割正封疆使親疎不同誠爲佳矣然分裂舊土猶懼多所搖動必使人心忩擾思惟竊宜如前若於事不得不時有所轉封而不至分割土域有所損奪者可隨宜節度其五等體國經遠實不成

制度然但虛名其於實事畧與舊郡縣鄉亭無異若造次改奪恐不能不以爲恨今方了其大者以爲五等可須後裁度凡事雖有久而益善者若臨時或有不解亦不可忽帝以勗言爲允多從其意時又門下啓通事令史伊羡趙咸爲舍人對掌文法詔以問勗勗曰今天下幸賴陛下聖德六合爲一望道化隆洽垂之將來而門下上稱程咸張惲下稱此等欲以文法爲政皆愚臣所未達昔張釋之諫漢文謂獸圈嗇夫不宜見用邴吉任車明調和陰陽之本此二人豈不知小吏之惠誠重惜大化也昔魏武帝使中軍司荀攸典刑獄明帝時猶以付內常侍以臣所聞明帝時唯有通事劉泰等官不過與殿中同號耳又頃言論者皆云省官減事而求益吏者相尋矣多云尚書郎大令史不親文書乃委付書令史及幹誠吏多則相倚也增置文法之職適恐更耗擾臺閣臣竊謂不可

張華爲中書令時杜預畫平吳之計武帝未從後帝與華圍棊而預表適至華推枰斂手曰陛下聖明神武朝野清晏國富兵彊號令如一吳主荒淫驕虐誅殺賢能當令討之可不勞而定帝乃許之

李熹武帝時爲僕射時凉州虜寇邊熹唱義遣軍討之朝士謂出兵不易虜未足爲患竟不從之後虜果大縱逸凉州覆沒朝廷深悔焉

杜預爲度支尚書預以孟津渡險有覆沒之患請建河橋于富平津議者以爲殷周所都歷聖賢而不作者必不可立故也預曰造舟爲梁則河橋之謂也及橋成武帝從百僚臨會舉觴屬預曰非君此橋不立對曰非陛下明臣亦不得施其微功

山濤爲尚書僕射武帝平吳之後詔天下罷軍役示海內大安州郡悉去兵大郡置武吏百人小郡五十

人帝嘗講武于宣武場濤時有疾詔乘步輦從因與盧欽論用兵之本以爲不宜去州郡武備其論甚精于時咸以濤不學孫吳而闇與之合帝稱之曰天下名言也而不能用及永寧之後屢有變難寇賊猋起皆以無備不能制天下遂大亂如濤言焉

郄鑒明帝時爲尚書令王敦專制内外危逼鑒遂與帝謀敦既而錢鳳攻逼京都假鑒節加衛將軍都督從駕諸軍事鑒以無益事實固辭不受軍號以尚書令領諸屯營及錢鳳等平溫嶠上言請宥王敦佐吏鑒以爲先王崇君臣之教故貴伏死之節昏亡之主

故開待放之門王敦佐吏雖多逼迫然居逆亂之朝無出關之操準之前訓宜加義責又奏錢鳳母年八十宜蒙全宥乃從之

卞壺成帝時拜光祿大夫加散騎常侍時庾亮將徵蘇峻言於朝曰峻很子野心終必爲亂今日徵之縱不順命爲禍猶淺若復經年爲惡滋蔓不可復制此是鼂錯勸漢景帝早削七國事也當時議者無以易之壺固争謂亮曰峻擁彊兵多藏無賴且逼近京邑路不終朝一旦有變易爲蹉跌宜深思遠慮恐未可倉卒亮不納壺知必敗與平南將軍溫嶠書曰元規召峻意定懷此於邑溫生足下柰此事何吾今所慮是國之大事耳峻已出征意而召之更速必縱其羣惡以向朝廷朝廷威力誠桓桓交須接鋒履刃尚不知便可即擒不王公亦同此情吾與之争甚懇切不能如之何本出足下爲外藩任而今恨出足下在外若卿在内俱諫必當相從今内外戒嚴四方有備峻凶狂必無所至耳恐不能使無傷如何壺司馬任台勸壺宜畜良馬以備不虞壺笑曰以逆順論之理無不濟若萬一不然豈須馬哉峻果稱兵

荀蕤爲尚書左丞咸和中桓溫平蜀朝廷欲以豫章郡封溫蕤言於帝曰若溫復假王威北平河雒脩復園陵將何以加此於是乃止

王述海西公太和中遷散騎常侍尚書令每受職不爲虛讓其有所辭必於不受其子坦之諫以爲故事應讓述曰汝謂我不堪耶坦之曰非也但克讓自美事耳述曰既云堪何爲復讓人言汝勝我定不及也初桓溫平雒陽議欲遷都朝廷憂懼將遣侍中止之述曰溫欲以虛聲威朝廷非事實也但從之自無所至事果不行又議欲移雒陽鐘簴述曰永嘉不競暫都江左方當蕩平區宇旋軫舊京若其不爾宜改遷

園陵不應先事鍾簴温竟無以奪之

王彪之爲尚書僕射時豫州刺史謝奕卒簡文遽使彪之舉可以代奕者對曰當今時賢備簡高鑒簡文曰人有舉桓雲者君謂如何彪之曰雲不必非才然温居上流割天下之半其弟復處西藩兵權盡在一門亦非深根固蔕之宜也人才非可豫量但當令不與殿下作異者耳簡文頷曰君言是也

車胤字武子爲中書侍郎大元中議郊廟明堂之事武子以明堂之制既甚難詳且樂主於和禮主於敬故質文不同音器亦殊既茅茨廣厦不一其度何必

守其形範而不弘本順時乎九服咸寧四野無塵然後明堂辟雍可坐而脩之時從其議

宋何承天太祖時爲尚書左丞元嘉中故司徒掾孔邈奏事未御邈以喪殯議者謂不宜仍用邈名更以見官奏之承天議曰既没之名不合奏者非有他義正嫌於近不祥耳奏事一揔勳經歲時盛明之世事從簡易曲嫌細忌皆應蕩除

何尚之爲吏部尚書劉湛誅後左衛將軍范曄任參機密尚之察其意趣異常白太祖宜出爲廣州若在内釁成不得不加以鈇鉞屢誅大臣有虧皇化帝曰始誅劉湛等方欲超昇後進曄事迹未彰便豫相黜斥萬方將謂卿等不能容才以我爲信受讒說但事共知如此不憂致大也曄後謀反伏誅

蔡廓爲祠部尚書太祖入奉大統尚書令傅亮率百僚奉迎廓亦俱行至潯陽遇疾不堪前亮將進路詣別廓謂曰營陽在吳（少帝被廢爲營陽王幽于吳郡）宜厚加供奉營陽不幸卿諸人有弑主之名欲立于世將可得耶時亮已與徐羨之議害少帝乃馳信止之信至已不及羨之大怒曰與人共計議云何幾轉背便賣惡於人及太祖即位謝晦將之荊州與廓別屏人問曰吾其

免乎廓曰卿受先帝顧命任以社稷廢昏立明義無不可但殺二昆而以之北面挾震主之威據上流之重以古推今自免爲難耳

蔡興宗前廢帝時爲吏部郎先是大明世奢侈無度多所造立賦調煩嚴徵役過苦至是發詔悉皆削除繇此紫極殿南北馳道之屬皆被毁壞自孝建以來至大明末凡諸制度罕有存者興宗於都座慨然謂顔師伯曰先帝雖非盛德至要以道始終三年無改古典所貴今殯宫始撤山陵未遠而凡諸制度興造不論是非一皆刊削雖復禪代亦不至耳天下有識

當以此窺人師伯不能用興宗後爲尚書右僕射徐州刺史薛安都據彭城反後遣使歸欵泰始二年冬遣鎮軍將軍張永率軍迎之興宗曰安都遣使歸順此誠不虛今宜撫之以和即安所莅不過須單車使及咫尺書耳若以重兵迎之勢必疑懼或能招引北虜爲患不測叛臣釁重必宜翦戮則比者所宥亦已弘矣况安都外據強地密邇邊關考之國計尤宜馴養如前逆叛將生旰食之憂彭城險固兵強將勇圍之旣難攻不可拔彊寒之虞二三宜慮臣爲朝廷憂之時張永已行不見從安都聞大軍過淮嬰城自守

要取魏軍永戰大敗又值寒雪死者十八九遂失淮北四州其先見如此初永敗聞至帝在乾明殿先召司徒建安王休仁又召興宗謂休仁曰吾慙蔡僕射以敗書示興宗曰我愧卿殷琰據壽陽爲逆遣輔國將軍劉勔攻圍之四方旣平琰嬰城固守帝使中書爲詔譬琰興宗曰天下旣定是琰思順之日陛下宜下手詔數行以相慰引今直使中書爲詔彼必疑謂非眞非所以速清方難也不從琰得詔疑劉勔詐造果不敢降攻戰經時久乃歸順

南齊張融初仕宋孝武爲攝祠倉部二曹倉曹以正月俗人所忌太倉爲可開否融議不宜拘束小忌領軍劉勔戰死祠曹議帝應哭勔否融議宜哭於是始舉哀

王融爲中書郎時魏遣使求書朝議欲不與融上疏云若來之以文德賜之以副書漢家軌儀重臨畿輔司隸傳節復入關河武帝答曰吾意不異卿今所啓比相見更委悉事竟不行

梁王規爲中書黃門侍郎高祖普通初陳慶之北伐剋復雒陽百僚稱賀規退曰道家有云非爲功難成功難也羯寇游魂爲日已久桓温得而復失宋武克

無成功我孤軍無援深入寇境威勢不接饋運難繼將是役也爲禍階矣俄而王師覆沒其識達事機多如此類

朱异爲員外常侍普通五年大舉北伐魏徐州刺史元法僧遣使請舉地內屬詔有司議其虛實异曰自王師北討剋獲相繼徐州地轉削弱咸歸罪法僧法僧懼禍之至其降必非僞也高祖乃遣异報法僧并勑衆軍應接授异節度旣至法僧遵承朝旨如异策焉

傳岐爲中書通事舍人太清元年豫州刺史貞陽侯

蕭淵明率衆伐彭城兵敗陷魏二年淵明遣使還述魏人欲更通和好勑有司及近臣定議左衛朱异曰高澄此意當復欲繼好不爽前和邊境已得靜寇息民于事爲便議者並然之岐獨曰高澄既新得志其勢非弱何事須和此必是設間故令湞陽遣使令侯景自疑當以湞陽易景景意不安必圖禍亂今若許澄通好正是墜其計中且彭城去歲喪師渦陽復新敗退今使就和益示國家之弱若如愚意此和宜不可許朱异等固執高祖遂從异議及遣和使侯景果有此疑累啓請追使勑但依違報之至八月遂舉兵

反十月入寇京師請誅异三年遷中領軍舍人如故二月景于闕前通表乞割江右四州安置部下當解圍還鎮勑許之乃于城西立盟求遣宣成王出送岐固執宜成嫡嗣之重不宜許乃遣石城公大欵送之及與景盟訖城中文武喜躍望得解圍岐獨言於衆曰賊舉兵爲逆未遂求和夷情獸心必不可信比和終爲賊所詐也衆兵怨惟之及景背盟莫不歎服

陳毛喜爲五兵尚書參掌選事及衆軍北伐得淮南地喜陳安邊之術高宗納之即日施行又問喜曰我欲進兵彭汴於卿意如何喜對曰臣實非智者安敢須兆未然竊以淮左新平邊疆未乂周氏始吞齊國難與爭鋒豈以弊卒疲兵復加深入且棄舟楫之工踐車騎之地去長就短非吳人所便臣愚以爲不若安民保境寢兵復約然後廣募英奇順時而動斯乂長之術也宣帝不從後吳明徹陷于周帝謂喜曰卿之所言驗於今矣

後魏公孫邃爲南部尚書時孝文與文明太后引見王公已下帝曰比年方割畿內及京城三部於百姓頗有益否邃對曰先者人民離散主司猥多至于督察實難齊整自方割以來衆賦易辦實有大益太后

曰諸人多言無益卿言可謂識治機矣

宋弁爲散騎侍郎孝文曾論江左事因問弁曰卿比南行入其隅隩彼政道云何興亡之數可得知不弁對曰蕭氏父子無大功于天下既以逆取不能順守德政不理徭役滋劇內無股肱之助外有怨叛之民以臣觀之必不能貽厥孫謀保有南海若勿殫其威身免爲幸（臣欽若等曰其后南齊武帝之后明帝以旅子嗣立高武諸子誅戮皆盡）

王叡爲尚書令時沙門法秀謀逆事發多所牽引叡曰與其殺不辜寧赦有罪宜梟斬首惡餘從疑赦不亦善乎孝文從之得免者千餘人

李平宣武時爲散騎常侍前來良賤之訟多有積年不決平奏不問真僞一以景明年前爲限於是獄訟止息武川鎮民饑鎮將任款請貸未許擅開振恤有司繩以費散之條免其官爵平奏款意在濟人心無不善宣武原之

張普惠孝明時爲尚書右丞梁武帝弟子西豐侯正德詐稱降款朝廷遣使往迎普惠上疏請付楊州移還蕭氏不從俄而正德果逃還

韓子熙爲黄門時爾朱榮擒葛榮送至京師莊帝欲面見數之子熙以爲榮元兇自知必死恐或不遜無

宜見之爾朱榮聞而大怒請罪子熙莊帝恕而不責

北齊陳元康爲散騎常侍初魏朝授世宗相國齊王世宗頻讓不受乃召諸將及元康等密議之諸將皆勸世宗恭膺朝命元康以爲未可又謂魏收曰觀諸人但專欲誤王我何已啓若王受命朝置官僚元康叨忝或得黄門郎但時事未可耳

封隆之爲侍中時高祖自雒還師于鄴隆之將赴都因過謁見啓高祖曰斛斯椿賀拔勝賈顯智等往事爾朱仲遠中復乖阻及討仲遠又與之同猜忍之人志欲無限又叱列延慶侯念賢皆在京師王授以名位此等必搆禍隙高祖經宿乃謂隆之曰侍中昨言實是深慮

魏收爲中書監時武成未發喪在內諸公以後主即位有年疑於赦令諸公引收訪焉收固執宜有恩澤乃從之

馮子琮爲給事黄門侍郎武成既禪位復駐在晉陽既居舊殿少帝未有別所詔子琮監造大明宫宫成武成親自巡幸怪其不甚宏麗子琮對曰至尊幼年纂承大業欲令執行節儉以示萬邦兼此北連天門不宜過復崇峻武成稱善及武成晏駕僕射和士開

先嘗侍疾秘喪三日不發子琮問士開不發喪之意士開引神武文襄皆秘喪不舉至尊年少恐王公有二心意欲盡追集京風堂然後與公羣議時太尉録尚書事趙郡王叡先嘗居內預帷幄之謀子琮素知士開忌叡及領軍臨淮王婁定遠恐其矯遺詔出叡外任奪定遠禁衞之權因答云大行神武之子今上又見先皇傳位羣臣富貴者皆是至尊父子之恩但令在內貴臣無一改易王公以下必無異望世異事殊不得與霸朝相比且公出門經數日升遐之事行路皆傳久而不舉恐有他變於是乃發喪

後周王悅為左丞久居晉轄頗獲時譽侯景據河南來附仍請兵為援文帝先遣韋法保賀蘭願德等帥衆助之悅言於帝曰侯景於高歡始則篤鄉黨之情末乃定君臣之契位居上將職重台司論其分義有同魚水今歡始死景便離貳豈不知君臣之道有遺忠義之禮不足蓋其圖既大不卹小嫌然尚能背德於高氏豈肯盡節于朝廷今若益之以勢援之以兵非惟侯景不為池中之物亦恐朝廷貽笑將來也帝納之乃遣追法保等而景尋叛

崔猷為司會中大夫及陳將蔡旼來附晉公護議欲

南伐公卿莫敢言猷獨進曰前歲東征死傷過半比雖加撫循而創痍未復近者長星為災乃上玄所以垂鑒誡也豈可窮兵黷武而重其譴負哉護不從水軍果敗

于翼為右宮伯明帝雅愛文史立麟趾學士在朝有藝業者不限貴賤皆預聽焉乃蕭撝王褒等與卑鄙之徒同為學士翼言於帝曰蕭撝梁之宗子王褒梁之公卿今與趨走同儕恐非尚賢貴爵之義帝納之詔翼定其班次於是有等差矣

隋李德林為內史令開皇元年勅令與于翼高熲同修律令令班後蘇威奏欲改易事條德林以為格式我須畫一縱令小有蹐駁非過蠹政害民者不可數有改張威乃止

盧昌衡為尚書祠部郎高祖嘗大集羣下令自陳功績人皆競進昌衡獨無所言左僕射高熲目而異之

裴矩為黃門侍郎從煬帝在江都時義兵入關帝令虞世基就宅問矩方略矩曰太原有變京畿不靜遙為處分恐失事機惟願鑾輿早還方可平定

唐封倫為內史侍郎高祖嘗幸溫湯行經秦始皇墓謂倫曰古者帝王竭生靈之力殫府庫之財營起山

陵此復何益倫曰上之化下猶風之靡草自秦漢帝王盛為厚葬故百官衆庶競相遵倣凡是古冢丘封悉多藏珍寶咸見開發若死而無知厚葬深為虛費若魂而有識被發豈不痛哉高祖稱善謂倫曰從今之後宜自上逮下悉為薄葬

杜楚客為給事中貞觀四年太宗與羣臣議安邊之事楚客率爾而進曰北狄狼戾人面獸心難以德懷易以威服陛下納其降附處之河南夷不亂華聞之前典以臣愚見必為後患存亡繼絕列聖通規事不師古難以長久太宗甚嘉其言然國家方以懷柔為

務未便從之

魏徵爲特進知門下省事貞觀十五年太宗謂侍臣曰朕聞太平後必有大亂大亂後必有太平今承大亂之後卽是太平之運能安天下惟在得人公等既不能知朕又不可遍識日復一日無得人之理今欲令人自舉于事何如魏徵曰知人者智自知者明知人既以爲難自知誠亦不易臣恐妄稱者衆不可行也

鄭惟忠中宗朝爲黄門侍郎時議請禁嶺南家畜兵器惟忠曰夫爲政不可革以習俗且吳都賦云家有

鶴膝戶有犀渠如或禁之豈無驚擾耶遂寢

裴光庭開元中爲兵部郎中玄宗將有事于岱岳中書令張説以大駕東廵京師空虚恐夷狄乘間竊發議欲加兵守邊以備不虞召光庭謀其事光庭曰封禪者所以告成功也夫成功者恩惠無不及百姓無不安萬國無不懷今將告成而懼夷狄何以昭德也大興力役用備不虞則非安人也方謀會同而生戎心又非懷遠也有此三者則名實乖矣且諸蕃之國突厥爲大贄幣往來願修恩好有年矣若遣一使徵其大臣赴會必欣然聽命突厥受詔則諸番君長必相率而來我雖偃旗息鼓高枕有餘矣説曰善吾所不及因奏而行之

李揆肅宗時爲禮部侍郎以主司取士多不考實特峻其隄防索其書策殊未知藝不至者居文史之圃亦不能摘其詞深昧求賢之意也及其試進士文章請于廷中設五經諸史及切韻本于牀而引貢士謂之曰大國選士但務得才經籍在此請恣尋簡餘是數日之間美聲上聞未及畢事遷中書侍郎平章事

顔真卿肅宗在靈武時爲御史大夫洎鑾輿將復宫闕遣左司郎中李選先行陳告宗廟之禮有司撰祝

文稱嗣皇帝真卿爲禮儀使謂崔器曰上皇在蜀可乎器遽奏改之中旨宣勞以爲名儒達識

李栖筠代宗朝爲給事中時禮部侍郎楊綰以進士科無鄉舉之行試詩賦長浮淺之道請置五經秀才科下廷議棲筠爲中書舍人賈至給事中李廙議與綰同雖事寢不行而有識之士至今稱述焉

李承德宗初爲吏部郎中淮南黜陟使時梁崇義縱恣倨慢朝廷將加討伐李希烈揣知之上表數稱崇義過惡請率先誅討帝悦之每對朝臣多稱希烈忠誠承自黜陟廻因奏對帝又言之承奏曰希烈將軍

討伐必有微勳但恐立功之後縱恣跋扈不受朝廷指揮必勞王師問罪帝初未之信無幾希烈既平祟義果有不順之迹帝思承言故驟加擢用未兩歲累拜同州刺史河中尹

蕭復爲戶部尚書建中四年十月德宗避難于奉天以城隘不可久住議幸鳳翔且依張鎰復聞之遽請見曰竊聞移幸鳳翔未審虛實帝曰有之復曰陛下大誤且鳳翔將士俱朱泚舊兵今泚悖逆此中必有同惡相濟者臣尚慮張鎰不能久奈何擬幸鳳翔帝曰朕行計已決試爲卿駐蹕一日屬鳳翔後營將李

冊府元龜　臺省部　識量　卷之四百六十五　二十五

楚琳殺張鎰自爲節度使乃止

盧羣貞元中爲侍御史有人誣告故尚父子儀嬖人張氏宅中有寶玉者張氏兄弟又與尚父家子孫相告訐詔促其獄羣上奏言張氏以子儀在時分財子弟不合爭奪然張氏宅與親仁宅皆子儀家事子儀有大勳伏望陛下赦而勿問使私自引退帝從之時人賞其識大體也

許孟容憲宗時爲吏部侍郎會元和十年六月盜殺宰相武元衡并傷議臣裴度時淮夷逆命兇威方熾王師問罪未有成功言事者繼上章疏請罷兵及是盜賊竊發人情愈惑孟容詣中書雪涕而言曰昔漢廷有一汲黯耳姦臣尚爲寢謀今主上英聖朝廷未有過失而狂賊敢爾無狀寧謂國有人乎然轉禍爲福此其時也莫若上聞起裴中丞爲相令主兵柄大索賊黨窮其姦源後數日度果爲相下詔行誅時謂孟容論議有大臣風采

令狐楚爲左僕射時王涯等新誅楚請前所誅罪人頒給衣衾櫬櫝以順陽和之氣詔從之明年上巳於曲江宴百僚楚以新誅大臣不宜有樂疏奏不納因稱疾不赴宴議者美之

冊府元龜　臺省部　識量　卷之四百六十五　二十六

魏謩爲御史中丞兼戶部侍郎判本司事謩奏曰御史臺紀綱之地不宜與泉貨吏雜處乞罷中司事綜戶部公事從之

後唐蕭頃爲右補闕時國步艱難連帥倔強率多奏請欲立家廟于本鎮朝旨將俞允頃上章論奏乃止

册府元龜

巡按福建監察御史臣李嗣京 訂正

分守建南道左布政使臣胡維霖 參閱

知建陽縣事臣黄國琦 較釋

臺省部一十

忠節

傳曰公家之利知無不爲忠也蓋臣之事君能致其身而忘其死斯之爲令德焉漢氏而下重臺閣之選良以出入扃禁參陪侍從奉承顧問與聞政事故其選益精而厥任彌重乃有挺貞確之操聳純亮之志

册府元龜 臺省部 忠節 卷之四百六十六 乙

臨危難而必奮處屯夷而有守秉大節而不可奪執大義而無所苟誠心蘊於內風烈彰乎外其或終罹否運至於隕命者亦不乏焉千載之下凜乎其有生氣矣

漢金日磾爲侍中初奔何羅與江充相善及充敗衛太子何羅弟通用誅太子時力戰得封後武帝知太子冤乃夷滅充宗族黨與何羅兄弟懼及 及謂及於禍也 遂謀爲逆日磾視其志意有非常心疑之陰獨察其動靜與俱上下 上下於殿也 何羅亦覺日磾意以故久不得發是時帝行幸林光宮 甘泉一名林光秦之林光宮胡亥所造漢又於其旁起甘泉宮 日磾小疾臥廬 殿中所止日廬 何羅與通及小弟安成矯制夜出共殺使者發兵明旦帝未起何羅亡何從外入 無何猶言無故也 日磾奏廁心動 奏向也日磾方向廁而心動 立入坐內戶下須臾何羅褎白刃從東箱上 置刃於衣褎中也褎古作袖字 見日磾色變走趨臥內欲入 趨讀曰趣趣嚮也臥內天子臥處 行觸寶瑟僵日磾得抱何羅因傳曰莽何羅反 傳謂傳聲而唱之 上驚起左右拔刃欲格之帝恐并中日磾 中仰之 止勿格日磾捽胡投何羅殿下 胡頸也捽其頸而投殿下也捽音九兀反 得擒縛之窮治皆伏辜繇是著忠孝節 繇讀與由同

丙吉爲光祿大夫給事中昭帝元平末以亡嗣大將

册府元龜 臺省部 忠節 卷之四百六十六 二

軍霍光遣吉迎昌邑王賀賀即位以行淫亂廢光與車騎將軍張安世諸大臣議所立未定吉奏記光曰將軍事孝武皇帝受襁褓之屬任天下之寄孝昭皇帝亡嗣海內憂懼欲亟聞嗣主 亟急也 發喪之日以大誼立後 雖無嫡嗣旁立支屬令宗廟有奉故云大議 所立非其人復以大誼廢之 恐危社稷故廢黜之 天下莫不服焉今社稷宗廟群生之命在將軍之一舉竊伏聽於衆庶察其所言諸侯王宗室在位列者未有所聞於民間也而遺詔所養武帝曾孫名病已在掖庭外家者 出郡邸獄歸在外家史氏後入掖庭也 吉前使居郡邸時見其幼少至今十八九矣通經

述有美材行安而節和頴將軍詳大議參以蓍龜豈宜褒顯先使入侍（侍大后）令天下昭然知之然後决定天策天下幸甚光覽議遂尊立皇曾孫遣宗正劉德與吉迎曾孫於掖庭是爲宣帝

陳咸成哀閒爲尚書令王莽簒位父子並解官歸鄉里猶用漢家祖臘（共工之子好遠遊死爲祖神漢家火德盛於午故以午日爲祖也臘者歲終祭衆神之名臘接也新故交接故大祭以報功也漢火德衰於戌故臘用戌日也）八問其故咸曰我先人豈知王氏臘乎其後莽復徵咸遂稱病篤於是乃收斂其家律令書文皆壁藏之

後漢盧植爲尚書董卓欲廢弘農王植曰按尚書大

甲旣立不明伊尹放之桐宮昌邑王立二十七日罪過千餘故霍光廢之今上富於春秋行未有失非前事之比也卓怒罷坐欲誅植侍中蔡邕勸之得免

皇甫酈爲謁者僕射時李傕郭汜數相攻擊天子以酈凉州舊姓有專對之才遣令和傕汜酈先詣汜後爲詔命詣傕傕不肯曰我有討呂布之功輔政四年三輔清靜天下所知也郭多盜馬虜耳（郭汜一名多）何敢乃欲與吾等邪必欲誅之君爲凉州人觀吾方略士衆足辦郭多不多又刼質公卿所爲如是而君苟欲利郭多李傕有膽自知之酈荅曰昔有窮后羿恃其善射不思患難以至於斃近董公之强明將軍目所見內有王公以爲內主外有董旻承璜以爲鯁毒呂布受恩而反圖之斯須之閒頭縣竿端此有勇而無謀也將軍身爲上將把鉞仗節子孫握權宗族荷寵國家好爵而皆據之今郭多刼質公卿將軍脅至尊誰爲輕重耶張濟與郭多楊定有謀又爲冠帶所附楊奉白波帥耳猶知將軍所爲非是將軍雖拜寵之猶不肯從詔也傕不納酈言而呵之令出酈出詣省門白傕不肯從詔辭語不順侍中胡邈爲傕所幸呼傳詔曰令飾其辭又謂酈曰李將軍於卿不薄又皇

甫公爲太尉李將軍力也酈荅曰胡敬才卿爲國家常伯輔弼之臣也語言如此寧可用耶邈曰念卿失李將軍意恐不易耳我與卿何事者酈言我累世受恩身又常在帷幄君辱臣死當坐國家爲李傕所殺則天命也天子聞酈荅語切恐傕聞之便勑遣酈酈裁出宮門傕遣虎賁王昌呼之昌知酈忠直縱令去還荅傕言追之不及

荀彧爲侍中尚書令董昭欲共進曹公爵國公九錫備物密以訪彧彧曰曹公本興義兵以圖振漢朝雖勳庸崇著猶秉忠貞之節君子愛人以德不宜如此

事遂寢

魏鍾繇漢末爲黄門侍郎是時獻帝在西京李傕郭汜等亂長安中與關東斷絶曹公領兖州牧始遣使上書傕汜等以爲關東欲自立天子今曹操雖有使命非其至意議留曹公使拒絶其意繇說傕汜等曰方今英雄並起各矯制專命惟曹兖州乃心王室而逆其忠款非所以副將來之望也傕汜等因繇言厚加荅報繇是曹公使命遂得通曹公既数聽荀彧之称繇又聞其說傕汜益虚心後傕脅天子繇與尚書郎韓斌同策謀天子得出長安繇有力焉拜御史中

丞遷侍中尚書僕射

徐宣爲散騎常侍從文帝至廣陵六軍乘舟風浪暴起帝舡回倒宣病在後陵波而前群寮莫先至者帝壯之

孫禮爲尚書時明帝獵於大石山虎趨乘輿禮便投鞭下馬欲奮劒斫虎詔令禮上馬

王經爲尚書高貴鄉公之討司馬昭先告王沈王業及經沈業將奔告司馬昭將出呼經經不從曰吾子行矣

晉范粲仕魏爲太宰從事中郎齊王芳被廢遷于金墉城粲素服拜送哀動左右時晉景帝輔政召群官會議粲又不到朝廷以其時望優容之粲又稱疾闔門不出於是特詔爲侍中持節使于雍州粲因陽狂不言寢所乘車足不履地子孫常侍左右至有婚宦大事輒密諮焉合者則色無變不合則眠寢不安妻子以此知其旨大康六年卒年八十四不言三十六載終於所寢之車

裴頠爲侍中頠以賈后不悦太子抗表請增崇太子所生謝淑妃位號仍啓增置後衛吏卒給三千兵於是東宮宿衛萬人頠深慮賈后亂政與司空張華侍

中賈模議廢之而立謝淑妃華模皆曰帝自無廢黜之意若吾等專行之上心不以爲是且諸王方剛朋黨異議恐禍如發機身死國危無益社稷頠曰誠如公慮但昏虐之人無所忌憚亂可立待將如之何華曰卿二人猶且見信然勤爲左右陳禍福之戒冀無大悖幸天下尚安庶優游卒歲此謀遂寢頠旦夕勸說從母廣城君令戒諭賈后親侍太子而已或說頠日幸與中宮内外可得尽言言若不行則可辭病並退若二者不立雖有十表難乎免矣頠慨然久之而竟不能行遷尚書左僕射侍中如故頠雖后之親屬

屬然雅望素隆四海不謂之以親戚進也惟恐其不
若位

傳祗爲侍中時將誅楊駿而駿不之知祗侍駿坐而
雲龍門閉內外不通祗請與尚書武茂聽國家消息
揖而下階茂猶坐祗顧曰君非天子臣耶今內外隔
絶不知國家所在何得安坐茂乃驚起

嵇紹既免侍中尋而朝廷有北征之役徵紹復其爵
紹以天子蒙塵承詔馳詣行在所值王師敗績於蕩陰
百官及侍衛莫不散潰惟紹儼然端冕以身捍衛兵
交御輦飛箭雨集紹遂被害於帝側血濺御服天子

深哀歎之及事定左右欲浣衣帝曰此嵇侍中血勿
去初紹之行也侍中秦準謂曰今日向難卿有佳馬
否紹正色曰大駕親征以正伐逆理必有征無戰若
使皇輿失守臣節有在駿馬何爲聞者莫不歎息

高光爲尚書晉惠帝幸長安至新安寒甚帝墮馬傷
足光進面衣帝嘉之

周莚義興陽羨人爲廣門侍中郎徐馥之役莚族兄
績亦聚衆應之元帝議欲討之王導曰兵少則不足
制寇多遣則根本空虛莚忠烈至到爲一郡所敬意
謂直遣莚足能殺績於是詔以力士百人給莚使輕
騎還陽羨莚即日取道晝夜兼行既至郡將入遇績
於門莚謂績曰宜與君共詣孔府君有所論績不肯
入莚逼牽與俱坐定莚謂太守孔侃曰府君何以置
賊在坐績衣裹帶小刀便操刃逼莚叱郡傳教吳曾
何不以舉手會有膽力便以刀環築績殺之莚因欲
誅緦禮侃拒不許（緦禮皆莚從兄弟）委罪於從兄邵誅之莚
不歸家省母遂長驅而去母狼狽追之其忠公如此

刁協爲尚書令在職數年協性剛悍與物多忤每崇
上抑下故爲王氏所疾又使酒放肆侵毁公卿見者
莫不側目然悉力尽心志在規救元帝甚信任之以

奴爲兵取將吏客使轉運皆協所建也衆庶怨望之
及王敦構逆上疏罪協帝使協出督六軍既而王師
敗績協與劉隗俱侍帝於太極東除帝執協隗手流
涕嗚咽勸令避禍協曰臣當守死不敢有貳帝曰今
事逼矣安可不行乃令給協隗人馬使自爲計協年
老不堪騎乘素無恩紀募從者皆委之行至江東爲
人所殺送首於敦敦聽刁氏收葬之帝痛協不免密
捕送協首者而誅之

王彬爲侍中從兄敦舉兵入石頭帝使彬勞之會爾
顗被害先往哭顗甚慟既而見敦敦怪其有慘容而

問其所以彬曰向哭伯仁伯仁周顗之字情不能已敦怒曰伯仁自致刑戮且凡人遇汝復何爲者哉彬曰伯仁長者君之親友在朝雖無謇諤亦非阿黨而赦後加之極刑所以傷惋也因勃然數敦曰兄抗旌犯順殺戮忠良謀圖不軌禍及門戶音辭慷慨聲淚俱下敦大怒厲聲曰爾狂悖乃可至此爲吾不能殺汝耶時王導在坐爲之懼勸彬起謝彬曰脚疾已來見天子尚欲不拜何跪之有此復何所謝敦曰脚痛孰若頸痛彬意氣自若殊無懼容後敦議舉兵向京師彬諫甚苦敦變色目左右將攻彬彬正色曰君昔歲害兄

今又殺弟耶先是彬從兄豫章太守稜爲敦所害敦以彬親故容忍之

張闓爲尚書蘇峻之役闓與王導俱入宮侍衞峻使闓持節權督東軍王導潛與闓謀密宣大后詔於三吳令速起義軍陶侃等至假闓節行征虜將軍與振威將軍陽囬共督丹陽義軍闓到晉陵使內史劉耽盡以一部穀并遣吳郡度支運四部穀以給車騎將軍郗鑒又與吳郡內史蔡謨前吳興內史虞潭會稽內史王舒并招集義兵以討峻峻平以尚書加散騎常侍賜爵宜陽伯

鍾雅爲侍中蘇峻之亂王師敗績雅與劉超並侍衞太子或謂雅曰見可而進知難而退古之道也君性亮直必不容於冦讎何不隨時之宜而坐待其斃雅曰國亂不能救君危不能濟各遜遁以求免吾懼董狐執簡而至矣庾亮臨去顧謂雅曰後事深以相委雅曰棟折榱摧誰之責也亮曰今日之事不容復言卿當期克復之効耳雅曰想足下不愧荀林父耳及峻逼遷車駕幸石頭雅超流涕步從明年並爲賊所害賊平追贈光祿勳華當爲散騎常侍領太常蘇峻之亂常侍帝左右從至石頭備履艱危困悴踰年侍

荀邃爲尚書蘇峻作亂邃與王導荀崧並侍天子於石頭

陸玩爲尚書左僕射領本州大中正及蘇峻反遣玩與兄暉俱守宮城玩潛說賊將康術歸順以功封興平伯

丁潭爲散騎常侍侍中蘇峻作亂帝蒙塵於石頭惟潭及侍中鍾雅劉超等隨從不離帝側峻誅以功賜爵永安伯

褚翜成帝初爲左衞將軍蘇峻之役朝廷戒嚴以翜爲侍中典征討軍事既而王師敗績司徒王導謂翜

曰至尊當御正殿君可啓令速出冕郎入上閣躬自犯帝登大極前殿導升御牀抱帝冕及鍾雅劉超侍立左右時百官奔散殿省蕭然峻兵既入叱冕令下冕正立不動呵之曰蘇冠軍來覲至尊軍人豈得侵逼由是兵士不敢上殿及峻執政猶以爲侍中從乘輿幸石頭明年與光禄大夫陸曄等出據苑城蘇逸任讓圍之冕等固守賊平以功封長平縣伯

荀崧爲太常王敦表崧爲尚書左僕射及群臣議元帝廟號王敦遣使謂曰豺狼當路梓宮未反祖宗之號宜別思詳崧議以爲禮祖有功宗有德元皇帝天

縱聖哲光啓中興德澤侔於太戊功業邁于漢宣臣敢依前典上號曰中宗既而與敦書丞以長蛇未翦別拜祖宗先帝應天受命以隆中興之主寧可隨世数而遷毁敢率册直詢之朝野上號中宗卜日有期不及重請專輒之愆所不敢辭初敦待崧甚厚欲以爲司空於此銜之而止成帝立崧爲右光禄大夫開府禄尚書事蘇峻之役崧與王導陸曄共登御牀擁衛成帝及帝被逼幸石頭崧亦待從不離帝側賊平帝幸温嶠舟崧時年老病篤猶力步而從咸和三年薨其後著作郎虞預與丞相王導牋曰伏見前秘書監光禄大夫荀公生於積德之族少有儒雅之称歷位内外在貴能降蘇峻肆虐乘輿失幸公處嫌忌之地有累卵之危朝士爲之寒心論者謂之不免而公將之以智險迫不攝扶侍至尊繾綣不離雖無扶迎之勳宜蒙守節之報且其宣慈之美早彰遠近朝野之望許以台司雖未正位已加儀同至守終純固名定闔棺而薨卒之日直加侍中生有三槐之望没無夙足之名寵不增於前秩榮不副於本望此一時愚智所懷慨也今承大弊之後淳風頹散苟有一介之善宜在旌表之列而况國之元老志節若斯者乎不

從

孔坦爲侍中以疾去職加散騎常侍遷尚書未拜疾篤庾冰省之乃流涕坦慨然曰大丈夫將終身不問安國寧家之術乃作兒女子相問邪冰深謝焉臨終與庾亮書曰不謂疾苦遂至頓弊自省緜緜奄忽無日脩短命也將何所悲但以身徃名没朝恩不報所懷未叙即命多恨耳足下以伯舅之尊居方伯之重抗威顧盻名震天下衰榛之佐常願下風使九服式序四海一統封京觀於中原反紫極於華壤是宿昔之所味咏慷慨之本誠矣今中道而斃豈不惜哉若

死而有靈潛聽風烈俄卒亮報書曰廷尉孔君神遊体離嗚呼哀哉得八月十五日書知疾患轉篤遂不起湾悲恨傷楚不能自勝足下方在中年素少疾患雖天命有在亦禍出不备耳足下才經於世世當須才況於今日倍相痛惜吾以寡乏忝當大任國恥未雪夙夜憂憤嘗欲足下同在外藩戮力時事此情未畢來書奄至申尋往復不覺涕隕深明足下慷慨之懷深慟足下不遂之志邈然永隔夫復何言謹遣報荅并致薄祭望足下降神饗之

王坦之爲侍中簡文帝臨殂詔大司馬温依周公居

攝故事坦之自持詔入於帝前毁之帝曰天下儻來之運卿何所嫌坦之曰天下宣元之天下陛下何得專之帝乃使坦之改詔焉

謝安爲吏部尚書時桓温入朝而孝武帝富於春秋政不自已温威振内外人情噂嗒互生同異安與王坦之盡忠輔翼終能輯穆及温病篤諷朝廷加九錫使袁宏具草安見輒改之由是歷旬不就會温薨賜命遂寢

徐邈爲中書舍人孝武帝宴集酣樂之後好爲手詔詩章以賜侍臣或文詞率爾所言穢雜邈每應時收歛還省刊削皆使可觀經帝重覽然後出之是時侍臣被詔者或宣揚之故時議以此多邈

謝邈字茂度性剛鯁無所屈撓頗有理識累遷侍中時孝武帝觴樂之後多賜侍臣文詔辭義有不雅者邈輒焚毁之其他侍臣被詔者或宣揚之故論者以此多邈

任旭爲郎中州郡舉中正固辭歸家尋天下大亂陳敏作逆江東名豪並見羈縶惟旭與賀循守死不回敏卒不能屈

何充爲中書令庾氷兄弟以舅氏輔王室權侔人主

慮易世之後戚屬轉疎將爲外物所攺謀立康帝即帝母弟也每說成帝以國有強敵宜須長君帝從之充建議曰父子相傳先王舊典忽妄改易懼非長計故武王不授聖弟即其義也昔漢景亦欲傳祚梁王朝臣咸以爲虧亂典制據而弗聽今琅邪踐祚如孺子何社稷宗廟將其危乎氷等不從既而康帝立帝臨軒氷充侍坐帝曰朕嗣鴻業二君之力也充對曰陛下龍飛臣氷之力也若如臣議不覩升平之世帝有慙色後帝疾篤氷翼意在簡文帝而充建議立皇太子奏可充奉遺旨使立太子是爲穆帝氷翼深恨

之
宋王僧綽爲侍中會二凶巫蠱事泄文帝獨先召僧綽具言之及將廢立使尋求前朝舊典劭於東宫夜饗將士僧綽密以啟聞帝又令撰漢魏以來廢諸王故事撰畢送與江湛徐湛之湛之欲立隨王誕江湛欲立南平王鑠太祖欲立建平王寵議久不決誕妃卽湛之女鑠妃卽湛妹僧綽曰建立之事仰由聖懷臣謂惟宜速斷不可稽緩當斷不斷反受其亂願以義割恩畧小不忍不爾便應坦懷如初無煩疑論淮南子云以石投水吳越之善没善取之事機難密易

致宣廣不可使難生慮表取笑千載帝曰卿可謂能斷大事此事重不可不殷勤三思且庶人始亡人將謂我無慈愛之道僧綽曰臣載千載之後言陛下爲能裁弟不能裁兒耳帝默然江湛同侍坐出閤謂僧綽曰卿向言將不大傷切直僧綽曰帝亦恨君不直及劭弑逆江湛在尚書上省聞變嘆曰不用僧綽言以至於此劭既立轉爲吏部尚書委以事任頃之劭料簡太祖巾箱及江湛家書既得僧綽所啓享士并廢諸王事乃收害焉時年三十一

沈懷文爲侍中是時世祖遊幸無度太后及六宮常乘副車在後懷文與王景文每陳不宜亟出後同坐松樹下風雨甚景文曰卿可以言矣懷文曰獨言無繼且相與陳之江智淵卧草側亦謂言之爲善俄而被召俱入雉場懷文曰風雨如此非聖躬所宜景文又曰懷文所啓宜從智淵未及有言上方注弩作色曰卿欲效顔竣耶何以當知人事又曰顔竣小子恨不得鞭其面

顔頵之爲光祿大夫泰始初四方同反頵之家尋陽尋陽王子房加以位號頵之不受曰禮年六十不服戎以其筋力衰謝非復軍旅之日況年將八十殘生

無幾守盡家門不敢聞命孔頵等不能奪時普天叛逆莫或自免惟頵之心迹清全獨無所與太宗甚嘉之

南齊謝朏初爲宋侍中并掌中書散騎二省詔册高帝進太尉又以朏爲長史帶東海太守高帝方圖禪代思在位之臣以朏有重名深所欽屬論魏晉故事因曰晉革命時事久兆石苞不早勸晉文死方慟哭方之馮異非知機也朏荅曰昔魏臣有勸魏武卽帝位魏武曰如有用我其爲周文王乎晉文世事魏氏將必終身北面假使魏早依唐虞故事亦當三讓弥

高帝不悅更引王儉爲侍中吏以朏爲侍中領秘書監及齊受禪朏當日在直百僚陪位侍中當解璽朏佯不知曰有何公事傳詔云解璽授齊王朏曰齊自應有侍中乃引枕卧傳詔惧乃使稱疾欲取兼人朏曰我無疾何所道遂朝步出東掖門乃得車還宅是日遂以王儉爲侍中解璽旣而武帝言於高帝請誅朏帝曰殺之則遂成其名正應容之度外耳遂廢於家

孫謙爲中散大夫明帝將廢立欲引謙爲心膂使兼衞尉給甲仗百人謙不頋處會輙散甲士帝雖不罪

而弗任焉

王敬則爲都官尚書世祖初在東宮在左右張景真多僭侈大祖稱太子令殺之世祖憂懼稱疾月餘帝怒不解晝卧太陽殿敬則直入叩頭啓帝曰官有天下日淺太子無事被責人情恐惧頋官往東宮解釋之太祖乃幸東宮召諸王以下於玄圃園爲家宴致醉乃還

江斆爲都官尚書領驍騎將軍欝林即位遷掌吏部隆昌元年爲侍中領國子祭酒欝林廢朝臣皆被召入宮斆至雲龍門託藥醉吐車中而去

梁王志初爲齊吏部尚書領左衞將軍義師至城内害東昏百僚署名送其首志聞而歎曰冠雖敝可加足乎因取庭中樹葉挼服之僞悶不署名高祖覽牒無志署心嘉之弗以讓也

蕭懿爲尚書令時東昏肆虐茹法珍王坦之等執政宿臣舊將並見誅夷懿旣佐立元勳獨居朝右深爲法珍等所憚乃説東昏曰懿將行隆昌故事陛下命在晷刻東昏信之將加酷害而懿親近之密具舟江渚勸令西奔懿曰古皆有死豈有叛走尚書令耶遂遇禍

王進之初仕齊爲給事黃門侍郎扶風太守武帝之舉兵也所在嚮應隣郡多請進之同遣脩謁進之曰非吾志也竟不行武帝嘉之

王亮爲尚書右僕射時義師至新林内外百僚皆道迎其未能拔者亦間路送誠款亮獨不遣及城内旣定獨推亮爲首亮出見高祖曰顛而不扶安用彼相而弗之罪也

張充初仕齊爲侍中義師近次東昏召百官入宮省朝士慮禍或往來酬晏充獨居侍中省不出閤城内旣梟東昏百官集西鍾下召充不至高祖霸府開以

爲太司馬

顔見遠初仕齊爲治書侍御史俄兼中丞高祖受禪見遠乃不食發憤數日而卒高祖聞之曰我自應天從人何預天下人事而顔見遠乃至於此也

徐勉爲尚書僕射中衛將軍勉以舊恩超升重位盡心奉上知無不爲

任孝恭爲中書丞太清二年侯景寇逼孝恭啓募兵隸蕭正德屯南岸及賊至正德舉衆入賊孝恭還赴臺臺門已閉因奔入東府尋爲賊所攻陷見害

姚僧坦爲中書舍人周軍克荆州僧坦猶侍元帝不

離左右爲軍人所止方涕泣而去

陳殷不害仕梁爲東宮通事舍人侯景之亂不害從簡文入臺城及臺城陷簡文在中書省景帶甲將兵入朝陛見過謁簡文景兵士皆羌胡雜種衝突左右甚不遜侍衛者莫不驚恐避易惟不害與中庶子徐摛侍側不動及簡文爲景所幽遣人請不害與居處景許之不害供侍益謹

孔奐爲侍中五兵尚書世祖疾篤奐與高祖及仲舉并吏部尚書袁樞中書舍人劉師知等入侍醫藥世祖嘗謂奐等曰今三方鼎峙生民未乂四海事重宜須長君朕欲近則晉成遠隆殷法卿等須遵此意乃流涕歔欷而對曰陛下御膳康和痊復非久皇太子春秋鼎盛聖德日躋安成王分弟之尊是爲周旦阿衡宰輔者有廢立之心臣等愚誠不敢聞詔世祖曰古人遺直復見於卿

袁憲爲尚書僕射禎明三年隋兵來伐隋將賀若弼進宮城北夜門兵衛皆散走朝士稍各引去憲衛侍左右後主謂憲曰我從來待卿不先餘人今日見卿可謂歲寒知松栢後凋也後主遑遽將避匿憲正色曰北兵之入必無所犯大事如此陛下安之臣願陛

下正衣冠御前殿依梁武見侯景故事後主不從因下榻馳去憲從後堂景陽殿入後主投下井憲拜哭而出

後魏古弼爲尚書令太武太閲將較獵於河西弼留守詔以肥馬給騎人弼命給弱者太武大怒曰尖頭奴敢裁量朕也朕還臺先斬此奴弼頭尖太武嘗名之曰筆頭是以時人呼爲筆頭弼屬官惶怖懼誅弼告之曰吾爲臣事君使田獵不過盤遊其罪小也不備不虞使戎寇恣逸其罪大也今北狄孔熾南虜未滅狡焉之志闚向邊境是吾憂也故選肥馬備軍實

爲不虞之遠慮苟使國家有利吾避死乎明主可以理干此自吾罪非鄉井之咎太武聞而嘆曰有臣如此國之寶也賜衣一襲馬二疋鹿十頭

薛提爲侍中治都曹事太武末秘不發喪尚書右僕射蘭延侍中和延等議以爲皇孫幼冲宜立長君徵秦王翰置之祕室提曰皇孫有世嫡之重民望所係春秋雖少令問聞於天下成王孝昭所以隆周漢廢所宜立而更求君必不可延等猶豫未決中常侍宗愛知其謀矯皇后令徵提等入遂殺之

高允爲中書令獻文時有不豫以孝文幼冲欲立京

兆王子推集諸大臣以次詔問允進跪帝前涕泣曰臣不敢多言以勞神聽陛下上思祖宗托付之重追念周公抱成王之事獻文於是傳位於孝文賜帛一疋以標忠亮

于烈孝文時爲散騎常侍及穆泰陸叡謀反舊京帝幸代泰等伏法代鄉舊族同惡者多惟烈一宗無所染豫帝嘉其忠操益器重之

王叡爲吏部尚書大和二年孝文及文明太后率百僚與諸方客臨虎圈有逸虎登閣道幾至御坐左右侍衛皆驚靡叡獨執戟禦之虎乃退去故親任轉重

于忠爲侍中領軍宣武延昌末忠與門下議孝明帝幼冲以高陽王雍任城王澄輔政奏中宮請節敕授御史中尉王顯欲逞奸計與中常侍給事中孫蓮等厲色不聽寢門下之奏侍中黄門但牒六輔姓字賚來孫蓮等密欲矯大后令以高肇録尚書事顯與高猛爲侍中忠即於殿中収顯殺之

申徽大統中爲中書舍人修起居注河橋之役大軍不利近侍之官分散者衆徽獨不離左右

北齊楊愔魏永安初爲通直散騎侍郎時年十八元顥入雒時愔從父兄侃爲北中郎將鎮河梁愔適至

侃處便屬乘輿中失夜至河侃雖奉迎車駕北渡而潛南奔愔固諫止之遂相與扈從達建州除通直散騎常侍

裴讓之任爲中書侍郎齊受禪靜帝遜居別宮與諸臣别讓之流涕歔欷

陳元康爲侍中屬世宗將受魏禪元康與楊愔崔季舒並在世宗坐將大遷除朝士共品藻之世宗家蒼頭蘭固成先掌厨膳甚被寵昵先是世宗杖之數十吳人性躁又恃舊恩遂大怒與其同事阿段謀害世宗阿段時事顯祖常執刀隨從云若聞東齊叫聲即

以尕加於顯祖是日值魏帝初建東宮群官拜表事罷顯祖出上東門别有所之未還而難作固成進食置刀於盤下而殺世宗元康以身扞蔽被刺傷重至夜而終楊愔狼狽走出野季舒逃匿於廁庫直紇奚舍樂扞賊死是時秘世宗凶問故殯元康於宫中託以出使南境虚除中書令

王松年孝昭擢拜爲給事黄門侍郎帝每賜坐與論政事甚善之孝昭晏駕松年馳驛至鄴都宣遺詔發言涕泗迄於宣罷容色無改辭吐諧韻宣訖號慟自絶於地百官莫不感慟還晋陽兼侍中護梓宫還鄴

諸舊臣避形迹無敢盡哀惟松年哭甚流涕朝士咸恐或成惟忿松年戀舊情切亦雅重之以本官加散騎常侍食高邑縣侯

後周徐招初仕後魏爲二千石郎中爾朱榮死爾朱世隆屯兵河橋莊帝以招爲行臺左丞自武牢北渡引馬場河内之衆以抗世隆後爾朱兆得招鎖送晉陽爾朱仲遠数招罪將斬之招曰不辱君命得死爲幸仲遠重之曰凡人受命理各爲主今若爲戮何以勸人臣乃釋之用爲行臺右丞及仲遠南奔招獨還較

薛端孝閔帝踐祚再遷戶部中大夫進爵爲公晋公護將廢帝召群臣議之端頗懷同異護不悦出爲蔡州刺史

庫狄嶔以右下大夫從武帝東伐及并州軍敗侍臣殲焉及帝之出惟嶔侍從以功授上儀同大將軍

尉遲運爲右宫伯建德三年武帝幸雲陽宫又令運以本官兼司武與長孫覽輔皇太子居守俄而衛剌王直作亂率其黨襲肅章門覽惧走行在所運時偶在門中直兵奄至不暇命左右乃手自闔門直黨與運争門斫傷運指僅而得閉直既不得入乃縱火運

恐火盡直黨得進乃取宫中材木及牀等以益火更以膏油灌之火轉熾久之直不得進乃退運率留守兵因其退以擊之直大敗而走是夜微運宫中已不守矣武帝嘉之授大將軍賜以田宅妓樂金帛車馬什物等不可勝数

宇文孝伯宣帝時爲小冢宰初帝爲皇太子時西征在軍有過行鄭譯時亦預爲軍還孝伯及王範盡以白高祖高祖怒撻帝数十賜徐譯名是時譯又被帝親暱帝既追憾被杖乃問譯曰我脚上杖痕誰所爲也譯荅曰事繇宇文孝伯及王範鄭譯又因説王範

將須事帝乃誅範初王範因內宴捋高祖鬚言太子之不善尉遲運懼私
謂孝伯曰吾徒必不免禍爲之柰何孝伯對曰今堂
上有老母地下有武帝爲臣爲子知欲何之且委質
事人本徇名義諫而不入將焉逃死足下若爲身計
宜且遠之於是各行其志運尋出爲秦州總管
顏之儀爲御正中大夫宣帝大象末劉昉鄭譯等矯
遺詔以隋文帝爲丞相輔少主之儀知非帝旨拒而
弗從昉等草詔署訖逼之儀署之儀厲聲謂昉等曰
主上升遐嗣子沖幼阿衡之任宜在宗英方今賢戚
之內趙王最長以親以德合膺重寄公等備受朝恩

當思盡忠報國柰何一旦欲以神器假人之儀有死
而已不能誣罔先帝於是昉等知不可屈乃代之儀
署而行之隋文帝後索符璽之儀又正色曰此天子
之物自有主者宰相何故索之於是隋文帝大怒命
引出戮之然以其民之望也乃止出爲西疆郡守
隋盧楚大業末爲尚書右司郎中江都難作楚與元
文都等於東都共立越王侗爲帝及王充作亂兵攻
太陽門武衛將軍皇甫無逸斬關逃難呼楚同去楚
謂之曰僕與元公有約若社稷有難誓以俱死今捨
去不義及兵入楚匿於大官署賊黨執之送於充所
充奮袂令斬之於是鋒刃交下支體糜碎
唐溫彥博爲中書侍郎突厥入寇命左衛大將軍張
瑾爲并州道行軍總管出拒之以彥博爲行軍長史
與虜戰於大谷軍敗彥博沒于虜庭突厥以其近臣
苦問以國家虛實及兵馬多少彥博固不肯言頡利
怒遷於陰山苦寒之地太宗即位突厥送款始徵彥
博還朝授雍州治中
朱敬則天后時爲冬官侍郎以張易之等權寵日盛
恐有異圖嘗密謂左羽林將軍敬暉曰公若假皇太
子之令舉北軍之兵誅易之兄弟兩飛騎之力耳其

後暉等竟用其策及易之昌宗伏誅暉遂矜功自恃
故賞不及於敬則俄出爲鄭州刺史
蕭華天寶末爲兵部侍郎陷賊僞授魏州刺史使人
潛通表狀軍官至以爲內應賊聞禁錮之收魏州得
華於獄百姓父老舉華庇百姓免其屠戮肅宗乃以
爲魏州刺史本州防禦使詔曰蕭華素有材能擢居
省闥間者見迫往虜陷於艱危遂能徇節本朝乃心
王室潛通誠款以表忠純殺身獨難通其不死之理
行權有賞道其歸有之心終以見疑妄遭禁錮事則
昭著理可甄明今魏郡既收疲甿思乂黔黎載請允

叶人心宜更剖符仍思禦侮可魏州刺史
張鎬爲左拾遺玄宗幸蜀自山谷徒步扈從肅宗即位玄宗遣鎬赴行在所鎬至鳳翔奏議多有引益拜諫議大夫
盧奕爲御史中丞知東都武部選事安祿山犯東都人吏奔散奕在臺獨居爲賊所執見害
苗晉卿天寶末爲憲部尚書致仕及朝廷失守衣冠流離道路多爲逆黨所脅自陳希烈張均已下數十人盡赴雒陽晉卿潛遁山谷南投金州會肅宗至鳳翔手詔追晉卿赴行在所即日拜爲左相軍國大務

悉以咨之
楊綰爲右拾遺天寶末肅宗即位綰自賊中冒難披榛求食以赴行在時朝廷方急求賢及綰至衆心咸悅拜起居舍人知制誥顔真卿爲刑部尚書李輔國矯詔遷玄宗居西宮真卿乃首率百僚上表請問起居輔國譖之貶蓬州長史
李峴代宗初爲禮部尚書兼宗正卿屬鑾輿幸陝峴由商山路赴行在既還京師拜黃門侍郎同中書門下平章事
裴諝永泰中爲考功郎中代宗居陝諝步懷考功及南曹二印赴行在帝見而謂之曰疾風知勁草果信矣
郭晞爲工部尚書建中末丁父子儀喪泊朱泚反京師竟稱疾不出泚遽見之將授以兵晞瘖噤不言僅得免
蕭昕爲散騎常侍朱泚之亂徒步出城泚急求之乃竄山谷間至奉天遷太子少傅
鄭雲逵爲諫議大夫奉天之難雲逵奔赴行在
劉迺爲兵部郎中建中四年涇原兵叛迺時臥病在私第賊泚遣使以甘言誘之迺稱疾甚後又使其僞

宰相更來招諭迺托瘖疾又炙灼遍體僞宰相蔣鎮至知不可刼脅乃歎息曰鎮亦嘗忝列曹郎苟不能死以至於斯寧以自辱羶腥豈復汚穢賢哲乎歔欷而退及聞輿駕在幸梁州迺自投於牀搏膺呼天因是危瘵絶食數日而終贈禮部尚書
柳渾爲尚書左丞及駕幸奉天渾微服徒行潛遁終南山谷踰旬方達行在扈從至梁州改左散騎常侍
裴度爲右僕射長慶二年十一月庚辰穆宗與中官擊鞠于禁中欻然有中官如爲物所擊遂墮馬而仆帝驚恐罷戲及昇殿足下履風眩就牀自是外不聞

帝起居者三日庚寅宰臣及百寮至延英門又請入
謁不許中外恂恂相視無色群臣請立皇太子慶累
上疏請至内殿候上起居又請速定儲位於宣旨許
以翌日見群臣辛卯群臣序立於宣政衙内数刻方
喚仗然後入閤如常儀帝在紫宸殿御大繩牀盡去
左右衛臣以中官数十人侍側百官拜舞稱賀連呼
萬歲宰臣李逢吉進言景王年已長成請立為皇太
子慶又復奏曰自陛下郎位以來皇王典禮無不備
舉東宮虛位未見儲副今萬靈降福聖體痊和臣等
得以此時瞻拜軒陛不敢不面獻血誠伏惟速降明

詔以副天下顒顒之望帝雖不言感動顏色
孔緯為御史大夫僖宗幸山南遣中使傳詔令緯率
百僚赴行在時京師悉變從駕官屬至盩厔並為亂
兵所剽資裝殆盡緯承命見宰相論事蕭遘裴澈以
田令孜在帝左右意不欲行辭疾不見緯緯遣臺吏
促百官上路皆以袍笏不具為辭緯無如之何乃召三
院御史謂之曰吾輩世荷國恩身居憲秩雖六騑奔
迫而咫尺天顏累詔追徵皆無承禀非臣子之義也
凡布衣交舊緩急尚相救卹況在君親策名委質安
可背耶言竟泣下三院曰夫豈不懷但盩厔剽剥之
餘乞食不給今若首途聊营一日之費候宿信繼行
可也緯拂衣而起曰吾妻危疾旦不保夕丈夫豈以
妻子之故忽君父之急耶公輩善自為謀吾行决矣
郎日見鳳翔節度李昌符告曰主上再有詔命令促
百僚前進觀群公之意未有發期僕忝憲闈不宜居
後道途多梗公幸假五十騎送至陳倉昌符嘉之謂
緯曰路無頓遞聚糧辦耶乃送錢五十緡令騎士援
緯達散關緯知朱玫必畜異志奏曰關城小邑不足
以駐六師請速幸梁州翌日車駕離陳倉緯入關而
邠岐之兵圍寶鷄攻散關微緯之言幾危矣

冊府元龜

巡按福建監察御史臣李嗣京　訂正
知長樂縣事臣夏允彝　參閱
知建陽縣事臣黃國琦　較釋

臺省部二十一

舉職　宣贊

舉職

書曰蒞事惟勤傳曰官脩其方蓋夫執事之人咸服其政靖恭而思不出位僶俛而罔或告勞斯所以職脩事舉而臻於治者也漢氏之後政歸臺閣樞機關

決品式具脩典章憲令於是出焉乃有恪恭自任周旋匪懈服勤夙夜訪求遺墜董率下吏表正官聯職思其憂守不假器用能發揮故實振舉綱目俾庶工之無曠而攸司之咸乂幹國之蠱盡身之榮非夫藹藹之吉士其孰能臻此也已

漢張安世湯子也以父任爲郎用善書給事尚書［於尚書中給事也］精力於職休沐未嘗出

孔光成帝時爲尚書觀故事品式數歲明習漢制及法令帝甚信任之轉爲僕射尚書令［先爲僕射後爲尚書令］

後漢侯霸建武中爲尚書令時無故典朝廷又少舊臣霸明習故事收錄遺文條奏前世善政法度有益於時者皆施行之每春下寬大之詔奉四時之令霸所建也［月令春布德行慶施惠下人故日寬大奉四時謂依令也］

馮勤爲郎中尚書以圖議軍糧在事精勤遂見親識每引進帝輒顧謂左右曰佳乎吏也由是使典諸侯封事勤均量功次輕重國土遠近地勢豐薄不相踰越莫不厭服焉自是封爵之制非勤不定光武益以爲能尚書衆事皆令總錄之

陳忠爲尚書令數進忠言辭旨弘麗前後所奏悉條於官上閣以爲故事

尹勳爲尚書令延熹中誅大將軍梁冀帝召勳部分衆職甚有方略封宜陽鄉侯

胡廣爲尚書郎恪勤職事所掌辦護

周景爲尚書令京師游俠有盜發順帝陵賣御物於市市長追捕不得景以尺一詔召司隸較尉左雄詣臺對詰雄伏於廷答對景使虎賁左駿頊頭血出覆面與三日期賊便擒獲

左雄爲尚書令自雄掌納言多所整肅每有章表奏議臺閣以爲故事

鄭弘爲尚書令前後有補益王政者皆著之南宮以

爲故事
黄香爲郎中詔詣安福殿言政事拜尚書郎數陳得失賞賚增加嘗獨止宿臺上晝夜不離省闥帝聞善之後爲尚書令曉習邊事均量軍政皆得事宜
劉淑爲侍中朝夕建議竭忠於朝補政二百餘事悉有篇章朝廷有疑事咨諮問焉
魏衛凱爲尚書初漢朝遷移臺閣舊事散亂自都許之後漸有綱紀凱以古義多所訂正盧毓爲侍中在職三年多有駁爭
裴潛爲尚書令奏正分職料簡名實出事使斷官府

者五十餘條
夏侯惠字稚權幼以才學見稱善屬奏議歷散騎黄門侍郎與鍾毓數有辨駁事多見從
晋任愷武帝初爲侍中愷有經國之幹萬機小大多管綜之性忠正以社稷爲已任帝器而昵之政事多諮焉
賈充爲尚書郎典定科令兼度支考課辯章節度事皆施用
王戎爲侍中戎在職雖無殊能而庶績脩理
荀勗爲尚書令在尚書課試令史以下覈其才能有闇於文法不能決疑處事者即時遣出武帝嘗謂曰魏武帝言荀文若之進善不進不止荀公達之退惡不退不休二令君之美亦望於君也
裴秀魏咸熙中爲尚書僕射始建五等秀專典制度武帝即位爲尚書令秀創制朝儀廣陳刑政朝廷多遵用之以爲故事
荀緄音衮字伯條拜尚書緄性明亮敏於衆職以勗群僚
杜預爲尚書損益萬機不可勝數朝野服焉號曰杜武庫言其無所不有

劉珧爲度支尚書加散騎常侍在職公平廉慎所莅著績
祖納爲尚書三公郎歷官多所駁正有補於時
杜軫蜀郡成都人也爲尚書郎博聞廣涉奏議駁論多見施用時涪人李驤亦爲尚書郎與軫齊名每有論議朝廷莫能踰之號蜀有二郎
范甯爲中書侍郎專掌西省在職多所獻替有益政道
徐邈爲中書舍人遷散騎常侍猶處西省前後十年每被顧問輒有獻替多所補益甚見寵待

宋王悅爲侍中在門下盡其心力簡較御府太官太醫諸署時奢汰之後姦竊者衆悅之按覆無所避得姦巧甚多

南齊虞玩之宋後廢帝元徽中爲右丞太祖叅政與玩之書曰張華爲度支尚書事不從然今漕藏有闕吾賢居右丞已覺金粟可積也玩之上表陳府庫錢帛器械役力所懸轉多與用漸廣慮不支歲月朝議優報之

江謐爲左民尚書諸皇子出閤用文武主帥皆以委謐尋勑選日謐有才幹堪爲委遇遷掌吏部謐才長

刀筆所在事辦

王奐爲右僕射本州中正奐無學術以事幹見處

孔逷好典故學與王儉至交宋順帝昇明中爲尚書儀曹郎屢箴闕禮多見信納太祖謂王儉曰逷真所謂儀曹不忝厥職也

梁王志爲侍郎未拜轉吏部尚書在選以知理稱

孔休源爲尚書儀曹郎累遷黄門長御史中丞風範殭正明練治體持身儉約學窮文藝當官理務不憚殭禦常以天下爲已任高祖深委仗之累居顯職織毫無犯凡奏議彈文勒成十五卷

徐勉爲尚書左丞自掌樞憲多所糾舉時論以爲稱

樂藹爲中書侍郎尚書左丞時造器甲舟艦軍糧及朝廷儀憲悉資藹焉

賀琛爲通事舍人累遷尚書左丞並叅禮儀事琛前後居職凡郊廟諸儀多所創定

蕭介爲侍中介博敏殭識應對左右多所裨正高祖甚重之

陳謝岐梁末高祖引岐叅預機密以爲兼尚書右丞時軍旅屢興粮儲多闕岐所在幹理深被知遇

孔奐爲侍中時有事北討剋復淮泗徐豫酋長降附

相繼封賞選敘紛紜重疊奐應接引進門無停賓加以識覽人物詳練百氏凡所甄拔衣冠縉紳莫不悅伏

蕭弘爲金部侍郎時呂梁覆師戎儲空匱乃轉弘爲庫部侍郎掌知造弓弩矟箭等事儀在職一年而器械充牣

宗元饒高祖初爲尚書左丞相時軍國務廣事無巨細一以貫之臺省號爲稱職

司馬申爲散騎常侍歷事三帝內掌機密至於倉卒之間軍國大事指麾斷決無有滯留

後魏任城王澄爲尚書令當官而行無所廻避又上墾田授受之制八條甚有綱貫大便於時

鄧淵爲尚書吏部郎淵明解制度多識舊事與尚書崔玄伯參定朝儀律令音樂及軍國文記詔策多淵所爲

公孫良字遵伯聰明好學爲尚書左丞雅有幹用爲孝文所知遇

薛舒緒文成時爲給事中典民籍事較計戶口號爲稱職

游明根孝文初爲給事中遷儀曹長加散騎常侍清

約恭謹號爲稱職後遷尚書參定律令屢進讜言

韓茂字元興爲尚書令加侍中沉毅篤實雖無文學每議論合理

邢虬爲尚書右丞從左丞多所糾正臺閣肅然

郭祚爲尚書左丞長兼給事黃門侍郎祚清勤在公夙夜匪懈孝文甚知賞之

孔昭爲中都大官善察獄訟明於政刑遷侍中

李平爲長兼度支尚書累遷右僕射自在度支至於端副夙夜在公孜孜匪懈凡處機密十有餘年有獻替之稱

李崇爲尚書令加侍中崇在官和厚明於決斷受納辭訟必理在可推始爲下筆不徒爾收領也

爾朱世隆爲僕射自憂不了乃取尚書文簿在家省閱性聰解積十餘日然後見視事

辛雄爲尚書三公郎每有疑議雄與公卿駁難事多見從於是公能之名甚盛

宋世景爲禮部郎中臺中疑事右僕射高肇常以爲委之世景既才長從政加之夙勤不怠兼領數曹深著稱績

高肇爲尚書令肇出自夷土時望輕之及在位居要

留心百揆孜孜無倦世咸謂爲能

劉懋字仲華爲考功郎中立考課之科明黜陟之法甚有條貫

李彥爲郊廟大夫時朝儀典章咸未周備彥留心考定號爲稱職

羊深莊帝初爲二兗行臺深處分軍國損益隨機亦有時譽

北齊楊愔居端揆權綜機衡千端萬緒神無滯用

顏之推武成時爲中書舍人帝時有取索常令中使傳旨之推禀承宣告館中皆受進止所進文章皆是

其封署於進賢門奏之待報方出兼善於文字監較繕寫處事勤敏號爲稱職

高隆之爲尚書右僕射時初給民田貴勢皆占良善貧弱咸受瘠薄隆之啟高祖悉更反易乃得均平

元脩伯爲度支尚書屬政荒國虛儲藏虛竭賦役繁興脩伯憂國如家恤民之勞兼濟時事詢謀宰相朝夕孜孜與錄尚書庫邕迴換取舍頗有裨益

杜弼爲侍御史加前將軍太中大夫領内正字臺中彈奏皆弼爲之諸御史出使所上文簿委弼覆察然後施行

後周裴俠爲戶部中大夫時有姦吏主守倉儲積年隱沒至千萬者及俠在官勵精發摘數旬之内姦盜略盡

蘇綽爲大行臺左丞參典機密綽始制文案程式朱出墨入及計帳戶籍之法

李彥爲尚書右丞轉左丞在尚書十有五載屬軍國草創庶務殷繁留心省閣未嘗懈怠斷決如流略無滯凝臺閣莫不歎其公勤服其明察

李詢爲内史上士兼掌吏部以幹濟聞

趙芬爲吏部下大夫芬性彊濟所居之職皆有聲績武帝親揔萬機拜内史大夫

栁帶韋爲武藏中大夫遷驃騎大將軍開府儀同三司凡居劇職十有餘年處斷無滯官曹清肅

隋栁莊初任後梁後歸周授開府儀同三司除給事黃門侍郎莊明習舊章雅達政事凡所駁正帝莫不稱善蘇威爲納言重莊器識嘗奏帝云江南人有學業者多不習世務習世務者又無學業能兼之者不過栁莊

栁雄亮爲尚書考功侍郎遷給事黃門侍郎尚書省凡所奏事多所駁正深爲公卿所憚

元文都開皇初授内史舍人歷庫部考功二曹郎俱有能名擢爲尚書左丞

蘇孝慈爲太子左衞率判工部民部二尚書稱爲幹理數載進位大將軍轉工部尚書

令狐熙爲吏部尚書判五曹尚書事號爲明幹

楊汪爲尚書左丞明習法令果於剖斷當時號爲稱職

于仲文爲柱國尚書以尚書文簿繁雜吏多姦計令仲文勘錄省中事其所發擿甚多帝嘉其明斷厚加勞賞焉

源師爲尚書考功侍郎仍攝吏部朝章國憲多所裁定開皇十七年歷尚書左右丞以明幹著稱

竇盧賁爲黄門侍郎稱爲慎密河東裴衎爲右丞多所糾正河内士燮平原東方舉安定皇甫聿道俱爲刑部並執法平允弘農劉士章清河房山基爲考功河東裴鏡民爲兵部並稱明幹京兆韋焜爲民曹屢進讜言南陽韓則爲延州長史甚有惠政此等事行遺闕皆有吏幹爲當時所稱

裴矩爲吏部侍郎煬帝即位營建東都矩職脩府省九旬而就

郎茂爲民部侍郎奏身死王事者子不退田品官年老不減地皆發於茂性又明敏剖决無滯當時以吏幹見稱

裴蘊爲民部侍郎于時猶承高祖和平之後禁網踈闊户口多漏或年及成丁猶詐爲小未至於老已免租賦蘊歷爲刺史素知其情因時條奏皆令貌閲若一人不實則官司解職鄉正里長皆遠流配又許民相告若糾得一丁者令被糾之家代輸賦役是歲大業五年也諸郡帳進丁二十四萬三千新附口六十四萬一千五百帝臨朝覽狀謂百官曰前代無好人致此罔冒今進民户口皆從實者全繇裴蘊一人用心古語云得賢而治驗之信矣由是漸見親委

牛弘大業中爲光禄大夫從祀北嶽壇場珪幣墠時牲牢並弘所定還下太常

虞世基爲内史侍郎煬帝重其才親禮逾厚專典機密與納言蘇威左翊衛大將軍宇文述黄門侍郎裴矩御史大夫裴蘊等參掌朝政于時天下多事四方表奏日有數百帝方凝重事不庭決入閤之後始召世基口授節度世基省方爲勑書日且百紙無所遺謬其精審如是

斛斯政煬帝時爲兵部侍郎于時外事四夷軍國多務政處斷辨速稱爲幹理

唐武士逸授益州行臺左丞數陳時政得失高祖每嘉納之

魏徵代王珪爲侍中尚書省滞訟有不决者詔徵平理之徵性非習法但存大體以情處斷無不悦服

温彦博爲中書侍郎御史大夫俱有能名繇是特蒙任寄遷中書令

韋思謙高宗朝初拜左丞奏曰陛下爲官擇人非其人則闕令不惜美錦令臣製之此陛下知臣之深亦

微臣盡命之秋振舉綱目朝廷肅然
薛元超拜給事中時年二十六歲數上書陳君臣政
體及時事得失高宗皆嘉納之
李乂爲黄門侍郎多所駁正
李傑爲天官員外郎明敏有吏才甚得當時之稱
裴光庭開元中爲司門郎中歲餘轉兵部郎中光庭
沉靜少言寡於交遊旣歷清要時人初未及在職公
務脩整衆方歎服焉
裴遵慶爲吏部員外郎專判南曹天寶中海内無事
九流輻輳會府每歲吏部選人動盈萬數遵慶敏識
冊府元龜　臺省部　舉職　卷之四百六十七　十三
彊記精覈文簿詳而不滯時稱吏事第一緜是大知
名
李栖筠爲吏部員外郎判南曹承大亂之後甲歷散
失流品溷淆眞僞與奪決於造次姦吏屛息稱爲神
明
劉滋爲司勳員外郎判南曹勤於吏職孜孜奉法
韓滉爲祠部考功吏部三員外郎滉公絜强直明於
吏道判南曹凡五年詳究簿書纖遺無隱後爲户部
侍郎判度支自至德乾元已後所在軍興賦税無度
帑藏給納多事因循滉旣掌司計清勤簡括不容姦
妄下吏及四方過犯者必痛繩之
趙宗儒貞元中爲司勳員外郎判考功宗儒復行貶
考之令自至德以來考績之司事多失實當叅官及
諸州刺史未嘗分其善惡悉以中上考褒之及是褒
貶稍明人知戒懼德宗善之
權德輿爲左補闕貞元八年關中大水上疏請降詔
恤隱遂命奚陟等四使
皇甫鎛爲吏部員外郎判南曹凡三年頗能鈐制姦
吏
韋顗爲補闕尚書郎累遷給事中其在諫垣與李約
冊府元龜　臺省部　舉職　卷之四百六十七　十四
李正辭迭中禪諷亟廻大政
崔植祐甫之子也爲左補闕與鄭覃皆賢相之後同
時司諫朝廷每有得失二人必迭上章疏公議鬱然
歸美
白居易入翰林爲學士元和三年五月拜左拾遺居
易自以逢好文之主非次收擢欲以生平所貯仰酬
恩造拜命之日獻疏言事曰蒙恩授臣左拾遺依前
翰林學士巳與崔群同狀陳謝但言忝冒未吐衷誠
今再瀆宸覽伏惟重賜詳覽臣謹案大典左右拾遺
掌供奉諷諫凡發令舉事有不便於時不合於道者

小則上封大則廷諍其選甚重其秩甚卑所以然者
抑有繇也大凡人之情位高則惜其位身貴則愛其
身惜其位則偷合而不言愛其身則苟容而不諫此
必然之理也故拾遺之置所以卑其秩者使位未足
惜身未足愛也所以重其選者使下不忍負心上不
忍負恩也夫位未足惜恩不忍負然後能有闕必規
有遺必諫朝廷得失無不察天下利病無不言此是
國朝置拾遺之本意也繇是而言豈小臣愚劣暗懦
所宜居之哉况臣本鄉校豎儒府縣走吏委心泥滓
絶望煙霄豈意聖慈擢居近職每宴飫無不先及慶

賜無不先霑中廄之馬代其勞内厨之膳給其食朝
慙夕惕已逾半年塵曠漸深憂愧彌劇未申微效又
擢清班臣所以授官以來僅經十日食不知味寢不
遑安惟思粉身以答殊寵但未獲粉身之所耳今陛
下肇臨皇極初受鴻名夙夜憂勤以求致理每施一
政舉一事無不合於道便於時故天下之心顒顒然
日有望於太平也然今方一事有不便於時者陛下
豈不欲知之乎儻陛下言動之際詔令之間小有闕
遺稍關損益臣必密陳所見潛獻所聞但在聖心裁
斷而已臣又職代中禁不同外司欲竭愚誠合先陳

露伏希天鑒深察赤誠

楊於陵元和中爲吏部侍郎請換寫大曆十年已後
至貞元二十年甲曆從之

高鉞太和三年爲吏部侍郎銓綜之司官業振舉

韋弘景爲尚書左丞駁吏部授官不當者六十人遷
禮部尚書充東都留守判東都尚書省事繕完宫省
至今賴之

高允中太和初爲左補闕允中自爲諫官甚舉職業
危言直論不避時忌

房直温開成初爲刑部員外郎上言諸州府刑獄留

滯生姦請重頒下貞元三年七月十七日制勑又臺
省法司應緣詳覆須行文牒請付本道急遞以免稽
遲從之

殷侑開成初爲刑部尚書上言度支鹽鐵轉運戸部
等使下職事及監察場柵官悉得以公私罪人於州
縣獄寄禁或自致房收繫州縣官吏不得聞知動經
歲時數盈千百自今請令州縣糾舉據所禁人事狀
申本道觀察使具單名及所犯聞奏許之

後唐盧文紀爲吏部侍郎同光四年上疏請内外百
司各舉其職明行考課以激其能從之明宗天成元

年十月尚書考功又舉奏令式內所定中外百職較考節文及中興以來格條請自所司施行勅旨從之

薛岬爲刑部員外郎奏請召諭州府節度刺史每六衙日親慮問繫囚免至寃滯

周知微爲刑部郎中長興二年七月奏開元刑法格有後格破前格之載無後勅破前律之文今雖以律定罪以格禁適復有八議之條縻來斯久請准舊制令居八議之條有犯死罪者令所司准法先奏請行議典勅旨周知微官在郎曹職忝拜憲慮有亂名之弊舉無破律之規法雖重於一成恩亦存於八議盖

前王之定制固當代以當行令覩敷揚可嘉勤蓋從之

李盈休清泰元年爲司勳郎中奏奉詔各令於律令格式內抄出本司合行公事本司職典勳官近日凡初叙勳便至柱國臣見本朝承平時至於位至宰輔藩臣其勳亦從初叙蓋示人歇歷功用之重也勳格自武騎尉七品至上柱國正二品凡十二轉今後群官得叙勳首並請自武騎尉依次叙進無容隔越從之

夏侯坦清泰三年爲司門郎中上言去年六月詔京百司舉本司公事當司官屬關令丞及京城諸色人出入過所事久不施行其關牙官守捉權知者伏以關防以備姦詐令式素有規程既奉綸言合申職分關防所過請准令式初莊宗定河南都雒陽司門申舉自梁朝元給過所公據逦來本司官既非才事或擁滯遂廢今坦雖舉職竟不施行

晉王權初仕梁爲戶部侍郎權奏每年正伏天下貢物陳於殿庭屬戶部引進切以近年以來未甚齊整本二百餘州貢物今止六十餘州伏以任土勤王本朝故事與申尊奬所謂駿奔伏乞遍下諸州請依貢

式陳進正伏之日所貢整齊從之

周張昭遠爲吏部侍郎奏疏內銓見行用十道圖除舊雒都并都外有新昇京都及節度防禦團練等名目不一又自明宗已來迴避廟諱所改州縣名多未結入十道圖銓司入官之時格式旋簡元勑施行未曾添入十道圖無所凖的請下當司改定從之

宣贊

謁者之選盖以泰侍帝幄出納王言取其姿貌高朗手神竦僞故於俯仰之節抑揚之音進止雍容有若成誦吐發無滯觀者拭目此善於其職矣若輔之以

涉獵書史多識遺儀斯又抜乎其萃者也
漢淮嬰爲郎中從高祖入漢中拜中謁者後以戰功
賜爵列侯復以中謁者從
石奮趙人也高祖愛其恭敬以爲中涓受書謁（中涓官名主居中而涓潔者也外事有書謁令奮受之）
徐生魯人善爲頌（漢書儀有二郎爲此頌光威儀事者徐氏後爲張氏不知經但能盤辟爲禮容天下郡國有容使者詣魯學之頌音容）孝文時徐生以頌爲禮官
大夫傳子至孫延襄（延及襄二人）襄其資性善爲頌不能
通經延頗能未善也襄亦以頌爲大夫
江衮爲人魁岸容貌甚壯武帝以爲謁者

後漢劉昆陳留東昏人梁孝王之裔也少習禮容平
帝末每春秋饗射常備列典儀每有行禮縣宰輒率
吏屬而觀之光武時遷侍中
何熙少有大志和帝時爲謁者身長八尺五寸善爲
威容贊拜殿中音動左右帝偉之
後魏高遵爲中書侍郎及新制衣冠孝文恭薦宗廟
遵形貌莊潔音氣雄暢當兼太祝令跪贊禮事爲俯
仰之節粗合儀矩緣是帝識待之
王誦字國章爲給事黄門侍郎靈太后時大赦誦宣
讀詔書音制抑揚風神竦秀百僚傾屬莫不歎美

北齊李繪魏太平初文襄用爲丞相司馬每覇朝文
武揔集對揚王庭當令繪先發言端爲群寮之首音
辭辯正風儀都雅聽者悚然
元文遥爲侍中歴事三主明達世務每臨軒多令宣
勑文武声韻高朗發吐無滯
後周柳慶魏廢帝時初爲民部尚書慶威儀端肅樞
機明辯太祖每發號令常使慶宣之天性抗直無所
廻避帝以此深委仗焉
隋長孫覽周武帝時爲車騎大將軍每公卿上奏必
令省讀覽有口辯声氣雄壯凡所宣傳百寮屬目帝

每嘉歎之
柳謇之初仕周爲守廟下士武帝嘗有事大廟謇之
讀祝文音韻清雅觀者屬目帝善之擢爲宣納上士
柳肅少聰敏閑於占對仕周起家齊王文學武帝見
而異之召拜宣納上士
唐温彦博幼聰悟有口辯渉獵書記初仕隋爲通事
謁者善於敷奏甚獲當時之譽及爲御史大夫仍攝
較侍郎彦博善於宣吐每考使入朝詔問四方風俗
承受綸言有若成誦声韻高朗響溢殿庭進止雍容
觀者拭目

崔敦禮爲通事舍人辨於詞令容止閒雅見者美之
田歸道爲司賓丞以明辨辭令遷通事舍人內供奉
姜柔遠爲通事舍人美容儀善敷奏
李若水容貌甚偉爲通事舍人在館三十年多識舊
儀每宣勞贊導周旋俯仰有可觀者後官至左金吾
大將軍兼通事舍人
齊映爲給事中白晳長大言音高朗德宗自山南還
長安嘗令映侍左右或令馬前或至城邑州鎮俾映
宣詔令益親信之
梁寇彦卿自太祖鎮汴擢在左右弱冠選爲通贊官

太祖爲元帥補元帥府押衙充四鎮通贊官行首兼
右長直都指揮使
劉捍便習賓贊善於將迎自司賓局及征討四出必
預其間雖無决戰爭鋒之績而承命奔走敷揚命令
勤幹濟職以至崇顯焉
晋陳瓚歷數朝爲謁者年踰六十雖熟於宣導而聲
氣衰憊但內廷同輩護之以至職卑官顯高祖天福
中擢衛尉卿

冊府元龜

巡按福建監察御史臣李嗣京　訂正

知閩縣事臣曹冏臣叅閲

知建陽縣事臣黃國琦較釋

臺省部一十二

薦舉

詩曰烝我髦士傳曰舉爾所知大易著彙征之訓丘明紀稱善之說皆論薦之謂也乃有處機要之任當喉舌之寄而能思報寵遇務詢才傑旁洎通逸上達鄉士察其志行之忠亮知其學術之深厚或文可以

冊青神化道可以彌綸王度孜孜推進以助乎治推轂之義攸著引翼之志斯篤上有同升之美下無滯才之歎濟濟之詠繇是興焉非夫樂善援能奉上盡節者其孰能與於斯乎

漢陳咸爲左曹王吉子駿以孝廉爲郎咸薦駿父子經明行修宜顯以厲俗

鮑宣爲諫議大夫彭宣爲右將軍罷數歲宣數薦彭宣會哀帝元壽元年正月朔日蝕宣復言帝乃召彭宣爲光祿大夫

後漢鍾離意明帝時爲尚書僕射上書薦劉平及王望王扶（王初名曠）曰臣竊見瑯邪王望楚國劉曠東萊王扶皆年七十執性恬淡所居之處邑里化之修身行義應在朝次臣誠不足知人竊慕推士進賢之義書奏有詔徵平等特賜辦裝錢至皆拜議郎並數引見

賈逵爲侍中和帝時李尤少以文章顯逵薦尤有相如楊雄之風召詣東觀受詔作賦拜蘭臺令史又薦中散大夫魯丕道藝深明宜見任用又揚終坐事徙北地賈逵薦終傳達忠直徵拜郎中

韓棱爲尚書令在朝數薦舉良吏應順呂章周紆等皆有名當時陳忠爲尚書安帝始親朝事忠以爲臨

政之初宜徵聘賢才以宣助風化數上薦隱逸及直道之士馮良周燮杜根成翊世之徒於是公車禮聘良燮等司徒劉愷致仕會太尉馬英策罷忠上疏薦愷曰臣聞三公上則台階下象山岳股肱元首鼎足居職協和陰陽調訓五品考功量才以序庶僚遭烈風不迷遇迅雷不惑位莫重焉而今上司缺職未議其人臣竊差次諸卿考合衆議咸稱太常朱倀少府荀遷臣父寵前叅司空倀並爲掾屬具知其能倀能說其經書而用心褊狹遷嚴毅剛直而薄於藝文伏見前司徒劉愷沈重淵懿道德博備克讓爵士致祚

弱弟躬浮雲之志秉浩然之氣頻歷二司舉動得禮以疾致仕側身里巷處約思純進退有度百僚景式海內歸懷往者孔光師丹近世鄧彪張輔皆宰相復序上司誠宜簡練卓異以厭衆望書奏詔引愷拜大尉周興爲郎中興少有名譽忠又上疏薦興曰臣伏惟古者帝王有所號令言必弘雅辭必溫麗垂於後世列於經典故仲尼嘉唐虞之文章從周室之郁郁臣竊見光祿郎周興孝友之行著於閨門清厲之志聞於州里蘊匱古今博物多聞三墳之篇五典之策無所不覽屬文著辭有可觀採尚書出納帝命爲王

冊府元龜　臺省部　薦舉　卷之四百六十八　三

喉舌臣策旣愚闇而諸郎多文俗吏鮮有雅才每爲詔文宣示內外轉相求請或以不能而專己自謬辭多鄙固興抱奇懷能隨輩栖遲誠可歎惜詔乃拜興爲尚書郎

黃瓊順帝時爲尚書僕射時連有災異上疏曰臣前頗陳災眚并薦光祿大夫樊英大中大夫薛包及會稽賀純廣漢楊厚未蒙御省伏見處士巴郡黃錯漢陽任棠年皆耆耋有作者七人之志宜更見引致助崇大化於是有詔公車徵錯等

史敞爲尚書胡廣爲尚書僕射時陳留郡缺職敞與諸尚書薦廣曰臣聞德以旌賢爵以建事明試以功典謨所美五服五章天秩所祚是以臣竭其忠君豊其寵舉不失德下忘其死竊見尚書僕射胡廣體真履規謙虛溫雅博物洽聞探賾窮理六經典奧舊章憲式無所不覽柔而不犯文而有禮忠貞之性憂公如家不務其能不伐其勞翼翼周慎行靡玷漏密勿夙夜十有餘年心不外顧志不苟進臣等竊以爲廣在尚書劬勞日久後母年老旣蒙簡照宜試職千里撫寧方國陳留近郡今太守任缺廣才略深茂堪能撥煩願以參選紀綱頹俗束修首善有所觀仰廣尋

冊府元龜　臺省部　薦舉　卷之四百六十八　四

爲濟陰太守

在雄爲尚書令薦同舉爲尚書舉旣稱職議者咸稱焉

虞詡爲尚書僕射成翊世辟司空張皓府遷爲議郎自劾歸詡雅重之欲引與共參朝政乃上書薦之徵拜議郎後尚書令左雄僕射郭虔復舉爲尚書翊世在朝正色百僚敬之又順帝新立大臣懈怠朝多闕政議郎左雄數言事其辭深切詡以雄有忠公節上疏薦之曰臣見方今公卿以下類多拱默以樹恩爲賢盡節爲愚至相戒曰白璧不可爲容容多後福伏

見議郎左雄數上封事至引陛下身遭難厄以爲警戒實有王臣蹇蹇之節周公謨成王之風宜擢在喉舌之官必有輔弼之益繇是拜雄尚書龐參爲大鴻臚訓又薦參有宰相器能順帝以爲太尉録尚書事

郭虔桓帝時與應賀並爲尚書時平丘令周舉上書言當世得失辭甚切正虔賀等見之歎息共上疏稱舉忠直欲置章御座以爲誡（章謂所上之書）

陳蕃爲尚書令胡廣爲僕射徐穉舉有道家拜太原太守皆不就延熹二年蕃等上疏薦穉及姜肱等曰臣聞善人天地之紀政之所繇也詩云思皇多士生

此王國天挺俊乂爲陛下出當輔弼明時左右大業者也伏見處士豫章徐穉彭城姜肱汝南袁閎京兆韋著潁川李曇德行純備著于人聽若使擢登三事協亮天工必能翼宣盛美增光日月矣桓帝乃以安車玄纁備禮徵之並不至蕃又薦河內太守魏朗公忠亮直宜在機密徵爲尚書

羊陟爲尚書令以前太尉劉寵司隸較尉許沐幽州刺史楊熙凉州刺史劉恭益州刺史龐艾清亮在公薦舉升進帝嘉之

楊喬烏傷人爲尚書同郡孟嘗爲合浦太守以病自上被徵隱處窮澤桓帝時喬上書薦嘗曰臣前後七表言故合浦太守孟嘗而身輕言微終不蒙察區區破心徒然而已嘗安仁引義耽樂道德清行出俗能幹絶群前更守宰移風改政去珠復還饑民蒙活且南海多珍財産易積掌握之内價盈兼金而嘗單身謝病躬耕壟次匿景藏采不揚華藻實羽翮之美用非徒腹背之毛也而沈淪草莽好爵莫及廊廟之寶弃於溝渠且年歲有訖桑榆行盡而忠貞之節永謝聖時臣誠傷心私用流涕夫物以遠至爲珍士以希見爲貴槃木朽株爲萬乘用者左右爲之容耳王者

取士宜拔衆之所貴臣以斗筲之姿趨走日月之側思立微節不敢苟私鄉曲竊感禽息亡身進賢嘗竟不見用

朱穆爲尚書延熹中長沙零陵賊入桂陽蒼梧南海交阯蒼梧三郡皆没遣荊州刺史劉度擊之軍敗桓帝詔公卿舉任代劉度者穆舉度尚自右較令擢爲荊州刺史出兵三年群寇悉定

蔡邕靈帝時爲郎中上封事曰夫求賢之道未必一塗或以德顯或以言揚頃者立朝之士曾不以忠信見賞常被謗訕之誅遂使羣下結口莫圖正辭郎中

張文前獨進狂言聖聽納受以責三司臣子驥然衆
庶鮮悅臣愚以爲宜擢文右職以勸忠謇宜聲海內
傳開政路
魏荀彧漢末爲尚書令仲長統性倜儻敢言獻帝在
許彧領典樞機好士愛奇聞統名啓召以爲尚書郎
杜畿自荊州還後至許見侍中耿紀語終夜彧與紀
比屋夜聞畿言異之且遣人謂曰有國士而不進何
以居位旣見畿知之如舊相識者遂進畿於朝魏太
祖時爲丞相謂彧曰河東當今天下之要地也君爲
我舉蕭何冦恂以鎮之彧曰杜畿其人也或稱畿勇足以當大

難智能應變其可試之於是拜畿爲河東太守
王粲爲散騎常侍文帝踐祚表薦南陽太守楊俊曰
伏見南陽太守楊俊秉純粹之茂質履忠肅之弘量
體仁足以育物篤實足以動衆克長後進惠訓不倦
外寬內直仁而有斷自初彈冠所歷垂化再守南陽
恩德流著殊鄰異黨繈負而至今境守清靜無所展
其智能宜還本朝宜力輦轂熙帝之載
盧毓文帝時吏部尚書會司徒缺毓舉處士管寧帝
不能用更問其次毓對曰敦篤至行則大中大夫韓
暨亮直清方則司隸校尉崔林貞固純粹則大嘗嘗
林帝乃用暨帝使毓自選代曰得如卿者乃可毓舉
常侍鄭冲帝曰文和吾自知之更舉吾所未聞者乃
舉阮武孫邕帝於是用邕
夏侯惠文帝時爲散騎侍郎劉劭爲散騎常侍詔書
博求衆賢惠薦劭曰伏見常侍劉劭深忠篤思體周
於數凡所錯綜源流弘遠是以群才大小咸取所同
而斟酌焉故性實之士服其平和良正清靜之人慕
其玄虛退讓文學之士嘉其推步詳密法理之士明
其分數精比意思之士知其沈深篤固文章之士愛
其著論屬辭制度之士貴其化略較要策謀之士贊

其明思通微凡此諸論皆適取以所長而舉其支流
者也臣數聽其清談覽其篤論漸漬歷年服膺彌久
實爲朝廷奇其器重以爲若此人者宜輔翼機事納
謀幃幄當與國道俱隆非世俗所常有也惟陛下垂
優游之聽使劭承清閑之歡得自盡於前則德音上
通煇燿日新矣
孟康爲散騎侍郎崔林爲司隸校尉明帝景初元年
司徒司空並缺康薦林曰夫宰相者天下之所瞻效
誠宜得秉忠履正本德仗義之士足爲海內所師表
者竊見司隸校尉崔林稟自然之正性體高雅之弘

量論其所長以比古人忠直不回則史魚之儔清儉
守約則季文之匹也牧守州郡所在而治及爲外司
萬里肅齊誠台輔之妙器衮職之良才也後年遂爲
司空
吳薛綜爲選曹尚書固讓奉車都尉顧譚曰譚心精
體密貫通達微才照人物德允衆望誠非愚臣所可
越先後遂代綜
華覈爲中書丞陸裔爲左虎林有時名覈表薦裔曰
裔天姿聰朗才通行絜昔歷選曹遺迹可記還在交
州奉宣朝恩流民歸附海隅肅清蒼梧南海歲有暴

風瘴氣之害風則折木飛砂轉石氣則霧鬱飛鳥不
經自裔至州風氣絶息商旅平行民無疾疫田稼豐
稔州治臨海海流秋鹹裔又畜水民得其食惠風横
被化感人身神遂憑天威招合遺散至被詔書當出
民感其恩以忘戀土負老携幼甘心景從衆無携貳
不煩兵衛自諸將合衆皆脅之以威未有如裔結以
恩信者也銜命在州十有餘年賓帶殊俗寶玩所生
而内無文甲犀象之珍方之今臣實難多得宜在聲
轂股肱王室以贊唐虞康哉之頌江邉任輕不盡其
才虎林選督堪之者衆若召還都寵以上司則天工
畢修庶績咸熙矣
晉李重爲吏部尚書武帝受禪曹嘉爲東莞太守重
啓去魏氏宗室屈滯每聖恩所存東莞太守曹嘉才
幹學義不及志翕而良素修絜性業踰之臣欽若等曰嘉白馬
王彪子志陳思王植子翕東平王徽子又已歷二郡臣以爲優先代之
後可以嘉爲員外散騎侍郎于特内官重外官輕兼
階級繁多重議之又上疏曰凡山林避寵之士雖違
世背時出處殊軌而先王許之者嘉其服膺高義也
昔先帝患風流之弊而思反純朴乃諮詢朝衆搜求
隱逸咸寧三年始以太子中庶子徵安定皇甫謐四

年又以博士徵南安朱冲太康元年復以太子庶子
徵冲雖皆以疾病不至而朝野悅服陛下遠遵先帝
禮賢之日臣訪冲州邑言其雖年近耋耄而志氣克
壯耽道窮數老而彌新操尚貞純所居成化誠山栖
耆德足以表世篤俗者也臣以爲宜垂聖恩及其未
没顯加優命
山濤爲吏部舉散騎常侍阮咸典選曰阮咸貞表寡
欲深識清濁萬物不能移若在官人之職必絶於時
武帝以咸耽酒浮虚遂不用濤薦尚書僕射啓事曰
郤令諸葛京祖父亮遇漢亂分隅父子在蜀雖不達

天命要爲盡心所事京治郡自復有稱臣以爲宜以
補東宮舍人以明事人之禮副梁益之論
崔洪爲吏部尚書薦雍州刺史郤詵代己爲左丞詵
後糾洪洪謂人曰我舉詵丞而還奏我是挽弩自射
也詵聞曰昔趙宣子任韓厥爲趙司馬以軍法戮宣
子之僕宣子爲大夫曰可賀我矣吾選厥也任其事
崔侯爲國舉才我以才見舉惟官是視各明至公何
故斯言乃至此洪聞其言而重之
荀勖守中書監侍中尤爲武帝所信時太尉賈充司
徒李胤並薨太子太傅又缺勖表陳三公保傅宜得

其人若使楊珧參輔東宮必當仰稱聖意尚書令衛
瓘吏部尚書山濤皆可爲司徒若以瓘新爲令未出
者濤即其人帝並從之
胡濟爲尚書郎武陵人伍朝少有雅操閑居樂道不
脩世事性好學以博士徵不就刺史劉弘薦朝爲零
陵太守主者以非選例不聽濟奏曰臣以爲當今資
喪亂之餘運承百王之遺弊進趨者乘國故以僥倖
守道者懷蘊匱以終身故今敦褒之化虧退讓之風
薄案朝游心物外不屑時務守靜衡門志道日新年
過耳順而所尚無虧誠江南之奇才丘園之逸老也

不加飾進何以勸善且白衣爲郡前漢有舊宜聽光
顯以獎風尚事可而朝不就
陳準惠帝時爲中書令張華爲中書監屬氐帥齊萬
年及於關中衆數十萬諸將覆敗相繼準華以趙梁
諸王在關中雍容貴戚進不貪功退不懼罪士卒雖
衆不爲之用周處喪敗職此之繇上下離心難以勝
敵以孟觀沈毅有文武材用乃啓觀討之觀所領宿
衛兵皆趫捷勇悍并統關中士卒身當矢石大戰十
數皆破之生擒萬年威懾氐羌轉東羌較尉
王琨爲尚書郎范喬有行元康中詔求廉讓沖退履

道寒素者不計資以參選敘琨乃薦喬稟德真粹立
操高潔儒學精深含章內奧安貧樂道棲志窮巷簞
瓢詠業長而稱堅誠當今之寒素著厲俗之清彥
紀瞻元帝時爲僕射郗鑒據鄒山屢爲石勒等所侵
逼瞻以鑒有將相之材恐朝廷棄而不恤上疏請徵
之曰臣聞皇代之興必有爪牙之佐干城之用帝王
之利器也故虞舜舉十六相而南面垂拱伏見前輔
國將軍郗鑒少立高操體清望峻文武之略時之良
幹昔與戴若思同辟推放荒地所在孤特衆無一旅
救援不至然能綏集殘餘據險歷載遂使凶寇不敢

南侵但士衆單寡無以立功既統名州又爲嘗伯若使鑒從寀臺閣出內王命必能盡抗直之規補衮職之闕自先朝以來諸所授用已有成比戴若思以尚書爲六州都督征西將軍復加嘗侍劉隗鎮北陳眕鎮東以鑒年時則與若思同以資則俱八坐況鑒雅望清重一代名器聖朝以至公臨天下惟平是與是以臣竊頊陋巷思盡聞見惟開聖懷垂問臣道冀有豪釐萬分之一

江虨穆帝時爲尚書僕射虨薦郗愔以爲執德存正識懷沉敏而辭職遺榮有不拔之操成務須才豈得

遂其獨善宜見徵引以參政術於是徵爲光祿大夫加散騎嘗侍

王珣孝武時爲尚書僕射戴逵累徵嘗侍博士辭疾不就珣上疏復請徵爲國子祭酒加散騎嘗侍徵之復不至後珣爲尚書令徐廣爲員外散騎侍郎珣深欽重廣舉爲祠部郎

宋沈演之爲吏部尚書建康令劉秀之性纖密善糾擿微隱政甚有聲演之每稱之於太祖

徐爰爲尚書左丞劉亮果勁便刀楯朝士先不相悉朝廷亦弗嘗聞唯爰知之白太祖稱其梟敢及孔顗反亮每戰以刀楯直盪往輒陷決

王彧爲尚書僕射明帝泰始初周山圖爲殿中將軍四方反叛彧舉山圖將領呼與語甚悅使領百人爲前驅舉軍主侯長生等攻破賊濁白赭圻二城除員外郎加振武將軍

南齊沈淵爲吏部郎沈約爲中書郎沈麟士隱居教授學者數十百人武帝永明六年淵約表薦麟士義行曰吳興沈麟士英風夙挺峻節早樹貞粹禀於天然博綜生乎篤習家世貧窶藜藿不給懷書而耕白首無倦挾琴採薪行歌不輟長兄早卒孤姪數四攝

厄勤雅吞苦推甘年踰七十業行無改元嘉以來聘召仍疊玉質踰潔霜操日嚴若使聞政王庭服道槐掖必能敷朝規於邊鄙播德澤於荒垂詔又徵爲太學博士不就

梁范雲爲吏部尚書周捨爲奉嘗丞高祖即位博求異能之士雲與捨父顒素善重捨才器言之於高祖召拜尚書禮部郎許懋爲文惠太子侍讀吏部尚書雲舉懋參詳五禮除著作侍詔文德省

徐勉爲吏部尚書孔休源爲臨川王府行參軍高祖嘗問勉曰今帝業初基須一人有學藝解朝儀者爲

朕思之誰堪其選勉對曰孔休源識具清通諳練故
實自晉宋起居注誦略上口高祖亦素聞之即日除
兼尚書儀曹郎中勉參掌機密大通三年以疾陳解
因舉何敬容自代乃以敬容爲尚書僕射又奏東宮
通事舍人劉香爲王府諮議高祖曰劉香須先經中
書仍除中書侍郎殷中郎鈞高祖謂勉曰此曹舊用
文章且居爲行之首宜詳擇其人勉舉太子舍人張
緬充選
沈墻爲駕部兼尚書左丞薦族人沈僧晧僧炤有吏
幹高祖並納之

范岫爲都官尚書表薦陸襄起家爲著作郎杜之偉
爲中書侍郎領著作姚察爲原鄉令之偉與察深相
眷遇表用察佐著作仍選史
陳袁樞爲吏部尚書薦陸瑜舉秀才對策高第樞薦於
世祖超授衡陽王文學直天保殿學士
蔡景歷爲中書舍人褚介爲中書侍郎高宗太建中
山陰縣多豪猾前後令皆以贓汚免高宗患之謂景
歷曰稽陰大邑久無良宰卿文士之内試思其人景
歷進曰褚介廉儉有幹用未審堪其選不高宗曰甚
善卿言與朕意同乃除戎昭將軍山陰令徐凌自尚
書右僕射遷左僕射凌抗表推周弘正王勵等高宗
召凌入殿曰卿何爲固辭此職而舉人乎凌曰周弘
正從陛下西還舊藩長史王勵太平中相府長史張
種帝鄉賢戚若選賢與舊臣宜居後固辭累日高宗
苦屬之凌乃奉詔又薦陸瓊於高祖曰新安王文學
陸瓊見識優敏文史足用左西掾闕允膺茲選乃除
司徒左西掾時朝議北伐高祖曰朕意已决卿可舉
元帥衆議咸以中權將軍淳于量位重共署推之凌
獨曰不然吳明徹家在淮左悉彼風俗將略人才當
今亦無過者於是爭論累日不能决都官尚書裴忌

日臣同徐僕射凌應聲曰非但明徹良將裴忌郎良
副也是日詔明徹爲大督都令忌監軍事遂克淮南
數十州之地高祖因置酒舉杯屬凌曰賞卿知人凌
避對曰定策出自聖衷非臣之力也其年加侍中餘
並如故
江總爲尚書令時吏部尚書蔡徵移中書令後主方
擇其人總等咸薦度支尚書姚察勅荅曰非惟學藝
優博亦是操行淸修典選難才今得之矣
後魏高允爲中書侍郎轉中書令遷中書監自文成
迄于獻文軍國書檄多允文也允以中書侍郎高閭

文章富逸舉以自代闕遂爲獻文所知及爲尚書散騎常侍獻文平青齊徙其族於代允隨其才能表奏申用時議者皆以新附致異允謂使政任能無宜抑屈高閭爲中書監李沖爲侍中以著作郎陽屋碩學傳識舉爲國子祭酒又孫惠蔚舉秘對策爲中書閭宿聞惠蔚稱其英辯因相談薦爲中書博士

王衍爲尚書時劉芳年十二詣衍與語大奇之遂與太傅李延寔秘書李凱上疏薦之拜秘書郎

任城王澄爲尚書僕射曹世表少喪父舉止有禮度性雅正工尺牘涉獵羣書孝文太和二十三年澄奏

世表爲國子助教

崔光爲黃門郎薦司徒司馬宋弁自代孝文不許然亦賞光知人未幾以弁兼黃門尋即正兼司徒左長史光爲中書監劉芳爲太常卿光表求以中書監讓芳宣武不許房景先爲太學博士光芳當世儒宗歎其精博光遂奏兼著作佐郎脩國史張彝爲秦州刺史廢於家光爲侍中表薦曰彝及李韶朝列之中惟此二人出身官次本在臣右器能幹世文並爲多而近來參差便成替後計其階途雖應遷陟然恐班秩猶未賜等昔衞之公叔引下同舉晉之士匄推長脩滯古人所高當時見許敢緣斯義乞降臣位一階授彼品級齊行聖庭帖穆選敘詔加征西將軍冀州大中正光又與御史中尉李彪同撰國書彪以罪除名白衣脩史光表曰伏見前御史中尉臣李彪夙懷美意創刊魏典臣昔爲彪所致與之同業積年其志力貞強考述無倦督勸群僚注綴略舉雖頃來契濶多所廢離近蒙收錄起綜厥事老而彌厲才史日新若勉復舊職專切不息必能昭明春秋闡成皇籍先帝既厚委任宿歷高班纖負微愆應從滌洗愚謂宜申以嘗伯正維著作停其外役展其內思研精歲月紀

冊必就鴻聲巨迹蔚乎有章盛軌懋詠鑠焉無泯矣帝不許

李彪爲秘書丞與宋弁州里迭相祗好弁自中散彪請爲著作佐郎

源懷爲左僕射宋世景爲尚書祠部郎懷引世景爲行臺郎巡察州鎮十有餘所黜陟賞罰莫不咸允遷徙七鎮別置諸戍明設亭堠以備北虜懷大相委重還而薦之於宣武曰宋世景文武才略當今寡儔清平忠直亦少其比陛下若任之以機要終不減李沖也宣武日朕亦聞之

城陽王徽爲尚書僕射孝明欲親討荊州詔辛雄爲行臺左丞與臨淮王彧東趣葉城會右丞闕徽舉雄乃除輔國將軍尚書右丞

侯剛爲侍中熙平中侍中游肇出爲相州剛言於靈太后日昔高氏擅權抗衡不屈先帝所知四海同見而出牧一藩未盡其美宜還引入以輔聖主太后善之

李凱爲秘書監裴景融爲太學博士永安中覬以景融才學啓除著作佐郎

北齊高隆之東魏孝靜武定初爲尚書僕射嘗擧大

將李業興爲通直散騎常侍隆之被詔繕治三署樂器衣服及百戲之屬乃奏請業興共參其事

司馬子如東魏末爲尚書令趙隱（隱字彥深）性聰敏不雜交游爲子如賤客供寫書字如善其無誤欲將入省隱靴無氈衣帽穿蔽子如給之用爲書令史月餘補正令史神武在晉陽索二史子如擧彥深後拜子如開府參軍趙拜水部郎及文襄爲尚書令選沙汰諸曹郎彥深以地寒被出爲滄州別駕辭不行子如言於神武徵補大丞相功曹參軍專掌機密文翰多出其手稱爲敏給子如又薦呂思禮爲尚書二千石郎中尋以地寒被出兼國子博士

郭秀爲守七兵尚書與盧恭道交款性温良頗有文學及秀任事每稱薦之神武亦聞其名天平初特除龍驤將軍

楊愔文宣天保中爲右僕射崔瞻爲司徒屬愔欲引瞻爲中書侍郎時盧思道直中書省因問思道曰我此日多務都不見崔瞻文藻卿與其親通理當相悉思道荅曰崔瞻文辭之美實有可稱但擧世重其風流所以才華見没愔云此言有理便奏用之事既施行愔又曰昔裴瓚晉世爲中書郎神情高邁每於禁

門出入宿衛者肅然動容崔生堂堂之貌亦當無媿裴子愔又薦盧思道才學兼著解褐司空行參軍長史

辛術爲殿中尚書楊愔爲右僕射時辛德源少有重名術愔見德源並虛襟禮敬因同薦之於文宣帝起家奉朝請

崔昂爲尚書擧薦大行臺郎中樊遜詔付尚書考爲清平勤幹送吏部

劉逖武成時爲中書侍郎上表薦辛德源曰弱齡好古晚節逾厲枕籍六經漁獵百氏文章綺豔體調清

華恭愼表於閭門謙撝著於朋執實後進之儁人當今之雅器必能效節一官騁足千里繇是除員外散騎侍郎

陳元康爲散騎常侍時高乿討侯景未尅武成欲遣潘相樂副元康曰相樂機變不如慕容紹宗且先王有命稱其堪敵侯景公但推赤心於此人則侯景不足憂也是時紹宗在遠世宗欲召見之恐其驚叛元康曰紹宗知元康特蒙顧待新使人來餉金以致其誠欵元康欲安其意故受之而厚荅其書保無異也世宗乃任紹宗遂以破景賞元康金五十斤

李神儁爲吏部侍郎魏收初除大學博士神儁重收才學奏授司徒記室參軍

祖孝徵爲尚書僕射薦太子舍人盧昌衡字子均爲尚書金部郎孝徵每日用盧子均爲尚書郎自謂無愧幽明矣

隋高熲自高祖受禪拜尚書左僕射任寄益隆熲深避權勢上表遜位讓於蘇威帝欲成其美聽解僕射數日帝曰蘇威高蹈前朝熲能推舉吾聞進賢受上賞寧可令去官於是命熲復位

蘇威開皇初爲納言民部尚書薦房恭懿爲新豐令政爲三輔之最時雍諸縣令每朝謁帝見恭懿必呼至榻前訪以理人之術威重薦之超授澤州司馬又柳莊初仕後梁爲太府卿梁國廢授開府儀同三司尋除給事黃門侍郎并賜以田宅莊明習舊章雅達政事凡所駁正章莫不稱善威重莊器識嘗奏帝云江南人有學業者多不習世務習世務者又無學業能兼之者不過於柳莊威至大業初爲魯郡太守嘗欲殺一囚司法書佐陳孝意固諫止之及威再爲納言奏孝意爲侍御史

楊素仁壽初爲尚書僕射劉子翊爲秦州司馬參軍

事丁人入考素見而異之奏爲侍御史又李伯藥追赴仁壽宮素愛其才奏授禮部員外郎令襲父爵

楊玄感爲禮部尚書時煬帝徵天下儒生集於東都講論令玄感主之孔穎達與諸儒論難咸爲之屈諸儒嫉之潛令刺客伺其便玄感深禮之知其如是延之於第待以上客薦爲太學助教繇是顯名

許善心大業元年轉禮部侍郎奏薦儒者徐文遠爲國子博士包愷陸德明褚徽魯世達之輩並加品秩授爲學官

唐裴矩隋大業末爲黃門侍郎以海南僻遠吏多浸

濂百姓咸惡數爲逆於是遷淳良太守撫之矩因奏
言天水郡守丘和歷居二郡皆以惠政著聞寬而不
擾煬帝從之追和爲交阯太守
李勣武德初爲武候大將軍後遷左監門大將軍時
張亮爲簡較定州別駕勣數薦亮於太宗房玄齡亦
言之於是引爲車騎將軍漸蒙顧遇委以心膂
魏徵爲尚書左丞貞觀初杜正論直文學館徵表薦
正倫以爲古今難疋遂擢授兵部員外
李靖貞觀初爲刑部尚書屬平江陵時岑文本事蕭
銑爲中書侍郎掌機務至是就授秘書郎直中書省

靖驟稱其才擢拜中書舍人劉洎爲黃門侍郎李義
府貞觀初進士舉門下省與儀洎與治書侍御史馬
周皆稱薦之
劉恭甫爲吏部侍郎臨終上表薦賢太宗甚嘉悼賜
之絹二百五十疋
杜淹貞觀中刊吏部尚書參議朝政前後表薦四十
餘人後多名者淹嘗薦刑部員外郎邸懷道太宗因
問淹懷道才行如何淹對日懷道在惰日作吏部主
事甚有清愼之名又煬帝向江都之日召百官問去
任之計時行計巳決公卿皆阿旨請去懷道官位極
卑獨言不可臣目見此事
閻立本爲工部尚書黜陟河南時狄仁傑爲汴州判
佐爲人誣告立本讐謝日仲尼觀過知人足下可謂
海曲之明珠東海之遺寶特薦之遷并州都督府司
法
薛元超高宗永徽中爲黃門侍郎兼簡較太子左庶
子元超旣掘文詞兼好汲引寒畯嘗表薦任希古高
智周郭正一王義方孟利貞等十餘人繇是時論稱
美
劉審禮儀鳳初爲工部尚書薦魏玄同有時務之才

拜岐州刺史
魏知古睿宗初爲黃門侍郎表薦洹水令呂大一蒲
州司功參軍齊幹前有內率府胄曹參軍柳澤及知
吏部尚書事又擢用寮寀尉宋遥左補闕袁暉布補
闕封希顏伊闕尉陳希烈後咸累居清要時論以爲
有知人之鑒姚崇爲夏官尚書出爲靈武軍使將行
則天令舉外司堪爲宰相者崇對日秋官侍郎張東
之沉厚有謀能斷大事且其人年老惟陛下急用之
則天登時召見尋同鳳閣鸞臺平章事
李嶠爲內史及監察御史張廷珪並薦李邕詞高行

直堪爲諫爭之官繇是召拜右拾遺
張鎬玄宗時爲左拾遺安祿山叛逆詔朝臣舉智謀果決才堪統衆者各一人鎬薦賛善大夫瑱有縱横才略臨事能斷堪當禦侮之任表入即日召見稱旨拜潁川郡太守充招討使
蕭昕爲左拾遺帝與布衣張鎬友館而禮之表薦曰如鎬者用之爲王者師不用則幽谷叟爾玄宗擢鎬爲拾遺不數年出入將相及安祿山反昕舉賛善大夫來瑱任將帥思明之亂瑱功居多
張漸爲中書舍人時南詔閣羅鳳叛宰臣楊國忠兼

劍南節度遥制其務屢喪師徒漸薦黔府督趙國珍有武畧習知南方地形國忠遂奏用之在五溪凡十餘年中原興師惟黔中封境無虞
第五琦爲殿中侍御史河南等五州度支使天寶末韋倫爲劍南行軍司馬中官毀譖之貶衢州司戶屬東都河南並陷賊漕運路絶琦薦倫有理能乃拜商州刺史兼御史中丞充荆襄等道租庸使
李季卿代宗大暦中爲吏部侍郎薦大理評事李紓徵拜左補闕
楊綰爲吏部侍郎薦澠水令劉滋堪備諫職拜左補闕又薦令狐峘自華原封拜右拾遺
劉晏爲戶部侍郎判度支時顏真卿以文學正直出爲利州刺史晏舉真卿自代爲大暦中晏爲吏部尚書鹽鐵轉運使蘇州嘉興人徐岱家世以農爲業少好學六籍諸子悉所探究又聰辯問無不通難莫得詰表薦之授校書郎又劉廼爲宣州判官晏尋奏令廼覆江西多所蠲免改殿中侍御史檢校倉部員外郎戶部郎中充浙西東留後佐晏徵賦頗有稱益晏甚重之又孔述睿隱於嵩陽好學不倦晏聯表薦述睿有顏閔之行游夏之學繇是累授協律郎

于卲爲禮部侍郎建中元年堯山令樊澤舉賢良對策卲厚遇之卲與楊炎善薦爲補闕
元琇德宗興元初爲尚書左丞江淮轉運使時齊抗爲工部員外郎充江淮宣慰判官會朱泚初平旱蝗之後國用空耗琇以抗有才奏爲倉部郎中條理江淮鹽務貞元初琇又奏抗爲水陸運副使督江淮漕運以給京師
韋渠牟貞元中爲諫議大夫茅山處士崔芊徵至闕下鄭隨自山人再至補闕馮伉自醴泉令爲給事中充皇太子及諸王侍讀皆渠牟延薦之

李行修爲殿中侍御史貞元中賁冠鄕及第歸而父毋卒嘗恨不及榮養遂絕迹不仕元和三年行脩薦之授右拾遺

李巽爲兵部侍郎鹽鐵使元和初程异初以附王叔文敗貶郴州司馬巽薦异曉暢錢穀請棄瑕録用繇是拔爲侍御史復充楊子留後

李德裕穆宗時爲御史中丞表薦處士李源曰臣伏見賈誼云守圉扞敵之臣誠死城郭封疆故曰聖人有金城者此物此志也自天寶之後俗尚浮華士罕伏義人懷苟免至有棄城郭委符節者其身不以爲

恥當代不以爲非臣恐風俗既成綱紀皆廢此當今之急務教化所宜先也臣訪聞處士李源卽故禮部尚書東都留守贈司徒忠烈公燈之少子天寶貞孝嗣茲忠烈以父死國難哀纏終身自司農寺主簿絕心祿仕垂五十年放懷山澤罕至人落暨于衰暮多依慧林佛寺以其本燈別業就寓殘生從僧住持不舉煙爨隨僧一食以至五十餘年脊欲靡窺精麤同衆寺之舊殿則燈之寢堂源過必斂趨未嘗登踐其端心執孝無有不至忘形患苦絕意貪禄迹斥浮虛跪專志節則孰能挺操不易沉身無聲處薄自願終老彌篤且燈之忠烈實冠古今當逆羯稽腑驅響從而燈抗節誓心約義同列居朝守位抵刃就終臣節之光繇燈益勸而源名銷迹滅徵訪不加實主士君方之臣歷政之闕也況源嘗守沉默不語是非或心交靜求理契深要一言開析百慮洗然致君卓特指象如見抱此貞用棄於清朝臣竊爲陛下深惜伏乞就授一官召赴京闕仍以事跡宣付史館則聖代有求賢之盛朝廷美得材之難燈之貞烈如存源之承荷不墜忠孝之美弁集燈門光嗣德於一時激爲臣於千古疏奏帝欣納之

延按福建監察御史臣李嗣京　訂正
知甌寧縣事臣孫以敬參閱
知建陽縣事臣黃國琦較釋

臺省部一十三

封駁

漢制羣臣上書凡品有四駁議其一也盖以號令之出風化攸係或紊治典乃傷國體繇是執奏抗論正辭理奪封還詔命追救缺失者矣中代而下政歸臺閣機事紛委典章畫在夙夜出納周旋慎重其或上

之所舉或遺於道乃至官人之非稱法制之繆戾壅求賢之路失任刑之極禮文差僭德義隳廢撓賞罰之柄典宪滯之歎權寵交構災譎創見利非均濟信或未孚莫不罄竭忠懇敷陳要道謇諤持正激切指事冀感悟於時王用杜塞於未然無害於成不遠而復詩曰匪懈于位傳云彌縫其闕其斯之謂歟

後漢虞詡順帝時爲尚書僕射先是寧陽主簿詣闕訴其縣令之枉積六七歲不省主簿乃上書曰臣爲陛下子陛下爲臣父臣章百上終不見省臣豈可北詣單于以告怨乎帝大怒持章示尚書尚書遂劾以大逆詡駁之曰主簿所訟乃君父之怨百上不達是有司之過愚惷之人不足多誅帝納詡言笞之而已詡因謂諸尚書曰小人有怨不遠千里斷髮刻肌詣闕告訴而不爲理豈臣下之義君與濁長吏何親而與怨人何仇乎聞者皆慙

胡廣順帝時爲尚書僕射尚書令左雄議改察舉之制限年四十以上儒者試經學文吏試章奏廣駁之曰臣聞君以兼覽博照爲德臣以獻可替否爲忠書載稽疑謀及卿士詩美先人詢于芻蕘國有大政必議之於前訓諮之於故老是以慮無失策舉無過事竊見尚書令左雄議郡舉

孝廉皆限年四十以上諸生試章句文吏試牋奏明詔既許復令臣等得與相參竊惟王命之重載在篇典當令縣於日月固於金石遺則百王施之萬世詩云天難諶斯不易惟王可不慎與盖選舉因才無拘定制六奇之策不出經學鄭阿之政非必章奏甘奇顯用年乖彊仕終賈揚聲亦在弱冠漢承周秦兼覽殷夏祖德師經参雜霸王聖主賢臣世以致理貢舉之制莫或因革今以一臣之言剗戾舊章便利未明衆心不厭矯枉變常政之所重而不訪台司不憚卿士若事下之後議者剝異異之則朝失其政同之則

王言已行臣愚以爲可宜下百官參其同異然後覽擇勝否詳採厥良敢以瞽言月干天禁惟陛下納焉帝不從

陳蕃桓帝時爲尚書零陵桂陽山賊爲害公卿議遣討之又詔下州郡一切皆得舉孝廉茂才蕃上疏駁之曰昔高祖創業萬邦息肩撫養百姓同之赤子今二郡之民亦陛下赤子也致令赤子爲害豈非所在貪虐使其然乎宜嚴勑三府隱覈牧守令長其有在政失和侵暴百姓者郎便舉奏更選清賢奉公之人能班宜法令情在愛惠者可不勞王師而群賊弭息

矣又三署郎吏二千餘人三府掾屬過限未除但當擇善而授之簡惡而去之豈煩一切之詔以長請屬之路乎以此忤左右故出爲豫章大守

周景桓帝時爲尚書令河南尹楊秉坐事論作左軷以久旱赦出會日食太山太守皇甫規等訟秉忠直不宜久抑不用有詔公車徵秉及處士韋著二人各稱疾不至有司並劾秉著大不敬請下所屬正其罪景與尚書邊韶議奏秉儒學侍講常在謙虛著隱居行義以退讓爲節俱徵不至誠違側席之望然逶迤退食足抑苟進之風夫明王之世必有不召之臣聖朝弘養宜用優游之禮可告所在屬喻以朝廷恩意如遂不至詳議其罰於是重徵及到拜太常

魏高誕齊王時爲侍中先是驃騎將軍趙儼尚書黄休郭奚散騎常侍荀顗鍾毓太僕庾嶷弘農太守何楨遞薦胡昭日天貞高絜老而彌篤玄虛靜素有夷皓之節宜蒙徵命以厲風俗朝廷以戎車未息徵命之事且須從後以故不即徵後顗休復與庾嶷薦昭有詔訪於本州評議誕駁日禮賢徵士王政之所重也古考行於鄉今顗等位皆常伯納言嶷爲卿士足以取信附下罔上忠臣之所不行也昭宿德耆艾遺

逸山林誠宜加異乃從議

晋李重爲尚書郎時司隸校尉石鑒奏鬱林太守介登役使所監求召還尚書荀愷以爲遠郡非人情所樂奏登貶秩居官重駁日臣聞立法垂制所以齊衆簡邪非必曲尋事情而理無所遺也故所滯者寡而所濟者衆今如登比者多若聽其貶秩居官動爲準例懼庸才負遠必有黷貨之累非所以肅清王化輯寧殊域也臣愚以爲宜聽鑒所上先召登還且使體例有常不爲遠近異制詔從之

劉毅爲諫議大夫趙王倫坐使散騎將劉緝買工所

將盆御奏廷尉杜友正緝棄市倫當與緝同罪有司奏倫爵重屬親不可坐穀駁曰王法賞罰不阿貴賤然後可以齊禮制而明典刑也倫知裦非常蔽不語吏與緝同罪當以親貴議減不得闕而不論宜自於一時法中如友所正帝是穀駁然以倫親故下詔赦之

溫羨爲吏部尚書先是司空張華爲趙王倫所誅議者追理其事欲復其爵侍中嵆紹駁之曰臣之事君當除煩去惑華歷位內外雖粗有善事然闔棺之貴著于遠近兆禍始亂華實爲之故鄭討幽公之亂斲

子家之棺魯戮隱罪終篇貶翬未忍重戮事已引矣不宜復其爵位理其無罪羨又駁之曰自天子以下爭臣各有差不得歸罪於一人也故晏子曰爲己死亡非其親暱誰能任之里克之殺二庶陳乞之立陽生濮鄒之誅諸呂皆積年之後乃得立事未有主見存而得行其志於數月之內者也式乾之會張華獨諫上宰不和不能乘風贊善望其指麾從命不亦難乎況今皇后譖害其子內難不預禮非所任且后體齊於帝尊同皇極罪在枉子事不爲逆義非所討今以華不能廢枉子之后與趙盾不討殺君之賊同而貶責之於義不經通也華竟得追復爵位

摯虞爲尚書郎將作大匠陳勰掘地得古尺尚書奏今尺長於古尺宜以古爲正潘岳以爲習用已久不宜復改虞駁曰昔聖人有以見天下之賾而擬其形容象物制器以存時用故參天兩地以正算數之紀依律計分以定長短之度其作之也有故用之也有徵考步兩儀則天地無所隱其情準正三辰懸象無所容其謬施之金石則音韻和諧措之規矩則器用合宜一本不差而萬物皆正及其差也事皆反是今尺長於古尺幾於半寸樂府用之律呂不合史官用

之孔穴乖錯此三者度量之所繇生得失之所取徵皆經闕而不得通故宜改今而從古也唐虞之制同律度量衡仲尼之訓謹權審度今兩尺並用不可謂之同知失而行不可謂之謹不同不謹是謂謬法非所以軌物垂則示人之極凡物有多而易改亦有少而難變亦有改而致煩亦有變而之簡度量是人所常用而長短非人所戀惜是多而易改者也正失於得反邪於正亦時之變求世無二是變而之簡者也憲章成式不失舊物季末苟合之制異端雜亂之用當以時釐改貞夫一者也臣以爲宜如所奏

郗鑒爲尚書令王敦平王導議欲贈周禮官鑒以爲
不合遵不從鑒於是駁之曰敦之逆謀履霜日久緣
乱閉門令王師不振若敦前者之舉議同桓文則先
帝可謂幽厲邪朝臣雖無以難而不能從
蔡奕爲散騎常侍侍中時將繕營宮城尚書符下陳
留王使出城夫奕駁曰昔虞賓在位書稱其美詩詠
有客載在雅頌今陳留王位在二公之上坐在天子
之右故答表曰書賜物曰與此古今之所崇體國之
高議也謂宜除夫役時尚書張闓僕射孔愉難奕以
爲昔宋不城周陽秋所譏特蠲非體宜應減夫奕重

駁以爲陽秋之末文武之道將墜于地新有子朝之
亂于時諸侯適替莫肯率職宋之於周實有列國之
權且同巳勤王而主之者晋客而辭役責之可也今
之陳留無列國之勢此之作否何益有無臣以爲宜
除於國體爲全詔從之
范堅爲尚書右丞相廷尉奏殿中帳吏邵廣盜官幔
三張合布三十疋有司正刑棄市廣二子宗年十三
雲年十一黄幡撾登聞鼓乞恩辭求自沒爲奚官奴
以贖父命尚書郎朱暎議以爲天下之人父無子者
少一事遂行便成永制懼死罪之刑於此而弛堅亦
同暎議時議者以廣爲鉗徒二兒沒入旣足以懲又
使百姓知父子之道聖朝有垂恩之仁可特聽減廣
死罪爲五事歲行宗等付奚官爲奴而不爲永制堅
駁之曰自淳朴澆散刑辟乃作刑之所以止刑殺之
所以止殺雖時有赦過宥罪議獄緩死未有行小不
忍而輕易典制者也且旣許宗等宥廣以死若復有
宗比而不求贖父者豈得不擯絶人倫同之禽獸邪
按今奏云惟特聽宗等而不爲永制臣以爲王者之
作動關盛衰嚬笑之閒尙愼所加况於國典可以徙
廝今之所以宥廣正以宗等耳人之愛父誰不如宗

今旣居然許宗之請將來訴者何獨匪民特聽之意
未見其益不以爲例交與怨讟此爲施一恩於今而
開萬怨于後也成帝從之正廣死刑
顔含爲侍中咸和中左光祿大夫開府儀同三司陸
曄求歸鄉里拜墳墓有司奏舊制假六十日含與黄
門侍郎馮懷駁曰曄內蘊至德淸一其心受託付之
重居台司之位旣蒙詔許歸省墳塋大臣之義本在
忘巳豈容有期而反無期必遺愚謂宜還自還不須
制日帝從之
韋謏爲後趙黄門侍郎時暴風大雨震電雹起西河

介山大如雞子平地三尺洿下丈餘行人禽獸死者萬數石勒問徐光曰歷代以來有斯災幾也光對曰周漢魏晉皆有之雖天地常事然明王未始不爲變所以敬天之怒也去年禁寒食介推帝鄉之神也歷代所尊或者以爲未宜替也一人吁嗟王道尚爲之虧況群臣怨憾而不怒動上帝乎介山左右宜任百姓奉之勒下書曰寒食既并州之舊風朕生其俗不能異也前者外議爲子推諸侯之臣王者不應爲忌故從其議儻或緣之而致斯災乎子推雖朕鄉之神非法食也亦不得亂也尚書其從簡舊典定議以聞

有司奏以子推歷代攸尊請普復寒食更爲植嘉樹立祠堂給戶奉祀謙駁曰按春秋藏冰失道陰氣發洩爲雹自子推以前雹者復何所致此自陰陽乖錯所爲耳且子推賢者曷爲暴害如此求之冥趣必不然矣今雖爲冰室懼所藏之冰不在固陰沍寒之地多皆川池之側氣洩爲雹也以子推忠賢令縣介之間奉之爲允於天下則不通矣勒從之于是遷冰室於重陰凝寒之所并州復寒食如初

宋王韶之爲黄門侍郎駁員外散騎侍郎王寔之請假事曰伏尋舊制群臣家有情事聽併給六十日太元中改制年賜假百日又居在千里外聽併請來年限合爲二百日此蓋一時之令非經通之旨會稽雖塗盈千里未足爲難百日歸休於事自足若私理不同便應自表陳解豈宜名班朝列而久淹私門臣等參議謂不合聞許或家在河雒及嶺南沔濮者道里且長縣宜別有條品請付尚書詳爲其制從之

後魏邢虬爲尚書左丞時有人害母者入座奏斬之而瀦其室宥其二子虬駁奏云君親無將將而必誅今謀反者戮及朞親害親者令不及子既逆其梟獍禽獸之不若而使禋祀不絕遺育永傳非所以勸忠

孝之道存三綱之義若聖教含容不加孥戮使父子罪不相及惡止於其身者則宜投之四裔勅所在不聽配匹盤庚言無令易種於新邑漢法五月食梟羮皆欲絕其類也奏入宣武從之

李奬爲吏部郎中先是李神儁行荆州事引御史溫子昇兼録事參軍子昇被徵赴省神儁表留不遣奬退表不許曰昔伯瑜之不應留王郎所以發嘆宜速還赴無踵彥雲前失於是還員

隋劉行本爲諫議大夫時有雍州別駕元肇言於高祖曰有一州吏受人饋錢二百文律合杖一百然臣

下車之始與其爲約此吏故違請加徒一年行本駁
之曰律令之行蓋發明詔今肇乃敢乖其教命輕忽
憲章虧法取威非人臣之禮帝嘉之
唐徐有功爲秋官郎中時鳳閣侍郎任知古冬官尚
書裴行本等七人被搆陷當死則天謂公卿曰古人
以殺止殺我今以恩止殺就郡公乞知古等錫以再
生各授以官佇重申來勑來俊臣張𫍲等又抗表請
申大法則天不許之俊臣乃獨引行本里驗前罪奏
曰行本潛行悖逆請告張知謇與盧陵王反不實罪
當處斬有功駮奏曰俊臣乖明主再生之錫虧聖人

恩信之道爲臣雖當嫉惡然事君必將順其美行本
竟免死
盧粲爲給事中神龍中兼太子賓客攝左衛將軍武
崇訓爲節愍太子所殺優制贈開府儀同三司追封
魯王謚曰忠令司農少卿趙履温監護葬事及將葬
履温遂諷安樂公主奏請依永泰公主爲崇訓造陵
中宗制許之粲駁奏曰伏尋陵之稱謂本屬皇王及
儲君等自有家有國以來諸王及公主墓無稱陵者
唯永泰公主承恩特葬事越嘗塗不合引以爲名春
秋左氏傳云衛孫桓子與齊戰敗新築大夫仲叔于
奚救桓子桓子已免衛人賞之以邑于奚辭請曲懸
繁纓以朝許之仲尼聞之曰惜也不如多與之邑惟
器與名不可以假人若以假人與之政也政亡則國
家從之聖人知微知章不可不慎魯王哀塋之典誠
謝承恩然國之名器豈可妄假又塋兆之稱不應假
永泰公主爲名請比貞觀以來諸王舊例足得豊厚
手勑荅曰安樂公主與永泰無異同穴之議今古不
殊魯王緣此特爲陵制不煩固執粲又奏曰臣聞陵
之稱謂施於尊極不屬王公以下且魯王若欲論親
等第則不親於雍王守禮之父雍王之墓尚不稱陵

魯王則不可因尚主而加號且君之舉事載在方冊
或稽之往典或考自前朝臣歷檢貞觀已來駙馬墓
無得稱陵者且君人之禮服絶於朞蓋不獨親其親
不獨子其子陛下以膝下之恩愛施及其賻賵之儀
褒塋之備豈得使上下無辨君臣一價者哉又永康
公主承兩儀之澤履福禄之基指南山以錫年仰北
辰而爲壽上皇之葬車服有章加等之儀備有嘗數
塋兆之稱不應假永泰公主爲名非所謂垂範將來
作則百辟者也帝無以荅竟依粲所奏
宋璟神龍中爲黃門侍郎時武三思恃寵執權俄有

京兆人韋月將上書頌三思潛通宮掖將爲禍患之
漸三司諷有司奏月將大逆不道中宗特令誅之璟
執奏請按其罪狀然後申明典憲月將竟免極刑配
流嶺南而死韓思復唐隆初爲給事中右散騎常侍
嚴善思坐譙王重福事下制獄有司言善思昔任汝
州刺史素與重福交遊及被詔至京師竟不言其謀
逆唯奏云東都有兵器據狀云當懸反請從絞刑思
復駁奏曰議獄緩死列聖明規刑疑從輕有國大典
嚴善思任在先朝屬韋氏擅內侍寵宮掖謀危宗社
善思此時遂能先覺因詣相府有所發明進論聖躬

必登宸極雖交遊重福蓋陷韋氏及其詔見猶不奏
聞將此苞藏行從極法且勑追善思書至使發向懷
逆詐事郎奔命一面疏網誠合順生三驅取禽來而
可宥惟刑是恤事可昭詳請付刑部集官議定奏裁
以符慎獄是時議者多言善思合從原宥有司乃執
前議請誅之思復又駁奏曰臣聞刑人於市爵人於
朝必僉謀攸同始行之無惑謹案諸司所議善思十
縱一人云抵罪唯輕夫帝閽九重堂遠千里故借天
下耳以聽聽無不聰借天下目以視視無不浹今群
言上聞採擇宜審若棄多就少臣實懼焉輿論一乖
下情不違雖欲從衆其可及乎凡百京司達府之奏
設官分職有賢有親親則列藩諸王陛下愛子賢則
胙茅開國陛下名臣既親既賢寧肯雷同不異今措
詞多出法令從輕帝納其奏竟免善思死配流靜州
盧懷慎爲黄門侍郎開元二年詔追贈崔湜亡父挹
爲吏部尚書詔出懷慎與姚崇魏知古等奏曰臣等
謹重商量不敢奉詔崔湜位忝大臣身犯惡逆汙宫
滅族國有常刑其父挹特承恩渙免其誅戮蒙茲大
造得盡餘年若更追榮恐招物議唯刑與賞天下共
之發號施令國之所重舉而不法後代何觀望不贈

官但厚給葬事從之四年隴右節度郭虔瓘奏奴石
良才等八人皆立戰功請各授游擊將軍勑下紫微
懷慎等奏曰郭虔瓘雖有邊功酬勞已厚不知厭極
妄有干祈前奏奴石請與五品特以微効輙侮彝章
此而若依實亂綱紀望停從之
許景先爲給事中開元八年九月制賜百官九日射
景先駁奏曰近以三九之辰頻賜宴射已著格令猶
降綸言但古制雖存禮章多闕官員累倍帑藏未充
水旱相仍繼之師旅既不足以觀德又未足以威邊
耗國損人且爲不急夫古之天子以射選諸侯以射

餙禮樂以射觀容志故有騶虞貍首之奏采蘩采蘋之樂天子則以備官爲節諸侯則以時會爲節卿大夫以循法爲節士以不失職爲節皆審志固行德美事成陰陽克和暴亂不作故諸侯貢士亦試於射宮容體有虧則絀其地是以諸侯君臣皆盡志於射射之體也大矣哉今則不然衆官旣多鳴鏑亂下以苟獲爲利以偶中爲能素無三善之容頗失三矦之禮冗官厚秩禁衛崇班動盈累千其筭無數近河北水潦處多林胡小蕃見寇劾疊軍書日至河朔騷然命將除兇未圖克捷興師十萬日費千金去歲豫亳兩

州徽遭旱損庸賦不蠲以致流亡聖人憂勤降使招恤雖經歲月猶未能安人之困窮以至於此今一箭偶中是一丁庸調用之旣無惻隱獲之固無耻慙考古循今則爲未可且禁衛武官隨蕃許射能中的者必有賞焉此則訓武習戎時亦不闕待寇寧歲稔宰繇舊章則愛禮養人幸甚疏奏遂罷之

夏侯銛爲給事中開元二十一年二月安定公主初降王同皎後降韋濯又降崔銑銑卒及是公主薨其子駙馬王繇請與其父合葬勑旨依議銛駁之曰公主初昔降婚梧桐半死逮乎再醮琴瑟兩亡生存之將已與前夫義絶殂謝之日合從後夫禮葬今若依繇所請却祔舊姻恐魂而有知王皎不納於幽壤死而可作崔銑必訴於玄天國有典章事難踰越原繇此意雖申罔極之情求禮而行或致不稽之誚謬膺駁正敢曠司存請旁移禮官弁求指定下太常請議公主合與王皎合葬以否報之

賈至爲中書舍人至德二年六月將軍王玄榮殺本縣令杜徽罪合死肅宗以其能修守備之器特放免令於河東承光軍効力至上封事執之勑旨百僚議咸與至同帝以寇逆未平藉其殊藝竟捨之

韓滉爲給事中大曆中盜殺富平令韋當縣吏捕獲賊黨而名隸北軍監軍魚朝恩以有武材上請詔原其罪滉密疏駁奏賊遂伏辜

袁高爲給事中貞元元年正月癸丑以吉州長史盧杞爲饒州刺史高宿直當草杞制遂執以謁宰相盧瀚劉從一曰盧杞作相三年奸邪爲志矯誣陰賊退斥忠良朋附者咳唾立至青雲睚眦者顧眄已擠溝壑傲很明德反易天常播越鑾輿瘡痍天下皆杞之爲也幸免族戮唯示貶黜尋以稍遷近地若更授大郡恐大失天下望唯相公執奏之事尚可救

皆不悅遂改命舍人草制乙卯詔出高又執之不下仍上奏曰盧杞爲政極惡窮兇三軍將皎願食其肉百辟卿士嫉之若讎至丁巳補闕拾遺陳京趙需裴佶宇文炫盧景亮張薦等上疏曰伏以吉州長史盧杞外矯儉簡內藏奸邪三年擅權百揆失叙惡直醜正亂國殄人天地神祇所知蠻夷華夏同弃伏惟故事皆得上聞自杞爲相要官大臣動踰旬月不敢奏聞百僚懍懍常懼顛危及京邑傾淪皇輿播越陛下炳然覺悟黜弃遐荒制曰忠讜壅於上聞朝野爲之側目繇是忠良激勸內外歡忻今復擢爲饒州刺史

衆情失望皆謂非宜臣聞君之所以臨萬姓者政也萬姓之所以戴君者心也儻加巨奸之寵必失萬姓之心乞迴聖旨速輟新命臣等忝備諫職昧死上陳戊午補闕拾遺又上疏曰伏以盧杞蒙蔽天聰隳紊朝典致亂危國職杞之繇可謂公私巨蠹中外棄物自聞擢授饒州刺史忠良痛骨士庶寒心臣昨者瀝肝上聞冒死不恐冀迴宸聽用快群情至今拳拳未奉聖旨物議騰沸行路驚嗟人之無良一至於此伏乞俯從衆望永棄奸臣幸免誅夷足明恩貸特加禁寵實造禍階臣等忝列諫司無以上荅鴻造再瀆徃贊倍萬兢惶丁卯高又於正殿奏云陛下用盧杞獨秉均軸前後三年棄斥忠良附下罔上使陛下越在草莽皆杞之過且漢時三光失序雨旱不時皆宰相請罪小者免官大者刑戮盧杞罪合至死陛下好生惡殺赦杞萬死唯貶新州司馬旋復遷移今除刺史是失天下之望伏惟聖意裁擇帝謂曰盧杞有不逮是朕之過高復奏曰盧杞奸臣常懷詭詐非是不逮帝曰朕已有再赦高曰恩赦乃赦其罪不宜授刺史且赦文至憂黎民今饒州大郡若命奸臣司牧是一州蒼生獨受其弊望引常參官顧問弁擇謹享中官

令就街衢衆訊億兆一人異臣言臣當萬死於是補闕拾遺又前諫與高不異帝良久謂曰若與盧杞刺史太優與上佐可否皆云可遂追饒州刺史翼日遣中使宣慰高云朕徐思卿言深覺愜當依卿所奏戊午太子少保韋倫太府卿張獻恭復於紫宸殿前奏高所奏稱至當臣恐煩聖聽不敢縷陳其事獻恭奏曰袁高是陛下一良臣望特加優異帝謂宰相李勉等曰朕欲授杞一小州刺史可乎勉曰陛下授大州亦可其如兆庶失望何帝曰衆人奏盧杞奸邪朕何不知之勉曰盧杞奸邪天下之人皆知之唯陛下不

知此所以為奸邪也帝默然良久左常侍李泌復對見帝曰盧杞之事朕已可表高奏如何泌奏曰外人竊議以陛下同漢之桓靈臣今親承聖旨乃知堯舜之不逮也帝愉慰免之二年二月戊寅詔曰諸道節度觀察使所進牛委京兆府勸責有地無牛百姓量其產業以所進牛均平給賜其有田五十畝已下人不在給限高駁奏曰聖慈所憂切在貧下百姓有田不滿五十畝者尤時貧人請量三兩戶共給牛一頭以濟農事從之

崔仁師為給事中貞元十六年刑部奏請反叛者兄

弟並坐仁師駁之曰誅其父子足累其心此而不恤何憂兄弟議遂寢

許孟容為給事中貞元十七年五月京兆上言好畤縣風雨雷雹傷夏麥輻員二十餘里德宗命縣吏與品官同覆視不實詔罰京兆尹顧少連以降有差孟容執勅奏曰府縣上事不實罪止奪俸停官其於引宥已是殊澤但陛下使品官覆視後更擇憲官法官等一人再令參驗則察視轉審隱欺益明事可觀聽法歸綱紀臣受官中謝日伏請詔勅有須詳議者則乞停留晷刻得以奏陳此勅既非急宜可以少駐詔不許十八年三月以前攝浙江東道團練副使試大理評事兼監察御史齊總為衢州刺史總前為裴肅判官横賦以進奉人頗苦之及肅死總司其後務復剝下以謟上人益不堪及授刺史羣議以為超獎過當詔至門下孟容上表封還曰臣伏見今日恩制除衢州刺史齊總臣竊有所慮恐驚物聽不敢闗下陛陛下比者以兵戎之地或有不得已非次擢授者今衢州無他虞齊總無殊跡忽此超授羣情驚駭又齊總是浙東判官今詔勅稱權知浙東觀察留後攝都團練副使向前未有勅命今使用此下詔猶恐不可

齊總若可選授不假此事若未可選授假此益使人疑陛下臨御已來凡所選用皆為至公既非聖情所難改移即臣下安得不動有論諍若齊總必有可錄陛下必須酬能即明書勞課超一兩資與改今四海舉朝之人不知齊總功能衢州浙東大郡自大理評事兼御史授之使遐邇不弁宛惡騰口伏乞聖慈少迴聖覽臣所請陛下若謂臣為不切不懇伏乞陛下試停慈詔密使人於外聽察必賀聖明開納必賀聖明無私禽魚草木亦知感悅歡聲必山呼雷動聖德必一日萬里臣授官中謝日具以面奏詔勅有不便

若伏請封取進止令夾總詔謹隨封進時左補闕王
武陵右補闕劉伯芻復上疏言之繇是詔書留中不
出明日兩不視事特開延英門召孟容對德宗慰諭
開納曰使百執事皆如卿朕何憂也給事中袁高論盧杞後來未嘗有可否是時齊總竭浙東進奉超授逾等江淮之間人頗困匱無不罪總及是四方聞者皆感上聖明亟已之德嘉孟容之當官不回其年八月以嶺南節度掌書記事大
理評事張正元為邕州刺史兼御史中丞邕管經畧
使孟容上疏論張正元非次遷授右補闕張正元劉
伯芻繼有封章帝中使宣諭孟容詔書遂行
呂元膺為給事中元和四年以淮南節度判官孔戡

為衛尉寺丞分司東都戡嘗佐昭義軍節度使盧從
史數以事爭論不從因謝病去從史彊以禮遣而陰
御之居東都久之為淮南節度使李吉甫所辟而從
史忿嫉累請貶降始貞元中姑息節將其從事有不
合意或知其邪心欲免去則誣以他罪論奏不更驗
理或黜或徙迨貞元軍府化之至是憲宗雖不許猶
授以散員制既下元膺封還上奏曰孔戡以公為盧
從史所忌且離職已久李吉甫以宰相出鎮辟請非
涉嫌疑推類言之河陽節度行軍司馬楊同慭史官
崔國楨或處近職或倅戎府皆為吉甫奏在幕庭從
史以嫌忿干黷朝典豈可曲徇其志且孔戡官序雖
非黜退但因此改易則長姦邪之心臣恐忠正之士
各懷疑慮事不可許帝令中使宣諭元膺制書乃下
元膺後為尚書左丞十五年太府少卿王遂與戶部
侍郎判度支潘孟陽以私忿各移職遂為鄧州刺史
又勑王遂令私屬吏人請兩池課料有乖慎守令示
薄懲但緣頃年出軍南北置使頗聞約身奉國皆費
相懸無念前勞特寬嘗憲已從別物處分其帶從素
鄉李嘗各宜決四十其所請錢物委度支使准法據
數徵納初遂除鄧州刺史元膺以遂補吏犯贓法當

從坐其除官詔云清能業官不當有清字又鄧州古
號大郡出守為優封上詔書及勑下唯罪吏人而遂
命如初元膺復請罪之不報又江西觀察使裴堪奏
虔州刺史李將順贓伏朝廷不覆按遽貶將順道州
司戶元膺曰廉使奏刺史贓罪不覆驗即謫去縱堪
之詞足信亦不可為天下法又封還詔書請發御史
按問宰臣不能奪
鄭餘慶為吏部尚書元和六年有醫工崔環自淮南
小將為黃州司馬勑至南省餘慶執之封還以為諸
道散將無故受正員五品官是開徼幸之路且無闕

可供言或過理繇是稍忤時宰改太子少傅

薛存誠元和中爲給事中瓊林庫使奏占工徒太廣存誠以爲此皆姦人竄名以避征徭不可許又咸陽縣尉袁儋爲鎮軍相競軍人無理遂肆侵誣儋反受罰二勑繼至存誠皆執之憲宗聞甚悅命中使嘉勞繇是選御史中丞

張仲方爲度支郎中元和十二年太常謚李吉甫爲敬憲仲方以爲不當駁之日徵發傷殘之弊以爲因吉甫而生旣忤於時又不中其病而辭亦非工故議者獎其直而訝其稍過遂貶爲遂州司馬

崔植爲給事中元和十四年二月以撫州司馬司正令狐通爲右衛將軍植封詔上言通嘗刺壽州用兵失律前罪未塞不宜遽加獎用憲宗命宰臣諭植以通父彰有功不忍棄其子詔遂行時皇甫鎛以宰相判度支請減內外官俸祿植封還勑書極諫而止鎛重奏諸道州府監院每年送上都兩稅榷酒鹽利度支米價等疋段加估定數詔許之其先下州府監院連四月二十五日勑牒更不在行用之限鎛急於掊聚先是奏近年天下所納鹽酒等利擡估者一切追徵詔旣可植抗論以爲用兵歲久百姓凋弊往者雖估蹋其實今固不可復追疏奏命宰臣召植宣旨嘉諭許輟已行之詔物議大罪鎛而美植鎛懼至是乃更前過且重條奏請申勑以示之

韋弘景爲給事中長慶元年正月以簡較太理少卿駙馬都尉劉士涇爲大僕卿弘景與薛存慶封還詔書上疏曰臣等伏覩制書授前件太僕卿者伏以司僕正卿位居九列在周之命伯冏其人所以惟月膺名象河稱重漢朝亦以石慶之謹享陳萬年之行絜皆踐斯職謂之大僚今士涇處里嘗人班叙散秩徒以父任將帥家富貲財名聲不在於士林行義無聞

於朝野忽長卿寺有瀆官常况以親則人物未賢以勳則寵侍嘗厚今更顯任誠謂謬官傳曰惟名與器不可以假人盖士涇之謂臣等職司遠失實在官守其劉士涇新除太僕卿勑不敢行下謹隨狀封進穆宗遣宰臣宣諭弘景等曰詔命已行可放下弘景等固執如前宰臣不得已請改授衛尉少卿帝復諭弘景日士涇父昌嘗爲涇帥有邊功士涇爲少列十餘年又尚雲安公主宜有加恩朕思賞勞睦親之意竟行前命焉

韋顗爲給事中長慶二年以絳州刺史崔弘禮爲河

南尹兼御史大夫充東都畿汝州都防禦副使詔至門下顗以弘禮位望素輕未嘗在班列不宜尹正都邑乃抗表封還詔書詔諭帝顗旋崔弘禮勑下

盧載爲給事中太和中諫議大夫崔承嘏頻上章言時政得失尋以鄭注爲太僕卿論諫激切注不敢出轉給事中改華州刺史兼御史中丞詔下之後公卿迭詣中書求承嘏出麾之故載封還詔書郎日文宗御紫宸殿顧謂宰臣曰華州闕人以承嘏可任故命之今諫官給事中皆疑其去既不能戶曉莫若衆望遂追制罷之

李固言爲給事中太和五年將作監王堪修奉太廟弛慢罰俸仍改官爲太子賓客制出固言封還曰東宮調護之地不可令被罰弛慢之人處之乃改均王傅

狄兼謩爲給事中開成元年十一月文宗御紫宸殿宰臣李固言奏所請簡勘左藏庫匹段所懸剩破漬汚聖恩以赦前事不罪兼謩已封勑卻進帝召兼謩問封勑如何兼謩曰官典犯贓不在免限況在藏庫不同諸司以臣管見不合赦罪所以封進帝曰所司請簡之初先以赦前事請赦官典朕既許之矣與其失信寧失罪人卿能舉職朕深嘉之苟有除授不當無以封還詔勑爲難是年五月以駙馬都尉韋處仁爲左散騎常侍衆以爲不可給事中封駮乃除布金吾大將軍

盧弘宣爲給事中開成二年七月制贈司徒郭釗嫡男殿中少監仲文襲封太原郡開國公弘宣奏曰臣近訪知郭釗妻沈氏公主之女代宗皇帝外孫有男仲詞已選尚主仲文不合假冒自稱嫡子若仲文承嫡即沈氏須黜居別室仲詞不合配尚貴主伏以郭仲文尚父子儀之孫太皇太后之姪戚里勳門無與儔比婚姻嫡庶朝野具瞻奪宗之配實黜風教且仲

文仲詞既非同出襲封尚主不可並行伏請付御史臺追勘詔令萬年縣尉仲詞襲封其仲文落下以仲文尚父之孫太皇太后之姪故免其罪

韋溫爲給事中開成三年六月詔以康州流人王晏平爲永州司戶參軍員外置同正員晏平爲靈武節度使去任日取征馬四百餘疋及借兵器千餘事遂隱沒妄爲申破臺司推勘獄狀悉具計贓七千餘貫以晏平之父智興嘗有戰功故特免死從流未至流所魏博鎮州幽州三節使有表請雪遂除撫州司馬溫與薛廷光盧弘宣等封勑改授永州司戶溫等又

封還文宗命中人宣諭温等制命始行時晏平在儀麻之中未至流所廣以金帛交結中外既免死旋又除官復假三鎮之勢以迫朝廷而執事者但務姑息河北不守法理時論深惜之温為尚書右丞開成四年以鹽鐵推官簡較禮部員外姚勗為鹽鐵推官河陰院有縣吏詐欺久繫徙牢莫得其情至勗鞫問得實故有是命温上疏以郎官朝廷之清選不可以賞能吏翼日命中人就温私第宣令許姚勗於本司上温又堅執前議勗竟改授簡較禮部郎中依前鹽鐵推官

裴泰章為給事中開成四年九月詔以京兆尹鄭復為簡較禮部尚書兼梓州刺史充劍南東川節度副

大使知節度事管內觀察靜戎軍等使詔下泰章封駁以復不歷丞郎命鎮為優時議以泰章封駁不當翼日復行前制

崔璪為給事中開成四年十一月詔以前青州節度使陳君賞為右金吾衛大將軍知衛事璪封駁遂除右羽林軍統軍先時君賞在青州以貪殘不理故也

李湯為給事中咸通中懿宗除后母楚國夫人聟為夏州刺史湯封還制書詔曰朕少失所親若非楚國夫人鞠養則無朕此身雖違朝典望卿放下仍令後不得援以為例湯乃奉詔

册府元龜

巡按福建監察御史臣李嗣京　訂正

新建縣舉人臣戴國士　參閱

知建陽縣事臣黄國琦　較釋

臺省部一十四

奏議

虞書曰敷納以言傳曰議事以制蓋臣之事君有官守焉有言責焉若乃省署之設班制有序治政攸出髦俊咸集雙筆丸墨之賜著于令典伏奏起草之勤表乎職業其爲言責也重矣哉乃有深識理道傳達

古今援引經義參酌時務述宜忠信之道雍容訓格之言或揚庭會議辯析衆惑或削章迭進發揮大猷非夫謇諤宏達平徹閑雅孰可以商摧治體建明王度塞於薦紳之論哉

漢賈誼文帝時爲大中大夫誼以爲漢承秦之敗俗廢禮義捐廉耻今其甚者殺父兄盗者取廟器而大臣特以簿書不報期會特但也簿文簿也政爲大事也言公卿但以文案簿書報答爲事也至於風俗流溢恬而不怪恬安也謂心以爲安以爲是適然耳言正當如此非失道也夫移風易俗使天下回心而鄉道類非俗吏之所能爲也夫立君臣等上下使綱紀有序六親和睦六親賈誼書以爲父也子也從父昆弟也從祖昆弟也曾祖昆弟也族昆弟也此非天之所爲人之所設也人之所設不爲不立不修則壞爲作也漢興至今二十餘年宜定制度興禮樂然後諸侯軌道百姓素樸獄訟衰息軌道言遵道循車行之依軌轍也廼草具其儀草爲草創也立其事也天子說焉而大臣絳灌之屬害之故其議遂寢

吳丘壽王武帝時爲侍中丞相公孫弘奏言民不得挾弓弩十賊彍弓百吏不敢前引滿曰彍盗賊不輕伏辜免脫者衆害寡而利多此盗賊所以蕃也禁民不得挾弓弩則盗賊執短兵短兵接則衆者勝以衆吏捕

寡賊其埶必得盗賊有害無利則莫犯法刑錯之道也臣愚以爲禁民毋得挾弓弩便帝下其議壽王對曰臣聞古者作五兵非以相害以禁暴討邪也五兵謂矛戟弓劍戈安居則以制猛獸而備非常有事則以設守備而施行陣及至周室衰微上無明王諸侯立政彊侵弱衆暴寡海內抗敝巧詐並生抗縱也是以知者陷愚勇者威怯苟以得勝爲務不顧義理故機變械飾所以相賊害之具不可勝數於是秦兼天下廢王道立私議滅詩書而首法令去仁恩而任刑戮墮名城殺豪傑墮毀也銷甲兵折鋒刃其後民以耰鉏箠梃相撻

擊擾摩田之器也箠馬撾也梃大杖也犯法滋衆盜賊不勝至於赭衣塞路羣盜滿山卒以亂亡故聖王務教化而省禁防知其不足恃也今陛下昭明德建太平舉俊才興學官三公有司或絲窮巷起白屋裂地而封宇內日化方外鄉風然而賊盜猶有者郡國二千石之罪非挾弓弩之過也禮曰男子生桑弧蓬矢以舉之明示有事也孔子曰吾何執執射乎大射之禮自天子降及庶人三代之道也詩云大侯既抗弓矢斯張射夫既同獻爾發功言貴中也愚聞聖王合射以明教矣未聞弓矢之爲禁也且所爲禁者爲賊盜之以攻奪也

攻奪之罪死然而不止者大姦之於重誅固不避也臣恐邪人挾之而吏不能止良民以自備而抵法禁是擅賊威而奪民救也竊以爲無益於禁姦而廢先王之典使學者不得習行其禮大不便書奏帝以難丞相弘弘詘服焉

後漢鄭弘章帝建初初爲尚書令舊制尚書郎限滿補縣長令史丞尉弘奏以爲臺職雖尊而酬賞甚薄至於開選多無樂者請使郎補千石令史爲長帝其從議

宋意爲尚書章和二年鮮卑擊破北匈奴而南單于乘此請兵北伐因欲還歸舊庭時竇太后朝議欲從之意上疏曰夫戎狄之隔遠中國幽處北極界以沙漠簡賤禮義無有上下强者爲雄弱者屈服自漢興以來征伐數矣其所剋獲曾不補害光武皇帝躬服金革之難深昭天地之明故因其來降羇縻畜養邊人得生勞役休息於茲四十餘年矣今鮮卑奉順斬獲萬數中國坐享大功而百姓不知其勞漢興功烈於斯爲盛所以然者夷虜相攻無損漢兵者也臣察鮮卑侵伐匈奴正是利其抄掠及歸功聖朝實繇貪得重賞今若聽南虜還都北庭則不得不禁制鮮卑

外失暴掠之願內無功勞之賞豺狼貪婪必爲邊患今北虜西遁請求和親宜因其歸附以爲外捍巍巍之業無以過此若引兵費賦以順南虜則坐失上掠去安即危矣誠不可許命南單于竟不北徙

陳忠爲尚書安帝即位頻遭元元之厄百姓流亡盜賊並起郡縣更相飾匿莫肯糾發忠獨以爲憂上疏曰臣聞輕者重之端小者大之源故隄潰蟻孔氣洩鍼芒韓子曰千丈之隄以螻蟻之穴而潰黃帝素問曰鍼頭如芒氣出如箱是以明者愼微知者識幾書曰不可不殺詩云無縱詭隨以謹無良蓋所以崇本絕末鉤深之慮也臣竊見元年已

來盜賊連發攻亭刼掠多所傷殺夫穿窬不禁則致
強盜强盜不斷則爲攻盜攻盜成羣必生大姧故亡
逃之科憲令所急至於通行飲食罪致大辟而頃者
以來莫以爲憂州郡督録怠慢長吏防禦不肅皆欲
採獲虛名諱以盜賊爲負雖有發覺不務淸澄至有
逞威濫怒無辜僵仆或有跼蹐比伍輔相賦歛或隨
吏追赴周章道路是以盜發之家不敢伸告鄰舍比
里相共壓迮迮迫也或出私財以賞所亡其大章著不
可掩者乃肯發露陵遲之漸遂且成俗寇攘誅咎皆
繇於此前年渤海張伯路可爲至戒覆車之軌其迹

不遠蓋失之末流求之本源宜糾增舊科以防來事
自今強盜爲上官若他郡縣所糾覺一發部吏皆正
法尉貶秩一等令長三月奉贖罪二發尉免官令長
貶秩一等三發已上令長免官便可撰立科條處爲
詔文切勅刺史嚴加糾罰與以猛濟寬驚懼姧慝頃
季夏大暑而消息不協寒氣錯時水湧爲變天之降
異必有其故所舉有道之士可策問國典所務王事
過差令處煖氣不效之意庶有讜言以承天誡
左雄爲尚書令順帝即位雄上疏陳事曰臣聞柔遠
和邇莫大寧人寧人之務莫重用賢用賢之道必存
考黜是以皐陶對禹貴在知人安人則惠黎民懷之
分伯建侯代位親民民用和穆禮讓以興故詩云有
渰淒淒興雨祁祁雨我公田遂及我私及幽厲昏亂
不自爲政褒豔用權七子黨進賢愚錯叙深谷爲陵
故其詩云四國無政不用其良又曰哀今之人胡爲
虺蜴言人畏吏如虺蜴也宗周既滅六國并秦坑儒
燋典剗革五等更立郡縣縣設令長郡置守尉什伍
相司封豕其民大漢受命雖未復古然克慎庶官蠲
苛救敝悅以濟難撫而循之至於文景天下康乂誠
繇玄清寬柔克謹官人故也降及宣帝興於仄陋綜

覈名實知時所病刺史守相輒親引見考察言行信
賞必罰帝乃歎曰民所以安而無怨政平吏良也與
我共此者其惟良二千石乎以爲吏數變易則下不
安業久於其事則民服教化其有政理者輒以璽書
勉勵增秩賜金或爵至關內侯公卿缺則以次用之
是以吏稱其職人安其業漢世良吏於茲爲盛故能
降來儀之瑞建中興之功漢初至今三百餘載俗浸
彫敝巧僞滋萌下飾其詐上肆其殘典城百里轉動
無常各懷一切莫慮長久謂殺害不辜爲威風聚歛
整辦爲賢能以理已安民爲劣弱以奉法循理爲不

化髡鉗之戮生於睚眥覆尸之禍成於喜怒視民如寇讎稅之如豺虎監司項背相望項背相望謂前後相望也與同疾病見非不舉聞惡不察觀政於亭傳責成於朞月言善不稱德功不據實虛誕者獲譽拘簡者罹毀且或因罪而引高或見錢以求名州宰不覆競共辟召踴躍升騰超等踰匹或考奏捕案而亡不受罪會赦行賂復見洗滌朱紫同色清濁不分故使姦猾枉濫輕忽去就拜除如流缺動百數鄉官部吏職斯斯賤也祿薄車馬衣服一出於民廉者取足貪者充家特選橫調紛紛不絕送迎煩費損政傷民和氣未洽災眚

不消咎皆在此今之墨綬猶古之諸侯拜爵王庭輿服有庸而齊於匹豎叛命避負非所以崇憲明理惠育元元也臣愚以爲守相長吏惠和有顯効者可就增秩勿使移徙非父母喪不得去官其不從法禁不式王命錮之終身雖會赦令不得齒列若被劾奏亡不就法者徙家邊郡以懲其後鄉部親民之吏皆用儒生清白任從政者寬其負筭增其秩祿吏職滿歲宰府州郡乃得辟舉如此威畧之路塞虛僞之端絕送迎之役損賦歛之源息循理之吏得成其化率土之民各寧其所追配文宣中興之軌流光垂祚永世不刊

陽球靈帝時爲尚書令奏罷鴻都文學曰伏承有詔勑中尚方爲鴻都文學樂松江覽等三十二人圖象立贊以勸學者臣聞傳曰君舉必書書而不法後嗣何觀案松覽等皆出於微蔑斗筲小人依憑世戚附託權豪俛眉承睫微進明時或獻賦一篇或鳥篆盈簡而位升郎中形圖冊青亦有筆不點牘辭不辯心假手請字妖僞百品莫不被蒙殊恩蟬蛻滓濁是以有識掩口天下嗟嘆臣聞圖象之設以昭勸戒欲令人君動覽得失未聞豎子小人詐作文頌而可妄竊

天官垂象圖素者也今太學東觀足以宣明聖化願罷鴻都之選以消天下之謗書奏不省

魏衞覬文帝踐阼爲尚書奏議曰九章之律自古所傳斷定刑罪其意微妙百里長吏皆宜知律刑法者國家之所貴重而私議之所輕賤獄吏者百姓之所懸命而選用者之所卑下王政之弊未必不繇此也請置律博士轉相教授事遂施行

高柔以文帝踐阼爲治書侍御史賜爵關內侯轉加治書執法民間數有誹謗妖言帝疾之有妖言輒殺而賞告者柔上疏曰今妖言者必戮告之者輒賞既

使過誤無反善之路又將開凶狡之羣相誣罔之漸誠非所以息姦省訟緝熙治道也昔周公作誥稱殷之宗祖咸不顧小人之怨在漢太宗亦除妖言誹謗之令臣愚以爲宜除妖謗賞告之法以降天地養物之仁帝不即從而相誣告者滋甚帝乃下詔敢以誹謗相告者以所告者罪罪之於是遂絶較事劉慈等自黄初初數年之間舉吏民奸罪以萬數柔皆請懲虛實其餘小小枉法者不過罰金

杜恕明帝時爲散騎黄門侍郎時公卿以下大議損益恕以爲古之刺史奉宣六條以清静爲名威風著

稱令可勿令領兵以專民事俄而鎮北將軍吕昭又領冀州乃上疏曰帝王之道莫尚乎安民安民之術在於豐財豐財者務本而節用也方今二賊未滅戎車亟駕此自熊虎之士展力之秋也然搢紳之儒横加榮慕搤腕抗論以孫吳爲首州郡牧守咸共忽恤民之術修將率之事廻農桑之民競干戈之業不可謂務本帑藏歲虛而制度歲廣民力歲衰而賦役歲興不可謂節用今大魏奄有十州之地而承喪亂之弊計其戶口不如往昔一州之民然而二方僭逆北虜未賓三邊遘難繞天略帀所以統一州之民經營九州之地其爲艱難譬策羸馬以取道理豈可不加意愛惜其力哉以武皇帝之節儉府藏充實猶不能十州擁兵郡且二十也今荆揚青徐幽并雍凉緣邊諸州皆有兵矣其所恃内充府庫外制四夷者惟兖豫司冀而已臣前以州郡典兵則專心軍功不勤民事宜別置將守以盡治理之務而陛下復以冀州寵秩吕昭冀州戶口最多田多墾闢又有桑棗之饒國家徵求之府誠不當以復任兵事也若以北方當須鎮守自可專置大將以鎮安之計所置吏事之費與兼官無異然昭於人才尚傷易中朝苟乏人兼才者

勢不獨多以此推之知國家以人擇官不爲官擇人也官得其人則政平訟理政平故民富實訟理故囹圄虛空陛下踐阼天下斷獄百數十人歲歲增多至五百餘人矣民不益多法不益峻以此推之非政教凌遲牧守不稱之明效歟往年牛死通率天下十能損二麥不半收秋種未下況二賊游魂於疆埸飛芻輓粟千里不及究此之術豈在强兵乎武士勁卒愈多愈病耳夫天下猶人之體腹心充實四支雖病終無大患今兖豫司冀亦天下之心腹也是以愚臣慺慺實願四方州牧之守猶修務本之業以堪四支之

重然孤論難持犯欲難成衆怨難積疑似難分故累載不爲明主所察凡言此者類皆疏賤疏賤之言寔未易聽若使善策必出於親貴親貴故不犯四難以求忠愛此古今之所嘗患也

王肅太和中爲散騎常侍上疏陳政本曰除無事之位損不急之祿止浮食之費并從容之官使官必有職職任其事事必受祿祿代其耕乃往古之常式當今之所宜也官寡而祿厚則公家之費鮮進仕之志勸各展才力莫相倚仗敷奏以言明試以功能之與否簡在帝心是以唐虞之設官分職申命公卿各以

其事然後惟龍爲納言猶今尚書也以出内帝命而已夏殷不可得而詳甘誓曰六事之人明六卿以典事者也周官則備矣五日視朝公卿大夫並進而司士辨其位爲其記日坐而論道謂之王公作而行之謂之士大夫及漢之初依擬前代公卿皆親以事升朝故高祖躬追反走之周昌武帝遥可奉奏之汲黯宣帝使公卿五日一朝成帝始置尚書五人自是陵遲朝禮遂闕可復五日視朝之儀使公卿尚書各以事進廢禮復興光宣聖緒誠所謂名美而實厚者也楊阜爲少府時詔大議政治之不便於民者阜議以爲政治在於任賢興國在於務農若舍賢而任所私此志治之甚者也廣開宫館高爲臺榭以妨民務此害農之甚者也百工不敦其器而競作奇巧以合上欲此傷本之甚者也孔子曰苛政甚於猛虎今守功文俗之吏爲政不通治體苟好煩苛此亂民之甚者也當今之急宜去四甚並詔公卿郡國舉賢良方正敦樸之士而進用之此亦求賢之一端也

傳嘏爲尚書嘉平四年四月孫權死征南大將軍王昶征東將軍胡遵鎮南將軍毋丘儉等表請征吳朝廷以三征討異詔以訪嘏嘏對曰昔夫差陵齊勝晋

威行中國不能以免姑蘇之禍齊閔辟土兼國開地千里不足以救顛覆之敗有始不必善終古事之明效也孫權自破蜀兼平荆州之後志盈欲滿罪戮忠良誅及胤嗣元凶已極相國宣文侯先識取亂侮亡之義深建宏圖大舉之策今權已死託孤於諸葛恪若矯權苛暴蠲其虐政民免酷烈偷安新惠内外齊慮有同舟之懼雖不能終自保完猶足以延期挺命於深江之表矣旭等或欲泛舟徑渡横行江表收民略地因粮於寇或欲四道並進臨之以武誘間携貳待其潰壞或進軍大佃偪其項領積穀觀釁相時而

動凡此三者皆取賊之善計也然施之當機則功成
名立苟不應節必貽後患自治兵以來出入三載非
掩襲之軍也賊喪元帥利存退守若選餙舟艥羅船
津要堅城清野以防卒政横行之計始難必施賊之
爲寇幾六十年君臣僞立吉凶同患若恪蠲其弊天
去其疾奔潰之應不可卒待今邊壤之守與賊相遠
賊設羅落又持重密間諜不行耳目無聞夫軍無耳
目較察未詳而舉大衆以臨巨險此爲希幸徼功先
戰而後求勝非全軍之長策也唯有進軍大佃最差
完牢可詔昶遵等擇地居險審所錯置及令二方一

時前守奪其肥壤使還耕瘠土一也兵出民表寇鈔
不犯二也招懷近路降附日至三也羅落遠設間搆
不來四也賊退其守羅落必淺佃作易之五也坐食
積穀士不運輸六也釁隙時聞討襲速決七也凡此
七者軍事之急務也不據則賊擅便資據之則利歸
於國不可不察也夫屯壘相偪形勢已交智勇得陳
巧拙得用策之而知得失之計角之而知有餘不足
虜之情僞將焉所逃夫以小敵大則役煩力竭以貧
敵富則費重財匱故敵逸能勞之飽能饑之此之謂
也然後盛衆厲兵以震之參惠倍賞以招之多方廣

似以疑之繇不虞之道以間其不戒比及三年左提
右挈虜必氷散瓦解安受其弊可坐筭而得也昔漢
氏歷世嘗患匈奴朝士謀臣早朝晏罷介胄之將則
陳征伐搢紳之徒咸言和親勇奮之士思展搏噬故
樊噲願以十萬之衆横行匈奴季布面折其短李信
求以二十萬獨舉楚人而果辱秦軍今諸將有陳越
江凌險獨步虜庭郎亦向時之類也以陛下聖德輔
相忠賢法明士練錯計於全勝之地振長策以禦之
虜之奔潰必然之數故兵法曰屈人之兵而非戰也
拔人之城而非攻也若釋廟勝必然之理而行萬一

不必全之路誠愚臣之所慮也故謂大佃而偪之計
最長時不從駮言其年十一月詔昶等征吳五年正
月諸葛恪拒戰大破衆軍於東關後吳大將諸葛恪
新破東關乘勝揚聲欲向青徐朝廷將爲之備駮議
以爲淮海非賊輕行之路又昔孫權遣兵入海漂浪
沉溺畧無孑遺恪豈敢傾根竭本寄命洪流以徼乾
沒乎恪不過遣偏率小將素習水軍者乘海泝淮示
動青徐恪自并兵來向淮南耳後恪果圖新城不克
而歸

吳薛綜爲僕射大帝召交州刺史呂岱綜懼繼岱者

非其人上疏曰昔帝舜南廵卒於蒼梧秦置桂林南
海象郡然則四國之内屬也有自來矣趙佗起番禺
懷服百越之郡珠官之南是也漢武帝誅吕嘉開九
郡設交阯刺史以鎮監之山川長遠習俗不齊言語
同異重譯乃通民如禽獸長幼無别椎結徒跣貫頭
左袵長吏之設雖有若無自斯以來頗徙中國罪人
雜居其間稍使學書粗知言語使驛往來觀見禮化
及後錫光爲交阯任延爲九真太守乃教其耕犂使
之冠履爲設媒官始知聘娶建立學校導之經義繇
此已降四百餘年頗有似類自臣昔客始至之時珠

崖除州縣嫁娶皆須八月引戸人民集會之時男女
自相可適乃爲夫妻父母不能止交阯糜冷九真都
龐二縣皆兄死弟妻其嫂世以此爲俗長吏恣聽不
能禁制日南郡男女裸體不以爲羞繇此言之可謂
蟲豸有靦面目耳然而土廣人衆阻險毒害易以爲
亂難使從治縣官羈縻示令威服田戸之租賦裁取
供辦貴致遠珍名珠香藥象牙犀角瑇瑁珊瑚琉璃
鸚鵡翡翠孔雀奇物充備寶玩不必仰其賦入以益
中國也然在九甸之外長吏之選類不精覈漢時法
寬多自放恣故數反違法珠崖之廢起於長吏覩其

好髮髡取其爲髮及臣所見南海黄蓋爲日南太守
下車以供設不豐撾殺主簿仍見驅逐九真太守儋
萌爲妻父周京作主人并請大吏酒酣作樂功曹番
歆起舞屬京京不肯起歆猶迫强萌忿杖歆亡於郡
内歆弟苗帥衆攻府毒矢射萌萌至物故交阯太守
士燮遣兵致討卒不能克又故刺史會稽朱符多以
鄉人虞褒劉彦之徒分作長吏侵虐百姓强賦於民
黄魚一枚收稻一斛百姓怨叛山賊並出攻州突郡
競走入海流離喪亡次得南陽張津與荆州牧劉表
爲隙兵弱敵强歲歲興軍諸將厭患去留自在津小

簡攝威武不足爲所陵侮遂至殺沒後得零陵賴恭
先輩仁謹不曉時事表又遣長沙吳巨爲蒼梧太守
巨武夫輕悍不爲恭服輒相怨恨逐出恭求步騭是
時津故將夷廖錢博之徒尚多騭以次鉏治綱紀適
定會仍召出吕岱既至有士民之變越軍南征平討
之日改置長吏章明王綱威加萬里大小承風猶此
言之綏邊撫裔實有其人牧伯之任既宜清能荒流
之表禍福尤甚今日交州雖名粗定尚有高京宿賊
其南海蒼梧鬱林珠官四郡界未綏依作寇盜專爲
亡叛逋逃之藪若岱不復南新刺史宜得精密簡攝

八郡方畧智計能稍稍以漸能治髙涼者假其威寵借之形勢責其成效庶幾可補復但如中人近守常法無奇數異術者則羣惡日滋久遠成害故國之安危在於所任不可不察也竊懼朝廷忽輕其選故敢竭愚情以廣聖恩

晉何曾魏明帝時爲黄門侍郎上疏曰臣聞爲國者以清淨爲基而百姓以良吏爲本今海內虛耗事役衆多誠宜養恤黎元從以使人郡守之權雖輕猶專千里比之於古則列國之君也上當奉宣朝恩以致惠和下當興利而除其害得其人則可安非其人則

爲患故漢宣稱曰百姓所以安其田里而無歎息愁恨之聲者政平訟理也與我共此者其惟良二千石乎此誠可謂知政之本也方今國家大舉新有發調軍師遠征上下劬勞夫百姓可與樂成難與慮始愚惑之人能厭目前之小勤而忘爲亂之大禍者是以郡守益不可不得其人才雖難備猶宜粗有威恩爲百姓所信憚者臣聞諸郡守有年老或疾病皆委政丞掾不恤庶事或體性疏怠不以政理爲意在官積年惠澤不加於人然於考課之限罪亦不至紬免故得經延歲月而無斥罷之期臣愚以爲可密詔主者使隱核參訪郡守其有老病不隱親人物及宰牧少恩好修人事煩撓百姓者皆可徵還爲更選代塡之還散騎常侍及宣帝將伐遼東曾上疏魏帝曰臣聞先王制法必全於慎故建官授任則置副佐陳師命將則立監貳宣命遣使則設介副臨敵交刃則參御右蓋以盡思謀之功防安危之變也是以在險當難則權足相濟損缺不預則才足相代其爲國防至深至遠及至漢氏亦循舊章韓信代趙張耳爲貳馬援討越劉隆副軍前世之迹著在篇志今太尉懿奉宣誅罸精甲鋭鋒步騎數萬道路回阻四千餘里雖假

天威有征無戰寇或潛遁消散日月命無常期人非金石遠慮詳備誠宜有副今北邊諸將及懿所督皆爲僚屬名位不殊素無定分統御之尊卒有變急不相鎮攝存不忘亡聖達所戒宜選大臣名將威重宿著者盛其禮秩遣詣懿軍進同謀畧退爲副佐雖有萬一不虞之災軍主有備則無患矣時以毋丘儉爲宣王副也

李宜明武帝時爲尚書宣明奏議以爲古者三公坐而論道內參六官之事外與六卿之教或處三槐兼聽獄訟稽疑之典謀及卿士陛下聖德欽明垂心萬機猥發明詔儀形古式雖唐虞疇諮周文翼翼無以

加也自今以往國有大政可親延羣公詢納讜言其軍國所疑延諸省中使侍中尚書諮論所宜若有疾疢不任覲會臨時遣侍臣訊訪詔從之

李重爲尚書郎時大中大夫恬和表陳便宜稱漢孔光魏徐幹等議使王公以下制奴婢限數及禁百姓賣田宅中書啓可屬王者爲條制重奏曰先王之制士農工商有分不遷其業所以利用厚生各肆其力也周官以土均之法經其地土井田之制而辨其五物九等貢賦之序然後公私制定率土均齊自秦立阡陌建郡縣而斯制已沒降及漢魏因循舊跡立法

峻者唯服物重器有貴賤之差令不僭擬以亂尊卑耳至於奴婢私產不曲爲立限也去八年已已詔書申明律令諸士卒百工以上所服乘皆不得違制若一縣一歲之中有違犯者三家雒陽縣十家已上家長免如詔書之旨法制已嚴今如和所陳而稱光幹之議此皆衰世踰侈當時之患然盛漢之初不議其制光等作而不行非漏而不能及而不用也蓋以諸侯之軌既滅而井田之制不復則王者之法不得制人之私也人之田宅既無定限則奴婢不宜偏制其數懼徒爲之法實碎而難簡方今盛明垂制每尚簡易法禁已備和表無施

劉毅武帝時爲尚書僕射以魏立九品權時之制未見得人而有八損乃上疏曰臣聞立政者以官才爲本官才有三難而興替之所繫也人物難知一也愛憎難防二也情僞難明三也今立中正定九品高下任意榮辱在手操人主之威福奪天朝之權勢愛憎決於心情僞繫於己公無考較之負私無告訐之忌用心百態求者萬端廉讓之風滅苟且之俗成天下訩訩品位不開推讓竊爲聖朝恥之夫名狀以當才爲清品輩以得實爲平安危之要不可不明清平者

政化之美也枉濫者亂敗之惡也不可不察然人才異能備體者寡器有大小達有早晚前鄙後修宜有日新之報抱正違時宜有質直之稱慶遠闕小宜得殊俗之狀任直不飾宜得清實之譽行寡才優宜獲器任之用是以三仁殊途而同歸四子異行而均義陳平韓信笑侮於邑里而收功於帝王屈原伍胥不容於人主而顯名於竹帛是篤論之所明也今之中正不精才實務依黨利不均稱尺務隨愛憎所欲與者獲虛以成譽所欲下者吹毛以求疵高下逐強弱是非繫愛憎隨世興衰不顧才實衰則削下興則扶

上一人之身旬日異狀或以賄賂自通或以姧計登進附託者必達守道者困悴無報於身必見割奪有私於已必得其欲是以上品無寒門下品無勢族暨時有之皆曲有故慢主罔時實爲亂源損政之道一也置州郡者取州里清議咸所歸服將以鎮異同一言議不謂一人之身了一州之才一人不審便坐之若然自仲尼至於庖犧莫不有失則皆不堪以上何獨至於中人者哉若殊不修自可更選今重其任而輕其人所立品格還訪刀攸攸非州里之所歸非職分之所置今訪之歸正於所不服決事於所不職以

長讒搆之原以生乖爭之兆似非立都之本旨理俗之浮防也王者旣善刀攸攸之所下而復還以二千石有數人劉良上攸之所下石公罪攸之所行駁遣之論横於州里嫌讎之隙結於大臣夫桑妾之訟禍及吳楚鬭雞之變難興魯邦况乃人倫交爭而部黨興刑獄滋生而禍根結損政之道二也本立格之體將謂人倫有序若貫魚成次也九品者取下者爲格謂才德有優劣倫輩有首尾今之中正務自遠者則抑割一國使無上人穢劣下比則拔舉非次并容其身公以爲格坐成其私君子無大小之怨官政無繼

姦之防使得上欺明主下亂人倫乃使優劣易地首尾倒錯推貴異之器使在九品之下負戴不肖越在成人之首損政之道三也陛下踐阼開天地之德引不諱之詔納忠直之言以覽天下之情太平之基不世之法也然賞罰自王公以至於衆人無不加法置中正委以一國之重無賞罰之防人心多故清平者寡故怨訟者衆聽之則告許無已禁犯則侵枉無極與其理訟之煩猶愈侵枉之害今禁訟訴則杜一國之口培一人之勢使得縱横無所顧憚諸受枉者抱怨積直獨不蒙天地無私之德而長壅蔽於邪人之

銓使上明不下照下情不上聞損政之道四也昔在前王之世欲敦風俗鎮靜百姓隆鄉黨之義崇六親之行禮教庠序以相率賢不肖於是見矣然鄉老書其善以獻天子司馬論其能以官於職有司考績以明黜陟故天下之人退而修本州黨有德義朝廷有公正浮華邪佞無所容厝今一國之士多者千數或流徙異邦或取給殊方面猶不識况盡其才力而中正知與不知其當品狀采譽於臺府納毁於流言任已則有不識之蔽聽受則有彼此之偏所知者以愛憎奪其平所不知者以人事亂其度旣無鄉老紀行

之譽又非朝廷考績之課遂使進官之人棄近求遠背本逐末位以求成不踩行立品不較功黨譽虛妄損政五也凡所以立品設狀者求人才以理物也非虛飾名譽相爲好醜雖孝悌之行不施朝廷故門外之事有義斷恩旣以在官職有大小事有劇易各有功報此人材之實效功分之所得也今則反之於限當報雖職之高還附卑品無績於官而獲高叙是爲抑功實而隆虛名也上奪天朝考績之分下長浮華朋黨之事損政六也凡官不同事人不同能得其能則成失其能則敗今品不狀才能之所宜而以九等

爲例以品取人或非才能之所長以狀取人則爲本品之所限若狀得其實猶品狀相妨繫縶選舉使不得精於才宜况今九品所疏則削其長所親則飾其短徒結白論以爲虛譽則品不料能百揆何以得理萬機何以得修損政七也前九品詔書善惡必書以爲褒貶當時天下少有所忌今之九品所下不彰其罪所上不列其善廢褒貶之義任愛憎之斷清濁同流以植其私故反違前品大其形勢以驅動衆人使必歸已進者無功以表勸退者無惡以成懲懲勸不明則風俗汙濁天下之人焉得不解德行而銳人事損政八也繇此論之選中正而非其人授權勢而無賞罰或缺中正而無禁錮故邪黨得肆枉濫縱横雖職名中正實爲姦府事名九品而有八損或恨結於親親猜生於骨肉當身困於敵讎子孫離其殃咎斯乃歷世之患非徒當今之患也是以時主觀時立法防奸消亂靡有常制故周因於殷有所損益至於中正九品上聖古賢皆所不爲豈蔽於此事而有不周哉將以政化之宜無取於此也自魏立以來見其得人之功而生讎薄之累毀風敗俗無益於化古今之失莫大於此愚臣以爲宜罷中正除九品棄魏氏之

弊法立一代之美制疏奏優詔答之後司空衛瓘等亦共表宜有九品復古鄉議里選帝竟不施行

傅玄武帝時爲散騎常侍上疏曰臣聞舜舉五臣無爲而化用人得其要也天下郡司得多不可不審得其人也不得其人不得一日則損不貲况積日乎典謨曰無曠庶官言職之不可久廢也諸有病病百日不差宜令去職復其禮秩而寵存之旣差而後更用臣不廢職於朝國無曠官之累此王政之急也臣聞先王分士農工商以經國制事各一其業而殊其務自士以上子弟爲之立太學以教之選明師以訓之

各隨其才優劣而授用之農以豐其食工以足其器商賈以通其貨故雖天下之大兆庶之衆無有一人游手分數之法周備如此漢魏不定其分百官子弟不修經藝而務交游未知莅事而坐享天祿農工之業多廢或逐淫利而離其事徒繫名於太學然不聞先王之風今聖朝之政資始而漢魏之失未改散官衆而學校未設游手多而親農者少工器不盡其宜臣以爲亟定其制通計天下若干人爲士足以副在官之吏若干人爲農三年足有一年之儲若干人爲工足其器用若干人爲商賈足以通貨而已尊儒尚

學貴農賤商皆此事業之要務也前皇甫陶上事欲令賜拜散官皆課使親耕天下享足食之利禹稷躬稼祚流後世是以明堂月令著帝藉之制伊尹古之名臣耕於有莘晏嬰齊之大夫避莊公之難亦耕於海濱昔者聖帝明王賢佐俊士皆當從事於農矣王人賜官冗散無事者不督使學則當使耕無緣放之使坐食百姓也今文武之官既衆而拜賜不在職者又多加以服役爲兵不得耕稼當農者之半南面食祿者參倍於前使冗散之官農而收其租稅家得其實而天下之穀可以無乏矣夫家足爲子則孝爲父則慈爲兄則友爲弟則悌天下足食則仁義之教可不令而行也爲要計人而置官分人而授事士農工商之分不可斯須廢也若未能精其防制計天下文武之官足爲副貳者使學其餘皆歸於農務若百工商賈有長者亦皆歸之於農務若此何有不贍乎虞書曰三載考績三考黜陟幽明是謂九年之後乃有遷敘也故居官久則念立慎終之化居不見久則競爲一切之政六年之限日月淺近不周黜陟陶所上義合古制夫儒學者王道之首也尊其道貴其業重其選猶恐化之不崇忽而不以爲急臣懼日月陵遲

而不覺也仲尼有言人能弘道非道弘人然則尊其道者非惟尊其書而已尊其人之謂也貴其業者不妄教非其人也重其選者不妄用非其人也若此而學較之綱舉矣書奏帝下詔曰二常侍懇懇於所論可謂乃心欲佐益時事者也而主者率以常制裁之豈得不使發憤耶二常侍所論或舉其大較而未備其條目亦可使令作之後然主者八座廣共研精凡關言於人主人臣之所至難而人主若不能虛心聽納自古忠臣直士之所慷慨至使杜口結舌每念如此未嘗不嘆息也故前詔敢有直言勿有所距庶幾

得以發矇補過獲保高位苟言偏善情在忠益雖文辭有謬誤言語有失得者當曠然恕之古人猶不遐誹謗况皆善意在可採録乎近者孔鼂綦毋龢皆按以輕慢之罪所以皆原欲使四海知區區之朝無諱言之忌也

庾峻爲諫議大夫嘗侍是時風俗趣競禮讓陵遲峻上疏曰臣聞黎庶之性人衆而賢寡設官分職則官寡而賢衆爲賢衆而多官則妨化以無官而棄賢則廢道是故聖王之御世也因人之性或出或處故有朝廷之士又有山林之士朝廷之士佐主成化猶人

之有股肱心膂共爲一體也山林之士被褐懷寶太上棲於丘園高節出於衆庶其次輕爵服遠恥辱以全志最下就列位惟無功而能知止彼其清劭足以抑貪汚退讓足以息鄙事故在朝之士聞其風而悅之將受爵者皆恥躬之不逮斯山林之士避寵之臣所以爲美也先王嘉之節雖離世而德合于主行雖詭朝而功同于政故大者有玉帛之命其次有几杖之禮以厚德載物出處有地旣廊廟多賢才而野人亦不失爲君子此先王之弘也秦塞斯路利出一官雖有處士之名而無爵列於朝者商君謂之六蝎非謂之王蠹韓非謂之王蠹不知德惟爵是聞故閭閻以公乘侮其鄉人郎中以上爵傲其父兄漢祖反之大暢斯否任蕭曹以天下重四皓於南山以張良之勳而班位任叔孫之後蓋公之賤而曹相諮之以政帝王貴德於上俗亦反本於下故田叔等十人漢廷臣無能出其右者而未嘗干祿於時以釋之之貴結王生之襪於朝而其名愈重非自主臣尚德兼愛孰能通天下之志如此其大者乎夫不革百王之蔽徒務救世之政文士競智而務入武夫恃力而爭先官高矣而其意未滿功報矣而其求不已又國無隨才任官之制

俗無難進易退之耻位一高雖無功而不見下已負敗而復見用故因前而升則處士之路塞矣又仕者黜陟無章是以普天之下先競而後讓舉世之士有進而無退大人溺於動俗執政撓於羣言循石爲之失乎清濁安可復分昔者先王患奮之所以取天下者今之爲弊是故功成必改其物業定必易其教雖以爵祿使下臣無貪陵之行雖以甲兵定功主無窮武之侮也臣愚以爲古者大夫七十懸車今自非元功國老三司上才可聽七十致仕則士無懷祿之嫌矣其父母八十可聽終養則孝莫大於事親矣吏歷

試無績依古終身不仕則官無疵政矣能小而不能大可降還莅小則使人以器矣人主進人以禮退人以義人臣亦量能受爵矣其有孝如王陽臨九折而去官潔如貢禹冠一免而不着及知止如王孫知足如疏廣雖去列位而居東野與人交言依於慈與人子言依於孝此其出言合於國簡危行彰於本朝去勢如脫屣路人爲之隕涕辭寵如金石庸夫爲之興行是故先王許之而聖人貴之夫人之性陵上猶水之趨下也益而不已必決升而不已必困始於匹夫行義不敦終於皇輿爲之敗績固不可不愼也下人

并心進趣上宜以退讓去其甚者退讓不可以刑罰使莫若聽朝士時時從志山林往往閒出無使入者不能復出往者不能復反然後出處交泰提衡而立時靡有爭天下可得而化矣

石崇爲侍中惠帝元康初楊駿輔政大開封賞多樹黨援崇與散騎郎蜀郡何攀共立議奏於帝曰陛下聖德光被皇靈啓祚正位東宮二十餘年道化宣流萬國歸心今承洪基此乃天授至於班賞行爵優於泰始革命之初不安一也吳會僭逆幾二十年邊境被其荼毒朝廷爲之旰食先帝決獨斷之聰奮神武之略蕩滅逋寇易於摧枯然謀臣猛將猶有致思竭力之效而今恩澤之封優於滅吳之功不安二也上天眷祐實在大晉卜世之數莫知其紀今之開制當垂于後若尊卑無差有爵必進數世之後莫非公侯不安三也臣等敢冐陳聞竊謂泰始之初及平吳論功制度名牒皆悉具在縱不能遠遵古典尚當依準舊事書奏弗納

山簡懷帝永嘉中爲尚書左僕射領吏部欲令朝臣各舉所知以廣得才之路上疏曰臣以爲自古興替實在官人苟得其才則無物不理書言知人則哲惟

帝難之唐虞之盛元愷登庸周官之隆濟濟多士秦漢以來風雅漸喪至於後漢女后臨朝尊官大位出於阿保斯亂之始也是以郭泰許劭之倫明清議於草野陳蕃李固之徒守忠節於朝廷然後君臣名節古今遺典可得而言自初平之元訖於建安之末三十年中萬姓離散死亡略盡斯亂之極也世祖武皇帝應天順人受禪于魏泰始之初躬親萬機佐命之臣咸皆率職時黄門侍郎王恂庾純始於太極東堂聽政評尚書奏事多論刑獄不論選舉臣以爲不先所難而辨其所易陛下初臨萬國人思盡誠每於聽

政之日命公卿大臣先議選舉各言所見後進儁才鄉邑尤異才堪任用者皆以名奏主者隨缺先敘是爵人於朝與衆共之之義也朝廷從之

胡濟爲尚書郎武陵伍朝字世明少有雅操閑居樂道不修世事性好學以博士徵不就荆州刺史劉弘薦朝爲零陵太守主者以非選例不聽濟奏曰臣以爲當今資喪亂之餘運承百王之遺弊進趨者乘國故以侥倖守道者懷藴匱以終身故令敦褒之化虧退讓之風薄案朝游心物外不屑時務守靜衡門志道日新年過耳順而所尚不虧誠江南之逸才丘園

之逸老也不加飾進何以勸善且白衣爲郡前漢有舊宜聽光顯以獎風尚事可而朝不就卒于家

熊遠爲散騎常侍元帝中興欲賜諸吏投刺勸進者加位一等百姓投刺者賜司徒吏凡二十餘萬遠以爲秦漢因赦賜爵非長制也今按投刺者不獨近者情重遠者情輕可依漢法徧賜天下爵於恩爲普炤無偏頗之失可以息檢覈之煩塞巧僞之端帝不從

陳頵太興初以白衣兼尚書因陳時務以爲昔江外初平中州荒亂故貢舉不試宜漸循舊搜揚隱逸試以經策又馬隆孟觀雖出貧賤勳濟甚大以所不習而統戎事鮮能以濟宜開舉武略任將率者言問核試盡其所能然後隨才授任舉十得一猶勝不舉況或十得二三日磾降虜七世內侍繇餘戎狄入爲秦相豈藉華宗之族見齒於奔競之流乎宜引幽滯之儁抑華較寔則天淸地平人神感應

溫嶠爲散騎常侍初爲劉琨奉使建業其母崔氏固止之嶠絕裾而去其後母亡嶠阻亂不獲歸葬槃是固讓不拜苦請北歸詔三下八座議其事皆曰昔伍員志復私讎先假諸侯之力東奔闔閭位爲上將然後鞭荆王之尸若嶠以母未葬沒在胡虜者乃進竭

其智謀仰憑皇靈使逆寇冰散及哀墓次豈可稍以乖嫌廢其遠圖哉嶠不得已乃受命

范汪爲中書侍郎庾翼將悉郢漢之衆以事中原軍次安陵尋轉屯襄陽汪上疏曰臣伏思安西將軍翼今至襄陽倉卒攻討凡百草創安陸之調不復爲襄陽之用而玄冬之月沔漢乾涸皆當魚貫而行推排而進設一處有急勢不相救臣所至慮一也又既至之後桓宣當出宜往實翦豺狼之林招攜貳之衆待之以至寬御之以無法田疇墾闢生產始立而當移之必有嗷然悔吝難測臣所至慮二也襄陽頓益數

萬日奉師之費皆當出於江南運漕之難船人之力不可不熟計臣之所至慮三也且申伯之尊而與邊將並驅文東軍不進殊爲孤懸兵書云知彼知此百戰不殆知彼不知此一勝一負賊誠衰弊然得臣猶在我雖方隆今實未暇而連兵不解患難將起臣之所至慮四也翼豈不知兵家所患嘗在如此顧以門戶事任憂責莫大晏安終年非心情所安是以抗表輙行畢命原野以翼宏規經畧文武用命忽遇釁會大事便濟然國家之慮嘗以萬全非至安至審王者不舉臣謂宜嚴詔諭翼還鎮養銳以爲後圖若少合

聖聽乞容出臣表與車騎臣氷等詳共集議

卞壺爲尚書令成帝即位皇太后臨朝壺與庾亮對直省中共參機要時詔南陽樂謨爲郡中正潁川庾怡爲廷尉評謨怡各稱父命不就壺奏曰人無非父而生職無非事而立有父必有命居職必有悔有家各私其子此爲王者無人職不軌物官不立政如此則先聖之言廢五教之訓塞君臣之道散上下之化替矣樂廣以平夷稱庾珉以忠篤顯受寵聖世身非已有况及後嗣而可專哉所居之職若順夫羣心則戰戍者之父母皆當以命子不以處也若順謨父之意則人皆不爲郡中正人倫廢矣順怡父之意人皆不爲獄官則刑辟息矣如是者其可聽歟若不可聽何以許謨怡之得稱父命乎此爲謨以名父子可以虧法怡是親戚可以自專以此二塗服人示世臣所未悟也宜一切班下不得以私廢公絶其表疏以爲永制朝議以爲然謨怡不得已各居所職

弘訥成帝時爲尚書郎領軍將軍卞壺與蘇峻戰死二子眕盱亦見害峻平朝議贈壺左光祿大夫加散騎常侍訥議以爲死事之臣古今所重卞令忠貞之節當書以竹帛今之追贈實未副衆望謂宜加鼎司

之號以旌忠烈之勳司徒王導見議進贈驃騎將軍加侍中訥重議曰夫事親莫大於孝事君莫尚於忠唯孝也故能盡敬竭誠忠也故能見危授命此在三之大節臣子之極行也案壺委質三朝盡規翼亮遭世險難存亡以之受顧耗之重居端右之任擁衞至尊則有保傅之恩正色在朝則有匪躬之節賊峻造逆戮力致討身當矢稍再對賊鋒父子并命可謂破家爲國守死勤事昔許男疾終猶蒙二等之贈况壺伏節國難者乎夫賞疑從重况在不疑可謂上準許穆下同嵇紹則允合典謨允厭衆望於是改贈壺侍

驃騎將軍開府儀同三司諡曰忠貞祠以太牢贈世
子聆散騎侍郎聆弟玗奉車都尉
孔嚴爲尚書左丞哀帝踐祚議所承統時多異議嚴
與冊楊尹庾龢議曰順本居正親親不可奪宜繼成
皇帝諸儒咸以嚴議爲長竟從之
王彪之簡文時爲吏部尚書時衆官漸多而遷徙每
速彪之上議曰爲政之道以得賢爲急非謂雍容廊
廟標的而已故將莅任贊時職思其憂也得賢之道
在於涖任涖任之道在於能久久於其道而天下成
化是以三載考績三考黜陟不收一切之功不採速

成之譽故勳格辰極道融四海風流遐邈聲冠百代
凡庸之族衆賢能之才寡才寡於世而官多於朝焉
得不賢鄙共貫清濁同官官衆則闕多闕多則遷速
前後去來更相代補非謂故然理固然耳所以職事
未修朝風未澄者也職事之修在於省官朝風之澄
在於并職官省則選清而得久職并則吏簡而俗靜
選清則勝人久於其事事久則中才猶足有成今內
外百官較而計之固應有并省者矣六卿之任太常
望雅而職重然其所司義高務約宗正所統蓋尠可
以并太常宿衛之重二衛任之其次驍騎左軍各有
所領無兵軍校皆應罷廢四軍皆罷則左軍之名不
宜獨立宜改游擊以對驍騎內官自侍中以下舊員
皆四中興之初二人而已二人對直或有不周愚請
三人於其事則無闕也凡餘諸官無綜事實者可令
大官隨才所拈而領之若未能頓廢自可因缺而省
之委之以職分責之以有成能否因考績而著清濁
隨黜陟而彰雖雍熙之隆康哉之歌未洽可使廢官
之選差清涖職之日差久無倖祿之虛費簡吏寺之
煩役矣永和末多疾疫舊制朝臣家有時疾染易三
人以上者身雖無疾百日不入宮至是百官多列家

疾不入彪之又言疾疫之年家無不染若以之不復
入宮則直侍頓闕王者宮省空矣朝廷從之
王獻之孝武時爲中書令時謝安薨贈禮有同異之
議惟獻之與徐邈共明安之忠勳獻之乃上疏曰故
太傅臣安少振玄風道譽洋溢弱冠遐棲則契齊箕
皓應運釋褐而王猷允塞及至載宣威靈彊猾消殄
功勳既融投韍高讓且服事先帝眷隆布衣陛下踐
祚陽秋尚富盡心竭智以輔聖明考其潛躍始終事
情緄綣實大晉之雋輔義篤於曩臣矣伏惟陛下留
必宗臣澄神於省察孝武帝遂加安殊禮

卷 卷

册府元龜

巡按福建監察御史臣李嗣京　訂正
分守建南道左布政使臣胡維霖　參閱
知建陽縣事　臣　黄國琦較釋

臺省部一十五

奏議第二

宋鄭鮮之初仕晉安帝爲御史中丞時制長吏以父母疾去官禁錮三年山陰令沈叔任父疾去職鮮之因此上議曰夫事相權故制有與奪此有所屈而彼有所申未有理無所明事無所獲而爲永制者也當

以去官之人或容詭托之事誠或有之豈可虧天下之大教以末傷本者乎且設法蓋以衆包寡而不以寡違衆況房杜去官而塞孝愛之實且人情趨於榮利辭官本非所以爲其制者莅官不久則奔競年生故杜其欲速之心以申考績之實郎父母之疾而加以罪名悖義疾理莫此爲大謂宜從奪於義爲允從之於是自二品以上父母沒者墳墓摧毁及疾病族屬輒去竝不禁錮

裴松之晉安帝義熙初爲祠部郎松之以世立私碑有乖事實上表陳之曰碑銘之作明示後昆自作殊功異德無以允應茲典大者道勳光遠世所宗推其次節行高妙遺烈可紀若乃亮采登庸績用顯著敷化所莅惠訓融遠述詠所寄有賴鐫勒非斯族也則幾乎潛瀆矣俗弊僞興華煩已久是以孔悝之銘行是人非蔡邕制文每有愧色而自時厥後其流彌多預有臣吏必爲建立勒銘寡取信之實刊石成虚僞之常眞假相蒙殆使合美者不貴但論其功費又不可稱不加禁裁其弊無已以爲諸欲立碑者宜悉令言上爲朝議所許然後聽之庶可以防遏無徵顯彰茂實使百世之下知其不虛則義信於仰止道秀於

來葉詔是竝斷

孔琳之晉義熙中爲尚書左丞詔衆官獻便宜議者以爲宜修庠序郵典刑審官方明黜陟舉逸拔材務農簡調琳之於衆議之外別建言曰夫璽印者所以辨章官爵立契符信官莫大於皇帝爵莫尊於公侯而傳國之璽歷代迭用襲封之印奕世相傳貴於仍舊無取改作今世雖尉一職獨用一印於内外羣官每遷悉改討尋其義私所未達若謂官各異姓與傳襲不同則未若異代之爲殊若論其名器雖有公卿之貴未若帝王之重若以或有誅夷之臣忌其凶穢

則漢用秦璽延祚四百未聞以子嬰身戮國亡而棄不佩帝王公侯之尊不疑於傳璽人臣衆僚之卑何嫌於即印載籍未聞其說准例自乖其准而終年刻鑄乖功消實金銅炭之費不可稱言非所以因循舊貫易簡之道愚謂衆官即用一印無煩改作若有新置官人多官印少又或零失然後乃鑄則仰裨天府非惟小益又曰凶門柏裝不出禮典起自末代稱習生常遂成舊俗爰自天子達於庶人誠行之有緣卒華必駭然苟無害於情而有愆禮度存之未有所明去之未有所失固當式尊先典釐革後謬況復兼須

以遊費實爲民患者乎凡人士喪儀多出閭里每有此須動十數萬損民財力而義無所取至於寒庶則人思自竭雖復室如懸磬莫不傾產殫財所謂葬之以禮其若此乎謂宜謹遵先典一罷凶門之式表以素扇足以示凶又曰昔事故飢荒米穀綿絹皆貴其後米價登復而絹于今一倍綿絹既貴蠶業者滋雖勤厲兼倍而貴猶不息愚謂致此良有其緣昔事故之前軍器止用鎧而已至於襖袍裲襠必俟戰陣實在庫藏永無損毀今儀從直衛及邀羅使命或有防衛送迎悉用袍襖之屬非惟一府衆軍皆然綿帛易敗勢不支久又晝以禦寒夜兼寢臥曾未周年便自敗裂每絲綿新租以市又諸府競收動有千萬積貴不已實緣於斯私服爲之艱匱官庫爲之空盡愚謂若侍御所須固不可廢其餘則依舊用鎧小小使命送迎之屬止宜用仗不煩鎧襖用之既簡則其價自降又曰夫不恥惡食唯君子能之肴饌尚奢爲日久矣今雖改張是期而此風未革所甘不過一味而陳必於方丈適口之外皆爲悅目之費富者以之自矜貧者爲之殫產衆所同鄙而莫能獨異愚謂宜粗爲其品使奢儉有中若有不改加以貶黜則德儉之化

不日而流

何承天爲御史中丞宋文帝元嘉九年魏軍侵邊太祖訪羣臣威戎禦遠之略承天上表曰伏見北蕃上事虜犯青兗天慈降監矜此黎元博逮羣策經綸戎政臣以愚陋預聞訪及竊尋獫狁告難爰自上古周室之盛南仲出車漢氏方隆衞霍宣力雖飲馬瀚海揚旆祁連事難役繁天下騷動委輸負海貲及舟車凶狡倔強未肯受弱得失報復裁不相補宣帝末年値其乖亂推亡固存始獲稽服自晉喪中原戎狄侵擾百餘年間未暇以北虜爲念大宋啓祚光耀靈武

懷德畏威用自納欵陛下統御以來羈縻遵養十餘年間貢譯不絶去歲三王出鎮思振遠圖猷心易駭遂生猜懼悖違信約深溝嚳隙貪禍恣毒無因自反恐烽燧之警必自此始臣素庸懦才不經武率其管窺謹撰安邊論意乃淺末懼無可採若得詢之朝列辨覈同異庶或開引羣慮研盡衆謀短長畢陳當否可見其論曰漢世言備匈奴之策不過二科武夫盡征伐之謀儒生講和親之約課其所言未有遠志加塞漠之外胡敵掣肘必未能推鋒引日規自開張當緣徙年冀土之民附化者衆二州臨境三王出藩經

略既張宏圖將舉士女延望華夷慕義故昧於小利且自矜侈外示餘力內堅僞衆今若務存遵養許其自新雖未可羈致北闕猶足鎮靜邊境然和親事重當盡廟筭誠非愚短所能究言若追蹤衛霍瀚海之志時事不等致功亦殊冠雖習戰未久又全據燕趙跨帶秦魏山河之險終古如一自非大田淮泗內實青徐使民有贏儲野有積榖然後分命方名總率虎旅精卒十萬使一舉盪夷則不足稍勒王師以勞天下何以言之今遺黎習亂志在偷安非皆恥爲左袵遠慕冠冕徒以殘害剝辱視息無寄故襁負歸國先後相尋虜既不能校勝循理攻城略地而輕兵掩襲急在驅殘是其所以速怨召禍滅亡之日今若遣軍追討報其侵暴大翦幽冀屠城破邑則聖朝愛育黎元方濟之以道若但欲撫其歸附伐罪弔民則駿馬奔走不肯來征徒與巨費無損於彼復奇兵深入殺敵破軍苟陵患未盡則困獸思鬭報復之役將遂無已斯秦漢之末策輪臺之所悔也安邊固守於計爲長臣以安邊之計備在史策李牧言其端嚴尤申其要大略舉矣曹孫之霸才均智敵江淮之間不居各數百里魏捨合肥退保新城江陵移民南涘濡須之

戍家停羨溪及表陵之屯民夷散雜晉宣王以爲宜從江南以北岸曹爽不許果亡柤中此皆前代之殷鑒也何者斥候之郊非畜牧之地非耕桑之邑故堅壁清野以俟其來整甲繕兵以乘其弊雖時有古今勢有強弱保民全境不出此塗要而歸之有四一曰移遠就近二曰浚復城隍三曰纂偶車牛四曰計丁課仗良守疆其土田曉帥振其風略蒐獮宣其號令俎豆訓其廉恥懋爵以縻之設禁以威之徭税有程寬猛相濟比及十載民知義方然後簡將授奇揚旌雲朔風卷河冀電掃嵩恒燕弧折郤代馬推足秦首

斬其右臂吳蹄絶其左肩銘功於燕然之阿饗徒於金微之曲寇雖亂亡有徵昧弱易取若天時人事或未盡符抑鋭俟機宜審其筭若邉戍未增星居布野勤惰異教貧富殊資疆埸之民多懷彼此虜在去就不根本業難可驅率易在振蕩又狡虜之性食肉衣皮以騁馳爲儀容以遊獵爲南畝非有車輿之安宫室之衛櫛風沐雨不以爲勞露宿草宿維其常性勝則競利敗不羞走彼來或驟而此已奔疲且今春踰濟既獲其利乘勝母忕未虞天誅比及秋末容更送死猋騎蟻聚輕兵烏集並殘禾稼焚爇閭井雖邉將

多畧未審何以禦之若盛師連屯廢農必衆馳車奔驛起役必遲散金行賞損費必大換土客戍怨曠必繁孰若因民所居並修農戰無動衆之勞有扞衛之實其爲利害優劣相懸也一日移遠就近以實内地今青兖舊民冀州新附在界首者三萬家此寇之資也今悉河内徙青州民移東萊正昌北海諸郡太山以南南至下邳左沃右沂田良野沃西阻蘭陵北阨大峴四塞之内其號險固民性重遷闇於圖始無虜之時嘉生咨怨今新被抄掠餘懼未息曉示安危居以樂土宜其歌忭就路視遷如歸二日浚復城隍以

增壘防儲秋冬斂民人入保所以警備暴客使防衛有素也古之城池處處皆有今雖頽毀猶可修治粗計戶數量其所容新徙之家悉著城内假其經用爲之閭伍納稼築場還在一處婦子守家長吏爲師丁夫匹婦春夏佃牧寇至之時一城千室堪戰之士不下二千其餘羸弱又能登陴鼓譟十則圍之兵家舊說戰士二千足抗羣虜三萬矣三日纂俾車牛以飾戎械計千家之資不下五百耦牛爲車五百輛叅合鉤連以衛其衆設使城不可固平行趨險賊所不能干既已族居易可檢括號令先明民知夙戒有急徵

發信宿可聚四日計丁課仗勿使有闕千家之邑戰士三千隨其便能各自有仗素所服習銘刻繇巳還保輸之於庫出行請以自衛弓簳利鐵民不辦得者官以漸充之數年之内軍用粗備矣臣聞軍國異容施於封畿之内兵農並修在於疆埸之表攻守之宜皆因其習任其怯勇山林川陸之形寒暑溫涼之氣各繇本性易則害生是故戍申作師遠屯清濟功費既重嗟怨亦深以臣料之未若即用彼衆之易管子治齊寄令在民商君爲秦設以耕戰終能申威定霸行共志業非苟任强實繇有數梁用走卒其邦自滅

齊用技擊厥衆亦離漢魏以來兹制漸絶蒐田非復
先王之禮治兵徒逞耳目之欲有急之日民不知戰
至乃廣延賞募奉以厚秩發遠奔救天下騷然方伯
刺史拱手坐聽自無經畧唯望朝廷遣軍此皆忘戰
之害不教之失也今移民實内浚治城隍族居聚處
課其騎射長吏簡試差品能否甲科上第漸就優別
明其勲材表言州郡如此則屯部有常不遷其業内
護老弱外通官塗朋曹素定同憂等樂情緣習親藝
因事著晝戰見貌足以相識夜戰聞聲足以相救斯
教戰之一隅先哲之遺術論者必以古城荒毀難可

修復今不謂頓便加功整麗如舊但欲先定民營其
閭術墉壑存者因而葺之其有毀缺權時柵斷足以
禦彼輕兵防遏遊騎假以方將漸就只立車牛之賦
課伏之宜攻守所資軍國之要今因民所利道而率
之耕農之器爲府庫之實田蠶之民兼千城之用千
家總倍旅之兵萬戸具全軍之衆兵强而敵不戒國
富而民不勞比於優復隊伍坐食廪糧者不可同年
而校矣今承平來久邉令弛縱弓簳利鐵旣不都斷
往歲棄甲者二十年課其所任理應消壞謂宜申明
舊科嚴加禁塞諸商賈往來幢隊挾藏者皆以軍法

懲治之又界上嚴立關候杜廢間蹊城保之境諸所
課伏並加雕鐫別造程式若有遺鏃亡刃及私爲竊
盗者皆可立驗於事爲長又鉅野湖澤廣大南通洙
泗北連青齊有舊縣城正在澤内宜立式修復舊堵
利其埭遏給輕艦百艘寇若入境引艦出戰左右隨
宜應接據其師津毁其航漕此以利制車運我所長
亦懲敵之要也

袁淑爲御史中丞元嘉二十六年元魏南侵遂至瓜
步文帝使百官議防禦之術淑上議曰臣聞函車之
獸離山必斃絶波之鱗宕流則枯羯寇遺醜趣致繁

甸蟻萃螽集閒已崩殪天險農曠地限深遐故全魏
戢其圖盛晉輟其議情屈力殫氣挫勇竭諒不虞於
來臨本無怯於能濟乃者獯定攜遠阻違授律緣將
有弛拙故士少鬬志閭潰之衆匪寇傾淪攻制之師
空自班散濟西勁騎息戰甤旅淮上訓卒簡僞靡旗
是繇緩整寡裹戎貽多昧遂使潞子入患伊川來擾
紛紛姬風泯毒禹績騰書有渭陰之迫懸烽均咸陽
之警然而切撝虛實匿迹先彰按索能否詭伏旣顯
綿地千里羸行阻深表裏譏疲東西分逼捨陵行之
習競湍沙之利今虹見萍生上膏脉動津陸陷溢痁

禍洊興葛豪巳單米粟莫係水寓衿帶進必傾損級江右寬繕淮內竊謂隕河溢宿固退亦墜滅所謂栖鳥於烈火之上養魚於叢棘之中或謂拯拒關城舊史爲允棄遠涼土前言稱非限此要荒猶弗委割況聯袂京國咫尺神甸數州摧掃列邑殲夷山淵反覆草木塗地今兵賦千乘井竿萬集肩摩倍於長安帷袂百於臨淄什一而藉實慊氏願履畝以稅既協農和戶競戰心人含銳志皆欲贏糧請奮釋縛乘城謂宜懸金鏁印要壯果之士重幣甘辭招摧決之將舉薦板築之下抽登臺皇之間賞之以焚書報之以相

冊府元龜　臺省部　奏議二　卷之四百七十一　十一

爵俄而貽才賀闕異能間至戎貪而無謀肆而不整迷乎向背之次謬於合散之宜犯軍志之極害觸兵家之甚諱咸畜憤矣僉策戰矣稱願影從謠言繹命宜遐敢悍數千鶩行潛掩偃旗裹甲鉗馬銜枚檜動而起晨歷未陣旌譟亂舉火皷四臨使景不暇移塵不及起無不禽獮獸讐氷解霧散掃洗嘯顗漂鹵浮山如有央冝漏網逡巢逗穴命淮汝戈船遏其還逕究部勁卒梗其歸塗必剪元雄懸首麾下乃將隻輪不反戰韓無旋矣於是信臣騰威武士繕力緹組接陰輿析連響若其偶遁蠃張出沒無際楚言漢旆顯黠如神固巳日月蔽虧川谷蕩霣負塞殘孽阻山壚黨收險竊命憑城借一則當因威席捲承機芟剿涸汴秀士星流電燭徐阜巖兵雨湊雲集蹶亂桑溪之北搖潰瀚海以南絕其本根勿使能植銜索之桔幾何不蠢是猶涸澤而漁焚林而狩若大風之舞輕籜杲日之拂浮霜既而尉洽荷掠之餘望弔綱悲之鬼然後天行樞運猋舉煙升青蓋西巡翠華經啟州野蕩滌舉無遺策俾高闕再勒燕然復銘方乃奠山沉河創禮輯策闡耀炎昊之遺則貫軼商夏之舊文今衆買拳勇而將術跡怯意者稔泰日積承平歲久邑

冊府元龜　臺省部　奏議二　卷之四百七十一　十二

無驚赴之急家緩餽戰之勤闕閫訓之禮簡參覊之飾且亦薦採之法庸未厖歟若乃邦造里選權論深切窮澤盡幽漸帶尋遠設有沉明能炤俊偉自宣誠感泉雨勇通金石氣慴飛賁知窮茞起審邪正順逆之數達昏明益損之宜能聯合民心愚獻物性登丹墀而敷策躡青蒲而揚謀上說宸鑒下弼素言足以安民紓國救災恤患則宜拔過寵貴之上褒升戚舊之右別其旂章榮其班祿出得專譽使不稟命降席折節同廣武之請設壇致禮均淮陰之授必有要盟之功竊符之捷夷裔暴狠內外侮棄始附之衆分散

無序蠱以威利勢必携離首順之徒靡然自及今淶澤故俗典纚縷綏蒴焉幽播折首凶徒是猶卧者願明痿人思步動傷嵩會功終易感切晉在於善覘全鄭實荷良謀多縱反問汨感必耳發險易之前抵輿喪之術衝其猜伏拂其嫌嗜陷以連率之貴餌以折壤之資罄筆端之用展辭鋒之鋭振辨則堅圍可解馳羽而巖邑易傾心高土分枝幹瓦裂故燕樂相悔項范交疑矣或乃言約功深事邇應廣齊圍反駕趙養還君盡輿訟之道畢能事之效臣幸得出内又音納暑禁游息明代澤與身泰思隨年行無以逢迎昌運

潤餙鴻法今塗有遺鏃蔓未息鋒敢思涼識少酬閎施但坐幕既乏略文兒胄不能致果切觀都護之遏論蜀國之兵謀終晁之抗辭杜耿之言事咸云及經之策猶闕上筭燭邪之敬裁收下策自恥燋水智不綜微敢露昧見無會晤採

何尙之孝武即位爲尙書令時欲分荆州置郢州議其所居江夏王義恭以爲宜在巴陵尙之議曰夏口在荆州之中正對沔口通接梁雍實爲津要緜來舊鎭故根基未易今分取江夏武陵天門竟陵隨五郡爲一州鎭在夏口既有劍城洲大容舫竟陵出道取荆州雖水路與去江夏不異諸郡至夏口皆從沔並爲利便湘州所領十一郡其巴陵邊帶長江去夏口密邇既分湘中反更成大亦可割巴陵屬新州於事爲允帝從其議荆楊二州戶口半天下江左以來楊州爲根本委荆州以閫外至是竝分欲以削臣下之權而荆楊竝因此虚耗尙之建言復合二州帝不許

何偃孝武即位爲侍中時責百官讜言偃以爲宜重農䘏本并官省事考課以知能否增俸以除吏姦責成良守久於其職都督刺史宜别其仕

謝莊孝武初爲侍中時魏人求通互市上詔羣臣博

議莊議曰臣愚以爲獯獫棄義唯利是視關市之請或以覘國順之示弱無名柔遠距而觀釁有足表强且漢文和親豈止彭陽之寇武帝修約不廢馬邑之謀故有餘則經畧不足則閉關何爲屈冠帶之邦通引弓之俗樹無益之軌招塵黙之風交易爽議既應深杜和約詭論尤宜固絶臣庸管多蔽豈識國儀恩誘降建敢不披盡莊又以搜才路狹乃上表曰臣聞功炤千里非特燭車之珍德柔隣國豈徒秘璧之貴故詩稱殄悴誓述榮懷所能道臻無積化至恭己伏惟陛下膺慶集圖締寓開縣㝠奥遐政昊旦諷風採

言厥輿觀謠爰遠斯實展詩告平頌聲方製臣竊惟隆披所漸治亂之繇何嘗不興資得才替因失士故楚書以善人爲寶虞典以則哲爲難進選之軌旣弛中代登造之律未闡當今必欲崇本康務庇民濟俗匪更懲瀝奚取九成升屛中陽英賢起於徐沛受籙白水茂異出於荆宛寧二都智之所産七奧才之所集實遇與不遇用與不用耳今大道光亨萬務俟德而九服之曠九流之艱提鈞懸衡委之選部一人之鑒易限而天下之才難原以易限之鑒鏡難原之才使國罔遺賢野無滯器其可得乎昔公叔與僎同升

管仲取臣於盜趙文非親士疎嗣祁奚豈諂讐比子茹茅以彙作範前經擧爾所知式貽徃牒且自古任薦賞罰弘明成子擧三哲而身致魏輔應侯任二士而巳捐秦相臼季稱冀缺而疇以田釆張勃進陳湯而坐以褫爵此先事之盛準亦後王之彝鑒如臣愚見宜普命大臣各擧所知以付尚書依分銓用若任得其才據主延賞有不稱職宜及其坐重者免黜輕者左遷被擧之身加以禁錮年數多少隨愆議制若犯大辟則任者刑論又政平訟理莫先親民親民之安實歸守宰故黄霸治頴川累稔杜畿居河東歷載

或就加恩秩或入崇暉寵今莅民之職自非公私必應代換者宜遵六年之制進獲章明庸墮退得民不勤擾如此則下無浮謬之愆上靡棄能之累考績之風載泰樵薪之謌克昌臣生屬亨路身漸鴻猷遂得奉詔左右陳愚於側敢露芻言懼氛常典有詔莊表如此可付外詳議莊後以疾免官大明元年起爲都官尚書奏改定刑獄曰臣聞明慎用刑式存姬典哀矜折獄實暉呂命罪疑從輕旣前王之格範寧失弗經亦烈聖之嘗訓用能化致升平道臻恭巳逮漢文傷不辜之罰除相坐之令孝宣悟深文之吏立鞫訊

之法當是時也號稱刑清陛下踐位親臨聽訟億兆相賀以爲無寃民矣而比囹圄未虛頌聲尚缺臣竊謂五聽之慈弗宣於宰政三宥之澤未洽於民謠頃年軍旅餘弊刼掠猶繁監司討獲多非其實或規免身咎不慮國患楚對之下鮮不誣濫身遭鈇鑕之誅家嬰孥戮之痛比伍同閈莫不及罪是則一人罰謬坐者數十昔齊女告天臨淄臺殞孝婦寃戮東海愆陽此皆符變靈祇精感景緯臣近兼訊見重囚八人旋觀其初死有餘罪詳察其理實並無辜恐此等不少誠可怵惕也舊官長竟囚畢郡遣督郵案驗仍就

施刑督郵賤吏非能異於官長有案驗之名而無研究之實愚謂此制宜革自今入重之囚縣考正畢以事言郡并送囚身委二千石親臨覈辦必收聲吞釁然後就戮若二千石不能決乃啟廷尉神州統外移之刺史刺史有疑亦歸臺獄令死者不怨生者無恨庶鬻棺之嗟輟歎於終古兩造之察流詠於方今臣學闇申韓才寡治術輕陳庸管懼乖國憲

張永孝武時爲尚書左丞時將士休假年間三番紛紜道路永建議曰臣聞開兵從據前王以之兼隙耕戰遞勞先代以之經遠當今化寧萬里文同九服捐

金走驥於馬自始伏見將士休假多蒙三番程會既促裝赴在早故一歲之間四馳遙路或失遠春耜或違要秋登致使公替常儲家闕舊粟考定利害宜加詳改愚謂交代之限以一年爲制使主上之念勞未及積遊農之望收功歲成則王度無騫民業期植矣從之

南齊虞玩之仕宋後廢帝時爲尚書右丞表陳時事日天府虛散垂三十年江荆諸州稅調本少自頃以來軍募多乏其穀帛所入折供文武豫兖司徐開口待哺西北戍將裸身求衣委輸京都益爲寡薄天府所資唯是淮海民荒財單不及曩日而國度弘費四信元嘉二衞臺坊之民五不餘一都水材官朽散十不兩存備豫都庫材竹俱盡東西二陶塼瓦雙遺勅令給賜悉仰交市尚書省閣日就傾陁第宅府署太多穿毀視不遑救知不暇及尋所入定調用恤不周既無儲畜理至空盡積弊累耗鍾於今日昔歲奉勅課以楊徐衆逋允入米穀六十萬斛錢五千萬布絹五萬疋雜物在外賴此相贍故得推移即今所懸轉多興用漸廣深懼供奉頓闕軍器輟功將士飢怨百官騫祿府署謝雕麗之器土木停緹紫之容國戚無以贍勳舊無以給如愚管所慮不周歲矣經國遠謀

臣所不敢言朝夕祗勤心在於匪懈起伏振蘧事屬歸聞伏願陛下留須臾之鑒垂永代之計發不世之詔施必行之典則氓隸齊歡高卑同泰帝優詔答之

王儉高帝時爲散騎常侍及帝遺詔以褚淵錄尚書事江左以來無單拜錄者有司疑立優策儉議以爲見居本官拜錄推理應有策書而舊事不載中朝以來三公王侯則優策並設官品第二策而不優優者褒美策者甄明委寄尚書職居天官政化之本故尚書令品雖第三拜必有策錄尚書品秩不見而總任

彌重前代多與本官同拜故不別有策即事緣情不容均之允條宜有策書用申隆寄旣異王侯不假優文從之

王僧虔建元二年爲左光祿大夫侍中丹陽尹郡縣獄相承有上湯殺囚僧虔上疏言之曰湯本以救疾而實行冤暴或以肆忿若罪必入重自有正刑若去惡宜疾則應先啟豈有死生大命而潛制下邑愚謂治下囚必病先刺郡求職司與醫對共診驗遠縣家人省視然後處治可使死者不恨生者無怨帝納其言

王慈武帝時爲侍中領郡兵校尉慈以朝廷諱謗非古舊制上表曰夫帝后之德綢繆天地君人之亮蟬聯日月至於名族不著昭自方策號謚聿宣載伊篇籍所以魏臣據中以建議晉主依經以下詔朝堂置榜先諱懸路義非綿古事啟中世宗失資敬之情徒乖嚴配之道若乃式功鼎臣贊庸元吏或以秩崇或由姓表故孔悝見銘謂標叔舅子孟應圖稱題霍氏況以處一之重列尊名以止仁無二之貴詹沖文而止敬昔東平即世孝章巡宮而灑泣新野云終和熹見似而流涕感循舊類尚或深心矧覩徽跡能無惻隱今扃禁嶔邃動延褒蓋若使鑾駕停覽以時臨閱豈不重增聖慮用感宸衷愚謂空彪簡冊無益於匪躬宜日朝堂寧虧於夕惕伏惟陛下保合萬國齊聖羣生當刪前基之弊執啟皇齊之孝則詔付外羣議博士李撝議據周禮凡有新令必奮以驚衆乃退以憲及于王宮注憲表懸之也太常丞王僩之議尊極之名宜率土同諱目可得覩口不可言口不可言則知之者絕知之者絕則犯觸必衆儀曹郎任昉議撝取證明之文僩之即情惟允與班諱之典爰自漢世降及有晉歷代無爽今之諱榜兼明義訓邦之自國

實爲前事之徵名諱之重情敬斯極故懸諸朝堂搢紳所聚將使起伏晨昏不違耳目禁避之道明然易從此乃敬恭之深旨何情典之或廢尊稱霍氏理例乖方居下必明故以不明爲重在上必諱故以班諱爲尊因心則理無不安即事則罷行已久謂宜式尊無所創革慈議不行諱榜謂朝堂置榜書國廟諱令人避之

王融爲中書郎武帝討雍州刺史王奐融上疏曰臣每覽史傳見憂國忘家捐生報德者未曾不撫躬歎惜以爲今古共情也然或以片言微感一飡小惠參國士之眄同布素之遊耳豈有如臣獨拔無聞之伍

過越非分之位名器雙假榮祿竝升而宴安娛麗之晨優遊肝食之日所以敢布丹愚仰聞宸聽今議者或以西夏爲念臣竊謂之不爾其故何哉陛下聖明羣臣悉力以從制逆上而御下諂開賞黜之言徵示生死之路方城之人皆相爲敵旣兵威遠臨人不自保雖窮鳥必啄固等命於梁鶉困獸斯驚終竝懸於厨鹿而母后內難糧食外虛諸言物情屬當今會若籍巫漢之歸師騁士卒之餘憤取函河如反掌凌關塞若摧枯但士非素蓄無以卽用不教民戰是謂棄之特希私集部曲豫加習校若蒙垂許乞隷防衞臣

少重名節早習軍旅若試而無績伏受面欺之誅用且有功仰酬知人之哲

梁賀琛武帝時爲散騎常侍是時任職者緣僥奸諂深害時政琛啟陳事條封奏大略其一事曰今北邊稽顙政是生聚訓練之時而天下戶口減落誠當今之急務國家之於關外賦稅蓋微乃至年常租調動致逋積而人失安居寧非牧守之過其二事曰今天下守牧所以皆向貪殘罕有廉者良繇風俗侈靡使之然也欲使人守廉隅吏尚淸白安可得耶今誠宜嚴爲禁制道之以節儉貶黜彫飾糾奏浮華使衆皆知變其耳目改其好惡則易於反掌其三事曰斗筲之人詭競求進運挈瓶之智徵分外之求以深刻爲能以繩逐爲務長惡增奸實繇於此今誠願責其公平之効黜其讒愚之心則下安上謐無徼倖之患矣其四事曰自征伐北境帑藏空虛今天下無事而猶日不暇給良有以也夫國弊則省其事而息其費事省則養人費息則財聚若言小費不足害財則終年不息矣以小役不足妨人則終年不止矣書奏不納

陳袁樞爲都官尚書高祖長女永世公主先適陳留

太守錢藏生子岊主及岊竝卒於梁高祖受命唯公主追封至是將葬尚書王客請詳議欲加藏駙馬都尉并贈岊官樞議曰昔王姬下嫁必適諸侯同姓爲主聞於公羊之說車服不繫顯於詩人之篇漢氏初興列侯尙主自斯已後降嬪素族駙馬都尉置繇漢武或以假諸功臣或以加於戚屬是以魏曹植表云駙馬奉車趣得一號齊職儀曰凡尙主必拜駙馬都尉魏晉以來因而爲准蓋以王姬之重庶姓之輕若不加其等級寧可合巹而酳所以假駙馬之位乃崇於皇女也今公主早薨伉儷已絕旣無禮數何須駙

馬之授案杜預尚晉宣第二女高陸公主晉武踐祚而主已亡泰始中追贈公主凱無復駙馬之號梁文帝女新安公主早薨天監初王氏無追拜之事遠近二例足以據明公主所生既未及成人之禮無勞此受今宜追贈亭侯時以攝議爲長

冊府元龜

冊府元龜

巡按福建監察御史臣李嗣京訂正

知閩縣事臣曹學臣叅閱

知建陽縣事臣黃國琦較釋

臺省部 一十六

奏議第三

後魏崔玄伯爲黃門侍郎與張衮對掌樞要草創制度有司傳議國號玄伯議曰三皇五帝之立號也或因所生之土或卽封國之名故虞夏商周始皆諸侯及聖德旣隆萬國崇戴稱號隨本不復更立唯商人

屢徙改號曰殷然猶兼行不廢始基之稱故詩云殷商之旅天命玄鳥降而生商宅殷土茫茫此其義也昔漢高祖以漢王定三秦滅彊楚故遂以漢爲號國家雖統北方廣漢之土逮於陛下應運龍飛雖號舊邦受命惟新以登國之初改代曰魏又慕容永亦奉進魏土夫魏者大明神州之上國斯乃革命之徵驗利見之符也臣愚以爲宜號爲魏道武從之於是四方賓王之貢咸稱大魏矣

劉潔太武時爲尚書令時南州大水百姓阻饑潔奏曰臣聞天地至公故萬物咸育帝王無私而黎民戴賴伏惟陛下以神武之姿紹重光之緒恢隆大業育濟羣生威之所振無思不服澤之所振無遠不懷太平之治於是而在自頃邊寇內侵戎車屢駕天贊神明所在尅殄方難旣平皆蒙酬錫勳高者受爵功卑者獲賞寵賜優崇有過古義而郡國之民雖不征討服勤農桑以供軍國實經世之大本府庫之所資自山以東偏遇水害頻年不收就食他所臣聞率土之濱莫非王臣應加哀矜以鴻覆育今南摧強寇西敗醜虜四海晏如人神協暢若與兆民同享其福則惠感和氣蒼生悅樂矣太武從之於是復天下一歲租

賦

源賀爲給事中時斷獄多濫賀上書曰臣聞人所貴者莫貴於生命德之厚者莫大於宥死然犯死之罪難其盡恕權其輕重有加矜恤今寇賊未殄盬場須防臣愚以爲自非大逆赤手殺人之罪其坐贓及盜與過誤之愆應入死者皆可原命謫守邊境是則已斷之體更受再生之恩徭役之家漸蒙休息之惠刑措之化庶幾在茲虞書曰流宥五刑此其義也臣受恩深重思以仰答將違闕庭預增係戀敢上瞽言唯加裁察文成納之已後入死者皆恕死徙邊

韓秀獻文踐祚爲給事中參征南慕容白曜軍事孝文延興中尚書奏以燉煌一鎭界遠西北寇賊路衝慮或不固欲移就凉州羣官會議僉以爲然秀獨謂非便曰此蹙國之事非闢土之宜愚謂燉煌之立其來久矣雖土鄰强寇而兵人素習縱有姦竊不能爲害循常置戍足以自全退保一方之城聚進塞四夷之窺同若徙就姑臧慮人懷異意或貪留重遷情不願從脫引寇內侵深爲國患且燉煌去凉州乃千餘里捨遠就近邊防有闕一旦廢罷是啟戎心則夷狄交搆互相來往恐醜協契侵竊凉土及近諸戍則關

右荒擾烽警不息邉役煩興艱難方甚乃從秀議

程駿爲中書令獻文神主遷於太廟有司奏舊事廟中執事之官例皆賜爵今宜依舊事駿獨以爲不可表曰臣聞名器爲帝王所貴山河爲區夏之重是以漢祖有約非功不侯必當屬有命於大君之辰展心力於戰謀之日然後可以應茅土之錫未見預事於宗廟而獲賞於壇土徒見晉鄭之復以夾輔爲至勳異鄧之傳以征伐爲重績周漢旣無文於遠代魏晉亦靡記於往年自皇道開符乾業創統務高三五之規思隆百王之軌罰頗減古賞實增昔時因神主改祠清廟致肅而授羣司以九品之命顯執事以五等之名雖復帝王制作弗相沿襲然當時恩澤豈足爲喪世之軌乎乖衆之愆伏待罪譴書奏從之文明太后謂羣臣曰言事固當正直而準古典安可依附暫時舊事乎賜駿衣一襲帛二百疋

李冲爲內秘書令南部給事中舊無三長唯立宗主督護所以民多隱冒五十家方爲一戶冲以三正治治所繇來遠於是創三長之制而上之文明太后覽而稱善引見公卿議之中書令鄭義秘書令高祐等曰冲求立三長者乃欲混天下一法言似可用事實

難行義又曰不信臣言但試行之事敗之後當知愚言之不謬太尉元丕曰臣謂此法若行於公私有益減稱方今有事之月校比民戶新舊未分民心勞怨請過今至冬閑月徐乃遣使於事爲宜冲曰民者冥也可使繇之不可使知之若不因調時百姓徒知之立長校戶之勤未見均徭省賦之益必心生怨宜及課調之月令知賦稅之均旣識其事又得其利因民之欲爲之易行著作郎傅思益進曰民俗旣異險易不同九品著條爲日已久一旦改法恐成擾亂太后曰立三長則課有常分包蔭之戶可出僥倖之人可

止何爲而不可羣議雖有乖異然唯以變法爲難更
無異議立三長公私便之
陳建孝文時爲尚書右僕射加侍中與侍中尚書晉
陽侯元仙德殿中尚書長樂王穆亮北部尚書平原
王陸叡寄表曰皇天輔德命集大魏臣等祖父翼贊
初興勲過蜀漢誓同山河享茲景福寵辱休戚與國
均焉臣以凡近識無遠達皆藉先寵遂荷今任彼巳
之議播於羣口仰感生成俯自策勵顧省駑鈍終無
云益然飲氷驚寐實懷慙負至於願天高地厚何日
忘之自永嘉之末封豕横噬馬叡南據奄有荆楚及

桓劉販邑禍難相繼岱宗隔望秩之敬青徐限見德
之風獻文皇帝髫齔龍飛道光率土干戚暫舞淮海
偃風車書既同華裔將一昊天不弔奄背萬邦竊聞
劉昱天亡權臣殺害思正之民翹想罔極愚謂時不
再來機宜易失毫分之差致悔千里天與不取反受
其咎所謂見而不作過在介石者也宜簡雄將號令
八方義陽王臣昶深悟存亡遠同孫氏苟力運響從
則吳會可定脫事有難成則振旅而返進可以揚義
聲於四海退可以通德信於遐裔宜乘之會運中今
日如合聖聽乞速施行脫忤天心願存臣表徐觀後

驗賞罰隨焉帝嘉之
韓顯宗太和初兼中書侍郎既定遷都顯宗上書其
一曰竊聞輿駕今夏若不巡三齊當幸中山竊以爲
非計也何者當今徭役宜早息雒京宜速成省方則
徭役可簡并功則雒京易就往冬輿駕停鄴是閒隙
之時猶編戶供奉勞費爲劇聖鑒矜愍優旨慇懃爵
浹高年賚周鰥寡雖賑貸普霑今猶恐雨來夏菜色
況三農要時六軍雲會其所損業實爲不少雖調斂
輕省未足稱勞然大駕親臨誰敢寧息往來承奉紛
紛道路田蠶豐廢則將來無資此國之深憂也且向

炎暑而六軍暴露恐生癘疾此可憂之次也臣願輿
駕早還北京以省諸州供帳之費并功專力以營雒
邑則南州免雜徭之煩北都息分拆之歎雒京可以
時就遷者愈爾如歸其二曰自古聖帝必以儉約爲
美亂王必以奢侈貽患仰惟先朝皆卑官室而致力
於經略故能基宇開廣業作隆泰今雒陽基趾魏明
所營取譏前代伏願陛下損之又損頃來北都富室
競以第宅相尚今因遷徙宜申禁約令貴賤有撿無
得踰制端廣衢路通利溝渠使寺署有別四民異居
永垂百世不刊之範則天下幸甚矣三曰竊聞輿駕

還維陽將數千騎臣甚爲陛下不取也夫千金之子猶坐不垂堂況萬乘之尊富有四海乎警蹕於闈闥之內者豈以爲儀容而已蓋以戒不虞也清道而後行尚恐銜橜之或失況履涉山河而不加三思哉此愚臣之所以悚息伏願省察其四曰伏惟陛下耳聽法音目玩墳典口對百辟心虞萬機晷昃而食夜分而寢加以孝思之至隨時而深文章之業日成篇卷雖獻明所用未足爲煩然非所以嗇神養性頤無疆之祚莊周有言形有待而知無涯以有待之形役無涯之智殆矣此愚臣所不安伏願陛下垂拱司契委

天下責成惟冕旒垂纊而天下治矣高祖順納之顯宗又上言曰進賢求才百王之所先也前代取士必先正名故有賢良方正之稱今州郡貢察徒有秀孝之名而無秀孝之實而朝廷但檢有門望不復彈坐如此則可令別貢門望之敘士人何假冒秀孝之名也夫門望者是其父祖之遺烈亦何所益於皇家益於時者賢才而已苟有才雖屠釣奴虜之賤聖皇不恥以爲臣苟非其才雖三后之胤自墜於皂隸矣是大才受大官小才受小官各得其所以致雍熙議者或云今世等無奇才不若取士於門此亦失矣豈可以世無周召使廢宰相而不致哉但當校其寸長銖重者即先敘之則賢才無遺矣又曰夫帝皇所以居尊以御下者威也兆庶所以徙惡以從善者法也是以有國有家以刑法爲蓋生民之命於是而在有罪必罰罰必當辜則雖箠撻之刑而人恥而莫敢犯也有生隨行人得僥倖則終參夷之誅不足以肅自太和以來未多坐盜棄市而遠近肅清繇此言之止姦在於防撿不在麗刑也今州郡牧守邀當時之名行一切之法臺閣百官亦咸以深酷爲無私以仁恕爲容盜迭相敦厲遂成風俗陛下居九重之內視人如

赤子百司分萬務之要遇下如仇讐是則堯舜止一人而桀紂以千百和氣不至蓋繇於此書曰與殺不辜寧失不經實宜勑示百僚以惠元元之命又曰昔周王爲犬戎所逐東遷河雒鎬京又補宗周以存本也光武雖曰中興實自創業西京尚置京尹不廢舊今陛下光隆先業遷宅土中稽古復禮於斯爲盛豈若周漢出不得已哉按春秋之義有宗廟曰都無謂之邑此不刊之典也況北代宗廟在焉山陵託焉王業所基聖躬所載其爲神鄉福地實亦遠矣今便同之郡國臣竊不安愚謂代京宜建畿置尹一如故事

崇本重舊以光萬乘又曰伏見雒京之制居民以官位相從不依族類然官位非常有朝榮而夕辱則衣冠倫於斯濫之邑臧獲騰于膏腴之里物之顛倒或至於斯古之聖王必令四民異居者欲其志專而業定則不淫故耳目所習不督而就父兄之教不肅而成佾惟太祖道武皇帝剏基撥亂日不暇給然猶分則庶士不令雜居伎作屠沽各有攸處但不設科禁賣買任情販貴易賤錯居混雜假令一處嚴師苦訓誦詩講禮宣令童齔任意所從其走赴舞堂者萬數往就學館者無一此則伎作不可雜居士人不可異

處之明驗也故孔父里仁之美孟母三徙之訓賢聖明誨若此之重今令伎作家習士人風禮則百年難成令士人兒童効伎作容態一朝可得是以士人同處則禮教易興伎作雜居則風俗難改朝廷每選舉人士則校其一婚一宦以爲升降何其密也至於別伎作宦途得與膏粱華望接閣連甍何其略也此愚臣之所惑今稽古建極光宅中區凡所從居皆是公地分別伎作在於一言有何爲疑而闕甚美又曰自南僞相承竊有淮北欲擅中華之稱且以招誘邊民故先置中州郡縣自皇風南被仍而不改凡有重名

其數甚重疑惑書記錯亂區宇非所以疆域物土必也正名之謂也愚以爲可依地里舊名一皆釐革小者并合大者分署及中州郡縣昔以戶少併省今人口既多亦可復舊君人也者以天下爲家不得有所私也故倉庫儲貯以俟水旱之災供軍國之用至於有功德者然後加賜爰及末代乃寵之所隆賜賚無限自此以來亦爲大過在朝諸貴受祿不輕土木被錦綺僮妾厭粱肉而復厚賚屢加動以千計若分賜鰥寡贍濟實多如不悛革豈周急不繼富之謂也愚謂事可賞勸則明旨襃揚稱事加賜以勸爲善不可

以親近之昵猥損天府之儲又曰宿衞內直者宜令武官習弓矢文官諷書傳而今給其蒲博之具以成褻狎之容長矜爭之心恣諠囂之慢徒損朝儀無益事實如此之類一宜禁之帝善之

高閭爲尚書中書監太和十四年秋閭上表曰奉癸未詔書以春夏少雨憂饑饉之方臻愍黎元之傷瘁同禹湯罪己之誠齊堯舜引咎之德虛災致懼詢及卿士令各上書極陳損益深恩被于蒼生厚惠流于后土伏惟陛下天啟聖哲利見纂極欽若昊天光格宇宙太皇太后以叡哲贊世稽合三才高明柔克道

被無外七政昭宣於上九功咸序於下君人之量僉高謙光之肯彌篤脩復祭儀宗廟所以致敬飾正器服禮樂所以宣和增儒官以重文德簡勇士以昭武功慮獄訟之未息定刑書以理之懼蒸民之姦軌置隣黨以穆之究庶官之窮劇班俸祿以優之知勞逸之難均分民士以齊之甄忠明孝矜貧恤獨開納讜言抑絕讒佞明訓以體率土移風雖未勝殘去殺成無爲之化足以仰答三靈者矣臣聞皇天無私降臨在下休咎之徵繇人名致帝道目則九疇叙君德衰而倫彝斁休瑞並應享以五福則康于其邦咎徵屢

臻罰以五極則害于其國斯乃洪範之實微神祇之明驗及其厄運所纏世鍾陽九數乖于天理事違於人謀時則有之矣故堯湯逢歷年之災周漢遭水旱之患然立功修行終能弭息今考治則有如此之風計運未有如彼之害而陛下慇懃引過事邁前王徙星澍雨之徵指辰可必消災滅禍之符灼然自見雖王畿之內頗爲少雨闗外諸方禾稼仍茂苟動之以理綏之以利一歲不收未爲大損但預虞不備古之善政安不忘危有國常典切以北鎮新徙家業未就思親戀本人有愁心一朝有事難以禦敵可寬其徭

來頗使欣慰開雲中馬城之倉以賑恤之足以感德致力邊境矣明察畿甸之民甚者出靈丘下館之粟以救其乏可以安慰孤貧樂業保土使幽定安并四州之租隨運以益其處開關弛禁薄賦賤糴以消其費清其道路恣其東西隨豐逐食貧富相贍可以免度凶年不爲患苦又聞常士困則濫竊生匹婦餒則慈心薄凶險之年民輕違犯可緩其役使急其禁令宜於未然之前申勑外牧又一夫幽枉王道爲虧京師之獄或恐未盡可集見囚於都曹使明折庶獄名重加究察輕者即可決遣重者定狀以聞罷非急之

作放無用之獸此乃救凶之常法且以見憂於百姓論語曰不患貧而患不安苟安而樂生雖遭凶年何傷於民庶也愚臣所見如此而已詔曰省表聞之當勑有司依此施行

邢巒爲散騎常侍兼尚書宣武初奏曰臣聞昔者明王之以德治天下莫不重粟帛輕金寶粟帛乃安國育民之方金玉是虛華損德之物故先皇深觀古今去諸奢侈服御尚質不貴雕鏤所珍在素不務綺綵至乃以紙絹爲帳扆銅鐵爲轡勒訓朝廷以節儉示百姓以憂矜日夜孜孜小大必愼輕賤珠璣示其無

設府藏之金裁給而已更不買積以費國資建景明之初承昇平之業四疆清晏遠邇來同於是番貢繼路商估交入諸所獻貨倍多於常雖加以節約猶歲損萬計珍貨常有餘國用常不足若不裁其分限便恐無以支歲自非爲要須者請皆不受從之

源懷宣武景明中爲尚書左僕射時有詔以姦吏犯罪每多逃遁因眚乃出竝釋然自今以後犯罪不問輕重而藏竄者遠流若永不出兄弟代徙懷乃奏曰謹按條制逃吏不在赦限竊惟聖朝之恩異於前宥諸流徒在路尚蒙旋反況有未發而仍遣邊戍按守

字犯罪逃走者衆祿潤既優尚有茲失及蒙恩宥卒然得還今獨苦此等恐非均一之法如臣管識謂宜寬之書奏門下以成式既班駁奏不許懷重奏曰臣以爲法貴經通法尚簡要刑憲之設所以羅綱罪人苟理之所備不在繁典刑之可通豈容峻制此乃古今之達政救世之常規伏尋條制勳品以下罪發逃亡遇恩不宥仍流妻子雖欲抑絕姦途匪爲通式謹按事條侵官敗法專據流外豈九品以上人皆貞白也諸州守宰職任清流至有貪濁事發逃竄遇恩免罪勳品以下獨乖斯例如此則寬從上流法切下吏育物有差惠罰不等又謀逆滔天經恩尚免吏犯微罪獨不蒙赦使大宥之經不通開坐之路致壅進違古典退乖今律輒率愚見以爲宜停書奏帝納之

盧昶爲散騎常侍兼尚書時雒陽縣獲白鼠昶奏曰謹按瑞典外鎮刺史二千石長不祗上命刻暴百姓人民嗟怨則白鼠至臣聞禎不虛見德合乃降妖不妄出咎彰則至是以古之人君或怠瑞以失德或祗變而立功斯乃萬古之殷鑒千齡之炳戒比者災氣作沴常虧法度陛下流如傷之慈降納隍之旨其哀百姓之無辜引在予之深責舉賢黜佞之諮道映於

堯天進忠納諫之言事光於舜古伏讀明旨俯觀徵讁敢布肅誓以陳萬一竊惟一夫之耕食裁充口一婦之織衣止蔽形年租歲調則惟常理此外徵求於何取足然自比年以來兵革屢動荆楊二州屯戍不息鍾離儀陽師旅相繼兼蠻凶狡王師薄伐暴露原野經秋淹夏汝潁之地率戶從戎河冀之境連丁轉運又戰不勝加之退負死喪離曠十室而八細役煩催日月滋甚苛兵酷吏因逞威福至使通原遥畛田蕪罕耕連村接閈蠶飢莫食而監司因公以責求豪强恃私而逼掠遂令齊短褐以益千金之資制口腹

而无一朝之急此繇牧守令長多失其人郡闕黃霸之君縣無魯恭之宰不思所以安民止思所以潤屋故士女呼嗟相望於道路守宰暴貪風聞於魏闕往歲法官按驗多推刑綱謂必顯戮以明勸誡然後命使覆訐公違憲典或承風挾請輕樹私恩或容情受賂輒施巳惠御史所劾皆言誣枉申雪罪人更云清白長侮上之源滋陵下之路忠清之人見之而自怠犯暴之夫聞之以益快白鼠之至信而有徵矣伏願陛下秉叡喆之鑒察妖災之起延對公卿廣宣庶政引見樞納博求民隱存問孤寡去其苛碎輕徭省賦

輿之體息貞艮忠謹置之於朝姦罔貪佞棄之於市則九官勿戒而常敬百縣不嚴而自肅士女欣欣人有望矣詔曰朕纂承鴻緒伏膺寶曆思靖八方惠康四海當必世之期麟鳳不降屬勝殘之會白鼠告咎萬邦有罪實唯朕躬尚書敷納獻替是寄讜言有聞朕實嘉美

袁翻爲尚書殿中郎正始中議選邊戍事翻建議曰臣聞兩漢警於西北魏晉備在東南是以鎮邊守塞必寄威重伐叛柔服實賴溫良故田叔魏尚聲高於沙漠當陽鉅平績流於江漢紀籍用爲美談古今取爲盛德自皇上以叡明纂御風凝化遠威厲秋霜惠霑春露能使淮海輸誠華陽即序連城請面比屋居仁懸車劍閣豈伊曩載鼓譟金陵復在今日然荆楊之牧宜盡一時才望梁郢之君尤須當今秀異自北緣邊州郡官至便登疆場統戍階當即用或槇稔德凡人或遇貪家惡子不識字民溫恤之方唯知重役殘忍之法廣開戍邏多置帥領或用其左右婚親或受其貨財請屬皆無防寇禦賊之心唯有通商聚斂之意其勇力之兵驅令抄掠若值彊敵即爲奴虜如有執獲奪爲巳富其羸弱老小輩微解金鐵之工少

闕草木之作無不搜營窮壘苦役百端自餘或伐木高山芸草平陸販貨往還相望道路此等祿既不多資亦有限皆收其實絹給其虛粟窮其力薄其衣用其工節其食經夂歷夏加之疾苦死於溝瀆者常十七八焉是以吳楚間伺審此虛實皆云糧匱兵疲易可乘擾故驅率犬羊屢犯疆埸頻年巳來甲冑生蟣十萬在郊千金日費爲弊之深一至於此皆緣邊任不得其人故延若斯之患賈生所以痛哭良有以也夫潔其流者清其源理其末者正其本旣失之在始庸可巳乎愚謂自今巳後荆楊徐豫梁益諸番及所

統郡縣府佐統軍至于戍主皆令朝臣王公以下各舉所知必選其才不拘階級若能統御有方清高獨著威足臨戎信能懷遠撫循將士得其歡心不營私潤專循公利者則就加爵賞使久於其人以時褒賚勵其忠欵所舉之人亦垂優異獎其得士嘉其誠節若不能一心奉公才非捍禦貪惏日富經略無聞人不見德兵厭其勞者即加顯戮用彰其罪所舉之人隨事免降責其謬薦罰其僞薄如此則舉人不得挾其私受任不得孤其舉善惡旣審沮勸亦明邊患永清讒議攸息矣

游肇爲侍中梁軍主徐玄明斬其青冀二州刺史張稷首以郁州內附朝議遣兵赴援肇表曰玄明之欵雖奔救是當然事有損益或憚舉而功多或因小而生患不可必也今六里朐山地實接海陂湖下濕人不可居郁州又在海中所謂雖獲石田連口六里雖尅尙不可守況方事連兵而爭非要也且六里於賊近要去北闊遠若以闊遠之兵攻逼之衆其勢旣殊不可敵也災險之年百姓饑弊死者亦復不少其何以居宜靜之辰興干戈之役軍資糧運取濟無所唯見其損未覩其益且親附之民復化猶近特須安帖不宜勞之勞則怨生怨則思叛思叛則不自安不安則擾動脫爾則連兵難解事不可輕宜損茲小利不使大損宣武並不納

任城王澄爲尙書令正始之末詔百司並升一級而執事不達旨意刺史守令限而不及孝明初澄奏曰竊惟雲構欝起澤及百司宜春望榮內外同慶至於賞陟不及守宰爾來十年寃詞不絕封回自鎭遠安州入爲太尉長史元康自征虜營州入爲高卿二人還授並在先詔應蒙之理備在於斯兼州佐停從之徒部臣郡丞之例尙蒙天澤下降榮及當時然衆佐

之末皆因府主不霑佐官獨預棄本賞末愚謂未允人計刺史守宰之官請准回康悉同泛限上允初旨百司之章下覆訟者元元之心詔曰自今以後內外之事嘗經先朝者不得重聞澄奏曰臣聞堯懸諫諍之鼓舜置誹謗之木皆所以廣耳目於芻蕘達四聰於天下伏惟太祖開基化隆自遠累聖相承於九帝重光疊暉洿隆必同與奪隨時道無常體思過如渴言重千金故稱無諱之朝邁蹤三五高祖冲年纂曆文明協統變官易律未爲違典及慈聖臨朝母儀寓縣爰發慈令垂心滯獄深枉者仰日月於九泉微屈

者希曲炤於天下乃格以先朝限以一判期誠奉遵之本心實乖元元之至望在於謙挹有乖舊典謹尋抱枉求直或至累朝毫釐之差正之宜速謬若千里騁馬弗追故禮有損益事有可否父有諍子君有諫臣琴瑟不調理宜改作是以大則起防川之諭小則通鄉校之言言壅敗國矧伊陳屈而可佈以先朝且先屈者非故屈之或有司愛憎或執事獨僻空文致法以誤視聽如此冤塞彌在可哀與其濫申寧失不經乞收今旨還依前詔詔曰省奏深見毗篤之情三皇異軌五代殊風一時之制何必詮改必請虛文旨

理存可申者何容不同來執可依往制又前來尚書文簿諸曹須則出備時公車署以理冤事重奏請直案澄執奏以尚書政本時宜遠慎故凡所奏閣道通之蓋以秘要之地防其宣露寧有古制所重今反輕之內猶設禁外更寬也宜善爲事意以付公車部從之又御史中尉東平王匡奏請取景明元年已來內外考簿吏部尚書中兵勳案并諸殿最欲一案校竊階盜官之人靈太后許之澄表曰臣聞三季之弊繇於須刑火德之典在於三約是以老聃云法令滋彰盜賊多有又曰其政察察其民缺缺又曰天網恢恢疎而不漏是故欲求治本莫若省事清心昔漢文斷獄四百幾致刑厝省事也所致蕭曹爲相載其清靜畫一之歌清心之本也今欲求之於本宜以省事爲先使在位羣官慕蕭曹之心以毗聖化如此則上下相安遠近相信百司不怠事無愆失豈宜擾世教以深文烹小鮮以煩手哉臣竊惟景明之初暨永平之末內外羣官三經考課逮延昌之始方知黜陟五品已上引之朝堂親決聖目六品已下例緣勅判自世宗晏駕太宥三品所以蕩除故意與物更始革世之事方相窮極以臣愚見謂爲不可又是尚書職分樞

納所憂昔魏明帝卒至尚書門陳矯抗辭帝慚而返夫以萬乘之重非所宜行猶屈一言慚而迴駕羣官百司而可相亂乎故陳平不知錢穀之數丙吉不問僵道之死當時以爲達治歷代用爲美談但各宜守其職思不出位潔已以勵時靖恭以致節又尋御史之體風聞是司空於冑勳妄考皆有處分若二處有風謠即應攝其一簿研撿虛實若差外不同僞情自露然後繩以典刑人孰不伏豈有移一省之案取天下之簿尋兩紀之事窮革世之尤如此求過誰堪其罪斯實聖朝所宜甚重也靈太后納之乃止

孫紹爲門下錄事與常景等共修律令延昌中紹表曰臣聞建國有計雖危必安施化能和雖寡必盛治乖人理雖合必離作用失機雖成必敗此乃古今同然百王之定法也伏惟大魏應天明命肇啟無窮必世後仁祚隆七百今三號京門了無嚴防南北二中復闕固守長安鄴城股肱之寄穰城上黨腹背所憑四軍五校之軌領護分事之職徵兵儲粟之要舟車水陸之資山河要害之權緩急去來之用持平赴救之方節用應時之法特宜修置以固堂堂之基持盈之體何得而忽居安之辰故應危懼矣且法開清濁

不平申滯理冤而甲寒亦免士庶同悲兵徒懷怨中正責望於下里主案舞筆於上臺眞僞混淆知而不糾得者不欣失者倍怨使門齊身等而涇渭奄殊類應同役而苦樂懸異士人居職不以爲榮兵士役苦心不忘亂故有競棄本生飄藏他土或詭名托養散在人間或忘命山藪漁獵爲命或投伏彊豪寄命衣食又應遷之戶遂樂諸州應留諸戶避寒歸暖兼職人子弟隨逐浮遊南北東西卜居莫定關禁不修任意取適如此之徒不可勝數爪牙不復爲用百工爭棄其業混一之計事實闕如考課之方責辦無日流浪之徒決須精校今强敵窺時邊黎伺隙內民不平久成懷怨戰國之勢竊謂危矣必造禍源者北邊鎮戍之人也若夫一統之年持平用之者大道之計也亂離之期縱横作之者行權之勢也故道不可久須文質以換情權不可常隨汙隆以收物文質應世道形自安汙隆獲衷權勢亦濟然則王者計法之趣化物之窺圖方務得其境人物不失其地又先帝時律令並議律尋施行令獨不出十餘年矣臣以令之爲體即帝王之身也公處百揆之儀安置九服之節經緯三才之倫包羅六卿之職措置風化之門作用賞

罰之要則是有爲之樞機世法之大本也然修令之人亦皆博古依撰置大體可觀比之前令精麤有在但主議之家大用古制若主依古高祖之法復須昇降誰敢措意有是非哉以是爭故久廢不理然律令相須不可偏用今律班令止於是甚滯若令不班是無典法臣不執事何依而行臣等修律非無勤止署下之日臣乃無名是謂農夫盡力他食其秋功名之所實懷於悒

元暉孝明初徵拜尚書左僕射詣攝吏部選事上疏曰臣聞治人之本實委守收之官得其人則政平物

理失其人則訟興怨結自非察訪善惡明加貶賞將何以黜彼貪怠陟此清勤也竊以大使巡省必廣巡送之費御史馳糾頗興威濫之刑且甦往爾還理不委悉從有簡舉良未平當愚謂宜令三司入坐侍中黃門各布耳目外訪州鎮牧將治人守令能否若德教有方清白獨著宜以名聞即加褒陟若治績無效貪暴遠聞亦便示牒登加貶退如此則不出庭戶坐知四方端委垂拱明賞審罰矣又表以御史之職鷹鸇是任必逞爪牙有所噬搏若選後生年少血氣方剛者恐其輕肆勁直傷物處廣愚謂宜簡官經事忠

良平慎者爲之詔付外依此施行後詔驛與任城王澄京兆王愉東平王康共決門下大事驛又尚書論政要其一曰御史之職務在得賢必得其人不拘階秩久於其事責其成功其二曰安人寧邊觀時而動頃來邊將亡遠大之畧貪萬一之功楚梁之好未聞而蠶婦之怨屢結斯乃庸人所爲銳爲姦利之所致也平吳之計自有良圖不在於一城一戍也又河北數州以其國之基本饑荒多年戶口流散豈於境上兵復徵發即如此日何易舉動愚謂數年以來唯宜靜邊以自征役安人勸農惠此中夏請嚴敕邊將自今有賊戍求內附者不聽輒遣授接皆須表聞違者雖有功請以違詔書論三曰國之資儲唯藉河北饑饉積年戶口逃散生長姦詐因共隱藏出縮老小妄注死失收人租調割入於己人困於下官損於上自非更立權制善加撿括損耗之來方在未已請求其議明宣條格帝納之

源子恭爲尚書北主客郎中攝南主客事梁亡人許周自稱給事黃門侍郎朝士翕然咸共信待子恭奏曰徐州表投化人許團并其弟周等究其牒狀周列云亡蕭衍黃門侍郎又稱心存山水不好榮官屢冒

讓辭貽彼赫怒遂被出爲齊康郡因爾歸國願畢志嵩嶺比加採訪畧無登明尋其表狀又復莫落案牒推理實有所疑何者昔夷齊獨往周王不屈其志伯況辭祿漢帝曲成其美斯實古先哲王名必有不臣之人者也蕭衍雖復崎嶇江右竊號一隅至於處物未甚悖禮豈有士辭榮祿而苟不聽之哉推察情理此則孟浪假蕭衍昏狂不存雅道逼士出郡未爲死急何宜輕去生養之事長辭父母之邦乎言不好榮官志願嵩嶺者初留之日即應杖策尋山負袂沿水而乃廣尋知已遍造知事希榮之心已見逃官之志

安在昔梁鴻去鄉終於吳會逢萌浮海遠客遼東並全志養性逍遙而已考之事實何其懸哉又其履歷清華名位高達計其蒙累應在不輕今者歸化何其孤廻設使當時忿遽不得携將及其來後家貧產業應見薄斂尊卑口累亦當從法而周兄弟然嘗無慼若無種族理或可通如有不坐便應是衍故遺非同投化推究二三真偽難辨請下徐楊二州密訪必令獲實不盈數旬玉石可覩於是詔推訪周果以罪歸闕便假職位如子恭所疑

蕭寶寅爲尚書左僕射正光四年上表曰臣聞堯典

有黜陟之文周書有考績之法雖其源難得而尋然條流抑亦可以知矣大較在於官人用財審於所蒞練迹較名驗於虛實豈有臧否得之餘論優劣著於歷試者乎既聲窮於月旦品定於黃紙用效於名葦事彰於臺閣則賞罰之途差有商准用舍之宜非無依據雖復勇進忘退之儔奔競於市里過分亡涯之請馳騖於多門猶且顧其聲第愼其與奪器分定於下爵位懸於上不可妄叨故也今竊見考功之典所懷未喻敢竭無隱誠陳萬一何者竊惟文武之名在人之極地德行之稱爲生之最首忠貞之美立朝之譽仁義之號出處之端自非職惟九官任當四嶽授曰爾諧讓稱僉往將何以克厭大名允茲令問自北以來官內高卑人無貴賤皆飾辭假說用相褒舉涇渭同波薰蕕共器求者不能量其多少與者不復覈其是非遂使冠履相貿名與實爽謂之考功事同汎陟紛紛漫漫焉可勝言又在京之官積年一考其中或所事之主遷移數四或所奉之君身名廢絕或具僚離索或同事彫零雖當時文簿記其殿最日久月深散落都盡人有去留誰復掌其勤惰或停休積穢數千累年之後方思追訪齊立其考第無不苟相

悅附共爲脣齒飾垢掩疵妄加丹素趣令得階而已無所顧惜賢達君子未免斯患中庸已下夫復何論官以求成身以請立上下相蒙莫斯爲甚又勤恤人隱咸歸守令厥任非輕所責實重然及其考課悉以六載爲程既而限滿代還復經六年而敘是則歲周十二始得一階於東西兩省文武閑職公府散左無事冗官或數旬方應一直或朔望止於暫朝及其考日更得四年爲限是一紀之中便登三級彼以實勞遽任而遷遺之路至難此其散位虛名而陛陟之方甚易何內外之相懸令厚薄之如是又聞之聖人大

實曰位何以守位曰仁孟子亦曰仁義忠信天爵也公卿大夫人爵也古之人修其天爵而人爵從之故雖文質異時污隆殊世莫不寶茲名器不以假人是以賞罰之柄嘗自持也至乃周之靄靄五叔無官漢之察察館陶徒請豈不重骨肉私親愛誠以賞罰一差則無以懲勸至公暫替則覬覦相欺故至槙至楷愍懃若此况乎親非肺腑才乖秀逸或充單介之使始無汗馬之勞或說興利之規終縣十一之潤皆虛張無功妄指贏益坐獲數階之官藉成通顯之貴於是巧詐萌生僞辨鋒出役萬慮以求榮開百方而逐

利握樞秉鈞者亦知其若斯但抑之則其流已注引之則有何紀極夫琴瑟在於必和更張求其適調去者既不可追來者猶或宜改案周官太宰之職歲終則合官府各正所同受其會計聽其事致而詔於王三歲則大計群吏之治而誅賞之愚謂今可粗依其准見居官者每歲終本曹皆明辨在官日月具覈才行能否審其實用而注其上下游辭宕說一無取焉列上尚書覆其合否如有紕繆即正而罰之不得方復推諉委下容其進退既定其優劣善惡交分庸短下第黜凡以明法幹務忠清甄能以記賞總而奏之後考功曹別書於黃紙油帛一通則本曹尚書與令僕印署留於門下一通則以侍中黃門印署掌在尚書嚴加緘扃不得開視考績之日然後對共裁量如此則少存實錄薄止姦回其內外考格裁非庸管乞求博議以爲畫一若殊謀異策事關興廢遐邇所談物無異議者自可臨時斟酌匪拘恆例至如援流引比之訴冒榮求級之請如不限以關鍵肆其傍通則蔓草難除涓流遂積穢我彝章撓茲大典謂宜明加禁斷以全至治開返本之路杜撓弊之門如斯則吉士盈朝薪槱載煥矣詔付外博議以爲永式竟無所

定時梁西豐侯正德來降寶寅表曰伏見揚州表蕭正德自云避禍遠投宸掖背父叛君駭議衆口深心指趣厥情難測臣聞立身行道始於事親終於事君故君親盡之以嘗敬嚴父兼之以博愛斯人倫之所先王教之盛典三千之罪莫大於不孝毀則藏姦嘗刑靡赦所以晉恭獲謗無所逃死衛伋受誣二子繼沒親命匪棄國孰無父况今封豕尚存長蛇未滅偷生江表自安毒酖而正德居猶子之親竊通侯之貴父榮於國子爵於家履霜弗聞去就先結隔絕山淮溫凊永盡定省長違報復何日以此爲心心可知矣

皇朝綿塞累葉思均四海自北徂南要荒俯澤能言
革化無思不𦤺貢玉帛於丘園標忠孝以納賞列蕝
銜于伊雒集華裔其如歸披髮鏤身之酋屈膝而請
吏交趾文身之渠款關而効質至如正德宜甄義以
致貶昔越棲會稽賴宰嚭以獲立漢困彭城實丁公
而獲免吳項已平二臣卽法豈不錄其情哉欲明責
以示後況徵君忽父狠子野心旣不親親安能親人
中間變詐或有萬等伏惟陛下聖鏡自天欽光纂曆
昭德塞違以臨羣后脫包此凶醜寘之列位百官是
象其何誅焉臣釁結禍深痛纏肝髓日暮途遥復報

無日豈區區於一豎哉但才雖庸近職居獻替愚衷
寸抱敢不申陳伏願聖慈少垂察覽訪議槐棘論其
是非使秋霜春露施之有在相鼠攸刺遄死有歸無
令申伋受笑於苟存曾閔淪名於盛世正德旣至京
師朝臣待之尤薄歲餘還叛
張普惠爲尚書右丞詣訪寃屈普惠上疏曰詩稱文
王孫子本枝百世易曰大君有命開國承家皆所以
明德睦親維城作翰漢祖封爵之誓曰使黃河如帶
泰山如礪國以永存爰及苗裔又申之以丹書之信
重之以白馬之盟其以彊大分王罪犯黜邑者蓋有

之矣未聞父甚子構世載忠賢一死一削用爲典者
也故尚書令臣肇未能遠稽古義近寃成旨以初封
之詔有親王二千戶始蕃一千戶二蕃五百戶三蕃
三百戶謂是親疎世減之法又以開國五等有所減
之言以爲世減之趣遂立格奏奪稱是高祖本意仍
被旨可差謬之來亦已甚矣遂使勳親懷屈幽顯同
寃紛訟彌年莫之能息臣輒遠研先旨格窮其事世
變減奪今古無據又尋詔書稱昔未可釆今始列辭
豈得混一罔分遠近也故樂良樂安同蕃異封廣陽
安豐屬別戶等寧定之嫡邑齊親王河間戚近更從

蕃食是乃太和之恩旨初封之倫級勳親兼樹非世
減之大驗者也博陵襲爵亦在太和之年時不世減
以父嘗全食足戶充本同之始封減從令式如此則
減者減其所足之外足者足其所減之內減之旨乃
爲所貢所食爾欲使諸王開國弗專其民賦役之差
貴賤有等蓋准擬周禮公侯伯子男貢稅之法王食
其半公食三分之一侯伯四分之一子男五分之一
是以親典得足充本淸淵吏多減戶故始封承襲俱
稱所減謂減之以貢食謂食之於國斯實高祖需然
之詔減實之埋聖明自釋求之史帛猶有未盡時尙

書臣琇疑減足之參差旨又判之以開訓所減之旨可以不疑於世減矣而臣肇弗稽徃事曰五等有所減之格用爲世減之法以王封有親疎之等謂是代削之條妄解成旨雷同世奪以此毒矢下民其從乎故太傅任城文宣王臣澄樞弼累朝識洞今古爲尚書之日殷勤執請孜孜於重議被旨不許於此遂停又律罪例減及先帝之緦麻令給親恤止當世之有服律令相違威澤異品使七廟曾玄不治未恤嫡封則賦祿無窮枝庶則屬絶内貶儀刑作孚億兆何觀夫一人吁嗟尚日虧治今諸王五等各稱其冤七廟

之孫竝訟其初陳訴之案盈於省曹朝言巷議咸云其苦恐非先王所以建萬國親諸侯睦九族之義也臣猥忝今任於茲五年推尋旨格謂無世減之理謂請近遵高祖減食之謀遠循百代像賢之誥退綠九代進從九義則刑罰有倫封不虛黜斯乃文王所以尅慎不敢侮於鰥寡而況於公侯伯子男乎今旨許究滯愚以此爲大者求尋光錫之詔并諸條所奪所請事事窮審諸王開國非犯罪削奪者竝求還復其昔嘗全食足戶充本減從今式者從前則力多於親懿全奪則減足之格不行愚謂祿力竝應依所之食

而食之若是則力少蕃王粟帛仍本戶邑雖盈之減爾秦旣有全食足戶之異故不得同於新封之力爾親恤所褒請依律斷伏惟親親尊賢必以功立尊賢以司民其可不愼乎親親以睦族其可棄乎如脱蒙允求以日判爲始其前來吏秩悉年久不追臣又聞明德愼罰文王所以造周咸有一德殷湯所以革夏故能上令下從風動斯偃畏之如雷電敬之如神明是以天子加天下綏萬國若天之無不覆地之無不載遷都之構瘢方子來汎澤所沾降及陪皂寧有嶽牧二石縣令丞尉治中別駕及諸軍幢受命於朝廷

而不可豫乎此之班駮雲雨之不平謂是當時有司出納之未允何以明之卿尋世宗節書百官普進一級中有朝臣刺史登時褒授内外貴賤莫不同澤又覆奏稱爰及陪皂明無不逮自後人率其心紛綸盈庭誤惑視聽限以汎前更爲年斷六年三年之考以意折之汎前汎後之歲隔而絶之遂使如綸之旨頓於一朝汎前六年上第者全不得汎三年上第者蒙半階而已汎前汎後合考者隔絶而不得無考者無折而全汎前汎後有考無考竝蒙汎與否乖違勸舊爾徆差若毫釐謬以千里其此之謂乎易曰言行君

子之所以動天地可不慎與言之不從無以抑之遂
奏奪收守外祿全不與泚散官改爲四年之考泚前
者八年一階致令不一宽訟惟慎與而復奪其本在
茲致使邀駕擊皷者無理以加其罪誹謗所繇生公
聽者無辭以抑其言噂喈所繇起夫琴瑟不調弛而
更張善人國之本也其可棄乎詩云樂只君子邦家
之基堯典曰克明峻德呂刑曰何擇非人周官官弗
必備惟其人咎繇曰無曠庶官天工人其代之詩云
人之云亡邦國殄悴又曰雨我公田遂及我私孔子
曰不患寡而患不均如此則官必擇人泚則宜溥請

遠遵正始元肯近准聖明二泚內外百官悉同一階
不以泚前折考不以散任增年則同雲共澍四海均
洽如謂未可宜以權理折之易曰聖人之大寶曰位
何以守位曰仁春秋傳曰擇人如此則乃可無泚不
可無一日考守宰之泚既以追奪則百官之泚不應
同霑溥澤復誰敢怨夫三載之考與於太和再周之
陟通於景明開劇祿力自有加減陪臣以事省降而
考𡚁三年朝官既祿等平曹更周四乃陟考祿參差
各稱其枉且一日于役征戍苦於煩任終年專使決
斷重於陪臣常尚若通於三載之考無泚隔折則各

盈其分亦足以近塞羣口遠綏四方日昳求賢猶有
所失況不遵擇人之訓唯以停久而進乎自今已後
考黜願以三宅華心選進願以三儁居德書曰舉能
其官惟爾之能稱非其人惟爾弗任斯同道所以佑
辟康民敢不敬守臣忝官樞副毗察究訟寤寐惟省
竊宜追正愚固所陳萬無可採
辛雄孝昌末爲尚書右丞上疏曰帝王之道莫尚於
安民安民之本莫加於禮律禮律既設擇賢而行之
天下雍熙無非任賢之功也故虞舜之盛穆穆標美
文王受命濟濟以康高祖孝文皇帝天縱大聖開復

典謨選三代之異禮採二漢之典法端拱而四方安
刑措而兆民治世宗重光繼軌無念聿脩官人有道
萬里清謐陛下勤勞日昃躬親庶政求瘼恤民無時
蹔憩而黔首紛然兵車不息以臣愚見可得而言自
神龜末來專以停年爲選士無善惡歲久先叙職無
劇易名到授官執案之吏以差次日月爲功能銓衡
之人以簡老舊爲平直且庸劣之人莫不貪鄙委斟
胥以共治之重託頑鼠以百里之命皆貨賄是求肆
心縱意禁制雖煩不勝其欲致令徭役不均發調違
謬斂萁盈門囚執滿道二聖明詔寢而不遵畫一之

法懸而不用自比夷夏之民相將爲亂豈有餘恨哉蓋緣官授不得其人百姓不堪其命故也當今天下黔黎久經寇賊父死兄亡子弟淪陷流離艱危十室而九白骨不收孤煢靡恤財殫力盡無以卒歲宜及此時早加慰撫盡助陛下治天下者唯在守令最須簡置以康治道但郡縣選舉絲來頗輕貴游儁才莫肯居此宜改其弊以定官方請上等郡縣爲第一請中等爲第二請下等爲第三清選補之法如盡才皂如不可並後地先才不得拘以停年意無銓革三載黜陟有稱者補在京名官如前代故事不歷郡縣不

得爲內職則人思自勉上下同心枉屈可申強暴自息刑政日平民俗奉化矣復何憂於不治何恤於逆徒也竊見今之守令清愼奉治則政平訟理有非其才則綱維荒穢伏願陛下暫留天心較其利害則臣言可驗不待終朝昔杜畿寬惠河東無警蘇則分憂金城尅復畧觀古今風俗遷訛無不任賢以相化革朝任夕治功可立待若遵嘗習故不明選典欲以靜民便恐無日書奏不行

巡按福建監察御史臣李嗣京　訂正
新建縣舉人臣戴國士　叅閲
知建陽縣事臣黄國琦　較釋

臺省部一十七

奏議第四

北齊高隆之初仕魏爲尚書右僕射自孝明孝昌之後天下多難刺史太守皆爲當部都督雖無兵事皆立佐僚所在頗爲煩擾隆之表請自非實在邊要見

有兵馬者悉皆斷之又朝貴多假常侍以取貂蟬之飾隆之自表解侍中并陳諸假侍中服者請亦罷之詔皆如表自軍國多事冐名竊官者不可勝數隆之奏請檢括旬日獲五萬餘人而羣小讙囂隆之懼止

王紘後主時爲散騎常侍武平五年陳人寇淮南詔令羣官共議禦捍封輔相請出討擊紘曰官軍頻經失利人情騷動若復興兵黷武出頓江淮恐北狄西寇乘我之弊傾國而來則大事去矣莫若薄賦省徭息民養士使朝廷協睦遐邇歸心征之以仁義敦之以道德天下皆當肅清豈直僞陳而已録尚書事高阿那肱謂衆曰從王武衞者南席衆皆同焉

後周蘇綽爲度支尚書太祖方欲革易時政務弘彊國富民之道故綽得盡其智能贊成其事減官員置二長并置屯田以資軍國又爲六條詔書奏施行之其一先治心曰凡今之方伯守令皆受命天朝出臨下國論其尊貴並古之諸侯也是以前世帝王每稱其治天下者唯良守宰耳明知百僚卿尹雖各有所司然其理民之本莫若宰守之最重也凡理民之體先當理己心心者一身之主百行之本心不清淨則思慮妄生思慮妄生則見理不明見理不明則是非

謬亂是非謬亂則一身不能自理安能理民也是以理民之本在於清心而已夫所謂清心者非不貪貨財之謂也乃欲使心氣清和志意端淨心和志靜則邪僻之慮無因而作邪僻不作則凡所思念無不皆得至公之理率至公之理以臨其民則彼下民孰不從化是以稱理民之本先在理心其次又在理身凡人君之身者乃百姓之表一國之的也表不正不可求直影的不明不可責射中今君身不能自理而望理百姓是猶曲表而求直影也君行不能自修而欲百姓修行者是猶無的而責射中也故爲人君者必

心如清水形如白玉躬行仁義躬行孝悌躬行忠信躬行禮讓躬行廉平躬行儉約然後繼之以無倦加之以明察行此八者以訓其民是以其人畏而愛之則而象之不待家教日見而自興行矣其二敦教化曰天地之性唯人爲貴明其有中和之心仁恕之行異於木石不同禽獸故貴之耳然性無常守隨化而遷化於敦朴者則質直化於澆僞者則浮薄浮薄者則衰弊之風質直者則淳和之俗衰弊則禍亂交興淳和則天下自治治亂興亡無不皆繇所化也然世遭凋喪已数百年大亂滋甚且二十歲民不見德唯

兵革是聞上無教化惟刑罰是用而中興始爾大難未平加之以師旅因之以饑饉凡百草創率多權宜致使禮讓弗興風俗未改比年稍登稔徭賦差輕衣食不切則敎化可修矣凡諸牧守令長各宜洗心革意上承朝旨下宣敎化矣夫化者貴能扇之以淳風浸之以大和被之以道德示之以朴素使百姓亹亹日遷於善邪僞之心嗜慾之性潛以消化而不知其所以然此之謂化也然後敎之以孝悌使民慈愛敎之以仁順使民和睦教之以禮義使民敬讓慈愛則不遺其親和睦則無怨於人敬讓則不競於物三者既備則王道成矣此之謂教也先王之所以移風易俗還淳反素垂拱而臨天下以至於太平者莫不繇此此之謂要道也其三盡地利曰人生天地之間以衣食爲命食不足則飢衣不足則寒飢寒切體而欲使民興行禮讓者此猶逆坂走丸勢不可得也是以古之聖主知其若此故先足其衣食然後教化隨之夫衣食所以足者在於地利盡地利所以盡者繇於勸課有方主此教者在乎牧守令長而已民者冥也智不自周必待勸教然後得盡其力諸州郡縣每至歲首必戒敕部民無問少長但能操持農器者皆

令就田墾發以時勿失其所及布種既訖嘉苗須理麥秋在野蠶停於室若此之時皆宜少長悉力男女并功若揚湯救火寇盜之將至然後可使農夫不廢其業蠶婦得就其功若有遊手怠惰早歸晚出好逸惡勞不勤事業者則正長牒名郡縣守令隨事加罰罪一勸百此則明宰之教也夫百畝之田必春耕之夏種之秋收之然後冬食之此三時者農之要也若失其一時則穀不可得而食故先王之戒曰一夫不耕天下必有受其飢者一婦不織天下必有受其寒者若此三時不務省事而令民廢農者是則絶民之

命驅以就死然單劣之戶及無牛之家勸令有無相通使得兼濟三農之隙及陰雨之暇又當教民種桑植果藝其菜蔬修其園圃畜育鷄豚以備生生之資以供養老之具夫爲政不欲過碎碎則民煩勸課亦不容太簡簡則民怠善爲政者必消息時宜而適煩簡之中故詩曰不剛不柔布政優優則百祿是求如不能爾則必陷於刑辟矣其四擢賢良曰天生烝民不能自化故必立君以理之人君不能獨理故必置臣以佐之上自帝王下至列國置臣得賢則治失賢則亂此乃自然之理百王不能易也令刺史縣令悉

有僚吏皆佐助之人也刺史府官則命於天朝其州吏以下並牧守自置自昔以來州郡大吏但取門資多不擇賢良末曹小吏唯試刀筆並不問志行夫門資者乃先世之爵祿無妨子孫之愚瞽刀筆者乃身命之末材不廢性行之澆偽若門資之中而得賢良是則策駿驥而取千里也若門資之中而得愚瞽是則土牛木馬形似而用非不可以涉道也若刀筆之中而得志行是則金相玉質內外俱美實爲人寶也若刀筆之中而得澆偽是則飾畫朽木悅目一時不以充榱椽之用也今之選舉者當不限資蔭唯在得

人苟得其人自可起厮養而爲卿相伊尹傅說是也而況州郡之職乎苟非其人則丹朱商均雖帝王之胤不能守百里之封況於公卿之胄乎舉此而言官人之道可見矣凡所求材藝者爲其可以理民若有材藝而以正直爲本者必以其材而爲理也若有材藝而以姦偽爲本者將因其官而爲亂也何致化之可得乎是故將求材藝必先擇志行善者則舉之其志行不善者則去之而今擇人者多云邦國無賢莫知所舉此乃未之思也非適理之論所以然者古人有言明王聿興不降佐於昊天大人基命不擢才於

后土常引一世之人理一世之務故殷周不待稷契之臣魏晉無假蕭曹之佐仲尼曰十室之邑必有忠信如丘者焉豈有萬家之都而云無士但求之不勤擇之不審或用之不得其所任之不盡其材故云無耳古人云千人之秀曰英萬人之英曰儁今之智效一官行聞一邦者豈非近英儁之士也但能勤而審之去虛取實各得州郡之最而用之則民無多少皆足化矣孰云無賢夫良玉未剖與瓦石相類名驥未馳與駑馬相雜及其剖而瑩之馳而試之玉石駑驥然後始分彼賢士之未用也混於凡品竟何以異要

任之以事業責之以成務方與彼庸流較然不同昔呂望之屠釣百里奚之飯牛甯生之扣角官夷吾之三敗當此之時悠悠之徒豈謂其賢及升王朝登霸國積數十年功成事立始識其奇士也於是後世稱之不容於口彼瓌偉之才不世之傑尚不能以未遇之時自異於凡品況降此者哉若必待太公而後用是千載無太公必待夷吾而後任是百世無夷吾所以然者事必從微而至著功必積小以至大豈有未任而已成不用而先達也若識此理則賢可求士可擇得賢而任之得士而使之則天下之理何向而不

可成也然善官人者必先省其官官省則善人易充善人易充則事無不理官煩則必雜不善之人雜不善之人則政必有得失故語曰官省則事省事省則民清官煩則事煩事煩則民濁清濁之繇在於官之煩省案今吏員其數不少昔民殷事廣尚能克濟況今戶口減耗依員而置猶以爲少如聞在下州郡尚有兼假擾亂細民甚爲無理諸如此輩悉宜罷黜無得習常非直州郡之官宜須善人爰至黨族閭里正長之職皆當審擇各得一鄉之選以相監統夫正長者理民之基基不傾者上必安凡求賢之路自非一途然所以得之審者必繇任而試之考而察之起於居家至於鄉黨訪其所以觀其所繇則人道盡矣賢與不肖別矣率此以求則庶無愆悔矣其五卹獄訟曰人受陰陽之氣以生有情有性性則有善情則爲惡善惡既分而賞罰隨焉賞罰得中則惡止而善勸賞罰不中則民無所措手足民無所措手足則怨叛之心是以先王重之特加戒慎者欲使察獄之官精心悉意推究根源先之以五聽參之以證驗妙覩情狀窮鑒隱伏使姦無所容罪人必得然後隨事加刑輕重皆當赦過矜愚得情勿喜又能消息情理斟酌

禮律無不曲盡人心而遠明大教使獲罪者如歸此則善之上者也然宰守非一不可人人皆有通識推理求情時或難盡唯當率至公之心去阿枉之志務求曲直念盡平當聽察之理必窮所見然後考訊以法不苛不暴有疑則從輕未審不妄罰隨事斷理獄無停滯此亦其次若乃不以仁恕而肆其殘暴同民木石專用捶楚巧詐者雖事彰而獲免辭弱者乃無罪而被罰有如此者斯則下矣非共理所寄今之宰守當勤於中科而慕其上善如在下條則刑所不赦又當深思遠大念存德教先王之刑曰與殺無辜寧

赦有罪與其害善寧其利淫明必不得中寧濫捨有罪不謬害善之也若今之從政者則不然深文巧劾寧致善人於法不免有罪於刑所以然者非皆好殺人也但云爲吏寧酷可免後患此則情存自便不念至公奉法如此皆姦人也夫人者天地之貴物一死不可復生然楚毒之下以痛自誣不被申理遂陷刑戮者將恐往往而有是以自古以來設五聽三宥之法著明愼庶獄之典此皆愛民甚也凡伐木殺草田獵不順尚違時令而虧帝道況刑罰不中濫害善人寧不傷天心犯和氣也天心傷和氣損而欲陰陽調

適四時順序萬物阜安蒼生悅樂者不可得也故語曰一夫吁嗟王道爲之傾覆正謂此也凡百宰守可不愼乎若有深姦巨猾傷化敗俗悖亂人倫不忠不孝故爲悖道者殺一儆百以清王化重刑可也識此二途則刑政盡矣其六均賦役曰聖人之大寶曰位何以守位曰仁何以聚人曰財明王必以財聚人以仁守位國而無財位不可守是故三五以來皆有征稅之法雖輕重不同而濟用一也今寇逆未平軍國費廣雖未遑減省以卹民瘼然宜令平均使下無怨夫平均者不捨豪彊而徵貧弱不縱姦巧而困愚拙此之謂均也故聖人曰蓋均無貧然財貨之生其功不易紡績織紝起於有漸非旬日之間所可造次必須勸課使預營理絹鄉先事織紝麻土早修紡績先時而備至時而輸故王賦獲供下民無困如不預勸戒臨時迫切復恐稽緩以爲已過捶扑交至取辦目前富商大賈緣茲射利有者從之貴買無者與之舉息輸稅之民於是弊矣租稅之時雖有大式至於斟酌貧富差次先後皆事起於正長而繫之於守令若斟酌得所則政和而民悅若簡理無方則吏姦而民怨又差發徭役多不存意致令貧弱者或重徭而遠

戍富彊者或輕使而近防守令用懐如此不存恤民之心皆王政之罪人也太祖甚重之嘗置諸座右又令百司習誦之其牧守令長非通六條及計帳者不得居官

隋柳彧爲司武中士平齊之後帝大賞從官留京者不預彧上表曰今太平告始信賞宜明酬勳報勞務先有本屠城破邑出自聖規斬將搴旗必藉神略若負戈擐甲征扞劬勞至於鎮撫國家宿衛爲重俱稟成筭非專已能留從事同功勞須等皇太子以下實有守宗廟之功昔蕭何留守茅生先於平陽穆之居

中殁後猶蒙憂策不勝管見奉表以聞於是留守並
加汎級

楊尚希高祖開皇初爲河南道行臺兵部尚書見天
下州郡過多上表曰自秦并天下罷侯置守漢魏及
晉邦邑屢改竊見今郡縣倍多於古或地無百里數
縣並置或戶不滿千二縣分領具寮以衆資費日多
吏卒又倍租調歲減清幹才良百分無一動須數萬
如何可覓所謂民少官多十羊九牧琴有更張之義
瑟無膠柱之理今存要去閑併小爲大國家則不虧
粟帛選舉則易得賢才敢陳管見伏聽裁處帝覽而

嘉之於是遂罷天下諸郡

李諤爲治書侍御史諤見禮教彫弊公卿薨亡其愛
妾侍婢子孫輒嫁賣之遂成風俗諤上書曰臣聞追
遠愼終民德歸厚三年無改方稱爲孝如聞大臣之
內有父祖亡沒日月未久子孫無賴便分其妓妾嫁
賣取財有一於茲實損風化妾雖微賤親承衣履服
斬三年古今通式豈容遽褫縗絰强傅鉛華泣辭靈
几之前送付他人之室凡在見者猶致傷心況乎人
子能堪斯忍復有朝廷重臣位望通貴平生交舊情
若弟兄及其亡沒杳同行路朝聞其死夕規其妾方
便求娉以得爲限無廉恥之心棄友朋之義且居家
理治可移於官既不正私何能贊務帝覽而嘉之五
品已上妻妾不得改醮始於此也諤又以屬文之家
體尚輕薄遞相師效流宕忘反於是上書曰臣聞古
先哲王之化民也必變其視聽防其嗜欲塞其邪放
之心示以淳和之路五教六行爲訓民之本詩書禮
易爲道義之門故能家復孝慈人知禮讓正俗調風
莫大於此其有上書獻賦制誄鐫銘皆以褒德序賢
明勳證理苟非懲勸義不徒然降及後代風教漸落
魏之三祖更尚文詞忽君人之大道好雕虫之小藝

下之從上有同影響競騁文華遂成風俗江左齊梁
其弊彌甚貴賤賢愚唯務吟詠遂復遺理存異尋虛
逐微競一韻之奇爭一字之巧連篇累牘不出月露
之形積案盈箱唯是風雲之狀世俗以此相高朝廷
據茲擢士祿利之路既開愛尚之情愈篤於是閭里
童昏貴遊總丱未窺六甲先製五言至如羲皇舜禹
之典伊傅周孔之說不復關心何嘗入耳以傲誕爲
清虛以緣情爲勳績損儒素爲古拙用詞賦爲君子
故文筆日繁其政日亂良繇棄大聖之軌模構無用
以爲用也捐本逐末流遍華壤遞相師祖久而愈扇

及大隋受命聖道聿興屏黜浮詞遏止華僞自非懷經抱質志道依仁不得引預搢紳參厠纓冕開皇四年普詔天下公私文翰竝宜實錄其年九月泗州刺史司馬幼之文表華艷付所司治罪自是公卿大臣咸知正道莫不鑽仰墳素棄絶華綺擇先王之令典行大道於茲世如聞外州遠縣仍踵弊風選吏舉人未遵典則至於宗黨稱孝鄉曲歸仁學必典謨交不苟合則擯落私門不加收齒其學不稽古逐俗隨時作輕薄之篇章結朋黨而求譽則選充吏職舉送天朝蓋繇縣令刺史未行風教猶挾私情不存公道臣

既忝憲司職當糾察若聞風即劾恐挂網者多請勒有司普加搜訪有如此者具狀送臺諤又以當官者好自矜伐上奏曰臣聞舜戒禹曰汝惟不矜天下莫與汝爭能汝惟不伐天下莫與汝爭功言偃又云事君數斯辱矣朋友數斯疏矣此皆先哲之格言後王之軌轍然則人臣之道陳力濟時雖勤比大禹功如師望亦不得厚自矜伐上要君父況復功無足紀勤不補過而敢自陳勲績輕干聽覽世之喪道極於周代下無廉恥上使之然用人唯信其口取士不觀其行矜誇自大便以幹濟蒙擢謙恭靜退多以恬默見遺是以通表陳誠先論己之功狀承顔敷奏首道臣最用心自衒自媒都無慙恥之色强干橫請唯以乾沒爲能自隋受命此風頓改耕夫販婦無不革心況乃大臣仍蹈弊俗如聞刺史入京朝覲乃有自陳勾簡之功諠訴堦墀之側言辭不遜高自稱譽上黷冕旒特爲難恕凡如此輩具狀送臺明加罪黜以懲風範帝以諤前後所奏頒示天下四海靡然向風深革其弊

盧思道爲散騎侍郎兼內史侍郎事于時議置六卿將除大理思道上奏曰省有駕部寺留太僕省有刑

部寺除大理斯則重畜産而賤刑名誠爲未可又陳殿庭非杖罰之所朝臣犯笞罪請以贖論帝嘉納之

王劭爲員外散騎侍郎劭以古有鑽燧改火之義近代廢絶於是上表請變火曰臣謹案周官四時變火以救時疾時火不數變時疾必興聖人作法豈徒然也在晉時有以雒陽火度江者代代事之相續不滅火色變青昔師曠食飯云是勞薪所爨晉平公使視之果然車輞今溫酒及炙肉用石炭柴火竹火草火麻荄火氣味各不同以此推之新火舊火理應有異伏望遠遵先聖於五時取五木以變火用功甚少救

並方大縱使百姓習久未能頓同尚食內廚及東宮諸王食廚不可不依古法帝從之

李德林爲內史令開皇中蘇威奏置五百家鄉正郎令理民間詞訟德林議以爲本廢鄉判官事爲其里閭親識剖斷不平今令鄉正專治五百家恐爲害更甚且今時吏部總選人物天下不過數百縣於六七百萬戶內銓簡數百縣令猶不稱其才迺欲於一鄉之內選一人能治五百家者必恐難得又即是要荒小縣有不至五百家者復不可令兩縣共管一鄉勑令內外羣官就東宮會議自皇太子以下多從德林

議

蘇孝慈爲工部尚書時京官及州並給公廨錢迴易生利以給公用至開皇十四年六月孝慈以爲所在官司因循往昔皆以公廨物出舉興生唯利是求煩擾百姓敗風損俗莫斯之甚於是奏皆給地以營農迴易取利一皆禁止

唐許敬宗太宗貞觀十九年爲中書侍郎時庶人承乾廢黜官僚多被除削久未收敘敬宗上表曰臣聞先王愼罰務在於恤刑往哲寬仁義在於宥過聖人之道莫尚于茲切見廢官五品以上除名棄斥頗歷歲時但庶人疇昔之年身處不疑之地包藏悖逆陰結宰臣所預奸謀多連貴戚禍生慮表非可防萌官內官僚迥無關預今乃投鼠及器孰謂無寃焚山毀玉稍同遷怒伏尋先典傾有可原昔吳國陪臣則爰絲不聯於劉濞昌邑中尉則王吉免縲於海昏譬諸欒布乃策名於彭越比乎田叔亦委質於張敖主以凶逆陷誅夷臣以賢良荷收擢歷觀往代此類尤多近者有隋又踵斯義楊勇之廢罪止加於佞人李綱之徒皆不預於刑網古今裁其折衷史籍稱爲美談而今張玄素令狐德棻趙弘智裴宣機蕭均等並砥

節厲操有雅望於當朝經明行修播令名於天下或以直言而遭箠扑或以忤意而見猜嫌一槩雷同並罹天憲恐於王道傷在未弘錄是玄素等得敘用

褚遂良高宗時爲吏部尚書時永徽三年詔追錄前代忠鯁子孫周相州總管尉遲迥曾孫文禮訴言迥忠於周室爲隋所誅帝遣議之太常卿江夏王道宗等議咸以迥死節於周宜有甄錄遂良進曰竊觀史籍咸以救君難則爲忠不救則爲逆春秋趙穿殺晉靈公趙盾爲正卿不討賊太史書曰趙盾弑其君繇此言之尉遲迥受周重寄旣聞隋文作相稱兵鄴下

南遁於陳北連突厥頓兵六十餘日不赴國難免其罪惡爲幸已多若謂之忠臣所深惑羣議遂寢殿中侍御史張敬一奏曰臣聞堯舜誹謗以昌桀紂默默以亡臣竊以尉遲迥忠於周室身死國難遂良不以爲忠恐未爲允請名史官集議帝竟不許之
劉祥道顯慶初爲黃門侍郎知吏部選事祥道以銓綜之術猶有所闕乃上疏陳其得失其一曰今之選司取士傷多且濫每年入流數過一千四百是傷多也雜色入流不加銓簡是傷濫也經明行修之士猶或罕有正人多取胥徒之流豈能皆有德行卽知其

蘊務者善人少而惡人多有國已來已四十載尚未刑措豈不繇此乎但服膺告王之道者奏第然始赴選趨走几案之間者不揀便加祿秩稽古之業雖尚難知手筆之材何期易進其雜色應入流人望令曹司試判訖揀爲四等第一等付吏部第二等付兵部次付主爵次付司勳其行署等私犯公坐者雖經赦降以量配三司不經降者放還本貫冀入流不濫官無冗雜且令胥徒之輩漸加勸勉其二曰古之選者爲官擇人不聞取人多而官員有數入流無限以有數供無限遂令九流繁擁人隨歲積今內外文武官一品已下九品已上一萬三千四百六十五員略舉大數當一萬四千人壯室而仕耳順而退取其中數不過支三十年此則一萬四千人而略盡若年別入流者五百人經三十年更得一萬五千足所須之數況三十年之外在官者猶多此便有餘不慮其少今年入胥流者遂便逾一千四百計應數外胥餘兩倍又胥選放還者仍停六七十人更復年別新加實非處置之法其三曰儒爲教化之本學者之宗儒教不興風俗將替今庠序遍於四海儒生溢於三學勸誘之方理實爲備而奬進之道士或未周但永徽已來

于今八載在官者以善政粗聞論事者以一言可採莫不光被綸言超昇不次而儒生未聞恩及豈爲奬進之道其四曰國家富有四海已四十年百姓官僚未有秀才之舉豈今之人不如昔人將奬賢之道未至寧可方稱多士豈得遂闕斯人望六品已下爰及山谷特降綸言更審搜訪仍量爲條例稍加優奬不然赫赫之辰斯舉遂絶一代盛事爲朝廷惜之其五曰唐虞三代考績黜陟幽明兩漢用人亦久居其職所以因命官有倉庾之姓魏晉已來事無可紀今之在四考卽遷官人知將秩滿必懷去就百姓見有遷

代能無苟且以去就之官臨苟且之華責以移風易俗其可得乎望今四海就任加階至八考滿然後聽選還淳反樸雖未敢必期送故迎新實減勞弊其六月尚書省二十四司及門下中書都事主事主書等比來選補皆取舊任流外有刀筆之人縱欲衆用士流以儔類爲耻前後相承遂爲故事但掖省崇峻王言祕密尚書政本人物攸歸而多用胥徒恐未盡銓衡之理望有釐革稍清其選明年中書令杜正倫亦言入流人多爲政之弊帝遣祥道與正倫詳議其事時宰相已下憚於改作事竟不行

魏玄同上元中爲吏部侍郎玄同以既委選舉恐未盡得人之術上疏曰臣聞制器者必擇匠以簡材爲國者必求賢以涖官匠不良無以成其工官非賢無以致於理君者所以牧人也臣者所以佐君也君不養人失君道矣臣不輔君失臣任矣任人者誠國家之基本百姓之安危也方今人不加富盜賊不衰獄訟未清禮義猶闕者銓官不得其才官不得其才者取人之道未盡也臣又聞傳說曰明王奉若天道建邦設都樹后王君公承以大夫師長不惟逸豫惟此理人昔之都國今之州縣士有常君人有定主自求名佐各選英賢其大臣乃命於王朝耳秦并天下罷侯置守漢氏因之有沿有革諸侯得自置吏四百石已下其傅相大官則漢爲置之州郡掾吏督郵從事悉任之於牧守爰自魏晉始歸吏部遞相祖襲以迄于今用刀筆以量才按簿書而察行法令之弊其來自久蓋君子重因循而憚改作有不得已者亦當運獨見之明定卓然之議如今選司所行者非上皇之令典近代之權道所宜遷革實爲至要何以言之夫丈尺之量所及者蓋短鍾庾之器所積者寧多非其所及焉能度之非其所受何以容之況天下之大士

人之衆而可委之數人之手乎假使平如權衡明如水鏡力有所及焰有所窮銓綜既紊所失斯廣又以比居此任時有罪人豈真媿彼清遍昧於甄察亦將竭其庸妄操彼茅絲情故既行何所不至贓私一啟以及萬端至乃爲巳謀安爲人擇利顧親疎而下筆看勢要而措情悠悠風塵此馬奔競擾擾游宦同乎市井加以厚貌深衷險如谿壑擇言觀行猶懼不同今使百行九能折之於一面具寮庶品專斷於一司不亦難矣乎且魏人應運所據者蓋三分晉氏播遷所臨者非一統逮乎齊宋以及周隋戰爭之日多安

泰之時少爪分瓦裂各在一方隋氏平陳十餘年耳
接以災禍繼以饑饉旣德業之不遠或時事所未遑
非謂是今而非古也武德貞觀與今亦異皇運之初
庶事草創豈惟日不暇給亦乃人物至稀天祚大聖
享國永年比屋可封異人間出咸以爲有道恥賤得
時無怠諸色入流歲巳千計羣司升位無復新加官
有常員人無定限選集之始霧集雲屯擢叙於終十
不收一淄澠雜混玉石難分用捨去留得失相半撫
即事之爲弊知及後之滋甚夫夏殷以前制度皆闕
周監二代煥乎可覩豈諸侯之臣不皆命於天子王

朝庶官亦不專於一職故周穆王以伯冏爲太僕正
命之曰愼簡乃僚無以巧言令色便辟側媚唯吉士
此則令其自擇下吏之文也太僕正中大夫耳以僚
屬委之則言九卿亦必然矣周禮太宰內史掌爵祿
廢置司徒司馬別掌興賢詔事當是分任於羣司而
統之以數職各自求其小者而王命其大者焉夫委
任責成君之體也所要者衆所用者精故能得濟濟
多士芃芃棫樸裴子野有言曰官人之難先王言之
尙矣居家視其孝友鄉黨服其誠信出入觀其志義
憂難取其智謀煩之以事以觀其能臨之以利以察
其廉周禮始於學校論之州里告諸六事而後貢之
王庭其在漢家尙猶然矣州郡積其功能然後爲五
府舉其掾屬而昇於朝三公叅得除署尙書奏之天
子一人之身所關者衆一賢之集其課也詳故能官
得其人鮮有敗事魏晉反是所失弘多子野之論蓋
區區之宋朝耳猶爲不勝其弊而況於當今乎又從
政爲官不可以無學故書曰學古入官議事以制傳
曰我聞學以從政不聞以政入學今貴戚子弟例早
求官或髫齓之年已腰銀艾童丱之歲已襲朱紫弘
文崇賢之生千牛輦脚之類課試旣淺藝能復薄而

門閥有素資望自高夫象賢繼父古之道也所謂胄
子必裁諸學修六禮以節其生明七教以興其德齊
八政以防其淫尙賢以崇德簡不肖以黜惡少則受
業長而出仕竝錄德進必以才昇然可以利用賓王
移家事國少仕則廢學輕試則無才於此一流良足
惜也又勳官三衞流外之徒不待州縣之舉直取之
於書判恐非先行德而後言才之義也臣又以爲國
之用人有似人之用財貧者厭糟糠思短褐富者餘
粱肉衣輕裘然則當衰弊乏賢之時則可磨勞朽鈍
而乘馭之在太平多士之日亦宜妙選髦俊而任使

之詩云翹翹者方可用財理亦當爾選人幸多尤宜簡擇臣竊見制書每令三品五品薦士下至九品亦令舉人此朝廷旁求之意也但以褒貶不甚明得失無大隔故一人上不憂黜責下不盡披揚苟以應命莫慎所舉且雖賢知賢聖人篤論伊尹既舉不仁咸遠復患階秩雖同人才異等身且濫集鑒豈知人今欲務得實才兼宜擇其舉主流清因源潔影端繇表正漢書云張耳陳餘之賓客厮役皆天下俊傑彼之蕞爾猶能若斯況以神皇之聖明國家之德業而不建長久之策爲無窮之基盡得賢取士之術而

但顧望魏晉之遺風留意周隋之末事臣竊惑之伏願稍廻聖慮時採芻言略因周漢之規以分吏部之選即望所用精詳鮮於差失疏奏不納

冊府元龜

巡按福建監察御史臣李嗣京　訂正

知晦寧縣事臣孫以敬參閱

知建陽縣事臣黃國琦較釋

臺省部　一十八

奏議第五

唐李嶠則天朝為鳳閣舍人時初置右御史臺巡按天下嶠上疏陳其得失曰陛下創置右臺分巡天下察吏人善惡觀風俗得失期政途之綱紀禮法之準

繩無以加也然猶有未折衷者臣請試論之夫禁網尚疎法令宜簡簡則法易行而不煩雜疎則所羅廣而無苛碎竊見垂拱二年諸道巡察使所奏科目凡四十有四件至於別準格勅令察訪者又有三十餘條而巡察使率是三月已後出都十一月終奏事時限迫促簿書塡委晝夜奔逐以赴限期而每道所察文武官多至二千餘人少者一千已下皆須品量材行褒貶得失欲令曲盡行能則皆不暇此非敢倩於職而慢於官也實材有限而力不及耳臣望量其功程與其節制使器周於用力濟於時然後進退可以責成得失可以精覈矣又曰今之所察但準漢之六條推而廣之則無不包矣無為多張科目空費簿書且朝廷萬機非無事也機事之動皆在四方是故冠蓋相望郵驛繼踵今巡使既出其外州之事悉當委之則傳驛大減矣然則御史之職故不可得閑自非分州統理無繇濟其繁務請大小相兼率十州置御史一人以周年為限使其親至屬縣或入閭里督察姦訛觀採風俗然後可以求其實効課其成功若此法果行必大裨政化且御史出持霜簡入奏天闕其於勵己自修奉職存憲比於他吏可相百也若其按

劾姦邪糾擿欺隱比於他吏可相十也陛下試用臣言妙擇賢能委之必督假溫言以制之陳賞罰以勸之則莫不盡力而効死矣何政事之不理何禁令之不行何妖孽之敢興則天善之乃下制分天下為二十道簡擇堪為使者會有沮議者事竟不行

薛謙光為補闕天受三年正月上疏曰臣聞國以得賢為寶臣以舉士為忠是以子皮之讓國僑鮑叔之推官仲燕昭委兵於樂毅苻堅託政於王猛及子產受國人之謗夷吾貪共賈之財昭王錫輅馬以止讒永固戮樊世以除譖處猜嫌而益信行間毀而無疑

此錄黙而識委而察之將也至若宰我見愚於宣尼逢萌被知於文叔韓信無聞於項氏毛遂不齒於平原此失士之故也是以人主愛不肖之士則政乖得賢良之佐則時泰故堯資八元而庶績其理周任十亂而天下和平繇是言之則知士不可不察而官不可妄授也何者比來舉薦多不以才假譽馳聲互相推奬希潤身之小計忘臣子之大猷非所以報國求賢副陛下翹翹之望者也臣竊窺古之取士實異於今先觀名行之源考其鄉邑之譽崇禮讓以厲已顯節義以標信以敦朴爲先最以彫蟲爲後科故人崇

勸讓之風士去輕浮之行希仕者必修貞確不拔之操行難進易退之規衆議以定其高下郡將難誣於曲直故計貢之賢愚即州將之榮辱穢行之彰露亦鄉人之厚顔是以李陵降而隴西慙干木隱而西河美故名勝於利則小人之道銷利勝於名則貪暴之風扇是知化俗之本須擯輕浮昔冀缺以禮讓昇朝則晉人知禮文翁以儒林奬俗則蜀士崇儒燕昭好馬則駿馬來庭葉公好龍則真龍入室繇是言之未有上之所好而下不從其化者也自亡國之季雖雜縱横而漢代求材猶徵百行是以禮義之士敏德自

修里閭推高然後爲府寺所辟魏氏取人尤愛放達晉宋之後秖重門資奬爲人求官之風乖授職惟賢之義有梁薦士雅愛屬詞陳氏簡賢特珍賦詠故其俗以詞酒爲重不以修身爲務迫至隋室餘風尚存開皇李諤論之於文帝日魏之三祖更好文詞忽君人之大道好彫蟲之小藝連篇累牘不出月露之形積案盈箱唯是風雲之狀代俗以此相高朝廷以茲擢士故文筆日煩其政日亂帝納李諤之策繇是下制禁斷文筆浮詞其年泗州刺吏司馬幼之以表不典實得罪於是風俗改勵政化大行煬帝嗣興又變

前法置進士等科於是後生之徒復相倣傚因陋就寡赴速邀時緝綴小文名之策舉不以指實爲本而以浮虚爲貴有唐纂曆雖漸革於前非陛下君臨思察才於共理樹本崇化唯在旌賢今之舉人有乖事實鄉議決小人之筆行脩無長者之論策第喧競於州府祈恩不勝於拜伏或明制纔出試遣搜敭驅馳府寺之門出入王公之第上啓陳詩唯希咳唾之澤摩頂至足冀荷提攜之恩故俗號舉人皆稱覓舉覓爲自求之稱未是人知之詞察其行而度其材則人品於茲見矣徇己之心切則至公之理乖貪仕之性

彰則廉潔之風薄是知府命雖高異叔度勤勤之讓黄門已貴無秦嘉耿耿之辭縱不能挹巳推賢亦不肯待於三命豈與夫白駒皎皎不雜風塵束帛戔戔榮高物表較量其廣狹也是以耿介之士羞自拔而致其辭循常之人舍其疏而取其附故選司補授喧然於禮闈州貢賓王諍訟於階闥謗議紛合浸以成風夫競榮者必有競利之心謙遜者亦無貪賄之累自非上智焉能不移在於中人理繇習俗若重謹厚之士則懷祿者必崇德以修名若開趨競之源則邀仕者皆戍施而附會附會則百姓罹其弊修名則兆

庶蒙其福故風化之漸靡不繇茲今訪鄉閭之談唯秖歸於里正縱使名虧禮則罪挂刑章或冒籍以偷資或邀勲而竊級假其不義之賂即是無佗鄉閭豈得比郭有道之詮量茅容望重裴逸民之賞拔夏少名高語其優劣也祇如才應經邦之流唯令試策武能制敵之例只驗彎弧若其文擅清奇便充甲第藻思微減旋即告歸以此收人恐乖事實何者樂廣假筆於潘岳靈運詞高於穆之平津文劣於長卿子建華麗於荀彧若以射策爲最則潘謝曹馬必居孫樂之右若使協贊機猷則安仁靈運亦無裨附之益繇此言之不可一槩而取也至如武藝則趙雲雖勇資諸葛之指撝周勃雖雄乏陳平之計畧若使樊噲居蕭何之任必失指縱之機使蕭何入戲下之軍亦無免主之効故闘將長於摧鋒謀將審於料事是以文泉聚米知隗囂之可圖陳湯屈指議烏孫之自解入難之謀設高祖退軀於酈生九拒之計窮公輸息心於伐木謀將不長於弓馬良將寧資於射策豈與夫元長自表廣飾詞鋒曹植題章虛飛麗藻較量其不可也伏望陛下降明制頒峻科千里一賢尚不爲少僥倖冒進須立隄防斷浮虛之飾詞收實用之良策

不取無稽之說必求忠告之言文則試以効官武則令其守禦始旣察言觀行終亦循名責實自然僥倖濫吹之伍無所藏其妄庸故晏嬰云舉之以語考之以事寡其言而多其行拙於文而工於事此取人得賢之道也其有武藝絕倫文鋒挺秀有効伎之偏用無經國之大才爲軍鋒之爪牙作詞賦之標準自可試凌雲之策練穿札之工承上命而賦甘泉禀中軍而令赴敵旣有隨才之任必無負乘之憂臣謹案吳起臨戰左右進劍吳子曰夫提鼓揮桴臨難決疑此將事也一劍之任非將事也謹案諸葛亮臨戎不親

戚服頓斸兵於渭南宜王持勁卒不敢當此豈弓矢之用也謹案楊得意誦長卿之文武帝曰恨不得與此人同時及相如至終於文園令不以公卿之位處之者蓋非其所任故也謹案漢法所舉之主終身保任揚雄之坐田儀責其冐薦成子之居魏相酬於薦賢賞罰之令行則請謁之心絶退讓之義著則貪競之消自然朝廷無爭祿之人選司有謙撝之士仍請寛立年限容其採訪簡汰堪用者試令職守以觀能否參驗行事以别是非不實免王丹之官得人加翟璜之賞自然見賢不隱食祿不專則荀彧進鍾繇郭

嘉劉隱薦李膺朱穆勢不云遠有稱職者受薦賢之賞濫舉者抵欺罔之罪自然舉得其才則君子之道長矣

盧粲中宗時爲給事中神龍二年冬十月初有制皇太子在藩府日食封物每年便納東宮粲奏曰伏以皇太子處繼明重離當主鬯之尊歲時服用自可百司供擬又據周官諸司應用財器歲終則會唯王及太子不會此則儲蓄之費咸與王同今與列國諸侯齊衡入封邑所謂憲章在昔垂法將來者也帝納其言而已

韋嗣立爲兵部尚書景龍中上疏曰刺史縣令理人之首近年已來不存簡擇京官有犯及聲望下者方遣牧州吏部選人暮年無手筆者方擬縣令此風久扇上下同知將此理人何以致化今歲非豐稔戶口流亡國用空虛租調減削陛下不以此留念將何以理國乎臣望下明制具論前事使有司改換簡擇天下刺史縣令皆取才能有稱望充自令已後應有遷除諸曹侍郎兩省兩臺及五品已上清資望官先於刺史內取刺史無人然後餘官中求其御史員外郎等諸清要六品已上官先於縣令中取制中明言如

是則人爭就刺史縣令矣得令天下大理萬姓欣然豈非太平樂事哉

盧俌睿宗景雲中爲右補闕時有上言天下置都督府不便命羣公卿士議定俌與太子右庶子李景伯等議曰牧伯之命非不古也洎漢襲秦罷侯置守方制萬里以綏兆人令出王庭威行郡國南海與利東海詳刑人以阜安其流多矣至漢武帝初置刺史秩六百石掌察墨綬以下其黄綬以上則不察焉所以全長吏之威行不擾之政也至漢成帝改置州牧秩二千石遂以秩高自守而功業不著於是罷州牧又

置刺史及東漢之時復置州牧王綱不振浸以陵夷則事之汗隆詳乎典策今天下諸州分隸都督專生殺之柄典刑賞之科若委非其人授受有失權柄既重疵釁或生又非彊幹弱枝經邦軌物者也其親置都督事恐不便今巡察御史秩卑任重御史之流也委以時巡姦宄自禁伏請檢考古道率錄舊章法乾元之簡易守前王之令典俾夫化洽昇平務依貞觀制度矣其後停焉

李揆肅宗時爲中書舍人時京師多盜賊有通衢殺人竄溝中者李輔國方恣橫上請選羽林騎士五百

人以備巡簡揆上疏曰昔西漢以南軍北相統攝故周勃因南軍入北軍遂安劉氏皇朝置南北衙文武區分以相伺察今以羽林代金吾警夜忽有非常之變將何以制之遂罷羽林之請

李栖筠爲工部侍郎代宗廣德二年三月癸丑奏京畿諸縣百渠下主公寺觀碾磑凡七十餘所有妨農利並請毀廢計收田租二百萬言入帝甚善之爲權臣不便寢之

沈旣濟爲左拾遺史館修撰德宗建中二年五月二日勅宜令中書門下兩省分置待制官三十員仍於見任前資及同正兼試九品已上官中簡擇文學理道法度優深者具名聞奏度支據品秩量給俸錢并置本收利供廚料所須手力什物廳宇等並計料處分旣濟上疏論之曰伏以陛下今日之理患在官煩不患員少患在不問不患無人且中書門下兩省官自常侍諫議補闕拾遺總四十員及常參侍制之官日有兩人皆備顧問亦不少矣中有二十一員尚闕人未充他司缺職累倍其數陛下若謂見官非才不足與議則當選求能者以代其人若欲廣務聰明畢收淹滯則當擇其可者先補闕員則朝無曠官俸不

徒費且夫置錢息利是有司權宜非陛下經理之法今官三十員皆給俸錢幹力及廚料什器建造廳宇約計一月不減百萬以他司息利准之當以錢二千萬爲之本方獲百萬之利若均本配人當復除二百戶反覆計之所損滋甚當今關輔大病皆爲百司息錢傷人破產積於府縣實思改革以正本源又臣嘗計天下財耗斁之大者唯二事焉最多者兵資次多者官俸其餘雜費十不當二事之一所以黎人重困軸杼猶空方斯緜懸必藉裁減豈俾閒官復爲冗食藉舊而置猶可省也若之何加焉疏奏從之

崔縱爲御史大夫貞元元年九月縱上言准今年正月制宜令御史臺勘會內外官員商量併省停減仍集百僚詳議聞奏者臣伏以兵戎未息仕進頗多在官者又須褒賞比來每至選集不免據闕留人書歎遺才仍招怨望況緣頻有恩詔甄錄功勞諸道敘優人數甚廣見須處置不可稽留今若停減吏員實恐未便於事非但承優者無官可授抑又敘進者無路可容本與便人翻成斂怨恐須仍舊以適時宜更待事平然後議經度制曰可

李紓貞元初爲吏部侍郎嘗建議享武成王不當視

文宣王用王者之禮

袁高爲給事中貞元二年帝以關輔祿山兵戈之後百姓貧乏田疇荒穢詔諸道進耕牛時諸道觀察使各選揀耕牛進貢委京兆府勸課民戶勘責有地無牛百姓量其地着以牛均給之其田十畝已下人不在給限高上疏論之聖慈所憂切在貧下有田不滿五十畝者尤是貧人請量三兩家共給牛一頭以濟農事疏奏從之

陸贄爲翰林學士貞元四年贄奏曰學士私臣玄宗初令侍詔內庭止於唱和詩賦文章而已詔告所出本中書舍人之職軍興之際促迫應務權令學士代之今朝野乂寧合歸職分其命將相制詔請付中書行遣物議是之

韋貫之憲宗初爲右補闕時杜佑爲相子從郁爲左補闕貫之崔羣奏論宰相子不合爲諫官尋降爲左拾遺又論遺補雖品不同皆是諫官父爲宰相子爲諫官若政有得失不可使子論父乃改爲秘書丞

穆質爲給事中元和三年九月奏諸州府鹽鐵使巡院應決私鹽使四請州縣同監決免有冤濫從之

李渤爲給事中元和中以舊制隻日視事對羣臣遲

奏論曰事君之義有犯無隱陳誠啟沃不必擇辰今羣臣數奏乃候隻日是畢歲臣下睹天顏獻可否者能幾何憲宗嘉之俄遷戶部侍郎

李渤穆宗時爲諫議大夫理匭使長慶四年奏應進狀人論事大者請分析聞奏次者請申中書門下小者請各牒諸司諸司若處理不當復來投匭者即請其事繇聞奏如投匭人有欺狂責問得情狀請本罪之外更加一等又寶應元年六月敕如有告密人登時進狀分付金吾留身待進止今緣匭院無械繫之具忽慮兇暴之徒難以理制請勒安福門司領付金

吾伏留身然後牒送御史臺京兆府與絶戸人喧競
從之渤又以左右嘗侍職叅規諷而循默無言論之
日若設官不責其事不如罷之以省經費苟未能罷
則請責職業
王彥史敬宗時爲膳部員外郎寶曆元年上言中外
官寮准制封贈多請廻授祖父母臣謹詳古禮及國
朝故事追贈出於鴻恩非繇臣下之求不繫子孫之
便開元新詔唯許宰相廻贈於祖蓋以宰相佐高封
贈崇極故許廻授於義無妨近日宮僚率援此例夫
推讓於祖在父則然改奪於朝爲子何忍伏望宜付

宰臣重與依注詳議從之
崔元略爲戸部侍郎寶曆二年奏曰伏准賦役令內
外六品已下官及京司諸色職掌人合免課役伏以
設官之際大關隄防給蠲之時不免踰濫至有因緣
假冒多非本身臣自受比官已來無日而不見論請
蠲牒必恐從茲不已天下無復有應役之人伏請自
今以後應諸司見在官及准式合蠲免職掌人等並
先於本司陳牒責保待本司牒到然與給符其前資
官即請於都省陳狀准前勘責事若不實並准詐僞
律論其孝子順孫義夫節婦及割股奉親比來州府
懸免課役不繇所司覆請從今已後應有此色勑下
後亦須先牒臣當司如不承戸部文符其課役不在
免限制可
宇文鼎爲左司員外郎寶曆二年奏戸部尚書判度
支胡証准兩度勅賜爵司禦率府錄事叅軍文約各
一級今月五日勑下尚書省伏以胡潛等先丁母憂
猶未終制豈得公然食邑苟竊恩榮下逃三年之喪
冒受五等之爵有傷教義實敗國風臣謬跡都曹職
當綜覈致興物論不敢不舉勑宇文鼎所奏胡潛等
爵宜令所司落下胡証職在殷繁事或錯誤特宜釋

放司封本郎官委都省書罰
文宗太和三年十月御史臺奏准勑差孟琯巡察米
價其江西湖南地稱沃壤所出嘗倍他州俾其通流
實資巡察若便空行文牒或慮遠郡未委詔條今孟
琯既下淮南即去洪潭不遠伏望便令兼去洪潭可
之仍令便道至浙西存恤
四年祠部上言當司准赦書節文緇黄之衆蠶食生
人規避王徭凋耗物力應諸州府度僧尼道士及創
造寺觀累有禁令尚或因循自今已後非別勑處分
妄有奏請者委憲司彈奏量加貶責於百姓中苟避

徭役冒爲僧道所在長吏重爲科禁者謹具起請條件如後准天寶八年十一月十八日勑諸州府僧尼籍帳等每十年一造永爲常式者其諸州府近日因循都不申報省司無憑收管造籍起今已後諸州府僧尼已得度者勒本州府具法名俗姓鄉貫戸頭所習經業及配住寺人數開項分析籍帳送本司以明真僞又將諸州府及京城應置方等受戒僧尼身死及還俗者其告牒勒本寺綱維當日封送祠部其餘諸州府勒本州申送以憑注毁又諸州府僧尼籍帳准元勑十年一造今五年一造又天下僧尼冒名及

非正度者緣經恩赦自太和三年十一月十八日勑前無憑追勘自今已後伏請切加禁斷先度者具名申省省司各給牒知爲憑入籍又正度僧尼竝勒於省司請告牒其僧尼童子自今已後不得令私度如有此色勒當寺綱維申報本管長吏其與剃頭師長及專擅出家者當便科决勒還俗其綱維不申報十日已上勒停解便令出寺其所在長吏不爲糾舉者具名銜奏聽進旨又諸州府及兩京除舊寺破壞要修理外竝不創建造寺仍請具每州縣管寺幾所每寺管僧尼幾人竝請具寺額僧尼名申省如有創造寺舍委本管長吏切加禁斷其僧尼有不依典教與販經紀行船駕車擅離本寺於公衙論競及在俗家夜結戒壇書符禁呪陰陽術數占相吉凶妄陳禍福既虧釋教與俗無殊自今已後切加禁斷如有此色委所在長吏量情科決使勒還俗其天下州府村坊佛堂普通私色蘭若義井尋竝請剗屬當州府寺收管又伏准元和元年二月十日勑京城及諸州府寺觀銅鐘因有破損須更製造者請令州府申牒所司奏聞勑下許以本鐘再鑄不得更別添銅者其諸州府近日皆不守勑文擅有鼓鑄自今已後竝令申省

臣等伏以當司公事廢闕多年名額空存事皆去本因起請再舉舊規比類參詳依格可之

九年三月都省奏湖州百姓韓巨川及庾威男道彰進狀稱庾威緣定戸左降及錄事參軍縣令等黜責事勑付尚書省四品已上官集議議曰定罪者必原其情議事者宜究其本庾威均稅之法情實撓人顧其施爲必有工拙工者何也富戸業廣以資自庇產多稅薄歸於羸弱咸能盡蔽并包者加籍取均困窮者蠲減取濟稅既頓異法亦稍嚴事歸平一人無冤訴此所以咸之工也其拙何也五縣土廣人新徼邊

書郎隱占居多簡冊茁郎驚擾爲慮散亂村野脅徒千人雖成功於巳事之時而受弊於作法之始豈無他術用以周知竟此紛紜斯所以威之拙也大凡爲郡止於四蠹一者私加公稅二者逃失黎甿三者虐害平人四者冒潤私室庾威改張稅額賦不加徵聯綿歉災人悉安業刑甚峻而下無冒祿不厚而賞無濫顧茲四者威無一焉而以擾人均稅投荒黜遠是使循常守故者得以稱功革弊去姦者坐以招謗誰能自苦納諸刑名觀沮之風於斯何在官職黜削本自庾威罪既無名官吏所宜牽復臺司所勘定稅本

謂有害於人事既無私理當免復若因其案驗舉察細微以法吏合寘科條在衆議須明本末郡人遠訴益表事情幸遇聖明合從昭雪勅庾威定戶意在均稅臺司推勘慮以擾人近者王璠授威循王傳其連坐左遷錄事參軍杜膺及縣令等六人並復本資官

令狐楚爲左僕射元和九年奏諸道新授方鎮節度使等具弩拆帶器仗就尚書省兵部參辭伏以軍國異容古今定制若不緣舊斯爲改嘗未聞省閣之門忽入弓刀之器鄭注外蒙恩寵內蓄兇狂首創姦謀將興亂兆遂致王璠郭行餘之輩敢驅將吏直詣闕庭震驚乘輿騷動京國血濺朝路屍僵禁街史冊未書人神共憤既往不咎而其源尚開前件事宜伏乞聖恩速令停罷如須參謝即具公服從之

歸融爲戶部侍郎開成元年兼御史中丞湖南觀察使盧周仁違勅進羨餘錢十萬貫融奏曰天下一家何非君土中外財賦皆陛下府庫也周仁輙陳小利妄設異端言南方火災恐成灰燼進於京國始徇私誠入財貨以希恩待朝廷而何淺臣恐天下倣效以羨餘爲名因緣刻剝生人受弊周仁請行重責以例藩方其所進錢請還湖南代貧下租稅詔周仁所進

於河陰院收貯以備水旱

李中敏爲右諫議大夫充匭使開成三年中敏奏臣據舊例所有投匭進狀及書策文章等皆先具副本呈匭使其有詭異難行不令進入臣尋簡文案不見本勅所繇但云貞元中奉宣恐是一時之事臣以爲本置匭函每日從內將出日暮進入意者使冤濫無告有司不爲申理者或論時政或陳利宜遍其必達之路所以廣聰明而慮幽枉若使有司先具裁其可否即非重密其事俾壅塞自申於九重之意也臣伏請自今巳後所有人進狀及封章等臣但爲封狀以

進取舍可否斷自中旨庶使名實在茲明罝歷之本意從之

韋昭度昭宗時爲左僕射時大順元年十二月太康軍屯晉州李克用遣中使韓歸範還朝因上表訴寃言被賊臣張濬依倚朱全忠離間忠臣致削奪臣官爵朝廷欲令釋憾下羣臣議其可否昭度等議曰賞恭罰否前聖之令猷含垢匿瑕百王之垂訓是以雷解而義文彖德網開而湯化歸仁用彼懷柔式存典範上自軒農之代下逮文武之朝罔不允治寛弘以流霈澤況國家當德祖守成之日憲宗致理之時車

軌一同桑麻萬里獨龍外野悉在梯航大鼠窮郊咸歸正朔然猶王承宗擁兵鎮冀詔范希朝討之仍歲無功卒成赦宥而又朱滔以幽州之衆結田悅李納王武俊之彊違馬燧等征之不克旋又寛之以累聖之典模睿哲大朝之紀律文明非不欲厲彼風驅快其電掃然且考春秋之義稽鄭楚之文或退而許平服而便捨存於僣史載彼新書李克用代漢彊宗陰山貴胄呼吸而風雲作氣指麾而草樹成形仰天指心誓獻祇讐之首伏弢歐血屢親都護之營所謂爲多上人自匪窮來歸我及陛下聖考懿宗皇帝之朝彭門失守親驅驍卒首建殊功而先帝即位之初渚宮大擾復提義旅克靜妖氛其後封豕長蛇薦食上國繼以子朝之亂皆因重耳之盟保大朝之宗祧垂中興於簡冊蓋聖主之御天下也有勲可書有績可載宥過不忘於十代念功豈止於一時天高聽卑請事斯語且四海之內瘡痏尤殷九貢之邦綱條未整昨者逮起邠岐之衆尋已退還又徵燕薊之師倏聞內變出於饋餉失職資庫絕供致此投戈是乖借箸蓋下計之未熟非聖謀之不臧儻宸斷重新天機間出録茲誠款散彼師徒慮其念舊之懷待以如初之禮臣等所議實在於斯抑又聞往者漢將趙充國欲

因邊境衰弱出兵擊之是時魏相上書畫陳利害且曰恃國家之大矜民人之衆欲見威於敵者謂之驕兵兵驕者滅非但人事乃天道也又曰臣不知此兵何名者也兵出無名事乃不成漢帝納之竟罷其伐伏惟皇帝陛下鑒往古用師之難採列聖遷善之美恩加區宇信及豚魚則臣等不勝懇願況今汴魏尤難幽定方困縱違之調發豈能集事慮行號令以名寇讐將以勳人非惟䘏國且賒愛財舉勤王之衆推效命之誠未能單騎獨攻所望漢兵同力今茲數鎮

奔命不遑雖致旋師恐又生事論其漸當暑熱非和
戎旃悉力須留遣還蕃部重紮陳五郡之卒益謹關
防王珙振兩河之雄更嚴旗鼓然後獎其上表哀以
自陳録彼前勞責之後効徵神爵之往典還日逐之
故封諭其已斥王恭不使更疑晉帝凡百臣子實切
乃誠其克用在身官爵並請却還仍依前編屬籍從
之

冊府元龜

冊府元龜

巡按福建監察御史臣李嗣京　訂正
分守建南道左布政使臣胡維霖　參閱
知長樂縣事臣夏允彝
知建陽縣事臣黃國琦　較釋

臺省部一十九

奏議第六

後唐盧文紀爲吏部侍郎天成元年十月丙戌奏一人御宇百職交修則四時無水旱之災萬國有樂康之詠頃屬中原多事三紀不寧廉平因此而茂聞賞

罰繇茲而失序所以梟鸞並起騏驥難分有援助者至濫必容守孤貞者雖賢莫進遂使居官僶俛奉職因循唯思避事以偷安罔効輔時而濟物伏惟皇帝陛下削平九有收復八紘承乾典萬代之基出震應千年之運櫛沐風雨手足胼胝勤勞大集於聖功華夏畢歸於睿略雖遠柔邇伏威知臨炤之鴻恩而旰食宵衣尚念生靈之久困累頒綸綍典訪蒭蕘恐天災之流行因皇風之擁隔臣不揆庸短輒冒宸聰臣請告諭內外文武臣僚凡守一官責其舉職公請奉上勤恪爲心每歲秋冬明定考較將相則希回御筆班行則悉委司存外則州牧縣寮具以眞虛比較儻聞共推異績便宜特示甄酬如其衆謂曠官固可明行黜責所貴免懷竊位俱効竭誠上則輔佐於大君下則精專於庶務高卑不濫功過無私官既清廉則民無愁歎勸課之方得所則生靈之賦樂輸故可以進賢良退不肖安生聚寔倉箱使和氣遠敷德澤廣被顧惟穹昊必降休祥永致太平矻期混一臣叨逢明聖謬列班行既奉德音合申所見疏下中書宰臣奏曰盧文紀踐履清華聡彰問望行已每聞於端慤操心動絶於阿私以爲將聳効官莫先較考欲明書

於殿最與顯示於勸懲況將相兩途尤爲重委慮無報國最要聞天欲迂宸毫親書甞課誠有塵於聖德亦是責以佐君直道不欺忠規可尚至於所陳黜陟並叶規繩以此責成庶求良吏事無疑礙理可施行從之

李光憲爲右散騎常侍天成元年十月乙巳明宗御中興殿光憲奏將弼帝範在守於舊章欲敘彝倫合循於故典實大朝之理本盡有國之甞規臣嘗覽列聖實錄伏見建中元年正月五日勅旨應內外甞參官上後三日舉一人自代者編諸簡冊與拔賢良是

資教化六方以盛簪裾之列爰于近歲稍易舊規臣請明下勑文許行建中故事所冀振纓在位咸懷舉善之心棫樸興歌漸致得賢之美疏奏不報

張鑄爲起居舍人天成元年十月庚戌奏欽若天道聞諸堯舜之朝敬授人時乃自殷周之代能消災異而致福祥自兵興以來多失本朝故事不拘典法有誤修攘承前日月薄蝕百官皆合守司星象有差九重亦當避殿以明減損式示恭虔信守國經何虧聖德自此或乾象譴見凡關災異請依故實令百官守司陛下御便殿減常膳准令式遵行從之

蕭希甫爲左諫議大夫知匭院天成元年十一月戊午奏臣功蒙擢任官忝諫司所職重難兼知匭院但有關於至理即欲合於無私冀竭丹誠仰裨玄造臣伏見自同光元年十月九日先朝收下汴州後至今年四月一日已前兵革盛興亂離斯極典章幾壞刑政莫施每於紛擾之間甚有殺傷之苦非惟州縣長吏或濫誅夷宜至鄉里居民互爲殘戮挾私慾公者公行白刃將快忿心恃强力者豈聞丹書唯欣得志掠妻女以轉賣刼財貨以平分如此之流應遍天下伏惟皇帝陛下薦恢帝載光啟鴻圖伏思自陛下臨御以來皇綱漸正有功者盡賞有罪者咸誅閫外將清朝中無事今則匭函已再修整欲具進呈必恐擾出外邊施行已後遠近披訴受狀至多但慮京國諸司囚禁便憂填委則至上虧皇化有玷國風其次更慮勲貴親賢或關對訟便煩讞議或礙刑書若今事有否臧即便政移曲直以臣愚見欲自元年四月二十八日昧爽已前罪無輕重應大辟已下弗一切釋而不問庶得刑清俗泰國富民康咸欽不宰之功永奉維新之化勑旨喪亂之際不可以法行致理之初漸宜於刑措蕭希甫官居諫省職本匭函慮黎民年

有釁嫌致法寺愈煩讞議特塞紛爭之路請申昧爽之朝言出忠誠事關理本載詳論奏合議施行宜自天成元年四月二十八日已前罪無輕重一切不問其間已經勘窮推鞫者須見罪狀其餘即依所奏

裴皞爲禮部侍郎天成元年十一月戊辰奏方伯郡守之任與大朝分理疆土共養黎民委寄非輕古今所重親人之職莫過於斯伏請敢今後諸州刺史經三考方可替移使能理者盡展所能弊政者自彰其濫優劣既判黜陟可行則州縣免迎新送故之勞朝廷得惠養除煩之理太平之道無易於斯勑旨有政

聲者就加恩澤弊政者不限考課替移
劉岳爲吏部侍郎天成元年十一月甲戌奏凡在立朝悉是爲臣之貴每蒙進秩咸加報上之忠奉勅命以遷昇固當感忭降綸言而褒飾或夫捧觀將使知寵渉之繇認訓誥之旨必在各頒官誥令覩制詞處列班以增光傳子孫而永耀伏請自此凡有除轉登朝官已上名至閣門宣賜在外則付本州使賜之勑旨朝官素有品秩不可一例頒宣文班三品已上丞郎給舍諫議武班大將軍已上宜賜官誥舊例吏部出告身納朱膠紙軸錢方給朝臣或親舊者隨卽給

付而官貧不辨者但領勑牒而已喪亂之後因以爲常朝臣多不出告身制下之後中書但收其制詞編爲勑口本官多不見獎飾之詞故岳有是奏勑旨不編頒得事體也其後執政相與謀罷朱膠紙軸之列以爲天下吏員無多除拜亦簡官給膠軸之費歲不過數萬國旣賜以爵位而邀其膠紙之直是巨細不相稱也因奏覆凡中外官除拜竝宣賜官誥然執政之議雖善蓋令其始不科其終何者同光世至天成初官爵之命止于除授中外正員官其餘試銜貼號則寵激軍中將校而已自長興已來除授日多上至軍中卒伍下迨州使鎭戍嚋昔書吏之流皆有銀青言憲之號每歲給賜告身動盈數萬非績尺紙之費虛銷財力而又嘗賜之道難以勸功以臣料終則知執政圖治之非善也作事謀始凡執政者愼圖之
楊凝式爲給事中天成元年十二月庚寅奏舊制臺省在西京東都置留臺留省及分司官屬請依舊制於西京置留臺省如本朝東都之制不報
是月庚戌御史臺奏京城坊市士庶工商之家有婢僕自經投井非理物故者近年已來凡是死亡皆是臺司左右巡舉勘簡驗施行已久仍恐所差人吏及

街市猾卒同於民家因事邀頡取索臣詢訪故事當司今有舊京徃例凡京城臣庶之家死喪委府縣簡舉軍家委軍巡商旅委戶部然諸司簡舉後具事繇申臺其間或枉濫情故臺司訪聞卽行舉勘如是文武兩班官吏之家卽是臺司簡舉臣自今已後欲准故事以施行者兼左右巡使錄到喪葬車輿格例比緣官品等差無官秩之家過爲僣多供應者固當刑責今則凡是葬儀動踰勑格但官中秪行簡察在人情各盡孝思徇彼稱家之心許便送終之禮又難將孝子盡决嚴刑遂以供人例行書罰以助本司支費

兼緣設此防禁比爲權豪之家違禮厚葬若貧民薄斂不充無憂替禮旹罰兩京即是臺司州府元無條例者勑旨今後兩班文武及諸司官吏諸道商旅凡有喪亡即准臺司所奏施行其坊市民庶軍士之家凡有喪亡及婢僕非理物故依臺司奏委府縣軍巡同簡舉仍不得縱其吏卒於物故之家妄有邀頡或恐暑月死柩難停若待申聞簡舉縱無邀頡亦須經時日今後仰其家喚四隣簡察無他故遂使葬埋具結罪文狀報官或後別聞枉濫妄有保證官中訪知勘結不虛本戶隣保量事科罪如聞諸道州府坊市

死喪取分巡院簡舉頗致淹停人多流怨亦仰約京城事例處分所奏喪葬車輿格例今後據品秩之外如庶人喪葬宜令御史臺差御史一員點簡共賃行人如有違越據所犯科罪臺司不得書罰徵擾行人交非憲綱事體

曹琛天成中爲右拾遺上疏請百寮朔望入閣及五日内殿起居請許三署寺監輪次轉對奏事從之

李同爲左拾遺天成二年正月奏三尺之法天下共之法一動搖民無所措是知愛育黎庶信及豚魚既禮樂之中興在刑罰之必中陛下初當治亂合肅化條請處分天下州使繫囚逐旬咨長吏親自引慮使知罪眞虛然後論之以法則獄無寃滯政治和平

李光緯爲右拾遺天成二年三月奏自本朝應運以來陛下登極之後有赤心事主勠力勤王或代著軍功身已淪没者乞遣崇官爵延賞子孫庶張開國之榮永保承家之慶兼内外重臣已下班行間請許追封以孝道雖九泉之幽暗亦荷明時庶百辟之忠良同扶聖代

封翹爲給事中天成二年四月戊子上言曰臣聞立愛惟親教民以睦實大朝之重事乃有國之通規是

知維城爲固本之資磐石作安宗之計所以興隆鴻業保定皇家伏惟陛下天祚丕基日新聖德使九功之咸敘致百度以維身墜典皆修遺文必舉獨於封建未覩宣行既尚抑於龍樓宜且遵於麟趾乞命親賢以資夾輔

周知微爲吏部員外郎天成二年四月戊子上言竊覩近勑慮有官吏割剝下人許百姓陳告民之愚下罔認宸衷或掊摭纖微或受人驅駕事多憑虛適足爲亂有過者固合當辜誣罔者諸議刑憲庶或知止免瀆風化從之

李鏻爲戶部尚書天成二年六月乙未上言請朝班自四品已上官各許薦令錄兩人五品六品官許薦簿尉兩人使廉愼能名者同受爵賞貪婪害物者並坐刑書各擧所知不弊賢路奉勑興國之方養民爲本衣不可一歲不製食不可一日不充其或桑柘少而望多充耒耜閒而求食足雖千堯萬舜聖知神功不能致也然則樹疎禽少山廣獸多百川淺則海不深萬姓貧而國不富富庶之要根源可知故王者深居九重奄有四海不可家至而日見只在德盛而教尊千載一時古猶今也李鏻情專奉上務在任人藉

官吏當才爲國朝布化實以知人則哲惟帝其難肯擧者可嘉堪擧者可重必須愛而知其惡憎而知其善內擧不避親外擧不避讎凡事無私何憂不理李鏻所奏宜卽施行其所擧人仍於官告內顯標所擧姓名赴任之後臨事可觀或有不公當累擧主兼三品已上有舊諳行止堪充節度觀察兩使判官者亦各據才業上聞卽當委任庶朝廷立制長施勸善之恩臣下推公永絕蔽賢之路

符蒙爲右拾遺天成二年六月辛丑奏以五日轉對無獻替之風虛瀆聖聽請罷之

梁文矩爲左諫議大夫天成二年七月上言以軍人百姓服裝僭越爲費耗之本請下令禁止

鄭韜光爲給事中天成二年八月庚辰上言以諸縣力及人戶多爲州使影占或臺省投名唯貧民客戶在縣應役例有不均之歎且多僥倖之流請議禁止

孔邈爲吏部郎中天成二年八月庚辰上言曰臣聞賞延於世實皇王體國之規立身揚名爲人子承家之道苟推誠於忠孝必懷慶於子孫存歿共瞻君親是望伏自陛下中興大業念舊錄勲賞賜無時渥恩咸徧尙慮有奮身爲國跡殞寃孤姓名不達於乾坤

骨肉飢寒於道路不因詔書博訪所在不與申聞伏乞特下外藩如有身歿王事忠節顯彰軍伍備聞恩澤未及者必令具錄聞奏如有子孫便委所司齒錄使父母有可依之地妻孥免無告之心如秖有孤遺亦便令救卹卽已往者知皇恩不棄將來者罄臣節何疑楚師忘寒空憑念問周文葬骨唯示滓仁興於有道之朝不漏無垠之澤上先是已行詔命及覽是奏促再行之

姚顗爲左散騎常侍天成二年九月上言伏以運當昭泰時屬豐成金鑾已議於省方紼仗將離於上國

沿路供億固有舊規況聞詔旨丁寧不許分外科率所在藩侯郡守竭力推忠奉迎須備於貢輸徵歛或及於黎庶伏望更加示諭免至煩勞使四海九州遐邇共聞於聖德千乘萬騎經過不擾於疲民俾諸望幸之心以顯來蘇之義

王騫為刑部郎中天成二年十月上言請准建中舊勑文武叅官及刺史上後三日舉人自代

十一月吏部侍郎劉岳上言曰伏以有國命官立朝釐務必資詳諫以集事功竊見諸色詞科多昇通籍向者先為列藩從事叅佐可稱次經三館職名編修

是著方居華秩始在彤墀近或雖有兩任前銜未歷一司公事莫申勞績虛謂滯淹未若委以親人俾之及物粗聞善最然議陟遷免自難於漂流復有名於選任伏乞特加搜採廣察單平白身者授以佐僚歷官處之縣令歲月俟當於制限班資擢在於朝行理契毓材事唯責實

盧成雍為起居郎天成二年十二月上言以賊寇宵行遍脅村舍俾供食宿及當敗露指引行程追禁經時慮妨農作望頒明勑俾得疎治從之

王鎛為左拾遺天成三年二月上言曰伏覩州縣百姓早因飢歲小寇連綿舊染成非習性難改逃刑網外作患民間起晝藏夜出之謀懷念惡堕農之志惟覩得失但聽災危不慮嚴章當孤美化法緩則潛藏軍旅法急流散藩方條令難加網羅莫及是非同等曲直相參伏乞頒示軍門無拾此輩永去未萌之咎當平不力之民從之

三月己巳給事中封翹上言曰天地之經陰陽之數莫不上規帝道旁體物情儻國人偶有共咨嗟則時令必為之差忒如陛下英明御宇勤儉臨朝推泣辜罪己之心行解網納隍之道無偏無黨憲章不濫於

雷霆克寬克仁霈澤常均於雨露致君已及於堯舜勃興尋並於禹湯則合災星退於三移瑞日呈於五色焉有自冬徂臘敵歲經春陰雲多蔽於長空滯雨頻霑於連日豈是未臻聖政不降靈休既難喻於玄穹須更增於隆德伏乞稍留聖念明下所司俾郊壇祠祭之儀簠簋馨香之料尤加清潔倍致敬恭罪非劫殺旋令疎放亡殁卿士希加賻贈農桑藉力之時務蠲大役禽鳥營巢之際禁斷網羅恭祈十雨五風以卜千秋萬歲詔付所司詳酌施行

崔居儉為尚書左丞天成三年五月請於西京置分

司官

六月戊子散騎常侍蕭希甫奏以府州官吏不務守官咸思避事每覩微小刑獄皆是聞天不唯有紊朝綱實恐淹延刑獄奉勑昔虞舜以恤刑安萬國賴十六相熙帝圖漢高以約法定八方致四百年享天祿故法無常則官有倖刑不濫則民無冤千古同風百王齊致況今朝廷致理中外同心近者無偏遠者不間慮於聽訟或有惠姦其頻具奏聞所在不勤決斷則諸道侯伯未至盡心兩使賓僚亦非稱職蕭希甫位兼三事務贊萬機更激藩方共裨庶政自此凡有

爭訟委隨處官吏據罪詳斷如事有不可裁斷者則結案聞奏

呂夢奇爲諫議大夫天成三年七月上言近制令州使判官逐司引問獄囚恐屢變其情狀請便案成慮之奉勑宜依

趙熙爲起居郎天成三年八月戊寅上言曰伏自陛下乘乾之後纘聖已來從諫如流求賢不倦遂令五日之內一度敷敭百辟之間咸陳管見伏覩武班朝士皆大國賢臣或繼委藩任或盡知民瘼或久請師旅深知兵機或將相子孫或貔貅列士或銜命每推於事對或臨戎嘗立於殊功蘊器業而不敢自陳有籌畫而無繇上奏方今烝黎尚困兵革未銷儻一言仰合於天心一事有資於軍志可裨睿筭便致小康抱材能者無愧於朝廷懷義勇者何慙於休運伏望令兩班更互奏對

崔税爲右補闕天成三年八月己亥上言曰昔漢宣帝纘紹皇圖勤恤民隱慎擇循良之吏分居牧守之權其有政合廉平惠敷疲瘵小則降璽書而勞問大則錫侯爵以甄酬欲教化之久行故遷移之不遽伏惟陛下糺揉大漢回復皇唐整百王隳紊之綱削四

紀傷夷之弊永言致治實在審官刺史縣令有能副綏不必循拘考限明加奬激就進階資如有課最漸高始終不易量其器業擢在朝廷自然有仕之人咸思職分無爲而治坐致時雍疏奏不報後爲比部員外

閏八月癸卯朔散騎常侍蕭希甫上言曰神聞天地助順神理福謙既物性之得宜何靈心之致譴伏惟陛下自統臨四海勤恤萬方每崇恭儉之風嘗布仁慈之德即合陰陽無爽災眚不生百穀豐盈五兵息偃今乃川瀆決溢水旱潛臻必恐是調爕有乖祭祀

未潔軫吾君宵旰之慮負陛下覆育之恩臣實痛心誰不抱愧伏乞特頒明詔下訪有司詢其銷遣之方採被妖祥之本應是前皇古帝往哲先賢或有違祠但存舊址在祀典者咸加嚴飾禀靈通者盡略修崇悉遵虔肅之誠無爽精祈之懇然後別宜長史側聽庶民稍關疾苦之繇須整撫循之策冀其聆感仰贊昇平

鄭朓爲膳部郎中天成三年九月乙亥奏諸司諸使職掌人吏乘暖坐帶銀魚席帽輕衣肥馬參雜庭臣尊卑無別汚染時風請下禁止帝嘉其事促行之中

書覆爲不可趙鳳亟言於執政曰此禮誠大不可不切爲權吏所庇竟寢其事

是月丁酉吏部員外郎周知微上言曰竊以唐有天下垂三百年聖帝明君覽宏綱而御壼忠臣賢佐法古道以贊時兩漢已還歷代罕比雖國有中否之數人無厭德之言果致陛下紹開中興纘承大業將欲永光帝載而猶動守典刑伏見州縣官僚被人論訟始行追取未辨是非稱呼不去其官曹枷鎖已拘於道路所以上無恥格下絶恭敬有玷盛明實駭觀聽此後凡有官緒可稱所訟罪名未正伏請秖令監守皆在法司俟典直銷分郎荷較無憚所貴坐法者知國章有節司刑者表守律無踰

孔貽序爲給事中天成三年九月丁酉上言曰伏見本朝儀制北省官爲近侍之班遂異常參之禮所以百寮則日拜蓋云謝食北省官不赴廊飡食於本署故嘗朝不拜況今者舊皆目覩躬行伏望陛下順考古道率繇舊章正立朝之嘗規遵先王之定制

盧詹爲中書舍人天成三年十月上言曰歌稱九德彰聖哲於一人國敞四門賝臣賓於萬宇伏惟陛下登臨宸極統御寰區普天之來享來王率土之爲臣

爲子所以西戎獻款北狄輸誠五谿之蠻獠皆臻百越之梯航畢至華夷率服聲教遐流竊見外國朝天諸蕃到闕多於便殿引對中外不知既聞來自殊鄉宜使觀於盛事此後每有四夷入貢伏乞御於正殿列彼羣臣立天仗於廣廷臨宸軒而端拱庶使遐荒異俗向慕華風亦具禮樂威儀更顯聲明文物

何澤爲吏部郎中天成四年二月上言昨問罪中山近鎮有飛輓力役之勞乞議蠲減

于嶠爲北部郎中知制誥天成四年四月丙午上言以兩班有老病者咸絶其俸慮玷聖明請各授致仕

官仍加錫賚以符尚齒之化
程遜爲主客郎中知制誥天成四年四月丙辰上言曰臣聞身體髮膚受之父毋不敢毁傷所以樂正子春下堂傷足三月不出而有憂色民間多有割股上聞天聽者伏以堯代則共推虞舜孔門則首舉曾參皆以至孝奉親不聞割股肉療疾或有懷怙恃之感報劬勞之恩孝起因心痛忘遺體實行此事自是人子之常情不合鼓扇聲名希霑卿賚伏惟陛下道齊覆載孝洽寰區漸致昇平全除矯妄乞願明勑徧下諸州更有此色之人不令舉奏所異眞誠者自彰

孝感詐僞者免惑鄉閭咸歸樸素之風永布雍熙之化
孔莊爲司門郎中天成四年五月上言曰臣聞漢宣帝云與朕共治天下者其唯良二千石乎今國家每擇郡牧唯賞軍功慮於治民未盡其旨爲人求瘼責在叅佐則庶幾近理願留天聰俾愼揀焉
崔憶爲左諫議大夫天成四年六月上言曰臣伏見雒都頃當制葺之初荒涼至甚纔通行逕徧是荆榛此際配人開耕便許爲主或農或圃逾三十年近歲居人漸多里巷隘湏增屋室宜正街坊都邑之制度既成華夏之觀瞻益壯因循未改汚濁增滓竊惟舊制宮苑之側不許停穢惡之物今以莱園相接宗廟祠宇公府民家穢氣薰蒸甚非蠲潔清議條制俾四方則之
郭正封爲考功員外郎天成四年八月癸卯奏中興平定之初自數十年雜亂編民或爲兵士所掠没爲奴婢者既無特勅釐革無復從良遂令骨肉流離有傷王化勑旨曉喻天下諸軍所掠生口有主識認並勒放歸
是月乙丑左補闕楊途奏明公舉事湏合前規竊見

京城之内尚有南州北州縱市井不可改移城池郞宜廢毁復見郡城舊墻多已摧塌不可使浩穰神京旁通綠野徘徊壁壘俯近皇居無復因循嘗宜修葺初光啓末張全義爲河南尹爲蔡賊所攻乃於南市一方之地築壘自固後延於市南又築嘉善坊爲南城天復修都之際元未毁徹途之所奏頗適事宜後爲金員外郎
任贊爲左散騎常侍天成四年十月奏於郊天前有犯重罪合當極法者並令推鞫斷遣無容開赦倖門從之

十一月辛未左諫議大夫崔慥奏請止絕諸道州府不得進金玉鞍轡龍鳳御衣其奏曰凡在御前皆爲法物供奉所自出自内司豈假外臣而有營造若無禁止漸謂逼規一則乖國朝淳厚之風一則冐典憲防閑之制

是月壬辰刑部郎中周知微奏請藩方州郡皆令抄寫法書每遇詳刑須憑條格既無失入自絕銜冤

王鬱爲右庶子天成四年十二月辛酉奏伏自廣明辛丑之後天祐甲子巳來官壞政荒因循未補此蓋諸司滅喪人吏曹局亡失簿書至今官僚中有不知

所掌之事者伏准文明元年四月十四日勑律令格式爲政之本内外官員退食之暇各宜披覽仍以當司令式書於廳事之壁俯仰觀瞻使免遺忘處事茲制實繫化源請下内外文武百司如本司關令式者許就三館抄六典内本司所掌名目各粉壁書寫從之

張延雍長興元年爲諫議大夫七月奏請百官各遵前勑及舉行令式中事

八月壬辰朔刑部郎中周知微奏近年關防商賈不憑司門公驗關禁之設國有舊章請諸司舉行之疏奏不報

孔崇弼爲庫部郎中長興元年九月奏天下州縣長吏每到任造得公廨什物罷任之時多亭巳有不係案牘此後請公廨什物明立文案不許乾没免致擾人

崔行爲給事中長興元年十一月壬戌奏當省給納諸州銅魚勘問本行令吏狀稱内庫每州有銅魚八隻一隻大七隻小兩隻右五隻左其右銅魚一隻長留在内留一隻在本州庫逐季中報平安左魚五隻皆鐫次第字號每新除刺史到任後即差人到當省

請領左魚當司覆奏内庫次第出給左魚一隻當省責領分付到州集官吏取州庫右魚契合却差人送左魚納省如别除刺史州司又請次第左魚周而復始臣以州司差人請魚往來須有煩費請此後新除刺史在京受命或經過都城者可令自牒當省請左魚齎歸本郡契合然後差人納省所與稍免煩勞從之

是月乙丑中書舍人封翹奏切見五日轉對於事太繁所見或有短長不當空煩聖覽請此後秪於入閣者依刑法侍制官例次對同日比部員外郎知制誥

雀稱奏臣歷觀往代下及近朝既立盤維必擇師友或取其德行彰著或取其學術精通待以優崇俾之規益斯亦前王之急務也伏見陛下須宜典冊封立親賢盛禮既陳普天咸慶諒鴻基之永固豈麟趾以能歌伏願陛下特詔有司遵行舊制愼求端士博訪碩儒命以王官使同猶豫雖聰明天縱固不俟於切磋而孝敬日躋亦良繇於輔導臣謬塵近侍無補盛時輒以蒭蕘上塵旒扆疏奏不納

李崇遇爲尚舍奉御長興元年十一月辛未奏竊見文武百官一品已上薨謝者皆有賻贈自四品已下

無例施行請特定事例以表無偏

王延爲左補闕長興元年十二月奏一縣之內所管鄉村而有割屬鎭務者轉爲煩擾益困生民請宜屬縣司鎭唯司賊盜從之

呂朋龜爲度支員外郎長興二年二月庚戌奏以恩赦中許追贈追封已及周歲有未沾恩命者乞賜施行勅旨宜令所司報在朝文武官員及諸道州府當制內有未霑恩命者令供申文狀到者旋即施行不得停滯

楊途爲金部員外郎長興元年三月辛亥奏但是古墓荒墳不許有主無主陛下諸道州府嚴誡鄉閭不得開發從之

正月甲寅尚書戶部奏當司所管天下合貢方物法長興二年三月定到七十餘州舊例冬至齊到正仗前點簡至元日於殿前排列當司引進昨點簡今年正仗前七十州所貢方物內六十七州正仗前至其餘二十州自正月至三月方到京師其江陵府所貢胎白魚臣勘本道進奏官狀稱每年臘月裏造至正仗未堪供進固難及限猶慮其餘州未曾嚴加告諭不可便議刑名請行勅命約束如來年正仗前貢物

不齊其本州錄事參軍及勾押官典量定殿罰文様州合進藕蘗子本州稱無本色折進價錢絹一匹伏以任土作貢必須產在封疆本色不供價錢何取兼恐顧茲名目廣有科求其價絹請停勅旨江陵府胎白魚許於限外供進餘依所奏

閏五月起居郎曹琛奏兩班或請假歸寧或染疾未損纔注班簿便住料錢勅旨有禮於君克勤於國爲臣所重自古皆然其或合朝不朝即虧匪懈無病稱病亦屬自欺儻異下冰須資勿藥臥疾非人情所欲歸寧光孝治之朝曹琛所奏文武官請歸寧准式假

及實卧病者並許支給本官料錢宜依或有託病不赴朝參故涉曠怠者慢於事君何以食祿如聞糾奏當貴尤違

王澄爲大理少卿長興二年六月辛未奏曰陛下御極以來大稔于此時無水旱歲有豐登所以民去農桑士思遊惰或機巧以趨利或宴樂以棄時且一夫不耕或受其飢一婦不織或受其寒者而况鄉閭之内城郭之中競削錐刀罔知本末或鼓舞於村落或謳歌於市廛寔繁有徒觸類而長若非禁止漸恐滋彰勅旨皇王之業寰海爲家民不擾而自安事不紊

而易治皆修遠大以固雍熙朕自纂丕圖每勤庶政民有耕耘之樂時無饑饉之災然猶菲食如初宵衣若舊内則使前後左右外則委侯伯子男共削煩苛同除蠹弊康澄所奏機巧之事游惰之徒所在不無未能全斷令仰諸道長吏詳此曉示村巡游惰者勸以歸農機巧者戒其越樣此外或更有不利於民事並可嚴行止絶將使俗無奇伎野絶閒游爲下有勤力之資在上無蕩心之事鄽肆人和之際何禁謳謡村閭農隙之時無妨歡樂郎須辨認姦惡不得分外搔擾人戶所切者嘗輕徭薄賦不急斂暴徵民不勸而自勤財不營而自富况諸侯勠力列郡盡忠皆是腹心總如魚水將期混一永致和平

是月戊寅左散騎常侍鄭韜光奏臣聞春秋傳曰將賞爲之加膳將刑爲之徹樂此明君之愛人也伏乞下大理刑部兩司凡經定罪之時結正之際徧覽格律簡驗盡舉勑文討尋俾獲罪者甘心受罰者無怨人知法有畫一之義律無再易之門

盧損爲左諫議大夫長興二年十二月上封事三件先罪犯譴逐歿於遐方者請准南郊赦文並許歸葬仍還舊秩處分鳳翔山南已來長吏有兩川界内人

戶任還鄉里願住者郎加安撫前任節度使刺史防禦等使請五日隨例起居並從之

張昭遠爲都官員外郎知制誥長興三年正月上疏曰臣聞諫官御史持法實人君之耳目正邦國之紀綱自本朝已來尤重其任今之選授莫匪端良然則彈奏之間尚未申於才用使諫諍之道或未罄於箴規俾七人徒歷於清華三院但循於資級考其志業孰測短長臣請依本朝故實許御史以法冠彈事諫官逐月給諫紙政事有所不便並許陳聞所冀履班行者不負於君親有才業者自分於涇渭庶幾

舉職免有曠官從之

曹允昇爲太常丞長興三年七月奏使府郡牧例以隨身僕使爲中門代判通呈等名目極多皆恃勢誅求不勝其弊伏請特行止絕如藩侯郡守不解書札請委本判官代押其職務監臨請差本處衙院官吏庶得漸除踰濫兼使州奏薦判官多非才行或以賄賂求進今後奏薦請令本人隨表至京令所司比驗

盧華爲刑部員外郎長興四年奏臣竊以欽恤者聖人之大德畏慎者臣下之小心倘不怠於交修庶自叶於理道伏遇陛下静符玄化動修至仁八紘無幽

枉之人四海有昇平之望但以人非詳勸事罕專精將欲俯副憂勤實願再明條制伏見本朝故事凡内外官司有能辨雪冤獄活得人命者特書殊考非時命官多難已來此道漸廢既曠賞典難得公心伏乞明降敕文顯示中外自此不繫正攝官吏能辨雪冤獄全活人命斷割纔訖旋具奏聞考較不虛特與超轉如或滯留不具申奏及虛妄與希恩澤其所任司長本判官並請重加殿罰

冊府元龜

巡按福建監察御史臣李嗣京 訂正

分守建南道左布政使臣胡維霖 參閱

知建陽縣事臣黃國琦較釋

臺省部二十

奏議第七

後唐李元龜末帝時爲刑部郎中清泰元年上言以聞開成格凡貶降官本處春秋以存亡報省如沒於貶所有骨肉許歸葬如無骨肉本處便與埋葬乃下詔曰李元龜官處法司次當候對以稍懺於時雪請

特降於優恩初則以貶謫官亡歿外州乞容歸葬次則以亡歿者兒孫絕嗣請本處瘞埋宜依所陳頒告諸道

周元樞爲侍御史清泰元年陳十事其行者四詔曰請再示賞罰提舉縣令事百里象雷之地一同製錦之人期在養民豈宜失職諸州觀察使刺史嚴切提撕請牢籠俊乂搜訪賢良況選部貢闈每年愼擇尙慮貞廉之士愧趨躁競之門諸道廉使更宜搜訪請斷無名率配委三司使省奏舉行請止急徵暴賦況秋夏徵科自有常限宜令官吏不得踰違

清泰二年御史中丞盧損上言五事其一臣覩陛下勤儉爲本宵肝是專日新之德繼聲時病之憂漸息事纔達聽言乃必行若有隱於聖明必貽咎於陰責器小而成難測海日下而但合傾心今欲曉諭中外臣寮載星登車端門待漏寅初開鑰日出排班中興殿庶事未通乞光降宣不坐冀覩朝之制合古事君之禮得中匪懈之誠咸專未明之求外顯其二曰臣聞食其時則百骸皆理先其言而駟馬難追利便可行疎闊莫返況開閣之制出入須常且貴賤而不分特強壯而爭進此後逐日早辰軍人百姓馬群放牧

令兩掖門出廣列尊卑其三云帝居皇宅法象大微取則皆自於上玄隳度無違於古道標正影端之語萬世不踰從權就便之規一時難守臣見九衢巷陌巳是漸徵兆庶街坊未止侵占陛下仁恕在念約絕難行且乞五鳳樓南定鼎門北禁止搭掤籬圍籠樹合舊取土塡街引渠穢路請指揮金吾軍巡止絕其四橋號天津名實帝道人臣履歷尙合兢趨牛車往來公然縱恣請止絕天津橋中道兩頭下關駕出卽開兩傍之路士庶往來其車牛並浮橋路來往其五朝廷所重名器爲先叙禮樂道尊卑明貴賤伏見禁

門之内人馬出入極多臣請凡官員除將被袋馬外其餘騎從並令於光政門外下馬詔曰聽政不坐禮儀而合使先知牧馬趨朝道路而宜令有異況民家占侵於御路固合條流牛車來往於天津宜須禁止盧損益㮣奉職言切爲時詳五件之封章俾四方之觀政除光政門外下馬一件續有處分餘並從之是年又上言准天成二年二月勑每年進士合有聞喜宴春關宴并有司所出春關牒用綾紙並官給臣等以舉人旣成名第晏席所費屬私況國用未充枉有勞費請依舊制不賜又准天成元年七月及四年十

二月勑應中外官除授不繫品秩一例宜賜告身請依舊制合賜外各令自出綾紙又准天成元年七月勑加每月十五日入閤罷五日起居臣等以中旬排仗有勞聖躬請只以月首入閤五日起居如舊又天成元年八月勑除吉授令錄皆令内殿辭謝臣等以令錄卑微不可内廷展謝請依舊制正衙辭謝又天成三年五月長興二年七月勑許節度使帶使相歲薦五人餘薦三人防禦團練使二人臣惟州縣員闕甚少若容薦舉則每年銓選可以注擬請特行釐革又長興二年八月勑州縣簿尉判司差充軍巡判官

仍同一任自邇已來頗傷物論以爲不當請行止絕依舊令衙前選任詔曰令錄之任捴六曹之糾轄繫百里之慘舒惠養吾民可以親承顧問内殿辭謝可如舊制藩侯郡守薦人或詣公事或有裨益不可全阻許依天成勑帶使相藩臣歲薦三人餘二人直屬京州郡防禦團練一人諸色官告舉人春關冬集綾紙聞喜關宴所賜錢並仍舊官給餘並從之

劉鼎爲吏部員外郎清泰二年上疏臣見建中元年正月勑中外文武臣寮授官上後三日舉人自代事下中書如除官用人選所薦多者擬議多事已來此

道久廢今後乞復施行詔曰設官分職爲時王之數恩推賢讓能乃朝臣之盛事是以詩稱伐木史載彈冠俾拔茅連茹之時見力行修身之道劉鼎官居雄省立近龍墀因貢讜言請行故事欲使子皮舉善終明子産之賢鮑叔讓能不掩夷吾之略兼可以致同心叶力表後已先人克揚文子之風免有展禽之嘆舉實公當便可施行情涉阿私理當比驗

許遜爲右拾遺清泰二年上疏曰臣見上封事者多不關時政得失或以事不合已或以位未及人但欲虛皷聲名妄邀抽擢全非切當空事游詞數件之中

一無可取不惟熒惑聖聽兼屬侮慢朝綱今後請除兩省官合上封事者其別班除論本司公事外請准太和二年勑輪轉待制給事合司封奏大凡食祿之道本在致君不可獨善一身歸惡萬乘惜暫時之逆耳貽他日之痛心事切三思理實不可其切要言者或君上情耽酒色志好畋遊言動稍乖理須論諍職司其事合在諫官況陛下嗣位已來憂勤庶政鮮有過愆無可陳論朝廷班外之宜職在御史臺如有愆違御史彈糾其餘鞫獄自有法司事若有違他自論奏此外越局言事並望寢停詔曰上書言事諫署舊

規各有所司豈宜越局若思出於位理或侵官言匪盡忠徒欲沽於謇直詞多率意實有望於指陳許遜所上封章請依近敕各司其事允叶舊章

李愼儀爲考功員外郎清泰二年上言今春已來稍愆雨澤陛下念稼穡之重深宵旰之憂倍軫聖心遍走群望盈尺則告瑞於元朔如膏則潤洽於暮春可卜豐穰動諸響應請天下凡祠宇有益於人者下本處常令修飾冀集洪休從之

子遵爲刑部郎中清泰二年上言臣忝掌刑名合論法律臣見比年已來有前州縣官或假使官不量事體皆投匭乞官況大朝取士之門有舉有選苟有長才茂器舉選安敢滯留國家置匭之意本爲訴冤士人乞官安得造次又閭里淺識濫錄官路妄有求請不顧格律條章所司以陛下方開言路不敢是非與法是國家大經誰可析言輕議此後凡投匭上言乞官亂法者望下所錄法司勘驗可否從之

張守吉爲吏部員外郎清泰三年上封事伏覩兩道興兵所宜備慮臣恐京師天下州府所禁囚徒獄戶不完兇徒多役或踰垣破械結黨連群或聚綠林或奔逆壘以此爲患事狀非輕臣望所禁重囚除惡逆

光火殺人外可恕者量減本罪一等斷遣兼州縣近山澤人煙濶遠處量令州縣置舖警巡以防聚集詔曰所奏除惡逆外降罪一等下大理寺詳簡疾速施行

晉梁文矩爲吏部尚書天福二年七月奏臣伏奉勑牒令參詳文武百官所進封事內宗正卿石光贊上章云伏見滎陽縣道左萬石君廟本前漢大中大夫石奮之廟德行意積備列前書乞降封崇俾光宗祖者切以萬石君播盛德於漢朝立嚴祠於鄭圃爰開聖緒永叶昌期石光贊所上公言備章職分深爲允

當埊賜施行勑漢大中大夫石奮德盛軒裳道光簡素享萬石休明之祿成一門忠孝之名彰茂實於前修彝隆興於景運宗正卿石光贊特上章疏欲示封崇異表深源式昭豐祚宜贈太傅八月又奏臣看詳左拾遺任瑾所進封事切見唐莊宗朝宰臣竇盧昇韋說泊歷數朝累行宥典俱遂昭雪頗是分明然則令河令豆盧昇南頓令韋濤因父配流遂停官爵况曾居郎署乆在朝行或以被茜袍或以紆紫綬前後十遷歲曆八奉赦書至於當赦不原亦得乘時被寵况竇盧昇等唐少帝之時刑部已得雪牒便可却復

舊官旋屬僞廷却除宰子飽塵墨綬須服荷衣敢埊明朝特加殊澤切以任瑾所進封章請復竇盧昇等官序服色埊中書商議勑竇盧昇等巳經洗滌又復官曾佚著政能當行甄奬

曹國珍爲吏部郎中天福三年十月隰州蒲縣令竇溫頗進策內一曰兵不可不戰將不可不擇每於月旦宜令敎習楚莊立功而心懼晉文戰勝而色憂居安慮危古之道也此乃鴻圖永固覇業彌芳詳定官等以其徵引方拙未可奏聞國珍與其議以爲可行乃上言曰臣聞去華務實捨短從長片善不遺群材畢餘切詢古道究是良圖將隆講武之規宜舉訓戎之典故左氏春秋傳云禁暴戢兵保大定功安民和衆豐財此所以昭宣七德制服萬邦又云春蒐夏苗秋獮冬狩皆於農隙以講武事此所謂聿脩戰法俾耀軍威又云三時務農一時講武不敎民戰是謂棄之所請每月旦敎習事伏乞宣駙馬步軍都指揮使簡練馴閱甚爲允當埊賜施行勑習戰講武歷代通規選士練兵其來舊制宜以每年農隙時講武仍准令式處分

張昭爲刑部郎中天福二年十月奏伏以革故從新

方恢於聖運赦過宥罪繼洽於君恩故澤布九天無所不及慶流萬國無所不周伏惟皇帝義布幽明化均動植改秦隋之覆轍繼周漢之昌圖上簡帝心蕩蕩方臻於壽域下符民欲熙熙將返於淳風彌寬含垢之情遐廣推恩之道臣伏見去年閏十一月二十九日赦書節文應僞廷貶降官未量移者與復資責授官亦與復資應徙流收管人並放還者又覩今年八月二十五日德音節文應自創業巳來降黜者並與放還枯鱗再泳朽木重芳是知弘貸之朝大舉哀矜之典所有僞廷貶降官等雖經量移盡思歸復每

望雲天之澤嘗懸省責之心特冀聖慈更加念恤未敢希復序資品且乞令放還鄉閭所冀表明代之好生遂小人之懷土臣叨司刑典獲奉赦條願廻解網之仁用廣垂衣之化從之

殷鵬爲起居郎天福二年十二月上言切聞司封格式內外文武臣寮纔昇朝籍者無父母便與追封追贈父母在卽未叙未封以臣所見誠爲不可此則輕生者而重死者棄今人而錄古人其榮有何其理安在又云父母在品秩及格者卽與封其母不言其父便加邑號隸曰大君遂令妻則旁若無夫子則上若

無父豈有父則賤而母則貴夫則卑而妻則尊若謂其父未合加恩安得其母受賜若謂以子便合從貴曷得其父不先伏以父尊母卑天地之道尊無二上國家同體今母受封父無爵名教不順莫大於茲臣伏乞自今後文武臣寮父母在其父已有官爵者卽叙進資品以及格式或不任祿仕卽可授以致仕或同正官所貴得以叙封妻室卽父母俱榮孝子無不待之感闔門交映聖君覃慶賞之恩噎荷陛下孝治之風受陛下榮親之祿者靜而屈指不過數人陛下得以特議舉行編爲令式勸天下之爲善令域中之望風自然見前代之闕文成我朝之盛典况唐明宗朝長興元年德音內一節應在朝中外臣寮父母在並與加恩司封不行明制堅執前文儻布新恩兼合舊勑庶使事君事父嘗遵一體之規爲子爲臣不失兩全之義臣又聞司封令式內外臣寮官階及五品已上者卽封妻蔭子固不分於清濁但秖言其品秩且諫議大夫給事中中書舍人並是五品贊善大夫洗馬中允奉御等亦是五品若論朝廷之委任宰相之擬掄出入之階資中外之瞻望則天壤相懸矣及其叙封乃爲一貫相沿至此其理甚非而况北省爲

陛下侍從之臣南宮掌陛下彌綸之務憲臺執陛下紀綱之司首冠群寮總爲三署當職尤重責望非輕此則清列十年不遂顯榮之願彼則雜班兩任便承封廕之恩事不均平理宜改革伏乞自今後應諸司官及五品已上者卽依舊制施行應三署清望官及六品已上便與封廕清濁既異秩品宜昇仍下所司議爲嘗式勑人子之道祿貴在於及親王者之恩事必從于尊本應內外文武臣寮父母在如子品秩及格與加恩在朝行者父與致仕官母與叙封郡邑號其外四品已上節度團練防禦使刺史父與致仕官

其餘與同正官毋與叙封郡邑號如内外官父已有致仕及同正官毋已曾叙封子品高者更與加進半俸續議指揮如父有職官不在此限餘並准格文處分仍編令式永當規

邊光範為太府少卿天福三年三月上書曰臣聞太宗有言曰朕居深宮之中視聽不能及遠所委者惟都督刺史則知此官實繫治亂本須得人臣竊見今之刺史或因緣世禄或貢奉家財或微立軍功或但詢官序實恐撫民寡術仰貪吏以無方以此牧民而望民安未可得也特乞除此舊訛委其能吏將袪民

病永召時和疏留中不出

李䍐為中書舍人天福三年三月上疏曰臣聞除舊布新故順天而設教惟名與器不假人以樹恩所以示寓縣之至公所以仰朝廷之大柄今則既逢英主式興前蹤是敢聊舉一端輕塵四達酌其損益幸補涓埃伏覩南北兩班内庭諸局或有不文不武非舊非勳論伎術則罔有所長語才行則罕聞其異但思月限以冒官當俾五細以在庭使四方而何則有虛華級仍蔭私門忝榮更及於子孫祿利徒銷於府庫况今乃與戎事久困生民因無用之官寮具員無闕計有限之財力希藏正虛若不去留空成耗蠹伏望畧加澄汰稍辨幽明則支分或減於殷憂内外庶成於通濟又覩十年已來肆赦頻降諸道職掌一例奨酬藩方不守於規程奏薦罔論其高下僕隷則動逾數百綵綸則皆示特恩所以倉場管鑰之微人曹局簡札之小吏至於伶倫賤類灑掃庸奴初命便假於貴階銀章青綬拜賜遽披於法服牙笏紫袍乃致貴賤不分寵榮濫被雖雷雨作解渥澤恐遺於萬物而衣裳在笥貞規何法於百王此後或有溥恩應諸道職員除主兵將較外其衙前職列伏乞明示條章俾

循事體節度州只許奏都押衙都虞候教練使客將孔目官及有朱記大將十人仍取上名支郡則只許薦都押衙都虞候孔目官其諸色人並委本道量轉職次則得之者感恩有異受之者與衆稍殊寰區仰天子之尊藩后知王澤之貴名器之重治亂是資伏惟皇帝陛下俯廻宸覽略昭愚衷勿為小善不行勿謂舊弊難改失之在漸謀之在初儻或因此留神自可觸類而長宰臣奏李䍐才光鳳閣志奉龍圖聰明有作諳之方名器無假人之理以茲留意爰具上章乃是大綱且非小善既叶聖人之教可嘉君子之言

所奏節度刺史州衙前職員等事望賜施行從之
劉皞爲駕部員外郎知雜事天福三年三月上言曰藩侯郡牧仗鉞分符繫千里之慘舒行一方之威福自古選任須擢賢明近代統臨爲酬勳績將邦域之生聚展將領之人情識分者附正營私黷貨者嚴刑廣取諸頭剝削多聽爪牙自黃巢巳來僞梁之後公署例皆隳壞編戶悉是凋殘或不近邊陲不屯師旅無城郭郡邑非控扼藩垣試任廉能且權管理逐年屬州錢物每季申省區分支解有餘罄竭供進府庫漸足黎庶稍蘇縱有過愆亦施懲責言雖鄙近望賜

施行疏留中不出
趙仁奇爲司天少監天福三年五月上言曰臣聞自古創業之君開基之主設官分職革故鼎新必有強名用爲公器以誘英彥皆不徒然伏見近年酬賞在京諸指揮使皆遥授刺史得非朝廷以貴其地望優其祿利乎臣以爲大輅起推輪之始濫觴成方舟之流但恐滋深不可改易非創業制命之所宜也今六軍諸衛品秩皆高不用酬勳是成虛設遂使掌禁軍者鄙昇朝之貴貪外任者無戀闕之心稍涉官邪徒費國用其六軍諸衛官員伏望委宰臣約前唐故事依文班品第加以料錢自此後非有軍功不可輕授名器無假中外迭居豈唯正於等威抑亦省於經費時下中書行之宰臣奏云朝廷所設還衛此掌禁軍久屬從權驟難改制望令將來商議施行
趙遠少帝時爲刑部侍郎開運二年奏臣伏覩長興四年五月二十三日勑州縣官在任日有覆推刑獄公事雪得寃獄活人性命者准長興元年二月二十一日南郊赦書節文便許非時參選特與超資注官仍賜章服者宜令諸道州府凡有雪活寃獄州縣官等依元勑點簡給付公憑本官自齎赴刑部投狀委

刑部據狀追取本道雪活公案參驗如事理合得元勑便仰給付優牒此蓋道弘激勸務絕罔欺在酬奬以甚優期刑殺而無濫臣詳元勑只言州縣官員所許加恩未該内外職掌臣又詳前後請給優牒人等文案若繫雪寃居本道尋合奏聞例過五年十月本人方來論請須却尋追文案勞擾公方於事難明於理未當伏惟皇帝陛下體堯仁而御寓敷舜德以臨民大闡化條克修刑政旁詢闕典用整弘綱功必賞而罪必誅善者進而能者勸起今後但能雪活寃獄不限在朝職司亦乞量加旌賞應關諸道州縣官員

雪活冤獄不虛委逐處長吏抄略詣實案節先具奏聞所付本人憑由官滿到京便於刑部投狀不得隔越年歲方可論訴功勞庶内外以皆同使期程而有守廣亭毒好生之道盡高低察獄之明者勑旨理冤申屈勞績可加内職外官課最無異苟能雪活何吝甄酬宜先錄公文直具奏聞或官滿到闕投狀無到隔年庶絶濫訛用分真僞宜依仍付所司

漢盧擢爲右拾遺天福十二年轉對奏曰臣聞詩云哀哀父母生我劬勞又仲蘇云樹欲靜而風不止子欲孝而親不待皆以昊天所覆永報爲難今陛下信

及昆蟲孝理天下漏泉之澤儻尚拘於嘗制過際之限誠何慰於孝思今請應在朝内外文武臣寮亡父亡母並請特與追贈追封既存没以知榮則寰區而荷德勑曰盧擢忠勤奉職讜直立言貢以封章舉其隆典詳觀弘益尤切歎嘉宜下所司並令舉奏

乾祐元年詔尚書省集議内外臣寮父在母承子蔭敘封追封合加大字否以聞尚書省奏議曰今詳前後勅條凡母皆太字存殁並同此卽是父殁母存卽敘封追封内加太字母殁追封亦加大字故云存殁並同若是父在據勑格無載爲母加大字處若以妻近勑因子貴與父命官父自有官則妻從夫品可以封妻父在不合以其子加母太字若雖有因子之官其品尚卑未得蔭妻亦不合用子蔭之限從之

麻麟乾祐元年爲水部郎中上言臣聞漢朝除吏苟稱其職不數遷移自先朝開國已來牧守多酬勳舊以寵勞臣竊見晉朝除刺史或數月驟替或一歲卽移不惟送故迎新轉成煩擾其次廉能者未暇施政貪濁者轉急誅求以臣愚管望朝廷立定年限觀其考課以議轉遷

呂咸休爲給事中乾祐元年上言臣見前朝閩浙入

貢物色下船之後官差脚乘搬送到京臣悉諳知害民尤甚比來貢奉自是勤王差擾貧民貢之何益以臣管見凡此數處貢物並令自出脚乘不困貧民於理無爽

王易乾祐二年爲尚書左丞上言尚書省名曰中臺素稱會府列曹今式廢墜多年兩轄紀綱隳紊積歲或因貢一時之淺見破千載之通規遂俾廨宇顛乎衙門官位等乎虛器若以從權改易應變弛張又未見國富時康家給民足禮記曰以舊防爲無所用而壞之者必有水敗以舊禮爲無所用而去之者必有

亂患伏惟陛下守文繼統宰輔戮力致君立太平之基創無窮之業其尚書省二十四司公事望准令式積漸施行所有唐末艱難巳來權立名目請皆停罷即守官有視事之方爲吏無虛名之役

于德辰爲兵部侍郎乾祐二年上封九事其一文武兩班有年深不遷官不改服色者或遭喪闋而不追者今遇聖朝幸均渥澤其二每年貢舉人數極多登科者少伏恐淹滯賢能乞量增所放人數其三潭郎茶貨只至襄州客旅並不北來請三司差清強官於襄州自立茶務收稅買茶足以贍國其四湖南見食

嶺南鹽請置官綱於湖南立務權賣其五文武兩班差使出入所令部轄幹濟者聊加酬奬其六河朔緣邊豪俠丁壯能抵拒契丹闘戰者官中訪聞擢用其七臣伏見官禁牛皮條流太重每請甲科合要皮請量於地畝上配納若民間牛死損亦從許貨賣其皮價不得過錢五百其八昨山陵宜俠一行道路人戶配米者未納巳納並請放免其九西道行營立功將卒早宜賞勞不報

梁文贊爲戶部員外郎乾祐二年上言臣竊見諸道州府力及人戶廣置田園不勤耕稼唯爲興利以事末遊臣慮因循以成漸染請量爲條敎以塞源流臣請在處官吏搜求此色戶民令出代耕錢納官以督農務

劉濤爲中書舍人乾祐二年上言方鎭之內土俗不同山澤川原租賦各異任土作貢蓋便黎民臣恐天下稅賦上供土產各異恐於調度或未便安請勑諸道州府於所部之內貢賦供輸有未便特許上書論列以協物宜

邊歸讜初仕晉爲給事中開運三年奏臣近以宣達絲綸經過州縣切見使臣於券料外別要供待以豢

紀綱剽索人驢自逝行李挾命爲勢凌下作威或詞應稍遲即便恣行打棒既遭屈辱寧免怨嗟天聽未聞無處披訴伏乞潛令察訪兼便明降指揮官吏秖供亦須精細使臣取索嚴示戒懲庶息煩苛漸期開泰者勑邊歸讜近曾銜命經歷郵亭見使臣踰違以公言上疏事爲允當理叶規程其諸道州府館驛宜體所奏施行仍付所司又至隱帝時爲刑部侍郎乾祐三年上言臣伏見諸處有人拋無名文書及言風聞訪聞之事不委根苗接便追攝既非責實多是構虛窮理本之有傷瀆化源之無益遂使貪吏狡吏蓄

私憾以讐人譏夫佞夫扇狂言而害物請明行條制度絕罔誣其受納獄訟直須顯有披論具陳名姓即據理詳按無縱舞文其無名文書及風聞訪聞並望止絕不得施行俾存欽卹之風不失含弘之體從之時史弘肇弄權殺害酷毒不循理體以羅織成風歸譏嫉之故有是奏

周太祖廣順三年正月兵部尚書言管諸道州府貢物據元勑諸道州府合輸土貢每年冬至後到京歲前點簡候正伏於殿廷樂懸南排列如不依期限到京者本州錄事參軍殿罰勾押官典各料斷當司每

年坐勑文告報催促去年冬諸州府輸貢物違勑限者丹絳登曹等四州直至今年正月一日後方送貢物其本官典合行殿責欲移本州勘責從之

竇儼爲中書舍人顯德四年上疏云伏以歷代至理六綱爲首一曰明禮禮不明則彝倫不叙二曰崇樂樂不崇則二儀不和三曰熙政政不熙則群務不整四曰正刑刑不正則巨姦不懾五曰勸農農不勸則資澤不流六曰經武武不經則軍功不盛故禮有紀若人之衣冠樂有章若人之喉舌政有統若人之情性刑有制若人之呼吸農爲本若人之飲食武爲用若人之手足斯六者不可斯須而去身也陛下思服帝猷寤寐獻納亟下方正之詔廓開藝能之路士有一技必得自效學攻百端靡不明至故小臣不揆愚鄙欲有陳導於禮樂刑政之內勸農經武之中相今所宜各具疏列其一曰夫禮者太一之紀品物之崇與天地同其節與陰陽順其道協於分藝行於國家本之以忠孝文之以倫義君臣父子夫婦之制冠婚喪祭射御之容朝聘享宴之宜軍旅田獵之事各有宜稱不相侵越所以講信修睦所以洗心防患上得之尊下得之安定親疏而別同異明是非而彰貴賤

執之則致福繆之則招悔憲物成教崇政明本未有不繇於禮者也自五帝之後三王以來有益有損或因或革咸有章憲書於冊書浩浩千編不可遽悉越在唐室典章頗盛程執量昭采物酌中古訓垂法百代則有開元禮在紀先後明得失次其沿變志其楷式則有通典在錄一朝之事包五禮之儀義類相從討尋不紊則有會要在此三者聖教經制國之大綜也爰自梁朝之後仍世多故典臺之官皆差使於公務禮直之吏悉昧昏於檢按至今每有戎祀之事朝會之期多於市壓草議定汪前後矛楯卒多紕稗臣

竊以保殘守缺因欲莸寡乃暗主之事非明君所為豈可以光陛下超世之宏圖為大朝千載之盛美也所宜闡崇令猷以立國典綴叙舊書以為邦紀義在精審理資端要可以範圍五帝楷則萬古彰陛下之聖明禮不虛道者也伏請依唐會要所設門類上自五帝迄于聖朝凡所施為悉令編次凡闕禮樂無有闕漏開元禮通典之書包綜于內名之曰大周禮俾禮院掌之太常博士如得其人宜久其職年深則兼官在任勿使旁轉如是則助風教以彌隆昇典制於將替隱厥前軌聲施無窮者也其二曰夫樂者以德

為本以聲傳御中出所以導志外揚所以審政有天地辰宿有軌數形色有陰陽逆順有離合隱見天數五地數六六五相合故十一月至生黃鍾黃鍾者同律之主五音之元宮也元宮之諧於仲呂毋子也傳於林鍾夫婦也廻於大簇父子也聚於南宮于婦也兩陽必爭二陰必乖故抗衡者多異前五相追而後五相隨蓋繇是也一章之中凡有七閏亥未巳丑酉午寅者七閏之正也日有盈縮之度月有進速之期故或進於前或退於後陰陽之理也六鍾六間十二節凡二十有四位聲氣之大率也平分為七直而略

其餘則子寅卯巳未酉戌謂之羽子寅辰午未酉亥謂之宮子丑卯巳未申戌謂之角子卯辰巳未酉戌謂之商此四者靡靡成章峻而清厲鄭衛之音也與夫推曆生律以律命呂九六之偶旋相為宮三正生天地之美七宗因陰陽之序者於其通人神宣歲功生成範宜之德紀協長大之筭則精麤異矣在乎審治亂察盛衰原性情應形兆則殊塗而同歸也三正者一為天二為地三為人七宗者黃鍾為宮大簇為商姑洗為角林鍾為徵南呂為羽應鍾為變宮緌賓為變徵角為木商為金宮為土變徵為日變宮為月

徵為火羽為水龍角元龜天豕井侯主乎角平亢河鼓婁聚輿鬼主乎商天根須女庖組鳥啄主乎宮辰馬陰虛耗頭天都主乎變徵大火兵封天高鳥翼主乎變宮龍尾玄室四兵天倡主乎徵天津東壁參伐轅車主乎羽角之數六十有四商之數七十有二宮之數八十有一變徵之數五十有六變宮之數四十有二徵之數五十有四羽之數四十有八極商之數九十陽之數一百二十有八陰之數一百一十有二五音之數畢矣神無形而有化處乎聲之門故聊之以音合之以筭音以定主筭以來象觸於耳而激於

心然後可言其樂也其音五其聲十二其調六十雅部之樂也其音四其聲八其調二十有四胡部之樂也隋唐已來樂兼夷夏天寶之世雅部大備寶應之後音律漸衰郊廟殿廷舊事失次洎黄巢盪覆京兆鐘磬皆毁龍紀返正之歲有司别創樂懸乘風雖存旋宫何在音範寖失至今闕然豈可以一時偶失之事爲百代無窮之制何以訓正四方綏和百神軌物垂則示人之極也昔唐虞歷載頌聲方作文武相繼樂教大同陛下布昭聖武彰信天下宗祏靈祇聿監明德所宜憲章成式不失舊物原始以要終體本以

正末使樂與天地同和禮與天地同節伏請命博通之士上自五帝迄於聖朝凡樂章沿革揔次編錄凡三絃之通七絃之琴十三絃之箏二十絃之離二十五絃之瑟三漏之籥六漏之簥七漏之笛八漏之箎十三管之和十七管之笙十九管之巢二十三管之簫皆列譜記對而合之類從聲等雖異必通編於歷代樂錄之後永爲定式名之曰大周正樂俾樂寺掌之依文教習務在齊肅如是則可以移風俗和上下和順之象著則嘉盛之德備則六變至幽深九奏達高明知樂之爲大者也其三曰夫政者正也以正率

下下思盡誠則上無闕政人能持政非政持人若失人而務政則雖勤而何益故人道敏政政在擇人擇人之先自相而始登庸廊廟則有經啓措置之權入侍帷幄則有將迎承弼之任機事攸綜號令攸發平章於百揆維制於四方不可不重也唐末政出中要輕於爰立才處輔相之任便兼公揆之官卿大夫奔競公行禮讓道息未得之日則以致身富貴爲馳騖既得之後則以與國休戚爲憂虞乃三緘於統要之司獨善於兼濟之職但思解密勿之務守崇重之官逍遥林亭保安宗族於身之謀甚利於國之效如何

方今宰臣實罄忠力燮和元化則歲以之豐稔攸叙彝倫則時以之雍靖上無闕政下無異議固能明舉賢才羅濟經略也伏請今宰臣於南宫三品之中兩省給舍已上有能經營國家寧衛社稷者具名以舉若陛下素諳才業上符定制則輔相公揆之授誠亦得宜陛下儻不知名或官品未稱則令以本官權知政事若尚書丞郎權知政事則兼散騎常侍之官陛下歲年之間察其爲作如能興利除害獻可替否進賢才退不肖則遷其官加其秩官高者則受平章事末高者但循資而轉且令權知如其非才即便守本

官罷知政事讓其舉主令廷謝知過亦孫子玉敗軍令尹當責之義也書曰試可乃已又曰歷試諸艱今班行之中有員無職者大半可令量才授任臨事制宜出則以公務效試入則以舊位登叙任事者有賞不任事者當黜黜陟既明天下自正此則爲政之道畢矣其四曰刑者五行之鞭策五性之權衡下民之隄防有國之紀律自古五刑之設期於無刑仲尼曰民有輕辜必求其善以赦其過民有大罪必原其故以輔其化如有死罪期使之生則其善也刑肅俗弊禮謂疵國勝殘去殺傳稱善人昔漢文斷獄四百殆

致刑措唐朝貞觀之世歲決死罪二人今陛下恤刑慎獄義權情恕非不至也而天下冒禁麗法者甚衆殊死大辟者頗多蓋職未塞其原而理其著者也省刑之要厥有二端一者謹吏二者息盜謹吏在乎責長息盜在乎類取吳姬群笑孫武加戮於隊長此責長之明效也襄民不道班伯得賊於會豪此息盜之良術也夫一縣之政總於令長令長正下吏自肅一州之權統於牧守牧守繆僚屬必濫濫之與肅上使然也近代下民之訟多訟令佐敢訢牧守十中或一訟令佐者皆得理察訟牧守者十無一問縱或詰之

而歸罪陪隸者衆矣斧鉞不用刀鋸日弊古人恥之典刑不阿貴賤貴猶當罰賤者自戒如是則官吏畏法刑損其半矣而又除其寇盜使無逸越除盜之術大槩有三一者使賤人徒侶自相糾告糾告不虛則以所告賊產之半賞其告者或一人能告十賊亦以十賊半產與之親屬之間比許容隱在於用權救弊亦可暫更今後有骨肉爲非許令首告然所被告者不可令至極刑傷宗族之情失風教之義只令通指同行徒侶則除惡甚多骨肉所首之人特與疎放如是則同惡自相疑阻爭先於陳告骨肉欲保其親幾

來於原首此息盜之上策也二者如鄭州新鄭一縣團結鄉社之人名爲義營分立將佐一戶爲賊則累其一村一戶被劫則罪其一將大舉鼓聲之所壯丁雲集賊徒至多不過一二十數義營所聚動及百人賊人奔逃無有免者見今鄭州封内唯新鄭獨免殺數頃歲尉氏強民潛往寄縣行劫迴入新鄭疆界殺獲苦無漏遺豈止自部之中不留凶慝兼令渉境之寇難出網羅此息盜之中策也三者有賊之後村人報鎮鎮將詣村驗蹤團保限外不能獲賊罰鎮戍此息盜之下策也如是則姦盜漸息刑又損其半矣

何慮漢文之年貞觀之世不在於今時矣其五曰農
者至正之道自然之資爲邦大本當今急務欲國家
之康濟在府庫之充盈欲府庫之充盈在田疇之修
闢人力可以課致地利可以計生若地利有遺人力
不勸欲邦寧本固化洽時雍不可得也今宰牧怠職
百姓惰業曠土不墾履畝是憂但隨宜以耕耘惟天
時而是賴苟有水旱其將柰何阽危之機在乎反掌
晉朝開運之歲節其驗歟夫欲富國强兵愛民利物
興事任力崇德尊道敷至化恢長御華夷風洽豐澤
無不蒸家給人足而馴致其道也家給人足始於務

農務農之原實有三術一曰廣田二曰巳債三曰節
費廣田則所獲豐羨巳債則儲積可保節費則歲計
有餘今民不廣田良有以也蓋慮無盡地之稼括爲
稅簿則弃竭所收輸不蒲要誰不懼也晉漢二代累
發德音使民多種廣耕只以舊額供賦既種之後旋
以見苗計租以至倉箱匱空鄉井愁歎先皇享御之
始赦書節文之中亦勸民勤勞不殊前意至今曠隙
之地荒萊不開繇於誠信前失民無固志者也夫爲
政之先莫若著信商君移木豈禮也哉蓋使人信之
則無不治也陛下宜敢下明詔使民廣田但輸舊租

永不簡案上言宗廟以表至誠令州郡懸法之所刻
石示民民必信之而田廣矣田廣則多獲多獲則民
足王者藏於天下實一國之富完此廣田之上策也
小畝步百周之制也中畝二百四十漢之制也大畝
三百六十齊魯之制也今所用者漢之中畝若步以
大畝之田輸其中畝之稅或額不敷舊則虛加蒲之
逮於次年而田自多矣此廣田之中策也前所言巳
債節費利莫大焉今編戶之甿以債成俗賦稅之外
罄不償債收獲纔畢率無囷倉官有科折之弊私有
醵醵之番倍稱速息半價速賣則利貸一斗而償四

斗矣欲民不困豈可得哉此外鄉閭之中嘗有酒食
之耗諂僧佞佛相扇成風且瑞雪甘雨和氣所致非
爲一鄉一里委曲而降小民無知競作齋賽一歲之
內數數有之是則債利之劫民也將倍於公賦齋賽
之蠹民也又等於王租欲民之饒終不可致莫若巳
債節費歸利於民起於來年不得通債今歲見債之
者但令以本債償之留其利餘爲民不債之備則民
食資半矣夫陽秋之候豺獺尙祭民祭里社自古而
然宜於二社之辰得以祭餘共相飲食其餘祈禱做
賽之事嚴禁罷之則民食又資其半矣民食既足則

民力普存民力普存則積事敦業積事敦業財用益豐因其利而利之則國富刑清天下知禮節矣其六日兵者所以成武功遏亂略行天討順人心混一區宇昭宣文德三五之伐不能去兵故軒戰阪泉堯征丹浦西伯戡黎之誥成王踐奄之誓節其前躅也陛下卜世之數莫知其紀五德所王拯萬方之率從未占而孚契人心不戒而謀同時利唯淮南李景負固不賓陛下神略內融大權潛運整軍經武條往忽來戎輅一巡則八州降附靈旗再指則四塞盪平歸命者一一皆存來戰者萬萬無免偏師獻捷迨有百數

仁贍交臂以請命壽春全城而北遷淮上嚥喉古來未有命以衆擊寡以尊伐卑以正破僞以強凌弱鮮不克矣然兵道貴速速則惠民在敵境者免驅掠俘馘之無期處內地者免資粮供億之爲役荊湖兩浙竝有舟師聞其水戰之利勝於淮寇皆未肯叶心齊力犄角成功者蓋慮吞韓併衛滅虞兼虢脣亡齒寒勢之懼也陛下宜分命使臣諭其成策錫之以丹書鐵契質之以左宗右社其三方協同大舉如秣陵淪陷南服懷柔則元功盛勳當崇賞厚報俾百世傳襲保其江山旌旗服章僚屬官秩咸用舊制朝廷弗詢彼既得信誓之文又蒙寬大之詔必能稟大君之神筭藉清廟之靈親督蒙衝橫江長騖李景必分兵禦拒首尾支離陛下乃躬御六師方軌南進駐驆江北圖惟厥成則濠廬等州可不攻而拔矣帝覽而善之

冊府元龜

巡按福建監察御史臣李嗣京　訂正

知長樂縣事臣夏允彝　參閱

知建陽縣事臣黄國琦　較釋

臺省部二十

謀畫

漢室而下借箸引籍出入禁闥者皆天子從官而居議臣之任也魏晉而下衆掌機要彌縫政典亦乃佐佑大化而總裁衆務焉固其濟濟而富賢材諤諤而多吉士乃有洞達治本諳識國體洞經綸之術練安

危之計策慮胸臆智略韜韞或發於占對而曲暢幾微或形於疏議而咸有倫脊談必極於時變誠因彰於忠藎流風嘉論信而有徵斯皆名臣之陳迹立言之不朽者已

漢主父偃武帝時爲中大夫偃說帝曰古者諸侯地不過百里强弱之形易制也今諸侯或連城數十地方千里緩則驕奢易爲淫亂急則阻其强而合從以逆京師今以法割削卽逆節萌起前日鼂錯是也今諸侯子弟或十數而適嗣代立餘雖骨肉無尺地之封則仁孝之道不宣願陛下令諸侯得推恩分子弟以地侯之彼人人喜得所願上以德施實分其國必稍弱矣於是帝從其計因令闕馬及弩不得出絶游說之路重附益諸侯之法急詿誤其君之罪諸侯王遂以弱而合從之事絶矣

魏荀彧漢末爲侍中守尚書令建安九年彧說太祖宜復古置九州則冀州所制者廣大天下服矣太祖將從之彧言曰若是則冀州當得河東馮翊扶風西河幽幷之地所奪者衆前日公破袁尚擒審配海内震駭必人人自恐不得保其土地守其兵衆也今使分屬冀州將動心且人多說關右諸將以閉關之計

今聞此以爲必以次見奪一旦生變雖有善守者轉相脅爲非則袁尚得寬其死而袁譚懷貳劉表遂保江漢之間天下未易圖也願公急引兵先定河北然後脩復舊京南臨荆州責貢之不入則天下咸知公意人人自安天下大定乃議古制此社稷長久之利也太祖報曰微足下之相難所失多矣遂寢九州議後太祖將伐劉表問彧策安出彧曰今華夏已平南土知困矣可顯出宛葉而間行輕進以掩其不意太祖遂行會表病死太祖直趨宛葉如彧計表子琮以州逆降

桓階爲尚書時曹仁爲關羽所圍太祖遣徐晃救之不解太祖欲自南征以問群下羣下皆謂王不亟行今敗矣階獨曰太祖以仁等爲足以料事勢不也曰能大王恐二人遺力邪曰不然則何爲自往曰吾恐虜衆多而晃等勢不便耳階曰今仁等處重圍之中而守死無貳者誠以大王遠爲之勢也夫居萬死之地必有死爭之心內懷死爭外有彊救大王按六軍以示餘力何憂於敗而欲自往太祖善其言駐軍於摩陂賊遂退

衛覬爲尚書是時關西諸將外雖懷附內未可信司

隷較尉鍾繇求以三千兵入關外託討張魯內以脅取質任太祖使荀彧問覬覬以爲西方諸將皆豎夫崛起無雄天下意苟安樂目前而已今國家厚加爵號得其所志非有大故不憂爲變也宜爲後圖若以兵入關中當討張魯魯在深山道徑不通彼必疑之一相驚動地險衆彊殆難爲慮彧以覬議呈太祖太祖初善之而以繇自典其任遂從繇議兵始進而關右太叛太祖自親征僅乃平之死者萬計太祖悔不從覬議繇益重覬

劉曄爲侍中黃初中孫權遣使求降文帝以問曄曄對曰權無故求降必內有急權前襲殺關羽取荆州四郡備怒必大興師伐之外有彊寇衆心不安又恐中國承其釁而伐之故委地求降一以却中國之兵二則假中國之援以彊其衆而疑敵人權善用兵見策知變其計必出於此今天下三分中國十有其八吳屬各保一州阻山依水有急相救此小國之利也今還自相攻天亡之也宜大興師徑渡江襲其內蜀攻其外我襲其內吳之亡不出旬月矣吳亡則蜀孤若割吳半蜀固不能久存況蜀得其外我得其內乎帝曰人稱臣降而伐之疑天下欲來者心必以爲懼

其一不可孤何不且受吳降而襲蜀之後乎對曰蜀遠吳近又聞中國伐之便還軍不能止也今備已怒故興兵擊吳聞我伐吳知吳必亡必喜而進與我爭割吳地必不改計抑怒救吳必然之勢也帝不聽遂受吳降即拜權爲吳王曄又進曰不可先帝征伐九分天下兼其八威震海內陛下受禪即真德合天地聲暨四遠此實然之勢非卑臣頌言也權雖有雄才故漢驃騎將軍南昌侯耳官輕勢卑士民有畏中國心不可彊迫與成所謀也不得已受其降可進其將軍號封十萬戶侯不可即以爲王也夫王位去天子

一階耳其禮秩服御相亂也彼直爲侯江南士民未有君臣之義也我信其僞降就封殖之崇其位號定其君臣是爲虎傅翼也權旣受王位卻蜀平之外後盡禮事中國使其國內皆聞之內爲無禮以怒陛下陛下赫然發怒興兵討之乃徐告其民曰我委身事中國不愛珍貨重寶隨時貢獻不敢失臣禮也無故伐我必欲殘我國家俘我民人子女以爲僮隷僕妾吳民無緣不信其言也信其言而感怒上下同心戰加十倍矣又不從遂卽拜權爲吳王權將陸議大敗劉備殺其兵八萬人備僅以身免權外禮愈卑而

內行不順果如曄言

蔣濟文帝時爲尚書車駕征吳幸廣陵濟表水道難通又上三州論以諷帝帝不從於是戰船千數皆滯不得行議者欲就留兵屯田濟以爲東近湖北臨淮若水盛時賊易爲寇不可安屯帝從之車駕卽發還到精湖水稍盡盡留船付濟船本歷適數百里中濟更鑿地作四五道蹴船令聚豫作土豚遏斷湖水皆引後船一時開遏入淮中帝還雒陽謂蔣濟曰事不可不曉吾前決謂分半燒船於山陽池中卿於後致之略與吾俱至譙又每得所陳實入吾意自今討賊計畫善思論之明帝卽位大司馬曹休帥軍向晥濟表以爲深入虜地與孫權精兵對而朱然等在上流乘休後臣未見其利也軍至晥吳出兵安陸濟又上疏曰今賊示形於西必欲并兵圖東宜急詔諸軍往救之會休軍已敗盡棄器仗輜重退還吳欲塞夾石遇救兵至是以官軍得不沒焉

劉放爲中書監青龍初孫權與諸葛亮連和欲俱出爲寇邊得權書放乃改易其辭往往換其本文而傅合之與征東將軍滿寵若欲歸化封以示亮亮騰與吳大將步騭等以見權權懼亮自疑深自解說

孫資爲中書令明帝太和末吳遣將周賀浮海詣遼東招誘公孫淵帝欲邀討之朝議多以爲不可惟資決行策果大破之又烏丸校尉田豫帥西部鮮卑泄歸尼等出塞討軻比能智鬱築韃破之還至馬邑故城比能帥三萬騎圍豫帝聞之計未有所出如中書省以問監令資對曰上谷太守閻志柔弟也爲比能素所歸信令馳詔使說比能可不勞師而自解矣帝從之比能果釋豫而還

劉邵爲散騎常侍青龍中吳圍合肥時東方吏士皆分休征東將軍滿寵表請中軍兵并召休將士須集

擊之鄧艾以爲賊衆新至心專氣銳寵以少人自戰其地若便進擊不必能制寵求待兵未有所失也以爲可先遣步兵五千精騎三千軍前發揚聲進道震曜形勢騎到合肥疏其行隊多其旌鼓曜兵城下引出賊後擬其歸路要其糧道賊聞大軍來騎斷其後必震怖遁走不戰自破賊矣帝從之兵比至合肥賊果退還

晉安平王孚魏文帝時爲度支尚書孚以爲擒敵制勝宜有備預每諸葛亮入寇關中軍兵不能制敵中軍奔赴輒不及事機宜預選步騎二萬以爲二部爲

討賊之備

張華爲中書令加散騎常侍武帝潛與羊祜謀伐吳而群臣多以爲不可唯華賛成其計其後鑒疾篤帝遣華詣鑒問以伐吳之策及將大舉以華爲度支尚書乃量計運漕決定廟筭衆軍既進而未有尅獲賈充等奏誅華以謝天下帝曰此是吾意華但與吾同耳時大臣皆以爲未可輕進華獨堅執以爲必尅

郄鑒明帝時爲尚書令與帝謀滅王敦既而錢鳳攻逼京都時議者以王含錢鳳衆力百倍苑城小而不固宜及軍勢未成大駕自出距戰鑒曰羣逆縱逸其勢不可當可以筭屈難以力競且含等號令不一抄盜相尋百姓懲往年之暴皆人自爲守乘逆順之勢何往不尅且賊無經略遠圖惟恃豕突一戰曠日持久必啓義士之心令謀猷得展今以此弱力敵彼彊寇決勝負於一朝定成敗於呼吸雖有申胥之徒義存投袂何補於既往哉帝從之

孔坦成帝時爲尚書左丞屬蘇峻反坦爲司徒司馬陶回謂王導曰及峻未至宜急斷阜陵之界守江西當利諸口彼少我衆一戰決矣若峻未來可往逼其城今不先往峻必先至先人有奪人之功時不可失

導然之庾亮以爲峻脱還來是襲朝廷虛也故計不行峻遂破姑熟取鹽米亮方悔之

王彪之爲吏部尚書時簡文帝爲撫軍執政太尉桓温欲北伐屢詔不許温輒下武昌人情震懼或勸殷浩引身告退彪之言於簡文曰此非保社稷爲殿下計皆自爲計爾若殷浩去職人情驚駭天子獨坐既爾當有任其責者非殿下而誰又謂浩曰彼抗表問罪卿爲其首事任如此猜釁已搆欲作匹夫豈有全地邪且當静以待之令相王與手書示以款誠陳以成敗當必旋旆若不順命即遣中詔如復不奉乃當

以正義相裁無故息息先自猖蹶浩曰決大事正自難須日來欲使人悶聞卿此謀意始得了温亦奉帝旨果不進

宋謝靈運文帝時爲侍中陳疾東歸將行上書勸伐河北曰自中原喪亂百有餘年流離寇戎湮没殊類先帝聰明神武哀濟羣生將欲盪定趙魏大同文軌運謝事乖理違願絶仰德抱悲恨存生盡况陵塋未幾凶虜伺隙預在有識誰不憤歎而景平執事並非其才且遘紛京師豈慮託付遂使孤城窮陷莫肯拯赴緜河千里覊爲寇有晚遣鎮戍皆先朝之所開拓

一旦淪亡此國恥宜雪被於近事者也又北境自染逆虜窮苦備罹徵調賦斂靡有止已所求不獲輒致誅殞身禍家破闔門比屋此亦仁者所爲傷心者也咸云西虜捨末遠師隴外東虜乘虚呼可掩襲西軍既反得據關中長圍咸陽還路已絶雖遣救援停住河東遂乃遠討天城欲爲首尾而西寇深山重阻根本自固徒棄巢窟未足相拯師老於外國虚於内時來之會莫復過此觀兵耀威實在兹日若相持未已或生事變忽值新起之衆則異於今苟乖其時難爲經略雖兵食倍多則萬全無必矣又歷觀前代類以兼弱爲本古今聖德未之或殊豈不以天時人事理數相得興亡之度定期居然故古人云既見天殃又見人災乃可以謀昔魏氏之強平定荆冀乃乘袁劉之弱晉氏之盛拓開吳蜀亦因葛陸之衰此皆前世成事著於史策者也自羌平之後天下亦謂虜當俱滅長驅滑臺席卷下城奪氣喪魄指日就盡但長安違律潼關失守用緩天誅假延歲月爾來至今十有二載是謂一紀曩有前言况五胡代數齊世虜期餘命盡於來年自相攻伐兩取其困卞莊之形驗之今役仰望聖澤有若渇饑注心南雲爲日已久來蘇之

冀實歸聖明此而弗乘後則未兆卽日府藏誠無兼儲然凡造大事待國富兵強不必乘會於我爲易貴在得時器械既充衆力粗足方於前後乃當有優甞議損益久可以證冀州戶數百萬有餘田賦之沃著自貢典先才經剏基阯猶存澄流引源桑麻蔽野強富之實昭然可知爲國長久之計孰若一往之費耶或懲關西之敗而謂河北難守二境形勢表裏不同關西雜居種類不一昔在前漢屯軍霸上通火甘泉况乃遠戍之軍値新故交代之際者乎河北悉是舊戶差無雜人連嶺判阻三關作隘若游騎長驅則沙

漠風靡若嚴兵守塞則冀方山固昔隴西傷破亂錯
興言匈奴慢侮賈誼憤歎方於今日皆爲餘矣晉武
中主耳値孫皓虐亂天祚其德亦繇鉅平奉策荀賈
折謀故能業崇當年區宇一統况今陛下聰明聖哲
天下歸仁文德與武功並震霜威共素風俱舉協以
宰輔賢明諸王美令岳牧宣烈虎臣盈朝而天威遠
命亦何敵不滅矧伊頑虜假日而已哉伏惟淵機志
務久定神謨臣卑賤側陋寘景巖穴實仰希太平之
道傾覩岱宗之封雖乏相如之筆庶免史談之憤以
此謝病京師萬無恨矣久欲上陳懼在觸冒蒙恩賜

假暫違禁省消渴十年嘗慮朝露抱此愚志昧死以
聞

蔡興宗爲吏部尚書時太宗初立諸方並舉兵反國
家所保唯丹陽淮南數郡其間諸縣或已應賊東兵
已至永世宮省危懼帝集羣臣以謀成敗興宗曰今
普天圖逆人有異志宜鎮之以靜以至信待人比者
逆徒親戚布在宮省若繩之以法則土崩立至宜明
罪不相及之義物情旣定人有戰心六軍精勇器甲
犀利以待不習之兵其勢相萬爾願陛下勿憂帝從
之

後魏張袞爲給事中時道武在代袞嘗參謀慕容寶
之來寇也袞言於道武曰寶乘滑臺之功因長子
之捷傾資竭力難與爭鋒愚以爲宜羸師卷甲以侈
其心太祖從之果破之後遷黃門侍郎道武南伐師
次中山袞言於道武曰慕容寶憑三世之資城池之
固雖皇威震赫勢必擒殄然窮兵極武非王者所宜
昔酈生一說田橫委質魯連書聊將授首臣誠德
非古人略無奇策仰憑靈威庶必有感帝從之袞遺
寶書喻以成敗寶見書大懼遂奔和龍旣尅中山聽
入八議拜袞奮武將軍幽州刺史賜爵臨渭侯

崔浩爲左光祿大夫南藩諸將表宋文帝戒嚴欲犯
河南請兵三萬先其未發逆擊之因誅河北流民在
界上者絕其鄉導足以挫其銳氣使不敢深入詔公
卿議之咸言宜許浩曰此不可從也往年國家大破
蠕蠕馬力有餘南賊震懼常恐輕兵奄至臥不安席
故揚聲動衆以備不虞非敢先發又南土下濕夏月
蒸暑水潦方多草木深邃疾病必起非行師之時且
彼先嚴有備必堅城固守屯軍攻之則糧食不給分
兵肆討則無以應敵未見其利就使能來待其勞倦
秋涼馬肥因敵取食徐往擊之萬全之計勝必可尅

在朝羣臣及西北守宰從陛下征討西滅赫連北破蠕蠕多獲美女珍寶馬畜成羣南鎮諸將聞而生羡亦欲南抄以取資財是以妄張賊勢披毛求瑕冀得肆心既不獲聽故數稱賊動以恐朝廷背公存私為國生事非忠臣也太武從浩議南鎮諸將復表賊至而自陳兵少簡幽州以南戍兵佐守就漳水造船嚴以為備公卿議者僉然欲遣騎五千并假署司馬楚之魯軌韓延之等令誘引邊民浩曰非上策也彼聞幽州已南精兵悉發大造舟船輕騎在後欲存立司馬誅除劉族必舉國駭擾懼於滅亡當悉發精鋭來

備北境後審知官軍有聲無實恃其先聚必喜而前行徑來至河肆其侵暴則我守將無以禦之若彼有見機之人善設權譎乘間深入虞我國虛生變不難非制敵之良計今公卿欲以威力攘賊乃所以招令速至也夫張虛聲而召實害此之謂矣不可不思後悔無及我使在彼期四月前還可待使至審而後發猶未晚也楚之之徒是彼所忌將奪其國彼安得端坐視之故楚之往則彼來楚之止則彼息其勢然也且楚之等瑣才能招合輕薄無賴而不能成就大功為國生事使兵連禍結必此之羣矣臣嘗聞魯軌說

姚興求入荊州至則散敗乃不免蠻賊掠賣為奴使禍及姚泓已然之效浩復陳天時不利於彼曰今兹害氣在揚州不宜先舉兵一也午歲自刑先發者傷二也日蝕滅光晝昏星見飛鳥墮落宿值斗牛憂在死亡三也熒惑伏匿於翼軫戒亂及喪四也太白未出進兵者敗五也夫興國之君先修人事次盡地利後觀天時萬舉而萬全國安而身盛今宋新國是人事未周也災變屢見是天時不協也舟行水涸是地利不盡也三事無一成自守猶或不安何得先發而攻人哉彼必聽我虛聲而嚴我亦承彼嚴而動兩推

其咎皆自以為應敵兵法當分災迎受害氣未可舉動也太武不能違衆乃從公卿議浩復固爭不從遂遣陽平王杜超鎮鄴琅琊王司馬楚之等屯潁川於是賊來遂疾到彥之自清水入河泝流西行分兵列守南岸西至潼關太武聞赫連定與宋懸分河北乃治兵欲先討赫連羣臣皆曰宋猶在河中舍之西行前寇未可必克而宋乘虛則失東州矣太武疑焉問計於浩浩曰宋與赫連定同惡相招連結馮跋牽引蠕蠕規肆逆心虛相唱和宋望定進定待宋前皆莫敢先入以臣觀之有似連鷄不得俱飛無能為害也

臣始謂宋軍來當屯在河中兩道北上東道向冀州西道衝鄴如此則陛下當自致討不能徐行今則不然東西列兵徑二千里一處不過數千形分勢弱以此觀之儜兒情見正望固河自守免死爲幸無北度意也赫連定殘根易摧擬之必仆尅定之後東出潼關席卷而前則威震南極江淮以北無立草矣聖策獨發非愚近所及願陛下必行勿疑平凉既平其日宴會太武執浩手以示蒙遜使曰所云崔公此是也才略之美當今無比朕行止必問成敗決焉若合符契萬無失矣後冠軍將軍安頡軍還獻南俘因說南

賊之言云宋勑其諸將若北國兵動先其未至徑前入河若其不動在彭城勿進如浩所量太武謂公卿日卿輩前謂我用浩計爲謬驚怖固諫常勝之家自謂踰人遠矣至於歸終乃不能及

張白澤爲給事中時蠕蠕犯塞獻文引見羣臣議之尙書僕射元目辰進曰若車駕親行恐京師危懼不如持重固守自安虜懸軍深入糧無繼運以臣量之自退不久遣將追擊破之必矣白澤曰陛下欽明則天比蹤前聖而蠢爾荒愚輕犯王略宼乃顛沛於遠圖我將宴安於延毒仰惟神略則不然矣今若鑾輿親動賊必望塵奔散寧容抑挫神兵坐而縱敵萬乘之尊嬰城自守進失可乘之機退非無前之義惟陛下留神帝從之遂大破虜衆

程駿爲秘書令文明太后臨朝駿上表曰春秋有云見禮於其君者若孝子之養父母見無禮於其君者者若鷹鸇之逐鳥雀所以勸誡將來垂範萬代昔陳恒弑君宣尼請討雖欲宴逸其得已乎今廟筭天迴七州雲動將水蕩鯨鯢陸掃凶逆然戰貴不陣兵家所美宜先遣劉昶招諭淮南若應聲響悅同心齊舉則長江之險可朝服而濟道成之首可崇朝而懸苟

江南之輕薄背劉氏之恩義則曲在彼矣何負神明哉直義檄江南振旅迴旆亦足以示救患之六人揚義風於四海且攻難守易則力懸百倍不可不深思不可不熟慮今天下雖謐方外猶虞捨寅僥倖於西南狂虜伺釁於漠北脫攻不稱心恐兵不卒解兵不卒解則憂慮逾深夫爲社稷之計者莫不先於守本臣愚以爲觀兵江滸振曜皇威宜特加撫慰秋毫無犯秋毫無犯則民知德信民知德信則襁負而來繈負而來則淮北可定淮北可定則吳宼異圖吳宼異圖則禍釁於漠後觀釁而動則不免矣諸停諸州之

兵且待後舉所謂守本者也伏惟陛下太皇太后讀筭神規彌綸百勝之後應機體變獨悟方寸之中臣影頹虞淵昏耄將及雖思憂國終無云補不從

崔衡孝文時爲給事中車駕巡狩以衡爲大都督長史衡涉獵書史頗爲文筆蠕蠕時犯邊塞衡上書陳備禦之方便國利民之策凡五十餘條

鄭祚宣武時爲尚書左僕射先是梁帝嘗遣將康絢遏淮將灌揚徐祚表曰蕭衍狂狡擅斷川瀆役苦民勞危亡已兆然古諺有之敵不可縱夫以一勺之水或爲不測之淵如不時滅恐同原草宜命一重將率

統軍三千人領羽林一萬五千人并科京東七州虎旅九萬長驅電邁遄令撝持揄斬之勳一如嘗制賊資雜物悉入軍人如此則鯨鯢之首可不日而懸誠如農桑之時非發衆之日苟事理宜然亦不得不爾昔韋顧跋扈殷后起昆吳之師玁狁孔熾周王興六月之伐臣職忝樞衡獻納是主心之所懷寧敢自嘿并宜勑揚州選一猛將遣當州之兵令赴浮山表裏夾攻朝義從之

李苗爲員外散騎常侍孝明正光末三秦反叛侵及三輔時承平既久民不習戰苗以隴兵強悍且羣聚無資乃上書曰臣聞食少兵精利於速戰糧多卒衆事宜持久今隴賊猖狂非有素蓄雖據兩城本無德義其勢在於疾攻日有降納遲則人情離阻坐受崩潰夫飈至風起逆者求萬一之功高壁深壘王師有全制之策但天下久泰人不曉兵奔利不相待逃難不相顧將無法令士非教習以憍將御惰卒不思長久之計務奇正之道必有莫敖輕敵之志恐無充國持重之規如令隴東不守汧軍敗散則兩秦遂強三輔危弱國之右臂於斯廢矣今宜勑大將深溝高壘堅守勿戰別命偏師精兵數千出麥積崖以襲其後

則汧岐之下羣妖自散於是詔苗爲統軍與別將淳于誕俱出梁益隸行臺魏子建子建以苗爲郎中仍領統軍深見知待

高恭之字道穆爲中書舍人元顥逼虎牢城或勸莊帝赴關西者帝以問道穆道穆對曰關中今日殘荒何緣可往臣謂元顥兵衆不多乘虛深入者緣國家將帥征捍不得其人爾陛下若親率宿衛高募重賞背城一戰臣等竭其股肱之力破顥孤軍必不疑矣如恐成敗難測非萬乘所履便宜車駕北渡循河東下徵大將軍天穆合於滎陽向虎牢別徵爾朱榮軍

令赴河内以掎角之旬月之間何往不尅也臣竊謂萬全俄除給事黃門侍郎於是爾朱榮欲廻師待秋道穆謂榮曰元顥以蕞爾輕兵掩據京雒使乘輿飄露人神恨憤主憂臣辱良在於今大王擁百萬之衆輔天子而令諸侯自可分兵河畔縛筏造船處處遣渡徑擒羣賊復主宮闕此桓文之舉也且一日縱敵數世之患今若還師令顥重完守具徵兵天下所謂養虺成蛇悔無及矣榮深然之曰楊黃門偘已陳此計當更議決耳及莊帝反政因宴次謂爾朱榮曰前若不用高黃門計則社稷不安可爲朕勸其酒令醉

榮對曰臣本北征蠕蠕高黃門與臣作監軍臨事能決實可任用遷御史中尉兼黃門侍郎及爾朱世隆等率其部類戰於大夏門北道穆受詔督戰又贊成太府卿李苗斷橋之計世隆等於是北遁

北齊孫搴高祖時爲散騎常侍奏請大括燕常雲朔顯蔚二夏州高平凉之民以爲軍士逃隱者身及主人三長守令罪以大辟沒入其家於是所獲甚衆搴之計也

顏之推爲黃門侍郎武成清河末周兵陷晉陽帝輕騎還鄴窘急計無所從之推因宦者侍中鄧長顒進奔陳之策仍勸募吳士千餘人以爲左右取青徐路共投陳國帝甚納之以告丞相高阿那肱等阿那肱不願入陳乃云吳士難信不須募之勸帝送珍寶累重向青州且守三齊之地若不可保徐浮海南渡雖不從之推計策然猶以爲平原太守令守河津

源文宗後主時爲祕書監陳將吳明徹寇江南歷陽瓜步相尋失守趙彥深於起居省密訪文宗曰吳賊譸張遂至於此僕妨賢既久憂懼交深今者之勢計將安出弟往在涇州甚悉江淮間情事今將何以禦之對曰荷國厚恩無繇報效有所聞見敢不盡言但

朝廷精兵必不肯多付諸將數千已下復不得與吳楚爭鋒命將出軍反爲彼餌尉破胡人品王之所知進既不得退又未可敗績之事匪朝伊夕王而能入朝野傾心脫一日參差悔無所及以今日之計不可再三國家待遇淮南失之同於蒿箭如文宗計者不過專委王琳淮南招募三四萬人風俗相通能得死力兼令舊將淮北捉兵足堪固守且琳之於曇頊不止北面事之明矣竊謂計之上者矣若不推赤心於琳別遣餘人制肘復成速禍彌不可爲彥深歎之曰第此良圖足爲制勝千里但口舌爭來十日已足終

不見從時事至此安可盡言相顧流涕

隋趙賢通仕周爲民部中大夫武帝出兵鞏雒欲收齊河南之地賢通諫曰河南雒陽四面受敵縱得之不可以守請從江北直指太原傾其巢穴一舉以定帝不納師竟無功

宇文弼仕周爲内史都上士武帝將出兵河陽以伐齊謀及臣下弼進策曰齊氏建國于今累葉雖曰無道藩屏之寄尚有其人今之用兵須擇其地河陽衝要精兵所聚盡力攻圍恐難得志如臣所見彼汾之曲戍小山平攻之易拔用武之地莫過於此願陛下

詳之帝不納師竟無功

唐高適爲左拾遺天寶末天下兵起潼關失守適上策曰竭庫藏召募以禦賊猶未失計事雖不行聞者壯之

李絳爲左僕射寶曆元年澤潞節度使劉悟死子從諫求爲留後絳上疏曰臣伏以兵機尙速久即計生威斷貴定疑即變起人情未一乃可伐謀事勢已分則難命中懐劉悟八月十日得病計是日便死逗留掩匿奏報已遲朝廷旣知又數十日都未有處分中外人意共惜事機今昭義兵衆必不盡同從諫之亂縱有同者不過所厚一二千人直使一半叶同尙有一半守順況從諫不曾久主兵馬威惠未加於人又此道素亦貧窮非時必無優賞今朝廷但速除近澤潞四面一將帥充昭義節度令倍程赴鎭從諫未及鋪置新使已到潞州所謂先人有奪人之心疾雷不及掩耳眞從天上落也新使旣到潞州軍心自有所繫從諫無位何名主張又設使未到已前謀拒朝命臣亦料得必無能爲若欲多分兵馬守境則事須給付器械將較等旣得器械又已有正節度使豈肯更爲從諫腹心若欲少分兵馬則不足抗拒新使之人

事宜物理昭然可知臣前月十七日已面陳論并具狀聞奏訖至今又二十餘日未有處分恐澤潞三軍會朝廷意旨將欲效順即慮忽與從諫將欲同惡又郄恐除別人儻更被姦人爲畫狡計虛張賞設錢數兵士覬望尤難指揮今則已似太遲失於制置若更稽緩事恐轉生伏望速賜裁斷仍先下明勅符賜新節度使五十萬匹物令宣示三軍以其從來忠節故有此賜便節級賞設續除劉從諫一軍郡刺史從諫旣粗有得必且擇利而行萬萬之中無一二違拒必若不從指揮臣亦以爲不假攻討葢山東三州難自

存立若欲旁連魏鎮卽須厚賂交通昔嶷自保封疆卽須終日備禦四面受敵必不支持數月之間定見覆敗况又聞山東官健已不許自畜刀兵足明軍心殊未得一帳下之事亦在不疑長短此方義無便授從諫之理今更於意外料度儻從諫事急將所親厚三二千人散投魏鎮必亦虜縛送歸闕廷上取忠義之名下快讐怨之志此必然之理也在魏博鎮州留一從諫亦何所利其將士三二千旣是從逆得散却亦是國家一事縱横揣度股掌無逃又以爲直使山東之人未得其便偪俛受制依違俟時朝廷亦只要

明勑四面諸軍嚴兵保境勿令公私來往勿使商旅通流遲不一年梟首必至若或捨此數計事或後時卽非愚臣所知亦必他日追悔臣不勝憂憤激切之至帝雖多浄之忠誠其時李逢吉王守澄中外議已定朝臣徒瀝丹懇竟不勝荷且之謀

王起穆宗時爲禮部侍郎長慶初大梁師李夰叛與兄播寄上疏請以徐州王智興討之遣自贖其過帝納之果復汴州深謂其有將略焉

濮龍敏初仕後唐爲吏部侍郎敏學術不甚長然外柔而内剛愛决斷人計清泰末從末帝在懷州時趙德濟父子有異圖晉安砦旦夕憂陷末帝計無從出問於從臣敏奏曰臣有一計請以兵援送東丹王李贊華取幽州路趨西樓虜主必有北顧之患末帝然之而不能用敏又謂末帝親將李懿曰君連姻帝戚社稷之危不俟翹足安得默默苟全耶懿因籌德濟必破蕃軍之狀敏曰僕燕人也諳趙德鈞之爲人膽小謀拙所長者守城砦嬰壕塹篤勵徒兒爾若見大敵奮不顧身推堅陷陣必不能矣况名位震主姦以謀身乎僕有狂策不知濟否苟能必行亦救寨之一術也請言之曰如聞駕前馬僅五千匹請於其間選

壯馬精甲健夫千人僕願與郎萬金二人緣介休路出山夜冒虜騎循山入大砦千騎之内得其半濟則砦無虞矣張敬達等幽閉不知朝廷援兵近遠若知大軍在圍栢谷中有鐵障亦可爲陷况虜騎乎末帝聞之曰龍敏之心極壯用之晚矣人亦以爲大言然其慷慨感激皆此類也

冊府元龜

巡按福建監察御史臣李嗣京　訂正
知閩縣事臣曹判臣叅閱
知建陽縣事臣黄國琦較釋

臺省部二十二

簡傲　廢職　交惡　漏泄

簡傲

直而不倨蓋存乎格言傲不可長亦載諸往誡矧夫居臺閣之任忘謙虛之美安肆自處鄙悖成風失庸行之規虧好讓之道雖曰君子其猶病諸况在中人

胡足多者斯亦不仁者足以取禍深識者可以自戒矣

晉衛瓘爲尚書令以法御下視尚書若參佐尚書郎若掾屬和嶠爲中書令舊制監令共車入朝時荀朂爲監嶠鄙朂爲人以意氣加之每同乘高抗專車而坐乃使監令異車自嶠始也

何綏字伯蔚曾之孫劭之子也官至侍中尚書自以繼世名貴性既輕物翰札簡傲城陽王尼見綏書疏謂人曰伯蔚居亂而矜豪乃爾豈其免乎後爲東海王越所誅

宋何承天爲尚書左丞承天性剛愎不能居意朝右頗以所長侮同列

劉湛爲給事中與殷景仁並被任遇湛常云今世宰相何難此正可當我南陽郡漢世功曹爾

張敷爲秘書郎嘗在省直中書令傅亮貴宿接要聞其好學過候之敷卧不即起亮惟而去後敷爲正員外郎中書舍人狄當周赳並管要務以敷同省名家欲詣之赳曰彼若不相容便不如勿往詎可輕行耶當曰吾等並已員外郎矣何憂不得共坐敷先設二牀去壁三四尺二客就席酬接甚歡既而呼左右移

我遠客赳等失色而去其自標遇如此

王僧達孝武時爲中書令黄門侍郎路瓊之太后兄慶之孫也宅與僧達門並嘗盛車服詣僧達僧達將獵已改服瓊之就坐僧達了不與語謂曰身昔門下騶人路慶之者是君何親遂焚瓊之所坐牀太后怒泣涕於帝曰我尚在而人凌之我死後乞食矣帝曰瓊之年少無事詣王僧達門見辱乃其宜耳僧達貴公子豈可以此加罪乎太后又謂帝曰我終不與王僧達俱生後竟坐死

梁張稷初出吳興郡以僕射徵還道經吳鄉人候稷

者滿水陸稷單裝徑還京師人莫之識其率素如此
也
謝幾卿爲左丞僕射省嘗議集公卿幾卿外還宿醉未醒取枕高卧傍若無人又嘗於閤省裸袒酣飲小遺下霑令史爲南司所彈幾卿亦不介意
任孝恭爲中書通事舍人而性頗自伐以才能尚人於流輩中多有忽略世以此少之
蕭子顯爲吏部尚書性凝簡頗負其才氣及掌選見九流賓客不與交言但舉扇一撝而已衣冠竊恨之
陳蔡凝爲吏部侍郎年位未高而才地爲時所重嘗

端坐西齋自非素貴名流罕所交接趣時者多議焉
後魏穆紹莊帝時爲侍中時河南尹李獎往詣紹獎以紹郡民謂必加敬紹又恃封邑是獎國主待之不爲動膝獎憚其位望致拜而還議者兩議焉
北齊封孝琰爲尚書左丞性頗簡傲不諧時俗意任過漸高彌自矜誕舉動舒遲無所降屈識者鄙之
崔陵爲光祿大夫仍領黄門郎陵預義旗頗自矜縱
崔瞻爲銀青光祿大夫性簡傲以才地自矜所與周旋皆一時名望在御史臺嘗爲宅中送食備盡珍羞別室獨飡處之自若

後周王悦文帝初爲散騎常侍遂授大行臺尚書悦以儀同領兵還鄉里悦久居顯職及此懷怏猶陵駕鄉里失於宗黨之情
隋柳述高祖仁壽中判吏部尚書事述雖職務脩理爲當時所稱然不達大體暴於馭下又怙寵驕豪無所降屈楊素時方貴倖朝臣莫不讋憚述每凌侮之數於廊前面折素短判事有不合素意素或令述改述輒謂將命者曰語僕射道尚書不肯
王冑爲散騎常侍性疎率不倫恃才自伐鬱鬱於薄宦每負氣陵傲忽略時人爲諸葛頴所嫉屢譖之於

煬帝
崔儦爲員外散騎侍郎越國公楊素時方貴倖重儦門地爲子玄縱娶其女爲妻聘禮甚厚親迎之始公卿滿座素令騎迎儦儦故弊其衣冠騎驢而至素推令上座儦有輕素之色禮甚倨言又不遜素忿然拂衣而起竟罷坐
唐顔師古爲中書侍郎性簡峭罕所推接視同儕蔑如也人亦以是少之
韋陟中書令安石之子玄宗天寶初爲吏部侍郎自以門地才業坐取三公嘗以簡貴自處當時朝貴俛

之蔑如也

崔元翰爲職方員外郎知制誥性剛褊簡傲不能取容於時當頗忤執政故掌制誥二年而官不遷罷職

王仲舒爲中書舍人初仲舒與楊憑穆質許孟容李鄘爲友故時人稱楊穆許李之友仲舒以後進慕賢而入性尚簡傲不能接下以此人多怨之

鄭仁表文宗朝宰相肅孫也爲起居郎文筆尤稱俊拔然恃才傲物人士薄之

後唐陳乂爲中書舍人微有才術嘗自恃其能及居西掖而姿態愈倨位竟不至公卿蓋器度促狹者也

廢職

詩有素飡之刺書垂沉湎之戒斯皆棄命廢職之謂也乃有居紳紱之列殘臺省之任或性識庸昧或材用迂闊或雅有嗜好或素多疾疹繇是忘在公之節忽盡瘁之義宴安自得弛慢無媿遂使曹事曠闕官方沸騰胃有司之抨彈羅邦家之典憲則知龜玉之毁咎將誰執當塗而下咸用論次者焉

魏李豐爲侍中僕射在臺閣多託疾制滿百日當解祿豐未滿百日蹔起已而復臥如是數歲

山濤爲尚書郎在臺既淺事功亦雅非所長益不留意焉

晉牽秀爲尚書秀少在京輦見司隸劉毅奏事而扼腕慷慨自謂居司直之任當能激濁揚清處鼓鞞之間必建將帥之勲及在常伯納言亦未曾有規獻弼違之奇也

宋王敬弘爲尚書僕射闕署文按初不省讀嘗豫聽訟文帝問以疑獄敬弘不對帝變色問左右何故不以訊牒副僕射敬弘曰臣乃得訊牒讀之正自不解帝甚不悅

王球爲尚書僕射素有腳疾錄尚書江夏王義恭謂

尚書何尚之曰當今乏才群下宜加戮力而王球放恣如此恐宜以法糾之尚之曰球有素尚加又多疾應以淡退求之未可以文案責也猶坐白衣領職

何承天爲御史中丞承天素好奕碁頗用廢事文帝賜以局子承天奉表陳謝帝答曰局子之賜何必非張武之金耶

殷嘗爲度支尚書坐屬父道矜疾及身疾多爲有司所奏明帝詔曰殷道矜生便有病更無橫病嘗因愚習隋久妨清叙左遷散騎常侍

何尚之爲尚書令時徐湛之轉尚書僕射尚之以湛

之國戚任遇隆重欲以朝政推之凡諸辭訴一不科
省湛之亦以職官記及令文尚書令敷奏出納事無
不總令鈌僕射任總又以事歸尚之互相推委御史
中丞袁淑奏並免官詔曰令僕治務所寄不輕將求
體當而互相推委糾之是也然故事殘舛所以致茲
疑執特無所問時詳正之乃使湛之與尚之並受辭
訴尚之雖爲令而以朝事悉歸湛之
南齊王倫之爲侍中世祖幸琅琊城倫之與光祿大
夫王景文等二十一人坐不參承爲有司所奏詔倫
之親爲陪侍之職而同外情慢免官景文等贖論

張緒爲尚書倉部郎都令史諮詳郡縣米事緒蕭然
直視不以經懷
梁謝幾卿爲尚書三公侍郎尋爲治書侍御史舊郎
官轉爲此職者世謂之南奔幾卿頗失志多陳疾臺
事略不復理徙爲散騎侍郎
陳到仲舉爲左僕射參掌選事仲舉既無學術朝章
非其所長選舉引用出自袁樞性踈簡不干時務與
朝市無所親狎但聚財酣飲而已
後魏陸昶爲光祿大夫昶無他才能唯飲酒爲事
張普惠爲諫議大夫初任城王澄嘉賞普惠臨死啓
爲尚書右丞靈太后既深悼澄覽啓從之詔行之後
尚書諸郎以普惠地寒不應便居管轄相與爲約並
欲不復上省紛紜多日乃息
北齊崔瞻爲給事黃門侍郎瞻患氣兼性遲重雖居
二省竟不堪敷奏
杜臺卿爲中書黃門侍郎兼尚書左丞省中以其耳
聾多戲弄之下辭不得理者乃至大罵臺卿見其口
動謂爲自陳令史又故不曉喻謝對往往乖越聽者
以爲嗤笑
王普明爲尚書右僕射百餘日便謝病而退告人曰

廢人飲酒安能作刀筆吏披故紙乎
隋梛機高祖開皇初自華州刺史徵爲納言機性寛
簡有雅望然當近侍無所損益又好飲酒不親細務
梛誓爲內史侍郎以無吏幹去職
唐韋巨源則天時歷文昌左右丞遷納言爲政委碎
不達大體
王昂代宗時爲刑部尚書專事奢靡廣修第宅多畜
妓妾以逞其志在刑部雖公務有程昂耽御私宴連
日不視曹事
李藩憲宗元和初爲吏部郎中掌曹事爲吏所蔽濫

用官闒黜爲著作郎

李元素爲御史大夫居位一無修舉大失人情

周揚昭儉太祖廣順初爲中書舍人多在假告少親職司勑令解官俾遂私便

蕭愿爲兵部郎中性嗜酒無節職事弛慢既掌告身郎覃恩之次頗怠職司爻項爲吏部尚書代愿視印篆其散率如此

交惡

臺省之職古今所重莫不妙選英俊以居其任若乃官聯相接出處攸同至有怙寵恃權專斷任氣遞相

裁抑互構短長繇是至於諠譁盈於糾奏或遞免以避禍或誅殺以逞憾斯乃軒冕之醜行簡册之所譏至有比周之徒引繩連根懷背公死黨之信造罔上附下之僁是故竝牒比名連曹分置者得不接其邪僞指其僁罪雖謂之交惡誠可懲也史稱忠臣不和和臣不忠良有以焉

漢袁盎爲中大夫素不好御史大夫鼂錯錯所居坐盎輒避盎所居坐錯亦避兩人未嘗同堂語孝景即位錯使吏案盎受吳王財物抵辠詔赦以爲庶人

晉任愷爲侍中時賈充爲尚書令愷惡充之爲人也不欲令久執朝政每裁抑爲充病之不知所爲後承閒言愷忠貞局正宜在東宮使護太子武帝從之以爲太子少傅而侍中如故充計畫不行會秦雍冦擾天子以爲憂愷因曰秦凉覆敗關右騷動此誠國家之所深慮宜速鎮撫使人心有庇自非威望重臣有計略者無以康西土也帝曰誰可任者愷曰賈充其人也中書令庾純亦言之於是詔充西鎮長安

傅玄爲侍中進皇甫陶及入而抵玄以事與陶爭言諠譁爲有司所奏二人竟坐免官

謝石爲散騎常侍以公事與吏部郎王恭互相短長

恭甚忿恨自陳福阨不允且疾源深固乞還私門石亦上疏遜位有司奏石輒去職免官武帝詔喻令還歲餘不起表十餘上帝不許

宋何承天文帝時爲御史中丞與尚書左丞謝元素不相善二人競伺二臺之違累相糾奏太尉江夏王義恭咸給資費錢三千萬布五萬匹米七萬斛義恭素奢侈用常不充元嘉二十一年逆就尚書換明年資費而舊制出錢二十萬布五百匹以上並應奏聞元輒命議以錢二百萬給太尉事發覺元乃使令史取僕射孟顗命元時新除太尉諮議參軍未拜爲承

天所糾帝大怒遣元長歸田里禁錮終身元時又舉
承天賣茭四百七十束與官屬求貴價承天坐白衣
領職
蕭惠開孝武初爲黄門侍郎與侍中何偃爭權任遇
甚隆惠開不爲之屈偃怒使門下推彈之惠開乃上
表解職曰陛下未照臣愚故引參近侍臣以執事非
長故委何偃凡諸當否不敢參議竊見積射將軍徐
冲之爲偃命所黜臣愚懷謂有可申故聊設微異偃
恃恩使貴欲使人靡二情便呵脅主者手定文案割
落臣議專載已辭雖天照廣臨竟未見察臣理違顔

咫尺致兹壅濫則臣之受劾蓋何足悲但不順侍中
臣有其咎當而無之不知何過且議之不允未有彈
科省心予揆天知在宥臣不能謝譬右職改意重臣
刺骨鑠金將在朝夕乞解所忝保拙私庭時偃寵方
隆餘此忤旨別勅免惠開官
南齊張岱字景山宋末爲吏部時王儉爲吏部侍郎
專斷曹事岱每相違執及儉爲宰相以此頗不相善
虞玩之爲黄門郎以年老致政玩之於人物好臧否
宋末王儉舉員外郎孔逷使魏玩之言論不相饒
儉䘏恨之及玩之東歸儉不出送朝廷無祖餞者其

後員外郎孔諠就儉求會稽五官儉方盥投皂莢於
地曰卿鄉俗惡虞玩之至死煩人
梁張纘武帝時爲尚書僕射初與參掌何敬容意趣
不協敬容居權軸賓客輻湊有過詣纘纘輒拒不前
曰吾不能對何敬容殘客及是遷爲讓表曰自守股
肱入居衡尺可以仰首伸眉論列是非者矣而寸衿
所滯近蔽耳目深淺清濁豈有能預加以矯心飾貌
酷非所閑不喜俗人與之共事此言以指敬容也
後魏李順爲中書侍郎太武始光初順從征蠕蠕以
籌略之功爲後軍將軍太武將討赫連昌謂侍中崔

浩曰朕前北征李順獻策數事實合經略大謀今欲
使總攝前驅之事卿以爲何如浩對曰順智足周務
實如聖旨但臣與之姻婚深知其行然性果於去就
不可專委太武乃止初浩弟取順妹又以弟子娶順
女雖二門婚媾而浩頗輕順順又弗之伏也繇是潛
相猜忌故浩毀之順又從擊赫連定於平凉三秦平
遷順爲四部尚書甚見寵待時沮渠蒙遜以河西内
附太武欲簡行人崔浩先與順有隙浩曰蒙遜稱籓
款著河右俾遐域流通殊荒畢至宜令清德重臣奉
詔褒慰尚書順郎其人也太武曰順納言大臣不宜

方爲此使若蒙遜身執王帛而朝於朕復何以加之浩曰邢貞使吳亦魏之太常苟事是宜無嫌於重爾日之行豈吳王入覲也太武從之以順爲太嘗策拜蒙遜爲太傅涼王後順使於涼州而沮渠蒙遜數與順游宴頗有悖慢之言恐順東還洩之以金寶納順懷中故蒙遜罪不聞崔浩知之密言於太武太武畜怒後以事殺之及浩之誅太武怒甚謂孝伯曰卿從兄往雖誤國朕意亦未便至此繇浩譖毀朕忿遂殺卿從兄者浩也

李冲孝文時爲尚書僕射李彪之入京也孤微寡援

而自立不羣以冲好士傾心宗附冲亦重其器學禮而納焉每言之於帝公私共相援益及彪爲中尉兼尚書爲帝知待便謂非復藉冲而更相輕背唯公坐歛袂而已無復敬宗之意也冲頗銜之後帝南征冲與吏部尚書任城王澄並以彪倨傲無禮遂禁止之奏其罪狀冲手自作家人不知辭甚激切因以自劾帝覽其表歎悵者久之旣而曰道固可謂溢也（李彪字道固）固僕射亦爲滿矣冲時震怒數數責彪前後愆悖瞋目大呼投折几案盡收御史皆泥首面縛詈辱肆口冲素溫性柔而一旦暴恚遂發病荒悖言語亂錯猶扼腕叫罵稱李彪小人醫藥所不能療或謂肝臟傷裂旬有餘日而卒

宋弁爲黃門侍郎始孝文北都之選也尚書李冲多所參預頗抑弁弁有恨於冲而與僕射李彪交結雅相知重及彪之抗冲冲謂彪曰爾如狗爾爲人所嗾及冲劾彪不至大罪者弁之力也彪除名爲民

韋伯昕爲員外散騎常侍自以才智優於尚書裴植嘗輕之植疾之如讐

山偉爲中書令外示沈厚內實矯競與左光祿大夫綦儁少甚相得晚以名位之間遂若水火

北齊孫騰爲侍中時京兆王愉女平原公主寡居騰尚之公主不許侍中封隆之無婦公主欲之騰妬隆之遂相間構高祖啓免騰官請除外任

後周楊寬爲御正中大夫性通敏有器識然與司會中大夫柳慶不協及寬參知政事慶遂見疎忌出爲萬州刺史

隋柳述高祖仁壽中判吏部尚書事雖職務修理爲當時所稱然不達大體暴於馭下又怙寵驕豪無所降屈僕射楊素時稱貴倖朝臣莫不讋憚述每陵侮之數於帝前面折素知判事有不合素意或令述改

之述輒謂將命者曰語僕射道尚書不肯素繇是銜之

唐劉文静太宗貞觀中爲戶部尚書自以才能幹用左僕射裴寂之右又屢有軍功而位居寂之下嘗怏怏身多在外老母在京無屋居益以不平又素輕寂爲人數相侵侮每庭議多相違戾寂有所是文静必非之二人繇是有隙文静性嗜酒與其弟文起酣飲出惡言拔刀擊柱曰會當斬裴寂頭爾

李麟爲兵部侍郎時楊國忠亦爲兵部侍郎欲專權不悅麟同列宰相奏麟以本官權知禮部貢舉俄而

國忠爲御史麟復兵部

楊愼矜爲御史中丞時帝堅得罪愼矜及侍御史王鉷按其事鉷訴鞫堅愼矜引身中立鉷恨之初愼矜嘗與鉷爭職田背詈鉷詆其母氏鉷不堪其辱

班宏爲戶部尚書副竇參初爲大理司直時宏已爲刑部侍郎及參爲相領度支使帝以宏久司國計因令爲副且謂班宏曰朕以竇參爲使藉其宰相以臨遠方衆務悉委卿勿爲辭也參以宏先貴嘗解儉之私謂宏曰參後來一朝居尚書右甚不自安一年之後當歸使於公宏心喜歲餘參不復言宏性剛愎爲人聞之且怒參食言於公事多與參異楊子院鹽鐵轉運之委輸也宏以御史中丞徐粲主之頗不理又以賄聞參欲代之宏執不可參又選諸知院者未嘗與宏議宏知之密疏參所用者過惡而奏事輒留中繇是與參有隙無何參以使勞加吏部尚書宏進封蕭國公怒參愈甚每奉詔有所營建宏必極壯麗親程課役又厚結權幸以傾參又張滂先舍於宏宏薦爲司農少卿及參欲以滂分掌江淮鹽鐵問於宏宏以滂疾惡慮以法繩除粲因毀滂曰滂強戾難制不可用滂知爲宏毀深銜之參知爲帝所疎懼罪乃

讓度支使遂以宏專判度支參不欲使務悉歸於宏問於京兆尹薛珏珏曰張滂與宏交惡滂剛決若分鹽鐵轉運於滂必能制宏參乃薦滂爲戶部侍郎鹽鐵使判轉運宏以權有所分又惡滂同事聞命氣沮久之滂至楊州乃窮徐粲遣僕妾子姪得贓巨萬粲徙嶺表故參得罪宏頗有力焉

漏洩

易曰臣不密則失身機事不密則害成所以孔光温樹之不言羊祜奏藁之斯毀蓋愼密之至也其有位居臺閣職備論思忘率履於恪恭輕訓戒於兢畏預

參機事既不愼於三緘漏洩王言徒有違於千里禍不旋踵何可勝言

漢夏侯勝宣帝時爲諫議大夫給事中嘗見出道上語（人見天子而以其言爲外人道之）上聞而讓勝（讓責勝也）勝曰陛下所言善臣故揚之堯言布於天下至今見誦臣以爲可傳故傳爾

陳咸元帝時爲御史中丞總領州郡奏事課第諸刺史內執法殿中公卿以下皆敬憚之是時弘恭死石顯代爲中書令用事顓權咸頗言顯短顯等恨之時槐里令朱雲殘酷殺不辜有司舉奏未下（天子未下其章也）

咸素善雲雲從刺候教令上書自訟（雲從咸刺探伺候事之輕重咸因交令上書）於是石顯微伺知之白奏咸漏洩省中語下獄掠治（掠答擊也音力向反）減死髡爲城旦因廢

京房元帝時爲郎上中郎任良姚平願以爲刺史試考功法時淮陽憲王舅張博從房受學以女妻房房與相親每朝見輒爲博道其語（所與天子言皆其說之也）以上意意欲用房議而羣臣惡其害已故爲衆所排博具從房記諸所說災異事因令房爲淮陽王作求朝奏草皆持東與淮陽王中書令石顯微司具知之以房親近未敢言及房出守郡顯告房與張博通謀誹謗政治歸惡天子詿誤諸侯王竟徵下獄房博皆棄市

晉鄭弘爲尚書左丞坐洩事免

宋何承天爲御史中丞遷廷尉未拜文帝欲以爲吏部郎已受密旨承天宣漏之坐免官

羊希爲尚書左丞益州刺史劉瑀先爲右衛將軍與府司馬何季穆共事不平季穆爲尚書令建平王宏所親待屢毀瑀於宏會瑀出爲益州奪士人妻爲妾宏使希彈之瑀坐免官瑀恨希切齒有門生謝元伯往來希間瑀令訪訊被免之繇希曰此奏非我意瑀卽日到宏門奉牋陳謝云聞之羊希希坐漏洩免官

梁何敬容爲尚書令參掌大選多漏禁中語因此嘲誚日至

陳陸琛後主時爲給事黃門侍郎中書舍人參掌機密琛性頗疏坐漏洩禁中語詔賜死

東魏常鴻爲中書舍人天平三年坐洩漏賜死於家

畢義亮性豪疎爲中書舍人天平中與舍人常鴻坐洩密賜盡於宅

隋盧思道初仕北齊爲散騎常侍直中書省以漏洩省中語出爲丞相西閤祭酒

元敏煬帝大業末爲内史舍人而交通博徒數洩省

中語
唐王珪太宗貞觀中爲侍中坐漏洩禁中語左遷爲
同州刺史
杜正隆貞觀中爲中書侍郎皇太子承乾先有足疾
魏王泰有文才共獲當時之譽其後太宗頗知承乾
奢縱嘗與正倫言承乾不可承宗廟之意兼又稱魏
王泰之美正倫嘗爲左庶子後雖徙職而承乾嘗遣
給事使於正倫覘候帝言正倫遂以太宗言告承乾
勸其遷善以自固承乾旣聞太宗詔欲廢之乃佯不
信正倫遂奏其言實欲令太宗有所懲也太宗大怒

正倫坐漏洩禁中書除名徙邊
李乾祐爲司刑太常伯嘗舉雍州司功崔擢爲尚書
郎事旣不果私以告擢其後擢有犯遂告乾祐洩禁
中語以贖罪乾祐坐免立於九成朝堂之閤湅中洩
卒
杜景佺則天時爲秋官尚書坐漏洩禁語左授司刑
少卿出爲并州長史道病卒
張宿憲宗元和中居諫列以舊恩數召對禁中機事
不密貶郴州郴縣丞
册府元龜

冊府元龜

巡按福建監察御史臣李嗣京 訂正

知甌寧縣事臣孫以敬 叅閱

知建陽縣事臣黄國琦 較釋

臺省部 二十二

姦邪

仲尼有言曰巧言令色鮮矣仁又曰鄉原德之賊也斯姦邪之謂歟漢氏而下庶官增益臺職益建省署交屬乃有因緣會遇濫竊名器而便僻其性險詖其行外剛内荏譸張譎隨狥其媚寵之說希其枉橈之

利竊是戕害時彥阿順君旨晝陰彼之策圖取乎權位崇矯飾之迹張大其名稱忌前而固寵結黨以附炎佞言似忠同惡相濟極其傾巧之態副其浮動之志肱咸左右靡可防遏敗類蠹政莫斯爲甚古人所以比於蟊賊喻於穿窬之盜者蓋有以也

後漢陳忠安帝時爲尚書令忠既不得志于鄧氏及鄧隲等敗衆庶多怨之而忠數上疏陷成其惡遂詆劾大司農朱寵順帝之爲太子廢也諸名臣來歷祝諷等守闕固爭時忠與諸尚書復共劾奏之及帝立司隸校尉虞詡追奏忠等罪當世以此譏之

賈朗順帝時爲尚書會司隸校尉虞詡自繫廷尉奏言中常侍張防罪惡坐論輸左校二日之中傳考四獄宦者孫程張賢相率言詡盡忠而防贓罪明正帝問諸尚書朗素與防善證詡之罪帝疑焉謂程曰且出吾方思之於是詡子顗與門生百餘人舉幡候中常侍高梵車叩頭流血訴言枉狀梵乃入言之防坐徙邊賈朗等六人或死或黜

任芝靈帝時爲侍中帝欲造畢圭零琨苑司徒楊賜上疏諫帝以問任芝及中常侍樂松松等曰昔文王之囿百里人以爲小齊宣五十里人以爲大今與百

姓共之無害於政也帝悅遂令築苑

魏丁廙太祖時爲黄門侍郎廙常從容謂太祖曰臨菑侯天性仁孝發於自然而聰明智達其殆庶幾至於博學淵識文章絶倫當今天下之賢才君子不問少長皆願從其游而爲之死實天下所以鍾福於大魏而永授無窮之祚也欲以勸動太祖太祖答曰植吾愛之安能若卿言吾欲立之爲嗣何如廙曰此國家之所以興衰天下之所以存亡非愚劣瑣賤者所敢與及廙聞知臣莫若於君知子莫若於父至於君不論明闇父不問賢愚而能常知其臣子者何蓋由

相知非一事一物相盡非一旦一夕况明公加之以
聖哲習之以人子今發明達之命吐永安之言可謂
上應天命下合人心得之於須臾垂之於萬世者也
廙不避斧鉞之誅敢不盡言太祖深納之及文帝即
王位誅廙
劉曄明帝時爲侍中大見親重帝將伐蜀朝臣内外
皆曰不可伐入與帝議因曰可伐出與朝臣言因曰
不可伐曄有膽智言之皆有形中領軍楊暨帝之親
臣又重曄持不可伐蜀之議最堅每從内出輒過曄
曄講不可之意後暨從駕行天淵池帝論伐蜀事暨

切諫帝曰卿書生焉知兵事暨謙謝曰臣出自儒生
之末陛下過聽拔臣群萃之中立之六軍之上臣有
微心不敢不盡言臣言誠不足采侍中劉曄先帝謀
臣嘗曰蜀不可伐帝曰曄與吾言蜀可伐暨曰曄可
召質也詔召曄至帝問曄終不言後獨見曄責帝曰
伐國大謀也臣得與聞大謀嘗恐眯夢漏泄以益臣
罪焉敢向人言之夫兵詭道也軍事未發不厭其密
也陛下顯然露之臣恐敵國已聞之矣於是帝謝之
曄見出責暨曰夫釣者中大魚則縱而隨之須可制
而後牽則無不得也人主之威豈徒大魚而已子誠
直臣然計不足采不可不精思也暨亦謝之曄能應
變持兩端如此或惡曄於帝曰曄不盡忠善伺上意
所趨而合之陛下試與曄言皆反意而問之若皆與
所問反者是曄嘗與聖意合也復每問皆同者曄之
情必無所復逃矣帝如言以驗之果得其情從此疏
焉曄遂發狂出爲大鴻臚以憂死
孫資明帝時爲中書令與中書監劉放久專權寵景
初二年帝疾篤以燕王宇爲大將軍使與領軍將軍
夏侯獻武衛將軍曹爽屯騎校尉曹肇驍騎將軍秦
朗等對輔政資放素與朗等不善懼有後害陰圖間

之而宇嘗在帝側故未得有言及帝氣微宇下殿呼
曹肇有所議未還而帝少間惟曹爽獨在放知之呼
資與謀資曰不可動也放曰俱入鼎鑊何不可之有
乃突前見帝垂泣曰陛下氣微若有不諱將以天下
付誰帝曰卿不聞用燕王耶放曰陛下忘先帝詔勅
藩王不得輔政且陛下方病而曹肇秦朗等便與才
人侍疾者言戲燕王擁兵南面不聽臣等入此即豎
刁趙高也今皇太子幼弱未能統政外有強暴之寇
内有勞怨之民陛下不遠慮存亡而近係恩舊委祖
考之業付二三凡士寢疾數日外内擁隔社稷危殆

而已不知此臣等所以痛心也帝得放言大怒曰誰可任者放資乃舉爽代宇又曰宜詔司馬宣王使相參帝從之放資出曹肇入泣涕固諫帝使肇勑停肇出戶放資趨而往復說止帝帝又從其言放曰宜爲手詔帝曰我困篤不能放卽上牀執帝手強作之遂齎出大言曰有詔免燕王宇等官不得停省中於是宇肇獻朗相與泣而歸第

晉賈充武帝時爲中書令侍中從容任職褒貶在已頗好進士每有所薦達必終始經緯之是以士多歸焉帝舅王恂嘗毀充而充更進恂或有背充以要權

貴者充皆陽以素意待之

荀勗爲侍中中書監久管機密有才思探得人主微意不犯顏迕爭故得始終全其寵祿初與賈充朋黨及充將鎭關右也勗謂馮紞曰賈公遠放吾等失勢太子婚尚未定若使充女得爲妃則不留而自停矣勗與紞伺帝間並稱充女才色絕世若納東宮必能輔佐君子有關雎后妃之德遂成婚武帝以太子闇弱恐後亂國遣勗及和嶠往觀之勗還盛稱太子之德而嶠云太子如初於是天下貴嶠而賤勗帝將廢賈妃勗與馮紞等諫請故得不廢時議以勗傾國害時孫資劉放之匹也

馮紞爲侍中武帝病篤得愈紞與荀勗見朝野之望屬在齊王攸攸素薄勗勗以太子愚劣恐攸得立有害於已乃使紞言於帝曰陛下前者疾若不差太子其廢矣齊王爲百姓所歸公卿所仰雖欲高讓其得免乎宜遣還籓以安社稷帝納之及攸甍朝野悲恨初帝友于之情甚篤既納紞勗邪說遂爲身後之慮以固儲位旣聞攸殞哀慟特深紞侍立因言曰齊王名過於實今得自終此乃大晉之福陛下何乃過哀帝乃收淚而止一說武帝晚年諸子並弱而太子不令朝臣內外皆屬意於攸中書監荀

勗侍中馮紞皆諂諛自進攸素疾之勗等以朝望在攸恐其爲嗣害必及己乃從容言於帝曰陛下萬歲之後太子不得立也帝曰何故勗曰百僚內外皆歸心於齊王太子焉得立乎陛下試詔齊王之國必舉朝以爲不可則臣言有徵矣紞又言曰陛下遣諸侯之國成五等之制者宜先從親始親莫齊王帝信納之

王國寶從妹爲會稽王道子妃孝武帝時道子輔政國寶入補侍中遷中書令中領軍與道子持威權扇動內外中書郎范寗國寶舅也儒雅方直疾其阿諛勸帝黜之國寶乃使陳郡袁悅之因尼支妙音致書與太子母陳淑媛說國寶忠謹宜見親信帝知之託以他罪殺悅之國寶大懼遂因道子譖毀寗寗繇是

出爲豫章太守及弇恍卒國寶自表求解職迎母并弇恍喪詔特賜假而盤桓不時進發爲御史中丞褚粲所奏國寶懼罪衣女子衣託爲王家婢詣道子告其事道子言之於帝故得原繇是愈驕蹇不遵法度起齋侔清暑殿帝惡其侈後國寶遂諂媚於帝而頗疎道子道子大怒嘗於內省面責國寶以劍擲之舊好盡矣是時王雅亦有寵薦王恂於帝帝夜與國寶及雅宴帝微有酒令召恂將至國寶自知才出恂下恐至傾其寵因曰王恂當今名流不可以酒色見帝遂止也

宋王僧綽文帝末爲侍中元凶劭弑立使蕭斌作詔改元太初斌辭以不文乃使僧綽爲之太初之號劭素所定斌曰舊踰年改元劭以問僧綽僧綽曰晉惠帝即位便改劭喜從之後劭簡文帝巾箱中得僧綽所啓劭過惡遂遇害

何偃文帝末爲侍中掌詔誥時元凶弑立偃父尚之爲司空尚書令偃居門下父子並處權要時爲寒心而尚之及偃善攝機宜曲得時譽會世祖即位任遇無改

張克後廢帝時爲正員外以簡行見寵因坐廢錮

南齊江謐初仕宋明帝爲右丞兼北部郎及太祖領南兗州謐爲鎮軍長史廣陵太守入爲游擊將軍性浛流俗善趨時利後廢帝元徽末朝野咸屬意建平王景素謐深自委結景素事敗僅得免禍蒼梧王廢後物情尚懷疑惑謐獨竭誠歸事太祖以本官領尚書左丞順帝昇明元年遷黃門侍郎左丞如故沈攸之事起議加太祖黃鉞謐所建也齊建元元年爲侍中及太祖不豫謐稱疾不入帝頗疑其怨不豫顧命也武帝即位謐又不遷官以此怨望及帝不豫謐詣豫章王嶷請閒曰至尊非起疾東宮又非才公今欲

作何計武帝知之出謐爲鎮北長史東海太守未發帝使御史中丞沈冲奏謐前後罪曰謐少懷輕躁長習諂薄交無義合行必利動特以奕世更局見擢宋朝而阿諛內荏貨賂公行咎盈憲簡戾彰朝聽與金輦實取容近習以沈攸之地勝兵強終當得志委心託身歲暮相結以劉景素親屬望重物應樂推獻誠薦子窺闚非望時艱網漏得全首領太祖刻正天地方弘遠圖薄其難洗之瑕許其革音之効加以非分之寵推以不次之榮列迹勳良比肩朝德以往者微勤刀筆小用掌厲河山任忝出入輕險之性在貴彌

彰貪牀之情雖富無蒲重涖湘部顯行斷盜及居銓衡肆意受納連席同乘皆誠邪舊侶客延閉謀必貨賄嘗客理合升進者以爲已惠事宜貶退者並稱中旨謂販鬻威權姦狀不露欺主罔上姦謀可擒先帝寢疾彌留人神憂震謐託病私舍曾無變容國諱纔旬甫雙入殿參訪遺詔覘伺時旨以身列朝流宜崇兼帶先顧不遠舊位無加遂崇飾惡言肆醜縱悖謗誹朝政詆毀皇猷遍唯忠賢歷詆台相至於蕃嶽入授列代常規勳戚出撫前王彝則而謐妄發樞機坐構囂論復貶謗儲后不顧辭端毀折宗王每窮舌抄

皆云詰誓乖禮崇愆失宜仰指天衢畫地希幸災故以申積憤犯上之迹既彰反噬之情已著請免官削爵土收送廷尉獄治罪死

陳沈客卿後主時爲中書舍人性便佞忍酷每立異端唯以刻削百姓爲事繇是自進有施文慶者起自微賤有吏用後主拔爲主書遷中書侍郎俄擢爲湘州刺史未及之官會隋軍來伐四方鎮相繼以聞文慶客卿俱掌機密外有表啓皆申其奏呈文慶心悅湘州重鎮冀欲早行遂與客卿共爲表裏抑而不言後主弗之知也遂以無備至乎敗國實二人之罪隋軍既入並戮之於前闕

孔範後主時爲都官尚書隋師臨江後主從容而言曰齊兵三來周師再至無復摧敗彼何爲者範曰長江天塹古以爲限隔南北今日北軍豈能飛渡邪臣每恨官卑彼若渡來臣爲太尉矣後主大悅因奏妓縱樂賦詩不輟

後魏崔亮爲御史中尉時邢巒爲度支尚書侍中盧昶與巒不平昶與元暉俱宣武所寵亮昶之黨也昶暉令亮糾巒事成許言於帝以亮爲侍中亮於是奏劾巒在漢中掠良人爲奴婢巒懼爲昶等所陷乃以

漢中所得巴西太守龐景民女化生等二十餘口與暉化生等數人奇色也暉大悅乃背昶爲巒言於帝云巒新有大功已經赦宥不宜方爲此獄帝納之高肇以巒有克敵之效而爲昶所排助巒申釋故得不坐

李紳軌孝明時爲員外常侍光祿大夫爲靈太后寵遇勢傾朝野時云見幸帷幄與鄭儼爲雙時人莫能明也

徐紇爲黃門侍郎性浮動慕權利外似謇正內實諂諛時豪勝己必相陵駕書生貧士矯意禮之其詭態

若此有識者鄙薄焉

魏蘭根孝莊時爲中書令帝之將誅爾朱榮也蘭根聞其計遂密告爾朱世隆榮死蘭根恐帝知之憂懼不知所出時應詔王道習見信於帝蘭根乃託附之求得在外立功道習於啓聞乃以蘭根爲河北行臺

綦攜出帝時爲左光祿大夫儀同三司攜佞巧能候當塗斛斯椿賀拔勝皆與友善斛斯椿之搆間也出帝令攜奉詔晉陽齊獻武王集文武與攜申釋辭屈而退

北齊薛琡累遷尚書僕射久在省闥閑明簿領當官

剖斷敏速如流然天性險忌情義不篤外似方格內實浮動受納貨賄曲法舞文深情刻薄多所傷害士民畏惡之

祖珽字孝徵武成時爲中書侍郎初孝徵善爲胡桃油以塗畫進之長廣王因言殿下有非常骨法孝徵夢殿下乘龍上天王謂曰若然當使兄大富貴及帝卽位擢孝徵中書侍郎帝嘗於後園使珽彈琵琶和士開胡舞各賞物百段士開忌之出爲安德太守轉齊郡太守以其母老乞還侍老詔許之會江南使人來聘爲中勞使尋爲散騎常侍假儀同三司掌詔誥初珽於乾明皇建之時知武成陰有大志遂深自結納曲相祇奉武成於天保世頻被責心常銜之珽至是希旨上書請追尊太祖獻武皇帝爲神武高祖文宣皇帝改爲威宗景烈皇帝以悅武成從之時皇后愛少子東平王儼願以爲嗣武成以後主體正居長難於移易珽私於士開曰君之寵幸振古無二宮車一日晚駕欲何以克終士開因求策焉珽曰宜說主上云襄宣昭帝子俱不得立今宜命皇太子早踐大位以定君臣若事成中宮少主皆德君此萬全計也君且微說令主上粗解珽當自外上表論之士開許

諾因有彗星出太史奏云除舊布新之徵珽於是上書言陛下雖爲天子位是極貴案春秋元命苞云乙酉之歲除舊革政今年太歲乙酉宜傳位東宮令君臣之分早定且以上應天道并上魏獻文禪子故事帝從之繇是拜祕書監加儀同三司大被親寵旣說重二宮遂志於宰相先與黃門侍郎劉逖友善及疏侍中尚書令趙彥深侍中左僕射元文遙侍中和士開罪狀令逖奏之逖懼不敢通其事頗泄彥深等先詣帝自陳大怒執珽詰曰何故毁我士開珽因厲聲曰臣繇士開得進本無毁之之意陛下今旣問臣臣

不敢不以實對士開文遙彥深等專弄權威控制朝
廷與吏部尚書尉瓘内外交通共爲表裏賣官鬻獄
政以賄成天下謳謠若爲有識所知安可聞於四裔
陛下不以爲意臣恐大齊之業隳矣帝曰爾乃誹謗
我珽曰不敢誹謗陛下取人女對曰我以其儉餓故
收養之珽曰何不開倉賑給乃買取將入後宫乎帝
益怒鞭杖亂下將撲殺之大呼曰不殺臣陛下得命
若欲得命莫殺臣爲陛下合金丹遂少獲寛放珽又
曰陛下有一范增不用之如何帝又曰爾自作范增
以我爲項羽邪珽曰項羽人身亦何繇可及但天命

不至爾項羽布衣率烏合衆五年而成霸王業陛下
藉父兄之資纔得至此臣以項羽未易可輕臣何止
方於范增縱張良亦不能及張良身傳天子猶因四
皓方定漢嗣臣位非輔弼疏外之人竭力盡忠勸陛
下禪位使陛下尊爲太上子居宸扆於已及子俱保
休祚蕞爾張良何足可數帝愈怒令以土塞其口珽
且吐且言無所屈撓乃鞭二百配甲坊尋徙光州武
成厭世後主憶之就除海州刺史是時陸令萱外干
朝政其子穆提婆愛幸珽乃遺陸媼弟悉達書曰趙
彥深心腹陰沈欲行尹霍事儀同姊弟豈得平安何
不早用智士耶和士開亦以珽能決大事欲以爲謀
主故棄舊怨虛心待之與陸媼言於帝曰襄宣昭三
帝其子皆不得立今至尊猶在帝位者寔猶祖考徵
此人有大功直報重恩孝徵心行雖薄奇畧出入緩
急直可憑仗且其雙盲必無反意請喚取問其謀計
從之入爲銀青光禄大夫秘書監加開府儀同三司
和士開死後仍說陸媼出彥深以珽爲侍中在晉陽
通密啓請誅瑯琊王其計旣行漸被任遇又太后之
被幽也珽欲以陸媼爲太后撰魏帝皇太后故事爲
太姬言之謂人曰太姬雖云婦人實是雄傑女媧以

來無有也太姬亦稱珽爲國師國寶繇是拜尚書左
僕射監國史加特進入文林館總監撰書封燕郡公
食太原郡給幹兵七十人所住宅在義井坊旁拓鄰
居大事脩築陸媼自往案行勢傾朝野珽又附陸媼
求爲領軍後主許之詔須覆迹取侍中斛律孝卿署
名孝卿密告高元海語候呂芬穆提婆云孝徵漢兒
兩眼又不見物豈合作領軍也明且面奏且陳珽不
合之狀幷書珽與廣寧王孝行交結無大臣體珽亦
而懇帝令引入珽自分疏幷云與元海素相嫌必是
元海譖臣帝弱顔不能諱曰然珽列元海共司農卿

尹于華大府少卿李叔元平淮令張叔略等結朋樹黨遂除子華仁州刺史叔元襄城郡太守叔略南營州錄事參軍陸媼又唱和之復除元海鄭州刺史珽自是專主機衡總知騎兵事內外親戚皆得顯位後主亦令中要數人扶持出入著紗帽直至永巷出萬春門向聖壽堂每同御榻決論政事委任之重羣臣莫比自和士開執政以來政體隳壞珽推崇高望官人稱職內外稱美復欲增損政務沙汰人物始奏罷京畿府併於領軍百姓皆歸郡縣宿衛都督等號位從舊官名文武服章並依故事又欲黜諸閹豎及羣

小輩推誠延士爲致安之方陸媼穆提婆議頗同異珽乃諷御史中丞麗伯律令劾主書王子冲納賄知其事連穆提婆欲使贓罪相及望因此坐并及陸媼猶恐後主溺於近習欲因后黨爲援請以皇后兄胡君瑜爲侍中中領軍又徵君瑜兄梁州刺史君璧欲以爲御史中丞陸媼聞而懷怒百方排毀卽出君瑜爲金紫光祿大夫解中領軍君璧還鎮梁州皇后之廢頗亦緣此王子冲釋而不問珽日以益疎又諸宦者更共譖毀之無所不至後主問諸太姬憫嘿不對三問乃下牀拜曰老婢合死本見和士開道孝徵多才博學言爲善人故舉之此來看之極是罪過人實難知老婢合死後主令韓長鸞簡案得出勑受賜十餘事以前與其重誓不殺遂解珽侍中僕射出爲北徐州刺史珽求見後主韓長鸞積嫌於珽遣人推出柏閤珽故求面見坐不肯行長鸞乃令軍士牽曳而立珽於朝堂大加誚責上道後令追還解其開府儀同郡公直爲刺史卒於州

和士開武成時爲右僕射深見親狎言辭容止極諸鄙褻以夜繼晝無復君臣之禮至說武成云自古帝王盡爲灰燼舜堯桀紂竟復何異陛下宜及少壯恣

意作樂縱橫行之一日快活敵千年國事分付大臣何慮不辦無爲自勤苦也武成大悅其年十二月武成寢疾於乾壽殿士開入侍醫藥武成謂士開有伊霍之才殷勤屬以後事握士開之手曰勿負我也仍絕於士開之手後主以武成顧託深委仗之又先得幸於胡太后是以彌見親密

徐之才武成時爲侍中帝生齻牙問諸醫尚藥典御鄧宣文以實對帝怒而撻之後以問之才拜賀曰此是智牙生智牙者聰明長壽帝悅而賞之

元文遙後主時爲左僕射爲侍中嘗揣測上旨時有

委巷之言故不爲知音所重

韓鳳後主時爲侍中領軍總知內省機密武平陳人寇彭城後主發言憂懼鳳進曰縱失河南猶得爲龜茲國子淮南今沒何足多慮人生幾時但爲樂不須愁也帝甚悅遂躭荒酒色不以天下爲虞未幾爲周所滅

後周鄭譯宣帝初拜內史中大夫甚委任之譯乃獻新樂十二各一笙用十六管帝令與太宗伯解斯徵議之徵駁其奏帝頗納焉及高祖山陵還帝欲作樂復令議其可不徵曰孝經云聞樂不樂聞尚不樂其

況作乎譯曰既云聞樂明即非無後徵上疏極諫帝不納譯因譖之遂下徵獄遇赦得免

巡按福建監察御史臣李嗣京　訂正

新建縣舉人臣戴國士參閱

知建陽縣事臣黄國琦較釋

臺省部　二十四

姦邪第二

隋王劭爲員外散騎侍郎高祖夢欲上高山而不能得崔彭捧脚李盛扶肘得上因謂彭曰死生當與爾俱劭曰此夢大吉上高山者明高崇太安永如山也彭猶彭祖李猶李老二人扶持實爲長壽之徵帝聞

之喜見容色其年高祖厭世未幾崔彭亦卒煬帝嗣位二三諒作亂帝不忍加誅劭上書曰臣聞黄帝滅炎蓋云母弟周公誅管信亦天倫叔向戮叔魚仲尼謂之遺直石碏殺石厚丘明以爲大義此皆經籍明文帝王常法今陛下置此逆賊廢越前聖含弘廣大未有以謝天下謹按賊諒毒被生民者也古者同德則同姓異德則異姓故黄帝有二十五子其得姓者十有四人惟青陽夷彭與黄帝同爲姬姓諒旣自絶請改其氏劭以此求媚帝依違不從

唐封德彝高祖時爲撿較吏部尚書初德彝爲天策上佐預從征討太宗以是厚遇之德彝亦數薦策似輸誠節而背同叩異情持兩端陰附隱太子齊王然每入朝佯爲静默諸王與語畧無所對又示儉約杜絶交游居處服章類皆卑陋乃陰受宮府賂遺家財委積而人莫之知其矯情飾詐咸此類也兼自負才辯常任智數與人主言亦行鈎距探求意旨而將順之及楊文幹反禍連諸后當行廢立之事高祖猶豫謀及德彝乃包藏隱匿曾不正言兩使其利幾危社稷然其所爲秘隱時人莫知及遇疾車駕親自臨省卒後德彝姦計始覺

李義府高宗時爲中書舍人大尉長孫無忌惡之奏請左遷爲壁州司馬詔書未至門下義府密知之又有中書舍人王德儉卽許敬宗之甥也癭疾多智時人號爲智囊義府事廹問計於德儉德儉曰武昭儀特承恩顧主上意欲立爲皇后猶豫未決者直恐宰臣異議爾公若能建策立之則轉禍爲福坐致富貴義府然之其日代德儉宿直叩閤上表請廢皇后王氏立武昭儀以厭兆庶之心帝乃悦召見與語賜以珍物詔留爲舊職昭儀又密遣勞勉之超遷中書侍郎侍寵用事聞婦人淳于氏有美色坐事繫大理乃

訊大理寺丞畢正義枉法出之將納爲妾或有客言其狀者帝令給事中劉仁軌侍御史張綸鞫之義府恐洩其謀遂逼正義自縊於獄中

許敬宗高宗時爲禮部尚書弘文館學士帝將廢皇后王氏而立武昭儀爲后韓瑗來濟諫皆不納敬宗宣言於朝曰田舍公賸種得十斛麥尚欲換却舊婦況天子富有四海立一皇后有何不可關諸人何事妄生異議昭儀令左右以聞帝意乃定旣爲贊成立后之策又與李義府希旨構成長孫無忌褚遂良韓瑗之罪繇是甚承恩顧

傅游藝則天臨朝時爲左補闕上書稱武氏瑞合革姓受命則天甚悅擢爲給事中數月加同鳳閣鸞臺平章事

崔湜中宗初爲考功員外郎是時桓彥範敬暉等秉國政懼武三思讒間引湜爲耳目使伺其動靜俄而中宗數昵三思於是三思寵漸厚湜乃反以桓敬計議潛告三思尋遷中書舍人及桓敬等流於嶺外湜又說三思宜盡殺之以絕其歸望三思問誰可使者湜薦表兄周利貞利貞爲桓敬等所惡自侍御史出爲嘉州司馬湜乃舉充此行桓敬等聞利貞至乃自殺中宗於宮掖無禁昭容上官氏屢出外與三思同寢處或累日不歸三思自嫌衰老舉湜自代繇是中宗及後宮眷遇彌厚湜與鄭愔同掌選賣官鬻獄一時巨蠹並爲御史所彈中宗勅所司以理勘問勿加窮追繇是希旨無所發明然猶斷愔配流領南湜貶江州司馬而更授湜襄州刺史愔江州司馬

鄭愔中宗時爲中書舍人神龍三年春遣使乾陵祈雨于則天皇后旣而降雨帝大悅特制令武氏崇恩廟一依舊禮享祭仍置五品令七品丞其吳陵順陵置令入崇恩廟愔旣素爲德靜郡王武三思所引進

又苟求親媚於三思乃上則天聖感頌頌奏帝大悅加愔朝散大夫

張景源中宗時爲補闕神龍中武三思用事景源希三思上疏曰陛下以仁孝理國以名教齊人徽號之間宜超夐古理有未便冒觸天慈伏見天下諸州各置一大唐中興寺觀者故以式標昌運光贊洪名聖圖遠著無得而稱焉竊有未廣敢進芻言至如永昌登封創之爲縣名者是先聖受圖勒石之所陛下思而奉之不令改易今聖善報慈題之爲寺閣者陛下中思竭力之致故崇而仰之獨昭其號伏惟應天皇

帝陛下深仁至孝之德古先帝代未之前聞也況唐運自隆周親撫政母成子業周替唐興雖有紹三朝而化牟一統旣承顧復非謂中興夫言中興者中有阻閒不承統歷旣奉成周之業寔揚先聖之資君親臨之後莫重之中興立號未益前規以臣愚見所置大唐中興寺觀及圖史并出制誥咸請除中興字直以唐龍興爲名庶望前後君親俱承正統周唐實歷共協神聰帝納之因降勅曰朕承天宰物光宅中區嗣祖宗之丕基承聖善之洪業嚮明負扆寔奏成規往自永淳至於天授姧臣稱亂鼎運不安則天大聖

皇后思顧託之隆審變通之數忘已濟物從權御宇四海繇其率順萬姓所以咸寧唐周之號暫殊社稷之祚斯永天保定爾實繇於茲朕所以撫璇璣握金鏡事惟繼體義卽纘戎其若文叔之起舂陵少康之因陶正中興之號理異於茲宜革前非以歸事實自今已後更不得言中興其天下大唐中興寺觀宜改爲龍興寺觀諸如此例並卽令改遂授景源朝散大夫未幾又擢拜起居舍人是時右補闕權若訥見鄭愔等旣妄稱天后德業皆獲榮貴復上疏曰臣聞詩人閒教深懷罔極之思孔氏立言式崇無改之道惟伏應天皇帝陛下孝德純至超越禮經聖感潛通光昭瑞應冥應善報慈之閟義貫於中天存合宮未昌之號敬深於如在伏見天地日月君臣國人授載初慶殿等字皆先朝創制乂已施行陛下纂承丕緒嗣守洪業母子相傳國家仍舊此並則天能事生人積習何所要切登時削除當爲賊臣敬暉等秉政包藏逆節前規務從變易所以多有改張今削之無益於淳化存之有光於孝理又神龍元年三月五日制書一事已上並依貞觀故事者但則天遺訓誠曰母儀太宗舊章是稱祖德其於沿襲應從遠近無容近捨

母儀遠尊祖德昔永徽之始不聞依式武德舊章今陛下膺期乃欲追貞觀故事如其遠依貞觀實恐未益先朝以臣愚誠請便詳審則望繼明纂聖之業無替始終奉先成志之道增耀竹帛疏奏手制答曰卿資孝踐忠懷才韜義討論今古皆據典章循覽所陳再三嘉尚若訥雖曲蒙恩旨褒美頗爲正直者所譏

竇懷貞神龍初爲御史大夫兼雍州刺史在御史臺及雍州每理辭訟乍見無鬚者誤以爲宦官必曲加承奉監察御史魏傳弓以中常侍輔信義尤縱暴將奏請寘之于法懷貞曰輔常侍深爲安樂公主所信

任權勢甚高言成禍福何得輒有彈奏傳弓日今王綱漸壞君子道消正繇此輩壇權耳若得今日殺之明日受誅無所恨懷貞無以答但固止之

黎幹代宗末爲兵部侍郎性險佞挾左道結中貴以希主恩帝甚信惑之中官劉忠翼寵任方盛幹結之素厚嘗逼其姦謀及德宗卽位幹猶以詭道求進密居輿中詣忠翼事覺配流旣出市里兒童數人噪聚懷瓦甓投擊之捕賊尉遮不能止

令狐峘建中初爲禮部侍郎有杜封者故宰相鴻漸之子求補弘文生宰相楊炎嘗出杜氏門下以託峘

峘謂使者曰相公誠憐封欲成其名乞署封名下一字峘因得以記焉炎不意峘之賣已乃署名託峘峘明日流言宰相炎廼臣以私臣從之則負陛下不從則炎當害臣德宗以問炎炎具道所以德宗怒曰此姦人不可柰欲杖殺之炎救解乃黜爲衡州別駕

裴延齡德宗時貞元中爲戶部侍郎判度支貴欲異同宰府張薦爲右諫議大夫史館修撰延齡乃言於德宗諫議大夫論朝廷得失之官史館修撰書朝廷得失之事則領史職者不宜爲諫官故以薦爲秘書少監陸贄爲相知天下皆嫉怒延齡而延齡獨幸於天子贄陳其不可用延齡知之謗毀百端天子益信延齡而罷贄相貞元十一年春旱德宗數獵苑中延齡疏言贄等失權怨望言於衆曰天下旱百姓且亡度支愛惜不肯支給諸軍人馬無所食其可柰何以搖動群心其意非止於中傷臣而已數日又獵苑中會神策軍人跪馬前云度支不給馬草德宗憶延齡前言卽廻馬而歸繇是貶贄爲忠州別駕李充張滂等皆斥逐德宗怒未解勢不可測賴陽城等救乃止

李齊運貞元中爲禮部尚書十餘年宰臣內殿侍對後齊運當次進貢其計慮以決群議齊運無學術不

知大體但其言取信而已

韋執誼以對策高等驟遷拾遺年二十餘入翰林巧慧便辟媚幸於德宗而性貪婪詭賊

王叔文順宗卽位自翰林待詔除居起舍人翰林學士俄充度支及諸道鹽鐵轉運等副使依前充翰林學士叔文越州人以碁待詔翰林嘗侍碁東宮頗自言讀書知理道乘間嘗言人間疾苦會帝將大論宮市事叔文說中帝意遂有寵因爲帝言某可爲相某可爲將幸異日用之密結韋執誼及有當時名而僥倖欲速者陸賈呂溫李景儉韓泰陳諫柳宗元劉禹

錫等十數人定爲死交而凌準程异等又因其黨以
進日與游處蹤跡詭秘莫知其端者藩鎭長帥頗有
微聞陰進資幣請交者初得志首用韋執誼其甞所
與結交者相次振擢王一日除數人日夜群衆圖議
狂狡其黨中人偶言曰某可以爲官隔一二日輒以
得之叔文專內外之政與其黨謀曰判度支則國賦
在手可以厚結諸用事人取兵士心固其權又懼驟
領衆職人心不服籍杜佑雅有會計之才位重而務
省年老易可制故先令佑主其名而除巳爲副以專
之又以戶部尚書判度支王紹爲兵部尚書以吏部

郎中李鄘爲御史中丞武元衡爲左庶子初叔文之
黨數人貞元末巳爲御史在臺元衡薄其爲人待之
莽鹵皆有所憾而叔文又以元衡在風憲欲使其黨
誘以權利元衡不爲之動叔文怒遂有此授叔文將
援其黨韓泰以兵柄利范希朝老疾易乃命爲左右
神策京西諸城鎭行營節度使鎭於奉天而以泰爲
副欲因代之未幾授叔文戶部侍郎依前充度支及
諸道鹽鐵轉運等副使初叔文欲依前帶翰林學士
內官俱文珍等惡其專擅削去翰林之職叔文見制
書大驚謂人曰叔文須時至此商量公事若不帶此

院職事則無因而至矣其黨散騎常侍王伾即䟽請
不從再疏乃許三五日一入翰林竟去學士之名與
歸登同日賜紫內出象笏賜登而叔文爲文珍等所
惡獨不得賜繇此始懼叔文以母死歸第王伾自俛
伾自叔文歸第失據日詣中人及杜又請起叔文爲
相且總北軍旣不則請以爲威遠軍使平章事又不
得其黨皆憂悸不自保伾至其日坐翰林中疏三上
不報知事不濟行且卧至夜忽叫曰伾中風矣明日
逮輿歸不出俄以倉部郎中判度支按陳諫爲河中
少尹伾叔文之黨也伾杭州人以侍書幸寢陋語帝

所褻狎而叔文頗任氣自許微知文義好言事帝以
故稍敬之不得如伾出入無阻叔文入止翰林而伾
亦至翰林院見李忠言牛昭容等故各有所主伾往
來傳授劉禹錫陳諫韓曄韓泰柳宗元房啓凌準等
主謀議唱和採聽外事求媚藩鎭日加大官除大尉
中書令司徒司空平章事尚書僕射者相繼帝疾久
不瘳內外皆欲早定太子位叔文黙不發議巳立太
子天下喜而叔文獨有憂色常吟杜甫題諸葛亮詩
末句云出師未捷身先死長使英雄淚滿襟因歔欷
流涕聞者咸竊笑之雖判兩使未甞以簿書爲事日

引其黨屏人竊細語謀奪納官兵柄以制四海之命
旣令范希朝韓泰總京西諸城鎮行營兵馬矣而中
人尚未悟會邊上諸將各以狀辭中尉且言方屬希
朝中人始悟其兵柄爲叔文等所奪乃大怒曰從其
謀吾屬必死其手密令其使歸告諸將曰無以兵屬
人希朝至奉天諸將韓泰馳歸白之叔文計無所出、
唯曰奈何無幾而毋死執誼益不用其語叔文怨與
其黨日夜謀起復必先斬執誼而盡誅不附已者聞
者恟懼皇太子旣監國逐之明年乃殺之叔文毋將
死前一日以五十擔酒饌入翰林讌李忠言劉光奇

俱文珍及諸學士等大飲叔文執盞言曰叔文毋幾
病自以身任國家事勞苦朝夕不得歸侍醫藥今方
將求假而歸比來盡心力不避好惡難易者皆爲朝
廷不爲叔文私家也今一去坐家百謗且至誰肯助
叔文一言者望諸公開意見察又曰羊士諤毀叔文
叔文將扶殺之而韋執誼懦不敢劉闢以韋皐廼脅
叔文求都領三川叔文平生不識闢叔文今日名位
何如叔領事輕重而闢乃外使判官排門相干欲前
執叔文手豈非凶人耶叔文時已令歸木場將集衆
斬之韋執誼又苦執不可每恨失此兩賊令人不快

又自陳判度支已來所爲國家興利除害出若干錢
以爲功能俱文珍隨語折之叔文無以對命滿酌雙
雙對對飲酒數行而罷方飲時有暫起至廳側者聞
叔文從人相謂曰毋死已臭不欲棺斂方與人飲酒
不知欲何爲所歸之明日而其毋死或傳毋死數日
匿喪乃發叔文最所賢重者李景儉而最所謂奇才
者呂溫叔文用事時景儉持毋喪於東都而呂溫使
吐蕃中半年及叔文敗方歸故二人皆不得用叔文
敗後數月乃貶執誼上爲崖州司馬後數年病死海
上

裴均憲宗時爲僕射判度支交結權幸欲求宰相先
是上策試直言極諫科其中外有譏刺時事忤犯權
幸因此均黨揚言皆執政指教冀以撼動宰輔李吉
甫賴諫官李約獨孤郁李正辭蕭俛密疏陳奏帝意
乃解
張宿爲諫議大夫淄青宣慰使至東都暴卒陰事使
左右以圖進取殁於道路正直相賀
于敖爲給事中敬宗初卽位宰相李逢吉內庭連結
權傾天下惡李紳曰直與其黨共搆紳自戶部侍郎
貶端州司馬又貶翰林學士駕部郎中知制誥龐嚴

爲信州刺史翰林學士司封員外郎知制誥蔣防爲汀州刺史嚴防皆紳之所引敖素與嚴不薄及貶官勅到門下省敖封還之時人凜然皆相謂曰于給事犯宰相怒爲蔣龐申屈及駁奏下乃是論貶嚴太輕中外之人無不大笑之

張權輿敬宗時爲拾遺寶曆初李逢吉在相位不直中外人情咸思裴度入相帝亦微聞其事度時任興元節度使每有中官出使至興元必傳示密旨且有徵還之約及獻疏請覲逢吉之徒皆不自安百計隳沮張權輿旣爲所嗾尤出死力乃上疏云度名應圖

讖宅據岡原不召而來其旨可見蓋嘗有人與僞增讖詞非衣小兒坦其腹天上有口被驅逐言度曾征討淮西平吳元濟也又帝城東西橫亘六崗符易象乾卦之數度永樂里第偶當其第五崗故權輿得以爲詞盡欲成事賴帝聰察竟不能動搖

蘇楷哀帝天祐末爲起居郎楷禮部尚書循之子凡劣無藝乾寧二年應進士登第後物論以爲濫昭宗命翰林學士陸扆秘書監馮渥覆試黜落永不許入舉場楷負愧銜怨至是會朱全忠逆君上宰相柳璨陷害朝臣乃與起居郎羅袞起居舍人鼎連署狀駁昭宗謚號楷目不知書手僅能執筆其文羅袞作也時政出賊臣哀帝不能制太常卿張廷範改謚曰恭靈莊閔孝皇帝廟號襄宗全忠殊猜鑒物自楷駁謚後深鄙之旣傳代之後楷循父子皆斥逐不令在朝

周許遜太祖時爲左司郎中順廣元年正月遜上言乞追贈宰相李崧遜蜀人在漢與宰相蘇逢吉有舊頗親狎遜待之有德色李崧之遇害也遜嘗與一二牧守交言短崧之爲人且言被誅繇巳而致牧守指之亦懼而趨其第者至是以太祖受命之初乃有是奏請雪崧寃士人鄙之

冊府元龜

冊府元龜

巡按福建監察御史臣李嗣京　訂正
分守建南道左布政使臣胡維霖　參閱
知建陽縣事臣黃國琦　較釋

臺省部　四百八十一

輕躁　譴責

輕躁

伯陽有言曰動爲輕根靜爲躁君是以君子終日行不離輜重誠哉聖人之言也若夫失重而後輕失靜而後躁固將蹈于匪彝而自底于不類況乎臺省分

職名器爲重必繇德舉以契民望而魏晉已來史氏所載乃有營求封爵希假榮祿得位則志滿失權則怨生人或驟遷不能相下已未成績即云久次非唯形於辭色至有列於奏疏蓋夫前王所以惇愼退之風先儒所以著崇讓之論矯時鎮俗抑有旨哉

魏王粲爲侍中與和洽杜襲並用粲强識傳聞故太祖遊觀出入多得驂乘至其見敬不及洽襲襲嘗獨見至於夜半粲性躁競起坐曰不知公對杜襲道何等也洽笑答曰天下事豈有盡邪卿晝侍可矣悒悒於此欲兼之乎

晉荀勗爲中書監遷尚書令勗久在中書傳管機事及失之甚罔罔悵悵或有賀之者勗曰奪我鳳凰池諸君賀我邪

傅玄爲司隸較尉獻皇后終于弘訓宮設喪位舊制司隸於端門外坐在諸卿上絶席其入殿按本品秩在諸卿下以次坐不絶席而謁者以弘訓宮爲殿內制玄位在卿下玄恚怒厲聲色而責謁者謁者妄稱尚書所處玄對百寮而罵尚書以下御史中丞庾純奏之不敬玄又自表不以實坐免官

成公簡爲中書郎時周馥已爲司隸較尉遷東鎮將

軍簡自中才高而在馥之下謂馥曰楊雄爲郎三世不徙而王莽董賢位列三司古今一揆耳馥甚慙之

宋謝靈運太祖時爲侍中日夕引見賞遇甚厚靈運以名輩才應參時政初被徵召便以此自許旣至太祖唯接以文義每侍宴止談賞而已王曇首王華殷景仁等名位素不可踰之並見任遇靈運意不平多稱疾不朝直穿池植援種竹樹堇驅課公役無復期度出郭遊行或一日百六七十里經旬不歸旣無表聞又不請急帝不欲傷大臣諷旨令自解靈運乃上表陳疾賜假東歸

王華爲侍中時王弘輔政而弘弟曇首爲太祖所任與華相埒華嘗爲已方用不盡每歎息曰宰相頓有數人天下何由得治

何衍性躁動爲黄門郎拜竟求司徒司馬得司馬復求太子右率拜一二日復求侍中旬日之間求進無已不得侍中以怨罵賜死

庾炳之爲侍中遷吏部尚書領義陽王師内外歸附勢傾朝野炳之爲人强急而不耐煩賓客干訴非理者忿詈形於辭色素無學術不爲衆望所推

王僧虔爲御史中丞領驍騎將軍時甲族多不居臺

憲王氏以分枝居烏衣者位官微減僧虔爲此官乃曰此是烏衣諸郎坐處我亦可試爲爾

南齊王融爲中書自恃人地三十内望爲公輔直中書省夜歎曰鄧禹笑人行逢大桁開喧湫不得進又歎曰車前無八騶何得稱爲丈夫

陸惠曉除尚書殿中郎鄉族來相賀惠曉舉酒曰陸惠曉年踰三十婦父領選始作尚書郎卿輩乃復以爲慶耶

茹法亮爲中書通事舍人以王敬則事平法亮復受勑宣慰除法亮爲大司農中書勢利之職法亮不樂去固辭不受既而代人已到法亮垂涕而出

梁沈約爲僕射自負高才昧於榮利乘時藉勢頗累清談及居端揆有志台司咸謂爲宜而祖高終不用乃求外出又不見許與徐勉素善遂以書陳情於勉勉爲言於高祖請三司之儀弗許但加鼓吹而已

范雲爲吏部尚書性頗激厲少威重用所是非形於造次士或以此少之

陳蔡徵爲吏部尚書啓後主借鼓吹後主謂所司曰鼓吹軍樂有功乃授蔡徵不自量揆紊我朝章然其父景歷既有締構之功宜且如所啓拜訖即追還徵

不脩廉隅皆此類也

後魏郭祚宣武時爲左僕射先是梁遣將康絢遏淮將淮揚徐祚上表宜勑揚州選猛將攻之朝議從之出爲征西將軍雍州刺史初孝文太和已前朝法尤峻貴臣蹉跌便致誅夷李冲之用事也欽祚識幹薦爲左丞又兼黄門意便滿足每以孤門往經崔氏之禍常慮危亡苦自陳挹辭色懇然發於誠至冲請之日人生有運非可避也但當明白當官何所顧畏自是積二十餘年位秩隆重而進趣之心更恐復不息列辭尚書志在封侯儀同之位尚書令任城王澄爲

之奏聞及爲征西雍州雖喜於外撫尚書以府號不
優心望加大執政者頗怪之
裴植自兖州刺史累遷度支尚書性非柱石所爲無
當兖州還也表請靜官隱於嵩山宣武不許深以爲
怪然公私集論自言人門不後王肅怏怏朝廷處之
不高及爲尚書志意頗滿欲以政事爲已任謂人曰
非我須尚書尚書亦須我辭氣激揚見於言色入參
議論時對衆官而有譏毁又表毁征西將軍田益宗
言華夷異類不應在百世衣冠之上率多侵侮皆此
類也

高聰爲宣武光祿大夫心望中書令然後出作青州
願竟不果
袁翻爲度支尚書尋轉都官翻表曰臣往忝門下亦
侍帳幄同時流輩皆以出離左右蒙數階之陟惟臣
奉辭非但直去黄門令爲尚書復便在中書令下於
臣庸朽誠爲叨濫准之倫匹或有未盡竊惟安南之
與金紫雖是異品之隔實政有亍階之較加以尚書
清要位遇通顯准秩論資似如少進語望此官人不
願易臣自揆自顧力極求此伏願天地成造有始有
終矜臣疲病乞臣骸骨願以安南尚書換一金紫時

天下多事翻雖外請閑秩而内有求進之心識者怪
之於是加撫軍將軍
宇文忠之爲中書郎中年嘗好榮利遇尚書省選右
丞預選者皆射策忠之入試焉既獲丞職大爲忻滿
志氣囂然有驕物之色識者笑之
北齊魏蘭根初爲岐州刺史除儀同三司蘭根既宿
義勲位居端揆至是訴復岐州封永興縣侯邑千戶
孫搴爲左光祿大夫世宗初欲之鄴總知朝政高祖
以其年少未許搴爲致言乃果行恃此自乞特進世
宗但加散騎常侍

徐之才自左僕射出爲兖州刺史後主徵之尋左僕
射闕之才日自可復禹之績後主武平元年重除尚
書左僕射
尉瑾爲吏部尚書右僕射闔門穢雜爲世所鄙及官
高任重便大躁急省内郎中將論事者逆嗔詈不可
諮承既居大選彌自驕很
楊休之領中書監便謂人云我已三爲中書監用此
何爲隆化還鄴舉朝多有遷授封休之燕郡王謂其
所親云我非奴何意忽有此授
魏收爲尚書右僕射收碩學大才然性褊不能達命

體道見當途貴游每以言色祐悅
後周叱羅協爲司會中大夫形貌瘦小舉措褊急既
以得志每自矜高士朝有來請事者輒云汝不解吾
今教汝及其所言多乖事實當時莫不笑之
唐朱前疑爲駕部郎中是時有契丹之役前疑出馬
三疋以助軍未幾抗表求階級者數四朝廷鄙其貪
冒特令還馬歸私第
張均玄宗時爲刑部尚書自以才名當爲宰輔嘗爲
李林甫所抑及林甫卒依輔權臣陳希烈期於必取
既而楊國忠用事心頗惡之罷希烈知政事引文部

侍郎韋見素代之仍以均爲大理卿既大失望意常
鬱鬱
裴延齡德宗貞元中爲祠部郎中集賢院直學士崔
造作相改易度支之務令延齡知度支東都院及韓
滉領度支召赴京師本官延齡不待命遂入集賢院
親事宰相張延賞惡其輕進出爲昭應令
常渠牟貞元中爲諫議大夫風貌佻躁無君子器志
尚不根道德衆雅知不能以正理開弘帝意
裴均爲右僕射交結權倖得位貴而在列班嘗踰位
而立御史中丞盧坦請退之均不受坦曰姚南仲爲
僕射例如此均曰南仲何人坦曰南仲是守正而不
交權倖者也尋罷坦爲右庶子時人歸咎於均
楊歸厚爲左拾遺元和七年八月已丑延英宰臣對
訖歸厚次請對時憲宗坐久宣令後坐日對來歸厚
堅辭固請宰相諭之不退帝乃召見歸厚首論中官
許遂振次力詆宰輔皆過激切然而自衒求試其詞
甚繁逾刻而罷十二月丙申勑左拾遺楊歸厚可國
子主簿分司東都歸厚好矜誇敢言前請對時帝怡
色優假之歸厚謂已得君已深自責直誠章疏詞述
或過差舊例卿士婚嫁多借郵遞院於京尹府縣亦

爲之設具歸厚將娶婦謂已官處近侍當動以聞率
然奏請帝責其輕肆遂黜焉宰臣李絳嘗救之帝怒
益甚李吉甫謝引用之失方稍解焉
張平叔元和末爲戶部侍郎判度支平叔狡險大言
因王播以進旣掌財用常居公利以便嬖倖多狎之
旣有寵於上進退便僻雜以優諧或自稱老奴無復
大臣之禮因奏事畢降階復昇又有論奏佻盪輕脫
帝每爲笑容之在班列問玩狎郎吏譁肆無忌請變
榷鹽法請宰相爲之使因以自求樞機之任每有內
制出輒疑授已整衣冠以俟人多笑之前後散失官

錢四十萬貫御史按得其實故貶之
李翺敬宗時爲吏部郎中有文學性靨褊自謂詞藝當知制誥以久未遂志嘗鬱鬱不樂寶曆二年十一月因面數宰相李逢吉之過既而請假滿百日乃授廬州刺史
舒元輿爲刑部員外郎文宗太和五年八月以其上表累請効用并進章疏朝廷責其躁速自伐故授著作郎分司東都
後唐鄭希閔爲金部員外郎莊宗同光二年差充豐朗副使希閔進狀乞換章服帝欲懲之改差祠部員

外郎李盈休
蕭希甫明宗天成初爲諫議大夫初希甫至豆盧革惡之俄而革爲河南府訟論事發希甫乃上疏論革與韋說罪伏革等既又貶擢爲右散騎常侍希甫性既褊忿躁於進取封章言事自此覬徵屬明宗郊禮宿齋前一日百官閱儀於殿前詰旦郡官趨班次宰相馮道趙鳳河南尹秦王從榮樞密使安重誨鳳翔節度使李曮於月華門外廊下候班定整衣冠或坐或立希甫與兩省班入赴殿前禮畢歸省希甫召朝堂驅使官堂頭直省面責之曰宰相樞密使與諸人比肩事主何得見兩省官安坐失禮又曰皇城內一人天子更無兩人三人
于嶠天成初爲戶部員外郎知制誥踰歲當轉未行聞周舍程遜轉舍人甚怒退謁宰相趙鳳欲以言訟鳳知其故辭未之見乃叱閽伯省吏語言不遜揮袂而去吏譖於鳳言嶠訴詈又溺於客次鳳怒翌日上章貶謫
李琪爲尙書右僕射長興以後尤爲華執所忌琪凡有奏陳靡不望風橫沮然琪雖博學多才拙於遵養時晦知時不可爲然猶多岐求進動而見排竟已不

能鎭靖也
何澤爲倉部郎中充書判拔萃考試官澤與宰相趙鳳舊同戎幕屢以情告求爲給諫鳳怒其躁進且欲抑之乃遷太常少卿勑未下有宗人堂吏告人澤便稱新銜上章訴出其署曰臣伏尋近例自郎中拜給諫者即崔聽張延雍是也臣在郎署粗有勤勞無罪左遷有同排擯事下中書宰臣奏澤新命未行便敢稱謂聞天下知澤於何處受此官位侮弄朝綱法當不敬遂改大僕少卿致仕
漢李鏻初仕後唐歷工部戶部侍郎工部尚書長興

中以與明宗有舊嘗佇入相之意從容謂時相曰唐祚中興宜敦叙宗室才高者合居相位僕雖不才曾事莊宗霸府見今上於藩邸時家代重候累相請安李氏不在諸侯之下論才較藝何讓衆人久寘僕於朝行諸君安乎馮道趙鳳毎怒其譖鏻曰生妄動切欲爲宰相人望非允鏻乃引僞呉覘人見樞密使安重誨云呉國執政徐知誥將舉國稱藩願得令公一信即來歸向重誨不察事機即以實然因出玉帶與覘者令歸工估其數千緡經歲無所聞意成虛語初鏻以此曲中冀得宰相乃左授行軍司馬帝應順初

以兵部尚書使潭州聞末帝即位謂左右曰吾久合作相被人沮滯否泰之道信然吾於大相公事舊太祖公作帝矣予輔宜然從者相慶鏻至荆州留信宿告高從誨求賀升極貢物言已必當輔弼從誨從其所求翌月延召酒闌從誨謂副使馬承翰曰朝廷大僚孰有相望承翰素不悦鏻所爲即對曰朝上聞相望者崔居儉尚書姚顗左丞盧文紀太常又其次今聞拜矣諸士皆無相望鏻赧然不悦從誨坐中索今日報狀示鏻姚顗命相制下鏻曰吾老矣安能輔大政知我駑之所矣

周賈緯初仕晉爲中書舍人虜陷京師隨虜至眞定諸將逐麻荅後與公卿還朝授諫議大夫緯以久次綸閣此望丞郎之拜乃遷諫署深懷觖望廣順初爲給事中上言曰臣久塵西掖近綴東臺既居封駁之官兼處編脩之職凡關聞見合補聰明苟避事不言是上孤至聖臣聞無偏無黨王道蕩蕩無黨無偏王道平平前書所載言之者誡千古大君恐有毫髮之私也臣覩陛下降赦後普行恩勑武臣之内咸協舊規文史之中未符通論臣竊見改轉朝官自太子少保尚書丞郎内側起秩次仍峻戶封唯兩省侍從卿

監之官及員外郎贊洗等依資昇進者不過數人餘並止於一階或自右入左上下都不畫一臣伏思階勳爵邑至爲重事當以德以勞次第而進雖遇慶澤不可妄加況官者代天理物國家公器雖有親昵無得輕授故曰官不必備唯其人若才稱其官常患當有顯議能不副職宜便無宜濫昇以公器而爲普恩以普恩而有差等一厚一薄何疎何親臣不敢封還制書以阻成命欲乞陛下顯詢故事爰下有司不次超拜者必徵殊美以第進秩者須守嘗規望明庭再與食諸願陛下曲留省察兼考前朝非爲執政見排

左授官秩者及在官無累或丁憂已滿未蒙叙遷各許進狀以自申明或顯見於蹤疏幸特頒於制命或期效用不致沉埋則免使得路者自伐自矜結恩私室失意者愈嗟愈歎流怨公朝光陛下聖明之規表陛下均平之德將恢至理以致太和時中書議朝臣加恩以漢隱帝三年之内稀有改轉故商量西班上將軍統軍金吾及東班三署久次不遷者因加溥澤依資序進其餘月限合替者只加三階階已高叙勳進爵邑示普恩而已時李穀魚崇諒趙上交改爲丞郎故逦轉數人用其員闕綸切於進用謂當路者有

私尤恨竇貞固蘇禹珪每發論形于顔色太祖召見又奏漢朝遷改不平有員外郎盧振者自殿中侍御史超十資授左司員外郎太祖驚訝久之殿中平轉中行員外郎令授前行超一資今云十資蓋罔上以求媚也

李詳廣順中爲吏部侍郎時兵部侍郎盧價先改吏部侍郎奉使未還詳繼授先謝及價復命入班臺吏敘價在上詳曰朝廷故事授官同者先謝在上況詳舊任也乃勃然出班臺吏竟以詳居上非故事也

李知損廣順中自諫議大夫責授棣州司馬世宗即位切於求賢素聞知損任須好上封事謂有可采且欲聞外事遽與復資數月之間日貢章疏多斥謫貴近自謀進取至是又上章求爲過海使帝因發怒仍以其醜行日彰故除名逐之于沙門島也

譴責

夫黜其不端所以正邦典已而無悟所以保士當其有侍從禁闈周旋帝幄參功近之職典清要之任或處躬之匪恪莅事之靡精視履之致愆操心之多僻而乃罹於公憲加乎威讓身被斥免以從吏議至乃嬰絏煩令遵承縟禮智力不逮成乎違闕斯亦國章

之所及焉後有内敦直操丰脩仁行遭横怒之攸及以朴忠而獲戾者良可嗟矣

漢東方朔武帝時爲太中大夫給事中坐醉入殿中小遺殿上劾不敬詔免爲庶人

王章爲諫議大夫元帝初擢左曹中郎將與御史中丞陳咸相善共毀中書令石顯爲顯所陷免官

鄭崇哀帝時爲尚書僕射數以職事見責發疾頸欲乞骸骨不敢尚書令趙昌佞諂素害崇知其見疏因奏崇與宗族通疑有姦請法帝責崇曰君門如市何以欲禁切主上崇封對曰臣門如市臣心如水願

得考覆帝怒下獄窮治死獄中
唐林爲尚書僕射司隸孫寶奉請覆治中山孝王母馮太后獄傳太后大怒哀帝順指下寶獄林爭之帝以林朋黨比周左遷敦煌魚澤障候
王林鄉爲侍中通輕俠傾京師後坐法免
後漢虞詡順帝永和初爲尚書令以公事去官
蔡衍爲議郎符節令順帝時南陽太守成瑨等以收糾官官考廷尉衍與議郎劉瑜表救之言甚切厲坐免官還家杜門不出
張俊與兄龕並爲尚書郎年少勵鋒氣節朱濟丁盛

立行不脩俊欲舉奏之二人聞恐因郎陳重雷義往請俊俊不聽因其私賂侍史使求俊短得其私書與司空袁敞子遂封上之皆下獄當死俊自獄中占獄吏上書自訟（占謂口授也）書奏而俊獄以報（謂奏報論死也）廷尉將出穀門臨行刑（穀門雒陽北面中門）鄧太后馳騎以減死論
魏諸葛誕明帝時爲尚書與夏侯玄鄧颺等相善收名朝廷京都翕然言事者以誕颺等脩浮華合虛譽漸不可長帝惡之免誕官
蜀楊儀先主爲漢中王時拔儀爲尚書先主稱尊號東征吳儀與尚書令劉巴不睦左遷遥署弘農太守來敏後主時爲光祿大夫坐過黜敏前後數貶削皆以語言不節舉動違常也
晉華廙惠帝時爲尚書令應太傅楊駿召不時還有司奏免官
孔坦元帝時爲尚書郎有典客令萬默領諸胡胡人相誣朝廷疑默有所偏助將加大辟坦獨不署録是被譴遂棄官
刁協爲尚書待郎盧綝將入直遇協於大司馬門外協醉使綝避之綝不廻協令威儀牽捽綝墮馬至協車前而後釋御史中丞熊遠奏免協官

蔡謨成帝時爲吏部尚書會冬蒸謨領祠部主者忘設明帝任與太常張泉俱免白衣領職
宋謝景仁晉末爲吏部尚書坐選吏部令史邢安泰爲都令史平原太守二官共除安泰以令史職拜謁陵廟爲御史中丞鄭鮮之所糾白衣領職
傅隆文帝時爲民部尚書以正直受節假對人未至委出白衣領職
顧琛爲尚書庫部郎帶本邑中正舊制八座以下門生隨入者各有差不得雜以人士琛以宗人顧碩頭寄尚書張茂慶門名而與碩頭同席坐明年坐遣出

免中正凡尚書官大罪則免小罪則出出者百日無代人聽還本職

蔡興宗孝武時爲侍中每正言得失無所顧憚繇是失旨竟陵王誕據廣陵城爲逆事平興宗奉旨慰勞州別駕范義與興宗素善在城内同誅興宗至廣陵躬自收殯致喪還豫章舊墓帝聞之甚不悦盧陵内史周朗以正言得罪鏁付寧州親戚故人無敢瞻送興宗直在請急詣郎別帝知尤怒坐屬疾多白衣領職

袁粲初名愍孫孝武時爲吏部尚書皇太子冠孝武

臨安東宮愍孫勸顔師伯酒師伯不飲愍孫因相裁辱師伯見寵於帝帝嫌愍孫以寒素凌之因此發怒出爲海陵太守泰始二年爲僕射遷尚書令坐選武衛將軍

江柳爲江州刺史柳有罪降爲守尚書令

殷常明帝時爲度支尚書坐屬父道矜疾及身疾病甚是多爲有司所奏詔曰殷道矜有生便病比更無横病常愚習情久妨清叙左遷散騎常侍領軟尉

王諶明帝時爲中書舍人見帝所行慘僻屢諫不從請退坐此見怒繫尚方少日出之

陸澄爲尚書殿中郎郎官舊有坐杖有名無實澄在官積前後罰一日并受千杖

南齊薛淵武帝時爲散騎常侍帝車駕幸安樂寺淵從駕乘虜橋先是勅羌虜橋不得入伏爲有司所奏免官見原

王奐武帝時爲尚書右僕射本州中正較籍郎王植屬吏部郎李秀之以較籍令史俞公喜求進署籍稱奐意坐植免官

梁陸杲高祖時起家齊中軍法曹行參軍太子舍人衛軍王儉主簿遷尚書殿中曹郎拜日八座丞郎並

到上省交禮而杲至晚不及時刻皆免官

王騫爲中書令加員外散騎常侍高祖於鍾山西造大愛敬寺騫舊墅在寺側有良田八十餘頃即晉丞相王導賜田也帝遣主書宣旨就騫求市欲以施寺騫答旨云此田不賣若是勅所取不敢言酬對又脱畧帝怒遂付市評田價以直逼還之由是忤旨出爲吳興太守

謝幾卿高祖時爲尚書左丞以在省署夜著犢鼻裈與門生登閣道飲酒酣嘑爲有司糺奏坐免官

庾仲容爲尚書左丞坐推糺不直免官

價協爲通直散騎侍郎兼中以不事舍人大通三年霆擊大船華表然盡建康縣馳啓協以爲非吉祥未即呈聞後高祖知之曰霆之所擊一本罰惡龍二彰朕之有過協掩惡揚善非曰忠公由是免

陳陸山才爲度支尚書坐侍宴與蔡景歷言語過差爲有司所奏免官

後魏封懿道武時自慕容寶民部尚書歸闕除給事黄門侍郎帝數引見問以慕容舊事懿應對疎慢廢還家

張彝孝文時爲尚書引襲嘗山王素孫昭兼殿中郎

帝將爲齊郡王蘭舉哀而昭乃作宮懸帝大怒昭曰阿倪昭小字愚騃誰引爲郎於是出彝白衣守尚書昭遂停廢

陸叡爲尚書令時廣陵王羽字叔翻爲太尉録尚書事領廷尉卿孝文謂羽曰汝自在職以來功績之績不聞於朝阿黨之音頻於朕聽汝之過失已備積於前不復能別敘今黜汝録尚書廷尉但居特進太保又謂叡曰叔翻在省之初甚有善稱自近以來偏頗懈怠豈不錄卿等隨其邪僞之心不能相導以義雖不成大責已致小罪今奪卿尚書令禄一周謂左僕射光贊曰卿夙德老成久居機要不能光贊物務獎勵同僚賊人之謂豈不在卿丹叔戠之黜卿應大辟但以咎歸一人不復相罪史卿少師未允所授今解卿少師之任削禄一周詔吏部尚書曰叔父既非端右又非座元豈宜濫歸衆過也然觀叔父神志驕傲少保之任似不能存意可解少保又謂長兼尚于果曰卿履歷卑淺超昇名以不能勤謹夙夜數辭以疾長兼之職位亞正員今解卿長兼可光禄大夫守尚書削禄一周又謂守尚書尉羽曰卿恭勤集書殊無憂存左史之事今降爲長兼常侍守尚書亦削禄一

周又謂守尚書盧淵曰卿始爲守尚書未合考績然卿在集書雖非高功爲一省文學之士嘗不以左史在意如此之咎罪無所歸今降卿長兼王師守常侍尚書如故奪常侍禄一周謂左丞公孫良右丞乞狀義受曰二丞之任所以協贊尚書光宣出納而卿等不能正心直言規佐尚書論卿之罪應合大辟但以尚書之失事鍾叔翻故不能別致責二丞可以白衣守本官冠服禄恤盡皆削奪若三年有成還復本在如其無成則永歸南畝又謂散騎常侍元景曰卿等自任集書合省逋墮致使在信遺滯起居不脩如此

之咎責在於鄉令降爲中大夫守當侍奪祿一周
任城王澄爲吏部尚書孝文曰之者不降徒於蒼旻皆拔才而用之朕失於舉人任許一郡婦人輩奇事更當銓簡耳任城在省爲綱舉天下綱維爲當署事而已帝曰如此便一令史矣何待任城又曰我遣舍人宣詔何爲使小人聞之澄曰事雖有幹吏去榜亦遠帝曰遠則不聞聞則不遠則得聞詔理故可知於是留守群臣遂免官謝罪
崔侃以竊級爲中書郎爲尚書左丞和子岳彈糾失官

李彦爲諫議大夫孝文考績謂彦曰卿雖處諫議之官實人不稱職可去諫議退爲元士
邢昕孝明時爲中書侍郎光祿大夫時言冐竊官級爲中尉所劾免官乃爲述躬賦
北齊宋游道東魏末爲御史中尉東萊人王道習參御史選限外投道習狀習與游道有舊使令史受之文襄怒杖游道而判之曰游道稟性遒悍是非肆巳吹毛洗垢疮疵人物往與郎中蘭景雲忿競列事十條及加推窮便是虛妄共道習凌侮朝典法官而犯特是難原宜付省科游道被禁獄吏欲爲脫枷游道不肯曰此令公命所著不可輒脫文襄聞而免之游道抗志不改
王松年文宣時爲尚書郎中魏收撰魏書成松年有謗言帝怒禁止之仍加杖罰歲餘得免除臨漳令
崔瞻爲尚書吏部郎中因患取急十餘日舊式百日不止解官吏部尚書尉瑾性褊急以瞻舉措舒緩曹務繁劇遂附驛奏聞因而被代瞻遂免歸鄉里
唐邕爲尚書令封晋昌王録尚書事屬周師來寇丞相高阿那肱率兵赴援邕配割不甚從允因此有隙肱譖之遣侍中斛律孝卿宣旨責讓留身禁止尋釋

之
隋鄭譯初仕後周宣帝時爲天官都府司總六府事以職汚被疎以上柱國歸第及陰呼道士章醮以祈福助其婢奏譯壓蠱左道帝謂譯曰我不負公此何意也譯無以對譯又與母別居爲憲司所劾由是除名下詔曰譯嘉謀良策寂爾無聞鬻獄賣官沸騰盈耳若留之於世在人爲不道之臣戮之於朝入地爲不孝之鬼有累幽顯無以置之宜賜以孝經令其熟讀仍遣與母供居
李德林爲內史令初後周大象末高祖以逆人王謙

宅賜之文書已出地官府悉復改賜崔謙帝語德林
曰夫人欲得與其舅於公無形迹不須爭之可自選
一好宅若不稱意當爲造并覓莊店作替德林乃奏
取逆人高阿那肱衛國縣市店八十堰爲王謙宅替
開元九年車駕幸晉陽店人上表訴稱地是民物高
氏強奪於內造舍帝命有司斷還價直遇蘇威自長
安至奏云高阿那肱是亂世宰相以諂媚得幸枉取
民地造店賃之德林誣罔妄奏自入李圓通馮世基
等又進云此店收利如食千戶請計日追贓帝因責
德林德林勘文簿及本換宅之意帝不聽乃悉追店

給所住者由是益嫌之十年虞慶之則等於關東諸
道巡省還並奏云五百家鄉正專理辭不便於民黨
罰愛憎公行貨賄帝仍令廢之德林復奏云此事臣
本以爲不可然置來始爾復即停廢政令不一朝成
暮毁深非帝王設法之義臣望陛下若於律令輙
欲改張即以軍法從事不然者紛紜未已帝遂發怒
大詬云爾欲將我作王莽耶初稱父爲太尉諮議以
取贈官李元操與陳茂等陰奏之曰德林之父終於
校書妄稱諮議帝甚銜之至是復庭議惧意因數之
曰公爲內史典朕機密比不預計議者以公不弘耳

寧自知乎朕方孝治天下恐斯道廢闕故立五教以
弘之公言孝緣天性何須設教然則孔子罔說孝經
也又罔冒取店妄加父官朕實忿之而未能發今當
以一州相遣爾因出爲湖州刺史德林拜謝曰臣不
敢望內史令請預散參侍陛下登封告成一觀盛禮
然後收拙丘園死且不恨帝不許

蘇威爲納言開皇中從上太山坐不敬免俄而復位
仁壽初復拜尚書右僕射文帝幸仁壽宮以威總留
後事及帝還御史奏威職事多不理請推之帝怒詰
責威威拜謝帝亦止

楊約煬帝時爲光祿大夫時帝在東都令約詣京師
享廟行至華陰見其兄墓還往道拜哭爲憲司所劾
坐是免官

唐裴矩太宗時爲民部尚書奏突厥踐暴之處戶請
給絹一匹太宗曰朕天下唯誠與信不欲官有存恤
之名而無其實但戶有大小各須存濟給物當同豈
公私之至也治書御史孫伏伽進曰裴矩受國恩賞
未聞陳讓救恤百姓則欲苟釣虛名用心若是豈當
朝寄請鞫其罪太宗從之其後計口爲率貧人頼焉
許敬宗爲中書舍人貞觀十年百官爲文德皇后縗

經率更令歐陽詢狀貌醜異衆或指之敬宗見而大笑爲御史所劾左授洪州都督府司馬

劉允濟中宗時爲鳳閣舍人神龍初坐與張易之款狎左授青州長史

竇希玠爲工部尚書神龍中坐以子死祕不發喪冒充懿德太子宜婚使左授太子詹事

李繁德宗時爲左拾遺貞元十五年七月詔以山南西道節度都虞候嚴礪爲本道節度使宣詔畢諫議大夫苗拯給事中許孟容李元素陳京補闕王紓等並歸門下省或議以嚴礪資歷既淺人望亦輕遽領旄

節恐未允當既然雜論言議喧然繁遂上言昨除拜嚴礪衆議以爲不當拯云已三度表論未蒙見聽許孟容聞拯論實奏乎拯領顧而笑孟容曰誠如此不曠職矣又云李元素陳京王紓並見拯及孟容言議三司使詰之極狀云實於衆中言曾論奏不言三度繁證之不已孟容等又云拯實言二度拯請依衆狀由是貶拯萬州刺史繁播州參軍並同正

段平仲爲監察御史磊落尚氣節嗜酒敢言時德宗春秋高多自聽斷由是庶務事或不理中外畏帝嚴察無敢言者平仲常謂人曰主上聰明神武但臣下畏懼各自循默耳使某一得召見必當大有開悟會貞元十四年京師旱詔擇御史郎官各一人發廩賑郵平仲與考功員外郎陳歸當奉使因得對及入坐粗陳本事帝察平仲意有所蓄以陳歸在側不言及事奏畢當出平仲獨不退欲有啓帝因兼留陳歸聲色甚厲雜以他語平仲錯愕都不得言因誤稱其名帝怒叱出之平仲蒼惶又誤直趨御障後陳歸下階連呼乃得出由是坐廢七年亦因此名顯

張彧貞元十四年自刑部侍郎除衛尉卿初有詔令三司使推按僧法湊獄不叶頗甚中丞宇文邈上表

辭官不許彧時又疾病請歸休意帝以爲假托事故彧改官邈受令刑部郎中宇文炫同推事以邈與炫宗姓又改令盧虔

裴郁爲兵部員外郎郁褊狹但獨見自是因徵本曹厨利錢苛細寡恕令史凡四十人並曹而逃信宿招綏乃復詔移郁閑宮乃左授太子洗馬罪令史之首惡者笞四十

楊於陵憲宗時爲戶部侍郎元和初以考策登進直言爲累出爲嶺南節度使

崔逦音列爲右部補闕李諒爲左拾遺元和二年減以

交游猥雜迴貶爲長水縣令諒貶爲澄城縣令
王涯爲翰林學士拜右拾遺元和三年四月詔賢良方正能直言極諫舉人第三等牛僧孺皇甫湜李宗閔等委中書門下優與處分時牛僧孺皇甫湜李宗閔條對甚直無所畏避權倖惡其抵已有不中第者注解其策同爲女誹言王涯與外甥皇甫湜登科不先上言遂左授涯爲都官員外郎考官吏部員外郎韋貫之爲果州刺史數月再黜爲巴州刺史涯爲虢州刺史
楊歸厚爲左拾遺元和七年十二月勑曰楊歸厚頃

以詞藝擢於諫垣自處班行頗脩職業但列於清近當慎威儀以婚姻之私假借公館表章上獻慢續則多俾移秩於國庠仍分曹於雒邑可國子主簿分司東洛歸厚將娶婦謂巳官處近侍當動以聞千黷上章借郵遞院帝責其輕易遂黜焉
鄭良宰爲通事舍人元和十一年四月於鄭良宰如聞本非士族豈容塵忝班行宜削所鄉官通事舍人知館事楊造輕有論薦頗乖言慎宜罰一月俸
嚴公衡爲右司郎中韋弘景爲吏部郎中元和十三年出公衡爲和州刺弘景爲綿州刺史初張仲方以駁李吉甫謚得罪或謂仲方之議皆弘景教之公衡又助成焉故有是命
李景儉爲諫議大夫元和十五年正月貶建州刺史景儉初坐竇群自監察御史貶山陵尸曹轉忠州刺史授代至京除豐州刺史延英辭曰景倫恃有中助因盛言巳倨退及日華門遽宣不令赴郡除倉部員外郎未一月拜中大夫性凌物自高視將相如匹庶因酒則誇傲尤甚是宰相奏逐之制曰夫士之出處則辨其正邪人之踐脩宜勵其始終苟不容於公論誠難逭於國章況其擢自宗枝常探儒術存歷臺閣

亦分郡符而動或違仁行不繇義附權倖以虧節通姦黨之陰謀衆情皆疑群議難息據因緣之狀當寘嚴科願長養之時特從寬典免於省過無或徇非可建州刺史
李益爲右常侍元和十五年入閣失儀侍御史許康佐奏乖錯俱待罪各罰俸一月
李師素爲兵部員外郎元和十五年九月坐與令狐楚親出爲資州刺史
李渤穆宗時爲功考員外郎長慶元年五月貶爲虔州刺史渤既請書宰相下考時論不一而議者以宰

輔官不上疏陳列而越職釣奇非盡事君之道者也至是杜元頴等奏曰渤賣直沽名動多狂躁聖恩含貸且使守官而干進多端外交方鎮遠求奏請不能自安久留在朝轉恐生事遂出之

楊嗣復爲庫部郎中知制誥長慶元年十二月諫議大夫李景儉與起居舍人温造等自史館同飲乘醉逡入中書詬侮宰相景儉貶彰州刺史造朗州刺史嗣復與兵部郎中知制誥馮宿能雖先起亦合有徵宜罰一年俸

張權輿爲左拾遺敬宗寶曆一年坐前侵毁裴度出

爲河中府虞鄉縣令

裴夷爲右拾遺文宗太和元年正月夷與直史館李虞集賢脩撰劉軻各罰一月俸以送桂州觀察使劉栖楚至藍田縣經宿方廻爲監館驛御史所舉也

韋處厚爲考功員外郎早爲宰相韋賢之所重時賢之以議兵不合上旨處厚坐友善出爲開州刺史

楊虞卿爲吏部員外郎太和三年三月勑三司推勘吏部渝濫官事其間要切節目皆如臺按李賓過狀稱虞卿奴受錢三百千勘其察知自送府縣奴已決責錢亦納官又稱送錢并買娉等事悉無證據但虞卿兩年專判曹務僞濫六十餘人連甲團空近日無例遂令祿位制自滑促雖能續自舉明終失從前鈐轄況勘官知僞久不公論隱關報銓每將私用公私且爭於簡下事理故難於守官宜停見任餘准前勑處分

韋厚叔爲左補闕太和四年十月貶爲河中府河西縣令右補闕内供奉張文規爲河南府温縣令右拾遺内供奉南卓爲江陵府松滋縣令史三人裴度先所引擢不厭公議至是度出鎮執政者採公論而去之卓與厚叔時人尤以爲當

舒元輿爲刑部員外郎太和五年貶爲秘書者省作郎仍分司東都以其上表累請効用并進文章朝廷責其躁進自伐故有此授

王直方爲右補闕太和九年出爲興元府城固縣令直方始爲鎮州冊贈使謁祖墓於邢州時節度使劉從諫自以位兼宰相於直方禮有所不至直方飲酣頗以語侵之從諫怒具以表聞直方素有直疏帝雖嘉之然非當時姦邪所樂及是以直方家於城固因而遣之

崔栯爲工部侍郎充皇太子侍讀太和九年貶爲洋

州刺史吏部郎中張諷爲夔州刺史考工郎中史館
修撰充皇太子侍讀
蘇滌爲忠州刺史戶部郎中楊敬之爲建州刺史殿
中侍御史楊儉爲恩州司戶監察御史李郃爲端州
司戶臣欽若等按文宗本紀時李訓鄭注用事不附己者即時貶黜
梁王舜卿爲吏部侍郎翰林學士乾化二年九月太
祖北巡迴至化黃縣勑舜卿等駕發魏州之初扈從
不至各罰兩月俸
後唐李鏻莊宗時自宗正卿遷工部侍郎同光三年
七月勑罰罪賞功大朝常憲掩瑕宥過前聖格言工

部侍郎李鏻宗正少卿李瓊等早在公途忝居班列
靡思畏懼各犯刑章因補置官吏之秋見詐僞依違
之迹自招罪狀合寘嚴科但以嘗預臣僚始當興復
特示哀矜之旨俾寬流遣之文降秩趨朝殊爲輕典
推恩念舊所宜愼思鏻可責授朝散大夫司農少卿
瓊可責授朝議郎守太子中舍初魏州興建李鏻爲宗正卿李仁爲少卿赴州昭應縣有獻祖宣皇帝建初陵少祖光皇帝啓運陵帝戕祔之後宗正司條奏陵園故事請量建建初啓運陵臺令許之時僞稱宗子者數百宗寺既無諸牒無憑證據有昭慶百姓稱宗子言世爲丹陽竟陵臺令投詣宗寺請爲臺令李瓊莫測其繇憑其僞書即而補之其人既至本處出入建將旄豪虎長吏復侵奪近墓民田百餘頃言是陵園壖地百姓詣府陳訴州府不能辨疑乃具狀聞天子下公卿詳丹陽竟陵故事是何帝寢遂簡列聖陵園及追封高祖太子諸王尊號者皆無丹陽竟陵之號其僞百姓宗正司吏皆伏法瓊鏻以不覆實謬補奸人貶之蓋以有鏻從龍舊恩也丹陽之地比無南方竟陵之名六朝故事鏻等不知書之故也
王丞弁爲祠部郎中明宗長慶元年九月以奏狀背
繼著姓罰一月俸
裴坦爲司封郎中長興二年八月渭州刺史石可球
母在而所司誤入贈封之甲勑旨可球母王氏可別
封太原縣君裴坦點簡不精罰一月俸本行令史委
吏部流内銓量罪科决
晉王權高祖時爲兵部尚書天福三年十月詔曰王

權昨差北朝國信使堅不肯收接勑牒兼有狀推托
事故不遵朝命者王權久在班行衆推夙舊固曉爲
臣之節宜遵事主之規豈得總命乘軺遽聞托故莫
有奉公之道益彰慢事之心若以道路迢遠卽鑾閣
之台臣亦往若以筋骸衰瘁卽鳳山之冊禮繞迴既
黷憲綱宜從殿黜宜停是任仍勒歸私家
周賈緯太祖時爲給事中史館修撰廣順元年十月
貶爲平盧軍節度行軍司馬檢校禮部尚書緯歷官
平轉心嘗憤誹太祖踐祚竇貞固蘇禹珪仍在相緯
駁其除改不當上章論列又於所修曆日內言有歷

誕中外人士者時王峻監脩國史覽之不悅曰賈給事家有子自玆亦要門閥無玷今非毀蕭朝敎士子何以進身備於帝前言其短故有此授

冊府元龜臺省部　卷之四百八十一　三十三
譴責

冊府元龜

冊府元龜

巡按福建監察御史臣李嗣京 訂正

知長樂縣事臣夏允彝叅閱

知建陽縣事臣黃國琦較釋

臺省部二十六

朋附 害賢 諂佞 貪黷

朋附

阿黨爲比仲尼謂之小人頑嚚是親伊尹戒其亂俗況夫結綬雲臺之上引藉金馬之闈名數既隆事任尤重固宜直躬以奉上中立以自公勉樹㳚聲式光

妙簡其有賦回邪之性昧貞介之方罔上以求安附下以求寵或職當史局媚彊臣而立傳或任總銓筦恃內戚而擅寵或伺朝廷之動靜樹黨藩維或託儲副以婚姻竊弄機柄深可駭也

漢谷永爲太常丞待詔公車旣陰爲大將軍王鳳說矣能實最高繇是擢爲光祿大夫永奏書謝鳳曰永斗筲之材筲所交切竹器也斗筲喻小而不大也質薄學朽無一日之雅左右之介雅素也介紹也言非宿素之交又無紹介而進也將軍說其狂言說讀曰悅擢之皁衣之吏廁之爭臣之末不聽浸潤之譖不食膚受之愬食猶受納也膚受謂初入皮膚至骨髓言其深也雖齊桓晉文用士篤密察父悊兄覆育子弟誠無以加察明也悊智也昔豫子吞炭懷形以奉見異豫讓也爲智伯報讎欲殺趙襄子恐人識之故吞炭以變其聲漆而以壞其形云云智伯國士遇我故也齊客隕首公門以報恩施舍人魏子三收邑入不與孟嘗孟嘗怒之魏子曰假與賢者齊湣王受讒孟嘗出奔魏子所與粟賢者到宮門自剄以明孟嘗之心也知氏孟嘗猶有死士何況將軍之門鳳遂厚之

魏劉放明帝末與孫資爲中書監時帝不豫欲以燕王宇爲大將軍及領軍將軍夏侯獻武衛將軍曹爽屯騎校尉曹肇驍騎將軍秦朗共輔政宇性恭良陳誠固辭帝引見放資入卧內問曰燕王正爾爲放資

對曰燕王實自知不堪大任故耳帝曰曹爽可代宇不放資因贊成之又深陳宜速召太尉司馬宣王以綱維皇室帝納其言即以黃紙授放資旣出帝意復變詔止宣王勿使來尋更見放資曰我自召太尉而曹肇反使吾止之幾敗吾事命更爲詔帝獨召爽與放資受詔命遂免宇獻肇朗官太尉亦至登牀受詔遂大漸放資久典機任獻肇心內不平殿中有雞棲樹二人相謂此亦久矣其能復幾指謂放資放資懼故勸帝召宣帝作手詔令給使辟邪至以授宣王宣王在汲獻等先詔令於軹關西還長安辟邪人至宣

王疑有變呼辟邪具問乃乘追鋒車馳至京師帝問
放資誰可與太尉對者放資曰曹爽帝曰堪其事不
爽在左右流汗不能對放躡其足耳之曰臣以死奉
社稷曹肇弟纂爲大將軍司馬燕王頗失指趙出纂
見驚曰上不安云何悉共出宜還已暮放資宣詔宮
門不得復内肇等罷燕王肇明日至門不得入懼詣
廷尉以處事失宜免帝謂獻曰吾已差便出獻流涕
而出亦免
丁謐爲尚書宿於曹爽相親時爽爲武衛將軍數爲
明帝說其可大用爽輔政乃授謐爲散騎常侍遂轉

尚書謐爲人外似疎畧而内多忌其在臺閣數有所
彈駁臺中患之事不得行又其意輕貴多所忽畧雖
與何晏鄧颺等同位而皆少之唯以勢屈於爽爽亦
敬之言無不從故于時謗言謂臺中有三狗三狗崖
柴不可當一狗憑默作瘟囊三狗謂何鄧丁也默者
爽小字也其意言三狗皆欲嚙人而謐尤甚也
蜀樊建爲侍中守尚書令自諸葛瞻董厥統事姜維
常征伐在外宦人黄皓竊弄機柄咸共將護無能矯
正
晉荀勗爲中書監賈充爲侍中尚書令無公方之操
專以諂媚取容侍中任愷中書令庾純咸共疾之及
氐羌叛愷因進說請充鎮關中朝之賢良欲進中規
獻替者皆幸充此舉望隆維新之外充既外出自以
爲失職深銜任愷計無所從將之鎮百僚餞於夕陽
亭勗私焉充以憂告勗曰公國之宰輔而爲一夫所
制不亦鄙乎然是行也辭之實難獨見結婚大子不
頓駕而自留矣充曰然孰可寄懷對曰勗請言之俄
而侍宴論太子婚姻事勗因言充女才質令淑宜配
儲宮而楊皇后及荀顗亦並稱之帝納其言會京師
大雪平地三尺軍不得發既而皇儲當婚遂不西行

詔充居本職
潘岳爲給事黄門侍郎岳性輕躁趨世利與石崇等
諂事賈謐每候其出與崇輙望塵而拜搆愍懷之文
岳之辭也謐二十四友岳爲其首謐晉書限斷亦岳
之辭也其母數誚之曰爾當知足而乾没不已乎岳
終不能改
徐邈爲中書侍郎專掌綸詔孝武帝甚親昵之初范
甯與邈皆爲帝所任使共輔朝廷之闕甯才素高而
措正直遂爲王國寶所讒出守遠郡邈孤宦易危而
無敢排強族乃爲自安之計會帝頗疎會稽王道子

邈欲和協之因從容言於帝曰昔淮南齊王漢晉成戒會稽王雖有酣媟之累而奉上純一宜如弘貸消散紛議外爲國家之計內慰太后之心帝納焉

宋劉湛爲太子詹事給事中殷景仁爲尚書僕射湛與景仁素款又以其建議徵之甚相感悅及俱被時遇釁隙漸生以景仁專管內任謂爲間己時彭城王義康專秉朝權而湛昔爲上佐遂以舊情委心自結欲宰相之力以廻主心傾黜景仁獨當時務義康屢構之於太祖其事不行義康僚屬及湛諸附隸潛相約勒無敢歷因氏門者湛黨劉敬文父成未悟其機

詣景仁求郡敬文遽往謝湛曰老父悖耄遂就殷鐵干祿繇敬文闇淺上負生成合門慙懼無地自處敬文之姦諂無檻如此義康擅勢專朝威傾內外湛愈推崇之無復人臣之禮帝稍不能平尋被誅

南齊江謐爲黃門侍郎謐性隨流俗善趨勢利初仕宋爲于湖令宋明帝爲南豫州謐傾身奉之即位累遷右丞元徽末朝野咸屬意建平王景素謐深自委結素景事敗僅得免禍蒼梧王廢後物情尚懷疑惑謐獨謂誠歸事太祖以本官領尚書左丞昇明元年遷黃門侍郎左丞如故沈攸之事起爲加太祖黃鉞謐所建也齊臺建爲侍中長沙內史及太祖登遐謐稱疾不入衆頗疑其怨不豫顧命也武帝即位謐又不遷官以此怨望時武帝不豫謐詣豫章王嶷問曰至尊非起疾東宮又非才公今欲作何計世祖知之出謐爲征虜將軍鎮北長史東南海太守未發帝使御史中丞沈仲奏謐前後罪曰謐少懷輕躁長集諂薄交無義合行必利動將以奕世利局見擢宋朝而阿腴內稔貨賂公行咎盈憲簡戾彰朝聽輿金輦寶取容近習以沈攸之地勝兵强終當得志委心託身歲暮相結以劉景素親屬望重俯應樂推獻誠薦子

寵爵非望時鼎綱漏得全首領太祖極飾天地方知遠圖薄其難洗之瑕許其革音之効加以非分之寵推以不次之榮列跡勳良比肩朝德以主者微勤刀筆小用賞厠河山任忝出入輕險之性在貴彌彰含昧之情雖富無滿重莅湘部顯行斷盜及居銓衡肆意受納連席同乘皆誕贖舊侶密延閑讌必貨賄嘗密理合升進者以爲己惠事宜貶退者並稱中旨謟販鬻威權姦回不露欺主罔上謗議可掩先帝寢疾彌留人神憂震謐病私舍曾無變容國諱經旬甫暫入殿參訪遺詔規恃時旨以身列朝流宜蒙兼帶光

顧不逮舊位無加遂崇飾惡言肆醜縱悖議誹謗朝政訕毀皇猷遏蚩忠賢歷詆台相至於藩岳入授列代常規勳戚出撫前王彝則而謡妄發樞機坐構嚣論復敢厭謗儲后不顧辭端毀折宗王每騁舌抵皆云詣誓平禮祭樹失宜仰指天俯畫地希幸災故以申積憤犯上之迹既彰反噬之情已著請免官削爵土收送廷尉獄治罪詔賜死時年五十二

王暄之爲中書舍人時東昏侯所寵茹法珍梅蟲兒等用事並爲外監口稱詔勅暄之與相唇齒專掌文翰

後魏盧昶爲侍中守職而已無所激揚與侍中元暉等更相朋附爲宣武所寵時論鄙之

趙脩爲黄門侍郎時高聰爲散騎常侍脩嬖幸聰深相朋附

李憑阿附趙脩爲給事黄門武衛將軍定州大中正中正坐脩黨免官

徐紇爲中書舍人詭附倖臣趙脩遷通直散騎侍郎及脩誅坐黨徒抱罪得還久之復除中書舍人大傳清河王懌以文翰待之及元叉害懌出爲鴈門太守未幾入雒又飾貌事叉大得叉意叉曲事靈太后倖臣鄭儼是以特被信任俄遷給事黄門侍郎仍領舍人總攝中書門下之事軍國詔命莫不由之紇既處腹心參斷機密勢傾一時遠近塡凑與鄭儼李神軌寵任相亞時稱徐鄭焉

李肅字彦邕爲員外常侍初諂附侍中元暉後以左道事侍中穆紹裸身被髮畫腹銜刀於隱屛之處爲紹求福故紹愛之

宋維孝明時爲給事坐諂事高肇出爲益州龍驤府長史辭疾不行

袁翻領給事中在門下並掌文翰翻既才學名重又

善附會亦爲靈太后所信待

賈司馬爲都官尚書爲元叉所寵論者譏其趣勢

盧同爲尚書左丞元叉之廢靈太后也相州刺史中山王熙起兵於鄴熙敗以同爲持節兼黄門侍郎慰勞使仍就州刑熙還授平東將軍正黄門營明堂副將尋加撫軍將軍光禄大夫本州大中正同善事在位爲叉所親戮熙之日深窮黨與以希叉旨論者非之叉給同羽林二十人以自防衛

劉仁之字山靜尉元引爲御史前廢帝時兼黄門侍郎深爲爾朱世隆所用

崔勉爲尚書右中兵郎中後太尉豫章王啓爲諮議參軍郎中如故坐舉人失衷免官前廢帝普泰中兼尚書左丞勉善附會世論以浮競譏之爲尚書令爾朱世隆所親待而尚書魏季景尤爲世隆知任勉與季景内頗不穆季景陰求右丞奪勉所兼世隆啓用季景勉遂悵快自失

山偉河南洛陽人前廢帝末爲侍中中書令與宇文忠之徒代人爲黨時賢畏惡之

陸希質爲中書監希質名家子位官又通不能平心於物唯與山偉宇文忠之等共爲朋黨排毀朝俊有

識者薄之

北齊崔昻顯祖時累遷僕射前者崔暹季舒爲之親援後乃高德政事其中表常有挾持意色以矜高以此不爲名流所服

崔季舒爲黃門迹在魏朝歸心霸府賓客輻湊傾心接禮甚得名譽勢傾崔暹暹嘗於朝堂屏人拜之曰暹若得僕射皆叔父之恩其權重如此

魏收撰後魏史成諸家子孫投訴百餘人衆口誼然號爲穢史投牒者相次無以抗之時左僕射楊愔右僕射高德政二人勢傾朝野與收皆親收遂爲其家並傳二人不欲言史不實抑塞訴辭終文宣世更不重論又尚書陸操嘗謂愔曰魏收魏書可謂博物宏才有大功於魏室

馮子琮其妻胡皇后妹也爲吏部尚書俄遷尚書右僕射仍攝選和士開居要日久子琮舊所托附曲躬事事諮禀士開弟休與盧氏姻子琮簡較趨走與士開府僚不異是時内官除授多由士開奏擬子琮既侍内戚兼帶選曹自擅權寵頗生間隙

張雕武成時爲假儀同三司侍詔文林館胡人何洪珍大爲帝親寵與張景仁結爲婚媾雕以景仁宗室

自託於洪珍傾心相禮情好日密公私之事雕嘗爲其指南時穆提婆韓長鸞與洪珍同侍帷幄知雕爲洪珍謀主甚大惡之洪珍又奏雕監國史尋除侍中加開府奏度支事大被委任言多見從特勑奏事不趨呼爲博士

楊休之領中書隨侍鄧長顒領之推奏立文林館本之推意不欲令耆舊貴人居之休之便相附會與少年朝請參軍之徒同入待詔獎狄爲散騎侍郎兼中書侍郎和士開寵要遂附之正授中書侍郎入典機密兼散騎常侍

徐之才爲左僕射與和士開陸令萱母子曲盡卑狎二家若疾救護百端繇是遷尚書令封西陽郡王

後周叱羅協本名與高祖諱同後改爲焉南岐州刺史晉公護既殺孫韋李植等欲委腹心於同會擲慶司憲令狐整並亂不堪俱薦護遂徵協入朝旣至護引與同宿深奇託之協忻然承奉誓以軀命自効護大悅以爲得協之晩則授軍司馬委以兵士尋治御史正又授護府長史進爵爲公邑一千戶嘗在護側陳說時事多被納用明帝知其才識庸淺每抑之數謂之曰汝何知也猶以護所親任難即屏黜每含容

之及帝晏駕便授協同會中大夫中外府長史

唐封德彝初仕隋煬帝爲内史舍人而不被用見内史侍郎虞基幸於煬帝而基不閑吏務每承處分多失事理德彝又託附之密爲指畫宣行詔命諂順王心外有表疏知忤意者皆寢而不奏決斷刑法多濂文深詆策勳行賞必抑削之故虞基之寵日隆而隋政日亂皆德彝之所爲也

魏玄同則天永昌元年爲納言伏誅玄同素與裴炎交結預其流者號爲耐久朋至黨與皆敗故誅

劉永濟爲鳳閣舍人中宗初坐與張易之欸狎左授青州長史

劉憲爲天官侍郎張易之誅憲以託附出爲海州刺史

蕭至忠神龍中爲吏部侍郎當武三思擅權至忠附之自知吏部選事恃三思勢無所忌憚請謁杜絶威風大行

趙履溫性巧佞長安中爲左臺殿中侍御史歷尚書郎妹適桓彥範爲韋氏所誅履溫懼遞附武三思累遷司農卿傾國資以事安樂公主爲其造宅窮奢極麗又通韋氏諂媚百端及少帝御安福門履溫馳於

樓下稱萬歲聲未絶而萬騎斬之

吉溫爲戶部郎中性便僻巧事權要知安祿山承恩結厚之時祿山入奏驟言溫之能玄宗天寶十載祿山加河東節度因奏溫爲河東節度副使知留守兼鑄錢事賜紫金魚袋及楊國忠入相國忠素與溫善徵爲御史中丞充京畿關内採訪處置使制到溫詣范陽與祿山別祿山甚厚之遣男慶緒親執溫馬轡送出驛及溫至朝廷動靜必報祿山十三歲祿山拜左僕射充閑廄使又奏溫武部侍郎兼御史中丞楊國忠與祿山嫌隙已成溫旣厚於祿山國忠遂忌之

其冬河東太守韋陟坐贓罪託溫結歡於祿山求免詔付中書門下與法官對鞫之溫遂伏罪

李林甫爲黃門侍郎時惠妃武氏有寵林甫密事中要求爲黨援

裴勉爲尚書右僕射代宗寶應初充護山陵使勉以侍臣李輔國權盛將託附之乃表輔國親昵術士中書舍人劉峘爲山陵使判官峘坐法勉累貶施州刺史

裴士淹爲禮部尚書禮儀使大曆五年誅魚朝恩黜士淹爲處州刺史戶部侍郎判度支第五琦爲饒州

刺史皆朝恩黨也士淹掌禮儀琦典財賦皆暱于朝恩時論醜之

杜亞大曆中爲諫議大夫自以才用合當柄任李栖筠承恩衆望言必爲宰相亞乃厚結之

嚴武爲黃門侍郎與宰臣元載深相結託冀其引在同列事未行求方面出爲劍南節度使

楊炎爲吏部侍郎大曆十三年貶爲連州員外司馬元載黨也炎與載同郡又元氏之出謂載爲舅少好學博涉文史而性巧貪淫嫉毁忠良遂與載合凡在朝坐載累貶官者諫議大夫知制誥韓洄王定諫議大夫包佶徐璜大理少卿裴冀太常少卿王紀起居舍人韓會等十餘人又貶戶部郎中趙縱爲和州刺史亦載黨也縱妻父郭子儀帝以勳臣之故特寬之授以郡守又貶刑部尚書王昂爲連州刺史交通元載故也旣行至萬州卒

蘇端爲北部郎中代宗旣素重楊綰欲以政事委之綰尋卒常衮與綰志尚素異嫉而怒之有司謚議綰爲文貞衮微諷端令駁之毁短綰過甚端坐黜官

韓洄德宗貞元二年自京兆尹爲刑部侍郎以黨於宰相盧翰故也

潘孟陽炎之子母劉晏女也公卿多父友及外祖賓從故得薦用累至兵部郎中德宗末王紹以恩倖權移宰相數稱孟陽之材因擢授權知戶部侍郎

李景儉元和末出爲澧州刺史景儉素與翰林學士元稹厚善稹初承穆宗恩顧遂以景儉爲請尋授諫議大夫

李紳爲戶部侍郎與寵嚴友善長慶中穆宗召嚴爲翰林學士又賜以金紫皆紳引之也

劉栖楚爲諫議大夫敬宗寶曆元年拜刑部侍郎栖楚自爲諫議大夫官業殊未有聞但時宰相用事者

栖楚多敢言欲引爲助遂不踰時致宣此官丞郎宣
授自栖楚始也
崔元略自京兆尹遷戶部侍郎時以元略叛圖之拜
出於宣授諫官有疏指言内常侍崔潭峻方有權寵
元略以諸父事之故雖劾而遽遷顯要元略亦上章
自辨且曰一時府縣條流臺司舉劾孤立無黨謗言
益彰不謂詔出宸衷恩延望外處南宮之重還列左
戶之清班豈臣庸虛敢自干冒天心所擇致敬特達
之恩衆口相非遂致因緣之說詔答之曰朕所命官
豈非公選卿能稱職奚恤人言然元略不能逃父事
潭峻之名

害賢

夫讒說殄行靖譖庸回蓋匪人之至惡固凶德之斯
下豈有振纓華省結綬雲臺圖固寵榮嫉忌賢正既
曲直之相異則嫌隙之滋豐以至誘陷危機媒孽而
成罪崇飾飛語萋菲而造端或被以非辜或移其要
職幸君聽之斯惑冀榮路之自安豈蠅玷之足方固
蠆毒之不若詩云取彼讒人投畀豺虎豺虎不食投
畀有北其以是夫
吳孫弘爲中書令時朱據坐論太子慮之廢左遷新
都縣丞未到弘譖潤據因大帝寢疾弘爲詔書追賜
死
晉謝奕爲尚書銓敘不允吏部郎江灌每執正不從
奕託以他事免之灌受黜無怨色
荀顗爲僕射初武陵之弟茂以德素稱名亞於陔爲
巫維太守散騎常侍中顗年少於茂即武帝姑子自
負貴戚欲與茂交距而不答繇是致怨及楊駿誅顗
以茂駿之姨弟陷爲逆黨遂見害茂清正方直聞於
朝廷一旦枉酷天下傷焉侍中傅祗上表申明之後
追贈光祿勳

後魏高肇爲尚書令初彭城王勰性仁孝言於朝廷
以其舅潘僧固爲冀州樂陵太守京兆王愉構逆僧
固見逼從之肇性既凶愎賊害賢俊又肇之兄女入
爲夫人順皇后宣武欲以爲后勰固執以爲不可肇
於是屢譖勰於宣武不納因僧固之同愉逆肇誣勰
北與愉通南招蠻賊勰國郎中令魏偃前防閤高祖
珍希肇提攜構成其事肇初令侍中元暉以奏宣武
暉不從令左衛元珍言之宣武訪之於暉暉明勰無
此宣武更以問肇肇以魏偃祖珍爲證宣武乃信之
勰飲毒酒而斃

裴植爲度支尚書表毀征南將軍田益宗言華夷異類不應在衣冠之上侍中于忠黃門元昭覽之切齒寢而不奏會韋伯昕告植欲謀廢黜尚書又奏羊祉告植姑子皇甫仲達云受植旨詐稱被詔率合部曲欲圖領軍于忠臣等窮治辭不伏引然衆證明昞案律在邊合率部衆不滿百人已下身猶尚斬況仲達公然在京稱詔聚衆誼惑都邑駭動人情量其本意不可測度案詐僞律詐稱制者死今依衆證處仲達入死金紫光祿大夫尚書崇義縣開國侯裴植身居納言之任爲禁司大臣仲達又稱其姓名募集人衆

雖名仲達功讓無忿懼之心衆證雖不是植皆言仲達爲植所使植召仲達責問而不含列推論情狀不同之理不可分明不得同之當獄有所降減計同仲達處植死刑又植親率城衆附從王化依律上議唯思裁處詔曰凶謀既爾罪不合恕雖有歸化之誠無容上議亦不須待秋分也時忠惠擅朝權既構成其禍又矯爲此詔朝野怨之

北齊高德政爲侍中時清河有二豪吏田轉貴孫舍與久吏姦猾多有侵削因事遂脅人取財計贓依律不至死太守裴讓之以其亂法殺之時清河王岳爲司州牧遣部從事案之德政奮與讓之不協密奏言當陛下受禪之時讓之眷戀魏朝嗚呼流涕比爲內官情非所願既而楊愔請救之云罪不合死文宣大怒謂愔曰欲得與裴讓之同冢邪於是無敢言者事奏竟賜死於家

祖珽爲左僕射勢傾朝野斛律光甚惡之竊駡云盲人掌機密恐誤國家事珽頗聞其道言因其女皇后無寵以謠言聞上曰百升飛上天明月照長安令其妻兄鄭道蓋奏之帝問珽珽證實又說謠云高山摧槲樹舉盲老翁背上下大斧多事老母不得語珽并

云盲老翁是臣云與國同憂戚勸上行語其多事老母以道語侍中陸氏帝以問韓長鸞穆提婆并令高元海段士良密議之衆人未從因光府軍封士讓啓光反遂滅其族

唐張又新爲給事中穆宗長慶中除庫部郎中知制誥賈餗爲常州刺史時議以爲餗不當出又新以私嫌搆於宰相李逢吉出之

盧坦爲中丞時僕射裴均立班踰位坦請退之均不受坦曰姚南仲爲僕射例如此均曰南仲是何人坦曰南仲是守正而不交權倖者也尋罷爲右庶子時

人歸咎於均

張權輿爲左拾遺李逢吉之黨也時裴度鎭興元上疏請入覲京師權輿乃上疏曰度名應圖讖宅據岡原不召自來其心可見先是姦黨忌度作謡詞云非衣小兒坦其腹天上有口被驅逐言度平吳元濟也又帝城東西橫亘六岡合易象乾卦之數度不樂里第偶當第五岡故權輿取其語敬宗雖少年深明誣謗奬度之意不衰焉

王璠爲尚書左丞時李德裕鎭浙西璠與戸部侍郎李漢進狀論德裕厚賂宮人杜仲陽結託漳王圖爲

不軌文宗於蓬萊殿召宰相王涯李固言路隋及璠漢等同證其事璠漢加誣構結語甚切至路隋奏曰德裕實不至此誠如璠漢之言微臣亦合得罪羣論稍息

諂佞

孔子曰放鄭聲遠佞人又曰惡紫之奪朱惡利口之覆邦家諂佞之人聖賢所惡其來甚矣巧言令色爲國蟊賊雖云率性亦幸乘時何則懷黄佩紫竊位臺省朝謁夕覲俯侍宮闈善揣時機逆迎主意譽乃生羽毛毁則成瘡痏沙狐水蜮潛傷闇害暨日月大明昭遂隱與雷霆迅烈威震幽微必斥逐於時遐棄於野所謂魑魅不能晝行鵂鶹止期夜動者也

魏孫資爲侍中領中書監劉放爲左光禄大夫轉驃騎放資既善承順主上又未嘗顯言得失抑辛毗而助王思以是獲譏於世

秦朗明帝時爲給事中每車駕出入朗常隨從時帝喜發舉數有以輕微而致大辟者朗終不能有所諫止又未嘗進一善人帝亦以是親愛每顧之多呼其小字阿蘇

南齊王融爲中書郎永明末武帝欲北伐使毛惠秀

畫漢武北伐圖使融掌其事融好功名因上疏言北地殘氓東都遺老莫不茹泣吞悲傾耳戴目翹心仁政仰首王風若試馳咫尺之書具禮旅之年徇其懸城納其降虜可弗勞弦鏃無待干戈眞皇王之兵征而不戰者也臣乞以執役先邁式道中原澄瀚渚之常流掃狼山之積霧繫單于之頸屈左賢之膝習呼韓之舊儀拜鑾輿之巡幸然後天移雲動解封岱宗減五登三追跡七十百神肅警萬國具僚會弁星離玉帛雲聚集三燭於蘭席聆萬歲之禎聲豈不盛哉豈不韙哉昔桓公志在伐莒郭牙審其幽趣魏后心

在忘漢德宗究其深言臣愚昧才誠不足以知微緒伏揆聖心規模弘遠既圖載其事必克就其功臣不勝歡喜圖成上置琅琊城射堂壁上遊幸輒觀焉

柔何敬容高祖時爲吏部尚書性矜莊衣冠鮮麗帝雖衣浣衣而左右衣必須潔嘗有侍臣衣帶卷摺帝怒曰卿衣帶如繩欲何所縛敬容希旨故益鮮明常以膠清刷鬚衣裳不整伏牀熨之或暑月爲之燋每公庭就列容止出入

朱异高祖時爲尚書儀曹郎兼中書通事舍人歷散騎常侍居權要三十餘年善窺人主意曲能阿諛以

承上旨故特被寵任高祖嘗夢中原平舉朝稱慶旦以語异异對曰此宇内方一之徵及侯景歸降勑召羣臣議尚書僕射謝舉等以爲不可高祖欲納之未決嘗夙興至武德閤自言我家國承平若此今便受地詎是事宜脫致紛紜悔無所及异探高祖微旨應聲答曰聖明御宇上應蒼玄北土遺黎誰不仰慕爲無機會未達其心今侯景分魏國大半輸誠送款遠歸聖朝豈非天誘其衷人將其計原心審事殊有可嘉今若不容恐絕後來望此誠易見願陛下無疑高祖深納异言又感前夢遂納之及貞陽敗沒自魏使還述魏相高澄欲更申和睦勑有司定議异又以和爲允高祖果從之其年六月遣建康令謝挺通直郎徐陵使北通好時侯景鎮壽春累啓絕好於异請追使又致書於异辭意甚切异但述勑旨以報之

後魏裴粲前廢帝時爲中書令正月晦帝出臨洛濱粲起於御前再拜曰今年美節聖駕出遊臣幸參陪從豫奉醼樂不勝忻戴敢上壽酒帝曰昔歲北海入朝暫竊神器具聞爾日卿戒之以酒今欲使我飲何異於往情粲曰北海志在沈湎故諫其所失陛下齊聖溫克臣敢獻微誠帝曰實乃寡德甚愧來譽仍爲

命酌

隋裴矩煬帝時爲吏部尚書時西域諸蕃多至張掖與中國交市帝命矩掌其事知帝方勤遠略諸商胡至者矩誘令言其國俗山川險易撰西域圖記三卷入朝奏之帝大悅賜物五百段每日引矩至御坐親問西方之事矩盛言胡中多諸寶物吐谷渾易可并吞帝由是甘心將通西域四夷經略咸以委之

唐許敬宗爲禮部尚書高宗永徽元年立長子燕王忠爲皇太子其年王皇后被廢武昭儀所生皇子弘年已三歲敬宗希旨上疏曰伏惟陛下憲章千古含

育萬邦爰立聖慈母儀天下旣而皇后生子合處少陽出自塗山是謂吾君之裔夙聞貽教宜展問豎之心乃復爲孽奪宗降居藩邸是使前星匪彩搖岳韜夆臣以愚誠竊所未喻且今之守器素非皇嫡永徽爰始國本未生權引彗星越升明兩近者元妃載誕正裔降神重光日融儲暉宜息安可以慈傍統叨據溫文國有諍臣貌逃其責竊惟息姑克讓可以思齊劉彊守藩宜遵往轍追蹤太伯不亦休哉蓮武延陵故當安矣寧可重植板幹久易位於天庭倒襲裳衣使違方於震位蠢爾黎庶云誰係心垂裕後昆將何

播美高宗從之顯慶元年廢忠爲梁王授梁州都督賜實封二千戶物二萬段甲第一區

李嶠則天時爲侍御史雍州人唐同泰獻綵水瑞石嶠上皇符一篇以美其事有識者多譏之

閻朝隱爲給事中則天不豫令朝隱往少室祈禱朝隱途曲申悅媚以身爲犧牲請代上所苦及將康復賜以絹綵百段金銀器十事

竇懷貞中宗神龍初爲御史大夫兼雍州長史嘗諂事帝左右盡得其歡心韋庶人微時有乳母王氏蠻婢也詔封莒國夫人嫁爲懷貞妻俗謂乳母之壻曰阿奢懷貞每因謁見之次及進表狀列其官位必曰翊聖皇后阿奢時人或呼爲國奢忻然有自負之色後以名犯韋后父名改爲從一焉韋庶人伏誅左遷亳州司馬轉益州大都督府長史累拜侍中兼左臺御史大夫尚書左僕射監脩國史賜爵魏國公帝爲二公主造金仙玉真兩觀料功甚多朝臣以爲不可唯懷貞贊成其事躬自監役窮極奢侈時人爲之語曰竇僕射前爲韋氏國奢後作公主邑丞時公主邑司官有丞言懷貞伏事公主同其邑官也及太平公主干預朝政懷貞每日退朝必詣主第以求佞媚

權若訥爲右補闕見鄭愔等旣稱天后德業皆獲榮賞乃上疏曰臣聞詩人闡教深懷罔極之恩孔氏立言式崇無改之道伏惟應天皇帝陛下孝德純至超越禮經聖感潛通光昭瑞應置聖善報德之閣義貫於終天存合宮永昌之號敬深於如在伏見天地日月君臣國人授載初慶殿等字皆先朝創制久已施行陛下纂承丕緒嗣守洪業父子相傳家國仍舊此並則天能事生人積習何所要切登時削除當爲賊臣敬暉等秉政包藏逆節前規務從變易所以多有改張今削之無益於淳化存之有光於孝理又神龍

元年三月五日制書一事已上並依貞觀故事者但
則天遺訓誡曰母儀太宗舊章是稱祖德其於沿襲
應從近遠無容近捨母儀遠尊祖德昔永徽之時不
聞依武德舊章今陛下膺期乃欲追尊昔依貞觀故
事如其遠依貞觀實恐未叶先朝以臣愚識請更詳
審則望繼明纂聖之業無替始終奉光成志之道增
輝竹帛疏奏手制答曰卿資孝踐忠懷才韜義討論
今古徵據典章循覽所陳再三嘉尚若納雖曲蒙恩
旨褒美然頗爲正直者所譏
楊愼矜玄宗天寶中爲御史中丞知太府出納時右
冊府元龜　臺省部　詔佞　卷之四百八十二　二十五
相李林甫握權愼矜以遷拜不繇其門懼不敢居其
位固讓之因除諫議大夫兼侍御史仍依舊知太府
出納以鴻臚少卿蕭諒爲御史中丞諒出爲陝郡太
守林甫復擢愼矜爲御史中丞仍充諸道鑄錢使餘
如故
後唐封翹爲給事中明宗天成二年七月甲戌百官
朝於中興殿翹上言以星辰合度風雨應時將脩賽
謝請以御前香一合聖上親爇一炷餘者郎令分於
所謝答廟中焚之貴表精至庶賢聖感通翹時推名族屢歷清
華出翰苑登瑣闥甚有爲衆之望居常自負人莫若
己也自離亂之後條制有所求便祀事有所斷譽帝
初臨御五日一朝羣臣方虛心傾耳以求叶贊翹爲
黃門郎不能駁議時政請豐絜粢盛振舉頹綱而以
一炷神香有能感通賢
聖之論近諸妖妄者矣
貪黷
詩刺貪人敗類傳惡黷貨無厭士之醜行於斯爲甚
夠佩服儒訓踐履清途飄纓帝廷分曹仙署而乃倖
人自用趨利求私賣官以厚資販肆以求息或餉遺
不却或聚歛公行以至結好於異類求財於外境門
庭輻湊珍玩山積名節皆汚寇裳是恥議論所棄刑
憲乃加鳴鼓而攻斯之謂矣
晉王戎爲侍中南郡太守劉肇賂戎筒中細布五十
冊府元龜　臺省部　貪黷　卷之四百八十二　二十六
端爲司隷所糾以知而未納故得不坐然議者尤之
武帝謂朝臣曰戎之爲行豈私懷苟得正當不欲爲
異耳帝雖以是言釋之然爲清愼者所鄙繇是損名
謝石爲散騎常侍既無他才望直以宰相弟兼有大
勳遂居清顯而聚歛無饜取譏當世
王國寶爲左僕射貪縱聚歛不知紀極後房妓妾以
百數天下珍玩充滿其室
宋戴法興爲給事中與戴明寶同兼中書通事舍人
法典明寶大通人事多納貨賂凡所薦達言無不行
天下輻湊門外成市家業並累千金

南齊呂文顯爲中書通事舍人時與茹法亮等迭出入爲舍人並見親倖四方守宰餉遺一歲咸數百萬並造大宅聚山開池時舍人四人各住一省世謂四方法亮於衆中語人曰何須覓外祿此一戶內年辦百萬蓋約言之也

綦毋珍之爲中書舍人凡所論薦事無不允內外要職及郡丞尉皆論價而後施行貨賂交至旬月之間累至千金

後梁徐矩爲度支尚書有文善吏事頗黷於貨財

陳唐侍爲尚書左丞以預長城之功封崇德縣子受

封之日請令史爲客吏受其餉遺文帝怒之因坐免

後魏谷洪初以經授文成及即位以舊恩爲尚書洪性貪奢僕妾衣服錦綺皆累千金而求欲滋劇時獻文舅李峻等初至京師官給衣服洪輒截沒爲有司所糾並窮其前後贓罪坐以伏法

杜遇爲尚書起部郎中竊官財一凡起立居宅清論鄙之

李崇爲侍中尚書令性好財貨販肆聚歛家貲巨萬營求不息

高遵爲尚書侍郎性廉清每假歸山東必借備騾馬將從百餘屯逼民家求絲縑不滿意則詬罵不去弥相徵求旬月之間縑布千數郡邑苦之

高聰爲黃門侍郎侍中高顯出授護軍聰轉兼其處所時顯兄弟疑聰間構而求之聰居兼十餘旬出入機要言即真無違藉貴因權耽於聲色納賄之音聞於遐邇

北齊司馬子如爲尚書令以贓賄爲御史中丞崔暹所劾禁止於尚書省詔免其大罪削去官爵

陳元康爲侍中旣貪貨賄文襄內漸嫌之元康頗亦自懼又欲用爲尚書令以閑地處之事未施行後因

蘭固成之難遂遇害

魏收爲中書監兼右僕射以託附陳使封孝琰牒令其門客與行遇崑崙舶至得奇貨果然褥表美玉盈尺等數十件罪當流以贖論

高隆之爲尚書右僕射魏收副王昕使梁還隆之求南貨於昕收不能如志遂諷御史中尉高仲密止昕收於其臺久之得釋

和士開爲侍中僕射尋除尚書令自河清天統以後威權轉盛富商大賈朝夕塡門聚歛貨財不知紀極雖公府屬掾郡縣守長不拘階次啓牒即成見人將

加刑戮多所營救既得免罪卽令諷諭責其珍寶謂之贖命物雖有全濟皆非直道

隋鄭譯周末爲内史上大夫宣帝幸東京譯擅取官財以自營衛坐是除名爲民後復領内史事高祖總百揆以譯司擅六府事譯性輕險不親職務而贓貨狼藉高祖因踈之然以其有定策功不忍廢放陰敕官屬不得白事於譯獨坐聽事無所關預譯懼頓首求辭職高祖寛諭之接以恩禮

王達爲諫議大夫高祖謂達曰卿爲我覓一好左丞達遂剰私於荆雒二州刺史楊汪曰我當薦君爲左

丞若事果當以良田相報也汪以達所言奏之達竟以獲罪卒拜汪爲尚書左丞

源師爲刑部侍郎居職强明有口辨而無廉平之稱

裴蘊爲御史大夫于時軍國多務凡是與師勤衆京師留守及與諸互市皆令御史監之賓客附隸遍於郡國侵擾百姓煬帝弗之知也

唐唐儉太宗時爲民部尚書嘗託鹽州刺史張臣合狀其私平爲御史所劾以舊恩免罪貶授光祿大六

許敬宗高祖時爲禮部尚書坐嫁女與蠻首馮盎之子多納金寶爲有司所劾出爲鄭州刺史

李俊臣則天時爲御史中丞監察御史紀履中劾奏之其罪有五其三曰贓賂貪濁

宋渾玄宗時爲御史中丞天寶九載四月坐贓伏罪詔曰渾幸因門緒累升榮秩頃委以澄清擢居風憲而公心有害私欲弭彰冒法受贓既墜於家業敗名狥利載犯於國章特申念舊之恩俾從流放之典宜除名長流嶺南高要郡

吉溫爲御史中丞天寶十三載十二月貶爲澧郡長史先是河東太守韋陟恣其利欲盛以河東土物入饋權要爲部人所發詔下御史訊鞫陟時朝謁在清

清宮惶怖不安乃厚遺溫求救於祿山事泄爲楊國忠奏遂坐貶

王昂代宗時爲刑部尚書與元載深相結專事奢靡廣脩第宅多畜妓妾以逞其志在刑部雖公務有程昂耽私第宴連日不視曹事性貪澀不嘗在公乃鬻公廨菜園收其價錢以自潤甚爲時論所醜載誅昂貶連州刺史

張渉德宗居春宮時爲侍讀及卽位累遷散騎常侍俄受湖南觀察使辛京杲金事覺以舊恩不之罪廢于家

李齊運德宗時爲禮部尚書薦李錡爲浙西受財賄可不勝計

韋執誼德宗時爲右拾遺充翰林學士性貪婪詭賊從祖兄夏卿爲吏部侍郎執誼受賂爲人求科第夏卿不應執誼乃探懷中金以内夏卿袖夏卿驚曰吾與汝賴先人之德致其名位幸各以達豈可如此毁擺袖引身而去執誼大慙恨

盧景亮爲中書舍人性貪㤰好求取以斂人竭歡時議以此薄之

王伾順宗時爲左散騎常侍充翰林待詔伾下劣闒茸唯務金帛寶玩置無門大櫃上開一孔使足以受物夫妻寢止其上

巡按福建監察御史臣李嗣京　訂正
知閩縣事臣曹鼎臣參閱
知建陽縣事臣黃國琦較釋

邦計部一

總序

天地以生物為大德聖人以富有為大業治國務本體乎阜養之和聚人以財貴乎斂施之節食貨之利不亦博乎攸司之設其來久矣少昊氏以九扈為九農正隨其宜以教人事此其始也帝舜命棄播是百穀以為稷官命百益奏庶艱食貿山虞之官帝禹代

父鯀為司空平水土之官以有天下夏商之制方冊罕紀周文王之在岐用平水土之法為治人之道建司馬之法以為田制武王成王紹興統緒周公行政厥職大備天官太宰之屬大府下大夫（為王治藏之府長若司農矣）掌以九貢九賦九功之貳以受其貨賄之入頒其貨于受藏之府頒其貨于受用之府（秦漢以來不置大府然其職在司農少府至梁天監七年始置少府卿）又有王府掌王之金玉玩好兵器凡良貨賄之藏又內府掌受九貢九賦九功之貨賄良兵良器以待邦之用又外府掌邦布之入出以貢百物而待邦之用又有司會中大夫二人下大夫四人（主天下大計計官之長若尚書矣）掌以九貢之法致邦國之財用以九賦之法令田野之財用以九功之法令民職之財用以九式之法均節邦之財用掌國之官府郊野縣都之百物財用凡在書契版圖者之貳以逆群吏之制而聽其會計又司書掌邦之六典八則九職九正九事邦中之版土地之圖以周之入出百物以敘其財受其幣使入於職幣又職內掌邦之賦入辨其財用之物而執其總以貳官府都鄙之財入之數以逆邦國之賦用又職歲掌邦之賦出以貳官府都

鄙之財出賜之數以待會而攷之又職幣掌式法以斂官府都鄙與凡用邦財者之幣振掌事者之餘財又地官大司徒之職卿一人掌建邦之土地之圖其民之數（若戶部尚書也一云案戶部之職與地官之任雖亦頗同若徵其公襲則戶部令出於度支度支在筭計之官筭計之任本出於天官之司會矣）小司徒之職掌建邦之教法以稽國中及四郊都鄙之夫家九比之數又鄉師之職各掌其所治鄉之教而聽其治以國比之法以時稽其夫家衆寡辨其老幼貴賤廢疾馬牛之物辨其可任者與其施舍者掌其戒令糾禁聽其獄訟又鄉大夫之職各掌其鄉之政教之禁令以歲時登

其夫家之衆寡辨其可任者又州長各掌其州之敎治政令之法又黨正各掌其黨之政令敎治又族師各掌其族之戒令政事又地官載師掌任土之法以物地事授地職而待其政令又閭師掌國中及四郊之人民六畜之數以任其力以待其政令以時徵其賦又縣師掌邦國都鄙稍甸郊旅之地域而辨其家人民田萊之數及其夫六畜車輦之稽三年大比則攷羣吏而詔廢置又均人掌均地政均地守均地職均人民牛馬車輦之力政又司市掌市之治敎政刑量度禁令又質人掌城市之貨賄人民牛馬兵器珍

異又廛人掌斂布絘布總布質布罰布廛布而入于泉府又胥師各掌其次之政令而平其貨賄憲刑禁焉又賈師各掌其次之貨賄之治辨其物而均平之展其成而奠其賈然後令市又司虣掌憲市之禁其鬬囂者與其虣亂者又泉府掌以市之征布斂布之不售貨之滯於民用者司稽掌巡市而察其犯禁者又司關掌國貨之節以聯門市司貨賄之出入者又遂人掌邦之野以土地之圖經田野造縣鄙刑體之法又遂師各掌其遂之政令戒禁以時登其夫家之衆寡六畜車輦辨其施舍與其可任者又遂大夫各

掌其遂之政令以歲時稽其夫家之衆寡六畜田野辨其可任者又縣正各掌其縣之政令徵比以頒田里以分職事掌其治訟趨其稼事而賞罰之又鄙師各掌其鄙之政令又酇長各掌其酇之政令以時校正登其夫家比其衆寡又里宰掌比其邑之衆寡與其六畜兵器治其政令又鄰長掌相糾相受又旅師掌聚野之耡粟屋粟閒粟而用之以質劑致民平頒與其積施其惠散其利而均其政令又稍人掌令兵乘之政令又委人掌斂野之賦斂薪芻又土地之政以均地守以均地貢又山虞掌山林之政令物爲之

厲而爲之守禁又川衡掌巡川澤之禁令而平其守又澤虞掌國澤之政令爲之厲禁使其地之入守其財物以時入于王府頒其餘于萬民又廩人掌九穀之數以待國之匪頒賙賜稍食又司稼掌巡邦野之稼而辨穜稑之種周知其名與其所宜地以爲法又春人掌其采物槁人掌其内外朝冗食自天官太宰以下咸有大夫士府史胥徒以屬焉諸侯之國則齊用管仲制國以寓軍政及謹正鹽筴鐵官之數越王勾踐用范蠡計然之術以勝吳魏文侯相李悝作盡地力之敎平糴之法秦孝公任商鞅廢井田制阡陌

至始皇并天下有治粟內史掌穀貨有兩丞少府掌山海地澤之稅以給其養屬官有太官湯官導官若盧考工室東織西織東園匠令丞胞人都水均官長丞又上林十入池監尚方御府官令皆主貨食工作之事漢高祖封張蒼爲北平侯遷爲計相能計故號計相一月更以列侯爲主計四歲以列使典授郡國傳書又云以其所主因以爲官號與計相同時所卒立非久施也是時蕭何爲相國而蒼乃自秦時爲柱下史時習天下圖書計籍蒼又善用筭律歷故令蒼以列侯居相府領主郡國上計又有尚書郎四人內一人主戶口墾田一人主財帛委輸景帝後元年

更名治粟內史爲大農令丞亦二人或謂之中丞武帝太初元年更大農令爲大司農秩中二千石屬官有大倉均輸平準都內耤田五令丞幹官鐵市兩長丞郡國諸倉農監都水六十五官長丞又有搜粟都尉武帝軍官不常置又都水鐵官兩長丞屬京兆尹又左都水鐵官及長安四市長丞皆屬左馮翊右都水鐵官屬右扶風孝武帝大興征伐孔僅爲大農上鹽鐵丞及東郭咸陽奏置小鐵官使屬在所縣使僅及咸陽乘傳行天下鹽鐵作官府除故鹽鐵家富者爲吏初大農幹鹽鐵官布多置水衡欲以主鹽鐵及

楊可告緡上林財物衆乃令水衡主上林上林旣充滿乃分緡錢諸官而水衡少府大僕大農各置官往往卽郡縣北沒入田田之其沒入奴婢分諸苑養狗馬禽獸及與諸官益雜置多謂雜置掌衆官員分事耳後桑弘羊爲治粟都尉領大農請置大農部丞數十人分部主郡國各往往置均輸鹽鐵官其水衡都尉掌上林苑有五丞屬官有上林均輸御羞禁圃楫濯鍾官技巧六廄辨銅九官令丞又有衡官水司空都水農倉井泉上林都水七官長丞上林有八丞十二尉均輸四丞御羞兩丞都水三丞禁圃兩尉甘泉上林四丞元

帝時鹽鐵官及比假田官常平倉其後用度不足獨復鹽鐵官成帝建始六年省技巧六廄官又置尚書五人其三日民曹典繕治功作鹽池苑囿之事河平元年省東織更名西織爲織室哀帝初少府省樂府平帝又置司農部丞十三人八部一州勸農桑矣東漢承前制大司農卿一人中二千石掌諸錢穀金帛諸貨幣郡國四時上月旦見錢穀薄其逋未畢各具別之邊郡諸官請調度者皆爲報給損多益寡取相給足丞一人北千石部丞一人六百石部丞帑藏屬官有大倉令一人主受郡國轉漕穀丞一人平準令

一人掌知物賈主練染作采色丞一人導官令一人主春御米及作乾糒丞一人廪犧令一人掌祭祀犧牲鴈鶩之屬丞一人雒陽市長一人丞一人滎陽敖倉官中興皆屬河南尹餘均輸等皆省初郡國鹽官鐵官並屬大司農中興皆屬郡縣少府卿一人中二千石掌中服御諸物衣服寶貨珍膳之屬少者小也故稱少府王者以租賦爲公用山澤陂池之稅以供王之私用丞一人比千石屬官有太官令掌御飲食守宫令一人主御紙筆墨及尚書財用諸物上林苑令一人及鴻德苑令主苑中禽獸頗有民居皆主之

濯龍監直里監各一人並主雒陽園中藏府令一人掌中幣帛金銀諸貨物尚方令一人掌上手工作御刀劒諸好器物及節王作器魏大司農因漢之制又置典農中郎將主屯田典農中郎典農較尉所主如中郎又置度支尚書掌軍國大計又有度支金部虞曹比部庫部農部水部食部民曹等郎皆主食貨之事蜀吳多如舊制而蜀先主定益州置鹽府校尉較鹽鐵之利屬官有典曹都尉晉受命罷農部置比部金部倉部度支左民右民虞曹屯田起部水部等曹郎後又置運漕及渡江無左民屯田運曹虞曹又省起部水部曹大司農統大簞導官二令襄國都水長東西南北部護漕掾及渡江省并都水孝武復置焉少府統材官校尉中左右三尚方中黃左右藏左校甄官平準奚官等令左校坊鄴中黃左右藏油官等丞及渡江省并丹陽尹孝武復置焉宋有大司農一人丞一人掌九穀六畜之供膳羞者屬官有太倉導官藉田等令丞又少府一人丞一人掌服御之物領左右尚方御府東冶平準等令丞又度支尚書領度支金部倉部起部四曹又有左民尚書自此以降民曹或爲左民或爲右戸又有北部水部郎中其虞部

郎中省都官尚書領水部焉南齊大司農水官屬並如晉制其少府又加領左右尚方鍛署梁高祖天監七年以大司農爲司農卿班第十一是爲春卿梁初猶依宋齊皆無卿名至是增焉司農卿位視散騎常侍主農功倉廪統大倉導官藉田上林令又管樂遊北苑丞左右中部三倉丞英庫若庫丞湖西諸屯主九年又置勸農謁者親殿帑統右藏令上庫丞掌大倉南北市令關津亦屬焉中御史又有司農主簿一人初置大府卿掌金部府又以少府爲夏卿統材官將軍左右中尚方甄官平水南唐邸稅庫東西冶中黃細作炭庫紙漆等署令

丞屬焉又置左右尚書並掌戶籍兼知工官之事其戶部度支金部倉部屯田虞部並有侍郎郎中陳並因之其司農卿又有主簿其戶部尚書領屯田後魏初大司農第二品孝文太和二十年改爲第三品少卿第三品亦改爲正第四品上丞第五品中改爲第七品下其主簿省之又改少府爲大府卿品第三後改少府復爲太府其尚書省則祠部尚書省之屬有虞曹掌地圖山川遠近園囿田獵殺膳雜味等事屯田掌籍田諸州屯田等事起部郎掌諸興造功匠等事都官尚書之屬有比部掌勾檢等事水部掌舟船

津梁公私水事膳部掌侍官百司禮食餚饌等事度支尚書之屬統度支掌計令凡軍國損益及軍役糧廩事倉部掌諸倉帳出入事左右掌天下計帳戶籍等事右戶掌天下公私田宅租調等事金部掌權衡量度內外諸庫藏文帳等事庫部掌戎仗器用所須事北齊因之司農寺省卿少卿各一人掌倉市薪米園池果實復置主簿其左右三尚方司染諸冶及細作甄官等署並隸太府後周司農上士一人掌三農九穀稼穡之政令屬大司徒大府有中大夫掌貢賦貨賄以供國用屬大冢宰又有計部大夫其戶部度

支金部倉部工部屯田虞部水部咸準六官各以其差次屬焉隋初司農卿與北齊同太府寺卿一人統左藏左內右內三尚方司染右藏掌治甄官等署各署令丞煬帝分太府等置少府監管三尚方及司染掌治等署而太府寺管左右藏及兩市平準等署焉少府置監一人少監一人丞二人統左尚內司織司染鎧甲弓弩掌治等署其後又改監爲令少監爲少令併司織司染爲織染令鎧甲弓弩二署司農卿但統上林太倉鉤盾導官四署罷典農上林二署以平準京隸太府寺掌苑囿薪芻炭市易度量加司農少

卿二人又尚書省兵部尚書之屬有庫部都官尚書之屬有工部度支尚書之屬有度支戶部金部倉部工部尚書之屬有工部屯田虞部水部等侍郎並分掌兵仗勾撿出納國計戶口金鐵廩庾工役官田山澤舟船之事焉唐制司農卿之職掌邦國倉儲委積之事總上林太倉鉤盾導官四署與諸監之官屬謹其出納而脩其職務少卿爲之貳少卿二人丞六人屬官有上林署令二人大倉署令三人導官署令二人太原永豐倉監一人龍門等諸倉每監一人司竹監一人湯泉湯監一人京都苑總監監各一人京都

苑四面監各一人諸屯監監一人也凡城宮總監監一人太府寺卿之職掌邦國賦貨之事總京都四市平准左右藏掌平八署之官屬舉其綱目脩其職務少卿二人丞四人兩京儲市署令各一人平准署令二人左藏署令三人右藏署令二人常平署令一人少府監之職掌供百工伎巧之事總中尚左尚右尚織染掌治五署之官屬庀其工徒謹其繕作少監爲之貳少監二人丞四人中尚署令一人左尚署令一人右尚署令一人織染署令一人掌治署諸治監每治監一人北都軍器監一人甲坊署令一人弩坊署

令一人諸鑄錢監各一人互市監每市監一人咸有丞副主簿錄事府史之徒以屬焉戶部尚書侍郎之職掌天下戶口井田之政令其屬曰戶部度支金部倉部戶部郎中員外郎各二人掌領天下州縣戶口之事分十道以總之度支郎中員外郎各一人掌支度國用租賦多少之數金部郎中員外郎各一人掌庫藏出納之節金寶財貨之用倉部郎中員外郎各一人掌國之倉庾受納賦稅出給祿廩之事刑部尚書侍郎之屬曰比部郎中員外各一人掌勾諸司百僚俸料調斂逋欠因知內外之經費工部尚書侍郎之職掌天下百工屯田山澤之政令其屬曰工部屯田虞部水部工部郎中員外郎各一人掌經營興造之衆務屯田郎中員外郎各一人掌天下屯田之政令虞部郎中員外郎各一人掌天下虞衡山澤之事水部郎中員外郎各一人掌天下川瀆陂池之政令咸有令史主事等員以屬焉（其官名沿革並具卿監臺省門）其後財貨之任多專置使以主之不獨歸於臺閣睿宗景雲二年以蒲州刺史充關內鹽池使鹽鐵之有使自此始也（其後朔方節度常帶鹽鐵使）明皇先天二年始以陝州刺史李傑充陝州水陸運使漕運之有使自此始也是以

又以幽州刺史强循充鹽池使即鹽州池也開元二年又以河南尹李傑充水運使大興漕事明年畢構爲河南尹不帶水陸運使又十一年以殿中侍御史宇文融勾當租庸地稅使十二年融遷御史中丞充諸色安年戶口使十八年拜戶部侍郎裴耀卿爲江淮轉運使仍以鄭州刺史崔希逸河南少尹蕭景爲之副轉運鹽鐵之有副使自此始也二十一年以侍中裴耀卿充江南淮南轉運使明年九月蕭景除太府少卿知度支事充江淮處置轉運使二十三年以太府少卿李元祐知度支使二十五年以監察御史

羅文信充諸道鑄錢使是年又令諸屯隸司農寺明年以侍御史楊春矜充太府出納使天寶二年陝郡太守韋堅加兼知勾當租庸使又加兼勾當緣河及江淮轉處置使三載以御史中丞楊春矜充鑄錢使又以李齊物除江南尹復帶水陸運使四載以戶部郎中王鉷加勾當戶口色役使又以殿中侍御史楊釗充司農出納錢物使又充水陸轉運使五載詔以司農錢穀是司其官人等並不在差使限又以侍御史楊釗充木炭使六載以戶部侍郎楊春矜又充兩京含嘉倉出納使諸道鑄錢使仍加諸郡租庸使七

載又以給事中楊釗兼御史中丞專判度支八載廢帳坊爲戶部員外廳次北爲戶部郎中廳皆至宏麗又於省街東取都水監地以諸州藉帳錢造考堂制度又過於省中移都水監於省西北剷右武衛園地置之（乾元以後毀折並盡今爲戶部園）十載度支使楊國忠奏請自勾當陝郡水陸運加國忠陝郡水陸運使太守崔無詖遂不帶使名十二載又詔陝運使宜令崔無詖充使楊國忠充都使勾當肅宗正德元年以監察御史第五琦充江淮租庸使乾元元年以度支郎中第五琦又充河南五道度支使兼諸道鹽鐵使是年又充

兩京司農太府出納使及充諸色轉運使是年升司農寺中署爲上署二年十二月以兵部侍郎同中書門下平章事呂禋充勾當度支使并轉運使上元元年戶部侍郎勾當度支使劉晏又充勾當鑄錢鹽鐵等使又以殿中監李輔國加京鑄錢使元年建子月以戶部侍郎勾當度支使元載充江淮轉運及鹽鐵使寶應元年以侍御史穆寧爲河南道轉運使租庸鹽鐵使又以通州刺史劉晏爲戶部侍郎京兆尹勾當度支并轉運使兼充勾當鑄錢使度支鹽鐵兼漕運自晏始也廣德元年代宗居陝御史中丞裴諝爲

河東道租庸鹽鐵等使二年第五琦充諸道鹽鐵鑄錢轉運使專判度支又以簡較戶部尚書劉晏爲河南及江淮以來轉運使其年六月禮部尚書兼御史大夫李峴充江南西道勾當鑄錢使永泰元年正月劉晏充東都淮南浙江東西湖南山南東道轉運鹽鐵鑄錢等使第五琦充京畿關內河東劍南山南西道鑄錢轉運鹽鐵等使是年閏十月京兆尹黎幹充木炭使（自後京兆尹常帶此使）二年以劉晏爲東道轉運常平鑄錢鹽鐵使第五琦爲關內河南劍南三川轉運常平鑄錢鹽鐵等使大曆四年以吏部尚書兼御史大

夫劉晏充東都河南江淮山南東道轉運鹽鐵鑄錢使五年停諸鐵錢監監以所在州府都督刺史判之副監以上佐判之是年停水炭使又詔停關内河東三川轉運當平鹽鐵使自此劉晏與戶部侍郎韓滉分領關内河東山南劍南租庸青苗使至十四年天下財賦皆以晏掌之德宗建中元年言事者稱轉運之職可罷乃罷劉晏爲右僕射天下錢穀皆歸金倉兩部委中書門下簡兩司郎官准格式條理于時天下錢穀歸尚書省本司職事久廢無復綱紀徒收其名而莫總其任國用出入無所統之是年三月以戶

部侍郎韓洄判度支金部郎中杜祐權勾當江淮水陸運使行劉晏韓滉舊制十一月又以杜祐兼御史中丞江淮水陸運使十二月停江淮水陸運使轉運事委度支處置三年八月分置汴東西水陸運兩稅鹽鐵使（建中三年正月戶部郎判度支杜祐奉天寶以前戶部事繁所以郎中員外各二人判署自兵興以後戶部事簡度支事繁度支郎中員外各一人請廻輟戶部郎中員外各一人分判度支案待天下兵革息却歸本曹）十二月又分置汴東汴西水陸運鹽鐵庸租使汴東以包佶爲之汴西以崔縱爲之貞元元年以浙西節度使撿校左僕射平章事韓滉爲江淮轉運使又加諸道轉運鹽鐵使藩鎮領諸道鹽鐵始於此也二年諸道水陸運使及度支巡院江淮轉運使等並停五年以中書侍郎同中書門下平章事竇參充鹽鐵度支使諸道轉運等使八年以戶部尚書班宏加轉判度支諸道鹽鐵使又詔東南兩稅財賦自河南江淮嶺南東道至渭橋以戶部侍郎張滂主之河東劍南山南西道以戶部尚書度支使班宏主之（于時宏滂互有所短命宰相趙景陸贄以其事上聞由是遵大曆故事如劉晏韓滉所分焉）其年七月司農少卿裴延齡加權判度支九年張滂奏立稅茶法郡國有茶山及商賈以茶爲利者委院司分置諸場茶之有稅自滂始也自後裴延齡專判度

支度支與鹽鐵益殊塗而治矣十年潤州刺史王緯代張滂爲鹽鐵使治千京口俄兼諸道轉運鹽鐵使十一年戶部侍郎裴延齡充京西木炭採運使十二年戶部尚書裴延齡判度支又以倉部郎中判度支案蘇弁除度支郎中兼御史中丞副知度支事立位於正郎之首副知之號自弁始也（度支自貞元以前他官未判者甚衆自後多以尚書侍郎主之別官兼者希矣故事度支案郎中判入員外判出侍郎總統案而已官銜不言專判度支開元以後時事多故遂有他官來判者或尚書侍郎專判乃曰度支使或曰判度支使或曰知度支或曰知度支事或曰勾當度支使雖名移不同其事一也）是月停木炭使十三年以陝虢觀察使千頔兼陝州水陸運使十六年置

榷鹽使先是兩池鹽務隸度支及職使諸道巡院史弁以金部郎中主安邑解州兩池弁主池務恥同諸院遂奏署使（榷鹽使一員推官一員巡官十員安邑院官一員解院縣官一員胥吏防池官徤及池戶若干人其後杜祐兼領鹽鐵度支以度支院稱使所管不合更有使名遂與東渭橋使同奏罷之）十九年太倉奏請依六典置太倉令二員丞六員監事十員支計官驅使官三人典六人府使六人又烏池在鹽州置榷稅使一員推官兩員巡官兩員胥吏一百三十人國池官徤及池戶四百四十人順宗郎位有司重奏鹽法以杜祐判鹽鐵轉運使治於楊州永貞元年以司空平章事杜佑再兼諸道轉運使

又兼諸道鹽鐵使憲宗元和元年以兵部侍郎李巽充諸道轉運鹽鐵使二年以李巽代杜佑判鹽鐵轉運使（先是李錡判使天下酷漕運由其操割專事貢獻守其寵渥中朝柬事者悉以利之鹽鐵之利積於私室而國用日耗巽既爲使大正其事其堰埭先隸浙西觀察使者悉歸之因循權置者盡罷之增置河陰敖倉置桂陽監鑄平陽銅山爲錢又奏江淮河南陝內究鄆嶺南鹽法院去年收鹽價緡錢七百二十七萬比舊法張其估千七百八十餘萬非實數也今請以其數除爲煑鹽之外付度支收其數鹽鐵使煑鹽利繫度支自此始也）三年七月判度支裴均以兩池職轉繁劇後以留後爲榷鹽使八月司農少卿崔鄲奏停倉丞一員監事二員十月度支使鄭元奏當司判案郎中官先有六員今請留四員爲定四年加度支判案郎中一員又詔其鹽鐵使楊子留後宜兼充淮南浙西浙東宣歙福建等道兩稅使其江陵留使宜兼充荊南山南東道鄂岳江西湖南嶺東等道兩稅使度支山南西道分巡院官兼充劍南東西川及山南西道兩稅使其陝內五監舊屬鹽鐵使宜割屬度支使便委山南西道兩稅使兼知糶貨峽內鹽鐵屬度支使自此始也五年誅李師道收復淄青十二州未定戶籍召命諫議大夫王彥威充十州勘定兩稅使又詔停河南水陸運使十四年鄆青兖三州各置鹽鹽院又改河北稅鹽使爲榷鹽使穆宗長慶三年十

二月度支奏判案郎中比有六人近减置四員請更置郎官一員判案以主客員外郎白行簡充從之四年詔東都江陵鹽鐵轉運留後並改爲知院官（從鹽鐵使王涯請也）敬宗初王播復以鹽鐵使爲揚州節度使（又云寶曆元年正月王播爲淮南節度又充諸道轉運使）文宗即位王播入覲以宰相判鹽鐵轉運其後王涯復判二使太和二年詔潼關以來度支分巡院宜併入鹽鐵江淮河陰留後院及王涯以事誅而令狐楚以尚書右僕射主茶法充諸道轉運鹽鐵使以是年茶法復貞元之制開成二年勑鹽鐵戶部度支三使下鹽院皆郎官御史爲之使

雖吏改院官不得移替三年諸道轉運鹽鐵使戶部尚書楊嗣復以本官平章事主茶法多譴錢穀鹽院之陳事至宣宗大中壬申凡一十五年多任以元臣以集其務崔珙自刑部尚書拜杜悰以淮南節度直之既而皆踐公台薛元賞李執方盧洪馬植敬晦五人於九年之中相踵台之植自是而居相位五年九月勅稅茶法起來年却付鹽鐵使收管武宗會昌元年二月以南省六曹戶部度支兩司尚書侍郎多奏請諸行郎官判錢穀文案遂令本司郎吏束手閒居至於廳事皆他官所處自今以後其度支戶部鐵穀文案本行郎官分判不在更請諸行郎官限仍委尚書侍郎同諸行例便自於行內選擇差判其

戶部一行郎官仍委中書門下皆選擇與公務相當除授如本行員數欠少亦任於諸行稍閑司中選才職資序相當者奏請轉授五年九月勅置備邊庫收納度支戶部鹽鐵三司錢物宣宗大中三年十月詔改備邊庫爲延資庫內之度支郎中判四年因收復河隴詔滈池鹽令度支收管仍以靈州分巡院官專勾當置榷稅使一員推官兩員巡官兩員胥吏三十九人防池官健及池戶二百六十五人是年党項羌叛擾饋運不通供軍使請榷市河東白池鹽共食其白池鹽河東節度使不繫度支胡滩池在豐州界隸河東供軍使每年糶鹽約一萬四千餘石供振武天德兩軍及營田水運官健又詔以宰相判延資庫於是白敏中崔鉉相繼判其錢三司率送五

年二月以刑部侍郎裴休爲鹽鐵轉運使俄又立稅茶之法僖宗乾符四年六月以宣歙觀察使高駢爲潤州刺史諸道轉運鹽鐵使六年移節淮南領使如故中和元年車駕出狩興元府以兵部侍郎蕭遘中書侍郎平章事韋昭度掌判鹽鐵及命侍中王鐸爲行營都統發出諸道之兵收復京城慮調度不時乃以昭康兼供運使光啓二年以刑部尚書孔緯充諸道轉運鹽鐵使是時所在征鎮自擅兵賦皆不上供歲時但貢奉而已由是江淮轉運路絕國命所能判者唯河西山南劍南嶺南西道洎中官田令孜自蜀中扈從召募新軍號左右神策共四十四部

並南衙官屬僅萬餘三司轉運無調發之所舊日兩池榷鹽稅課鹽鐵使時置鹽官以總其事自亂離之後河東節度使王重榮兼領榷務至是令孜以軍食闕供乃舉廣明前故事請以兩地榷務歸之鹽鐵詔下重榮上章論訴竟不能奪梁太祖開平元年四月置建昌院以傳王友文判院事太祖在藩時四鎮所管兵車賦稅諸色課利按舊部籍而主之其年五月中書門下奏請以判建昌院事爲建昌宮使仍以東京太祖在龍舊宅爲宮二年以侍中韓建判建昌宮事又以尚書兵部李皎爲建昌宮副使三年九月以

門下侍郎平章事薛貽矩兼延資庫使判建昌宮事乾化二年六月廢建昌宮以河南尹魏王張宗奭爲國計使凡天下金穀兵戎舊隸建昌宮者悉主之後唐莊宗同光元年十一月以左監門衛將軍判内省侍李紹宏兼内勾凡天下錢穀簿書悉委裁遣自是州縣供帳煩費儀者非之二年詔鹽鐵度支戶部三司凡關錢物並委租庸使管轄四年以吏部尚書李琦爲國計自後廢其名額不置明宗天成元年詔廢租庸院依舊爲鹽鐵戶部度支三司委宰臣一人專判長興元年以許州節度使張延朗行工部尚書充

三司使班右宣徽之下三司置使自延朗始也初延朗自許州入朝掌國計白於樞密使請置三司使名宜中書議其事宰臣以舊制覆奏授延朗特進工部尚書充諸道鹽鐵轉運等使兼判戶部度支事從舊制也明宗不從終以三司使爲名此並唐室已後諸使掌錢穀之任者焉夫主計之重治本攸繫歷代而下莫不决擇賢彥資其經畧故有深明國體周知地利究消息盈虛之數而取之有時辯耗登衆散之宜而用之有節心平其輕重手籌折其豪㧚無爽備預用成幹濟以茲荷寵無忝厥職其有掊克以歛怨貪墨而徇私綢結黨與矯誣縣官因而速尤誠取衆棄若乃敦惠養之道下蠲除之令仰賴王者之澤則非臣下所專以特次之用明厥旨凡邦計部三十九門

選任　材畧　褒寵

選任

周以太宰節材用漢以丞相主國計所以總天下之要會景歲㧚之出入邦本攸重圖任斯難在乎器識精通機術周敏務持久之要道明兼濟之大畧經當而不闕歛下而無刻俾賄貨通流用度均贍斯爲任職也是故選受之際慎揀斯至或以其義更煩劇傳

習書數平可以操心枰細可以折秋毫或以其善商功利深識治體著於行事形於論議故得時望充塞僉謀載洽應疇次之命分内外之務然後盤結是解鐵亦益精無忝於厥服者矣

漢張蒼高帝以代相遷爲計相（以能計故號曰計相一說專主計籍故號計相）一月更以列爲主計（去計相之名更號主計）是時蕭何爲相國蒼乃自奏時爲柱下御史明習天下圖書計籍未善用算律歷故令蒼以列侯居相府領王郡國上計

東郭咸陽孔僅武帝時爲大農丞（姓東郭名咸陽姓孔名僅）領鹽鐵事而桑弘羊貴幸咸陽齊之大鬻鹽（鬻古煮字）僅南陽

大治皆置產累千金故鄭當時進言之弘羊雒陽賈人子以心計年十三侍中故三人言利事析秋毫矣僅使天下鑄作器三年中至大司農列九卿而弘羊爲大司農中丞管諸會計事後爲治粟都尉領大農盡大僅幹天下鹽鐵幹鐵音管亦作斡

趙過能爲代田一畮三甽甽音工犬切或作畎壟也歲代處故曰代田代易也古法也武帝末年悔征伐之事乃封丞相爲富民侯沛郡縣也欲百姓之殷實故取其嘉名也下詔曰方今之務在于力農以趙過爲搜粟都尉

耿壽昌宣帝時以善爲筭能商工利得幸於上商度也

爲大司農中丞

魏任峻爲騎都尉太祖每征伐峻當居守給軍是時歲饑旱軍食不足羽林監潁川棗祗建置屯田太祖以峻爲典農中郎將數年中所在積粟倉廩皆滿國中之饒起於祗棗而成於峻也

晉安平王孚司馬懿之弟也初任魏爲清河太守魏文帝置度支尚書專掌軍國支計朝議以征討未息動須節量及明帝嗣位欲用孚問左右曰有兄風不答云似兄天子曰吾得司馬懿一人復何憂哉轉爲度支尚書

張華字茂先武帝潛與羊祜謀伐吳而羣臣多以爲不可唯華贊成其計及將大舉以華爲度支尚書乃量計運漕決定廟筭

杜預爲秦州刺史領東羌校尉石鑒時爲安西將軍奏預之軍興遣御史監車徵請廷尉以預尚公主八議以侯贖論會匈奴帥劉猛舉兵反武帝詔預以散侯定計省闥俄拜度支尚書又坐免官以侯兼本職數年復拜度支尚書

後周寇雋初仕後魏孝明爲左將軍孝昌中朝議以國用不足乃置鹽池都將秩比上都前後居職者多

有侵隱乃以雋爲之

唐第五琦天寶末以北海郡錄事參軍奏事至蜀中得謁見玄宗因奏言方今之急在兵兵之強弱在賦賦之所出江淮居多若假臣職任使濟軍須臣能使賞給之資不勞聖慮玄宗大喜即日拜監察御史勾當江淮租庸使尋遷殿中侍御史肅宗乾元元年加江南等五道度支使促辦應卒事無違闕累遷度支郎中戶部侍郎兼御史中丞專判度支領河南等道度支都勾當轉運租庸鹽鐵鑄錢司農太府出納山南東西江西淮南館驛等使二年以本司同中書門

下平章事尋貶忠州刺史入爲太子賓客京兆尹代宗廣德還琦專度支永泰二年充京畿關内河東劍南山南西道轉運常平鑄錢鹽鐵等使前後領財賦十餘年

劉晏肅宗上元初爲京兆尹戶部侍郎判度支號爲稱職無何爲酷吏敬羽所構貶通州刺史寶應元年自通州召至復爲戶部侍郎兼御史大夫京兆尹充度支轉運鹽鐵諸道鑄錢等使二年遷吏部尚書平章事代宗廣德初罷相爲太子賓客諸道轉運使尋加御史大夫充東都河南江淮轉運使永泰二年加

東都畿内河南淮南江南東西湖南荆南山南東道轉運常平鑄錢鹽鐵轉運等使

元載自洪州刺史除度支郎中載智性敏悟善奏對肅宗嘉之委以國計俾充使江淮都領漕輓之任尋加御史中丞數月徵入遷戶部侍郎度支使並諸道轉運使

穆寧代宗寶應初轉侍御史爲河南轉運租庸鹽鐵等使明年遷戶部員外郎無幾加兼御史中丞爲河南江淮轉運使廣德初遷庫部郎中是時河南不通漕輓由漢沔自商山達京師選鎮夏口者代宗詔以寧爲鄂州刺史鄂岳沔都團練使及淮東西鄂岳租庸鹽鐵緣江轉運使

韓滉代宗大曆六年以尚書右丞改戶部侍郎判度支初自肅宗至德乾元以後所在軍興賦稅無度帑藏給納多務因循滉既掌計司清勤撿轄不容姦妄後爲鎮海軍節度使至德宗貞元二年來朝時右丞相元琇判度支以關輔旱儉請運江淮租米以給京師德宗以滉浙江西東節度素著威名加江淮轉運使又加度支運鹽鐵等使

杜佑以肅宗大曆末爲金部郎中充水陸轉運使改

金部度支郎中兼和糴等使時方軍興饋運之務悉委於佑遷戶部侍郎判度支

韓洄德宗建中元年以諫議大夫爲戶部侍郎判度支先是大曆末罷判度支併其務令轉運使劉晏兼領之晏既罷黜令天下錢穀各歸尚書省令本司各廢罷職事久矣徒收其名而莫綜其權國用出入未有所統故復命洄還判度支而令金部郎中杜佑爲權勾當江淮水陸運使如劉晏韓滉舊制也

包佶建中二年以駕部郎中權勾當諸道輕貨鹽鐵使兼充江淮水陸運使

崔縱建中末爲汴西水陸運兩稅使兼充魏州四節度行營都糧料使時馬燧李懷光等討田悅久無功或以軍食不繼爲辭故命縱於澤潞之郊督促餽運

齊抗興元初爲工部員外郎充江淮宣慰判官會朱泚初平旱蝗之後國用空耗轉運使元琇以抗有才奏爲倉部郎中條理江淮鹽務貞元初琇又奏抗爲水陸運副使督江淮漕運以給京師

班宏貞元初爲吏部侍郎是歲仍歲旱蝗帝以賦調爲急改戶部侍郎爲度支使韓滉之副

蘇弁貞元中爲倉部郎中仍判度支案時裴延齡卒

德宗聞其才時開延英面賜金紫授度支郎中副知度支事仍命立於正郎之首副知之號自此始也

王紹貞元中爲倉部員外郎時屬兵革旱蝗之後令戶部收闕官俸兼稅茶諸色無名之錢以爲水旱之備紹自拜倉部使唯紹主判及遷戶部郎中皆獨司其務權拜戶部侍郎尋加判度支至憲宗元和七年以兵部尚書權判戶部

李巽貞元末爲兵部侍郎時司徒杜佑判度支鹽鐵運使以巽幹理奏爲副使累月代佑全領度支鹽鐵等使

孟簡元和中代崔羣爲戶部侍郎是官有二員其判使案者別居一署謂之左戶元和以還號爲清重之最宰輔登用多由此而去故羣入相以簡代焉

王遂元和中自司農卿出爲柳州刺史數年用兵淮西天子藉錢穀吏以集財賦知遂强幹乃用爲宣州刺史宣歙觀察使淮蔡平王師東討召拜光祿卿充淄青行營諸軍糧料使

薛王知柔昭宗乾寧二年以京兆尹兼戶部尚書判鹽鐵度支等制曰國家自盜蟄中原兵纏九縣支度牢籠之務施張經制之宜率煩台臣旁縱使務綱條

既正豐阜可期宜擇通才俾繼成績僉曰叔父膺予揀求詢謀協同毗賴惟允郎以虛位并而授之匪私吾宗示張王室惟爾嗣同薛王知柔我之近屬國之材人識大體以立朝蘊嘉謀而致用粵自典司宗祐尹正神皐庇本枝而敦序有倫臨帝甸而汚萊盡闢政惟務本生靈懷衣食之源令著先庚豪右屏推埋之迹人懷其惠吏不敢欺封畿新轉置之規囷窌備薦羞之禮府署完葺京師底寧疇玆多能孰可加爾朕言念銅鹽之重賦輿之殷勞於鈞衡多歷年所今將授爾用展其材俾乃司存此專郎吏乾元多難方

委公卿離之合之各繫綏思今我用爾思復舊章惟
簡身可以律人惟奉父可以御下取舍勿囿於利任
使惟其所知無以公務結私恩無以公方樹私怨惟
是六者竭乃一心副吾超拔之恩濟我艱難之運悉
仍舊貫別示殊恩於戲朝廷之本軍國之用佇爾康
濟紓吾焦勞往佩寵光勉施才術苟不稱是又何敢
以叔父私於天下哉
後唐孟鵠明宗天成二年以樞密院承旨充三司副
使權判三司鵠本魏州案吏也初莊宗初定魏博選
幹吏以計兵賦鵠爲度支孔目官掌邢洺錢穀司明

宗時爲刑洺節度使軍賦三分之一屬霸府鵠於調
弄之間不至苛急每事曲意承迎上心甚德之而支
度使孔謙專典軍賦而於藩鎮徵督苛急明宗嘗切
齒及即位鵠時爲租庸院勾官擢爲客省副使樞密
院承旨當年爲三司副使長興二年遷左驍衛大將
軍充三司使
王玫愍帝即位初自光祿卿三司副使判院事充三
司使秦府之亂三司使孫岳死之故命玫權判帝自
鄴登極復用玫焉
晉劉處讓初仕後唐爲左驍衛大將軍清泰三年夏
衛博屯將張令昭逐其帥以城叛朝廷命范延光領
兵討之以處讓爲河北都轉運使
漢劉審交初仕後唐爲北面轉運使判官王都判於
定州朝廷命王晏專師進討審交爲轉運供軍使都
平以爲遼州刺史後爲北面供軍使晉高祖初踐阼
范延光以魏州叛命楊光遠總兵討之復召審交爲
供饋使鄴中平命審交爲三司使
王章初事高祖爲侍衛都孔目官從至河東專委錢
谷及即位初除三司使
周高防以世宗顯德五年自戶部侍爲西南面水陸

轉運制置使時帝將用師於西南故有是命

材畧

易曰聚人曰財語曰既富而教是知爲國家者本乎
邦計故自炎漢而下必愼選其材所以典邦賦而裁
制國用者也若乃精心以運策勵志以奉公百慮無
失秋毫必舉民不賦斂物皆阜積綱條以制經費以
時軍儲有餘歲會有羨史稱逸於任人又曰國以人
富斯可見矣
漢東郭咸陽姓東郭名咸陽武帝時與孔僅爲大農丞領鹽
鐵事桑弘羊以心計年十三侍中故三人言利事析

秋毫矣
耿壽昌宣帝時爲大司農中丞以善爲筭能商功利得幸於帝商度也
魏任峻漢末爲典農中郎將數年中所在積粟倉廩皆滿國中之饒起於棗祗而成於峻臣欽若等按魏志羽林監棗祗進置屯田太祖以峻爲典農中郎將
鄧艾明帝時爲尚書郎時欲廣田畜穀爲滅賊資使艾行陳項已東至壽春艾以爲田良水少不足以盡地利宜開河渠可以引水澆溉大積軍糧又通漕運之道乃著濟河論以喻其旨正始二年乃開廣漕渠

每東南有事大軍興衆汎舟而下達于江淮資食有儲而無水害艾所建也
蜀諸葛亮後主時爲右將軍行丞相事建興九年出祈山以木牛運十二年春悉大衆繇斜國出以流馬運據武功五丈原亮長於巧思木牛流馬皆出其意木牛流馬法具總錄功巧門
晉杜預武帝時爲度支尚書奏立籍田建安邊論處軍國之要又作人排新器興平常倉定穀價較鹽運制課調內以利國外以救邊者五十餘條皆納焉
後魏崔亮爲度支尚書自孝文遷都之後經略四方又營洛邑費用甚廣亮在度支別立條格歲省億計
朱元旭爲度支郎中時關西都督蕭寶寅啓云所統十萬食唯一月於是孝明大怒召問所緣錄令已下皆推罪於元旭元旭入見於御坐前屈指較計蕭寶寅兵糧乃踰一年事乃得釋
後周達奚寔仕西魏爲中外府司馬大軍伐蜀以寔行南岐州事兼都督軍糧先是山氐生獷不供賦役歷世羈縻莫能制御寔導之以政氐人感悅並從賦役於是大軍糧餼咸取給焉
趙肅仕魏爲獨孤信治中別駕信東討肅率宗人爲

鄉導監督糧儲軍用不匱太祖聞之謂人曰趙肅可謂雒陽主人也
權景宣爲外兵郎中從開封府于儀援雒陽景宣督糧課儲軍以周濟
唐第五琦天寶末爲北海郡錄事參軍因奏事至蜀中得謁見因奏言方今之急在兵兵之強弱在賦稅之所出江淮居多若假臣職任使濟軍須臣能使賞給之資不勞聖慮玄宗大喜即日拜監察御史勾當江淮租庸使乾元初爲河南等道五道度支使促辦應卒事無違闕

劉晏代宗永泰中爲度支鹽鐵轉運租庸等使先是肅宗至德初爲國用不足令第五琦於諸道榷鹽以助軍用及晏代其任法益精密官無遺吏初歲入錢六十萬貫季年所入逾十倍而人無厭苦李靈曜之亂也河南節帥所據多不奉法令征賦亦隨之州縣雖益減晏以羨餘相補人不加賦所入仍舊議者稱其能自諸道巡院距京師重價募人疾足置遞相望四方物價之上下雖極遠不四五日故知食貨之重輕盡權在掌握朝廷獲美利而天下無甚貴甚賤之憂得其術矣

韓滉大曆六年爲戶部侍郎判度支初自至德乾元已後所在軍興賦稅無度帑藏給納多務因循滉既常司計清勤撿轄不容姦妄下吏及四方行綱過犯者必痛繩之又屬大曆五年已後蕃戎南侵連歲豐稔故滉得儲積穀帛帑藏積實

崔縱德宗建中末爲大理少卿汴西水陸運使及車駕蒙塵四方兵未至者縱先知之潛告李懷光說令奔命懷光從之縱乃悉斂軍財與懷光俱來調給甚備懷光軍士久戰河外及次河中將遷延縱之貨幣先以渡河縱謂衆曰若濟悉以分賜衆利之乃西至奉天

杜佑貞元初爲度支鹽鐵等使度支以制用惜費漸權百司之職廣署吏員繁而難理佑始奏營繕歸之將作木炭歸之司農染練歸之少府綱條頗整公議多之

李巽憲宗元和初爲度支鹽鐵等使榷筦之法號爲難重唯大曆中僕射劉晏雅得其術賦入豐羨巽爲之一年征課所入類晏之多歲明年過之又一年加一百八十萬貫舊制每歲運江淮米五十萬斛抵河陰久不盈其數唯巽三年登焉巽精於吏職蓋天性

也雖在私家亦置案牘書勾撿如公署人吏有過絲毫無所貸雖在千里外其恐懼嘗若在巽之前

程异元和中爲鹽鐵轉運副使時方用兵國用不足命异使江淮以調征賦且諷有土者以饒羨入貢至則不剥下不峻財經費以羸人頗稱之

王播元和中爲刑部侍郎充諸道鹽鐵轉運使播長於吏術雖簿牘鞅掌剖析如流黠吏詆欺無不彰敗

王彥威爲戶部侍郎判度支進古額圖一軸彥威先因紫宸殿奏所撰度支錢谷文書皆量入爲出使經費必足無所尅簿奏且百口之家猶有年計而軍國

錢物一切通用臣今悉隨色額占定終歲支遣無毫釐之差儻臣一旦愚迷欲自欺竊亦不可得矣

後唐孔謙莊宗爲晉王時以謙爲支度使河上用兵及燕趙征討前後十餘年飛輓徵取不至匱乏莊宗成霸業謙有調發之力焉

晉韓祚天福初爲尚書左丞高祖幸鄴都祚留京師權判三司祚有心計能判其事時百官委困國用不繼祚必多方以時物給之謂吏曰昔四毫爲小國之相皆能養三千客且天子之廷執事者所請有幾安能耗於國乎人以斯言爲當

漢王章隱帝乾祐初爲三司使居無何蒲雍岐三鎮叛是時契丹犯闕之後國家新造物力未充章與史弘肇楊邠等罷不急之務惜無功之費收聚財賦專事西征軍旅所資供饋無乏及三叛平賜與之外國有餘積

褒寵

王者備凶年之賑貸防殊俗之侵軼必將豐其財足其食苟非寵心計精忠之志褒夙夜在公之勤何以委支度之權專漕輓之任損有餘而補不足撫困窮而抑併兼焦心苦思乘傳舉行既集軍國之饒遂享優蕃之澤者哉列之編次來者作程

漢孔僅武帝時與東郭咸陽（姓東郭名咸陽）爲大農丞領鹽鐵事乘傳舉行天下鹽鐵（舉皆也普天之下皆行之也）作官府（至鬻鐵及出納之處）僅三年中至大司農

耿壽昌宣帝時大司農中丞五鳳中奏言宜糴三輔弘農河東上黨太原郡谷足供京師可以省關東漕卒過半天子從其計漕事果便壽昌遂白令邊郡皆築倉以谷賤時增其價而糴以利農谷貴時減價而糶名日常平倉民便之帝乃下詔賜壽昌爵關內侯

魏任峻漢末爲典農中郎將數年中所在積粟食廩

皆滿軍國之饒成於峻太祖以峻功高乃表封爲都亭侯邑三百戶遷長水校尉

後周寇儁初仕魏爲鹽池都將永安初華州民史底與司徒楊椿訟田長史以下以椿勢貴皆言椿直欲以田給椿儁曰史底窮民楊公橫奪其地若欲損不足以給有餘令見使雷同未敢聞命遂以地還史底孝莊帝後知之嘉儁守正不撓即拜司馬賜帛百匹其附椿者咸譴責焉

唐韋挺貞觀中爲太常卿時太宗伐遼東令挺先運糧河北諸州以便宜從事帝親解貂裘及內廄馬二

疋賜之
韋堅天寶元年爲陝西太守充水陸運使及江淮租
庸轉運等使堅以漕運逼于京師歲益鉅萬乃召水
工審地脉於咸陽擁渭水作興成堰截灞滻至渭而
東至潼關永豐合下與渭合遂於苑東望春樓下穿
潭以通舟檝既成而玄宗親幸望春張樂宴羣臣堅
素備山東船數百艘於潭側每船皆標榜曰某郡船
船中悉貯本郡貨物連亘數里觀者如堵帝甚歡詔
日古之善政貴于足食將欲富國必先利人朕以關
輔之間尤資殷贍比來轉輸未免艱辛故置此潭以

通漕運萬代之利一朝而成將允懷於永圖豈苟求
於纔覩其郡太守韋堅始終檢校夙夜勤勞賞以有
功則惟甞典宜特加三品仍改授一三品京官兼太
守其判官等則量與改轉仍委韋堅具名録奏應役
人夫各酬庸直兼放今年地稅且啓鑿功畢舟檝巳
通其押運綱既涉遠途又能先至各賜一中上考船
天等共賜錢一千貫以充晏樂又賜其潭名廣運堅
遂加銀青光祿大夫左散騎常侍其陝郡太守水陸
運使及江淮租庸轉運等使如故
第五琦天寶末爲監察御史勾當江淮租庸使尋加
河南等三道又度支促辦應卒事無違闕累遷司金
郎中兼御史中丞於是創立鹽法人不益稅而上用
以饒遷戶部侍郎專判度支領河南等道支度勾當
轉運租庸鹽鐵鑄錢司農太府出納山東南西江淮
南館驛等使
元載上元中爲度支郎中知性敏悟善對肅宗嘉之
委以國計俾充使江淮都領漕輓之任尋加御史中
丞數月徵入遷戶部侍郎充度支并諸道轉運使
韓滉爲鎮海軍節度使加江淮轉運使令專督運務
貞元元年十一月癸卯日南至德宗祀昊天上帝于

圜丘禮畢詔曰江淮轉運檢校尚書左僕射平章事
韓滉勵精勤職夙夜在公漕輓資儲千里相繼可封
晉國公明年秋初江淮漕米大至京師帝嘉其功以
滉專領度支諸道鹽鐵轉運等使
韋肇爲劍南西川運糧使檢校戶部員外郎貞元十
二年加兼御史大夫員外郎兼大夫新例也
工紹貞元中爲倉部員外郎時屬兵革旱蝗之後令
戶部收闕官俸兼稅茶及諸道無名之錢以爲水旱
之備紹准詔主判及遷戶部郎中皆獨司其務十三
年擢拜戶部侍郎奇判度支二年遷戶部尚書

李巽憲宗元和初爲兵部侍郎領度支鹽鐵使掌使一年征課所入類劉晏之多明年過之一年加一百八十萬貫遷兵部吏部尚書使任如故

崔倰爲荆南道兩稅使程异爲浙江東道兩稅使元和七年七月倰賜金紫异賜朝散大夫以入計叙勞也

皇甫鎛爲戸部侍郎判度支元和十一年方討淮夷切於饋餉鎛嚴急辦集益承寵顧加兼御史大夫

後唐孔謙莊宗同光元年爲租庸使守衛尉卿二年八月賜豐財贍國功臣

烏震明宗天成中爲冀州刺史兼北面水陸轉運招撫等使契丹犯塞漁陽路梗震率師運糧三入薊門擢爲河北道副討招還領宣州節度使

晉李象爲駕部郎中少帝開運三年加朝議大夫周易博士呂彦孫太府少卿董詢並加朝散大夫吏部員外郎曾震改祠部郎中左拾遺崔頌加朝議郎皆以監諸道榷稅溢額故也

巡按福建監察御史臣李嗣京訂正
知甌寧縣事臣孫以敬參閱
知建陽縣事臣黃國琦較釋

邦計部

經費

周官太宰之職以九式均節財用又置國用必於歲之抄量入以爲出此邦家經費之制也蓋夫富有諸夏維御羣品必慎財賦以均用度若乃兵戎祭祀之給祿廩賜予之數乘輿之奉養庶事之供擬固亦有

嘗制矣其或觀風展義舉時巡之典陳師鞠旅揚天討之威或勁虜來降遣將以臨塞或敵國授首勞師以行賞斯皆嘗限之外厥費寖廣以加水旱爲沴饑饉荐臻於是乎稽防救之術爲裁損之策去其不急取其有餘以至推振廩之仁遺墾田之議雖恩繇人主而責成有司歷代之云爲皆可觀矣

漢高祖平項羽天下以定民亡蓋藏(無物可蓋藏)自天子不能具醇駟(醇不雜也無色醇之駟謂駟馬雜色也)而將相或乘牛車(以牛駕車也)帝於是約法省禁輕田租什伍而稅一量吏祿度用以賦於民(取足)而山川園池市肆租稅之入自天子以至封君湯沐邑皆各爲私奉養不領於天子之經費(言各收其所賦稅以自供不入國朝之倉廩府庫之經常也)漕轉關東粟以給中都歲不過數十萬石

武帝時驃騎將軍霍去病仍再出擊胡大克獲(仍頻也)渾邪王率數萬衆來降(渾音胡昆反)於是漢發車三萬兩迎之(一兩一乘)既至受賞賜及有功之士費凡百餘鉅萬

先是胡降者數萬人皆得厚賞衣食仰給縣官(仰音牛向切)縣官不給(給足也)天子仍損膳解乘輿駟出御府禁藏以澹(音贍)之其後大將軍衛青及去病大出擊胡賞賜十萬金軍馬死者十餘萬匹轉漕車甲之費不與

焉(與讀曰豫)是時財匱(匱財乏也)戰士頗不得祿矣

元封中武帝北至朔方東封泰山巡海上旁北邊以歸(旁音步浪切)所過賞賜用帛百餘萬匹錢金以鉅萬計皆取足大農

後漢章帝元和中穀貴縣官經用不足朝廷憂之尚書張林上言穀所以貴由錢賤故也可盡封錢一取布帛爲租以通天下用又言食之急者雖貴人不得不須官可自鬻又宜因交阯益州上計利往來市珍寶收采其利武帝時所謂均輸者也於是詔諸尚書通議尚書朱暉奏據林言不可施行事遂寢後陳事

者復重述林前議以爲於國誠便帝然之有詔施行暉復獨奏曰王制天子不言有無諸侯不言多少食祿之家不與百姓爭利今均輸之法賈販無異鹽利歸官則人下窮怨布帛爲租則吏多姦盜誠非明主所當宜行帝卒以林等言爲然

順帝永建元年令安定北地上郡及隴西金城常儲穀令周數年

永和元年以西羌反叛二十年餘兵連師老軍旅之費三百二十餘億

六年詔貸侯王國租以歲

漢安二年詔貸王侯國租以歲

桓帝延熹五年八月詔減虎賁羽林住寺不任事者半奉勿與冬衣東觀記曰以軍師水旱疫病帑藏空虛虎賁羽林不任事者住寺減半奉據此謂簡選疲弱不勝軍事者留住寺也是年十月假公卿以下奉又換王侯租以助軍糧出濯龍中藏錢還之

八月叚紀明爲護羌校尉上言伏計永初中諸羌反叛十有四年用二百四十億永和之末復經七年用十八餘億費耗若此猶不誅盡

魏齊王正始元年秋七月詔曰易稱損上益下節以制度不傷財害民方今百姓不足而御府多作金銀雜物將奚以爲今出黃金銀物百五十種千八百餘斤銷冶以供軍用

晉明帝太寧元年以軍國饑乏調刺史以下米各有差

後魏道武天興五年帝聞姚興將寇邊庚寅大簡輿徒詔并州諸軍積穀于平陽之乾壁

明元泰常三年九月詔諸州調民租戶五千石積於定相冀三州

宣武正始元年九月詔緣淮南北所在鎮戍皆令及秋播麥春納粟稻隨其土宜水陸兼用必使帝無餘

力比其來稔令公私俱濟也

後周太祖初爲魏相創制司倉掌辨九穀之物以量國用國用足蓄其餘以待凶荒不足則止餘用用足則以粟貸人春頒之秋斂之

隋高祖開皇九年陳平帝親御朱雀門勞凱旋師因行慶賀自門外夾道列布帛之積達於南郭以次頒給所費三百餘萬叚十一年江南又反越國公楊素討平師還賜物甚廣其餘出師命賞亦莫不優隆

煬帝大業初戶口益多府庫盈羡及帝將事遼碣增置軍府掃地爲兵自是租稅之入益減矣

唐高祖平京師傾府藏以賜勳人旣而又患國用不
足太原人劉義節進計曰今義師數十萬並在長安
樵貴而布帛賤若伐街衢及苑中之樹爲樵以易布
帛歲取數萬匹立可致也又藏内繒絹疋皆有餘軸
之使申裁取剩物以供雜費動盈十餘萬段矣高祖
並從之大收其利
玄宗開元十六年勑曰年支和市合出有處官旣酬
錢無要率戶如聞州縣不配有家率戶散科費損尤
甚設令給假亦慮隱藏宜令所司更申明格勑應欲
反配須審料度所有和市各就出處

二十六年正月制長安萬年兩縣各與本錢一千貫
收利供驛仍付雜驛
三月乙酉河南雒陽兩縣亦借本一千貫收利充人
使課役
肅宗乾元元年四月庚午勑諸司諸使支一物已上
商量減省三分之二以兩京初收務令節儉
代宗廣德二年九月戊戌諸道稅地錢物使左僕射
裴免請進百官俸祿二萬貫助糴軍糧許之
永泰元年冬郭子儀率迴紇兵大破吐蕃詔稅百官
錢市絹十萬匹以賞迴紇時師旅荐興悉於饋運百
僚上表請納職田充軍糧許之
大曆二年九月吐蕃寇靈州命有司運米二萬石供
靈州軍是年冬率城百官士庶錢充朔方軍粮其六
軍兵士不存此限九年五月乙丑勑曰四海之内方
叶大寧西戎無厭獨阻王命不可忘戰尚勞事邊朕
頃以兵革之役軍國空耗躬率節儉務勸農桑上玄
儲體仍歲大稔益用大愧不知其然雖屬此人和近
於家給而邊穀未實戎備猶虛因其天時思致豐積
將設平糴以之饋軍然以中都所供内府不足粗充
嘗入之數豈濟倍餘之收其在方面藎臣成茲大計

共佐公家之急以資塞下之儲應諸道每歲皆有防
秋兵馬其淮南四千人浙西三千人魏傅四千人昭
儀二千人成德三千人山南東道三千人荊南二千
人湖南三千人山南西道三千人劍南西道三千人
劍南東川二千人鄂兵一千五百人宣歙三千人福
建一千五百人其嶺南江南浙西浙東等亦合准例
恐路遠往來增費各委本道節度觀察使都團練等
使每年當使諸色雜錢及迴易利酒賦贖錢物每人
計二十千每道各據所配人數都計市輕貨送止都
左藏庫貯納充別勑和糴用並不得尅當將軍士衣

糧充數仍以和收送畢

德宗大曆十四年正月即位閏五月丁亥內田宅使上言州府有官租萬四千餘斛上令分給所在以爲軍儲十二月巳卯詔曰凡財庫皆歸左藏庫一用舊式每歲於數中擇精好之物三五十萬匹進納大盈庫而度支先以全數聞

建中四年討李希烈時李燧李懷光李抱眞李芃四節度之兵屯於魏縣李晟退次易州李勉陳少遊劉洽哥舒曜等屯於淮汝之間神策并劍南東西二道浙西荆南江西湖南黔中領南沔鄂等道之兵皆進

臨賊境諸道行營出其境者糧料皆仰給度支謂之食出界糧又於諸軍各以臺省官一人司其供億謂之糧料使帝尤卹軍士每出境者加給酒肉本道之糧又留給妻子凡境一人兼三人之糧由是將士利之幾進君逾境以規供費故諸軍月費錢一百三十餘萬貫判度支侍郎趙贊以常賦不足用乃請採蓮州白銅鑄大錢以一當十權其輕重又請置大田天下人田計其頃畝官收十五之一擇其上腴樹桑環之公田公桑自王公至於匹庶差借其力得穀絲以給國用詔從其說贊熟計之自以爲非便皆寢不下

請行常平稅竹木茶漆之法

興元初李晟爲神策行營節度使時李懷光叛德宗再幸梁州初無芻藁乃令簡較戶部郎中張彧假京兆尹擇官吏以賦渭北畿縣不數日芻糧皆足後爲副元帥討朱泚時渭橋先積米鹽十餘萬斛度支方運以備懷光軍晟又密疏以謂近畿雖乘兵亂尚可賦斂寇盜未滅宿兵曠時人廢耕桑又無儲蓄非防微制勝之術也帝深納之至是守禦益固軍不乏食

貞元元年自春大旱麥枯死禾無苗度支奏京師經費及關內外征討士馬月須米鹽五十三萬石錢六

十萬貫草三百八十三萬圍春冬衣賜元日冬至立仗賜物不在其中時漕江東租賦百餘萬貫在江陵度支主吏宋棲桐無部置遇火焚之國用益窘關中百姓蒸蝗曝颺去翅足而食之人心大恐

二年十月度支奏京兆河南河中同華陝虢晉絳鄜防丹延等及州府秋夏兩稅青苗等物悉折糴粟麥所在儲積以備軍食京兆兼給錢收糴每斗于時估外吏加十錢納于太倉詔可其奏自是每歲行之以贍軍

十一月度支奏請于京兆府折明年夏秋稅錢二十

二萬四千貫文又請度支給錢添成四十萬貫令京兆府今年内收糴粟麥五十萬石以備軍食詔從之

十二月度支使奏先准勑以河中兩地鹽充諸軍收城將士賞錢自榷法不行旅商頗絶請一切罷之其所欠賞錢待江淮鹽利續至即給從之

三年閏五月度支奏請浙江東西節度使韓滉自建中年巳後供軍資費賞設等每年續加當錢六十一萬六千貫准今年五年五日勑近日甲兵止息無別徵求此是曾稅先有成例宜令浙西觀察使白志貞浙東觀察使皇甫政各據道本元額依舊每年兩稅

徵收發遣其錢物到別庫收貯每有給用皆先奏取進止其錢舊例每年六月舉徵如秋限送納今京西師旅頗衆經用尤多望令依稅限納市經貨送上都從之

四年二月詔以中外給用除陌及闕官俸外官一分職田停額内官俸及刺史執刀司馬軍事等錢令寶參專掌之以給在軍京文武官俸料先是京兆俸薄多不自贍帝特命有司厚其月給自是京官益重頗優裕焉初除陌錢隷度支帝以度支自有兩稅及鹽鐵榷酒錢物以充經費是錢宜別貯之給京官俸料之餘以備他用自此戶部別庫秘歲貯錢物僅三百萬貫京師俸料所費不過五十萬貫其京兆和糴物價及度支給諸軍冬衣或闕悉以是錢充之他用之外常貯僅二百萬貫國計賴焉是年涇原節度劉昌與隴右節度李元諒於涇州及良原收軍田粟數萬石初將劉獲昌遣兵數千屯於潘原以禦蕃寇自是邊軍頗有儲積

八年五月以都官郎中鄭克鈞為靈夏二州運糧使吐蕃之圍靈州軍食絶及吐蕃稍却鈞自夏州以牛馬雜運米六萬餘斛致靈州度支又於勝州沂河運

雲朔米萬餘斛是秋雲州亦有積年穀稻數萬斛人心頗固

十月以西北邊穀錢詔令度支增價和糴以實邊儲凡積米三十萬斛是年裴延齡為戶部侍郎判度支奏請令京兆府以兩稅青苗錢市草一百萬圍送苑中宰相陸贄趙憬議以為若市送百萬圍草即一府百姓自冬歷夏般載不了百役供應須悉停罷又防奪農務請令府縣量市三二十萬圍各貯近處時要即支用

九年五月福建觀察使福州刺史王栩奏諸州並設

軍額防虞役使更置執刀甚爲煩費旣乖簡要又絓
資糧況臣本道頻遇水旱百姓艱乏職貢或闕臣自
到官已訖停其管諸州並請停罷其資糧等望借臣
充當管軍資所要待年豐人戸歸復即收送度支以
裨國用制曰可其資糧二年後令戸部准停減例收
管諸州府執刀亦宜省罷其資糧委戸部徵收
憲宗元和四年三月辛未靈武節度使范希朝奏請
於太原防秋官健中以六百人衣糧充給泌隴突厥
從之
六年十二月辛未勑黔中水災之後又寇敘初安如

聞軍府之間每事罄竭俾其存濟須有優矜其涪州
緣屬荊南有供荊南節度錢二千四百貫令隨本州
割還黔府兼於涪州送省錢三千八萬貫文內更取
一千五百貫添賜黔府見在將士軍資
七年七月戸部侍郎判度支盧坦奏今年冬諸州和
糴貯備粟澤潞四十萬石鄭滑易定一十五萬石河
陽一十萬石太原二十萬石靈武七萬石夏州八萬
石振武豐州鹽州各五萬石凡一百六十萬石以今
秋豐稔必資蓄備其澤潞易定鄭滑河陽委本道差
判官和糴各於時價每斗加十文所冀人知勸農國
有常備從之
八年六月景戌以東都留守韓皋爲簡較吏部尚書
兼許州刺史御史大夫充忠武軍節度等使勑以陳
許二州經水澇賜皋綾絹布葛十萬端疋以佐軍資
備宴賞
十一月癸酉邠寧節度使郗士美奏請以其衆鎮于
臨徑就食
十年十一月癸亥詔以內庫繒絹五千萬疋付左藏
庫以供軍
十一年九月己丑勑寇賊未平國用茲廣若加賦斂

重困黎元行權取濟自今已應內外支用錢宜每貫
除墊陌外量抽五十文仍於本道本使據數逐季收
計其諸道錢便綱部送副度支收管隨貯納以備軍
須賊平後則依當制從有司之請也
十一月以內庫錢五十萬貫出付度支供軍十二年
正月甲申鹽鐵轉運使王播奏伏以軍興之時在繫
財賦國用之本出於江淮頃者劉晏掌領鹽鐵租庸
每自巡按至於錢穀利病州縣否臧隨以上聞使得
釐革臣緣在城務重不獲躬行伏望遣臣副使程异
特以詔命出巡江淮其諸州府上供錢米如妄託水

旱輒有破除伏請委程异一切勘責聞奏其度支戶部并臣當司合送上都行營錢物并令悉切催促其遠年逋欠亦委具可徵之數聞奏從之因令异與淮南浙東宣歙江西河南嶺南桂管福建等道觀察使計會各減當用去浮費取其羨助軍是月壬辰詔出內庫紬絹布綿共九十萬端匹銀五千兩付度支饋運九月戊子詔以內庫羅縠及犀玉金帶之具及婦人首飾送度支令歸其直

十三年二月壬午內出玳瑁琉四百隻犀帶具五百副令度支出賣進直

六月內庫出絹三十萬匹錢三十萬貫付度支給軍用

十四年二月乙卯出內府錢帛貫匹共一萬付度支給軍用

十五年五月壬寅朔癸卯詔曰比緣用兵歲久初息干戈百役所資國用多闕不可更加賦稅重擾疲人參酌權宜事貴通濟自今已後應內外支用錢宜於天下收兩稅鹽利榷酒稅茶及職掌人課料等錢並每貫除舊墊陌外量抽五十文委本道本司本使據數逐季收計其諸道錢使差綱部送並付度支收等行一二年後國用稍充即依舊制其京百司俸料文官也准別勑每月量抽脩文宣王廟不可重有除減武官所給挍薄亦不在抽限

七月乙卯勑自今已後新除觀察節度使到任日具見在錢物斛斗器械數分析以聞

穆宗長慶元年二月浙東奏准詔停老弱官健收衣糧

四月己丑河南尹韋貫之請去以年夏末至今年夏初供館驛外殘錢一萬三千五百八十貫草九萬五百八十束代百姓填元和十一年至十五年逋欠及

今年夏稅從之

十二月乙亥勑諸道州府每年徵納兩稅除送上都外留州留使錢緣草賊未殄費用滋廣兩稅之外難議加徵然其饋運之間又須得齊諸道留使錢宜令長吏於諸色給用中每貫量減二百文以資軍用事平之後即任仍舊壬午出內藏庫五萬貫付度支以備軍須

二年正月內出綾帛八萬匹付度支以助軍資

四日辛未詔曰頃以寇賊未殄費用滋廣先有詔勑於諸道留州留使給用錢中每貫量抽二百文今兵

戎巳嵗經費有常其抽錢宜從今年四月十一日巳
後停切令官吏所在知委不得妄有增減
七月以討汴州李㝏內出綾絹五十萬匹付度支以
充軍用
敬宗以長慶四年正月即位三月大赦制宫禁經費
及乘輿服膳委所司起今年三月其本色物價及水
陸脚價一半委度支收管一半使任本州收充助貧
下戶闕額稅錢
天曆二年五月辛巳勑如聞度支近年請諸色支用
常有欠闕今又諸軍諸使衣賜支遣是時須有萬圖

使其齊辦宜量賜絹及紬一萬匹以戶部物充
七月壬辰戶部侍郎崔元畧進准宣索見在左藏庫
挺銀及銀器十萬兩金器七千兩舊制戶部所管金
銀器悉貯於左藏庫時帝意欲使於賜與故命盡輸
內藏
文宗太和元年三月鹽鐵使王播進停減鹽鐵官吏
課料絹一萬六千三百匹
六月司空兼門下侍郎平章事判度支裴度進金六
十八挺
十一月庚寅勑李寰下將士衣糧舊准神策軍例支
給今初移鎮五令度支且准舊例處分待蒼景事平
後仍委條流聞奏
二年十月辛酉勑武寧軍士馬悉在行營不同常日
舊賜綾絹二萬匹仍委度支逐使支遣
四年五月戊子罷度支每年於劍南西川織造年支
綾羅錦等共八千一百六十七匹張觽數內五百事
九年春正月甲戌中書門下奏太倉見在粟二百六
十萬八百五十四石並請留充貯備不承別勑不在
給用之限如有特勑支用以須覆奏從之
七月乙巳戶部尚書判度支王璠奏東渭橋每年北

倉收貯漕運糙米一十萬石以備水旱今累年計貯
三十萬石請以今年所運者換之自是三歲一換率
以爲常則所貯不陳而耗蠹不作許之
開成元年正月一日赦詔其京兆府附一年所支用
錢物斛斗草等並勒鹽鐵使以開成元年直進綾絹
充還辛酉鹽鐵使左僕射令狐楚請以罷修曲江亭
子絹一萬三千七百匹廻脩尚書省
二月度支奏每年供諸司并畿內諸鎮軍糧等計粟
麥一百六十餘萬石約以錢九十六萬六千餘貫糴
之畿內百姓每年納兩稅見錢五十萬貫約以粟麥

二百餘萬貫糴之是度支糴以六十而百姓糴以二十五農人賤糴利歸商徒度支貴糴賄行黠吏今請以度支貴糴錢五十萬貫送京兆府充百姓一年兩稅勒二十三縣代納輸粟八十萬石小麥二十萬石充度支諸色軍糧則開成三年以後似每歲放百姓一半稅錢又省度支錢一十萬貫勸農栽費物理昭然仍請百姓廣開田疇更不加稅行之有節富庶可期詔付京兆府夏季以前先造戶帖務使平允允折納之術行於豐年斯惠農務苟非豐登人用苦之蓋輸緡易而輸粟難也

武宗會昌元年赦日應州縣等每有過客衣冠皆求應接行李苟不供給必致怨尤刺史縣令務取虛名不惜百姓夫畜皆配人戶酒食科率所繇令虛通領狀招領價錢又陳設之物遍擾閭里蠹政害人莫斯為甚宜委本道觀察使條流量州縣大小及道路要僻各置本錢逐月收利前觀察使刺史前任臺省官不乘館驛者許量事供給其前使以留州留使及羨餘錢充每至季終申觀察使不得輒配所由人戶並限赦書到後一月內處置訖聞奏虛立名目妄破官錢假錢科配並同入已枉法贓處分縣令已下親故以家口同行者並須以料錢供給不得擅配店戶祗供其所在食怙切宜禁斷如有犯者並以贓論仍委御史臺及所在廵按當加察訪

懿宗咸通五年五月丁酉詔如聞湖南桂州是嶺路係口諸道兵馬綱運無不經過頓遞供承動多差配凋傷轉甚宜有恩宥潭桂兩道各賜錢三萬貫文以助軍錢以充館驛息利本錢其江陵江西鄂州三道比於潭桂徭配稍簡宜令本道觀察使諸寘閑劇准此例與置本錢

七月壬子延資庫使夏侯孜奏鹽錢戶部先積欠當

使咸通四年已前延資錢絹三百六十九萬餘貫疋內戶部每年合送錢二十六萬四千二百八十五貫疋從大中十二年至咸通四年九月已前除納外欠一百五十萬五千七百一十四貫疋當使緣戶部積欠數多先具申奏請於諸道州府場院合納戶部所收八十文除陌錢內割一十五文屬當使自收管勑命須行送納稽緩今得戶部牒稱所收除陌錢除錢絹外更有諸雜貨物延資庫徵收不便請起今年合納延資庫錢絹一時便足其已前積欠候物力稍充積漸堙塡其所割十五文錢即當司仍舊收管又緣

累歲巳來嶺南用兵多支戶部錢物當使不欲堅論
舊欠請依戶部商量合納今年一年額色錢絹須足
明年即依舊制三月九月兩限送納畢其巳前積欠
仍令戶部自立填納期限者勑旨依之
八年九月丁酉延資庫使曹確奏戶部每年合納當
使三月九月兩限絹二十一萬四千一百匹錢五萬
貫自太中八年巳後至咸通四年積欠五十萬五千
七百餘貫疋前使杜悰申奏起請咸通五年正月巳
後於諸道州府場監院合送戶部八十文除陌錢內
割十五文當使收管以填積欠續據戶部牒稱州府

除陌錢有折色零碎請起咸通五年所合送延資庫
錢絹逐年兩限須足其除陌十五文當司仍舊收管
前使夏侯孜具事由申奏且請依戶部論請期限其
咸通五年錢絹戶部巳送納自六年至八年其錢絹
依前不旋送納又積欠三十六萬五千五百七十貫
文者伏以所置延資庫初以備邊爲名至大中三年
始改今號若財物不充則名額虛設當置制之時所
令三司逐年分收減送當使收管元勑只有錢數但
令本司減割送庫不定色目以此因循漸隳舊制年
月旣久積欠轉多旣無計以徵收乃指色以取濟稍
稱備邊名號得遵元勑指揮乃割戶部除陌八十文
內十五文收管及戶部請逐年送庫只稟從今旣積
欠又多終慮不及期限臣今酌量請諸道州府場監
院合送戶部錢絹內分配令勒留下合送納延資庫
數目令本處別爲綱運與戶部綱同送上都直納延
資庫則戶部免有逋懸不至累年積欠從之
十月丙寅戶部侍郎判度支崔彥昭奏當司應收管
江淮諸道州府咸通八年巳前兩稅榷酒及昔支米
價并二十文除陌諸色屬省錢准舊例逐年商人投
狀便換自南蠻用兵巳來置供軍使當司在諸州府

場監錢猶有商人便換齎錢司便換文牒至本州府
請領皆備諸州稱准供軍使指揮占留以此商人疑
惑乃致當司支用不充乞下諸道州府場監院依限
送納及給還商人不得託稱占留
昭宗乾寧四年同州節度使長春宮使韓建奏以京
兆府於每年見徵賦內減四十萬貫充上供
梁太祖開平二年十一月兩浙節度使奏差使押茶
貨往青州廻變供軍布衫段送納
後唐明宗天成元年四月制曰先皇帝運闗外之資
糧供雒中之戎馬遂致百姓困弊不勝饋輓之勞今

則須爲制置令度支與總管司會定在京兵數據所供饋積貯京師其近畿糧儲可令諸軍就食其租庸司先將係省錢與人廻圖所供課利或爛茶弊物積年之後和本乾没爲弊最深宜令盡底收繳以塞倖門

八月乙未汴州奏兵額數廣稅物不多切慮年終供饋有闕支郡舊管澶州伏乞却歸當道從之

三年三月三司使奏河陽白波鞏縣見有軍儲百萬餘斛草二百七十萬束

長興二年四月太子賓客裴皐上言以京師牛馬多

草價貴請畿內種禾者放地頭錢及甸服之內舟船所過沿河置場買草每至春夏即官中出賣

三年十二月乙亥三司使馮贇奏奉聖旨賜內外臣僚節料羊計支三千口帝曰不亦多乎范延光奏曰供御廚及內史食羊每日二百口歲計七百萬餘口釀酒糯米二萬餘石帝聞奏歎容良久曰支費大過如何減省初莊宗同光時御廚日食羊二百口當時物論已爲大侈今羊數倍同帝故駭心

四年二月癸丑帝御中興殿樞密使范延光曰緣邊屯戍兵士人馬支費月計極多若春夏之交便有霖雨山水湍險軍無輿輦之理應緣邊兵馬請移於近裹州郡以便芻糧從之帝因問延光內外見管馬數對曰見兵馬數管騎軍三萬五千帝撫髀歎曰朕從戎四十年太祖在太原時騎軍不過數千先皇與汴家二十年較戰自始至終馬數裁萬今有鐵馬三萬五千匹而不能使九州混一是吾養士卒練將帥之不至也吾老矣馬將柰何延光奏曰臣每思之國家養馬太多試計一騎士之費可贍步卒五人養三萬五千騎抵十五萬步卒既無所施虛耗國力臣恐一年不易帝曰誠如卿言肥騎士而瘠吾民何負哉八

月賜侍衛親軍優給有差時月內再有頒給自茲府藏無餘積矣

十一年辛巳朱弘昭馮贇曰臣等自蒙重委計度國力盈虛而支給常若不足者直以賞軍無等買馬大多之弊也若不早爲節限後將難濟宜嚴敕西北邊鎮守北後請禁止其來

閔帝應順元年正月洋州節度使孫漢韶上言於雒谷路造倉舍三月討鳳翔西京留守王思同上言度支支供軍錢一千萬未帝即位改元清泰太后太妃出宮中衣服器用簪珥之屬令主者陳于帝庭以助

勞軍也帝勅太后辭之不獲初三司計用賞軍錢五十萬及率士庶房課搜索質兼貢物及二十萬兩宮知之故有斯助

二年六月甲申以邊軍儲運不給詔北面總管以河東諸州民戶有多積粟菽者量事抄借以益軍儲乙酉詔鎮州輸絹五萬匹於北面總管府博糴軍儲

七月甲午北面總管言邊軍乏芻糧其安重勞趣遣兵士欲移振武就軍食從之

晉高祖初即位改元天福赦制曰悉力爲時盡財助國苟不推於恩命亦何示於賞酬自舉義以來應借

率人戶及經抄括商旅資財錢物委所司明置文籍候平定之後當議給還

二年九月丁卯據度支奏應請假入覲省朝人皆是等第支賜茶藥自前委所司以諸進到者給令諸庫並無見在今後應有請假臣寮欲請權住支候有進到即依舊支賜從之

六年八月宣三司指揮鄴都漕相貝博五州配買修軍營材料一萬五千間仍差工匠人夫共九千人充役

周廣順元寅年五月內鄴都王殷言奉宣以去年諸倉麥餘斛斗留一萬石本府公使餘係籍管之

巡按福建監察御史臣李嗣京訂正
分守建南道左布政使臣胡維霖參閱
知建陽縣事臣黄國琦較釋

邦計部

濟軍　輸財

濟軍

兵法曰興師十萬日費千金又曰千里饋糧士有饑色蓋挈畚合糧周官之制振廪同食左氏所述自昔兵車之會資糧之給曷嘗不以宿飽爲念哉由漢以

來或興戎整衆擊寇伐虜縣兵以深入堅壁而相持飛輓所須乏絶是慮乃有良臣受任忠公匪懈經營調法周濟用度俾無後虞之患以助惟揚之武克贊茂勳輔成大業傳所爲公家之利知無不爲者也

漢蕭何爲丞相守關中時漢王與諸侯擊楚何輒以便宜施行關中事計戸口轉漕給軍

後漢馮異爲征西大將軍討赤眉屯軍上林苑中時百姓饑餓人人相食黄金一斤易豆五升道路斷隔委輸不至軍士悉以果實爲糧光武詔拜南陽趙康爲右扶風將兵助異并送縑穀軍中皆稱萬歲異兵食漸盛

寇恂爲河内太守行大將軍事光武謂恂曰河内完富吾將因是而起昔高祖留蕭何鎮關中吾今委公以河内堅守轉運給足軍糧率厲士馬防遏他兵勿令北渡而已光武於是復北征燕代恂移書屬縣講兵肄射伐淇園之竹爲矢百餘萬淇園衛之苑多竹篠也養馬二千匹收租四百萬斛以給軍

魏鍾繇漢末都督關中太祖在官渡與袁紹相持繇送馬二千餘匹給軍太祖與繇書曰得所送馬甚應其急關右平定朝廷無西顧之憂足下之勳也昔蕭

何鎮守關中足食成軍亦適當爾

夏侯淵爲陳留潁川太守太祖與袁紹戰於官渡行督軍校尉紹破使都督兗豫徐州軍糧時軍食少淵傳饋相繼軍以復振

杜畿爲河東太守太祖西征至蒲坂與賊夾渭爲軍軍食一仰河東及賊破餘畜二十餘萬斛太祖下令曰河東太守杜畿孔子所謂禹吾無間然矣增秩中二千石

張既爲雍州刺史太祖征張魯既別從散關入討叛氐收其麥以給軍食

任峻爲騎都尉太祖每征伐峻常居守以給軍是時歲饑旱軍食不足羽林監潁川棗祗建置屯田太祖以峻爲典農中郎將數年所在積粟倉廩皆滿官渡之戰太祖使峻典軍器糧運賊數寇鈔絶糧道乃使二乘爲一部十道方行爲復陳以營衛之賊不敢近軍國之饒起于棗祗而成於峻

郭淮爲雍州刺史明帝太和五年蜀出鹵城是時隴右無穀議欲關中大運淮以威恩撫循羌胡家使出穀平其輸調軍食用足轉揚武將軍

于禁爲虎威將軍時張遼等與陳蘭梅成相持軍食

少禁運糧前後相屬遼遂斬蘭成增邑二百戶并前千二百戶

蜀王嗣爲西安圍都汶山太守時大將軍姜維每出北征羌胡出馬牛羊氊毦及義穀俾軍糧國賴其資遷鎮軍領郡

晉劉弘惠帝時爲南蠻校尉荊州刺史時益州刺史羅尚爲李特所敗遣使告急請糧弘移書贍給而州府綱紀以運道懸遠文武匱乏欲以零陵一運米五千斛與尚弘曰諸軍未之思耳天下一家彼此無異吾今給之則無西顧之憂矣遂以零陵米三萬斛給之尚賴以自固

袁眞爲西中郎將哀帝隆和元年進次汝南運米五萬斛以饋洛陽

朱序爲龍驤將軍監兗青二州軍事來鎮淮陰拜征虜將軍末行求運江州米一萬斛布五千疋以資軍糧孝武詔聽之加都督司雍梁秦西州軍事帝遣廣威將軍河南太守楊佺期南陽太守趙睦各領兵千人隷序又表求故荊州刺史桓石生府田一百頃并穀八萬斛給之

宋臧熹爲建武將軍臨安太守孫季高自海道襲廣

州路繇臨海熹資給發遣得以無乏

南齊蕭穎胄爲冠軍將軍西中郎長史東昏永元二年與梁王同謀起義兵加穎胄右將軍都督行留諸軍置佐吏先遣寧朔將軍王法度向巴陵穎胄獻錢二十萬米千斛鹽五百斛諮議宋塞別駕宗史獻穀二千斛牛二千頭換借富貲以助軍費長沙等僧業富沃鑄黄金爲龍數千兩埋土中歷傳相付稱爲下方黄鐵莫有見者乃取之以充軍食

梁劉坦爲長沙太守行湘州事時高祖起義兵坦選堪事吏分詣十郡悉發人丁運租米三十餘萬斛致

之義師資其用給

陳孔奐為黄門侍郎時北齊遣東方光蕭軌等來寇軍至後湖都邑搔擾又四方壅隔糧運不繼三軍取給唯在京師乃除奐為貞威將軍建康令累時歲兵荒戶口流散勍敵忽至徵求無所高祖尅日決戰乃令奐多營麥飯以荷葉裹之一宿之間得數萬軍人旦食絶棄其餘因而決戰遂大破賊

後魏韓麒麟為冀州刺史慕容白曜攻東陽麒麟上義租六十萬斛并攻戰器械于是軍資無乏

北齊盧勇初為東魏揚州刺史孝静武定二年卒年

三十二勇有馬五百疋私造甲杖六車遺啓盡獻之朝廷

後周周惠達為太祖行臺尚書大將軍府司馬太祖出鎮華州留惠達知後事于時既定喪亂庶事多闕惠達營造戎仗儲積倉糧簡閲士馬以濟軍國之務時甚賴焉

崔猷為梁州都督時利州刺史崔士謙請援猷遣兵六千赴之信州糧盡猷為送米四千斛於是二鎮獲全

唐宋王成器為絳州刺史獻馬牛羊等助軍玄宗報之曰塞草具腓秋風已勁張國容會軍實者孰先於此乎家國之情助其費用周旋省覽以慰所懷

王難德為左武衛大將軍安禄山反難德從哥舒翰至潼關殺麾下叛胡數百人詣肅宗至靈武行在無絹給賜難德進絹三千疋及金銀器

李齊運德宗時為京兆尹京師尚陷賊李晟軍渭橋齊運在擾攘中募人版築輓芻輦粟以應晟頗有勤績

韓滉為鎮海節度建中四年德宗行幸及歸京師軍用既繁道路又阻關中饑饉加之以災蝗江南兩浙

轉輸粟帛府無虚月朝廷賴焉

田季安為魏博節度使時中官吐突承璀領兵討王承宗季安亦出師以兵餉運

李鄘憲宗時為淮南節度使元和十一年以軍興進絹三萬疋金五百兩銀三千兩以助軍十二年又進助軍絹三萬匹時朝廷以兵興國用不足命鹽鐵副使程异乘驛諭江淮諸道俾助軍鄘以境内富貴乃大籍府庫一年所蓄之外咸貢於朝諸道以鄘為倡首悉索以獻自是王師無匱乏之憂又元和十二年至自江南得供軍錢一百八十五萬貫以進

王遂爲宣歙觀察使進助軍錢三萬四千二百貫

皇甫鎛爲戶部侍郎判度支元和十三年正月進錢三萬貫

程异爲衛尉卿鹽鐵使進絹十萬疋並號羨餘

韓弘爲汴州節度使元和十三年進絹五萬匹又十四年王師討淄青弘進助平淄青絹二十萬疋

盧坦爲劍南東川節度使在鎮三年後請收閏月軍吏糧料以助行營人多非之

李遜爲陳許節度穆宗初方銳意討賊諸道發兵例於度支貸借唯遜出兵率先諸道賞賜犒宴備於當

軍朝論美之故加簡較吏部尚書

元錫爲宣州觀察使長慶元年進助軍綾絹一萬匹弓箭器械共五萬二千事

楊元卿敬宗時爲涇原節度使寶曆元年上言營田收禾粟二十萬斛請付度支充軍糧文宗時爲河陽節度使奏請自出三月糧料自備行營又云楊元卿爲河陽節度大和四年進粟四十萬以助有司經費

杜元穎文宗時爲西川節度使太和三年奏發助軍第一般匹叚二萬匹到河陰縣

張惟清爲涇原節度使太和五年進助邊粟麥合二十萬

王涯爲鹽鐵使大和五年五月進羨餘綾絹二十萬匹凡十次

段佑爲天平軍節度使觀察等使太和元年十月佑奏請起今年發遣當管鄆曹濮三州兩稅榷酒等上供錢十萬貫斛斗五萬石勅天平軍元和以前地本殷實自分爲三道十五餘年雖班詔勅竟未賦富殷佑承兵戈之後當歉旱之餘勤力奉公謹身守法纔及周歲已致阜安而又體國推忠率先入貢成三軍奉上之志陳一境樂輸之心循省表章深用嘉歎所

奏依

王潛爲荊南節度使在任聚斂所至倉庫盈溢屬朝廷方討滄鎮以助軍爲名嘗賦獻之外進錢七十萬貫

張元仲爲幽州留後時徐人作亂請以弟元皐領兵伐叛懿宗不允乃進助軍米五十萬石鹽二萬詔嘉之

王鎔爲鎮州節度使僖宗中和二年進助太原軍士家口糧光啓元年又進扈衛戰馬五百匹

梁趙珝唐昭宗天復元年徵爲同州節度留後時太

祖統軍岐下羽在馮翊輸輓調發旁午道途俄而昭
宗還長安詔徵入覲錫迎鑾功臣之號
開平二年七月湖南節度使馬殷奏天軍先與本道
兵士同收復明州進賞犒將士錢十萬貫
七月魏博節度使羅紹威進絹二萬匹時虜寇臨汾
諸將征討日聞其捷紹威進以備犒師之用
乾化元年十月北征密州奏助軍絹二千疋青州節
度使進絹五千疋兖州進絹三千疋
後唐張全義爲河南尹莊宗同光二年五月進粟四
萬石助軍

末帝清泰二年六月癸未樞密宣徽使進添都馬一
百二十疋河南尹百匹時偵和北虜寇邊 日促騎
車故有此獻欲表率藩鎮也
三年七月丁酉青州房知溫獻馬五千疋鄧州皇甫
遇馬十匹錢千緡以助討伐辛丑鄆州王建立獻助
軍錢千緡絹千疋粟五千斛馬二千疋
八月丙寅宿州刺史武從諫獻助軍錢五百緡復州
刺史郭延魯貢錢五百貫馬十匹助征
晉高祖天福二年四月汴州楊光遠進助國錢二萬
貫宋州趙在禮進助國絹三千疋錢二千貫陜府進
助國絹三千疋銀一千兩玉腰帶一條馬十匹
五月丁卯許州萇從簡進助國錢五千貫絲五千兩
甲戌徐州安彥威進助軍錢五千貫綿絲六萬巳卯
宋州趙在禮進助國茶三萬斤鄆州安審琦進助軍
絹三千疋絲五千兩花絁五十匹銀器五百兩
七月秦州康福進國錢五千貫
八年甲午邠州安叔千進助軍馬五千疋
癸卯宋州趙在禮進大小麥一萬石同州符彥卿進
助國銀一千兩舩五隻
九月辛亥湖南馬希範進助大茶三萬斤丙辰荆南

高從誨進助國絹五千匹綿綺一百匹癸酉鎮州安
重榮進馬三十疋乙亥雄州刺史袁正辭進助國錢
三萬貫
十一月甲寅前荆州節度李德琉進馬三十匹丁巳
襄州安從進還馬二十疋絹一千疋
十二月辛丑定州皇甫遇奏般軍糧八萬石赴魏州
乙巳楊光遠進助國錢一萬貫
三年正月壬戌昭義軍杜重威進助國馬二十疋銀
五百兩玉帶五條戊辰鄆州安審琦進助國絲二萬
兩絹二千匹

二月戊寅徐州袁從簡進助國錢三千貫同州符彥卿進馬三十疋戊戌北京留守安彥威進助國馬二十五疋絹一千疋東京留守高行周進助國錢五千貫文鎮州安重榮進助國絹六千疋綿一萬兩進州相里金進銀一千兩錢一千貫

三月庚戌安州李金全進助國錢一千貫茶三千斤

四月戊戌楊光遠進草十萬束粟三千石大豆二千石白米三千石壬寅襄州安從進助國茶一萬斤

五月西京留守李周進助國銀二千五百兩

九月許州進馬五十疋鞍五十口銀裝鞦五十條鎮

州安重榮進添都馬五十疋

十月鄜州安審暉晉州相里金定州皇甫遇進添都馬三十匹秦州康福邠州安叔千共進添軍馬七十疋

十一月晉昌李周進添都馬三十疋河府安審信進助國錢一萬貫青州王建玄進助國絹七千疋綿一萬兩銀三千五百兩金酒器一副滄州馬全節進助國絹三千疋綿三千兩絲八千兩添都馬二十疋秦州李從溫進助國錢五千貫安州李金全進助國錢二千貫甲子襄州安從進助國絹三千疋茶一萬斤

十二月陝府李從敏進絹二千疋綾五百疋小麥二千石同州符彥卿進助國錢一千貫絹一千疋戊戌湖南進助國銀一萬兩秦州康福進助國馬七十疋銀一千五百兩細布一千疋廷布五百疋

七年閏三月湖南奏差人押運糧米一萬石往襄州軍前進計四萬石

少帝以天福七年六月即位八年七月京兆府奏軍食不充左金吾衛上將軍皇甫立進助國粟三千石許州李從溫進粟一萬二千三十石

開運二年尚食副使鄭延祚自邠州回齎新授節度

使馮暉表進馬三千三百五十匹駱驢五百頭糧草一百萬束衣甲器械一萬事件其馳馬器械請供奉官蕭處鈞先押赴闕糧草在靈武道收貯

是年鎮州杜重威進廳頭小底牽攏官共三千四十四人馬軍七百七十二人步軍一千七百七十二人馬八百疋衣甲器械旗槍共四十三萬事件並在本道

晉州安叔千進廳頭軍何彥溫已下一百人鞍馬器仗全

漢史弘肇為侍衛使乾祐元年獻錢萬緡馬二十疋

以助供軍討叛也三年肇與鄴都留守各貢助軍絹萬匹宰臣三司使各有貢物助軍

周符彥卿爲青州節度使太祖廣順二年車駕平定兖州彥卿進錦綵三千匹軍糧萬石

輸財

邦家所慿食貨爲先雖屬之計臣亦成於民力焉西漢而下乃有迹在編民名恭著位屬戎車屢篤有縑金之費歲穀不登無九年之蓄天子爲之旰食黎民由是阻饑于是乎發其私帑獻其井賦以助國用而歸之有司焉斯亦愛君憂國感於忠義者之所爲也

漢卜式齊人武帝時方事匈奴式上書願輸家財半助邊帝使使問式欲爲官乎式曰自小牧羊不習仕宦不願也使者曰家豈有寃欲言事乎式曰臣生與人無所爭邑人貧者貸之不善者教之所居皆從式式何故見寃使者曰苟子欲何（言子苟如此輸財必有所欲）式曰天子誅匈奴愚以賢者宜死節有財者宜輸之如此而匈奴可滅也式歸牧田歲餘會渾邪等降縣官費衆倉府空（倉粟所積也府錢所聚也）貧民大徙皆仰給縣官無以盡贍式復持錢二十萬與河南太守以給徙民河南上富人助貧者帝識式姓名曰是固前欲輸其家半財助邊乃賜式外繇四百人（外繇役之外得復除四百人也）式又盡復於官是時富豪皆爭匿財（匿藏也）惟式尤欲助費帝於是以式終長者乃召拜式爲中郎賜爵左庶長田十頃布告天下尊顯以風百姓

杜緩御史大夫延年之子緩爲太常嗣建平侯元帝初即位穀貴民流永平中西羌反輙上書入錢數以助用前後數百萬

後漢王丹京兆下邽人家累千金光武時前將軍鄧禹西征關中軍糧乏丹率宗族上麥二千斛禹表丹領左馮翊稱疾不視事免歸

東海頃王肅安帝永初中以西羌未平上錢二千萬元初中復上絹萬匹以助國費

張禹爲太尉封安鄉侯後連歲災荒府藏空虛禹上疏求入三歲租稅以助郡國稟假詔許之

任城王崇順帝時羌虜數反崇輙上錢帛征邊費冲帝初復上錢三百萬助山陵用度朝廷嘉而不受

宋徐耕晉陵延陵人爲平原令文帝元嘉二十一年大旱民饑耕詣縣陳辭曰今年亢旱禾稼不登氓黎饑饉採掇存命聖上哀矜已垂存拯但蹔未久困窮者衆米穀轉貴糴索無所方涉春夏日月悠長不有

徼救永無濟理不惟凡瑣敢憂身外鹿鳴之求思同野草氣類之感能不傷心雜得少米資供朝夕志欲自竭義存分飡今以千斛助官賑貸此境連年不熟今歲尤甚晉陵境內特爲偏枯此郡雖弊猶有富室承陂之家處處而是並皆保熟所失蓋惟陳積之穀皆巨萬旱之所弊實鍾貧民溫富之家各有財寶謂此等並宜助官得過儉月所損至輕所濟甚重今敢自勵爲勸造之端實願掬水揚塵崇益山海爲言上當時議者以耕比漢卜式詔書襃美以縣令

嚴成東海人孝武帝大明八年東土儀旱成與東莞

王道蓋各以穀五百斛助官賑恤

梁高祖天監七年以興師費用王公以下各上國租及田谷以助軍資

後魏任城王澄爲尚書孝文南伐留澄居守澄表請以國秩一歲租帛助軍資詔受其高平租

彭城王劭襲父勰封孝明初梁武遣將犯邊劭上表曰爲監游魂闚覦邊境勞兵兼時日有千金之費臣仰藉先資叨享厚秩思以埃塵用裨山海臣國封徐州去軍差近謹奏粟九千斛資絹六百疋國吏二百八以充軍用靈太后嘉其至意而不許之

城陽王徽爲鎭軍將軍于時戎馬在郊王師屢敗徽以軍旅之費上助國絹二千疋粟一萬石以助軍用孝明不納

侯綱初爲太子中庶子迎孝明于東宮以功封武陽縣侯食邑二千戶後爲軍騎大將軍啓曰軍旅稍興國用不足求以封邑俸粟賑給征人孝明許之

隋王辯字警畧馮翊蒲城人祖訓以行商致富魏世出粟助給軍糧爲假清河太守

唐彭惠通安州人貞觀十八年太宗征遼東惠通請出布帛五千段以資征人太宗嘉之比于漢之卜式

拜爲宣義郎

霍王元軌高祖子高宗調露二年二月率文武百官詣闕上表請各出一月俸料供軍以討突厥詔從之

嚴震梓州監亭人祖父田農爲業以財於鄉里肅宗至德乾元以後震屢出家財以助邊軍授賜合州長史王府諮議參軍

郭子儀爲邠寧節度使代宗大曆八年十二月迴紇赤心賣馬一萬匹有司以國計不充計市六千匹子儀以迴紇前后立功不可阻其意請自納一年俸物充迴紇馬價雖詔旨不允內外稱之

羅紹威爲魏博節度使哀帝即位紹威進救接百官
絹千疋綿三千兩
後唐郭崇韜莊宗同光中爲樞密使初在汴雒稍通
諸侯賂遺親友密規之崇韜曰予備位將相祿賜巨
萬不俟他財以致富但以朱氏之日以賂遺成風今
之方面藩侯皆梁之舊將吾主射鈎斬袪之怨也一
旦革面化爲吾人堅拒其請寧先拒乎藏于私室無
異公帑及莊宗將行郊禮有司計府庫闕勞軍錢崇
韜首出積十萬貫以助郊祀
安重誨爲樞密使明宗三年五月以有事于中山進

馬三千疋助戎事藩侯郡守遂相次進之
張筠爲左驍衛上將軍致仕長興元年十月進助軍
粟五千石是月興元府奏軍府官共進助軍粟三萬
三千石
鄭師文絳州人清泰末帝親征太原師文獻錢五
千萬助西軍進討詔本州補教練使人
晉袁正辭初仕梁乾化貞明中歷飛龍沂州副使後
唐清泰中進錢五萬貫尋領衢州刺史及高祖即位
後獻錢五萬貫出典雄州辭以州在靈武西鄙處吐
蕃部族之中不願適任進亦及如前方免其行少帝
開運元年加檢討司徒使與朝請二年助國錢三萬
銀一萬兩
馮暉爲靈州節度使天福中官吏言朔方軍自康福
張從賓張希崇相承三正市馬和入糴蕃客賞賜軍
州俸祿供事戎仗三司歲支錢六千萬自暉鎮臨已
來皆以己物供用
周彥儒平盧軍節度使知溫之子知溫積貨數百萬
天福元年卒幕客顏衎勸彥儒進錢以助國用乃進
錢三萬貫（一云十萬貫）絹二萬匹布一萬匹金一百兩銀
一千兩茶一千五百斤絲錦十萬兩尋授彥儒沂州

刺史
皇甫立爲金吾衛上將軍少帝天福八年進助國粟
三千石
周鄭陽前爲潁州馬步軍教練使家富于財顯德三
年世宗親征淮南至壽春陽進錢二萬以助軍用蓋
倣卜式之意也帝以陽爲左監門衛將軍致仕賜襲
衣銀帶

冊府元龜

巡按福建監察御史臣李嗣京　訂正
分守建南道左布政使臣胡維霖　參閱
知建陽縣事臣黃國琦較釋

邦計部四

戶籍　遷徙

戶籍

自黃帝疆理天下畫爲萬國而戶籍之制無聞焉禹別之際聊可紀述施及周室六官並建而司民掌登萬民之數自生齒以上皆書於版太宰之職聽閭里

以版圖然後計口占數之法著矣秦民之後迄于漢世書年附籍因革或異鼎國而降逮於東晉僑居頗衆多仍舊號爾後南北之制並立公襲之典既殊隋令唐式斯可遵矣乃若比屋之登耗夫家之衆寡乘亂離之云瘼因而削減屬承平之寖乂復以富庶皆開卷而可覩焉信乎有司之傳史官之計不可以忽已

夏禹平水土爲九州人口千三百五十五萬三千九百二十三

周成王致理刑措人口千三百七十萬四千九百三十三

莊王十三年五千里外非天子之御自太子公卿以下至于庶人凡一千一百八十四萬一千九百三十三人

秦獻公十年爲戶籍相伍

始皇十六年初令男子書年

漢高帝初爲沛公既至咸陽沛丞蕭何先入收秦丞相御史律令圖書藏之沛公具知天下阸塞戶口多少強弱處民所疾苦者以何得秦圖書

景帝二年令天下男子年二十而傅（傅音附著也著名籍給公家徭

役）

元帝元始二年人戶千二百二十三萬三千口千九百五十九萬四千九百七十八

後漢光武中元二年戶四百二十七萬六百三十四口二千一百萬七千八百二十

桓帝永壽三年戶千六百七萬七千九百六十口五千六百四十八萬六千八百五十六

魏陳留王時戶六十六萬三千四百二十三口四百四十三萬二千八百八十一　又平蜀得戶二十八萬口九十四萬天下戶九十四萬三千四百二十三口

五百三十七萬二千八百八十
蜀先主章武元年國有戶二十萬男女口九十萬
吳大帝赤烏五年國中戶五十二萬男女口二百三
十萬
晉武帝時戶一百九十二萬六千八百四口千三百
八十六萬三千八百六十三太康元年平吳收其圖
籍得戶五十二萬三千男女口二百三十萬天下戶
二千二百四十五萬九千八百四口千六百一十六
萬三千八百六十三有司又奏男子年六十已上至
六十為正丁五十以下至十三六十已上至六十五

為次丁十二以下六十六以上為老小不事
元帝時百姓自拔奔者並謂之僑人皆取舊壤之名
僑立郡縣往往散居無有土著
哀帝興寧二年三月庚戌朔大閱戶人嚴法禁稱為
庚戌制一說天下所在土著
宋高祖初為晉侍中錄尚書上表曰臣聞先王制治
九土攸序分境畫疆各安其居在昔盛世人無遷業
故井田之制三代以隆秦革斯政漢遂不改富強兼
并於是為弊然九服弗擾所託成舊在漢西京大遷
田景之族以實關中即以三輔為鄉閭不復係之於
齊楚自永嘉播越爰託淮海朝有興復之美民懷思
本之心經略之圖不暇給是以寧民緩治猶有未遑
及至大司馬桓溫以民無定本傷治為深庚戌土斷
以一其業于時財阜國豐實由於此自茲迄今彌歷
年載畫一之制漸用頹弛雜居流寓閭伍弗修王化
所以未純民瘼所以猶在臣荷重任恥責實深自非
改調更張無以濟治夫人情滯常難與慮始所謂父
母之邦以為桑梓者誠以生焉終焉敬愛所託耳今
所居累世墳壠成行敬恭之誠豈不與事而至請准
庚戌土斷之科庶子本所弘稍與事着然後率之以

仁義鼓之以威武超大江而跨黃河撫九州而復舊
土則戀本之志乃速申於當年在始暫勤要終所以
能易伏惟陛下垂矜萬民憐其所失永懷鴻鴈之詩
思隆中興之業旣委臣以國重期臣以寧濟若所啓
合允請付外施行於是依界土斷惟徐兗青三州居
晉陵者不在斷例諸流寓郡多被并省
永初元年八月戊午詔先是開放限內首出蠲租布
二年先有狀黃籍猶存者聽復本注諸舊郡縣以北
為名者悉除寓立於南者聽以南為號
孝武大明八年戶九十萬六千八百七十口四百六

十八萬五千五百一是時王敬弘上言舊制人年十二半役十六全當以十三以上能自營私及公故以充役考之見事猶或未盡體有強弱不能稱耳循吏隱恤可無甚患庸愚守宰必有勤劇況值苛政豈可稱言至令逃竄求免胎孕不育乃避罪憲實亦由茲今皇化惟新四方無事役名之宜應存消息十五至十六宜爲半丁十七爲全丁帝從之

後廢帝元徽元年詔曰分方正俗著自虞冊川谷異制緜乎姬典故井遂有辨閭伍無雜用能七教克宣八政斯序雖綿代殊軌沿革異儀或民懷遷俗或國

尚與徙漢陽烈燕代之豪關西熾齊楚之族並通籍新邑卽居成舊洎金行委御禮樂南移中州黎庶襁負揚越聖武造運道一闡區貽長世之規申土斷之制而夷險相因盈晦迭襲歲饉彫流戎役惰散違鄉寓境漸至繁積宜式遵鴻軌以爲永憲庶阜俗昌民反風定保夷胥山之險澄清澥海之波括河圖於九服振玉劍於五都矣

南齊太祖建元二年敕黃門郎虞玩之與驍騎將軍傅堅竟簡定簿籍詔朝臣曰黃籍民之大統國之治端自頃民俗巧僞爲日已久至乃竊注爵位盜易年月增損三狀貿襲萬端或戶存而文書已絕或人在而反託死叛停私而云隸役身強而稱六疾編戶齊家少不如此皆政之巨蠹教之深疵比年雖敕籍改書終無洗覆若約之以刑則民僞已遠若綏之以德則勝殘未易卿諸賢並深明治體可各獻嘉謀以振澆化又臺坊訪募此制不近憂刻素定閑劇有宜宋元嘉以前茲役宜簡大明以後樂補稍絕或緣寇難頻起軍蔭易多民庶從利役坊者寡然國經未變朝紀宜在相揆而言隆替何速此急病之洪源畧景之切患以何科算革私弊耶玩之上表曰宋元二十七

年八條取人孝建元年書籍衆巧之所始也元嘉中故光祿大夫傅隆年出七十猶手自書籍躬加隱校何必有石建之慎高柔之勤蓋以世之休服道修身故耳今陛下日旰忘食未明求衣詔逮幽愚謹陳妄說古之共治天下惟良二千石今欲求治取正其在勤明令長凡受籍縣不加簡合封送州州簡得巧方却歸縣吏貪其賂民肆其奸奸彌深而却引多賂愈厚而答愈緩自泰始三年至元徽四年楊州等九郡四號黃籍共却七萬一千餘戶于今十一年矣而所正者猶未及四方神州奥區尚或如此江湘諸郡倍

不可念愚謂宜以元嘉二十七年籍爲正民惰法既久今建元元年書籍宜更立明科一聽首悔迷而不反依制必戮使官長於階簡較必令明洗然後上州永以爲正若有虚昧州縣同科今戶口多少不減元嘉而板募頓闕弊亦有以自孝建以來入勳者衆其中操干戈衛社稷者三分殆無一焉勳簿所領而詐注辭籍浮遊世要非官長所居錄復爲不少尋蘇後平後庚亮就溫嶠求勳籍而嶠不與以爲陶侃所上多非實錄尋物之懐私無世不有宋末落細此巧尤多又將位既衆舉卹爲祿實潤甚微而人領數萬如

此二條天下合役之身已據其大半矣又有改注籍狀化入仕流昔爲人役者今反役人又生不長髮便謂爲道填街溢巷是處皆然或抱子井居境不編戶遷徙去來公違土斷屬役無漏流亡不歸寧喪終身疾病長臥法令必行自然競反四鎮戍將有名寡實隨才部曲無辨勇懦署位借給巫媼比肩彌山滿海皆是私役行貨求位其易募役卑劇何爲投補坊吏之所以盡百里之所以殫也今但使募制明信滿腹有期民無遥路則坊可立表而盈矣爲治不患無制患在不行不患不行患在不久上省玩之表納之乃別置較籍官置令史限人一日得數巧以防懈怠於是貨賂因緣籍注雖正猶強推却以充程限至世祖永明八年謫巧者戍緣淮各十年百姓怨望世祖乃詔曰夫簡貴賤辨尊卑者莫不取信於黄籍豈有假器濫榮竊服非分故所以澄革虛妄式允舊章然釁起前代過非近失既往之愆不足追咎自宋昇明以來皆聽復注其有謫役邊疆各許還本此後有犯嚴加翦治

梁高祖天監元年土斷南徐州諸僑郡縣

陳文帝天嘉元年詔曰自頃喪亂編戶播遷言念餘

黎良可哀惕其亡鄉失土逐食流移者今年内隨其適樂來歲不問僑舊悉令著籍同土斷之例

宣帝時戶六十萬

後主時戶五十萬口二百萬

後魏孝文太和十年二月甲戌初立黨里鄰三長定民戶籍魏初不立三長故民多蔭附蔭附者皆無官役豪強徵斂倍于公賦是年給事中李冲上言宜准古五家立一鄰長五鄰立一里長五里立一黨長取鄉人強謹者充從之

十一年九月詔曰去夏以歲旱民饑須遣就食舊籍

雜亂難可分簡故依局割民閲戸造籍欲令去留得實賑貸平均然乃者以來猶有餓死衢路無人收識良繇本部不明籍貫未實禀恤不用以至於此朕猥居民上聞用慨然可重遣精簡勿令遺漏一人孝明正光以前時惟全盛戸口之數比晉太康倍而餘矣按晉太康元年戸二百四十五萬三千八百今云倍而餘者則五百餘萬矣孝莊末爾朱之亂其後分爲二國戸三百三十七萬五千三百六十八

北齊神武爲東魏孝靜相興和中頻歲大穰穀斛至九錢是時法網寬弛百姓多離舊居闕於徭賦神武

乃命孫騰高隆之分括無籍之戸得六十餘萬於是僑居者各勒還本屬

武成河清三年定令乃命人居十家爲比鄰五十家爲閭里百家爲族黨男子十八以上六十五以下爲丁十六以上十七以下爲中六十六以上爲老十五以下爲小

少帝承光元年爲周師所滅有戸二百三萬二千五百二十八口二千萬六千八百八十

後周太祖爲相創制六官載師掌任土之法辨夫家田里之數會六畜車乘之稽審賦役斂弛之節制畿疆修廣之域頒施惠之要審收産之政

宣帝大象中戸三百五十九萬九千六百四

隋高祖開皇二年受周禪有戸三百六十萬乃頒新令男女三歲以下爲黄十以下爲小十七以下爲中十八以上爲丁以從課役六十爲老乃免

三年正月初令軍人以二十一成丁是時山東尚承齊俗機巧奸僞避役惰遊者十六七四方疲人或詐老或小規免雜賦高祖乃令州縣大索貌閲戸口不實者正長遠配而又開相糾之科大功以下兼令析籍各爲戸頭以防容隱於是計帳進四十萬三千丁

新附一百六十四萬五百戸左僕射高熲以人間課役雖有定分年常徵納除注常多長吏肆情文帳出沒復無定簿難以推較乃爲輸籍定樣請遍下諸州每年正月五日縣令巡人各隨便近五黨共爲一團依樣定戸上下帝從之自是奸無所容矣

十年五月詔曰魏末喪亂寓縣瓜分役車歲動未遑休息兵士軍人權置坊府南征北伐居處無定家無完堵地罕苞桑常爲流寓之人竟無鄉里之號朕甚愍之凡是居人可悉屬州縣墾田籍帳一與民同軍府統領宜依舊式

煬帝即位詔男子以二十一成丁
大業二年戶八百九十萬七千五百三十六口四千
六百一萬九千五十六
唐高祖武德二年十二月七日勑百姓年五十者皆
免課役
六年三月令以始生爲黃四歲爲小十六爲中二十
一爲丁六十爲老是月令天下戶量其資產定爲三
等每歲一造帳三年一造籍州縣留五比尚書省留
三比
九年三月詔天下戶爲三等未盡升降定爲九等

太宗貞觀中戶不滿三百萬
二十年太宗問民部侍郎盧承慶歷代戶口多少之
數承慶敘夏殷之後迄於周隋皆有依據太宗嗟賞
久之
高宗永徽三年七月二十二日帝問戶部尚書高履
行去年進戶多少履行奏去年進戶一十五萬高宗
以天下進戶旣多謂無忌曰比來國家無事戶口稍
多三二十年足堪殷實因問隋有幾戶今有幾戶履
行奏隋大業中戶八百七十萬今戶三百八十五萬
帝曰自隋末亂離戶口滅耗邇來雖復蘇息猶大少
于隋初
五年二月勑天下二年一定戶
顯慶二年十月高宗問中書令杜正倫隋有幾戶正
倫奏大業初有八百餘萬戶末年離亂至武德有二
百餘萬戶
總章元年十月司空李勣破高麗國虜其王下城百
七十戶六十九萬七千二百配江淮以南山南京西乘
儀鳳二年二月勑自今以後漢省籍及州縣籍
則天延載元年八月勑諸戶口計年將入丁老疾應
免課役及給侍者皆縣親貌形狀以爲定簿一定已

後不得更貌疑有奸濫者聽隨時貌定以附手實
證聖元年鳳閣舍人李嶠上表曰臣聞黎庶之數戶
口之衆而條貫不失按此可知者在于各有管統明
其簿籍而已今天下之人流散非一或違背軍鎮或
因緣逐糧苟免歲時偷避徭役此等浮衣寓食積歲
淹年王役不供簿籍不挂或出入關防或往來山澤
非直課調虛蠲闕於軍賦亦自誘動愚俗堪爲患禍
不可不深慮也或逃亡之戶或有簡察即轉入他境
還行自容所司雖具條科頒其法禁而相看爲例莫
適遵承縱欲糾設其懲違加之刑罰則百州千郡庸

可盡科前既依違後仍積習簡獲者無賞停止者獲原浮逃不悛亦由於此今縱更捜簡而委之州縣則還襲舊蹤卒於無益臣以爲宜令御史督察簡較設禁令以防之垂恩德以撫之施權衡以御之爲制限以一之然後逃亡可還浮寓可絶所謂禁令者使閭閻可保遞相覺察前後乖避皆許自新仍有不出輒聽相告每糾一人隨事加賞明爲科目使知勸沮所謂恩德者逃亡之徒久離桑梓糧儲空闕田地荒廢即當賑于乏少助其修營雖有欠賦懸徭背軍離鎮亦皆捨而不問寬而勿徵其應還家而貧乏不能致

冊府元龜　邦計部　戶籍　卷之四百八十六　十三

者乃給程糧使達本貫所謂權衡者逃人有絶家去鄉離本失業必樂所任情不願還聽於所在隸名即編爲戶夫顧小利者失大計存近務者喪遠圖今之議者或不達於變通以爲軍府之地戶不可移關輔之人貫不可改爲越關繼踵背府相尋是開其逃亡而禁其割隸也就令逃亡者多不能總許割隸猶當計其戶口等量爲節文殷富者令還貧弱者令住簡責已定計科已明戶無失編人無廢業然後按前躅申舊章嚴爲防禁與人更始謂限制者逃亡之人應自首者以符到百日爲限限滿不出依法科罪遷之邊州如此則戶無所遺人無所匿矣

萬歲通天元年七月二十二日勅天下百姓父母另外斷別籍者所析之戶等第並須與本戶同不得降下其應入役者共計本戶丁中用爲等級不得以析生蠲免其差科各從折戶祇承勿容遞相影護

中宗神龍元年五月十八日制二十二成丁五十九免役因韋庶人所奏

十一月戶部尚書蘇瓌奏計戶六百一十五萬六千一百四十

景龍二年閏九月勅諸籍應送省者附當州庸調車

冊府元龜　邦計部　戶籍　卷之四百八十六　十四

送若庸調不入京雇腳運送所須腳直以官物充諸州縣籍手實計帳當留五比省籍留九比其遠年依次除皇宗祖廟難毀其子孫皆於宗正附籍自外悉依百姓例

睿宗景雲元年七月勅韋庶人所奏成丁入老宜停

玄宗開元九年正月二十八日監察御史宇文融請簡察色役僞濫并逃戶及籍田因令充使於是奏勸農判官數十人使還得戶八十餘萬田亦稱是

十二年八月宇文融除御史中丞充諸色安輯戶口使

十四年戶部進計帳言今年管戶七百六萬九千五百六十五

十八年十一月勑天下戶等第未平昇降須實比來富商大賈多與官吏往還迹相憑囑求居下等自今以後不得更然如有囑請者所由牧宰錄名封進朕當處分京都委御史外州委本道如有隱蔽不言隨事彈奏

是月又勑諸戶籍三年一造起正月上旬縣司責手實計帳赴州依式勘造鄉別為卷總寫三通其縫皆注某州某縣某年籍州名用州印縣名用縣印三月

三十日納訖並裝潢一通送尚書省州縣各留一通所須紙筆裝潢並皆出當戶戶口內外一錢其戶每以造籍年預定為九等便注籍腳有析生新附者于舊戶後以次編附

二十年戶部計帳管戶七百八十六萬一千二百三十六口四千五百四十三萬一千二百六十五

二十二年戶部計帳管戶八百萬八千七百一十

二十四年三月勑朕以百姓為心固非一人獨理委之牧宰輯寧兆庶若考論政績在戶口存亡不有甄明何憑賞罰自今以後天下諸州戶口或刺史縣令自離任者並宜分明交付州縣仍每至年終各具存亡及增加實數同申並委採訪使重覆報省所司明為課最具條件奏聞隨事褒貶以旌善惡

七月勑諸州逃人先除籍帳能自歸復業者其應徵當年租庸資課一事已上並宜放免其隱漏舉首改正人等亦宜准此

二十六年二月勑諸州應歸首復業比來每至年終皆當州錄奏自今已後並宜牒報本道採訪使同勘當道歸首人每州畧單數同一狀奏仍挾名報所由

二十九年二月勑自今以後應造籍宜令州縣長令

錄事參軍審加勘覆更有疎遺者委所司具本判官及官長等名品錄奏其籍仍寫兩本送戶部

三月勑天下諸州每歲一團貌既以轉年為定復有籍書可憑何至勞煩不從簡易於人非便事資釐革自今以後每年小團宜停待至三年定戶日一時團貌仍令所司條件處分

天寶元年正月制節文如聞百姓之內或有戶高丁多苟為規避父母見在別籍異居宜令州縣仔細勘會其一家之中有十丁以上者放兩丁征行賦役五丁已上者放一丁即令同籍共居以敦風教如更犯

者准法科罪是年戶八百三十四萬八千三百九十五口四千五百三十一萬一千二百七十二一云計戶八百五十三萬五千七百六十三

三年正月十六日勑天寶三年改爲三載者所論前後年號一切爲載其後造帳記歲月云若干載自餘表狀文章竝准此

二月二十五日制天下籍造四本京師東京尚書省戶部各貯一本十二月二十五日赦文比者成童之歲則挂輕徭既冠之年使當正役閔其勞苦用軫于懷自今以後百姓宜以十八已上爲中男二十三已

上成丁

四載三月勑朕聽政之餘而精思理本意有所得庶益於人且什一而稅前王令典農商異宜舊制猶闕今欲審其戶等極貧乏之人賦彼商賈挪浮惰之業優劣之際有深察之明閭里之間無不均之歎頃以人不欲擾法貴從寬所以比來未全定戶今已經數載產業或成適可因茲平於賦稅自今已後每至定戶之時宜委縣令與村鄉對定審於衆議察以資財不得容有愛憎以爲高下徇其虛妄令不均平使每等之中皆稱允當仍委太守詳覆如有不平縣令錄奏量事貶降其鄉村對定之人便與節級科罪覆定之後明立簿書每有差科先從高等務茲不足庶叶彝倫是月戶部郎中王鉷加勾當戶口色役使

七月勑令載諸郡因團貌宜便定戶自今已後任依常式應察問對衆取平是載制天下籍造四本京師東京尚書省戶部各貯一本

五載六月勑自今以後應造籍帳及公私文書所言田地四至者改爲路

九載十二月二十九日勑天下郡縣雖一載定戶每載亦有團貌計其轉年合入中男成丁五十九者任

退團貌

十二載正月勑應送東京籍宜停

十三載計戶口九百六萬九千一百五十四

肅宗至德元年計戶八百一萬八千七百一十

乾元三年計戶一百九十三萬一千一百四十五

代宗寶應元年九月勑客戶若任經一年已上自貼買得田地有農桑者無問於莊蔭家住及自造屋舍勅一切編附爲百姓差科比居人例量減一半庶填逃散

廣德元年七月赦天下男子二十五成丁五十五入

老
二年二月二十一日赦天下戶口委輸刺史縣令據見在實戶量貧富作等第差科不得依舊籍帳是年計戶二百九十三萬三千一百二十五
大曆四年八月勅名籍一家輙請移改詐冒規避多出此流自今以後割貫改名一切禁斷
德宗以大曆十四年卽位十一月巳丑詔令前州府造籍者罷之初戶部奏請令造籍從之尋以爲未可故罷
建中元年十二月定天下兩稅戶凡三百八十萬五

千七十六
貞元三年五月詔曰諸州戶減耗三分去二其官員亦令減省
憲宗元和二年十二月史官李吉甫等撰元和國計簿十卷總計天下方鎭凡四十九道晉州府二百九十五縣一千四百五十三見定戶二百一十四萬五百五十四（其鳳翔鄜坊邠寧振武涇原銀夏靈鹽河東易定魏博鎭冀范陽淮西淄青十五道七十一州並不申戶口數）每歲賦入倚辦止於浙東宣歙淮南江西鄂岳福建湖南等道合四十九州一百四十萬戶比量天寶供稅之戶四分有一天下兵戎仰給縣官八十三萬餘人比量士馬三分加一率以兩戶資一兵其他水旱所損徵科發斂又在常役之外（李吉甫等又云元和中戶二百四十七萬三千九百六十三）
六年正月衡州刺史呂溫奏當州舊額戶一萬八千四百七除貧窮死絕老幼單孤不支濟等外堪差科戶八千二百五十七臣到後團定戶稅次簡責出所由隱藏不輸稅戶一萬六千七伏緣聖恩錄臣在道州微効擢授大郡令撫傷殘臣昨尋舊案詢問閭里承前徵稅並無等第又二十餘年都不定戶存亡孰察貧富不均臣不敢因循設法團定簡獲隱戶數約

萬餘州縣雖不增徵科所由巳私自率斂與其潛資於奸吏豈若均助於疲人臣請作此方圓以救凋瘵庶得下免偏苦上不闕供勅宜付所司
一月制自定兩稅以來刺史以戶口增減爲殿最故有折戶以張虛數或分產以繫戶名兼招引浮客用爲增益至于稅額一無所加徒使人心易搖土著者寡觀察使嚴加訪察必令詣實
穆宗以元和十五年正月卽位勅天下百姓自屬艱難棄于鄉井戶部版籍虛繫姓名建中元年以來改革舊制悉歸兩稅法久卽弊奸濫益生自今以後宜

准例三年一定兩稅非論土著客居但據資產差卒

長慶中戶三百九十四萬四千九百五十九

敬宗寶曆中戶三百九十七萬八千九百八十二

文宗大和中戶四百三十五萬七千五百七十三

開成二年正月戶部侍郎判度支王彥威進所撰供軍圖其表畧曰起自至德乾元之後迄于貞元元和之際天下有觀察者十節度者二十有九防禦者四經畧者三掎角之師犬牙相制大都通邑無不有兵約計中外兵額又至八十餘萬長慶戶口凡三百三十五萬而兵額又約九十九萬通計三戶資奉一兵

今計天下租賦一歲所入總不過三千五百餘萬而上供之數三之一焉三分之中二給衣賜自留州使兵士衣食之外其餘四十萬衆仰給度支伏以時逢理安運屬神聖然而兵不可弭食或惟時憂勤之端兵食是切臣謬司邦計虔奉睿圖輙纂事功庶裨聖覽

四年計戶都督四百九十九萬六千七百五十二

武宗會昌中戶四百九十五萬五千一百五十一

五年八月制朕聞三代已前未嘗言佛漢魏之後像教寖興是逢季時傳此異俗且一夫不田有受其餒者一婦不織有受其寒者今天下僧尼不可勝數皆待農而食待蠶而衣貞觀開元亦嘗釐革剗除不盡流行滋多中外誠臣協予正意濟人利衆予不讓焉天下還俗僧尼二十六萬五千餘人奴婢爲兩稅戶十五萬人

梁太祖開平三年中書侍郎同平章事判戶部事于兢奏伏乞降詔天下州府各准舊章申送戶口籍帳允之

晉少帝開運元年八月敕夏秋徵科爲帳籍一季一奏

周世宗顯德五年十月命左散騎常侍艾穎等三十

四人使于諸州簡定民租明年春使廻總計簡到戶二百三十萬九千八百一十二定墾田一百八萬五千八百三十四頃淮南郡縣不在此數是月又詔諸道州府令團并鄉村大率以百戶爲團每團選三大戶爲耆老凡夫家之有奸盜者三大戶察之民田之有耗登者三大戶均之仍每及三載即一如是

遷徙

周官比長之職凡徙于國中及郊則從而授之若徙于他鄉則爲之旌節而行之無節則內之圜土蓋徙名移貫之制舊矣周室之後施於列國遷徙民籍斯

可槩舉秦漢之後或充實關輔或尊奉園邑繇是遷房富室高訾大族或應募而徙或占數以居府加厚賜以申善誘至於畏敵國之侵擾濟窮邊之虛弱破姦猾之伍革蠻貊之政則又僑置郡縣空其疆宇者焉若乃徇人之欲因地之利就寬曠而為樂返舊故而攸寧優其振給加之蠲復斯固有如歸之美無失所之嘆也已

周武王克商成周既成（洛陽下都）遷殷頑民（殷大夫士心不則德義之經故徙近王都教誨之）周公以王命誥（猶成王命告令之）

成王既踐奄遷其君于蒲姑（已滅奄而徙其君及人臣之惡者于蒲姑蒲姑

齊地近中國教化之所）

桓王十五年（魯桓公七年）夏盟向求成于鄭既而背之（盟向二邑名隱公十一年王以與鄭故求為鄭成）秋鄭人齊人衛人伐盟向王遷盟向之民于郟

景王十二年（魯昭公九年）楚然丹遷城父人於陳以夷濮西田益之（以夷田在濮水西者與城父人）遷方城外人於許（成十五年許遷葉謂之許今許遷于夷故以方城外人實其處）

秦始皇二十八年徙黔首三萬戶瑯琊臺下三十六年徙民於北河榆中三萬家

漢高祖五年九月徙諸侯於關中九年十一月徙齊楚大族昭氏屈氏景氏懷氏田氏五姓關中與利田宅初婁敬使匈奴來因言匈奴河南白洋樓煩王（白洋匈奴國名也）去長安近者七百里輕騎一日一夕可以至（言匈奴欲來為寇者）秦中新破（秦中謂關中故秦地也新破謂經兵革之後未殷實也）少民地肥饒可益實受諸侯初起時非齊諸田楚昭屈景莫與（皆二國之士族）今陛下雖都關中實少人北近胡寇東有六國強族一日有變陛下亦未得安枕而臥也臣願陛下徙齊諸田楚昭屈景燕趙韓魏後及豪傑名家且實關中無事可以備胡諸侯有變亦足率以東伐此強本弱末之術也帝曰善

乃使劉敬徙所言關中十萬餘口

景帝元年正月詔曰其議民欲徙寬大地者聽之

武帝建元二年作茂陵邑三年春賜徙茂林者戶錢二十萬田二頃

元朔二年夏募民徙朔方十萬口又徙郡國豪傑及訾三百萬已上于茂陵初主父偃說帝曰茂陵初立天下豪傑兼幷之家亂衆民皆可徙茂陵內實京師外消姦猾此所謂不誅而害除帝從之

元狩五年徙天下奸猾吏民于邊（猾狡也音乎八切）

元鼎六年開西南夷置郡縣徙呂氏以充之因名不

韋縣（謂秦徙呂不韋子弟于蜀漢故以爲名）

是年分武威酒泉地置張掖敦煌郡徙民以實之

元封元年東越殺王餘善降詔曰東越險阻反覆爲後世患遷其民於江淮間遂虛其地三年秋分徙酒泉郡（分謂不盡徙之也）

太始元年徙郡國吏民豪傑于茂陵雲陵（此當言雲陽而轉寫者誤爲陵耳茂陵帝自所起而雲陽甘泉所居故總使徙豪傑也鉤弋趙婕妤死葬雲陽至昭帝即位始尊爲皇太后而起雲陵武帝時未有雲陵）

昭帝始元三年二月秋募民徙雲陵賜錢田宅

四年夏徙三輔富人于雲陵賜錢戶十萬

宣帝本始元年春正月募郡國吏民貲百萬以上徙平陵

二年春以水衡錢爲平陵徙民起第宅（水衡與少府皆天子私藏耳縣官公作當仰給司農今出水衡錢言宣帝即位爲異政也）

元康元年徙丞相將軍列侯吏二千石貲百萬者社稷

成帝鴻嘉二年夏徙郡國豪傑貲五百萬以上五千戶于昌陵賜丞相御史將軍列侯公主中二千石冢地第宅

後漢光武建平十五年徙鴈門代郡上谷三部民置寘關居庸關以東（前書曰代郡有寘山關上谷有居庸縣有關時胡寇數犯邊故徙之）

十七年趙憙爲平原太守時平原多盜賊憙與諸郡討捕斬其渠帥餘黨坐者數十人憙上言惡止其身可一切徙京師近郡帝從之乃悉移置潁川陳留

二十六年雲中五原朔方北地定襄鴈門上谷代八郡民歸於本土遣謁者分將施刑補理城郭發遣邊民在中國者布還諸縣皆賜以裝錢轉輸給食（東觀記曰時城郭丘墟掃地上悔前徙之）

安帝永初五年三月詔隴西徙襄武安定徙美陽北地徙池陽上郡徙衙

順帝永建四年復安定北地上郡歸舊土

獻帝建安十六年曹公西征初自天子西遷雒陽人民單盡其後鍾繇以侍中守司隸較尉持節督關中諸軍繇徙關中民又招納亡叛以充之數年民間戶稍實曹公征關中得以爲資

十八年曹公恐江濱郡縣爲吳所略徵令內移民轉相驚自廬江九江蘄春廣陵戶十餘萬皆東渡江江西遂虛合肥以南惟有皖城

二十年曹公征張魯魯降雍州刺史張旣說曹公拔漢中民數萬戶以實長安及三輔其後與曹洪破吳

蘭于下辯又與夏侯淵宋建別攻臨洮狄道平之是時太祖徙民以充河北隴西天水南安民相恐動擾擾不安旣假三郡人爲將吏者休課使治屋宅作水碓民心遂安

魏文帝改長安譙許昌濮雒陽爲五都令天下聽內徙復五年安後又增其復

齊王以明帝景初三年正月卽位六月以遼東東沓縣吏民渡海居齊郡界以故縱城爲新沓縣以居徙民

元始元年二月以遼東汶北豐縣民流徙渡海居齊

郡之西安臨淄昌國縣界爲新汶南豐縣以居流民

蜀後主建興十四年徙武都氐王苻健及氐民四百餘戶於廣都

晉宣帝爲驃騎大將軍都督雍州表徙冀州農夫佃上邽

武帝大康中杜預爲征南將軍初伐吳軍至江陵因兵威徙將士屯戍之家以實江北南郡故地各樹之長吏荆土肅然

孝武帝大元元年十月移淮北流人於淮南後趙石勒之在襄國勒將逯音六明攻甯黑於茌平降之因破東燕酸棗而還徙降人二萬餘戶於襄國又徙平原烏丸展廣劉哆等部三萬餘戶於襄國劉琨長史李弘以并州降勒勒乃遷陽曲樂平戶于襄國置守宰而還又徙秦州雍部衆五千餘戶于廣宗

石季龍又徙遼西北平漁陽萬戶于兗豫雍雒四州之地

柳恭爲河東郡守以季龍末喪亂乃率民南徙居于汝潁之間故世仕江表

前秦苻堅旣平鄴都徙關東豪傑及諸雜夷十萬戶于關中處烏丸雜類于馮翊北地丁零翟斌于新安

徙陳留東阿萬戶以實青州諸因亂流移避仇遠徙欲還舊業者悉聽之

後秦姚萇僭卽位於長安乃徙安定五千餘戶于長安萇與苻登相持時萇以安定地狹且逼苻登使姚碩德鎭安定徙安定千餘家于陰密姚興徙李閏羌三千家於安定等徙新安及姚泓僭立羌酋黨容率所部叛遣撫姚讚討之容降徙其豪右數百萬于長安餘遣還李閏

後燕慕容垂徙徐州流人千餘戶于黎陽

慕容衆黨率衆三萬伐高句驪襲其新城南蘇皆尅

之散其精聚徙其五千餘戶于遼西
後梁呂光初徙西海郡人於諸郡其後謠曰朔馬心何悲念舊中心勞燕雀何徘徊意欲還故巢頃之遂相扇動復徙于西河樂都
宋元帝元嘉二十二年武陵王駿討緣沔蠻移一萬四千餘口于京師
二十三年遷漢川流民于沔次
二十七年使太子步兵校尉沈慶之自彭城徙流民數千家於瓜步征北參軍程天祚徙江西流民於南州亦如之

二十八年冬徙彭城流民于瓜步淮西流民於姑孰合萬許家
孝武帝大明中孔靈符為丹陽尹山陰縣土境褊狹民多田少靈符表徙無貲之家於餘姚鄞鄮三縣界墾起湖田帝使公卿博議太宰江夏王義恭議曰夫訓農脩本有國所同土著之民習玩日久如京師無田不聞徙居他縣尋山陰豪族富室頃畝不少貧者肆力非為無處耕起空荒無救災歉又兼緣湖居民魚鴨為業及有居肆理無樂徙尚書令柳元景右僕射劉秀之尚書王瓚之顧凱之顏師伯嗣湘東王議曰富戶溫房無假遷業窮身寒室必應徙居葺宇疏皐產粒無待資公則公未易充課私則私卒難具室募亡叛通郵及與樂田者其往經創租脩立然後徙居侍中沈懷文王景文黃門侍郎劉凱郗顒議曰百姓雖不親農不無資生之路若驅以就田則坐相違奪且鄞等三縣去治並遠既安之民忽徙他邑新垣未立舊居已毀去留兩困無以自資謂宜適任民情從其所樂開宥逋亡且令就業若審成腴壤然後議遷太常王玄謨議曰小民貧匱遠就荒疇去舊即新糧種俱闕習之既難勸之未易謂宜微加資給使得

肆勤明力田之賞申怠惰之罰光祿勳王昇之議曰遠廢之疇方翦荊棘率課窮乏其事彌難資徙粗立徐行無晚帝違議從其徙民並成良業
後魏道武天興元年正月車駕發自中山至于望都堯山徙山東六州民吏及徙何高麗雜夷三十六署百工伎巧十萬口以充京師
二月詔給內徙新民耕牛計口受田
十二月徙六州二十二郡守宰豪傑吏民二千家於代都
二年陳郡河南流民萬餘口內徙遣使者存勞之

明元泰常三年徙冀定幽三州徙何民於京師又姚清傳云清爲給事黃門侍郎先是徙何民散居三州頗爲民害詔清徙之平城清善綏撫徙者如歸

太武始光四年帝率輕騎襲赫連昌徙萬餘家而還徙民在道多死其能到都者纔十六七

延和元年車駕征馮文通徙營丘成周遼東樂浪帶方玄菟六郡民三萬家於幽州開倉以賑之

太延元年詔長安及平涼民徙在京師其孤老不能自存者聽還鄉

太平真君六年徙青徐之人以實河北又陸俟太武時與高涼王那渡河南畧地至濟南東平陵徙其民六千家實河北

七年徙長安城內工巧二千家於京師

獻文皇興三年徙青州齊民於京師

孝文太和十九年詔遷雒之民葬河南不得遷河北於是代人南者悉爲河南雒陽人

宣武正始元年以死收公田分賜代遷之戶

孝明武泰元年鎮南將軍源子恭勒衆渡淮徙民於淮北立郡縣置戍而還

西魏文帝大統十二年獨孤信平涼州擒宇文仲和遷其民六千餘家於長安

廢帝二年二月東梁州平遼遷其豪帥于雍州王欽若等曰按後周及北史西魏廢帝恭帝年號皆無

恭帝元年以巴湘初附詔李賢爲郢州刺史總監諸軍畧定乃遷江夏民二千餘戶以實安州幷築甑山城而還

東魏孝靜天平元年遷都於鄴出粟一百三十六萬石以賑貧人是時六坊之衆從武帝而西者不能萬人餘皆北徙竝給常廪春秋二時賜帛以供衣服之費

北齊神武帝爲魏相命孫騰高隆之分括無籍之戶得六十餘萬於是僑居者各勒還本屬

文宣天保八年議徙冀定瀛無田之人謂之樂遷于幽州范陽寬鄉之處百姓驚擾又以頻歲不熟米糴湧貴矣

後周武帝建德六年十二月行幸幷州宮移幷州軍人四萬戶於關中

宣帝大象元年詔曰雒陽舊都今既脩復凡是元遷之戶竝聽還雒州此外諸民欲往者亦任其意河南幽相豫亳青徐七總管受東京六府處分

隋煬帝大業元年三月丁未詔尚書令楊素納言楊達將作大匠宇文愷營建東京徙豫州郭下居民以

實之又詔徙天下富商大賈數萬家於東京

唐高祖初爲唐王下令曰比年寇盜郡縣饑荒百姓流亡十不存一貿易妻子奔波道路雖加周給無救倒懸京師倉廩軍國資用罄以恤民便關支擬今岷嶓款服蜀漢沃饒閭里富於猗陶菽粟同於水火曩者儲蓄徵斂實繁帑藏循殷宜垂拯濟木牛流馬非可轉輸樂土重遷理無從卜則窮通之道將由華變外內戶口見在京者宜依本土置令以下下官部領就食劍南諸郡所有官物隨至糴給明立條格務使穩便秋收豐實更聽進止

太宗貞觀元年朝議戶數之處聽徙寬鄉陜州刺史崔善爲上表曰畿內之民是謂戶殷丁壯之人悉入軍府若聽移轉便出關外此則虛近實遠非經通議其事遂止

則天天授二年七月二十四日徙關外雍同泰等七州戶數十萬以實雒陽

玄宗開元十六年十月勑州客戶有情願屬緣邊州者至彼給良沃田安置仍給永年優復宜令所司即與所晉客戶州計會召取情願者隨其所樂具數奏聞

敬宗寶曆元年五月勑黔首如有願於所在編附籍帳者宜令州縣優恤給與閑地二周年不得差遣

冊府元龜

巡按福建監察御史臣李嗣京　訂正

知長樂縣事臣夏允彝　叅閱

知建陽縣事臣黄國琦　較釋

邦計部五

賦稅

自禹平水土乃定九州之賦商周二代率循其制有賦有稅稅以給郊社宗廟百神之祀乘輿奉養百官祿食庶事之費賦以供兵甲車馬士徒之役府庫錫予之用叅周之法詳矣其後沿襲殊範貪京迭變乃

至履畝之政作兵甲之歛生失於舉中異夫稽古漢氏之後或因或革若夫度田以收租量口以出調成丁以給役計役以收庸隨風宜以折課算物直以徵算乃至蠻俚之俗亦收財賦司籍之記可得而徵然而制財用之節量輕重之法陳之藝極歸于底慎必在乎稽先王之彝憲求歷代之令典是以什一而賦謂之中正頌聲之作罔不繇是焉

堯時禹爲司空平水土既別九州作禹貢冀州厥賦惟上上錯（賦謂土地所生以供天子上上第一雜出第二之賦）兗州厥賦貞（貞正也州第九賦正與九相當）作十有三載乃同（作治十三年乃使賦法與他州同）厥貢漆絲厥篚織文（地宜漆林又宜桑蠶織文錦綺之屬盛之筐篚而貢焉）青州厥賦中上（賦第四）厥貢鹽絺海物惟錯（絺細葛錯雜非一種）岱畎絲枲鉛松怪石（畎谷也怪石好石似玉者岱山之谷出此五物皆貢之）徐州厥賦中中（賦第五）厥貢惟土五色（王者封五色土爲社建諸侯則各割其方色土與之使立社燾以黃土苴以白茅茅取其潔黃取王者覆四方）羽畎夏翟嶧陽孤桐（夏翟翟雉名羽中旌旄羽山之谷有之孤特也嶧山之陽特生桐中琴瑟）泗濱浮磬淮夷蠙珠暨魚（泗水涯水中見石可以爲磬蠙珠珠名淮夷水中出蠙珠及美魚）厥篚玄纖縞（玄黑繒縞白繒纖細也在中明二物皆當細）揚州厥賦下上上錯（賦第七雜出第六）厥貢惟金三品（金銀銅也）瑤琨篠簜（瑤琨皆美玉）齒革羽毛惟木（齒象牙革犀皮羽毛旌中旄木梗梓豫章）島夷卉服（北海島夷草服葛越）

厥篚織貝（織細紵貝文物）厥包橘柚錫貢（小曰橘大曰柚其所包裹而致者錫命乃貢言不常）荊州厥賦上下（賦第三人功修）厥貢羽毛齒革惟金三品（土所出與揚州同）杶幹栝栢（三木名栢葉松身曰栝）礪砥砮丹（砥細于礪皆磨石也砮中矢鏃丹朱類也）惟箘簵楛三邦底貢厥名（箘簵美竹楛木名三物皆出雲夢之澤近澤三國常致貢之名天下稱善）包匭菁茅（匭匣也菁以爲菹茅以縮酒）厥篚玄纁璣組（此州染玄纁色善故貢之璣珠類生于水組綬類）九江納錫大龜（尺二寸曰大龜出于九江水中龜不常用錫命而納之）豫州厥賦錯上中（賦第二又雜出第一等）厥貢漆枲絺紵厥篚纖纊（纊細綿）錫貢磬錯（治玉石曰錯此治磬錯）梁州厥賦下中三錯（賦第八雜出第七第九二等）厥貢璆鐵銀鏤砮磬（璆玉名鏤剛鐵）熊羆狐狸織皮（貢四獸之

皮織爲罽雍州厥賦中下賦第六人功少厥貢惟球琳琅玕球琳皆玉
石琅玕石而似玉庶土交正厎慎財賦交俱也衆土俱得其正慎者言取之有節
不過度也咸則三壤成賦中邦皆法壤田上中下大較三品成九州之賦明水害除
五百里甸服規方千里之內謂之甸服爲天子服治田賦王城四面五百里百里賦
納總甸服內之百里近王城者禾藁曰總入之供飼國馬二百里納銍銍刈謂禾穗
三百里納秸服秸藁也四百里粟五百里米所納近者粗遠者精
五百里侯服甸服外之五百里侯候也介侯而服事百里采侯服內之百里供王
事者二百里男邦男任也任王事者三百里諸侯三百里同爲王者斥侯故
合三爲一名五百里綏服綏安也侯服外五百里安服王者政教三百里揆
文教揆度也度王者文教而行之三百里皆同二百里奮武衛文教外之二百里奮

武衛天子所以安五百里要服綏服之外五百里要束以文教三百里夷守平
常之教事王者而已二百里蔡蔡法也法三百里而差簡五百里荒服要服之外
五百里言荒又簡畧三百里蠻以文德招來之不制以法二百里流流移也言政教
隨其俗凡五服相距爲方五千里
夏后氏五十而貢
殷人七十而助助藉也天子百里之內以供官千里之
內以爲御謂此地之田稅所給也官謂其文書財用也御謂衣也是時公田藉
而不稅藉之言借也借民以治公田美惡取于此不稅民之所自治也
周人百畝而徹徹通也圭田無征圭猶治也征稅也孟子曰卿以下必有圭
田治圭田者不稅所以厚賢也此則周禮之士田以任近郊之地稅什一也小司徒之職

乃經土地而井牧其田野九夫爲井四井爲邑四邑
爲丘四丘爲甸四甸爲縣四縣爲都以任地事而令
貢賦凡稅斂之事井牧者春秋所謂井衍沃牧隰皋者也隰皋之地九夫爲牧二牧而
當一井今造都鄙授井田有不易有一易有再易通率二而當一是之謂井牧百里之國凡四都一都之
田稅入于王五十里之國凡四縣一縣之田稅入于王二十五里之國凡四甸一甸之田稅入于王地事
是謂農牧衡虞也貢謂九谷山澤之財也賦謂出車徒給徭役也乃分地域而辨其
守施其職而平其政職謂九職也政稅也政當作征卿大夫之職以
歲時登夫家之衆寡辨其可任者國中自七尺以及
六十野自六尺以及六十有五皆征之其舍者國中
貴者賢者能者服公事者老者疾者皆舍以歲時入

其書登成也定也國中城郭中也晚賦稅而早免之以其復多役少早賦稅而晚免之以其復少役
多征之者給公上事也舍者謂有復除舍不收事也貴者謂若宗室及闕內侯皆是服公事者謂若吏胥
也老者謂若八十九十之類疾者謂若疲癃者入其書者言于大司徒
載師掌任土之法以物地事授地職而待其政令任土
者任其力勢所能生育且制貢賦也物物色之以知其所宜之事而授農牧衡虞使職之凡任地
國宅無征園廛二十而一近郊十一遠郊二十而三
甸稍縣都皆無過十二唯其漆林之征二十而五征稅
也言征以供國政也任地謂任土地以起稅賦也園宅城中宅也無征無稅也周稅輕近而重遠近者多
役也園廛亦輕之者廛無穀園少利也
閭師掌國中及四郊之人民六畜之數以任其力以

待其政令以時征其賦（鄭謂九賦及九貢）凡任民任農以耕事貢九谷任圃以樹事貢草木任工以飭材事貢器物任商以市事貢貨賄任牧以畜事貢鳥獸任嬪以女事貢布帛任衡以山事貢其物任虞以澤事貢其物（貢草木謂葵韭果蓏之屬）凡無職者出夫布（獨言無職者掌其九賦）

魯宣公十五年秋初稅畝（公田之法十取其一今又履其餘畝復十收其一故哀公曰二吾猶不足遂以爲常故曰初）非禮也穀出不過藉（周法民制百畝公田十畝借民力而治之稅不過此）以豐財也

成公元年三月作丘甲（周禮九夫爲井四井爲邑四邑爲丘丘十六井出戎馬一匹牛三頭四丘爲甸甸六井出長轂一乘戎馬四匹牛十二頭甲士三人步卒七十二人此甸所賦今魯

使丘出之重斂也）

昭公四年鄭子產作丘賦（丘十六井當出馬一匹牛二頭今子產別賦其田財通共出馬一匹）

哀公十二年春用田賦（古者九夫爲井十六井爲丘丘賦之法因其田財通共出馬一匹牛三頭今別其田及家財各爲一賦故言田賦）先是季孫欲以田賦使冉有訪諸仲尼仲尼曰丘不識也三發（三發問）卒曰（卒終也）子爲國老待子而行若之何子之不言也仲尼不對（不答公）而私於冉有曰君子之行也（行政事）度於禮施取其厚事舉其中斂從其薄如是則丘亦足矣（丘謂之甞法）若不度於禮而貪冒無厭則雖以田賦又將不足且丁季孫若欲行而法則周公之典在若欲苟而行又何訪也弗聽

秦孝公十四年初爲賦（制貢稅之法）

漢高祖即位初約法省禁輕田租什五而稅一量吏祿度官用以賦於民（纔取之）

四年八月初爲算（漢儀注民年十五以上至五十六出賦錢人百二十爲一算爲治庫兵車馬）

十一年二月詔曰欲傰省賦甚（意甚欲省賦歛也）今獻未有程（程法式也）吏或多賦以爲獻而諸侯王尤多民疾（諸侯王賦其國中以爲獻物又多於郡故百姓疾苦之）今諸侯王通侯甞以十月朝

獻及郡各以其口數率（率計也）人歲六十三錢以給獻費

惠帝即位初減田租復十五稅一（漢家初十五稅一儉於周十稅一也中間廢今復之也）

六年十月令女子十五以上至三十不嫁五算（國語越王句踐令國中女子年十七歲不嫁者父母有罪欲人民繁息也漢律人出一算算百二十錢惟賈人與奴婢倍算今使五算罪謫之也）

文帝時人賦四十丁男二十年而事（甞賦歲百二十歲一事時天下人多故出賦四十三歲一事）

景帝二年五月令田半租（三十而稅一也）

武帝建元元年二月詔年八十復二算九十復田卒（一算二口之算也復田卒不豫華車之賦也）

元光六年冬初算商車（始稅商賈車船令出算）時商賈以弊之變多積逐利于是公卿言郡國頗被災害貧民無産業者募徙廣饒之地陛下損膳省用出禁錢以賑元元寬貸而民不齊出南畝（言農人尚少不皆務耕種也）商賈滋衆貧者畜積無有皆傾縣官異時算軺車賈人之緡錢皆有差小（異時言往時也軺小車也緡謂錢貫也）請算如故諸賈人末作貰貸賣買居邑貯積諸物（貰賒也貸假與也）及商以取利者雖無市籍各以其物自占（占隱度也各隱度其財物多少而爲名簿送之

冊府元龜　邦計部　賦稅　卷之四百八十七　七

於官也）率緡錢二千而算一（率計有二千錢者則出一算）諸作有租及鑄（以手力所作而賣之者）率緡錢四千算一非吏比者三老北邊騎士軺車一算（比例者身非爲吏之例非爲二老非爲邊騎士而軺車皆令出一算）商賈人軺車二算（商賈人有軺車又使多出一算重其賦）船五丈以上一算匿不自占占不悉戍邊一歲沒入緡錢（悉盡也）有能告者以其半畀之

元狩四年冬初算緡錢（緡絲也以貫錢也一貫千錢出算二十也謂有儲積錢者計其緡貫而稅之）

昭帝元鳳六年夏詔曰穀賤傷農今三輔太常穀減其令以菽粟當今年賦

元平元年二月詔曰天下以農桑爲本日者省用罷不急官減外繇耕桑者益衆而百姓未能家給朕甚愍焉其減口賦錢有司奏請減十三帝許之

宣帝甘露二年春減民算三十（一算減錢三十也）

元帝即位初諫大夫貢禹奏言古民無賦算口錢起武帝征伐四夷重賦於民民産子三歲則出口錢故民重困至於生子輒殺甚可悲痛宜令兒七歲去齒乃出口錢年二十乃算天子下其議令民産子七歲乃出口錢自此始

成帝建始二年正月減天下賦算四十（本算百二十今減四十爲

冊府元龜　邦計部　賦稅　卷之四百八十七　八

八十）

平帝元始元年六月天下女徒已論歸家顧出錢月三百（謂女徒論罪已定並放歸家不親役之但令一月出錢三百以僱人也）

後漢光武建武六年十二月詔曰頃者師旅未解用度不足故行什一之稅（謂十分而取其一也孟子曰夏五十而貢殷七十而助周百畝而徹其實皆什一也）今軍士屯田糧儲差積（武帝初通西域始致較尉屯田）其令郡國收見田租三十稅一如舊制（景帝二年令人田租三十而稅一令依景帝故云舊制）

桓帝延熹八年八月初令郡國有田者畝斂稅錢（畝十錢也）

靈帝中平二年二月稅天下田畝十錢（以脩宮室）

魏太祖初平袁氏以定鄴都令收田租畝粟四升戶絹二疋并綿二斤餘不得擅興

晉武帝平吳之後制戶調之式丁男之戶歲輸絹三疋綿三斤女及次丁男爲戶者半輸其諸邊郡或三分之二遠者三分之一夷人輸賨布戶一疋遠者或一丈男女年十六巳上至六十爲正丁十五巳下至十三六十一巳上至六十五爲次丁十二巳下六十六巳上爲老小不事遠夷不課田者輸義米戶三斛遠者五斗極遠輸算錢人二十八文

元帝時百姓之自投南奔者並謂之僑人皆取舊壤之名僑立郡縣往往散居無有土着江南之俗火耕水耨土地卑濕無有畜積之資諸蠻俚洞霑沐王化者爲隨輕重收其賧物以裨國用其嶺外酋帥因生口翡翠明珠犀象之饒雄於鄉曲者朝廷因而置之以收其利（歷宋齊梁陳皆因而不改）其軍國所須雜物隨土所出臨時折課市取乃無恒法定例令州郡縣制其任土所出以爲徵賦其無貫之人不樂州縣編戶者謂之浮浪人樂輸亦無定數任量惟所輸終優於正課焉其課丁男調布絹二丈絲三兩綿八兩祿絹八尺祿綿三兩二分租米五石祿米二石丁女並半之男女年十六巳上至六十爲丁女年十六亦半課男年十六正課六十六免課女以嫁者爲丁若在室者年二十乃爲丁其男丁每歲役不過二十日又率十八人出一運丁役之其田畝稅米二升蓋大率如此其度量斗則三斗當今一斗稱則三兩當今一兩尺則一尺二寸當今一尺

成帝咸和五年始度百姓田取十分之一以率畝稅米三升

哀帝隆和元年減田租畝收二升

孝武太元二年除度田收稅之制公王以下口稅三斛惟蠲在役之身八年增稅米五石

宋孝武大明五年十二月制天下民戶歲輸布四疋

七年十二月制聽受雜物當租以浙東諸郡大旱

南齊武帝永明四年詔揚南徐二州今年戶租三分二取見布一分取錢來歲以後遠近諸州輸錢處並減布直疋准四百依舊折半以爲永制

明帝建武四年詔所在結課屋宅田桑可詳減舊價

後魏道武天興初詔採諸漏戶令輸綸緜（自後諸逃戶占爲細璽羅縠甚衆）

明元永興五年正月詔諸州六十戶出戎馬一匹
泰常六年二月調民二十戶輸戎馬一匹大牛一頭
六部民羊滿百口輸戎馬一匹
文成興安二年正月詔與民雜調十五
獻文以和平六年五月卽位六月詔曰夫賦斂煩則民財匱課調輕則用不足是以什一而稅頌聲作矣先朝權其輕重以惠百姓朕承洪業上惟祖宗之休命夙興待旦惟民之恤故令天下同於逸豫而徭賦不息將何以塞煩去苛拯濟黎元者哉今兵革不起蓄積有餘諸有雜調一以丐民先是興安中文成以常賦之外雜調十五

頗爲煩重將與除之尚書毛法仁曰此是軍國資用令頓罷之臣愚以爲不可帝曰使地利無窮民力不竭百姓有餘吾孰與不足遂免之未幾復調如前至是乃終罷焉于是賦斂稍輕民復贍矣是年因民貧富爲租輸三等九品之制千里外納米上三品入京師中三品入他州要倉下三品入本州
孝文延興三年七月詔河南六州之民戶收絹一疋綿一斤租三十石十月太上皇將南討詔州郡之民十丁取一以充行戶收租五十石以備軍用
五年四月詔天下賦調縣專督集牧守封簡送京師違者免所居官
太和八年六月始准古班百官之祿以品第各有差先是天下戶以九品混通戶調帛二疋絮二斤絲一斤粟二十石又入帛一疋二丈委之州庫以供調外之費至是戶增帛三疋粟二石九斗以爲官司之祿
十年給事中李冲上言宜准古五家立一鄰長五鄰立一里長五里立一黨長長取鄉人強謹者鄰長復一夫里長二黨長三所復復征戍餘若民三載亡愆則陟用陟之一等其民調一夫一婦帛一疋粟二石民年十五以上未娶者四人出一夫一婦之調奴任耕婢任織者八口當未娶者四耕牛二十頭當奴婢者八其麻布之鄉一夫一婦布一疋下至牛以此爲

降大率十疋爲公調二疋爲調外費三疋爲內外百官俸此外雜調民年八十以上聽一子不從役孤獨癃老篤疾貧窮不能自存者三長內迭養之書奏諸官通議稱善者衆孝文從之於是遣使者行其事乃下詔曰夫任土錯貢所以通有無井乘定賦所以均勞逸有無通則民財不匱勞逸均則人樂其業此自古之常道也又鄰里鄉黨之制所由來久欲使風敎易周家至日見以大督小從近及遠如身之使手榦之總條然後口算平均義與訟息是以三典所用隨世滄隆貳減之行從事損益故鄭僑復丘賦之術周

人獻盡徵之規雖輕重不同而當時俱適自昔以來諸州戶籍貫不實包藏隱漏廢公罔私富強者幷兼有餘貧弱者餬口不足賦稅齊等無輕重之殊力役同科無衆寡之別雖建九品之格而豐堉之土未融雖立均輸之楷而蠶織之鄉無異致使淳化未樹民情偷薄朕每思之良懷深慨今革舊從新爲里黨之法在乎牧守宜以喻民使知去煩即簡之要初百姓咸以爲不若循常豪富幷兼尤弗願也事施行後計省昔十有餘倍於是海內安之

十二年詔郡臣求安民之術有司上言請折州郡常

調九分之二京都度支歲用之餘各立官司豐年糴貯於倉時儉則加私之一糶之於民如此民必力田以買絹積財以取官粟年登則常積歲凶則直給又別立農官取州郡戶十分之一以爲屯民相水陸之宜斷頃畝之數以贓贖雜物市牛科給令其肆力一夫之田歲責六十斛甄其正課幷征戍雜役行此二事數年之中則穀積而民足矣帝覽而善之尋施行焉自此公私豐贍雖時有水旱不爲災也

二十年十月以州司之民十二夫調一吏爲四年更卒歲開番假以供公私力役

孝明孝昌二年冬稅京師田租畝五升借貸公田者畝一斗（是時辛穆爲汝陽大守值水澇民饑上表請輕租賦孝明從之遂勑汝陽一郡聽以小絹爲調）

出帝太昌元年六月詔曰間者凶權誕恣法令變常遂立夷貊輕賦冀收天下之意隨其箕斂之重終納十倍之征掩目捕雀何能過此朕屬念黎蒸無忘寢食加以田桑始事生業未滋若頓依常格或不周展今歲租調且兩收一丐來年復舊

北齊文宣天保初立九等之戶富者稅其錢貧者役其力

武成河清三年定令率以十八受田輸租調二十充兵六十免力役六十六退田免租調率人一牀調絹一疋綿八兩凡十斤綿中折一斤作絲（舊制未娶者輸半牀租調有妻者輸一牀無者半牀）墾租二石義租五斗奴婢各准良人之半牛調絹二丈墾租一斗義租五升墾租送臺義租納郡以備水旱皆依貧富爲三梟其賦稅常調則少者直出上戶中者及中戶多者及下戶上梟輸遠處中梟輸次遠下梟輸當州倉三年一較租入臺者五百里內輸粟五百里外輸米入州鎮者輸粟人欲輸錢者准上絹收錢

後周太祖爲西魏相國創制司賦掌功賦之政令民人自十八以至六十有四與輕癃者皆賦之其賦之法有室者歲不過絹一疋綿八兩粟五斛丁者半之其非桑土有室者布一疋麻十斤丁者又半之豐年則全賦中年半之下一之皆以時徵焉若雇凶禮則不徵其賦司役掌力役之政令凡人自十八以至五十有九皆任於役豐年不過三旬中年則二旬下年則一旬凡起徒役無過家一人其人有年八十者一子不從役百年者家不從役癈疾非人不養者一人不從役若凶禮又無力役

武帝保定元年三月改八丁兵爲十二丁兵率歲一月役

隋高祖開皇元年遷都發山東丁毀造宮室仍依周制役丁爲十二番匠則六番

二年頒新令丁男一牀租粟三石桑土調以絹絁麻土調以絹布絹絁以疋加綿三兩布一端加麻三斤單丁及僕隸爲半之有品爵及孝子順孫義夫節婦並免課役

三年正月減十二番令歲役功不過三十日不役者收庸減調絹一疋爲二丈初蘇威父綽仕西魏爲度支尚書以國用不足爲征稅之法頗稱其重旣而歎曰今所爲者正如張弓非平世法也後之君子誰能弛乎威聞其言每以爲己任至是威爲民部尚書奏減賦役務從輕典帝悉從之

十年五月制人年五十免役收庸是時宇內無事益輕徭賦焉

十八年五月左僕射高熲奏諸州無課調處及課州管戶數少者官人祿力乘前以來當出隨近之州但判官本爲牧人役力理出所部請於所管戶內計戶徵稅帝從之

煬帝大業初除婦人及奴婢部曲之課其後將事遼碣增置軍府掃地爲兵自是租賦之人益減矣

唐高祖武德二年制每一丁租二石絹二疋綿三兩

自茲以外不得橫有調斂

七年三月始定均田賦稅每丁歲入粟三石調則隨鄉土所產綾絹絁爲二丈布加五分之一輸綾絹絁者兼調綿三兩輸布者麻三斤凡丁歲役二旬若不役則收其庸每日三尺有事而加役者旬有五日免其調三旬則租調俱免通正役不過五十日若嶺南諸州則稅米上戶一石二斗次戶八斗下戶六斗若夷獠之戶皆從半輸蕃胡內附者上戶丁稅錢十文次戶五文下戶免之附經二年者上戶丁輸羊二口次戶一口下三戶共一口凡水旱蟲傷爲災十損四

以上免租損六以上免調損七以上課役俱免

玄宗開元九年十月勅曰如聞天下諸州送租庸行綱發州之日依數收領至京都不合有欠或自爲停滯因此耗損兼擅將貨易交折遂多妄稱舉債陪填至州重徵百姓或假托貴要肆行逼迫江淮之間此事尤甚所由既下文牒州縣遞相稟承戶口艱辛莫不由此自今以後所有損欠應須陪填一事以上並勒行綱及元受領所由人知其受納司不須爲行下文牒州縣亦不得徵打仍委按察司採訪如有此色所由官停却具狀奏

十六年七月勅諸州稅及地稅等宜令州郡長吏專勾當依限徵納訖具所納數及徵官名品申省如徵納違限及簡覆不實所由官並先與替仍准法科徵

二十二年五月勅定戶之時百姓非商戶郭外居宅及每丁一牛不得將入財貨數其雜匠及幕事并諸色同類有番役令免征行者一戶之內四丁已上任色役不得過兩人三丁已上不得過一人

七月勅自今已後京兆府關內諸州應徵庸調及資課并限十月三十日畢

二十三年六月勅天下百姓正丁課輕徭役所入惟納租庸人以安之國用嘗足此緣戶口殷衆色役繁多每歲分番計勞入任因納資課取便公私兼租脚稅戶權宜輕率約錢定數不得不然如聞州縣官僚不能處置凡如此色邀納見錢或非時徵納錢賣布帛既輕蠶織爭務貨泉農商之間頗亦爲弊朕每思敦本將以便人期於省約使致通濟自今已後凡是資課稅戶租脚營窖折里等應納官者並不須令出見錢抑遣徵備任以當土所司均融支料嘗令折衷十道使明加簡察勿使乖宜

二十五年四月勅關輔庸調所稅非少既寡蠶桑皆資菽粟嘗賤糴貴賣損費逾深又江淮苦變造之勞河路增轉輸之弊每計其運脚數倍加錢今歲屬和平庶物穰賤南畝有十千之獲京師同水止之饒均其餘以減遠貴順其便使農無傷自今已後關內諸州庸調資課並宜准時價變粟取米送至京逐要支用其路遠處不可運送者所在收貯便充隨近軍糧其河南河北有不通水舟宜折租造絹以代關中調課所司仍明爲條件稱朕意焉

九月詔曰大河南北人戶殷繁衣食之原租賦尤廣頃年水旱潦庚尚虛今歲屬和平時遇豐稔而租所

入水陸運漕緣脚錢雜必甚傷農務在優饒惠彼黎庶息其轉輸大實倉儲令年河南河北應送含嘉太原等倉租米宜折粟留納本州

天寶元年正月勅如聞百姓之內有戶高丁多苟爲規避父母見在乃别籍異居宜令州縣勘會其一家之中有十丁已上者放兩丁征行賦役五丁已上放一丁即令同籍共居以敦風教其賦丁孝假與免差科

三年十一月制自今以後天下百姓宜以十八已上爲中男二十三已上成丁每載庸調八月徵收農功

未畢恐難濟辦自今已後延至九月二十日爲限

八載正月勅朕永念黎元務弘愛育所以惠政頻及善貸相仍亦將克致和平登於仁壽如聞流庸之輩漸亦歸復浮食未還其數非廣靜言此色並見其繇蓋爲宰牧等授任親人職在安戢稍有逃逸恥言減耗籍帳之間虛存戶口調賦之際旁及親鄰此弊因循其事自久瘠寮興念良用憮然不有釐革孰致殷阜其承前所有虛掛丁戶應徵租庸課稅令近親鄰保代輸者宜一切並停應合除削各委本道採訪使與外州相知審細簡覆申牒所繇分其逃還復業者務令優恤使得安存縱先爲代輸租庸不在酬還之限是時庸調租等約出絲綿郡縣計三百七十餘萬丁庸調輸絹約七百四十餘萬疋（每丁計兩疋）綿則百八十五萬餘屯（每丁三兩六兩爲屯每兩丁合成一屯也）租粟則七百四十餘萬石（每丁兩石）約出布郡縣計四百五十餘萬丁庸調輸布約千三十五萬餘端（每丁兩端一丈五尺十丁則二十三端也）其租約百九十餘萬丁江南郡縣折納布約五百七十餘萬端（大約八等以下戶計之八等折租每丁三端一丈九等則二端二丈今通以三端爲率也）二百六十餘萬丁江北郡縣納粟約五百二十餘萬石大凡都計租稅庸調每歲錢粟絹綿布等約得五千

二百三十餘萬端疋屯貫石

十四載八月制天下諸郡逃戶有田宅產業妄被人破除并緣欠負租庸先以親鄰買賣及其歸復無所依投永言至此須加安輯應有復業者宜並却還縱已代出租稅亦不在徵陪之限國之役力合均有無比來應定門夫殊非得所每縣中男多者累載方始一差中男少者一周遂役數過既緣偏併豈可因循自今已後諸郡所差門夫宜於當郡縣通率准式約課分配令得均平

代宗廣德元年七月詔一戶之中有三丁放一丁庸

調地稅依舊每畝稅二升天下男子宜二十五歲成丁五十五入老應徵稅租刺史縣令據見在戶徵稅其逃亡絕者不得虛攤鄰保

二年二月制寇戎以來積有年歲徵求數廣凋弊轉深自今已後除正租稅及正勅并度支符外餘一切不在徵科限

永泰元年五月京畿表大稔京兆尹第五琦奏請每十畝官稅一畝效古十一之義從之

二年五月諸道稅地錢使殿中侍御史韋元胤等自諸道使還乾元已來屬天下用兵京師百官俸錢減

耗帝即位推恩庶僚下議公卿或以稅畝有苗者公私減濟乃分遣憲官稅天下地青苗錢以充百司課料至是得錢四百九十萬貫仍以御史大夫爲稅地錢物使歲以爲常均給百官

大曆元年十一月制曰夫從簡之道大易至言薄賦之規前王令範朕志遵儉約務欲息人徵歛無期誠爲勞弊天下百姓除正租庸及軍器所須外不承正勑一切不得輙有科率逃亡失業萍泛無依特宜招綏使安鄉井其逃亡復業者宜給復三年如百姓先貨賣田宅盡者宜委州縣取逃戶死口田宅量丁口充給仍仰縣令親至鄉村安存處置務從樂業以贍資糧王畿之間賦歛尤重百役供億當甚艱辛哀我疲人良深憫念畫徵之稅若自周經未便於人何必行古其什一之稅宜停

四年正月詔曰有司定天下百姓及王公已下每年稅錢分爲九等上上戶四千文上中戶三千五百文上下戶三千文中上戶二千五百文中中戶二千文中下戶一千五百文下上戶一千文下中戶七百文下下戶五百文其見任官一品准上上戶九品准下下戶餘品竝准依此戶等稅若一戶數處任官亦每

處依品納稅其內外官仍據正員及占額內闕者稅其試及同正員文武官不在稅限其百姓有邸店行鋪及爐冶應准式合加本戶二等稅者依此稅數勘責徵納其寄莊戶准舊例從八等戶稅寄住戶從九等戶稅比類百姓事恐不均宜各遞加一等稅其諸色浮客及權時寄住戶等無問有官無官亦所在爲兩等收稅稍殷者准八等戶餘准九等戶如數處有莊田及每處稅諸道將士莊田既緣防禦勤勞不可同百姓例竝一切從九等輸稅

十月勑曰北屬秋霖頗傷苗稼百姓種麥其數非多

如聞村閭不免流散來年稅麥須有優矜其大曆五年夏麥所稅特宜與減常年稅其地總分爲兩等上等每畝稅一斗下等每畝稅五升其荒田如能開佃者一切每畝稅二升令在必行用明大信仍委令長宣示百姓并錄敕牓示村坊要路令知朕意

十二月敕頃以蕃寇猶虞王師未戢所資軍費皆出邦畿征調薦興日加煩重念流亡之後減歲入之租務於惠養冀有蘇息尚聞告病終未安居深用愧悼更息愛郵今關輔諸州墾田漸廣江淮轉漕常數又加計一年之儲有大半之助其餘他稅固可從輕其

京兆來年秋稅宜分作兩等上下各半上等每畝稅一斗下等每畝稅六升其荒田如能佃者宜准今年十月二十九日敕一切每畝稅二升仍委京兆尹及令長一一存撫令知朕意

五年三月定京兆府百姓稅夏稅上田畝稅六升下田畝稅四升秋稅上田畝稅五升下田畝稅三升荒田開佃者畝率二升

八年正月詔諸色丁匠如有情願納貲課代役者每月每人任納錢二千文其青苗地頭錢天下諸州每畝率十五文比以京師煩劇加至三十文自今已後宜准諸州例每畝十五文

册府元龜

巡按福建監察御史臣李嗣京 訂正

知閩縣事臣曹胄臣參閱

知建陽縣事臣黃國琦較釋

邦計部

賦稅第二

唐德宗建中元年正月制自艱難已來徵賦名目繁雜委黜陟使與諸道觀察使刺史作年支兩稅徵納比來新舊徵科色目一切停罷兩稅外輒別率一錢四等官准擅與賦以枉法論其軍府支計等數准大

曆十四年八月七日勑處分

二月發黜陟使分往天下作兩稅之法凡百役之費一錢之斂先度其數而賦於人量出以制入戶無土客以見居爲薄人無丁中以貧富爲差行商者在所部郡縣稅三十之一居人之稅秋夏兩徵之俗有不便者二之餘徵賦悉罷而丁額不廢其田畝之稅率以大曆十四年墾數爲准徵夏稅無過六月秋稅無過十一月違者進退長吏令黜陟使各量風土所宜人戶多少均定其賦稅尚書度支總統焉是年天下兩稅之戶凡三百八萬五千七十有六賦入一千三百五萬六千七十貫斛鹽利不在焉時宰相楊炎初定令式國家有租賦庸調之法開元中玄宗修道德以寛仁爲理本故不爲版籍之書人戶寖溢隄防不禁丁口轉徙非舊名矣田畝移換非舊額矣貧富升降非舊第矣戶部徒以空文總其故書蓋不得當時之實舊制人丁戍邊者蠲其租庸六歲免歸玄宗方事夷狄戍者多死不返邊將怙寵而諱敗不以死申故其貫籍之名不除至天寶中王鉷爲戶口使方務聚斂以丁籍且存則丁身焉往是隱課而不出耳遂案舊籍計除六年之外積徵其家三十年租庸天下之人無告則租庸之法弊久矣迨至德之後天下兵起始以兵役因之饑厲徵求運輸百役並作人戶凋耗版圖空虛軍國之用仰給於度支轉運二使四方大鎮又自給於節度都團練使賦斂之司數四而莫相統攝於是綱目大壞朝廷不能覆諸州四方貢獻悉入內庫權臣猾吏因緣爲姦或公託進獻私爲盜贓者動萬萬計河南山東荆襄劍南有重兵處皆厚自奉養正賦所入無幾吏之職名隨人署置俸給厚薄由其增損故科斂之名凡數百廢者不削重者不去新舊仍積不

知其涯百姓受命而供之瀝膏血鬻親愛旬輸月送無有休息吏因其苛蠶食于人凡富人多丁者率爲官僧以色役免貧人無所入則丁存故課免於上而賦增于下是以天下殘瘁蕩爲浮人鄉居地著者百不四五如是者殆三十年炎因奏對懇言其弊乃請作兩稅法德宗善而行之詔諭中外而掌賦者沮其非利言租庸之令四百餘年舊制不可輕改帝行之不疑天下便之人不土斷而地著賦不加斂而增入版籍不造而得其虛實貪吏不誡而姦無所取自是輕重之權始歸于朝廷炎救時之弊頗有嘉聲也

三年五月淮南節度使陳少遊請於本道兩稅錢每千增二百因詔他道悉如淮南

貞元四年正月制天下兩稅更審定等第仍加三年一定以爲常式

八年四月劍南西川節度使韋皐請加稅十二以增

給官吏從之
五月初增稅京兆青苗畝三錢以給掌閑彍騎
十二年二月虢州刺史崔衍奏所部多是山田且當郵傳衝要屬歲不稔頗有流離舊額賦租特乞蠲減虢居華陝之間而稅重數倍青苗錢華陝之郊畝出十有八而虢之人畝徵七十衍乃上其事時裴延齡領度支方務聚斂乃詰衍以前後刺史無言者衍又上陳人困日久有司不宜以不訴為譴表辭切直有詔乃減虢州青苗錢
十八年十月詔京畿諸縣百姓應今歲青苗錢其中

有便于納粟者計約時估價納之如便于納錢不便于納粟者宜聽委京兆府專督其務如縣令及主吏壅命者懲罰有差國家經計當有儲畜百姓徵賦溥可優矜所期便人亦冀均濟咨爾長吏宜悉朕懷
順宗以貞元二十一年正月即位制天下諸州府應須夫役車牛驢馬腳價之類并以兩稅錢自備不得別有科配仍並依兩稅元勑處分仍永為常式不得擅有諸色榷稅
憲宗元和四年二月度支奏諸州府應上供受稅疋段及留使留州錢物等每年疋段估價稍貴其留使留州錢即闕多是徵納見錢及賤價折納疋段既非齊一有損疲人伏望起元和四年已後據州縣官正料錢數內一半任依京官例徵納見錢支給仍先以郭下兩稅戶合給見錢充如不足即于當州兩稅內據貫均配支給其餘留使州雜給用錢即請各委州府並依送省輕貨中估折納疋段充如本戶稅錢較少不成端疋者並任折納絲綿如舊例徵納雜物斛斗支用者即任准舊例處分其折納疋段定中估仍委州縣精加揀擇如有濫惡所由官并請准今年正月十五日旨條處分應帶節度觀察使州府合送上

都兩稅錢既須差綱發遣其留使錢又配管內諸州供送事頗重疊其諸道留使錢伏請各委節度觀察使先以本州舊額留使及送上都兩稅錢充如不足即於管內諸州兩稅錢內據貫均配其諸州舊額供使錢即請隨夏稅旨限收送上都度支收入次年旨符便為定制伏以諸道兩稅徵斂不常閭井之間頗聞困弊臣今類會如前勑所納疋段并依中估明知加價納物務在利及疲人若更徵剩實錢即是重傷百姓自今已後送省及留使疋段不得剝徵折估錢但委刺史縣令分明告諭令加意織造不得濫惡故

違節級科貶其供軍醬菜等價直令以留州使錢充者亦令見錢疋段塲納仍具每州每使合納見錢數及州縣官俸料納一半見錢數同分析聞奏仍便納入今年旨條以爲常制餘依先是天下方鎮恣意誅求皆以實估斂于人虛估聞於上宰臣裴垍深知其弊俾有司奏請釐革江淮之人今受其賜

五年正月度支奏諸州府見錢准勑宜於管內州據都徵錢數逐貫均配其先不徵見錢州郡不在分配限都配定一州見錢數任刺史着百姓隱便處置其勑文不加減者即准州府所申爲定額如於勑額見

錢外輙擅配一錢及納物不依送省中估刺史縣令錄事參軍節及科貶

六年二月制曰編戶之征旣有藝極字卹之要當恤有無苟徵斂不時則困弊無日近緣諸州送使錢物回充上供合送使者使司又立程限所以每至歲首給用無資不免量抽夏稅新陳未接營辦尤艱委觀察使且以供軍錢方圓借使輙不得量抽百姓夏頁有差先乎任土周弊殊等實在便人近日所徵布帛並先定物樣一例作中估受納精粗不等退換者多轉將貨賣皆致損折其諸道留使留州錢數內綿帛等但有用處隨其高下約中估物價優饒與納則私無棄物官靡逋財其所納見錢仍許五分之中量徵二分餘三分兼納實估疋段

六月命京兆府其兩稅宜以粟麥絲絹折納

十年三月京兆府奏恩勑蠲放百姓兩稅及諸色逋懸等伏以聖慈憂軫疲甿屢蠲逋賦將行久遠實在均平有依倚權豪因循觀望忽逢恩貸全免征銷至于孤弱貧人里胥敦迫及期輸納不敢稽違曠蕩之恩飜不霑及亦有奸猾之輩僥倖爲心時雨稍愆已生覬望競相誘扇因致逋懸若無綱條實恐滋弊自

今後忽逢不稔或有恩蕩伏請每貫每石內分數放免輸納已畢者准數折免來年租稅則恩澤所加強弱普及人知分限自絕奸欺從之諸州府亦准此處分

十一年六月京兆府奏今年諸縣夏稅折納綾絹絁紬絲綿等並請依本縣時價只定上中下等每疋加饒二百文綿每兩加饒十五文絲每兩加饒二十文其下等物不在納限小戶本錢不足任納絲綿斛斗須是本戶如非本戶輙令集買成疋段代納者所由決十五枷項令衆勑旨依奏

十三年正月勅天下諸州府百姓兩稅之外輒不得更有差率已頻申勅尚恐因循宜委御史臺一切糺察其諸道州府因用兵以來或應有權置戍名及擅加科配事非制者一切禁斷准西側近應緣資給軍用權宜榷税經奏請者各委條流停省

十四年四月勅如聞諸道州府長吏等或有本任得替後遂于當處買百姓莊園舍宅或因替代請庇便破除正額兩稅不出差科今後有此色並須依額爲定

穆宗以元和十五年正月即位閏正月戶部侍郎判

度支崔倰奏淄青兖海鄆曹等三道及淛蔡申光等州勘定兩稅錢物斛斗等奉今年正月二十二日勅前件州郡久陷賊廷將定差科切在均一宜令度支郎中趙佶專往與所在觀察使刺史審實勘定聞奏伏以道路遙遠准旨條夏稅六月一日起徵若侍使廻覆奏即蚕桑已過徵稅失時制使或臨又煩勞擾伏請各委本州刺史審量物力約舊配額比類隣州徵稅輕重及土地物產厚薄定兩稅錢物斛斗類並具送上都及留州刺史等額分折聞奏務使平允不得令已後致有申論從之

二月詔天下百姓等自屬艱難棄其鄉井戶部版籍虛繫姓名建中元年已來改革舊制悉歸兩稅法久則弊奸滋益生自今已後宜准例三年一定兩稅非論土著客居但據資產率皆應屬諸軍諸使諸司人等在鄉村及坊市居鋪經紀者宜與百姓一例差科不得妄有影占如有違越所司具所屬司并人名聞奏焉

長慶元年正月制州縣應徵科兩稅榷酒錢內舊額須納見錢數者並任百姓隨所有疋段及斛斗依當處時價送納不得邀索見錢

七月制曰愛人本于省賦雖必在輕國用出于他財又安可闕今淮蔡并山東率三十餘州約數千里須賜可踰于鉅萬給復有至于連年應河南河北等州給復限滿處置宜委所在長吏審詳墾田并桑見定數均輸稅賦兼濟公私每定稅訖具所增加賦申奏其諸道定戶宜委觀察使刺史必加審實務使均平京兆府亦宜准此

敬宗以長慶四年正月即位三月制曰自今已後州府所由戶帳及墾田頃畝宜據見徵稅案爲定申省後戶部類會具單數聞奏仍勅五年一定稅如有逃

亡死損州縣須隨事均補亦仰年終申戶部如有隱
漏委御史臺及所在巡院察訪聞奏天下兩稅及諸
色榷稅等錢弊輕重須有損益亦委中書門下條流
聞奏諸道除正勑率稅外不得擅有諸色榷稅事涉
擾人并宜禁斷及軍屯營種有侵占丁田課役稅戶
者宜委御史臺切加訪察仍限勑到一月內每道各
具所還州縣頃畝分析聞奏
寶曆元年四月制京畿百姓多屬諸軍諸使或戶內
一人在軍其父子兄弟皆不受府縣差役頃者頻有
制勑處分如聞尚未遵行宜委京兆府亦舉明前後

條流聞奏
文宗太和二年二月興元尹王涯奏本府南鄭兩稅
錢額素高每年徵科例多懸欠今請于管內四州均
攤代納二千五百貫文配蓬州七百五十貫果州七
百五十貫通州五百貫邑州五百貫勑旨宜付所司
四年五月劍南西川宣撫使諫議大夫崔戎奏准詔
旨制置劍南西川兩稅舊納見錢今令一半納見錢
一半納當土所在雜物仍于時估之外每貫加饒三
百五文依元估充送省及留州留使支用者今臣與
郭釗商量當道兩稅並納見錢軍中支用及將士官
吏俸依賜並以見錢給付今若一半折納則將士請
受折損較多今請兩稅錢數內三分二分納見錢一
分納疋段及雜物准詔每貫加饒五百文計優饒百
姓一十三萬四千二百四十三貫文成都府及諸縣
并邛雅黎等州蠻寇所經處賦稅三分蠲放一分其
不經賊處亦量減放共計減放一萬七千六百二十
貫文其不經賊處伏緣兩稅先徵見錢今三分已一
分折納雜物計優饒百姓一十三萬餘貫文西川稅
科舊有苗青如茄子薑芋之類每畝或至七八百文
徵斂不時煩擾頗甚今令並省稅名目一切勒停盡

依諸處爲兩限有青苗約立等第頒給戶帖兩稅之
外餘名一切勒停今臣與郭釗商量得報稱已是徵
夏稅之時改法未得先已奏請以今年已後每年冬
于本色苗本額稅中並減一半訖計減放四萬二千
五百四十四貫文臣奉使日伏蒙處置如前可之
五年十一月詔曰鄆曹濮淄青登齊萊兗海沂密等
十二州自頃年收復已來屬中外多故徵賦輕重或
未均平今三道守臣無非循吏百姓安逸流亡盡歸
須于此時立一經制宜令諫議大夫王彥威充勘定
兩稅使仍與令孤楚等審商量其兩稅榷酒及徵物

疋數虛實估價并留州留使上供等錢物斛㪷比類
諸道一一開項分折平均攤配立一定額使人知當
數不可加減廻日具件聞奏
六年九月淄青觀察使王承元奏准旨定徵兩稅五
州共一十九萬三千九百八十九貫淄青自收復後
未有兩稅上供自此始徵是年天平軍奏請起天和
七年歲供兩稅榷酒等錢十五萬貫粟五萬石自元和末勾復李師道十二州朝廷不安反側徵賦所入盡留贍軍至是方歸王府
八年十月興元觀察使請減當府及洋州兩稅錢八
千六百貫文移加果閬渠開等四郡

開成二年二月勑諸州府或遇水旱有欠稅額合供
錢物斛斗委州縣官長設法招携及招戶承佃其錢
陸續填納年終後具歸復填補錢物數聞奏并報度
支
四年十二月邕管經畧使唐弘實奏當管上供兩稅
錢一千四百七十三貫文其見錢請每年附廣州綱
送納勑宜委嶺南西道觀察使每年與受領廻易輕
貨附綱送省其僦運脚錢仍令數內抽折
武宗會昌元年正月制曰租斂有常王制斯在徵率
無藝齊民何依尚外諸州府百姓所種田苗率稅斛
斗素有定額如聞近年長吏不遵條法分外徵求致
使力農之夫轉加困弊亦有每歲差官巡簡勞擾頗
深自今已後州縣每年所徵斛斗一切依元額爲定
不得隨年簡責數外如有陂澤山原百姓或力能墾
闢耕種州縣不得輙問所收苗子五年不在收稅限
五年之外依例收稅於一鄉之中先填貧戶欠闕如
無欠闕即均減衆戶合徵斛斗但令不失元額不得
隨田地頃畝加稅仍委本道觀察使每年秋成之時
具管內墾闢田地頃畝及合徵上供留州使斛斗數
分折聞奏數外有剩納人戶斛斗刺史以下并節級

重加懲貶觀察使奏聽進止仍令出使郎官御史及
度支鹽鐵知院官訪察聞奏
四年七月中書奏諸道百姓所納二稅并留州錢帛
諸物多是虛擡價例其分數並乃不依朝廷須議科
繩當行懲責勑從之
宣宗大中二年正月制諸州府縣等稅納只合先差
優長戶車牛近者多是權要及富豪之家悉請留縣
輸納致使單貧之人却須僱脚般載從今已後其留
縣並須先饒貧下不支濟戶如有違越節級官吏並
加科毆

四月敕曰朕以俗未臻於富庶念每切於黎元衣食罕充旰旻興歎夫百姓田疇地有高低歲有善惡復有水澇即低田不稔稍遇亢旱即高處無苗近聞州縣長吏掩其水旱傷損務求辦集唯于熟苗上加徵將填欠數致使黎元重困惠養全乖自今後州縣百姓有遭水旱苗稼不收處簡驗不虛便准前後敕文破免不得加徵熟田人戶令本配額外重出斛斗

四年正月大赦節文食力之徒須令自濟天下倉場所納斛斗如聞廣索耗物別置一倉斛斗又隨斗納耗物率以爲嘗致疲人轉困職此之由自今委長吏

切加提舉一切依倉部格如有違犯專知官停見任仍殿兩選所由決脊杖二十准法處分所貴利歸農畝耕者不饑其天下諸州府百姓兩稅之外輒不許更有差率已頻申敕尚恐因循宜委御史臺切加糾察如有違犯縣令錄事參軍判官節級科責長吏不存勾當亦委臺司察訪聞奏其諸道州府應所征兩稅疋段等物並留使錢物納疋段等虛實估價及見錢從來皆有定額如聞近日或有虛實於價數內徵實估物又其分數亦不盡依敕條宜委長吏切加遵守苟有違越必議科繩本判及專知官當重懲責

懿宗咸通元年十二月制舊以天下賦租年終勾並或刺史入府或縣令上州所科群胥盡出百姓且官有理所安可擅離物犯贓條何須枉法從今委知彈御史出使郎官凡繫抵違明具論奏仍委預爲條目各遣聞知

梁太祖開平元年既受唐禪兩稅之法咸因唐制

後唐莊宗同光二年二月敕歷代以後除桑田正稅外只有茶鹽銅鐵出山澤之利有商稅之名其餘諸司並無稅額僞朝已來通言雜稅有形之類無稅不加爲弊頗深興怨無已今則軍需尚重國力未充猶

且權宜未能全去見簡天下桑田正稅除三司上供既能無漏則四方雜稅必可盡除仰所司速簡勘天下州府戶口正額墾田實數待憑條理以息煩苛

三年二月敕魏府小菉豆稅每畝與減放三升城內店宅園圃比來無稅頃因僞命遂有配徵後來元將所徵物色添助軍人衣賜將令通濟宜示矜蠲今據緊慢去處於見輸稅絲上每兩作三等酌量納錢貴與充本廻圖收市軍人衣賜其絲永與除放

閏十二月吏部尚書李琪上疏請兩稅不以折納爲事不以紐配爲名止以正稅加納敕本朝徵科唯有

兩稅至于折紐比不施爲宜依李琪所論應逐稅合納錢物斛斗及鹽錢等宜令租庸司指揮並准元徵本色輸納不得更改若有移改須具事由聞奏請下中書門下商量別俟勑旨

明宗初爲監國下教令年夏苗委人戶自供通項畝五家爲保本州具帳送省州縣不得差人簡括如人戶隱欺許人陳告其田倍徵其百姓合散蠶鹽每年抵二月內一度俵散依夏稅限納錢夏秋苗畝稅子除元徵石斗及地頭錢餘外不得紐

天成元年四月勑應納夏秋稅先有省耗每斗一升

起今後只納正錢不得別量省耗其餘芻藁亦不得別加徵耗

三年正月勑諸道秋夏苗只取天成二年舊額徵理

長興元年二月制曰應天下州府各徵秋夏苗稅土地節氣各有早晚訪聞天下州縣官吏于省限前預先徵促致百姓生持送納博買供輸既不利其生民今特議其改革宜令所司更展期限於是戶部奏三京鄴都諸道州府逐年所徵夏秋稅租兼鹽麴折徵諸般錢穀等起徵條流內河南府華耀陝絳鄭孟懷陳齊棣延兗沂徐宿汶申安滑濮澶商襄均房雍許邢鄧雒磁唐隋郢蔡同鄆魏汴潁復曹鄜宋亳蒲等州四十七處節候常早大小麥麴麥豌豆取五月十五日起徵至八月一日納足正稅疋段錢鞋地頭榷麴蠶鹽及諸色折科取六月五日起徵至八月二十日納足幽定鎮滄晉隰慈密青登淄萊邠寧慶衍十六處節候較晚大小麥麴麥豌豆取六月一日起徵至八月十五日納足正稅疋段錢鞋地頭錢榷麴蠶鹽及諸色折科取六月十日起徵至八月二十五日納足并潞澤應威塞軍大同軍振武軍七處節候更晚大小麥豌豆取六月十日起徵至九月納足正稅

疋段錢鞋榷麴錢等取六月二十日起徵至九月納足

三月勑天下州府受納秆草每束納一文足陌每一百束納紐子四莖充積草供使棘針一莖充捺場院其草并柴蒿一束只納一束其細絹絁布綾羅每疋納錢一十文足陌絲綿紬線麻布等每一十兩納耗半兩麻鞋每量納錢一文足陌見錢每貫納錢七文陌省庫受納諸處上供錢物元條流見錢每貫納二文足陌絲綿紬線子每一百兩納耗一兩其諸色疋段並無加耗此後並須依上件則例受納

二年閏五月勑今後諸州府所納稈草每二十束別納加耗一束充塲司耗折其每束上舊納盤纏錢一文仰官典同供繫署一一分明上曆至納遣了絕已來公使不得輙將出外分張破使

六月詔曰務穡勸分前賢之令範裒多益寡往聖之格言比者諸道賦稅一定數額廣種不編於帳案頻逼恐撓于鄉村如聞不逮之家困於輸納爰議有餘之戶共與均攤貴表一時之恩不作常年之例宜委諸道觀察使於屬縣每村定有力戶一人充村長於村人議有力人戶出剩田苗補下貧不迨頃畝自肯

者即具狀徵收有詞者即排段簡括便自今年起爲定額

三年三月三司使奏諸道上供稅物充兵士衣賜不足其天下兩稅所納斛𣁾及錢除支贍外請依時估折納綾羅綿絹從之

末帝清泰三年鎮州董溫琪以旱苗不迨舊籍欲於諸縣均攤從之

晉高祖天福元年閏十一月勑應諸道州府所徵百姓正稅斛𣁾錢帛等除關係省司文帳外所在州府並不得褁私增添紐配租物

三年十一月晉昌軍節度使李周奏發長安縣主簿李瑚齎表到闕以境內人戶群集簡苗不得欲只於見苗上增添可之

四年二月詔曰朕自臨區夏每念蒸黎嘗夜思而晝行冀時康而俗阜其如干戈乍息瘡痏猶多由是疚懷不能安席復又車徒甚衆廩藏方虛雖賦租未暇於矜蠲而煩擾當行于禁止俾除暴斂式洽群心應郡守藩侯不得擅加賦役及縣邑別立監徵所納田租委人戶自量自槩

七年十一月禮部郎中李爲光上封事爲諸州府倉

塲逐年所納百姓秋夏租加耗頗多乞行條理庶得遠近舒蘇勑曰朕自居藩邸每務躬親稟先帝之聖謨見萬方之庶政洎登宸極思致時康屬蝗旱爲災耕桑失業顧惟寡昧深軫焦勞舉一食思稼穡之艱難行一事期黎民之蘇息爲先清朝名士朱邸舊僚深窮蠹政之源備得養民之本況藩侯郡牧察俗觀風必能副冲人委仗之心駐疲俗逋逃之足明行條制俾絕侵漁使稅額無虧戶口獲濟斯爲急務要在須行便可散下諸州嚴誡主者盡令遵守無致因循徧緊惠養之功共致昇平之運仍付所司

周太祖廣順元年七月勑秋夏徵賦素有常規苟或催督及時官吏奉法自然辦及不至愆期前後所行條流頗甚苛細殊虧大體且類空言空有改更以示懲勸起今後秋夏徵賦省限滿後十分係欠三分者縣令主簿罰一百直勒停錄事參軍本曹官罰七十直殿兩選孔目官罰七十直降職次本孔目勾押官典决停本判官罰七十直若係欠三分已上奏取進止係欠三分巳下者等第科斷殿罰其州縣徵科節級所由委本州重行决責其本判官錄事參軍本曹官孔目勾押官典取一州都徵上比較縣令主簿即

本縣都徵上比較分數州縣官吏等各處員寮司分寄任所徵賦稅乃是職司苟或慢公何以食祿將勸能吏仍立賞科應諸州縣令錄佐官在任徵科依省限了絕者至參選日若是四選巳上者減一選若不及四選者則與轉官其巳前所行賞罰條流一切不行

二年二月宣徽院言維京留司奏莊宅等六司夏秋稅額頃畝地土園林亭殿房室水磑什物係籍者莊宅司諸巡元額定夏秋稅定是百姓係稅戶千三百五十七內侍省諸巡戶四百六十三宮苑司三巡戶二百九十七內園兩巡戶三百二十七並屬諸縣界廣德宮弁苑昇平宮等勑莊宅司內侍省宮苑司內園等四司所管諸巡係稅人戶宜據逐縣界分割並還本縣管屬依例賦稅巡司所置節級所由名目並停廢其諸司所有行從諸莊及園林亭殿房舍什物課利等仍令逐司依舊收管廣德昇平二宮並廢宮額隷莊宅司管係

十一月勑累朝巳來用兵不息至於繕治甲冑未免配歛生靈取乃民資助成軍器就中皮革尤峻科刑稍犯嚴條皆抵極典鄉縣以之生事奸猾得以侵漁

空立新規用革前弊應天下所納牛皮今將逐年所納數三分內減放二分其一分於人戶苗畝上配定每秋夏苗共十頃納連角牛皮一張其黃牛納乾筋四兩水牛半斤犢子不在納限其皮人戶自詣本州送納所司不得邀難所有牛馬騾皮筋角今後官中更不禁斷並許私家供使買賣只不得將出化外蕃境仍仰關津界首仔細覺察捕捉所犯人必加深罪其州縣先置巡簡牛皮節級及朝廷先降條法一切停廢其合分擘納黃牛水牛皮筋處其間有未盡事件委所司取便處分庶免編民犯禁且使人戶資家

既便公私用除苛弊
三年正月勑青州在城及諸縣鎮鄉村人戶等朕臨
御已來安民是切務除疾苦俾逐蘇舒據知州閤門
使張凝近奏陳八事於人不便積久相承宜降指揮
並從改正其一屬州營田後槽兩務所管課利斛斗
錢物人戶牛具屯官等宜並割屬州縣官舊額稅課
其務及職員並廢其課額內有紅花紫草菜淀麻等
據時估納錢折絲絹亦不得其係官桑土牛具什物
並賜見佃人為永業其城郭內宅舍房店奏取進止
其秋夏納稅疋段不成端疋者許人戶合端疋不得

以零尺納錢其疋並須本色不得邀納價錢改換色
目如省司品配不在此限其二省司元納夏秋稅疋
段每疋納十錢每貫七錢絲綿細線每十兩納耗半
兩糧食每石耗一斗八錢蒿草每十束耗一束錢五
分鞋每兩一錢此外別無配率今後青州所管州縣
並依省司則例供輸如違罪無輕恕其三劉銖在任
時於苗畝上每畝徵車脚錢每項配柴炭今後並止
絕其四州司每年配和買稈草及苦營草今後並止
絕如有闕三司指揮及五所徵食鹽錢每貫別納脚
錢今後止絕其六別徵進奏院糧課錢及遞鋪錢鞋
分配縣鎮今後並止絕要即於州司公用錢內支遣
其七州司配徵哎馬藥及洮配藥又縣鎮科配石炭
紅花紫草今後並止絕不得配率又州司于夏苗上
配納麥麪今後據州合用多少量于近縣配納不得
遍據諸縣其八舊例州縣供納夏秋租稅皆畢須追
人吏到州勘會此後止絕稅無欠少不得追集縣吏
已前事件已降宣命處分其屬郡淄登萊等州如有
前項舊弊亦依青州例施行
是月昭義言諸縣欠去年秋稅乞折納錢絹從之
世宗顯德三年十月勑曰齊州管內元于秋苗上係

配蠶鹽謂之察頭鹽每一石徵錢三千文苗畝雖減
於舊時鹽數不後於往日且聞黎庶頗亦艱辛其滄
棣濱淄青五州管內所請蠶鹽每一石徵絹一疋地
里相接苦樂頓殊輸輕者量與增添賦重者時宜獨
減庶無偏黨用示均平其齊州所納鹽價錢特與減
放一半只徵一千五百文其滄棣濱淄青等州每鹽
一石舊徵絹一疋起來年後加一疋
是月宣三司指揮諸道州府今後夏稅以六月一日
起徵秋稅以十月一日起徵永為定制
五年十月命左散騎常侍艾頴等三十四人使于諸

州簡定民租

六年春諸道使臣廻總計簡到戸二百三十萬九千八百一十二定墾田一百八萬五千八百三十四頃

淮南郡縣不在此數

巡按福建監察御史臣李嗣京　訂正
知甌寧縣事臣孫以敬參閱
知建陽縣事臣黄國琦較釋

邦計部七

蠲復

古者使民以時賦調有數葢以傋國用均民力也其或天災流行水旱作沴兵革之後必有内年故哀其疾苦而有復除之制周禮小司徒稽國中及四郊都鄙之夫家九比之數以辨老幼貴賤癈疾凡政之施

舍者賢者能者豫之傳亦載楚左司馬沈尹戍師都君子與王馬之屬以濟師此又在都邑之士有復除者也其後或王者之里行幸所過給軍之勞苦疾疫之灾及吏民之産子孝弟力田者有時蠲之晁錯所謂德澤加于萬民民愈勤農民不困乏天下安寧歲孰且美則民大富樂矣愛人之道斯爲最焉

秦始皇三十五年徙三萬家驪邑五萬家雲陽皆復不事十歲

漢高祖二年詔曰蜀漢民給軍事勞苦復勿租稅二歲（復者除其賦役也）關中卒從軍者復加一歲

五年詔曰諸侯子在關中者復之十二歲其歸者半之非士大夫巳下皆復其身及戶勿事（不輸戶賦也復其身及一戶之田皆不從賦也）

七年春令民産子復勿事二歲（勿事不役使也）

八年三月令吏卒從軍至平城及守城邑者皆復終身勿事

十一年四月令豐人徙關中者皆復終身

六月令士卒從入蜀漢關中者皆復終身

十二年十月高帝破淮南王布還過沛留置酒沛宮帝擊筑歌大風之詩慷慨傷懷泣數行下謂沛父兄

曰遊子悲故鄉吾雖都關中萬歲之後吾魂魄猶思沛且朕自沛公以誅暴逆遂有天下其以沛爲朕湯沐邑其民世世無有所與沛父兄曰沛幸復豐未得唯陛下哀矜乃并復豐

惠帝元年五月詔曰吏所以治民也能盡其治則民賴之故重其祿所以爲民也今吏六百石以上父母妻子與同居及故吏當佩將軍都尉印將兵及佩二千石官印者家唯給軍賦他無有所與

四年正月舉民孝弟力田者復其身

文帝時晁錯奏言陛下幸使天下入粟塞下拜爵甚

大惠也切恐塞卒之食不足用大滞天下粟邊食足以支五歲可令入粟郡縣矣 入諸郡縣以備凶灾也 足支一歲已上時可赦勿收農民租如此德澤加于萬民民愈勤農時有軍役遭水旱民不困乏天下安寧歲熟且美則民大富樂矣帝復從其言乃下詔賜民十二年租稅之半

二年正月詔貸種食未入入未備者皆赦之 種者五谷之種也食者所以為粮食

九月詔曰農天下之大本也民所恃以生也而民或不務本而事末故生不遂 衣食絕致有夭喪故不遂其生 朕憂其然

故今兹親率農以勸之其賜天下民今年田租之半

二年五月帝幸太原復晉陽中都民三歲租

十三年六月詔曰農天下之本務莫大焉今廑身從事 廑古勤字 而有租稅之賦是謂本末者無以異也 本農也末賈也言農與賈俱出租無異也故除田租 其于勸農之道未備其除田之租稅

武帝建元元年二月赦天下賜民爵一級年八十復二算九十復田卒 二算復二口之算也復田卒不豫革車之賦也

元封四年十月行幸雍通回中道北出蕭關歷獨鹿鳴澤自代還賜安定高平縣朝那縣涿郡道縣三縣及楊氏皆毋出今年租稅 楊氏河東聚邑名

天漢三年三月行幸大山還幸北地詔行所過毋出田租

昭帝始元二年秋八月詔曰往年災害多今年蠶麥傷所賑貸種食勿收責毋令民出今年田租

元鳳三年詔曰乃者民被水災頗匱於食朕虛倉廩使使者賑困乏其止四年毋漕三年以前所賑貸非丞相御史所請邊郡受牛者勿收責 武帝始開三邊徙民屯田皆與犂牛後丞責御史間有所請役使後勅自上所賜與勿收相承相所請乃令其償稅耳

宣帝本始三年五月大旱郡國傷旱甚者民勿出租賦三輔民就賤者且毋收事盡四年 收謂租賦事謂役使盡本始四年而止

四年四月郡國地震或山崩詔被地震壞敗甚者勿收稅賦

元康二年五月詔曰今天下頗被疾疫之災朕甚愍之其令郡國被災甚者毋出今年租賦

四年詔復平陽侯曹參玄孫之孫杜陵公乘喜家 諸後家皆世世無所與傳傳同產子

元帝初元元年三月行幸河東祠后土行所過毋出

租賦

四月詔曰關東今年穀不登民多困乏其令郡國被災害甚者毋出租賦

永光元年正月行幸甘泉郊泰畤行所過毋出租賦

成帝建始元年十二月詔郡國被災什四已上毋收田租

三年三月赦諸逋租賦所賑貸勿收

河平四年正月赦天下諸逋稅賦勿收

鴻嘉元年二月詔逋貸未入者勿收

四年春正月詔曰數敕有司務行寬大而禁苛暴迄

今不改一人有辜舉宗拘繫農夫失業怨恨者衆傷害和氣水旱為災關東流冗者衆（冗散失其事業也）青幽冀部尤劇朕甚痛焉未聞在位有惻然者孰當助朕憂之已遣使者循行郡國被災害什四以上民貲不滿三萬勿出租賦逋貸未入皆勿收流民欲入關輒籍內（錄其名籍而內之）所之郡國謹遇以禮務有全活之恩稱朕意

永始四年三月幸河東祠后土行所過無出田租

哀帝綏和三年秋詔河南潁川郡大水流殺人民壞廬舍其令水所傷縣邑及他郡國災害什四已上民貲不滿十萬皆無出今年租賦

平帝元始元年六月復貞婦鄉一人（每鄉一人取其尤最者）

後漢光武建武五年十二月復濟陽二年徭役（洛陽縣故城在今曹州宛句縣西南光武考南頓君初為濟陽令以哀帝建平六年帝生于濟陽宮故復）

六年正月改舂陵鄉為章陵縣世世復徭役比豐沛無有所豫（高祖豐沛邑人故世世給復光武舂陵人故比之）

十九年九月光武南巡狩幸南陽進幸汝南南頓縣舍置酒會賜吏人復南頓田租歲父老前叩頭言皇考居此日久陛下識知寺舍（寺司也官府所止皆曰寺）每來輒加厚恩願賜復十年帝曰天下重器常恐不任日復一

日安敢期十歲乎吏人又言陛下實惜之何言謙也帝大笑復增一歲

二十年復濟陽縣徭役六歲

二十二年九月戊辰地震制詔曰日者地震南陽尤甚其口賦逋稅而廬宅尤破壞者無收責（漢儀注曰人年十五至五十六出賦錢人一百二十為一算又七歲至十四出口錢人二十以供天子至武帝時又口加三錢以補軍騎馬逋稅謂欠田租也）

三十年七月幸魯國復濟陽縣是年徭役

中元元年二月封泰山四月大赦天下復嬴博梁父奉高（四縣屬泰山郡）勿出今年田租芻稾

十一月復濟陽南頓是年徭役

明帝中元二年二月卽位九月赦隴西勿收今年租調又所發天水三千人亦復是歲更賦更謂戍卒更相代也賦謂僱更之錢也更有三品有卒更有踐更有過更古正卒無常人皆當迭爲之有一月一更是爲卒更貧者欲得僱更錢次直者出錢僱之月二千是爲踐更古者天下人皆當戍邊三日亦名爲更不可人人自行三日戍當行者不可往也卽還因任一歲次直者出錢三百僱之謂之過更

永平五年十月行幸鄴與趙王栩會鄴常山二老言於帝曰上生於元氏願蒙優復詔曰豐沛濟陽受命所由加恩報德適其宜也今永平之政百姓怨結而吏人求復令人愧笑重逆此縣之拳拳其復元氏縣田租更賦六歲勞賜縣掾吏及門闌走卒五百鈴下侍閤門闌

部置街里走卒皆有程品多少隨所典令

九年三月詔郡國死罪囚減罪與妻子詣五原朔方占着所在死者皆賜妻父若男同產一人復終身其妻無父兄獨有母者賜其母錢六萬又復其口算

和帝永元四年十二月詔令年郡國秋稼爲旱蝗所傷其什四已上勿收田租芻藁有不滿者以實除之所損什不滿二者以見損除也

六年三月庚寅詔流民欲就賤還歸者復一歲田租更賦

九年六月蝗旱詔今年秋稼爲蝗虫所傷皆勿受租更芻藁若有所損失以實除之餘當收租者亦半入

十三年九月壬子詔曰荊州比歲不節今此淫水爲害平地出水爲淫水餘雖頗登而多不均決深惟四民農食之本惨然懷矜其令天下半入今年田租芻藁有宜以實除者如故事貧民假種食皆勿收責

十四年七月甲寅詔復象林縣更賦田租芻藁二歲

十月甲申詔兗豫州今年水雨淫過多傷農功其令被害什四已上皆半入田租芻藁其不滿者以實除之

十六年七月辛巳詔令天下皆半入今年田租芻藁

其被災害者以實除之及田租芻藁皆勿收責

安帝永初四年正月丁卯詔以三輔比遭寇亂人庶流宂除三年逋租過更口算芻藁

七年八月詔郡國被蝗傷稼十五已上勿收今年田租不滿者以實除之

元初元年十月乙卯詔除三輔三歲田租更賦口算

建光元年十一月詔今年田租其被災甚者勿收口賦丙午詔京師及郡國被水雨傷稼者隨頃畝減田租

延光元年京師及郡國二十七雨水大風殺人詔田

被淹傷者一切勿收田租
三年三月東巡狩祠南頓君光武皇帝于濟陽復濟陽今年田租芻槀
四年六月少帝北鄉侯詔先帝巡狩所幸皆半入今年田租
順帝永建元年十月甲辰詔以疫癘水潦令人半輸今年田租傷害什四已上勿收責不滿者以實除之
三年正月丙子漢陽地陷裂乙未詔勿收漢陽今年田租口賦
五年四月辛巳詔郡國貧人被災者勿收責今年過

更
六年十一月辛亥詔曰連年災潦冀部尤甚比蠲除傷實贍恤窮匱而百姓猶有棄業流亡不絕疑郡國用心怠惰恩澤不宜易美損上益下書稱安民則惠令其冀部勿收今年田租芻槀
陽嘉元年三月大赦廩冀州尤貧民勿收今年更租口賦
永和三年二月乙亥京師及金城隴西地震二郡山崩摧地陷戊戌遣光祿大夫按行金城隴西賜壓死者除今年田租尤甚者勿收口賦

四年八月大原郡旱民庶流冗癸丑遣光祿大夫按行除更賦
桓帝建和元年正月戊午大赦災害所傷什四已上勿收田租其不滿者以實除之
永壽元年六月詔泰山琅邪遇賊者勿收田租復更算三年
延熹九年正月詔曰比歲不登人多饑窮又有水旱疾疫之困盜賊徵發南州尤甚災異日食譴告累至亂政在予仍獲咎徵其令大司農絕今歲調度徵求及前年所調未畢者勿復收責其災旱盜賊之郡勿

收餘郡悉半入
永康元年復博陵河間二郡比豐沛（河間桓帝祖所封博陵桓帝父蠡吾侯冢陵在此）
靈帝熹平四年四月郡國七大水六月弘農三輔螟令郡國遇災者減田租之半其傷害什四已上勿收責
光和六年二月復長陵縣比豐沛（高祖陵名長陵也）
獻帝建安二十四年十一月孫權定荊州盡除荊州民租稅
魏文帝以漢延康元年七月甲午南征至譙令曰先

王皆樂其所生禮不忘其本譙霸王之邦真人本出
其復譙租稅二年
黃初二年正月壬午復頴川郡一年田租詔曰頴川
先帝所由起兵征伐也官渡之役四方瓦解遠近顧
望而此郡守義丁壯荷戈老弱負糧昔漢祖以秦中
爲國本光武恃河内爲王基今朕復於此登壇受禪
其以此郡翼成大魏
明帝青龍元年正月甲申青龍見郟之摩陂井中二
月改元改摩陂爲龍陂賜鰥寡孤獨無出今年租賦
陳留王景元四年十二月以蜀劉禪降癸丑特赦益

州士民復除租賦之半
咸熙元年十月詔勸募蜀人能内移者給廩二年復
除二十歲
吳大帝嘉禾三年正月詔曰兵久不輟民困於役歲
或不登其寬諸逋勿復督課
晉武帝泰始元年十二月即位大赦復天下租賦及
關市稅一年
六年七月丁酉復隴右五郡遇寇害者租賦
七年閏五月詔交阯三郡南中諸郡無出今年戶調
八年六月丙申詔復隴右四郡遇寇害者租賦

咸寧元年二月以將士應已娶者多家有五女者給
復
太康元年五月詔吳將吏渡江復十年百姓及百工
復二十年十月除五女復
三年十二月丙申詔四方水旱甚者無出田租
四年七月丙寅兖州大水復其田租
五年七月減天下戶課三分之一
六年正月庚申朔以比歲不登免租貸宿負八月減
百姓綿絹三分之一
惠帝永平元年五月壬午除天下戶調綿絹

成帝咸和四年七月詔復遭賊郡縣租稅三年
咸康二年三月旱詔免所旱郡縣徭役
六年十一月癸卯復琅邪比漢豐沛（琅邪元帝本封）
孝武寧康二年四月壬戌詔吳義興晉陵及會稽遭
水之縣尤甚者全除一年租布其次聽除半年
大元四年正月辛酉大赦郡縣遭水旱者減租稅
五年五月以比歲荒儉大赦自大元三年以前逋租
宿債皆蠲除之
宋高祖永初元年八月戊辰詔曰彭沛下邳三郡首
事所基情義繾綣事由情獎今昔所同彭城桑梓本

鄉加隆依在優復之制宜同豐沛彭沛下邳可復租
布三十年
文帝元嘉元年八月丁酉即位大赦天下逋租宿債
勿復收己酉詔減荆湘三州今年租布之半
四年三月行幸丹徒謁京陵詔曰丹徒桑梓綢繆大
業攸始踐境永懷觸感罔極昔漢章南巡加恩元氏
况情義二三有兼曩日思播遺澤醻慰士民其蠲此
縣今年租
十七年十一月丁亥詔曰前所給揚南徐二州百姓
田糧種子兗兩豫青徐諸州比年所寬租穀應督入

者悉除半今年有不收處都原之凡諸逋債優量申
減又州郡估稅所在市調多有煩刻山澤之利猶或
禁斷役召之品遂及稚弱諸如此比傷治害民自今
咸依法令務盡優允如有不便即依事別言不得苟
趣一時以乖隱邺之旨主者明加宣下稱朕意焉
二十四年正月甲戌大赦蠲建康秣陵二縣今年田
租之半
二十六年三月丁巳以行幸丹徒謁京陵詔復丹徒
縣僑舊今歲租布之半行所經縣蠲田租半年乙丑
申南北沛下邳三郡復

二十八年魏人自盱眙奔走癸酉詔曰獯玁孔熾難
及數州睠言念之鑒寐興悼凶羯痍挫逝跡遠奔彫
傷之民宜時振理凡遭寇賊郡縣令還復居業封屍
掩骼賑贍饑流東作方始務盡勸課貸給之宜事從
優厚其流寓江淮者並聽即屬并蠲復調稅
孝武帝以元嘉三十年五月甲戌即位甲午曲赦京
邑二百里內并蠲今年租稅新亭戰亡者復同京城
蠲尋陽西陽郡租布三年
孝建元年七月丙辰大赦逋租宿債勿復收曲赦京
邑三百里

三年制荆徐兗豫雍青冀七州統內家有馬一疋者
蠲復一丁
大明三年二月荆州饑三月申原田租布各有差
四月竟陵王誕反於廣陵車駕出頓宣武堂
七月己巳斬誕辛未大赦王畿下貧乏家近行頓所
由並蠲租一年
四年正月乙亥躬耕籍田大赦原除逋租宿債
五年二月癸巳詔伐蠻之家蠲租稅之半
六年四月庚申詔原除南兗州大明三年已前逋租
八月癸亥詔原除大明四年已前逋租

十年二月甲寅巡南豫南兗二州丙辰赦令行幸所
無出今歲租布其逋稅餘債勿復收蠲歷陽郡租輸
三年
十二月丙午行幸歷陽郡甲寅大赦蠲郡租十年
前廢帝以大明八年閏五月庚申即位十月庚辰詔
原除揚南徐州大明七年租
景和元年八月丙辰原除吳興義興晉陵琅琊五郡
大明八年已前逋租
明帝泰始二年十一月丙申制東土經荒流散並各
還本蠲衆調

四年四月巳卯詔減郡縣田租之半
後廢帝元徽二年五月壬子江州刺史桂陽王休範
反齊王蕭道成等討平之戊戌原除江州逋債其有
課非常調役爲民蠹者悉皆蠲停
三年四月遣尚書郎到諸州檢括民戶窮老尤貧者
蠲除課調丁壯猶有生業隨宜寬申貲財足以充限
者督令結畢
四年七月戊子南徐州刺史建平王景素據京師反
討平之丙申原京邑二縣元年已前逋租
順帝昇平元年七月雍州大水八月壬子遣使賑䘏
蠲除稅調丁卯原除元年已前逋調復郡縣祿田
二年二月戊子蠲雍州緣沔居民前被水災者租布
南齊高帝建元三年七月丁巳詔南蘭陵桑梓本郡
長蠲租布武進王業所基復十年又詔二年吳義興
二郡遭水減今年田租
二年二月甲午詔江西北民遭難流徙者制遣還本
蠲今年租稅
十月原建元已前逋租
三年六月大赦逋租宿債除減有差
四年二月詔元年已前逋債皆原除

武帝以建元四年三月壬戌即位癸酉詔曰城直之
制（城直言取財直以修城也）歷代宜同頃歲逋弛遂以萬計雖在
憲宜徵而原心可亮積年逋城可悉原蕩自茲以後
申舊科有違糾裁
六月壬辰詔曰吳興義興遭水蠲除租調
永明元年三月癸丑詔逋負督贓建元四年三月已
前皆特除
四年閏正月辛亥躬耕籍田詔曰諸逋負在三年已
前尤窮弊者一皆蠲除
五年七月戊申詔曰丹陽屬縣建元四年已來至永

明三年所逋租旅為不少京甸之內宜加優貸其中非貲者可悉原停

八月乙亥詔今夏雨水吳興義興二郡田農多傷詳蠲租調丙午詔尤貧之家可蠲三調二年

六年閏十月乙卯詔曰北兗北徐豫司雍青冀八州邊接疆埸民多懸罄原永明以前所逋租調

七年正月戊申詔曰雍州頻歲戎役兼水旱爲弊原四年巳前逋租

八年七月癸丑詔曰司雍二州比歲不稔雍州八年巳前司州七年巳前逋租悉原汝南一郡復限更申

五年十月原建元以前逋租

九年八月吳興義興大水乙卯蠲二郡租

十年正月戊午詔諸責負衆逋七年巳前悉原除高貲不在此例

十一年七月詔曰水旱爲災實傷農稼江淮之間倉廩既虛遂草竊充斥互相侵奪依阻山湖成此逋逃曲赦南北兗豫司徐五州南豫州之歷陽譙臨江廬江四郡三調衆逋宿債並同原除其緣淮及青冀新附僑民復除巳訖更申五年

鬱林王以永明十一年七月戊寅即位癸未凡逋三調及衆責在今七月二十日前悉同蠲除

明帝建武元年十月癸亥即位詔逋租宿債換負官物在建武元年以前悉原除之

二年三月戊申詔南徐州僑舊民丁多充戎旅蠲今年三課巳未詔雍豫司南兗徐五州遇寇之家悉停今年租調丙寅停青州麥租

十二月丁酉詔吳晉陵二郡失稔之鄉蠲三調有差

四年正月庚午詔曰民產子者蠲其父母調役一年新婚者蠲夫役一年

永泰元年正月癸未朔大赦逋租宿債在四年之前

皆悉原除三月丙午蠲雍州遇魏軍之縣租布

東昏侯永元元年六月甲子詔原雍州刺史今年三調

八月乙巳蠲京邑遇水資財漂蕩者今年調稅

和帝中興元年三月乙巳即位于江陵四月戊辰詔曰荆雍義舉所基實始王迹君子勞心細人盡力宜加酬獎副其乃誠凡東討衆軍及諸嚮義之衆可普復除

梁高祖天監元年四月丙寅即位赦逋布口錢宿債勿復收是歲復南蘭陵武進縣依前代之科（蘭陵帝所生地）

二年六月丁亥詔以東陽信安豐安三縣水潦漂損居民資業遣使周履量蠲課調

十年六月辛酉復建修二陵週迴五里内居民

十六年正月辛未親祠南郊詔尤貧之家勿收今年三調

普通元年正月乙亥朔大赦尤貧之家勿收常調

二年正月辛巳親祠南郊詔尤貧之家勿收租賦

六年三月丙午賜新附民長復除

大通元年春正月辛未詔曰欽奉時事虔薦蒼璧思承天德惠此下民凡因事去土流移他境者竝聽復

宅業蠲役五年尤貧之家勿收三調

大同元年十一月癸亥賜梁州歸附者復除長差

四年八月甲辰詔南兗北徐西徐東徐青冀南北青武仁僮睢等一十二州旣經饑饉曲赦逋租宿債勿收今年三調

七年正月辛巳親祠南郊赦天下其有流移及失桑梓者各還田宅蠲課五年

十一月丁丑詔曰民之多幸國之不幸恩澤屢加彌長奸盜朕亦知此之爲病矣如不優弘非仁人之心凡厥嗇耗逋負起今七年十一月九日昧爽巳前在民間無問多少言上尚書督所未入者皆赦除之

十年三月甲午幸蘭陵詣建陵至脩陵壬寅詔所經縣邑竝無出今年租賦監所責民蠲復二年

九月巳丑詔其有因饑逐食離鄉去土悉聽復業蠲課五年

中大同元年三月乙巳赦其或爲事逃叛流移困饑亡鄉失土可聽復業蠲課五年停其徭役其被拘之身各還本郡舊業若在皆悉還之

太清元年正月辛酉親祠南郊大赦天下尤窮者無出即年租流移他鄉聽復宅業蠲課五年

元帝承聖二年二月庚午詔曰食乃民天農爲治本垂之千載貽諸百王莫不敬授民時躬耕帝籍是以稼穡爲寶周頌嘉其樂章禾麥不成魯史書其方册秦人有耕力之科漢氏開屯田之利頃歲屯否多難薦臻干戈不戢我則未暇廣田之令無聞於郡國載師之職有陋于官方今元惡殄殲海内方一其庇黔首庶拯橫流一廛曠務勞心日昃一夫廢業舄鹵無遺國富刑清家給民足其力田之身在所蠲免外即宣勅稱朕意焉

陳高祖永定元年十一月乙亥即位大赦天下逋租

宿債皆復勿收
二年十月甲寅太極殿成匠各給復
文帝天嘉元年二月乙亥詔曰日者凶渠肆虐衆軍
進討舟艦輸積權倩民丁師出經時役勞日久今氛
祲廓清宜有甄被可蠲復丁身夫妻三年于役不幸
者復其妻子
宣帝大建元年秋七月甲申詔曰懷遠以德抑惟嘗
典去戎即華民之本志頃年江介襁負相隨崎嶇歸
化亭候不絕宜加卹養答其誠心經是荒境自拔有
在都邑及諸州鎮不問遠近並蠲課役

四年八月乙未詔停督湘江州逋租無錫等十五縣
流民並蠲其徭賦
閏十月辛未詔曰姑熟饒曠荊州河漸擬博望關畿
天限嚴峻龍山南指牛渚北臨對熊繹之餘城迥全
琮之故壘良疇美拓畦畎相望連宇高甍阡陌如繡
自梁永兵災彫殘略盡比雖務優寬猶未克復咫尺
封畿宜須殷阜且衆將部下多寄上下軍民雜俗極
爲蠹耗自今有罷任之徒許分留部下其已在江外
亦悉迥還任南州津裏安置有無交貨不責市估萊
荒墾闢亦停租稅臺遣鎮監一人共刺史津主分明
撿押出地賦田各立頓舍
六年三月癸亥詔曰去歲南川頗言失稔所督田租
于今未即豫章等六部大建五年四租可申半至秋
豫章又逋大建四年撿首田租亦申至秋南康一嶺
下應接民間尤弊大建四年田租未入者可特原除
庶修墾無廢歲取萬貫
十一月乙亥詔北討行軍之所並給復十年
八年二月丁丑詔江東道大建五年已前租稅夏調
逋在民間者皆原除之
九年五月丙子詔曰朕昧旦求衣日旰方食思弘億

兆用臻俾乂而牧守蒞民廉平未洽嘗年租賦多罝
逋餘即此務豐宜弘寛省可起大建巳來訖八年流
移叛戶所帶租調七年八年叛軍丁六年七年逋租
田米粟夏調綿絹絲布帛等五年訖七年通貲絹皆
悉原之
十二年十一月巳丑詔以亢旱傷農畿內爲甚其丹
陽等十郡并諸署卽年田稅祿秩並令原半其丁租
申至來年秋登
後主至德二年十月巳酉詔曰耕井自足乃曰淳風
貢賦之典其來尚矣蓋由瘦極務不獲巳而行焉但

法令滋章奸盜多有俗尚澆詐政𡚁惟良朕日旰夜
分矜一物之失所泣辜罪巳愧三千之未措望訂初
下使族蔭兼出如聞貧富均起單弱重𡚁斯豈振窮
扇暍之意與是乃下吏箕斂之苛也故云百姓不足
君孰與足自大建十四年望訂租調逋未入者並悉
原除餘具閏位戒勵門
禎明元年三月丁卯詔至德元年望訂租調逋未入
者并皆原之

冊府元龜邦計部蠲復　卷之四百八十九　二十三

冊府元龜

巡按福建監察御史臣李嗣京　訂正

新建縣舉人臣戴國士參閱

知建陽縣事臣黃國琦較釋

邦計部八

蠲復

後魏道武天興元年正月車駕自鄴還中山詔大軍所經州郡復貲租一年山東民租賦之半

二年八月除州郡民租賦之半

明元神瑞二年六月幸赤城復租一半南次石亭幸

上谷復田租之半七月還宮復所過田租之半

泰常二年十一月復州租稅 臣欽若等曰史失州名

三年三月詔以范陽去年水復其租稅八月鴈門河内大雨水復其租稅

四年四月南巡狩幸鴈門賜所過無出今年租賦五月朔觀漁于壘水車駕還復一年租稅八月辛未東巡甲申車駕還宮所過復一年田租

七年九月幸嶠十月車駕還宮復所過田租之半

太武初即位南州大水百姓阻饑劉潔奏加哀矜帝從之於是復天下一歲租賦

始光四年十二月行幸中山復所過田租之半

神䴥三年十一月帝幸紐城赦秦雍之民賜復七年

四年二月平赫連定還宮戰士賜復十年

延和三年二月詔曰朕承統之始群凶縱逸西方未賓所在逆僭蠕蠕陸梁於漠北鐵佛肆虐於三秦是以旰食忘寢抵掌扼腕期在掃清逋殘寧濟萬寓故頻年屢征有事西北運輸之役百姓勤勞廢失農業遭罹水旱致使生民貧富不均未得家給人足或有寒窮不能自贍者朕甚愍焉今四方順軌兵革漸寧宜寬徭賦與民休息其令州郡縣隱括貧富以爲三

級其富者租賦如常中者復二年下窮者復三年刺史守宰當務盡平不得阿容以罔政治明相宣約咸使聞知

大延三年二月行幸幽州還幸上谷遂至代所過復田租之半

太平真君四年六月詔復人貲賦三年其田租歲輸如常牧守不得妄有徵發

文帝太安四年三月觀馬射於中山所過郡國賜復一年

和平四年十月以定相二州霣霜殺稼丐民田租

獻文以和平六年卽位詔曰夫賦斂煩則民財匱課調輕則用不足是以什一而稅頌聲作矣先朝權其輕重以惠百姓朕承洪業上惟祖宗之休命夙興待旦惟民之恤欲令天下同於逸豫而徭賦不息何以息煩去苛拯濟黎元者哉今兵革不起畜積有餘諸有雜調一以丐民

孝武延興二年十二月詔以代郡事同豐沛代民先配邊戍者皆免之

三年二月戊午太上皇帝至自北討詔死王事者復其家十一月詔以河南牧守多不奉法致新邦之民

莫能上達其有鰥寡孤獨貧不自存者復其雜徭年八十已上一子不從役是歲州鎮十一水旱丐民田租

四年州鎮十三大饑丐民田租

承明元年八月甲申以長安二蠶多死丐民稅之半

太和三年王叡爲吏部尚書見幸於文明太后詔與東陽王丕同入八議並受復除

四年秋七月壬子改作東明觀詔會京師耆老復家人不徭役

六年二月辛卯詔曰靈丘郡土旣偏瘠又諸州路衝官司所經供費非一往年巡行見其勞瘁可復民租調十五年乙未詔曰蕭道成逆亂江淮戎旗頻舉七州之民旣有征運之勞深乖輕徭之義朕甚愍之其復常調三年八月分遣大使巡行天下遭水之處丐民租賦

七年春正月丁卯詔青齊兗東徐四州之民戶運倉粟二十石送瑕丘琅邪復租筭一年是年苟頹爲司空河東王文明太后詔曰頹爲台鼎論道是寄歷奉四朝庸績彌遠宜加崇異以彰厥功自茲已後可永受復徐

十年十二月詔以汝南潁川大饑丐民田租

十一年五月詔復七廟子孫及外戚緦服以上賦役無所與

十七年六月帝將南伐詔兗徐南豫陝岐東徐雍豫七州軍糧

十八年十二月癸卯詔中外戒嚴戊申復優代遷之戶租賦三歲辛亥車駕南伐齊丁丑詔緣路之民復田租一歲

十九年四月丁未帝自南伐齊廻曲赦徐豫二州其運漕之士復租賦三年辛亥以齊蕭氏民降者給復

十五年六月詔復軍事從駕渡淮者租賦三年乙丑
曲赦梁州復民田租三歲
二十二年二月帝南伐齊至新野詔以穰民首歸大
順終始若一者給復三十年標其所居曰歸義鄉次
降者給復十五年三月詔以荆州諸郡民初降次附
復同穰十月帝北伐叛虜發縣瓠曲赦二豫復民田
租一歲
宣武景明二年三月詔曰比年以來連有軍旅役務
既多百姓彫弊宜時矜量以拯民瘼正調之外諸妨
害損民一時蠲罷九月免壽春營戶爲揚州民

正始元年九月詔諸州蠲停徭役不得横有徵發
四年十二月詔兵士鍾離沒落者復一房田租三年
延昌二年十月詔以鎮泗地震民多死傷蠲兩河一
年租税
十二月丙雒陽河陰二縣租賦
孝明熙平元年七月詔兵士征硤石者復租賦一年
二年五月詔曰揚州硤石荆山新淮鄴城兵士戰没
者追給斂財復一房五年若無妻復其家一人二年
孝昌元年九月乙卯詔減天下租調之半
孝莊建義元年四月復天下租役三年

出帝太昌元年四月齊獻武王上言建義之家往爲
爾朱氏籍沒者悉皆蠲免帝以世易復除
東魏孝靜興和元年九月發畿内十萬人城鄴四十
日罷十月詔築城之夫給復一年
北齊神武爲東魏相國武定二年三月以冬春亢旱
請孝靜蠲縣責
文宣以魏武定八年五月受禪改元天保詔曰冀州
之渤海長樂二郡先帝始封之國義旗初起之地并
州之太原青州之齊郡霸業所在王命是基君子有
作貴不忘本思申恩洽蠲復田租齊郡渤海可並復

一年長樂復二年太原復三年
天保八年自夏至九月河北六州河南十三州畿内
八郡大蝗詔今年遭蝗之處免租
九年七月詔趙燕瀛定南營五州及司州廣平清河
二郡去年冬澇損田兼春夏少雨苗租薄者免今年
租賦
武成河清三年十二月周將尉遲迥寇雒陽及段韶
大破尉遲迥等解雒陽圍丁卯帝至雒陽免雒州經
周軍處一年租賦
後主天統三年九月太上皇帝臣欽若曰武成以河清四年傳位稱太上

帝詔諸寺署所綰雜保戶姓高者天保之初雖有優效權假力用未免者今可悉蠲雜戶任屬縣一準平人十一月以晉陽大明殿成大赦免并州居城太原一郡來年租賦

四年七月詔使巡省河北諸州無雨處境內偏旱者優免租調

後周閔帝元年三月壬子詔曰浙州去歲不登厥民饉饑朕用愍焉經行縣免一年租調九月辛未詔免長城役者一年租賦

五年六月帝幸張掖御觀風行殿赦隴右諸郡給復

一年行經之所給復二年

八年四月赦詔以征遼凱旋其諸郡供軍事者並給復一年其所役丁夫匠至涿郡者復二年至臨榆關已西者復三年至柳城郡已西者復五年至通定鎮已西者復七年至度遼鎮者復十年遼左之民仍給復十年

九年正月大赦改博陵爲高陽郡給復一年

唐高祖武德元年五月即位赦制義師所行之處給復三年自餘給復一年

二年九月詔陝鼎熊穀四州給復二年

四年七月詔以平王世充竇建德其天下民庶給復一年幽州管內久隔寇戎給復二年

五年五月勅荆州遭蕭銑之亂百姓無出今年田租

七年四月詔揚越之民新霑大化見在民戶給復一年

太宗以武德九年八月甲子即位赦制關內蒲芮虞泰陝鼎六州免二年租自餘率土普給復一年九月遣雍州牧楊恭仁等分行突厥所掠之處損失家產及踐苗稼者皆復之

貞觀元年夏山東諸州大旱詔無出今年租賦

四年十月幸隴州詔岐隴二州戶民無出今年租賦

十一年正月乙卯復雍州人無出一年租賦

二月幸洛陽宮三月詔免雒州管內一年租賦

十二年二月幸長春宮以舊經鎮復朝邑縣無出今年租賦降囚免徒

十三年正月朝於獻陵免其縣人一年租

十四年正月幸魏王泰宅免延康里百姓無出今年租

武帝保定二年五月以南陽宛縣三足烏所集免今年役及租賦之半

建德三年十二月詔荆襄安延夏五州總管内其給
下戶給復三年
四年正月詔刺史守令宜親勸農逋租懸調兵役殘
功竝宜蠲免六月詔東南道西總管内自去年以來
新附之戶給復三年
宣帝以宣政元年六月即位詔山東流民新復業者
及突厥侵掠家口破亡不能存濟者竝給復一年八
月於西郊詔長安萬年二縣民在京城者給復三年
大象二年詔江右諸州新附民給復二十年
隋文帝開皇六年辛卯以關内七州旱免其賦稅

九年以江表初定給復十年自餘諸州竝免當年租
賦
十二年有司上言庫藏皆滿帝曰朕既薄賦於人又
大經賜用何得爾也對曰用處常出納處常入畧計
每年賜用至數百萬段曾無減損於是乃更闢左藏
之院構屋以受之下詔曰既富而教方知廉恥寧積
於人無藏府庫河北河東今年田租三分減一兵減
半功調全免
十三年四月制戰亡之家給復一年
十八年七月詔以河南八州水免其課役

煬帝即位以戶口益多府庫盈溢乃除婦人及奴婢
部曲之課
大歷元年七月制戰亡之家給復十年十月巳丑赦
江淮巳南楊州給復五年舊總管内給復三年
二年四月辛亥御端門大赦免天下今年租賦
三年四月甲申頒律令大赦天下關内給復三年
四年八月辛酉親賜恒岳河北道郡守畢集大赦天
下車駕所經郡縣免一年租調
上元二年正月勑雍岐同華隴等州給復一年自餘
諸州咸亨年遭旱澇蟲霜損免之家雖經豊稔家產

未復宜更免一年租
三年三月甲辰車駕自汝州温湯還東都詔免汝州
田租之半
儀鳳三年十月詔以來年正月幸東都關内百姓宜
免一年庸調及租并地子稅草其當道諸縣特免二
年
永隆元年正月巳亥詔雍岐華同四州六等以下戶
宜免兩年地稅河南河北澇損戶常式蠲放之外特
免一年調
二年八月丁卯朔河南河北大水詔百姓乏絶者任

往江淮南就食仍遣使分道賑給之屋宇壞倒者給復一年

則天萬歲通天二年十月以定州北平義豐兩縣被契丹侵掠堅守不降改北平爲徇忠義豐爲立節其守城百姓竝給復一年

長安四年四月則天幸興泰宮曲赦壽安縣百姓給復一年福昌伊闕二縣免今年租賦之半

中宗神龍元年正月卽位赦制諸州百姓免今年租賦七月制河南百姓被水漂損者給復一年

景龍三年十一月南郊禮畢大赦關中諸州無出今

年地稅是月幸溫湯新豐百姓給復一年帝又幸始平送金城公主出降吐蕃詔使平縣百姓給復一年

四年正月金城公主出降吐蕃二月曲赦詔天下百姓免今年租半

玄宗開元二年十二月甲辰詔曰惟此新豐溫湯是出古之順豫義兼巡省頃者觀風數臨茲地以察宛滯詢于故老閭里歡康田疇墾闢況冬隆積雪春期有年且誦王遊果符時邁雖千乘萬騎咸給於王司而累月再來頗勤於除掃空下復蠲之令慰其望幸之心新豐縣百姓免一年雜差科

五年二月行幸至東都制河南府百姓給復一年河南河北遭澇及蝗蟲無出今年租

八年二月詔曰朕臨御寰極永思政理黃屋成屈巳之勞紫宸多在予之念嘗恐微物或失大道未臻私奉膺圖載深寅畏去年諸處竝多水旱歲儲不給生業靡安言念下人用增憂旰天下遭損州逋租懸調及勾徵特宜放免

十一年正月行幸北郡詔大原府境內百姓宜給復一年九等戶給復三年元從家給復五年其家籍見存終身免征役二月壬子祠后土于汾陰勑曾壇一

鄉給復一年幸未鑾駕至京師其行過處緣頓及營幕所損百姓青苗竝令本州撿勘以正倉酬直懷澤兩州巳免地稅路州太原府亦有給復其汾晉蒲絳同華京兆河南供頓戶竝宜免今年地稅鄭衞雒相儀沁磁隰等州佐助夫雖則役日不多終是往還辛苦各免戶內今年差科

十三年正月詔曰元率地稅以置義倉本防儉年賑給百姓頓年不稔逋租頗多言念貧人將何以濟今歲春布澤務叶時和自開元十二年閏十二月以前所有未納懸欠地稅宜放免十一月封泰山禮畢其

行幸州縣供頓勞百姓並免一年租賦兖州免二
年租賦
十七年十一月謁橋陵詔天下百姓無出今年地稅
之半如已徵物聽折來年逋租懸調在百姓腹内者
一切放免京兆府供頓縣免今年地稅
十八年正月親迎氣於東郊禮畢制曰天下百姓今
年地稅并諸色勾徵欠負等色在百姓腹内未納者
並一切矜免
十九年十一月庚申幸東都壬子勅供頓州百姓及
充夫匠及雜祗供人等並放今年地稅自餘戶等免

今年地稅之半
二十年九月戊辰河南道宋滑兖鄆等州大水傷禾
稼特放今年地稅十月幸北都曲赦太原給復三年
十一月庚申祀后土畢大禮制天下遭損免州及供
頓州無出今年地稅如已徵納聽折來年逋租懸調
貸糧種子欠負官物在百姓腹内者並放免諸州
自開元十七年已前所有貸糧種子欠負官物百姓
腹内者亦並准此孝子順孫義夫節婦終身勿事管
壇一鄉百姓給復三年
二十一年五月以皇太子納妃詔長安萬年兩縣百
姓及今月當番人等並免其家今年地稅
二十二年三月秦州地震廨宇廬舍陷壞壓殺四千
餘人詔壓死家復一年一家二人已上死者給復二
年十一月勅日百姓屢空朕執與足言念於此良所
孜懷如聞京畿及關輔有損田百姓等屬頻年不稔
久乏糧儲雖今歲薄收未免辛苦並從蠲省勿用虛
弊至如州縣不急之務差科徭役并積年欠負等一
切並停其今年租八等已下特並放免地稅受田一
頃已下者亦並放免
二十三年正月乙亥藉田畢詔天下諸州貸糧種子

並放免京兆河南府逋懸欠負亦並放免天下色
役及貢賦先令中書門下均融減省並速與條奏六
月戊子制鰥寡惸獨免今年地稅之半江淮南有遭
水旱處委本道使賑給之
二十四年十月甲子自東都還京至陝州詔曰朕永
懷西土陵寢在焉至自東都誠慰罔極兼茲巡省且
無忝思徯予之望多謝哲王歆至之規豈忘前典其
供頓州應緣夫役差科並免今年地稅
二十六年秋七月己巳冊忠王璵爲皇太子大赦天
下制日至於磧西之人途路遥遠往復疲弊頗異諸

單其中願長往者已別有處分訖年錄向背應合放還未到之間稍宜假其家內諸色差科竝宜放免如有營農不自辦者州縣量事助借各使存濟京畿近輔百姓所出雜庶務間省終異諸州其百姓等應單貧下戶者特放今年半租率土之內賜酺三日

二十七年二月己巳加尊號大赦制天下百姓宜放今年地稅

二十八年十月戊辰詔曰如聞徐泗之間緣蠶不熟雖庸課已納慮百姓艱辛今年地稅特宜放免

天寶元年正月丁未朔御勤政樓受朝賀禮畢赦制

如聞百姓之內或有人戶高丁多苟爲規避父母在乃別籍異居且令州縣勘會其一家之中有十丁已上者放兩丁征行賦役五丁已上放一丁

六載正月詔天下百姓今載地稅竝去載應損郡逋租懸調諸色勾徵變換等物及請延限竝宜一切放免征行之家每令存卹差科之際或未優矜自今已後竝准飛騎例蠲免

七載五月甲戌冊尊號畢大赦詔天下百姓今載地稅并諸色勾徵欠負等色在百姓腹內未納者並一切放免

十四載八月辛卯天長節大赦制曰聖人積不涸之倉王者用無窮之府支計苟足多賦何爲天下百姓今載租庸竝宜放免天下諸郡逃戶所欠租庸應役業者其親鄰代出租庸不在徵賠之限

肅宗以天寶十四年七月卽位於靈武改元至德詔諸勾徵逋租懸調及官錢在百姓腹內並與放免

至德元年十月駕至彭原郡十二月詔彭原郡百姓給復二年

二年十二月詔以討安祿山陣亡人家給復二年諸郡縣或隔絕賊境則困於幽殘或犒宴官軍則弊於

賦役其年載租庸三分放一其天下百姓應諸色人勾徵及欠負官物一切放免太原久遭圍逼給復三載上黨三度被攻給復五載其南陽潁川靈昌睢陽雍丘等郡縣堅壁多時力窮方下絕食尚守情亦可矜宜各給復三年其好畤奉先兩縣進退禦寇徵求復多各給復三載蜀郡上皇親幸萬乘久居明年租賦宜依當式起復載給復三載

二年正月冊尊號禮畢赦詔天下百姓今年租庸竝放其百司府縣諸色雜供各宜減半其雜徭役非要切者一切竝停其州因城陷被殺戮殘毀者委本道

使勘責取實各量免其二年租賦其流亡戶復業者委本道使與刺史勾當賑給并與種子犂牛仍免三年租賦

乾元元年四月享廟禮畢詔天下百姓除正租庸外一切不得別有使役十月冊成王爲皇太子詔天下孝子順孫義夫節婦終身勿事

二年二月丁亥詔天下州縣應欠租庸課稅傳馬粟貸糧種子糴糶變稅及營田少作諸色勾徵納未足者一切放免其正義等倉及諸色攤徵亦空准此其至德二年十二月三十日已前和糴和市并欠負官

物及諸色官錢欠利當平義倉欠負五色一切放免

三年二月詔其天下百姓灼然單貧交不存者緣租庸先立限長行每鄉量降十丁猶恐編戶之中懸罄者衆限數既少或未優矜其實不支濟者空令每鄉量更矜放

閏四月御明鳳門詔義夫節婦孝子順孫終身勿事

上元二年正月詔曰寇孽未平軍戎當備甿庶之內征賦猶繁朕所以親帥公卿躬行節儉而詔書屢下蠲免益多至國計軍儲取給而已猶欲累加損抑以惠黔黎以委中書門下勾當令度支使與諸供司一切減省應可蠲免每司各條件聞奏當使施行

三年九月詔義夫節婦孝子順孫終身勿事

元年建卯月御明鳳門詔孝子順孫義夫節婦終身勿事

代宗寶應元年四月即位五月丁酉詔天下百姓遭租懸調貸糧種子諸色欠負官物一切放免

二年七月改元廣德制曰百姓遭租懸調及一切欠負官物等自寶應元年二月三日已前並放免一戶之中有三丁放一丁庸調地稅依舊每畝稅二升應徵稅租刺史縣令據見在戶徵科其逃亡死絕者不

得虛攤鄰保河北百姓復三年應是廻紇行營經歷處免今年租稅

廣德二年二月己亥親拜南郊祀昊天上帝禮畢大赦天下制其寶應元年十二月三十日已前諸色逋欠在百姓腹內者並宜放免孝子順孫義夫節婦終身勿事

三月辛丑詔河南府給復二年

十一月癸卯蠲免越州今年半租溫州台州明州各給復一年

永泰元年正月御含元殿改元制自廣德元年已前

天下百姓所欠負官物一切放免在官典腊内者不在免限其百姓除正租庸外不得更别有科率

二年十一月庚辰勑曰古者量其國用而立税典必以經費用之輕重公田之籍可謂通制履畝而税斯誠弊法期於折衷以便于時億兆不康君孰與足故愛人之體先以博施富國之源必在均節朕自臨宸極比屬艱虞嘗欲闡敦朴之風守冲儉之道每念黎庶思致和平而邊事猶殷戎車屢駕軍興取給皆出邦畿九伐之師尚勤王畧千金之費重困吾人乃者尊冉有之言守周公之制什而税一務於行古今則

編戸流亡而墾田減税計量入之數甚倍徵之法納隍之懼當宁軫懷慮失三農憂深萬姓務從省約稍異蠲除用申勤卹之旨以救惸嫠之弊其京兆府所奏今年秋税八十二萬五千石數内宜減放一十七萬五千石委黎幹據諸縣戸口地數均平放免仍分明牓示百姓令知當戸所減斛斗數訖奏聞其青苗地頭錢亦宜三分放一先欠永泰元年地頭錢十四萬九千一百四十一貫並宜放免朕當躬儉節用卹我黎元中夏漸寧庶有康濟宣示百姓知朕意焉齊

大曆元年十一月甲子日長至帝御含元殿改元制

其逃戸復者宜給復三年

二年正月既平周智光（智光爲同華節度）元年十二月叛詔曰求瘼卹隱諒在憂勤罷賦省徭興之休息况因師旅供億煩繁故孝武悔征伐之事魏文隆田租之復同華兩州百姓等頃以賊臣背叛制在兇威淫刑以逞厚斂無度閭閻之内杼軸其空朕旰食增懷納隍自咎將問干紀之罪遂興無戰之師哀我斯人困於日費有牛酒壺漿之犒有資糧扉屨之供凋殘之餘何以堪此言念刑弊豈忘優矜宜給復二年一切蠲免放仍委刺史縣令勞俫安集庶可小康宣示百姓

使知朕意

三年六月辛丑詔曰夏后氏五十而貢殷人七十而助周人百畝而徹其税皆什一也故謂之天下中正而頌聲作矣乃者因三代之制定其税典務於行古庶以便人屬以外攘四夷歲會戎事軍國用度公儲匱乏役費薦至近於倍征而吏或奉法不謹失我字人之意孤惸者資有厚斂豪富者貸以輕徭動而生奸浸而流弊税之什一其實大半致有去父母之邦其庸保之役流離逋蕩靡室可依阽於死亡而莫之省每一念至良深惻惻頃以釐改從其便安置沃塉

之差寬賦斂之重今邦畿之内宿麥非稔去秋墾田
又減嘗歲昨者徵稅其數頗多朕以萬姓不安三農
將廢憂勤欝切中夜以興思以康濟庶臻其道每欲
悉免量入將悉其困而未解兵嚴循資日費用蠲嘗
數以邺疲人其京兆府於今年所率夏麥宜於七萬
石内五萬石放不徵二萬石容至晚田熟後巳雜色
斛斗續納仍委京兆府尹崔昭差少尹李椅于頎等
縣分巡撫必躬必親宣示朝章令悉朕意
四年三月詔特免京兆府百姓今年稅錢
十一月乙卯詔京兆府今年稅量放十萬石仍令京

兆尹即與合審勘會不支濟戶先矜放百姓應納地
稅及草等各隨使送納不得勞人其諸司丁役及掌
閑彍騎等宜委中書門下勘會其先出資益官出錢
充不須更有科率甲子詔曰此屬秋霖頗傷苗稼百
姓種麥其數非多如聞村閭不免流散其大曆五年
夏麥所稅特宜與減嘗年稅
是月乙亥勅曰王者以冢宰制國用司會質歲成必
視豐荒之年以均賦入之數自近古以來天下郡縣
或有水旱之處則亦減其田賦休其力後不急之務
不便於特亦皆節省以惠窮乏上天眷命屬朕黎元
敢不敬承勵于勤邺躬自儉薄刑于家邦非上薦宗
廟下資軍旅未嘗私于所奉更有徵求藏之於人靴
謂不足乃者屬減邦賦以勸農耕而四時罔借九扈
皆敘近自關右達于海隅溥其百穀之穰寧止三年
之積非朕寡德所能臻兹蓋祖宗景靈被此嘉貺郤
荷殊慶兢懷益深而淮南數州獨罹災患秋夏無雨
田萊卒荒閭閻艱食百價皆震永念於此良增憮然
我念憂傷終夜不寐且有蠲貸安用流亡其准上今
年租庸地稅青支米等宜三分放二分
十二年元載王書卓英倩家在金州英倩附托元載

權倖上列及載大法英倩坐誅英倩弟英璘遂盜官
器仗擁子弟據險要以拒朝命帝發禁兵千人及山
南西道兵千人分道討之王師至英璘黨大潰是州
以英倩之故頗至殘傷特詔給復二年
十一月庚辰詔曰朕以黎元者君之肢體傷之則慘
怛賦稅者國之衣食均之則贍濟然特圖其本先假
貧人之獲安所謂富國所以底慎財用蠲省征徭期
致理於太寧庶自邇而及遠如聞巴南諸州自頃年
以來西有蕃夷之寇南有羌戎之聚歲會戎事城出
革車子弟困於征徭父兄疲於餽餉賦益煩重人轉

流亡荒田既多頻歲仍儉戶口凋耗居邑蕭然去桑梓之重遷保山林以自活念性命於俄頃或逡巡於斂攘傳不云乎窮斯濫矣顧其閭井夫豈不懷哀我矜人益非獲已朕之不德自咎良深其邑蓬渠集壁克通開等州宜放二年租庸及諸色徵科亦宜蠲免仍委本道觀察使及刺史縣令切加招撫

冊府元龜 邦計部 蠲復 卷之四百九十 二十三

冊府元龜

巡按福建監察御史臣李嗣京　訂正
分守建南道左布政使臣胡維霖　參閱
知建陽縣事臣黃國琦　較釋

邦計部九

蠲復第三

唐德宗建中三年既誅李惟忠下詔昜定深趙嘗冀節度觀察管內百姓除本道所用外者給復三年

興元元年春正月癸酉在奉天行宮受朝賀畢大赦改元制其奉天昇爲赤縣仍給復五年在縣城內者給復十年六月癸丑詔改梁州爲興元府百姓給復一年巳巳詔曰朕巡狩于南自春涉夏師旅殷會日費斯廣州閭杼軸歲計其空東作妨時西成罕塈雖僶俛從事人不告勞而愧悼積衷予實知咎昨者減其租稅優以復除庶乎有瘳汔用小息洎駕言旋軫躬覩畏途絕磵縈廻危棧綿亘時經途潦道路阻修工徒造舟縣人葺路長幼耄耋莫獲寧居而又齎荷糗糧共備頓舍涉于千里犒我六師居人露處而罔息宿麥過時而不獲覩此妨奪彌增感傷前所蠲除未足酬卹式敷惠澤以艾大勞其興元府除先減放秋稅給復外更給復一年洋州除放秋稅外給復一年鳳州全放今年秋稅七月丙子車駕至鳳翔詔鳳翔府管內今年秋稅及去年巳前逋欠並宜放免辛卯大赦制京兆府百姓普恩外給復一年

貞元元年八月李懷光平詔河中府及同絳百姓並經陷賊生業廢棄興言軫念良用憫然宜各給復一年

二年四月李希烈平詔淮西百姓等久經淪陷兼被傷夷想茲凋殘實足哀愍除供當道軍用之外宜給復二年將士之中不樂在軍願歸農桑者委節度使刺史量給逃戶死戶田宅并借貸種糧優復終身使之存濟

三年十二月庚辰臘嘗畋於新店幸野人趙光奇家問曰百姓樂乎對曰不樂帝曰仍歲頗稔何不樂乎對曰蓋由陛下詔令不信於人所以然也前詔云兩稅之外悉無他徭今非理而誅求者殆過之後又云和糴於百姓曾不識一錢而强取之始云所糴粟麥納於道次今則遣至於京西行營動過數百里車摧牛斃破產奉役不能支也百姓愁苦如此何有於樂乎雖頻降優卹之詔而有司多不奉之亦恐陛下身

在九重未之知也帝感異之因詔復除其家
四年正月一日大赦百姓逋欠一切放免九月詔曰興至化者務積於人故欲薄斂長國家者以義爲利故使以時朕撫臨區夏宵旰忘勞苟可以叻化濟人嘗思大小皆盡近以中夏甫寧頗勤經費遂收諸道停減將士糧料用叶權宜言念疲甿重茲供億其貞元四年已徵到及在路者即依前送其在百姓腹內者並放免五年已後每年合收一百萬八十八貫石亦宜放免委本道觀察使各具當管州所放聞奏并曉示百姓初建中末國家多難諸道咸加詔將士赴

國難兩稅外別徵資糧以給之及復京師悉罷歸農去歲宰相李泌請自貞元二年已後追收其資費納於戶部謂之諸道減將士錢乃遣度支員外郎元友直巡州府捜察之既而稅輸錢米百餘萬人力殫竭殆不堪命使臣多懇訴帝濡然而悟特詔免之自是東南之甿復安其業
六年閏四月旱詔京兆府諸縣田合徵夏稅者除水利地外一切放免其廻種秋苗者亦不在收稅限
八年秋八月江淮荊湘陳宋至於河朔連有水災十二月詔曰惠下恤人先王之政典視年制用有國之嘗規故有出公粟以振困窮施歲征以寬物力乃者諸道水災臨遣宜撫省覽條奏載懷憫惻其州縣府田苗損五六者免今年稅之半七分已上者皆免委度支條以聞奏朕撫臨億兆思致和平理化未臻良增愧畏
十二年十月詔京兆府所奏奉先等八縣旱損秋苗一萬項計子三萬六千二百石青苗錢一萬八千二百貫此緣春夏少雨秋稼或傷頃畝雖損非多黎庶猶慮艱食況畿甸之內供應實煩須有優矜以寬疲瘵其所奏損特宜放免先是州府奏水旱損苗別差

官檢覆多有異同之議又追集人戶煩擾州府至是帝知其弊故特允其奏朝野歡慶
十四年正月詔曰朕臨御兆人爲之父母思底于道俾安其生然則邦計不可不供封賦且以集事而累經水旱或有流庸積成逋懸寖以凋瘵每念於此惕然疚懷中宵已興思極其弊將以惻其疾苦致於康寧豈可更擾疲人尙爲徵斂宜弘善貸以惠困窮其諸道州府應欠負貞元八年九年十年兩稅及榷酒錢總五百六十萬七千餘貫在百姓腹內一切並免如已徵得在官者宜令所司具條疏聞奏於戲天生

蒸人君爲司牧百姓不足過實在予永思其艱載用祗畏宜示中外令知朕懷輿議以所欠錢物等多是浮於編甿牓中各已逃移年月且久縱令所司徵納亦無從而致雖有此詔亦無益於百姓矣

十八年二月免京兆府逋稅二萬二千貫七月蔡申光三州言春大水夏大旱詔其當道兩稅除當軍將士春冬衣賜及支用外各供上都錢物已徵及在百姓腹内量放二年

二十年二月詔曰去夏迄秋頗愆時雨京畿諸縣稼穡不登朕用軫慮愧爲其父母今宿麥未收其逋租

宿貸六十五萬貫石宜蠲除之禮化之本繫乎京師副朕憂人屬於長吏宜勉務農桑各安生業以諭朕懷

順宗以貞元二十一年正月丙申卽位二月甲子大赦天下衆百姓應欠貞元二十一年二月三十日已前榷酒及兩稅錢物諸色逋懸一物已上一切放免京畿諸縣應今年秋夏青苗錢並宜放免

六月丙申詔曰朕君臨寰海子育兆人思欲阜其財求俾遂生殖然後導之以禮樂齊之以政刑興康讓之風洽和平之理而比聞官司之内尚有逋懸每念黎蒸用深憂軫永言勤恤宜有蠲除其莊宅使從興元元年至貞元二十年十月三十日已前畿内及諸州府莊宅店鋪車坊園磑零地等所有百姓及諸色人應欠租課斛㪷見錢絁絲草等共五十二萬餘並放免朕方與人休息致之富壽物有不得其所事有可利於人寤寐求思予無所愛宜加曉示令悉朕懷

憲宗永貞二年正月卽位其月丁卯詔京畿諸縣今年青苗錢及榷酒錢並宜放免地稅率與每㪷糧放二升江淮荆襄等十州管内水旱所損四十七州減放米六十萬石秋稅錢六十萬貫

元和元年九月西川平十月詔西川百姓等久陷兇逆不免傷殘其兩稅錢等委本道觀察使量與矜減其東川州縣及山南西道當兇徒焚剽之後王師攻取之辰發輓饋軍繕完補缺一日之費豈止千金三軍所資盡出百姓永惟勞獘朕所軫懷其東川和元二年上供錢物並放留州留使錢委觀察使量事矜減仍具數奏聞山南西道元和二年上供錢量放一半

二年正月辛卯有事於南郊還御丹鳳樓大赦天下制天下應有逋欠在百姓腹内者及京畿今年夏青

苗錢並放免淮南江南去年已來水旱疾疫其租稅節級蠲放

是月又詔曰令人有產子者復勿筭三歲令諸懷姙者賜胎養穀人三斛復其夫勿筭一歲著以爲令二月壬申制以折江西道水旱相乘蠲放去年兩稅上供三十四萬餘貫

四月戊午朔庚申制以劍南西川所管新罹兵革蠲放去年兩稅榷酒上供錢五十六萬餘貫今年者免其半七月辛卯蠲劍西南川當賦錢米貫石七十餘萬以經劉闢亂故也

十月潤州將張子良等既擒逆賊李錡制曰每念瘵甿久罹虐政而又迫于逆命驅以饋軍攫斂則灌以漏卮傷殘則烈於猛火永言於此如納諸隍宜申蠲貸之恩與息歌吟之若其潤州今年秋稅未徵納者一切放免其管內諸州如李錡作亂之後橫加徵剝委元素審加勘責具色目聞奏其榷酒錢亦宜處置聞奏

四年正月詔元和三年諸道應遭水旱所損州府合放兩稅錢米等損四分以下者宜准此處分損四分已上者並准元和元年六月十八日勑文放免

六年二月甲午勑泗州二年水旱所損不虛其欠元和五年錢四千六百四十貫米三千一百石等宜並放免

四月丁亥浙江東道觀察使李遜奏當道台明溫婺四州貞元五年准詔權加官健一千五十八人今請停罷歸農其衣糧稅外所徵錢米並請蠲放從之又免鄂岳道逃戶錢十三萬五千貫

十月戊寅制曰朕聞王者之牧黎元也愛之如子視之如傷苟或風雨不時稼穡不稔則必除煩就簡借力重勞以商便安以阜生業況邦畿之內百役所叢

雖勤卹之令亟行而供億之制猶廣重以經夏炎暵自秋霖霪南畝虧播植之功西成失豐登之望內乏口食外牽王徭豈惟轉徙之虞慮有餓殍之患斯蓋理道猶鬱和氣未通永言于茲良所咎歎宜加惠貸式示誠懷比者每令折糴本以便人爲意令田穀所收其數既少必恐徵納之後種食不充其京兆府宜放今年所配折糴粟二十五萬石如百姓有粟情願折納卽於時價外特加優饒與納仍令當處收貯委度支逐便支用令春貸百姓義倉斛斗屬歲旱歉須議優矜宜令所司容至豐收日徵塡京兆府從元和

五年已前諸縣租稅有逋懸錢在百姓腹内者放免其百姓職田數額甚廣近緣水潦道路不通計搬運脚價所費猶倍務令寬濟使其安存其破損外職田粟宜令逐近貯納仍委度支隨便支用其職田粟送城脚價亦宜放免百官今年本分職田粟據損數外宜令於太倉請受其草及水田租既緣城中無可廻給即宜據損數外准舊例令今年畿内田苗應水旱損處無聞至今檢覆未定又屬霖雨所損轉多有妨農收慮致勞擾其諸縣勘覆有未畢處宜令所司據元訴狀便與破損不必更令檢覆其未經申訴者亦

宜與類例處分朕以爲理之本在乎安人咨爾尹京宰邑之臣實惟親人阜俗之寄必當詢其疾苦奉職詔條恤隱爲心無怠於事罔或徇利以刻下吐剛而茹柔使閭井或安惸嫠復濟各免忠效宜悉朕懷

閏十二月乙巳勑畿内百姓頃以秋稼旱損農收不登言念疲黎每務矜恤乃者詔命既下各已加恩如聞村閭之間尚慮乏食更宜優貸以惠吾人其粟及大豆除已徵納外見在百姓腹内者宜令全放青苗錢欠在百姓腹内者量放一半

七年二月庚寅制元和六年諸色稅草并職田草共一百一十五萬束並宜放免又有當賦錢穀蠲放之餘貧弊者多慮難輸入欲令寬恤須有優矜其京兆府欠去年兩稅青苗等錢二萬一千八百貫欠秋稅雜斛㪷及職田粟五萬三千三百石並宜放免元和六年春賑貸京畿百姓義倉粟二十四萬石亦宜放免

九年二月詔應京畿百姓所欠元和八年秋稅斛㪷青苗錢稅草等在百姓腹内者並宜放免

五月癸酉以京畿旱免今年夏稅大麥雜菽合十三萬石並隨地青苗錢五萬貫

十年十月戊申罷四道兩稅

十一年四月己未制曰疆理宇内必先於京師惠綏四方亦始於中國盖以千里之壤百役是資俾其不足吾孰與足頃自春及夏時澤未降恐失順成之道或生歉儉之灾是以仰瞻昭回俯察田畝喜獲朝濟之潤方寛夕惕之憂思遂康寧盡蠲逋負其京畿百姓所有積欠元和九年十年兩稅及青苗并折糴折納斛㪷及稅草等除在官典所由腹内者並宜放免

七月丙戌以淮西四面諸州隣賊乏食蠲放夏稅錢米有差

十二年七月甲子勅淮西四面之州縣夏稅並宜免放
九月丁未詔免淮西四面之州秋稅
十月己卯淮西平甲申詔淮西百姓給復二年仍委州縣長吏設法安撫
十三年正月一日赦書其度支元和二年已前諸道借便及縣欠錢物斛㪷雜物當四百八十餘萬貫石端匹枚具斤兩等並放監鐵戶部諸監院應有欠負亦疎理减放
十四年五月乙酉勅京畿之內供億所叢雖年穀比登而人食尚寡俾其存濟實在優矜其京兆府及諸

縣今年夏稅大麥等共九萬四千六百九十四石並宜放免
七月己丑帝御宣政殿冊尊號禮畢大赦天下京畿今年秋稅青苗及榷酒錢每貫量放四百文從元和五年至十年已前諸縣百姓欠負錢物斛㪷等委京兆府疎理减放淮南浙江東道宣歙江南西道湖南福建山南東道荊南等九道今年秋稅錢合上供者每貫量與減放度支鐵監戶部應有逋懸並委本司疎理具可放數聞奏
穆宗以元和十五年正月即位二月丁丑御丹鳳樓降赦詔度支諸州府監院從貞元八年已後至元和十年已前共計欠錢一百一萬五千九百餘貫監鐵使諸監院應欠元和十三年已前錢物除准前制疎理外共計一百八萬八千六百餘貫石等戶部諸州府從建中三年已後至元和十三年已前應欠在州貧窮并遭水旱逃亡百姓腹內兼連接淮西河南賊界并燒劫散失及賑貸百姓錢物五十萬九百餘貫石等京兆府從元和五年已後至十三年已前應欠諸色錢物共四十一萬九千六百餘貫石束等州府監院百姓欠負但在官典所由腹內者一切放免內

外百官食利錢一倍至五倍已上節級放免
四月勅京畿二十有二縣欠元和十四年京百司職田二十二萬九千一石束貫等京畿百姓聞甚艱貧頃差搬運軍糧今又修營陵寢雖應緣驅役皆給價錢而屢有牽召頗妨農畝豈可更徵懸欠重使憂愁其所欠並宜蠲免其合受納所欠職田或見在官班各請厚俸或近終考秩稍有餘資宜體朕懷以寬人力
六月京兆府上言興平醴泉縣雹傷夏苗請免其租入九月宋州奏雨水敗田稼六千頃請免今年租入

竝從之
長慶元年正月辛丑郊禋禮畢大赦天下制度支鹽
鐵戶部三司官吏所由欠負元和十三年已前諸色
錢物斛㪷委本司盡勘責如是入已侵欺郎准條處
分如緣欠折攤徵元係外無可納者宜並與疎理諸
軍諸使亦准此處分兩稅外不得別有科率
四月已丑河南尹韋貫之請以去年夏末至今年夏
初供館驛外殘錢一萬三千五百八十貫草九萬五
百八十束代百姓塡元和十一年至十五年逋欠及
今年夏稅從之

七月已酉册尊號禮畢大赦制京畿諸縣及度支鹽
鐵戶部欠負各疎理放免有差
二年八月旣誅李介汴州平下詔其三州界內有兵
馬所到縣百姓或被驚擾處宜於今年稅內三分量
放一分
敬宗以長慶四年正月郎位三月詔京畿諸縣應今
年夏青苗錢並宜放免秋青苗錢並河南府夏青苗
錢每貫放三百文其京兆府除所放青苗錢外更放
錢五萬貫斛㪷五萬石河南府除所放青苗錢外亦
更量放三萬貫斛㪷二萬石

文宗太和元年春正月郎位勑制京兆府今年夏稅
青苗量放一半
八月詔三原縣百姓今年秋青苗錢並放免高陵縣
量放一半
二年十一月以棣州平詔應在境內百姓宜復一半
三年十一月庚子京兆上言奉先富平美原雲陽華
原三原同官渭南等八縣旱雹損田稼二千三百四
十頃有詔蠲免
四年十二月京畿及河南江南荆襄鄂岳湖南大水
害田稼官出米賑給蠲免其田稼官租

五年十月丁卯京兆府上官奉先渭南縣今年夏風
雹暴雨害田稼至是請蠲免其租可之壬午度支奏
據屯田郎中唐扶鄭州內鄉行市黃潤兩塲倉督鄧
琬等先主掌貞元二年湖南江南運到糙米至浙江
於荒野中權造囤盛貯差鄧琬等交領除支用外六
千九百四十五石多年裛爛已成灰塵准度支牒徵
原主掌所由從貞元二十年已後所由鄧琬父子兄
弟至玄孫相承禁繫經今二十八年前後禁死九人
追孫及玄孫等四人見枷禁奉勑如聞鹽鐵度支兩
使此類至多其鄧琬四人資産全以賣納繫禁動經

三代死於獄中實傷和氣其鄧晟等四人勒責保放出仍委兩使都勘天下州府監院更有此類但禁經三年已上者一切與疏理各具事由聞奏

七年正月詔京兆府太和六年青苗榷酒錢在百姓腹内者並放免京兆河中同華陜虢晉絳等州府自太和六年秋稅已前諸色逋懸在百姓腹内悉放免

八年二月庚寅詔爲政之要必在去煩厚下之恩莫先已責應度支戸部鹽鐵積久欠錢物或囚繫多年資產已盡或本身淪殁展轉攤徵簿書之中虚有名數囹圄之下常積滯冤言念于斯所當矜恤其度支

戸部鹽鐵應有懸欠委本司具可徵放數條以聞奏不得容有姧濫京畿諸司使食利錢已納利計五倍已上者本利並放免其有攤徵保人納利計兩倍已上者其本利亦並放免

九月丁卯詔淮江浙西等道仍歲水潦其田苗全損處全放其年青苗錢餘亦量議蠲减

開成元年正月一日御宣政殿朝賀禮畢詔其戸部度支鹽鐵應有諸色欠負太和五年已前者並放免京畿百姓兩稅已降凡一歲之内徵取者并百官職田並全免一年河中同州絳州去年旱歉賦斂不登宜持放免開成元年夏青苗錢

四月詔曰遠人征賦每歲徵輸言念辛苦暫爲蠲免其安南今年秋稅悉宜放免委都護田早集百姓曉示恐軍用闕絶宜賜錢二萬貫以嶺南觀察使合送兩稅供錢充

二年三月壬申詔楊州楚州浙西管内諸郡如聞去年稍旱人罹其灾豈可重困黎元更加誅斂爰布蠲除之令用叶極物之情宜委本道觀察使於兩稅戸内不支濟者量議矜减今年夏稅錢每貫作分數蠲放分析速奏仍於上供及留州使額内相均落下務

令蘇息

十月河南府上言今秋諸縣旱損并雹降傷稼請蠲賦稅從之

十一月甲戌戸部侍郎李班奏廬州舒縣太平鄉百姓徐行周叔姪兄弟五代同居請免其同籍戸稅從之

十一月宣歙觀察使崔鄲奏溧陽縣百姓陳班請蠲復賦稅從之

三年正月詔淄青兗海鄆曹濮去秋蝗虫害物偏甚其三道有去年上供錢及斛斗在百姓腹内者並宜

放免今年夏稅上供錢及斛㪷亦宜全放
六月諸道征鎮各奏准詔停進奉以放貧下戶租稅
十一月以妖星見降詔京畿之内百役繁興欲其阜安切在優卹其今年二月二十五日勑賑貸諸縣百姓糧種粟八萬四千九百七十八石如聞數内半是義倉斛㪷此乃救灾之備豐年自合收塡其餘有戶部管係者並且停徵以候來歲畿内諸縣應有開成元年已前諸色逋欠並宜放免仍委度支與府司同撿勘聞奏如是官吏破用不在此限
武宗會昌六年二月壬申朔癸酉制天下州府耄老

惸獨及殘窮困交不存濟戶今年夏稅並放免
懿宗咸通二年二月鄭滑節度使李福奏屬郡潁州去年夏大水雨泥丘汝陰潁上等縣平地水深一丈田稼屋宇淹沒皆盡乞蠲租稅從之
四年七月詔安南管内被蠻賊驅刼處本戶兩稅丁錢等量放二年候收復後別有指揮
僖宗廣明元年五月乙卯詔自廣明已前諸色稅賦宜令十分減四分其河中府太原府遭賊掠處亦宜准此
哀帝天祐元年八月卽位二年四月德音修奉園陵役費夫匠車牛宜令條奏優復一年
梁末帝貞明六年四月己亥詔曰王者愛育萬方慈養百姓恨不驅之以仁壽撫之以淳和而炎黃有戰伐之師堯舜有干戈之用諒不獲已其猶病諸然則去害除妖興兵動衆殺黑龍而濟中土刑白馬而誓諸侯終能永逸暫勞以至同文共軌古今無異方册具存朕以眇末之身託億兆之上四海未乂八年于茲業業兢兢日愼一日雖踰山越海肅愼方來而召雨徵風蚩尤尚在顧茲殘孽勞我大邦將士久於戰征黎庶疲於力役木牛暫息則師人有不饗之憂流

馬盡行則丁壯有無聊之苦況青春告謝朱夏已臨妨我農時迫我戎事永言大計思致小康宜覃在宥之恩稍示殷憂之旨用兵之地賦役實煩不有蠲除何使存濟除兩京已放免外應宋亳輝潁鄆齊棣滑鄭濮沂密青登萊淄陳許均房襄鄧泌隨陝華雍晋絳懷汝商等三十二州應欠貞明四年已前夏秋兩稅并鄆齊滑濮襄晋輝等七州兼欠貞明四年已前營田課利物色等並委租庸使逐州據其名額外數目矜放所在官吏不得淹停制命徵督下民致恩澤不及於鄉閭租稅虛損於帳籍其有衷私遠年債負

生利過倍自違格條所在州縣不在更與徵理之限
兗州墻内自張守進違背朝廷結連蕃寇久勞攻討
頗困生靈言念傷殘尋加給復
龍德元年五月丙戌詔應欠貞明三年四年諸色殘
欠五年六年夏秋殘稅並放
七月以陳州平（先是州刺史惠王友能叛命張漢傑討之）勅開封府太康
襄邑雍丘三縣遭陳州賊軍奔衝其夏稅只據見苗
輸納
後唐莊宗同光元年四月即位詔應諸道管内有高
年踰百歲者便與給復永俾除名自八十九十者與

免一子役州縣不得差徑其雲應邊陲山北八軍易
定幽燕邊陲諸縣自鮮卑入寇仍歲纏災瞻波流人
良堪興歎或乍來復業纔擬營農尚怯侵擾須加慰
卹其稅率仍爲長吏量與矜減凡有痛毒孤貧惸嫠
鰥寡歷代皆鉠於教化自古共切於軫傷免致興咏
遍加惠養應有欠負不繫公私若曾重重出利累經
徵理塡還不迨者並皆釋放
十月詔曰理國之道莫若安民勸課之規宜從薄賦
庶遂息肩之願與諧鼓腹之謠應諸道戶口並宜罷
其差役各務營農所係殘欠賦稅及諸務懸欠積年
課利及公私債負等其汴州城内自收復日已前並
不在徵理之限應天下諸道自壬午十二月已前並
收其兵戈蹂躪之地水旱災沴之鄉苗稼不登征賦
宜減應今年經雹旱所損田苗處檢覆不虛據畝壠
蠲免兼北京及河北先爲妖祲未平配買征馬如有
未請官本錢及買馬不迨者可並放免
二年二月詔曰水旱之鄉饑寒宜卹兵戈之地勞弊
堪傷鄴都及河東久輿師旅頗困生靈其近中州縣
又葦運徭役無時暫息應北京以北諸州川界及至
新州幽州鎮定管界契丹侵掠井邑凋殘兼遼州泌

州南界及安義北界澤州諸縣河陽向下至鄆濮齊
棣以來邊河州縣數年兵革至甚凋殘自北並宜倍
加撫安召令復業應人戶所輸稅租特與蠲減已從
別勅處分兼諸道州縣有經雹水旱之處所損田苗
納稅不迨懸欠處仰仔細檢詳如不虛妄特與蠲放
五月勅治國之由安民是本如聞今歲麥田雖繁而
結實不廣其四京諸道百姓於麥察地内種得秋苗
並不徵稅
十一月中書奏天下州府今秋多有水潦處百姓所
輸秋稅請特減以慰貧民勅俟來年蠲免

二年二月甲子朔詔曰朞者以皇綱中墜國步多艱
率兵甲于兩河漲煙塵於千里憂勤二紀勞役萬端
矧乃東京國號大名雄稱全魏昔惟廣晉今實興唐
自朕南北舉軍高低叶力總六州之疆土供萬乘之
征租有飛芻輓粟之勞有浚壘深溝之役賦重而民
無嗟怨務繁而士竭忠勤致于掃盪氛霾平除僞逆
九廟復蒸嘗之薦兆人息塗炭之災靜想寅緣深所
嘉歎昨者因追曩素載洽歌謠俱懸望幸之誠遂舉
省方之典爰臨管界洎至都城對父老之歡呼睠懷
契睹井田之凋廢臨馭增慙得不特降優恩俾蘇

舊地奠表寵綏之道免渝敦激之風應東京隨絲鹽
錢每兩俱減放五十文逐年俵賣蠶鹽大鹽㪷次今
鹽每㪷與減五十文欒鹽與減三十文其小菉豆稅
每畝長與減放三升都城内店宅園圃比來無稅頃
因僞命遂有配徵後來原將所徵物色添助軍人衣
賜將令通濟宜示矜蠲今據緊慢去處於見輸稅絲
上每兩作三等酙量納錢貴與克本廻圖收市軍人
衣賜其絲永與除放所有六街内空閒田地並許新
歸業人戶逐便蓋舍居止與免差徭如是本主未來
一任坊隣收佃庶令康泰俾表優恩

三月車駕自鄴幸澶州辛亥次於德勝鎮頓丘縣人
王遇等一百五十人遮道訴曰臣等墳墓田園陛下
數年列柵在内桑棗爲寨木田園成溝壘十年在外
去歲方歸帝憫然許復一年
四年正月壬戌制應同光三年經水災處有不迨及
逃移人戶差科夏秋兩稅及諸折配委官吏切加點
檢並與放免仍一年内不得雜差遣壬午年已前百
姓所欠秋夏殘稅及諸色課利錢物先有勑文悉已
放免近聞或不遵守依前却有徵收仰下租庸司及
諸道州府切准前勑處分其同光元年當戰伐之後

是平盪之初人戶流離多未復業固於租賦須議矜
蠲其諸色殘欠差稅及不迨係官課利並與放免三
蜀管内百姓除秋夏兩稅及三司舊額錢物斛㪷並
繼岌祟韜申奏減落徵收外所有無名配卒㤹徵横
斂毒害生靈者更委本道新除節度使已後於管内一
一檢勘細具聞奏當與放免

册府元龜

巡按福建監察御史臣李嗣京訂正
知長樂縣事臣夏允彝參閱
知建陽縣事臣黃國琦較釋

邦計部一十

蠲復第四

後唐明宗天成元年四月即位下制曰昨自魏汴至京大軍所歷戎馬騰踐麥苗下本州使簡量據所傷踐與蠲地稅諸色殘稅自今年四月一日已前並與放免如已徵入州縣者即據數納省若取官中廻圖

錢立契取私債未曾納本利者不在此限其餘並不徵理

十一月癸未鎮州并盧文進所率歸業戶口奉詔放租稅三年仍每口給糧五斗訖

二年十月戊戌詔曰諸道州府自同光三年已前所欠災秋夏稅租并主持務局敗闕課利并沿河舟船折欠天成元年欠夏稅租並特與除放時安重誨既構任圜之禍恐人非之思市恩於衆以掩己過

辛丑詔曰朕聞后來其蘇動必從於人欲天監厥德靜且布於國恩近者言幸浚郊暫離雒邑蠢逢歲稔共樂時康不謂姦臣遽彰逆狀爲厲之階既甚覆宗之禍自貽俾我生靈遘兹紛擾永言軫恤無輟寐興宜覃雨露之恩式表雲雷之澤應汴州城内百姓既經驚劫須議優饒宜放二年屋稅兼公私債負加是在城廻圖錢物及公私質庫除點簡見在外實經兵士散討者不計年月遠近並宜蠲放應有年八十已上及家長有廢疾者宜免一丁差役夫天災流行時雨愆亢既闕地分宜減國稅今歲岐華登萊自夏稍旱須加軫念以示優恩四州所管百姓宜令長吏切加安卹其所旱損田苗宜令簡行詣實申奏與蠲減稅租仍不得輒有差徭科配

四年正月勑會計之司租賦爲本州縣之職徵科是嘗儻不切整齊必漸滋僥倖今聆舉奏果有逋懸非朝廷之立法不嚴蓋官吏之慢公頗甚緣當獻歲未欲加刑宜顯示於新條貴永除於積弊其天成元年應欠秋稅特與據數放免

三月勑王都負國命將除兇攻伐之勞朕所嘗憫搬運之苦朕實備知近自收城方期罷役宜加矜卹徧示優饒其鄚都幽鎮滄邢易定等州管内百姓除正稅外免諸色差配庶令生聚並獲舒蘇

長興元年二月南郊畢詔天成四年十二月終已前

詐道州府人戶應有殘欠稅物蠶鹽之乾榷濕榷旣係積年之欠俄逢作解之恩並與放免諸州府營田戶部院應欠租課房店利潤逃移人戶死損牛畜或先遭剽刼及水滂處欠負斛㪷無可徵塡已收納到家產財物其餘所欠並與蠲除所在倉場積年損爛使臣盤覆欠折尤多其主持專知官等據通收到產業物色外亦與放免應諸道商稅課利撲斷錢額去處除納外年多處欠枷禁徵收旣無抵當並可放免諸道採造材木欠數定州材木錢及閬鄉船務遭火所燒所司累行催促無可徵塡亦與放免先南北面

軍前倉場主持損爛欠折及江河轉運拋失舟船并斛㪷芟稈錢諸鎭欠少過軍准備糧草等據主持人見在家業並勒收納外除放所欠天成元年二年諸州紅納上供到庫秤盤積欠物色并曾遭兵火燒刼及耀州前後身死刺史界分欠省庫錢物却勒州司官吏陪塡者並特放免天成二年終諸色人於西川省庫內借過錢并省司先差人收買羊馬欠折死損無可塡還及天成二年終已前諸道銀銅鐵冶鉛錫水銀坑窟應欠課利兼木炭農具等場欠負亦與放免河陽管內人每畝上舊徵橋道錢五文今後並放不徵諸道州府人戶每畝上元徵麴錢五文今特放二文祇徵三文

三年五月襄州奏水高二丈壞城欲盡乞蠲人戶麥稅從之

十月庚戌襄州奏漢江暴溢廬舍田稼並盡無可徵稅請特免從之

四年三月辛丑勅叛黨未平難輟轉輸之役流民旣復必資安集之謀朕應天順人端居靜治若涉大水如履薄氷翼翼乾乾懼不克荷所賴文武宣力天地降祥雨順風調政寬事簡雖四夷一王遠殊貞觀之

朝而斗粟十錢近比開元之代無何董璋構亂蜀郡罹災萬方共樂於太平一境獨嗟於多事遂致數年動衆千里勞民奔馳秦鳳之郊委頓岷峨之路蓋彼樂禍非我願爲今則逆順分明車書混一陸梁之黨已歸菹醢之刑渙汗之恩宜及瘡痍之俗示以歸還之路慰其懷戀之誠應秦岐延涇寧慶邠同興元京兆等州府所欠長興元年二年夏秋稅賦諸色錢物及營田戶部庄宅務課利等物並放如閬州使廉察自前每降勅書稍關除放頗淹行遣轉急徵催物已輸官人方見牓厚利實歸於州縣鴻恩虛及於生靈

而況一戶逃移一村攝擾殘欠之物蓄藏於形氣腹
中蔽許之詞指注於逃亡腳下朝廷比哀貧戶州縣
轉啟倖門欲峻條流宜先曉諭今後勅到畫時曉諭
所管仍勒要路粉壁曉示如勅未到時已徵到物色
據數附帳不得隱落如有人陳告以枉法贓論勅到
並須半月內施行除放訖奏聞
八月戊申受尊號畢大赦制長興三年正月一日已
前諸道兩稅殘欠物色並宜除放或有先曾經災沴
處逃戶却歸業者除見徵正稅外不得諸雜科徭應
係省司場稅倉庫今日已前諸色敗闕人等據其所

有錢物家業盡底收納已上所欠并敗闕人等並放
九月勅曰朕自恭臨萬國惠撫兆民遵上古清淨之
規削近代繁苛之政兩稅之外別無徵斂之名八年
之間繼有豐穰之瑞覩流亡之漸復謂富庶之可期
爰自今秋偶愆時雨郡縣累陳於災沴關梁亦奏於
逃移良由朕刑政或差感通不至責躬罪己靡怠於
懷特議優矜庶令安集據河中同華耀陝青齊淄絳
萊等州各申災旱損田處已令本道判官檢行不取
額定頃畝如保內人戶逃移不得均攤抵納本戶租
稅其稅于如闕本色許納諸雜斛㪷薥黍元每㪷折
粟八升今許納本色稗子特與免稅前件遭旱州府
據檢到見苗仍恐輸官不迨今秪徵一半稅物仍許
於便近州府送納其餘一半放至來年其逃移戶田
産仰村鄰看守不得殘毀必在方岳群后州縣庶官
各體憂勤共相勉勵明詳獄訟恭守詔條上答天災
必思於戒懼下除民瘼必務於撫綏當共卹於疲羸
勿自安於逸樂
末帝清泰元年四月詔蠲放長興四年十二月已前
天下所欠殘稅
七月庚午詔曰朕嘗領藩條屢親政事每於求理務

在卹民況今子育萬方君臨四海日慎一日思漸致
於小康雖休勿休與終成於大化得不察生靈之疾
苦知稼穡之艱難俾蠲積弊之原庶廣惟新之澤省
三司使奏自長興元年至四年十二月已前諸道及
戶部營田逋租三十八萬八十六百七十二端匹束
貫斤量或頻經水旱或併值轉輸悉至困窮蹙成逋
欠加以連年災沴比戶流亡殘租空係於簿書計數
莫資於經費蓋州縣不公之吏鄉閭無識之夫乘便
欺官多端隱稅三司使患其僥倖便欲推尋朕閔彼
蒸黎慮成淹滯示體物憂民之旨徵滌瑕盪垢之文

特議含容且期均濟應自長興四年巳前三京諸道及營田委三司使各下諸州府縣除已納外並放應有逃戶除曾經釐革外所有後來逃移者委所在觀察司使刺史速下本部徧令招撫歸業除放八月後至五年八月並得歸業所有房親鄰近佃射桑田不得輒有占據如自越國程故不收認其所徵租稅却從清泰元年四月後委三司重行釐革別議施行舉賞罰之明條立徵催之年限不得更欠租稅致啟倖門勉懷成務之勤以副劇繁之選有要行事件三司畫一聞奏仍報中書門下不得漏落

十月癸未詔河中居民屋稅蠲除其半丙午又詔振武新州河東西北邊經契丹蹂踐處放免三年兩稅差配時契丹初退故也

十一月乙未蔚州言州界經契丹蹂踐處乞蠲除差稅從之丁未又詔曰朕猥將寡昧虔嗣宗祧草木虫魚思弘於覆育蠻夷戎狄固切於綏懷睠彼契丹孤我恩信忽驅族類擾亂邊陲殺害生靈窺窬保障唯貨財是視殘疾是行逞虐肆兇莫甚於此人神之所共怒天地之所不容今則上將臨邊衆軍大集克日必成於盪定望風已報於奔逃雖料彼戎夷他日終期於菹醢而顧予生聚此時方抱於瘡痍或骨肉分離或丘園荒廢凝旒載想過在朕躬將却復於阜繁宜特行於卹隱應振武新州河東西北邊經蕃戎蹂踐處百姓兩稅差配今日後並放三年宜令逐處長史分明曉諭其人戶陷蕃者宜令設法招尋各令歸復稱朕意焉

二年七月滄州言續逃亡戶八百五十九詔魏府於稅率內蠲減旱故也

九月詔蠲除許州去年殘租

十月詔河中居民屋租蠲除其半

晉高祖以後唐末帝清泰三年十一月十二日即位制曰昨以寇戎久在郊境頗傷禾稼宜減賦租應近京畿五十里內委逐處令長檢覆當與免今秋稅租差科

天福元年閏十一月壬午詔曰昨者舉義之地稱師之邦必蹂踐於川原要矜蠲於輿賦其河東管內諸縣稅租自今年秋及來年夏稅各與減放一半警蹕經過之地望幸雖榮蕃漢雜處之兵禁暴難備既須渥澤須示優矜昨大軍兵士自河東以至京畿沿路蹂踐之處宜委逐處長吏公同檢覆據頃畝特與蠲

放今年秋稅一半
二年四月丁亥詔曰凡關布澤務在及民宜加軫惘
之恩俾遂蘇舒之望天福元年以前諸道州府應係
殘欠租稅並特除放諸道係徵諸色人欠貿省司錢
物宜令自僞清泰元年終已前所欠者據所通納到
物業外並與除放或水旱爲災蟲蝗作沴儻無軫恤
何致阜豐朕昨行至鄭州滎陽縣界路旁見有蟲食
及旱損桑麥處委所司差人檢覆量與蠲免租稅河
陽管内酒戶百姓應欠天福元年閏十一月二十五
日已前不數年額麴錢並放其諸處應經兵火者並

與指揮天下百姓有年八十已上者與免一子差徭
甲午勅自僞清泰元年終已前塲園官所欠係省錢
物據盡底通納到物業外四月五日恩制並與除放
其人任逐穩便不計省司及外蕃府永不得錄任
五月勅應雒京及魏府管内所徵今年夏苗稅物等
朕自臨御寰瀛躬親庶政靜惟師古動欲便民雖物
力方虛每牵經費而田疇微損亦欲矜蠲朕見雒京
内麥苗今春稍似旱損尋覩魏府奏報境内亦有微
傷須聊示於優饒與克諧於通濟比欲差官就檢又
恐生事擾人其雒京魏府管内所有旱損夏苗縣分

特於五分中減放一分苗子其餘四分仍許將諸色
斛㪷依倉式例與折納所期渥澤以及衆多報告人
戶各令悉知
八月乙巳赦制魏府管界内今年夏稅近指揮秪徵
五分今以放駐兵師不無勞役宜並蠲放
三年八月癸未定州奏境内旱民多流散詔曰朕自
臨寰宇每念生民務切撫綏期於富庶屬干戈之未
戢慮徭役之或煩以彼中山偶經夏旱因茲疾苦遽
至流移達我聽聞深懷憫惻應定州所奏軍前夫役
逃戶夏稅並放己丑戶部奏河南同州絳州等處相

次上訴爲管界災旱逃却人戶勅朕奄有四方尊爲
萬乘所務誕敷教化普濟黎元蓋全師致討於妖狂
而比戶未臻於富庶仍聞關輔偏屬旱災致使鄉村
多有逃竄達我聞聽深用憫傷宜加矜卹之恩俾遂
歸還之計應三處逃移人戶下所欠累年殘稅并今
年夏稅差科及麥苗子沿徵諸色錢物等並放其逃
戶下秋苗據見檢到數不計是元額及出剩頃畝並
放一半仰觀察使散行曉諭專切招携應歸業戶人
仍指揮逐縣切加安撫勉施惠養副我憂勤
九月詔以魏府范延光出降其府城四面人戶三十

里內與放二年秋夏租稅三十里外委逐縣令佐專
切點撿如實曾經砍伐桑柘毀折屋宇者分析申奏
盡與蠲放租稅
十月戊戌赦勑倿官潤已爾其有誅督責暴徵我所
不忍應係欠省司課利塲官院等宜依近行宜命期
限磨勘徵督內有送納所欠錢物得足者其餘限憊
罪特放如有没納本人及本人家業盡抵外尚欠錢
物更無抵當者其所欠並與蠲放其逐人罪犯特從
減等其去年降宣命月日後來欠負者不在此限昨
以水旱爲沴什一未均輿便蒸黎因令撿覆未明公

法或彰隱漏之愆爰念小民宜示矜寬之典近因撿
田有隱漏合當罪犯者並放所有合罰令倍納租稅
者特放並令却依實頃畝輸納貨泉所聚徵督必行
况係省之逋懸宜應期之供辦但以兵戈之後帳籍
空存已行蠲減之恩當憂未普再示優饒之命式表
推恩天福元年應經火處州府諸色塲院因茲失陷
錢物等先曾指揮蠲一半者今並全放未曾經減放
者今與蠲放一半天災或降地分所招攜老幼以流
離棄田園而無没深懷惻惻宜示招安蒲同晉絳滑
濮魏府鎮定州等人戶或經亢旱或屬兵戈逃移人
戶等應逐戶所欠今年已前諸雜稅物並特除放宜
令縣州曉示招攜如有復業者仍放一年秋夏稅二
年諸雜差徭爰自攻圍每多徭役或因兵死尚有戶
存言念傷痍屢宜優卹應差赴魏府城下人夫內有
傷重身死者除已經支賻外特放戶下三年諸雜差
徭又頃因借率猶有逋懸方務優饒豈宜徵督先率
借雒京舍錢其所欠並放又諸道州府營田戶部院
矜省莊等天福元年秋夏租課錢帛斛㪷諸雜色物
等除已納外應有逋懸欠並與蠲放
五年正月丁卯朔帝受朝於崇元殿降制曰朕自勉

副群心恭臨大寶承歷代荒屯之後屬前朝喪亂之
餘每務綏和漸期富庶尋以東遷梁苑北定鄴都國
力既虛軍資甚廣所司以供億爲念督責是專嘗思
凋弊之民倍軫焦勞之意今我事漸簡農時欲與將
導達於休和用頒宜於渥澤宜蠲宿負以惠黎元應
天福元年終已前公私債欠一切除放
七年二月癸酉詔曰朕自臨天下每念民間御一衣
思蠶績之勞對一食想耕耘之苦而况職官俸祿師
旅資糧凡所贍供悉因黔庶得不救其疾苦憫彼災
傷徵宿久處流離者不歸均殘租恐貧饑者漸困今

泰膺雨纔降農作方興宜示渥恩俾蘇疲瘵天福二
年至四年夏秋租稅一切除放
八月己亥車駕幸鄴壬寅制曰歲因災沴民用艱辛
久係逋懸宜示蠲免應欠天福五年終已前夏秋租
稅并沿徵諸物及營田租課並與除放應沿路有傍
道稍損却田苗處其合納苗子及沿徵錢物等據畝
數並與除放主掌曠敗錢物逋懸宜示矜容聊加蠲
免應天福三年終已前諸色場院官欠負官中錢物
人等累經徵理通勘實無錢物家業者並與除放其
人免罪任從逐便不得再任使無黨無偏徇至公之

道去泰去甚誠求利之心私下債負徵利已及一陪
者並與除放如是主持者不在此限邊陲管界蕃部
經由言念疲羸良深軫卹欣代蔚并鎮州管限內有
經蕃部踐踏却苗稼者其合納苗子沿徵錢物等據
頃畝與除放其經燒爇屋舍殺傷人命者據戶下合
徵苗稅並與除放
少帝以天福七年七月即位赦制蟲煌作沴苗稼重
傷特示矜蠲俾令蘇息應諸道州府經蝗蟲傷食苗
稼者並據所損頃畝與蠲放賦稅
八月詔曰叛逆之臣必行於討伐凋傷之俗宜示於
撫綏一昨逆賊安從進不戒滿盈輒謀違背占據城
壘虐害人民元兇已就於嚴誅比屋宜加於霈澤俾
令蘇恩用示軫傷應在城人戶除已行賑貸外特放
今年秋來年夏城內物業上租稅其城外下營寨處
或有砍伐却桑柘及毀折却屋舍處特與除放今年
來年二月合係租稅其管內諸縣人戶等被安從進
數年誅剝多是貧寒應天福七年夏稅已前諸色殘
欠及沿徵錢物并公私債負等並與除放
九月又詔襄州城內人戶今年秋來年夏屋稅其城
外下營處與放二年租稅應被安從進脅從者一切

不問
十一月宣所司廣晉州至雒京沿路應需駕經過處
州縣分蝗蟲食外秋稅已納外放一半
八年二月河中府奏逃戶七千七百五十九勑諸州
應欠天福七年夏稅並與除放秋放一半其餘一半
候到蠶麥納逃戶與放一半差徭却令歸業是歲天
下饑河南穀價暴加人多饑殍故有此除放
十月遣殿直四人齎詔勑西道示諭除放是歲殘欠
稅物
開運元年七月辛未詔魏博貝與滄景德等州經虜

騎剽擄者放今年秋稅其餘經過之地亦量與矜蠲

閏十二月詔以平青州楊光遠應王師攻討逆賊下寨之處所有田苗桑棗應遭蹂踐砍伐宜令官吏子細通檢除今年欠苗外來年夏稅並與權放一半其青州三十里內更免今年秋夏殘租應青州管內及鄆齊棣兖沂密等州諸道人戶自討伐以來科配頻併其今年夏麥殘欠并沿徵錢物並與除放其城內屋稅特放一年應洞子頭及城下夫役有遭矢石致死者宜令逐處長吏子細勘會與放二年徭役

二年五月丙申朔詔曰自今年契丹犯境以來有人

冊府元龜　邦計部　蠲復四　卷之四百九十二　十五

戶實經虜殺者其夏稅十分已令減放二分苗子并沿徵錢物今更特減一分其正稅錢物亦與十分內減放二分場院積弊官吏承寬致課額之逋懸勞朝廷之徵督久淹刑獄深軫予懷爰示優容俾令除放其安邑解縣兩池前權鹽使王居敏王景遇界分見禁般鹽欠折軍將兩界逋懸累年禁繫宜令三司各詳逐人所欠如有家業錢物填納者可與盡底據數納官餘欠並放如有欠負錢物內今無家業錢物填納者所欠特放河中府雍同華陝虢等州管界內人戶有欠王居敏王景遇般鹽脚價者並特放

三年九月宣開封府霖雨不止宜令放京城內外人戶一月房錢

漢高祖以晉天福十二年五月自晉陽趨東京至趙城洪洞百姓以駱從郎不順皆藏匿山谷所在灰燼有遺堵焉及帝還京咸相挈來詣行輿呌萬歲者響震川陸帝哀之咸與蠲其租調至開運四年二月即位於晉陽六月詔應天福十一年已前諸州府應係殘欠租稅並特除放又曰東西兩京一百里內今年夏稅及沿徵諸色並與蠲放其一百里外曾有契丹蹂踐處其今年夏租大小麥苗子沿徵諸色各放一

冊府元龜　邦計部　蠲復四　卷之四百九十二　十六

半其京城內今年屋稅與減放一半

乾祐元年正月乙卯詔鄴城四面人戶三十里內所有天福十二年稅賦并沿徵一物已上並可特放

隱帝以其年二月辛巳即位巳巳詔應天福十二年終已前殘欠糧夏稅賦及和糴沿徵一物已上今並令特放所有開封府滑曹鄆宋亳鄆潁徐宿兖沂密孟鄭懷衛復濮等州并鄴城四面三十里內共二十處除已放去年殘稅外其今年麥苗子於舊額上特與放一半頃經戎虜所在經搔至於場院課城州府官係既有陷失宜示矜蠲應州府縣鎮遭契丹草寇

及軍都更變驚刼兼有般送綱運已離本處沿路遭
刼奪諸色錦帛一物已上兼天福十二年六月終已
前諸州府鹽麴商稅鐵冶不敷課利及主持錢物糧
草柴蒿敗闕欠折等一切特與除放諸道州府有去
年六月終已前全放支郡將士春冬衣賜及諸色請
受自來累行徵納者並與檢驗除放天福十二年六
月終已前諸處收刈到茭草積年損爛及欠少處並
令除放
二年二月勅先以兵甲至多糧儲不給權於苗畝之
上遂有紐配之類雖年歲之豐登諒黎民之艱窘固

非獲已深用軫懷今則雨雪及時暘春布澤宜順發
生之令特覃優卹之恩冀閭里之安居俾農桑之樂
業應三京鄴都諸道州府所徵乾祐元年夏秋苗稅
及紐徵白米稈草據今年二月一日已前已納外見
係欠數並宜特放布告遐邇體朕意焉
周太祖廣順元年正月即位制晉漢以來兵革屢動
賦役煩併黎庶瘡痍鰥寡孤惸不能自濟爲人父母
曾不憫傷應天下州縣所欠乾祐元年二年已前夏
秋殘稅及沿徵物色并三年夏稅諸色殘欠並與除
放所有澶州已來大軍經過之時沿路人戶恐有蹂
踐其官路兩邊共二十里并乾祐三年殘欠秋稅並
放應河北緣邊州縣自去年九月後來曾經契丹蹂
踐處其人戶應欠乾祐三年終已前積年殘欠諸色
稅物並與除放
四月乙亥徐州言彭城縣訴收城時兵士踏踐麥苗
乞聊減稅從之
二年正月丙申晉州王彥超奏乞除放去年十一月
十二月商稅鹽務課利從之乙巳陝府折從阮言奉
勅除放賊軍蹂踐人戶賦租
五月平兗州詔曰賊據一城民殘四境或徹毀其墻

屋或蹂躪其田疇旣於徵取供軍點集役應並宜矜
卹俾漸蘇舒應兗州城內所徵今年屋租及蠶食鹽
錢諸色雜物稅並與除放城外官軍下寨處四面去
州城五里內所徵今年夏秋苗子蠶食鹽錢並諸雜
沿徵錢物並與除放五里外十里內除放今年夏苗
子三分中減放一分諸州差到人夫內有遭矢石身
死者宜令逐州縣分析姓名聞奏放戶下三年諸雜
差遣
三年正月乙亥勅放都下浮客食鹽錢戊戌詔諸道
州府先納人戶軍器物並放

五月滄州言營田務戶納去年空地苗稅不迨乞蠲放從之

世宗顯德元年正月帝南郊禮畢詔曰諸州府廣順二年巳前逋欠稅泒徵錢並放其二年終巳前主持省錢及主倉庫敗闕者據納家業外無抵當者並釋放

三月詔曰兩京及諸道州府人戶所欠去年秋夏稅租其泒徵物色並與除放

四月世宗攻河東庚午於潞州詔曰當州諸縣及澤州數縣昨經賊軍傷踐處人戶所徵今年夏稅斛𣫍

錢帛三分與放一分內有村坊元不遭軍寇傷踐者不在蠲放之限

十月癸亥帝謂侍臣曰昨諸道戶民有詣闕訴水災者因遣使按之令睹奏報有此舊額出剩者今歲豊熟必可輸納或他時小有不稔便因編堀所撿出頃畝宜令三司補舊額外與減一半

二年十一月秦鳳州平詔應秦鳳階成等州管內顯德二年十一月巳前城下功役百姓爲矢石所害者本戶除二稅外放免三年差役今後除秋夏兩稅徵科外應爲屬所立諸般科率名目及非理徭役一切停罷

三年六月詔曰應諸州夫役自來有沒於矢石者其本戶並放免三年差徭

四年正月詔曰諸道州府應欠顯德三年終巳前秋夏稅物並與除放諸處敗闕場院人員自來累行徵督尚有逋欠實無抵當者宜令三司具欠分析數目聞奏別俟指揮

三月壽州降庚戌詔壽州管內去城五十里內與放今年及明年秋夏稅租

五年五月世宗以征淮廻降德音云用兵之際力役

是供當矜貸之在辰諒優給之宜被自去年十月後來泒淮人戶曾充夫役內有遭傷殺不廻者本家放免本戶下三年諸雜差徭江南疲俗克復方新將示蠲除俾令存濟楊泰通滁和濠泗楚光壽舒廬蘄黃等州漣水濮陽汝川等縣自去年終巳前所欠秋夏殘稅及諸色徵科配歛博徵物色等並與除放

六年二月丁亥開封府上言舊額下稅苗一十萬二千餘頃今撿到羡苗四萬二千餘頃奉勑放三萬八千頃是時諸州撿苗使率以所撿到羡苗上奏帝皆命减放其分數大約如是

册府元龜

巡按福建監察御史臣李嗣京訂正
知閩縣事臣曹汸臣參閲
知建陽縣事臣黃國琦較釋

邦計部

山澤

昔禹别九州貢金三品成周之制名山大澤不以封者葢與民同財但賦稅之而巳至漢武榦山海之貨隆鹽鐵之利制官府作爲刑辟繇是言事者析毫犯

法者連袂矣其後因時立法或暫罷而尋復出令生姦益繁文而寄綱沿華之制於兹可見貪凉之弊莫之能變蝟又茗荈科禁源於唐室詔條既舉榷課彌廣稽夫元始之論策書攸紀方此之時英俊咸集仁智勇辯各明其趣及桑大夫據當世合時變上權利之略鉅儒宿學不能自解良史以博物通達目之然而權萬物之輕重以佐公家之用度以代有司之徵斂斯亦安邊境制四夷國之大業不可廢也若乃防禁彌峻蚔蟓盡取姦臣恣其聚斂細民困於浸漁此固在上之所慎焉

管仲爲齊相謂桓公曰海王之國海王者言以負海之利而王其業者謹正鹽筴王于況切正稅也音征十口之家十人食鹽百口之家百人食鹽每終月大男食鹽五升少半少半猶劣薄也大女食鹽三升少半吾子食鹽二升少半吾子猶言小男小女也此其大歷也歷數也鹽百升而釜鹽十二兩七銖一黍十分之一爲升當米六合四勺也百升之鹽七十六斤十二兩十九銖二累爲釜當米六斗四升者是巳合鹽之重升加分彊釜五十也分彊半彊也令使鹽官稅其鹽之重每一升加半合爲彊而取之則一釜之鹽得五十合而爲之彊升加一彊釜一百也升加二彊釜二百也鍾二千十釜之鹽七百六十八斤爲鍾當米六斛四斗是也十鍾二萬百鍾二十萬千鍾二百萬萬乘之國人數開口千萬

也舉其大數而言之也開口謂大男小女之所食鹽也禺筴之商日二百萬禺讀爲偶偶對也商計也對其大男小女食鹽之口數而立筴以計所稅之鹽一日計二百萬合爲二百鍾也十日二千萬一月六千萬萬乘之國正九百萬也萬乘之國大男大女食鹽者千萬人而稅之鹽一月二百鍾十日二千鍾一月六千鍾今又施其稅數以千萬人如九百萬人之數則所稅之鹽一日百八十鍾十日千八百鍾一月五千四百鍾月人三十錢之籍爲錢三千萬又變其五千四百鍾之鹽而籍其錢計一月每人籍錢三十凡千萬人爲錢三萬矣以此籍之數比其常籍則當一國而有三千萬人矣今吾非籍之諸君吾子而有二國之籍者六千萬諸君謂老男老女也六十以上爲老男五十以上爲老女既不籍於老男老女又不籍於小男小女乃能以千萬人當三千萬者葢鹽官之利乎鹽官之利既然則鐵官之利可知也鹽官之利當一國而三萬人鐵官利當一國三萬人焉故能有二

國之籍者六千萬人耳當籍人之數猶在此外使君施令曰吾將籍於諸君
吾子則必囂號今夫給之鹽筴則百倍歸於上人無
以避此者數也今鐵官之數曰一女必有一鍼一刀
若其事立耕者必有一耒一耜一銚若其事立大鋤謂之
銚行服連輂名所以載作器人挽者也軺輂者軺音羊昭切輂音居玉切大車駕馬
者也必有一斤一鋸一錐一鑿若其事立不爾而成事
者天下無有今鍼之重加一也三十鍼一人之籍鍼之
重每十分加一分以爲強而取之則一女之籍得三十鍼刀之重加六五六三十
五刀一人之籍也刀之重每十分加六分以爲強而取之五六爲三十則一女之籍得
五刀也耜鐵之重加七三耜鐵一人之籍也耜鐵之重每十分加

七分以爲強而取之則一農之籍得三耜其餘輕重皆准此而行其器彌重其加
彌多然則舉臂勝升音事無不服籍者桓公曰然則國無
山海不王乎管仲對曰因人之山海假之名有山海
之國讎無海假名有海讎無山假名有山售鹽於吾國彼國有鹽而糴於吾國爲售耳
釜十五吾受而官出之以百受取也假令彼鹽平價釜當十錢者吾又加五
錢取之所以來之也旣得於鹽則令吾國鹽官出而糴之釜一百錢也我未與其本事
也與用也本事本鹽也受人之事以重相推以重相推謂加五錢之類也此
人用之數也彼人所有而皆爲我用之又曰齊有渠展之鹽渠展齊地
也泲水出流入海之處可煑鹽之所也古曰渠展之鹽請君伐菹薪使國人煑
水爲鹽煑海水也正音征而積之十月始生至於正月成三

萬鍾下令曰孟春旣至農事且起大夫無得繕冢墓
理宮室立臺榭築墻垣北海之衆無得聚庸而煑庸功
北海之衆謂北海煑鹽之人本意禁人煑鹽下令鹽託以農事慮有妨奪先自大夫起欲人不知其機
斯爲權術若此則坐長十倍以令糶之梁趙宋衞濮陽彼
盡饋食之國本國自無鹽遠饋而食之無鹽則腫守圉之國用鹽
獨甚桓公乃使糶之得成金萬斤一云萬一千余斤
韓厥爲晉大夫晉人謀去故絳諸大夫皆曰必居郇
瑕氏之地郇瑕古國名河東解縣西北有郇縣沃饒而近鹽鹽鹽也猗氏縣鹽池
是國利君樂不可失厥曰不可不如新田今平陽降邑縣是
夫山澤林鹽國之寶也國饒則民驕佚財易致則民驕佚近

寶公室乃貧不可謂樂近寶則民不務本公說從之
漢高祖封兄仲之子濞爲吳王會孝惠高帝時天下
初定郡國諸侯各務自拊循其民吳有豫章郡銅山
濞招致天下亡命者盜鑄錢東煑海水爲鹽以故無
賦國用饒足鑄錢煑海收其利以足國用故無賦於民也
武帝時大農上鹽鐵丞孔僅東郭咸陽言東郭姓咸陽名奏上
其言也山海天地之藏宜屬少府陛下弗私以屬大農
佐賦願募民自給費因官器作鬻鹽官與牢盆牢價直也
今世言僱手牢又曰牢稟食也古者名稟爲牢盆鬻鹽盆也浮食奇民欲擅幹山
海之貨幹謂主須也以致富羨役利細民羨饒也其沮事之

議不可勝聽敢私鑄鐵器鬻鹽者釱左趾（釱足鉗也）沒入其器物郡不出鐵者置小鐵官便屬在所縣使觀咸陽乘傳舉行天下鹽鐵（舉皆也普天下皆行之也）作官府（主鬻鑄其出納之處也）除故鹽鐵家富者為吏益多賈人矣

昭帝始元六年二月詔有司問郡國舉賢良文學民所疾苦議罷鹽鐵榷酤（武帝時以國用不足縣官悉自賣鹽鐵酤酒昭帝抑末務不與天下爭利故罷之也）治粟都尉領大農桑弘羊難（難詰議者之言也）以為國家大業所以制四夷安邊足用之本不可廢也迺與丞相田千秋共奏罷榷酤

宣帝地節四年九月詔曰今郡國頗被水災已賑貸

鹽民之食而價咸貴衆庶重困其減天下鹽價

元帝時嘗罷鹽鐵官三年而復之（一云宣元成哀年五世無所變改）

王莽時羲和魯匡言名山大澤鹽鐵錢布帛五均賒貸斡在縣官（斡謂主領也）於是置命士督五均六斡郡有數人皆用富貴雒陽薛子仲張長叔臨菑姓偉等（姓姓名偉也）乘傳求利交錯天下因與郡縣通姦多張空簿（簿計簿也）府藏不實百姓愈病莽知民苦之復下詔曰夫鹽食肴之將（將大也一說為食肴之將帥）酒百樂之長嘉會之好鐵田農之本名山大澤饒衍之藏五均賒貸百姓所取平卬以給澹鐵布銅冶通行有無備民用也此六者非編戶齊民所能家作（家謂家家自作也）必仰於市雖貴數倍不得不買豪民富賈即要貧弱先聖知其然也故斡之每一斡為設科條防禁犯者辠至死姦吏猾民並侵衆庶各不安生

後漢光武建武初彭寵為漁陽太守有舊鐵鹽官寵轉以貿穀積珍寶益富彊

衛颯建武中為桂陽太守郡內耒陽縣山鐵鑄石佗郡民庶常因依聚會私為冶鑄遂招來亡命多致姦盜颯乃上起鐵官罷斥私鑄歲所增入五百餘萬

章帝時鄭衆為大司農帝議復鹽鐵官衆諫以為不

可詔數切責至被奏劾衆執之不移帝不從時尚書張林曰鹽者食之急也縣官可自賣鹽武帝時施行之名曰均輸於是事下尚書通議尚書朱暉議曰王制天子不言有無諸侯不言多少食祿者不與百姓爭利均輸之法與賈販無異以布帛為租則吏多姦官自賣鹽與下爭利非明主所宜行帝本以林言為是得暉議因發怒遂用林言少時復止

和帝以章和二年二月即位四月戊寅詔曰昔孝武皇帝致誅胡越故權收鹽鐵之利以奉師旅之費自中興以來匈奴未賓永平末年復修征伐先帝即位

務休力役然猶深思遠慮安不忘危探觀舊典復收鹽鐵欲以防備不虞寧安邊境而吏多不良動失其便以違上意先帝恨之故遺戒郡國罷鹽鐵之禁縱民煑鑄入稅縣官如故事縣官爲天子其申敕刺史二千石奉順聖旨勉弘德化布告天下使明知朕意

永元十五年復置涿郡故鹽鐵官其郡縣有鹽官鐵官者隨事廣狹置令長及丞秩次皆如縣官

魏太祖爲漢大將軍建安初治書侍御史衛覬鎮關中時四方大有還民關中諸將多引爲部曲覬書與荀彧曰關中膏腴之地頃遭荒亂人民流入荆州者

十萬餘家聞本土安寧皆企望思歸而歸者無以自業諸將各競招懷以爲部曲郡縣貧弱不能與爭兵甲遂彊一旦變動必有後憂夫鹽國之大寶也自亂來放散今宜如舊制使者監賣以其直益市犂牛若有歸民以供給之勸耕積粟以豐殖關中遠民聞之必日夜競還又使司隸校尉留治關中以爲之主則諸將日削官民日盛此彊本弱敵之利也彧以白太祖太祖從之始遣謁者僕射監鹽官領校尉治弘農流人果還關中豐實

齊王嘉平四年關中饑司馬宣王表與京兆天水南安鹽池以益軍實

蜀先主定益州置鹽府校尉鹽鐵之利利之甚多有裨國用

晉武帝泰始末交州牧陶璜上言以合浦郡土地磽确無有田農百姓唯以採珠爲業商賈去來以珠貿易而吳時珠禁甚嚴慮百姓私散好珠禁絶去來人以饑困又所調猥多恨每不充今請上珠三分輸二次者輸一麤者蠲除自十月訖二月非採上珠之時聽商旅往來如舊並從之

元帝建武元年初弛山澤之禁

南燕慕容德立冶於商山置鹽官於烏常澤以廣軍國之用

陳文帝天嘉二年十二月甲申太子中庶子虞荔御史中丞孔奐以國用不足奏立煑海鹽傳及榷酤之科詔並施行

後魏獻文皇興四年十一月詔弛山澤之禁

孝文太和六年八月罷山澤之禁

十九年崔挺爲光州刺史先是州內少鐵器用皆求之他境挺表復鐵官公私有賴

二十年十二月開鹽池之禁與民共之

宣武景明四年七月詔還收鹽池利以入公

正始三年四月詔罷鹽池禁先是河東郡有鹽池嘗立官司以收稅既而罷之民有富強者專擅其用貧弱者不得資益延興末復立鹽司量其貴賤節其賦入於是公私兼利宣武政存寬簡復罷其禁

延昌三年有司奏長安驪山有銀鑛二石得銀七兩鍾州上言曰劉山有銀鑛八石得銀七兩錫二百餘斤其色潔白有踰上品詔並置銀官常令採鑄又漢中舊有金戶千餘家常於溪水沙金年終總輸後臨淮田彧爲州刺史奏罷之

孝明神龜元年閏七月開嘗州銀山之禁與民共之是時太師高陽王雍太傅清河王懌等奏鹽池天藏資育群生仰惟先朝限者亦不苟與細民競茲贏利但利起天地取用無法或豪貴封護或近者恡守卑賤遠來貿然絕望是以因置主司令其裁察強弱相兼務令得所且什一之稅自古及今所濟爲廣自爾霑洽遠近齊平公私兩宜儲益不少乃至鼓吹主簿王俊興等辭稱請供百官食鹽二萬斛之外歲求輸馬千匹牛五百頭以此而推非可稍計其後適直散騎常侍兼中尉甄琛表曰王者道同天壤地齊造化濟民拯物爲民父母故年穀不登爲民祈祀乾災所惠天子順之山川秘利天子通之苟益生民損躬無恡如或所取唯爲賑恤是以月令稱山林澤藪有能取蔬食禽獸者皆野虞教導之其迭相侵奪者罪之無赦此明導民而弗禁通有無以相濟也周禮雖有川澤之禁正所以防其殘盡必令取之有時斯所謂部護雖在公更所以爲民守之爾且一家之長惠及子孫一運之君澤周天下皆所以厚其所養以爲國家之富未有尊居父母而醯醢是恡富有萬品而一物是規今者天爲黔首生鹽國與黔首部護其利猶

是富專口斷不及四體也且天下夫婦歲貢粟帛四海之有備奉一人軍國之資取給百姓天子亦何患乎貧而苟禁一池也古之王者世有其民或水火以濟其用或巢宇以誨其居或教農以去其饑或訓衣以除其弊故周詩稱教之誨之飲之食之皆所以撫覆導養爲之求利者也臣性昧玄理識無遠尚每觀上古愛民之迹時讀中華縣稅之書未嘗不歎彼遠大惜此近狹今僞弊相承仍崇關廛之稅大魏恢博唯受穀帛之輸是使遠方聞者罔不歌德昔亶甫以棄寶得民碩鼠以愛財失衆君王之義宜其高矣魏

之簡稅惠實遠矣語稱出內之吝有司之福施惠之難人君之禍夫以府藏之物以不施而爲災況府外之利而可悋之於黔首且善藏者藏於民不善藏者藏於府藏於民者民權而君富藏於府者國怨而民貧國怨則示化有虧民貧則君無所取願弛此鹽禁使沛然遠及依周禮置水衡之法使之監導而已詔曰民利在斯深如所陳付八座議可否以聞司徒錄尚書事彭城王勰兼尚書邢巒等奏琛之所列當乎有言首尾大備或無可貶但恐坐談則理高行之則事闕是用遲廻未謂爲可竊惟古之善爲治者莫若

昭其勝途悟其遠理及於救世升降稱時欲令豐無過溢儉不致弊役養消息備在厥中節約取足成其性命如不爾者焉用君爲任其生產隨其啄食便是芻狗萬物不相由矣自大道既往恩惠生焉下奉上施卑高理睦然恩重既交思極之術廣嘗恐財不賙國澤不厚民故多方以達其情立法以行其志至乃取貨山川輕在民之貢立稅關市裨十一之儲收此與彼非利已也廻彼就此非爲身也所謂集天地之產惠天地之民藉造化之富賑造化之貧徹商賈給戎戰賦四民贍軍國取乎用乎各有宜也久以禁此

淵池不專大官之御斂此匹帛豈爲後宮之資既潤不在已彼我理一猶積而散之將焉所悋且稅之本意事有可求固以布濟生民非爲富賄藏貨不爾者昔之君子何爲然哉是以後來經圖未之或改故先朝商較小大以情降鑒之流與復鹽禁然自行以來典司多怠出入之間事不如法隨令細民怨嗟商販輕議此乃用之者無方非興之者有謬至使朝廷明識與議其間令則罷之懼失前旨一行一改法若弈碁条論理要宜依前式詔曰司鹽之稅乃自古通典然興利制民亦代或不同苟可以富民益化唯理所

在甄琛之表實所謂助政毗治者也可從其前計使公私並宜川利無擁尚書嚴爲禁豪强之制也

孝昌三年擁州刺史蕭寶寅反以尚書右僕射長孫稚爲行臺討之時薛鳳賢反於正平薛修義屯聚河東分據鹽河攻圍蒲坂東西連結以應寶寅稚乃據河東時有詔廢鹽池鹽稅稚上表曰鹽池天資賄貨密邇京圻惟須寶而護之均贍以理今四境多虞府庫罄竭然冀定二州且亡且亂嘗調之絹不復可收仰惟府庫有出無入必須經綸出入相補畧論鹽稅一年之中準絹帛猶不應減三十萬疋也便是移冀

定二州置於畿甸今若廢之事同失前臣仰違嚴旨而先討闗賊徑解河東者非是闕長安而急蒲坂蒲坂一陷没失鹽池三軍口命濟贍理絶天助大魏茲計不爽昔高祖昇平之年無所乏少猶創置鹽官而加典制非爲物競利恐由利而亂俗也況今王公素飡百官尸祿租稅六年之粟調折來歲之資此皆出人私財奪人旅力豈是順言事不獲已臣輙符司監將尉還率所部依常收稅更聽後勑

前廢帝初卽位詔稅鹽之官可廢之

東魏孝靜天平初於滄瀛幽青四州之境傍海置竈

以煑鹽滄州置竈千四百八十四瀛州置竈四百五十二幽州置竈八十青州置竈五百四十六又於邯鄲置竈四計終歲合收鹽二十萬九千七百八斛四斗軍國所資得以周贍

後周太祖初爲魏相創制六官掌鹽掌四鹽之政令一日散鹽煑海以成之二日監鹽引池以化之三日形鹽掘地以出之四日飴鹽於戎以取之凡監鹽形鹽每地爲之禁百姓取之皆稅焉

隋高祖開皇元年三月戊子弛山澤之禁

三年高祖以周末之弊收利鹽池鹽井皆禁百姓採用於是通鹽池鹽井與百姓共之遠近大悅

唐玄宗開元元年十一月河中尹姜師度以安邑鹽池漸涸師度開拓疏決水道置爲鹽池公私大收其利是月左拾遺劉彤上表曰臣聞漢孝武爲政廐馬三十萬後宮數萬人外討戎夷內興宮室殫費之甚實百當今而古費多而貨有餘今用少而財不足何也豈非古取山澤而今取貧民哉取山澤則公利厚而人歸於農取貧民則公利薄而人去其業故先王作法也山海有官虞衡有職輕重有術禁發有時一則專農二則饒國夫煑海爲鹽採山鑄錢伐木爲室

農餘之輩寒而無衣饑而無食傭賃自資者窮苦之流也若能取山海厚利奪農餘之人調斂重徭免窮苦之子所謂損有餘而益不足帝王之道可不謂然乎臣願陛下詔鹽鐵木等官收其利貿遷於人則不及數年府有餘儲矣然後下寬大之令蠲窮獨之徭可以惠羣生可以柔荒服雖戎狄降伏堯湯水災無足虞也奉天適變唯陛下行之帝令宰臣議可否咸以鹽鐵之利甚益國用遂令將作大匠姜師度戶部侍郎强循俱攝御史中丞與諸道按察使簡較海內鹽鐵之課比令使人勾當除此更無別求在外不細委

知如聞稱有侵刻宜令本州刺史上佐一人簡較依
令式收稅如有落帳欺没仍委按察糾覺奏聞其姜
師度除蒲州鹽池以外自餘處更不須巡撿
二十五年判倉部格蒲州鹽池令州司監當租分與
有力之家營種之課收鹽每年上中下畦通融取一
萬石仍差官人簡較若陂渠穿穴所須功力先以營
種之家人丁充若破壞過多量力不濟者聽役隨近
人夫又屯田格幽州鹽屯每屯配丁五十人一年收
率蒲二千八百石以上准營田第二等二千四百石
以上准第三等二千石以上准第四等大同橫野軍

鹽屯配丁五十人每屯一年收率千五百石以上准
第二等千二百石以上准第四等成州長道縣鹽井
一所並節級有賞罰蜀道等十州鹽井總九十所每
年課鹽都當錢八千七百九貫（陵州井所課都當錢二千六十一貫綿州井四所都當錢二百九十四貫資州井六十八所當都錢千八十三貫瀘州井五所都當錢千八百八十貫榮州井十二所都當錢四百貫梓州七百二十貫遂州四百十二貫閬州千七百貫普州二百七貫果州二十六貫）若閏月計加一月課隨月徵納任以錢銀兼
納其銀兩別當以二百價爲估其課依都數納官欠
卽均徵竈戶
肅宗乾元元年司金郎中第五琦爲河南等五道度
支使創立鹽法就山海井竈收榷其鹽官置鹽院官
吏出糶其舊業戶并浮人願爲業者免其雜徭隷鹽
鐵使盜煑私市罪有差百姓除租庸外無得橫賦人
不益稅而上用以饒
代宗大曆八年六月癸亥戸部侍郎判度支韓滉上
言安邑縣鹽池生乳鹽其狀鮮麗七月乙亥解縣安
邑兩池生乳鹽戸部侍郎判度支韓滉上言曰臣頃
進漫生鹽故老相傳已稱霈瑞今乳鹽新出特表非
常伏請薦於清廟編之史冊從之仍頒賜宰相以下
有差（時鹽池爲潦水所入混詐奏爲瑞）初榷鹽起於第五琦及劉晏

代其任法術精密官無遺利初歲入錢六十萬貫季
歲十倍而人無厭苦大曆末通計一歲征賦所入總
一千三百萬貫而鹽利過半
德宗以大曆十四年五月卽位七月庚午詔曰朕聞
王者不貴遠物所寶惟賢故堯設茅茨禹卑宮室光
武捨去寶劍順帝封還大珠朕仰止前王思齊大素
邕州所奏金坑誠爲潤國語人於利非朕素懷方以
不貪爲寶惟德其物豈尚此難得之貨生可欲之心
耶其金坑任人開採官不得占
建中三年五月詔榷鹽一每斗更加百文

興元元年十月丁巳諸道榷鹽宜令中書門下及度支裁減估價兼條疏利害奏聞

貞元二年四月陝虢觀察使李泌奏虢州盧氏縣山治近出瑟瑟請充貢獻禁人開採詔曰瑟瑟之寶中土所無今產於近甸實爲靈貺朕不飾器玩不尚珍奇嘗思返樸之風用明恭儉之節其出瑟瑟處任百姓求採不宜禁止

九年正月癸卯初稅茶先是諸道鹽鐵使張滂奏曰伏以去秋水災詔令減稅今之國用須有供儲伏請出茶州縣及茶山外商人要路委所由定三等時估

冊府元龜　邦計部　山澤　卷之四百九十三　十七

每十稅一價錢充所放兩稅其明年已後所得稅外收貯若諸州遭水旱賦稅不辦以此代之詔曰可仍委張滂具處置條奏自是每歲得錢四十萬貫茶之有稅自此始也然稅茶無虛歲遭水旱未嘗以稅茶錢拯贍

十四年李若初爲諸道鹽鐵轉運使整理鹽法頗有文敘會遇疾卒

十六年二月榷鹽使史牟奏澤潞鄭等州多食末鹽請切禁斷從之

憲宗以永貞元年八月乙巳卽位九月癸酉度支使奏江淮鹽每斗減錢乙百二十榷二百五十其河中兩池鹽請斗減錢二十六榷三百

十一月度支奏久雨車輦不通京師鹽貴請糶出貯庫鹽二萬石

元和元年五月鹽鐵使奏請每州所貯鹽若遇價貴斗至二百二十減十文出糶以便貧人公私不缺其鹽倉每州各以當州錢造一十二間委知院官及州縣官一人同知所糶錢送院市輕貨送上都從之

三年七月復以度支安邑解縣兩池留後爲榷鹽使先是兩池鹽務隷度支其職視諸道巡院貞元十六

冊府元龜　邦計部　山澤　卷之四百九十三　十八

年史牟以金部郎中主池務遂奏置使額二十一年鹽鐵度支合爲一使以杜佑兼領佑遂奏院屬度支亦有使名則鹽務不合有使號遂與東渭橋給納使同奏罷之至是判度支裴均以其事益繁遂奏置使焉

十月乙亥重申採銀之禁應輒採一兩已上者笞二十遞出本界州縣官吏節級科罰

四年二月諸道鹽鐵轉運使李巽奏江淮河南河內兗鄆嶺南諸監院元和三年糶鹽都收價錢七百二十七萬八千一百六十貫比量未改法已前舊鹽利

總約時價四倍加擡計成虛錢一千七百八十一萬五千八百七貫貞元二年收糶鹽虛錢六百五十九萬六千貫永貞元年收糶鹽虛錢七百五十三萬一百貫元和元年收糶鹽虛錢一千一百二十八萬貫二年收糶鹽虛錢一千三百五萬七千三百貫三年收糶鹽虛錢一千七百八十一萬五千一百貫謹具累年糶鹽比類錢數具所收錢除准舊例克鹽本外伏請付度支收管從之

六月勑五嶺已北所有銀坑依前任百姓開採禁錢不出嶺南

五年四月甲午諸道鹽鐵使奏元和元年鹽利錢虛估一千八百五萬三千六百貫

五月度支奏鄜坊邠寧涇源諸軍將士等請同當處百姓側食烏白兩池鹽從之

六年四月鹽鐵轉運使刑部侍郎王播奏江淮河南峽内嶺南兗鄆等鹽院元和十五年糶鹽都收價錢六百九十八萬五千五百貫比量未改法已前舊鹽利總約時價四倍加擡計成虛錢一千七百四十六萬三千七百貫除克鹽本外請付度支收管從之

閏十二月戶部侍郎判度支盧坦奏河中兩池課鹽勑文只許於京圻鳳翔陝虢河中澤潞河南許汝等二十五州界内糶貨比來因循兼越入興元府及洋興鳳文成等六州臣移牒勘責得山南西道觀察使報其果閬兩川鹽本土戶人及邑南諸郡市人又供當軍士馬尙有懸欠若兼數州自然闕絶又得興元諸府耆老狀申訴臣今商量河中鹽請放入六州界糶貨從之

七年四月鹽鐵轉運使刑部侍郎王播奏元和六年糶鹽除峽内鹽井外計收鹽價錢六百八十五萬九千二百貫比量未改法已前舊鹽利總約時價四倍

加擡計成虛錢一千七百一十二萬七千一百貫改法實估也

八年四月鹽鐵使刑部侍郎王播奏應管江淮兗鄆等鹽院元和七年計收鹽錢六百七十八萬四千四百貫比未改法已前舊鹽利總約時價四倍加擡計成虛錢一千二百一十七萬九十貫其二百一十八萬六千三百貫克糶鹽本其一千四百九十九萬二千六百貫克榷利請以利付度支收管從之

十年七月度支使皇甫鎛奏加峽内四監劍南東西兩川山東西道鹽估以利供軍從之

十一年討吳元濟二月詔壽州以兵三千保其境內茶園

十二年五月出內庫茶三十萬斤付度支進其直

十三年三月鹽鐵使程异奏應諸道州府先請置茶鹽店收稅伏准今年正月一日赦文其諸道州府因用兵以來或慮有權置職名及擅加科配事非常制一切禁斷者伏以榷稅茶鹽本資財賦贍濟軍鎮蓋是從權兵罷自合便停事久實爲重斂其諸道先所置店及收諸色錢物等雖非擅加且異常制伏請准赦文勒停從之

十四年三月鄆州青州兖州各置榷鹽院

八月歸光州茶園於百姓從刺史房克讓之請也

穆宗以元和十五年正月即位二月詔榷稅之法雖合同遵瘡痍之餘姑欲寬假其河北稅鹽宜委度支與榷鹽使審細商量具條疏聞奏

長慶元年正月制度支鹽鐵使戶部應納稅茶兼糶鹽中須納見錢者亦與時估匹段及斛㪷如情願納見錢亦任穩便仍永爲常式

三月勑烏池（在鹽州）每年糶鹽收博榷米以一十五萬石爲定額又詔河朔初平人希德澤且務寬大使之獲安其河北榷鹽法宜權停仍令度支與鎮冀魏博等道節度審酌商量如能約計課利錢數分付榷鹽院亦任穩便自天保兵興已來河北鹽法羈縻而已暨憲宗用皇甫鎛奏置稅鹽使同江淮兩地榷利人苦擾禁戎鎮亦頻上訴故有是命

是月鹽鐵使王播奏楊州白池兩處納榷場請依舊爲院又奏請諸道監院糶鹽付商人每斗加五十文通舊三百文價請諸處煎鹽場停置小舖糶鹽每斗加三十文通舊一百九十文價又奏應管煎鹽戶鹽商並諸鹽院停場官吏所繇等前後勑制除兩稅不

許差役追擾今請更有違越縣令奏聞貶黜刺史罰一季俸科再犯者奏聽進止並從之

五月鹽鐵使王播奏應諸道榷茶約舊額一百文加稅五十文詔從之拾遺李珏等上疏曰伏以榷率救弊起自干戈天下無虞所宜蠲省況稅茶之事尤出近代貞元中不得不爾今四海鏡靜八方砥平厚斂於人殊傷國體其不可一也而又茶爲食物無異米鹽人之所資遠近同俗既蠲渴乏難舍斯須至於田閭嗜好尤切今收稅既重時估必增流弊於人先及貧弱其不可二也且山澤之饒出無定數量斤論稅

所貴集多若價高則市者稀價賤則市者廣歲終上計其利幾何未見阜財徒聞斂怨其不可三也臣不敢遠徵故事直以目前所見陳之伏惟陛下暫留聰明稍垂念慮特追成命更賜商量則嗷嗷萬姓皆荷福利臣又竊見陛下愛人育物動感神明即位之初已懲聚斂外官抽貫旋有詔停洋洋德音千古不朽今者榷茶加稅頗失人情臣忝職諫司豈敢緘默塵黷旒扆戰越伏深疏奏不報

十二月鹽鐵使奏請應江淮糶鹽加價有差以助軍用至軍罷日停從之

二年三月張平叔爲戶部侍郎判度支上言度支所管榷鹽舊法爲弊年深臣今請官中自糶鹽法可以富國强兵勸農積貨疏其利害十八件詔下其奏令公卿議中書舍人韋處厚抗論不可以平叔條制不周經慮未盡以爲利者反害以爲簡者至煩乃即其條目隨以詰難平叔一條云應簡得公私鹽當日具都數申度支便任府縣差人勾當出糶多少逐月申報糶價之內所得見錢去上都一千里者任市當土布絹處厚駁曰竊以禹貢甸服五百里近者納草遠者納米是量遠近而制輕重也今言千里外市絹則是千里內須送見錢興元洋州並是八百里內駱谷道路險阻非常若送見錢實爲不可又一件云州縣所要糶鹽人委所在長吏於當州當縣倉督錄事佐吏以下本所繇中揀選不得差配百姓如有鄉村去州縣路遠處即州縣揀定所繇將鹽就鄉村糶易處厚駁曰臣曾任刺史所繇入鄉村是爲政之大弊一吏到門百家納貨今陛下方以清淨簡易休息蒼生宜去其冗員除其蠹賊令山劍州縣境土至濶其令若行煩擾至甚又一條云臣今欲試鹽法歸於簡易但委州縣則無不濟伏緣所務至重須以廟堂宰臣

充關內河東山劍等道鹽鐵使處厚駁曰臣竊以度支使四方稟奉不殊宰相權柄已重不假台司台司者三公論道之地雜以鹺務實非所宜三十年來竇參程异皇甫鎛並以錢穀居台鉉非惟國體不可抑亦名利難兼所以參輩不受國誅必有天禍又一條云據每道每州糶鹽不少今所在戶口都不申明實數臣請令長吏有不親公事信任所繇浮詞云當界無人糶鹽交恐不濟臣即請差清彊延官徃所訴州簡責實戶口數圖保處厚駁曰臣曾爲外州刺史備諳此事自兵興以來垂二十載百姓粗能支濟免至

流離者實賴所存浮戶相倚兩稅得克縱遇水旱蟲霜亦得相全相補若搜索悉盡立至流亡宇文融掌開元全盛之時搜丁出戶猶以殘人斂怨痒國害身此策若行則甚於彼臣前月二十四日思政殿面奉德音深卹疲人且不配戶聖慮周悉綠見事情臣等退而抃躍以爲昇平坐致若據此節即與配戶無殊平叔所陳未副聖德又一條云諸州府縣簡得鹽便於當處官倉收貯其京城兩縣簡責得鹽於度支兩常平院貯當日各據數勒留依所定估出糶從粧下後諸巡院便計料般鹽分付府縣供糶當令所貯有

剩不得令闕如有遺闕知院官聞奏貶遠惡處官典所係節級重科決停解如府縣不存公心課利減耗及所送官鹽價疋段濫弱并送納不時妄有申訴其京兆亦令司錄及觀察使停見任改散慢官其專判鹽案及刺史請貶與上佐本州專判案官錄事參軍縣令亦請遠貶處厚駁曰臣竊以古人云人愛其狐裘反而負芻皮既不存毛將安傅皮喻百姓毛喻國家百姓不存國家不立今兩稅編戶是國根本撑忠信之長命慈惠之師推赤子之仁布愷悌之化猶懼不及而有傷痍今爲鹽鐵不登便須貶黜雖龔黃召杜之政卓魯蒲密之能無所施於聖代矣其末條云以設法之初沮議者衆聖斷先定則成績可期今出之後輦轂之下尤要隄防恐爾兩軍市人鹽商大賈或行財貨邀截喧訴臨時必有此色姦人伏乞聖慈委兩軍中尉兼京令尹切加把捉如有此色捉獲頭首所在決殺連狀聚衆人各加脊杖二十處厚駁曰臣竊以古人云利不百不變法工不十不易器改更之事自古所難故云謀不欲多決之欲獨臣於平叔無親故無讎嫌所陳者非挾情所議者歸利害唯聖上獨斷推於至公然彊人之所不能事必不立禁人

之所必犯法必不行臣嘗爲開州刺史當時被鹽監吏人横攪官政亦欲鹽歸州縣總領其權嘗試研求事有不可蓋以設法施行須順風俗或東州便則西州害或南州易則北州難且據山南一道明之興元巡管不用見錢山谷貧人隨土交易布帛既少食物隨時市鹽者或一斤麻或一兩絲或蠟或漆或魚或鷄瑣細叢雜者皆因所便今逼之使出布帛則俗且不堪其弊官中貨之以易絹勞而無功伏惟聖明裁擇時平叔傾巧有恩自謂言無不允及處厚駁奏帝稱善令示平叔詞屈其法遂罷

五月詔曰兵革初寧方資榷筦閭閻重困可議蠲除如聞淄青鄆三道往年糶鹽價錢近收七十萬貫供給資費優贍有餘自鹽鐵使管事已來軍府頓絶其利遂使經行陣者有停糧之怨服壠畝者興加稅之嗟犯鹽禁者困鞭撻之刑理生業者乏蠶將之具雖縣官受利而郡府益空俾人獲安寧我節用其鹽鐵先於淄青兖鄆等道管内置小鋪糶鹽巡院納榷起今年五月一日已後一切並停仍各委本道納較比年節度使自收管充軍府逐急用度及均減管内貧下百姓兩稅錢數至年終各具糶鹽數所得錢并均

減兩稅聞奏是時王承元爲平盧軍節度均輸鹽法未嘗行於兩河承元悉歸之有司

册府元龜

冊府元龜

巡按福建監察御史臣李嗣京訂正

知甌寧縣事臣孫以敬參閲

知建陽縣事臣黄國琦較釋

邦計部

山澤第二

唐文宗太和二年三月丁巳朔度支奏京兆府奉先縣鹵池側近陂泊池井應有水栢柴燒作灰煎鹽等臣勘案先據兩池榷鹽使申長慶三年二月十五日

於奉先縣界捉獲水栢柴灰四十石六斗二升數内取一石煎得鹽一十二斤一兩使司恐是盜刮鹻土妄稱是水栢柴灰重收採水栢柴三十斤燒得灰二斗二升煎得鹽二斤一十二兩緣從前未有明勅禁斷所以百姓故有抵犯伏以栢柴灰比曾煎試據所獲灰准舊試例約得鹽一斗八升比類鹻土煎鹽所收鹽分數較多其鹻土亦有勅條禁止其水栢柴灰亂法甚於鹻土不可因循臣今商量從今已後捉獲盜採水栢柴灰重一十二斤即計鹽一斤犯灰一斗即計鹽一斤四兩並准兩池例八斤計折同犯刮鹻土煎鹽勅條節級科罰所冀鹽法齊一榷課免虧從之

三年四月勅安邑解縣兩池榷課以實錢一百萬貫爲定額

五年六月鹽鐵使王涯奏當使應管諸州府坑冶伏准建中元年九月七日勅山澤之利今歸於管坑冶所出並委鹽鐵使勾當者今兖鄆淄青曹濮等三道并齊州界已收管開冶及訪聞本道私自占採坑冶等臣伏以山川產物泉貨滋將苟有利宜不忘經度兖海等道銅鐵甚多或開採未成州府私占物無自

效須俟變興國有常征宜歸董屬前件坑冶昨使簡量審見滋饒已令開發其三道觀察使相承收採將備軍須久以爲利恐違常典伏請勒還當使准例稅納又以與功動作法貴均勞坑冶州府人難并役其應採鍊人戶伏請准元勅免雜差遣與其便安伏乞天恩允臣所請臣即於當使差請強官與兖海等道勘會已開者便令支領未開者别具條疏從之唐自兵興已來始追用漢氏衰耗之政筭山澤之利征賦於人非哲王致理之令典也蓋其初以經費殫弊薄其取而約其法故國用旁滋而人不告困故大曆中劉晏之法適于中道後代推其能其後姦邪之臣務爲多門之用使局額月羇門類滋修收天下之徒爲彰占避徭之戶於是農畝益去人趨其末以爲活役吏黠

晉因緣侵恣公利遺散物貨敗濫乃變增榷酤之法
苟助應當之數城內因以困削管子曰天下不患無
財患無人以分之執事者誠宜疏條其源俾漸歸於
本以阜厚齊人農桑之業今則興爲貪豐利幹劇柄
置勢迎旨者於是招權怙寵者於是道邪門致顯爵
者於是望天下稍復理平之盛焉可得也涯之此奏
識者
鄙之
九年九月鹽鐵轉運使王涯奏請變江淮嶺南茶法
并請加稅以贍邦計史臣曰自兵興以來山澤淮湖榷莞之利無遺逸矣利益歸于上民益窘于下涯尚欲希恩加稅重用其法以窮其人然而竄身於姦邪之間與其謀而危其國豈非鬼瞰神奪駕斯禍以徵之
十二月諸道鹽鐵轉運榷茶等使左僕射令狐楚奏
新置榷茶使額伏以江淮間數年以來水旱疾疫彫

傷頗甚愁歎未平今夏及秋稍較豐稔方須惠卹各
使安存昨者忽奏榷茶實爲蠹政蓋是王涯破滅將
至怨怒合歸豈有令百姓移茶樹就官場中栽摘茶
葉於官場中造有同兒戲不近人情方有恩權無敢
沮議朝班相顧而失色道路以目而吞聲今宗社降
靈姦兇盡戮聖明垂祐黎庶合安微臣伏蒙天恩兼
授使務官銜之內猶帶此名俯仰若驚夙宵知愧伏
乞特廻聖聽下鑒愚誠速委宰臣除此使額緣軍國
之用或闕山澤之利有遺許臣條疏續具聞奏採造
欲及妨廢爲虞前月二十一日內殿奏封之次鄭覃
與臣同陳論訖伏望聖慈早賜處分一依舊法不用
新條唯納榷之時須節級加價商人轉賣必較稍貴
卽是錢出萬國利歸有司旣無害茶商又不擾茶戶
上以彰陛下愛人之德下以竭微臣憂國之心遠近
傳聞必當咸悅詔可之
開成元年五月詔以鹽鐵諸道應管銀山二十五所
悉歸州縣其鹽鐵使所補人吏並停罷仍歸州縣色
役
六月鹽州奏請移置榷院於宥州
二年三月乙酉鹽鐵使奏得蘇州刺史盧商狀分鹽

場三所隸屬本州元糶鹽七萬石加至十三萬石倍
收稅額直送價錢
五月以蘇州刺史盧商爲潤州刺史攝御史大夫充
浙江西道都團練觀察等使商在蘇州變鹽法獲利
倍多時宰臣爲鹽鐵使以課績上聞故有是命
九月浙江觀察使盧商奏當州自開成元年七月二
十六日勑以茶務委州縣至年終所收以溢額五千
六百六十九貫比類鹽鐵場院正額元數加數倍已
上伏請增加正額郤戶部鹽鐵商量並請依州司所
奏從之

三年三月以浙西監軍判官王士玫充湖州造茶使特湖州刺史裴充卒官吏不謹進獻新茶不及嘗年故特置使以專其事宰臣上言造茶乃州縣之常務若別立使額卽人戶不屬州縣差役偏併諫官上疏切爲不可詔罷之

六月度支奏請廢晉州平陽院停官吏工匠四百餘戶并所管礬山兩所並歸州縣從之

四年二月丁巳安南都護馬植奏管内六州界海比廢珠池今有珠生

是月宣州觀察使崔鄲奏茶法非便於人請兩稅錢

上隨貫納率詔曰榷茶本率商旅納貫涉於加稅東省曾有駁正鹽鐵又經奏論法貴大同事難獨改

武宗以開成五年正月四日卽位十月詔復茶稅鹽鐵司奏曰伏以江南百姓營生多以種茶爲業官司量事設法惟稅賣茶商人但於店鋪交關自得公私通濟今則事須私賣苟務隱欺皆是主人互郎中裏誘引又被販茶姦黨分外勾牽所繇因此爲姦利皆追收攪擾一人犯罪數戶破殘必在屏除使安法理其園戶私賣茶犯十斤至一百斤徵錢一百文決脊杖二十至三百斤決脊杖二十錢亦如上累犯累科三犯已後委本州上曆收管重加徭役以戒鄉閭此則法不虛施人安本業旣懼當辜之苦自無犯法之心條令旣行公私皆泰若州縣不加把捉縱令私賣園茶其有被人告論則又砍園失業當司察訪別具奏聞請准放私鹽例處分又云伏以興販私茶羣黨頗衆場鋪人吏皆與通連舊法雖嚴終難行使須別置法以革姦徒輕重旣有等差節級易爲遵守今旣特許陳首所在招收勅令已行皇恩普洽宜從變法使各自新若又抵違須重科斷自今後應輕行販私茶無得杖伴侶者從十斤至一百斤決脊杖十五其

茶并隨身物並沒納給糾告及捕捉所繇其四牒送本州縣置曆收管使別營生再犯不問多少准法處分三百斤已上卽是恣行兇狡不懼敗亡誘扇愚人悉皆屏絕並准法處分其所沒納亦如上例從之

宣宗大中元年閏三月鹽鐵奏據兩池榷鹽使狀應舊鹽法勅條內有事節未該及准去年赦文合再論理事件等一曰准貞元元和年勑如有姦人損壞壕籬及放火延燒收贓不獲本令合當嚴罰皆已有條制今見施行但未該地界所繇及無捉賊期限伏以鹽池堤禁只仰壕籬如有放火延燒故損壞本縣分

一周年内十月度同捉得五斗巳上私鹽先准元和
十二年六月三日勑與減一選即所酬殊寡難使盡
心若必遣縣令須令賞罰相稱伏請從今巳後其縣
令本界内若五度捉得私鹽每度捉得一斗巳上餘
賊同得者不限歲内歲外但數足後即與減一選如
累捉得亦請累減減至三選即止如是別色見任正
官員前官差攝縣令亦准正縣令處分如是散試官
差攝縣令無選可減者亦得年五度捉得私鹽并賊
同得者即請別賞見錢五十貫累捉得亦請累賞如
兩畿令及赤縣令無選可減者在任之日但界内捉

得私鹽件數與勑文相當簡勘別無異同即請申中
書門下秩滿後便與依資除官如此則必悉心奉法
不失罪人其餘即請各准元勑處分一日應捉獲越
界私鹽并刮鹻盜兩池鹽賊與刼奪犯鹽囚徒頭首
闗連人等推勘是合抵死刑者承前並各准元勑極
法處分者伏以本制鹽法束勒甚嚴近年以來稍加
寛令又准會昌六年五月五日赦文靈武振武天德
三城封部之内皆有良田緣無居人遂絶耕種自今
巳後天下囚徒各處死刑情非巨蠹者特許全生并
家口配流強盜鹽賊蹤入界各許本州界一月内捉
賊送使如過限不到即是私存慢易搜索未精其元
勑内所罰縣令課科便請准勑文牒本州府當日據
数徵剋送使又弓矢射所繇等晝夜只于池内簡廵
其壕籬外而山林掩映村柵相次無有姦人與心結
搆必須與村人相熟乃敢下手若或無人勾致即遠
蹤不敢自來亦緣從來未立科條以此淤池所繇都
無稟束伏請從今後如有姦人損動壕籬及放火延
燒并有盜竊蹤跡其地界保社所繇村正居停主人
等如有自擒捉得賊每捉得賊一人帷勘得實所捉
人當日以官中諸色見錢一十貫文充賞如漏綱及

不覺察到並請追就便各决脊杖十五如推勘與賊
如情即請准所犯人條例處分如是所繇及別色人
等捉得亦請准前給賞其餘並請各准元勑處分一
日諸州府應捉搦販賣私鹽及刮鹻煎賊等伏請前
後勑節文本界縣令如一周年内十度同捉獲私鹽
五斗巳上者本縣令減一選如每年如此即與累減
者伏以私鹽厚利煎竊者多廵院弓矢力徵州縣人
煙遼夐若非本界縣令同立隄防煎販之徒無繇止
絶其縣令本界漏綱私鹽據石斗各有元勑並請依
舊條處分如縣令若侍本此三道者當時應緣鹽法

捉獲前件賊等並是固違勑文挾持弓刀棒杖皆作殺人謀致巨蠹兇惡情狀難原如或詐有生全則必欺偷轉甚則無其法可以畏之今伏請捉獲此色賊推勘得實合寘極刑者並請各准奏處分以前戶部侍郎判度支盧弘正奏臣又得兩池榷茶使簡較司封郎中兼侍御史司空輿狀自領職以來披尋捉鹽條制其間有此三節須重奏論伏以鹽法條制須是嚴刑稍似寬容則姦人無懼招收榷課數闕伏望聖慈許依司空輿所請即冀私鹽杜絕榷課增加從之

二年正月勑安邑解縣兩池榷課先以實錢一百萬

貫爲定額今但取匹段精好不必計舊額錢數

三年七月命開殖三州七關之地廣鹽鹵之利以贍邊人

四年三月因收復河隴勑令度支收管溫池鹽仍差靈州分巡院官專勾當先是潮落地在豐州界河東供軍使收管每年採鹽約一萬四千餘石供振武天德兩軍及營田水運官健是年党羌叛擾饋運不通供軍使請榷市河東白池鹽供食其白池屬河東節度使不繫度支

六年二月勑溫池令割屬威州置榷稅使緣新制置未立榷課定額

五月鹽鐵轉運使戶部侍郎裴休立稅茶之法凡十二條陳奏之宣宗大悅下詔曰裴休興利除害深見奉公盡可其奏是年度支收納安邑解縣池榷利一百二十一萬五千餘貫女鹽池在解縣朝邑小池在同州鹵池在京兆府奉先縣並禁斷不爲榷

懿宗咸通四年七月詔廉州珠池與人共利近聞本道禁斷遂絕通商宜令本州任百姓採取不得止約

僖宗光啟元年三月詔曰近京畿國之資榷鹽爲本法禁久廢姦蠹實繁陷課藩方依憑城社須知根柢

乃可改張委本司選周衛通財庶期革弊其江淮食貨利害亦須詳究指揮沿路占留遣使親論兵革之後銅鉛至多折納鑄錢尚資與利亦要議其可否不令旁撓農商

昭宗天復元年三月梁太祖兼領河中節度使奏歲貢課鹽三千車臣今代領池場請加二千車歲貢五千車候五池完葺則依平時貢額從之

梁太祖開平三年制斷曹州煎小鹽糶貨

末帝龍德初鹽鐵轉運使敬翔奏請於雍州河陽徐州三處重置場院稅茶從之

後唐莊宗同光三年二月勑會計之重鹹鹺是先矧彼兩池實有豐利頃自兵戈擾攘民庶流離旣場務以隳殘致程課之虧失重兹葺理須仗規模將立事以成功在從長而就便宜令李繼麟兼充州節度度支安邑解縣兩池榷鹽使便可制置一一條貫所有合制官吏等亦委自使選差

三年二月勑其逐年俵賣蠶鹽食鹽大鹽甜次冷鹽每斗與減五十文糶鹽伏准本勑文

辛巳鄜延高萬興奏河中於僖州開場賣課鹽伏准本朝規制元食青鹽請止絕

明宗天成元年五月商州奏當管水銀五窟乞依舊管係

二年十一月貝州刺史竇廷琬上便宜狀請制置鹽州烏白兩池逐年出絹十萬疋米五萬石奉勑昇慶州爲防禦使便除廷琬爲使

三年正月庚申宰臣以鹽麴價高請議減價以便生民帝曰若便於民不失國計便可以行殿中丞杜璟又以汴州鹽價倍於雒陽奏表請減

二月以蔚州銀冶無裨國費虛占人戶命廢之

長興四年五月七日諸道鹽鐵轉運使奏應食課鹽州府省司各置榷糶折博場院應是鄉村並通私商興販所有折博并每年人戶蠶鹽並不許將帶一斤一兩入城侵奪榷糶課利如違犯者一兩巳上至一斤買賣人各決臀杖一十三放一斤巳上至三斤買賣人各決臀杖十五放三斤巳上至五斤買賣人各決脊杖十三放五斤巳上至十斤買賣人各決脊杖十七放十斤巳上不計多少買賣人各決脊杖二十處死有犯鹽人隨行錢物驢畜等並納入官所有元本家業田庄如是全家逃走者卽行與納仍許般載脚戶經過店主人脚下人力等糾告等第支與優給

如知情不告與買賣人同罪其犯鹽人經過處地分門司廂界巡簡節級所繇并諸色關連人等不專覺察卽據所犯鹽數委本州臨時科斷乞報省如是門司關津口鋪捉獲私鹽卽依下項等第支給一半賞錢一斤巳上至十斤支賞錢二十貫文五十斤巳上至一百斤支賞錢三十貫文一百斤巳上支賞錢五十貫文應食末鹽地界州府縣分並有榷糶場院久來內外禁法卽未有一槩條流應刮鹻煎鹽不計多少斤兩並處極法兼許四隣及諸色人等陳告等第支與賞錢欲指揮此後犯一兩巳上至一斤買賣人

各决臀杖十三放一斤已上至二斤買賣人各决臀杖十五放二斤已上至三斤買賣人各决脊杖十六放三斤已上至五斤買賣人各决脊杖十七放五斤已上買賣人各决脊杖二十處死如是收到鹻土鹽水即委本處煎煉鹽數准條流科斷或有已曾違犯不至死刑經斷後公然不懼條流再犯者不計斤兩多少所犯人並處極法其有榷糶場院員寮節級人力煎鹽池各竈戶般鹽舡綱押綱將軍衙官稍工等具知鹽法如有公然偷盜官鹽或將貨賣其買賣人及窩般主人知情不告並依前項刮鹻例五斤已上

處死者其諸色關連人等並各支賞錢即准雒京邢鎮州條流事例指揮顆末青黃等鹽元不許界分参雜其顆鹽先許通商之時指揮不得將帶入末鹽地界如有違犯一斤一兩並處極法所有隨行色物除鹽外一半納官一半與捉事人充優賞其餘鹽色末有畫一條流其雒京并鎮定邢州管内多有北京末鹽入界捉獲並依雒京條流科斷欲指揮此後但是顆末青白諸色鹽侵界參雜捉獲並准雒京條例施行慶州青白榷稅元有透稅條流所有隨行驢畜物色一半支與捉事人充優賞其餘一半并鹽並納入

官欲並且依舊一斗已上至三斗決臀杖十五放三斗已上至五斗决脊杖十三放五斗已上處死安邑解縣兩池榷鹽院河府節度使兼判之時申到畫一事件條流等准勑牒兩池所出鹽舊日若無榜文如擅將一斤一兩准元制條並處極法其犯鹽人應有錢物並與捉事人充優賞者切以兩池禁棘峻阻不通人行四面各置場門弓射分擘鹽池地分居住並在棘圍内更不別有遺差秖令巡護鹽法如此後有人偷盜官鹽一斤一兩出池其犯鹽人並准元勑條流處分應有隨行錢物並納入官其捉事人依下項

定支優給若是巡簡弓射池場門子自不專切巡察致有透漏到棘圍外被別人捉獲及有糾告兼同行反告官中更不坐罪陳告人亦以捉事人支賞應知情偷盜官鹽之人一依犯鹽人一例處斷其不知情關連人臨時酌情定罪所有透漏地分弓射及池場門子如是透漏出鹽十斤已下决脊杖五十放一十斤已上與犯鹽人同罪科斷一斤已上至十斤支賞錢一十貫文十斤已上至五十斤支賞錢二十貫文五十斤已上至一百斤支賞錢三十貫文一百斤已上支賞錢五十貫文前項所定奪到鹽法條流其應

屬州府捉獲抵犯之人便委本州府簡條流科斷訖申奏別報省司其屬省院捉到犯鹽之人干死刑者即勘情申上候省司指揮不至極刑者便委務司准條流决放訖申報奏勑宜依

末帝清泰元年新州銀冶務使承珪言自今年正月得銀三百五十兩自八月後採山無銀别筭弦道

二年河中言三司于民添徵蠶鹽錢

晉高祖天福元年十一月九日即位制曰鹽麴之利軍府所資償不便於人戶宜别從於條制所期濟衆無患妨公在京鹽價元是官場出糶自今後並不禁

斷一任人戶取便糶易仍下泰原府更不得開場糶貨

閏十一月壬午勑覆車難襲弊政宜遷恤鄉邑之瘡痍救民人之苦疾其北京管內鹽鐺戶合納逐年鹽利昨者僞命指揮每斗須令人戶折納白米一斗五升極知百姓艱苦自今後宜令人戶以元納食鹽石斗數目每斗依時價計定錢數以錢數取人戶便穩折納斛㪷一人湯沐之奉實在王畿兆民凋弊之風宜行仁恕其雒京管內逐年所配人戶食鹽起從來年每斤特與量減價錢十文

二年九月左補闕李知損上章曰臣以前承御札許進言者直書其闕况在諫司不敢避事臣近聞衆議云國家將變鹽法有司即欲宜行竊知以諸道所糶賣鹽令逐處更添一倍委州司量其屋宇均配城內戶人每歲勒兩限俵鹽隨二稅納價言之雖易作之極難此法若行甚非穩便然則歷代變法先取其益國利人前王開基本在于安時恤物設國無所益人不聊生斯乃害時之理昭然變法之功何有今添配鹽貨資困弊者有二作敗亂者有三何則念寰海烝民屬梁朝季運困之以兵革重之以科徭幾經宗社

改更刑法變換地經百戰徃年之事力都無室告九空到處之鄉村未復止於州城衆戶所在貧乏者多臣頻曾守職藩方莫不詳覩利病且嘗年城內居戶例于屋稅請鹽比其徵納之時備見艱難之狀以至須勞鞭朴尚有逋懸况所請之數甚微應督之期猶失若以逐州場院鹽貨於合賣數增倍俵之以稅錢均攤則貧富高低而不等以屋宇細配則盈虛剩少以難齊於功罕全與物爲病其資困弊者一也逐處州府必委官吏行之官雖强明而吏藏姦倖斯蓋必然之理可得而知儻官乏能名吏多欺詐則力不足

者重傷于增配家已給者却獲其輕均是則率百姓而因國家虐貧窮而繇胥吏其資困弊者二也且諸州糶鹽收利省司差官置場所掌者國家之利權安得假厚薄而輒廢所立者國家之法制豈可沿輕重而濫施使四方之人何以取則聞一朝之令孰不見疑散利權於諸州變鹽法於天下俵給不均而民弊徵催不便而民逃國無利而喪權民積困而失業其作敗亂者一也所在之處多有土鹽或煎而食之或藏而貨之流行既深紊亂非細如無告訐莫得追尋若配俵之權憑于官吏誠嚴之法委自藩方則民漸

困以何辜國轉虛而何利其作敗亂者二也天下鹽鐵國家大權當重慎于施張助國家之輕費喻河流之不竭同嶽鎮以無傾蓋轉運所引行之如水禁嚴其固揔之若山豈可緣支用而絕本源爲逈切而摧重大權衡一失整頓甚難利害再思辯明極易是則民有害而可救國無利而何圖其作敗亂者三也困弊敗亂願陛下細而思之審而行之恐不宜以爲嘗事而不軫聖慮也大凡錢穀之利秖以聚斂爲能至於度支之司唯以濟辦爲劾姝不知人心小失所憂之事非嘗王道大行所悅之方蓋遠臣竊慮有司以

配鹽事件數奏聖聰必云百姓賖得食鹽半年然後納價國家隨其二稅頭段徵得鹽錢場院既免遷延官典更無逋欠民獲其濟國有所資臣請詰之以解前說且百姓窮困十八九焉或市肆經營取錐刀宜利至於日食鹽酪辦卽買之偶或無錢不妨淡食今以半年鹽味配給貧民請歸其家殆非所濟當俵鹽之日已不欣歡及納價之時可量困蹟復有稅租甚大舍屋頗多骨肉替令家事牢落官中以戶門而須配本人懼條法以難辭剩請官鹽莫之爲用都徵省債無足可償以此通民何州不有以此編戶何處不

空是則百姓因之逃亡鹽錢固所虧失省司指本州本使不胥流移州司追鄰人保人須令攤配如此則已傷殘而重困未波逃而復驅益國濟民其利安在蠹時害政不亦多乎所司或對云自古理民有利則有害當今贍國不歛則不克諫官秖以憂民爲詞不知經國之務臣請再詰以澄斯言夫國家取利之方王者安民之道雖或甚利於國微損于民聖君尚以割股啗腹而爲言本固邦寧而垂誡何况有甚害于物而小益于時者乎必欲糶賣鹽錢須要倍于往日唯宜減落鹽價慎選場官示諭諸州峻整公法凡經

半課利但令逐處較量比及周正必期集事如糶壹倍於元數課租濟於朝廷則必授以殊資別委主之重務如或所責不及於元數所資不濟於朝廷則必顯示斷懲永更不令任使旣鹽價極輕而鹽法甚重則民間不犯而貨易自通州府以公家在心場院以貞幹爲事自然國有其利民無所傷與夫配百姓而失經費之資其利害懸於天壤矣伏惟皇帝陛下每憂勤庶政當諮訪羣臣當明君求諫之秋是微列得言之日尋有旨寢其事

少帝以天福六年六月卽位十一月詔州郡稅鹽課

稅斤七分任稅斤十分州府鹽院差省司差人勾當先是諸州府除蠶鹽外每斗海鹽界分約收鹽價錢一十七萬貫高祖以所在禁法祇犯者衆遂開鹽禁許通商令州郡配徵人戶食鹽錢上戶千文下戶二百分爲五等時亦便之至是掌賦者欲增財利難於驟變前法乃重其關市之征蓋欲絕其興販歸利於官也其後鹽禁如故鹽錢亦徵至今爲弊焉

漢高祖入汴之年屬戎虜猾夏之後國用尤窘故鹽鐵之禁甚峻明年李守貞叛於河中傳檄於隣藩以詆漢之不道云鹹鹺不通從銖兩者遭刑農器不行務耕耘者束手則漢之立法可知矣

周太祖廣順元年九月詔改鹽法凡犯五斤已上者處死煎鹻鹽者犯一斤已上處死先是漢法不計斤兩多少並處極刑至是始革之

二年九月十八日勑條流禁私鹽麴法如後一諸色犯鹽麴所犯一斤已下至一兩決臂杖十七配役一年五斤已下一斤已上決脊杖二十配役三年五斤已上並決重杖一頓處死應所犯鹽麴闕津門司廂巡村保如有透漏並行勘斷一刮鹻煎鍊私鹽所犯一斤已下決脊杖二十配役三年一斤已上並決重杖一頓處死所犯私鹽若捉到鹻土鹻水秖煎成鹽

稱盤定罪逐處凡有鹻鹵之地所在官吏節級所繇當須巡簡村坊隣保遍相覺察若有所犯他處彰露並行勘斷一所犯私鹽捉事告事人各支賞錢以係省錢充至死刑者賞錢五十貫文不及死刑者三十貫文一顆鹽末鹽各有界分若將本地分鹽侵越疆界同諸色犯鹽例科斷一鄉村人戶所謂蠶鹽秖得將歸裹爾供鹽不得別將博易貨賣投托與人如違並同諸色犯鹽例科斷若是所請蠶鹽道路津濟須經過州府縣鎭委三司明行指揮一凡賣鹽麴須並於官場官務內買若衷私投托興販其買賣人並同

諸色犯鹽麴例科斷一諸官場務如有羨餘出利鹽麴並許盡底報官如衷私貨賣者買賣人並同諸色犯鹽麴例科斷若鹽鋪酒店戶及諸色人與場院衷私貨賣者並同罪科斷一所犯鹽麴有同情共犯者若是骨肉卑幼奴婢同犯抵罪家長主首如家長主首不知情抵罪造意者其餘減等科斷若是他人同犯並同罪斷遣若與他人同犯據逐人脚下所犯斤兩依輕重斷遣一州城縣鎮郭下人戶係屋稅合請鹽者若是州府並於城內請給若是外縣鎮郭下人戶亦許將鹽歸家供食仍仰本縣預取逐戶合請鹽數目攢定文帳部領人戶

請拔勒本官吏及所在場務同點簡入城若縣鎮郭下人戶城外別有庄田亦仰本縣預前分擘開坐勿令一處請給供使勑令應諸道今後若捉獲犯私鹽麴人罪犯分明正該條法便即斷遣訖奏若稍設疑誤抵須申奏取裁

十月戊申解州刺史兼兩池榷鹽使張崇訓言兩鹽池周圍極遠以棘爲籬別無城壁其巡警牙官數百步一人向未立法猶有犯禁近奉九月十日條流雖不該制置鹽場務司亦已曉諭今來未審依舊法用新條詔依新勑先是漢法犯鹽一斤一兩死之太祖以其用法太峻兼不足以懲姦乃改法加至五斤處死主者但欲嚴酷以集事不顧治道之可否故張崇訓有是奏

三年三月詔曰青白池務素有定規秖自近年頗乖循守比來青鹽一石抽稅錢八百鹽一斗白鹽一石抽稅五百鹽五升其後青鹽一石抽錢一千鹽一斗訪聞改法已來不便商販蕃人入界本州務及諸巡鎮倍加安撫不得侵欺如蕃人將羊馬貨價須平和交易不得縱任牙人通同脫畧故爲抑凌訪聞邊上鎮鋪於蕃漢戶人市易糶餘衷私抽稅今後一切止

絕如違必加深罪各令知悉青白鹽池在鹽州北唐朝元管四池曰烏池白池瓦窰池細項池今出稅置吏惟烏白二池而已寧慶諸州民有自池務買鹽經過處皆定稅利

十二月三司使奏諸道州府逐年俵散戶人蠶鹽除俵鄉村外有州城縣鎮郭下舊請屋稅蠶鹽處自前元不敢入城門以廣順二年勑却許放入緣州城縣鎮郭下各有糶場切慮放入稅鹽紊亂條法難爲簡較其州城府縣鎮郭下所俵年約六千餘石徵錢萬五千八百貫起來年欲任俵其元徵錢未審徵否勑

諸州府并外縣鎭城內其居人屋稅鹽今後不俵其鹽錢亦不徵納所有鄉村人戶合請蠶鹽州城縣鎭嚴切簡較不得放入城門

世宗顯德元年十二月帝謂侍臣曰朕覽食末鹽州郡犯私鹽者多於食顆鹽界分蓋卑濕之地易爲刮鹻煎造豈唯違我榷法兼又以我好鹽況末鹽煎鍊般運費用倍於顆鹽今宜分割十餘州令食顆鹽不唯沿流輦運省力兼且少人犯禁時論便之自是曹宋已西十餘州皆食顆鹽焉

二年八月二十四日宣節頭文改立鹽法如後一瞻

國軍堂陽務邢洺州鹽務應有見垛貯鹽貨處並煎鹽場竈及應是鹻池並須四面修置墻壍如是地里均遠難爲修置墻壍即是壕籬爲規隔如是人于壕籬內偷鹽夾帶官鹽兼於壕籬外煎造鹽貨便仰收捉及許諸色人陳告所犯不計多少斤兩並決重杖一頓處死其經歷地分及門司節級人員並當勘斷所有捉事告事人賞錢一兩已上至一斤賞錢二十貫文一斤已上至一十斤賞錢三十貫文一十斤已上賞錢五十貫文一應有不係官中煎鹽處鹻池並須立標標出委本州府差公幹職員與廵鹽節級村保地主鄉人同共廵簡若諸色人偷刮鹻地便仰收捉及諸色人陳告若勘逐不虛捉事告事人每獲一人賞絹一十疋獲二人賞絹二十疋獲三人已上不計人數賞絹五十疋刮鹻煎鹽人并知情人所犯不計多少斤兩並決重杖一頓處死其刮鹻處地分並刮鹻人住處廵簡節級所縣村保等各決脊杖十八令衆一月放依舊勾當刮鹻處地主不切簡較決脊杖十七令衆一月放一課鹽池分界內有刮鹻煎鍊鹽貨所犯並依前項一今緣改價賣鹽慮有別界分鹽貨遞相侵犯及將鹽入城諸色犯鹽人令下三司

依下項條流科斷其犯鹽人隨行物色給與本家其鹽沒納入官所經歷地分節級人員並行勘斷一兩至一斤決臀杖十五令衆半月捉事告事人賞錢五貫文一斤已上至十斤決脊杖十五令衆一月捉事告事人賞錢七貫文二十斤已上不計多少決脊杖十七配發運務役一年捉事告事人賞錢一十貫文

一諸州府人戶所請蠶鹽不得於鄉村里私貨賣及信團頭脚戶鹽司請鹽節級所縣等尅折糶賣如有犯者依諸色犯鹽例科斷一如有人于河東界將鹽過來及自家界內有人往彼與販鹽貨所犯者並處

斬其犯鹽人隨行驢畜資財並與捉事人充賞

十月詔曰漳河以北州府管界元是官場糶鹽今除城郭等市内仍舊禁約其鄉村並許鹽貨通商逐處有鹻鹵之地一任人戸煎鍊興販即不得踰越漳河入不通商地界

册府元龜邦計部山澤二　卷之四百九十四　二十五

册府元龜

冊府元龜

巡按福建監察御史臣李嗣京　訂正

分守建南道左布政使臣胡維霖　參閱

知建陽縣事臣黃國琦　較釋

邦計部　一十三

田制

昔黃帝之有天下也畫野分州列爲萬國周公小司徒之職有井邑丘甸之制以建民中以裁軍賦公伞所謂頌聲孫什一而作孟軻亦稱仁政自經界而始皆井田之謂也及戰國異政謀臣變古王制旣壞兼

并遂起歷世彌久因時立法或限以自占之數或差其命秩之品原其創制改作之意率以敦本華弊爲念蓋將禁抑豪侈惠綏困窮在上者之心亦已勤矣然其舊典斯廢大道云喪命令之出姦詐隨生雖齊之以刑亦不能勝矣故周之中正墜而莫舉漢之極盛邈不能及焉

堯遭洪水天下分絕使禹平水土別九州（分別疆理）冀州厥土惟白壤（無塊曰壤）厥田惟中中（田第五）兗州厥土黑墳（色黑而墳起）厥田惟中下（田第六）青州厥土白墳厥田惟上下（第三）徐州厥土赤埴墳（土黏曰埴）厥田惟上中（第二）揚州厥土惟塗泥（地泉溼也）厥田惟下下（第九）荊州厥土惟塗泥厥田惟下中（第八）豫州厥土惟壤下土墳壚（高者壤下者壚壚疏也）厥田惟中上（第四）梁州厥土青黎（色青黑沃壤也）厥田惟下上（第七）雍州厥土惟黃壤厥田惟上上（第一）九州之地定墾者九百一十萬八千二十頃

周文王在岐（今扶風郡岐山縣）周平王之法以爲理人之道地著爲本（地著謂安土也）建司馬法六尺爲步步百爲畝畝百爲夫夫三爲屋屋三爲井井十爲通通十爲成成十爲終終十爲同同方百里同十爲畿畿方千里故丘有戎馬一匹牛三頭甸有戎馬四匹兵車一乘牛

十二頭甲士三人步卒七十二人一同百里提封萬井戎馬四百匹車百乘此卿大夫采地之大者是謂百乘之家一封三百六十六里提封十萬井定出賦六萬四千井戎馬四千匹車千乘此諸侯之大者謂之千乘之國天子之畿內方千里提封百萬井足出賦六十四萬井戎馬四萬匹兵車萬乘戎卒七十二萬人故曰萬乘主也大司徒之職均土地以稽其人民而周知其數上地家七人可任者家五人中地家六人可任者家三人下地家五人可任者家二人（均平也周猶徧也一家男女七人以上則授上地所養者衆也男女五人以下則授之以下地所養者寡也止

以七人六人五人爲率者有夫有婦然後爲家自二人以至於十人爲上等七六五者爲其中可任謂丁强任力役之事者出老者一人其餘男女强弱相半其大數乃經土地而井牧其田野九夫爲井四井爲邑四邑爲丘四丘爲甸四甸爲縣四縣爲都以任地事而令貢賦凡稅斂之事此爲造都鄙也采地制井田異於鄉遂也重立國小司徒爲經之立其五溝五塗之界其制似井之字因取名焉孟子曰夫仁政者必自經界始經界不正井地不均貢祿不平是故暴君汙吏必慢其經界經界旣正分田制祿可坐而定也謂隰皐之地九夫爲牧二而當一井今造都授民田有不易有一易有再易通率二而當一是之謂井牧者夏少康有虞有田一成有衆一旅一旅之衆而田一成則井牧之法先古然矣九夫爲井者方一里九夫所理之田也此制小司徒經之同人爲之溝洫相包乃成耳一丘之屬相連比以出田稅溝洫爲除水害四井爲邑邑方二里四邑爲丘丘方四里四丘爲甸甸方八里旁加一里則方

十里爲一成積百井九百夫其中六十四井五百七十六夫出田稅三十六井三百二十四夫理溝洫四甸爲縣方二十里四縣爲都方四十里四都方八十里旁加十里乃得方百里爲一同也稱萬井立萬夫其四千九十六井三萬六千八百六十四夫出田稅二千三百四井二萬七百三十六夫理溝洫三千三百井三萬三千四百夫理會井田之法備於一同今止於都者采地食者皆四之一其制百里之國凡四都一都之田稅入於王五十里之國凡四縣一縣之田稅入於王二十五里之國凡四甸一甸之田稅入於王地事謂農牧衡虞也貢謂凡貢山澤之財賦謂出市徒給征役也任土之法以物地事授地職而待其政令任土者任其力勢所能生育且以制貢稅也物物色之亦知其所宜地事而授農牧衡虞使職之也以廛里任國中之地以場圃任園地以宅田士田賈田任近郊之地以官田牛田賞田牧田任遠郊之地以公邑之田任甸地以家邑之田任稍地以小都之田任縣地以大都之田任畺地謂廛里者若今邑居之里矣廛人居之里城里居也圃樹菓蓏之屬農於秋中爲場桑圃謂之園宅田者致仕者之家所受之田也士田見禮曰宅皆在國則曰市井之臣在野則曰草莽之臣仕者亦受田所謂圭田也孟子曰自卿以下必有圭田圭田五十畝賈田在市賈人其家所受田也官田庶人在官者其家所受田也牛田牧田畜牧之家所受田也賞田者賞賜之地也公邑謂六遂餘地也天子使大夫理之自此外餘地皆然家邑大夫之采地也小都卿之采地大都公之采地王子弟所食邑也畺五百里王畿界也皆言任者地之形實不方平如圖受田邑者遠近不得盡如而其所生育職貢止於是人受田上田夫百畝中田夫二百畝下田夫三百畝歲耕種者爲不易上田休一歲者爲一易中田休二歲者爲再易下田三歲更耕之自爰其處爰於也更謂三歲卽改與別家

佃以均其厚薄也農夫巳受田其家衆男爲餘夫亦以口受田如比比例也士工商家田五口乃當農夫一人口二十畝也此謂平土可以爲法者也若山林藪澤原陵淳鹵之地淳盡也潟鹵之田不生五穀也各以肥磽多少爲差磽磽确瘠薄之田也人年二十受田六十歸田七十以上上所養也十歲以下上所長也十一以上上所强也勉强所之令習事也魏文侯時李悝作盡地力之教李悝文侯臣也以爲地方百里提封九萬頃除山澤邑居參分去一爲田六百萬畮治田勤謹則畮益三升升當言三斗謂致田勤則畮加三斗也不勤則損亦如之地方百里之增減輙爲粟百八十萬石

矣

秦孝公任商鞅鞅以三晉地狹人貧三晉謂韓魏趙今河東道之地秦地廣人寡故草不盡墾地利不盡出於是誘三晉之人利其田宅復三代無知兵事而務本於內而使秦人應敵於外故廢井田制阡陌任其所耕不限多少孝公十二年之制數年之間國富兵强天下無敵又載秦孝公用商君壞井田開阡陌急耕戰之賞雖非古道猶以務本之故傾鄰國帝雄諸侯然王制遂滅僭差亡度庶人之富累鉅萬而貧者食糟糠有國强者兼州域而弱者喪社稷王欽若等曰按史記云秦昭襄王四年爲田開阡陌今兩載之

始皇三十一年使黔首自實田

漢文帝令博士諸生作王制云天子之田方千里象日月之大亦取畀同也此謂縣內以祿公卿大夫元士公侯田方百里伯七十里子男五十里不能五十里者不合於天子附於諸侯曰附庸天子之三公之田視公侯天子之卿視伯天子之大夫視子男天子之元士視附庸皆象星辰之大小不合謂不朝會小者曰附庸附庸者以國事附於大國未能以其名通也視猶比也元善也善士謂命士也此地因夏爵三品之制也[illegible]伯春秋變周之文從殷之質合伯子男以爲一則殷爵三等者公侯伯也周武王初定天下更立五等之爵增以子男而猶因殷之地以九州之界尚狹也周公攝政致太平大九州之界制禮成武王之意封王者之後爲公及有功之諸侯大者地方五百里其次侯四百里其次伯三百里其次子男二百里其次元士百里所因殷之諸侯亦以功黜陟之其不合者皆益之地爲百里焉是以周世有爵尊而國小者有爵卑而國大者唯天子畿內不增以祿羣臣不爲王治民制農田百畝百畝之分上農夫食九人其次食八人其次食七人其次食六人下農夫食五人庶人在官者其祿以是爲差也農夫皆受田於公田肥磽有五等收入不同也庶人在官謂府史胥徒官長所除不命於天子國君者分或爲糞方一里者爲田九百畝一里方三百步方十里者爲方一里者百爲田九萬畝方百里者爲方十里者百爲田九十億畝億今十萬方千里者爲方百里者百爲田九萬億畝萬億今萬萬也自恒山至於南河千里而近冀州域自南河至於江千里而近豫州域江至於衡山千里而遥荆州域自東河至於東海千里而遥徐州域自東

河至於西河千里而近亦冀州域自西河至於流沙千里而遥雍州域西不盡流沙南不盡衡山東不盡東海北不盡恒山凡四海之內斷長補短方三千里爲田八千萬億一萬億畝九州大計方百里者爲田九十億畝山陵林麓川澤溝瀆城郭宮室塗巷三分去三其餘六十億畝以一大國爲率其餘所以受民也山足曰麓古者以周尺八尺爲步今以周尺六尺四寸爲步古者百畝當今百四十六畝三十步古者百里當今百二十一里六十步四尺二寸二分周尺之數未詳聞也按禮制周猶以十二寸爲尺蓋六國時多變亂法度或言周尺八寸則步更爲八八六十四寸以此計之古者百畝當今百五十六畝二十三步古者百里當今百

（二十五里）方千里者爲方百里者百封方百里者三十國
其餘方百里者七十又封方七十里者六十爲方百
里者二十九方十里者四十其餘方百里者四十方
十里者六十又封方五十里者百二十爲方百里者
三十其餘方百里者十方十里者六十名山大澤不
以封其餘以爲附庸閒田諸侯之有功者取其閒田
以祿之其有削地者歸之閒田天子之縣內方千里
者爲方百里者百封方百里者九其餘方百里者九
十一又封方七十里者二十一爲方百里者十方十
里者二十九其餘方百里者八十方十里者七十一

又封方五十里者六十二爲方百里者十五方十里
者七十五其餘方百里者六十四方十里者九十六
武帝詔賈人有市籍及家屬皆無得名焉（一人有市籍則身及
家內皆不得有三也）以便農敢犯令沒入田貨又趙過爲搜粟
都尉過能爲代田一畮三甽歲代處故曰代田古法
也后稷始甽田以二耜爲耦（併兩耜而耕）廣尺深尺曰甽
長終畮一畮三甽一夫三百甽而播種於甽中（播布種也）
（爲穀子也）苗生葉以上稍耨隴草（耨足也）因隤其土以附苗
根（隤謂下之也）故其詩曰或芸或芓黍稷儗儗（小雅甫田之詩儗儗
盛貌）芸除草也芓附根也言苗稍壯每耨輒附根比盛
暑隴盡而根深能風與旱故儗儗而盛也其耕耘下
種田器皆有便巧率十二夫爲田一井一屋故畮五
頃（九夫爲井三夫爲屋夫百畮於古爲十二頃古百步爲畮漢時三百四十步爲畮古千二百畮則得
今五頃）周耦犂二牛三人一歲之收過當縵田畮一斛
以上（縵田謂不爲甽者也）善者倍之（善爲甽者又過縵田一斛以上）過使教田
太常三輔（太常主諸陵有民亦謂課田種）大農置工巧奴與從事爲
作田器二千石遣令長三老力田及里父老善田者
受田器學耕種養苗狀（爲法意狀也）民或苦少牛亡以趨
澤（趨及也澤雨之潤澤也）故平都令光（王欽若等曰先史失其姓）教過以人
輓犂（輓引也）過奏光爲丞教民相與庸輓犂（庸功也言換功而作

也義亦與庸賃同）率多人者田日三十畮少者十三畮以故
田多墾闢過試以離宮卒田其宮壖地（離宮別處之宮非天子所
常居也壖餘也宮壖地謂外垣之內內垣之外也諸緣河壖地廟垣壖地其義皆同守離宮卒閒而無事
因令於壖地爲田也）課得穀皆多其旁田畮一斛以上令命家
田三輔公田（令使也命者教也令離宮卒教其家田公田也又曰命謂爵命者命家謂受爵
命一爵爲公士以上令得公田優之也）又教邊郡及居延城（居延長掖縣也特有
甲卒也）是後邊城河東弘農三輔大常民皆便代田用
力少而得穀多
成帝時安昌侯張禹占鄭白之渠四百餘頃他人兼
并者皆類此而人稱困矣

哀帝卽位師丹輔政建言古之聖王莫不設井田然後治廼可平（建立也立其議也）孝文皇帝承亡周亂秦兵革之後天下空虛故務勸農桑帥以節儉民始充實未有并兼之害故不爲民田及奴婢爲限（不爲作限制）今累世承平豪富吏民訾數鉅萬而貧弱愈困蓋君子爲政貴因循而重改作（重難也）所以有改者將以救急也亦未可詳宜畧爲限（詳謂死盡也）天子下其議丞相孔光大司空何武奏請諸侯王列侯皆得名田國中列侯在長安公主名田縣道及關內侯吏民名田皆毋過三十頃諸侯王奴婢二百人列侯公主百人關內侯

吏民三十人期盡三年犯者沒入官時田宅奴婢賈爲減賤丁傅用事董賢隆貴皆不便也（丁傅及董賢兩家皆不便此事也）詔書且須後（須待也）遂寢不行

平帝元始中凡郡國一百三縣邑千三百一十四道三十二侯國二百四十一地東西九千三百二里南北萬三千三百六十八里提封田一萬萬四千五百一十三萬六千四百五頃其一萬萬二百五十二萬八千八百八十九頃邑居道路山川林澤羣不可墾其三千三百二十九萬九百四十七頃可墾定墾田八百二十七萬五百三十六頃民戶千二百二十三萬三千六百六十二口五千九百五十九萬四千九百七十八漢極盛矣（據戶千二百二十三萬三千每戶得田六十七畝百四十六步有奇）

王莽動欲慕古不度時宜分裂州郡改職作官下令曰漢民減輕田租三十而稅一常有更賦罷癃咸出（雖老病者復出口筭）而豪民侵陵分田劫假（分田謂貧者無田而取富人田耕種共分其所收也假亦謂貧人賃富人之田也劫者富人劫奪其稅侵欺之也）厥名三十實什稅五也富者驕而爲邪貧者窮而爲姦俱陷於辜刑用不錯（錯置也）今更名天下田曰王田奴婢曰私屬皆不得賣買其男口不滿八而田過一井者分餘田與九族鄉黨犯令法至死制度又不定吏緣爲姦天

下謷謷然陷刑者衆中郎區博諫莽曰（區姓也音一侯切）井田雖聖王法其廢久矣周道既衰而民不從秦知順民之心可以獲大利也故滅廬井而置阡陌遂王諸夏訖今海內未厭其弊今欲違民心追復千載絕迹雖堯舜復起而無百年之漸弗能行也（復音扶日切）天下初定萬民新附誠未可施行莽知民愁廼下書曰諸食王田皆得賣之勿拘以法犯私買賣庶人者且一切勿治

後漢光武建武十五年以天下墾田多不實又戶口年紀互增減詔天下諸州郡檢覈田頃人戶年紀而

刺史太守多不平均或優饒豪右侵刻羸弱百姓嗟怨遮道號呼河南尹張伋及諸郡守十餘人坐度田不實下獄死

和帝元興元年墾田七百三十二萬一百七十頃八十畝百四十步

安帝延光四年墾田六百九十四萬二千八百九十頃一十三畝八十步

順帝建康元年定墾田六百八十九萬六千二百七十一頃五十六畝九十四步據建康元年戸九百九十四萬六千九百九十每戸合得田七十畝有奇

冲帝永加元年墾田六百九十五萬七千六百七十六頃二十畝八十步

質帝本初元年墾田六百九十三萬一百二十三頃三十八畝

晉武帝平吳之後有司奏詔書王公以國爲家京城不宜復有田宅今未暇作諸國邸當使城中有往來處近郊有芻藁之田今可限之國王公侯京城得有一宅之處近郊田大國十五頃次國十頃小國七頃城內無宅城外有者皆聽留之又制官品第一至於第九各以貴賤占田品第一者占五十頃第二品四十五頃第三品四十頃第四品三十五頃第五品三十頃第六品二十五頃第七品二十頃第八品十五頃第九品十頃而又各以品之高卑蔭其親屬多者及九族少者三族宗室國賓先賢之後及士人子孫亦如之而又得蔭人以爲衣食客及佃客品第六已上得衣食客三人第七第八品二人第九品及舉輦跡禽前驅䟒基彊弩司馬羽林郎殿中冗從武賁殿中武賁持椎斧武騎武賁持鈒冗從武賁命中武賁武騎一人其應有佃客者官品第一第二者佃客無過十五戸第三品十戸第四品七戸第五品五戸第

六品三戸第七品二戸第八品九品一戸是時天下無事賦稅平均人咸安其業而樂其事又制男子一人占田七十畝女子三十畝其外丁男課田五十畝丁女十畝次丁男半之女則不課

宋武帝孝建三年制內外官有田在近道聽遣所給吏僮附業大明初楊州刺史西陽王子尚上言山湖之禁雖有舊科民俗相因替而不奉熂山封水保爲家利自頃以來頹弛日甚富彊者兼領而占貧弱者薪蘇無託乃至漁採之地亦又如茲斯寔治之深弊也又宜損益舊條更申嘗制有司簡壬辰詔書擅占

山澤彊盜律論贓一丈以上皆棄市尚書左丞羊希以壬辰之制其禁嚴刻事既難遵理與時弛而占山封水漸染復滋更相因仍便成先業一朝頓去易致嗟怨今更刊革立制五條凡是山澤先常熂爐種養竹林雜果爲林仍及陂湖江海魚梁鰌鮆場常加功脩作者聽不追奪官品第一第二聽占山三頃第三第四品二頃五十畝第五第六品二頃第七品八品一頃五十畝第九品及百姓一頃皆依定格上貲簿若先已占山澤得更占足若非前條舊業一不得禁有犯者水土一尺以上並計贓依常盜律論停除晋

冊府元龜　邦計部　田制　卷之四百九十五　十三

咸康二年壬辰之科從之

明帝泰始三年復郡縣公田

梁高祖大同七年十一月詔曰用天之道分地之利蓋先聖之格訓也凡是田桑廢宅沒入者公收之外悉以分給貧民皆使量其所能以受田分如聞頃者豪家富室多占取公田貴價就稅以與貧民傷時害政爲蠹以甚自今公田悉不得假與豪家已假者特聽不追若富室給貧民種糧共營作者不在禁例

後魏大武初爲太子監國曾令有司課畿內之人使無牛家以人牛力相貿墾殖鋤耨其有牛家與無牛家一牛種田二十畝償以耘鋤功七畝如是爲差至于老小無牛家種田七畝老少者償以鋤功二畝皆以五口下貧家爲率各列家別口數所種頃畝明立簿目所種者於地首標題姓名以辦播殖之功大平眞君九年下詔均給天下人田諸男夫十五以上受露田四十畝不栽樹者謂之露田婦人二十畝奴婢依良丁牛一頭受田三十畝限四牛所授之田率倍之三易之田再倍之以供耕作及還受之盈縮人年及課則受田老免及身沒則還田奴婢牛隨有無以還受諸桑田不在還受之限但見人倍田分于數雖盈不得以

冊府元龜　邦計部　田制　卷之四百九十五　十四

充露田之數不足者以露田充倍諸初受田者男夫一人給田二十畝課種桑五十樹棗五株榆三根非桑之土夫給一畝依法課蒔榆棗各依根限三年種畢奪其不畢之地於桑榆地分雜蒔餘果及多種桑榆者不禁諸應還之田不得種桑棗果種者以違令論地入還分諸桑田皆爲代業身終不還常從見口有盈者無受無還不足者受種如法盈者得賣其盈不足者得買所不足不得賣其分亦不得買過所足諸麻布之土男夫及課列給麻田十畝婦人五畝奴婢依良皆從還受之法諸有舉戶老小殘疾無受田

者年十一以上須疾者各受一半夫田年踰七十者不還所受寡婦守志者雖免課亦受婦田諸還受田嘗以正月若始受田而身亡及買賣奴婢牛者皆至明年正月乃得還受諸土廣人稀之處隨力所及官借人種蒔後有來居者依法封受諸地狹之處有進丁受田而不樂遷者則以家桑田爲正田分又不足不給倍田又不足家內人別減分家桑之鄉准此爲法樂遷者聽逐空荒不限異州他郡唯不聽避勞就逸其地足之處不得無故而移諸人有新居者三口給地一畝以爲居室奴婢五口一畝男女十五以上

因其地分口課種矣五分畝之一諸一人之分正從正陪從陪不得隔越他畔進丁受田者嘗從所近若同時俱受先貧後富再陪之田放此爲法諸遠流配謫無子孫及戶絶者墟宅桑榆盡爲公田以供授受之次給其所親未給之間亦借其所親諸宰人之官各隨所給公田刺史十五頃太守十頃治中別駕各八頃縣令郡丞六頃更代相付賣者坐如律

文成時主客給事中李安世以民困饑流散豪戶多有占奪安世乃上疏曰臣聞量地畫野經國大式邑地相參致治之本井稅之興其來日久采田之數制之以限蓋欲便土不曠功民罔避力雄擅之家不獨豐腴之美單陋之夫亦有頃畝之分所以恤彼貧微抑兹貪欲同富約之不均一齊民於編戶竊見州郡之民或因年儉流移棄賣田宅漂居異鄉事涉數世子孫既立始返舊墟廬井荒毀桑榆改植事已歷遠易生假冒強宗豪族肆其侵凌遠認魏晉之家近引新舊之驗又年載稍久鄉老所惑羣證雖多莫可取據各附親知互有長短兩證徒具聽者猶疑爭訟遷延連紀不判良疇委而不開柔桑枯而不採僥倖之徒興繁多之獄作欲令家豐歲儲人給資用其可得

乎愚謂今雖桑井難復宜更均量審其經術令分藝有准力業相稱細民獲資生之利豪右靡餘地之盈則無私之澤乃播均於兆庶如阜如山可有積於比戶矣又所爭之田宜限年斷事久難明悉屬今主然後虛妄之民絶望於覬覦守分之事永免於凌奪矣帝深納之後均田之制起於此矣

孝文帝太和元年冬十月丁未詔曰朕承乾在位十有五年每覽先王之典經論百代儲蓄既積黎元永安爰暨季葉斯道陵替富強者並兼山澤貧弱者望絶一廛致令地有遺利民無餘財或爭畝畔以亡身

或因饑饉以棄業而欲天下太平百姓豐足安可得
哉今遣使者循行州郡與守均給天下之田授以主
業以充爲勸課農桑興富民之本
十四年十二月壬午詔依准丘井之式遣使與州郡
宜行條制隱口漏丁即聽附實若朋附豪勢陵抑孤
弱罪有常行比齊給授田令仍依魏朝每令十月普
令轉授成丁而受丁老而退不聽賣易
武成帝河清三年詔每歲春月各依鄉土早晚課人
農桑自春及秋男子十五以上皆布田畝桑蠶之月
婦女十五以上皆營蠶桑孟冬刺史聽審教之優劣

定殿最之科品人有人力無牛或有牛無人力者須
令相便皆得納種使地無遺利人無遊手又令男子
率以十八受田輸租調二十充力役六十六退田免
租調京城西面諸坊之外三十里內爲公田受公田
者三縣代遷戶執事官一品以下逮于羽林武賁各
有差其外畿郡華人官第一品以下羽林武賁以上
各有差職事及百姓請墾田者爲永業田奴婢受田
者親王止三百人嗣王二百人第二品嗣王以下及
庶姓王百五十人正三品以下及皇宗百人七品以
下八十人八品以下至庶人六十人奴婢限外不給

田者皆不輸其方百里外及州人一夫受露田八十
畝奴婢依良人限數與在京百官同丁牛一頭受田
六十畝限止四牛每丁給永業二十畝爲桑田其田
中種桑五十根榆三根棗五根不在還受之限非地
田者悉入還受之限土不宜桑者給麻田如桑田法
關東風俗傳曰其時強弱相凌恃勢侵奪富者連畛
踰陌貧無立錐之地昔漢氏募人從田恐遺墾課令
就良美而齊民全無斟酌雖有當年權格時暫施行
爭地文案有三十年不了者此田授受無法者也其
賜田者謂公田及諸橫賜之田不問貧賤一人一頃

以共芻秣自宜武出獵以來始以永賜得聽買賣遷
鄴之始濫職衆多所得公田悉從貿易又天保之代
曾遙壓首人田以充公簿比武平以後橫賜諸貴亦
已盡矣又河渚山澤有可耕墾肥饒之處悉是豪勢
或借或請編戶之人不得一壟糾賞者依令口分之
外知有買匿聽相糾列還以此地賞之至有貧人實
非隮長買匿者苟貪錢貨詐吐壯丁口分以與糾人
亦旣無田即便逃走帖賣者帖荒田七年熟田五年
錢還地還依令聽許露田雖復不聽賣買賣買亦無
重者貧戶因王課不濟率多貨賣田業亦有懶惰之

人雖存田地不肯肆力在外浮遊乃至賣其口以供税課比來頻有還人之格欲以招慰逃散假便暫還即賣所得之地地盡還之一駈懸聽其賣帖園田故也廣占者依令奴婢諸田亦與良人相似以無田之良口比有地之奴牛宋世良天保中獻書請以富家牛地先給貧人其時朝列稱其合理

後周文帝霸政之初創六官司均掌田里之政令凡人口十以上宅五畝口七以上宅四畝口五以下宅三畝有室者田百四十畝丁者田百畝

隋令自諸王以下至于都督皆給永業田各有差多

者至百頃少者至三十頃其丁男中男永業露田皆遵後齊之制並課樹以桑榆及棗其田宅率三口給一畝

開皇十二年文帝以天下戶口歲增京輔及三河地少而人衆衣食不給議者咸欲徙就寬鄉帝乃發使四出均天下之地其狹鄉每丁纔至二十畝差小又少焉太常卿蘇威立議以為戶口滋多民田不贍欲減功臣之地以給民王誼奏曰百官者歷世勳賢方蒙爵土一旦削之未見其可如臣所慮正恐朝臣功德不建何患民田有不贍帝然之竟寢威議

十四年詔省府州縣皆給公廨田不得治生與人爭利

煬帝大業中大大墾田五千五百八十五萬四千四十一頃其時有戶八百九十萬也千五百二十六則戶合墾田五頃餘恐本史之非實

唐玄宗開元十八年宣州刺史裴耀卿論時政上疏曰竊見天下所簡客戶除兩州計會歸本貫以外更合所在編附年限向滿須準居人更有優矜即此輩僥倖若全徵課税即目擊未堪竊料天下諸州不可一例處置且望從寬鄉有剩田州作法竊計有剩田者不減三四十州取其剩田通融支給其剩地者三分請取一分已下其浮戶任其親戚鄉里相就每十戶已上共作一坊每戶給五畝充宅并為造一兩口

屋開巷陌立閭伍種桑棗築園蔬使緩急相助親隣不失丁別量給五十畝已上為田任其自營種率其戶於近坊更供給一頃以為公田共令營種每丁一月役功三日計十丁一年共得三百六十日營公田一頃不啻得足計早收一年不減一百石使納隨近州縣除役三百六十日外更無租税既是營田戶且免征行安樂有餘必不流散官司每丁納收十石其粟更不別支用每至不熟年計別三十價然後支用計一丁一年還出兩石已上亦與正課不殊則官收其役不為矜縱人緩其税又得安舒倉廩日殷久遠

爲便其狹鄉無剩地客戶多者雖此法未該准式許移窄就寬不必須要留住若寬鄉安置得所人皆悅慕則三兩年後皆可改塗棄地盡作公田狹鄉總移寬處倉儲既實水旱無憂

二十三年九月詔曰天下百姓口分永業田頻有處分不許買賣典貼如聞尚未能斷貧人失業豪富兼并宜更申明處分切令禁止若有違犯科違勅罪

二十五年制田廣一步長二百四十步爲畝畝百爲頃自秦漢以降即二百四十步爲畝非獨始於唐蓋具令文耳國家程式雖則具存今所纂錄不可悉載丁男給永業田二十畝口分田八十畝其中男年

十八以上亦依丁男給老幼篤疾廢疾各給口分田四十畝寡妻妾各給分田三十畝先永業者通充口分之數黄小中丁男女及老男篤疾廢疾寡妻妾當戶者各給永業田二十畝口分田二十畝應給寬鄉並依所定數若狹鄉新受者減寬鄉口分之半其給口分田者易田則倍給寬鄉三易以上者仍依鄉法易給也其永業田親王百頃職事官正一品六十頃郡王及職事官從一品各五十頃國公若職事官正二品各四十頃郡公若職事官從二品各三十五頃縣公若職事官正三品各二十五頃郡侯若職事官從三品各二十頃縣侯若職事官正四品各十四頃伯若職事官從四品各十頃子若職事官正五品各八頃男若職事官從五品各五頃上柱國三十頃柱國二十五頃上護軍二十頃護軍十五頃上輕車都尉十頃輕車都尉七頃上騎都尉六頃騎都尉四頃驍騎尉飛騎尉各八十畝雲騎尉武騎尉各六十畝其散官五品以上同職事給兼有官爵及勳具應給者唯從多不並給若當家口分之外先有地非狹鄉者並即回受有賸追收不足者更給諸永業田皆傳子孫不在收授之限即子孫犯除名者所承之地亦不追每畝課種桑

五十根以上榆棗各十根以上三年種畢鄉土不宜者任以所宜樹充所給五品以上永業田皆不得狹鄉受任於寬鄉隔越射無主荒地充即買蔭賜田充者雖狹鄉亦聽其六品以下永業即聽本鄉取還公田充賴於寬鄉取者亦聽應賜人田非指的處所者不得狹鄉給其應給永業人若官爵之內有解免者從所解者追即解免不盡者隨所降品追也其除名者依口分例給自外及有賜田者並追若當家之內有官爵及少口分應受者並聽廻給有賸追收其因官爵應得永業未請及未足而身亡者子孫不合追請諸襲爵者唯得承父祖永業

不合別請若父祖未請及未足而身亡者減始受封者之半給其州縣界內所部受田悉足者爲寬鄉不足者爲狹鄉諸狹鄉田不足者聽於寬鄉遥受應給園宅地者良口三口以下給一畝每三口加一畝賤口五口給一畝每五口加一畝並不入永業口分之限其京城及州縣郭下園宅不在此例諸驛封田皆隨近給每馬一匹給地四十畝若驛側有收田處匹別各減五畝其傳遞馬每匹給田二十畝諸庶人有身死家貧無以供葬者聽賣永業田即流移者亦如之樂遷就寬鄉者并聽賣口分賣充住宅邸店碾磑者雖非樂遷亦聽私

賣也諸買地者不得過本制雖居狹鄉亦聽依寬制其賣者不更請凡賣買皆須經所部官司申牒年終彼此除附若無文牒輒賣買財沒不追地還本主諸以工商爲業者永業口分田各減半給之在狹鄉者並不給諸因王事沒落外蕃不還有親屬同居其身分之地六年乃追身還之日隨便先給即身死王事者其子孫雖未成丁身分地勿追其因戰傷入篤疾廢疾者亦不追減聽終其身諸田不得貼債及質違者財沒不追地還本主若從遠役外任無人守業者聽貼債及質其官人永業田及賜田欲賣及貼債者皆不在禁限諸給口分田務從便近不得隔越若因州縣改隸地入他境及犬牙相接者聽依舊受其城若之人本縣無田者聽隔縣受雖有此制開元之季天寶以來法令寬弛兼并之弊有踰於漢成哀之間矣親王出藩者給地一頃作園若城內無可開拓者於近城便給如無官田取百姓地充其地給好地替

天寶十一載十一月乙丑詔曰周有均土之宜漢存墾田之法將欲明其經界定其等威食祿之家無廣擅於山澤貿遷之伍罕爭利於農收則歲有豐穰人無胥怨永言致理何莫繇茲如聞王公百官及富豪

之家比置庄田恣行吞併莫懼章程借荒者皆有熟田因之侵奪置牧者唯指山谷不限多少爰及口分永業違法賣買或改籍書或云典貼致令百姓無處安置乃別停客戶使其佃食既奪居人之業實生浮惰之端遠近皆然因循亦久不有釐革爲弊慮深其王公百官勳蔭等家應置庄田不得踰於式令仍更從寬典務使弘通其有同籍周朞以上親俱有勳蔭者每人占地頃畝任其累計某蔭外有餘如舊是無勳蔭地合賣者先用鐵買得不可官收限敕到百日內容其轉賣其先不合蔭又蔭外請射兼借荒及無

馬置牧地之內并從合蔭者並不在占限官還主其口分永業地先合買賣若有主來理者其地雖經除附不限載月近遠宜並却還至於價值准格並不合酬備旣緣先已用錢審勘責其有契驗可憑特宜官爲出錢還其買人其地若無主論理不須收奪庶使人皆撫實地悉無遺百姓知復於田疇蔭家不失其價值此而或隱罪必無容又兩京去城五百里內不合置牧地地內熟田仍不得過五頃已上十頃已下其有餘者仰官收應緣括簡共給授田地等並委郡縣長官及本判官錄事相知勾當並特給復業並無

籍貫浮逃人仍據丁口量地好惡均平給授便與編附仍放當載租庸如給未盡明立簿帳且官收租佃不得輒給官人親識工商富豪兼併之家如有妄請受者先決一頓然後准法科罪不在官當蔭贖有能糾告者地入糾人各令採訪使按覆具狀聞奏使司不糾察與郡縣官同罪自今已後更不得違法買賣口分永業田及諸射兼借公私荒廢地無馬妄請牧田併潛停客戶有官者私營農如輒有違犯無官者決杖四十有官者錄奏取處分又郡縣官人多有任所寄庄言念貧弱處有侵損先已定者不可改移自今已後一切禁斷令所括地授田務欲優矜百姓不得妨奪致有勞損客戶人無使驚擾緣酬地價值出官錢支科之間必資總統仍令兩京出納使楊國忠充使都勾當條件處置凡在士庶宜悉朕心

十四載受田千四百三十萬三千八百六十二項一十三畝其載戶八百九十餘萬計定墾之數每戶各一項六十餘畝

代宗寶應元年四月勑百姓田地比者多被殷富之家官吏吞併所以逃散莫不繇茲宜委縣令切加禁止若界內自有違法當倍科責五月十九日勑逃戶

不歸者當戶租賦停徵不得率攤鄰親高戶

廣德二年四月勑如有浮客情願編附請射逃人物業者便准式據丁口給授如二年已上種植家業成者雖本主到不在却還限任別給授

大曆元年制逃亡失業萍泛無依時宜招綏使安鄉井其逃戶復業者宜給復二年不得輒有差遣如有百姓先貨賣田宅盡者宜委本州縣取逃死戶田宅量丁口充給

德宗建中四年六月判度支戶部侍郎趙贊請置大田天下田計其項畝官收十分之一擇其上腴樹桑

環之曰公田公桑自王公至於匹庶差借其力得穀絲以給國用詔從其說贊熱計之自以爲非便皆寢不下

憲宗元和四年十二月監察御史裏行元稹牒同州奏均田狀當州自於七縣田地數内均配兩稅元額頃畝并請分給諸色職田州使官田與百姓其草粟脚錢等便請於萬戶上均率又均攤左神策郃陽鎮軍糧粟及時放百姓稅麻并除去斛斗錢草零數等利宜分析如後當州兩稅地右件地并是貞元四年簡責至今已是二十六年其間人戶逃移田地荒廢

又近河諸縣每年河路侵沙苑側近日有礫塡掩百姓稅額已定皆是虛頭徵率其間亦有豪富兼併廣占阡陌十分田地纔稅二三致使窮獨逋亡賦稅不辦州縣轉破實在於斯臣自到州便欲差官簡量又慮疲人煩擾昨因農務稍暇臣遂設法各令百姓自通手狀又令里正書手等傍爲穩審並不遣官吏擅到村鄉百姓等皆知臣欲一例均平所通田地畧無欺隱臣便據所通悉與除去逃戶荒地及河侵沙掩等地其餘見定頃畝然取兩稅額地數通計七縣沃瘠一例作分數抽稅自此貧富強弱一切均平徵斂賦租庶無逋欠三二年外此州實與稍較完全當州京官及州縣官職田公廨田并州使官田驛等右臣當州百姓田地每畝只稅粟九升五合草四分地頭榷酒錢共出二十一文已下其諸色職田每畝約稅粟三斛草三束脚錢一百二十文若是京官上司職田又須百姓變米雇脚搬送比量正稅近於四倍加徵既緣差稅至重州縣遂逐年抑配百姓租佃或有隔越村鄉被配一畝二畝者或有身居市井亦令虛頭出稅者其公廨田官田等所稅輕重約與職田相似亦是抑配百姓租田疲人患苦無甚於斯伏准長

慶元年七月赦文京兆府職田令於萬戶上均配正與臣當州事宜相類臣今因重配元額稅地便請盡將此色田地一切給與百姓任爲永業一依正稅粟草及地頭榷酒錢數納稅其餘所欠職田斛斗錢草等只於夏稅地上每畝各加一合秋稅地上每畝各加六合草一分其脚錢只收地頭榷酒錢上分釐充費便足百姓元不加配其上司職田令變米送城者比緣百姓出車牛及零碎舂碾動踰春夏送納不得到城臣今便於當州近城縣納粟官爲變碾取本色脚錢州司和雇情願車牛搬載差綱送納計萬戶所

加至少使四倍之稅永除上司職祿及府公私俱受其利當州供左神策郃陽鎮軍田粟二千石右自置軍鎮以來准勑令取百姓高荒田地一百頃給充軍田其府緣田地零碎軍司佃田不得遂令縣司每畝出粟二㪷共粟並是一縣百姓秋稅上加配偏當重歛事實不均臣今已於七縣應稅地止量事配率自此亦與均平當州朝邑等三縣代納夏陽韓城兩縣率稅又准元和十三年勑緣夏陽韓城兩城殘破量減逃戶率稅每年攤配朝邑澄城郃陽三縣代納錢六百七貫九百二十一文斛㪷三千一百五十二石

一㪷三升三合草九千九束零並不計臣今因令百姓自通田地落下兩縣已藏元額稅地請更不令三縣代納差科當州稅麻又當州從前稅麻地七十五頃六十七畝四壠每年計麻一萬一千八百七十四斤四兩充州司諸色公用臣昨因均配均稅簡尋三數十年兩稅文案只見逐年配率麻地並不言兩稅數內為復數外既無條勑可憑以今一切放免不稅當州所徵斛㪷并草及地頭等錢奇零分數又從前所徵斛㪷升合之外有抄勺圭撮錢草則分釐毫銖案牘交加不可勘算人戶輸納元無奇零虛數所成盡是姦吏欺沒臣今所徵斛㪷並請成合草亦並請成束錢並請成文在百姓分數元無所加於官司簿書永絕姦詐其虛數粟麥草等便充填所欠職田等數其錢當州每畝元稅二十文三分六釐人戶納二十一文釐數臣今只收元納二十一文雖零數將充職田腳錢二千六百餘貫便足更不分外攤徵廻姦吏隱欺之贓除百姓重歛之困如此處置庶有利宜以前逐件謹具利宜如前其兩稅元額頃畝并攤配職田分數及虛文分合等草錢斛㪷數謹具後件分析以前件如前伏以當州田地鹻鹵瘠薄兼帶山原

通計十畝不敵京畿一二加以簡責年深貧富偏併稅額已定徵率轉難臣昨所奏累年逋懸其弊實繇於此臣今並已均於稅又免配佃職田里閭之間稍合蘇息伏緣請配職田地充百姓永業事須奉勑處分與永有遵憑

穆宗長慶元年正月勑節文應諸道管內百姓或因水旱兵荒流離死絕見在桑產如無親承佃委本道觀察使於官健中取無庄田有人丁者據多少給付便與公驗任充永業不得令有力職掌人妄為請射其官健仍借種糧放三年租稅

武宗會昌元年正月制安土重遷黎民之性苟非難窘豈至流亡將欲招綏必在資產諸道頻遭災沴州縣不爲申奏百姓輸納不辦多有逃移長吏懼在官之時破失人戶或恐務免正税減尅料錢只於見在戶中分外攤配亦有破除逃戶產業已無歸還不得見戶每年加配流亡轉多自今已後應州縣開成五年已前逃戶並委觀察使刺史差强明官就村鄉詣實簡勘桑田屋宇等仍勒長令切加簡較租佃與人勿令荒廢據所得與納戶內徵税有餘即官爲收貯待歸還給付如欠少即與收貯至歸還日不須徵理

自今年已後二年不歸復者即仰縣司召人給付承佃仍給公驗任爲永業其逃戶錢草斛㪷等就留使錢物合十分十三分已上者並仰於當州使雜給用錢內方圓權落下不得尅正員官吏料錢及館驛使料遞乘作人課等錢仍本戶歸復日漸復元額

宣宗大中二年正月制所在逃戶見在桑田屋宇等多時暫時東西便被鄰人與所由等計會推云代納税錢悉欲砍伐毀折及願歸復多已蕩盡因致荒廢遂成閑田從今已後如有此色勒鄉村老人與所由并鄰近等同簡較勒分明分析作狀送縣入案任鄰人及無田產人且爲佃事與納税如五年不來復業者便任佃人爲主逃戶不在論理之限其屋宇桑田樹木等權佃人逃戶未歸五年不得輙有毀除砍伐如違犯者據限戶量情科責并科所由等不簡較之罪

懿宗咸通十一年七月十九日勅諸道州府百姓承佃逃亡田地如已經五年須准承前赦文便爲佃主不在論理之限仍令所司准此處分

後唐明宗天成四年夏詔曰今年夏苗委人戶自供手狀具頃畝多少仍以五家爲保委無隱漏攢連手

狀送於本州本州具帳送省州縣不得差人簡括如或人戶隱欺許令保內陳告其田並令倍

長興二年六月詔諸道觀察使均補苗税將有力人戶出剩田苗補貧下不迨頃畝有司者排段簡括自今年起爲定額

九月戊子午前鄜州縣令竇延岡上利見營田務有元屬田戶一任管係如是後來投務乞行止絕勅旨凡致營田比召浮客若取編戶實紊常規如有係税之人宜令却還本縣應諸州府營田務只許耕無主荒田及召浮客此後若敢違越官吏并投名税戶重

加懲斷
三年二月樞密使奏城南稻田務每年破錢二千七百貫獲地利纔及一千六百貫所得不如所亡請改種雜田三司使亦請罷稻田欲其水利併於諸碾以資變造從之
愍帝應順元年正月諸處籍沒田宅並屬戶部除賜功臣外禁請射
晉高祖天福三年六月己丑金部郎中張鑄奏臣聞國家以務農是本勸課為先用廣田疇乃資倉廩見所在鄉村浮居人戶方思墾闢正切耕耘種木

未滿於十年樹穀未臻於三頃似成產業微有生涯便被縣司繫名定作鄉村色役懼其重斂畏以嚴刑遂捨所居却思他適覩茲阻隔何以舒蘇既乖撫卹之門徒有招攜之令伏乞皇帝陛下明示州府特降條流應所在無主空閑荒地一任百姓開耕候及五頃已上三年外即許縣司量戶科徭如未及五頃已上者不在搔擾之限則致荒蕪漸少賦稅增多非唯下益蒸黎實亦上資邦國從之
漢隱帝乾祐三年左補闕淳于希顏上言竊以久不簡田且仍舊額無妨耕稼雖知有勸於農民復恐不均於衆望三五年中特一通括兼以州縣遭水旱處比有訴論差使封量不宜便有出剩請今後差官能敷元額已不虧官凡出剩求功請不收附所以知朝廷愛民之意昭物之仁
周太祖廣順三年九月戊寅朔勅京兆府耀州庄宅三白渠使所管庄宅並屬州縣其本務職員節級一切停廢除見管水磑及州縣鎮郭下店宅外應有係官桑土屋宇園林車牛動用並賜見佃人充永業如已有庄田自來被本務或形勢影占令出課利者並勸見佃人為主依例納租條理未盡處委三司區分

仍遣刑部員外郎曹匪躬專任點簡割屬州縣
十一月勅廢衛州共城縣稻田務並歸州縣任人佃蒔宜令戶部郎中趙延休往彼相度利害及所定租賦聞奏先時三司奏年課無幾官牛疫死因廢營田故有是命
世宗顯德二年五月乙未詔曰起今後應有逃戶庄田並許人請射承田供納租稅如三周年內本戶來歸者其桑土不以荒熟并庄園并交還一半五周年內歸業者三分交還一分如五周年外歸業者其庄田除本戶墳塋外不在交還之限

五年八月庚子命殿中侍御史張藹於京城四面按行稻田之地

十月庚寅命殿中侍御史張藹於鄭州界制置稻田

是月周世宗因覽唐同州刺史元稹均田之法始議重定天下民租申命纂其法制繕寫爲圖遍賜於諸侯詔曰朕以寰宇雖安烝民未泰當乙夜觀書之際較前賢阜俗之方近覽元稹長慶集見在同州時所上均田表較當時之利病曲盡其情俾一境之生靈咸受其賜傳於方冊可得披尋因令製素成圖直書其事庶公王觀覽觸事經心利於國而便於民無亂

條制背於經而合於道盡繫變通但要適宜所務濟世繫乃勳舊奕庇黎元今賜卿元稹所奏均田圖一面至可領也

是月賜諸道詔曰朕以干戈既弭寰海漸寧言念黎元務令通濟須議普行均定所貴永適重輕卿受任方隅深窮理本必能副寡昧平分之意察鄉閭致弊之源明示條章用分憂寄所聆集事允屬推公今差使臣往被簡括餘從別敕處分乃命右散騎常侍艾頴等三十四人使于諸州簡定民租明年春諸道使臣廻總計簡到戶二百三十萬九千八百一十二定墾田一百八萬五千八百三十四頃淮南郡縣不在此

冊府元龜

冊府元龜

巡按福建監察御史臣李嗣京　訂正
分守建南道左布政使臣胡維霖　參閱
知建陽縣事臣黃國琦　較釋

邦計部一十四

河渠第一

洪範五行其一曰水自三五之世物有其官少皡之後是爲玄囂世不失職至於臺駘宣汾洮障大澤乃錫封於汾州皆勤職於水者也大禹時乘四載以救方割之患隨山浚川通道陂澤決九川距海濬畎會

距川蒸民乃粒無復水患班固曰中國川原以百數而河爲宗自漢文之代始潰金堤及武帝元光中復決瓠子自時厥後頗多災害故賈誼陳其三策桓譚言其兩便亦各一時之事也至於決漳以溉始於史起引渭而漕由夫鄭莊皆澤被於當時功濟於異代後之賢者多興水利魏晉而降寔繁有徒其有田不償種岸或奔潰功費居多績用不就者亦云衆矣斯皆國家之利害故賡記而備存之

夏禹堙洪水十三年（堙塞也洪水氾溢疏通而止塞之堙音因）過家不入門陸行載車水行乘舟泥行乘毳（毳亦如箕擿行泥上毳音茅絶之蕝謂以板置泥上通行路上）山行則揭（揭謂以鐵如錐頭長半寸施之履下以上山不蹉跌也又曰揭木器如今輿牀人舉而行也揭音居足切）以別九州（分其界）隨山浚川（順山之高下而深其流也）任土作貢通九澤度九山（通九州之道及障其澤商度其山也度音大各切）然河災之羨溢害中國也尤甚（羨讀與衍同音弋戰切）唯是爲務故導河自積石（導治也引也從積石山而治引之令疏通也）及盟津雒內至於大伾（內讀曰納伾音皮鄙切）於是禹以爲河所從來者高水湍悍難以行平地（急流曰湍悍勇也湍音他端切）數爲敗迺釃三渠以引其河（釃分也分其流泄其怒也三渠其一出貝丘西南其一則漯川也釃音山支切漯音它合切）北載之高地過降水至於大陸播爲九河（播布也）同爲逆河入于勃海九州既疏九澤

既陂諸夏乂安功施乎三代自是之後滎陽下引河東南爲鴻溝以通宋鄭陳蔡曹衛與濟汝淮泗會於楚西方則通渠漢川雲夢之際東方則通溝江淮之間於吳則通渠三江五湖於齊則通菑濟之間蜀守李冰鑿離𨹟（𨹟古堆字）避沫水之害（沫音本末之末沫水出蜀西南徼外東南入江）穿二江成都中此渠皆可行舟有餘則用溉（溉灌也）百姓饗其利至於它往往引其水用溉田渠溝甚多然莫足數也

魯哀公九年秋吳城邗溝通江淮（於邗江築城穿溝東北通射陽湖西北至宋口入淮通糧道也今廣陵韓江是也）

西門豹魏文侯時爲鄴令豹發民鑿十二渠引河水
灌民田田皆溉當其時民治渠以煩苦不欲也豹曰
民可與樂成不可與慮始今父老子弟雖患苦我然
百歲後期令父老子孫思我言至今皆得水利民人
以給足富十二渠經絶馳道到漢之立而長吏以爲
十二渠橋絶馳道相比近不可欲合渠水且治馳道
合三渠爲一橋鄴民人父老不肯聽長吏以爲昔西
門君所爲也賢君之法式不可更也長吏終聽置之
初豹引漳水溉鄴以富魏之河内而韓聞秦之好興
事欲罷之無令東伐息秦滅韓之計也罷讀曰疲令其疲勞不能出兵迺使

水工鄭國間說秦間音居莧切其下亦同令鑿涇水自中山西
邸瓠口爲渠中讀曰仲即今九嵕之東仲山也邸至也並北山東注雒三
百餘里並音步浪切雒中即馮翊漆沮水欲以溉田中作而覺中作謂用
功中道事未竟也秦欲殺鄭國曰臣爲間然渠成亦秦之利
也臣爲韓延數歲之命而爲秦建萬世之功秦以爲
然卒使就渠渠成而用溉注塡閼之水溉舄鹵之地
四萬餘頃收皆畝一鍾注引也閼讀與淤同音於據切塡閼謂壅泥也言引淤濁
之水灌鹹鹵之田更令肥美故一畝之收至六斛四斗於是關中爲沃野無凶
年秦以富強卒并諸侯因名曰鄭國渠
史起事襄王王與羣臣飲酒王爲羣臣祝曰令吾臣
皆如西門豹之爲人臣也史起進曰魏氏之行田也
以百畝賦田之法一夫百畝也鄴獨二百畝是惡田也漳水在
其旁西門豹不知用是不智也知而不興是不仁也
仁智豹未之盡何足法也於是以史起爲鄴令遂引
漳水溉鄴以富魏之河内民歌之曰鄴有賢令兮爲
史公决漳水兮灌鄴旁終古舄鹵兮生稻粱
趙惠文王二十四年趙徙漳水武平西
漢文帝時河决酸棗東潰金隄潰横决也金隄名也在東郡白馬界於
是東郡大興卒塞之
武帝元光中河决於瓠子東南注鉅野通於淮泗帝

使汲黯鄭當時興人徒塞之輒復壞是時武安侯田
蚡爲丞相其奉邑食鄃鄃居河北奉音捧用切鄃音輸清河之縣也
河决而南則鄃無水災邑收入多蚡言於帝曰江河
之决皆天事未易以人力強塞之未必應天而望氣
用數者亦以爲然是以久不復塞也武帝紀又載元光三年五月河
水决濮陽氾郡十六年發卒十萬救决河起龍淵宮氾音敷劍切
鄭當時爲大司農言異時關東漕粟從渭上異時往時也
度六月罷計度其功六月而後可罷也度音大各切而渭水道九百餘里
時有難處引渭穿渠起長安旁南山下至河三百餘
里徑易漕度可令三月罷罷而渠下民田萬餘頃又

可得以溉此損漕省卒而益肥關中之地得穀帝以爲然令齊人水工徐伯表(巡行穿渠之處而表記之今之竪標是)發卒數萬人穿漕渠三歲而通以漕大便利其後漕稍多而渠下之民頗得以溉矣(武帝紀又載元光六年春穿漕渠通渭)

番係爲河東守(姓番名係也番音普安切)言漕從山東西歲百餘萬石(謂從山東運漕而西入關也)更底柱之艱敗亡甚多而煩費穿渠引汾溉皮氏汾陰下引河溉汾陰蒲坂下(引汾水可用溉皮氏及汾陰以下而引河水可用溉汾陰及蒲坂以下地也)度可得五千頃故盡河壖而棄地(謂河岸以下緣河邊地素不耕墾者也壖音而緣切)民茭牧其中矣(茭乾草也謂收茭草及牧畜產於其中茭音交)今溉田之(溉而種之)度可得

穀二百萬石以上穀從渭上與關中無異(雖從自關中而來於渭水運上皆可致之故日與關中收穀無異)而底柱之東可毋復漕帝以爲然發卒數萬人作渠田數歲河移徙渠不利田者不能償種(言所收之直不足償糧之費也)久之河東渠田廢予越人令少府以爲稍入(時越人有從者以田與之其租税入少府也越人習於水田又新至未有業故與之也稍漸也其入未多故謂之稍也)

張湯爲御史大夫時有人上書欲通褒斜道及漕(褒斜二谷名)事下御史湯湯問之言抵蜀從故道多阪回遠(抵至也故道屬武都有蠻夷故日道即今鳳州界也回音胡爲切)今穿褒斜道少阪近四百里而褒水通沔沔斜通渭皆可以行船漕漕從南陽上沔入褒褒絕水至斜間百餘里以車騎從斜下渭如此漢中穀可致而山東從沔無限便於底柱之漕且褒斜材木竹箭之饒擬於巴蜀帝以爲然拜湯子卬爲漢中守發數萬人作褒斜道五百餘里道果便近而水多湍石不可漕

嚴熊言臨晉民願穿雒以溉重泉以東萬餘頃故惡地(臨晉重泉皆馮翊之縣也洛即漆沮水)誠即得水可令畝十石於是爲發卒萬人穿渠自徵引雒水至商顏下(徵在馮翊商顏山名也徵音懲也今所謂澄城也商山之顏者譬人之顏額也亦猶山領象人之頸領)岸善推(洛水岸善推也)乃鑿井深者四十餘丈往往爲井井下相通行

水水潰以絕商顏(下流曰潰)東至山領十餘里閒井渠之生自此始穿得龍骨故名曰龍首渠作之十餘歲渠頗通猶未得其饒

兒寬爲左內史武帝元鼎六年寬奏請穿鑿六輔渠(在鄭國渠之裏今尚謂之輔渠亦曰六渠也)以益溉鄭國傍高卬之田(田素不得鄭國之溉灌者也卬謂上向也讀曰仰)帝曰農天下之本也泉流灌寖所以育五穀也(寖古浸字)左右內史地名山川原甚衆細民未知其利故爲通溝瀆畜陂澤所以備旱也今內史稻田租挈重不與郡同(租挈收田租之約令也郡謂四方諸郡也挈音若計切)其議減令吏民勉農盡地利平繇行水勿使失

時平繇者均齊渠堰之力役謂俱得水利也繇讀曰徭
元封元年武帝既封禪巡祭山川自河決瓠子後二十餘歲歲因數不
登而梁楚之地尤甚其明年乾封少雨乾音干帝廼使汲仁郭昌
發卒數萬人塞瓠子決河於是帝以用事萬里沙則
還自臨決河湛白馬玉璧湛讀曰沈沉馬及璧以禮水神也令羣臣
從官自將軍以下皆負薪寘決河寘音大千切是時東郡
燒草以故薪柴少而下淇園之竹以爲揵淇園衛之苑也樹竹
塞水決口稍稍布插安淇之水稍弱以草塞其裹乃以土填石故謂之揵音其偃切帝既臨決
河悼功之不成迺作歌曰瓠子決兮將柰何浩浩洋
洋兮慮殫爲河殫盡也殫爲河兮地不得寧功無已時

兮吾山平鑿山以填河也已止也言用功多不可畢止也吾山平兮鉅野溢
瓠子決灌鉅野澤使溢也魚弗鬱兮栢冬日鉅野滿溢則衆魚弗鬱憂不樂也水長湧
溢穢濁不清故魚不樂又迫於冬日將甚苦也栢讀與迫同弗音佛正道弛兮離常流
言河道皆弛壞蛟龍騁兮放遠游歸舊川兮神哉沛水還舊道則群
害消除神祐滂沛也沛音普大切不封禪兮安知外言不因巡狩封禪而出則不知
關外有此水皇謂河公兮何不仁皇武帝也河公河伯也泛濫不止
兮愁吾人齧桑浮兮淮泗滿齧桑邑名爲水所浮漂久不反兮
水維緩水維水之綱維也一曰河湯湯兮激潺湲歌有二章此曰河湯湯
以下是其一故云一也潺湲激流也湯音傷潺音士連切湲音于權切北度回兮迅流
難迅疾也搴長茭兮湛美玉搴取也茭草也音交一曰茭竿也取長竿樹之用著
石閒以塞決河也竹葦緪謂之茭也所以引置土石搴收也緪索也湛美玉者以祭河也茭字宜從竹搴
音騫茭音交湛讀曰沈緪音王登切河公許兮薪不屬草燒故薪不足也沈玉禮神見
許祐福但以薪不屬逮故無功也屬音之欲切薪不屬兮衛人罪陳郡本衛地故言此
衛人之罪也燒蕭條兮噫乎何以御水燒草皆盡故野蕭條然也噫乎歎辭
也噫音於期切隤林竹兮揵石菑隤林竹者即上所說下淇園之竹以爲揵也石菑者
謂臿石立之然後以土就填塞也菑亦臿取音側其切義與穜同宣防塞兮萬福來
於是卒塞瓠子築宮其上名曰宣防而道河北行二
渠復禹舊迹而梁楚之地復寧無水災自是之後用
事者爭言水利朔方西河河西酒泉皆引河及川谷
以漑田而關中靈軹成國湋渠盩厔有靈軹渠武帝穿左扶風有成國渠

在陳倉首受渭東北至上林入蒙龍渠湋音韋水出韋谷引諸川汝南九江引淮
東海引鉅定鉅定澤名也泰山下引汶水皆穿渠爲漑田
各萬餘頃它川渠及陂山通道者不可勝言
太始二年趙中大夫白公白姓也此時無公爵也蓋相呼尊老之稱也復
奏穿渠引涇水首起谷口尾入櫟陽谷口即今雲陽縣治谷是注
渭中袤二百里袤長也音茂漑田四千五百餘頃因名曰
白渠民得其饒歌之曰田於何所池陽谷口鄭國在
前白渠起後鄭國興於秦時故云前舉臿爲雲決渠爲雨涇水
一石其泥數斗且漑且糞長我黍禾水停淤泥可以當糞衣食
京師億萬之口言此兩渠饒也

延年齊人也（史不得其姓）時武帝方事匈奴興功利言便宜者甚衆延年上書言河出崑崙經中國注渤海是其地勢西北高而東南下也可按圖書觀地形令水工準高下開大河上領（上領，山頭也）出之胡中東注之海如此關中長無水災北邊不憂匈奴可以省隄防備塞士卒轉輸胡寇侵盜覆軍殺將暴骨原野之患天下不嘗備匈奴而不憂百越者以其水絶壤斷也此功一成萬世大利書奏帝壯之報曰延年計議甚深然可迺大禹之所道也聖人作事爲萬世功通於神明恐難更改自塞宣房後河復北決於館陶分爲屯

氏河（屯音大門切而隋室分析州縣誤以爲屯氏河乃置屯州謬之甚矣）東北經魏郡清河信都渤海入海廣深與大河等故因其自然不隄塞也此開通後館陶東北四五郡雖時小被水害而兗州以南六郡無水憂

宣帝地節中光祿大夫郭昌使行河北曲三所水流之勢皆邪直貝丘縣（直，當也）恐水盛隄防不能禁迺各穿渠直東經東郡界中不令北曲渠通利百姓安之

元帝永光五年河決清河靈鳴犢口（清河之靈縣鳴犢河口也）而屯氏河絶成帝初清河都尉馮逡奏言郡承河下流與兗州東郡分水爲界城郭所居尤卑下土壤輕脆易傾所以闊無大害者以屯氏河通兩川分流也今屯氏河塞靈鳴犢口又益不利獨一川兼受數河之任雖高增隄防終不能泄如有霖雨旬日不霽必盈溢靈鳴犢口在清河東界所在處下雖能通利猶不能爲魏郡清河減損水害禹非不愛民力以地形有埶故穿九河今旣滅難明屯氏河不流行七十餘年新絶未久其處易浚（浚謂治道之令其深也）又其口所居高於一分流殺水力道里便宜可復浚以助大河泄暴水備非常又地節時郭昌穿直渠後三歲河水更從故第二曲間北河六里復南合今其曲勢復邪直貝丘百姓

寒心宜復穿渠東行不豫脩治北決病四五郡南決病十餘郡然後憂之晚矣事下丞相御史白博士許商治尚書善爲筭能度功用（白，白於天子也。度音大各切）遣行視（行音下更切）以爲屯氏河盈溢所爲方用度不足（言國家少財役）可且勿浚後三歲河果決於館陶及東郡金堤泛濫兗豫入平原千乘濟南凡灌四郡三十三縣水居地十五萬餘頃深者三丈壞敗官亭室廬且四萬所御史大夫尹忠對方畧疏闊帝切責之忠自殺遣大司農非調（大司農名非調也）調均錢穀河決所灌之郡（令其調發均平錢穀遭水之使存給也調音徒釣切）謁者二人發河南以東漕船五百

艘一船爲一艘艘音先勞切其字宜從木徙民避水居丘陵九萬七千餘口河隄使者王延世使塞命其爲使而塞河也延世字長叔犍爲資中人以竹落長四丈大九圍盛以小石兩船夾載而下之三十六日河隄成帝曰東郡河決漂流二州校尉延世隄防三旬立塞其以五年爲河平元年卒治河者爲著外繇六月以卒治河有勞雖執役日近皆得此繇戍六月也著謂著於簿籍也著音竹取切下云非受平賈爲著外繇其義亦同也惟延世長於計策功費約省用功日寡朕甚嘉之其以延世爲光祿大夫秩中二千石賜爵關內侯黃金百斤後二歲河復決平原流入濟南千乘所壞敗者半建始時復遣王延世治之杜

欽說大將軍王鳳以爲前河決丞相史楊焉言延世受焉術以塞之蔽不肯見今獨任延世見前塞之易恐其慮害不深又審如焉言延世之功又不如焉且水勢各異不博議利害而任一人如使不及今冬成來春桃華水盛必羨溢有填淤反壞之害月令仲春之月始雨水桃始華蓋桃方華時旣有雨水川河水泮衆流猥集波瀾盛長故謂之桃華水耳又云三月桃華水反壞者水塞不通故令其土壞反還也羨音弋繕切淤音於庶切如此數郡種不得下種五穀之子也民人流散盜賊將生雖重誅延世無益於事宜遣焉及將作大匠許商諫大夫乘馬延年雜作乘馬姓也乘音食登切延世與焉必相破壞深論便宜以相難極

壞毀也音怪極窮也商延年皆明計算能商功利商度也足以分別是非擇其善而從之必有成功鳳如欽言白遣焉等作治六月乃成復賜延世黃金百斤治河卒非受平賈者爲著外繇六月平賈以錢取人作卒顧其時庸之平賈也賈音價鴻嘉四年楊焉言從河上下患底柱隘可鐫廣之鐫謂琢鑿之也帝從其言使焉鐫之鐫之裁沒水中不能去而令水益湍怒爲害甚於是歲勃海清河信都河水湓溢灌縣邑三十一湓踊也音普頓切敗官亭民舍四萬餘所河隄都尉許商與丞相史孫禁共行視圖方畧圖謀也行音下更切禁以爲今河溢之害數倍於前決平原時令

可決平原金隄間開通大河令入故篤馬河在平原縣至海五百餘里水道浚利又乾三郡水地得美田且二十餘萬頃足以償所開傷民田廬處又省吏卒治防救水歲三萬人以止許商以爲古說九河之名有徒駭胡蘇鬲津今見在城平東光鬲界中此九河之三也徒駭在城平胡蘇在東光鬲津在鬲城東光屬勃海鬲屬平原徒駭者禹治成河用功極衆故人徒驚駭也胡蘇下流急疾之貌鬲津言其溢小可鬲以爲津而渡也鬲與槅同自鬲以北至徒駭間相去二百餘里今河雖數移徙不離此域孫禁所欲開者在九河南篤馬河水之迹處執平夷旱則淤絕水則爲敗不可許公卿皆從商言先是谷永以河爲

中國之經瀆經常也聖王興則出圖書王道廢則竭絶今瀆溢横流漂沒陵阜異之大者也修政以應之災變自除是時李尋解光亦言陰氣盛則水爲之長故一日之間晝減夜增江河滿溢所謂水不潤下雖常於卑下之地猶日月變見於朔望天道有因而作也衆庶見王延世蒙重賞競言便巧不可用議者常欲求索九河故迹而穿之今因其自决可且勿塞以觀水勢河欲居之當稍自成川跳出沙土然後順天心而圖之必有成功而用財力寡於是遂止不塞滿昌師丹等數言百姓可哀帝數遣使者處業振贍之處業謂安

冊府元龜　邦計部　河渠一　卷之四百九十六　十三

處之使得其居業

哀帝初平當爲鉅鹿太守以經明禹貢使行河爲騎都尉領河隄奏言九河今皆塡滅按經義治水有决河深川决分泄也深浚治也而無隄防雍塞之文雍讀曰壅河從魏郡以東北多溢决水迹難以分明四海之衆不可誣宜博求能浚川疏河者下丞相孔光明大司空何武奏請部刺史三輔三河弘農太守舉民吏能者莫有應書待詔賈讓奏言治河有上中下三策古者立國居民疆理土地必遺川澤之分度水勢所不及遺流也度計也言川澤水所流聚之處皆留而治之不以爲居邑而妄墾殖必計水所不及然後居而田之也分音扶問切度音大各切大川無防小水得入陂障卑下以爲汙澤停水曰汙音一明切使秋水得有所休息左右游波寬緩而不迫夫土有川猶人之有口也治土而防其川猶止兒啼而塞其口豈不遽止然其死可立而待也故曰善爲川者决之使道道讀曰導導引也善爲民者宣之使言蓋隄防之作近起戰國雍防百川各以自利齊與趙魏以河爲境趙魏瀕山齊地卑下瀕山猶言以山爲邊界也瀕音頻又音賓作隄去河二十五里河水東抵齊隄則西泛趙魏趙魏亦爲隄去河二十五里雖非其正水尚有所遊盪時至而去則塡淤肥美民耕之田或久無害稍築室

冊府元龜　邦計部　河渠一　卷之四百九十六　十四

宅遂成聚落水時至漂沒則更起隄防以自救稍去其城郭排水澤而居之湛溺自其宜也今隄防陿者去水數百步遠者數里近黎陽南故大金隄從河西西北行至西山南頭廼折東與山相屬之欲切民居金隄東爲廬舍住十餘歲更起隄從東山南頭直南與故大堤會又內黄界中有澤方數十里環之有隄往十餘歲太守賦民以隄中之地給與民民今起廬舍其中此臣親所見者也東郡白馬故大隄亦復數重民皆居其間從黎陽北盡魏界故大隄去河遠者數十里內亦數重此皆前世所排也河從內黄北至黎陽爲石隄

激使東抵東平剛激者聚石於隄旁衝要之處所以激去其水也工歷切又爲石隄使西北抵黎陽觀下觀縣名也音工喚切又爲石隄使東北抵東郡津北又爲石隄使西北抵魏郡昭陽又爲石隄激使東北百餘里間河再西三東迫阨如此不得安息今行上策徙冀州之民當水衝者決黎陽遮害亭放河使北入海河西薄太山東薄金隄勢不能遠泛濫朞月自定難者將曰若如此敗壞城郭廬舍冢墓以數萬百姓怨恨昔大禹治水山陵當路者毀之故鑿龍門闢伊闕辟同析底柱破碣石墮斷天地之性此廼人功所造何足言也今瀕河十郡治隄歲費

且一萬萬及其大決所殘無數如出數年治河之費以業所徙之民遵古聖之法定山川之位使神人各處其所而不相奸奸音干且以大漢方制萬里豈其與水爭咫尺之地哉此功一立河安民安千載無患故謂之上策若廼多穿漕渠於冀州地使民得以溉田分殺水怒雖非聖人法然亦救敗術也難者將曰河水高於平地歲增隄防猶尚決溢不可以開渠臣竊按視遮害亭西十八里至淇水口廼有金隄高一丈自是東地稍下隄高至遮害亭高四五丈往五六歲河水大盛增丈七尺壞黎陽南郭門入至隄下謂水從郭門南入北門出而至隄也水未踰隄二尺所從隄上北望河高出民屋百姓皆走上山水流十三日隄潰吏民塞之臣循隄上視水勢南七十餘里至淇口水適至隄半計出地上五尺所今可從淇口以東爲石隄多張水門初元中遮害亭下河去隄足數十步至今四十餘歲適至隄足由是言之其地堅矣恐議者疑河大川難禁制滎陽漕渠足以下之今礫谿口是也言作門通水流不爲害也礫谿卽水經所云滳水東過礫谿其水門但用木與土耳今據堅地作石隄勢必完安冀州渠首盡當卬此水門治渠非穿地也卬音仰但爲東方一隄北行三百餘里入漳水中其

西因山足高地諸渠皆往往股引取之股支别也旱則開東方下水門溉冀州水則開西方高門分河流通渠有三利不通有三害民當罷於救水半失作業罷讀曰疲此一害也水行地上湊潤上徹民則病溼氣木皆立枯鹵不生穀此二害也決溢有敗爲魚鱉食此三害也若有渠溉則鹽鹵下濕填淤加肥此一利也故種禾麥更爲秔稻高田五倍下田千倍秔謂稻之不粘者也音庚此二利也轉漕舟船之便此三利也今瀕河隄吏卒郡數千人代買薪石之費歲數千萬足以通渠成水門又民利其灌溉相率治渠雖勞不罷罷讀曰疲民田適治

河隄亦成富國安民興利除害支數百歲故謂之中
策若迺繕完故隄增卑倍薄勞費無已數逢其害此
最下策也
召信臣爲南陽太守行視郡中水泉開通渠瀆起水
門堤閼凡數十處閼所以壅水音一曷切以廣灌漑歲歲增加
多至三萬頃民得其利畜積有餘信臣爲民作水約
束刻石立於田畔以防紛爭
關竝平陵人爲長水校尉竝字子陽林智通達王莽三年河決
魏郡泛清河以東數郡先是王莽恐河決爲元城冢
墓害及決東去元城不憂水故遂不隄塞莽時徵能

治河者以百數其大略異者竝言河決率嘗於平原
東郡左右其地形下而土疏惡聞禹治水時本空北
地以爲水猥盛則放溢猥多也少稍自索索盡也音先各切雖
時易處猶不能離此上古難識近察秦漢以來河決
曹衛之域其南北不過百八十里者可空此地勿以
爲官亭民室而已大司馬使長安張戎字仲功習漑灌事也言
水性就下行疾則自刮除成空而稍深河水重濁號
爲一石水而六斗泥今西方諸郡以至京師東行民
皆引河渭山川漑田春夏乾燥少水時也故使河流
遲貯淤而稍淺雨多水暴至則溢決而國家數隄塞
之稍益高於平地猶築垣而居水也可各順從其性
毋復灌漑則百川流行水道自利無溢決之害矣御
史臨淮韓牧字子台善水事以爲可略於禹貢九河處穿之
縱不能爲九但爲四五宜有益大司空掾王璜言河
入渤海地高於韓牧所欲穿處往者天嘗連雨東北
風海水溢西南出浸數百里九河之曲已爲海所漸
矣漸進也禹之行河水本隨西山東北北去周普云定
王五年河徙則今所行非禹之所穿也又秦攻魏決
河灌其都決處遂大不可復補宜卻徙完平處更開
空空猶穿也使緣西山足乘高地而東北入海迺無水災

沛郡桓譚爲司徒掾典其議爲甄豐言凡此數者必
有一是宜詳考驗皆可豫見計定然後舉事費不過
億萬亦可以事諸浮食無產業民事謂役使也空居與行
役同當依縣官而爲之作迺兩便言無產業之人端居無爲及發行力
役俱須衣食耳今縣官給其衣食而使脩治河水具爲公私兩便也可以上繼禹功下
除民疾王莽時但崇空語無施行者又按地理誌云南榮陽有浪湯
渠首受泲東南至入須過郡西行七百八十里陳留
郡封丘有濮渠首受泲東北至都關入羊里水過郡
三行三百三十里春秋傳敗狄于長丘今翟渠是常
山郡蒲吾有大白渠會稽郡句章渠水東入海張掖
郡鑠得縣有千金渠西入澤羌谷鑠音鹿
後漢光武建武初漢王梁爲河南尹梁穿渠引谷水

汪洛陽城下東瀉鞏川及渠成而水不流七年有司劾奏之梁慚懼上書乞骸骨乃下詔以梁爲濟南太守

張純爲大司空建武二十四年請穿陽渠引雒水爲漕百姓得其利

明帝永平十二年四月遣將作謁者王吳脩汴渠自滎陽至于千乘海口（汴渠卽浪蕩渠也汴自滎陽首受河所謂石門在滎陽山北二里過汴以東積石爲隄亦號金隄成帝陽嘉中作）十五年四月汴渠成辛巳行幸滎陽巡行河渠乙酉詔曰自汴渠決敗六十餘歲加頃年以來雨水不時

汴流東侵日月益甚水門故處皆在河中漭瀁廣溢莫測崖岸蕩蕩極望不知綱紀今兗豫之人多被水患乃曰縣官不先人急好興他役又或以爲河流入汴幽冀蒙利故曰左隄强則右隄傷左右俱强則下方傷宜任水勢所之使人隨高而處公家息壅塞之費百姓無陷溺之患議者不同南北異論朕不知所從久而不决今旣築隄理渠絶水立門河汴分流復其舊迹陶丘之北漸就壤墳故薦嘉玉絜牲以禮河神東過雒汭歎禹之績今五土之宜反其正色濱渠下田賦與貧民無令豪右得因其利庶繼世宗瓠子之作王景者沇浮多伎藝辟司空伏恭府有薦景能理水者顯宗詔與諸作謁者王吳共脩作浚儀渠吳用景堰流法水乃不復爲害初平帝時河汴决壞未及得脩建武十年楊武令張汜上書河決積久日月侵毀濟渠所漂數十許縣脩理之費其功不難宜改脩隄防以安百姓書奏光武卽爲發卒方營河功而浚儀令樂俊上言昔元光之間人庶熾盛緣隄墾殖而瓠子河決尚二十餘年不卽壅塞今居家稀少田地饒廣雖未脩理其患猶可且新被兵革方興役力勞怨旣多民不堪命宜須平靜更議其事光武得此

遂止後汴渠東侵日月彌廣而水門故處皆在河中兗豫百姓怨歎以爲縣官當興他役不先民急永平十二年議脩汴渠乃引見景問以理水形便景陳其利害應對敏給帝善之又以嘗脩浚儀渠功業有成乃賜景山海經河渠書禹貢圖及錢帛衣物遂發卒十萬遣景與王吳脩渠築隄自滎陽東至千乘海口千餘里景乃商度地勢鑿山阜破砥績直截溝澗防遏衝要疏決壅塞十里立一水門令更相洄注無復潰漏之患景雖簡省役費然猶以百億計明年夏渠成帝親自巡行詔濱河郡國置河隄員吏如西京舊

制成帝時河決大壞氾濫青徐兗豫四州界徧乃以較尉王延世領河隄謁者秩千石或名其官爲護都水使者中興以三輔椽屬爲之景由是知王吳及諸從事掾史皆
增秩一等景三遷爲侍御史十五年從駕東巡狩至
無鹽帝美其功績拜河隄謁者賜車馬縑錢二千
和帝永元十年春三月壬戌詔曰隄防溝渠所以順
助地理通利壅塞今廢慢懈弛不以爲負刺史二千
石其隨宜疏導勿因緣妄發以爲煩擾將顯行其罰
安帝元初二年正月脩理西門豹所分漳水爲支渠
以溉民田西門豹爲鄴令發人鑿十二渠引水灌田所鑿之渠在今相州鄴縣西臣欽若等按漢書溝洫志史起云漳水在其旁西門豹不知用是不智也此云豹分漳水爲支渠未詳孰是二月

辛酉詔三輔河內河東上黨趙國太原各脩理舊渠
通利水道以溉公私田疇
三年春正月甲戌脩理太原舊溝渠溉灌官私田昔智伯遏晉水以灌晉陽後踵其遺跡蓄以爲沼分爲二派北瀆即智氏故渠也其瀆乘東北入晉陽城以溉灌東南出城注於汾水所脩溝渠即謂此
靈帝熹平四年六月遣守宮令之鹽監穿渠爲民興
利今蒲州安邑縣西南有鹽城監也
獻帝建安七年正月曹公至浚儀治睢陽渠
十一年八月三郡烏丸數入塞爲害曹公將征之鑿
渠自呼沲入泒水泒音瓜名平虜渠從泃河口泃音句鑿
入潞河名泉州渠以通海
十八年九月鑿渠引漳水入白溝以通河
魏文帝黃初六年通討虜渠臣欽若等曰史不書月
明帝青龍元年司馬宣王開成國渠自陳倉至槐里
築臨晉陂引汧洛溉舄鹵之地三千餘頃國以充實
焉正始初宣王又奏穿廣漕渠引河入汴溉東南諸
陂大佃於淮北復以滅賊之要在於積穀乃大興屯
守廣開淮陽百尺二渠又脩諸陂於潁之南北京師
農官屯兵連屬焉鄧艾傳又載宣王督諸軍伐吳將諸葛恪焚其積聚恪棄城遁走宣王因欲廣田積穀爲兼并之計乃使鄧艾行陳潁以東至壽春地艾以爲田良水少不足以盡地利宜開

河以引水澆灌大積軍糧以通漕運之道乃著濟河論以喻其指遂北臨淮水自鍾離而南橫石以西盡泚水四百餘里五里一營營六十人且佃且守兼脩廣淮陽百尺二渠上引河流下通淮潁大治諸陂於潁南潁北穿渠三百餘里溉田二萬頃淮南淮北皆相連接自壽春到京師農官兵屯雞犬之聲阡陌相屬每東南有事大軍出征汎舟而下達于江淮資食有儲而無水害艾所建也臣欽若等曰開渠史不書月
賈逵爲豫州南與吳接脩守戰之具堨汝水造新陂
又通運渠二百餘里所謂賈侯渠者也
吳景帝永安三年三月用都尉嚴密議作浦里塘薛
瑩爲選曹尚書領太子少傅時何定建議鑿聖谿以
通江淮後王令瑩督萬人往遂以多盤石難施功罷

晉武帝泰始十年光祿勳夏侯和上脩新渠富壽遊陂三渠凡溉田千五百頃臣欽若等曰史不書月

孔愉爲會稽内史章句縣有漢時舊陂毁廢數百年愉自巡行脩復故堰溉田二百餘頃皆成良業

毛穆之爲桓溫太尉參軍加冠軍將軍溫伐慕容暐使穆之監鑿鉅野百餘里引汶水會於濟川

前秦苻堅以關中水旱不時議依鄭白故事發其王侯已下及豪望富室僮隷三萬人開涇水上源鑿山起隄通渠引瀆以溉舃鹵之田及春而成百姓賴其利

宋世祖鎮襄陽以劉秀之爲襄陽令襄陽有六門堰良田數千畝堰久壞公私廢業世祖遣秀之脩復雍陼縣是大豐

南齊沈瑀爲楊州部傳從事刺史始安王遥光令瑀專治獄事湖熟縣方山埭高峻冬月公私行旅以爲艱難明帝使瑀行治之瑀乃開四洪斷行客就作三日立辦楊州書佐私行詐稱州使不肯就作瑀鞭之三十書佐歸訴遥光遥光曰沈瑀必不枉鞭汝覆之果有詐明帝復使沈瑀築赤山塘所費減材官所量數十萬帝益善之

梁高祖天監四年二月遣衛尉楊公則率宿衛兵塞洛口

十三年作浮山堰臣欽若等曰史不書月

普通六年五月築宿預堰又脩曹公堰於濟陰

大通二年二月築寒山堰

巡按福建監察御史臣李嗣京訂正
知長樂縣事臣夏允彝參閱
知建陽縣事臣黄國琦較釋

邦計部一十五

河渠第二

後魏太武太平眞君五年征南將軍爲薄骨律鎮將刁雍表曰臣蒙寵出鎮奉辭西藩總統諸軍戶口殷廣又總勒戎馬以防不虞督課諸屯以爲儲積夙夜惟憂不遑寧處以今年四月末到鎮時以夏中不及

東作念彼農夫雖復布野官渠乏水不得廣殖乘前以來功不克課兵人口累率皆饑儉畧加檢行知此土稼穡艱難夫育民豐國事須大田此土之雨正以引河爲用觀舊渠堰乃是上古所制非近代也富平西南三十里有艾山南北二十六里東西四十五里鑿以通渠似禹舊迹其兩岸作溉田大渠廣十餘步山南引水入此渠中計昔爲之高於水不過一丈河水激急沙土漂流今日此渠高於前河水二丈三尺又河水侵射往往崩頹渠溉高懸水不可得雖復諸處案舊引水水亦難求今艾山北河中有洲渚分爲二西河小狹水廣百四十步臣今求入來年正月於河西高渠之北八里分河之下五里平地鑿廣十五步深五尺築其兩岸令高一丈北行四十里還入古高渠卽循而北復八十里合百二十里大有良田計用四千人四十日渠得成訖所欲鑿新渠口河下五尺水不得入今求從小河東南岸邪斷到西北岸計長二百七十步廣十步高二丈絶斷小河二十日功計得成畢合計用功六十日山之水盡入新渠水則充足溉官私田四萬餘頃一旬之間則一遍水凡四溉穀得成實官課常充民亦豐贍詔曰卿憂國愛民

知欲更引河水勸課大田宜便興立以尅就爲功何必限其日數也有可以便國利民者動靜以聞王欽若等日史不書月

孝文太和十五年五月丁酉詔六鎮雲中河西及關内六郡各脩水田通渠溉灌

楊椿宣武時爲都官尚書監脩白渠堤堰

崔楷正始中爲左中郎將時冀定數州頻遭水害楷上疏曰臣聞有國有家者莫不以萬姓爲心故矜傷軫於造次求瘼結於寢興黎民阻饑唐堯致歎衆庶斯饉帝乙罰已良以爲政與農實繫民命水旱緣玆

以得濟夷險用此以獲安頃東北數州頻年淫雨長河激浪洪波汩流川陸連濤原隰通望瀰漫不已泛溢爲災戶無擔石之儲家有藜藿之色華壤膏腴變爲舄鹵粟麥禾黍化作雈蒲斯用痛心徘徊潸然佇立也昔洪水爲害四載流於夏書九土旣平攸同紀自虞誥亮由君之勤恤臣用劬勞日昃忘飡宵分廢寢伏惟皇魏握圖臨宇撫契裁極道敷九有德被八荒槐階棘路實維英哲虎門麟閣實曰賢明天地涵和日月光耀自此定冀水潦無歲不饑幽瀛川河頻年汎溢豈是陽九厄會百六鍾期故以人事而然非

爲運極昔魏國鹹舄史起洒之茲地荒蕪臣實爲耻不揆愚瞽輒敢陳之計水之湊下浸潤無間九河通塞屢有變改不可一準古法皆循舊隄何者河決瓠子梁楚幾危宣防旣建水還舊迹十數年間戶口豐衍又決屯氏兩川分流東北數郡之地僅得支存及下通靈鳴水田一路往昔膏腴十分病九邑居凋離墳井毀滅良由水大渠狹更不開瀉衆流壅塞曲直之所致也若量其逶迤穿鑿涓澮分立堤堨所在疎通預決其路令無停蹙隨其高下必得地形土木參切務得便省使地有金隄之堅水有非常之備鈎連相注多置水口從河入海遠邇逕通瀉其墝潟泄此陂澤九月農罷量役計功十月昏正立匠表度縣遣能工麾畫形勢郡發明使籌察可否審地推岸辨其脉流樹板分崖練厥從往別使案簡分部是非職聯川原明審通塞當境修治不勞役遠終春自罷未須久功即以高下營田因於水陸水種秔稻陸藝桑麻必使室有久儲門豐餘積斯實上葉禦災之方亦爲中古井田之利即之近事有可比倫江淮之南地勢洿下雲雨陰霖動瀰旬月遥途遠運唯用舟艫南畝畬畲微事未耜而衆庶未爲饉色黔首罕有饑顏豈天

德不均致此偏法故是地勢異圖有茲豐餒臣旣鄉居水際目覩荒殘每思鄭白屢想王李夙宵不寐言念皇家愚誠冊款實希効力有心營媾乞暫施行使數州士女無廢耕桑之業聖世洪恩有賑饑荒之士詔曰頃年水旱爲患黎民阻饑靜言念之昃不遑食覽此事條深協在慮但計畫功廣非朝夕可合宜付外量聞事遂施行措用功未就詔還追罷

裴延儁孝明時爲幽州刺史范陽郡有舊督亢渠徑五十里漁陽燕郡有故房陵諸堰廣袤三十里皆廢毀多時莫能修復時水旱不調民多饑餒延儁謂疏

通舊蹟勢必不可成乃表求營造遂躬自履行相度水形隨力分督未幾而就溉田百萬餘頃爲利十倍百姓至今賴之

崔亮爲雍州刺史奏於張方橋東堰谷水造水碾磨數十區其利十倍國用便之

東魏孝靜興和三年十月發夫五萬人築漳堰三十五日罷

北齊楊裴魏興和中爲廷尉少卿石濟河溢橋壞裴脩治之又移津於白馬河中起石潭兩岸造關城累年乃就

斛律羡爲幽州道行臺僕射導高梁水北合易京東會於潞因以灌田邉儲歲積轉輸用省公私獲利

後周賀蘭祥拜大將軍太祖以涇渭溉灌之處渠堰廢毀乃命祥脩造富平堰開渠引水東注於雒用溉既畢民獲其利

武帝保定二年正月初於蒲州開河渠同州開龍首渠以廣溉灌

隋高祖開皇二年三月開河渠引杜陽水於三時原以李詢爲都官尚書領太僕元暉督其役溉舄鹵之地數千頃民賴其利

四年詔曰京邑所居五方輻輳重關四塞水陸艱難大河之流波瀾東注百川海瀆萬里交通雖三門之下或有危慮但發自小平陸運至陝還從河水入渭川無反上流控引汾晉舟車來去爲益殊廣而渭川大小水力無常流淺沙涊即成阻閡計其途遠數百而已動移氣序不能往復汎舟之役人亦告勞朕君臨區寓興利除害公私之弊情所愍之故東發潼關西引渭水因藉人力開通漕渠量事計功易可成就已令工匠巡歷渠道觀地理之宜審終久之義一得開鑿萬代無毀可使官及私家方舟巨舫晨昏遞漕

泝沂不停旬日之功堪省億萬誠知時當炎暑動致疲勞然不有暫勞安能永逸宣告人民知朕意焉初帝每憂轉運不給柱國于仲文請決渭水開渠漕帝然之使仲文總其事又命郭衍爲開渠漕大監與宇文愷部率水工鑿渠引渭水經大興城（臣欽若等曰即長安城也）北東至於潼關漕運四百餘里關內賴之名曰富民渠（一云廣通渠）

五年九月改鮑陂曰杜陂灞水曰滋水

七年四月於楊州開山陽瀆以通漕運

十五年六月詔鑿底柱

盧賁爲懷州刺史決沁水東注名曰利民渠又派入温縣名曰温潤渠以溉舄鹵民賴其利

煬帝以仁壽四年七月即位十一月丙申發丁男數十萬掘塹自龍門東接長平汲郡抵臨清關渡河至浚儀襄城達於上雒以置關防

大業元年三月發河南諸郡男女百餘萬開通濟渠自西苑引谷雒水達於河自板渚引河達於淮

四年正月乙巳詔發河北諸郡男女百餘萬開永濟渠引沁水南達於河北通涿郡

閻毗爲起部郎煬帝將興遼東之役自雒口開渠達

涿郡以通漕毗督其役

唐高祖武德六年寧民令顏旭開渠引南山水入京城至石門谷有温泉湧出

七年同州治中雲得臣開渠自龍門引黄河溉灌六千餘頃

八年水部郎中姜行本請於隴州開五節堰引水以通運漕詔許之

高宗永徽元年薛大鼎爲滄州刺史州界有無棣河隋末塡廢大鼎奏開之引魚鹽於海百姓歌之曰新河得通舟楫利直達滄海魚鹽至昔日徒行今騁駟美哉薛公德滂被大鼎又以州界卑下遂決長蘆及彰衡等三河分泄夏潦境內無復水災

楚王靈龜永徽中爲魏州刺史開永濟渠入新市控引商旅百姓利之

裴行方永徽中爲檢校幽州都督引瀘溝水廣開稻田數千頃百姓賴以豐給

咸亨三年於岐州陳倉縣東南開渠引渭水入昇原渠通船栰京故城（京故城即故長安城漢惠帝所築在今大興城之西北苑中）

則天大足元年六月於東都立德坊南穿新潭安置諸州租船

中宗神龍三年滄州刺史姜師度於薊州之北漲水爲溝以備契丹之寇又約舊渠傍海穿漕號爲平虜渠以備海南運糧

玄宗開元二年河南尹李傑奏河汴之交有梁公堰年久堰破江淮運不通傑調發汴鄭丁夫以濬之省功速就公私深以爲利刻石水濱以紀其績

八年九月詔曰昔史起溉漳之策鄭國鑿涇之利自兹厥後聲塵𨕖然同州刺史姜師度識洞於微智研未兆匪躬之節所懷必罄奉公之道知無不爲頃職大農首開溝洫歲功猶昧物議紛如緣其忠款可嘉

委任仍舊暫停九列之重假以六條之察白藏遵牟續用斯多食乃人天農爲政本朕故茲巡省不憚祁寒將申勸卹之懷恃冒風霜之弊今原田彌望畝澮連屬豩來榛棘之所遍爲秔稻之川倉庾有京坻之饒關輔致畝畲之潤本營此地欲平人民百姓未閑三農虛棄以官令開發冀令近相教誘功既成矣思與之共其屯田內先有百姓挂籍之地比來召作主亦量准頃畝割還其官屯熟田如同州有貧下欠地之戶自辦工力能營種者准數給付餘地且依前官取師度以功特加金紫光祿大夫賜帛三百疋

十年六月博州黃河隄壞湍悍洋溢不可禁止詔博州刺史李畬冀州刺史裴子餘趙州刺史柳儒乘傳旁午分理兼命按察使蕭嵩總其事

十五年正月令將作大匠范安及簡較鄭州河口斗門先是維陽人劉宗器上言請塞汜水舊汴河口於下流滎澤界開梁公堰置斗門以通淮汴擢佐衛師府冑曹至是新渠塞行舟不通貶宗器爲安及遂發河南府懷鄭汴滑三萬人疏決兼舊河口旬日而畢

十六年正月以魏州刺史宇文融兼檢按汴州刺史仮前充河南北溝渠隄堰決九河使融上請言禹貢九河舊道興役甚多事竟不就

二十七年河南採訪使汴州刺史齊澣以江淮漕運經淮水波濤有沉損遂開廣濟渠下流自泗州虹縣至楚州淮陰縣北十八里合於淮而踰時畢功既而以水浚急行旅艱險旋即停廢却繇舊河

二十八年九月魏刺史盧暉開通濟渠自石灰窠引流至州城而西却注魏橋

二十九年陝州刺史李齊物避三門河路浚急於其北鑿石渠通運船爲漫流河泥旋塡淤塞不可漕而止

天寶元年命陝郡太守韋堅引灌水開廣運於望春亭之東以通河渭京兆尹韓朝宗又分渭水入自金門置潭於西市西街以貯材木

二年三月帝幸望春樓觀新潭會群臣張樂既暮旋宮帝覩舟檝之利甚勤乃詔曰古之善政貴於足食將欲富國必先利人朕於關輔之間尤資殷贍比來輸轉未免艱辛故致此潭以通漕運萬代之利一朝而成將久懷於永圖豈苟求於縱觀其陝郡太守韋堅始終檢按夙夜勤勞賞於有功則惟常典宜特與三品及三品京官兼太守其判官等即量與改轉仍

委韋堅具名錄奏應役人夫各酬庸直兼放今年地租且起運初畢舟楫已通其押運綱既涉遠途又能先至各賜一中上考船夫等共賜錢二千貫以充宴樂

三載韋堅開漕河自苑西引渭水因古渠至華陰入渭引永豐倉及三門倉米以給京師名曰廣運潭以堅爲天下轉運使（灞滻二水通會於漕渠）

代宗廣德二年三月以太子賓客劉晏兼御史大夫充東都河南江淮已來轉運使仍與河南副元帥計議開決汴河

永泰二年九月帝御安福門樓觀新開漕渠初京兆尹黎幹以京城木炭價重具以利便陳於帝前請自南山谷口鑿渠通於城內至薦福寺東街北抵景風延喜門入于苑濶八尺深一丈以運木炭至是幹潛貯綱船樴師以爲水戲冀悅於帝久之竟無成功

大曆十二年京兆尹黎幹奏曰臣得畿內百姓連狀陳涇水爲碾磑壅隔不得溉田請決開鄭白支渠復秦漢水道以溉陸田收數倍之利乃詔發使簡覆不許碾磑妨農幹又奏請脩六門堰許之

十三年正月壞京畿白渠磑八十餘所以妨奪農業也帝思致理之本務於養人以田農者生民之原苦於不足碾磑者興利之業主於并兼遂發使行其損益之由僉以爲正渠無害支渠有損乃命府縣凡支渠磑一切罷之先是大曆初李栖筠爲工部侍郎時關中沃野千里舊資鄭白二渠爲豪家貴戚壅隔上流置私碾百餘所以收末利農夫所得十奪六七栖筠舉奏其弊悉毀折之人大賴焉公望克積又一云帝以是年有詔毀除白渠水支流碾磑以妨民溉田昇平有脂粉磑兩輪所司未敢毀撤公主見代宗訴之帝謂主曰吾行此詔蓋爲蒼生耳爾豈不識我意

耶可爲衆率先公主即日命毀由是勢門碾磑八十餘所皆毀之

德宗建中元年正月浚豐州之陵陽渠時楊炎爲相議開陵陽渠發京畿人於西域就役閭里騷擾炎不習邊事請於豐州屯田人頗苦之時京兆尹嚴郢嘗從事朔方曉其利害乃具五城舊屯及兵募倉儲等數奏曰案舊屯沃饒之地今十不耕一若力可墾闢不俟浚渠其諸屯水利可種之田甚廣蓋功力不及因致荒廢今若發兩京關輔人於豐州浚渠營田徒擾兆庶必無其利臣不敢遠引他事請以內園植稻

明之上秦地膏腴田稱第一其內園丁皆京兆人於當處營田月一替其易可見然每人月給錢八千糧食在外內園丁循僦募不占奏令府司集事計一丁歲當錢九百六十米七斛二斗計所僦丁三百每歲合給錢二萬八千八百貫米二千一百六十斛不知歲終收獲幾何臣計所得不補所費況二千餘里發人出塞屯田一歲方替其糧穀從太原轉餉運直至多又每人須給錢六百三十米七斛二斗私出資費數又倍之據所收必不登本而關輔之人不免流散是虛畿甸而無益軍儲天寶已前屯田事殊臣至愚

不敢不熟計惟當審察疏奏不報郢又上書奏曰伏以五城舊屯其數至廣臣前巳揭名開奏訖其五城軍士若以今日所運開渠之糧貸諸城官田至冬輸之又以所送開渠功直布帛先給田者至冬令據時估輸粟如此郎關輔免於徵發五城豐厚力農闢田比之浚渠十倍之利也時炎方用事郢議不省卒開陵陽渠而竟棄之

貞元七年八月夏州開延化渠引烏水入庫狄澤溉田二百餘頃十三年引龍首渠水自通化門入至太清宮前

于頔貞元中爲湖州刺史因行縣至長城方山下有水日西湖南朝疏鑿溉田三千頃歲久堙廢頔命設隄塘以復之歲獲秔稻蒲魚之利人賴以濟

李景略貞元中爲豐州刺史西受降城使鑿感應永清二渠溉田數百頃公私利焉

憲宗元和三年正月鹽鐵使李巽奏江淮堰埭頃年李錡在浙西奏屬本道今請却歸本司從之六月巽又上言江淮公私堰埭因循權置者二十二所並罷之

六年五月京兆尹奏准勑差右神策子弟穿淘浚渠

功并造斗門及買渠地價請官中與碓戶分出

八年三月常州刺史孟簡開漕古孟瀆長四十一里得沃壤四千餘頃

五月以神策軍士脩城南之浚渠

十二月魏博觀察使田弘正奏准詔開衛州黎陽縣古黃河道從鄭滑觀察使薛平之請也先是滑州歲多水災其城西去黃河二里每夏雨漲溢則浸壞城郭水及羊馬之半平詢諸將吏得古河道於衛州黎陽縣界遣從事裴弘泰以水患告於弘正請開古河用分水力弘正遂與平皆上聞詔許之乃於鄭滑兩

郡徵役萬人鑿古河南北長十四里東西濶六十步深一丈七尺引舊河以注新河滑人遂無水患詔褒美平仍加弘泰弘正官以奬監作之功焉

是月鹽鐵使王播進供陳許琵琶溝年三運圖先是中官李重秀奉命視之還言可以通漕至郾城下北潁口水運千里而近及帝覽圖詔韓弘發卒以通汴河於是船勝三百石者皆得入潁

十四年五月御史臺奏據山南東南東道觀察使孟簡狀奏稱得復州刺史許志雍狀請於復郢二州界內脩築鄭敬古隄兼塞斷鸕鷀港壅截界水開地有

利於當道又據荊南觀察使裴武奏稱山南東道築堤及塞鸕鷀港有害於當道勑江漢分流各有港路兩界但合論此不合勞人築堤令水潦為虞則慮先及低下其鸕鷀港宜令孟簡即與決開其師子港塞來年月深久更委兩道計會詳盡本末事理

李聽元和中為靈武節度使境內有光祿渠廢塞歲久將議屯田詔聽復開舊渠溉田千餘頃至今賴之

穆宗長慶二年八月鹽鐵轉運使王播進新開潁口圖一軸

溫造長慶中自起居舍人出為朔州刺史至則開復鄉渠九十七里溉田二千頃郡人名渠曰右使渠

敬宗寶曆元年十二月河陽節度使崔弘禮上言於秦渠下闢荒田二百頃歲收粟二萬斛從寶曆二年減去度支所給數

二年正月鹽鐵轉運使上言揚州城內管河通江淮漕運或時遇旱淺即行李艱難舳艫接連擁積成弊動經旬朔不及程期非唯供輸是憂兼亦商旅難濟今請從羅城南閶門古七里港開河渠向東屈曲取禪智寺橋東通舊管河長一十九里其所役工價並於當使方圓羨餘支遣從之

七月勑鄠縣渼陂宜令尚食使收管不得令雜入採補其水任百姓溉灌平原等三鄉稻田仍勿奪碾磑之用

文宗大和元年六月命中使付京兆府宜令脩高陵界白渠斗門任百姓取水溉田

十一月京兆府奏准御史中丞溫造等奏脩醴泉富平等十縣渠堰斗門等准貞元初以京兆少尹郭隆充渠堰使於涇陽縣衆善寺置院往來勾當今請差少尹韋文恪充渠堰使便令自揀擇清強官三人專令巡檢脩造從之

二年閏三月京兆府奏准內出様造水車訖時鄭白渠旣役又命江南徵造水車匠帝於禁中親指準乃分賜畿內諸縣令依様制造以廣漑種

四年十二月鹽鐵轉運使王涯奏請開揚州南郭外七里港别爲河以通漕運及商賈舟船東北至禪智寺橋東四里復與河合約長十九里用功十五餘萬從之

五年六月巳卯陳許節度使高瑀奏脩築許州繞城城水堤及開渠溝周廻一百八十里畢工

王起大和中鎭襄陽脩淇堰以灌田一境利之

僖宗光啓元年三月詔曰食乃人天農爲國本兵荒益夂漕輓不通而關中鄭白兩渠古今同利四萬頃沃饒之業億兆人衣食之源比者權豪競相占奪堰高磑下足明棄水之由稻浸稑澆乃見侵田之害今因流散尚可經營宜委京兆尹選强幹僚屬廵行鄉里逐便相度兼利公私或署職特置使名假之權寵或劝田遞升科級許免征徭因務勸公冀能兼蓄亦宜速具聞奏

梁太祖開平二年春正月荆州奏聞白小河此河環遶州郭以導大江近年壅塞舟揖不通是時疏之頗爲民便運漕商賈之利復如曩歲

後唐莊宗同光二年四月癸酉蔡州朱勍奏開淘雒河到故雒城七月甲辰右監門衛上將軍婁繼英督汴滑兵士脩酸棗縣堤連年河水溺曹濮故也

三年正月壬子青州符習承命左役徒修酸棗縣堤堤初僞廷决此堤引河水東注至於鄆濮以限我軍自是民罹水患帝先遣婁繼英領諸軍脩塞尋而復壊乃命習以濟厥功

二月雒京奏朱殷脩築月波隄畢功引水入新開河

三月巳亥西京奏制置三白渠起置營田務一十一

壬寅符習奏脩堯堤水口畢

七月丁未鄴都副留守張憲奏御河漲溢慮漂溺城池巳於石灰窯口開故河道以分水勢

四年七月乙卯汴州孔循奏汴河汎漲恐漂沒城河巳於城西城東權開壕口引水入古河

五年正月租庸使奏鄴都差夫一萬五千於衛州界脩河堤又於宋州劉斗門

明宗天成三年正月陳州奏開潁河

四年十二月庚申脩雒河北岸宣差左衛上將軍李承約祭之

張徹詢爲滑州節度使長興初徹詢以河水連年溢堤乃自酸棗縣界至濮州廣堤防一丈五尺東西二百里

長興三年三月幽州奏重開府東南河路一百五十里濶九十步以通漕運

五月幽州進呈新開東南河路圖自王馬口至淤口長一百六十五里濶六十五步深一丈二尺可勝漕船千石

四年二月辛酉濮州進重脩堤圖備載㳂河地理名帝指示行臺砦麻石砦德勝南北城鐵丘帝欷然興

歎曰吾佐先朝定天下於此堤塢間大小數百戰時事如昨奄忽十年遽閱此圖令人悲歎又指一丘阜曰此吾擐甲之臺也

是年四月盧武奏開渠白河引黃河水入大城溉田

末帝清泰元年七月河中言取去秋草七千圍壅塞堤堰

晉高祖天福二年九月判詳定院梁文矩奏以前汴州陽武縣主簿左墀進策十七條可行者有四其一請於黃河夾岸防秋水暴漲差上戸充堤長一年一替委本縣令十日一巡如怯弱處不早處治旋令修補致臨時渝決有害秋苗既失王租俱爲墮事堤長剌史縣令勸停勑曰脩葺河岸深護田農每歲差堤長撿巡深爲濟要逐旬遣縣令看行稍恐煩勞堤長可差縣令宜止

三年二月楊光遠進黃河衝注水勢圖

六年九月前鄴都皇城使張延美進表陳利便請開淘相州界天平渠通濟運從之仍委自任計度

七年三月巳未宋州節度安彥威奏到滑州脩河堤時以瓠子河漲溢詔彥威督諸道軍民自豕韋之北築堰數十里給私財以犒民民無散者竟止其害鄆

曹濮賴之以功加邠國公詔於河決之地建碑立廟

四月詔曰近年以來大河頻決漂溢人戸妨廢農桑言念蒸黎因茲凋弊凡居牧守皆委山河旣已在封巡所宜專切起今後宜令㳂河廣晉開封府尹逐處觀察防禦使剌史等並兼河堤使名額任便差選職員分擘勾當有堤堰薄怯水勢衝注處預先計度不得臨時失於防護

漢隱帝乾祐二年有補闕盧振上言臣伏見汴河兩岸堤堰不牢每年潰決正當農時勞民功役以臣愚管㳂汴水有故河道陂澤處置立斟門水漲溢時以

分其勢卽澇歲無漂沐之患旱年獲澆溉之饒庶幾編甿差免勞役

三年遣前梓州刺史周景殷河陰渹枋汴口又令鄭州疏引鄭西水入中牟渠以增蔡水漕運

李欽明爲司勳員外郎是年欽明言臣伏以百姓轉食饋運舟車之利苦樂相懸臣竊見蔡水嘗有漕運多是括借舟船破溺者棄在水邊不許脩葺又不給付以臣愚見乞容陳許蔡三州人戶制造舟船不用括取以備差借水路可至合流鎭及陳州蔡水未及水匱十數里水小岸狹或時乾淺臣伏請開決汴水

取定力禪院西一半并港穿大城向南至斗門可費三五千工自水匱蔡水路纔五六里水勢便於開決陳蔡漕運必倍當年私下往來更豐財貨此之利便實益轉輸

周太祖廣順三年正月辛未詔樞密使王峻巡視河堤峻請行故從之

三月澶州言天福十一年黄河自觀城縣界楚里村堤決東北經臨黄觀城兩縣隔絶村鄉人戶今觀城在河北隔三村在河南今臨黄在河南隔八村在河北官吏節級徵督賦租取路於州橋迂曲僅數百里每事多違程限其兩縣所隔村鄉擬廻換管係所貴便於徵督修堙補堤岸河流復故兩縣仍舊收管從之

五月遣客省副使齊藏珍等三人簡視魚池當樂驛原武河堤

六月鄭州夫一千五百人脩原武河堤宿州言遣虎捷廂主何徽率兵往靈河脩堤

八月淄州臨河鎭淄水決鄒平長山人四千堙塞是月河陰新堤壞三百步遣中使於賛往相度脩治

九月滑州白重贊言臣自部署堙塞六名鎭河堤

世宗顯德元年十一月戊戌命宰臣李穀往鄆齊管內相度脩築河堤

二年三月壬午李穀治河堤廻見先是河水自楊劉北至博州界一百二十里連歲東岸而爲派者十有二焉復滙爲大澤漫漫數百里又東北壞古堤而出注齊棣淄青至于海濱壞民廬舍占民良田殆不可勝計流民但收野稗捕魚而食朝廷連年命使視之無敢議其工者帝嗟東民之病故命輔相親督其事凡役徒六萬三十日而罷

四年四月詔疏汴水一派北入於五丈河又東北達

於濟至是齊魯之舟楫亦達於京師矣
五年三月世宗在淮南會濬汴口導其流而達於淮汴河自唐室之季爲淮賊所決自埇橋東南悉匯爲汙澤帝於二年冬將議南征即詔徐州節度使武行德發其部內丁夫因其古堤疏而導之東至於泗上是時人皆竊議以爲無益惟帝不然之曰二三年之後當知其利矣至是果符聖慮由是江淮舟楫果達於京師萬世之利其斯之謂乎
十二月戊寅以工部郎中何幼冲爲司勳郎中充關西渠堰使仍命於雍耀之閒疏涇水以溉稻田

六年正月甲子命侍衛都虞候韓通往河陰按行河堤
二月丙子朔命樞密使王朴往河陰縣按行河堤及脩汴口水門壬午命侍衛都指揮使韓通宣徽南院使吳延祚發徐宿宋單等州丁夫數萬以濬汴河甲申命馬軍都指揮使韓令坤自京東道汴水入於蔡河又命步軍都指揮使袁彥濬五丈河分遣使臣發畿內及滑亳等州丁夫數千以供其役

冊府元龜

巡按福建監察御史臣李嗣京　訂正

知閩縣事臣曹兜臣叅閱

知建陽縣事臣黄國琦較釋

邦計部　一十六

漕運

昔周官挈春以令糧楚師振廩而同食自雍及絳汎舟之役是興率鍾致石負海之輸攸出蓋漕運之舉舊矣利害之論詳矣若乃京師大衆之所聚萬旅百官之仰給邦畿之賦豈足充用逮於奉辭伐叛調兵

乘鄣或約齎以深入或贏糧而景從曷嘗不漕引而致羨儲飛輓而資宿飽乃有穿渠鑿河乘便利之勢創法立制極機巧之思斯皆賢者之心術古人之能事至於成敗之殊致勞逸之異宜亦一開卷而可見也

魯哀公九年秋吳城邗溝通江淮

秦始皇欲攻匈奴運糧使天下飛芻輓粟起於黄腄琅邪負海之郡轉輸北河率三十鍾而致一石

漢高祖初興接秦之弊諸侯並起民失作業而山川園池市肆租稅之入自天子以至封君湯沐邑皆各為私奉養不領於天子之經費漕運關東粟以給中都官歲不過數十萬石

蕭何初為漢王丞相時漢王與諸侯擊楚何守關中輒以便宜施行關中書計戶口轉漕給軍

孝文帝時賈誼上疏曰天子都長安而以淮南東道為奉地鏹道數千不輕致輸郡或乃越諸侯而遠調發徵至無狀也古者天子地方千里中之而為都輸將繇使其遠者不出五百里而至公侯地方百里中之而為都輸將繇使遠者不出五十里而至輸者不苦其繇繇者使不傷其費故遠方人安及秦不能分

人寸地欲自有之輸將起海上而來一錢之賦數十錢之費不輕而致也上之所得甚少而人之苦甚多也帝不能用

孝武建元中通西南夷作者數萬人千里負擔饋糧率十餘鍾致一石其後東滅朝鮮置滄海郡人徒之費擬西南夷又衛青擊匈奴取河南地復興十萬餘人築衛朔方轉漕甚遠自山東咸被其勞

元光中鄭當時為大司農言異時關東漕粟從渭上渡六月罷而漕水道九百餘里時有難處引渭穿渠起長安旁南山下至河三百餘里徑易漕度可令三

月罷罷而渠下民田萬餘頃又可得以溉此損漕省
卒而益肥關中之地得穀帝以爲然令齊人水工徐
伯表發卒數萬人穿漕渠三歲而通以漕大便利其
後漕稍多而渠下之民頗得以溉矣後河東守番係
言漕從山東西歲百餘萬石更底柱之艱敗亡甚多
而煩費穿渠引汾水皮氏汾陰下引河溉汾陰蒲坂
下度可得五千頃故盡河壖棄地民茭牧其中矣今
溉田之度可得穀二百萬石以上穀從渭上與關中
無異而砥柱之東可無復漕帝以爲然發卒數萬人
作渠田數歲河移徙渠不利田者不能償種久之河

東渠田廢予越人令少府以爲稍入事下御史大夫
張湯湯問之言抵蜀從故道故道多阪廻遠今穿褒
斜道少阪近四百里而褒水通沔沔斜通渭皆可以
行船漕漕從南陽上沔入褒褒絶水至斜間百餘里
以車轉從斜下渭如此漢中穀可致而山東從沔無
限便於砥柱之漕且褒斜材木竹箭之饒擬於巴蜀
帝以爲然拜湯子卬爲漢中守發數萬人作褒斜道
五百餘里道果便近而水湍石不可漕
桑弘羊爲治粟都尉領大農諸農各致粟山東漕益
歲六百萬石一歲之中太倉甘泉倉滿邊餘穀諸軍
輸帛五百萬疋民不益賦而天下用饒於是弘羊賜
爵左庶長黄金再百焉
宣帝即位用吏多選賢良百姓安土歲數豐穰穀至
石五錢農人少利時大司農中丞耿壽昌以善爲算
能商功利得幸於帝(商度也)五鳳中奏言故事歲漕關
東穀四百萬斛以給京師用卒六十萬人宜糴三輔
弘農河東上黨太原郡穀足供京師可以省關東漕
卒過半又白增海租三倍天子皆從其計御史大夫
蕭望之奏言故御史屬徐官(御史大夫屬)家在東萊言往
年加海租魚不出長老皆言武帝時縣官嘗自漁海

魚不出後復與民魚乃出夫陰陽之感物類相應萬
事盡然今壽昌欲近糴漕關内之穀築倉治船費直
二萬萬餘(萬萬億也)有動衆之功恐生旱氣民被其災壽
昌習於商工分銖之事其深計遠慮誠未足任宜且
如故帝不聽漕事果便
元康中烏孫烏就屠襲殺狂王自立爲昆彌漢遣破
羌將軍孫武賢將兵萬五千人至燉煌遣使者按行
表穿卑鞮侯井以西(大井大通渠也下泉流涌出在白龍堆東土山下)欲通
渠轉穀積居廬倉以討之
息夫躬哀帝時爲光祿大夫言秦開鄭渠以富國強

兵今為京師土地肥饒可度地埶水泉廣溉灌之利天子使躬持節領護三輔都水躬立表欲穿長安城引漕注太倉下以省轉輸議不可成乃止

後漢光武南定河内乃拜寇恂為河内太守行大將軍事光武謂恂曰河内完富吾將因是而起昔高祖留蕭何鎮關中吾今委公以河内監守轉運給足軍糧率厲士馬防遏它兵勿令北度而已光武於是復北征燕代恂移書屬縣講兵肄射肄習也伐淇園之竹為矢百餘萬養馬二千匹收租四百萬斛轉以給軍

及光武上尊號即位時軍食乏恂以輦車驪駕轉輸

前後不絶驪駕併駕也輦車挽行也尚書升斗以稟百官帝數策書勞問

來歙為中郎將光武詔使歙屯長安悉監護諸將因上書曰公孫述以隴西天水為藩蔽故得延命假息今二郡平蕩則述智計窮矣宜益選兵馬儲積資糧昔趙之將帥多賈人高帝懸之以重賞今西州新破兵人疲饉若招以財穀則其衆可集臣知國家所給非一用度不足然有不得已也帝然之於是大轉糧運東觀記曰詔於汧積穀六萬斛驢四百頭負馱

張純建武五年拜大中大夫使將潁川突騎安集荆徐楊部督委輸督促也委輸轉運也純為大司空上穿陽渠引洛水為漕百姓得其利

王霸為上谷太守建武十三年霸陳委輸可從溫水漕運水經注曰溫餘水出上谷居庸關東又東過軍都縣南又東過荆州縣北蓋通以運漕也以省陸轉輸之勞事皆施行

朱茂屯田晉陽以驢車轉運

明帝時鄧訓為郎中理滹沱石臼河從都慮至羊腸倉酈元水經注云汾陽故城積穀所在謂之羊腸倉在晉陽西北石磴縈委若羊腸焉故以為名今嵐州界羊腸阪是也欲令通漕太原吏人苦役連年無成轉運所經三百八十九隘前後沒溺死者不可勝筭至章

帝建初三年拜訓謁者使監領其事計考量隱括隱括者量括之也孫卿子曰拘木必待隱括烝揉然後直也拘謂曲者也知大功難立具以上言帝從之遂罷其役更用驢輦歲省費億計全活徒士數千人

安帝永初七年調濱水縣穀輸敖倉詩曰薄狩於敖即此地秦於北築大倉亦曰敖庾在今鄭州滎陽縣西北東觀記曰濱水縣彭城廣陽廬江九江穀九十萬斛送敖倉

虞詡為武都太守先是運道艱難舟車不通驢馬具載僦五致一詡乃自將吏士案行川谷自沮至下辯沮及下辯並縣名沮今興州順政縣也下辯今成州同谷縣也數十里中皆燒石剪木開漕船道續漢志曰下辯東三十餘里有峽中當水泉生大石障塞水流每至春夏輒溺

汲稼穡壞敗宮郭詔乃使人燒石以水灌之石皆摧裂因鑿去石遂無沉溺之患也以人傭直
雇借傭者於是水運通利歲省四千餘萬
魏太祖將征烏丸蹋頓患軍糧難致魏郡太守董昭
鑿平虜泉州二渠入海通運
齊王正始二年司馬宣王使鄧艾行陳頴以東至壽
春艾以爲良田水少不足以盡地利宜開河渠可以
大積軍糧又通漕之道宣王從之乃開廣漕渠東南
有事興衆汎舟而下達於江淮資食有儲而無水害
艾所建也
蜀後主建興九年諸葛亮復出祁山始以木牛運

十年亮休士勸農於黃沙作流馬木牛
十一年冬亮使諸軍運糧進於斜谷口治斜谷邸閣
十二年春亮悉大衆由斜谷出始以流馬運
晉宣帝初爲魏太尉都督雍州魏明帝青龍三年關
東饑帝運長安粟五百萬斛輸於京師
武帝泰始十年鑿陝南山決河東注洛以通運漕
杜預鎮荊州以舊水道唯沔漢達江陵千數百里北
無通路又巴丘湖沅湘之會表裏山川寔爲險固荊
蠻之所恃也預乃開楊口起夏水達巴陵千餘里內
瀉長江之險外通零桂之漕南土歌之曰後世無叛
由杜翁孰識智名與勇功
陳敏廬江人以郡廉吏補尚書倉部令史及趙王倫
篡逆三王起義兵久屯不散京師倉廩空虛敏建議
曰南方米穀皆積數十年將欲腐敗而不漕運以
濟中州非所以救患周急也朝廷從之以敏爲合肥
度支遷廣陵度支
懷帝永嘉元年九月始脩千金堨於許昌以通運
成帝咸和六年以海賊寇鈔漕運不繼發王公以下
千餘丁各運米六斛
穆帝升平三年三月甲辰詔以比年出軍糧運不繼

王公以下十三戶借一人一年助運
哀帝隆和元年八月西中郎將袁眞進次汝南運米
五萬斛以運洛陽
海西公大和四年桓溫北伐軍次胡陸攻慕容中獲
之次金鄉時亢旱水道不通乃鑿鉅野三百餘里以
通舟運自清水入河
桓沖孝武時都督江荊梁益交寧廣七州軍事中到
江陵部以荊州水旱饑荒又沖新移草創歲運米三
十萬斛以供軍資須年豐乃止
謝玄爲前鋒都督既平兗州玄患水道險澁糧運艱

難用督護聞人奭謀堰呂梁水樹柵立七埭爲派壅
二岸之流以利運漕自此公私利便又進代青州故
謂之青州派
簡文咸安元年詔以京都有經年之儲權停一年之
運
石季龍謀伐昌黎遣渡遼漕代將青州之衆渡海戍
蹋頓城無水而還因戍于海島運穀三百萬斛以給
之又以船三百艘運穀三百萬斛諸高麗季龍將討
慕容皝具船萬艘自河通海運穀百千萬斛于安樂
城以備征軍之調

梁高祖初舉義師鄭紹叔爲驍騎將軍侍從東下江
州留紹叔監州事督江湘二州糧運無缺乏
沈瑀爲尚書右丞時天下初定陳伯之表瑀催督運
轉軍國護濟高祖以爲能遷尚書駕部郎兼右丞
陳文帝天嘉元年二月詔曰自喪亂以來十有餘年
編戶凋亡萬不遺一中原氓庶蓋云無幾也頃者寇
慝仍接箄歛繁多且興師已來千金日費府藏虛竭
杼軸歲空所置軍資本充戎備今元惡克殄八表已
康兵戎靜戢息肩方在思彼餘黎陶此寬賦令歲供
軍糧減三分之一尚書申下四方稱朕哀矜之意

後魏太武始光二年五月詔天下十家發大牛一頭
運粟塞上
太平眞君七年征南將軍薄骨律鎮將刁雍表曰奉
詔天下安定統萬及臣所守四鎮出車五千乘運屯
穀五十萬斛付沃野鎮以供軍糧臣鎮去沃野八百
里道多深沙輕車往來猶以爲難設令載穀不過二
十石每至深沙多致滯陷又穀在河西轉至沃野越
渡大河計車五十乘運十萬斛百餘日乃得一返大
廢生民耕墾之業車牛險阻難可全至一歲不過二
運五十萬斛乃經三年臣前被詔有可以便國利民

者動靜以聞臣聞鄭白之渠遠引淮海之粟泝流數
千周年乃得一至猶稱國有儲糧民用安樂今求於
率屯山河水之次造船二百艘每二艘爲一舫勝穀
二千斛一舫十人計須千人臣鎮內之兵率皆水行
一運二十萬斛方舟順流百日而至自沃野牽上十
日還到六十日得一返從三月至九月三返運送六
十萬斛計用人功輕於車運十倍有餘不費牛力又
不廢田詔曰知欲造船運穀一冬即成大省民力旣
不廢牛力又不廢田甚善甚美非但一運自可永以
爲式令別下統萬鎮出兵以供運穀卿鎮可出百兵

爲船工豈可專廢千人雖遣船匠角鄉指授未可專任也諸有益國利民如此者續復以聞自徐埸内附之後乃代經畧江淮於是轉運中州以實邊鎮百姓疲於道路有司請於水運之次隨便置倉乃令小平石門白馬津漳涯黑水濟州陳郡大梁凡八所各立邸閣每軍國有須應車漕引自此費役微省時三門都將薛欽上言計京西水次汾華二州當農河北河東平陽等郡年常綿絹及貨麻皆折公物雇車牛送京道險人疲費公私畧計華州一車官酬絹八疋三丈九尺別有私人雇價布八十疋可乘一車官酬絹五疋二丈別有私人雇價布五十疋自餘州郡雖未練多少推之遠近應不減此今求車取雇絹三疋市材造船不勞砍採計船一艘舉十三車車取三疋各有三十九疋雇作手并匠及船上雜具介直足以成船贍絹七十八疋布七百八十疋又租車一乘古格二十斛成載私人雇價遠者五斗布一疋近者一石布一疋准其私雇一車有布遠者八十疋近者四十疋造船一艘計舉七百石准雇價應有千四百疋今取布三百疋

造船一艘并船上復理雜事計一船有贍布千一百疋又其造船之後須鍋材人工并削船茹依工多少即給當州郡門兵不假更召汾州不過百里華州去河不過六十並令計程依舊價車送船所船之所運離達陂其陸路從陂至倉庫調一車雇絹一疋租乚車布五疋則於分私爲便尚書度支郎中朱元旭計稱令校薛欽之說雖即驗未彰而指况甚善所云一船代車是策之長者若以門兵造舟便爲闕彼城防無容全以宜令取雇車之物市材就作及倉庫所須悉以營辦七月之始十月初旬令州郡綱典各受租調於所在然後付之十車之中留車士四人佐其守護粟帛上船之日隨運至京師將共監慎如有耗損同其倍徵河中缺食失歸運司輸京之時聽其即納不得雜合違失常體必宜量上數下謹其受入自餘一如其利計底在之難號爲天險迅驚千里未易其功然後陳便利無容輙抑若効充其說則附例酧庸如其不驗微愼所損令始開創不可懸生減拆且依請營立一年之後須加嬴費歲遣御史校其虛實脫有乘越別更量裁尚書准依案欽所列實允事宜郎中之計備盡公理但舟楫所過遠近必至苟利公私不宜止在前件昔人乃遠遁褒斜以利關中之漕南達高廣以增京洛之饒况乃漳洹夷路河濟平流而不均彼省煩同茲巨益且鴻溝之引宋衛使諜具存討虜之通幽冀古迹備在舟車省益理寔相懸水陸難易用力不等請諸通水之處皆宜率同此式縱復五百三百里車運之水次計較利饒猶爲不少其欽所列州郡如請興造東路諸州皆先通水每年租調悉用舟楫若船數有闕且假賃充事比之僦車交成息耗其先通流宜遣檢行閑月脩葺使理有可通必無壅滯如此則發召匪多爲益實廣一爾暫勞久安永逸錄尚書高陽王雍尚書僕射李崇等奏曰運漕之利古今攸同舟車息耗實相殊絶欽之所列關西而已若乃域内同行足爲公私巨益謹輙參量備如前計庶徵召有減勞止小康若此請蒙遂必須溝洫通流即求鴈開修築或古迹仍在舊事可因用功差易此冬閑月令疎通咸訖比春水之時使運漕無滯從之而不能行也

尉元獻文時爲鎮南大將軍授徐州元表曰彭城倉

廪虛罄人有饑色求運冀湘濟兖四州取粟張永所棄船九百艘臣欽若等曰張永宋將也攻彭城力屈棄船而走沿河運致可以濟救新民獻文從之

孝文大和七年正月詔青兖齊東徐四州之民運倉粟二十萬石送瑕丘瑯琊復租筭一年

崔亮孝明時爲度支尚書修汴蔡二渠以通邊運公私賴焉

張普惠爲尚書右丞先是仇他武興羣氏數反西垂郡戍租運久絶孝明詔普惠以本官持節西道行臺給秦岐涇華涇雍幽秦七州兵武三萬人任其召發

送南秦東益二州兵租分付諸戍其所部將統聽於
關西牧守之中隨機召遣軍資板印之屬悉以自隨
普惠至南秦停岐涇華雍豳東秦六州兵武召秦州
兵武四千人分配四統令送租兵連營接栅相繼而
進運租車驢隨機輸轉別遣中散大夫封答慰喻南
秦員外常侍楊公熙宣勞東益氏民于時南秦氏豪
吳富聚合兇類所在邀劫公熙既至東益州刺史魏
子建密與普惠書言公熙舊是蕃國之裔而諸氏與
相兒者必有陰私言宜加圖防普惠乃符攝公熙令
赴南秦公熙果已密遣其從兄山虎與吳富同逆又

妄自說鄉里紛動羣氏託云與崔南秦有隙拒而不
赴租達平落吳富等果協車營實公熙所潛遣也後
吳富雖爲左右殺而從黨猶盛秦所綰武都階租頗
得達東益羣氏先以欵順故廣業仇鳩河池三城粟
便得入其應入東益十萬石租皆稽留費盡升斗不
至鎮戍兵武遂致饑虛咸恨普惠經畧不廣事訖普
惠拜表案劾公熙還朝賜絹布一百段

隋文帝開皇三年以京師倉廪尚虛議爲水旱之備
詔於蒲陝虢熊伊洛鄭懷邵衛汴許汝等水次十三
州（熊州今福昌縣伊州今陸渾縣邵州今絳郡亘縣餘並今郡也）置募運米丁又於
衛州置黎陽倉陝州置常平倉華州置廣通倉（衛陝華並今郡）
轉相灌注漕關東及汾晉之粟以給京師又遣倉
部侍郎韋瓚蒲陝以東募人能於洛陽運米四十石
經底柱之險達於常平者免其征戍其後以渭水多
沙流有淺深漕者苦之四年詔宇文愷率水工鑿渠
引渭水自大興城（即今永興城也）東至潼關三百餘里名曰
廣通渠轉運通利關內賴之（時兵部尚書蘇孝慈督其役渠成帝善之）

七年四月於揚州開山陽瀆以通漕運

煬帝大業元年發河南諸郡男女百萬餘開通濟渠
自西苑引穀洛水達於河又引河通於淮海自是天

下利於轉輸

四年又發河北諸郡百萬餘衆開永濟渠引沁水南
達於河北通涿郡（今范陽郡）自是丁男不供始以婦人從
役

五年於西域之地置西海源鄯且末等郡（逐吐谷渾得其地並在今酒泉張掖晉昌郡之北今悉爲北狄之地）讁天下罪人配爲戍卒大開
屯田發四方諸郡運糧以給之

七年冬大會涿郡分江淮南兵配驍衛大將軍來護
兒別以舟師濟滄海舳艫數百里並載軍糧期與大
兵會於平壤（高麗所都）

唐高祖武德初李襲譽攝太府少卿太宗東討王克以襲譽攝潞州總管委之轉運以餽大軍

二年閏二月太府少卿李襲譽運綿南之米以實京師

八月揚州都督李靖運江淮之米以實雒陽

劉贍初仕隋太原縣長遇義兵起高祖引爲將軍諮議尋以本管領河西道守高祖之圖宋老生也贍親督餽運義兵賴之

党仁弘高祖起義兵爲左武候將軍簡較陝州總管鎮守陝城及大軍東討王世克仁弘轉餉不絶

太宗貞觀十七年將征遼東先遣太常卿韋挺於河北諸州徵軍糧貯於營州又令太僕少卿蕭銳於河南道諸州轉糧入海至十八年八月銳奏稱海中古大人城西去黄縣二十三里北至高麗四百七十里地多甜水山島接連貯納軍糧此爲尤便詔從之於是自河南道運轉米糧水陸相繼渡海軍糧皆貯此

二十二年七月開斜谷道水路運米以至京師

高宗咸亨三年於岐州除倉縣東南開渠引渭水入昇原渠通船栰至京故城（京故城即故長安城漢惠帝所築在今大興城之西北苑中）

玄宗開元十八年朝集使宣州刺史裴耀卿上便宜曰江南户口稍廣倉庫所資唯出租庸更無征防緣水陸遥遠轉運艱辛工力雖勞倉儲不益竊見每州所送租及庸調等本州正月二月上道至揚州入斗門即逢水淺已有阻礙須停留一月已上三月四月以後始渡河入汴河乾淺又船運停留至六七月始至河口即逢黄河水漲不得入河又須停一兩月待河水小始得上河入雒即漕雒乾淺船艘隘鬧般載停滯備極艱辛計從江南至東都停滯日多得行日少糧食既皆不足欠折因此而生又江南百姓不習

河水皆轉雇河師水手更爲損費伏見國家舊法往代成規擇制便宜以垂長久河口元置武牢倉江南船不入黄河即於倉内便貯鞏縣置雒口倉從黄河不入漕洛即於倉内安置爰及河陰倉栢崖太原永豐倉渭南倉節級取便例皆如此水通則隨近運轉不通即且納在倉不滯遠船不憂欠耗比於曠年長運利便一倍有餘今若具置武牢雒口等倉江南船至河口即却還本州更得其船克運并取所減脚錢更運江淮變造義倉每年剩得一二萬石即數年之外倉廪轉加其江淮義倉多爲下濕不堪久貯若無

船運三兩年變色卽給貸費散公私無益疏奏不省
至二十一年耀卿爲京兆尹京師雨水害稼穀價踊
貴耀卿奏曰伏惟陛下仁聖至深憂勤庶務小有饑
乏降詔哀矜躬親支計救其危急今旣大駕東廵百
司扈從諸州及三輔先有所貯且隨見在發重臣分
道賑給計可支一二年從東都廣漕運以實關輔待
稍克實車駕西還卽事無不濟臣以國家帝業本在
京師萬國朝宗百代不易之所但爲秦中地狹收粟
不多儻遇水旱卽便匱乏往者貞觀永徽之際祿廩
數少每年轉運不過一二十萬石所用便足以此車

駕少得安居今昇平日久國用漸廣每年陝雒漕運
數倍於前支猶不給陛下幸東都以就貯積爲國大
計不憚劬勞皆爲憂人而行豈是故欲來往若能更
廣陝運支入京倉廩常有三二年糧卽無憂水旱今
日天下輸丁約有四百萬人每丁支出錢百文克陝
洛運脚五十文克營窖等用貯納司農及河南府陝
州以克其費租米則各隨遠近任自出脚送納東都
至陝河路艱險旣用陸脚無緣廣致若能開通河漕
變陸爲水則所支有餘動盈萬計且江南租船所在
候水始敢發進吳人不便河漕緣是所在停留日月

旣淹遂生隱盜臣請於河口置一倉納江東租米便
於船廻從河口卽分入河雒官自雇船載運若至三
門之東置一倉旣屬水險卽於河岸山傍車廻運十
數里至三門之西又置一倉每運至倉卽般下貯納
水通卽運水細便止漸至太原倉泝河入渭更無停
留所省巨萬臣嘗任濟定冀等三州刺史詢訪故事
前漢都關內年月稍久及隨亦在京師緣河皆有舊
倉所以國用嘗贍若依此行用利便實深帝大悅尋
以耀卿爲黃門侍郎同中書門下平章事勑鄭州刺
史及河南少尹蕭照自江淮至京以來撿古倉節級

貯納仍以耀卿爲轉運使於是始置河陽縣及河陽
倉河清縣置栢崖倉三門東置集津倉三門西置三
門倉開三門北山十八里陸行以避湍險自江淮西
北泝鴻溝悉納河陰倉自河陰候水調浮漕送含嘉
倉又取晩悉河水首遞送納於太原倉所謂北運也
自太原倉浮渭以實關中凡三年運七百萬石省脚
三十萬貫耀卿罷相後緣北運險澁頗有欺隱議者
又言其不便事又停廢
二十五年六月詔曰河東陝運兩使每年嘗運一百
八十萬石米送京近已減八十萬石訖今據太倉米

數支計有舒務在息人不欲勞弊其今年所運一百
萬石亦宜停
二十七年河東採訪使汴州刺史齊澣以江淮漕運
經淮水波濤有沉損遂開廣濟渠下流自泗州虹縣
至楚州淮陰縣北十八里合於淮而踰時畢功旣而
以水流浚急行旅艱險旋卽停廢却繇舊河
二十九年陝州刺史李齊物避三門河路浚急於淇
北鑿石渠通運船爲漫流河泚旋塡沒淤塞不可漕
運而止
天寶三載左常侍兼陝州刺史韋堅開漕河自苑西

引渭水因通渠至華陰縣入渭引永豐倉及三門倉
米以給京師名曰廣運潭以堅爲天下轉運使灞滻二水會於漕渠每夏大雨輒皆塡淤大曆之後漸不通舟初堅爲長安令以幹濟稱
天寶元年擢爲陝郡太守充水陸運使堅以漕運通
於京師歲益鉅萬乃召水工審地脉於咸陽擁渭水
作興成堰截灞滻並渭而東至潼關永豐倉下與渭
合遂於苑東望春樓下穿潭以通舟楫旣成帝親幸
望春長樂宴羣臣堅素備東京船數百艘於潭側每
船皆標榜曰某郡船中悉貯本郡貨物連亘數里觀
者如堵帝甚歡下詔曰萬代之利一朝而成將允叶

於永圖豈苟求於縱觀韋堅始終撿挍夙夜勤勞宜
特與三品仍改授三品官判官以下節級酬奬所役
人夫酬庸外放一年地稅賜其潭以廣運爲名堅遂
加銀青光祿大夫左常侍其陝郡太守水陸運使及
江淮租庸轉運使並如故
十四載八月制曰所運糧儲本資國用太倉今旣餘
羨江淮轉輸艱勞務在從宜何必舊數其來載水陸
運入京宜並停
肅宗時劉晏領東都河南江淮山南等道轉運租庸
鹽鐵使時新承大兵之後中外艱食京師米斗嘗至

一千宮厨無兼時之積禁營軍乏食畿縣百姓挼穗
以供之晏受命以轉輸爲巳任凡所經歷必究利病
之繇至江淮以書遺宰相元載曰浮於淮泗達于汴
入于淮西至於底柱硤石少華楚帆越客直抵建章
長樂此安社稷之奇策也晏賓於東朝猶有官謗相
公始終故舊不信流言則賈誼復召宣室弘羊重興
功利敢不悉力以答所知驅馬陜郊見三門渠津遺
跡到河陰鞏雒見宇文愷置梁公堰分黃河水入通
濟渠大夫李傑新堤故事飾象河廟凜然如生涉滎
郊浚澤遙瞾淮甸步步探討知昔人用心則渾衙往

陽必多積穀今關輔汲汲只緣兵糧漕引瀟湘洞庭萬里幾日淪波桂席西指長安三秦之人待此而飽六軍之衆待此而強天下無側席之憂都人見泛舟之役四方旅拒者可以破膽三河流離者於茲請命相公輔載明主爲富人侯此今之切務不可失也使僕湔洗瑕穢率罄愚儒平當經義請護河堤貞勤其官不辭水死然運之利病各有四五焉晏自尹京入爲計相共五年矣京師三輔百姓唯苦稅畝傷多若使江湖米來每年一二十萬即頓減徭賦歌舞皇澤其利一也東都殘毀百無一存若米運流通則饑人

皆附村落邑屋從此滋多受命之日引海陵之倉衣食輦維是計之得者其利二也諸侯有在邊者諸夷有侵敗王略者或聞三江五湖繼陳紅粒雲帆桂楫輸納帝鄉軍志曰先聲後實可以震耀夷夏其利三也自古帝王之盛皆云書同文車同軌日月所照莫不率俾今舟車既通商賈往來百貨雜集航海梯山聖神輝光漸近貞觀永徽之盛其利四也所可疑者函陝凋殘東周尤甚過宜陽熊耳至武牢成皋五百里中編戶千餘而已居無尺椽人無煙爨蕭條悽慘獸遊鬼哭牛必羸角輿必脫輻棧車輓漕亦不易求今於無人之境與足人之運故難就矣其病一也河汴有初不修則毀澱故每年正月發近縣丁男塞長茭決沮於清明桃花已後遠水自然安流陽侯宓妃不復太悉須因寇難總不掏拓澤滅水岸善聚役夫需於沙津更旋淤濘千里泗上囦水行舟其病二也東垣底柱沔水二陵北河運處五六百里戍卒久絕縣吏空拳奪攘奸宄窟穴囊橐夾河爲藪豺狼閽閽舟行所經寇亦能往其病三也東自淮陰西臨蒲坂亘三千里屯戍相望中軍皆鼎司元侯賤卒亦儀同青紫每云食半菽又云無挾纊輓漕所至船到便

留即非單車使折簡書所能制矣其病四也惟小子畢其志慮奔走之惟中書詳其利病裁成之晏累年已來事缺名毀聖慈含育特賜生全月餘家居遽即臨遺恩榮感切思殞百身見一不通願荷鍤先往見一粒不運願負米而趨焦心苦形期報明主丹誠未覘漕引多虞屏營中流掩泣獻狀自此每歲運米數千萬石以濟關中

代宗大曆末李芃爲陳州刺史開陳潁路以通漕輓

德宗建中末王紹爲當州從事包佶領租庸鹽鐵亦以紹爲判官時李希烈阻兵江淮租輸所在艱阻將

發運路自潁入汴紹奉佶表詣闕屬德宗西幸紹乃督緣路輕貨趣金商路倍程出洋州以赴行在德宗親勞苦之謂紹曰六軍未有春服我猶衣裘紹俯伏流涕奏曰包佶令臣問道進奉數約五十萬帝曰道路回遠輕費懸急卿之所奏豈可望耶後五日而所督徑至帝深賴焉

貞元二年正月詔浙江東西至今年入運送上都米七十五萬石更於本道兩稅折納米一百萬石并江西湖南鄂岳福建等道先支米并委浙江東西節度使韓滉處置船運數內送一百萬石至東渭橋輸納

餘賑給河北等諸軍及行營糧料其淮南及濠壽等道先支米洪潭屯米并委淮南節度使杜亞句當船運數內送二十萬石至東渭橋餘支充諸軍行營糧料天下兩稅錢物並委本道觀察使本州刺史揀擇官典送上都其應定色目程限脚價錢物委度支商量條件聞奏諸道水陸運使及度支巡院江淮轉運等使宜並停其巡院職掌官典等姓名所請俸料委度支勘責分析聞奏諸道鹽鐵榷酒等事委元秀有鹽鐵事處每道置巡院令句當河陰見在米及諸道先使度支巡院般運在路錢物委度支依前句當其未離本道者並分付觀察使發遣仍委中書門下年終類例諸道課最少者聞奏時崔造專政大改移易錢穀司事故累有詔令事多隳敗造竟以憂疾歸

五年十一月度支轉運使奏來年江淮轉運米等比年自楊子運米送上都皆分配緣路觀察使差長綱發遣運路既遠實謂勤勞伏以京西屯軍儲畜是切今請當使諸院悉自差綱節級船運冀得省便必應程期從之

八年五月以都官郎中鄭克均爲靈夏二州運糧使吐蕃之圍靈州軍食絕及吐蕃稍却均自夏州以牛

馬雜運米六萬餘斛靈州度支又於勝州沂河運雲朔米萬餘斛是秋雲亦有年粟稻數萬斛人心頗固

十三年判度支蘇弁奏嶺南行綱送錢物數滿二萬貫無損折者即依舊勅例與改官

十五年三月詔令江淮轉運米每年宜運米二百萬石遞來雖有此命而運米竟不過四十萬石

憲宗元和初李巽爲度支轉運使舊例每歲運江淮米五十萬斛抵河陰久不盈其數唯巽三年登焉

六年四月諫議大夫裴堪爲同州刺史充本州防禦長春宮使諸道轉運使奏每年江淮合運糙米四十

萬石到東渭橋臣受任日近欠闕素多伏請收糴遞
年貯備從之
十一年十二月始置淮潁水運使楊子等諸院米自
淮陰泝流壽州西四十里入潁口又泝流至潁州沈
丘界五百里至于陳州項城又泝流五百里入於溵
河又三百里輸于堰城得米五十萬石附之以茭一
千五百萬束計其功省汴運七萬六千貫
敬宗寶曆二年七月勑太倉廣運潭宜却令司農寺
收管此潭漕舟止泊之所貞元中詔收爲内捕魚池
今以取漢陂屬尚食故以此潭却賜司農寺

文宗太和三年五月詔去年以來水損處鄆曹濮淄
青德齊等三道宜各賜米五萬石兗海三萬石並以
入運米在側近者逐便速與般運
開城元年閏五月帝御紫宸殿宰臣李石奏曰咸陽
縣令韓遼請開興城堰舊漕漕在縣西十八里東達
永豐倉自秦漢以來疏鑿其後堙廢遼請重開道用
功亦不多此漕城自咸陽抵潼關三百里内無車輓
之勤輓下之牛盡得歸農耕永利秦中李固言自王
涯已曾奏開漕之利利秦中實多但恐今非其時帝
曰莫有陰陽拘忌否苟利於人朕無所顧七月度支
奏天下兩税榷酒諸色等錢自江淮諸道送至河陰
自河陰轉輸官綱及私脚計費每歲一十七萬七千
二百有餘貫而官綱欠折私費破用杖死繫死皆傍
及保人遺患妻子至是置畜郡縣遞歲減七萬七千
四百餘貫計一萬三千三百乘任緣路百姓隨力畜
之取其傭日役一驛運其貨賄輸於泉府遞歲無停
畧焉而能永去損貨溺人之患
三年四月度支使杜悰奏水運院舊制在代州開成
二年省司以去營田務運公事稍遠遂奏移院振武
臣得水運使司空與狀兼往來之人備言移院不便

請依舊却移代州從之
懿宗咸通三年夏淮南河南蝗旱民饑南蠻陷交趾
徵諸道兵赴嶺南詔湖南水運自湘江入零渠江西
造切麪粥以饋行營湘灘泝運功役艱難軍屯廣州
乏食潤州人陳磻石詣闕上書言江西湖廣泝流運
糧不濟軍期士卒食盡郎散此宜深慮臣有奇計以
饋南軍天子召見磻石因奏臣弟聽思曾任雷州刺
史家人隨海船至福建往來大船一隻可致千石自
福建裝船不一月至廣州得船數十艘便可致三五
萬石至廣州矣又引劉裕海路進軍破盧循故事跳

政是之嶓石爲鹽鐵巡官往揚子院專督海運於是康承訓之軍皆不闕供

五年五月丁酉詔淮南兩浙海運虜隔舟船訪聞商徒失業頗甚所由縱捨爲弊實深亦有般載貨財委於水次無人看守多至散亡嗟怨之聲盈於道路宜令三道據船數米石數牒報所在鹽鐵巡院令和僱入海舸船分付所司通計載米數足外輒不得更有隔奪妄稱貯備其小河短船至江口使司自有船不在更取商人之限如官吏妄行威福必議痛刑

梁羅紹威鎮魏博月以臨淄海岱罷兵歲久儲庾山

積唯京師軍民多而食蓋寡願於大行伐木下安陽淇門斲船三百艘置水運自大河入洛口歲以給宿衛太祖深然之會紹威遘疾乃止

後唐莊宗同光二年三月勑鄆州差兵二千自黎陽開河以通漕運

明宗天成元年四月制曰先緣漕運京師租庸司虜借私船今既分兵就食停淤漕運其諸河渡私船並仰却付本主如有滯留許本主論告

二年九月洋州脩魏門倉一百間克貯博運下峽斛斗

十一月壬子三司使張延朗奏於洛中預備一二年軍糧除水運外深冬百姓稍閑請差運糧一轉帝然之（又云延朗奏勑諸道船糧百石以實京師）

十二月車駕在汴時論以運糧百萬勞民稍甚近臣奏之帝只命東地數州搬十萬石至汴州仍促諸軍搬取家口

三年二月車駕在汴司勳員外郎夏侯晤上言曰諸道轉運先要實輦下軍儲今聞多是輕齎却至京中糴納請下令禁止

長興元年十月鳳州奏開脩唐倉湖田路通鳳翔饋

運

二年閏五月三日勑應緣沿河船糧依北面轉運司船搬倉例每一石於數內與正銷破二勝

三年二月幽州奏重開府東南河路一百五十里濶九十步以通漕運

五月幽州進王新開東南河路圖自王馬口至淤口長一百六十五里濶六十五步深一丈二尺可勝漕船千石

四年二月三司使奏河水運自洛口至京往年牽船下卸皆是水運牙官每人管定四十石令洛岸至倉

門稍遠牙官轉運艱難近日例多逃走欲於洛河北岸別鑿一灣引船直至倉門下卸其功役欲於諸軍傔人內差借從之尋命奉聖軍都指揮朱洮實開河灣至膽自倉明

周世宗顯德二年正月上謂侍臣曰轉輪之物向來皆給斗耗自晉漢以來不與支破倉廩所納新物尚破省耗況水路所般豈無所損起今後每石宜與耗一斗

二月癸亥世宗曰今州戍兵舊制沿江發運務差均鄧兩州人戶自備舟船水運糧鹽供餽軍食近聞彼民頗甚勞弊及令有司按本州稅積所納當贓可以

歲給軍儲其水運舟船並宜停廢

四年四月詔疏汴水一派北入於五丈河又東北達於齊魯之舟楫皆至京師

六年二月命侍衛軍馬都指揮使韓令坤自京都疏汴水入於蔡河侍衛步軍都指揮使袁彥浚五丈河以通漕運

冊府元龜

巡按福建監察御史臣李嗣京　訂正
知甌寧縣事臣孫以敬參閱
知建陽縣事臣黃國琦較釋

邦計部

錢幣

傳曰天生五財民並用之廢一不可故虞之允治六府之政修夏之有德九牧之金至卽鼓鑄之與其來尚矣其後太公作圜方之法通輕重之權遂行於齊貽謀後世財力頗富遂合諸侯至周景王鑄大錢秦

并天下以幣爲二等施及漢室貪京迭變善哉禹貢之言曰漢家諸鐵官皆置吏卒及徒貢山取銅鐵歲十萬人已上以中農計之是七十萬人當受饑也鑿地銷陰氣之精斬木無有時禁水旱之災未必不由此又使民棄本逐末窮則起爲盜賊姦邪不可禁其原皆起於錢也禹之論信美矣然古者名山大澤不以封蓋慮下之專利也若吳鄧之錢徧天下邪鄲郭縱以冶鑄成業與王者埒富此豈春秋富利之旨哉是故居上者有四海之富司生民之命較盈虛而籠餘羡謹法令而懲游惰因時立制爲之均節然後如泉布之流通積不涸而藏不竭大賈富家不得豪奪吾民而京師之錢貫朽而不可較矣賈生所謂除摶禍而致七福其知治體者歟

夏商以前幣爲三品（珠玉爲上幣黃金爲中幣白金爲下幣白金銀也）

周太公立九府圜法（周官大府王府內府外府泉府天府職內職金職幣皆掌財幣之官故云九府圜謂均而通也）黃金方寸而重一斤錢圜函方（外圜而內孔方也）輕重以銖（言漢金以斤爲名錢則以銖爲重也）布帛廣二尺二寸爲幅長四丈爲疋故貨寶爲金利於刀（名錢爲刀者以其利於民也）流於泉（流行如泉也）而布於市（市於民間）束於帛（束聚也）太公退又行之於齊景王時患錢輕將更鑄大錢（大於舊錢其價

重也）單穆公曰不可（單穆公周大夫單旗）古者天降災戾於是乎量資幣權輕重以救民（資財也量資多少有無平其輕重也凡言幣者皆所以通貨物易有無也故金之與錢皆名爲幣也）民患輕則爲之作重幣以行之於是有母權子而行民皆得焉（母重也其大倍故爲母也子輕也其輕少半故爲子也民患幣之輕而物貴爲重幣以平之權時而行以廢其輕故曰母權子猶言重權輕也民皆得本末有無皆得其利也重爲母輕爲子若布八十錢物以母當五十以子三十續之）若不堪重則多作輕而行之亦不廢重於是乎有子權母而行小大利之（民患幣重則多作輕錢而行之亦不廢去重者言重者行其貴輕者行其賤也）今王廢輕而作重民失其資能無匱乎民若匱王用將有所乏乏將厚取於民民不給將有遠志是離民

也（遠志謂去其本居而散亡也）且絶民用以實王府猶塞川原能爲潢洿也（原能水泉之本也潢洿停水也）竭無日矣王其圖之弗聽卒鑄大錢文曰寶貨肉好皆有周郭（肉錢形也好孔也）以勸農贍不足百姓蒙利焉

楚莊王以爲幣輕更以小爲大百姓不便皆去其業其相孫叔敖言之王曰前日更幣以爲輕今市令來言曰市亂民莫安其處臣請令復如故王許之下令而市復如故

秦始皇兼天下幣爲二等黄金以鎰爲名上幣（二十兩爲鎰改周一斤之制更以鎰爲金之名數也高祖初賜張良金百鎰比尚秦制也尚幣者二等之中黄金爲

上而錢爲下也）銅錢質如周錢（言錢之形質如周錢唯文異爾）文曰半兩重如其文而珠玉龜貝銀錫之屬爲器飾寶藏不爲幣然各隨時而輕重無常

漢高祖初興以爲秦錢重難用更令民鑄莢錢（如榆莢也）黄金一斤（復周之制更以斤名金）而不軌逐利之民畜積餘贏以稽市物痛騰躍（稽阻滯也痛甚也言計市物賤豫益畜之物貴而出賣故使物甚騰躍也不軌謂不循軌度者也言以其贏餘之財畜積群貨使物稽滯在已故市價甚騰貴今書本痛字或作踊者誤爾踊騰一也不當累重言之）米至石萬錢至馬匹百金

呂太后二年行八銖錢（本秦錢質如周錢文曰半兩重如其文即八銖也漢以其太重更鑄莢錢令民間名榆莢錢是也民患其大輕至此復行八銖錢）六年行五分錢（所謂莢錢者）

孝文五年爲錢益多而輕乃更鑄四銖錢其文爲半兩除盗鑄錢令使民放鑄（恣其私鑄）賈誼諫曰法使天下公得顧租鑄銅錫爲錢敢雜以鉛鐵爲他巧者其罪黥（顧租謂顧庸之直或租其本）然鑄錢之情非殺雜爲巧則不可得贏（殺謂亂雜也贏餘利也言不雜鉛鐵則無利也）而殺之甚微爲利甚厚（微謂精妙也言殺雜鉛鐵其術精妙不可覺知而得利甚厚故令人輕犯之姦不可止也）夫事有召禍而法有起姦今令細民人操造幣之執（操持也人人皆得鑄錢也）各因屏而鑄作因欲禁其厚利微奸雖黥罪日報（報論也）其勢不止迺者民人抵罪多者一縣百數及

吏之所疑榜笞奔走者甚衆夫縣以誘民（縣謂聞立之）使人陷阱孰積於此曩禁鑄錢死罪積下（下衆也積累下報論之也）今公鑄錢黥罪積下爲法若此上何賴焉又民用錢郡縣不同或用輕錢百加若干（時錢重四銖法錢百枚重一斤十六銖輕則以錢足之若干枚令滿平也若干者設數之言也干猶箇也謂當如此箇數耳而胡廣云當順所求而與之矣）或用重錢平稱不受（用重錢則平稱有餘不能受也又曰秦錢重半兩漢初鑄莢錢文帝更鑄四銖錢秦錢與莢錢皆當廢而故與四銖並行民以其見廢故用輕錢則百加若干用重錢雖以一當一猶復不受之是以郡縣不同也）錢法不立（錢法依法錢也）吏急而一之乎則大爲煩苛而力不能勝縱而復呵乎則市肆異用錢文大亂（呵責怒也）苟非其術何鄉而可哉今農

事棄捐而採銅者日蕃蕃多也釋其耒耨冶鎔炊炭姦
錢日多五穀不爲多言皆採銅錢廢其農業故五穀不多也不爲多猶言不爲之多
也善人惕而爲奸邪愿民陷而之刑戮將甚不詳柰
何而忽詳平也忽忽忘也國知患此吏議必曰禁之禁之不
得其術其傷必大令禁鑄錢則錢必重重則其利深
盜鑄如雲而起棄市之罪又不足以禁矣姦數不勝
而法禁數潰銅使之然也故銅布於天下其爲禍博
矣今博禍可除而七福可至也何謂七福上收銅勿
令禁布則民不鑄錢黥罪不積一矣僞錢不蕃民不
相疑二矣採銅鑄作者反於耕田三矣銅畢歸於上

上挾銅積以御輕重錢輕則以術斂之重則以術散
之貨物必平四矣以作兵器以假貴臣多少有制用
別貴賤五矣古者以銅爲兵秦銷鋒鏑鑄金人十二是也以臨萬貨以調
盈虛以收奇羨則官富實而末民困六矣末謂工商之業也
制吾棄財以與匈奴逐爭其民則敵必壞七矣末業既困
農人敎本倉廩實布帛有餘則招胡人多來降附故言制吾棄財逐爭其人也棄財者可棄之財逐貌也
故善爲天下者因禍而爲福轉敗而爲功今久退七
福而行博禍臣誠傷之上不聽其後賈山復上書諫
以爲變先帝法非是章下詰責對以爲錢者無用器
也而可以易富貴富貴者人主之操柄也令民爲之

是與人主共操權柄不可長也長謂畜養也言此事宜速禁絶不可育養
其後復禁鑄錢云是時吳以諸侯即山鑄錢即就也富
埒天子埒等也後卒叛逆鄧通大夫也以鑄錢財過王
者故吳鄧錢布天下
武帝建元元年二月行三銖錢新壞四銖造此錢也重如其文
五年春罷三銖錢行半兩錢又新鑄作也
元狩四年冬有司言關東貧民徙隴西北地西河上
郡會稽凡七十二萬五千口縣官衣食振業用度不
足請收銀錫造白金及皮幣以足用時國用不足以白鹿皮爲幣朝
覲以薦璧又造銀錫爲白金是時富商大賈或滯財役貧滯停也轉

轂百數轂車也廢居居邑居穀於邑也又曰居賤物於邑中以待貴也蓋或有所置廢有
所居蓄而居於邑中以乘財射利也封君皆氐首仰給焉封君受封邑者謂公王列
侯之屬也氐首猶俯首也時公王列侯雖有國邑而無餘財其朝夕所須皆俯首而取給於富商大賈役
方以邑入償之冶鑄煮鹽財或累萬金而不佐公家之急黎
民重困於是天子與公卿議更造錢幣以贍用而摧
浮淫并兼之徒是時禁苑有白鹿而少府多銀錫自
孝文更造四銖至是歲四十餘年從建元以來用少
縣官往往即多銅山而鑄錢民亦盜鑄不可勝數錢
益多而輕物益少而貴民但鑄錢不作餘物故也有司言曰古者
皮幣諸侯多以聘享金有三等黃金爲上白金爲中

赤金爲下白金銀也赤金丹陽銅也今半兩錢法重四銖而姦或盜摩錢質而取鋊錢面有之而面漸又爲質民盜摩漫面而取其鋊以更鑄作錢也許慎曰鋊銅屑也摩錢漫面以取其屑更以鑄錢西京黃圖敘曰民摩錢取屑是也錢益輕薄而物貴則遠方用幣煩費不省乃以白鹿皮方尺緣以繢繢綉也繪五采而爲之爲皮幣直四十萬王侯宗室朝覲聘享必以皮幣爲璧然後得行又造銀錫白金雜鑄銀錫爲白金以爲天用莫如龍地用莫如馬人用莫如龜故曰白金三品其一曰重八兩圜之其文龍名曰撰直三千二曰以重差小方之其文馬直五百以平半斤之重差爲三品比重六兩則下品重四兩也三曰復小撱之其文龜直三百撱圜

而長也令縣官銷半兩錢更鑄三銖錢重如其文盜鑄銖金錢罪皆死而吏民之犯者不可勝數

五年有司言三銖錢輕輕錢易作奸詐乃更請郡國鑄五銖錢周郭其質令不可得摩取鋊自造白金五銖錢後五歲而赦吏民之坐盜鑄金錢死者數十萬人其不發覺相殺者不可勝計赦自出者百餘萬人然不能半自出天下大抵無慮皆鑄金錢矣抵歸也大歸猶言大凡也無慮亦謂大率無小計慮也犯法者衆吏不能盡誅於是遣博士褚大徐偃等分行郡國舉兼并之徒守相爲利者偃矯制使膠東魯國鼓鑄鹽鐵御史大夫張湯劾偃矯制大害法天子既下緡錢令而尊卜式百姓終莫分財佐縣官於是告緡錢縱矣縱放也放令相告言也郡國鑄錢民多奸鑄謂巧鑄之雜鉛錫錢多輕而公卿請令京師鑄官赤仄所謂子紺錢以赤銅爲其郭也今錢郭見有赤者不知作法云何也一當五賦官用非赤仄不得行五賦及給官用皆令以赤仄白金稍賤民弗寶用縣官以令禁之無益歲餘終廢不行是歲湯死而民不思其後二歲赤仄錢賤民巧法用之不便又廢於是悉禁郡國毋鑄錢專令上林三官鑄錢既多而令天下非三官錢不得行諸郡國前所鑄錢皆廢銷之輸入其銅三官而民之鑄錢益少計其費不

能相當唯眞工大奸迺盜爲之宣元成哀平五世亡所改

元帝時都內錢四十萬萬水衡錢二十五萬萬少府錢十八萬萬時御史大夫貢禹言鑄錢采銅一歲十萬人不耕民坐盜鑄陷刑者多富人藏錢滿室猶無厭足人心搖動棄本逐末耕者不能半奸邪不可禁原起於錢疾其末者絶其本宜罷采珠玉金銀鑄錢之官無復以爲幣除其販賣租銖之律租銖謂計其所賣物價平其錙銖而收租也租稅祿賜皆以布帛及穀使百姓一意農桑議者以爲交易待錢布帛不可尺寸分裂禹議亦

寖。

哀帝時會有上書言古者以龜貝爲貨今以錢易之民以故貧宜可改幣帝以問師丹丹對言可改章下有司議者皆以爲行錢以來久難卒變易丹老人忘其前語從公卿議竟坐此策罷先是孝武元狩五年三官初鑄五銖錢至平帝元始中成錢二百八十億萬餘云

王莽居攝變漢制以周錢有子母相權於是更造大錢徑寸二分重十二銖文曰大錢五十又造契刀錯刀契刀其環如大錢身形如刀長二寸文曰契刀五

百錯刀以黃金錯其文曰一刀直五千與五銖錢凡四品並行莽即真以爲書劉字有金刀廼罷錯刀契刀及五銖錢而更作金銀龜貝錢布之品名曰寶貨小錢徑六分重一銖文曰小錢直一次七分三銖曰么錢一十（么小也）次八分五銖曰幼錢二十次九分七銖曰中錢三十次一寸九銖曰壯錢四十因前大錢五十是爲錢貨六品直各如其文黃金重一斤直錢萬朱提銀重八兩爲一流直一千五百八十（朱提縣名屬犍爲出善銀）它銀一流直千是爲銀貨二品元龜距用長尺二寸（用龜甲緣也距至也度甲兩緣邊尺二寸也元大也）直二千一百六十爲

大貝十朋（兩貝爲朋朋直二百一十六元龜十朋故二千一百六十也）么龜九寸直五百爲壯貝十朋侯龜七寸以上直三百爲么貝十朋子龜五寸以上直百爲小貝十朋是爲龜寶四品大貝四寸八分以上二枚爲一朋直二百一十六壯貝三寸六分以上二枚爲一朋直五十么貝二寸四分以上二枚爲一朋直三十小貝一寸二分以上二枚爲一朋直十不盈寸二分漏度不得爲朋率枚直錢三是爲貝貨五品大布次布弟布壯布中布差布厚布幼布么布小布小布長寸五分重十五銖文曰小布一百自小布以上各依長一分相重一銖文各

爲其布名直各加一百上至大布長二寸四分重一兩而直千錢矣是爲布貨十品（布亦錢耳謂之布者言其分布流行也）凡寶貨五物六名二十八品鑄作錢布皆用銅殽以鏈錫（鏈似錫許慎云鏈銅屬也然則以鏈及錫雜銅以爲錢也此下又云能采金銀銅鏈錫者也）文質周郭放漢五銖錢云其金銀與他物雜色不純好龜不盈五寸貝不盈六分皆不得爲寶貨元龜爲蔡非庶民所得居（謂蔡國出大龜也）有者入太卜受直百姓憒亂其貨不行民私以五銖錢市買莽患之下詔敢非井田五銖錢者爲惑衆投諸四裔以禦魑魅於是農商失業食貨俱廢民涕泣於市道坐賣買田宅奴

婢鑄錢抵罪者自公卿大夫至庶人不可稱數莽知民愁迺但行小錢直一與大錢五十二品並行龜貝布屬具寢莽性慄㩦不能無爲每有所興造必欲依古得經文國師公劉歆言周有泉府之官收不售與欲得言賣不售者官收取之無而欲得者官出與之即易所謂理財正辭禁民爲非者也易下係辭曰理財正辭禁人爲非曰義言貨財辭訟正乃得人不爲非合事宜莽乃下詔曰夫周禮有賒貸周禮泉府之職曰凡賒及祭祀無過旬日喪紀無過三月凡人之貸者與其有司辯而受之以國服爲之息謂人以祭祀喪紀故從官賒買物不過旬日及三月而償之其從官貸物者以供其所屬吏定價而後與之各以其國服事之稅而輸息謂若受園廛之田而貸萬錢者一莽之月出息五百樂語有五均樂語樂元語河間獻王所傳道五均

事其文云天子取諸侯之士以立五均則市無二價四民當均强者不得困弱富者不得要貧則公家有餘恩及小民矣傳記各有斡焉今開賒貸張五均設諸斡者所以齊衆庶抑并兼也遂於長安及五都立五均官更名長安東西市令及雒陽邯鄲臨淄宛城都市長皆爲五均司市稱師東市稱京西市稱畿雒陽稱中餘四都各用東西南北爲稱皆置交易丞五人錢府丞一人工商能采金銀銅連錫登龜取貝者登進也龜有璽故曰登皆自占司市錢府順時氣而取之各以其所采取之物自隱實於司市錢府也

莽建國元年以盜鑄錢者不可禁迺重其法一家鑄錢五家坐之沒入爲奴婢吏民出入持布錢以副符傳舊法行者將符傳即不稽留令更令持布錢與符相副乃得過也不持者廚傳勿舍關津苛留廚行道飲食處傳置驛之舍也苛問也公卿皆持以入舍殿門欲以重而行之

五年十一月以犯挾銅炭者多除其法

天鳳元年復申下金銀龜貝之貨頗增減其價直而罷大小錢改作貨布長二寸五分廣一寸首長八分有奇謂有餘也廣八分其圜好徑二分半好孔也足枝長八分間廣二分其文右曰貨左曰布重二十五銖直貨泉二十五貨泉徑一寸重五銖文右曰貨左曰泉枚

直一與貨布二品並行又以大錢行久罷之恐民挾不止乃令民且獨行大錢與新貨錢俱枚直一並行盡六年毋得復行大錢矣每一易錢民用破業而大陷刑莽以私鑄錢死及非沮寶貨投四裔犯法者多不可勝行迺更輕其法私鑄作錢布者與妻子沒入爲官奴婢吏及比伍知而不舉告與同罪非但寶貨民罰作一歲吏免官犯者愈衆及五人相坐皆沒入郡國檻車鐵鎖傳送長安鍾官鍾官主鑄錢者愁苦死者什六七

後漢光武建武十六年始行五銖錢馬援在隴西上

書言宜如舊鑄五銖錢事下三府三府奏以爲未可許事遂寢援還從公府求得前奏難十餘條隨牒解釋（東觀記曰凡十三難援一一解之條奏其狀也）更具表言帝從之天下賴其利（漢錢舊用五銖自王莽改革百姓皆不便之及公孫述僭號於蜀童謠曰黃牛白腹五銖當復好事者竊言王莽稱黃述欲繼之故稱白腹五銖漢貨言漢當復併天下也至光武中興除莽貨泉）是時長安鑄錢多奸巧京兆尹閻興署主簿第五倫爲督鑄錢掾領長安市（時長安市未有秩又鑄錢官奸軌所集無能整齊理之者興署倫督鑄錢掾領長安市其後小人爭訟皆云第五掾所平市無姦枉）倫平銓衡民悅服章帝時穀帛價貴縣官經用不足朝廷憂之尚書張林言今非但穀貴也百物皆貴此錢賤故爾宜令天

下悉以布帛爲租市買皆用之封錢勿出如此則錢少物皆賤矣又鹽者食之急也縣官可自賣鹽武帝時施行之名曰均輸於是事下尚書通議尚書朱暉議曰王制天子不言有無諸侯不言多少食祿之家不與百姓爭利均輸之法賈販無異以布帛爲租則吏多奸官自賣鹽與下爭利非明主所宜行帝本以林言爲是得暉議因發怒遂用林言少時復止

桓帝時有上書言人以貨輕錢薄故致貧困宜改鑄大錢事下四府群僚及太學能言之士劉陶上議曰聖王承天制物與人行止建功則衆悅其事興戎而師樂其旅是故靈臺有子來之人武旅有鳧藻之上皆舉合時宜動順人道也臣伏讀鑄錢之詔平輕重之議訪覃幽微不遺窮賤是以藿食之人謬延逮及蓋以爲當今之憂不在於貨在乎民饑夫生養之道先食後民是以先王觀象育物敬授民時使男不逋畝女不下機故君臣之道行王路之教通繇是言之食者乃有國之所寶生民之至貴也竊見比年以來良苗盡於蝗螟之口杼柚空於公私之求所急朝夕之餐所患靡盬之事豈謂錢貨之厚薄銖兩之輕重哉使當今沙礫化爲南金瓦石變爲和玉使百姓渴

無所飲饑無所食雖皇羲之純德唐虞之文明猶不能以保蕭牆之內也蓋民可百年無貨不可一朝有饑故食爲至急也議者不達農殖之本多言鑄冶之便或欲因緣行詐以賈國利國利將盡取者爭競造鑄之端於是乎生蓋以萬人鑄之一人奪之猶不能給況今一人鑄之則萬人奪之乎雖以陰陽爲炭萬物爲銅（賈誼之言）役不食之民使不饑之士猶不能足無厭之求也夫欲民殷財阜要在止役禁奪則百姓不勞而足陛下聖德愍四海之憂戚傷天下之艱難欲鑄錢齊貨以救其弊此猶養魚沸鼎之中棲鳥烈火

之上水木魚鳥之所生也用之不時必至燋爛願陛下寬斂薄之禁後冶鑄之議聽庶民之謠吟問路叟之所憂瞰三光之文耀視山河之分流天下之心國家大事燦然皆見無有遺惑者矣臣嘗誦詩至於鴻鴈之苦勞哀勤百堵之事每喟爾長懷中篇而嘆近聽征夫饑勞之聲甚於斯歌是以追悟匹婦吟魯之憂始於此乎見白駒之意屏營徬徨不能監寐伏念當今地廣而不得耕民衆而無所食群小競進秉國之位鷹揚天下烏鈔求飽吞饑及骨並噬無厭誠恐卒有役夫窮匠起於板築之間投斤攘臂登高遠呼

使愁怨之民響應雲合八方分裂中夏魚潰雖萬尺之錢何能有救其危猶舉函牛之鼎經纖枯之末詩人所以眷然顧之潸焉出涕者也臣東野狂闇不達大義緣廣及之時對過所問知必以身脂鼎鑊爲天下笑帝竟不鑄錢

靈帝中平三年鑄四出文錢錢皆四道識者竊言侈虐已甚形象兆見此錢成必四道而去及京師大亂錢果流布四海

獻帝初平元年董卓壞五銖錢又鑄小錢悉取雒陽及長安銅人鐘虡飛廉銅馬之屬以充鑄焉(鐘虡以銅爲之故賈生上書云懸石鑄鐘虡前書音義曰虡鹿頭龍身神獸也說文鐘鼓之附以猛獸爲飾也武帝置飛廉館音義云飛廉神禽身似鹿頭似爵有角虵尾文加豹明帝永平五年長安迎取飛廉及銅馬置上西門外平樂館銅馬則東門京所作置於金馬門外者也張璠紀曰太史靈臺及永安侯銅蘭楯卓亦取之)故貨錢物貴穀斛至數百萬又無輪郭文章不便人用(卓鑄小錢大五分無文章肉好無輪郭不磨鑢)

魏武帝爲相於是罷董卓所鑄還用五銖是時不鑄錢旣久貨本不多又更無增益故穀賤無已

文帝黃初二年三月初復五銖錢十月以穀貴罷五銖錢使百姓以穀帛爲市

明帝太和元年四月行五銖錢時錢廢穀用旣久人

間巧僞漸多競濕穀以要利作薄絹以爲市雖處以嚴刑而不能禁也司馬芝等舉朝大議以爲用錢非圖豐國亦所以省刑今若更鑄五銖錢則國豐刑省於事爲便帝乃更立五銖錢(至晉用之不聞有所改創)

韓曁爲監冶謁者舊時冶作馬排(爲排以吹炭)每一熟石用馬百匹更作人排又費工力曁乃因長流爲水排計其利益二倍於前在職七年器用充實制書褒歎就加司金都尉班亞九卿

蜀先主攻劉璋與士衆約若事定府庫百物孤無預焉及拔成都士衆皆捨干戈赴諸藏競取寶物軍用

不足備甚憂之劉巴曰易爾但當鑄直百錢平諸物價令吏爲官市備從之數月之間府庫充實

吳大帝嘉禾五年春鑄大錢一當五百詔使吏民輸銅計銅畀直設盜鑄之科

赤烏元年春鑄大錢當千錢旣大貴但有空名人間患之帝聞當千錢百姓不以爲便九年詔曰謝宏往日陳鑄大錢云以廣貨故聽之今聞民意不以爲便其省息之鑄爲器物官勿復出也私家有者勑以輸藏計畀其直勿有所枉也

晉元帝過江用孫氏舊錢輕重雜行大者謂之比輪

中者謂之四文吳興沈充又鑄小錢謂之沈郎錢旣不多繇是稍貴

成帝時東土多賊殺百姓乃從海道入廣州刺史鄧嶽大開鼓鑄諸夷因此知造兵器荆州刺史庾翼表陳東境國家所資侵擾不已逃移漸多夷人嘗伺隙若知造鑄之利將不可禁

孝武大元三年詔曰錢國之重寶小人貪利銷壞無已監司當以爲意廣州夷人寶貴銅鼓而州境素不出銅聞官私賈人皆於此下貪比輪錢斤兩差重以入廣州貨與夷人鑄轉作鼓其重爲禁制得者科罪

安帝元興中桓玄輔政立議欲廢錢用穀帛孔琳之議曰洪範八政貨爲食次豈不以交易所資爲用之至要者乎若使百姓用力於爲錢則是妨爲生之業禁之可也今農自務穀工自務器各肆其業何當致勤於錢故聖王制無用之貨以通有用之財旣無毁敗之費又省難用之苦此錢所以嗣功龜貝歷代不廢者也穀帛爲寶本充衣食分以爲貨則致損甚多又勞毁於商販之手耗棄於割截之用此之爲弊著著於目前故鍾繇曰巧僞之人競濕穀以要利制薄絹以充資魏世以嚴刑弗能禁也是以司馬芝以爲

用錢非徒豐國亦所以省刑錢之不用繇於兵亂積久用之於廢有由然而漢末是也今旣用而廢之則百姓頓亡其利今括囊天下之穀以周天下之食或倉庫充實或糧靡并儲以相資通則貧者仰富致富之道實假於錢一朝斷之便爲棄物是有錢無糧之人皆坐而饑困以此斷之又立弊也且據今用錢之處不以爲貧用穀之處不以爲富又以人習來久革之必怨語曰利不百不易業況又錢便於穀耶魏明帝時錢廢穀用旣久以不便於人乃舉朝大議精才達政之士莫不以宜復用錢下無異情朝無異論彼

尚捨穀帛而用錢足以明穀帛之弊著於已誠也世或謂魏氏不用錢久積累巨萬故欲行之利公富國斯殆不然晉文後舅犯之謀而先成季之信以爲雖有一時之勲不如萬世之益於時名賢在列君子盈朝大謀天下之利害將定經國之要術若穀實便錢義不昧當時之近利而廢永用之通業斷可知矣斯實繇困而思革改而更張耳近孝武之末天下無事時和年豐百姓樂業穀帛殷阜幾乎家給人足驗之實事錢又不妨人也須兵革屢興荒饉荐及饑寒未振實此之由公旣援而拯之大革視聽弘敦本之教

明廣農之科敎授人時各從其業游蕩知反務末自休固以南畝競力野無遺壤矣於此以往將昇平必致何衣食之足邮愚謂救弊之術無取於廢錢朝議多同琳之故玄議不行

前凉張軌爲凉州刺史時大府參軍索輔言於軌曰古以金貝皮幣爲貨息穀帛量度之耗二漢制五銖錢通易不滯泰始中河西荒廢遂不用錢裂匹以爲段數縑布旣壞市易又難徒壞女工不任衣用弊之甚也今中州雖亂此方安全宜復五銖以濟通變之會軌納之立制準布用錢錢遂大行人賴其利

後趙石勒僭號鑄豐貨錢時建德較尉王和掘得一鼎容四斗中有大錢三十文曰百當千千當萬鼎銘十三字篆書不可曉藏之於永豐倉因此令公私行錢而人情不樂乃出公絹市錢限中絹疋一千二百下絹八百然百姓私買中絹四千下絹二千巧利者賤買私錢貴賣於官坐死者十數人而錢終不行

冊府元龜

冊府元龜

巡按福建監察御史臣李嗣京　訂正
新建縣舉人臣戴國士叅閱
知建陽縣事臣黃國琦較釋

邦計部

錢幣第二

宋高祖即位初言事者多以錢幣減少國用不足欲悉市民銅更鑄五銖錢散騎常侍范泰奏議曰流聞將禁私銅以充官銅民雖失器終於獲直國用不足其利實多臣愚意異不寧寢默臣聞治國若烹小鮮

拯弊莫若務本百姓不足君孰與足未有民貧而國富本不足而末有餘者也故囊漏貯中識者不吝反裘負薪存毛實難王者不言有無諸侯不言多少食祿之家不與百姓爭利故拔葵所以明治織蒲謂之不仁是以貴賤有章職分無爽今之所憂在農民尚寡倉廩未充轉運無已資食者衆家無私積難以禦荒耳夫貨存貿易不在多少昔日之貴今日之賤彼此共之其揆一也但令官民均通則無患不足若使必資貨廣以收國用者則龜貝之屬自古所行尋銅之爲器在用也博矣鍾律所通者遠機衡所揆者大夏鼎負圖實冠衆瑞晉鐸呈象亦啟休徵器有要用則貴賤同資物有適宜則家國共急今毀必資之器而爲無施之錢於貨則功不補勞在用則君民俱困較之以實損多益少陛下勞謙終日無倦庶務以身率物勤素成風而頌聲不作者良由基根未固意在遠略伏願思可久之道賒欲速之情弘山海之納擇芻牧之說則嘉謀日陳聖慮可廣也

文帝元嘉七年立錢署鑄四銖錢文曰四銖重如其文

二十四年以貨貴制大錢一當兩

二十五年罷大錢當兩先是貨少鑄四銖錢民間頗盜鑄多翦鑿古錢以取銅文帝患之錄尚書江夏王義恭建議以一大錢當兩以防翦鑿議者多同尚書僕射何尚之議曰伏覽明命欲改錢制不勞採鑄其利自倍實救弊之弘算增貨之良術求之管淺猶有未譬夫泉貝之興以估貨爲本事存交易豈假多少數少則幣輕數多則物重多少雖異濟用不殊況復以一當兩徒崇虛價者耶凡創制改法宜從民情未有違衆矯物而可久者也泉布廢興驟議前代赤仄白金俄然罷息六貨憒亂民泣於市良由事不畫一

難用遵行自非急病權時宜守久長之業煩政曲雜
致遠當泥且貨偏則民病故先王立井田之法以一
之使富不淫侈貧不過匱雖茲法久廢不可頓施要
宜而近粗相放擬若今制遂行富人貲貨自倍貧者
彌增其困懼非所以欲均之意又錢之行式大小多
品直云大錢則未知其格若止於四銖五銖則文皆
古篆旣非下走所識如或漫滅尤難分明公私交亂
爭訟必起此最是其深疑者也命吉兼慮剪鑿日多
以至消盡鄙意復謂殆無此嫌民巧雖密要有蹤跡
且用錢貨銅事可尋檢直由屬所怠縱糾察不精致

使立制以來發覺者寡令雖有懸金之名竟無酬與
之實若申明舊科禽獲卽報明畏法希賞不日自定
矣愚者之議智者擇焉猥參訪逮敢不輸盡吏部尚
書庾炳之侍中太子左衛率蕭思話中護軍趙伯符
御史中丞何承天太常郗敬叔並同尚之議中領軍
沈演之以爲龜貝行於上古泉刀興自有周皆所以
阜財通利實國富民者也歷代雖遠資用彌便但採
鑄久廢兼喪亂累仍縻散湮滅何可勝計晋遷河南疆
境未廓或士習其風錢不普用其數本少爲患尚輕
今王略開廣聲教遐暨金鏹所布爰逮荒服昔所不
及悉已流行之矣用彌廣而貨愈狹加復競竊剪鑿
錙毁滋繁刑雖重禁姦弊方密遂使歲月增貴貧室
日虛懋作肆力之民徒勤不足以供贍誠由貨貴物
賤當調未革弗思釐改爲弊專深斯實親教之良時
通變之嘉會愚謂若以大錢當兩則國傳難朽之寶
家贏一倍之利不俟加憲巧源自絶施一令而衆美
成無興造之費莫盛於茲矣帝從演之議遂以一當
兩行之經時至是以公私非便乃罷
孝武建元元年更鑄四銖錢立錢署鑄錢先是元嘉
中鑄四銖錢輪郭形制與五銖同用費損無利故百

姓不盜鑄及帝卽位又鑄孝建四銖百姓因此盜鑄
錢轉僞小商貨不行尚書右丞徐爰議曰貴貨利民
載自八政開鑄流圜法成九府民富國實教立化光
及時移俗易則通變適用是以周漢俶遷隨世輕重
降及後代財豐用足因循前貫無復改創年歷旣遠
喪亂屢經煙焚剪毁日月消滅貨薄民貧公私俱困
不有革造必將大乏宜應式遵古典收銅繕鑄納贖
刋刑著在往策今宜以銅贖刑隨罪爲品詔可之所
鑄錢形式薄小輪郭不成就於是民間盜鑄者雲起
雜以鉛錫並不牢固又剪鑿古錢以取其銅錢旣薄

小稍違官式雖重制嚴刑民吏官長坐死免者相係而盜鑄彌甚百物踊貴人患苦之乃立品格薄小無輪郭者悉加禁斷始興郡公沈慶之立議曰昔秦幣過重高祖是患普令民鑄改造榆莢而貨輕物重又復乖時中宗放鑄賈誼致譏誠以採山術存銅多利重耕戰之器曩時所用四民競造爲害或多而孝文弗納民鑄遂行故能朽貫盈府天下殷實況今耕戰不用採鑄廢久鎔冶所資多因成器功艱利薄絶吳鄧之資農民不息無釋耒之患方今中興開運聖化唯新雖復偃甲銷戈而倉庫未實公私所乏唯錢而

已愚謂宜聽民鑄錢郡縣開置錢署樂鑄之家皆居署内平其准式去其雜僞官斂輪郭藏之以爲永寶去春所禁新品一時施用令鑄悉依此格萬稅三千嚴檢盜鑄并禁剪鑿數年之間公私豐贍銅盡事息姦僞自止且禁鑄則銅轉成器開鑄則器化爲財剪華利用於事爲益帝下其事公卿太宰江夏王義恭議曰伏見沈慶之議聽民私鑄樂鑄之室皆入署居平其準式去其雜僞愚謂百姓不樂與官相關由來甚久又多是人士蓋不欲入署凡盜鑄爲利利在僞雜僞雜既禁樂入必寡云斂取輪郭藏爲永寶愚謂上之所貴下必從之百姓聞官斂輪郭輪郭之價百倍大小對易誰肯爲之強制使換狀似逼奪又去春所禁新品一時施用愚謂此條在可開許又云今鑄宜依此格萬稅三千又云嚴撿盜鑄不得更造愚謂禁制之設非惟一旦昧利犯憲羣庶常情不患制輕患在自犯今入署必萬輸三千私鑄無十三之稅逐利犯禁居然不斷又云銅盡事息姦僞自禁愚謂赤縣内銅非可卒盡比及銅盡姦僞已積又云禁鑄則銅轉成器開鑄則器化爲財然須所患於刑式不均加以剪鑿又鉛錫衆雜耳止於盜鑄銅者亦無須苦

禁頗遂議曰泉貨利用近古所同輕重之議定於漢世魏晉以降未之能改誠以物貨既均改之僞生故也世代漸久弊運頓至因革之道宜有其術令去開署放鑄誠所欣同但慮採山事鑄器用日耗銅既轉多器亦彌貴設器直一千則鑄之減半爲之無利雖令不行又云去春所禁一時施行用是欲使天下豐財若細物必行而不從公鑄利已既深情僞無極私鑄剪鑿書不可禁五銖半兩之屬不盈一年必至於盡財貨未贍大錢已竭數歲之間悉爲塵土豈可令取弊之道基於皇代今百姓之貨雖爲轉少而市井

之民未有嗟怨此新禁初行品式未一須臾自止不足以垂聖慮唯府藏空匱實爲重憂今縱行細錢官無益賦之理百姓雖賠無解官乏唯簡賢去華設在節儉求贍之道莫此爲貴然錢有定限而消息無方剪鑄雖息終致窮盡者宜應官開取銅之路絶器用之塗定其品式月日漸鑄歲久之後可爲世益耳時議者又以銅轉難得欲鑄二銖錢竣又議曰議者將爲官藏空虚宜更改鑄天下銅少宜減錢式以救交幣賑國舒民愚以爲不然今鑄二銖恣行新細於官無解於乏而民奸巧大興天下之貨靡碎至盡解於

嚴禁而利深難絶不過一二年間其弊不可復救此甚不可一也今鎔鑄有頓得一二倍之理縱復得此必待彌年歲暮稅登財幣漸華日用之費不贍數月雖權徵助何解下乏耶徒使奸民意騁而貽厥愆謀此又甚不可二也民懲大錢之改兼畏近日新禁市井之間必生喧擾遠利未開切患猥及富商得志貧民困窘此又甚不可三也若使交易滲重尚不可行況又未見其利而衆弊如此失筭當時取誚百代乎帝不聽

前廢帝永光元年開百姓鑄錢由是錢貨亂散一千錢長不盈三寸大小稱此謂之鵝眼錢劣於此者謂之綖環錢入水不沉隨手破碎市井不復料數十萬錢不盈一掬斗米一萬商貨不行

景和元年鑄二銖錢形式轉細官錢每出民間即摸效之而大小厚薄皆不及也無輪郭不磨鑢如今之剪鑿者謂之來子

明帝即位初禁鵝眼綖環錢其餘皆通用復禁民鑄官署亦廢止

太始二年斷新錢專用古錢

南齊太祖建元四年奏朝請孔顗上鑄錢均貨議辭

甚博其畧以爲食貨相通理勢自然李悝曰糴甚貴傷民甚賤傷農民傷則離散農傷則國貧甚貴甚賤其傷一也三吳國之關奥比歲時被水潦而糴不貴是天下錢少非穀穰賤此不可不察也鑄錢之弊在輕重屢變重錢患難用而難用爲無累輕錢弊盜鑄而盜鑄爲禍深民所盜鑄嚴法不禁者由上鑄錢惜銅愛工也惜銅愛工者謂錢無用之器以通交易務欲令輕而數多使省工而易成不詳慮其爲患也自漢鑄五銖錢至宋文帝歷五百餘年制度世有廢興而不變五銖錢者明其輕重可法得貨之宜也以爲

宜開置泉府方收貢金大興鎔鑄錢重五銖一依漢法府庫已實國用有儲乃量俸祿薄賦稅則家給民足頃盜鑄新錢者皆效作剪鑿不鑄大錢也摩澤淄染始皆類也故交易之後渝變還新良民弗習淄染不復行矣所鬻賣者皆徒實其物盜鑄者復賤買新錢淄染更用反覆生詐循環起奸此明主尤所深禁而不可長也若官錢已布於民使嚴斷剪鑿小輕破缺無周郭者悉不得行官錢細小者稱合銖兩銷以爲大利貧良之民塞奸巧之路錢貨既均遠近若一百姓樂業市道無爭衣食滋殖矣時議者多以錢貨

轉少宜更廣鑄重其銖兩以防民奸帝使諸州郡大市銅會晏駕事寢

武帝卽位初水旱不時竟陵王子良啟曰泉鑄年遠類多剪鑿江東大錢十不一在公家所受必須輪郭完全遂買本一千加子七百求請無地摇華相尋完者爲用旣不兼兩廻復遷貿會非委積縱令小民無嬰困苦且錢帛相半爲制永久或聞長宰須令輸直進違舊科退容奸利

永明八年廣郡界蒙山下有城名蒙城可二頃地有燒爐四所高一丈五尺從蒙城渡水南北許步平地掘土深二尺得銅又有古掘銅坑深二丈并居宅處猶存

鄧通南安人漢文帝賜通嚴道縣銅山鑄錢今蒙山近青衣水南青衣在側並是故秦之銅山嚴道地青衣縣又改名漢嘉且蒙山去南安一百里按此必是通所鑄地近喚蒙山獠出云甚可經畧此議若立潤利無極并獻蒙山銅片又銅石一片平州鐵刀一口帝從之遣使入蜀鑄錢得千工費多乃止

梁高祖天監初准京師及三吳荊郢江湘梁益用錢其餘州郡則雜以穀帛交易交廣之域全以金銀爲

貨帝乃鑄錢肉好周郭文曰五銖重四銖三參二黍其百文則重一斤二兩又別鑄除其肉各謂之公式女錢徑一寸文曰五銖重如新鑄五銖二品並行百姓或私以古錢交易者其五銖徑一寸三分重八銖文曰五銖三吳屬縣行之女錢徑一寸重五銖無輪郭郡縣皆通用太平百錢二種並徑一寸重四銖四銖源流本一但文字古今之殊耳文並曰太平百錢定平二百五銖徑六分重一銖半文曰定平一日稚錢五銖徑一寸半重四銖文曰五銖源出於五銖但狹小東境謂之稚錢五銖徑七分半重三銖半文曰

五銖源出稚錢但稍遷異以銖爲朱耳三吳行之差少於餘錢又有對文錢其源未聞豐貨錢徑一寸重四銖半謂之男錢亦婦人佩之即生男此等輕重不一天子頻下詔書非新鑄二等之錢並不許用趨利之徒私用轉甚

普通四年十二月罷銅錢鑄鐵錢時人以鐵易得並皆私鑄大同已後所在鐵錢遂如丘山物價騰貴交易者以車載錢不復計數而唯論貫商旅奸詐因以求利自破嶺以東八十爲陌名曰東錢江郢以上七十爲陌名曰西錢京師以九十爲陌名曰長錢

大同元年七月詔曰朝四而暮三衆狙皆喜名實未虧而喜怒爲用頃聞外間多用九陌錢陌減則物貴陌錢足則物賤非物有貴賤是心有顛倒至於遠方日更滋甚豈直國有異政乃家有殊俗徒亂王制無益民財今可通用足陌錢令書行後百日爲期若猶有犯男子謫運女子質作並同詔下而人不從錢陌益少至於末年遂以三十五爲陌

敬帝太平元年三月班下遠近並同雜用今古錢

二年四月鑄四柱錢一准二十壬辰改四柱錢一准十兩申復閉細錢

陳高祖永定初承梁喪亂之後鐵錢不行梁元始末又有兩柱錢及鵝眼錢於時人雜用其價同但兩柱重而鵝眼輕私家多鎔鑄又間以錫鐵兼以粟帛爲貨

文帝天嘉三年改鑄五銖錢初出一當鵝眼之十

宣帝大建十一年七月初用大貨六銖錢一當五銖之十與五銖並行後還當一人皆不便乃相訛言曰六銖錢有不利縣官之象遂廢六銖而行五銖竟至陳亡其嶺南諸州多以鹽米布交易俱不用錢

後魏之初錢貨無所用孝文始詔曰天下用錢太和

十九年公鑄粗備文曰太和五銖詔京師及諸州郡皆通行之內外百官祿皆准絹給錢絹疋爲錢二百在所遺錢工備爐冶民有欲鑄聽就鑄之銅必精練無所和雜

宣武永平三年冬又鑄五銖錢

孝明熙平元年京師及諸州鎮或有止用古錢不行新鑄致商貨不通貿遷頗隔尚書令任城王澄上言臣聞洪範八政貨居二焉易稱天地之大德曰生聖人之大寶曰位何以守位曰仁何以聚人曰財財者帝王所以聚人守位成養群生奉順天德治國安民

之本也夏殷之政九州貢金以定五品周仍其舊太
公立九府之法於是圜貨始行定兩銖之揩齊桓修
之因以霸諸侯降及秦始漢文遂有輕重之異吳濞
鄧通之錢收利遍於天下河南之地猶甚多焉逮於
孝武乃更造五銖其中毀鑄隨利改易故使錢有大
小之品竊尋太和之錢孝文留心㮣制後與五銖並
行此乃不刊之式但臣竊聞之君子行禮不求變俗
因其所宜順而致用太和五銖雖利於京師之肆而
不入徐揚之市土貨既殊貿鬻亦異便於荆郢之邦
者則礙於兗豫之域致使貧民有至困之切王道貽
冊府元龜　邦計部　錢幣二　卷之五百　十三
隔化之訟去永平三年都座奏斷天下用錢不依准
式者時被勑云不行之錢雖有常禁其先用之處權
可聽行至年末悉令斷之暨延昌二年徐州民儉刺
史啓奏求行土錢旨聽權宜依舊用謹尋不行之錢
律有明式指謂鵞眼環鑿更無餘禁計河南諸州今
所行者悉非制限昔來繩禁愚竊惑焉又河北州鎮
既無新造五銖設有舊者而復禁斷並不得行專以
單絲之縑疏縷之布狹幅促度不中常式裂疋爲尺
以濟有無至今徒成杼軸之勞不免饑寒之苦良民
分截布帛壅塞錢貨實非救恤凍餒子育黎元謹唯

自古以來錢品不一前後累代易變無常且錢之爲
名欲泉流不已臣之愚意謂今之太和與新鑄五銖
及諸古錢方俗所便用者雖有大小之異並得通行
貴賤之差自依鄉價庶貨環海內公私無壅其不行
之錢及盜鑄毀大爲小巧僞不如法者據律罪之詔
曰錢行已久今東南有事且依舊用澄又奏臣猥屬
樞衡庶罄心力嘗願貨物均通書軌一範謹詳周禮
外府掌邦布之出入布猶泉也其藏曰泉其流曰布
然則錢之興也始於一品欲令世匠均同環流無極
爰暨周景降逮亡新易鑄相尋參差百品遂令接境
冊府元龜　邦計部　錢幣二　卷之五百　十四
乖商連邦隔貿臣比奏求宜下海內依式行錢澄被
旨勑錢行已久且可依舊謹重參量以爲太和五銖
乃大魏之通貨不朽之常模寧可專貿於京邑不行
於天下但今戎馬在郊江疆未一東南之州依舊爲
便至於西京北城內外州鎮未用錢處行之則不足
爲難塞之則有乖通典何者布帛不可尺寸而裂五
穀則有負擔之難錢之爲用貫繦相屬不假斗斛之
器不勞秤尺之平濟世之宜謂爲深允請並下諸州
方鎮其太和及新鑄五銖並古錢內外全好者不限
大小悉聽行之鵝眼遠鑿依律而禁河南州鎮先用

錢者既聽依舊不在斷限太和五銖二錢得用公造新者其餘雜種一用古錢生新之類普同禁約諸方之錢通行京師其聽依舊之處與太和錢及新造五銖並行若盜鑄錢者罪重當憲既欲均齊物品廛井斯和若不繩以嚴法無以肅兹違犯符旨一宜仍不遵用者刺史守令依律治罪詔從之而河北諸州舊少錢貨猶以他物交易錢略不入於市也

二年冬尚書崔亮奏弘農郡銅青谷有銅鑛計一升得銅五兩四銖葦池谷鑛一升得銅五兩鸞帳山鑛計一升得銅四兩河內郡王屋山計鑛一升得銅八

兩南青州苑燭山齊州商山並是往昔銅官舊迹見在謹按鑄錢方興用銅處廣既有地利並宜鼓鑄詔從之自後所行之錢民多私鑄稍就小薄價用彌賤

孝昌三年正月詔立鑄錢之制是時朝議鑄錢以國子博士高謙之爲鑄錢都將長史乃上表求鑄三銖錢曰蓋錢貨之立本以通有無便交易故錢之輕重世代不同太公爲周制九府圜法至景王時更鑄大錢秦兼海內錢重半兩漢興以秦錢重改鑄榆莢錢至文帝五年復爲四銖孝武時悉復銷壞更鑄三銖至元狩中變爲五銖又造赤仄之錢以一當五王莽

攝政錢有六等大錢重十二銖次九銖次七銖次五銖次三銖次一銖文帝罷五銖錢明帝復立孫權江左鑄大錢一當五百權赤烏年復鑄大錢一當千輕重大小莫不隨時而變竊以食貨之要八政爲首聚財之貴貽訓典文是以昔之帝王乘天地之饒御海內之富莫不腐紅粟於太倉藏朽貫於泉府儲蓄既盈民無困弊可以寧謐四極如身使臂者矣昔漢之孝武地廣財豐外事四夷遂虛國用於是草萊之臣出財助國興利之計納稅廟堂市列酒榷之官邑有造緡之令鹽鐵既興錢幣屢改少府遂豐上林饒積

外闢百蠻內不增賦者皆計利之由也今群妖未息四郊多壘徵稅頻煩千金日費資儲漸耗才用將竭誠楊氏獻說之秋桑兒言利之日夫以西京之盛錢猶屢改並行大小子母相權況今寇難未除州郡淪敗名物凋零軍國用少別鑄小錢可以富益何損於政也且政興不以錢大政衰不以錢小唯貴公私得所政化無虧既已行之於古亦宜效之於今矣昔禹遭大水以歷山之金鑄錢救民之困湯遭大旱以莊山之金鑄錢贖民之賣子者今百姓窮悴甚於曩日欽明之主豈得垂拱而觀之哉臣今此鑄以濟交乏

五銖之錢任使並用行之無損國得其益穆公之言於斯驗矣臣雖術愧計然識非心筭暫充錢官頗覩其理苟有所益不得不言脫以爲疑求下公卿博議如謂爲允即乞施行詔將從之事未就會謙之卒

孝莊永安二年秋更鑄永安五銖錢是時所用錢人多私鑄稍就薄小乃至風飄水浮米斗幾直一千御史中尉高道穆表曰四民之業錢貨爲本救弊改鑄王政所先自頃以來私鑄薄濫官司糾繩掛網非一在市銅價八十一文得銅一斤私造薄錢斤餘二百旣示之以深利又隨之以重刑罹罪者雖多姦鑄者

彌衆今錢徒有五銖之文而無二銖之實薄甚榆莢上貫便破置之水上殆欲不沉此乃因循有漸科防不切朝廷之愆彼復何罪昔漢文以五分錢小改鑄四銖至武帝復改三銖爲半兩此皆以大易小以重代輕也論今據古宜改鑄大錢文載年號以記其始則一斤所成止七十六文銅價至賤五十有餘其中人工食料錫炭鉛沙縱復私營不能自潤直至無利應自息心況復嚴刑廣設也以臣測之必當錢貨永通公私獲允黄門侍郎楊侃奏曰昔馬援在隴西嘗上書求復五銖錢事下三府不許及援徵入爲虎賁中郎親對光武申釋其趣事始施行臣頃在雍州亦表陳其事聽人與官並鑄五銖錢使人樂爲而俗弊得改吉下尚書八座不許以今況昔即理不殊求取臣前表經御（披拆）侃乃隨事剖辯帝從之乃鑄五銖錢如侃所奏官自立爐起自九月至三年正月而止官欲貴賤乃出藏絹分遣使人於二市賣之絹疋正錢二百而私市者猶三百利之所在盜鑄彌衆巧僞旣多輕重非一四方州鎮用各不同遷鄴之後輕濫尤多

北齊神武霸政之初承魏猶用永安五銖遷鄴已後

百姓私鑄體制漸別遂各以爲名有雍州青赤梁州生厚緊錢吉錢河陽生澁天柱牽之稱冀州之北錢皆不行交易者皆以絹帛神武乃收境內之銅及錢仍依舊文更鑄流之四境未幾之間漸復細薄姦僞競起

文襄輔政時以錢文五銖名須稱實宜稱（與秤同）錢一文重五銖者聽入市用計百錢重一斤四兩十二銖自餘皆准此爲數其京邑二市天下州鎮郡縣之市各置二秤懸於市門私民所用之稱皆准市秤以定輕重凡有私鑄悉不禁斷但重五銖然後聽用入市

之錢重不五銖或雖重五銖而多雜鉛鑞並不聽用若有輙以小薄雜錢入市有人糾獲其錢悉入告者其小薄之錢若即禁斷恐人交乏絶畿內五十日外州百日為限群官參議咸以時穀頗貴請待有年王從之而止

文宣天保三年除永安之錢改鑄新錢文曰常平五銖重如其文其錢甚貴且制造甚精少帝乾明昭帝皇建之間往往私鑄鄴中用錢有赤郭青熟細眉赤生之異河南所用有青薄鉛錫之別青齊徐兖梁豫等州輩類各殊武平已後私鑄甚薄或以生鐵和銅

至于齊亡卒不能禁

後周之初尚用魏錢及武帝保定元年七月更鑄錢文曰布泉以一當五與五銖並行時梁益之境又雜用錢交易河西諸郡或用西域金銀之錢而官不禁

建德三年更鑄五行大布錢以一當十與布泉錢並行

四年七月以邊境之上人多盜鑄乃禁五行大布錢不得出入四關布泉之錢聽入而不聽出

五年正月以布泉漸賤而人不用遂廢之初令私鑄錢者絞其從者遠配為民

宣帝大象元年十一月又鑄永通萬國錢以一當十與五行大布及五銖凡三品並行

隋高祖開皇元年九月以天下錢貨輕重不等乃更鑄新錢背面肉好皆有周郭文曰五銖而重如其文每錢一千重四斤二兩

三年四月高祖以錢既新出百姓或私有鎔鑄乃詔四面諸關各付百錢為樣從關外來勘樣相似然後得過樣不同者即壞以為銅入官詔行新錢已後前代舊錢有五行大布永通萬國及齊常平所在勿用以貿易不止

四年詔仍依舊不禁者縣令奪半年祿然百姓習用既久尚猶不絶

五年正月詔又嚴其制自是錢貨始一所在流布百姓便之是時見用之錢皆私和以錫鑞錫鑞既賤求利者多私鑄之錢不可禁約其年詔乃禁出錫鑞之處並不得私有採取

十年詔晋王廣聽於揚州立五鑪鑄錢其後奸狡稍漸磨鑢錢郭取銅私鑄又雜以鉛錫遞相倣效錢遂輕薄乃下惡錢之禁京師及諸州邸肆之上皆令立榜置樣為准不中樣者不入於市

十八年詔漢王諒聽於并州立五鑪鑄錢是時江南人間錢少晉王又鑄於鄂州白紵山有銅鉚處錮銅鑄錢於是詔聽置十鑪鑄錢又詔蜀王秀聽於益州立五鑪鑄錢是時錢益濫惡乃令有司括天下邸肆見錢非官鑄者皆毀之其銅入官而京師以惡錢貿易爲利所執有死者數年之間私鑄頗息

煬帝大業巳後王綱弛紊巨奸狡猾遂多私鑄錢轉薄惡初每千猶重二斤後漸輕至一斤或剪鐵鍱裁皮糊紙以爲錢相雜用之貨賤物貴以至於亡

册府元龜

巡按福建監察御史臣李嗣京　訂正
分守建南道左布政使臣胡維霖　參閱
知建陽縣事臣黄國琦較釋

邦計部一十九

錢幣第三

唐玄宗先天元年九月諫議大夫楊虛受以京中用錢惡貨物踴貴上疏曰伏見市井用錢不勝濫惡有加鐵錫即非公鑄虧損正道夷亂平人城外此錢並不任用中京且猶若是遠郡夫何以堪易曰何以聚

人曰財故交易而退各得其所詩曰京邑翼翼四方是則國家優尚寛典吏人慢法銅錫亂雜僞錢轉多政刑漸失於科條明罰未加於守長有殊禁人爲非矣日中爲市聚天下之貨而錢無准的物價騰踴乾没相乘盈虛失度又非各得其所矣帝京三市人雜五方淫巧競馳僞成俗至於商賈積滯富豪藏鏹兼并之家歲增儲蓄貧素之士日有空虛公錢未益於時須禁法不當於代要四方無所取則矣夫作法於京其弊猶貪容姦於非弊將若之何其惡錢臣望官爲博取納鑄錢州京城並以好錢爲用書奏付中書門下詳議以爲擾政不行

開元四年十一月詔曰如聞東都用錢漸有變動留守及河南尹作何簡較宜勅劉知柔單思遠稍自勗勵嚴加捉搦

六年正月禁斷惡錢行二銖四糸已上舊錢更收人間惡錢鎔破復鑄准樣式錢勅出之後百姓喧然物價摇動商人不敢交易宰相宋璟蘇頲奏請出太府錢五萬貫分於南北兩市平價買百姓間所賣之物堪貯掌官須者庶得好錢散行人間從之又勅近斷惡錢恐人間少錢行用其兩京文武官夏季防閤庶

僕宜即先給錢待後季任取所配物貨賣准數還官

二月勅曰古者聚萬方之貨設九州之法以通天下以便生人若輕重得中則利可和善若眞僞相雜則官失其守頃者用錢不論此道深恐貧寠日困奸豪歲滋所以申明舊章懸設諸樣欲其人安俗阜禁止令行

閏七月詔曰禁斷惡錢改鑄新者務於精好行之久長如聞諸道置鑄御史專掌未稱所委仍有濫惡且更提振不即加罪有先鑄不如法總重毁鍊并已納太府者並令更揀擇不合樣送所由重鑄已後倍須

在意不得更然兩京少府並准此時宋璟爲侍中禁斷惡錢發使分道撿括以銷毀之頗招士庶所怨

七年二月詔天下惡錢並令禁斷錢令初下或恐艱辛宜量出米十萬石令府縣及太府寺選交易穩便處所分貯依時價糴與百姓收取惡錢便送少府監捶碎

八年六月詔曰比來所市惡錢畧計數應未盡本欲防其私鑄務在總納於官若博換尚多則須擡帖估價百姓情願出惡錢一千文計秤滿六斤即官以好錢三百文博取無好錢處依時估折布絹雜物每季

終各令隨近送納鑄錢仍申主者勘會

十七年八月詔曰古者作錢以通有無之鄉以平大小之價以全服用之物以濟單平之貧錢之所利人之所急然縣布財穀四人爲本若本賤末貴則人棄本而務末故有盜鑄者冐嚴刑而不悔藏鏹者非倍息而不出今天下泉貨益少幣帛頗輕欲使天下流通焉可得也且銅者餧不可食寒不可衣既不堪於器用又不同於寶物唯以鑄錢使其流布宜令所在知鑄委按察使申明格文禁斷私賣銅錫仍令造銅器所有採銅錫鈆官爲市取勿抑其價務利於人

二十年九月制曰綾羅絹布雜貨等交易皆合通用如聞市肆必須見錢深非道理自今以後與錢貨兼用違者準法罪之

二十二年三月詔曰布帛不可以尺寸爲交易菽粟不可以抄勺貿有無故古之爲錢以通貨弊蓋人所作非天實生頃者耕織爲資乃稍賤而傷本磨鑄之物却以少而致用頃雖官鑄所入無幾約工計本勞費又多公私之間給用不贍求言其弊豈無變通往者漢文之時已有放鑄之令雖見非於賈誼亦無廢於賢君况古往今來時異事反經費之義安有定耶

終然自拘必無足用且欲不禁私鑄其理如何公卿百寮詳議可否朕將親覽擇善而從（因中書侍郎平章事張九齡奏也）

秘書監崔沔議曰夫國之錢時所通用若許私鑄人必竟爲各徇所求小如有利漸忘本業本計斯貧是以賈生之陳七福規於更漢令太公之創九府將以貧殷人况依法則不成違法乃有利護按漢書文雖除盜鑄錢令而不得雜以鈆鐵爲他巧者然則雖許私鑄不容姦錢錢不容姦則鑄者無利鑄者無利則私鑄自息斯則除令之與不除爲法正等能謹於法而節其用令行而詐不起事變而姦不生斯所以

稱賢君也今若聽其私鑄嚴斷惡錢官必得人人皆知禁誡則漢政可侔猶恐未若皇唐之舊也今若稅銅折役則官冶可成計估度庸則私錢無利易而可久簡而難誣謹守舊章無越制度且夫錢之為物貴於通貨利不在多何待私鑄然後足用也左監門錄事參軍劉秩議曰古者以珠玉為上幣黃金為中幣刀布為下幣管子曰夫三幣握之則非有補於煖也捨之則非有損於飽也先王以守財物以御人事而平天下也是以命之曰衡衡者使物一高一下不得有常故與之在君奪之在君是以人戴君如日月親

君如父母用此術也是謂人主之權今之錢卽古之下幣也陛下若捨之任人則上無以御下下無以事上其不可一也夫物賤則傷農錢輕則傷賈故善為國者觀物之貴賤錢之輕重夫物重則錢輕錢輕由乎物多多則作法收之使少少則重重則作法布之使輕輕重之本必由乎是奈何而假於人其不可二也夫鑄錢不雜以鈆鐵則無利雜以鈆鐵則惡不重禁不足以懲息方今塞其私鑄之路人猶冒死以犯之况啓其源而欲人之從令乎是設陷穽而誘之入其不可三也夫許人鑄錢無利則人不鑄有利則人

去南畝者衆去南畝者衆則草萊不懇草萊不懇又隣於寒餒其不可四也夫人富溢則不可以賞勸貧餒則不可以威禁故法令不行人之不理皆由貧富之不齊也若許其鑄錢則貧者必不能為臣恐貧者彌貧而服役於富室富室乘之則益恣昔漢文之時吳濞諸侯也富埒天子鄧通大夫也財侔王者此皆鑄錢所致也必欲許其私鑄是與人利權而捨其柄其不可五也陛下必以錢重而傷本工費而利寡則臣願言其失以効愚計夫錢重者猶人鑄日滋於前而鑪不加於舊又公錢重與銅之價頗等故盜鑄者

破重錢以為輕錢禁寬則行禁嚴則止止則棄矣此錢之所以少也夫鑄錢用不贍者在乎銅貴銅貴之由在於採用者衆矣夫銅以為兵則不如鐵以為器則不如錫禁之無害陛下何不禁於人禁於人則銅無所用銅無所用則銅益賤銅賤則錢之用給矣夫銅不布下則盜鑄者無因而鑄無因而鑄則公錢不破公錢不破則人不犯死刑錢又日增不復利矣是一舉而四美兼也伏惟陛下熟察之黃門侍郎平章事裴耀卿黃門侍郎李林甫河南少尹蕭炅等皆曰錢者通貨有國之權是以歷代禁之以絕姦濫今若一

啓此門但恐小人棄農逐利而濫惡更甚於事不便時公卿羣官皆建議以爲不便事旣不行但勑郡縣嚴斷惡錢而已

十月詔貨幣兼通將以利用而布帛爲本錢刀是末賤本貴末爲弊則深法敎之間宜有變革自今已後所有莊宅以馬交易並先用絹布綾羅絲綿等其餘市買到一千以上亦令錢物兼用違者科罪

二十六年於宣潤等州置錢監

天寶初兩京用錢稍好米粟豐賤數載之後漸又濫惡府縣不許好錢加價廻博令好惡通富商姦人漸

收好錢潛將往淮南每一錢貨得私鑄惡錢五文假託官錢將入京私用京城錢日加碎惡鵝眼鐵錫古文綖環之類每一陌重不過三斤

十一年正月勑曰泉貨之用所以通有無輕重之權所以禁踰越故周立九府之法漢備三官之制求言適便必在從宜如聞京城行用之錢頗多濫惡所資懲革絶其訛謬然安人在於存養化俗期於變通法若從寬事堪持久宜令所司卽出錢三數十萬貫分於兩市百姓間應交易所用錢不堪久行用者官爲換取仍限一月日內使盡庶單貧無患商旅必通其有過限輒敢違犯者一事以上並依條件處分是時京城百姓久用惡錢制下之後頗相驚擾時又令於龍興觀南街開場出左藏庫內排年錢許市人博換貧弱者又爭次不得俄又宣勑除鐵錫銅沙穿穴古文餘並許依舊行用久之乃定（天寶之制諸州凡置九十九爐鑄錢絳州三十爐楊潤宣鄂蔚各十爐益郴各五爐洋州三爐每爐役丁匠三千人每年除六月七月停作餘十月作十番每爐各用銅二萬一千二百九十斤白金三千七百九十斤黑錫四百四十斤納每貫錢用銅蠟錫價約七百五十文工匠在外每爐計鑄錢三千三百貫約一歲計錢二十二萬七千餘貫）

肅宗乾元元年七月詔曰錢貨之興其來已久蓋代有沿革時爲重輕周興九府實啓流泉之利漢造五

銖亦弘改鑄之法必令大小兼適母子相權事有益於公私理宜循於通變但以兵戈未息帑藏猶虛卜式獻助軍之誠弘羊興富國之算靜言立法諒在便人御史中丞第五琦奏請改錢以一當十別無新鑄不廢舊錢與實三官之資用收一倍之利所謂於人不擾從古有經宜聽於諸監別鑄一當十錢其文曰乾元重寶其開通元寶者亦依舊行用所有私鑄捉搦處置卽條件奏聞

二年八月又鑄大錢其文依乾元重寶而重其輪以別之一當五十詔曰九府陳規百王不易或以輕爲

重蓋取適時以重爲輕用爲救獘則以形分龍馬勢
寫刀龜子母相沿變通斯在今國步猶阻帑藏未充
重斂乃人日不堪薄征則軍賦未足是以須令改鑄
務於濟時自聞行用巳來頗亦公私弘益今可於絳
州諸爐加樣起鑄更增新郭不變舊文每以一錢用
當五十利豐費約實允事宜其錢以二十斤成貫自
餘錢監並聽依舊享滋厚利足以富國人安俗阜朕
復何憂仍令鑄錢使卽勾當起鑄新錢或有奸濫所
由奏法勿至寬容各仰州縣明示錢樣切須捉搦勿
使違犯在京官寮比無俸料桂玉之費將何以堪宜

取絳州新錢給冬季俸料卽仰所由申請計會支給
且多難之際家國當同頃者急於軍戎所以久虧祿
俸眷言憂恤嘗愧於懷今甫及授衣畧爲賜給庶資
時要宜悉朕懷於是新鑄與乾元開通元寶錢三品
並行焉而穀價騰貴米斗至七十餓死者相枕於道
乃擡舊錢以一當十減乾元錢以一當三十緣人厭
錢價不定人間擡加價錢爲虛錢長安城中競爲盜
鑄寺觀鐘及銅像多壞爲錢奸人豪族犯禁者不絕
京兆尹鄭叔請擒捕之少不容縱數月間榜死八百
餘人人益無聊中外皆以爲變法之獘封奏日聞貶

第五琦爲忠州長史
三年二月詔曰泉府之設其來尚矣或時改作則制
有輕重往以金革是殷邦儲稍闕屬權臣掌賦變法
非良遂使貨物相沿穀帛騰踴求之輿頌弊實由斯
夫易柱調絃政之要者今欲仍從舊貫漸罷新錢又
慮權行轉資艱急如或循循所務未塞其源實恐物
價虛騰黎元失業靜言體要用籍良圖且兩漢舊規
典章沿革必朝廷會議共體至公蓋明君不獨專法
當從衆議庶遵行古之道俾廣無私之論宜令文武
百官九品以上並於尚書省集議訖委中書門下詳

擇奏聞臣欽若等曰史不載尚書省集議之文
上元元年六月詔曰因時立則須議新錢且欲從權
知非經久如聞官爐之外私鑄頗多呑併小錢踰濫
成弊抵罪雖衆禁姦未絕況物價日起人心不安事
籍變通期於折衷其重稜五十價錢宜減作三十文
行用其開元舊錢宜十文行用乾元當十錢宜依前
行用仍令京中及畿縣內依此處分諸州待後進止
七月詔重稜五十價錢先令畿內減至三十價行用
其天下諸州並准此
十二月詔應典貼莊宅店鋪田地碾磑等先爲實錢

典貼者令還以實錢贖先以虛錢典貼者令虛錢贖其餘交關並依前用給賞價錢出是錢有虛實之稱

代宗寶應元年五月甲午改行乾元錢以一當二乾元重稜大錢以一當十丙申改行乾元大小錢並以一當一其私鑄重稜錢不在行用之限初度支使第五琦奏鑄乾元重寶錢以一當十以贍國用又以乾元重寶錢奏加重稜以一當五十行之僅半歲犯私鑄者日有數百府縣不能禁朝廷以錢貨大弊仍奏悉依開元錢以一當一人甚便之

大曆四年正月關內道鑄錢等使戶部侍郎第五琦

上言請於絳州汾陽銅源兩監增置五鑪鑄錢許之

七年十二月禁天下新鑄造銅器唯鏡得鑄其器舊者聽用之不得貨鬻將廣錢貨資國用也

德宗建中元年九月戶部侍郎韓洄上言江淮錢監歲共鑄錢四萬五千貫輸於京師度功用轉送之費每貫計錢二千是本部利也今商州有紅崖冶出銅益多又有錐源監久廢不理請增工鑿山以取銅與錐源故監置十鑪鑄之歲計出錢七萬二千貫度功用轉送之費貫計錢九百則利浮本矣其江淮七監請皆罷之又天下銅鐵之冶是曰山澤之利當歸於王者非諸侯方岳所宜有今諸道節度都團練使皆占之非宜也請總隸鹽鐵使皆從之

二年八月諸道鹽鐵使包佶奏江淮百姓近日市肆交易錢交下麤惡揀擇納官者三分纔有二分餘並鉛錫銅盪不敷斤兩致使絹價騰貴惡錢漸多訪聞諸州山野地窖皆有私錢轉相貿易姦濫漸深今後委本道觀察使明立賞罰切加禁斷

四年六月判度支侍郎趙贊以當賦不足用及請採連州白銅鑄大錢以一當十權其輕重詔從其說贊熟計之自以為非便皆寢不復請

貞元九年正月諸道鹽鐵使張滂奏諸州府公私諸色鑄造銅器雜物等伏以國家錢少損失多門興販之徒潛將銷鑄每銷錢一千為銅六斤造寫器物則斤直六千餘其利既厚銷鑄遂多江淮之間錢實減耗伏准建中元年六月二十六日勅令准

大曆七年十二月十五日勅文一切禁斷年月深遠違犯尚多臣請自今已後應有銅山任百姓開採一依時價官為收市除鑄鏡外一切不得鑄造及私相買賣其舊器物先在人家不可收集破損者仍許賣入官所貴銅價漸輕錢免銷毀伏請委所在觀察使

與臣屬吏會計處置詔曰可

三月勅陌内欠錢法當禁斷慮因捉搦或亦生姦使人易從切於不擾自今以後有人交關用欠陌錢者宜但令本行頭及居停主人牙人等撿察送官如有容隱兼許賣物領錢人糺告其行頭主人牙人重加科罪府縣所由衹承人等並不須干擾若非因買賣自將錢於街衢行一切勿問

七月張滂奏所在錢貨伏請不許壅塞以通商賈從之

十年六月勑今後天下鑄造買賣銅器並不須禁止

冊府元龜　邦計部 錢幣三　卷之五百一　十三

其器物每斤價直不得過一百六十文委所在長吏及巡院同勾當訪察如有銷錢爲銅者以盜鑄錢罪論

十四年十二月鹽鐵使李若初奏諸道州府多以近日泉貨數少繒帛價輕禁止見錢不令出界致使課利有闕商賈不通請指揮見錢任其往來勿使禁止從之

憲宗元和元年二月以錢少禁用銅器

八月靈武節度使李欒奏黄河堤岸摧得古文錢三千三百其形甚小方孔三足

二年二月詔曰錢貴物賤傷農害工權其輕重須有通變比者鉛銅無禁鼓鑄有妨其江淮諸州府收市鉛銅等先已令諸道知院官勾當緣令初下未盡頒行宜委諸道觀察等使與知院官專切勾當事畢日仍委鹽鐵使據所得數類會奏聞

四月禁鉛錫錢

三年五月鹽鐵使李巽上言得湖南院申郴州平陽高亭兩縣界有平陽冶及馬跡曲木等古銅坑約二百八十餘井差官撿覆實有銅錫今請於郴州舊桂陽監置爐兩所採銅鑄錢每日約二十貫計一年鑄

冊府元龜　邦計部 錢幣三　卷之五百一　十四

成七千貫有益於人從之

六月詔曰泉貨之法義在通流若錢有所壅貨當益賤故藏錢者得乘人之急居貨者必損已之資今欲着錢令以出滯藏加鼓鑄以資流布使商旅知禁農桑獲安義切救時情非欲利若華之無漸恐人或相驚應天下商賈先蓄見錢者委所在長吏令收市貨物官中不得輒立程限逼迫商人任其貨易以求便利計周歲之後此法徧行朕當別立新規設蓄錢之禁所以先有告示許其方圓意在他時行法不貸又天下有銀之山必有銅鑛銅者可資於鼓鑄銀者無

益於生人權其輕重使務專一其天下自五嶺以北見採銀坑並宜禁斷恐所在坑戸不免失業各委本州府長吏勸課令其採銅助官中鑄作仍委鹽鐵使作法條流聞奏

六年二月制曰夏貢有差先平任土周幣殊等實在便人近日所徵布帛並先定物樣一例作中估受納精麤不等退換者多轉將貨賣皆致折損其諸道留使留州錢數内絹帛等但有可用處隨其高下約中估物價優饒與納則私無棄物官靡遺財其所納見錢仍許五分之中量徵二分餘三分兼納實估疋段

錢以準貨本約其輕重制之不均遂權百物由是競爲蓄聚漸變流通粟帛轉賤農桑益廢若無釐革其弊難堪公私交易十貫錢已上即須兼用疋段委度支鹽鐵使及京兆尹即具作分數條流聞奏茶商等公私便換見錢並須禁斷

三月河東節度使王鍔奏請於當管蔚州界加置鑪鑄銅錢漸廢錫錢詔河東道自用錫錢已來百姓不堪其弊若蔚州鼓鑄漸致銅錢則公私之間皆得充用宜委所司子細計料量借錢令積漸加至五鑪

七年二月詔蔚州鑄錢令度支量支錢三萬貫充本

是月詔曰錢重物輕爲弊頗甚詳求適變將以便人所貴緡貨通行里閭寛息宜令百寮各隨所見作利害狀以聞

五月詔自今已後諸州府有請以破鍾再鑄宜令所在差人監顧不得令銷錢毀黽別有加添

是月兵部尚書判戸部王紹戸部侍郎判度支盧坦鹽鐵使王播等奏伏以京都時用多重見錢官中支計近日殊少蓋緣此來不許商人便換因茲家有滯藏所以物價轉輕錢多不出臣等今商量伏請許令商人於戸部度支鹽鐵三司任便換見錢一切依舊

禁約伏以此來諸司諸使等或有便商人錢多留城中逐時收貯積藏私室無復通流伏請自今已後嚴加禁約詔從之

七月度支戸部鹽鐵等使奏先令差所由招召商人毎貫加饒官中一百文換錢今並無人情願伏請依元和五年例敵貫與商人對換從之

八年四月勑以錢重貨輕出内庫錢五十萬貫令兩常平收市布帛毎端疋估加十之一

十二年四月詔曰泉貨之設古有常規將使重輕得宜是資斂散有節必通其變以利於人今繒帛轉賤

公私俱弊宜出見錢五十萬貫令京兆府揀擇要便
處開場依市價交易選擇清幹官吏專切勾當仍各
委本司先作處置條件聞奏必使事堪經久法可通
行又詔曰近日布帛轉輕見錢漸少皆緣所在壅塞
不得通流宜令京城內文武官僚不問品秩高下并
公郡縣主中使等巳下至士庶商旅等寺觀坊市所
有私貯見錢並不得過五十貫如有過此許從敕出
後限一月內任將別物收貯如錢數校多處置未了
任於限內於地界內州縣陳狀更請限縱有此色不
得更過兩月若一家內別有宅舍店鋪等所貯錢並

須計同此數其兄弟本來異居曾經分析者不在此
限如限滿後有違犯者白身人等宜令所司痛杖一
頓處死其文武官僚及公主等並委有司聞奏當重
科貶戚屬中使亦具名銜聞奏其賸貯錢不限多少
並勒納官數內五分取一分充賞錢數其賞錢止於
五千貫此外察獲及人論告亦重科處并量賞告者
時京師市里區肆所積聚方鎮錢如王鍔韓弘李惟
簡少者不下五十萬貫於是竟置第宅以變其錢多
者竟里巷傭僦以歸其直而高貲大賈多依倚左右
軍官錢爲名府縣不得窮驗法竟不行

十四年六月敕應屬諸軍諸使有犯時用錢每貫除
二十文足陌內欠錢有鉛錫者宜令京兆府枷項於
禁牒報本軍本使府司差人就軍看決二十如情狀
難容復有違拒者仍令府司聞奏

穆宗以元和十五年正月卽位閏正月詔曰當今百
姓之困衆情所知欲減稅則國用不充依舊則人困
轉甚貨輕錢重徵稅暗加宜令百寮各陳意見以革
其弊

八月中書門下奏伏惟今年閏正月十七日敕令百
寮議錢貨輕重者今據羣官楊於陵等伏請天下兩

稅榷酒鹽利等悉以布帛絲綿任土所產物充稅並
不徵見錢則物漸重錢漸輕農人且免賤賣疋帛者
伏以羣官所議事皆至當深利公私請商量付度支
據諸州府應徵兩稅供上都及留州留使舊額起元
和十六年以後並改配端疋斤兩之物爲稅額如大
曆以前庸課調不計錢令其折納使人知定制供辦
有常約仍元和十五年徵納布帛等估價其舊納虛
估物與依虛估物廻計如舊納實估物并見錢卽於
端疋斤兩上量加估價廻計變法在長其物價價長
則永利公私初雖微有加饒法行卽當就實此舊額

用故利而不害仍作條件處置編入旨符其鹽利酒利本以榷率計錢有銖兩兩稅之名不可除去錢額但舊額中有令納見錢者亦請令折納時估疋段上既不專以錢爲稅人得以所產用輸官錢則貨幣必適其重輕朧敵自廣於蠶織便時惠下庶得其宜其土乏絲麻或地邊塞風俗既異賦入不同亦請商量委所司裁酌隨便宜處置又羣官所議鑄錢或請收市人間銅器令州郡鑄錢者昔漢朝亦令郡國鑄錢當開元以前未置鹽鐵使亦令州郡勾當鑄造今若兩稅盡納疋段或慮兼要通用見錢欲令諸道公私銅

器各納所在節度團練防禦經畧使便據元勑給與價直并兩稅仍令本處軍人鎔鑄本請以留州留使年支用錢物充所鑄錢使充軍府州縣公用當處軍人自有糧賜亦較省本所資衆力并收衆銅天下併功速濟時用待一年後鑄罷盡停其諸州府有出銅錢可以開爐鑄處具申有司便出令同諸州監冶例每年與本充鑄如此則見錢稍廣物價漸增天下百姓日有所利軍國用度亦典無虧其收市銅罷期限并禁鑄造買賣銅物等待議定令有司條流聞奏其上都鑄錢及收銅器請續處分將欲順行尚資周慮請令門下中書兩省尚書省御史臺并諸官商量重議聞奏從之

長慶元年六月詔公私便換錢物先已禁斷宜委京兆府切加覺察

九月勑泉貨之義所貴通流如聞比來用錢所在除陌不一與其禁人之必犯未若從俗之所宜交易往來務令可守其外內公私給用官錢從今以後宜每貫一例除墊八十九百二十文成貫不得更有加除及陌內欠少

敬宗寶曆元年十月河南尹王起奏准八月二十一

日勑不許銷鑄見錢爲佛像仍令京兆河南尹重立科條奏聞令請犯者以盜鑄錢論制可

文宗太和三年六月中書門下奏元和四年閏三月四日勑應有鉛錫錢並合納官如有人糺得一錢賞百錢當時勑條貴在峻切今詳事實必不可行則有人告一百貫鍚錢須賞一萬貫銅錢執此而行是無畔際昨因任清等犯罪施行不得遂酌事理量情科賞或恐已後民間更有犯者宜立節文令可遵守臣等商量自今已後有用鉛錫錢交易者一貫已下州府常行杖決脊杖二十十貫以下決六十徒三年過

十貫已上集衆決殺其受鉛錫錢交易者亦准此處分其所用鉛錫錢並納官其能糺告者每一貫賞錢五十不滿一貫者准此計賞累至三百千仍且取當處官錢給付其所犯人罪不至死者徵納家資充塡賞錢其元和四年閏三月四日勑便望刪去可之

四年十一月勑應私貯見錢家除合貯數外一萬貫至十萬貫限一周年内處置畢十萬貫至二十萬貫已下者限二周年處置畢如有不守期限安然蓄積過本限即任人糺告及所由覺察其所犯家錢並准元和十二年勑納官據數五分取一分充賞糺告人

賞錢數止於五千貫應犯錢法人色目決斷科貶並准元和十二年勑處分其所由覺察亦量賞一半事竟不行

五年二月鹽鐵使奏湖南管内諸州百姓私鑄告到錢伏緣衡道數州連接嶺南山洞深遠百姓依模監司錢樣競鑄造到脆惡奸錢轉將賤價博易與好錢相和行用其江西鄂岳桂管嶺南等道應有出銅錫處亦慮私鑄濫錢並請委本道觀察使條流禁絶勑旨宜依

八年三月鹽鐵使王涯奏請於蔚州置飛狐鑄錢縣以變河東管内錫鐵之弊從之

開成三年四月河東節度使裴度奏管内蔚州飛狐縣鑄錢使害百姓請廢院令道自鑄便充每年甲價詔曰鼓鑄之利合歸有司制置已成難亟更改其飛狐依前令度支收管其甲價便以新鑄錢充其所由工匠令院司與觀察使計會具挾名申不得廣占人戶侵擾州縣

六月帝御紫宸殿問宰臣曰幣輕錢重如何宰臣楊嗣復曰此已多年但且禁銅不可廣變法廣變法即必擾人李珏曰今請加爐鑄錢他法不可先有格令

州府禁銅爲器當今以銅爲器而不知禁所病者制勑不曾下經年而州縣因循所以制令相次而見之爲嘗今自淮而南至於江嶺鼓鑄銅器列而爲肆州縣不禁而井之人逐錐刀之利以一緡範爲他器鬻之集利不啻數倍是則禁銅之令必在嚴峻斯其要也

武宗會昌六年二月勑緣諸道鼓鑄佛像鍾磬等新錢已有次第須令舊錢流布絹價稍增文武百寮俸料宜起三月一日並給見錢其一半先給虛估疋段對估時價支給勑比緣錢重幣輕生人轉困今加鼓鑄

必在流行通變救時莫切於此宜申先甲之令以誡居貨之徒京城及諸道起今年十月以後公私行用並取新錢其舊錢權停三數年如有違犯同用鉛錫惡錢例科斷其舊錢並納官事竟不行

哀帝天祐二年四月勑准向來事例每貫抽除外以八百五十文爲貫每陌八十五文如聞坊市之中多以八十爲陌更有除折今後委河南府指揮市肆交易並須以八十五文爲陌不得更有改移

後唐莊宗同光二年二月詔曰錢者古之泉布蓋取其流行天下布散人間無積滯則交易通多貯藏則

士農困故西漢興改幣之制立告緡之條所以權蓄賈而防大姧也宜令所司散下州府常須撿察不得令富室分外收貯見錢又工人銷鑄爲銅器兼沿邊州鎮設法鈐轄勿令商人搬載出境

三月知唐州駢晏平奏市肆間點撿錢帛內有錫蠟小錢揀得不少皆是江南綱商挾帶而來詔曰帛布之幣雜以鉛錫就中江湖之外盜鑄尤多市肆之間公行無畏因是綱商挾帶舟船往來換易好錢藏貯富室實爲蠹弊須有條流宜令京城諸道於坊市行使錢內點撿雜惡鉛錫錢並宜禁斷沿江州縣每有舟船到岸嚴加覺察若私載往來並宜收納

明宗天成元年八月中書奏訪聞三京諸州府所賣銅器價貴多是銷鎔見錢爲器以邀厚利勑旨宜令遍行曉諭嚴加禁制如元舊破損銅器及碎銅即許鑄造器物仍生銅器物每斤價定二百文熟銅器物每斤二百文如違省價買賣之人依盜鑄錢律科斷

十一月勑諸道州府納勤見錢素有條制若全禁斷交匯通規宜令遍指揮三京及諸道州府及諸城門所出見錢如五百已上不得放出如稍有違犯即准元條指揮其沿淮州縣鎮即准先條勑命處分

十二月勑行使銅錢之內如聞挾帶鑞錢若不嚴設條流轉恐私加鑄造須行止絕以息姦欺應中外所使銅錢內鑞錢即宜毀棄不得輒更行使如違其所使錢不限多少並納入官仍科深罪

二年七月度支奏三京鄴都并諸道州府市肆買賣所使見錢舊有條流每陌八十文近訪聞在京及諸道街坊市肆人戶不顧條章皆將短陌轉換長錢但恣罔欺殊無畏忌若不條約轉恐侔門請更各降指揮凡有買賣並須使八十陌錢從之

十月右司員外郎楊薰奏先以銅器貴市人多銷錢

以爲罷下令禁之令不行又降之乃再行前勑亦不能禁

三年十二月青州上言北海掘得鐵錢二百萬

四年四月禁鐵鑞錢時湖南純使鑞錢青銅一錢折當一百商估易換法不能止

八月工部員外郎孫洽奏准律潟錢作銅最爲大罪望加禁絶

九月勑先條流三京諸道州府不得於市使錢內夾帶鐵錫錢雖自約束仍聞公然行使自此有人於錢陌中捉到一文至兩文所使錢不計多少納官所犯

人准條流科罪

長興元年正月鴻臚少卿郭在徽奏請鑄造新錢或一當十或一當三十或一當五十兼進錢譜一卷仍於表內徵引故幽州節度使劉仁恭爲鐵錢泥錢事勑旨劉仁恭頃爲燕帥不守藩條輒造泥錢號爲山庫殊非濟物一向害人醜狀尋除惡名猶在郭在徽旣居班列合識規章豈可顯對明庭遽陳弊事仍緣舊譜更撰新文加之以一當十眞謂將虛作實據玆見解宜加懲責可降授衛尉少卿同正仍勑依舊篆字其所進錢譜納在史館其擅造到官數錢圖並令焚毀

二年三月勑諸道州府累降勑令不得使鐵鑞錢如有違勑行使者所使錢不計多少並沒納入官所犯人具姓名以聞近日依前有無良之輩所使錢內夾帶鐵鑞錢須議再行止絶宜令諸道州府嚴切條理密差人嘗於街坊察訪如有衆私鑄潟及將銅錢銷鑄別造物色捉獲勘究不虛並准前勑處分

三年三月河府奏重開廢銅冶

末帝淸泰二年十二月詔御史臺曉告中外禁用鉛錢如違犯准條流處分

晉高祖天福三年二月勑朕以歷代鑄錢濟時爲寶久無監務已絶增添邇來趨利之人違法甚衆銷鎔不已毀蠹日滋禁制未嚴姦弊莫止旣無添而有損耗國以困民將致豐財須行峻法宜令鹽鐵使禁止私下打造鑄潟銅器速具條流事件聞奏

十一月勑國家所資泉貨爲重減耗漸虧於日用增加自致於時康近代已來中原多事銷蠹則甚添鑄無聞朝廷合議於條章寰海必臻於富庶宜令三京鄴都諸道州府曉示無問公私應有銅者並許鑄錢仍以天福元寶爲文左環讀之委鹽鐵司鑄樣頒下

諸道令每一銖重二錢四參十錢重一兩或慮諸人接便將鉛鐵鑄造雜亂銅錢仍令三京鄴都諸道州府依舊禁斷尚慮逐處銅數不多宜令諸道應有久廢銅冶處許百姓取便開鍊永遠爲主官中不取課利其有生熟銅仍許所在中賣入官或任自鑄錢行用其陳許鑄錢外則不得接便別鑄造銅器如有違犯者並准三年三月三十日勅條處分

十二月勅先許鑄錢仍每一錢重二銖四參十錢重一兩切慮逐處銅斛難依先定銖兩宜令天下無問公私應有銅欲鑄錢者一任取便酌量輕重鑄造因茲

不得入錫并鐵及令缺漏不堪久遠用使仍委鹽鐵司明曉示准元勅指揮

四年七月勅先令天下州郡公私鑄錢近聞以鉛錫相參缺薄小弱有違條制不可久行今後官私鑄造私下禁依舊法

十一月建錢爐於藥川爲石豹之冶

漢隱帝乾佑初始使七十七陌錢是時膳部郎中羅周胤上言曰錢刀之貨今古通行從古自來鑄造不息長無積聚蓋被銷鎔若不峻設隄防何以絶其奸宄臣請勅三京鄴都諸道州府凡銅物服玩鞍轡門戶民間百物舊用銅者今後禁斷不得用銅諸郡邑州府鄽市已成銅器及腰帶幞頭線及門戶飾許勅出後一月並令納官官中約定銅價支給候諸處納畢請在京置鑄錢盡俾銅盡爲錢以濟軍用除錢外只令鑄鏡鏡亦官鑄量尺寸定價其餘並不得用銅如敢固違請行條法以杜姦源疏奏不報

周太祖廣順元年三月勅銅法今後官中更不禁斷一任興販所有一色即不得瀉破爲銅器貨賣如有犯者有人糺告捉獲所犯人不計多少斤兩並處死其地方所由節級决脊杖十七放隣保人臀杖十七

放其告事人給與賞錢一百貫文

世宗顯德二年九月勅國家之利泉貨爲先近朝已來久絶鑄造至於私下不禁銷鎔歲月漸深奸弊尤甚今採銅興冶立監鑄錢冀使公私宜行條制起今後除朝廷法物軍器及鏡并寺觀鐘磬鈸相輪火珠鈴鐸外其餘銅器一切禁斷應兩京諸道州府銅像器物及諸色裝鉸所用銅限勅到五十日内立須毁折送官其私下所納到銅據斤兩給付價錢如出限輒有隱藏及埋窖使用者一兩至一斤所犯人並加等第刑責至五斤已上不計多少所犯人處死其銅

鏡今後官中鑄造於東京置場貨賣許人收買於諸處興販初世宗謂侍臣曰今以錢貨之弊將立監鑄錢勑像之屬凡是銅者並從銷鑄鍮等勿以毀佛興利而有難色夫佛聖人也廣其善道以化人心心能奉道佛則不遠存其像也非重佛之至也行其道乃奉佛之深也今興利所以濟人也濟人即佛道也况聞大聖捨頭目之驗若朕身可濟民亦將不惜也

冊府元龜

巡按福建監察御史臣李嗣京訂正

知長樂縣事臣夏允彝叅閲

知建陽縣事臣黄國琦較釋

邦計部二十

平糴　常平

平糴

孟子曰犬彘食人食而不知檢塗有餓莩而不知發蓋譏其不以法度簡歛也是知善爲國者當平豐之歲爲凶荒之儲所以順天道備寇賊而紓農人務政本也夫世有饑穰天之行也邦之經費既不可闕民之資奉於是乎在或上熟而不收惡歲而亡備烏謂夫能通其變者也若乃權其輕重制其物宜則平糴之法存焉所以上操其柄下得其利農夫不困國用嘗足者亦繇是焉古之知治道者嘗從事於斯矣歷代而下咸可述焉

管仲齊大夫也桓公問於管子曰吾欲守國財而無稅於天下而因可乎仲對曰昔武王爲巨橋之粟貴糴之數（武王既勝殷得巨橋粟欲使糴貴巨橋倉在廣平郡曲周縣）立重泉之戍（戍名也重文叅切假設此戍名欲人憚役而竞收粟也）令曰民自有百鼓之粟者不行民舉所聚粟以避重泉之戍而國穀二什倍巨橋之粟亦二什倍武王以巨橋之粟二什倍而市繒帛（雜綵曰繒）軍五歲無籍衣於人以巨橋之粟亦二什倍而衡黄金（平也）終身無籍於人桓公又曰齊西水潦而民饑齊東豐庸而糴賤欲以東之賤被西之貴爲之有道乎管子曰今齊西之粟釜（五鏂爲釜）百泉則鏂二十也（斗二升八合曰鏂烏侯切泉錢也）齊東之粟釜十泉則鏂二錢也請以令籍人三十泉得以五穀菽粟決其籍若此則西出三斗而決其籍齊東出三釜而決其籍然則釜十之粟皆實於倉廩西之人饑者得食寒者得衣

若此則東西之相被遠近之準平矣（君下令稅人三十錢准以五穀令齊東之人納三釜以賑西之人則東西俱平矣管子智用無窮以區區之齊一匡天下本仁祖義成其霸業所行權術因饑而發非爲當道也故別篇云術行不去盡也）桓公又曰糴賤寡人恐五穀之歸於諸侯寡人欲爲萬人藏之爲此有道乎管子曰今者夷吾道市有新成囷京者二家（大囷曰京）君請式璧而聘之（式用也璧玉也聘問也使玉人刻石爲璧尺者萬泉八寸者八千七寸者七千是也賜之以璧仍存問也）行令半年萬人舍其業而爲囷京以藏菽粟者過半

魏文侯相李悝曰（悝音魁）糴甚貴傷人（此人謂士工商）甚賤傷農人傷則離散農傷則國貧故甚貴與甚賤其傷一

也善爲國者使人無傷而農益勸今一夫挾五口理田百畮歲收畮一石半爲粟百五十石除十一之稅十五石餘百三十五石食人月一石半五人終歲爲粟九十石餘有四十五石石三十爲錢千三百五十除社閭嘗新春秋之祠用錢三百餘千五十衣人率用錢三百五人終歲用千五百不足四百五十州四百五十不足不幸疾病死喪之費及上賦斂又未與此此農夫所以常困有不勸耕之心而令糴至於甚貴者也是故善平糴者必謹觀歲有上中下熟上熟其收自四餘四百石平歲百畝收百五十石今大熟四倍收六百石計人終歲長四百石官糴二百

石此爲糴三舍一也中熟自三餘三百石自三四百五十石也終歲長三百石官糴其二百石此爲糴二而舍一下熟自倍餘百石自倍收三百石終歲長百石官糴其五十石云下熟糴以謂中分百石之一小饑則收百石平歲百畝之收收百五十石今小饑收百石收三分之二也中饑七十石收二分之一大饑三十石收五分之一也以此準之大小中饑之率故大熟則上糴三而舍一中熟則糴二下熟則糴一使人適足價平則止小饑則發小熟之所斂官以斂藏出中饑則發中熟之所斂大饑則發大熟之所斂而糴之故雖遇饑饉水旱糴不貴而人不散取有餘以補不足也行之魏國國以富強

晉武帝欲平一江表時穀賤而布帛貴帝欲立平糴法用布帛市穀以爲糧儲議者謂軍資尚少不宜以貴易賤泰始二年帝乃下詔曰夫百姓平豐則用奢凶荒則窮匱是相報之理也故古人權量國用取贏散滯有輕重平糴之法理財均施惠而不費之善政者也然此事久廢天下希習其宜加以官蓄未廣言者異同財貨未能通達其制更令國寶散於穰歲而上不收貧弱困於荒年而國無備豪人富商挾輕資蘊重積以管其利故農夫苦其業而末作不可禁也今者省徭務本並力墾殖欲令農功益登耕者益勸而猶或騰踴至於農人並傷今宜通糴以充儉法主

者平議具爲條制然事竟未行

南齊武帝永明五年詔曰善爲國者使民無乏而農益勸是以十一而稅周道克隆開建嘗平漢載惟穆岱畎絲枲浮汶來貢杞梓皮革必緣楚往自水德將謝喪亂弘多師旅歲興饑饉代有貧室盡於課調泉具傾於絕域軍國器用動資四表不因厥產咸用九賦雖有交貿之名而無潤私之實民咨塗炭寔此之錄昔在開運星紀未周餘弊尚重農桑不殷於曩日粟帛輕賤於當年工商罕兼金之儲匹夫多饑寒之患良田圍法久廢上幣稍寡所謂民失其資能無匱

乎凡下貧之家可蠲三調二年京師及四方出錢億萬糴米穀絲綿之屬平和其價以優黔首遠邦嘗市雜物非土俗所產者皆悉停之必是歲賦攸宜都邑所乏可見直和市勿使逋刻

後魏鹿悆前廢帝普泰中爲右光祿大夫兼度支尚書河北五州和糴大使

後周武帝建德三年正月詔以往歲年穀不登民多乏絕令公私道俗凡有貯積粟麥者皆准口聽留以外盡糴

唐則天證聖元年三月二十一日勑州縣軍司府官

等不得輒取和糴物亦不得遣人替

玄宗開元二年閏二月十八日勑年歲不稔有無須通所在州縣不得閉糴各令當處長吏簡較

十六年九月詔曰如聞天下諸州今歲普熟穀價至賤必恐傷農加錢收糴以實倉廩縱逢水旱不慮阻饑公私之間或亦爲便令所在以常平本錢及當處物各於時價上量加三五錢百姓有糴易者爲收糴事須兩和不得限數配糴訖具所用錢物及所收糴物數具申所司仍令上佐一人專簡較

二十五年九月戊子勑曰適變從宜有國常典恤人濟物爲政所先今歲秋苗遠近豐熟時穀旣賤則甚傷農事資均糴以利百姓宜令戶部郎中鄭昉殿中侍御史鄭章於都畿據時價外每斗加三兩錢和糴粟三四百萬石所在貯掌江淮漕運固甚煩勞務在安人宜令休息其江淮間今年所運租停其關輔委度支郎中兼侍御史王翼准此和糴粟三四百萬石應須船運等卽與所司審計料奏聞

二十六年三月丙申勑曰如聞寧慶兩州小麥甚賤百姓出糶又無人糴衣服之間或慮難得宜令所司與本道支使計會每斗加於時價一兩錢糴取二萬

石變造麥飯貯於朔方軍城

二十七年九月勑曰理國者在乎安人安人者在乎足食以古先哲后立法濟時使家有三載之儲國有九年之蓄雖遇水旱終保康寧則堯湯之代緣此道也朕以薄德丕承膺圖身雖在於九重心每同於兆庶而微誠克遂上帝降祥今歲物已秋成農郊大稔豈但京坻之積有同水火之饒宜因豐穰預爲收貯濟人救乏莫先于茲宜令所司速計料天下諸州倉有不支三年者宜量取今年稅錢各委所繇長官及時每斗加於時價一兩錢收糴

天寶四載五月詔曰如聞今載收麥倍勝常歲稍至豐賤卽慮傷農處置之間事資通濟宜令河南河北諸郡長官取當處常平錢於時價外斟別加三五錢量事收糴大麥貯掌其義倉亦宜准此仍委採訪使勾當便勘覆具數一時錄奏諸道有糧儲少處各隨土宜如堪貯積亦准此處分

肅宗上元元年九月勑先緣諸道閉糴頗有處分如聞所在米粟尚未流通宜令諸節度觀察各於管內捉搦不得輒令閉糴

代宗大曆八年十一月癸未勑度支江淮轉運三十

萬石米價并腳價充關內和糴時京師大稔穀價驟賤大麥斗至八錢粟斗至二十錢帝勤卹萬姓思以贍之以每歲漕輓四十萬石米至上郡乃量遠近貴減至十萬石三十萬石米價充關內近加價和糴以利關中人權也庚子詔京官職田一切官爲收糴令度支估以聞度支奏估直五萬貫詔加至八萬貫以來估時賤糴百官也

九年五月庚申以時屬年豐理國之本莫先兵食乃詔度支支七十萬貫諸道轉運使支五十萬貫充和糴

十一年六月十三日勑自今巳後所在一切不得閉糴及隔截榷稅

德宗興元元年閏十一月詔曰江淮之間連歲豐稔迫於供賦頗亦傷農收其有餘濟彼不足宜令度支於淮南浙東浙西道加價和糴米三五十萬石差官船運於諸處減價出糴貴從權便以利於人

貞元元年正月詔諸州府不得輒有閉糴

二年十月度支奏京兆河南河中同華陝虢晉絳鄜坊丹延等州府秋夏兩稅青苗等錢物悉折糴粟麥所在儲積以備軍食京兆府兼給錢收糴每斗於時

價外更加十錢納於大倉詔可其奏自是每歲行之以贍軍國

十一月度支奏請於京兆府明年夏秋稅二十二萬四千貫文又請度支給錢添成四十萬貫令京兆府今年內收糴粟麥五十萬石以備軍食詔從之

三年閏五月度支奏河南河中府及同華晉絳陝虢鄜坊丹延等州今年夏稅各送上都及留州留都府錢八十一萬貫請量取三十萬貫折糴豆麥等貯納仍委和糴使兵部郎中姚南仲勾當從之

四年九月詔京兆府於時價外加和糴差清強官先

給價直然後貯納續令所司自搬載送太倉並差御史訪察有違勑文當重科貶先是多被折物或估踰時價或先歛而不訓追集停擁割斂運納遠近怨苦故有是詔

八年十月以西北邊穀賤詔令度支增價糴和以實邊備凡積米三十三萬斛

九年正月詔曰分災救患法有常規通商惠人國之令典自今宜令州府不得輒有閉糴仍委鹽鐵使及觀察使訪察聞奏

十六年十月勑京兆府今年和糴粟一百萬數內宜

減三十萬

憲宗元和七年七月戶部侍郎判度支盧坦奏今年冬諸州和糴貯粟澤潞四十萬石鄭滑易定各一十五萬石夏州八萬石河陽一十萬石太原二十萬石靈武七萬石振武豐州鹽州各五萬石凡一百六十萬以今秋豐稔必資蓄備其澤潞石易定鄭滑河陽委本道差判官和糴各於時價每㪷加十文所冀人知勸農國有常備從之

八年九月癸丑權判度支兵部尚書王紹奏請折糴粟京兆府二十五萬石同州五萬石華州三萬石陝州五萬石虢州三萬石河中府三萬石絳州二萬石河南府六萬石河陽節度管內十萬石准舊仍各於本州處中旬時估每㪷加饒五之一京兆府量加五之二以當府秋稅青苗錢折納仍委戶部以不折估疋段據數俱還從之

穆宗長慶元年三月勑春農方興種植是切其京西京北和糴使宜勒停先是度支以邊備無備請置和糴使經年無序徒擾邊人故罷之

七月十八日大赦制近邊所置和糴皆給實價如聞頃來積弊頗甚美利盡歸於主掌善價不及於村閭

或慮招以奉於强家或廣儆用盜於游客若不嚴約弊何可除宜委度支精擇京西京北應供軍糧并和糴院官并營田水陸轉運切加訪察仍作條流撿括速具奏聞

四年七月乙丑丁卯勑近日訪聞京城米價稍貴須有通變以便公私宜令戶部應給百官俸料其中一半合給疋段者迴給官中所糴粟每㪷折錢五十文其疋段委別收貯至冬糴粟填納大倉時人以爲甚便

八月詔於關內及關東折糴粟一百五十萬石用備

饑歉其和糴價以戶部錢充收貯畢日仍委戶部管
繫尋嘗不得支用
敬宗寶曆元年八月敕度支於兩畿及鳳州邠涇鄜
坊同華河中陝州河陽等道共和糴折糴聚二百萬
斛命祠部郎中崔忠信等分道主之以是歲大稔故
也
十二月戊辰敕如聞河東振武今年熟令博糴米十
萬斛搬送靈武收貯其價以戶部錢充
文宗太和三年九月詔以河南河北諸道頻年水旱
重以兵役而徐汴晉內遭水潦如聞江淮諸郡所在

豐稔困於甚賤不免傷農州縣長吏苟思自便條約
不令出界雖無嚴榜以避詔條而商旅不通米價懸
異致令水旱之處種食無資昔春秋之時列國異政
分災救患猶載冊書況今朝典大行遠近一統禁錢
閉糴具在赦文宜令御史臺諫御史一人於河南巡
撿但每道每州界首物價不等米商不行即時牒有
約勒不必更待文榜為驗便具事狀及本貫刺史縣
令察判名聞如河南通商旅之後淮南諸郡米價漸
起展轉連接之處直至江西湖南荊襄已來並須約
勒依此舉勘聞奏仍各令觀察使審詳前後敕條與

御史切加訪察不得容蔽
四年七月甲子內出綾絹三十萬疋付戶部充和糴
八年八月戊申詔曰歲有歉穰穀有貴賤權其輕重
須使通流非止救災亦為利物同州諸縣至河中晉
絳京西北豐熟之處宜令近京諸道許商興販往來
不得止遏
開成元年閏五月己卯帝御紫宸殿謂宰臣曰京兆
府請開場收麥何如李固言曰但優饒百姓則易糴
今年百姓雖放兩稅亦須聽其收貯自為歲計但情
願出糴即加於時價收之鄭覃曰不強其所不欲加

價收糴人自樂輸
十月戶部請和糴粟一百萬石
三年九月丙辰朔中書門下奏請配諸道收糴粟一
百萬石以備卤年甲申詔令戶部差官京西東都河
中共糴粟六十萬石各於當處收貯以備水旱
宣宗大中六年五月敕自收關隴便討黨項邊境生
人皆失活業連屬艱食遂不寧居兼軍儲未得殷豐
切在多贍助今年京畿及西北邊稍似時熟即京畿
人家競搬運斛斗入城收為蓄積致使邊塞粟麥依
前踴貴兼省司和糴亦頗艱難其弊至深須有釐革

其京西北今年夏秋斛斗一切禁斷不得令入京畿
兩界其年六月勑近斷京兆北斛斗入京如聞百姓
多端以麵造麴入城貿易所費亦多切宜所在嚴加
覺察不得容許
懿宗咸通七年八月戶部奏請開和糴勑曰自數年
江淮頻爲饑歉今年稼穡稍似豐穰國家比爲傷農
是開和糴如聞積弊繼有多端善價不及鄉閭美利
皆歸司局徒爲名目不益公私委戶部自此擇人深
須峻法稍循前弊必罪所司史官曰和糴之文累朝
承弊

大和中華州刺史宇文鼎戶部員外郎盧允中右司
員外判戶部姚康以分使和糴錢八萬貫其巡司李
孚楊洵美各杖一百允中等悉配邊蓋此法未得中
也惟白居易元和時爲右拾遺上疏論和糴事其理
最當辭去臣伏見有司以今年豐熟請令畿內及諸
州和糴將收錢穀當利農夫以臣所觀有害無利何
者凡曰和糴是官出錢人出穀兩和商量然後交易
也比來和糴事殊不然但令府縣散配人戶促
力程限嚴加徵催苟有稽遲即被捉搦迫蹙鞭撻甚
於賦稅和糴之名乃爲虛設故曰有害無利也今若
有司出錢開場自糴比於時價稍較饒利誘人人若
見利自然遠近爭來利害之間可以比辨苟除前之
弊行此之宜是眞得和糴利人之道也二端取捨伏
惟聖旨裁之必不得已即不如折糴者折青苗稅錢
使直納斛㪷免令賤糴別納見錢在農人亦甚爲利
況度支和糴多是雜色疋帛百姓多須轉賣然將納
稅錢至於給付不免侵侔貿易不免損折所失過半
其弊可知今若量折稅錢納斛㪷旣無賤糴粟米之
費又無轉賣疋段之勞利歸於人美歸於上則折糴
之便豈不昭然錄是而論則配戶不如開場和糴不

如折糴亦甚明矣臣久處村閭曾爲和糴之戶親被
蹙迫實不堪命臣近爲畿尉曾領和糴之司親自鞭
撻所不忍視臣頃者嘗疏此人病聞於天聽疎遠賤
微無因上達今幸居禁職列在諫官苟有他聞猶合
諫獻況備諳此事深知此弊臣若緘默隱而不言不
惟上辜聖恩實亦下負夙願猶慮愚誠不至聖鑒未
迴即望令左右可親信者一人潛問鄉閭百姓和糴
之與折糴孰利而與孰害乎則知臣言不敢苟耳或
陛下以勑命已行難於移改以臣愚懇則又不然夫
聖人之舉事也唯務便人雖求利物若損益相半則

不必遷移若利害相懸則事須追改不獨於此其他亦然

十月二十三日御史臺奏今後如有所在閉糴者長吏必加貶降本判官錄事參軍並停見任書下考仍勒所在州縣各於版牓寫錄此條懸示百姓每道委觀察判官每州府委錄事參軍勾當逐月具不閉糴事錄申臺從之

後唐莊宗同光三年閏十二月十九日勑今歲自京已東水潦爲患物價騰踴人戶多於西京收糴斛㪷近聞京西諸道州府逐㪷皆有稅錢遂不通行乃同

閉糴宜令各下京西諸道州府凡閉糴斛㪷不得輒有稅率及經過水陸關坊鎮縣妄有邀詰

四年正月壬戌詔曰輦轂之中郊甸之內時物踊貴人戶饑窮訪聞自陝已西邐及邠鳳積年時熟百穀價和縱未能別備於貢輸亦宜廣通於和糴近聞輒有稅索已曾降勑指揮尚恐關鎮阻滯行塗增長物價仰所在長吏切如撿御以濟往來推救災卹患之心明奉國憂人之道又京圻之內自張全義制置已數十年每聞開墾荒蕪勸課稼穡曾無歉歲甚有餘糧公私貯蓄及多收藏未肯出糶更俟厚價頗失衆情宜令中書門下條流應在京及諸縣有貯斛㪷並令減價出糶以濟公私如不遵行卽仰聞奏別具撿括仍委河南府切詳勑命處分

明宗天成二年八月乙酉中書舍人張文寶上言今歲時雨不愆秋苗倍熟應大熟處望下勑收糴以備歉歲

末帝清泰元年七月詔鳳州禁糴出外界

晉高祖天福二年十一月大理少卿路航上言臣聞却敵者兵強兵者食兵不强無以驅除禍亂食不足無以贍濟國家方今海內未平寰中多事制叛則必

攻必討壯國在足食足兵臣伏見天下諸州府舊穀尚賤新穀又登旣漸豐饒俱難糴貨臣請國家每隆大計須作預防時當小稔之年可設無窮之備伏請取天下州府錢帛數逐年支計外委逐處長吏於津要處差清白官收糴粟一色別廒積貯以備荒年若在豐穰之日未見優長如逢饑饉之時方明利濟疏奏不納時輦下養兵數廣於前衣食又倍之猶是合諸藩上供不足以充費間以畝稅並折徵縑帛食廩曾無兼年之蓄至廢帝嗣位大蝗起率百姓口食天下一空俄致戎人南牧幸其國虛故也

周太祖廣順元年四月勑天災流行分野代有苟或閉糴豈是愛人宜令沿淮渡口鎮鋪不得止淮南人糴易

三年七月勑沿淮諸州點檢淮南人所糴糧食如是以驢騾爲馱及人負擔即仰放過不得以舟車輦運過淮先是淮南大旱井泉涸竭太祖愍之命許博糴至是聞吳人收糴入官以備軍食遂詔止輦運過淮

常平

夫歲有凶穰故穀有貴賤令有緩急則物有重輕始自列國李悝起平糴之法至於漢世壽昌建常平之

制裁之得宜馭之有道雖復天災流行水旱作沴而穀有常價民無饑色其後迫於羣議乃從中輟永平之歲遵用舊典而糴益賤廩庾充積旣而罷焉晉氏之後南北更王或建置有初或評論靡決名稱之際因革或殊經制之方損益小異洎于隋室復有義倉社倉之名唐祚延久條式咸著朱梁五代干戈未息揚雄奏議亦頗及之原其立法之意誠以均節貨幣之高下防虞稼穡之豐歉調盈虛而御國用謹聚散而濟民命管子所謂多則賤寡則貴散則輕聚則重眞得治財之術哉夫爲邦者不可以不務也

漢宣帝五鳳中大司農中丞耿壽昌奏言故事歲漕關東穀四百萬斛以給京師用卒六萬人宜糴三輔弘農河東上黨太原郡穀足供京師可以省漕足過半帝從之壽昌遂白令邊郡皆平倉以穀賤時增其價而糴以利農穀貴時減價而糴名曰常平倉以給北邊民便之帝廼下詔賜壽昌爵關内侯

元帝即位天下大水關東尤甚二年齊地饑民多餓死諸儒多言常平倉可罷帝從其議

後漢明帝即位天下安寧民無横徭歲比登稔永平五年作常滿倉立粟市於城東粟斛直錢三十府廩

還積一云永平十一年明帝欲置常平倉公卿議者多以爲便屯騎校尉劉般對以常平倉外有利民之名而内實侵刻百姓豪右因緣爲奸小民不能得其平置之不便帝乃止

晉武帝泰始四年立常平倉豐則糴儉則賣以利百姓

咸寧二年起太倉於城東常平倉於東西市宋沈曇慶爲右丞時歲有水旱曇慶議立常平倉以救民急太祖納其言而事不行

南齊永明中天下米穀布帛賤武帝欲置常平倉市積爲儲六年下詔兼尚書右丞李珪之等參議出上庫錢五千萬於京師市米買絲綿綾絹布揚州出錢

千九百一十萬南徐州三百萬各於郡所市糴南豫州二百萬市絲綿綾絹布米菽麥江州五百萬市米胡麻荆州五百萬郢州三百萬皆市絹布米大小豆大胡麻湘州米兼粳粟湖州二百萬市米布臘司州二百五十萬西豫州二百五十萬南兗州二百五十萬雍州五百萬皆市絹綿布米南兗州兼大麥大豆使臺傳並於所在市易

後魏孝文太和十二年詔羣臣求安民之術有司上言請析州郡常調九分之二京都度支歲用之餘各立官司豐年糴貯於倉時儉則加私之一糴之於民

如此民必相力田以買絹積財以取官粟年登則常積歲歉則直給帝覽而善之尋施行焉自此公私豐贍雖時有水旱不爲患也

二十年十二月置常平倉

東魏孝靜天平中常調之外隨豐稔各處折絹糴粟以充國儲於本州緣河津濟皆官倉貯積以擬漕運自是之後倉廩之實雖有水旱凶饑之處皆仰開倉以振元元之衆

北齊武成河清三年定令諸州郡常別置富人倉初立之日准所領中下戶口數得支一年之糧逐當州穀價賤時斟量割當年義租充入穀貴下價糶之賤則還用所糶之物依價糴貯

後周太祖初爲魏相創制司倉掌辨九穀之物以量國用國用足蓄其餘以待凶荒不足則止餘用用足則以粟貸人春頒之秋斂之

隋開皇三年陝州置常平倉京師置常平監

五年五月詔置義倉時度支尚書長孫平見天下州縣多罹水旱百姓不給奏令民間每秋家出粟麥一石以下貧富爲差儲之閭里以備凶年名曰義倉因上書曰臣聞國以民爲本民以食爲命勸農重穀

先王令軌古者三年耕而餘一年之積九年作而有三年之儲雖水旱爲災而民無菜色皆繇勸導有方蓄積先備者也去年亢陽關右饑餧陛下運山東之粟置常平之官開發倉廩普加賑賜大德鴻恩可謂至矣然經國之道義資遠算請勅諸州刺史縣令以勸農積穀爲務帝深嘉納自是州里豐衍民賴焉一云長孫平請令諸州百姓及軍人勸課當社共立義倉收穫之日隨其所得勸課出粟及麥於當社造倉窖貯之即委社司執帳簡㑹每年收積勿使損敗若時或不熟當社有饑饉者即以此穀賑給

十五年以義倉貯在人間多有費損下詔曰本置義倉止防水旱百姓之徒不思久計輕爾費損於後乏

絶又北境諸州異於餘處雲朔夏綏靈鹽簡豐鄯凉
甘瓜等州所有義倉雜種並納本州若人有旱歉少
糧先給雜種及遠年粟

十六年正月詔秦疊成康武文芳宕旭洮岷渭紀河
廓豳隴涇寧原敷丹延綏銀扶等州社倉並於當縣
安置

二年又詔社倉准上中下三等稅上戶不過一石中
戶不過七斗下戶不過四斗

仁壽二年九月置常平官

唐高祖武德元年九月四日令州縣始置社倉

是年九月二十二日詔曰朕祗膺靈命撫字黎民方
緝隆平躋之仁壽田畝之賦一切蠲除錙銖之律悉
皆停斷是以特建農圃用督耕耘思俾齊民既庶且
富鍾庾之量異同水火宜置常平監官以均天下之
貨市肆騰踊則減價而出田畜豐羨則增價而收鰥
類長之去甚去泰庶使公私俱濟家給人足仰止并
兼宜通擁滯

五年十二月廢常平監官

太宗貞觀二年四月制天下州縣並置義倉先是每
歲水旱皆以正倉出給無倉之處就食他州百姓流
移或致窮困左丞戴胄上言水旱凶災前聖之所不
免國無九年之儲蓄禮經之所明誠今喪亂以後戶
口凋殘每歲納租未實倉廩隨即出給纔供當年若
有凶災將何賑恤故隋開皇立制天下之人節級輸
粟名爲社倉終於文皇得無饑饉及大業中年國用
不足並取社倉之物以充官費故至末途無以支給
請自王公以下爰及衆庶計所墾田稼穡頃畝每至
秋熟准其見苗以理勸課盡令出粟稻麥之鄉亦同
此稅各納所在爲立義倉若年穀不登百姓饑饉所
在州縣隨便取給太宗曰既爲百姓預作儲貯官爲

舉掌以備凶年朕非所須橫生賦斂利民之事深是
可行宜下所司議立條制至是戶部尚書韓仲良奏
王公已下墾地畝納二升其粟麥秔稻之屬各依土
地貯之州縣以備凶年制可之自是倉儲衍溢億兆
賴焉

十三年十二月十四日詔於雒相幽徐齊并秦蒲等
州置常平倉

高宗永徽二年閏九月初六日勑義倉據地稅子實
是勞煩宜令衆戶出粟率上上戶五石餘各有差

六年八月京西二市初置常平倉以大雨道路不通京師米貴

顯慶二年十二月三日京西常平倉置平署官員（自太宗以至高宗則天數十年間義倉不許雜用其後公私窮迫漸貸義倉支用自中宗神龍之後天下義倉費用殆盡）

玄宗開元二年九月詔曰天下諸州今年稍熟穀價全賤或慮傷農常平之法行自往古苟絕欺隱利益實多宜令諸州加時價三兩錢糴不得抑斂仍交相付領勿許懸欠蠶麥時熟穀米必貴即令減價出糶豆等堪貯者熟亦宜准此以時出入務在利人江嶺淮浙劍南地皆下濕不堪貯積不在此例其常平所須錢物宜令所司支料奏聞並委長官專知改任日

遞相付受且以天災流行國家代有若無糧儲之備必致饑饉之憂縣令親人風俗所繫隨當處豐約勸課百姓未辦三載之糧且貯一年之食每家別爲倉窖非蠶忙農要之時勿許破用仍委刺史及按察使簡較覺察不得容其矯妄

四年五月勑曰天下百姓皆有正條正租州縣義倉本備饑年賑給若緣官事便用還以正倉却塡近年已來每三年一度以百姓義倉造米遠送交納仍勤百姓私出腳錢即幷正租一年兩度打腳雇男鬻女折舍賣田力極計窮遂即逃竄勢不獲已情實可矜自今已後更不得以義倉同造已上道者不在停限以後若不熟之少者任所司臨時具奏聽進止其腳並以官物充

六年三月詔曰德惟善政政在養人必將厚生阜俗利物弘義朕奉若天命副膺王業思一物失所以百姓爲心聞者河北河南頗非善熟之人糧食固應乏少頃雖分遣使臣已領巡問猶慮鰥獨不能自存凡立義倉用爲歲備今舊穀向沒新麥未登蠶月務因田家作苦不有惠恤其何以安宜問彼困備時令貸給况京坻轉積歲月滋壞因而變造爲利弘多將以

散滯收贏理財均施所司明作條件俾便公私

七年六月勑關內隴右河東河北五道及荆楊襄河南夔綿益彭蜀資漢劍茂等州並置常平倉其本上州三千貫中州二千貫下州一千貫每糴具本利與正倉帳同申

十六年十月勑自今歲普熟穀價至賤必恐傷農加錢收糴以實倉廩縱逢水旱不慮阻饑公私之間或亦爲便宜令所在以當本錢及當處物各於價上量加三錢百姓有糶平易者收糴事須兩和不得限數配糴訖具所用錢物及所糴得物數具申所司仍令

上佐一人專勾當
二十九年制曰本制倉儲用防水旱朕每念黎庶嘗憂匱乏承前有遭損之州皆待奏報然始賑給近年亦分命使臣與州縣相知處置尚慮道路懸遠往復淹滯以此恤人何救懸絕自今已後若有損處應須賑給宜令州縣長官與採訪使勘會量事給訖奏聞朕當重遣使臣宣慰按覆
天寶四載五月詔曰如聞今載收麥倍勝常歲稍至豐賤卽慮傷農處置之間事資通濟宜令河南河北諸郡長官取當處常平錢於時價外斟別加三五錢

量事收糴大麥貯掌其義倉亦宜准此仍委採訪使勾當便勘覆具數一時錄奏諸道有糧儲少處各隨土宜如堪貯積亦准此處分
六載三月二十二日太府少卿張瑄奏准四載五月八日并五載三月十六日敕節文至貴時賤價出糶賤時加價收糴若百姓未辦錢物者任准開元二十八年七月九日敕量事賒糴至粟麥熟時徵納臣使司商量且糶舊糴新不同別用其賒糶者至納錢日若粟麥雜種等時價甚賤恐更迴易艱辛請加價便與折納

代宗廣德二年正月諸道轉運使專判度支戶部侍郎第五琦奏天下諸州望置常平倉及庫使司商量置本錢隨當處米物時價賤則加價收糴貴則減價糶賣
德宗建中元年七月敕夫常平者常使穀價如一大豐不爲之減大儉不爲之加雖遇災荒人無菜色自今已後忽米價貴時宜量出官米十萬石麥十萬石每日量付兩市行人下價糶貨
三年九月戶部侍郎趙贊上言曰伏以舊制置倉儲粟名曰常平軍興已來此事浸廢因循未舉垂三十

年其間或因凶荒流散餓死相食者不可勝紀古者平準之法使萬室之邑必有萬鍾之藏千室之邑必有千鍾之藏春以奉耕夏以奉耘雖有大賈富家不得豪奪吾人者蓋謂能行輕重之法也自陛下登極來許京城兩市置常平官糴鹽米雖經頻年少雨米價不復騰貴此乃卽日明驗實要推而廣之當軍興之時與承平或異事須兼儲布帛以備時須臣今商量請於兩都并江陵成都揚汴蘇洪等州府各置常平輕重本錢上至百萬貫下至十萬貫隨其所宜量定多少唯貯斛斗疋段絲麻等候物貴則下價出

賣物賤則加價收糴權輕重以利疲人從之贊於是條奏諸道津要都會之所皆置吏閱商人財貨計錢每貫稅二十文天下所出竹木茶漆皆十一稅之以充常平本時軍用稍廣常賦不足所稅亦隨得而盡終不能爲常平

憲宗元和元年正月制歲時有豐歉穀價有重輕將備水旱之虞在權聚斂之術應天下州府每年所稅地子數內宜十分取二分均充常平倉及義倉仍各逐穩便收貯以時糶糴務在救人賑貸所宜速須聞奏

六年二月制如聞京畿之內舊穀巳盡宿麥未登宜以常平義倉粟二十四萬石貸借百姓諸道州府有乏少糧種處亦委所在官長用常平義倉米借貸淮南浙西宣歙等道元和二年四月賑貸並宜停徵容至豐年然後塡納

十三年正月戶部侍郎孟簡奏應天下州府常平義倉等斛斗請准舊例減估出糶但以名數奏申有司更不收管州縣得專達以利百姓從之

穆宗長慶二年十月詔江淮諸州旱損頗多所在米價不免踊貴宜委淮南浙西浙東宣歙江西福建等道觀察使各於本道有水旱處取常平義倉斛斗據時估減半價出糶以惠貧民

四年三月制曰義倉之制其來日久近歲所在盜用沒入致使小有水旱生人坐委溝壑永言其弊職此之繇宜令諸州錄事參軍專勾當苟爲長吏迫制即許驛表上聞考滿之日戶部差官交割如有欠負與減一選如欠少者量加一選欠數過多戶部奏聞節級科處

文宗太和七年八月詔曰如聞今歲所在豐稔其義倉斛斗先有借用處委戶部勾當並須及時塡足

八年九月詔淮江浙西等道仍歲水潦遣殿中侍御史任畹馳往慰勞以比年賑貸多爲奸吏所欺徒有其名惠不及下宜委所在長吏以軍州自貯官倉米減一半價出糶務及貧弱如無貯蓄處即以常平義倉米糶田苗全損處全放其年青苗錢餘亦量議蠲減

九年二月中書門下奏常平義倉本虞水旱以時賑郵州府不詳文理或申省取裁或奏候進止自今已後應遭水旱處先據貧下戶及鰥寡惸獨不濟者便開倉准元勑作等第賑貸訖具數申報有司如或水

旱尤甚米麥翔貴亦任准元年勅或減價出糶熟時糴塡委諸道觀察使各下諸州重令知悉

三月制曰朕以寡德託於兆人之上雖兢兢業業思理不怠而政道多闕和氣用傷仍歲水旱黎人艱食爲之父母斯心鬱陶如聞魏博六州阻饑尤甚野無青草道殣相望及山南東道陳許鄆曹濮淮南浙西等道皆困於饑疫慮乏鐘餉其魏博宜賜粟五萬石山南東道陳許鄆曹濮等三道各賜糙米二萬石充賑給委度支逐便遣淮南浙西兩道委長吏以常平義倉粟賑賜應諸道有饑疫處軍糧積蓄之外其屬

度支戶部雜穀並令減價出糶以濟貧人其有宰牧非才貪殘爲害及承前積弊須有條流或寃獄留滯速宜疎決者並委觀察使糾察詳訪具狀聞奏用弭天眚以副朕焦勞之慮

開成元年八月戶部奏應諸州府所置常平義倉伏請起今後通公私田畝別納粟一升逐年添貯義倉斂之至輕事必通濟歲月稍久自致充盈縱逢水旱之災永絶流亡之慮勅從之

十一月陳許觀察使杜悰奏陳許蔡三州常平義倉斛㪷除元數外當使添置粟一十萬石分貯三州以備水旱

十二月鹽鐵轉運使奏據江淮留後盧鈞以江淮諸州人將阻饑請於來年運米數內量留收貯至春夏百姓饑乏之際減價出糶收其直待熟償之無損于官有利于人帝嘉之詔留運米三十萬石

宣宗以會昌六年卽位五月赦節文常平義倉斛㪷已出百姓太和中又於常數外每畝配率一升稱防災沴其所徵常平義倉正數都無商量如聞此色在諸州縣皆兩徵已困之人何堪重斂自今已後宜停徵太和中每畝率配之數仍令所在長吏分明曉示

以絶奸欺

大中六年四月戶部奏天下州府收管常平義倉斛㪷今日已後如諸道應遭災荒水旱便委長吏淸强官審勘如實是水旱處便任開倉先貧下不濟戶給貸訖具數分析申奏并報臣本司切不得妄給與富豪人戶其所使斛斗仍仰錄事參軍至當年秋熟後專勾當據數追收塡納不令違欠如州府無水旱妄有給使又不及時塡貯其錄事參軍本判官重加殿罰其長吏具銜奏聽進止所冀得濟疲民兼免欠闕從之

後唐明宗天成二年六月中書舍人張文寶請復常平倉

四年九月左補闕張昭遠奏切見今秋物價絕賤百姓隨地畝細配錢物名目多般皆賤糶供輸極傷農業既未能減放貯請加估折納斛斗稍便於民又國朝已來備凶年之法州府置常平倉儀歲以賑貧民請於天下最豐熟處折納斛斗以倉貯之依常平法出納則國家常有粟而民不匱也疏奏不報

長興元年五月右司郎中盧導奏請置常平義倉以備凶歲

漢隱帝乾祐二年太子詹事曹允昇上言國以民爲本民以食爲天時或水旱爲災蟲蝗害稼既無九年之畜寧救萬姓之饑天災流行古今代有而前代縱逢災歉免至流亡蓋以分災恤民素有儲備臣請依古法置常平倉請於天下京都州府租賦五斛斗上每斗別納一升別倉貯積若凶災之處出貸貧民豐年卽納本數庶幾生聚永洽綏懷

冊府元龜

巡按福建監察御史臣李嗣京訂正
知閩縣事臣曹學臣參閱
知建陽縣事臣黃國琦較釋

邦計部二十一

屯田

夫千里餽糧士有饑色樵蘇後爨師不宿飽屯田之利繇是興矣自漢武創制置吏卒五六萬人充國上狀條便宜十有二事新莽僞政則立田禾將軍東漢永平亦命宜禾都尉魏晉而下無代無之是皆因成

營田因田積穀兼兵民之力省飛輓之勞比夫負海轉輸率三十鍾而致一石者其利豈不博哉然而輪臺之耕寖茲日來迫吾國車師之墾匈奴日必爭此地或攻擾田疇或蕩搖邊戍募民敢徙徒費空言調吏而行復致胥怨若乃任峻爲典農之官所在積粟鄧艾著濟河之論資食有儲斯皆不越中區近在宇下厥功易就人靡告勞故魏氏之致富饒晉人之能魁敵者用此道也

漢武帝太初末貳師將軍李廣利伐大宛之後西域震懼多遣使來貢獻漢使西域者益得職(謂得拜職也)於是自燉煌西至鹽澤往往起亭而輪臺渠犁皆有田卒數百人置使者校尉領護(言統領保護營田之事)以給外國使者(謂收其所種五穀以供之)及匈奴昆邪王降後度河自朔方以西至令居(令音零)往往通渠置田官吏卒五六萬人稍蠶食地接匈奴以北(其地相接不絕)是時軍旅連出師行十二年海內虛耗征和中貳師將軍李廣利以軍降匈奴帝既悔遠征伐而搜粟都尉桑弘羊與丞相御史奏言故輪臺東捷枝渠犁皆故國地廣饒水草有溉田五千頃以上處溫和田美可益通溝渠種五穀與中國同時熟其旁國少錐刀貴黃金綵繒可以易

穀食宜給足不可乏(言以錐刀及黃金綵繒與此旁國易穀食可以給田卒不憂乏糧)臣愚以爲可遣屯田卒詣故輪臺以東置校尉三人分護各舉圖地形通利溝渠務使以時益種五穀張掖酒泉遣騎假司馬斥候屬校尉事有便宜因騎置以聞(騎置今之驛馬也)田一歲有積穀募民壯健有累重敢徙者詣田所(累謂妻子家屬)就畜積爲本業(畜讀曰蓄)益墾溉田稍築列亭連城而西以威西國輔烏孫爲使臣謹道徵事臣昌分部行邊嚴勑太守都尉明燧火選士馬謹斥候蓄茭草願陛下遣使使西國以安其意臣昧死請帝乃下詔深陳既往之悔不復出軍

昭帝即位初用桑弘羊前議以杅彌太子賴丹爲校尉將軍田輪臺與渠犂地皆相連龜茲貴人姑翼龜茲謂其王曰賴丹本臣屬吾國今佩漢印綬來迫吾國而田必爲害王即殺賴丹而上書謝漢讀曰丘慈

始元二年八月調故吏將屯田張掖郡調調發也故吏前爲官職者令其部率習射戰士于張掖爲屯田也

元鳳四年平樂監傅介子旣殺樓蘭王漢乃立尉屠耆爲王尉屠耆樓蘭王弟先爲質於漢更名其國爲鄯善王自請天子曰身在漢久今歸單弱而前王有子在恐爲所殺國中有伊循城其地肥美願漢遣一將屯田積穀令

臣得依其威重於是漢遣司馬一人吏士四十人田伊循以塡撫之塡音竹刃切其後更置都尉

宣帝地節二年詔遣侍郎鄭吉及校尉司馬憙許吏切將免刑罪人田渠犂積穀欲以攻車師至秋收穀吉憙發城郭諸國兵萬餘人自與所將田士千五百人共擊車師攻交河城破之王尚在其北石城中未得會軍食盡吉等且罷兵歸田渠犂收秋畢復發兵攻車師王輕騎奔烏孫吉即迎其妻子置渠犂車師東奏事至酒泉有詔還田渠犂及車師益積穀以安西國侵匈奴吉始使吏卒三百人別田車師得降者言

單于大臣皆曰車師地肥美近匈奴使漢得之多田積穀必害人國不可不爭也果遣騎來擊田者吉廼與校尉盡將渠犂田士千五百人往田匈奴復益遣騎來漢田卒少不能當保車師城中匈奴將即其城下謂吉曰單于必爭此地不可田也圍城數日廼解後常數千騎往來守車師去渠犂千餘里間以山河北近匈奴漢兵在渠犂者孰能相救願益田卒公卿議以爲道遠煩費可且罷車師田者詔遣長羅侯常惠將張掖酒泉騎出車師北千餘里揚威武車師旁胡騎引兵去廼得出歸渠犂凡三校尉屯田匈奴傳云宣帝時西域共擊匈奴取車師國匈奴收其餘東不敢居故地而漢益遣屯士分田車師地以實之

其後匈奴遣左右奧鞬奧音郁鞬音居言切各六千騎與左人將再擊漢之田車師城者不能下

神爵三年日逐王畔單于將衆來降護鄯善以西使者鄭吉迎之旣至漢封日逐王爲歸德侯使吉并護北道故號都護都護之起自吉置也匈奴益弱不得近西域于是徙屯田田于北胥鞬地名枝莎車之地按分也屯田校尉始屬都護都護治烏孫壘城去陽關二千七百三十八里與渠犂田官相近土地肥饒于西域爲中都護治焉

趙充國爲後將軍討叛羌度其必壞欲罷騎兵屯田以待其弊上奏曰臣聞兵者所以明德除害也故舉得於外則福生於內不可不慎臣所將吏士馬牛食月用糧穀十九萬九千六百三十斛鹽千六百九十三斛茭藁二十五萬二百八十六石茭乾芻也藁禾稈也石百二十斤難久不解繇役不息又恐它夷卒有不虞之變卒讀曰倅相因並起爲明主憂誠非素定廟勝之策且羌虜易以計破難用兵碎也故臣愚心以爲擊之不便計度臨羌東至浩亹羌虜故田及公田民所未墾可二千頃以上其間郵亭多壞敗者臣前部士入山伐材

本大小六萬餘枚皆在水次願罷騎兵留弛刑應募及淮陽汝南步兵與吏私從者合凡萬二百八十一人用穀月二萬七千三百六十三斛鹽二百八斛分屯要害處冰解漕下繕鄉亭浚溝渠繕補也浚深治也治湟陝以西道橋七十所令可至鮮水左右田事出賦人二十晦田事出謂至春人出營田也晦古畝字也至四月草生發羣騎及屬國胡騎伉健各千倅馬什二就草倅副也什二者千騎則與副馬二百匹也伉音口浪切爲田者游兵以充入金城郡益積畜省大費畜讀曰蓄令大司農所轉穀至者足支萬人一歲食謹上田處及器用簿唯陛下裁許帝報曰皇帝問後將軍言欲罷騎兵萬人留田即如將軍之計虜當何時伏誅兵當何時得決孰計其便復奏充國上狀曰臣聞帝王之兵以全取勝是以貴謀而賤戰戰而百勝非善之善者也故先爲不可勝以待敵之可勝蠻夷習俗雖殊於禮義之國然其欲避害就利愛親戚畏死亡一也今虜亡其美地薦草薦稠草愁於寄託遠遯骨肉心離人有畔志而明主般師罷兵般音班還也萬人留田順天時因地利以待可勝之虜雖未即伏辜兵決可朞月而望羌虜瓦解前後降者萬七百餘人及受言去者凡七十輩此坐支解羌虜之具

也臣謹條不出兵留田便宜十二事步兵九校吏士萬人留屯以爲武備因田致穀威德並行一也又因排折羌虜令不得歸肥饒之墜墜古地字貧破其衆以成羌虜相畔之漸二也居民得並田作不失農業三也軍馬一月之食度支田士一歲罷騎兵以省大費四也至春省甲士卒循河湟漕穀至臨羌以眎羌虜眎亦示字揚威武傳世折衝之具五也以閒暇時下所伐材閒讀曰閑繕治郵亭充入金城六也兵出乘危徼幸不出令反畔之虜竄於風寒之地離霜露疾疫瘃墮之患離遭也墮謂因寒疾而墮指者也坐得必勝之道七也亡經阻遠追

死傷之害八也內不損威武之重外不令虜得乘間之執九也又亡驚動河南大开小开（皆羌種在河西之河南也）使生它變之憂十也治湟陿中道橋令可至鮮水以制西域信威千里（信讀曰申）從枕席上過師十一也（橋成軍行安易若於枕席上過也）大費既省繇役豫息以戒不虞十二也留屯田得十二便出兵失十二利臣充國材下犬馬齒衰不識長冊唯明詔博詳公卿議臣採擇帝復賜報曰皇帝問後將軍言十二便聞之虜雖未伏誅兵決可期月而望期月而望者謂今冬邪謂何時也將軍獨不計虜聞兵頗罷且丁壯相聚攻擾田者及道上

屯兵復殺畧人民將何以止之又大开小开前言曰我告漢軍先零所在兵不往擊久留得亡效五年時不分別人而并擊我（此謂本始五年伐先零不分別大小开本意是以大小开有此言也）其意嘗恐今兵不出得亡變生與先零爲一將軍孰計復奏充國奏曰臣聞兵以計爲本故多筭勝少筭先零羌精兵今餘不過七八千人大地遠客分散饑凍罕开莫須又頗暴畧其羸弱畜產畔還者不絕皆聞天子明令相捕斬之賞臣愚以爲虜破壞可日月冀遠在來春故曰兵決可期月而望竊見北邊自燉煌至遼東萬一千五百餘里乘塞列隧有吏卒數千人虜數大衆攻之而不能害今留步士萬人屯田地執平易多高山遠望之便部曲相保爲塹壘木樵（樵與譙同謂爲高樓以望敵也）校聯不絕（此校謂用木自相貫穿以爲固者亦猶周易荷校滅耳也周禮校人掌王馬之政六廄成校蓋用闌成養馬也說文解字云校木囚也亦謂以木相貫遮闌禽獸也）便兵弩飭鬬具烽火幸通執及并力以逸待勞兵之利者也臣愚以爲屯田內有亡費之利外有守禦之備騎兵雖罷虜見萬人留田爲必禽之具其土崩歸德宜不久矣從今盡三月虜馬羸瘦必不敢捐其妻子於它種中遠涉河山而來爲寇又見屯田之士精兵萬人終不敢復將其累重還歸故地（累重謂妻子也）

（累音力瑞切重音直用切）是臣之愚計所以度虜且必瓦解其處不戰而自破之策也至于虜小寇盜時殺人民其原未可卒禁臣聞戰不必勝不苟接刃攻不必取不苟勞衆誠令兵出雖不能滅先零亶能令虜絕不爲小寇（亶讀曰但）則出兵可也即今同是而釋坐勝之道從乘危之執往終不見利空內自罷敝（罷讀曰疲敝與弊同）貶重而自損非所以視蠻夷也又大兵一出還不可復留湟中亦未可空如是繇役復更發也且匈奴不可不備烏桓不可不憂今久轉運煩費傾我不虞之用以澹一隅（澹古贍字贍給也）臣愚以爲不便校尉臨衆幸得承威

德奉厚幣拊循衆羌諭以明詔宜皆鄉風鄉讀曰嚮雖其
前辭嘗曰得亡校五年宜亡它心不足以故出兵臣
竊自惟念奉詔出塞引軍遠擊窮天子之精兵散車
甲於山野雖亡尺寸之功媮得避慊之便媮苟且也慊亦嫌字
而亡後咎餘責此人臣不忠之利非明主社稷之福
也臣幸得奮精兵討不義久留天誅罪當萬死陛下
寬仁未忍加誅令臣數得熟計愚臣伏計熟甚不敢
避斧鉞之誅昧死陳愚惟陛下省察充國奏每上輒
下公卿議臣初是充國計者什三中什五最後什八
有詔詰前言不便者皆頓首服丞相魏相曰臣愚不

習兵事利害後將軍數畫軍冊其言常是臣任其計
可必用也帝於是報充國曰皇帝問後將軍上書言
羌虜可勝之道今聽將軍將軍計善其上留屯田及
當罷者人馬數將軍強食慎兵事自愛帝以破羌強
弩將軍數言當擊又用充國屯田處離散恐虜犯之
於是兩從其計詔兩將軍與中郎將功出擊強弩出
降四千餘人破羌斬首二千級中郎將功斬首降者
亦二千餘級而充國所降復得五千餘人詔罷兵獨
充國留屯田
元帝時置戊巳校尉屯田車師前王庭戊巳中央鎮覆四方又開
渠播種以爲職故稱戊巳時車師有前王後王國也
王莽遣尚書大夫趙並使勞北邊還言五原北假膏
壤殖穀北假地名也膏壤言其土肥美也殖生也異時嘗置田官乃以並
爲田禾將軍發戍卒屯田北假以助軍
後漢光武建武五年馬援家屬隨隗囂質子恂歸雒
陽居數月而無它職任援以三輔地曠土沃而所將
賓客猥多乃上書求屯田上林中帝許之
六年討虜將軍王霸屯田新安時太中大夫張純將兵屯田南陽
七年詔驃騎大將軍杜茂引兵北屯田晉陽廣武以
備胡寇廣武縣名屬太原郡

明帝永平十六年北征匈奴取伊吾盧地今伊州置宜
禾都尉以屯田遂通西域于闐諸國
章帝建初二年復罷屯田伊吾盧
順帝永建元年復朔方西河上郡旣而激河浚渠爲
屯田省內郡費歲一億計遂令安定北地上郡及隴
西金城嘗儲穀粟令周數年內右扶風韓皓代馬賢
爲校尉明年犀苦詣皓自言求歸故地皓復不遣因
轉湟中屯田置兩河間以逼羣羌皓後坐徵張掖太
守馬續代爲校尉兩河間羌以屯田近之恐必見圖
乃解仇詛盟各自警備續欲先示恩信乃上移屯田

還湟中羌意乃安
六年以伊吾盧膏腴之地傍近西域匈奴資之以爲鈔暴復令開設屯田如永元時事置伊吾司馬一人
陽嘉元年以湟中地廣更增置屯田五部復爲十部復置玄菟郡屯田六部
靈帝中平中傅燮爲漢陽太守廣開屯田列置四十餘營
魏太祖初興值董卓之亂百姓流離穀石至五十餘萬人多相食既破黃巾欲經畧四方而苦軍食不足羽林監潁川棗祗及韓浩建置屯田議太祖乃下令

曰自遭荒亂率乏糧穀諸軍並起無終歲之計饑則寇畧飽則棄餘瓦解流離無敵自破者不可勝數袁紹之在河北軍人仰食桑椹袁術在江淮取給蒲嬴民人相食州里蕭條公曰夫定國之術在於强兵足食秦人以急農兼天下孝武以屯田定四域此先代之良式也是以騎都尉任峻爲典農中郎將乃募民屯田許下得穀百萬斛於是開置芍陂屯田（芍音鵲今壽州）州郡列置田官（淮南郡吏倉慈爲綏集都尉）數年中所在積穀倉廩皆滿官渡之戰軍國之饒起於棗祗而成於任峻時太祖欲廣置屯田以司空掾國淵典其事淵屢陳損益相土處民計民置吏明功課之法五年中倉廩豐實百姓競勸樂業
劉馥爲鎮北將軍都督河北諸軍事脩廣戾渠陵大堰水溉灌薊南北三更種稻邊民利之
梁習爲并州刺史總故部曲於上黨取大材供鄴宮室習表置屯田都尉二人領客六百夫於道次耕種菽粟以給人牛之費
齊王正始中司馬宣王秉政奏穿廣漕渠引河入汴溉東南諸陂始大佃於淮北初宣王欲廣田畜穀爲滅吳之資乃使鄧艾行陳項東至壽春艾以爲田良

水少不足盡地利宜開河渠引水澆溉以通漕運之道乃著濟河論以喻其指又以爲昔破黃巾因爲屯田積穀許都以制四方今三隅已定事在淮南每大軍征舉運兵過半功費巨億以爲大役陳蔡之間上下田糧可省許昌左右諸稻田并水東下令淮北二萬人淮南三萬人分休且田且守水豐常收三倍於西計除衆費歲完五百萬斛以爲軍資六七年間可積三千萬斛於淮上此則十萬之衆五年食也以此乘敵無不尅矣宣王善之皆如艾計施行復以滅賊之要在於積穀乃大興屯守廣開淮陽百尺二渠又

脩諸陂於潁之南北萬餘頃自是淮北倉庾相望壽陽至於京師農官屯兵連屬焉

蜀後主建興中諸葛亮爲丞相出師侵魏據五丈原每患糧不繼使己志不申是以分兵屯田爲久駐之基耕者雜於渭濱居民之間而百姓安堵

吳大帝赤烏中新都都尉陳表吳郡都尉顧承各率所領都人會佃毗陵男女各數萬口

晉安平王孚魏明帝時爲度支尚書以關中連遭賊寇穀帛不足遣冀州農丁五千屯於上邽秋冬習戰陣春夏脩田桑繇是關中軍國有餘待賊有備矣

扶風王駿武帝初爲鎮西將軍都督雍梁等州勸督農桑與士卒分役己及僚佐并將帥兵士等人限田十畝具以表聞詔遣普下州縣使各務農事

羊祜爲都督荆州諸軍事率營兵出鎮南夏時吳石城守去襄陽七百餘里每爲邊害祜患之竟以詭計令吳罷守於是戍邏減半分以墾田八百餘頃大獲其利祜之始至也軍無百日之糧及至季年有十年之積

束晳太康中爲張華司空賊曹屬時欲廣農晳上議曰伏見詔書以倉廩不實關右饑窮欲大興田農以蕃嘉穀此誠有虞戒大禹盡力之謂然農穰可致所繇者三一曰天時不僣二曰地利無失三曰人力咸用若必春無霡霂之潤秋繁滂沱之患水旱失中零穫有請雖使羲和平秩后稷親農理疆畎於原隰勤藨蓘於中田猶不足以致倉庾盈億之積也然地利可以計生人力可以課致詔書之旨亦將欲盡此理乎今天下千城人多游食廢業占空無田課之實較計九州數過萬計可申嚴此防令監司精察一人失課負及郡縣此人力之可致也又司州十郡土狹人繁三魏尤甚而猪羊馬牧布其境內宜悉破廢以供

無業業少之人雖頗割徙在者猶多田多苑牧不樂曠野貪在人間故謂北土不宜畜牧此誠不然案古今之語以爲馬之所生實生冀北大賈牂羊取之清渤放豕之歌起於鉅鹿是其效也可悉徙諸牧以充其地使馬牛猪羊齕草於空虛之田游食之人受業於賦給之賜此地利之可致者也昔騶駅在坰史克所以頌魯僖郤馬務田老氏所以稱有道豈利之所以會哉又如汲郡之吳澤良田數千頃貯水停洿人不墾植聞其國人皆謂通泄之功不足爲難潟鹵成原其利甚重而豪强大族惜其魚捕之饒搆說官長

終於不破此亦咎口之讒載在史篇謂宜復下郡縣以詳當今之計荆揚兗豫汙泥之土渠堨之宜必多此類最是不待天時而豐年可獲者也以其雲雨生於畚臿多稔生於決泄不必望朝隮而潢潦臻禜山川而霖雨息是故兩周爭東西之流史起惜漳渠之浸明地利之重也宜詔四州刺史使謹案以聞又昔魏氏徙三郡人在陽平頓丘界今者繁盛合五六千家二郡田地逼狹謂可徙還西州以充邊土賜其十年之復以慰重遷之情一舉兩得外實內寬增廣窮人之業以闢西郊之田此又農事之大益也

荀崧爲北中郎將徐州刺史監徐兗二州揚之晉陵軍事北鎮淮陰屯田于東陽之石鼈

殷浩爲中軍將軍北征許雒開江西疁音劉田千餘頃以爲軍儲

元帝爲晉王課督農功詔二千石長吏以入穀多少爲殿最其非宿衛要任皆宜赴農使軍各自佃作即以爲廪

後趙石季龍謀伐昌黎使典農中郎將王典率衆萬餘屯田于海濱自幽州東至白狼大興屯田

宋毛脩之爲冠軍將軍領南郡相高祖將伐羗先遣脩之復芍陂起田數千頃

王弘爲會稽王司馬道子驃騎參軍主簿時農務頓息末役繁興弘以爲宜建屯田陳之曰近面所諮立屯田事已具簡聖懷南畝事興時不可失宜早督田畯以要歲功而府資役單刻撿引無所雖復厲以重勸肅以嚴威適足令囹圄充積而無救於事實也伏見南局諸冶募吏數百雖資以廪贍收入甚微愚謂若迴以配農必功利百倍矣然軍器所須不可都廢今欲留銅官大冶都邑小冶各一所重其功課一一准揚州求取亦當無乏餘者皆罷之以充東作之要

又欲二局田曹各立典軍募吏依冶比例并聽取山湖人此皆無損於私有益於公者也其中亦應疇量分判番假及給廪多少自可一以委之本曹親局所統必當練悉且近東曹板水曹參軍納之領此任其人頗有幹能自足了其事耳頃年以來斯務弘廢田蕪廪虛實亦緣此弘過蒙飾擢志輸短効豈可相與寢默有懷弗聞耶至於當否尊自當裁以遠鑒若所啓謬允者伏願便以時施行庶歲有務農之勤倉有盈廪之實禮節之興可以垂拱待也

南齊桓崇祖爲豫州刺史平西將軍明帝使入關參

虜消息還勑崇祖曰卿視吾是守江東而已邪所少者食卿但努力營田自然平殄殘醜遂勑崇祖脩治芍陂田

祖冲之爲長水校尉領冗從僕射冲之造安邊論欲開屯田廣農殖明帝建武中使冲之巡行四方興造大業可以利百姓者會連有事竟不行

徐孝嗣建武末爲尚書令是時連年虜動軍國虛乏孝嗣表立屯田曰有國急務兵食是同一夫輟耕於事彌切故井陌疆里長轂成於周朝屯田廣置勝戈富於漢室降此已還詳畧可見但求之自古爲論則

辭即以當今宜有要術竊尋緣淮諸鎭皆取給京師費引旣殷漕運艱澀聚糧待敵每苦不周利害之基莫此爲急臣比訪之故老及經彼宰守淮南舊田觸處極目陂遏不脩咸成茂草平原陸地彌望尤多今邊備旣嚴戍卒增衆遠資饋運近廢良疇士多饑色可爲嗟嘆愚欲使刺史二千石躬自履行隨地墾闢精尋灌漑之源善商肥确之異州郡縣戍主帥已下悉分番附農今水田雖晚方事菽麥二種益是北土所宜彼人便之不減粳稻開創之利宜在及時所啓允合請即使至徐兗司豫爰及荊雍各當境規度勿有所遺別立主曹專司其事田器耕牛臺詳所給歲終言最明其刑賞此功克舉庶有弘益若緣邊足食則江南自豐權其所饒畧不可計奏御見納時帝已寢疾兵事未已竟不施行

梁陳慶之爲都督南北司豫諸軍事罷義陽鎭兵停陸轉運江湖諸州並得休息開田六千頃二年之後倉廩充實高祖每嘉賞之

夏侯夔爲豫州刺史時積歲寇戎人頗失業夔乃帥軍人於蒼陵立堰漑田千餘頃歲收穀百餘萬石以充儲備兼贍貧人境內賴之

裴邃爲竟陵太守開置屯田公私便之後又爲西戎校尉北梁秦二州刺史復開創屯田數千頃倉廩盈實省息邊軍民人吏獲安

後魏東平公儀秦王翰之子道武命督屯田於河外自五原至稒陽外務農稼大得人心

薛虎子爲開府徐州刺史時州鎭戍兵資絹自隨不入公庫任其私用常苦饑寒虎子上表於孝文曰臣聞金湯之固非粟不守韓白之勇非糧不戰故自用兵已來莫不先積聚然後圖并兼者也今江左未賓鯨鯢待戮若不委粟彭城以强豐沛則何以拓定江

闕掃一衛霍竊惟在鎮之兵不減數萬資糧之絹人十二疋卽目隨身用度無準未及代下不免饑寒論之於公無毫釐之潤語其私則橫費不足非所謂納民軌度公私相益也今徐州左右水陸壤沃清汴通流足盈激灌其中良田十萬餘頃若以兵絹市牛分減戍卒計其牛數足得萬頭興力公田必當大獲粟稻一歲之中且給官食半兵芸殖餘兵尚衆且耕且守不妨扞邊一年之收過於十倍之絹暫時之耕足於數年之食於後兵資唯須內庫五稔之後穀帛俱溢匪直戍士有豐飽之資於國亦有吞敵之勢昔杜

預田宛葉以平吳充國耕西零以強漢臣雖識謝古人任當邊守庶竭塵露有增山海孝文納之

范紹爲寧遠將軍義陽太守時朝廷有南討之計發河北數州田兵二萬五千人通緣淮戍兵合五萬餘人廣開屯田八座奏紹爲西道六州營田大使加步兵校尉紹勤於勸課頻歲大穫

宋弁爲黃門郞隨車駕南討詔弁於豫州都督所部及東荆頻鄀皆減戍士營農水陸兼作

杜纂爲積弩將軍旣平南陽又詣赭陽武陽二郡課種公田隨供軍費

北齊斛律羨爲幽州道行臺僕射導高梁水北合易京東會於潞因以灌田邊儲歲積轉漕用省公私獲利焉

嵇曄孝昭皇建中爲平州刺史曄建議開幽州督亢舊陂長城左右營屯歲收稻粟數十萬石北境得以周贍又於河內置懷義等屯以給河南之費自是稍止轉輸之勞

隋郭衍文帝開皇中爲朔州總管所部有恒安鎮北接蕃境常勞轉運衍乃選沃饒地置屯田歲剩粟萬石民免轉輸之勞

趙仲卿爲朔州總管開皇三年突厥犯塞吐谷渾寇邊軍旅數起轉輸勞弊帝乃令仲卿於長城已北大興屯田以實塞下又於河西勒百姓立堡營田積穀京師置常平監

煬帝大業中劉權從征吐谷渾帝令權過曼頭赤水置河源郡積石鎮大開屯田留鎮西境

唐高祖武德初竇靜爲并州大總管府長史時突厥爲邊患師旅歲興軍糧不屬靜上表請於太原多置屯田以省餽運議者以人物凋零不宜動衆書奏不省靜復上書辭甚切於是徵靜入朝與裴寂蕭瑀封

德奚等爭不能屈竟從静議歲收數十萬斛高祖善之六年秦王又奏請益置屯田於并州界高祖從之

竇軌爲益州道行臺左僕射擊臨洮羌破其部衆軌慶羌胡終爲後患於松州置屯田以備後舉

太宗貞觀初張儉爲朔州刺史廣營屯田歲致數十萬斛邊糧益饒及遭喪儉勸百姓相贍遂免饑餒州境獨安

張公謹爲代州都督上表請屯田以省轉運

高宗顯慶中劉仁軌爲帶方州刺史鎮守百濟於是漸營屯田積糧撫士以經畧高麗

則天天授初婁師德爲簡較豐州都督知營田事則天下書勞曰卿受委北垂總司軍任往還靈夏簡較屯田收粟既多京坻遠積不煩和糴之費無復輸運之艱兩軍及其鎮兵數年咸得支給勤勞之誠久而彌著覽以嘉尚忻悅良深長壽元年召拜夏官侍郎判尚書事明年拜鳳閣鸞臺平章事則天謂師德曰王師外鎮必藉邊境營田卿須不憚劬勞更充使簡較又爲河源積石懷遠等軍及河蘭鄯廓等州簡較營田大使

郭元振長安中爲京州都督隴右諸軍州大使元振令甘州刺史李漢通開置屯田盡其水陸之利舊涼州粟麥斛至數千及漢通牧率之後數年豐稔遂斛至數十錢積軍糧可支數十年

中宗時王晙爲桂州都督桂州舊有屯兵常運衡永等州糧以饋之晙始改築羅郭奏罷屯兵又堰江水開屯田數千頃百姓賴之

玄宗開元二十五年夏四月庚戌詔曰陳許豫壽等四州本開稻田將利百姓度其收獲甚役功庸何如分地均耕令人自種先所置屯田宜并定其地量給逃還及貧下百姓

代宗大曆五年詔諸州置屯田並停特留華同澤等三州屯乃悉以度支之務委于宰臣

李承大曆末爲淮南淮西黜陟使奏於楚州置常豐堰以禦海潮屯田塉鹵歲收十倍至德宗初嚴郢爲京兆尹宰相楊炎不習邊事請於豐州屯田發關輔人開陵陽渠人頗苦之郢嘗從事朔方曉其利害乃具五城舊屯及募兵倉儲等數奏曰按舊屯沃饒之地今十不耕一若力可墾闢不俟浚渠其諸屯水利可種之田甚廣蓋功力不及因致荒廢今若發兩京關輔人於豐州浚渠營田徙擾兆庶必無其利臣不

敢遠引他事請以內園植稻明之且秦地膏腴田稱第一其內園丁皆京兆人於當處營田月一替其易可見然每人月給錢八千糧食在外內園使猶僦募不占奏令府司集事計一丁歲當錢九十六千米七斛二斗計所僦丁三百每歲合給錢二萬八千八百貫米二千一百六十斛不知歲終收穫幾何臣計所得不補所費況二千餘里發人出塞屯田一歲方替其糧穀從太原轉餉運直至多又每人須給錢六十三千米七斛二斗私出資費數又倍之據所收必不登本而闕輔之人不免流散是虛擾甸而無益軍儲

與天寶已前屯田事殊臣雖至愚不敢不熟計惟當省察疏奏不報郢又上奏曰伏以五城舊屯其數至廣臣前已挾名聞奏訖其五城軍士者以今日所運開渠之糧貸諸城官田至冬輸之又以所送開渠功直布帛先給田者至冬令據時估輸穀如此即關輔免於徵發五城豐厚力農關田比之浚渠十倍之利也時炎方用事郢議不省卒開陵陽渠而竟棄之

劉怦為雄武軍使廣屯田節用以辦理稱

李元諒貞元中為隴右節度於涇州及良原收軍田粟數萬石初將刈穫涇原節度劉昌遣兵數千屯於潘原以禦蕃寇自是邊軍頗有積儲

李復為義成軍節度使請於白馬衛南置屯田數百畝以資軍食時人悅之

孟元陽起於陳許軍中理戎整肅勤公事善部署曲環之為節度使元陽為大將環使董作於西華屯元陽盛夏芒屩立稻田中須役者退而後就舍故其田無歲不稔軍中足食

憲宗元和三年六月以東都防禦使舊苑內營田六百五十頃至六年令河南府收管營種歲終具所得聞奏其營田兵罷之

穆宗以元和十五年正月即位二月詔諸道除邊軍營田處其軍糧既取正稅米分給其所管田自為軍中資用不合取百姓營田并以瘠地迴換百姓肥濃地其軍中如要營田任取食糧健卒而不得輒妄招召

敬宗長慶四年七月靈武節度使奏於特進渠新置營田六百頃

寶曆元年楊元卿為滄景節度使詔以所置屯田有耕園用命兼充當道營田使是冬元卿上言營田收廩粟二十萬斛請付度支充軍糧

崔弘禮爲河陽節度使上言於秦渠下闢荒田三百頃歲收粟二萬斛從寶曆二年減去度支所給數
文宗太和中殷侑爲滄齊德等州觀察使上言當管河北兩州百姓耕牛見管戶一萬三千六百九十四除老弱单獨外其間大半力堪營種去年緣無耕牛百姓掘草根充糧一年虛過饑餓相繼轉死道路臣去年躬親勸責酌量人力於一萬三千戶內每戶請牛一具支絹綾五疋計三萬疋餘二千戶不得牛營田不敢不奏詔曰滄州營田已有次第耕牛欠數頻有奏論方及春農實資濟恤宜更賜綾絹一萬疋其

來年將士糧米便勒本道自供
六年二月戶部尚書判度支王起奏靈武邠寧田土寛廣又復肥濃悉堪種蒔承前但逐年旋支錢收糴悉無貯積與本道計會立營田從之
七年四月以宣武軍先置營田別加田卒至是勅罷其卒計所停糧五萬七千餘斛節度使楊元卿奏請於營田頃畝之內加稅小麥三萬九千餘斛以代給其糧而留其卒詔許之
開成元年三月戊午度支奏請停京西營田
武宗會昌六年五月赦節文靈武天德三城封部之內皆有良田緣無居人久絶耕種自今已後天下囚徒合處死刑情非巨蠹者特許生全并家口配流此三道仍令本軍鎮各收管安存兼接借農具務使耕植
宣宗大中三年八月勅曰原州威州秦州武州並大關訪聞土地肥饒水草豐美如有百姓要墾闢耕種五年內不加稅賦五年後量定戶籍便爲永業其京城有犯事合流役囚徒從今後一切配十處收管者十處者謂原州秦州威州武州驛藏關石門關木峽關六盤關制勝關石峽關

後唐莊宗同光三年三月西京奏制置三白渠起置營田務一十一
明宗天成二年八月戶部員外郎知制誥于嶠上言請邊上兵士起置營田𣪍趙充國諸葛亮之術庶令且戰且耕望致輕徭
十二月左司郎中盧損上言以今歲南征運糧糜費唐鄧復郢地利膏腴請以下軍官健與置營田廣藏民役以備軍行
長興元年七月前洋州節度副使程乂徽陳利見請於瀛莫兩州界起置營田以備邊因授乂徽莫州刺

史充兩州營田使

晉張希崇爲靈州兩使留後先是州界與戎人交處

每歲以戍兵運糧經五百里有剽擄之患希崇乃開

故屯田諭邊士使播種軍食大濟璽書褒之因正授

戎節

冊府元龜

冊府元龜 邦計部 屯田 卷之五百三 二十七

冊府元龜

巡按福建監察御史臣李嗣京訂正

知閩縣事臣曹鼎臣參閱

知建陽縣事臣黃國琦較釋

邦計部二十二

榷酤　關市　絲帛

榷酤

周官萍氏之職掌幾酒謹酒之事蓋所以察其過多失時而使民節用也漢初或歲之不登人至艱食慮其糜穀乃申禁止天漢之年爰藉榷法官設酤釀籠

取其利其後郡國舉士議以當罷公車上書稱其非便布在方策論之詳矣若乃稽古立政因時創制炎沴薦作實穀而貴農游惰尚衆懲奸而革弊於是頒一切之法崇務本之道斯可矣至於析秋毫之心計峻金科之刑典茲固異夫成周設官之旨也

漢景帝中三年夏旱禁酤酒

後元年夏令民得酤酒

武帝天漢三年二月初榷酒酤 榷音較以木渡水曰榷謂禁民酤釀獨官開置如道路設木爲榷獨取其利也榷者步渡橋爾雅謂之石杠今之略彴是也禁閉其事總利入官而下無繇以得有若渡水之榷因立名焉酤音工護切彴音酌

昭帝元始六年二月詔有司問郡國所舉賢良文學民所疾苦議罷鹽鐵榷酤七月罷榷酤官令民得以律占租 律諸當占租者家長身各以其物占占不以實家長不身自書皆罰金二斤沒入所不自占物及賈錢縣官也占謂自隱度其實定其辭也占音章贍切下文言占名數其義並同今猶謂獄訟之辨曰占皆其意也蓋武帝時賦斂繁多律外而取今始復舊 賣酒升四錢時桑弘羊爲御史大夫與丞相田千秋共奏罷酒酤

元帝時貢禹之上書言文帝時人賦四十丁男二年而一事至武帝民賦數百造鹽鐵酒榷之利以佐用度猶不能足而人困矣

王莽時羲和魯匡言酒酤獨未斡 斡謂主領也 酒者天之

美祿帝王所以頤養天下享祀祈福扶衰養疾百禮之會非酒不行故詩曰無酒酤我 小雅伐木之詩也酤買也言王於族人恩厚要在燕飲無酒則買而飲之 而論語曰酤酒不食二者非相反也夫詩據承平之世酒酤在官和旨便人可以相御也 旨美也御進也 論語孔子當周衰亂酒酤在民薄惡不誠是以疑而弗食今絕天下之酒則無以行禮相養放而亡限則費財傷民請法古今官作酒以二千五百石爲一均率開一盧以賣 盧者賣酒之區也以其一邊高形如鍛家盧故取名耳 讎五十釀爲準一釀用麤米二斛麴一斛得成酒六斛六斗各以其市月朔米麴三斛并計其賈而

參分之也參三以其一爲酒一斛之平除米麴本賈計
其利而什分之以其七入官其三及糟酨灰炭酨酢漿也
給工器薪樵之費義和置命士督五均六斡郡有數
人皆用富賈雒陽薛子仲張長叔督臨菑姓偉等姓姓名偉也
乘傳求利交錯天下因與郡縣通姦多張空簿筭計簿也
府藏不實百姓愈病莽知民苦之復下詔曰夫
鹽食肴之將將大也一說爲食肴之將帥酒百藥之長嘉會之好
鐵田農之本名山大澤饒衍之臧五均賒貸百姓所
取平卬以給贍鐵布銅冶通行有無備民用也此六
者非編戶齊民所能家作家謂家家自作也必卬於市雖貴

數倍不得不買豪民富賈卽要貧弱先聖知其然也
故斡之每一斡爲設科條防禁犯者辠至死姦吏猾
民並侵衆庶各不安生
後漢和帝永元十六年二月詔兗豫徐冀四州比年
雨多傷稼禁酤酒
順帝漢安二年十月禁酤酒
桓帝永興二年九月丁卯詔以水旱禁郡國不得賣
酒祠祀裁足
魏國初建時科禁酒
蜀先主時以天旱禁酒釀者有刑

晉孝武帝太元八年十二月庚午以寇難初平開酒
禁
安帝隆安五年以歲饑禁酒
義熙三年二月巳丑大赦除酒禁
後趙石勒以百姓始復業資儲未豐於是重制禁釀
郊祀宗廟皆以醸酒行之數年無復釀者
宋文帝元嘉十二年六月禁酒
二十年正月乙亥南徐南豫州揚州之浙江江西並
禁酒
二十二年九月乙未開酒禁

南齊武帝永明十一年五月詔曰水旱成災穀稼傷
弊凡三調衆逋可同申至秋登京師二縣朱方姑熟
可權斷酒
陳文帝天嘉二年十二月甲申太子中庶子虞荔御
史中丞孔奐以國用不足奏立煑海鹽傳及榷酤之
科詔並施行
後魏文成太安四年正月丙午始設酒禁是時年穀
屢登士民多因酒致酗訟或議王政悪其若此故一
切禁之釀酤皆斬之
獻文卽位開酒禁吉凶賓親則禁有日

東魏孝靜帝天平四年閏九月禁京師酤酒
元象元年四月開酒禁
北齊武成帝河淸四年二月以年穀不登禁酤酒
後主天統五年十月壬戌詔禁造酒
武平六年閏八月辛巳開酒禁
隋文帝開皇三年以周末之弊官置酒坊至是罷酒坊與百姓共之
唐高祖武德二年閏二月詔曰酒醪之用表節制於歡娛芻豢之滋致肥甘于豐衍然而沉湎之輩絕業亡資惰窳之民騁嗜奔慾方今烽燧尚警兵革未寧

年穀不登市肆騰踊趣末者衆浮冗尚多肴羞麴蘖重增其費救弊之術要在權宜關內諸州官民具斷屠酤
高宗咸亨元年七月庚戌粟麥貴斷五熟雜食酤酒
玄宗先天二年十一月禁京城酤酒歲饑故也
肅宗乾元元年三月詔曰爲政之本期於節用今農工在務廩食未優如聞京城之中酒價尤貴但以麴蘖之費有損國儲游惰之徒益資廢業其京城內沽酒卽宜禁斷麥熟之後任依常式
二年十月禁沽酒除光祿供進祭祀及宴蕃客外一切禁斷
代宗寶應二年三月以泰陵乾陵發引詔禁酤酒
廣德二年十二月詔天下州縣各量定酤酒戶隨月納稅除此之外不問官私一切禁斷
德宗以大曆十四年五月卽位七月罷天下榷酒
建中三年閏正月初榷酒天下悉令官釀斛收直一千米雖賤不得減二千委州縣綜領醨薄私釀罪有差以京師王者都特免其榷貞元二年十二月度支請於京城及畿縣行榷酒之法每㪷榷一百五十其酒戶並蠲免差役從之

憲宗元和二年正月制酤酒及雜榷率並同禁斷
六年六月京兆府奏榷酒錢除出正酒戶外一切隨兩稅青苗錢據貫均率從之
十四年七月湖州刺史李應奏先是官酤代百姓納榷歲月既久爲弊滋深伏望許令百姓自取酤登舊額仍許入兩稅隨貫均出依舊例折納輕貨送上都許之（榷酒錢舊皆隨兩稅徵衆戶自貞元已來有土者競爲進奉故上言百姓困弊輸納不充請並官坊酤酒以代之旣得請則嚴設酒法閭閻之人舉手觸禁而官收厚利以濟其私爲害日久矣及李應奏罷議者謂宰臣能因湖州之請推爲天下之法則其弊革矣）
穆宗以元和十五年正月卽位閏正月浙西觀察使

賣易直奏當道舊例官酤酒代百姓納榷去年湖州刺史李應奏請罷當州官酤代百姓納榷庶我鎮易爲安撫疲人免輸榷利勑曰不酤官酒有益疲人管内六州皆合一例宜並准湖州勑處分議者是李應而非易直

長慶元年正月制榷酒錢有已分配百姓處又置酒店官酤并諸色榷率切宜禁斷

三年王仲舒出爲江西觀察奏罷犯榷酒之罪以官錢三萬貫代貧戶輸稅

文宗太和四年七月湖南觀察使韋詞奏前使王公

亮奏請榷麴收其贏利將代上供臣到州察訪自停加配閭里稍安人戶逃者亦漸歸復但藏挾頗易挂陷頗多兼當州土宜少有麴麥州司遠處求糴般運甚難伏請却停榷麴任商旅將至當州州司准榷酒元勑及洪州鄂州流例於州縣津市官酤以代人戶配額可之

五年正月江西觀察使裴誼奏當道從太和元年觀察使李憲以軍用不足奏請禁百姓造酒官中自酤吏緣爲奸酒味薄惡老病生產盡不堪任公開倖門私謗盈路臣切膺重寄合務便人請停官酤任自醞造臣請諸色方圓節儉與使軍用濟便人無怨咨可之

六月誼又奏洪州每年合送省榷酒錢五萬貫文舊例百姓醞造其錢依前例隨百姓兩稅貫頭均納當管洪州停官店酤酒其錢已據數均配訖並不加配業戶從之

八年二月詔京邑之内本無榷酤屬貞元用兵之後費用稍廣始定店戶等第令其納榷況萬方所聚私醸至多禁令既不可施權利自無所入徒立課額殊非惠人其長安萬年兩縣見徵榷酒錢一萬五千一

十貫八百文若先欠者並宜放免其榷酒錢起今亦宜停

武宗會昌六年九月勑揚州等八道州府置榷麴并置官店酤酒代百姓納榷酒錢并充資助軍用各有榷許限揚州陳許江州襄州河東五處榷麴浙西浙東鄂岳三處置官酤酒如聞禁止私酤過闗嚴酷一人違犯連累數家閭里之間不免咨怨宜從今以後如有私酤酒及買私麴者但許罪止一身并所由容縱任據罪處分鄉井之内如不知情並不得追擾其所犯之人任用重典兼不得没入家產

梁太祖開平三年十一月勅許諸道州府百姓自造麴官中不禁

後唐明宗天成三年七月詔曰應三京鄴都諸道州府鄉村人戶自今年七月後於夏秋田苗上每畝納麴錢五文足陌一任百姓自造私麴醞酒供家其錢隨夏秋徵納其京都及諸道州府縣鎮坊界內應逐年買官麴酒戶便許自造麴醞酒貨賣仍取天成二年正月至年終逐戶計算都買麴錢數內十分只納二分以充榷酒錢便從今年七月後管數徵納榷酒戶外其餘諸色人亦許私造酒麴供家即不得衷私

賣酒如有固違便仰糾察勒依中等酒戶納榷其坊一任酤賣不在納榷之限其麴勅命到後任便踏造如賣麴酒戶中有去年曾賣麴今年因事不辦買麴任開店者則與出落如覩新勅有情願開店投榷者則不計舊戶便令依見納錢中等戶例出榷以後酒戶中有無力開店賣酒亦許隨處陳狀其舊納麴錢並宜停廢應諸處麴務據見管麴亦仰十分減八分價錢出賣不得更請官本踏造（時孔循以麴法殺一家於雒陽致獻此議以爲愛其人便於國故行之）

長興元年二月赦書節文諸道州府人戶每秋苗一畝上元徵麴錢五文今後特放二文只徵三文

二年五月詔曰酒醴所重麴糵是先頃緣賣價太高禁條頗峻士庶因斯而抵犯刑名餘是以滋彰爰行改革之文庶息煩苛之政各隨苗畝量定稅錢訪聞數年已來雖犯法者稀而傷民則甚蓋以亂離日久貧下戶多纔過昇平且勤稼穡各務耕田鑿井孰能枕麴藉糟旣隨例以均攤遂抱虛而輸納漸成凋弊深可憫傷况欲致豐財必除時病有利之事方切施行無名之求尤宜廢罷但得日新之理何辭夕改之嫌應三京諸道州府苗畝上所徵麴錢等便從今年

夏並放其麴官中自造委逐州減舊價一半於在城撲斷貨賣除在城居人不得私造外鄉村人戶或要供家一任私造勅下之日人甚悅之

是年七月三司奏諸道州府申論先有勅命許百姓造麴不來官場收買伏慮課額不迨請准已前麴法百姓與在城條法一例指揮從之仍據百姓已造到麴令逐納入官量支還麥本

周太祖廣順元年九月詔改麴法凡犯五斤已上者處死先是漢法不計斤兩多少並處極刑至是始革之

周世宗顯德四年七月詔曰諸道州府麴務今後一依往例官中禁法賣麴逐處先置都務候勑到日並仰停罷據見在麴數依時踏造候人戶將價錢據數給麴不得賒賣抑配與人應鄉村人戶今後並許自造米醋及買糟造醋供食仍許於本州縣界就精美處酤賣其酒麴法條依舊施行先是自晉漢已來諸道州府皆権計麴額置都務以酤酒民間酒醋例皆醨薄世宗知其弊故令改法

關市

周禮司關掌國貨之節神農爲市致天下之人故出

入有征交易而退將俾人知禁而物有平也自漢興已還國用斯廣故察其過所謹其貨財譏訶僞遊以重其明禁增加賦算以給乎有司斯亦因時有爲以助經費者也自兹厥後蓋無改焉

周文王治岐關市譏而不征關以譏察非嘗不征稅也

齊桓公践位十九年施關市之征正賦五十而取一取其貨財五十之一

漢文帝十年三月除關無用傳

景帝四年春復置諸關用傳出入

孝武元光六年初算商車

元狩四年冬初算緡錢先是公卿言商賈滋衆貧民蓄積無有皆仰縣官異時算軺車賈人之緡皆錢有差小請算如故緡絲也用以貫錢每貫千錢出二十爲算也諸賈人末作貰貸買賣居邑貯積諸物貰賒也貸假與也及商以取利者雖無市籍各以其物自占占之瞻切占隱度也各隱度其財物多少而爲名簿送之於官率緡錢二千而算一計其有二千錢則出算一諸作有租乃鑄以子力所作作而賣之率緡錢四千而算一非吏比者三老北邊騎士軺車一算比例也身非爲吏之例非爲三老非爲北邊騎士而有軺車皆令出一算商賈人軺車二算船五丈以上一算匿不自占占不悉戍邊一歲沒入緡錢有能告者以其半畀之

有不輸稅令人得告以半與之也

太初四年徙弘農都尉治武關稅出入者以給關吏卒食漢書地理志弘農郡有故丞秦函谷關上黨郡有上黨關壺口關石研關天井關牂牁郡有柱蒲關進桑關巴郡魚復有江關都尉治敦煌郡有陽關玉門關代郡有五原關蒼梧郡有離水關荔平關合浦郡有合浦關

天漢二年冬十一月詔關都尉曰今豪傑多遠交依東方羣盜其謹察出入者舊制入關皆用傳傳法因裂繻帛分半後復出合之以爲符信買符也郭丹從宛人陳兆買入關符既入關封符乞人也

後漢章帝元和二年冬十一月壬辰日南至初閉關梁易曰先王以至日閉關商旅不行又後漢書志河南有函谷關左右絶岸十丈中容車有轘轅關有

銅關弘農郡有潼關河南有武牢關中山有馬鞍關堂關陽安關南陽有武關
魏文帝初嗣魏王位下令曰關津所以通商旅設禁重稅非所以便民其輕關津之稅皆復什一
晉元帝自過江凡貨賣奴婢馬牛田宅有文券率錢一萬輸估四百入官賣者三百買者一百無文券者隨物所堪亦百分收四名爲散估又都西有石頭津東有方山津各置津主一人直水五人以檢察禁物及亡叛者其荻炭魚薪之類小津者並十分稅一以入官其東路無禁貨故方山津檢察甚簡淮水北有大市百餘所小市十餘所大市備置官司稅斂旣重

時甚苦之
孝武寧康元年詔除丹陽竹格等四桁稅晉書地理志河南郡有函谷關成皐關鄂阪關弘農有函谷舊關上雒有嶢關汲郡有銅關武邑郡有益口關
宋孝武帝大明八年詔曰東境去歲不稔宜廣商貨遠近販鬻來者可停道中雜稅其以仗自防悉勿禁
顧憲之字士思後廢帝元徽中爲東中郎長史行會稽郡事時齊武帝於餘姚立邸頗縱恣憲之至郡除之西陵戍主杜元懿以吳興歲儉會稽年登商旅往來倍歲西陵牛埭稅官格日三千五百元懿加至一倍計年長百萬浦陽南北津及柳浦四埭乞爲官領攝一年格外長四百許萬武帝以示會稽郡使陳得失憲之議曰尋始立牛埭之意非苟逼僦以納稅也當以風濤迅險人力不捷屢致膠溺濟急以利物耳旣公私是樂故輸直無怨京師航渡卽其例也而後之監領各務己功互生理外或禁遏別道或空稅江行或撲船倍價或力周而猶責凡如此類不經埭煩牛者上詳被報蒙停格外十條從來喧訴始得暫弭案吳興頻歲失稔今茲尤饉去乏從豐良繇饑棘或徵貸貿粒還拯親累或提携老弱陳力餬口埭司責稅依格弗降舊格新減尚未議登格外加倍將以何

術皇慈恤隱振廩蠲調而元懿幸災榷利重增困瘼人而不仁古今共疾且比見加格置市者前後相屬非惟新加無贏並皆舊格有闕愚恐元懿今啓亦當不殊若事不副言懼貽譴詰便百方侵苦爲公貿怨元懿稟性苛刻已彰往効任以物土譬以狼將羊其所欲舉腹心亦當獸而冠耳書云與其有聚斂之臣寧有盜臣言盜公爲損盜微斂民所害乃大也然掌斯任者應廉簡平則無害於人愚又以便宜者蓋謂便公宜於人也竊見頃之言便宜者非能於人力之外用天分地者也率皆卽日不宜於人方來便於公

名與實反有乖政體見知此等誠宜深察山陰一縣課戶二萬其入貲不滿三千者殆將居半刻又刻之猶且三分餘一凡有貲者多是士人復除其貧極者悉皆露戶役民三五屬官蓋惟分定百端輸調又則嘗然此衆局簡較首尾尋續横相質累者亦復不少一人被攝十人相追一緒裁萌千蘖互起蠶事施而農業廢賤取庸而貴舉責應公贍私日不暇給欲無爲非其可得乎死且不憚矧伊刑罰身且不愛何況妻子是以前檢未窮後巧復滋禁網徒峻猶不能悛獨尋人之多僞寔繇宋季軍旅繁興役賦殷重不堪

勤劇倚巧祈優積習生嘗遂迷忘反四海之大庶黎之衆心用參差難卒澄一化宜以漸不可疾責誠存不擾藏疾納汚務詳寬簡則稍自歸淳又被符前後年月久遠其事不存符旨旣嚴不敢闇信縣簡送郡郡簡呈使殊形詭狀千變萬源聞者忽不經懷見者寔足傷駭兼親屬里伍流離道路時轉寒涸事方未已其士人婦女彌難厝衷不簡則疑其有巧欲復未知所安愚謂此條宜委縣簡保舉其綱領略其毛目囊漏不出府中庶嬰疾沉痼者重荷生造之恩又永與與甯暨羅府寓冠擾公私之殘燼彌復特甚儻逢水旱寔不易思俗諺云會稽打鼓送恤吳興步擔令史會稽舊稱沃壤今猶若此吳興本是塉上事在可知因循餘弊誠宜改張武帝竝從之繇是深以方直見知

後魏孝明孝昌三年閏十一月稅市出入者各一錢店舍爲五等前廢帝初卽位詔稅市及稅監之官悉廢之

北齊後主武平六年以軍國資用不足稅關市舟車山澤鹽鐵店肆重輕各有差時黃門侍郎顏之推奏請開府鄧顒贊成之後主大悅於是以其所入以供御府聲色之費軍國之用不在此

後周閔帝元年初除市門稅

宣帝大象二年復稅入市者人一錢

隋高祖初爲周相除入市之稅

唐太宗武德九年八月甲子卽位是月壬申詔曰遠至邇安昔王令典通財鬻貨生民常業關梁之設襟要斯在義止懲奸無取苛暴近代拘刻禁禦滋彰因山川之重阻聚珍奇而不出遂使商旅寢廢行李稽留上失博厚之恩下蓄無聊之怨非所以綏安百姓懷輯萬方化洽升平克隆至治者也朕君臨區宇情深覆育率土之內靡隔幽遐使公私往來道路無壅

賝寶交易中外匪殊思改前弊以諧民俗其潼關以
東緣河諸關悉宜停廢其金銀綾等新物依格不得
出關者並不須禁
高宗顯慶二年十二月十九日雒州置北市隸太府
寺並不須禁雒州南面北面各置關
武后天授二年七月九日勑其雍州已西安置潼關
即宜廢省
三年四月十六日神都置西市尋廢
長安元年十一月二十八日廢京中市
二年二月有司表請稅關市鳳閣舍人崔融深以爲

不可上疏諫曰伏見有司稅關市事條不限工商但
是行旅盡稅者日臣謹案周禮九賦其七曰關市之
賦竊惟市縱繁雜巧通末遊欲令此徒止抑所以臧
增稅賦臣謹商度今古料量家國竊將爲不可稅謹
條事跡如左伏惟聖旨擇焉往古之時醇樸未散公
田籍而不稅關防譏而不征中代已來澆風驟進桑
麻疲弊稼穡辛勤於是各徇通財爭趨作巧求徑捷
之欲速忘歲計之無餘遂使田萊日荒倉廩不積蠶
織休廢弊縕闕如饑寒猥臻亂離斯瘼先王懲其若
此所以稅關者也惟斂出入之商賈不稅往來之行

人今若不論商人通取諸色事不師古法乃任情悠
悠末代於何瞻仰濟濟盛朝自取嗤笑雖欲憲章姬
典乃是違背周官臣知其不可一也臣謹按易繫辭
稱庖羲氏沒神農氏作以日中爲市致天下之人聚
天下之貨交易而退各得其所班志亦云財者帝王
聚人守位養成羣生奉順天德理國安人之本有士
農工商四人有業學以居位曰士闢土殖穀曰農作
巧成器曰工通財鬻貨曰商聖王量能授事四人陳
力受職然則四人各業久矣今復安得動而搖之蕭
何又云人情一定不復動搖傳又云曹參相齊國安

集大稱賢相參去屬其後相曰以齊獄市爲寄愼勿
擾也後相曰理無大於此者乎參曰不然夫獄市所
以并容也今君擾之姦人安所容乎吾是以先之夫
獄市兼受善惡若窮之姦人無所容竄久且爲亂秦
人極刑而天下叛以道化其本不欲擾其末臣知其
不可二也四海之廣九州之雜關必據險路市必憑
要津若乃富商大賈豪宗惡少輕死重氣結黨連羣
喑嗚則彎弓睚眦則挺劍小有失意且猶如此一旦
變法定是相驚乘茲困窮或致騷動便恐南走越北
走胡非惟流逆齊人亦是攪擾殊俗人如邊徼之地

寇賊爲隣與胡之旅歲月相繼儻因科賦致有猜嫌一從散亡何以制禁求利雖切爲害方深而有司上言不識大體徒欲益帑藏助軍國殊不知軍國益援帑藏逾空臣知其不可者三也孟軻有云古之爲關也將以禦暴今之爲關者將以爲暴今行者皆稅來者同流且如天下諸津舟航所聚旁通巴漢前指閩越七澤十藪三江五湖控引河維兼包淮海弘舸巨艦千舳萬艘交貨往還昧旦永日今若江津河口致鋪納稅稅則簡覆覆則遲留此津纔過彼鋪復止非唯國家稅錢更遭主司僦賄船有大小載有多少量

物而稅觸途淹久統論一日之中未過十分之一因此擁滯必致吁嗟一朝失利則萬商廢業萬商廢業則人不聊生其間或有輕耿任俠之徒斬龍刺蛟之黨郁陽暴虐之客楚中悍壯之夫居則藏鏹出便竦劍加之以重稅因之以威脅一旦獸窮則搏鳥窮則攫執事者復何以安之哉臣知其不可者四也五帝之初不可詳已三王之後厥有著聞秦漢相承典章大備至如關氏之稅史籍有文秦政以雄圖武力捨之而不用也漢武以霸略英才去之而勿取也何則關爲禦暴之所市爲聚人之地稅市則人散稅關則暴興暴興則起異圖人散則懷不軌夫人心莫不背善而樂禍易動而難安一市不安則天下之市搖矣一關不安則天下之關動矣況澆風久扇變法爲難徒欲禁末遊規小利豈知失玄默亂大倫魏晉耿小齊隋齷齪亦所不行斯道存也臣知其不可五也今之所稅關市者何也豈不以國用不足邊寇爲虞一行斯術與有殷贍然微臣敢借前箸以籌之伏惟陛下當聖期御玄籙與天地合其德日月合其明役使衆靈宰制羣動沉璧于雒刻石于嵩鑄賫粤以窮姦坐明堂而布政頌聲洋溢和氣絪緼三皇不足四五

帝不足六神化廣洽至德潛通東夷聾驚應時平殄南蠻纔動計日歸降西域五十餘國廣輪一萬餘里城堡清夷亭候靜謐以爲患者唯有二蕃今吐蕃請命邊事不起即日雖尚屯兵久後終成弛柝獨有默啜假息孤恩惡貫禍盈覆亡不暇征役日已省矣繁費日已稀矣然猶下明制遵太樸愛人力惜人財王侯舊封妃主新禮所有支料咸令減削此陛下以躬率人堯舜之用心也且關中河北水旱數年諸處逃亡今始安輯儻加重稅或慮相驚況承平歲積薄賦日久俗荷深恩人知自樂卒有變法必多生怨生怨

則驚擾驚擾則不安中既不安外何能禦文王曰帝王富其人霸王富其地理國若不足亂國若有餘古人有言王者藏於天下諸侯藏於百姓農夫藏於庾商賈藏於篋惟陛下詳之必若師興有費國備多窘即請倍算商客加斂平人如此則國保富强人免憂懼天下幸甚臣知其不可者六也陛下弱神繫表屬想政源冒茲炎熾早朝晏坐一日二日機務不遺先天後天靈心寄應時之得失小臣何知率陳瞽詞伏祇惶惕疏奏帝納之遂寢其事

四年十一月又罷神都西市

中宗景龍元年十一月勅諸非州縣之所不得置市其市當以午時擊鼓三百下而衆大會日入前七刻擊鉦三百下散其州縣領務少處不欲設鉦鼓聽之車駕行幸處即於頓側立市差三官人權簡較市事

是月又勅兩京市諸行自有正鋪者不得於鋪前更造偏鋪名聽用尋當一樣偏廂諸行以濫物交易者沒官諸在市及人衆中相驚動令擾亂者杖八十

玄宗開元十三年六月二十三日又廢其口馬移入北市

二十年勅曰綾羅絹布雜貨交易皆通用如聞市肆必消見錢深非道理自今已後與錢貨兼用不遵者准法罪之

天寶八載十月五日西京威遠營置西市華清宮置北市

肅宗乾元元年八月勅大散關宜依舊令鳳翔府收管

代宗寶應元年九月勅駱谷荆襄子午等路往來行客所將隨身器仗等今日已後除郎官御史諸州部統進奏事官任將器仗隨身自餘私客等皆須過所上具所將器仗色目然後放過如過所上不具所將

器仗色目數者一切於守提處勒留

大曆八年七月勅京城內諸坊市門至秋成後宜令所繇勾當修補

十四年七月令王公百官及天下長吏無得與人爭利先於揚州置邸肆貿易者罷之先是諸道節度觀察使以廣陵當南北大衢百貨所集多以軍儲貿販別置邸肆名託軍用實私其利焉至是乃絕

德宗建中元年九月戶部侍郎趙贊條奏諸道津要都會之所皆置吏閱商人財貨計錢每千稅二十文

二年五月以軍興十一而稅商

與元元年春正月癸酉德宗在奉天行在宮受朝賀畢大赦改元制曰其所加墊陌錢稅間架竹木茶漆榷鐵之類悉宜停罷

貞元二十一年二月赦文應緣宮市並出正文帖依時價買賣不得侵擾百姓貞元以後京都多中官市物於廛肆謂之宮市不持文告口含勑命皆以鹽估不中衣服絹帛雜紅紫之物倍高其估尺寸裂以酬價謂之精供富商皆匿名深居陳列坊閑唯麤賤苦窳市從又强驅入禁中傾車擊轡而去色少不幷毆至血流者中人之出雖沽漿賣餅之家無不徼撦塞門以伺其去蒼頭女奴輕車名馬惴惴覆巷得免捕爲幸京師之人嗟愁叫闐訴闕則左右前後皆人也

憲宗元和九年五月豐州奏中受降城與靈州城接

界請置關從之

敬宗寶曆二年七月義成軍節度使李聽奏請於頳州置場稅商旅以贍軍從之

十月京兆尹劉栖楚奏術者數之妣苟利於時必以救患伏以前度甚雨閉門得晴臣請今後每陰雨五日卽令坊市閉北門以禳諸陰晴三日便令盡開門使啓閉有常永爲定式從之

文宗太和五年十月辛未戶部侍郎庾敬休奏劍南東川西川山南西道每年稅及陌除錢等伏以劍南道稅茶舊例委度支巡院勾當榷稅當司於上都召商人便換太和元年戶部侍郎崔元畧與西川節度使商量取其穩便遂奏請稅茶事使司自勾當每年出錢四萬貫送省近年以來都不依元奏幷二道諸色錢物州府多逗遛不送皆不禀奉今請取江西例勾當於歸州置巡院所自勾當收管諸色錢物送省所冀免有懸欠仍令巡官李濆專往與德裕遵古量商制置續具聞奏從之

開成二年夏五月武寧軍節度使薛元賞奏泗口稅場先是一物貨稅今請停去雜稅唯留稅茶一色以助供軍詔曰惠人須在於必誠革弊宜圖於去本又

留茶稅惠則未終宜悉罷之每年特以度支戶部錢二萬貫賜供本軍及充驛料先是王智興逐帥自立故朝廷姑息之因請致稅於泗口以贍軍用往來過爲寇掠後之節帥多利其利不革前弊至是除元賞上於閤內遣令條奏及詔下往來之人遂絶怨咨

武宗以開成五年正月卽位十二月勑京夜市宜令禁斷

會昌元年七月勑如聞十六宅置宮市已來稍苦於百姓成弊旣久須有改移自今已後所出市一物已上宜並依三宮置市不得令損刻百姓

宣宗大中五年八月勑中縣戶滿三千已上置市令
一人史二人不滿三千戶已上者並不得置市官治
要路須置舊來交易繁者聽依三千戶法置仍申省
諸縣在州郭下並置市官
六年正月鹽鐵轉運使兵部侍郎裴休奏諸道節度
使觀察使置店停止茶商每斤收搨地錢幷稅經過
商人頗乖法理今請釐革橫稅以通舟船商旅旣安
課利自厚
三月隴州防禦使薛逵奏伏奉正月二十六日詔旨
令臣移築故關訖謹奏者伏以汧源西境切在故關

昔有隄防殊無制置僻在重崗之上苟務高深今移
要會之中實堪控扼舊絕泉井遠汲河流今則臨水
挾山當川限谷危牆深塹克揚營壘之勢伏乞改爲
定戎關關吏納幨往來臣當界又有南路亦是要衝
舊有水關亦請准前扼捉去正月二十七日起工今
月十七日畢謹畫圖進上勑旨薛逵新置關城得其
要害形於圖畫頗見公忠宜依所奏
七年七月二十日廢州縣市印
梁太祖開平元年七月勑宜以關東爲內仍以潼關
隸陝州（初置河潼軍使命虢州刺史兼領之）是月又改武牢關爲虎牢
關（仍置虎牢軍使）
後唐莊宗同光二年二月庚午租庸使孔謙奏諸道
綱運商旅多於私路苟免商稅不繇官路往來宜令
所在關防嚴加捉搦山谷私出道路仍須鄣塞以戢
行人
二年八月戊寅免湖南踏地茶稅沿路稅錢
明宗天成元年四月詔曰省司及諸府置稅茶場院
自湖南至京六七處納稅以至商旅不通及州使置
雜稅務交下煩碎宜定合稅物色名目商旅即許收
稅不得邀難百姓諸道鹽務破脚價極多獲少須有

條流以成規制又詔諸州雜稅宜定合稅物色名目
不得邀難商旅租庸司先將係省錢物與人迴圖宜
令盡底收納以塞倖門
四年七月兵部員外郎趙燕奏切見京城人買賣莊
宅官中印契每貫抽稅契錢二十文其市牙人每貫
收錢一百文甚苦貧民請行條理從之
長興元年正月許州奏准詔放過淮南客二百三十
人通商也
九月燕人梁庭投匭陳狀云天下商稅處多不繇舊
時關市制度以此倍擾農商亦請減除奸弊勑旨並

許施行

二年八月勑應三京諸道州府商稅等多不係屬州府皆是省司差置場官朕自受命開基勵精布政將推誠而感物每屈巳以從人况於列侯尤所注意豈可山河重寄並在藩方關市徵租獨歸省務加以所置職掌素處幽微向闤闠以肆威與王公而抗禮蓋巳往從權之事豈將來經久之規特議改更貴除繁屑自今巳後諸商稅並委逐處州府撲斷依省司常年定額勾當辦集與除生事之端不爽豐財之理

晉高祖天福元年閏十一月壬午勑關防凡有征稅

省司曾降條流處多時而或有隱藏因肆赦而再須條貫應諸道商稅仰逐處將省司合收稅條件文牓於本院前分明張懸不得收卷牓內該稅名目分數者即得收稅如牓内元不該稅着係稅物色即不得收稅宜令所在長吏常加覺察如敢有違條流不將文牓張懸將不合係稅物色收稅罔欺官法停住商賈者盡行具名申送

七年十一月宣旨下三司應有往來鹽貨悉稅之過稅每斤七文住稅每斤一十文其諸道州府應有屬州鹽務並令省司差人勾當既而糶鹽雖多而人戶鹽錢又不放免至今民甚苦之

漢高祖乾祐元年詔曰軍國之費務在豐財關市之征資於行旅所宜優假俾遂流應天下商旅往來所在並須饒借不得妄有邀勒

隱帝乾祐二年國子司業樊倫上言三事其一耕桑未至國多游民關市之中稅物苛細請稍減省以惠疲民百姓賣物不多所歷關市並望除稅

三年六月太常少卿劉悅上言臣伏見買賣耕牛官中元無商稅近日關市場院不禀勑文悉是收稅歲計其利所入無多在於農民即疲於市易請重降勑

文明行止絶勸人耕稼國之大計倉廩有積何莫由斯

周太祖廣順元年十二月甲寅相州李筠乞除放黄澤關商稅課利從之

二年十一月鄆州言奉詔巳示諭商稅院不收絲麻藥等稅

三年正月澶州言於商稅舊額上添長錢二千八百貫麴務添七千貫從今年三月一日納起詔褒之

三月詔曰青白池務素有定規祇是近年頗乖循守比來青鹽一石抽稅錢八百文足陌鹽一斗白鹽一

石抽錢五百文鹽五升其後青鹽一石抽錢一千鹽一斗訪聞改法已來不便商旅蕃人漢戶求利艱難宜與優饒庶令存濟今後每有青鹽一石依舊抽稅錢八百文以八十五爲陌鹽一斗白鹽一石抽稅錢五百鹽五升此外更不得别有邀求如聞邊上鎮鋪於蕃漢戶市易糶糴衆私抽稅今後一切止絶

絲帛

管氏有言曰一婦不織天下必有受其寒然則藉其蠶稅教以女工故爰書旂絲枲之貢周官述布帛之利其所由來尚矣歷漢而下經制具存廣狹精粗不

中則禁之錦繡纂組有害則却之以庸爲名用抑游惰兼粟爲貨以通有無苟輕重混淆則良楛雜糅必在明閑塞之術防巧僞之源使桑土適均賦斂不濫然後數量可一風俗可齊致任土之宜來厥篚之美五十者可以衣帛知榮辱斯亦商功利之一端也

周武王時太公以布爲貨廣二尺二寸爲幅長四丈爲疋後封齊以其地負海舃鹵少五穀乃勸以女工之業其後條漸多織作冰紈綺繡純麗之物

漢武帝時桑弘羊爲治粟都尉領大農天子北至朔方東封太山巡海上旁北邊以歸所過賞賜用帛百餘萬疋皆取足大農其後藉均輸帛五百萬疋

哀帝初即位詔齊三服官諸官織綺繡難成害女紅之物皆止無作輸紅亦工也

後漢章帝建初二年詔齊相勿復送冰紈方空縠吹綸絮冰言色鮮絜如冰方空縠即今方目紗也

魏太祖定鄴都令戶絹二疋綿二斤餘皆不得擅興藏彊賦弱

晉武帝時有司奏依舊調綿絹詔不肯又云有司奏調房子睢陽綿武帝不許

惠帝永寧初維中有錦帛四百萬

元帝渡江軍事草創蠻陬賧布不有嘗準府中所儲

數四千疋

宋孝武時齊庫上絹年調鉅萬疋綿亦稱此期限嚴峻人間買絹一疋二三千綿一兩三四百貧者賣妻子甚者或自縊死侍中陳懷文具陳人困由是蒲有所減江左自晉至陳其調丁男調布絹各二丈絲三兩綿八兩祿絹八尺祿綿三兩二分丁女並半之

後魏道武天興中詔採諸漏戶令輸綸綿自後諸逃戶占爲紬繭羅穀者甚衆於是雜營戶帥遍于天下不隸守宰賦役不周戶口錯亂太武始光三年詔一切罷之以屬郡縣

孝文延興三年七月詔河南六州之民戶收絹一疋綿一斤先是舊制民間所織絹布皆幅廣二尺二寸長四十尺爲一疋六十尺爲一端令任服用後乃漸至濫惡不依尺度於是更立嚴制令一准前式違者罪各有差有司不檢察與同罪

太和八年戶增帛三疋先是天下戶以九品混通戶調帛三疋絮二斤絲一斤又入帛一疋二丈委之州庫以供調外之費至是增之以爲官司之祿後增調外帛滿二疋所調各隨其土所出其司冀雍華定相秦雍豫懷兗陜徐青齊濟南豫東兗東徐十九州貢

綿絹及絲幽平幷肆岐涇荊凉梁汾秦安營幽夏光郢東秦西州萬年鴈門上谷靈丘廣寧平凉郡懷化郡上郡之長平白水縣青州北海郡之膠東縣平昌郡之東武平昌縣高密郡之昌安高密夷安黔陬縣泰州河東之蒲坂汾陰縣東徐州東莞郡之莒諸東莞縣雍州馮郡之蓮芍縣咸陽郡之寧夷縣北地郡之三原雲陽銅閣宜君縣華州華山郡之夏陽縣徐州濟北郡之離狐豐縣東海郡贛榆襄賁縣皆以麻布充稅十年給事中李冲上言准古法立隣里黨三長其民調一夫一婦帛一疋民年十五以上未娶者四人出一夫一婦之調奴任耕婢任績者八口當未娶者四耕牛二十頭當奴婢八其麻布之鄉一夫一婦布一疋下至十以此爲降大率十疋爲公調二疋爲私調外費三疋爲內外百官俸

東魏孝靜天平元年遷都於鄴六方之衆萬餘人北徙春秋二時賜帛以供衣服費皆調之外逐豐稔之處折絹糴以充國之儲

北齊文宣帝天保中調絹以七尺爲丈右僕射崔暹言之乃依舊焉

武成河清三年定令率人一牀調一疋綿八兩凡十

斤綿折一斤作絲

後周太祖爲西魏相創制六官司賦掌功賦之政凡令人自十八以至六十四與輕癃者皆賦之其賦之法有室者歲不過絹一疋綿八兩單丁者半之其非桑土有室者布一疋麻十斤單丁者又半之豐年則全賦中年半之下年一之皆以時徵焉若艱阸凶札則不徵其賦

隋高祖開皇二年頒新令遵北齊之制丁男一牀桑土調以絹絁麻土調以布絹絁以疋加綿三兩布一端加麻三斤單丁及僕隸各半之

九年平陳高祖親御朱雀門勞凱旋師行慶賞自門外夾道列布帛之積達于南郭以次頒給所費三百餘萬段

十二年有司上言庫藏皆滿高祖曰朕既薄賦於人又大經賜用何得爾也對曰用處嘗少納處嘗多畧計每年賜用至數百萬段曾無減損於是更闢左藏之院搆屋以受之

唐高祖初平京師傾府藏以賜勳人既而又患國用不給太原人劉義節進計曰今義師數千萬並在長安樵貴而布帛賤若伐街衢及苑中之樹爲樵以易

布帛歲取數千萬疋立可致也又藏內繒綵几皆有餘軸之使申截取剩物以供雜費動盈十餘萬段矣高祖並從之大收其利

武德七年定令每丁調隨其鄉土所產綾絹絁各二丈布加五分之一輸綾絹絁者兼調綿三斤輸布者麻三斤

代宗大曆中詔曰王制命市納賈以觀人之好惡布帛精麤不中度廣狹不中量不鬻於市漢詔亦云纂組文繡害女紅也朕思以恭儉克已淳朴化人每尚素玄之服庶齊金土之價而風俗不一踰侈相高浸弊於時其來自久耗縑繒之本資錦綺之奢異彩奇文恣其誇競今師旅未戢黎元不康豈使淫巧之功更虧常制在外所織造大張錦軟錦瑞錦透背及竭鑿六破已上錦獨窠文紗四尺幅及獨窠吳綾獨窠司馬綾等並宜禁斷其長行高麗白錦雜色及常行小文字綾錦等任依舊例造其綾錦花文所織盤龍對鳳麒麟獅子天馬辟邪孔雀僊鶴芝草萬字雙勝及諸織成樣文字等宜亦禁斷

憲宗元和八年四月以錢重貨輕出內庫錢五十萬貫命兩常平收市布帛每端疋於舊估加十之一

九年八月詔太府奏建州泉州壽州所納物麤惡短狹布帛有幅制度所存近日勸課不精窳濫方甚遂使女工都棄國用空虛若無所懲何以知懼刺史宜各罰一月課料錄事參軍本縣令各罰一季課料本曹官罰一季課料仍書下考

十一年六月京兆府奏今年諸縣夏稅折納綾絹絁紬絲綿等並請依本縣時價只定上中二等每疋加饒二百文綿每兩加饒十五文絲每兩加饒二十文其下等物不在納限小戶本錢不足任納絲綿斛㪷須是本戶如有本戶輒合集買成疋段代納者所由

決十五枷項令衆

宣宗以會昌六年三月即位十一月刑部尚書判度支崔元式奏准今年七月二日勅諸道所出次弱綾絹紗等宜令禁斷若舊織得行使仍委所在官中收納如輒更有織造行使買賣同罪須指射出次弱物州府令戶部度支鹽鐵三司同條流聞奏者省司先牒左藏庫勘到所出次弱疋帛州府名額伏以綾絹紗等州府所買機杼織造並合勤充貢練既不堪衣着則虛費織功今欲委諸道節度觀察使刺史差清强官捜獲百姓織造濫惡疋段狹小機杼焚毁其惡

冊府元龜 邦計部 絲帛 卷之五百四 三十五

弱疋段仍具收納數聞奏從之其向後犯者亦條流有差

後唐明宗天成二年十二月中書舍人程遜上言以民間機杼多有假僞虛費絲縷不堪爲衣請下禁止庶歸朴素

漢隱帝乾祐三年左司員外郎盧振上言古先哲王之制布帛不中度不鬻於市比來組織之物輕重皆有定規近年已來織帛之家過爲踈薄徒勞杼軸無益公私臣請三京鄴都諸道州府凡織造之家所織綾羅絁帛諸物並須斤兩尺度合官定規程不得輒爲踈薄所在官吏覺察禁止不得更然

周世宗顯德三年五月詔曰化民成俗須務眞純蠹物害能莫先浮僞織紝杼軸之製素有規程裨販貿易之徒不許違越久無條理漸致澆訛苟所鬻之或精則酬直之必重宜從朴厚用革輕浮應天下今後公私織造到絹帛紬布綾羅錦綺及諸色疋段其幅尺斤兩並須合向來制度不得輕弱假僞罔冒取價如有已上物色等限一百日內並須破貨了絕如限外敢有違犯織造貨賣者即所在節級所由擒捉送官十月詔曰舊制織造絁紬絹布綾羅錦綺紗縠等

冊府元龜 邦計部 絲帛 卷之五百四 三十六

幅濶二尺五分不得夾帶粉藥宜令諸道州府嚴切指揮來年所納官絹每疋須及一十二兩河北諸州須及一十兩務要夾密停勻其長依舊四十二尺

冊府元龜

巡按福建監察御史臣李嗣京訂正
新建縣舉人臣戴國士參閱
知建陽縣事臣黃國琦較釋

邦計部二十三

俸祿第一

國非賢不乂賢非后不食古先哲王官設居方必先正位位定然後制祿三代相沿官倍於古周官太宰以八柄馭羣官其二曰祿秦漢而下命秩尤衆差定名數以月受俸下足以代耕上足以行義斯經世之

令典官人之達道雖百代孰能易哉若乃上無虛授下無虛受賞之以禮報之以功使賢者無家食之歎居官絕素餐之譏傳曰行爵出祿必當其位斯之謂至治矣

周武王初定天下更立公侯伯子男凡五等諸侯之上大夫卿下大夫上士中士下士凡五等天子之田方千里公侯田方百里伯七十里子男五十里不能五十者不達於天子附於諸侯曰附庸天子之三公之田視公侯天子之卿視伯天子之大夫視子男天子之元士視附庸（皆象星辰之大小也不達謂不列朝會也附庸者以國事附于大國未能以其名通也視猶比也元善也善士謂命士也此比殷所因夏爵三等之制也）制農田百畝百畝之分上農夫食九人其次食八人其次食七人其次食六人下農夫食五人庶人在官者其祿以是為差（農夫皆受田於公田肥墝有五等收入不同也庶人在官者謂府史之屬官長所除不命於天子國君者分或為糞）諸侯之下士視上農夫祿足以代耕也中士倍下士上士倍中士下大夫倍上士卿四大夫祿君十卿祿次國之卿三大夫祿君十卿祿小國之卿倍大夫祿君十卿祿（此班祿尊卑之差）諸侯之下士祿食九人中士食十八人上士食三十六人下大夫食七十二人卿食二百八十八人君食二千八百八十人

次國之卿食二百一十六人君食二千一百六十人小國之卿食百四十四人君食千四百四十人次國之卿命於其君者如小國之卿天子之大夫為三監監於諸侯之國者其祿視諸侯之卿其爵視次國之君其祿取之於方伯之地方伯為朝天子皆有湯沐之邑於天子之縣內視元士（給齋戒自潔清之用湯沐用燔）

漢高帝時因秦官號有御史大夫秩中二千石有兩丞秩千石博士秩比六百石廷尉有正左右監秩皆千石太子門大夫庶子秩皆六百石先（先或作洗）馬秩比謁者是時三公號稱萬石其奉月各三百五十斛中

二千石者月各百八十斛二千石者百二十斛比二千石者百斛千石者八十斛六百石者七十斛比六百石者六十斛四百石者五十斛比四百石者四十五斛三百石者四十斛比三百石者三十七斛二百石者三十斛比二百石者二十七斛百石者十六斛斗食十一斛佐史奉八斛

文帝二年置一丞相有兩長史秩千石

武帝建元三年置期門僕射秩比千石

元狩五年置部刺史秩六百石

太初元年更名中大夫爲光祿大夫秩比二千石太

中大夫秩比千石又更名郎中令爲光祿勳大行令爲大鴻臚大農中尉爲執金吾自太常光祿衛尉太僕太理鴻臚宗正司農少府執金吾皆中二千石丞皆千石又更右内史爲京兆尹左内史爲左馮翊都尉爲右扶風自太子太傅將作少府詹事將行皇后卿即大長秋也典屬國水衡都尉左馮翊右扶風皆秩二千石丞六百石是時司隸城門中壘屯騎步兵越騎長水胡騎射聲虎賁射士校尉秩皆二千石奉車都尉駙馬都尉秩比二千石前後左右將軍長史秩千石又有議郎中郎侍郎郎中皆無員多至千人議郎中郎秩比六百石侍郎比四百石郎中比三百石中郎有五官左右三將秩皆二千石郎中有車戸騎三將主車日車郎主戸衛日戸郎漢儀注郎中令主郎中左右車將主左右車郎左右戸將主左右戸郎也秩皆比千石謁者秩比六百石有僕射謁請也白也僕主也秩比千石郡守秩二千石有丞邊郡又有長史秩皆六百石郡尉秩比二千石有丞秩皆六百石縣令長萬戸以上爲令秩千石至六百石減萬戸爲長秩五百戸至三百石皆有丞尉秩四百石至二百石是爲長吏吏理也主理其縣内百石以下有斗食漢官名秩簿云斗食月俸十一斛佐史月奉八斛一說斗食者歲俸不滿百石計日而食一斗二升故云斗食也

宣帝地節二年置西域都護有副校尉秩比二千石帝又令中郎將騎都尉監羽林比二千石

三年置左右廷尉平秩皆六百石

神爵三年八月詔曰吏不廉平則治道衰今小吏皆勤事而奉祿薄欲其毋侵漁百姓難矣其益吏百石以下奉十五若食一斛則益五斗

元帝初元元年置戊巳校尉有丞司馬各一人候五人秩比六百石

成帝陽朔二年除八百石五百石秩除八百就六百除五百就四百也

綏和元年大司馬大司空祿比丞相更部刺史名牧秩二千石二年益吏三百石以下俸厇比二千石以上年老致仕者參分故祿與之終其身參音三其時亦有俸錢之差但本史不具耳故元帝時貢禹上書曰臣爲諫大夫秩八百石俸錢月九千二百廩食太官又拜爲光祿大夫秩二千石俸錢月萬二千祿賜愈多家日以益富

哀帝元壽二年大司馬有長史秩千石

平帝元始元年更名虎賁郎置郎中將秩比二千石

後漢光武建武二十六年增百官俸有千石以下減於西京舊制六百石以下增於舊秩是時太傅太尉府長史一人千石東西曹掾比四百石餘掾比三百

石屬比二百石故曰公府掾比古元士三命者也或曰漢初掾史辟皆上言之故有秩比命士其所不言則爲百石屬其後皆自辟除故通爲百石漢舊注曰公令史百石自中興以後注不說石數司徒司空府長史千石大將軍府長史司馬皆千石從事中郎六百石其領軍皆有部曲大將軍營五部部較尉比二千石軍司馬比千石部下有曲曲有軍候比六百石曲下有屯屯長比百石太史令六百石丞三百石博士祭酒六百石博士比六百石太祝令太宰令太子令高廟令世祖廟令陵園令每陵食官令太卜令皆六百石五官中郎將及左右中郎將虎賁中郎將羽林中郎將皆比二千石五官及左右虎賁中郎比六百石五官左右虎賁侍郎比四百石五官左右虎賁郎中比三百石左右僕射左右陛長比六百石節從虎賁比二百石羽林郎比三百石羽林左右監六百石奉車都尉駙馬都尉比二千石騎都尉二千石光祿大夫比二千石太中大夫千石中散大夫諫議大夫議郎常侍謁者皆六百石謁者僕射比千石其給事謁者四百石灌謁者郎中皆三百石公車司馬令南北宮衞士令左右都候左右式道中候左右較令百軍中候考功令車府

令未央廐令六廐令同廷尉正左監右平鴻臚大行令公主家令太倉令平準令導官令廩犧令太醫令太官令守宮令上林苑令黃門及黃門令掖庭令永巷令御府令祠祀令鉤盾令中藏府令內謁者令尚方黃門冗從僕射符節令武庫令皆六百石公主家丞三百石濯龍監直里監宦者丞從丞黃門署長玉堂署長丙署長皆四百石永巷長比四百石宦者比三百石永巷郎中三百石中黃門比百石侍中比二千石中常侍千石宦者無員後增秩比三千石黃門侍郎六百石尚書令御史中丞千石尚書治書侍御史六百石左右丞

侍郎四百石尚書令史符節令史二百石蘭臺令史六百石執金吾太子太傅太常光祿衛尉太僕廷尉大鴻臚宗正大司農少府諸卿皆中二千石丞千石太子少傅將作大匠二千石太子家令太子僕千石太子門大夫中庶子倉令食官令六百石洗馬比六百石太子廐長中盾比二千石丞比六百石令相千石丞尉四百石其六百石丞尉三百石長相四百石及三百石丞尉皆二百石諸侯公主家丞秩皆比二百石諸邊鄣塞尉諸陵校尉長皆二百石有常例者不署秩司隸較尉比二千石京都尹郡太守二千石

屬國都尉使匈奴中郎將護烏桓較尉護羌較尉比二千石州刺史六百石每縣邑道大者置令千石其次六百石其次置長四百石其次三百石侯國之相亦如之（前漢雒陽令秩千石丞及孝廉左右尉四百石）鄉三老游徼百石（鄉戶五千則置有秩）皇子封王其郡爲國王傅相皆二千石

殤帝延平元年中二千石俸月錢九千米七十二斛二千石錢六千五百米三十六斛比二千石錢五千米三十四斛千石錢四千米三十斛六百石錢三千五百米二十二斛四百石錢二千五百米十五斛三百石錢二千米十二斛二百石錢一千米九斛百石錢八百米四斛八斗大將軍三公臘賜錢各二十萬牛肉二百斤粳米百斛（將進侯以下各有差）立春之日遣使者賜文官司徒司空帛三十疋九卿十五疋武官太尉大將軍各六十疋執金吾諸較尉各三十疋武官倍文官也

桓帝延熹三年九月詔無事之官權約俸豐年如故

獻帝建安八年須賜三公下金帛錄是三年一賜以爲嘗例

晉武帝泰始三年九月詔曰古者以德詔爵以庸制祿雖下士猶食上農外足以奉公忘私內足以養親

施惠今在位者祿不代耕非所以崇化之本也其議增吏俸

太康元年平吳之後定官品第一至第九各以貴賤占田品第一者占五十頃第二品四十五頃第三品四十頃第四品三十五頃第五品三十頃第六品二十五頃第七品二十頃第八品十五頃第九品十頃又得蔭人以爲衣食客及佃客品第六以上得衣食客三人第七第八品二人第九品及舉輦跡禽前驅鉏基强弩司馬羽林郎殿中宂從虎賁殿中虎賁推持斧武騎虎賁持鈒宂從虎賁命中虎賁武士一人

其應有佃客者官品第一第二者佃客無過四十戶第三品三十五戶第四品三十戶第五品二十五戶第六品二十戶第七品十五戶第八品十戶第九品五戶其佃穀皆與大家量分

簡文帝咸安二年三月詔曰往者事故之後百度未充羣僚嘗俸並皆寡約蓋隨時之義也然退食在朝而祿不代耕非經通之制今資儲漸豐可籌量增俸

宋高祖永初元年六月詔曰百官事殷俸薄祿不代耕雖國儲未豐要令公私周濟諸供給等減半者可悉復舊六軍見祿租可不在此例其餘官僚或自本

俸素少者亦疇量增之

二年二月制中二千石加公田一頃

文帝元嘉二十七年正月制交寧二州假收郡縣俸祿聽依臺除

二月以軍興減百官俸三分之一

三月淮南太守諸葛闡求減俸祿同內百官於是州及郡縣丞尉並悉同減

孝武大明二年正月復郡縣田秩并九親俸祿

四年十月制郡縣減祿並先充公限

五年五月制帝室朞親官非祿官者月給錢十萬

八月制方鎮所假白收郡縣年限依臺除祿三分之一不給送

六年二月復百官祿

前廢帝永光元年二月減州郡縣田祿之半

明帝泰始五年六月以軍興已來百官斷俸並給坐食

南齊武帝永明元年正月詔經邦之寄寔資莅民守宰俸祿蓋有嘗准往以邊虞告警故沿時損益今區寓寧晏庶績咸熙忠勤簡能宜加優奬郡丞尉可還田秩　又云齊氏衆官有僮幹之役而不詳其制

七年正月詔曰諸大夫年秩隆重祿力殊薄豈所謂下車惟舊趨橋敬老可增俸評給見役

八年十二月詔尚書丞郎職事繁劇邮俸未優可量增賜祿

十年正月詔增內外有務衆官祿俸

明帝建武三年閏十二月詔今歲不須光新可以見錢爲百官供給

東昏侯永元元年正月詔三品清資以應食祿者二親或祖父母年登七十並給見錢

梁高祖天監初定九品令帝於品下注一品秩爲萬

石第二第三品爲中二千石第四第五品爲二千石

大通元年正月詔曰朕思利兆民惟日不足氣象環周每弘優簡百官俸祿本有定數前代以來皆多評准頃者因循未遑改革自今以後可長給見錢依時放出勿令遲緩

太清末侯景之亂國用嘗褊京官文武月別唯得廩食多遙帶一郡縣官而取其祿秩焉楊徐等大州比令僕（楊州督王畿理在建康徐州督重鎮京口並外官刺史最重者尚書令僕射官品第三）寧桂等小州比參軍班（寧州理建寧今雲南郡桂州理始安今郡並與外官刺史最輕者府參軍官品第六）丹陽郡吳郡會稽等大郡同太子詹事尚

書班（丹陽理建康吳郡會稽郎今郡並列郡重者詹事尚書官品等三）高源晉康等小郡王班而已（高源晉康郎今郡並列郡輕者梁武帝定九品後其內官吏爲十班以班多者爲貴同班者即以居下爲劣則與品第高下不論當是其時更以清濁爲差耳本史既畧不可詳焉）大郡六班小縣兩轉方至一班其州郡祿米絹布絲綿當處轉臺傳倉庫若給刺史令等先准其所部文武名物多少豁勑而裁凡如祿秩既通所部兵士給之其家得蓋少諸王諸主出閤就第婚冠所須及衣裳服飾并酒米魚鮮香油紙燭等並定官給之王主壻外祿者不給解任還京仍亦公給

後魏孝文太和八年六月詔曰置官班祿行之尚矣周禮有食祿之典二漢著受俸之秩逮于魏晉不聿稽往憲以經綸治道自中原喪亂茲制中絕朝政因循未遑釐改朕永鑒四方求民之瘼夙興昧旦至於憂勤故憲章舊典以班俸祿罷諸商人以簡民事戶增調三疋穀二斛九斗以爲官司之祿均預調爲二疋之賦即兼商用雖有一時之煩終克永逸之益祿行之後贓滿一疋者死變法改度宜爲更始其赦天下與之惟新初臨淮王他奏求依舊斷祿文明太后令召羣臣議之中書監高閭表曰天生蒸民樹之以君明君不能獨理必須臣以作輔君使臣以禮臣事

君以忠故車服有等差爵命有分秩德高者則位尊任廣者則祿重下者祿足以代耕上者俸足以行義庶民均其賦以展奉上之心君王聚其財以供事業之用君班其俸垂惠則厚臣受其祿感恩則深於是貪錢之心止明効之誠篤兆庶無侵削之煩百辟備禮容之美斯則經世之明典爲治之至術自堯舜已來逮至三季雖優劣不同而斯茲弗改自中原運否天下幅裂海內未一民數耗減國用不充俸祿遂廢此則事出臨時之宜良非長久之道大魏應期紹祚照臨萬方九服既和八表咸謐二聖欽明文思道冠

百代勳道禮式稽考舊章准百王不易之勝法述前聖利世之高軌置立鄰黨須宣俸祿事設令行於今巳久苛慝不生上下無怨姦巧革慮闚覦絶心利潤之厚同於天地以斯觀之如何可革又洪波奔激則堤防宜厚姦悖充斥則禁綱須嚴且饑寒切身慈母不保其子家給人足禮讓可得而生但廉清之人不必皆富豐財之士未必悉貪今始其俸則清者足以息其濫竊貪者足以感而勸善若不班祿則貪者肆其姦情清者不能自保難易之驗灼然可知如何一朝便欲去俸淮南之議不亦謬乎帝從閭議

十月詔曰俸制巳立宜時班行其以十月爲首每季一請於是內外百官受祿有差

九年二月制皇子封王者皇孫及皇曾孫紹封者皇女封者歲祿各有差

十月詔均給天下民田諸宰人之官各隨近給公田刺史十五頃太守十頃治中別駕各八頃縣令郡丞六頃更代相付賣者坐如律

十年十一月議定民依戶給俸

十八年十二月詔王公侯伯子男開國食邑者王食半公三分食一侯伯四分食一子男五分食一

十九年五月減閑官祿以裨軍國之用

孝明以延昌四年卽位先是孝文將以軍國多事用度不足百官之祿四分減一及帝卽位侍中領軍將軍于忠旣擅權欲以惠澤自固乃悉復所減之祿

東魏孝靜天平二年十二月詔文武百官量事各給祿

北齊文宣天保七年十一月制刺史令盡行兼不給幹物是時官秩一品每歲八百疋二百疋爲一秩從一品七百疋百七十五疋爲一秩二品六百疋百五十疋爲一秩從二品五百疋百二十五疋爲一秩三品四百疋百疋爲一秩從三品三百疋七十

五疋爲一秩四品二百四十疋六十疋爲一秩從四品二百疋五十疋爲一秩五品百六十疋四十疋爲一秩從五品百二十疋三十疋爲一秩六品百疋二十五疋爲一秩從六品八十疋二十疋爲一秩七品六十疋十五疋爲一秩從七品四十疋十疋爲一秩八品三十六疋九疋爲一秩從八品三十二疋八疋爲一秩九品二十八疋七疋爲一秩從九品二十四疋六疋爲一秩祿率一分帛一分以粟一分錢事繁者優一秩平者守本秩閑者降一秩長兼試守者亦降一秩非執事不朝拜者皆不給祿州郡制祿之法刺史守令下車各前取一時之秩上上州刺史歲秩八十疋與司州牧同上中上下各

五十疋爲差中上降上下百疋中中及中下亦以五十疋爲差下上降中下百疋下中下下亦各五十疋爲差上郡太守歲秩五百疋降清都尹五十疋上中上下各以五十疋爲差中上降上下四十疋中中及中下各以三十疋爲差下上降中下四十疋下中下下各以三十疋爲差上上縣歲百五十疋與鄴臨漳成安三縣同上中上下各以十疋爲差中上降上下三十疋中中及中下各以五疋爲差下上降中二十疋下中下下各以十疋爲差州自長史下逮于史吏郡縣自丞以下逮于掾佐亦皆以帛爲秩郡有尉減

丞之半皆以其所出常調課給之自一品以下至流外勳品各給事力一品至三十人流外勳品或以五人爲等或以四人三人二人一人爲等繁者加一等平者守本力閑者等一等諸州刺史守令以下幹及力皆聽勅乃給其幹出所部之人一幹輸絹十八疋幹身放之則白直充

武成河清四年以年穀不登詔減百官食廩各有差

後周太祖爲西魏相創制六官祿秩下士百二十五石中士以上至於上大夫各倍之上大夫是爲四千石卿二分孤三分公四分各益其一公因盈數爲萬石其元秩百二十石八秩至於七秩每二秩六分而下各去其一二秩一秩俱爲四十石凡頒祿視年之上下畝至四釜爲上年上年頒其正三釜爲中年中年頒其半二釜爲下年下年頒其一無年凶荒不頒祿

武帝保定二年四月詔曰比以寇難猶梗九州未一文武之官立功効者雖錫以茅土而未給租賦諸柱國等勳德隆重宜有優崇各准別制邑戶聽寄食他縣

隋高祖開皇元年十月頒新令自諸王已下至于都

督比給永業田各有差多者至一頃少者至四十畝京官又給職分田一品給五頃每品以五十畝爲差至五品則爲田三頃六品二頃其下每品以五十畝爲差至九品爲一頃縣官亦各有職分田是時京官正一品祿九百石其下每以百石爲差至正四品是三百石從四品二百五十石其下每以五十石爲差至正六品是爲百石從六品九十石以下每以十石爲差至從八品是爲五十石食封及官不判事者并九品皆不給祿其給皆以春秋二季刺史太守縣令則計戶而給祿各以戶數爲九等之差大州六百二

十石其下每以四十石爲差至於下下則三百石大郡三百四十石其下每以三十石爲差至於下下則百石大縣一百四十石其下每以十石爲差至於下下則六十石其祿唯及刺史二佐及郡守縣令

八年五月僕射高熲奏諸州無課調及有課調州管戶數少者官人祿力乘前已來嘗出附近之州但判官本爲收人役力理出所部請於所管戶內計戶徵稅從之

唐高祖初爲隋相國罷外官給祿每十斛給地二十畝

武德元年十二月因隋制文武官給祿正一品七百石從一品六百石正二品五百石從二品四百六十石正三品四百石從三品三百六十石正四品三百石從四品二百六十石正五品二百石從五品一百六十石正六品一百石從六品九十石正七品八十石從七品七十石正八品六十石從八品五十石正九品四十石從九品三十石（並每年給）諸給祿者三師三公及太子三師三少若在京諸司文武官職事九品以上并左右千牛備身左右太子千牛並依官給其春夏二季春給秋冬二季秋給（凡京文武官每歲給祿總五千萬一千五百三十三石二斗自至德之後不給）其在外武官九品以上准官皆降京官一等給其文武官在京官上者則不降（諸給祿應給等者正從一品各以五十石爲一等二品三品等以三十石爲一等四品五品皆以二十石爲一等六品七品皆以五石爲一等八品九品皆以二石五斗爲一等）其俸錢之制京司諸官初置公廨令行署及番官興易以充俸又制內外官各給職分田京官一品十二頃二品一十頃三品九頃四品七頃五品六頃六品四頃七品三頃五十畝八品二頃五十畝九品二頃雍州及外州官二品十二頃三品十頃四品八頃五品七頃六品五頃七品四頃八品三頃九品二頃五十畝其統軍府及鎮戍

關津之官又節給量減京司及州縣又各公廨田課其營種以供公私之費

太宗貞觀二年二月詔官人得上考給一季祿

六月制官人出使皆廩食妻子

十二月詔外官新到任多有匱乏准品計日給糧

三年正月詔官人得上下考給一年祿

八年中書舍人高季輔上表曰仕以應務亦以代耕外官卑品猶未得祿旣離鄉井理必貧煎但妻子之戀賢達其猶累懷饑寒之加夷惠罕全其行爲政之道期於易從若不恤其匱乏難欲俾其淸儉凡在末

品中庸者多正恐巡察歲出輶軒繼軌不能肅其使
漁何以求其政術今戶口漸殷倉廪已實斟量給祿
使得養親然後督以嚴科責其報効則庶官畢力物
議斯免
十年正月詔有司收內外職田除公廨田園外並官
收先給逃還貧下戶及欠丁田戶其職田以正倉粟
畝率二升給之
十一年三月勑內外官職田恐侵百姓先令官收慮
其祿薄家貧所以別給地子去歲緣有水旱遂令總
停如聞甲官頗難支濟事須優恤使得自資宜准元

勑給其地子
十二年三月諫議大夫褚遂良以武德已後國家倉
庫猶虛應京官料錢並給公廨本令當司令史番
官興易給利計官員多少分給乃上疏曰為政之本
在於擇人不正其源遂差千里漢家以明經拜職或
四科辟召必擇器任使量才命官然則市井子孫不
居官吏大唐制令憲章古昔商估之人亦不居官位
陛下近許諸司令史捉公廨本錢諸司取此色人號
為捉錢令史不簡性識寧論書藝但令身能估販家
足貲財錄牒吏部即依補擬大率人捉五十貫已下
四十貫已上任居市肆恣其販易每月納利四千一
百年凡輸五萬送利不違年滿受職有國家者嘗笑
漢代賣官今開此路頗類於彼在今七十餘司大率
司引九人更一二載後年別即有六百餘人輸利受
職伏惟陛下理致升平任賢為政或文學高第或諸
州進士皆策同片玉經若懸河奉先聖之格言慕昔
賢之廉恥拔十取五量能授官然犯禁違公輒羅刑
法況乎捉錢令史主於估販志意分毫之末耳目屢
肆之間輸錢於官以獲品秩荏苒年歲陛下能不用
之乎此人習於性成慣於求利苟得無恥莫蹈廉隅

使其居職從何而可將來之弊宜絶本源臣毎周遊
人間為國視聽京司僚庶爰及外官異口同辭皆言
不便伏願勑朝臣遣其詳議帝納之是月勑並停收
署胥士七千人以諸州上戶充准防閤例輸課二年
一替計官員多少分給
十八年三月復京官職田以京兆及岐同華朔万等
州空閑地及陂澤堪佃食者充之
二十一年二月令在京諸司依舊置公廨給錢充本
置令史畢士等令廻易納利以充官人俸
二十三年九月勑諸王並宜食一千戶封

高宗永徽元年四月廢京官諸司捉錢庶士其官人
俸料以諸州租脚充
八月詔文武五品以上解官充侍者宜准致仕例每
給以半祿并賜縑帛
麟德二年八月詔文官五品巳上同武職班給仗身
以掌閑幕士充之咸亨元年四月十二日停給
乾封元年八月詔京文武官應給防閤庶僕俸料始
依職事品其課及賜各依本品凡京文武正官每歲
供給俸食等錢總十五萬二千七百二十貫員外官
不在此數外官則以公廨田收及息錢等嘗食公用

之外充月料先以長官定數其州縣少尹長史司馬
及丞各減長之半大都督府長史副都督別駕及判
司准上佐以職田數爲加減其參軍及博士判試判
司主簿縣尉丞各三分之一諸内外員同正員者祿
料賜會食料一事以上並同正員其不以同正員者
祿賜食料亦同正員餘各給半職田並不給自乾元
之後以嘗賦不給内外官俸祿各減其半矣内供俸
及裏行不帶本官者祿俸食料防閤庶僕一事以上
並同正官帶官者聽從多處給若帶外官者依京官
給諸簡較及判試知試等官不帶内外者料度一準
以上准員外官同正員例給若簡較及判試之處正
官見闕者兼給雜用其職巳不應入正官者亦給其
侍御史殿中及監察御史知試並同供俸裏行例
儀鳳三年八月詔廪食爲費同資於上農歲俸所須
並課於編戸因地出賦則沃瘠未均據丁收物則勞
逸不等俾之富教其可得乎永念於斯載懷攺創如
聞文武内外官應給俸料課錢及公廨料度封戸租
調等遠近不均貴賤有異輸納簡選事甚艱難運送
脚錢損費實廣公廨出舉廻易與吏因此侵漁撫字
之方豈合如此宜令王公巳下百姓巳上率口出錢

以充防閤庶僕邑士白直折衝府仗身并封戸内官
人俸食等料旣依戸次貧富有殊載詳職務繁簡不
類率錢給用須有等差宜具條例并各逐便
中宗神龍二年七月制功臣段志玄屈突通蕭瑀李
靖秦叔寶長孫順德劉弘基宇文士及錢九隴程知
節麗卿惲竇琮苑君璋李子和張平高張公瑾梁雒
仁安脩仁秦行師獨孤卿雲蘇定方李安遠鄭仁泰
杜君綽李孟嘗等二十六家所食實封並依舊給
景龍二年九月勅諸色應食實封家戸一定巳後不
得輒有移攺

三年十月勑應食封邑者一百四十餘家應出封戶凡五十四州皆天下膏腴物產其安樂太平公主封又取富戶不在損免限百姓着封戶甚於征行

冊府元龜

冊府元龜

巡按福建監察御史臣李嗣京　訂正
分守建南道左布政使臣胡維霖　參閱
知建陽縣事臣黃國琦較釋

邦計部二十四

俸祿第二

唐玄宗開元五年十月詔曰養老乞言人惟求舊尊儒尚齒風化攸先其致仕官所請物宜令所司專定一官勾當送至宅六年七月秘書少監崔沔議州縣官月料錢狀曰養賢之祿國用尤先取之齊人未爲

剥下何用立本息利法商求資皇運之初務革其弊託本收利以繩富家固乃一切權宜諒非經通彝典頃以州縣典吏併捉官錢收利數多破産者衆散諸編戸本少利輕人用不休時以爲便付本收利患及於人然則議國事者亦當憂人爲謀恤下立計天下州縣積數既多大抵皆然爲害不少且五十之本七分生利一年所輸四千二百兼筭勞費不啻五千在於平人已爲重賦富戸既免其徭貧戸則受其弊傷人刻下俱在其中未若大率群臣通計衆戸據官定料均戸出資嘗年發賦之時每丁量加升尺以近及遠損有兼無合而籌之所增盖少時則不擾簡而易從庶乎流亡漸歸倉庫稍實則當咸出正賦罷所新加天下坦然什一而稅上下各足不其遠矣

十年正月[illegible]内外官職田除公廨田園外並官收又令有司收天下公廨錢其官人料以萬戸稅錢充每月准舊分利數給

是月甲子又勅王公已下視品國官及京官五品已下每月別給伏身悉停凡京司文武職事官五品已上給防閤一品九十六人二品七十二人三品四十八人四品三十二人五品二十四人六品以下給庶僕六品五人七品四人八品三人

公主邑士八十人郡主六十人縣主四十人特封縣主二十四人京官任兩職者從多給凡州縣官皆有白直二品四十人三品三十二人四品二十四人五品十六人六品十人七品六人八品五人九品四人凡諸親王府屬並給士力數如白直其防閤庶僕白直士力納課者每年不過二千五百執衣元不過一千文防閤庶僕舊制季分月俸食料雜用即月分諸官應月給

乙丑命有司收内外官職田以給逃還貧下戸其職田以正倉粟畝二升給之

六月初置職田本非古法爰自近制是以因循事有

變通應須刪改其內外官所給職田子從今年九月已後並宜停給

十六年十一月勑文武百官俸料錢所給物宜依時價給

十八年三月勑京官職田將令準令給受

其年九月御史大夫李朝隱奏請薄稅一年稅錢充本依舊令高戶及典正捉隨月收供官人料錢

十九年四月勑天下諸州縣并府鎮戍官等職田四至頃畝造帳申省仍依元租價對定六㪷已下者依舊定以上者不得過六㪷

二十二年二月勑京官兼外州都督刺史大都督府長史俸料並宜兩給

二十四年六月勑百官料錢宜令爲一色都以月俸爲名各據本官隨月給付其貯米宜令入祿數同申應合減折及申請時限並依常式一品三十一千月俸八千食料一千八百防閤二十千雜用一千二百文二品二十四千月俸六千食料一千五百防閤一十五千五百雜用一千文三品十七千月俸五千食料一千一百防閤一十千雜用九百文四品一十一千八百六十七文月俸四千五百食料七百文防閤六千六十七文雜用六百文五品九千二百月俸三千食料六百防閤五千雜用六百文六品五千三百月俸二千三百食料四百庶僕二千二百雜用四百文七品四千五十月俸一千七百五十食料三百五十庶僕一千六百雜用三百五十文八品二千四百七十五月俸一千三百食料三百庶僕六百二十五雜用二百五十文九品一千九百一十七月俸一千五十食料二百五十庶僕四百一十七雜用二百文

二十九年二月勑外官職田委所司準例倉中受納畢一時分付縣官亦準此

三月勑京畿地狹人戶殷繁計丁給田尚猶不足兼充百官苗子固難周濟其諸司官令分在都者宜令所司具作定額計應受職田並於都畿給付其應退地委採訪使與本州長官給貧下百姓其應給職田

亦委採訪使與所縣長官勘會同給仍永爲常式

天寶元年六月勑如聞河東河北官人職田既納地租仍收桑課田樹兼稅人何以堪自今已後官人及公廨職田有桑一切不得更徵絲課

二年十一月勑京官兼太守等官俸料兩給者停其外官太守兼京官除準式親王帶京官任外官副大將軍者副使知軍及政事京官兼內外官知政事據文合兼給者餘並從一處給任逐穩便

三載臣欽若等曰天寶自三年已後稱載三月勑郡縣闕職錢送納大府寺自今已後納當郡充員外官料錢不足即收正

官料錢分若無員外官當郡分

五載三月勅郡縣官人及公廨白直天下約計一載破十萬丁已上一丁每月戍錢二百八文每至月初當處徵納送縣來往數日功程在於百姓尤是重役其郡縣白直計數多少請用料錢加稅充用其應差丁充白直望請並停一免百姓艱辛二省國家丁壯

六載三月戶部奏諸道請實封人准長行旨三百戶已下戶部給符就州請受三百戶已上附庸使送兩京大府寺賜坊給付者今緣就州請受有損於人今三百戶已下尚許彼請公私之間未免侵擾望一切

送至兩京就此給付郎公私省便侵損無繇又准戶部式節文諸食封人身歿已後所得封物隨其男數爲分承嫡者加一分至玄孫郎不在分限其封總入承嫡房一依上法爲分者如此則玄孫請物比於嫡男計數之間多較數倍舉輕明重理實未通望請至玄孫已下准玄孫直下一房許依令式餘並請停惟享祭一分百代不易自無爭競永賜勳庸無替

十一載十二月勅諸郡員外官無闕職處均取正官料給錢數不定頗爲勞煩自今已後闕料官收員外官依式取官錢准給

十二載十月勅兩京百官職田承前佃人自送道路或遠勞費頗多自今已後其職田去城五十里內者依舊令佃人自送入城自餘並限十月內便於所管縣并腳價貯納其腳價五十里外每斛各徵二文一百里外不得過三文並令百官差本司人請受

十四載八月制曰王制下士視上農周政庶人倍祿者衣食既足則廉恥乃知至如資用靡充或貪求不已敗名目法實此之繇輦轂之下尤難取給其在西京文武九品已上正員官既親於職務可謂勤心自今後每月給俸食雜用防閤庶僕等宜十分率加二

分其同正員官加一分仍爲常式

肅宗至德二年四月勅天下都府及縣官祿白直品子等課從今載正月一日以後並量給一半事平之後當續支遣

乾元元年外官給半料與職田京官不給料至德巳後內外官無料錢至是給之仍勅度支使量閑劇司給手力課員外官一切無料

二年九月詔京官比無俸料桂玉之費將何以堪宜取絳州新錢給冬季料郎仰所繇申請計會支給且艱難之際家國是同頃者急在軍戎所以久虧祿俸

眷言憂恤常媿于懷今甫及授衣略爲賙給庶資時
要宜悉朕懷
三年四月工部尚書李遵奏中外官職田者苗子准
令依租分法並人新人水陸田十一月一日已後上
者子並入官草准式當司官分其顯遷改人乃有一
年之中數處合得者按令云職分陸田限三月三十
日已前水田限四月三十日夏田限九月三十日已
後上者入前人已前上者入後人即是各以耕種時
在職者爲王此職既關本是公田耕耘收刈已皆畢
功新人方來何理領受請自今後水陸田並限六月

三十日宿麥限十二月三十日春麥限三月三十日
已前上者人新已後上者並草並人官若其年已得
前任苗子者草粟稻麥並不重受亦入官
上元元年十月勑京官職田准式並合佃人輸送至
京中間楊國忠奏去城五十里外貯納縣倉本官自
差人請受緣是暫時寄貯所繇觸途乾沒就中關司
九被抑屈公私不便因循累年自今已後京兆河南
府諸縣並令依舊送京輸納本官如邀頡停留并輙
受加耗請准所費及剩數計贓以枉法論至死者加
役流

代宗廣德二年正月稅天下地畝青苗錢給百官俸
料起七月給
十月宰臣等奏減百司職田租之半以助軍糧從之
永泰元年十月以師旅薦興急於饋運百寮上表請
納職田充軍糧許之
二年正月自今已後子孫襲實封宜減半永爲常式
三月勑應請封家三分給二待兵革稍寧即當全給
五月諸道稅地錢使殿中侍御史韋光裔等自諸道
使還初肅宗乾元已來屬天下用兵京司百官俸錢
減耗即帝位推恩庶寮下議公卿或以稅畝有苗者

公私咸濟乃分遣憲官稅天下地青苗錢以充百司
課料至是得錢四百九十萬貫仍以御史大夫爲稅
地錢物使歲以爲常均給百官
十一月詔曰京諸司官等自艱難已來不請祿料職
田苗子又充軍糧頗聞艱辛須使均濟其諸州府縣
官及折衝府官職田據苗子多少三分每年宜取一
分依當處時價迴市輕貨數內破脚差綱部領送上
都納青苗錢庫其關官職田據數盡送仍青苗錢與
本道節度觀察都防禦等使會切勾當從今年職田
並依此數徵收發遣其送物綱典計數准輕貨綱典

例處分

大曆二年正月詔京兆府及畿縣官職田宜令准外州府縣官例三分取一分

十月減京官職田錢一分充軍糧二分給大官

三年十一月加廊下百官厨料增舊五分之一是年通計京城諸司每月給手力資錢凡四萬七千五百四十六貫四十八並以天下青苗錢充初以當賦不給乃稅人墾田畝十有五錢資用窘急不暇成熟候苗青即征之故謂之青苗錢主其任者爲青苗使

六年三月勑軍器公廨本錢三千貫文放在人上取利充使以下食料紙筆宜於數內收一千貫文別納店鋪課錢添公廨收利雜用

冊府元龜　邦計部　俸祿二　卷之五百六　九

十二年四月度支奏給京百司文武官及京兆府縣官每月料錢太師太傅太保太尉司徒司空侍中中書令每月各一百二十貫文中書門下侍郎各一百貫文東宮三太左右僕射各八十貫文東宮三少各七十貫文六尚書御史大夫太常卿各六十貫文常侍宗正卿太子詹事國子祭酒各五十貫文左右丞及諸司侍郎給事舍人中丞賓客殿中監秘書監司農等卿將作等監各四十五貫文太子左右庶子太常少卿各四十貫文諫議諸司少卿少監各三十五貫文國子司業內侍東宮三卿各三十貫文郎中侍御史司天監少詹事諸王傅國子博士諭德中允中舍殿中秘書太常宗正丞各二十五貫文殿中侍御史著作郎大理正都水使者總監內常侍給事中各二十貫文員外郎通事舍人起居王府長史各十八貫文監察御史臺主簿補闕王府司馬司天少監太子典內太常博士主簿宗正主簿門下錄事中書主簿各十五貫文拾遺司議太子秘書著作佐郎國子大學四門廣文等博士大理司直詹事府及諸寺監丞謁者監中書門下主事各十二貫文洗馬贊善諸寺監主簿詹事府司直各一十貫文評事各八

冊府元龜　邦計部　俸祿二　卷之五百六　十

貫文諸較正各六貫文諸奉御九成宮總監諸王諮議友諸陵令各九貫二百文城門符寶國子助教六局郎王府掾屬太常侍醫文學錄事參軍主簿記室諸衛及六軍長史兩市令諸副總監武庫署令太公廟令各五貫三百文大子通事舍人東宮三寺丞國子太學廣文助教內坊丞諸直長內寺伯千牛衛及諸率府長史諸陵丞諸陵署諸王府判司司竹溫泉監尚書都事都水及諸總監丞司天臺丞太子侍醫諸司上局署令及王府國令苑四面副監公主邑司令各四貫一百一十六文國子四門助教律醫學博士協律郎內謁者諸衛六軍左右

衛率府等衛佐諸王府參軍大農都省兵吏禮考功
主事春坊録事司竹副監諸司中局署令都水主簿
諸司上局署及監廟邑司丞司天臺靈臺郎保章挈
壺正太常針醫及醫監尚藥局司醫各四千四百七十五文大
祝奉禮省中諸行主事門下典儀御史臺殿中秘書
内侍省春坊詹事府主事諸寺監諸衛六軍諸司録
事諸司中局署丞及大理獄丞諸司府作監事殿諸
司監録事殿中省醫佐食醫奉輦司庫司廩奉乘鴻
臚寺掌客司儀太僕寺主乘内坊典直司天臺司辰
司曆監内侍省宫教博士東宫三等主簿太常大樂

鼓吹丞醫正按摩呪禁卜筮博士及針醫卜助教國
子書筭博士及助教諸王國子丞尉諸總監主簿各一
千九百一十七文武官左右金吾大將軍各四十五貫文六軍大將
軍左右金吾將軍各四十貫文諸衛大將軍六軍將軍各三
十貫文諸衛將軍各二十五貫文諸衛及六軍中郎諸率府率
副率各一十一千五百六十七文諸衛及六軍郎將諸王府典軍
副典軍各九千二百文諸衛及六軍司階千牛及左右備身
各五千三百文諸衛及六軍中候太子千牛各四千一百一十六文諸
衛及六軍司戈太子備身各二千四百七十五文諸衛及六軍
執戟及長上各一千九百一十七文京兆及諸縣官尹八十千文少

尹兩縣令各五十貫文奉先昭應醴泉等縣令司録各四十五
貫文畿令各四十貫文判司兩縣丞各三十五貫文兩縣簿尉奉先
等縣丞各三十貫文奉先等主簿尉諸畿縣丞各二十五貫文畿
簿尉各二十貫文參軍文學博士録事各一十貫文凡百司文
武官共二千七百九十六員文官一千八百五十四
員武官九百四十二員每歲約計加一十五萬六千
貫准舊給數都當二十六萬貫文已來伏望准敕起
六月一日納付敕旨依仍令所司起五月一日支給
待豐年無事即准當式處分時常衮與楊綰同掌樞務先是百官俸料寡薄
綰與衮奏請加之判度支韓滉與衮各騁私懷所加俸料厚薄自巳時少列各定月俸爲三十五千滉怒

司集張參唯止給三十千衮惡少詹事趙甚遂給二十五千又太子洗馬實司經局長官文學爲之貳衮
有親戚任文學者給十二千而給洗馬十千其輕重任情時政多如此類
五月中書門下奏得蘇州刺史兼御史大夫知臺事
李涵東都河南江淮山南等道轉運使吏部尚書兼
御史大夫劉晏戸部侍郎專判度支韓滉等狀奮華
諸道觀察使都團練使及判官料錢等觀察使都如更
兼使不在加給限每月除刺史正俸料外每使每月請給一
百貫雜給准時價不得過五十貫文都團練副使每
月料錢八十貫文雜給准時價不得過三十貫文觀
察判官與都團練判官同每月料錢五十貫文支使每月料

錢四十貫文推官每月料錢三十貫文巡官准觀察推官例以上每員每月雜給准時佑不得過二十貫文如以州縣見任官充者月料雜給減半刺史知軍事每月除正俸外請給七十貫文如帶別使不在加限雜給准時佑不得過三十貫文其州縣課其大都督府長史准七府尹例左右司馬准上州別駕例給料錢刺史八十貫文別駕五十五貫長史司馬各五十貫錄事參軍四十貫判司三十貫參軍博士各一十五貫錄事市令等各一十三貫縣令四十貫丞三十貫簿尉各二十貫謹具條件如前其舊准令月俸雜料紙筆執衣白直但納資課

等色並在此數內其七府准四月二十八日敕文不該者並請依京兆府例處分其中州中縣以下三分減一分其額內贍務比正官減半其州縣官除差充推官巡官及司馬掌軍事外如更別帶職亦不在加給限敕旨宜依先是天下用兵州縣多以權宜並政官品雖一俸料不等大曆中四方無事宰臣元載王縉恥寵怙權苟以利已為便不循舊式江淮大州至有月給一千貫者山劍諸郡以地貧乏故雖上州刺史月給數十千而已至是懲革前失裒多益寡人稍知法

六月戶部侍郎判度支韓滉奏准今年四月二十八日恩敕加給京文武九品已上正員官月俸其同中書門下平章事不帶正官敕內元額應簡較官同平章事並請同正官例就一高處給敕旨依

十二月敕京諸司闕官職田苗子自今以後宜并充脩當司廨宇用其草准式處分仍令分司監察御史勾當

德宗以大曆十四年五月即位七月以國用未贍其宣王誦順宗名已下開府儀同三司光祿大夫俸皆罷給又罷客省之廩每歲萬三十千斛永泰已後益多事四方奏事或連歲不遣乃於銀臺門置客省以居之及上書言事件旨者亦拘其中動十數歲當百餘人蕃戍將吏或貢計未報及失職未叙者又數十百人皆受度支廩給其費甚矣至是皆罷遣之人心悅服

八月敕內外文武官職田及公廨田准式州縣每年

六月三十日勘造白簿申省與諸司文解勘會至十月三十日徵收給付本官近來不守常規多不申報給付之際先付清望要官其閑慢卑官即被延引不付自今後准式各令送付本官又准式職田黃籍每三年一造自天寶九載以後更不造籍宜各委州縣每年差專知官巡覆仍造簿依限申交所司不得隱漏及妄破蒿荒如有違犯專知官及本典准法科罪

建中三年閏正月敕文武百官每月料錢一百貫以上者三分減一八十貫已上者五分減一六十貫已上者七分減一四十貫已上者十分減一三十貫已

下者不減待兵革寧後仍舊給
興元元年正月勅諸軍諸使諸道應赴奉天及進收
京城將士等或百戰摧敵或萬里勤王扞國金城驅
除大憝濟危難者其節著復社稷者其業崇我圖爾
功特加彝典錫名疇賦永代無窮宜並賜名奉天定
難功臣其有食實封者子孫相繼代代不絕
十二月詔京官及畿官俸料所司准元數支給自巡
幸奉天轉運路阻故百寮俸錢或至闕絕帝愍其貧
乏故全給之
貞元元年五月禮部尚書李齊運奏當司本錢至少

廚食不免闕絕請准秘書省大理寺例取戶部闕職
官錢二千貫文充本收利以助公廚可之
九月八日勅自今應徵息利本錢除生挺逃亡轉徵
隣近者放免余並准舊徵收其所欠錢仍任各取當
司闕官職田量事糶貨充填本數并已後所舉不得
過二十貫
十二月詔曰百辟卿士實惟股肱頃屬艱虞損家徇
節累經危難靡不困窮洎復上京薦遭歉歲官俸既
薄公田不收外廚導從之儀內懷凍餒之戚朝列尚
爾蒸人何堪軫于深衷良用憫惻應文武常參官等
宜共錫錢七萬貫委度支據班秩職事及所損職田
多少量等級從今至明年四月以來隨月支給凡厥
多士宜悉朕懷是時初復京邑蝗旱穀價翔貴人多
困乏帝愍之故賜百官焉
三年十一月勅京官宜加給料錢初張延賞大減黜
官員人人胥怨是年李泌作相請復之以從人欲因
是罷去兼試額內占闕等官又奏請加百官俸料各
據品秩以定月俸而隨曹署閑劇加置手力資課雜
給等帝皆許之人以爲便
四年正月中書門下奏京文武及京兆府縣官總三

千七十七員據元給及新加每月當錢五萬一千四
百四貫六百一十七文一年都當六十一萬六千八
百五十五貫四百四文三十四萬八千五百貫四百文書額二十六萬八千三百
五十五貫四文新加一千八百九十員文官二太各二百貫文三公
各一百八十貫文侍中中書令各一百六十千文門下中書侍郎左
右僕射太子三大各一百三十千文六尚書御史大夫太子
三少各一百貫文常侍太常宗正卿京兆尹各九十貫文左右
丞諸司侍給舍中丞賓客詹事國子祭酒諸卿監內
侍監各八十貫文諫議庶子大堂宗正少卿各七十貫文司業
少詹事諸少卿少監內侍各六十五貫文諭德諸曹郎中東

宮三卿各五十貫文員外郎起居侍御史王府長史著作
郎太子中舍人中允國子博士太常宗正殿中秘書
等丞大理正都水使者京都摠監內常侍各四十貫文補
闕殿中侍御史通事舍人各三十五貫文拾遺監察司天少
監王府司馬賛善洗馬奉御陵令內給事典內太常
博士司舍太常宗正御史臺主簿中書主書門下録
事各三十貫文大子文學秘書郎著作佐郎城門符寶郎
大學廣文四門博士大理司直大理詹事諸寺監丞
內謁者監中書門下主事各二十五千文評事國子助教王
府諮議友同天正宮正六局郎諸衛六軍長史諸寺

及詹事主簿詹事司直太子通事舍人東宮三寺丞
大子文學廣文助教千牛衛及率府長史七品陵丞
都水丞諸直長各二十貫文四門助教恊律郎諸衛及六
軍衛佐較書正字奉禮大税尚書都事九成宮總監
各十六千文典儀都水主簿率府衛佐諸司主事御史臺
主事各十二貫文諸寺監內侍省詹事府司天臺録事主
事各八貫文王府掾屬録事參軍主簿侍御醫兩市令巾
書武庫署令武成王廟令司天丞各十貫文內坊丞內寺
主王府判司王府國令諸司上局署令大子侍醫公
伯邑司總監丞司竹溫泉監七品陵廟令司天臺主

簿各六貫文律學博士內謁者王府參軍諸司中局署令
王府大農諸上局署丞邑司丞天靈臺郎保章挈壺
正京苑四面監大常醫博士及醫監八品陵廟令尚
藥局司醫司竹溫泉監丞各四十文諸司中局署丞大理
獄丞鴻臚掌客諸司監善監作監事録事計官屬佐
食醫掌輦大僕主乘僕寺典乘軍衛率府親勳翊府
兵曹典膳兩令司天臺司農司曆監候內坊典直內
侍省宮教博士大常寺樂正及醫卜正九品陵廟丞
苑四面監丞王府國丞尉按摩呪禁筮博士及針醫
助教諸總監主簿國子書筭及律助教各三千文八百九

十六員武官七十二員四品各一十七千三百五十文一百三十
六員五品各一十千八百文九十六員六品各七千九百五十文九十
八員七品各六千一百七十四文一百三十六員八品各三千七百一
十二文五百五十八員九品各二千八百七十五文五分並雜給
較簿每貫加五百文支給一十員諸衛上將軍左右
衛本料各六十千加糧賜等每月各粮米六㪷塩七合五勺手力七人資一
十千五文私馬五匹草三百束料九石七㪷五升隨
身十五人糧米九石塩一㪷一升三合五勺春衣布
一十五端絁三十匹冬衣綿紬一十五疋絁三十匹綿三十屯二員左右金吾衛並准
此一十二員左右武衛等本料五十五千文加糧料
等每戶手力五人資七千五百私馬四匹草三百三十二束料六石六㪷隨身一十三人粮米七石八

斛春衣布十三端絹二十六匹綿二十四屯一十六員諸衛大將軍左右衛左右金吾衛本料四十千五百續加等准上隨有減一人餘物隨人減計左右武衛等雜衛本料三十六千文續加等每月各手力四人資二千私馬三匹草一百六十束料四石九斗五升隨身一十八人糧米六石春衣布一十端絹三十匹冬衣絹十匹絹三十四疋綿二十七屯三十員諸衛將軍左右衛左右金吾衛本料三十六千續加准上左右武等雜衛本料三十千續加每月手力各三人資四千五百私馬兩匹草一百一十束料三石三斗隨身八人粮米四十八斛春衣布八端絹六一十六匹冬衣絹八匹絹一十六匹綿十六屯負統軍本料各六十五千續加等春冬衣一副每月粮米六斛塩十合五勺私馬五匹草料同金吾隨身餘准諸衛上將軍六軍大將軍本料各六十

千文續加並准諸衛大將軍六軍將軍本料三十千文續加准左武善雜衛將軍射生神策大將軍本料三十六千文續加私馬五匹草料准上隨身十四人七人給衣不給料七人給粮米四石三斗塩一斗五升春衣布一十四端絹二十八匹鞋十四量冬衣絁十四匹絹二十八匹綿二十八屯射生神策將軍本料三十千文續加私馬三匹草料准上隨身一十二人六人給衣不給料六人全給粮米三石六斗塩九升春衣布十二端絹二十四匹鞋十二量冬衣絁十二匹絹二十四匹綿二十四屯鞋十二量京兆府縣官准兩縣簿尉減五千文余並同大曆十二年四月二十八日勑右中書門下准去年十一月二十八日勑京官宜加料錢准勑商量謹件如前勑旨依

二月詔以中外給用除陌及闕官俸外官一分職田停額內官俸及刺史執刀司馬軍事等錢令實參專掌之以給京文武官俸料先是京官俸薄多不自贍帝時命有司厚其月給自是京官益重頗優裕焉初除陌錢隸度支帝以度支自有兩稅及塩鐵榷酒錢物以充經費是錢宜別貯之給京官俸料之餘以備他用自此戶部別庫歲貯錢物僅三百萬貫京師俸料所費不過五十萬貫其京兆和糴物價及度支給諸軍冬衣或闕悉以是錢充之他用之外嘗貯僅二百萬貫國計賴焉八月勑准田令永業田職事官從一品郡王各五十頃國公若職事官正二品各四十

頃郡公若職事官從二品各三十五頃縣公若職事官從三品各二十頃侯若職事官正四品各十四頃伯若職事官從四品各十一頃

五年四月以大子少傅兼禮部尚書蕭昕爲工部尚書前大子少詹事常建爲秘書監並致仕仍給半祿料後授致仕官者並宜准此舊例致仕官給半祿及賜帛其俸料悉絶帝念歸老之臣時命賜其半焉致仕官給半祿料自昕等始也

十二月詔郡縣主壻有正員官停者郡主每季給錢七十千縣主每季給五十千郡縣主壻已亡歿者亦

准此支給先是其主聟或官罷者頗不自給帝務於敦睦故有是命

七年三月戶部奏伏以周漢故事有功即加地有罪即奪國旣明賞罰方申沮勸其犯除名以上罪有實封准法合除比來因循兼不申舉自今以後應實封人或緣罪犯其堂省及本軍本使本貫奏狀請令並標實封戶數本犯州名同奏勑下戶部以爲憑據其犯法罪三分望奪一分流罪奪一半除名以上罪即准法悉除並以本犯條論不在減贖之限其奉特勑賜讁驗制詞內所犯無正條者伏請准流罪奪一半

勑旨依奏

十一月詔郡主聟簡較四品京官者月給三十千歲給祿粟百二十石縣主聟簡較五品京官者給俸二十千祿粟百石其正官欲從舉選者聽之如登朝不用此制

八年七月減山南西道州縣官俸

八月戶部奏准貞元七年三月二十日勑節文比來食實封人多不依令式皆身歿之後子孫自申請傳襲伏請自今以後并令日以前應食實封人並一年內准式具合襲子孫官品年名并每氏嫡庶於本貫陳牒如無本貫即於食封人本任本使申牒如合襲人有罪疾及身死者亦限一周年內申牒請立以次合襲人仍俱家口陳牒請附籍帳本貫勘責當家及近親如實是嫡長即與責保准式附貫然後申省到後即取文武職事三品正員一人充保勑旨宜依

十年二月詔曰君臣之際義莫重焉每聞薨殂深用惻悼宜厚哀榮之禮以申終始之恩文武朝臣有薨卒者自今以後其月俸料宜全給仍更准本官一月俸料以爲賻贈若諸司三品已上官及尚書省四品官仍令有司舉舊令聞奏行弔祭之禮務從優備用

稱朕懷初左庶子雷咸以是月朔卒有司以故事計其月俸以月數給之帝聞之故有是命以廣恩澤無幾有致仕官卒者有司以官雖致仕而朝朔望請悉同正官卒者給賻從之

十一年八月屯田奏諸州府送納內外文武官職田及公廨田四至白簿等前件簿書准天寶十四年八月十二日勑每年六月十三日勘造申省如建本判官牒吏部先用關本典准法科處者伏以地毀佃戶並無改移隨年造薄實有勞費今請令諸州府及畿內縣三年一送違限者准勑科處勑旨每年造簿事

乃延頻三年一申又爲大簡如外官並須勘造切慮因此擾人冝令應管京官職田等州府所造文簿二年一送餘依

十二年四月禮部尚書李齊運奏當司本錢至少厨食闕絶請准祕書省大理寺例取戸部闕職官錢二千貫文充本收利以助公厨可之

是年御史中丞王顏奏簡勘足數十王厨二十貫十六正宅三百九十二貫八百二十五文門下省三千九百七十貫四十文中書省五千九百九十八貫集賢院四千四百六十八貫八百文崇玄舘五百貫文弘文舘七百二十六貫二百文太淸宮一千貫文史舘一千三百一十貫四百文尚書都

省一萬二百一十五貫二百三十八文吏部尚書銓三千一百八十二貫二十文東銓二千四百四十五貫三百一十文西銓二千四百三十三貫六百六十一文南曹五百八十貫文甲庫二百八十四貫六十五文功狀院二千五百貫文流外銓三百貫文急書五百貫文主事五百貫文白院五千六百二十三貫文考功一千五百二十六貫一百九十五文司勳二百二十八貫文兵部六十五百二十貫五百五十二文戸部六下貫五百五十六文工倉部四百二十七貫三百三十文兵部三百貫文刑部六十貫文禮部三千五百二十八貫五百三十七文工部四千三百二十貫九百五十九文御史臺一萬八千五百九十一貫文東都御史臺五十貫文西京觀察使五千四十六貫八百五文三衛使五百貫文軍器使二千一百九十一貫一百三十監食使七十四貫五十文祕書省四千七十貫文殿中省二百三十文

八貫五百文太常寺一萬四千二百五十四貫八百文大常禮院一千七百貫文光祿寺一百五十六十六貫文衞尉寺一千二百四貫八百七文宗正寺一千八百八十四貫文大理寺五千九十二貫八百文大僕寺三千貫文鴻臚寺六千六百五貫一百二十九文司農寺五千六百五貫二百八十二文大倉諸色共七百八十七貫四百三十四文大府寺二千二百八十一貫六百三文左藏庫將作監七百貫文少府監六百七十八貫七百文中尚七百七十貫文國子監三千三百八十二貫三百六十文詹事府一千七百一十六貫七百三十二文家令寺七百八十七貫九百文僕寺四百貫文左春坊一百八十四貫六百文右春坊二百八十貫文崇文館八百一十貫文司天臺二百八十貫文皇城留守一千二百三十四貫八百文右金吾衛九千貫文右金吾引駕仗三千三百六十九貫

文右街使一千八百六十貫八百三十文左金吾衛九千九貫五百文左金吾引駕仗六千一百二十貫文左街使三千九百一十六貫三百八十文總監三千貫文京兆府四萬八千八百八十九貫二百二十四文京兆府御遞院二十五百貫文

十四年六月判度支于頔請收百官闕職田以贍軍須從之

十五年十二月詔今年十月三日詔權減諸道刺史判軍事料及專知勾當加手力課并減縣官毛力門倉獄子園子館驛廨宇等錢冝一切却仍舊初獻計者言收諸道軍事錢及手力資課等當得百數

十萬貫可以助軍興于頔時判度支又贊成之及筭
計大數止於三十萬貫而數中更有耗折雜破緫十
餘萬貫輿議甚以爲不便常皐張建封又相次表言
所得至微所失大體因此人心頗不安故命復封也

冊府元龜邦計部俸禄二　卷之五百六　二十五

冊府元龜

册府元龜

延按福建監察御史臣李嗣京　訂正

知長樂縣事臣夏允彝　叅閱

知建陽縣事臣黄國琦　較釋

邦計部　二十五

俸禄第三

唐順宗以貞元二十一年正月即位制百官及在城諸使息利本錢徵放多年積成深弊内外官料錢職田等厚薄不均兩稅及諸色榷稅錢物重輕須有損並宜委中書門下與所司商量其利害條件以聞不

得擅有閉糴禁錢務令通濟又詔停内侍郭忠政等十九人正員官俸錢

七月中書門下奏勑釐革京百司息利本錢應徵近親及重攤保并遠年逃亡等今年四月十七日勑本利并放訖其本事須借錢添填都計二萬五千九百四十三貫六百九十九文伏以百司本錢久無疏理年歲深遠亡失頗多食料既虧公務則廢事須添借令可支持伏望聖恩許令准數支給仍請以在藏庫度支除陌錢充勑旨宜依

憲宗元和二年正月尚書左丞鄭元請取河中羡餘錢三千貫文充助都省厨本從之前為河中節度因有是請議者以為省司公膳自有成制苟或不足當更請於上不宜以前任羡財而私加之也

六月中書門下上言伏以聖政惟新事必歸本近又疏理五坊戶邑令府縣却收萬情欣欣喜出望外臣等敢不釐革舊弊率先有司上副聖情用弘至理其兩省納課陪厨戶及捉錢人揔一百二十四人臣當司並不收管望各歸府縣從之

五年六月戶部侍郎判度支李夷簡奏應給食實封官自貞元十三年已後節度使兼宰相每百戶給八

百端匹若是絹更給綿六百兩節度使不兼宰相每百戶給四百端匹軍使及金吾諸衛諸軍大將軍每百戶給三百五十端匹至貞元二十一年七月六日勑應食實封其節度使宜令百戶給八百端匹若是絹兼綿六百兩伏以食封本因賞功封之多少視功之厚薄不以官位散要別制等差其節度使兼宰相請准舊例餘節度不兼宰相准貞元二十年已前例處分從之

六年四月御史臺奏諸使應有捉利錢戶請同臺省例如有過犯差遣並任府縣處置從之

五月御史中丞柳公綽奏請諸司諸使應有捉利錢戶其本司本使給戶人牒身稱准放免雜差遣夫役等如有過犯請牒送本司本使科責府縣不得擅有决罰仍永爲常式者臣昨因奉進止追勘閑廐使下利錢戶割耳進狀劉嘉和訴被所繇分外科配等事由因勘責劉嘉和所執牒身所引勅文簡勅不獲牒閑廐使勘勅下年月日又稱遠年文案失落今據閑廐使利錢案一使之下已有利錢戶八百餘人訪聞諸使並同此例戶免失役者通計數千家兇犯罪之人又常倚倖所稱捉利錢戶先亦不得本錢百姓利

其牒身情願虛立保契文牒一定子孫相承至如劉嘉和情願充利錢戶事繇緣與人毆鬭打人頭破時便於閑廐使情願納利錢得牒身免府縣科决實亦不得本錢已具推問奏聞訖伏奉進止令臣具條流奏聞者今請諸司諸使所管官錢戶並依臺省舉本納利人例諸司諸使更不得妄有准勅給牒身免差遣夫役及有過犯許作府縣處分如官典有違請必科處使及長官奏聽進止其先給牒者並仰本司使收毀入後在人戶處收毀不盡其官典必有科責其捉錢戶元不得本錢者亦任便不納利庶得州府不失丁夫姦人免有倚倖勅旨宜依如已經處分後更有執此文牒求免差遣夫役者便委京兆府據罪科責仍具本司本使名銜聞奏六月詔減教坊樂官衣糧

八月戶部侍郎李絳奏諸州闕官職田祿米及見任官抽一分職田請所在收貯以備水旱賑貸從之又詔百官職田其數甚廣今緣水潦諸處道路不通宜令所在貯錢充度支支用百官却令據數於大倉請受

十月詔河南水陸運陝府陝運潤州鎮海軍宣州採

石軍越州義軍洪州南昌軍福州靜海軍等使額並宜停所收使已下俸料一事已上各委本道充代百姓闕額兩稅仍具數聞奏如聞河南陝府兩處比來所給皆是置本利息不破正錢勒便添充兩食錢雜給不要更徵庶我愛人之心不止於惜費立制之意必在於正名

閏十一月勅河中鳳翔易定四道州縣久破俸給至徵吏曹注官將同北遠在於理體切要均融宜以戶部錢五萬五千貫文充加四道州縣官課料

七年六月加賜澤潞磁邢洺五州府縣官料錢

十二月以鄜坊邠等三州官吏近邊俸薄各加賜其料錢

是年中書門下奏國家舊章依品制俸官一品月俸三十千其餘職田祿米大約不過千石自一品巳下多少可知艱難巳來綱禁漸弛於是增置使額厚請俸錢故大曆中權臣月俸有至九千貫者列郡刺史無大小給皆千貫常袞爲相始立限約至李泌又量其閑劇隨事增加時謂通濟理難減削然有名存職廢額去俸存閑劇之間厚薄頓異將爲定式須立常規制從之乃命給事中段平仲中書舍人韋貫之兵

部侍郎許孟容戶部侍郎李絳等詳定減省

九年八月詔諸司食料錢緣初令戶部出放巳久散失頗多須有變通使其均濟其中書門下兩省及尚書省御史臺或務總樞機或職司彈糾而倍稱息利於體尤乖宜以戶部除陌錢每貫先收二十文數外更加五文委戶部別收貯計其所費逐處支給其本利錢先出放者宜各委本司勘會聞奏其合徵收者便充當司公廨什物添修等用其諸司食利亦准此勘會其合徵錢便充餼錢若數少不充以其前件除陌五文錢量所欠添本出放其所收五文錢每歲不闕添本之外合有所餘諸司廨宇破壞者便充修補緣諸司人吏轉遷不常新舊之間因緣乾沒諸稱走失職此之繇何後須令本判官勾當勒令一一交割者遞相公付仍委御史臺一人專知勘覆仍先具條流聞奏

十一月戶部奏准八月十五日敕諸司食利本錢出放巳久散失頗多各委本司勘會其合徵錢數便充飡錢若數少不充以除陌五文錢量其所欠添本出放者令准敕各牒諸司勘會得報據秘書省等三十二司牒應管食利本錢物五萬三千九百五十二貫

九百五十五文各隨司被逃亡散失見在見徵數額與元置不同今但據元置數額而已秘書省三千三百八十四貫五百文太常寺六千七百二十二貫六百六光祿寺一千二百九十九貫六十四文宗正寺一百一十七貫九十五文衛尉寺一千二百五十貫九百文太僕寺一千九貫五百文太理寺五千九百二十四貫七百四十文鴻臚寺二千六百六十貫文司農寺二千七百三十五貫七百七十文大府寺一千五百八貫九百文殿中省九百九十貫五百五十文詹事府一千一百九十一貫三百七十七文國子監二千六百四十四貫二百五十文少府監一千三百三十四貫七百三十一文將作監一千六百一十七貫文左春坊一千三百八貫七百七文右春坊一千貫文司天臺三百八十貫文家令司一千八百一十貫七百文太僕寺四百三十六貫六百五十文總監二千六百七十二貫文左藏庫六百二十貫文

尚食局三百三十八貫文尚舍局三百七十四貫三百文尚輦局一百貫文
太倉二千四百一十五貫六百八十一文內中局六百三十六貫二百文萬年縣
三千四百貫六百文長安縣二千七百四十五貫四百三十三文左衛五百四千貫文左
司禦帥府二百四十貫文右司禦率府一百貫文勑宜更委御史
臺子細簡勘具合徵放錢數及量諸司閑劇人日加
減條流奏聞
十二月勑北縁諸司食利錢出舉歲深爲獘頗甚已
有蹔華剔給食錢其御史臺奏所勘責秘書省等三
十二司食利本錢數内有重攤轉保稱甚困窮者據
所欠本利並放其本戶中納利如有十倍以上者既

縁輸利歲夂理亦可矜量准前本利並放其納經五
倍以上從今年十二月以前應有欠利並放起元和
十年正月以後准前計利徵收其餘人戶等計其倍
數納利非多不可一例矜放宜並委本司准前徵納
其諸司所徵到錢自今已後仍於五分之中常抽一
分留添官本各勒本司以後相承收管其諸司應見
徵納及續舉放所收利錢並准今年八月十五日勑
充添脩當司廨宇什物及令史驅使官厨料等用仍
委御史臺勾當每常至年終勘會處分其諸司除疎
理外見在本錢據額更不得破用如有欠失即便勒

主掌官典所繇等據數填備其中書門下兩省及尚
書省御史臺應有食利錢外亦便令准此條流處分
其諸司除此食利錢更別有諸色本錢不得妄援此
例
十年正月御史臺奏秘書省等三十二司除疎外見
在食利本錢應見徵納及續舉放所收利錢准勑並
充添修當司廨宇什物及令史驅使官厨料等用准
元和九年十二月二十九日勑仍委御史臺勾當每
至年終勘會處分其諸司疎理外見在本錢據額不
得破用如有欠失即便勒主掌官典所繇等填陪者

其諸司食利本錢疎理外合徵收者請改案額爲元
和十年新收置公廨本錢應縁添修廨宇什物及令
史府史等厨並用勒本司據見在戶名錢數各置案
曆三官通押逐季造帳印訖入案仍不得侵用本錢
如人戶辨納本利錢纔都數未足亦勒據數與納召
主別置案曆准前通押如至年終勘會欠少本利官
典諸節級准法處分如主掌官典改移亦勒造帳交
付承後官典具單帳報臺交割分明即給前官典牒
知公驗如欠少本利送臺勘責具事由聞奏即冀官
錢免至散失年額既定勾當有憑勑旨宜依

十二月勑新授右散騎常侍任廸簡秘書少監獨孤郁等如聞疾患日久未在視事其俸料等宜令所司任給

十一年八月勑京城百司諸軍諸使及諸道應差所由并召人捉本錢右御史中丞崔從奏前件捉錢人等比緣皆以私錢添雜官本所防耗所裨補官利近日訪聞商販富人投身要司依託官本廣求私利可徵索者自充家產或逋欠者證是官錢非理逼迫爲弊非一今請許捉錢戶添放私本不得過官本錢勘責有剩並請設官仍量輕重科處其所放官本并許

添私本每擧放數足仰錢戶具所擧人姓名錢數狀報本司仰本司收連入案三官同押排科印記仍各隨錢人牒知如他時因有論競勘案曆不同不在與徵理之限庶官利不失私家獲安從之

九月東都御史臺奏當臺食利本錢從貞元十一年至元和十一年息利十倍以上者二十五戶從貞元十六年至元和十一年息利七倍以上者一百五十六戶從貞元二十年至元和十一年息利四倍以上者一百六十八戶伏見去年京畿諸司本錢並條流甄免其東都未蒙該及者竊以淮寇未平供饋尚切人力小獘衣食屢空及納息利年深正身既沒子孫又盡移徵親族旁食無支族散徵諸保保人逃死或所係代納纔有甕老孫獨仰無所依立限踰年虛繫錢數公食屢闕人戶不堪伏乞天恩同京諸司例特甄藏裁下勑旨從奏

十二年正月門下省奏應管食利本錢總三千四百九十八貫三百二十一文宰相巳下至主錄等食利三百七十八貫三百四十餘文直省院本錢准建中三年四月十五日勑以留院入錢置本中書省奏當省食利本錢共五千貫文宰相巳下官至主錄等食利錢一千貫直省院食利本錢准建中三年四月勑當院自歛置本准元和九年十二月九日勑令勘會

蹤理其見在合徵錢准勑合充添修當司廨守什物其省院本錢緣是當院自歛置本請便充本院添厨等用勑旨依奏

四月勑京百官俸料從五月巳後宜並給見錢其數內一半先給元佑匹段者卽據時佑實數迴給見錢

八月京兆尹竇易直請改職田法並入兩稅地事竟不行

十三年三月詔百司職田多少不均爲獘日久宜令每司各收職田草粟等數自長官巳下據多少人作等差除留闕官物外分給

六月以德棣倉景四州須遣水潦給復一年遂定四州官吏俸錢料刺史每月一百五十千望緊上縣令每月四十千餘有差

十四年三月屯田奏左右神策中尉准令式二品官令受田一十頃請取京兆府折衝府院戎場梁埒公廨等地七十七頃二十六畝八分數內取二十頃充前件官職田依奏

四月勑京畿二十二縣欠元和十四年京百司職田二十二萬九十一石束貫等京畿百姓困甚艱貧須差船運軍糧今又修營陵寢雖應緣驅役皆給價錢

而屢有役名頗妨農畝豈可更徵懸欠重使憂愁其所欠並宜蠲免其合受納所欠職田或見在官班各請厚俸或近終考秩稍有餘資宜體朕懷以寬人力

是月重定淮西州縣等制及官吏祿俸以蔡州爲緊溵州爲上其刺史俸錢月一百八十千申光二州並爲中刺史月俸一百五十千長史已下有差

十月御史中丞蕭俛奏應諸司諸軍諸使公廨諸色本利錢等伏緣臣當司及秘書省等三十二司利錢伏准今年七月十三日赦文至十倍者本利並放展轉攤保至五倍者本利並放緣前件諸司諸使諸軍利錢節文並不該及其中有納利百姓見臣稱訴納利已至十部者未蒙一例處分來臣上達天聽臣已面陳奏訖伏以南北諸司事體無異納利百姓皆陛下赤子若恩澤均及則雨露無偏伏望聖慈特賜放免如允臣所奏伏乞特降勑旨並進今年七月十三日赦文處分仍永爲定制勑旨依奏

穆宗以元和十五年正月即位二月詔內外百官食利錢十倍至五倍已上節級放免仍每經十年即內外官百司各錫錢一萬貫充本各據司大小公事閑劇及當司貧富作等第給付

六月勑朕聞帝王所重者國體所切者人情苟得其體必臻於太和如失其情是繇于小利況設官求理須祿責功既有常數寧宜就減近者以每歲經費量人不充外官俸料據數抽貫再三思度終所未安穩念彼外方或從卑官一家所給三載言歸在公當苷于絜廉受祿又苦於減剋待我庶吏豈其然乎雖憂國之誠固須贍助而恤人之慮將起怨咨必若水旱爲虞干戈未戢事非獲已人亦何辭今則幸遇豐登又方寧謐九州之內永絕妖氛三邊之上奧除烽警自宜剋己以足用安可剋下以爲謀臨軒載懷實所

增愢其度支所准五月二日勑應給用錢每貫抽五十文都計一百五十萬貫文並宜停抽初宰相以國用不足故權請抽臧諫官及言事者累陳表章以爲非便故復下此詔以罷之

八月賜教坊錢五千貫充本以收息利

長慶元年三月勑添給諸司本錢准元和十五年五月十一日勑内外百司准二月五日赦文宜共賜錢一萬貫文以戶部錢充仍令御史臺據司額大小公事閑劇爲等第均配

七月制百司職田在京畿諸縣者訪問本地多被所

繇侵隱抑令貧戶佃食蒿荒百姓流亡半在於此宜委京兆府勘會均配務使公平

二年十月勑司徒兼中書令韓弘疾未全平尚須在假將息其俸料宜從勑下日便令所司支給

三年十一月賜内園本錢一萬貫軍罷使三千貫

十二月賜五坊使錢五千貫賜威遠鎮軍錢一千貫以爲食利

四年五月勑近日訪聞京城米價稍貴須有通變以便公私宜令戶部應給百官俸料其中一半合給疋段者迴給官中所糴粟每㪷折錢五十文其疋段委別貯至冬糴粟填納大倉時人以爲甚便

敬宗寶曆元年四月制京百司田散在畿内諸縣舊制配地出子歲月已深佃戶至有流亡官曹多領虛數今欲據額均入地盤萬戶供輸百司盡得隨稅出子逐畝平攤比量舊制孰爲允便宜委京兆府與屯田審勘計會條流聞奏

文宗太和元年三月鹽鐵使王播進停減鹽鐵官吏課料絹一萬六千三百疋

十一月嶺南觀察使胡証奏端康封三州刺史月俸錢請各給至一百貫文請當道自圓融支給從之

十二月殿中省奏尚食局新舊本錢總九百八十貫文伏以尚食貧虛更無羨餘添給伏乞聖慈更賜添本錢二千貫文許臣別條流方圓諸色改換收利支用庶得不失公事勑旨賜本錢一千貫文以戶部五文抽貫錢充

三年七月詔滄德二州州縣官吏等刺史每月料錢八十貫錄事參軍三十五貫判司各置二人各二十五貫縣令三十貫尉二十貫其令俸祿且以度支物充仍半支省佑疋段半與實錢

四年七月勑吏部奏應比遠道州縣官課料錢請令

依元額計支給不得更有欠折勑旨依奏

是月勑應外任官帶一品正京官緣不知政事其俸料宜付所司並令兼支

七年二月戶部侍郎庾敬休奏應文武九品已上每月料錢一半合給匹段絲綿等伏以自冬涉春久無雨雪米價稍貴人心未安自德音放免逋懸賑恤貧下中外群庶已感聖慈至於衣冠之家素乏儲畜朝夕取給猶足爲憂以臣愚見若令百官料錢內一半停給匹段絲綿等迴太倉粟每㪷計價七十文在衆庶必見惟康於公家無所虧減待至麥熟米價稍賤

即依前抑給匹段等酌其事理庶叶變通勑旨宜依

八月勑中書門下省所將本錢與諸色人給驅使官文牒於江淮諸道經紀每年納利並無元額許置如聞皆是江淮富豪大戶納利殊少影庇至多私販茶鹽頗撓文法州縣之弊莫甚於斯宜並勒停兩省先給文牒仍盡追收其去年所減人數雖無挾名尚執兩省文牒亦宜收訖聞奏以後不承正勑不在更置之限

八年八月劔南東川觀察使楊嗣復言普渝合三州刺史料錢及六十千者請自加給從之

九年正月勑中書門下兩省奏請依元和元年八月六日勑各置捉錢官勑中書省宜置三十人門下省置二十五人

六月詔宰相俸料宜准元和十四年已前例並給見錢

十一月詔江西湖南以官健衣粮一百二十五分送上都充宰相召雇手力是日中書門下上言宰相上裨聖政下理群司若忠正無邪宗社所祐縱逢盜賊兵不能傷若事涉隱欺心懷矯妄雖有防衞神得而誅臣等願推赤心以荅聖獎孟軻知非臧氏孔子不

畏匡人其前件衣粮並請勒停依從前制置只以金吾司手力充引從從之

開成元年五月判國子祭酒事門下侍郎平章事鄭覃奏太學新置五經博士各一人屯田素無職田請依王府官品秩例賜以祿粟許之

二年八月戶部侍郎李珏奏京諸司六品以下官請假往外遠假不到本官停給料錢勑旨遠限停俸料宜依餘准令式

十月詔曰書載堯典首陳睦族詩歌周德實美維城朕嗣統百王憲章二代義雖本於叙族道無愧於尊

賢式遵舊章爰舉成命嘉王運循王遹通王當等皆孝敬恭懿敏裕齋莊播蘭蕙之清芬炳珪王之符采易陵沛獻詩捲楚元古人素風造次於是師氏典訓周旋以之固可以超金紫之貴階升台鉉之崇秩策勳詔爵以寵分茅並可金紫光祿大夫簡較司空賜上柱國仍依百官例給料錢勑簡較吏部尚書安王溶簡較兵部尚書潁王瀍名武宗宜並依百官例賜料錢

三年七月勑尚書省自長慶三年賜本錢後歲月滋久散失頗多或息利數重經恩放免或人戶逋欠無

處徵收如聞尚書丞郎官入省日每事闕供須議添助除舊賜本錢徵利收及吏部告身錢外宜每月共賜一百貫文委戶部逐月支付其本錢任准前收利添充給用仍委都省納勒舊本及新添錢量多少均配逐行分析聞奏須令占額用度不得妄有破除每至季終委都省磨勘申中書門下

四年二月詔曰司徒兼中書令裴度盛有勳烈累任台衡以疾恙未任謝上須加優異用示恩榮其本官俸料宜起今日便付給所司

三月詔曰仙韶院樂官每月料錢數內減三百千轉給翰林侍講太子少師王起起富於文學寬厚長者理家無法俸入及門盡爲僕妾所有老年寒餒帝念以故老哀其貧窶後特有加給起不知陳讓而與令人分俸急於苟得時論譏之

六月文宗御紫宸殿宰臣李珏奏堂厨食利錢一千五百貫文供宰相香油蠟燭捉錢官三十人頗擾百姓今勘文書堂頭共有一千餘貫所收利亦無幾臣欲總收此錢用自不盡假令十年之後更無此錢直令戶部供給亦得兩省亦有此錢臣亦欲商量共有三百餘人在外求利米鹽細碎非國體所宜帝曰大細碎楊嗣復曰百司食利實爲煩碎自貞觀以後留

此弊法臣等卽條流聞奏乃奏宰臣置厨捉錢官並勒停其錢並本錢並追收勘堂後驅使官置庫收掌破用量入計費十年用盡後卽據所須奏聽進止勅旨宜依

冊府元龜

巡按福建監察御史臣李嗣京　訂正

知閩縣事臣曹學佺參閱

知建陽縣事臣黄國琦較釋

邦計部　二十六

俸祿第四

唐武宗以開成五年正月即位二月制曰諸道承乏官等雖云假攝當責課程但霑一半料錢不獲雜給料例自此手力紙筆特委中書門下條流貴在酌中共爲均濟

三月中書門下奏准今年二月八日赦節文應京諸司勒留官令本處尅留手力雜給錢與攝官者臣等撿詳諸道正官料錢絶少雜給手力即多今正勒留亦管公事俸入多少事未得中臣等商量其料錢雜給等錢望每貫割留二百文與攝官其職田祿米全還正官從之

五月中書奏准今年二月八日赦節文應諸色勾留官令尅下手力雜給等與本道州府充攝官課料無本司起請者臣等詳撿諸道官員俸料不一或正官料錢絶少雜給雜料過多若准赦文手力紙筆並令尅不則正官勾留亦領公事所請俸料不如攝官既未得中亦恐難守本司既無起請中書門下須與條流臣等商量應諸色勾留官正料及手力課雜職課雜給雜料紙筆等錢望各委本州都計錢數每貫尅二百文充攝官俸料其職田祿粟米望令全還正官不在計入諸色錢數之限臣等又以諸州長馬本是散員判司簿尉或須假攝其所尅留錢望委州司酌量閑劇差署均融多少支給亦不要各占本色錢數及填滿缺負仍令每至歲終分析申報户部從之

會昌元年二月中書奏河東隴右諸州或與王畿都

或陪京近地州縣之職人合樂爲祇緣祿俸寡薄官同北遠元和六年閏十二月十二日及元和七年十二月二十四日勑河東鳳翔鄜坊邠州易定等道令户部加給課料錢共六萬二千五百貫文曹省出得平留官數百員時議以爲至當自後訪聞户部所給零碎兼不及時觀察使以其虛抬皆别將破用徒有加給不及官人近地好官依前比遠伏望今日已後令户部却與實物仍及時支遣諸道並委觀察判官專判此案隨月加給官人不得别將破用如有違越觀察判官遠貶觀察使奏取進止有選人官成後皆

于城中舉債到任填還致其貪求罔不繇此其今年河東隴州鄜坊邠州新授比遠官等許連狀相保戶部各借兩月加給料錢至支給時尅下所與初官到任不滯息債衣食稍足可責清廉從之

四月河南府奏當府食利本錢出舉與人勑旨河南府所置本錢用有名額旣無別賜所闕則多宜令改正名額依舊收利充用

六月河中晉絳慈隰等州觀察使孫簡奏准赦書節文量縣大小各置本錢逐月四分收利供給不乘驛前觀察使刺史前任臺省官等晉慈隰三州各置本

錢訖得絳州申稱無錢置本令使司量貸錢二百貫充置本以當州合送使錢充勑旨宜依仍付所司

是月戶部奏准正月九日勑文放免諸司食利錢每年別賜錢三萬貫文充諸司公用今准赦文酌量閑劇率配如後准長慶三年十二月九日勑賜諸司食利本錢共八萬四千五百貫文四分收利一年祗當四萬九百九十二貫文今據赦文所賜錢三萬貫文若據舊數率配卽欠一萬九百九十二貫不足今請落下徵錢驅使官每貫二百文課並更請於合給錢內四分中落一分均攤分配長慶三年得新賜錢三十二司外更有剩錢五百四貫八百文便將此錢均給東都臺省等一十四司祗用新賜錢三萬貫文並得充足諸司雖落下一分錢緣置驅使官員於人戶上徵錢皆被延引或人逃散失落當不得足雖有四分收利之名而無三分得利之實今新賜錢入日便請更無懸欠用卽可足繁劇司比有官錢出放欠亦優用本錢今旣無本錢支料須足伏緣中書門下公事不同諸司恐不可落下一分及徵錢人課今請每月並舊錢添至三百貫文其御史臺頻得報牒稱本錢數多支用處廣雖有諸道贓罰錢公用嘗不充足

今請每月合得利錢數外每月更添至三百貫文內侍省據自司報牒稱省內公用稍廣利錢比於諸司最多今請於合得錢外亦添至三百貫文兵部吏部尚書等銓一十一司緣有舊本錢准勑放免又有公事今請每月共與一百五十貫文并中書門下御史臺及兵吏部諸銓每年共當六千八百二十九貫六百文伏緣三萬貫文均給諸司已盡臣今於新賜外更請添賜上件錢所費不廣所利至多則內外諸司永得優足伏望聖恩允臣所奏其諸司分配賜錢若據諸司牒報見收利多少分配或以人戶逃散經恩

放免見在本錢所存無幾其間有三五司自方圓致本數即稍多事例不同難於均一人吏得以欺隱實數不可変尋今請依長慶三年十二月九日均賜錢勑額分配新賜錢三萬貫事有根抵亦得均平酌量閑劇皆有所據其逐月錢數多少續具子細分析聞奏勑旨宜依

二年正月勑去年赦書所放食利秪是外百司食錢令戶部共賜錢訖若先假以食利爲先將充公用者並不在放免如聞内諸司息利錢皆以食利爲名百姓因此亦求蠲免宜各委所司不在放免限

六年二月詔以諸道鑄錢已有次第須令舊錢流布絹價稍增文武百寮俸料起三月一日並給見錢其一半先給疋段對估時價支給

三月戶部奏百官俸料一半匹段給見錢則例勑旨其一半先給元估匹段者宜令戶部准元和十二年四月十三日勑例每貫給見錢四百文使起四月以後支給

八月勑夏州等四道土無絲蠶地絶征賦自節度使以下俸料賞設皆兌官健衣糧所以兵占虛名軍無戰士緩急寇至無以支敵將欲責課又皆有詞須有商量用革前弊夏州靈武振武節度使宜每月各給料錢厨錢共三百貫文監軍每月一百五十貫文別勑判官每月五十貫文節度副使每月七十貫文判官掌書記觀察判官每月各五十貫文推官四十貫文賞設每道每年給五千貫文修器械每道給二千貫文天德軍使料錢厨錢每月共給二百貫文監軍每月二百貫文都防禦副使每月五十貫文判官每月四十貫文巡官每月三十貫文賞設每年給三千貫文修罷使每年一千貫文如以後依前兵額下實器仗不修其本判官重加貶降王師別舉處分其所

給料錢等並以戶部錢物充起十月支給一年以後仍每秋一慶差御史一人點簡兵士器仗聞奏

十月京兆府奏諸縣徵納京百司官秋職田斛斗等伏請從今已後却准會昌三年已前舊例上司官斛斗勒人戶使自送納所異輸納簡便百官各得本分職田縣司所由無因隱欺者並從之

十二月中書門下奏應諸州刺史旣欲責其絜已須令俸祿稍充但以厚薄不同等給無制致使俸薄處無人願去祿厚處終日爭先應諸中下州司馬軍事俸料共不滿一百千者諸添至一百千其緊上州不

滿一百五十千者請添至一百五十千其雄望州不滿二百千者請添至二百千其先已過者即得仍舊並任於軍事雜錢中方圓置本收利充給如別帶使額者並仍舊不在添限勑旨依准奏

宣宗大中元年十月屯田奏應內外官請職田陸田限三月三十日水田限四月三十日麥田限九月三十日已前上者入後人已後上者入前人伏以令式之中並不該閏月每遇閏月交替者即公牒紛紜有司即無定條莫知所守伏以公田給使須准期程時限未明實恐遺闕今請至前件月遇閏即以十五日

爲定式十五日已前上者入後人已後上者入前人據今條其元闕職田並限六月三十日春麥限三月三十日宿麥限十二月三十日已前上者入新人已後上者並入舊人今亦請至前件月遇閏即以十五日爲定式所冀給受有制永無詞論勑日五歲再閏固在不刊二稔職田須有定制自此已後宜依屯田所奏永爲常式

三年九月勑秦州刺史並秦成兩州經略天雄軍使職田夏小麥共八十石秋粟一百二十石原威州刺史職田夏小麥各二十三石秋粟各六十六石七斗

又勑秦州刺史祿粟每月給五十一石原州威州刺史祿粟每月各給四十一石

四年正月勑設官分局各有主張其於在公責辦斯切諸州府及縣官到任已後多請遠假或稱周親疾病或言將赴婚姻令式旣有假名長吏難爲止遏遂使本曹公事併委北廳手力俸錢盡爲已有勤勞責罰則在他人須有條流俾其兼濟其諸州府縣官如請公廨假故一月已下即任權差諸廳判官一月已下即任權差諸廳判官一月已上即准勾留例其課料等據數每貫二百文與見判案官添給九月賜張

直方簡較工部尚書料錢直方仲武之子以其全家歸闕故優假之

哀帝天祐元年八月四鎮節度使朱全忠進汴滑監軍使俸料絹四千匹充百官八月九日俸錢

九月勑奉太后慈旨以兩司綱運未來百官事力多闕旦夕霜冷深軫所懷令於內庫方圓銀二千一百七十二兩充見任文武常參官救接委御史臺依品秩分俵

二年四月勑文武二柄國家大綱東西兩班官職同體咸裨聖運共列朝廷品秩相對於高卑祿俸皆均

於厚薄不論前代秪考本朝太宗皇帝以中外臣寮文武兼用或自軍衛而居臺省亦繇衣冠而秉節旄足可明武列文班不合分清濁優劣近代浮薄相尚凌蔑舊章假偃武以修文競棄本而逐末雖藍衫魚章簡一見而便許昇堂縱拖紫腰金若非類而無繇接席以是顯揚榮辱分別重輕遂失人心盡隳朝體致其今日實此之由須議更改漸期通濟文武百官自一品巳下逐日所給料錢並須均勻數目多少一般支給兼差使諸道亦依輪次既就公平必期開泰凡百臣庶宜體朕懷

三年三月詔曰所有百官俸料實繫國用盈虛昨自去冬令給全俸及支遣之後公帑不充蓋道途初通綱運未集徒桂憂勤之念尚牽經費之資若不議均分則必至懸絶量其物用須有指揮其百官逐月料錢宜令左藏庫自今年正月支半俸

梁太祖開平三年正月詔曰秩俸所以養賢而勵奉公也兵車未戢貢賦莫充朝謁甚勤祿廩蓋寡朕今啓建都市巳畢郊禋職釆至多費用差少其百官逐月俸料委左藏庫依前例全給後唐莊宗同光元年十月勑如聞京百官俸錢至薄骨肉數多支贍不充朝夕難遣爲庭府刻削嚴急不敢披陳今既混同是行優郵下御史臺在班行有欲求外職或要分司各許於中書門下投狀奏聞

三年二月租庸院奏諸道州縣官並防禦團練副使判官等俸料各據逐處供到事例文帳內點簡舊來支遣則例錢數不等所折給物色又加擡錢數不定難爲勘會合除東京管內州縣官見支手力課錢且依舊外其三京並諸州約舊日支遣料錢等重定則例兼切循本朝事體防禦團練除副使判官外其餘推巡巳下職員皆是本使自要辟請圖融月俸贍給

亦乞依舊規繩省司更不給支錢物其防禦團練副使判官副使逐月料錢三十貫文實判官逐月二十貫文實刺史州元無副使若有請廢其軍事判官所有月俸亦是刺史俸內支贍三京少尹料錢逐月三十貫文實赤縣令每月正授料錢二十五貫文實主簿每月料錢一十二貫文實畿縣令每月料錢二十貫文實主簿每月料錢一十貫文實司録參軍每月料錢二十貫文實諸曹判司每月料錢一十二貫文實文學參軍每月料錢五貫文實諸州府録事參軍各依逐州上縣令支州司判司各依逐州上縣主簿

支一萬戶巳上縣縣令每月料錢二十三貫文實主簿每月料錢一十二貫五百文實九千戶巳上縣縣令每月料錢二十二貫文實主簿每月料錢一十二貫文實八千戶巳上縣縣令每月料錢二十一貫文實主簿每月支一十貫五百文實七千戶巳上縣縣令每月支二十貫文實主簿每月支一十一貫文實六千戶巳上縣縣令每月支一十九貫文實主簿每月支一十貫五百文實五千戶巳上縣縣令每月支一十八貫文實主簿每月支一十貫文實四千戶巳上縣縣令每月支一十七貫文實主簿每月支九貫

五百文實三千戶巳上縣縣令每月支一十九貫文實主簿每月支九貫文實二千五百戶巳上縣縣令每月支一十三貫文實主簿每月支八貫五百文實二千戶巳上縣縣令每月支一十四貫文實主簿每月支八貫文實一千五百戶巳上縣縣令每月支一十三貫文實主簿每月支七貫五百文實一千戶巳上縣縣令每月支一十二貫文實主簿每月支七貫文實五百戶巳上縣縣令每月支一十一貫文實主簿每月支六貫五百文實五百戶巳上縣令每月支一十貫文實主簿每月支六貫文實自赤縣令巳下

考滿并差攝比正官並支一半如諸道舊有田處令後不得占留開破並依百例輸稅奉勑宜依

是月租庸院奏新定四京及諸道副使判官巳下俸料請降勑各下逐處支遣兼除所置副使判官掌書記推官外如本處更安排簡置官員即勒本道節使自備請給不得正破係省錢物其諸道藩鎮請秪置節度副使節度副使每月料錢四十貫文依除實錢厨料米一石麵二石肉價錢三貫文蒿六十束柴三十束春服絹一十五匹冬服絹一十五匹綿三十兩私馬二匹草料節度觀察判官料錢每月三十貫文

依除實錢厨料米六㪷麪一石五㪷肉價錢二貫蒿四十束柴二十束春服絹一十二匹冬服絹一十二匹綿二十五兩私馬一匹草料節度掌書記料錢每月二十五貫文依除實錢厨米六㪷麵一石二㪷肉價錢一貫五百文蒿三十束柴一十五束春服絹一十匹冬服絹一十匹綿二十兩私馬一匹草料留守兼判六軍請置副使判官推官三員副使依節度副使例判官依節度觀察判官例推官依諸道推官例留守不判六軍請置判官推官二員判官依節度觀察判官例推官依諸道推官例四京府請秪置推官一

負如已有判官即不置推官其請受准留守推官例
其料錢准百官例折支所有厨料時服等即給本色
勑宜令諸道節鎮依舊更置觀察支使一員其俸料
春冬衣賜仍准掌書記例支遣餘依租庸院所奏
明宗天成元年十月水部員外郎劉知新奏尚書省
京師會府華轂繁司奏議雖委於官寮行遣亦資於
胥史六典之制官吏有俸有糧其尚書省諸司令史
伏請給賜月糧俾其奉職
二年十月詔曰策名筮仕誠切於進身制祿命官儀
從於責實既懲黷貨宜有代耕應天下州縣官員逐

月俸料如闕支給多不及時纔或支遣皆是爛弱斛
㪷既闕供須難責廉慎自北隨處官員所破料錢宜
令逐縣人戶於合送納稅物內計折充支一則免勞
人戶輸送一則便於官寮仍下三司速與計慶
四年七月給事中許光義奏請支令錄實料錢責於
守法
九月北京奏留守巡官料錢未有省司則例取勑旨
承前使府置判官皆本使臨時辟請無朝廷除拜之
例同光初租庸使孔謙以軍儲請給白於郭崇韜諸道奏請判官員外數過多徒費軍食請為定額乃奏使幕秘置節度觀察判官書記支使推官十一員留守置判官各一員三京府置判官餘並罷俸錢自節度判官三十千已降有差謙又奏百官俸錢數目人多折支非實請減半數皆支實錢並從之洎同光末謙得罪廢租庸使額謙之獘政皆削除惟有定官員減俸之事因循未革所及一半實俸餘從歷折議者非之
長興二年閏五月起居郎曹琛奏兩班或請假歸寧
或染病未損纔注班簿便住料錢勑旨有禮於君克
勤於國爲臣所重自古皆然其或今朝不朝即虧匪
懈無病稱病亦屬自欺儻異下水須資勿藥臥疾非
人情所欲歸寧光孝治之朝曹琛所奏文武官員請
歸寧准式假及實臥病者並許支給本官料錢宜依
或有託病不赴朝參故涉曠怠者慢於事君何以食

祿如聞糾奏當責尤違
是月勑諸道行軍司馬副使判官已下賓寮等考滿
未有使替人宜令並全支俸料元不在省司給俸者
不在此例
八月勑刑法之司朝廷重委是以前王應運必錄獄
訟所歸庶物無冤然後陰陽式序豈獨繫於彼相實
亦賴於有司與致和平共期仁壽宜示優崇之道以
明獎激之方此後大理寺官員宜同臺省官吏昇進
其法直北禮直官任使庶皆知勸咸切奉公如有能
雪冤疑則別議超擢苟舞弄文法必舉憲章明懸黜

陟之科貴盡公忠之懇御史臺每月支錢三百貫充曹司人力紙筆糧課其大理寺先支錢二十貫文與臺中此類全少刑部一司則未曾支給宜於兩班罰錢及三京諸道贓罰錢內每月支錢一百貫文賜兩司其刑部官吏人力不多兼使紙筆較少宜於所賜一百貫內三分支與一分

十月將作丞襲封介國公宇文頊奏蒙恩襲封除官無襲爵俸給詔將給本官俸

三年五月樞密使范延光等奏諸道指揮使月俸未有定制請大藩鎮都指揮使月賜料錢三十貫糧二

十石春衣十五匹冬衣二十五匹其餘藩府約此爲等第從之

七月范延光奏侍衛親軍都指揮與小指揮每月料錢春冬衣賜元一例支給無等差昨併省軍都自捧聖嚴衛相羽林已下逐廂都指揮使新定名管禁兵五千人欲爲等第每月添支料錢各三十千糧十五石衙官糧十分從之

四年七月辛丑以親直指揮使王敬遷領高州刺史奉化左廂都指揮使烏敬千領漳州刺史神武右廂都指揮使安彥珣領融州刺史神武右廂都指揮使李彥超領邠州刺史內直都指揮使薛懷德領巒州刺史將較賞功遷領郡收而以郡之高下給刺史俸料故也

九月范延光奏陽在兩川兵士家口自來支給衣糧今緣國計不充欲權停支給帝曰彼非願留因事睽阻父子似離非人情也不可頓絕支給其間願歸鄉貫者從之如有子弟許繼其父兄本軍名糧如無鄉里可歸無子弟承繼且糧支一半以是曉喻其家

愍帝以長興四年即位十一月前祁州軍事判官張東周獻封事判官及長史司馬無料錢處請權停擬

曹一員以本官料錢充給從之

末帝淸泰元年七月詔洋王從璋涇王從敏月各給俸錢一十萬米麥各五十石傔三十人衣糧馬十五匹芻粟（二王自方鎮入朝自是留守洛陽）

晉高祖天福二年十月詳定院奏前隰州蒲縣令竇溫顏進策一十一件可行者有二其一曰伏見所在縣令有差配百姓紙筆及課錢戶者朝廷付以宰字貴要撫綏支給料錢合專愼守逐日紙筆之用所費不多隨處等力之名皆有定數多是擅放甚爲貪汚將望降以嚴條除其宿獘伏慮州縣官逐月所給正

俸皆無見錢便府、給配之時皆是虛頭計筭伏請州縣官所給料錢雜物唯折一依逐處時估者臣等參詳凡關課戶皆是強名縣宰將治凋瘵不合別生差配據茲條件請賜改更所給料錢難議條理勑旨宜並施行

六年二月甲午詔諸衛上將軍月增俸錢二萬

少帝天福八年二月權知開封府事邊蔚逐月支錢七十貫米五石麵十石傔人十人日食十匹馬草料別支公用米二十石麵五十石羊二十口每年麵三十斤錢四百貫

漢少帝乾祐三年七月勑節文諸道州府令祿判司主簿宜並等第支與俸戶每月納錢五百文與除二稅外免放雜差遣不得更種職田所定俸戶於中等無色役人戶內差置不得令當直及赴衙參如有闕額及不逵明申州府差填不得裏私替換若是令錄判司主簿除本分人數外剩占一人俸戶及令當直手力更納課錢並許百姓陳告事若不虛其陳告人與免戶下諸雜差徭所犯人追毀告身配遞力役如令佐錄事參軍內有員闕州府差攝亦依例支與俸錢其差攝曹官不得援例供破內三千以上縣令逐月一十貫文主簿六貫文一千戶巳上至三千戶縣令八貫文主簿五貫文一千戶以下縣令六貫文主簿四貫文錄事參軍判司依本部內戶口取最多縣分例支破其錄事參軍依縣令例判司即依主簿例

周太祖廣順元年四月勑牧守之任委遇非輕分憂之務既同制祿之數宜等自前者富庶之郡請給則優或邊遠之州俸料素薄以至遷除之際擬議亦難既論資敘之高低又患祿秩之昇降所宜分多益寡均利同恩冀無黨偏以勸勳効今重定則例者州防禦使料錢二百貫祿粟百石食鹽五石馬十匹草粟

元隨三十人衣糧團練使料錢一百五十貫祿粟七十石食鹽五石馬十匹草粟元隨三十人衣糧刺史料錢一百貫祿粟五十石食鹽五石馬五匹草粟元隨二十人衣糧仍取今年五月一日後到任者依新定例支其巳前在任者所請如故

世宗顯德三年十二月詔侍臣曰文武百寮所請俸給支遣之時非唯後於諸軍抑亦又多折估豈均養之理邪如其有過朕不敢私責重俸薄甚無謂也此後並宜支與實錢

五年十二月中書奏諸道州府縣官及軍事判官一

例逐月各遞逐處主戶等第依下項例別定料錢及米麥等取顯德六年三月一日後起支其俸戶並停廢一萬戶已上縣縣令逐月料錢二十貫米麥共五石主簿料錢一十二貫米麥共三石七千戶已上縣縣令每月料錢一十八貫米麥共五石主簿料錢一十貫米麥共三石五千戶已上縣縣令逐月料錢一十五貫米麥共四石主簿料錢八貫米麥共三石三千戶已上縣縣令逐月料錢一十二貫米麥共四石主簿料錢七貫文米麥共二石不滿三千戶縣縣令逐月料錢一十貫米麥共三石主簿料錢六貫米麥

共二石五萬戶已上州司録録事叅軍及兩京司録每月料錢二十貫米麥共五石司戶司法每月料錢一十貫米麥共三石三萬戶已上州司録録事叅軍每月料錢一十八貫米麥共五石司戶司法料錢八貫米麥共三石一萬戶已上州司録録事叅軍每月料錢一十五貫米麥共四石司戶司法每月料錢七貫米麥共三石五千戶已上州司録録事叅軍每月料錢十二貫米麥共四石司戶司法每月料錢六貫米麥共二石不滿五千戶州録事叅軍每月料錢一十貫米麥共三石司戶司法每月料錢五貫米麥共二石諸州軍事判官一例每月料錢一十貫米麥共二石其諸州府京百司內諸司州縣官課戶莊戶俸戶柴炭紙筆戶等望令本州及簡田使臣依前項指揮勒歸州縣候施行畢具戶數聞奏仍差本判官精細點簡如他後差使臣點簡及有人論訴稱其漏落柢罪在本判官及行繫官典如今後更有人戶願充此等戶者便仰本州勒充軍戶配本州牢城執役從之

六年十二月詔諸道州府攝官起今後支給本官所請俸錢之半

巡按福建監察御史臣李嗣京　訂正

知甌寧縣事臣孫以敬參閲

知建陽縣事臣黃國琦較釋

邦計部二十七

鬻爵贖罪

商書曰德懋懋官不聞以賄也秦漢以來乃懸納粟之令開鬻爵之品及鼂錯建議并許贖罪其初或因歲之薦饑兵之屢出邉隱餽運國用虛乏因立從權之制以濟一時之務至於免轉餉之役無讐斂之煩

斯亦足食之奇策愛民之深旨也厥後作法於貪流風益蠹乃有貯之別庫入於私門寖以成弊莫之能救還於蠲課役之戶慶釋老之徒條制彌煩驅役不巳政典益壞俗化彌薄仲尼曰惟名與器不可以假人固在上者之所慎自非因時救急不得已者非可擬議焉

秦始皇四年十月庚寅蝗蟲從東方蔽天天下疫百姓內粟千石拜爵一級

漢惠帝元年十二月詔民有罪得買爵三十級以免死罪（謂人出買爵之錢以贖罪一級直錢二千凡爲六萬若今贖罪入三十四縑矣）

六年十月令民得買爵

文帝後六年四月詔民得買爵時中大夫鼂錯說帝曰聖王在上而民不凍饑者非能耕而食之織而衣之也爲開其資財之道也故堯禹有九年之水湯有七年之旱而國亡捐瘠者（捐謂民有饑相棄捐者瘠瘦病也言無相棄捐而瘦瘠者）以畜積多而備先具也今海內爲一土地人民之衆不避湯禹加以亡天災數年之水旱而畜積未及者何也地有遺利民有餘力生穀之土未盡墾山澤之利未盡出也游食之民未盡歸農也民貧則姦邪生貧生於不足不足生於不農不農則不地著不地

著則離鄉輕家民如鳥獸雖有高城深池嚴法重刑猶不能禁也夫寒之於衣不待輕煖（風霜不來靡麗也）饑之於食不待甘旨（旨美也）饑寒至身不顧廉恥人情一日不再食則饑終歲不製衣則寒夫腹饑不得食膚寒不得衣雖慈父不能保其子君安能以有其民哉明主知其然也故務民於農桑薄賦斂廣畜積以實倉廩備水旱故民可得而有也民者在上所以牧之趨利如水走下四方亡擇也夫珠玉金錢饑不可食寒不可衣然而衆貴之者以上用之故也其爲物輕微易藏在於把握可以周海內而亡饑寒之患（周謂周徧而游）

亡此令臣輕背其主而民易去其鄉盜賊有所勸亡逃者得輕資也粟米布帛生於地長於時聚於力非可一日成也數石之重中人弗勝中人者處强弱之中也不爲姦邪所利一日弗得而饑寒至是故明君貴五穀而賤金玉今農夫五口之家其服役者不下二人服事也給公事之役也其能耕者不過百畝百畝之收不過百石春耕夏耘秋穫冬藏伐薪樵治官府給繇役春不得避風塵夏不得避暑熱秋不得避陰雨冬不得避寒凍四時之間亡日休息又私自送往迎來弔死問疾養孤長幼在其中勤苦如此尚復被水旱之災急政暴

虐賦歛不時朝令而暮改當其有者半賈而賣本直千錢者止得五百也亡者取倍稱之息取一償二爲倍稱舉稱也今俗所謂舉錢者也於是有賣田宅鬻子孫以償債者矣而商賈大者積貯倍息小者坐列販賣行賣曰商坐販曰賈列販若市中賣物行也操其奇贏日游都市奇贏謂有餘財蓄聚奇異之物也一説殘餘長也乘上之急所賣必倍上所急求其償倍貴故其男不耕耘女不蠶織衣必文采食必粱肉粱好粟也亡農夫之苦有仟伯之得仟謂千錢伯謂伯錢也今俗猶謂百錢爲一百因其富厚交通王侯力過吏埶以利相傾千里游遨冠蓋相望乘堅策肥履絲曳縞乘堅謂好車也縞皓素也繒之精白者也此商人所以流亡者也今法律賤商人商人已富貴矣尊農夫農夫已貧賤矣故俗之所貴主之所賤也吏之所卑法之所尊也上下相反好惡乖迕迕違也而欲國富法立不可得也方今之務莫若使民務農而已矣欲民務農在於貴粟貴粟之道在於使民以粟爲賞罰今募天下入粟縣官得以拜爵得以除罪如此富民有爵農民有所渫渫散也夫能入粟以受爵皆有餘者也取於有餘以供上用則貧民之賦可損損減也所謂損有餘補不足令出而民利者也順於民心所補者三一曰主用足二曰民賦少三曰勸農功今民有車騎馬一匹者復卒三人復三卒之

筭錢也或曰除三夫不作甲卒也又曰爲卒者免其三人不爲卒者復其錢也車騎者天下武備也故爲復卒神農之教曰有石城十仞八尺曰仞取人申臂之一尋也湯池百步池城邊池也以沸湯爲池不可輙近喻嚴周之甚也帶甲百萬而亡粟弗能守也以是觀之粟者王者大用政之本務令民入粟受爵至五大夫以上乃復一人耳五大夫第九等爵也此其與騎馬之功相去遠矣爵者上之所擅出於口而亡窮擅專也粟者民之所種生於地而不乏夫得高爵與免罪人之所甚欲也使天下人入粟於邊以受爵免罪不過三歲塞下之粟必多矣於是文帝從錯之言令民入粟於邊三百石爵上造上造第二等爵

也）稍增至四千石以五大夫萬二千石爲大庶長（大庶長第十八等爵也）各以多少級數爲差景帝時上郡以西旱復修賣爵令而裁其賈以招民（裁謂減省之也）及徙復作得輸粟於縣官以除罪（時司馬相如以貲爲郎）武帝時事邊府庫並虛乃募民能入奴婢先爲郎者增秩及入羊者爲郎（庶人入奴婢則復終身先爲郎者就增其秩也一日奴婢少者復終身多者得爲郎舊倉郎更增秩也）後衛青比歲十餘萬衆擊胡（比歲頻歲也）斬捕首虜之士受賜黃金二十餘萬斤而漢軍士馬死者十餘萬兵甲轉漕之費不與焉於是大司農陳賦錢經用賦稅既竭不足以奉戰士（陳謂列奏之經常也）

（既盡也言常用之錢及諸賦秩並竭）有司請令民得買爵及贖禁故免減罪請置賞官名曰武功爵（茂陵中書有武爵一級曰造士二級曰閑輿衛三級曰良士四級曰元戎士五級曰官首六級曰秉鐸七級曰千夫八級曰樂卿九級曰執戎十級曰政戾庶長十一級曰軍衛此武帝所制以寵軍功也）級十七萬凡直三十餘萬金諸買武功爵官首者使補吏先除千夫如五大夫（五大夫舊二十等爵之第九級也至此以下始免徭役故每先選以爲吏千夫者武功十一等爵之第七也亦得免役今則先除爲吏比於五大夫也）其有罪又減二等爵皆至樂卿（樂卿者武功爵第八等也言買爵唯得至第八也）臣顯軍功軍功多用超等大者封侯卿大夫小者郎吏道雜而多端則官職耗廢於是以東郭咸陽孔僅爲大農丞（姓東郭名咸陽並孔僅二人也）咸陽齊之大鬻監孔僅南陽大冶皆致產累千金是時豪富皆匿財唯卜式數求入財以助縣官天子乃超拜式爲中郎賜爵左庶長田十頃布告天下以風百姓其後桑弘羊爲大司農中丞筦諸會計事始令吏得入穀補官郎至六百石（吏遷補高官郎又就增其秩得至六百石也）近臣所忠言世家子弟富人或鬬雞走狗弋獵博戲亂齊民（所姓忠名也）乃徵諸犯令相引數千人名曰株送徒入財者得補郎郎選衰矣（諸坐博戲事決爲徒者能入錢得補郎或日被引者爲其根株所送當充徒役而能入財者即當補郎）時江充爲直指繡衣使者督三輔盜賊禁察踰侈貴戚近臣多奢僭充皆

舉劾奏請沒入車馬令身待北軍擊匈奴（令貴戚身待於北軍也）奏可充即移書光祿勳中黃門逮召近臣侍中諸當詣北軍者移劾門衛禁止無令得出入宮殿於是貴戚子弟惶恐皆見帝叩頭求哀願得入錢贖罪帝許之令各以秩次輸錢北軍凡數千萬

大漢三年九月令死罪入贖錢五十萬減死一等

大始二年秋旱九月募死罪人贖錢五十萬減死一等

黃霸字次公淮陽陽夏人以豪傑役使徙雲陵（身爲豪傑而役鄉里人也）霸少學律令喜爲吏（喜謂愛好也）武帝末以待詔

入錢賞官補侍郎謁者因人錢而見賞官坐同産有過劾免同産謂兄弟也後復入穀沈黎郡補左馮翊二百石卒史三輔郡得仕門它䅘人而卒史獨二百日所謂尤異者馮翊以霸入財爲官不署右職輕其爲人也右職高職也使領郡錢穀計計謂出入之數

章帝地節三年西羌反遣後將軍征之京兆尹張敞上書言國兵在外軍以夏發隴西以北安定以西吏民並給轉輸田事頗廢素無餘積雖羌虜以破來春民食必乏窮辟之處買亡所得縣官穀度不足以振之願令諸有罪非盜受財殺人及犯法不得赦者皆以差入穀此入郡贖罪差次也八郡即隴西以北安定以西務益致穀

以豫備百姓之急事下有司左馮翊蕭望之與少府李彊議以爲民函陰陽之氣有仁義欲利之心在教化之所助堯在上不能去民欲利之心而能令其欲利不勝其好義也雖桀在上不能去民好義之心而能令其好義不勝其欲利也故堯桀之分在于義利而已道民不可不慎也今欲令民量粟以贖罪如此則富者得生貧者獨死是貧富異刑而法不一也人情貧窮父兄囚執聞出財得以生活爲人子弟者將不顧死亡之患敗亂之行以赴財利求救親戚一人得生十人以喪如此伯夷之行壞公綽之名滅公綽魯大夫孟公綽也論語稱孔子曰若臧武仲之智公綽之不欲卞莊子之勇冉求之藝文之以禮樂可以爲成人矣政教一傾雖有周召之佐恐不能復古者藏于民不足則取有餘則與詩曰爰及矜人哀此鰥寡小雅鴻鴈之詩也矜人可哀矜之人謂貧弱者也言王者惠澤下及哀矜之人以至鰥寡上惠下也又日雨我公田遂及我私小雅大田之詩也言庶衆曾是則其心于時雨先潤公田又及私田先公後私下急上也今我西邊之役民失作業雖戶賦口斂以贍其困乏率戶而賦計口而斂也古之通義百姓莫以爲非以死救生恐未可也子弟竭死以救父兄令其生也陛下布德施政教化既成堯舜亡以加之今議開利路以傷既成之化臣竊痛之於是天子復下其議兩府丞相

御史以難問張敞敞曰少府左馮翊所言常人之所守耳昔先帝征四夷兵行三十餘年百姓猶不加賦而軍用給今羌虜一隅小夷跳梁於山谷間漢但令辠人出財減罪以誅之其名賢於煩擾良民橫興賦斂也又諸盜及殺人犯不道者百姓所疾苦也皆不得贖首匿見知縱所不當得爲之屬議者或頗言其法可蠲除以其罪輕而法重故常欲除此科條今因此令贖其便明甚何化之所亂甫刑之罰小過赦薄罪贖呂侯爲周穆王司寇作贖刑之法謂之呂刑後改爲甫侯故又稱甫刑也有金選之品金銖兩名也字本作鋝鋝即鍰也其重十一銖二十五分銖之十三一曰重六兩呂刑曰墨辟疑赦其罰百鍰劓辟疑赦其罰惟倍剕辟

蕪赦其罰倍差宮辟疑赦其罰六百鍰大辟疑赦其罰千鍰是其品也所從來久矣何
賊之所生敞備皂衣二十餘年雖有五時服至朝皆着皂衣嘗聞
罪人贖矣未聞盜賊起也竊憐凉州被寇方秋饑時
民尚有饑乏病死於道路况至來春將大困乎不早
慮所以振救之策而引嘗經以難恐爲後重責嘗人
可與守經未可與權也敞幸得備列卿以輔兩府爲
職不敢不盡愚望之䨓復對曰先帝聖德賢良在位
作憲垂法爲無窮之規永惟邊境之不贍惟思也故金
布令甲曰金布者令篇名也其上有府庫金錢布帛之事因以篇名令甲者其篇甲乙之次
邊郡數被其離饑寒離遭也夭絕天年父子相失令天

下共給其費同共給之也自此以一令甲之文故爲軍旅卒暴之事
也言此令文專爲軍旅卒暴而施設聞天漢四年嘗使死罪人入五
十萬錢減死罪一等豪強吏民請奪假二至爲盜賊
以贖罪其後姦邪橫暴群盜並起至攻城邑殺郡守
充滿山谷吏不能禁明詔遣繡衣使者以興兵擊之
軍興之法也誅者過半然後衰止愚以爲此使死罪贖之
敗也故曰不便時丞相魏相御史大夫丙吉亦以爲
羌虜且破轉輸略足相給遂不施敞議
成帝鴻嘉三年四月赦天下令吏民得買爵賈級千
錢

永始二年詔曰關東比歲不登吏民以義收食貧民
入穀物助縣官賑贍者已賜直收食貧人謂收取而養食之助縣官賑贍
謂出物以助郡之官也已賜直謂官賜其所費直也令方更入爵及免賦耳食讀曰飲其百萬
以上加賜爵右更右更第十四爵也更音工行切欲爲吏補三百石其
吏也遷二等先以爲吏則遷二等二十萬以上賜爵五大夫第九
爵也吏亦遷二等民補郎十萬以上家無出租賦三歲
萬錢以上一年
平帝元始元年六月詔天下徒已論歸家顧出錢月
三百謂女徒論罪已定並放歸家不親役之但令一月出錢三百以顧人
王莽時維陽張長叔薛子仲貲亦十千萬莽皆以爲

納言士欲法武帝然不能得其利法武帝者言用卜式東郭咸陽孔僅等爲官也
後漢明帝以中元二年十二月即位十二月甲寅詔天
下亡命殊死以下聽得贖論死罪人縑二十匹右趾
至髡鉗城旦舂十匹右趾謂刖其右足次刖左足次劓次髡次髡鉗爲城旦舂城旦者晝日司寇虜夜暮築長城舂者婦人犯罪不任軍役之事但令舂以食徒者完城旦舂至
司寇作三匹完者謂不加髡鉗而築城也次鬼薪白粲次隸臣妾次作司寇其未發
覺詔書到先自告者半入贖
永平十五年二月辛丑詔亡命自殊死以下贖死罪
縑四十匹右趾至髡鉗城旦舂十匹完城旦至司寇

五疋犯罪未發覺詔書到日自告者半入贖

十八年三月丁亥詔曰其令天下亡命自殊死已下贖死罪縑三十疋右趾至髡鉗城旦舂十疋完城至司寇五疋吏人犯罪未發覺詔書到日自告者半入贖

章帝建初七年九月辛卯詔贖死罪入縑二十疋右趾至髡鉗城旦舂十疋完城旦至司寇三疋吏人有罪未發覺詔書到日自告者半入贖

元和元年八月癸酉詔亡命者贖各有差

章和元年九月壬子詔亡命者贖死罪縑二十疋右

趾至髡鉗城旦舂七疋完城旦至司寇三疋吏民犯罪未發覺詔書到日告者半入贖

和帝永元三年正月甲子皇帝加元服郡國中都官繫囚死罪贖縑至司寇及亡命各有差

八年八月辛酉詔自死罪巳下至司寇及亡命者入贖各有差

安帝永初元年九月丙戌詔死罪以下及亡命者贖各有差

二年四月丙寅三公以國用不足奏令吏人入錢穀得爲關内侯虎賁羽郎五大夫官府吏緹騎營士各有差

元初二年十月詔郡國中都官繫囚減死一等勿笞詣馮翊扶風屯妻子自隨占著所在女子勿輸亡命死罪以下贖各有差其吏人聚爲盜賊有悔過者除其罪

延光三年九月乙巳詔郡國中都官死罪繫囚減罪一等詣燉煌隴西及度遼營其右趾以下及亡命者贖各有差

順帝永建元年十月詔減死罪以下徙邊其亡命贖各有差

永和五年五月丁丑令死罪以下及亡命者贖各有差

漢安二年十月辛丑令郡國中都官繫囚殊死以下出縑贖各有差其不能入贖者遣詣臨羌縣居作二歲

桓帝建和三年八月庚寅詔死罪以下及亡命者贖各有差

延熹四年七月占賣關内侯虎賁羽林緹騎營士五大夫錢各有差

靈帝建寧元年十月甲辰令天下繫囚罪未决入縑

贖各有差

熹平三年十月癸丑令天下繫囚罪未决入縑贖

四年十月丁巳令天下繫囚罪未决入縑贖

光和元年初開西邸賣官自關內侯虎賁羽林入錢各有差（山陽公載記曰時賣官二千石二千萬四百石四百萬其以德次應選者半之或三分之一于西園立庫以貯之）私令在左賣公卿公千萬卿五百萬是時太尉段紀明樊陵司空張温等雖有功勤名譽然皆入錢上千萬下五百萬以買三公先輸貨財而後登公位崔烈名重北州歷位郡守九卿因傅母入錢五百萬得爲司徒及拜日天子臨軒百僚畢會帝顧

謂親倖者曰悔不小靳可至千萬（靳顧惜也）程夫人于傍應日崔公冀州名士豈肯買官賴我得是反不知姝耶（姝美也）烈于是聲譽衰減曹嵩以貨得拜大司農大鴻臚代崔烈爲太尉

三年八月令繫囚罪未决入縑贖各有差

五年七月癸酉令繫囚罪未决入縑贖

中平四年九月丁酉令天下繫囚罪未决入縑贖是歲賣關內侯假金印紫綬傳世入錢五百萬

晋武帝甞南郊禮畢問司隸較尉劉毅曰卿以吾可方漢何主也對曰桓靈之主帝曰吾雖德不及古人猶克已爲理甫平吳會一同天下方之桓靈不亦甚乎對曰桓靈賣官錢入官庫陛下賣官錢入私門以此言之乃不如也

後趙石季龍下書令刑贖之家得以錢代財帛無錢聽以穀麥皆隨時價輸水次倉

宋前廢帝時軍旅大起國用不足募民上米二百斛錢五萬雜穀五百斛同賜荒縣除上米三百斛錢八萬雜穀千斛同賜五品正令史滿報若欲署四品在家亦聽上米四百斛錢十二萬雜穀一千三百石同賜四品令史滿報若欲署三品在家亦聽上米五百

斛錢十五萬雜穀一千五百斛同賜三品令史滿報若欲署內監在家亦聽上米七百斛錢二十萬穀二千斛同賜荒郡除若欲署諸王國三令在家亦聽

後魏孝明帝初任城王澄奏都城府寺猶未周悉今軍旅初寧無宜發衆請取諸職人及司州郡犯十杖已上百杖已下收贖之物絹一匹輸塼二百以漸脩造詔從之太傅清河王懌表奏其事遂寢不行

孝莊帝初承喪亂之後倉廩虚罄遂班入粟之制輸粟八千石賞散侯六千石散伯四千石散子三千石散男職人輸七百石賞一大階授以實官白民輸五

百石聽依第出身一千石加一大階無第者輸五百
石聽九品出身一千石加一大階諸沙門有輸粟四
千石入京倉者授本州統若無本州者授大州都統
若不入京倉入外郡倉者三千石畿郡都統依州格
若輸五百石入京倉者授本郡維那其無本郡者授
以外郡粟入外州郡倉者七百石入京倉者三百石
授縣維那
永安三年二月詔曰關隴遭罹寇難燕趙賊逆馮陵
蒼生波流耕農靡業加諸轉運勞役已甚州倉儲實
無且懸匱自非開輸賞之格何以息漕運之煩凡有

能輸粟入瀛定岐雍四州者官斗二百斛賞一階入
二華州者五百石賞一階不限多少粟畢授官
唐肅宗至德元年九月以軍興事殷國用不足詔權
賣官及爵度僧尼節級納錢時裴冕爲相不識大體
以聚人曰財乃下令賣官鬻爵度僧尼道士以儲積
爲務人不願者科令就之其價益賤事轉爲弊
二年七月宣諭使侍御史鄭叔清奏承前諸使下召
納錢物多給空名告身雖假以官賞其忠義猶未盡
才能今皆量文武才藝兼情願穩便據條格擬同申
奏聞便寫告身諸道士女道士僧尼如納錢請准敕

迴授餘人并情願還俗授官勳邑號等亦聽如無人
迴授及不願還俗者准法不合畜奴婢田宅資財既
助國納錢不可更拘常格其所有資財能率十分納
三分助國餘七分並任終身自蔭身殁之後亦任迴
與近親又准敕納錢百千文與明經出身如曾受業
粗通帖策修身慎行鄉曲所知者量減二十千文如
先經舉送到省落第灼然有憑帖策不甚寥落者減
五十千文若粗識文字者准元敕處分如未曾讀學
不識文字者加三十千應授職事官并勳階邑號贈
官等有合蔭子孫者如戶內兼蔭丁中三人以上免

課役者加百千文每加一丁中累加三千文其商賈
准令所在收稅如能據所有資財十分納四助軍者
便與終身優復如於敕條外有悉以家產助國嘉其
竭誠待以非次先出身及官資並量資歷好惡各據
本條格例節級優加擬授如七十已上情願致仕官
者每色內量十分減二分錢時屬幽寇內侮天下多
虞軍用不充權爲此制尋即停罷
德宗貞元四年正月制軍州官吏寄客能務農業入
粟助邊量其多少酬以官秩
憲宗元和十二年七月詔曰入粟助邊古今通制如

開定州側近秋稼多登屬以軍府虛貧未任收糴將設權宜之制以成備畜之資念切救人不同常例有人能于定州納粟五百石放同承優出身仍減三選聽集納粟一千石者使授解褐官有官者依資授官納粟二千石者超兩資授官如先有出身及官情願減選者每納三百石以減一選

後唐莊宗同光三年閏十二月吏部尚書李琪上疏曰臣伏思漢文帝時欲人務農乃募人入粟得拜爵及贖罪景帝亦如之後漢安帝時水旱不定三公奏請富人入粟得封關內侯及公卿已下散官本朝乾

元中亦曾如此今陛下縱不欲入粟授官願降明勑下諸道合差百姓轉般之有能出力運官物到京者五百石已上白身授一初任州縣官有官者依資遷授欠選者便與放選千石已上至萬石者不拘文武顯示賞酬免令方春農人流散此亦轉倉贍軍之一術也勑李琪所論召募轉倉斛斗與官行賞委租庸司下諸州府有應募者聞奏施行

巡按福建監察御史臣李嗣京訂正
新建縣舉人臣戴國士參閱
知建陽縣事臣黃國琦較釋

邦計部

重歛　希旨　交結

重歛

古者賦有藝而歛有時故財不匱而人不怨蓋事舉其中取之以道也傳曰作法于涼其弊猶貪其或用度靡節事役滋煩始以邊鄙之聳加以軍旅之動故

取之過籍率其倍征有餘則謂之豐財不足則因而變法乃至行誅求之政侵削于下畜掊克之臣聚歛爲務上有罷民之失下有浚我之歎雖經費之暫足亦糜弊之實多儻或事貴從權舉非獲已迫于用度人如之何雖出于一時亦致遠恐泥然而射利無厭殘民以逞借曰無害人不信也夫子所謂鳴鼓而攻之者其有旨哉

夏桀率遏衆力率割夏邑（言桀君臣相率爲勞役之事以絶衆力謂廢農功相率割剝夏之邑居征賦重也）

商紂都河內朝歌厚賦稅以實鹿臺之錢（鹿臺臺名今在朝歌城中又紂重賦傷民歛聚怨讐之道）

魏侯時（詩不載侯之謚）國人刺其君重歛蠶食于民不修其政貪而畏人若太鼠故作石鼠之詩云

魯宣公十五年初稅畝非禮也穀出不過籍（周法民耕百畝公田十畝借民力而稅不過此）以豐財也

成公元年三月作丘甲（周禮九夫爲井四井爲邑四邑爲丘丘十六井出戎馬一匹牛三頭四丘爲甸六十四井出長轂一乘戎馬四匹牛十二頭甲士三人步卒七十二人此甸所賦令魯使丘出之譏重歛也）

昭公四年鄭子產作丘賦（丘十六井當出馬一匹牛三頭今子產別賦其田如魯之田賦）國人謗之曰其父死于路（謂子日爲尉氏所殺）巳爲蠆尾

（謂子產重賦毒害百姓）以令于國國將若之何

哀公十二年春用田賦（直書之者以示改去重歛）哀公問於有若曰年饑用不足如之何有若對曰盍徹乎（盍何不也周法十一而稅謂之徹徹通也爲天下之通法）曰二吾猶不足如之何其徹也（二謂十一而稅）

秦始皇時內興功作外攘夷狄收泰半之賦（三分取其二）男子力耕不足糧饟（古鈞反）女子紡績不足衣服竭天下之資財以奉其政猶未足以澹其欲（澹古贍字）海內愁怨遂用潰畔（下逃其上曰潰）又云秦爲亂政頭會箕歛（家一頭數出穀以箕歛之也）以供軍費財匱力盡

漢武帝元狩四年縣官衣食振業用度不足請收銀錫造白金及皮幣以足用是時禁苑有白鹿而少府多銀錫乃以白鹿皮方尺緣以繢繢繡也繪五采而為之為皮幣直四十萬王侯宗室朝覲聘享必以皮幣薦璧然後得行又造銀錫白金雜鑄銀錫為白金以為天用莫如龍地用莫如馬人用莫如龜故白金三品其一曰重八兩圜之其文龍名曰撰直三千二曰次重差小方之其文馬直五百以平半斤之重差為三品此重六兩則下品重四兩也三曰復小橢之其文龜直三百橢圓而長也晉他果切先是匈奴渾邪等降漢大興兵伐匈奴山東水旱貧民流徙皆卬給

縣官卬音斗白功切縣官空虛御史大夫張湯承上指請造白金及五銖錢籠天下鹽鐵籠羅其事皆令利入官排富商大賈出告緡令鉏豪彊并兼之家舞文巧詆以鋪法又大農丞孔僅東郭咸陽言異時筭軺車賈人之緡貲錢有差小異時言往時也軺小車也緡謂錢貫也軺音弋昭切緡音武中切請筭如故諸賈人末作貰貸賣買居邑貯積諸物貰除也貸便與也貰音式制切貸音士載切及商以取利者雖無市籍各以其物自占占隱度也各隱度其財物多少而為名簿送之於官也占音之贍切率緡錢四千而筭一率計有二十錢者別出一等諸作直椎及鑄以手力所作而賣之者率緡錢四千筭一非吏比者三老北邊騎士軺車一筭比例也身非為吏之例非老非為邊騎士而有軺車皆令出一筭比音必親切商賈人軺車二筭商賈人有軺車使多出一筭重其賦船長五丈以上一筭匿不自占不悉戍邊一歲沒入緡錢悉盡也有能告者以其半畀之

元鼎五年九月列侯坐獻黃金酎祭宗廟不如法奪爵者百六人

六年卜式為御史大夫式既在位見郡國多不便縣官作鹽鐵器苦惡賈貴或強令民買之而船有筭商者少物貴乃因孔僅言船筭事上不說漢連出兵三歲誅羌滅兩粵番禺以西至蜀南者置初郡十七元鼎

六年定越地以為南海蒼梧鬱林合浦交阯九真日南珠崖儋耳郡定西南夷以為武都牂柯越巂沈黎文山郡及地理志西南夷傳所置犍為零陵益州郡凡十七且以其故俗治賦稅南陽漢中以往各以地比給初郡吏卒奉食幣物傳車馬被具地比謂依其次第自近及遠比音頻寐切傳音張阮切被音皮義切而初郡又時小反殺吏漢發南方吏卒往誅之間歲萬餘人間歲隔一歲費仰大農大農以均輸調鹽鐵助賦故能澹之然兵所過縣縣以為貲給毋乏而已不敢言輕賦法矣

宣帝五鳳四年耿壽昌為大司農中丞上言增海租二倍天子皆從其計御史大夫蕭望之奏言故御史

屬徐宮御史大夫屬家在東萊言往年加海租魚不出長老皆言武帝時縣官嘗自漁海魚不出後復予民魚乃出夫陰陽之感物類相應萬事盡然

王莽天鳳六年一切稅天下吏民貲三十取一縑帛皆輸長安

後漢順帝永和六年七月甲午詔假民有貲者戶錢一千

靈帝中平二年南宮災宦者張讓趙忠等說帝令斂天下田畝稅十錢以修宮室發太原河東狄道諸材木及文石每州郡部送至京師刺史二千石及茂才

孝廉遷除皆責助軍修宮錢大郡至二三千萬餘各有差當之官者皆先至西園諧價然後得去（諧謂平論定其價也）有錢不畢者或至自殺其守清者乞不之官皆迫遣之

晉孝武太元八年始增百姓稅米口五石

宋文帝元嘉中始興太守徐豁上表曰武吏年滿十六便課米六十斛十五以下至十三皆課三十斛一戶內隨丁多少悉皆輸米且十三歲兒未堪田作或是單迥便自逃匿戶口歲減寔此之繇宜更量課限使得存立今若減其米課雖有交損考之將來理有洊益詔善之

孝武時齊庫上絹年調鉅萬疋綿亦稱此期限嚴峻民間買絹一疋至三三千綿一兩亦三四百貧者賣妻兒甚者或自縊死沈懷文具陳民困繇是綿絹薄有所減俄復舊

隋煬帝時東西遊幸靡有定居每以供費不給逆收數年之賦

唐代宗大曆末韓滉爲戶部侍郎判度支苛剋頗甚覈治按牘句剝深文人多咨怨德宗嗣位素惡滉掊克改爲大常卿群議未息又出爲晉州刺史

德宗建中三年四月太常博士韋都賓陳京建議以爲泉貨所聚在于富商錢出萬貫者請留其萬貫爲業有羨官借以給軍計天下不借一二千商人而國家數年之用足矣德宗從之許罷兵後以公錢還之仍令度支條上判度支杜佑以是時諸道軍用三月費錢百餘萬貫借商若獲五百萬貫可給數月矣乃詔京師大索與盈五百萬貫京兆少尹韋禎督責頗峻長安薛華荷挍乘車搜人財貨意其不實輒遣搒箠笞人不勝冤痛或自縊而死京師囂然如被盜賊統計田宅奴婢等估纔餘八千萬貫又以僦櫃納質

積錢貨貯粟麥等一切借其四分之一封其櫃窖長
安爲之罷市百姓相率千萬衆邀宰相於道盧杞懼
無以遏乃疾驅他道而歸由是稹復奏市錢不足百
貫粟麥不足五十斛者免僦櫃納質積所得與借商
兼計纔二百萬貫人亦竭矣
五月淮南節度使陳少遊請於本道兩稅錢每千增
二百因詔佗道悉如淮南又榷鹽每斗更加百文
四年六月初稅間架除陌錢時馬燧李懷光李抱真
李芃四節度之兵屯於魏縣判度支趙贊以軍須迫
蹙常平利不時集乃請稅屋間架筭除陌錢間架法

凡屋兩架爲一間屋有貴賤約價三等上價間出錢
二千中價一千下價五百所繇吏秉筆執筭入人廬
舍而計其數衣冠士族或貧無他財獨守故業坐多
出筭者動數千萬人不勝其苦凡沒一間者杖六十
告者賞錢五十貫取於其家除陌法天下公私給與
貨易率一貫舊筭二十一益加筭五十給與佗物或
兩換者約錢爲率筭之市主人市牙各給印紙人有
賣買隨自署記翌日合筭之有自貨易不用市牙者
驗其私薄投狀自道其有隱錢百沒入二千杖六十
告者賞錢十千出於其家法旣行而主人市牙得專

其柄率多隱盜公家所入曾不得半而怨讟之聲囂
然滿於天下
貞元八年四月劍南西川節度使韋皋請加稅十二
以增給官吏從之
五月初增稅京兆苗畝三錢以給掌閑彍騎
憲宗元和十一年王師討蔡州吳元濟是時州縣近
淮西者行輸尤若東畿供饋車常數千兩相錯于路
每車駕三牛將卒有副所在霖潦攻頹洸溢饋車多
阻其至者或不以時歸之于是東畿有以驢耕者
十一年九月罷湖南觀察使韋貫之爲太子詹事仍

分司東都時軍用轉乏亟責諸道進獻貫之坐率督
內刺史錢助軍故有是命
十四年六月丁巳判度支皇甫鎛重奏諸道州府監
院每年送上都兩稅榷酒鹽利旨支米價等疋段加
估定數詔許之其先下州府監院連四月二十五日
勑牒更不在行用限鎛急於掊聚先是奏近年天下
所納鹽酒等利擡估者一切追行詔旣可給事中崔
植抗論以爲用兵歲久百姓凋弊往者雖估踰其實
今固不可復追踶奏命宰臣召植宣旨嘉諭許輟已
行之詔物議大罪鎛而美植鎛懼至是乃文飾還且

重條奏請申勑以示之及鑄作相剥下以希旨府李
渤爲庫部員外郎會陳許節度使郗士美卒令渤充
弔祭使路次陜西渤上疏曰臣自出使歷求利病竊
知渭南縣長源鄉本有四百戸今纔四十餘戸閿鄉
縣本有三千戸今纔有一千餘戸其他州縣大略相
似其弊所自起于攤逃大約十家内一家逃亡即攤
賦税使九家共出税額長定有逃旣攤似投石井中
不到底不止攤逃之弊戸不盡不休此皆聚斂之臣
兢剥下以奉上唯思媢澤不慮無魚伏乞詔書絶其
攤逃以見在戸家産錢數爲定其餘有欠且特恩免

之計不數年人必歸于農矣夫農者國之本本立然
後可以議大平若不繇此而云已大平者是佞邪之
臣也伏乞陛下察而逐之疏奏仍具狀申中書門下
穆宗長慶元年六月知懷州河陽節度參謀兼監察
御史常琦奏論當州元和九年秋至十四年夏准旨
額外加徵并節度使司見簡苗徵子及草等共計五
百六十萬三千五百八十石束詔曰前刺史烏重胤
等並位居守土職在牧人加税纖縁軍須豈得不先
聞奏遇赦雖當原宥亦合量有科徵烏重胤令狐楚
魏義通等宜各罰有月俸料知州官釋放

敬宗寶歷元年七月鹽鐵使王播進羨餘絹一百萬
疋仍請日進二萬計五十日方畢播自掌鹽鐵正入
不支而羨進相次僥求聚斂迫于星火
文宗太和九年九月鹽鐵轉運使王涯奏請變江淮
嶺南茶法并請加税以贍邦計十月加宰臣王涯開
府儀同三司兼諸道鹽鐵轉運搉茶使初鄭注自謂
有經濟之方帝問以安人富國之術無以對因請搉
茶涯知不可而不敢違及詔下商人計鬻茶之資不
能當所搉之多復以江淮閭百姓茶園官自造作量
給其直分命使者主之江淮人什二三以茶爲業皆

公言曰果行是勑止有盡殺使人入山反耳兵興以來山澤江淮海搉莞之利無遺逸矣利益歸于上困益窘于下涯尚欲希恩加税重用其法以窮其人
後漢末帝清泰元年詔禁軍鳳翔城下歸明帑藏無
貨財率城中士庶至於門釜之類亦估給及經雍華
陜率如鳳翔士民之家不勝其苦至京師三司調計
左藏金帛不過二三萬纘内外貢奉計外少四十五
萬緡詔盧質而下率配京城市民及舍屋計不過六
萬緡帝怒軍巡使下獄命供奉官丁昭溥史思溫爲
軍巡使晝夜督促囚繫滿獄貧民不濟有投井雉經
者而軍中揚揚于市四坊民聚詬云爾爲主征行勞

苦不羞見天子俾我輩鞭胸打背出賞錢莫氣緊揚
揚天眼會有開時也帝聞之不懌是夜李專美宿于
禁署譏之曰韓昭裔首鼠我不責辦鄉士人子弟嘗
言有才術今致我至此不能運度以濟時事留才術
何所施也專美愧恐待罪良久奏曰臣才力駑劣屬
當興運陛下猶垂錄任無以裨益聖朝然府藏空竭
軍賞不給非臣之罪也臣思先皇棄代之際是時府
庫濫賞已竭繼以鄂王臨朝紀綱大壞縱有無限之
財賦不能滿驕卒谿壑之心所以陛下孤立岐陽而
得天下臣以爲國之亡存不專在行賞須刑政立于

上恥格行於下賞當功罰當罪僅理道也若陛下不
改覆車之轍以賞無賴之軍徒困蒸民存亡未可知
也今宜以見收財富以給之不必踐前言而希苟悅
帝然之竟有是給數二十餘萬緡
漢少帝時王章爲簡較太尉同平章事判三司專於
權利剝下過當斂怨歸上物論非之舊制秋夏苗租
民輸一斛別輸二升謂之雀鼠耗乾祐中輸一斛者
別令輸二斗目之爲雀耗百姓苦之又官庫出納緡
錢皆以八十爲陌至是民輸者如舊官給者以七十
七陌田有訴田者雖無數十戶章必命全州覆視幸
其廣有苗額以增邦賦曾未數年民力大困章與楊
邠不喜儒士郡官所請月俸皆取不堪資軍者給之
謂之閑雜命物所司高估其價估定更添謂之擡估
章亦不滿其意隨事更令添估章急於財賦峻於刑
法民有犯鹽麴之令雖絲毫滴瀝盡處極刑吏緣爲
姦民不堪命

希旨

禮曰寧畜盜臣不畜聚斂之臣以害其民也況復希
意先指要寵固恩以克下爲忠以媚上爲德重莞榷
之禁增賦斂之規罔卹天災謬陳經據供億支費底

貢羨贏務竭民財以從主欲雖賜予蕃庶光寵隆極
蓋無取焉
唐宇文融玄宗開元中爲勸農使與楊慎矜父子以
句剝財物爭行進物而致恩顧
王鉷天寶中爲戶口色役使以希旨事句剝其務百
姓雖給復一年鉷即徵其脚錢廣張其數玄宗在位
多載妃御承恩賞賜頗甚不欲頻於左右藏取之鉷
探旨意歲進錢百億萬貯於內庫以恣主恩賜賚鉷
云此是常年額外物非征稅物帝以爲鉷有富國之
術利於王用益厚待之

楊國忠天寶中爲戶部侍郎判度支諂諛以利陰中爲已之功玄宗幸左藏庫賜文武百官繒帛有差時國忠徵夫丁租地稅皆變爲布帛用實京庫屢奏帑藏充牣有踰漢制帝是以觀焉又賤貿天下義倉易以布帛於左藏庫列造數百間屋以示羨餘請與公卿就觀之又詐言鳳凰集於庫

第五琦肅宗乾元初爲度支鹽鐵使時京師多豪將求取無節琦不能禁乃悉以租賦進入大盈內庫以中人主之意天子以取給爲便故不復出

劉晏代宗大曆中爲東都江南江淮山南等道轉運

鹽鐵等使江淮茶橘晏與本道觀察使各歲貢之皆欲其先至有土之官或封山斷道禁前發者晏厚以財力致之嘗先他司繇是不爲藩鎮所便

裴延齡德宗貞元中爲戶部侍郎判度支嘗因奏對請積錢帛以實帑藏帝曰若爲可得錢物延齡奏曰開元天寶中天下戶僅千萬百司公務殷繁官員尚或有缺自兵興已來戶口減耗大半今一官可兼領數司伏請自今已後內外百司官闕未須補置收闕官祿俸以實帑藏後因對事帝謂延齡曰朕所居浴堂院殿一栿以多年之故似有損壞欲換之未能對曰宗廟事至重殿栿事至輕況陛下自有本分錢物用之不竭帝曰本分錢何也對曰此是經義證據愚儒常材不可能知陛下正合問臣惟臣知之准禮經云天下賦稅當爲三分一分充乾豆一分充賓客一分充君之庖廚乾豆者供宗廟也今陛下奉宗廟至敬至嚴至豐至厚亦不能用一分財物也只如鴻臚禮賓諸蕃客至于廻紇馬價用一分錢物尚有贏羨甚多況陛下御膳宮廚皆極簡儉所用外分賜百官充俸料飧錢等猶未能盡據此而言庖廚者之餘其數尚多皆陛下本分也用修數十殿亦不合疑慮何

況一栿帝曰經義如此人總不曾言之頷之而已

李錡貞元末爲鹽鐵轉運等使天下榷酤漕運繇其操割專事貢獻牢其寵渥

裴均爲尚書左僕射判度支憲宗元和三年五月奏請取荊南雜錢萬貫修尚書省許之均前鎮荊南自言府庫饒羨因有是請時議非之

王播爲刑部侍郎充諸道鹽鐵轉運等使元和十年討淮西憲宗以饋餉爲功播能積聚號爲羨餘專有貢獻帝頗顧遇超遷禮部尚書穆宗即位復進用播刑部尚書充諸道鹽鐵等使長慶元年冬十月特拜

中書侍郎同中書門下平章事依前充使當長慶時中外政權多所假借播本因權故得擢升大用及在相府無所務諸頗不厭公望居半歲以簡較右僕射同平章事出爲淮南節度仍領轉運鹽鐵如舊至淮南遇歲旱有至骨肉相食者播方務聚斂貢獻人益怨之四年四月罷鹽鐵轉運使以王涯代之來年復以使務令播就淮南統之諫官大臣章疏迭上終不能沮播關通之計當元和中兩河宿兵發運殆無虛歲播掌財賦以希恩取媚特每歲選錢號爲羨餘貢曆元年十二月進羨餘綾絹五十萬疋又太和元年

五月巳卯自淮南節度兼諸道鹽鐵轉運進綾絹三萬疋丙戌又進銀榼二百枚銀蓋椀一百枚散椀二千枚綾絹各二十萬疋並稱鹽鐵羨餘播自淮南入朝方圖大用故極其進獻飾僞以羨餘爲名九月播進玉帶十三條四年正月丁亥進羨餘綾絹二十萬疋皇甫鎛判度支元和十三年正月進錢二萬貫鹽鐵使程异進絹十萬疋並號羨餘

王遂爲光祿卿充供軍使元和十四年討鄆州李師道調兵食三百萬及賊平遂進羨餘一百萬縣是拜沂海等州觀察使

王涯爲諸道鹽鐵轉運使文宗大和四年四月庚戌涯第九船羨餘綾絹一萬疋癸丑涯進第十船羨餘綾絹二萬疋十月王涯進降誕綾絹羅錦絲等共一萬二千八百疋銀器一百事十二月戊寅涯進羨餘綾絹前後凡八百餘疋五年二月庚辰涯進羨餘疋段進銀碗一千五百口丁酉涯進羨餘綾絹共十萬疋八月戊寅涯進羨餘絹二萬疋甲申涯進羨餘綾絹二萬疋九月辛丑涯進羨餘綾絹二萬疋六年六月涯進羨餘絹二十萬疋

王起判度支太和四年十月進綾絹夾纈雜絲等共六

一萬四千三百疋御衣一副鏡一面諸方鎮稱是

交結

夫位司邦本職在均輸或請謁以求名或朋附而固寵妄交要路諂事中人總計失于成謀節均虧于適用利權莫舉經制靡脩信不可委以計會之任助于富庶之政也

唐元載肅宗元年爲戶部侍郎度支并諸道轉運使與倖臣李輔國善輔國妻元氏載之諸宗因是相昵狎時輔國權傾海內舉無違者會選京尹輔國乃以載兼京兆尹載意屬國柄詣輔國懇辭京兆尹輔國

識其意然之翌日拜同中書門下平章事度支轉運使如故

劉晏代宗寶應初爲吏部尚書平章事領度支鹽鐵轉運租庸等使坐與中官程元振交通元振得罪晏罷相爲太子賓客尋授御史大夫領東都河南江淮山南等道轉運租庸鹽鐵等使當時權勢或以親戚爲託晏亦應之俸給之多少命官之遲速必如其志然未嘗得親職事

班宏德宗貞元中以爲戶部尚書爲宰相竇參度支使之副每奉詔營建宏必極壯麗親程課役又厚結

權倖以傾參知爲上所疎乃讓度支使遂以宏專判

李錡貞元中爲浙江西道都團練觀察及諸道鹽鐵轉運等使具以天下榷酤漕運繇其操劃以故頟有驕恣專事貢獻牢其權寵中朝柄事者悉以利交之

程异貞元末爲虞部員外郎充鹽鐵轉運楊子留後順宗即位王叔文恃恩亂紀時之捷給見利者皆附焉异在位中叔文敗出爲岳州刺史翌日又貶郴州司馬

薛謇貞元末爲代北營田水運使善畜牧有良馬時以賂朝權及中貴人時中官薛盈珍有勤力於元和初謇以族人附進盈珍頗延譽以助之故自泗洲刺史遷福建觀察使

張平叔穆宗長慶中爲戶部侍郎判度支平叔險佞大言因王播以進既掌財用嘗陷公利以使私嬖倖多狎之

王播長慶末爲淮南節度諸道鹽鐵轉運等使敬宗即位罷鹽鐵轉運使時中尉王守澄用事播自落利權廣求珍異令腹心吏內結守澄以爲之助守澄乘間啓奏言播有才上於延英言之諫議大夫獨孤郎張仲方起居郎孔敏行柳公權宋申錫補闕韋仁實

劉敦儒拾遺李景讓薛延老等請開延英面奏播之姦邪交結寵幸復求大用天子冲幼不能用言自是物議紛然不息明年正月播復領鹽鐵轉運使播既得舊職乃銅鹽之內巧爲賦歛以事月進名爲羨餘其實正頟務希奬擢不恤人言

王涯文宗太和末爲司空領鹽鐵轉運使江南榷茶使涯與判度支王播交結中尉王守澄請託中納材本至開成元年正月勅度支自此不得收貯材木如或宜索即以其直市供諸色作料亦如之先是度支奏舊管右神策軍及諸色人假商人名中納材木計

支價直三十三萬二千四百餘貫所中材木茶無至者御史臺推鞫皆涯播之中納故有是命

王彦威文宗開成中爲戸部侍郎判度支既掌利權心希大用時内官仇士良魚志弘禁中用事先是左右神策軍多以所賜衣服于度支中估判使多曲從厚給其價開成初有詔禁止然趨利者猶希意從其請託明年彦威大結私恩凡内官請託無不如意物議鄙其躁妄一説開成二年四月彦威奏左神策及三軍共中納衣賜紫綾二萬二千五百疋請與收納從之近年諸司於度支納賣貨蠹國用積弊不能去之自開成初時降明詔禁斷至是彦威以仇士良威福日熾故復爲奏請時論大爲不可

冊府元龜 邦計部 交結 卷之五百一十 十九

冊府元龜

冊府元龜

巡按福建監察御史臣李嗣京　訂正
分守建南道左布政使臣胡維霖　參閱
知建陽縣事臣黃國琦　較釋

邦計部

贓敗　誣諂　貪汚

贓敗

夫均其民財制茲國用斯爲重任必俟能臣苟才識之有愆則經費之不足若乃師徒待濟失饋運之期水旱爲災乏防虞之備弗克莅事皆謂贓官自拘司

敗又何悔焉

漢鄭當時爲大司農時征匈奴招四夷天下費多財用益屈（屈盡也其勿切）當時任人賓客僦（當時爲大司農而任使其賓客辜較作僦也僦謂受顧賃而載也言當時保任其賓客於司農載運也僦音子就切）入多逋負司馬安爲淮陰太守發其事當時以此陷罪贖爲庶人

唐韋挺爲太常卿太宗將伐遼東令挺先運軍糧河北諸州取挺節度挺歷職清顯無他材術徒以關中舊望時見優寵性自矜尚頗以敖物致譏行至幽州但罝酒高宴又不先簡河路遽出庫物造船六百餘艘役召百姓貞觀十八年秋運米自桑乾河下至盧思臺去幽州八百里方知運漕雍塞乃大徵夫役以廣渠道挺既失支度方懷憂懼晝夜驅迫箠楚亂加官人百姓莫不愁苦船米竟不得進便屬雪寒遂下米於臺側馳傳以聞太宗不悅詔挺曰兵尚拙速不貴工遲朕欲十九年春大舉今言糧米未發甚無謂也會大宗遣使往挺所檢覆路渠使人廻具陳其狀并言必欲十九年出師恐米無濟軍之理太宗大怒令將作少匠李道裕代挺發使杖挺赴維陽除名仍遣從軍

第五琦爲戶部侍郎判度支領河南等道支度都勾當轉運租庸鹽鐵鑄錢司農太府出納山南東西江淮南館驛等使乾元二年以本官加同中書門下平章事初琦以國用未足幣重貨輕乃請鑄乾元重寶錢以一當十行用之及作相又請更鑄重輪乾元錢一當五十與乾元錢及開通元寶錢三品並行既而穀價騰貴餓殣死亾枕籍道路又盜鑄爭起中外皆以爲琦變法之弊封奏日聞是年貶忠州長史

蘇弁爲戶部侍郎判度支坐給長武城軍糧朽敗貶汴州司戶參軍

潘孟陽憲宗初權知戶部侍郎時既誅王叔文乃以

杜佑專度支事請孟陽爲副帝新卽位乃命孟陽巡江淮省財仍加鹽鐵轉運副使且察東南鎮帥之理孟陽以氣豪權重所至唯務賞宴奢縱每歷鎮府傾涸酒饌與婦女爲夜飲奔走財賄補吏職而已及歸大失人望罷爲大理卿

楊於陵爲兵部侍郎判度支淮西用兵於陵用所親爲唐鄧供軍使節度使高霞寓以供軍有闕移牒度支於陵不爲之易供闕如舊霞寓軍屢有摧敗詔書督責之乃奏以度支饋運不繼憲宗怒貶於陵桂陽郡守

王彥威爲戶部侍郎判度支會邊軍上訴衣物不時兼之朽故宰臣惡其所爲攝度支人吏付臺推訊彥威殊不介懷入司視事及人吏受罰左授衛尉卿停務方還私第

後唐孔謙爲租庸使莊宗同光三年秋雨河大水戶口流亾都下供饋不充軍士乏食謙日於上東門外竚望輦轂計數旋給諸軍各出怨言以至於亂明宗至維陽乃下詔暴謙罪惡削奪官爵斬於都市籍沒其家

孟鵠明宗初爲三司副使出爲相州刺史會范延光再典樞機乃徵鵠爲三司使鵠專掌邦賦操剸依違名譽頓減朞年發疾求外任乃授許州節度使不周歲卒

晉賈玄珪少帝時爲膳部員外郎開運三年左降秦州觀察支使以監安州榷稅不及舊數故也

誣調

古人有言曰與其有聚斂之臣寧有盜臣且聚斂之臣猶害於政況其掌邦計之重蓄誣調之心或虛張名目多設鉤距或逞其剛愎謀害俊乂惟與希於主意殊不恤於人言罔察夫涸民之力謂其有富國之術及夫公輔發其誕妄生民空於杼軸亦乃稔於譎

詐安於柄用斯亦有國之巨害也

唐宇文融玄宗開元中爲兵部員外郎兼侍御史充搜括逃戶使於是諸道括得客戶凡八十餘萬田亦稱是州縣希融旨意務於僥多皆虛張其數亦有以實戶爲客者歲終得客戶錢數百萬融繇是擢拜御史中丞尋兼戶部侍郎

王鉷天寶中爲御史中丞勾當戶口色役使時有勑給百姓一年復鉷卽奏徵其腳錢廣張其數又市輕貨乃甚於不放輸納物者有浸漬折枯皆下本郡徵

納恣行割剥以媚於時人用嚣然玄宗在位多載妃
御承恩多賞賜不欲頻於左右藏取之鉷探旨意歲
進錢寶百億萬便貯於内庫以恣主恩錫賚鉷云此
是常年額外物非征税物帝以爲鉷有富國之術利
於王用益厚待之
韓滉代宗時爲戸部侍郎判度支大曆十二年秋霖
雨害稼京兆尹黎幹奏畿縣多損田滉執云幹奏不
實乃命御史巡覆廻奏諸縣凡損三萬一千一百九
十五頃渭南令劉澡曲附滉言所部無損戸部分巡
官御史趙計復簡行奏與澡合帝覽而疑之命御史

朱敖再簡渭南損田三千餘頃澡計皆伏罪貶滉弄
權樹黨皆此類也俄改太常卿群議未息又出爲晉
州刺史憲宗即位滉爲鎭海軍節度使貞元二年尚
書右丞元琇判度支以關輔旱儉請運江淮租米以
給京師帝以滉素著威名加江淮轉運使欲令專督
運務琇以滉性剛愎難與集事乃條奏令滉督運江
南米至揚子凡一十八里自揚子而北皆元琇主之
滉深怒於琇琇以京師錢重貨輕切病之乃於江東
鹽監院收獲見錢四十餘萬貫令轉送入關滉不許
乃誣奏之以爲運千錢至京師費錢萬於國有害請
罷之帝以問琇琇奏曰一千之重約與米一斛均自
江南水路至京一千之運所費三百耳豈至萬乎帝
然之遣中使齎手詔令運錢滉堅執以爲不可其年
十二月加滉度支諸道轉運等使遂逞宿怒誣奏琇
罪貶雷州司戸其責既重舉朝以爲非
裴延齡德宗時爲司農少卿貞元八年守本官權領
度支自揣不通食貨之務乃多設鉤距召度支老吏
與謀以求恩顧乃奏言天下每年出入錢物新陳相
因常不減六七千萬貫唯在一庫差舛散失莫可知
之請於左藏庫中分置別貯欠負耗賸等庫及季庫

納給諸色錢物帝皆從之且貴欲多張名目以惑帝
視聽其實於錢物更無增加惟虚費簿書人吏耳其
年遷戸部侍郎判度支京西有汚池卑濕處時有蘆
葦生焉亦不過數畝延齡乃奏云廏馬冬月合在槽
櫪秣飼夏中即須收放以尋訪得長安咸陽兩縣界
有陂池數百頃請以爲内廏牧馬之地且去京城十
數里與苑廏中無別帝初信之言於宰相宰相對曰
恐必無此帝乃差官閲視事皆虚妄延齡既慙且怒
又誣奏京兆尹李充爲百姓妄請積年和市物價特
勑令折塡謂之底折錢嘗因奏對請積貯錢帛以實

帑藏帝曰若爲可得錢物延齡奏曰開元天寶中天下戶僅千萬百司公務殷繁官員尚或有缺自兵興已來戶口减耗太半令一官可兼領數司伏請自今已後內外百官闕未須補置收其闕官祿俸以實帑藏後因對事帝謂延齡曰朕所居浴堂院殿一栿以年多之故似有損壞而未能換延齡曰宗廟事重殿栿事輕陛下自有本分錢物帝驚曰本分錢者何也對曰此是經義愚儒常才不可能知陛下正合問臣惟臣能知之准禮經天下賦稅當爲三分一分乾豆一分充賓客一分充君之庖廚乾豆者供宗廟也今

陛下奉宗廟雖至敬至嚴至豐至厚亦不能用一分財賦也只如鴻臚禮賓諸國蕃客至於廻鶻馬價用一分錢物尚有羸羨甚多況陛下御膳官厨皆極簡儉所用外已賜百官充俸料殘錢等猶未能盡據此而言庖厨之餘其數尚多皆陛下本分錢也用修數十殿亦不合疑何況一栿帝曰經義如此人總未曾言之領之而已又因計料造神龍寺須長五十尺松木延齡奏云臣於近同州簡得一谷木可數千條皆長七八十尺帝曰人云開元天寶中側近求長五六十尺木尚未易得皆須於嵐勝等州採市如今何爲近處便有此木延齡奏曰臣聞賢材寶物皆處處嘗有但遇聖君卽出現今此木生自關輔蓋爲聖君豈開元天寶合得有也十年陸贄秉政帝素所禮重每於延英極論其誕妄不可令掌財賦帝以爲排擯待延齡益厚贄上書疏其失帝不悅是時鹽鐵轉運使張滂京兆尹李充司農卿李銛以事相關皆證延齡矯妄帝罷陸贄知政事爲太子賓客滂充銛悉罷職左遷十一年春暮帝數畋于苑中時久旱人心憂惴延齡遽上疏言贄等失權怨望今專大言於衆曰天下災旱人庶流亡度支多欠闕諸軍糧草以激怒群

情後數日帝又幸苑中適會神策軍人訴度支欠廐馬芻草帝思延齡言卽時廻駕因發怒遂斥逐贄充滂銛等朝廷中外惴恐延齡方謀害朝中正直之士會諫議大夫陽城等伏閤上疏固諫事遂且止陸贄等雖貶黜延齡憾怒未已乃掩捕充腹心吏張忠拷掠捶楚令爲之辭云充前後隱没官錢五十萬貫米麥稱是其錢物多結託權贄充妻嘗於車檐中將金寶繒帛遺贄妻忠不勝楚毒並依延齡教示之辭具於款占忠母及妻等散於光順門匭使進狀訴寃詔御史臺推問一宿得其寔狀事皆虛妄延齡又奏京

兆府妄破用錢穀請令比部郎中崔元輸覆勾元翰
皆爲陸贄所黜也及比部奏京兆府穀帛又無交加
二年三月加戶部尚書依前判度支是歲諸道鹽鐵
轉運使王緯奏度支所奏諸道州府欠諸色錢四百
餘萬貫臣撿勘各得州府報具有破除及申送處先
是延齡奏此錢爲羨餘請進奉別收貯以圖恩寵至
此緯以寔奏之延齡大怒始與緯有隙是時穆贄爲
御史中丞延齡屬吏有贓犯贄鞫理丞伏延齡請曲
法出之贄三執不許以狀聞延齡誣贄不平貶饒州
別駕延齡既銳意以苛刻剥下附上爲切每奏對之

際皆恣騁詭怪虛妄他人莫敢言者延齡言之不疑
亦人之所未嘗聞帝頗知其誕妄但以其敢言無隱
且欲訪問外事故斷意用之

杜亞貞元中爲東都留守既染風疾又希恩寵乃奏
請開苑內地爲營田以資軍糧減度支每年所給從
之亞不躬親部署但委判官張薦楊晪初奏請取荒
地營田其苑內地堪耕食者先爲留司中官及軍人
等墾食已盡亞計急乃取軍中雜錢舉恩與畿內百
姓每至田收之際多令軍人車牛散入村鄉收斂百
姓所得菽粟悉將還軍家畧盡更無可輸稅及充糧
食由是大致流散及厚畧中官令奏河南尹無政亞
比亦規求兼領河南尹事既不果德宗漸知虛誕乃
以禮部尚書董晉代爲東都留守召亞還京師

蘇弁代裴延齡爲戶部侍郎判度支貞元十三年三
月弁奏諸道州府各遭旱損其諸州府有貞元八年
已前見貯米麥斛斗三百八十萬石請各委州府借
貸今秋成熟後依本數却納可之與議以其米麥等
多散在百姓間歲月已久人戶流亡無從徵得弁此
奏但爲虛妄耳

李實簡較工部尚書司農卿貞元二十年春夏旱關

中大歉實爲政猛暴方務聚斂進奉以固恩顧百姓
所訴一不介意因入對德宗問人疾苦實曰今年雖
旱穀田甚好由是租稅皆不免人窮無告乃有徹屋
瓦木賣麥苗以供賦斂者

皇甫鎛憲宗元和末爲門下侍郎平章事判度支時
內出滯貨付度支估賣多陳朽之物鎛盡以善價買
之以給邊軍羅縠繒綵觸之而化隨手散壞軍士怨
怒皆聚而焚之宰臣裴度與鎛延英奏事度因盛言
軍所得衣賜皆積年敗物可視不可觸軍士咸怨鎛
因引其足曰此靴乃內庫出賣者臣以俸錢百千買

之堅新可以久服所言不任用皆詐也帝然之由是益無所憚

賀拔志穆宗時爲度支水邊管田使長慶四年六月丁亥振武軍節度使奏志以亦自割不死志前奏營田數過實將圖功效及命主客郎中自行簡覆驗志不勝其懼遂欲自裁

張平叔爲鴻臚卿判度支長慶二年因延英對面請相府云面奉恩旨除戸部侍郎職如舊問二日詔方下初幽鎭行營諸軍以出境仰給度支者十五餘萬人魏博滄景之師皆壓賊境而壘亦藉兵數徵計司

所給自南北置供軍院其布帛衣粟往往不至供軍院遽爲諸軍強見驅奪懸師前闕者反無以支給其饋餉王吏由此得罪者前後相次平叔知國用空乏遂以邪計得司邦賦至是又寵之地卿然竟無術以救其闕嚣塵顯級人皆罪之

王播敬宗時爲淮南節度使復領鹽鐵轉運使播既得舊職乃於銅鹽之内巧爲賦斂以事月進名爲羡餘其實正額務希獎擢不恤人言

貪汚

詩云貪人敗類傳云貪以敗官爲墨蓋貪而不敗者未始有也夫小人縱欲棄義貪冒崇侈心甚丘壑莫之盈厭語利於市猶爲不可况夫總管榷之任舉飛漕之職内度經費外調輿賦罔能避白圭之玷全素絲之潔惟以取舍由己奢僭是圖雪下以刑傾泉以勢使盜于國誅求于民聚歛積實不知紀極以至苞苴盈門筐篚不飾罹罪罟伏歐刀而不悔焉何徇財瀆貨之至是也

漢田延年爲大司農先是茂陵人焦氏賈氏以數千萬陰積貯炭葦諸下里物（死者歸蒿里葬也故曰下里又曰以數千萬錢爲本而貯此物）昭帝大行時方上事暴起（方上壙中也）用度未辦延

年奏言商賈或豫收方上不祥器物冀有疾用欲以求利非民臣所當爲請沒入縣官奏可富人亡財者皆怨出錢求延年罪初大司農取民牛車三萬兩爲僦（一乘爲一兩僦謂賃之與顧直也）載沙便橋下送致方上車直千錢延年上簿詐增僦直車二千凡六千萬盜取其半焦賈兩家告其事下丞相議奏延年主守盜三千萬不道及使者召延年詣廷尉聞鼓聲自刎死（使者至司農司農發詔書故鳴鼓也）

唐吳裴代宗時爲舟水轉運使襄王府司馬大曆二年與判官大理司直殷釬（音干）並坐贓配流嶺外裴等

以戚屬得入中禁妄陳利害督錢穀之務貪冒貨賄更相糾讁訐及鞫奸贓悉露帝深惡之

崔漁爲御史大夫稅地青苗錢使漁給百官俸物不平皇城副留守張清發之代宗詔尚書左丞蔣渙等訊鞫數月漁及判官等贓狀聞貶漁爲道州刺史判官出俯有差初漁爲屬吏希中以下佑爲使料上佑爲百官料有司訊鞫漁無詞以對乃坐是貶

鄭泯德宗時爲度支山南東道巡院貞元四年九月坐乾沒財物徵擾平人質其妻女職贖士類醜跡姦情枉法殊死宜令所在決重杖一頓處死

徐粲貞元中爲御史中丞王楊子院鹽鐵轉運粲既不理且以賄聞判度支使竇參欲代之副使班宏執不可戶部侍郎張滂至楊州按繫逮僕妾子姪得贓鉅萬乃從嶺表

裴延齡貞元中爲戶部侍郎判度支旣病多載運度支官庫中錢物歸私第無人敢言

李錡貞元中爲浙西觀察諸道鹽鐵轉運等使鹽鐵漕輓之利積於錡之私室而國計日耗

于皐謩憲宗時爲行營糧料使元和六年五月坐犯諸色贓計錢四千二百貫并前糧料使董谿犯諸色贓計四千三百貫又於正額供軍市糴錢物數內抽克羨餘公廨諸色給用計錢四萬一千三百貫勅于皐謩董谿等頃以山東興師饋運務重朕召於內殿委以使車誡厲激揚非不誠切亦謂盡力成務臧私奉公而乃肆意貪求曾無忌憚擅請時服乾沒軍資負恩敗法一至於此據其罪狀合寘極刑以其嘗列班行皆承門序弘以好生之澤免其殊死之辜是俾投荒期於勿齒皐謩除名配流春州董谿除名配流封州其判官崔元受韋岵薛巽王湘等並貶嶺外皐謩谿行至潭州並專遣中使賜死

六月丁丑御史臺奏推問前行營糧料使判官元饒及典吏等計贓一千萬宜并付京兆府各決重杖一頓處死

權長孺爲鹽鐵福建院官元和四年十七月坐贓一萬三百餘貫詔付京兆府杖殺之其母劉求哀於宰相崔群因對言之憲宗慈其母老乃曰朕將捨長孺之死何如群對曰陛下卽捨之當速使人往若待正勑不及矣帝乃使品官馳往止之翌日詔杖八十長流康州

張宗本穆宗時爲山劍三川摧鹽使長慶元年坐盜

用東川院及諸監院耗剩錢共一萬五百餘貫推按明驗前勑決痛杖一頓處死會逼降誕日宗本予贄進狀請代父命帝因貸死決杖八十配流雷州

羅立言敬宗時爲鹽鐵河陰留後簡較主客員外郎兼殿中侍御史寶曆二年七月坐和糴米價不實計入巳贓一萬九千三百餘貫制削兼侍御史立言贓狀狼藉不死爲幸而所責止於削去冗秩執事者悔易典法亦云甚矣

韓益文宗時爲金部員外郎判度支案開成元年十月貶梧州司戸叅軍益初爲度支推廵官累至員外郎判案子弟僮僕與人吏交通御史鞫訊計贓三千

餘貫半是擬贓及前爲推廵時所犯帝問御史中丞歸融曰韓益所犯與去年盧元中姚康孰甚融對曰元中與康枉破官錢三萬餘貫韓益乃取受人事比之殊輕遂有是貶

梁趙巖爲租庸使天下貨賂半入其門奢僭不法白古無比每日之費破錢數萬饒飲商販其徒如市天下良田美宅亦有千計

後唐尹玉羽明宗時爲解縣榷鹽使遷光祿大夫天成三年五月爲人所訟使過官錢按之不虛且令微納塡贓既足自舉欲就通班勑旨停見任

周護末帝時爲戸部郎中充鹽鐵判官大通賄賂輙無避忌掌計者目之無如之何淸泰之政黷焉

晉董遇高祖天福中爲三司副使阿附人吏滯於部斷有王景遇者累掌銅鹽雜務善以賂事人朝廷之間多有受其媚爲之左右者因以貨數千萬賂遇求爲解縣榷鹽使數年敗負下獄景遇募引數十人而遇以受賂聞

周李知損仕晉爲右司郎中充度支判官坐受榷鹽使王景遇厚賂謫於均州

冊府元龜終